Hamburger Edition

Studien zur Gewaltgeschichte des 20. Jahrhunderts
Ausgewählt von Jörg Baberowski, Bernd Greiner und Michael Wildt

Das 20. Jahrhundert gilt als das Jahrhundert des Genozids, der Lager, des Totalen Krieges, des Totalitarismus und Terrorismus, von Flucht, Vertreibung und Staatsterror – gerade weil sie im Einzelnen allesamt zutreffen, hinterlassen diese Charakterisierungen in ihrer Summe eine eigentümliche Ratlosigkeit. Zumindest spiegeln sie eine nachhaltige Desillusionierung. Die Vorstellung, Gewalt einhegen, begrenzen und letztlich überwinden zu können, ist der Einsicht gewichen, dass alles möglich ist, jederzeit und an jedem Ort der Welt. Und dass selbst Demokratien, die Erben der Aufklärung, vor entgrenzter Gewalt nicht gefeit sind. Das normative und ethische Bemühen, die Gewalt einzugrenzen, mag vor diesem Hintergrund ungenügend und mitunter sogar vergeblich erscheinen. Hinfällig ist es aber keineswegs, es sei denn um den Preis der moralischen Selbstaufgabe.

Ausgewählt von drei namhaften Historikern – Jörg Baberowski, Bernd Greiner und Michael Wildt –, präsentieren die »Studien zur Gewaltgeschichte des 20. Jahrhunderts« die Forschungsergebnisse junger Wissenschaftlerinnen und Wissenschaftler. Die Monografien analysieren am Beispiel von totalitären Systemen wie dem Nationalsozialismus und Stalinismus, von Diktaturen, Autokratien und nicht zuletzt auch von Demokratien die Dynamik gewalttätiger Situationen, sie beschreiben das Erbe der Gewalt und skizzieren mögliche Wege aus der Gewalt.

Sara Berger

Experten der Vernichtung

Das T4-Reinhardt-Netzwerk in den Lagern Belzec, Sobibor und Treblinka

Hamburger Edition

Studien zur Gewaltgeschichte des 20. Jahrhunderts

Hamburger Edition HIS Verlagsges. mbH
Mittelweg 36
20148 Hamburg
www.hamburger-edition.de

Von der Fakultät für Geschichtswissenschaft der Ruhr-Universität Bochum als Dissertation im Jahr 2011 angenommen.

Redaktion: Sigrid Weber
Umschlaggestaltung: Wilfried Gandras
Typografie und Herstellung: Jan und Elke Enns
Satz aus der Life von Dörlemann Satz, Lemförde
Druck und Bindung: CPI books, Leck
Printed in Germany
ISBN 978-3-86854-268-4
4. Auflage 2024

Inhalt

Einleitung: Das »T4-Reinhardt-Netzwerk«

In den Lagern Belzec, Sobibor und Treblinka wurden über anderthalb Millionen Juden insbesondere aus Polen, aber auch aus den Niederlanden, aus Frankreich, Deutschland und Österreich, aus der Tschechoslowakei, aus Jugoslawien und Griechenland, aus Weißrussland und Litauen getötet. Auch Sinti und Roma befanden sich unter den Opfern. Allein in den vier Monaten Juli bis Oktober 1942 wurden in den drei Vernichtungslagern über eine Million Menschen mit Motorenabgasen ermordet. Die Lager der »Aktion Reinhardt« übertrafen somit die Opferzahl des Vernichtungslagers Auschwitz-Birkenau, das auch in den mordintensiven Monaten im letzten Kriegsjahr nicht die täglichen Opferzahlen des Lagers Treblinka erreichte. Dennoch wird die Bedeutung der »Aktion Reinhardt« angesichts der Rolle von Auschwitz als Symbol für den Massenmord an den europäischen Juden häufig unterschätzt.

Der Großteil der verantwortlichen Akteure hatte bereits Erfahrung mit dem Töten: Die Leitungsmannschaften der Lager wurden fast ausschließlich durch Personal der »Euthanasie«-Anstalten und der Berliner T4-Zentrale[1] gestellt. Nach Vereinbarungen zwischen der Kanzlei des Führers (KdF) und dem SS- und Polizeiführer (SSPF) von Lublin wurden die etwa 120 Männer in das Generalgouvernement geschickt und bestimmten in den zwei Jahren der Existenz der Lager maßgeblich das dortige Geschehen. Beim Auf- und Ausbau der Lager sowie der Entwicklung der Tötungsstrukturen verfügten sie über einen großen Handlungsspielraum. Zur Umsetzung des mörderischen Projekts bedienten sie sich der »Trawniki«-Wachmänner und der zur Arbeit gezwungenen »Arbeitsjuden«.

Im Mittelpunkt der vorliegenden Studie steht die Frage, wie eine Gruppe von Tätern die Vernichtung der Juden geplant und umgesetzt hat und welche Faktoren die »Effektivität« des Massenmords in diesen Lagern bewirkt haben. Sie ist verbunden mit der Frage nach den Umständen, die aus Menschen Massenmörder machten. Dabei soll mit der Vorstellung der Vernichtungslager als industrialisierte »Todesfabriken«,[2] die mit ihren Fließbändern weitgehend ohne verantwortliche Täter und ohne direkte Gewaltanwendung auskommen, gebrochen werden. Dass die verharmlosende Metapher einer Vernichtungsmaschinerie nicht der gewaltsamen Realität entsprach, war auch führenden Nationalsozialisten wie Joseph Goebbels bewusst, der in seinem Tagebuch den alltäglichen Massenmord in Belzec als ein »ziemlich barbarisches und nicht näher zu beschreibendes Verfahren«[3] bezeichnete.

Im Fokus dieser Studie stehen daher die Täter und die Strukturen. Das Interagieren der Täter in der Gruppe sowie das Ineinandergreifen und die Vernetzung der personellen und institutionellen Ebenen sowohl innerhalb der Lager als auch nach außen sollen methodisch mithilfe des Netzwerk-Konzepts untersucht werden. Das Netzwerk-Konzept bietet die Möglichkeit – wie es der Rechtswissenschaftler Herbert Jäger ausdrückte –, die »individuellen Taten und Tatbeiträge« mit dem »Kollektivnetz des Verbrechens«[4] wieder zusammenzuführen, das heißt, Täter und Tat, Organisation und Lager als eine miteinander verbundene Einheit zu sehen. Zudem kann auf diese Weise die Kollaboration verschiedener deutscher wie auch ausländischer Gruppierungen bei der Ermordung der Juden analytisch mit einbezogen werden. Die Frage nach den institutionellen und personellen Kontexten der Täter des Massenmords beschäftigt die Täterforschung zum Nationalsozialismus seit den 1990er Jahren unter unterschiedlichen Aspekten. Das dieser Arbeit zugrunde liegende Konzept des Netzwerks wurde bislang in diesem Zusammenhang nicht angewandt.

Zur Täterforschung

Hinsichtlich der Frage, welche Merkmale die Täter aufwiesen, die den NS-Massenmord in einem derartigen Ausmaß ermöglicht haben, schwankten die Argumentationen bis in die 1990er Jahre zwischen zwei Extremen, die an den alten Streit zwischen Intentionalisten und Strukturalisten erinnern. In der einen wurden die NS-Täter »dämonisiert«, zu pathologischen Sadisten und Asozialen erklärt und als solche nicht mehr als »normale« Elemente der deutschen Gesellschaft, sondern allenfalls als »gescheiterte Randexistenzen« wahrgenommen. Täter, die von ihrer Persönlichkeit scheinbar nicht in dieses Konzept passten, wurden mit dem Bild der gespaltenen Persönlichkeit eines »Dr. Jekyll und Mr. Hyde« beschrieben. Dieser Blick auf die Täter war in der Öffentlichkeit sehr präsent und wurde auch durch die Erfahrungen der Opfer und das Ausmaß der von ihnen erlittenen Gewalt geprägt.[5] Die entgegengesetzte Argumentation stützte sich auf ein »funktionalistisches Täterbild«.[6] Dieses anonymisierte die Verbrechen, tendierte dazu, die Institutionalisierung des Massenmordes zu betonen, und vernachlässigte dabei die aktive Beteiligung von Personen. Die Täter wurden als angepasste Funktionäre oder verführte Idealisten beschrieben, die in stark hierarchisierte Strukturen eingebunden waren. Ihnen wurde zwar der Vorwurf gemacht, einen »politischen Irrtum« begangen zu haben, aber keine Schuld am Massenmord zugesprochen, weil davon ausgegangen wurde, dass sie – insbesondere aufgrund von Befehls- und Unterordnungszwängen – nicht anders hätten handeln können. Solche durch die NS-Prozesse und die Verteidigungshaltung der Täter geförderten Argumentationen und Konzepte versuchten der Tatsache Rechnung zu tragen, dass neben den zahlreichen »passiv« Beteiligten eine ebenso unüberschaubare Anzahl von SS-Männern, Polizisten und Verwaltungsangehörigen auch aktiv an den NS-Verbrechen beteiligt war. Die Täter selbst, ihre Handlungsspielräume und ihre unterschiedlichen Interessen an der Beteiligung am Massenmord wurden in diesen Erklärungsansätzen ausgespart; stattdessen wurden sie als motivlose, autoritätshörige und unterwürfige Marionetten ohne eigenen Willen, als einfache Glieder einer anonymen Vernichtungsmaschinerie wahrgenommen.[7]

In den 1990er Jahren hat sich die Täterforschung von diesen monokausalen, letztlich nicht überzeugenden Argumentationen gelöst und versucht seither immer mehr, sowohl Intentionen als auch Persönlichkeitsdispositionen sowie die soziale Praxis und situative Dynamiken in die Analyse mit einzubeziehen. Der Historiker Gerhard Paul hat aus den verschiedenen bisher erschienenen Studien zusammenfassend verschiedene Typologien der Täter entwickelt, die naturgemäß Idealtypen darstellen: »Weltanschauungstäter« wussten und wollten, was sie taten, und verstanden sich als »Exekutoren der rassistischen NS-Weltanschauung«. »Utilitaristisch motivierte Täter« sahen Juden vor dem Hintergrund antisemitischer Vorprägung in der Kriegssituation als »überflüssige Esser«. »Kriminelle Exzesstäter« begingen ihre Taten aus niederen sexuellen und materiellen Motiven und nutzten hierfür den staatlich propagierten Antisemitismus. Als weitere Typen hat Paul die »traditionellen Befehlsempfänger« identifiziert, wie sie Browning mit seinen *ordinary men* untersucht hat, die »willigen politischen Konformisten«, welche die sich durch den Nationalsozialismus bietenden Gelegenheiten nutzten, um Karriere zu machen, sowie die reinen »Schreibtischtäter«.[8] Der amerikanische Soziologe Michael Mann versuchte die Täter in ähnlicher Weise als *peculiar people* (eigenartige Menschen) und *ordinary people* (normale Menschen) zu klassifizieren: *Peculiar people* handelten aus ideologischen Motiven; in diese Kategorie fielen auch Personen mit gestörter Persönlichkeit, die ein sadistisches Verhalten an den Tag legten. *Ordinary people* bestanden aus vier Untergruppen: die *ordinary bigoted*, die engstirnigen (antisemitischen) Täter wie bei Goldhagens *ordinary Germans*; die ängstlichen und konformistischen Täter, wie sie auch Browning herausgearbeitet hatte, die unter Hierarchie- und Kameradschaftszwängen handelten; moderne Bürokraten, die mechanisch, rational und unpersönlich mordeten, sowie gewöhnliche Männer, die eigennützig nach materiellen Vorteilen oder nach Karriere strebten.[9]

Die Täterstudien haben deutlich gemacht, dass sich alle Segmente der deutschen Gesellschaft am Völkermord beteiligt haben. Keine soziale Schicht, kein Berufsfeld, auch nicht der akademische Bereich waren frei von Tätern. Jede Berufsschicht nutzte die neuen Möglichkeiten, die ihr der Nationalsozialismus bot: Ärzte experimentierten, promovierte Juristen übernahmen die Schaltpositionen in der Verwaltung, Polizisten weiteten ihre Handlungsfelder aus. Gerade die oberen sozialen Schichten, insbesondere das akademische Bildungsbürgertum, wurden in den letzten Jahren in der Täterforschung in den Blick genommen, weil hier Schlüsselpositionen und damit eine größere Verantwortung für die Ingangsetzung, Planung und Durchführung der Morde vermutet wurden. Doch auch die T4-Reinhardt-Männer, die zum großen Teil aus unteren Bevölkerungsschichten kamen, waren – wie in dieser Studie deutlich wird – nicht nur Exekutoren vor Ort, sondern hatten ebenfalls erheblichen Einfluss auf die Konzipierung und Durchsetzung des Massenmords.

Mehr und mehr hat sich in der Täterforschung der letzten Jahre der Ansatz durchgesetzt, dass der Blick sowohl auf die Prozesse und Strukturen des Nationalsozialismus, das heißt auf die Organisation selbst, als auch auf die darin eingebundenen und diese gleichsam tragenden Täter gerichtet werden muss. Daran anknüpfend geht diese Studie von der Grundannahme aus, dass es gerade das komplexe Wechselspiel zwischen Akteuren und Organisation war, das den Massenmord möglich gemacht hat. Verhaltens- und Interaktionsmuster der Täter werden einerseits durch die Organisation konstituiert und geprägt, andererseits wird die jeweilige Organisation selbst von diesen Tätern geformt, weiterentwickelt und durch diese repräsentiert. Dieser methodische Ansatz des Zusammenspiels von Tätern und Organisation bei der Ermordung der Juden oder anderer verfolgter Gruppen wurde bislang noch nicht systematisch umgesetzt. Browning hat zwar mit seiner multiperspektivisch angelegten Studie und deren Konzentration auf situative Bedingungen bereits versucht, nicht nur eine spezielle Tätergruppe, sondern auch die Art ihrer Zusammenarbeit innerhalb der Gruppe in den Blick zu nehmen, um die Massenerschießungen und die Hilfestellung der Polizeibataillone bei der Deportation der polnischen Juden zu analysieren.[10] In seiner Studie steht allerdings eine relativ große Gruppe von etwa 500 Tätern im Mittelpunkt, die zudem kein stationäres, eigenständiges Vernichtungssystem wie die Lager der »Aktion Reinhardt« aufgebaut hat, das sich durch feste Strukturen und arbeitsteilige Abläufe kennzeichnen lässt. Die Verbindung von Tätern und Organisation ist hier weniger ausgeprägt. Gerade diese lässt sich jedoch an der überschaubaren Tätergruppe der Vernichtungslager der »Aktion Reinhardt« besonders deutlich zeigen. Um die Verflechtung von Tätern und Organisation zu analysieren, wird in dieser Studie das methodische Konzept des Netzwerks zugrunde gelegt.

Das Netzwerk-Konzept und die Vernichtungslager der »Aktion Reinhardt«

Der Netzwerkgedanke wird im Folgenden in zweierlei Hinsicht genutzt.[11] Zum einen ermöglicht das Netzwerk-Konzept ganz allgemein, die systematische Beteiligung verschiedener Akteure an der Ermordung der Juden konkret und differenziert herauszuarbeiten und neue Ergebnisse bezüglich der »Aktion Reinhardt« zu generieren. Dies wird hier unter die Begriffe »Innen-« und »Außennetze« gefasst. Die Analyse der interorganisatorischen Zusammenarbeit mithilfe von Netzwerk-Konzepten hat mittlerweile durch neue Arbeiten, wie die Studie von Peter Klein zur »Gettoverwaltung Litzmannstadt« sowie durch die theoretischen Analysen des Verwaltungswissenschaftlers Wolfgang Seibel, Eingang in der historischen Forschung zu NS-Verbrechen gefunden.[12]

Zum anderen dient der Terminus Netzwerk auch zur Beschreibung der *Organisationsform* der »Aktion-Reinhardt«-Lager. Eine solche Betrachtung einer speziellen Tätergruppe als Gesamtheit eines Kollektivs von interagierenden Individuen beziehungsweise Einheiten mit einem gemeinsamen Ziel ist in der Täterforschung neu. Dieses Verständnis von Netzwerk als Organisationsform knüpft an die Definition der Soziologin Renate Mayntz an. Sie definiert Netzwerk als eine soziale Gruppe von Akteuren, die unter bestimmten Bedingungen und in bestimmten Strukturen voneinander abhängig sind, deren Handeln aber nicht ausschließlich durch geregelte Vorschriften und hierarchische Befehlsketten, das heißt durch Autorität und Gehorsam, bestimmt wird. Die in diesen offen konfigurierten Strukturen handelnden Akteure sind teilautonom, haben Handlungsspielräume und Entscheidungsmöglichkeiten und müssen einen Interessenausgleich zwischen dem Nutzen des Systems und dem individuellen Nutzen finden. Dabei kommt es weniger auf die *Organisation* an sich als auf das *Organisieren* an.[13]

Für den Kontext der Arbeit sind weitere Begriffe aus der Netzwerk-Forschung hilfreich. Zunächst ist hier der Begriff des *Gesamtnetzwerks* zu nennen, der in Anknüpfung an Mayntz als ein abgegrenztes Ensemble aller mit einem gemeinsamen Ziel agierender Akteure verstanden wird. Wichtig ist überdies der Begriff des *Akteurs*, der sich auf individuelle oder kollektive soziale Einheiten bezieht. Mehrere Akteure bilden – aufgrund von Zusammengehörigkeit, aber auch aufgrund von vergleichbaren Merkmalen – *Gruppen*. Die flexible und relationale Kategorie der Gruppe ermöglicht eine Perspektive über die Einzelpersonen hinaus; sie dient beispielsweise der Beschreibung von Führungsgruppen innerhalb des Netzwerks.

Der Begriff der *Subgruppe* wiederum bezieht sich auf den Begriff des Gesamtnetzwerks, und zwar auf einen abgrenzbaren Teil, in dem jeder Akteur mit jedem anderen verbunden ist. Im vorliegenden Fall sind die Lager der

»Aktion Reinhardt« Subgruppen im Gesamtnetzwerk. Der Begriff bezieht sich sowohl auf individuelle und kollektive Akteure und Gruppen als auch auf die Organisation dieser Akteure. Des Weiteren ist für die Analyse das Konzept der *Verbindungen* zentral. Es lenkt den Blick insbesondere auf die Wechselbeziehungen zwischen den Akteuren und auf das Interagieren von Gruppen und Subgruppen. Nicht zuletzt ist der Begriff des *Merkmals* von Bedeutung, der sich sowohl auf die Akteure als auch auf das Netzwerk bezieht. Dabei ist zwischen »absoluten Merkmalen«, die sich auf den einzelnen Akteur beziehen und unabhängig von Beziehungsgeflechten sind, wie zum Beispiel Alter oder Herkunft, und »relationalen Merkmalen«, die die Beziehungen und Verbindungen zwischen den Akteuren beschreiben, zu unterscheiden.[14]

Mit diesen Begriffen und Ansätzen der Netzwerk-Forschung können das Interagieren der Täter und die Tötungsprozesse innerhalb der Vernichtungslager der »Aktion Reinhardt« systematisch herausgearbeitet werden. Die Täter und die Lager sollen als Gesamtnetzwerk betrachtet werden, das sich aus einem Akteurset von 121 Männern zusammensetzt. Dabei handelt es sich um das gesamte Täterkollektiv der in den Osten zum Aufbau der Lager versetzten T4-Angehörigen. Dieses Akteurset und die Lager als Gesamtnetzwerk werden im Folgenden als *T4-Reinhardt-Netzwerk* bezeichnet. Diese Bezeichnung soll die doppelte Zugehörigkeit der Akteure zum Ausdruck bringen: Zum einen dient sie dazu, das Dienstverhältnis zur »T4« sowie die vorherige Tätigkeit in der »Euthanasie« herauszustellen, zum anderen können damit andere in die »Aktion Reinhardt« involvierte Personengruppen, die nicht zum Lagerpersonal gehörten, abgegrenzt werden. Das T4-Reinhardt-Netzwerk wirkte nach Abschluss der »Aktion Reinhardt« weiter: Mindestens 78 Personen wurden Ende 1943 in die »Operationszone Adriatisches Küstenland« versetzt, wo sie jeweils als Abteilung R I, R II und R III eingesetzt wurden. Somit bildeten Teile des T4-Reinhardt-Netzwerks nach der Auflösung der Lager ein neues Netzwerk im »Adriatischen Küstenland«.

Die Beziehungen zwischen »Euthanasie«, »Aktion Reinhardt« und dem »Adriatischen Küstenland« werden in der folgenden Grafik veranschaulicht. Die Pfeile verdeutlichen jeweils die Versetzungen der Tätergruppen.

Das T4-Reinhardt-Netzwerk setzte sich zur Zeit seiner vollen Ausprägung aus vier *Subgruppen* zusammen, wobei die drei Vernichtungslager Belzec, Sobibor und Treblinka jeweils eine Subgruppe bildeten, die vierte bestand aus der Inspektion der »Aktion Reinhardt« in Lublin mit den Arbeitslagern Alter Flughafen, Poniatowa, Dorohucza und zum Teil Budzyn. Die Vernichtungslager selbst bezeichneten sich jeweils als »SS-Sonderkommandos«.

Das T4-Reinhardt-Netzwerk insgesamt und seine Subgruppen im Besonderen waren nach innen und außen mit zahlreichen Akteuren vernetzt. Zur

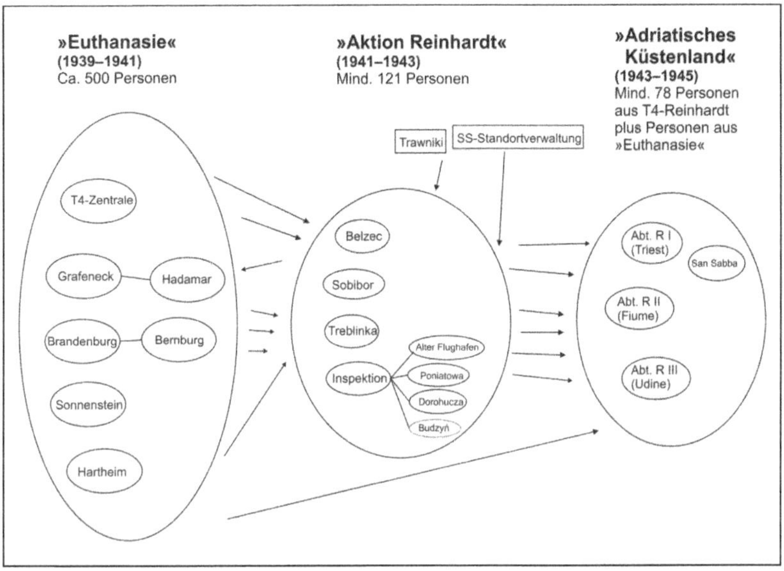

Abbildung 1: Das T4-Reinhardt-Netzwerk mit Vorläufer und Nachfolger (1940–1945)

begrifflichen Unterscheidung wird als *Netzwerk* lediglich das Gesamtnetzwerk, bestehend aus 121 T4-Reinhardt-Männern (in der folgenden Grafik [S. 16] Ebene I), bezeichnet. Es wird ferner zwischen Innennetzen und Außennetzen unterschieden. Der Begriff *Innennetze* (= Ebene II) bezieht sich weitgehend auf die Interaktion mit den in den Lagern beschäftigten Trawniki-Männern, sowjetischen Kriegsgefangenen, die im Lager in Trawniki ausgebildet worden waren, sowie den sogenannten »Arbeitsjuden«, jüdischen Häftlingen, deren Arbeitskraft ausgebeutet wurde. Die Kategorie *Außennetze* (= Ebene III) bezieht sich auf die arbeitsteilige Zusammenarbeit des T4-Reinhardt-Netzwerks mit anderen Organisationen und Akteuren und umfasst sehr vielfältige Kontakte. Die T4-Reinhardt-Männer arbeiteten beispielsweise mit Angehörigen des SSPF Lublin, mit der Lubliner SS-Standortverwaltung, der T4-Verwaltung und der in der Nähe der Vernichtungslager lebenden Bevölkerung zusammen. Das wichtigste funktionale Außennetz war das »Deportationsnetz«, in das Belzec, Sobibor und Treblinka als Endstationen eingebunden waren. Es zeichnete sich durch eine hochgradige lokale und funktionale Arbeitsteilung Tausender Mitglieder von SS und Polizei, der Zivilverwaltung, der Reichsbahn und anderer, auch ausländischer Gruppierungen aus. Ein weiteres wichtiges Außennetz war das »Raubnetz«, innerhalb dessen die jüdischen Besitztümer sortiert und verteilt

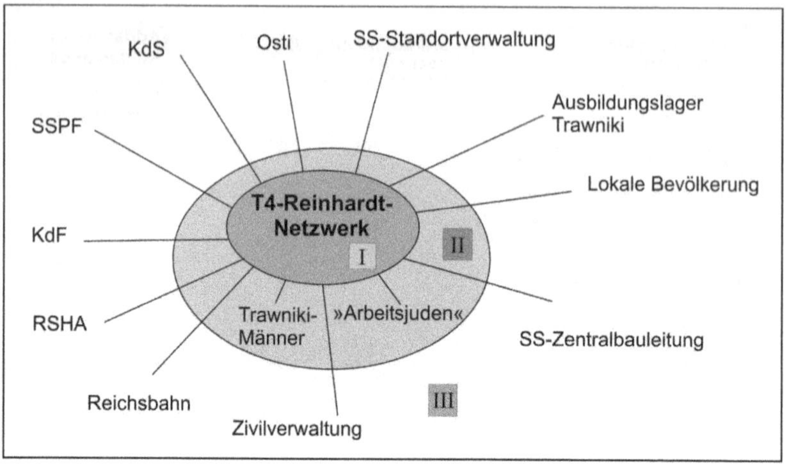

Abbildung 2: Das T4-Reinhardt-Netzwerk mit Innen- und Außennetzen

wurden. Das »Zwangsarbeitsnetz« bildete in der dritten Phase des T4-Reinhardt-Netzwerks eine Mischform. Hier kam es zu einer strukturellen Vernetzung der Subgruppe der Inspektion der Vernichtungslager mit Akteuren der Außennetze. Diese interne Vernetzung fand zum Teil auch im Raubnetz und in Ausnahmefällen im Deportationsnetz statt.

Weder die Aufgaben noch die Größe des stetig wachsenden T4-Reinhardt-Netzwerks waren zu Beginn der Tätigkeit klar bestimmt. Gleiches gilt für die qualitative und quantitative Konsistenz der Innen- und Außennetze. Zwar bestand die Aufgabe der T4-Reinhardt-Männer bereits zu Anfang in der Ermordung der Juden, doch die Reichweite dieser Aufgabe war noch begrenzt. Im Laufe eines mehrmonatigen Prozesses nahm die Vernichtung der Juden immer größere Dimensionen an und es kristallisierten sich weitere, damit verbundene Aufgaben heraus. An dieser Entwicklung hatte das T4-Reinhardt-Netzwerk selbst maßgeblichen Anteil. Im Rahmen von Effektivierungsprozessen übernahmen die T4-Reinhardt-Männer neben der Ermordung der Juden auch Aufgaben bei der »Verwertung der Arbeitskraft« in den Arbeitslagern sowie bei der »Sachverwertung« des in den Lagern angehäuften Geldes, der Wertgegenstände und Kleidung der Opfer. Diese Aufgabenbereiche gehörten ebenfalls zu den zentralen Bestandteilen der »Aktion Reinhardt«.[15]

In den zeitgenössischen Berichten wurden nicht nur die drei Vernichtungslager und die Inspektion von Christian Wirth in Lublin unter dem Decknamen »Reinhardt« gefasst, sondern auch zwei andere Lubliner Einrichtungen, die in die Ermordung der Juden involviert waren und die im Weiteren als Außennetze betrachtet werden: zum einen eine Abteilung beim SSPF, welche die Deportationen organisierte, zum anderen das für die Wertgegenstände zuständige Referat bei der SS-Standortverwaltung. Das Vernichtungslager Auschwitz-Birkenau, das von Repräsentanten des SS-Wirtschafts und Verwaltungshauptamts (WVHA) und teilweise von Historikern ebenfalls als Teil der »Aktion Reinhardt« gesehen wurde, wird in dieser Arbeit nicht zu Einrichtungen der »Aktion Reinhardt« gezählt.[16]

Dass sich die Gruppe der T4-Reinhardt-Männer sowie die Organisation der drei Vernichtungslager als Netzwerk beschreiben lässt, drückt sich auch in der Aussage des Lagermitglieds Erich Bauer über die besondere Organisation der Lagermannschaften aus. Er erklärte den Gruppenzusammenhalt folgendermaßen: »Wir waren ein verschworener Haufen in einem fremden Land, umgeben von ukrainischen Hilfswilligen, auf die kein Verlass war. Unter diesen Umständen waren wir aufeinander angewiesen.«[17] Auch in der Zeichnung eines T4-Mitarbeiters, der die T4-Anstalten im Zuge der Nachkriegsermittlungen in ähnlicher Weise wie die Vernichtungslager als zusammengehörendes System dargestellt hat, wird deutlich, dass sich die beteiligten Akteure bereits damals als »Netzwerkende« wahrgenommen haben, selbst wenn dieser moderne Terminus nicht benutzt wurde.[18]

In dieser Studie wird von einer rein individualisierenden Betrachtung der Täter abgesehen und stattdessen das Netzwerk-Konzept mit dem Instrument der kollektiven Biografie verbunden, um über die Beschreibung von Einzeltätern hinaus allgemeine Aussagen über das gesamte Kollektiv machen zu können.[19] Dazu werden die grundlegenden absoluten Merkmale der 121 T4-Reinhardt-Männer wie Alter, geografische, konfessionelle und berufliche Herkunft, Familienstand, Zugehörigkeit zu nationalsozialistischen Organisationen sowie während der »Euthanasie« ausgeübte Tätigkeiten erfasst, quantitativ-statistisch ausgewertet und die individuellen Lebensläufe miteinander verglichen, um dann wesentliche relationale Merkmale des Täterkollektivs zu bestimmen. Von Interesse sind hier zum einen Indikatoren zur Begründung des Verbleibs im Täterkollektiv und für die Teilnahme am Massenmord an den Juden. Zum anderen werden bei der Betrachtung der formellen und informellen Beziehungen die Führungsgruppen, Hierarchien und Machtkonstellationen herausgearbeitet. Auf diese Weise wird deutlich, auf welche Weise die Täter interagierten, welchen Beitrag sie zur Organisierung des Massenmords an den Juden leisteten, welche Handlungsspielräume sie besaßen und welche Verantwortung ihnen somit für die Verbrechen zugesprochen werden muss. Hierfür wurde anhand der Kriterien Gewalttätigkeit und Einsatzbereitschaft eine Tätertypologie erstellt, mit der die einzelnen Täter nach ihrem jeweiligen Verhalten in den Lagern bestimmten Tätertypen zugeordnet werden.

Forschungsstand zur »Aktion Reinhardt« und Materialgrundlage

Die »Aktion Reinhardt« gilt als zentral für die Vernichtung der Juden. In der historischen Forschung sind jedoch nach wie vor viele Aspekte der Lagerorganisation und -struktur wie auch des Täterverhaltens unklar, zum Teil auch fehlerhaft dargestellt. Dies hat zur Folge, dass auch die Opferzahl, die Betriebszeiten der Lager und ihre verschiedenen Phasen teilweise inkorrekt rekonstruiert wurden. Ein Großteil der vorhandenen Quellen wurde überdies bisher nur sporadisch ausgewertet.

Ausgangspunkt dieser Arbeit sind allgemeine Studien zu den drei Lagern der »Aktion Reinhardt«. Das Standardwerk ist nach wie vor die 1987 erschienene Monografie des Historikers Yitzhak Arad, die vor allem den Opfern großen Raum gibt und sich bei der Auswertung der Prozessakten auf die Dokumentation in Yad Vashem beschränkt.[20] Neueste Versuche einer Zusammenfassung der Forschungsergebnisse zu den Lagern finden sich in der von Wolfgang Benz und Barbara Distel herausgegebenen Reihe »Der Ort des Terrors« und in dem von Bogdan Musial herausgegebenen Tagungsband über die »Aktion Reinhardt«, in dem den drei Vernichtungslagern selbst allerdings nur wenig Raum zugestanden wurde.[21]

Die institutionellen Rahmenbedingungen der Verfolgung und Deportation der Juden im Generalgouvernement wurden durch Fallstudien für die Distrikte Lublin, Galizien und Radom weitestgehend aufgearbeitet, während für die Distrikte Krakau und Warschau ähnliche Studien bislang noch fehlen. Die Regionalstudien waren insbesondere bei der Rekonstruktion des Deportationsnetzes hilfreich.[22]

Bei der Auswertung der biografischen Daten der T4-Reinhardt-Männer waren Studien zum Personal der »Euthanasie«[23] sowie Einzelanalysen zu einigen Tätern hilfreich, wie beispielsweise Gitta Serenys auf Gesprächen mit Franz Stangl, drei weiteren Tätern sowie Überlebenden beruhende Untersuchung.[24] Studien, die systematisch und auf breiter Quellenbasis die Täter und ihre strukturelle Eingebundenheit untersuchen, fehlen bislang noch. Obwohl mittlerweile anerkannt ist, dass es eine Kontinuität von Krankenmord und »Aktion Reinhardt« gab, ist die Dimension, die diese Personalüberstellung hatte, bisher in der Forschungsliteratur nicht deutlich genug zum Ausdruck gebracht worden. Diese Schnittstelle zwischen »Euthanasie« und »Aktion Reinhardt« betrachtete der dänische Historiker Torben Jørgensen, der sich allerdings nur auf die Bestände der »Zentralen Stelle« in Ludwigsburg stützte und seine Untersuchung auf die 40 Männer des Lagerpersonals, gegen die vonseiten der Staatsanwaltschaften ermittelt wurde, beschränkte.[25] Für die spätere Einbeziehung der T4-Reinhardt-Männer in die Verfolgung der Juden und die Partisanenbekämpfung in der Operationszone »Adriatisches Küstenland« konnten Studien zur Okkupationspolitik in Italien herangezogen werden.[26]

Darüber hinaus wurde auch die veröffentlichte Erinnerungsliteratur der Überlebenden von Belzec,[27] Sobibor[28] und Treblinka[29] einbezogen.

Viele Aspekte der »Aktion Reinhardt« können aufgrund der vergleichsweise geringen Zahl an Überlebenden und der in den Lagern vernichteten Akten nicht mehr aufgearbeitet werden. Dennoch lassen die vorhandenen Quellen, wie die Ermittlungsakten und die Erinnerungsberichte, und nicht zuletzt auch die neue Perspektive auf das T4-Reinhardt-Netzwerk präzisere Aussagen zu, als sie bisher in der Sekundärliteratur zu finden sind.

Wesentlichen Raum nehmen in dieser Arbeit die Vernehmungsakten der deutschen NS-Prozesse ein, die umfassend als Quelle herangezogen wurden. Diese Prozessakten wurden zwar auch bisher punktuell und jeweils unter unterschiedlichen Gesichtspunkten von der Forschung ausgewertet, allerdings nicht in so systematischer Weise, wie dies hier geschieht. Die umfangreichen Prozessakten schließen Material aus den Prozessen in der BRD, der DDR und Italien ein, wobei insbesondere die Vernehmungsmitschriften von besonderer Bedeutung waren. In der BRD wurden insgesamt neun Prozesse gegen 26 Mitglieder des Lagerpersonals von Belzec, Sobibor und Treblinka geführt. Die Unterlagen dieser Prozesse bilden den quellenmäßigen Schwerpunkt der Studie. Zusätzlich wurden Akten aus Prozessen gegen Mitarbeiter des Planungsstabs »Aktion Reinhardt«, der Kanzlei des Führers (T4), des persönlichen Stabs von Himmler, des Lagers Trawniki sowie des Reichsverkehrsministeriums analysiert, um die Vernetzungen des T4-Reinhardt-Netzwerks aufzuzeigen. In den Ermittlungsunterlagen finden sich sowohl die durch die deutschen Staatsanwaltschaften angeregten Vernehmungen als auch Aussagen aus den polnischen Ermittlungsverfahren sowie Berichte der Opfer, die bei Institutionen wie Yad Vashem archiviert sind. Die Staatsanwaltschaft in München erhielt – allerdings erst nach dem Belzec-Prozess – auch Aussagen von Trawniki-Männern aus Gerichtsverfahren der UdSSR. Aktenmaterial aus in der DDR geführten Prozessen und Ermittlungen zur »Euthanasie«-Aktion und den Morden in Treblinka wurde ebenfalls ausgewertet, ein Großteil der Unterlagen dieser Prozesse ist jedoch verloren gegangen. Als weiteres Quellenmaterial dienten die Akten des 1976 in Italien geführten Prozesses gegen das ehemalige Personal des Durchgangslagers Risiera di San Sabba in Triest sowie die Dokumentation des parallel dazu bei der Staatsanwaltschaft Frankfurt geführten Ermittlungsverfahrens.[30]

Die in großer Zahl ausgewerteten Justizakten ermöglichen mit einer Vielzahl an Vernehmungsprotokollen eine systematische Analyse des T4-Reinhardt-Netzwerks insgesamt und speziell der Akteure. Auf der Suche nach individueller Verantwortung gingen die Staatsanwälte personenbezogen vor und sammelten zielgerichtet unterschiedlichstes Material mit biografischen Daten der Täter und Indizien zu den Tatmotiven und -einstellungen. Seit der

Einrichtung der »Zentralen Stelle« in Ludwigsburg bestand zudem der Anspruch, nicht nur die Verbrechen der einzelnen Täter, sondern die Gewalttaten in ihrem institutionellen Kontext auszuleuchten.

Die Problematik bei der Verwendung von Justizakten und Zeugenberichten liegt auf der Hand: Die Täter versuchten, ihre persönliche Verantwortung für die Taten herunterzuspielen, was ihnen insbesondere im Fall von Belzec aufgrund der fehlenden Zeugen aufseiten der Opfer gelang. Sie brachten bestimmte Aspekte nicht zur Sprache und leugneten andere. In den späteren Ermittlungsverfahren – mehr als 20 Jahre nach der Tat – war das Erinnerungsvermögen bei den Tätern und selbst bei den um Exaktheit bemühten Opfern beeinträchtigt. Daher wurden zahlreiche Darstellungen untereinander und im Vergleich zu zeitgenössischen Dokumenten minutiös miteinander abgeglichen, um fundierte Aussagen treffen zu können. Die Zeugenaussagen der Opfer ergänzten und korrigierten die Täteraussagen und dienten insbesondere der Konfrontation der Täter mit ihren Taten. Allerdings hatten die Überlebenden aufgrund ihrer Gefangenschaft häufig nur ein begrenztes Wissen über das Geschehen im Lager, so war ihnen beispielsweise der Vernichtungsbereich von Sobibor nicht aus eigener Anschauung bekannt.

Als weitere Quelle neben den Justizakten und den Berichten der Überlebenden dienten Unterlagen des Bundesarchivs, insbesondere des ehemaligen Berliner Document Center. Die Akten haben gegenüber den Justizakten und Opferberichten den Vorteil, dass sie – etwa als Personalakten von SS-Mitgliedern – zeitnah zu den Taten entstanden sind. Sie beziehen sich meistens auf die Mitgliedschaft in nationalsozialistischen Organisationen und geben insbesondere Aufschluss über biografische Daten. Einzelne Erinnerungsberichte stammen außerdem aus den Archiven von Yad Vashem und Washington. Aus der Sammlung des Office of Special Investigation in Washington konnte ebenfalls Material zu den Vernichtungslagern und den Trawniki-Männern, das aus den Archiven der ehemaligen sozialistischen Länder stammte, gesichtet werden. Das Material gibt nicht nur Aufschluss über die bislang nur sehr wenig erforschte Gruppe der Wachtruppen, sondern auch über die Organisation der Lager.[31]

Insgesamt konnten auf diese Weise allein von den 44 T4-Reinhardt-Männern, die sich nach 1945 zu den Verbrechen geäußert haben, weit über 500 Aussagen, Briefe und Berichte ausgewertet werden. Hunderte Aussagen von weiteren Tätern vervollständigen das Bild auf der Seite der Täter. Von 52 Sobibor-Überlebenden konnten über 250 Aussagen, Interviews sowie veröffentlichte und unveröffentlichte Berichte in die Analyse einbezogen werden sowie in mehr als 240 weiteren Aussagen und Berichten die Erlebnisse von über 70 Treblinka-Überlebenden.

Aufbau der Arbeit
Ausgangspunkt der Untersuchung ist der Herbst 1941, als die Entscheidung gefällt wurde, T4-Personal an den SSPF in Lublin, Odilo Globocnik, abzugeben. Zu Beginn der Zusammenarbeit zwischen der Kanzlei des Führers und dem SSPF gab es noch kein Programm für einen systematischen Völkermord, dieses entwickelte sich erst in einem dynamischen Prozess im Zusammenspiel verschiedener Akteure. In der *Aufbauphase* von Herbst 1941 bis zum Juni/Juli 1942 wurden die drei Lager eingerichtet und das T4-Reinhardt-Netzwerk konstituiert. Nach Belzec und Sobibor wurden bereits die ersten Transporte geleitet. Eine Zäsur stellte die zweiwöchige Transportsperre im Juni 1942 dar, danach begann die *Konsolidierungs- und Optimierungsphase*, die bis Dezember 1942 anhielt. Die ersten Deportationen nach Treblinka setzten erst im Juli 1942 ein, als Belzec bereits seine erste Umstrukturierung hinter sich hatte. Von Juli bis Ende 1942 war das modifizierte Vernichtungssystem im ständigen Einsatz, der größte Teil der Opfer starb in diesem halben Jahr. Das Täterkollektiv wuchs in dieser Phase weiter und die Vernichtungskapazität wurde erweitert. In dieser Phase formierte sich auch das Raubnetz, in dem die »Verwertung« von Kleidung und Wertgegenständen aus den Beständen der Lager der »Aktion Reinhardt« organisiert wurde.

Die dritte Phase kann als die der *Restrukturierung der Lager und der Übernahme weiterer Funktionen* bezeichnet werden, die bis zum Ende der Tätigkeit des T4-Reinhardt-Netzwerks in Polen Ende 1943 währte. Sobibor und Treblinka nahmen erst in dieser Phase ihre endgültige Gestalt an, während Belzec bereits keine Transporte mehr aufnahm. Diese Phase ist trotz des Rückgangs an ursprünglichen Aufgaben – der Großteil der polnischen Juden war zu diesem Zeitpunkt bereits ermordet – durch die größte Machtentfaltung des T4-Reinhardt-Netzwerks gekennzeichnet. Sie entstand einerseits durch die Ausweitung der Deportationen auf west-, süd- und osteuropäische Länder, andererseits durch die Übernahme zusätzlicher Aufgaben im Zwangsarbeitsnetz in den SS-Arbeitslagern Poniatowa, Dorohucza, Budzyn und im Alten Flughafen in Lublin. Das T4-Reinhardt-Netzwerk weitete damit seine Tätigkeit über das ursprüngliche »Primärziel«, die Ermordung der Juden, auf »Sekundärziele« wie die Zwangsarbeit und die »Sachverwertung« aus. Dieses Kapitel beschäftigt sich auch mit der Vernetzung innerhalb des T4-Reinhardt-Netzwerks sowie mit den inzwischen voll ausgebauten funktionalen Innennetzen, die die T4-Reinhardt-Männer, die »Arbeitsjuden« und die Trawniki-Männer konstituierten, sowie mit den Außennetzen, das heißt der Zusammenarbeit mit anderen deutschen Einheiten und mit der lokalen Bevölkerung. Daran schließt sich eine Darstellung der Aufstände in Sobibor und Treblinka sowie der Liquidierung der Lager an. Die T4-Reinhardt-Männer folgten Ende 1943 dem SSPF von Lublin fast geschlossen nach Norditalien in die neu gebildete Operationszone »Adriatisches Küstenland«, um dort als »Abteilung R« Partisanen zu bekämpfen, Juden festzunehmen und deren Eigentum zu konfiszieren.

Auf der Grundlage dieser Analyse werden dann die Merkmale des Täterkollektivs systematisch herausgearbeitet. Dabei werden auch Legitimations- und Rechtfertigungsmuster sowie die Gruppendynamiken und Eigeninteressen in Bezug auf die Beteiligung am Massenmord betrachtet, um zuletzt eine Tätertypisierung anhand der Kriterien Gewalttätigkeit und Einsatzbereitschaft vorzunehmen. Im Anschluss geht es um die juristische Aufarbeitung der »Aktion Reinhardt« nach 1945, den Umgang der Täter mit ihrer Vergangenheit und die Auseinandersetzung der deutschen Öffentlichkeit mit den drei Lagern. Das letzte Kapitel legt zusammenfassend noch einmal die Faktoren dar, die für die Effektivierung des Massenmords maßgeblich waren.

An dieser Stelle noch ein Hinweis zur Schreibweise der Orte: Die deutsche Schreibweise der Namen Belzec, Sobibor und Treblinka wurde verwendet, wenn es sich nicht um die Ortschaft selbst, sondern um die Lager handelte, da die Täter selbst die eingedeutschten Namen zur Benennung der Vernichtungslager verwendeten. Dies gilt auch für das Arbeitslager Budzyn. Die gleichnamige Ortschaft wird hingegen, ebenso wie alle anderen Orte – darunter auch die Kreise der Distrikte –, in polnischer Sprache wiedergegeben, es sei denn, es handelt sich um größere Städte mit eingedeutschter Schreibweise wie Warschau, Krakau und Tschenstochau beziehungsweise Verwaltungseinheiten wie den Regierungsbezirk Bialystok.

Zur Begrenztheit der Sprache

Die Studie untersucht die Lager der »Aktion Reinhardt« im Wesentlichen mit einem Schwerpunkt auf den Tätern und kommt daher nicht umhin, die damals verwendeten Begrifflichkeiten mit aufzunehmen, um Aufbau und Struktur des Vernichtungssystems und die personelle Besetzung zu beschreiben. Es war daher teilweise nicht möglich, die von den Tätern selbst geprägten, häufig zynischen und euphemistischen Begriffe – wie »Rasse«, »Arbeitsjuden«, »arbeitsunfähig«, »Transportabfertigung«, »Zivilisten«, »Lazarett«, »Umschlagplatz« oder »Schlauch« – nicht zu verwenden, auch wenn die Nutzung der Begriffe aus der Tätersprache immer die Gefahr einer Legitimation in sich birgt. Dass man mit der Sprache an Grenzen stößt, wenn man den Massenmord angemessen beschreiben will, wird auch dadurch deutlich, dass äquivalente, negativ konnotierte Worte für die im Allgemeinen positiv besetzten Begriffe wie Effizienz, Herausforderung oder Initiative fehlen.

Der Begriff »Jude« bezieht sich nicht auf Selbstzuschreibungen, sondern auf die den Opfern von den Nationalsozialisten zugeschriebene »Rassenzugehörigkeit«. Er umfasst dementsprechend auch Christen oder Atheisten jüdischer Herkunft, die ebenfalls als »Juden« verfolgt wurden.

Durch die Fokussierung auf die Täter und die Strukturen der Verfolgung bleibt das Leid der Opfer, die in der Studie nur funktional als Deportierte und »Arbeitsjuden« behandelt werden, außen vor. Die Arbeit leistet keine integrierte Geschichte, in der auch den Gefühlen und Erfahrungen der verfolgten Individuen Raum gegeben wird, sondern bietet aufgrund ihrer Perspektive zwangsläufig nur eine fragmentarische Sicht auf die Vernichtungslager. Auch wenn das Schicksal der einzelnen Opfer, die in den Vernichtungslagern ermordet wurden oder die sie überleben konnten, hier weitestgehend gesichts- und namenlos bleibt, so ist ihr Leid auch in dieser täterzentrierten Studie allgegenwärtig. Nur durch die Einbeziehung ihrer Erinnerungen und ihrer Zeugenaussagen konnte das Geschehen in den Lagern überhaupt analysiert werden.[32]

Trotz aller Versuche, sich dem Untersuchungsgegenstand nüchtern und mit kritischer Distanz zu nähern, um rationale Erklärungen für den Massenmord zu finden, bleibt letztendlich Unverständnis darüber zurück, wie diese »Hölle voller Teufel«,[33] wie Treblinka von dem ehemaligen Gefangenen Chil Rajchman genannt wurde, möglich sein konnte.

Voraussetzungen für den Völkermord

Bis zum Herbst 1941 waren die wesentlichen Voraussetzungen zur Durchführung der »Aktion Reinhardt« gegeben. Erstens hatte sich im Lauf des Feldzugs gegen die Sowjetunion auf den nationalsozialistischen Führungsebenen die Vorstellung durchgesetzt, dass die massenhafte Ermordung der jüdischen Bevölkerung eine Alternative zur bisherigen Verfolgungspolitik darstellte. Wie die sowjetischen Juden sollten auch die polnischen Juden physisch vernichtet werden. Dabei wurde nach – für die Täter – »humaneren« und unauffälligeren Tötungsmethoden gesucht. Statt der Massenerschießungen sollte nun Giftgas zur Anwendung kommen. Zweitens suchte der SSPF von Lublin, Odilo Globocnik, dezidiert nach Möglichkeiten zur »Lösung der Judenfrage« in seinem Distrikt. Im Rahmen der Errichtung der »SS- und Polizeistützpunkte im neuen Ostraum« hatte er bereits besondere institutionelle Voraussetzungen geschaffen, die ihm letztendlich bei der massenhaften Ermordung der jüdischen Bevölkerung dienlich sein sollten. Drittens stand ab August 1941 mit der vorläufigen Einstellung der »Euthanasie-Aktion« Personal zur Verfügung, das auf die Tötung mit Giftgas spezialisiert war. Diese »freigesetzten« T4-Männer bildeten das Reservoir für das T4-Reinhardt-Netzwerk.

Mit diesen drei Voraussetzungen konnte die Ermordung der Juden mit Giftgas im Distrikt Lublin in Gang gesetzt werden. Sie wurde zunächst als »Aktion Globus«[1] (so wurde Globocnik von Himmler genannt) bezeichnet und in einem interaktiven Prozess verschiedener Akteure und Organisationen zur »Aktion Reinhardt« weiterentwickelt.

Die Verfolgung der Juden und erste Giftgasexperimente bis zum Herbst 1941

Der Überfall auf Polen, wo über drei Millionen Juden lebten, stellt einen wichtigen Wendepunkt in der Verfolgung der Juden dar. Über ein Drittel der Juden befand sich zunächst im sowjetisch besetzten Teil Polens. Zwei Millionen Juden lebten dagegen im deutschen Herrschaftsbereich, der sich in vier an das Deutsche Reich annektierte Gebiete und das Generalgouvernement mit seinen ursprünglich vier Distrikten Krakau, Warschau, Lublin und Radom unterteilte. Nach dem Überfall auf die Sowjetunion kam Galizien als fünfter Distrikt hinzu, während die Landstriche um Białystok den Regierungsbezirk Bialystok bildeten. Von Beginn an gingen die Besatzer gewaltsam gegen die jüdische, aber auch gegen die polnische Bevölkerung vor. Bis zu 30000 Menschen kamen allein in den ersten Wochen infolge von Misshandlungen und Pogromen außerhalb der Kriegshandlungen ums Leben. Zudem wurden in den annektierten Gebieten ab Oktober 1939 Tausende Patienten aus psychiatrischen Anstalten ermordet. Zur selben Zeit wurden die ersten Ghettos in Polen errichtet – zunächst im Distrikt Radom –, was mit der zunehmenden Entrechtung und Ausraubung der jüdischen Bevölkerung einherging. Bis zu 600 weitere Ghettos und »jüdische Wohnbezirke« entstanden in den nächsten Jahren.[2]

Der Landgewinn und insbesondere die Einrichtung des Generalgouvernements boten zudem neue Möglichkeiten, Juden aus dem Deutschen Reich und insbesondere aus den neu hinzugewonnenen annektierten Gebieten zu vertreiben. Die meisten diesbezüglichen Ideen, wie zum Beispiel die Errichtung eines Judenreservats in der Nähe von Lublin sowie bei Nisko, wurden schnell wieder verworfen. Eine größere Dimension erreichte ab Ende 1939 die Verschleppung von Hunderttausenden Juden und Polen aus den annektierten polnischen Gebieten ins Generalgouvernement, das als eine Art »Deponie« für unliebsame Bevölkerungsgruppen fungierte. Auf Drängen des Generalgouverneurs Hans Frank, der ehrgeizige Eindeutschungspläne für das Generalgouvernement hatte, wurden die Bevölkerungsverschiebungen im März 1940 allerdings weitestgehend unterbunden.[3]

Im Sommer 1941 begann mit dem Feldzug gegen die Sowjetunion der systematische Massenmord an den Juden. SS-Einsatzgruppen und andere Polizeiverbände erschossen im rückwärtigen Heeresgebiet erst die jüdischen Männer als vermeintlich bolschewistische Partisanen, um anschließend auch die Frauen und Kinder in die Tötungsaktionen mit einzubeziehen und systematisch ganze Gebiete »judenrein« zu machen.[4] Mitte Oktober 1941 setzten systematische Deportationen der Juden aus Deutschland, Österreich und dem Protektorat ein. Zunächst war das bereits überfüllte Ghetto von Litzmannstadt (Łódź) das Ziel, dessen Einwohner später in Kulmhof (Chełmno) ermordet wurden. Ab November 1941 gingen Transporte nach Minsk, Kowno und Riga, wo die Deportierten den Einsatzgruppen zum Opfer fielen. Durch den Krieg gegen die Sowjetunion wurden auch bei den führenden Nationalsozialisten im Generalgouvernement Hoffnungen auf eine baldige Abschiebung aller Juden in den »Osten« geweckt, da dieses nun ebenfalls zum »Eindeutschungsland« geworden war, das die Existenz von Juden nicht mehr vorsah.[5]

Zahlreiche, meist selbst geschaffene »Sachzwänge« hatten die wahrgenommenen Handlungsmöglichkeiten bis 1941 derart eingeschränkt, dass viele Amtsträger im Generalgouvernement den Tod der Juden als eine denkbare Lösung des »Judenproblems« in Kauf nahmen oder zumindest keine Argumente mehr dagegen suchten. Die Darstellung der Juden als Bolschewisten und Partisanen, die ein Sicherheitsproblem verursachten, sowie die Stigmatisierung als Seuchenverbreiter, als Besetzer des für die Germanisierung notwendigen Wohnraums und insbesondere als »überflüssige Esser«, deren Versorgung in den Ghettos vor dem Hintergrund einer zunehmend schwierigen Ernährungssituation nicht nur ein logistisches Problem darstellte, taten ihr Übriges. Die Forderung nach einer Verschärfung der »Judenpolitik«, nach einer »Endlösung der Judenfrage«, war keine Einzelerscheinung mehr.[6] Das markanteste Beispiel für den Wandel im Denken der Verantwortlichen im besetzten Polen ist der Aktenvermerk des Leiters der SD-Leitstelle Posen, Rolf-Heinz Höppner, der für die Juden des Ghettos Litzmannstadt vorschlug, sie durch ein »schnellwirkendes Mittel« zu ermorden, statt sie im Winter verhungern zu lassen. Höppners Vorschlag ist vor dem Hintergrund der im Wartheland mit Giftgas durchgeführten Ermordungen an Anstaltspatienten durch das Sonderkommando Herbert Lange zu sehen. Diese hatte zum einen die Hemmschwellen für den Massenmord an den Juden herabgesetzt; zum anderen standen damit auch Techniken und Personal bereits zur Verfügung.[7]

Im Herbst 1941 ging es nicht mehr um die Frage, ob die polnischen Juden oder zumindest große Teile von ihnen getötet werden sollten; zur Debatte stand nur mehr die Wahl des Tötungsmittels. Nicht praktikabel erschien es den Verantwortlichen, die polnischen Juden – wie es in den östlichen Gebieten praktiziert wurde – massenhaft zu erschießen. An den Exekutionen in der Sowjetunion waren Tausende Männer in unmittelbarer Form beteiligt, was für viele zur psychischen Belastung wurde. Zudem drangen Informationen über die systematische Ermordung der Juden bis ins Deutsche Reich vor, da die Massenerschießungen im öffentlichen Raum stattfanden. Die polnischen Juden eingesperrt in den Ghettos verhungern zu lassen, wie es in Warschau längst an der Tagesordnung war, ließ sich aber ebenso wenig bewerkstelligen. Deshalb galt es, ein als weniger grausam – nicht für die Opfer, sondern für die Exekutoren – erachtetes Tötungsmittel zu finden, das schnell und effizient große Personengruppen töten konnte. Prinzipiell gab es dies schon, schließlich waren bereits davor Vergasungsmethoden praktiziert worden, etwa in den Gaskammern der »Euthanasie« oder in den Gaswagen, die zur Ermordung der Patienten der psychiatrischen Anstalten in den annektierten Gebieten eingesetzt worden waren. Der umfangreiche Transport von CO-Flaschen bis in den Osten erschien aber als kaum durchführbar.[8]

Nachdem Himmler Mitte August 1941 selbst einer Massenexekution beigewohnt hatte, beauftragte er Arthur Nebe, Chef der Einsatzgruppe B und

Amtschef des Reichskriminalpolizeiamtes, mit der Suche nach einem neuen Massentötungsmittel. Dieser schaltete das zur Kripo gehörige Kriminaltechnische Institut (KTI) ein. Leiter der Abteilung Chemie – Physik war dort der Chemiker Albert Widmann, der bereits während der »Euthanasie« die CO-Flaschen und Gifte zur Tötung bereitgestellt hatte. Widmann führte im September 1941 Versuchsvergasungen im weißrussischen Mogilew durch. Dabei wurde ein Pkw an ein Gebäude herangefahren und ein Metallschlauch vom Auspuff des Pkws an den im zugemauerten Fenster montierten Einfuhrstutzen angeschlossen. Um die Wirksamkeit der Methode zu testen, wurden Geisteskranke im Gebäude eingesperrt und die Abgase durch das Anlassen des Motors eingeleitet.[9] Wahrscheinlich waren bei dieser oder bei einer darauffolgenden Mordaktion in Minsk auch Funktionäre von Odilo Globocniks Stab anwesend, die später in der »Aktion Reinhardt« eine führende Rolle einnahmen.[10] Im Anschluss an die »Versuchsvergasungen« wurde im Referat »Kraftfahrwesen der Sicherheitspolizei« (II D 3a des Reichssicherheitshauptamtes – RSHA) eine ähnliche Technik für die Gaswagen entwickelt. Am Auspuff der von der Firma Gaubschat gelieferten Fahrgestelle wurde ein Abgasschlauch angebracht, der von außen über ein Rohr mit dem Wageninneren verbunden wurde, sodass die Auspuffgase bei eingeschaltetem Motor direkt in das Wageninnere geleitet werden konnten. Im Spätherbst wurde der Gaswagen in Sachsenhausen erfolgreich getestet und dann zu den Einsatzgruppen und ab Januar 1942 nach Kulmhof (Chełmno) geschickt.[11] In Kulmhof wurden ab Dezember 1941 – zunächst noch mithilfe von Kohlenmonoxid in Gasflaschen, dann mit den neuen Gaswagen – Juden sowie Sinti und Roma des annektierten Warthelands, insbesondere des Ghettos Litzmannstadt, ermordet.[12]

In Auschwitz – dem zukünftigen Konkurrenzprojekt der »Aktion Reinhardt« – fanden zur gleichen Zeit ebenfalls Giftgasversuche statt. Die Verantwortlichen kannten die Modalitäten zum Teil aus der Verschickung von Häftlingen des Lagers nach Sonnenstein während der »Aktion 14f13«, der Tötung von erschöpften Konzentrationslager-Häftlingen in den »Euthanasie«-Einrichtungen. Am 3. September 1941 wurden im Kellergeschoss des Blocks 11 250 geschwächte und kranke polnische Häftlinge und etwa 600 sowjetische Kriegsgefangene mithilfe des Giftgases Zyklon B, das im Lager zur Desinfektion der Kleidung und der Baracken verwendet wurde, getötet.[13]

Das Generalgouvernement, der Distrikt Lublin und die Judenverfolgung

Auch im Generalgouvernement drängten die deutschen Besatzer im Herbst 1941 auf eine radikale »Lösung der Judenfrage«. Zu diesem Zeitpunkt waren die dort lebenden Juden von den deutschen Besatzungsbehörden bereits gekennzeichnet, entrechtet, ausgeplündert, ausgebeutet, in einigen Städten in beengten Ghettos, in denen Hunger und Krankheiten herrschten, eingesperrt, misshandelt und – nicht nur in Einzelfällen – getötet worden. Daran beteiligt waren in unterschiedlicher Weise alle Besatzungsinstanzen; erst bei der Liquidierung der jüdischen Ghettos nahmen die SSPF eine exponierte Stellung ein.

Die Zivilregierung im Generalgouvernement mit Sitz in Krakau unterstand Hans Frank. In den Distrikthauptstädten Krakau, Lublin, Warschau, Radom und – ab August 1941 – Lemberg waren ihm Gouverneure untergeordnet, denen wiederum in den 54 Kreis- und sieben Stadthauptmannschaften Kreishauptmänner unterstellt waren. Himmlers Vertreter war der Höhere SS- und Polizeiführer (HSSPF) Ost, dessen Posten bis November 1943 Friedrich-Wilhelm Krüger innehatte. Ihm waren in den fünf Distrikthauptstädten die SSPF untergeordnet.[14] Vertreter des RSHA war bis zum Sommer 1943 der Befehlshaber der Sicherheitspolizei und des SD (BdS) Eberhard Schöngarth. Der verlängerte Arm des BdS waren die Kommandeure der Sicherheitspolizei und des SD (KdS) in den Distrikthauptstädten. Ihnen unterstanden, wie der Mutterorganisation RSHA, alle Angehörigen von SD, Gestapo und Kriminalpolizei; zugleich waren sie auch oberste Dienstherren der polnischen Kriminalpolizei.[15] Das Hauptamt Ordnungspolizei war durch den Befehlshaber der Ordnungspolizei (BdO) und die dem BdO untergeordneten Kommandeure der Ordnungspolizei (KdO) im Generalgouvernement vertreten. BdO war Ende 1941 Gerhard Winkler, ab Mai 1942 Herbert Becker. Die Ordnungspolizei verfügte über die größten Einheiten, ohne die die Deportationen kaum möglich gewesen wären: die Polizeibataillone, die Gendarmerie, die Schutzpolizei und die polnische Stadtpolizei.[16] Als weitere Instanz war auch die Wehrmacht mit dem »Militärbefehlshaber im Generalgouvernement« beziehungsweise ab September 1942 der »Wehrkreisbefehlshaber im Generalgouvernement« vertreten. Diesem unterstanden die Oberfeldkommandanturen in Warschau, Krakau, Lemberg, Lublin und Kielce.

Eine besondere Rolle bei der Ermordung der Juden spielte der Distrikt Lublin. Letztendlich sollten hier zwei der drei Vernichtungslager der »Aktion Reinhardt«, Belzec und Sobibor, verortet sein, und auch Treblinka im Distrikt Warschau fiel in den Zuständigkeitsbereich des SSPF Odilo Globocnik und seiner Mitarbeiter, ebenso die Koordination der Transporte. Dies lag vor allem an Globocniks vergleichsweise großem Mitarbeiterstab sowie an der Errichtung des Ausbildungslagers Trawniki.[17] Über den Mitarbeiterstab verfügte Globocnik im Unterschied zu den SSPF der anderen Distrikte schon vor Beginn des Genozids, was zum einen auf seine Eigeninitiative, die aktive Nutzung seiner Handlungsspielräume als SSPF und seine enge Beziehung zu Himmler zurückzuführen war. Zum anderen war diese Entwicklung durch seine im Juli 1941 erfolgte Ernennung zum »Beauftragten des Reichsführers-SS und Chef der Deutschen Polizei für die Errichtung der SS- und Polizeistützpunkte im neuen Ostraum« forciert worden.[18] Die Stützpunkte im Osten wurden von Mitarbeitern Globocniks geleitet, die sich bereits 1940 in seinem Zwangsarbeitsprojekt »Buggrabenbau«, den »Judenlagern« in Bełżec und Umgebung, bewährt hatten. Dabei handelte es sich um Georg Michalsen (Außenstelle Russland-Nord in Riga), Kurt Claasen (Außenstelle Russland-Mitte in Mogilew) und Richard Thomalla (Außenstelle Russland-Süd in Kiew). Hermann Höfle oblag die Betreuung der bei den Außenstellen beschlagnahmten Produktionsstätten und Wirtschaftsbetriebe. Die Männer sollten als verlässliche Gehilfen Globocniks spätestens ab Anfang 1942 maßgeblich an der Ermordung der Juden in den Vernichtungslagern beteiligt sein. Als sogenanntes »Reinhardt«-Referat beim SSPF Globocnik organisierten und koordinierten sie die Deportationen in die Lager.[19]

Im Zusammenhang mit dem Aufbau der Stützpunkte stand auch die Gründung des Ausbildungslagers Trawniki, dem eine wesentliche Rolle in der personellen Ausstattung der Vernichtungslager zukommen sollte. Kommandant war ab Oktober 1941 Karl Streibel. Offiziell wurden die dort ausgebildeten Kräfte als »Wachmannschaften des Beauftragten des RFSS [...] für die Errichtung der SS- und Polizeistützpunkte im neuen Ostraum« bezeichnet. Erst nach dem Scheitern des Stützpunktprojekts führten sie ab 1942 den Namen »Wachmannschaften des SSPF im Distrikt Lublin«. Grundlage für die Rekrutierung der »Trawniki-Männer« waren die im Juli 1941 im Einsatzbefehl Nr. 8 von Reinhard Heydrich angeordneten Richtlinien zur Überprüfung der sowjetischen Kriegsgefangenen. Mit dem Befehl sollten nicht nur die »politisch untragbaren Elemente« unter den Gefangenen aussortiert, sondern gleichzeitig auch »Personen, die besonders vertrauenswürdig erscheinen und daher für den Einsatz zum Wiederaufbau der besetzten Gebiete verwendungsfähig sind«, identifiziert werden.[20] Aus den Kriegsgefangenenlagern in Lublin, Chełm, Riwne, Biała Podlaska, Białystok, Bila Tserkva, Shitomir und Grodno wurden »Volksdeutsche«, deutschsprachige und – von Ausnahmen abgesehen – nicht russische Soldaten wie Ukrainer, aber auch Letten, Litauer, Esten, Weißrussen, Rumänen, Tataren, Georgier und Tschuwaschen als verwendungsfähig ausgewählt und in das Ausbildungslager Trawniki geschickt. Bis zur Jahreswende 1941/42 traten über 1000 Kriegsgefangene, die spätestens ab Oktober 1941 in den Lagern unter katastrophalen Bedingungen zu leiden hatten, in deutsche Dienste ein. Über 1000 weitere wurden im Juni und Juli 1942 nach Trawniki überführt. Ab August 1942 wurden auch Zivilisten, zum Beispiel aus der Westukraine, rekrutiert. Bis zum Frühjahr 1944 sollten etwa 5000 Rekruten das Ausbildungslager durchlaufen haben. In Trawniki wurden die Männer neu eingekleidet und militärisch ausgebildet. In Anlehnung an deutsche Kolonialzeiten und die Verwendung von Einheimischen als Soldaten in Deutsch-Ostafrika und im Ersten Weltkrieg wurden sie auch »Askaris« oder nach ihren Uniformen »Schwarze« genannt. Die überlebenden Opfer bezeichneten sie vereinfachend als »Ukrainer«. Sie waren nicht die ersten Ausländer, die in die Dienste der Deutschen im Distrikt Lublin eintraten. Zuvor hatte sich Globocnik in Experimenten wie dem »Selbstschutz« aus »Volksdeutschen« und dem »Sonderdienst« versucht, was jedoch gescheitert war. Ihre ersten Einsätze hatten die Wachmänner aus Trawniki um die Jahreswende bei der Bewachung von Arbeitslagern und Ghettos. Der Einsatz der Hilfstruppe in den Arbeitslagern, bei Massenerschießungen und in den Vernichtungslagern ermöglichte es, den Aufwand an deutschem Wachpersonal bei der Verfolgung der Juden möglichst gering zu halten.[21]

Eine weitere Besonderheit, durch die die Deportation der Juden forciert und auch legitimiert wurde, war die angestrebte Germanisierung des Distrikts Lublin, die teilweise von den Angehörigen des Judenreferats von Globocnik vorangetrieben wurde. Dabei spielte das Siedlungsgebiet Zamość eine herausragende Rolle; aber auch die Distrikthauptstadt Lublin sollte zu einer »SS-Stadt« gemacht werden. Germanisierung und Ermordung der Juden waren nur zwei Seiten derselben Medaille; sie gehörten als komplementäre Teile der nationalsozialistischen Bevölkerungspolitik funktional zusammen.[22] Deshalb wandte sich Globocnik Anfang Oktober 1941 wegen der »Verdeutschung des Distrikts« und der vermeintlichen »Notlage der Volksdeutschen« in einem Brief an Himmler und bat ihn darum, die Situation durch eine »Zusammensiedlung und eine Entsiedlung der Fremdvölkischen«,[23] das heißt der Juden, politisch beruhigen zu dürfen. Knapp zwei Wochen danach fand am 13. Oktober 1941 in Berlin eine Besprechung zwischen Himmler, Krüger und Globocnik statt. Aller Wahrscheinlichkeit nach erhielt Globocnik bei diesem Treffen den Auftrag, ein Vernichtungslager für die »arbeitsunfähige« jüdische Bevölkerung des Generalgouvernements zu errichten.[24]

Auch in anderen Teilen des Generalgouvernements gab es Überlegungen, die Juden massenhaft zu töten oder zumindest noch stärker zu kontrollieren. Sie manifestierten sich im Erlass der 3. Verordnung über Aufenthaltsbeschränkungen im Generalgouvernement, der auf den 15. Oktober 1941 rückdatiert wurde. Er sah vor, dass Juden, die den »ihnen zugewiesenen Wohnbezirk unbefugt verlassen«, etwa um sich zusätzliche Nahrung zu besorgen, mit dem Tode bestraft wurden. Die Verordnung bildete die Grundlage des im November 1941 verkündeten »Schießerlasses«, der festlegte, »umherwandernde Juden«, wenn sie flüchten oder Widerstand leisten wollten, an Ort und Stelle zu erschießen.[25]

Die Dringlichkeit, die der Ermordung der Juden im Generalgouvernement zugesprochen wurde, unterstrichen auf der Wannseekonferenz am 20. Januar 1942 auch der von Frank gesandte Staatssekretär Josef Bühler und der Befehlshaber der Sicherheitspolizei und des SD Schöngarth. Bühler forderte, mit der »Endlösung« im Generalgouvernement zu beginnen, in dem zweieinhalb Millionen Juden leben würden. Er begründet dies damit, dass es weniger Transportschwierigkeiten als in anderen Ländern gäbe, die Vernichtung vor Ort durchgeführt werden könne, der Arbeitseinsatz sehr beschränkt sei und man zusätzlich auch das von den Juden ausgehende Problem von Seuchen und Schwarzmarkt verringern könne.[26] Unklar ist, ob Globocniks Vernichtungslager schon im Januar 1942 für die Ermordung aller Juden des Generalgouvernements vorgesehen war. Eindeutig scheint aber zu sein, dass Globocnik mit der Wahl des Ortes für das erste Lager an der Grenze zwischen den Distrikten Lublin und Galizien mit guter Anbindung an den Distrikt Krakau beabsichtigte, den Radius des ersten Vernichtungslagers jederzeit ausbauen zu können.

Das T4-Personal und seine Einbeziehung in den Massenmord

Als Personal für den geplanten Massenmord boten sich die Mitarbeiter der »Euthanasie«-Anstalten an, die bereits auf den Mord mit Giftgas vorbereitet waren und für die zu diesem Zeitpunkt wegen des Stopps der Krankenmorde eine neue Verwendung gesucht wurde.

Die sogenannte »Aktion T4« war ab Anfang 1940 in sechs »Euthanasie«-Einrichtungen durchgeführt worden: in Grafeneck (Baden-Württemberg) und nach dessen Schließung Hadamar (Hessen), Brandenburg an der Havel und nach dessen Schließung Bernburg an der Saale (Sachsen-Anhalt), Hartheim bei Linz und Sonnenstein in Pirna (Sachsen). Über 70000 Kranke und Behinderte wurden dort in Gaskammern mit CO-Flaschengas getötet. Zuständig für die »Euthanasie« war das von Oberdienstleiter Viktor Brack geleitete Hauptamt II – »Angelegenheiten betr. Staat und Partei« in der »Kanzlei des Führers der NSDAP«. Die Kanzlei des Führers war Hitlers Privatkanzlei und unterstand Reichsleiter Philipp Bouhler. Die Berliner Zentrale der »Euthanasie« befand sich anfangs im Columbushaus, später zu großen Teilen in der Tiergartenstraße 4. Um die reichsdeutsche Bevölkerung und die beteiligten Institutionen des Gesundheitswesens über den Mord an Geisteskranken und Behinderten zu täuschen, wurden mehrere Scheinorganisationen gebildet, darunter die fiktive »Gemeinnützige Stiftung für Anstaltspflege«, kurz »Stiftung«. Sie trat als Arbeitgeber des T4-Personals auf und entsprach so zum Teil der realen Personalabteilung, die auch später noch für die T4-Reinhardt-Männer verantwortlich war.[27]

Die »Euthanasie« zeichnete sich durch einen hohen Grad an Organisation und Arbeitsteilung aus. So unterstanden die Anstalten einer Doppelspitze aus »Bürovorstand« und medizinischem Leiter. Die Bürovorstände und ihre Stellvertreter wie Christian Wirth, Franz Reichleitner, Gottlieb Hering und Franz Stangl waren Polizisten und für das Standesamt der »Euthanasieeinrichtung« zuständig. Die medizinische Seite der Aktion leitete ein Arzt, zum Beispiel Irmfried Eberl oder Horst Schumann. Die Ärzte waren für die Begutachtung der Opfer vor dem Tod, die Gaszufuhr, die Unterzeichnung der Trostbriefe und Sterbeurkunden verantwortlich. Unter ihrer Zuständigkeit wirkten verschiedene Arbeitsgruppen an der Ermordung der Kranken mit: Angehörige der Transportabteilung holten zusammen mit den Krankenpflegern und -schwestern die Opfer bei den Heil- und Pflegeanstalten ab, das Pflegepersonal führte sie vor die Ärztekommission, half ihnen beim Auskleiden und führte sie zu den Gaskammern. Nach der Ermordung verbrannten sogenannte »Brenner« beziehungsweise »Desinfektoren« die Leichen im Krematorium, füllten die Asche in Urnen und versandten sie bei Nachfrage an die Angehörigen. Im Büro waren mehrere Mitarbeiter unter anderem mit der Führung der Krankenkartei, standesamtlichen Aufgaben oder dem Versand der Trostbriefe und der Urnen beschäftigt. Ein Polizeikommando sorgte innerhalb und außerhalb der Tötungsanstalt für Ordnung. In der Wirtschaftsabteilung wurden sämtliche Angelegenheiten bezüglich des Personals und der Gebäude bearbeitet. Weitere Mitarbeiter waren als Köche, Handwerker, Reinigungspersonal und Landwirte beschäftigt. Insgesamt setzte sich der Personalstamm der sechs Einrichtungen und der T4-Berliner Zentrale aus bis zu 500 Männern und Frauen zusammen.[28] Die Mitarbeiter der »Euthanasie« waren zwar als Einzelpersonen und bezüglich ihrer beruflichen Fähigkeiten ersetzbar, gleichzeitig aber ein eingespieltes Team mit stark ausgeprägten Gruppenstrukturen.

Bei der Zusammenstellung des Personals hatte die Kanzlei des Führers auf Freiwilligkeit gesetzt und sich bemüht, zuverlässiges Personal über Empfehlungen zu bekommen oder Mitglieder von nationalsozialistischen Organisationen zu rekrutieren. Die Mitarbeiter waren einerseits über die SS und die

Polizei zur T4 kommandiert, andererseits aber auch über Heil- und Pflegeanstalten oder Arbeitsämter notdienstverpflichtet worden. Studien zeigen, dass niemand zur Teilnahme am Krankenmord gezwungen wurde. Die Notdienstverpflichtung, mit der in Kriegszeiten Personal angefordert werden konnte, ließ – auch wenn sie an sich bindend war – ein Einspruchsrecht offen. Wer nicht am Mord teilnehmen wollte, wurde wieder zurückgestellt oder als Soldat eingezogen.[29]

Bereits im Frühling 1941 dehnte die T4 ihre Mordaktion über den Krankenmord hinaus auf die Konzentrationslager aus. Im Rahmen der sogenannten »Aktion 14f13« nahmen T4-Ärzte in verschiedenen Konzentrationslagern Selektionen von vorgeblich kranken oder schwachen Häftlingen vor, die dann nach Sonnenstein, Bernburg und Hartheim überführt und dort ermordet wurden. Später führten die Lagerärzte die Aufgabe der Selektion und Tötung vor Ort durch, bis die »Aktion 14f13« vom WVHA im April 1943 – für nicht jüdische Häftlinge – offiziell für beendet erklärt wurde. Ende April 1944 sollte die Tötung von Häftlingen aus Mauthausen in Hartheim wieder aufgenommen werden. Insgesamt fielen der Mordaktion bis zu 20000 Häftlinge zum Opfer.[30]

Das T4-Personal war daran gewöhnt, wehrlose Männer, Frauen und Kinder zu töten, und zwar nicht nur, wenn es unter dem Deckmantel des Krankenmords vermeintlich begründet war. Weitere moralische Hürden wurden mit der Ermordung von Konzentrationslagerhäftlingen genommen, die lediglich körperlich geschwächt waren. Darüber hinaus befanden sich sowohl unter den Häftlingen als auch unter den Anstaltspatienten mehrere Tausend Juden, die nur aufgrund ihrer Religionszugehörigkeit getötet wurden. Das T4-Personal hatte demnach bereits vor der Einbeziehung in die Mordaktion im Osten mehrheitlich die Tötung von Juden akzeptiert und in die Tat umgesetzt. Wie auch bei den Konzentrationslagerhäftlingen fehlte hierbei jegliche auch nur pseudohumanitäre Rechtfertigung, wie die etwa im Rahmen der »Euthanasie« vorgeschobene Beendigung des Leidens der Opfer.[31]

Trotz der Verschleierungsversuche verbreitete sich das Wissen über die T4-Institute in Teilen der deutschen Bevölkerung. Die Kenntnis über die Morde führte zu Protesten und Interventionen von Familienangehörigen und von führenden Mitgliedern der evangelischen und katholischen Kirche, wie zum Beispiel die kritische Predigt des Bischofs von Münster, Clemens August Graf von Galen, Anfang August 1941. Hitler erklärte daher am 24. August 1941 die »Euthanasie« mit Rücksicht auf die öffentliche Meinung für beendet.[32] Letztendlich bedeutete dies aber nur eine Unterbrechung des Krankenmords, denn die Tötungen wurden später wieder aufgenommen. Überdies wurden die Patienten im Rahmen der »dezentralen« beziehungsweise »kooperativen Euthanasie« zwar nicht mehr durch Giftgas, aber dafür durch

Nahrungsmittelentzug, durch Medikamente und durch verweigerte medizinische Versorgung ermordet.[33]

Nach dem vorläufigen Ende der »Euthanasie« wurde das T4-Personal zunächst für Büroarbeiten, Aufräumaktionen und Umstrukturierungen eingesetzt, zum Teil war es in den folgenden Monaten auch noch mit der Ermordung von Häftlingen in Bernburg, Sonnenstein und Hartheim beschäftigt. Gleichzeitig begann die Suche nach neuen Einsatzmöglichkeiten, um das – wie es Viktor Brack im Rahmen der Nürnberger Prozesse 1946 ausführte – »durch die Einstellung frei gewordene Personal zu erhalten und um die Möglichkeit zu haben, nach dem Kriege ein neues Euthanasie-Programm in die Wege zu leiten«.[34] Im Herbst 1941 spekulierte die Kanzlei des Führers, vor allem nach der bereits erfolgten Ausweitung der Tätigkeitsfelder durch die »Aktion 14f13«, darauf, sich auch bei der noch größer angelegten »Endlösung der Judenfrage« profilieren zu können. Brack und die Kanzlei des Führers hatten sich bereits zuvor mit Plänen zur Sterilisation mit diesem Thema auseinandergesetzt.[35]

Der Entscheidungsprozess über den weiteren Einsatz des T4-Personals zog sich von September bis zum Dezember 1941. Bouhler und Brack waren bereits im September 1941 bei Globocnik in Lublin und hatten dort den »Bau von Arbeitslagern« inspiziert. Möglicherweise wurde hier bereits eine Kooperation mit dem SSPF angedacht. Für eine so frühe Zusammenarbeit mit dem SSPF Lublin spricht auch die Tatsache, dass mindestens zwei T4-Männer (Josef Oberhauser und Lorenz Hackenholt) noch vor der Entscheidung, die Krüger, Himmler und Globocnik am 13. Oktober in Berlin trafen, in den »Osten« versetzt wurden.[36]

Allerdings führte Brack, auch nach der Genehmigung von Globocniks Plänen, weiterhin Verhandlungen mit anderen Akteuren, die die Dienste des »Euthanasie«-Personals für unterschiedliche Mordprojekte in Anspruch nehmen wollten. Drei Alternativen zur Versendung in den Distrikt Lublin schienen zu diesem Zeitpunkt denkbar. Brack traf am 24. Oktober den Sonderdezernenten für Rassenpolitik im Ostministerium, Erhard Wetzel, und sagte diesem zu, ihn mit Personal und Erfahrung bei der »Lösung der Judenfrage« im Ostland mithilfe von Giftgas zu unterstützen.[37] Zur Errichtung dieser Einrichtungen vor Ort wollte er seine Mitarbeiter, insbesondere den neu eingestellten Chemiker Helmut Kallmeyer, nach Riga senden. Auch der Lemberger Distriktarzt Wilhelm Dopheide bemühte sich um die erfahrenen Männer. Herbert Linden, Reichsbeauftragter für die Heil- und Pflegeanstalten im Innenministerium, sagte ihm im November 1941 zu, ihm bei der Tötung von 1200 Patienten des psychiatrischen Krankenhauses in Lemberg-Kulparków mit T4-Personal auszuhelfen. Dabei war wahrscheinlich auch geplant, das Personal bei der Ermordung von Juden einzusetzen.[38] Einer Vernehmung des

SSPF Wilhelm Koppe zufolge gab es außerdem Überlegungen, die »Brackschen Gase«[39] unter Leitung Bracks im Warthegau einzusetzen.

Die anfänglichen Unklarheiten über den neuen Einsatzort des T4-Personals könnten eine Erklärung für den zunächst nur langsam fortschreitenden Aufbau des Lagers in Belzec liefern. Erst als die Alternativen ausgeschlossen waren, wurde verstärkt an der Errichtung der ersten Tötungsanlage im Distrikt Lublin gearbeitet. Über die Abstellung der T4-Männer wurde vermutlich auf dem von Brack in Pirna-Sonnenstein ausgerichteten »Gipfeltreffen« am 27. und 28. November 1941, bei der aus allen »Euthanasie«-Anstalten Ärzte, Büro- und Wirtschaftsleiter anwesend waren, verhandelt.[40] Die endgültige Entscheidung, Teile des »Euthanasie«-Personals nach Polen zu versetzen, wurde wahrscheinlich am 14. Dezember 1941 getroffen, als Himmler zunächst mit Brack über die »Euthanasie« sprach und sich später mit Hitler, Rosenberg und Bouhler traf.[41] Die parallel laufenden Planungen eigenständiger Vernichtungsstrukturen in Lemberg wurden letztendlich fallen gelassen und stattdessen wahrscheinlich eine gleichberechtigte Verteilung der zu tötenden Juden zwischen den Distrikten Lublin und Galizien ausgehandelt. Aus Lublin und Lemberg sollten zeitgleich die ersten Transporte nach Belzec kommen.

Im Frühjahr 1942 gab es einen weiteren Einsatz von etwa 80 T4-Pflegern, Verwaltungskräften und Ärzten. Sie wurden mit der Organisation Todt (OT) an die Ostfront geschickt, um dort deutsche Soldaten zu behandeln. Nach dem Einsatz Ende März, Anfang April 1942 wurde ein Teil der T4-Bürokräfte entlassen; die anderen blieben im Wartezustand in den Anstalten zurück.[42]

In die Vernichtungslager der »Aktion Globus«, der späteren »Aktion Reinhardt«, wurden letztendlich Arbeitskräfte fast aller Gruppierungen der »Euthanasie« versetzt, darunter auch Mitarbeiter, die erst gegen Ende der Tötungen zur T4 gekommen waren. Nicht zum »Osteinsatz« gelangten dagegen die Ärzte, mit Ausnahme Eberls als Kommandant von Treblinka. Dies lag hauptsächlich daran, dass den Vernichtungslagern im Unterschied zu den Tötungsstätten der »Euthanasie« der medizinische Rahmen fehlte und Ärzte an anderer Stelle gebraucht wurden. Die größte Gruppe des T4-Personals, die nicht in die Vernichtungslager geschickt wurde, waren die Pflegerinnen und die weiblichen Bürokräfte. Über eine Versetzung der einzelnen Männer in den »Osten« entschieden Brack und später Blankenburg selbst. Dabei wurde auf die freiwillige Meldung der T4-Gefolgschaftsmitglieder für einen mehr oder weniger definierten Einsatz im »Osten« gesetzt.[43]

Die ersten T4-Mitarbeiter wurden Globocnik bereits – schnell und unbürokratisch – vor der offiziellen Zusage im Dezember 1941 zur Verfügung gestellt. Es handelte sich um den Polizisten Christian Wirth und einige SS-Angehörige, die aus Buchenwald und Sachsenhausen zu den T4-Einrichtungen kommandiert worden waren. Sie wurden offiziell am 14. Oktober 1941, einen Tag nach der Besprechung in Berlin zwischen Globocnik, Krüger und Himmler, dem SS-Führungshauptamt in ihrer neuen Funktion unterstellt. Die Abstellung der aktiven SS-Männer und des Polizisten bereitete verwaltungstechnisch und organisatorisch keine Probleme, da sie im Unterschied zu den dienstverpflichteten T4-Angestellten von den SS-Totenkopfstandarten und Polizeidienststellen nur an die Kanzlei des Führers kommandiert und nicht versetzt worden waren.[44] Weiteres T4-Personal wurde ab Januar 1942 in mehreren Schüben in den »Osten« entsandt. Die letzten T4-Männer sollten erst im Frühjahr 1943 in den Vernichtungslagern eintreffen.

Der Aufbau des T4-Reinhardt-Netzwerks (Oktober 1941 bis Juni/Juli 1942)

In der Aufbauphase wurden ein funktionales Netzwerk geschaffen und operative Vernichtungsstrukturen entworfen. Bis Juni/Juli 1942 wurden 51 Männer in die Vernichtungslager versetzt; sie alle stammten, abgesehen von drei aus Trawniki abgeordneten, aus dem Personalbestand der »Euthanasie«-Aktion. Vier dieser Personen verließen das Netzwerk bis Mitte 1942 wieder. Beim Aufbau der einfachen und flexiblen Strukturen wurde kein *a priori* von den Spitzen entworfener arbeitsteiliger Personalplan aufgestellt, sondern Positionen und Funktionen von den Netzwerk-Akteuren vor Ort *ad hoc* bestimmt. Das gesamte T4-Reinhardt-Netzwerk agierte von Anfang an eigenständig und war den beiden Dienststellen von Brack und Globocnik nur durch allgemeine Grundsatzbefehle unterstellt.

Bei der Entwicklung der Vernichtungsstrukturen griffen die T4-Reinhardt-Männer zum einen auf die Ressourcen vorhandener eigener Netzwerke zurück. Dazu zählten sowohl die seit der »Euthanasie« bestehenden Kontakte zu Organisationen wie dem Kriminaltechnischen Institut im RSHA als auch die Kenntnisse über die Nutzung von Giftgas. Zum anderen nutzten sie die Erfahrungen und Kapazitäten anderer Organisationen und Akteure, die sich durch die vor Ort existierenden Besatzungsstrukturen und die damit einhergehenden neuen Handlungsmöglichkeiten ergaben. Dazu gehörten insbesondere die Trawniki-Männer und die sogenannten »Arbeitsjuden«, die beim Aufbau der Lager und bei der Tötung eingesetzt werden sollten. Beide Gruppen, wenn auch die jüdischen Arbeiter in erzwungener Form, stellten mit den T4-Reinhardt-Männern die personelle Besetzung der Vernichtungslager. Ohne die Trawniki-Männer und die jüdischen Zwangsarbeiter hätte die zahlenmäßig begrenzte Mannschaft die Lager weder aufbauen noch funktionell betreiben können.

Die Aufbauphase ist charakterisiert durch die anfängliche Unbestimmtheit des zwar in seinen allgemeinen Zielen – das heißt der Ermordung von Juden – beschlossenen, aber nach wie vor – in Bezug auf Reichweite und Opferzahl – nicht präzise bestimmten Projekts. Die Zahl der zu Beginn von der T4 nach Polen abgestellten Akteure erwies sich daher mit der Ausweitung der Vernichtungsaufgaben bald als zu gering, sodass mehr Personal angefordert wurde, das in der zweiten Phase in den Lagern eintreffen sollte. Doch bereits in der Aufbauphase waren die Tötungsprozesse so »effektiv«, dass innerhalb von drei Monaten mehr als 160000 Juden ermordet wurden – doppelt so viele wie während der gesamten »Euthanasie«-Aktion in sechs Anstalten. Dies war im Wesentlichen auf das Wirken und die Netzwerkarbeit der ersten, hoch motivierten kleinen T4-Mannschaft zurückzuführen. Sie machte es möglich, dass aus der lokal, das heißt auf den Distrikt Lublin und seinen Nachbardistrikt Galizien begrenzten »Aktion Globus« innerhalb weniger Wochen das universale Mordprogramm »Aktion Reinhardt« entwickelt werden konnte.

Belzec: Konstituierung des Netzwerks und Aufbau des »Versuchslagers«

Das erste Vernichtungslager befand sich im Dorf Bełżec im Kreis Zamość im Distrikt Lublin, in unmittelbarer Nähe der heutigen polnisch-ukrainischen Grenze. 1939 verlief hier am Fluss Bug die deutsch-russische Demarkationslinie, die ab 1941 die Distrikte Galizien und Lublin voneinander trennte. Der Ort, an dem das zukünftige Vernichtungslager errichtet werden sollte, war den Verantwortlichen bekannt: Bereits im Frühjahr 1940 hatten Mitarbeiter Globocniks wie Hermann Höfle und Richard Thomalla, die später teilweise auch für die »Aktion Reinhardt« zuständig waren, mit Selbstschutz-Einheiten in der Region Arbeitslager errichtet. In Bełżec befand sich damals das Zentrum dieser Lager, in denen über 11000 jüdische Häftlinge Zwangsarbeit leisteten. Auch deutsche Sinti und Roma aus Hamburg und Bremen gehörten zu den Häftlingen, bis die Lager im Oktober 1940 wieder geschlossen wurden.[1]

Für den Bau des neuen Vernichtungslagers in Bełżec sprach in erster Linie der Anschluss an die zentrale Bahnlinie von Lemberg nach Lublin, welche die gute Erreichbarkeit der jüdischen Gemeinden und Ghettos gewährleistete. Eine Eisenbahnrampe im Besitz der »Oberschlesischen Holz-Industriegesellschaft« war bereits vorhanden. Trotz ihrer guten Position war die kleine Ortschaft relativ abgeschieden von der Außenwelt und daher geeignet, die Existenz eines Vernichtungslagers möglichst lange geheim zu halten.[2]

Die T4-Reinhardt-Männer, die ab Oktober 1941 nach Polen versetzt wurden, bauten Belzec bis März 1942 als Vernichtungslager auf. Es diente ihnen auch als »Versuchslager«,[3] in dem sie durch Experimentieren und Improvisieren versuchten, die beste Mordtechnik zu finden. Nach der Einrichtung der Vernichtungsstrukturen wurde in der »ersten Versuchsreihe«, während der Deportationen im März und April, die »Kapazität des Lagers« ausgelotet und – wie Josef Oberhauser nach dem Krieg aussagte – überprüft, »wie eine Vergasung technisch durchgeführt werden konnte«.[4]

Nur auf sich alleine gestellt hätten die 13 T4-Reinhardt-Männer der Auf-

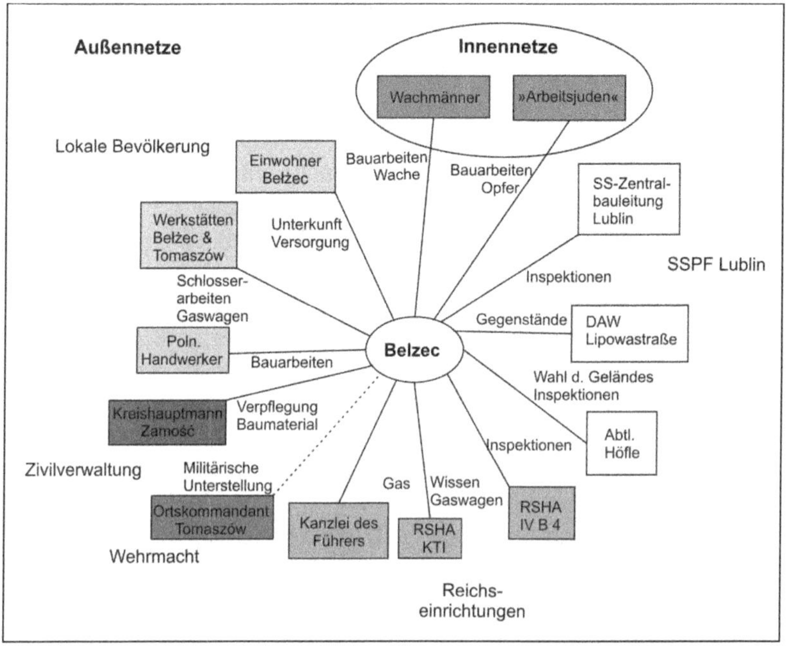

Abbildung 3: Akteure der Innen- und Außennetze von Belzec in der Aufbauphase

bauphase das Lager Belzec nicht errichten können. Von Beginn an vernetzte sich die Gruppe sowohl nach innen als auch nach außen mit anderen Akteuren und Organisationen. Dabei lassen sich sieben Gruppierungen ausmachen, die sich durch unterschiedliche Grade der Freiwilligkeit beziehungsweise des Zwangs auszeichnen. Als Erstes sind zentrale Organisationen aus dem Reich zu nennen. Neben der Mutterorganisation Kanzlei des Führers wurde auch Eichmanns Referat über das neue Lager informiert. In den Wissenstransfer bei der Wahl des Giftgases und die Erprobung der Gaswagen war wahrscheinlich auch das Kriminaltechnische Institut involviert. Zweitens unterstützten die dem SSPF Globocnik untergeordneten Einrichtungen, die Deutschen Ausrüstungswerke (DAW), die SS-Zentralbauleitung und Angehörige der späteren »Abteilung Reinhardt« beim SSPF, die Lagermannschaft. Als Drittes wurde die lokale Bevölkerung einbezogen, die zumeist freiwillig Unterkunft, Verpflegung und Werkstätten zur Verfügung stellte, als Viertes die Zivilverwaltung, insbesondere der Kreishauptmann von Zamość. Fünftens war, wenn auch in eingeschränkter Rolle, die Wehrmacht mit der Ortskommandantur in Tomaszów Lubelski involviert, die die militärische Verantwortung für die T4-Reinhardt-Männer trug. Die sechste Gruppe bestand aus den Wachmännern aus dem ebenfalls Globocnik unterstellten Ausbildungslager Trawniki. Sie sollten als Innennetz zur wichtigsten Stütze der deutschen Lagermannschaft werden. Die siebte Gruppe sind die jüdischen Opfer selbst, die als »Arbeitsjuden« für das Lager rekrutiert wurden und in dieser Funktion ebenfalls am Aufbau des Lagers beteiligt waren. Sie wurden Opfer der ersten Vergasungen. Den T4-Reinhardt-Männern selbst kam vor allem die Rolle von Koordinatoren und Aufsehern zu.

Der Blick auf die Außennetze zeigt, dass Globocnik aus seinem eigenen Mitarbeiterstab anfangs keine erfahrenen Fachmänner für den Aufbau des ersten Vernichtungslagers zur Verfügung stellte. Obwohl er selbst das Tötungsprojekt initiiert hatte, wartete er zunächst ab, wie es sich entwickelte und ob ihm ausreichendes T4-Personal zur Verfügung gestellt werden würde. Erst Anfang 1942 zog er seine wichtigsten Männer, Höfle, Thomalla, Georg Michalsen und Kurt Claasen, von den SS- und Polizeistützpunkten ab und setzte sie bei der Ermordung der Juden ein.[5]

Der Aufbau des Lagers nahm mit fünf Monaten eine verhältnismäßig lange Zeit in Anspruch. Dies erklärt sich durch die Unbestimmtheit des Auftrags bis Dezember 1941, die damit verbundene relativ geringe Größe der ersten Lagermannschaft sowie die winterliche Witterung, die die Bauarbeiten erschwerte. Nicht zuletzt nahm auch der Aufbau der Innen- und Außennetze eine gewisse Zeit in Anspruch. Während der ersten Deportationsphase von März bis April 1942 erwies sich die prinzipielle Funktionsfähigkeit des Vernichtungslagers, gleichzeitig offenbarten sich aber auch Fehler und Schwachpunkte.

Die Führungsgruppe und die Schaffung von Innen- und Außennetzen (Oktober bis Dezember 1941)

Der ersten Gruppe der in den Osten abgeordneten T4-Mitarbeiter gehörten in der Aufbauphase von Belzec neben dem 55-jährigen Polizisten Wirth die SS-Männer Josef Kaspar Oberhauser, Lorenz Hackenholt, Gottfried Schwarz, Johann Niemann und Friedrich Jirmann an.

Der SS-Hauptsturmführer Christian Wirth war von der Stuttgarter Kriminalpolizei im Januar 1940 zur Kanzlei des Führers abgeordnet worden und von Beginn an einer der führenden Köpfe bei der T4. Er half beim Aufbau von Brandenburg und Grafeneck, war Büroleiter in Hartheim und kontrollierte später als Oberaufseher die »Euthanasie«-Einrichtungen. Ihm sollte als erster Lagerleiter von Belzec und späterer Inspekteur der drei Lager eine wesentliche Verantwortung für die mörderische Effizienz der Vernichtungssysteme von Belzec, Sobibor und Treblinka zukommen. Dies lag insbesondere an seinem tatkräftigen persönlichen Einsatz, seiner nationalsozialistischen

Prägung und der Härte, die er von sich und anderen einforderte und die ihm den Namen »wilder Christian« einbrachte.[6]

Bei seinen zunächst fünf Mitarbeitern handelte sich um eine homogene Gruppe von Mitgliedern der aktiven SS, die jüngste Gruppe des Netzwerks, geboren zwischen 1913 und 1915. Unmittelbar nach Ausbildung und Wehrdienst waren sie in den aktiven Dienst bei der SS eingetreten und hatten bei den Totenkopfverbänden gedient. Sie gehörten zu den ersten Mitarbeitern, die zur T4 kommandiert wurden, und waren während der »Euthanasie« mehrheitlich als Leichenverbrenner, vor allem in Bernburg, tätig. Die SS-Oberscharführer Josef Kaspar Oberhauser,[7] Gottfried – Friedl – Schwarz[8] und Johann – Jonny – Niemann[9] waren über die Totenkopfstandarte »Brandenburg« beziehungsweise das Konzentrationslager Sachsenhausen im November 1939 zur T4 gekommen und wurden in Grafeneck, Brandenburg und Bernburg als »Brenner« eingesetzt. Schwarz war außerdem zwischenzeitlich in Hadamar tätig. Der sudetendeutsche SS-Scharführer Friedrich – Fritz – Jirmann war dagegen über Buchenwald zur T4 gekommen, war in Grafeneck zunächst als Koch und dann, wie seine SS-Kameraden, als »Desinfektor« bei der Verbrennung der Leichen tätig. In dieser Funktion wurde er später auch in Hadamar eingesetzt.[10] Zur gleichen Zeit war auch SS-Scharführer Lorenz Hackenholt von der SS-Totenkopfstandarte »Brandenburg« zur T4 kommandiert worden, wo er hauptsächlich als Fahrer von Brack sowie der Wirtschaftsabteilung arbeitete. Außerdem half er als Kurier zwischen den einzelnen Anstalten aus.[11]

Die fünf Männer kannten sich zum Teil bereits aus dem gemeinsamen Dienst in den Totenkopfverbänden und waren freundschaftlich miteinander verbunden. Durch ihre frühere Tätigkeit in den Krematorien der T4-Institute waren sie bereits unmittelbar mit Tod und Töten konfrontiert worden und insofern unempfindlicher und abgehärteter als andere T4-Mitarbeiter. Den ideologisch gefestigten aktiven SS-Männern war außerdem eher als den notdienstverpflichteten Pflegern oder Bürokräften zuzutrauen, dass sie ihrer Aufgabe, dem Aufbau eines Vernichtungslagers, positiv gegenüberstehen würden. Sie waren wichtige Akteure der Führungsgruppe des nun entstehenden T4-Reinhardt-Netzwerks und sollten zukünftig die Schlüsselfunktionen in Belzec, Sobibor und Treblinka besetzen.

Die SS-Männer wurden offenbar nicht gemeinsam, sondern innerhalb eines Zeitraums von einigen Wochen abgestellt. Oberhauser befand sich bereits am 6. Oktober 1941 im »Osten«, noch vor der Grundsatzentscheidung von Globocnik am 13. Oktober. Hackenholt war ebenfalls schon im Oktober 1941 in Polen; er kehrte für seine Hochzeit Anfang November nach Deutschland zurück, um kurze Zeit später mit seinen Trauzeugen Schwarz und Niemann sowie Jirmann wieder ins Generalgouvernement zu fahren.[12]

Die Aufgabe der Männer bestand zunächst darin, die Grundlagen für das Vernichtungslager Belzec zu schaffen, sich mit den Bedingungen vor Ort vertraut zu machen, die Strukturen für nachrückendes Personal aufzubauen sowie neue Kontakte zu knüpfen und alte zu aktivieren. Da ihnen eine solide finanzielle Rückendeckung fehlte und es keine Vergleichsprojekte gab, hing das Scheitern oder Gelingen des Projekts vor allem von der Entwicklung eigener Ideen, von Improvisation und Eigeninitiative ab. Hilfreich waren gleichwohl die in den »Euthanasie«-Instituten gewonnenen Erfahrungen. Die T4-Reinhardt-Männer planten einen Ort zum Ausladen der Deportierten, das heißt die Rampe, Einrichtungen zum Auskleiden, einen einzigen möglichen Weg zu den Gaskammern, damit die Opfer sich nicht in alle Richtungen verstreuten, und ein Gebäude für die Gaskammern. Wahrscheinlich aufgrund der erwarteten Opferzahl wurde das Lager anders als in den »Euthanasie«-Einrichtungen ohne Krematorien konzipiert, die den Vernichtungsprozess verlangsamt hätten. Stattdessen sollten Massengräber der Entsorgung der Leichen dienen. Zudem sahen die Männer den Bau notwendiger Anlagen wie Unterkünfte für die Wachen und das Arbeitspersonal, Küchen, Latrinen und Wachtürme sowie die Umzäunung des gesamten Areals vor, um es vor neugierigen Blicken zu schützen.

Zur Verwirklichung ihres Auftrags waren die Männer auf die Zusammenarbeit mit der lokalen Bevölkerung angewiesen. Zunächst quartierten sie sich bei Familien in Bełżec ein, im Dezember 1941 beschlagnahmten sie zwei Villen in der Nähe des Bahnhofs, die sich im Besitz der polnischen Eisenbahn befanden und ein paar Hundert Meter vom späteren Lager entfernt waren. Dort war das deutsche Lagerpersonal während der gesamten Zeit untergebracht. Wirth selbst hielt sich zu dieser Zeit nur selten vor Ort auf.[13]

Über die Stadtverwaltung wurden 20 bis 30 einheimische Handwerker rekrutiert, die von Anfang November bis kurz vor Weihnachten 1941 gegen Bezahlung arbeiteten. Sie ebneten das auf einem Hügel gelegene Gelände ein, das für das Vernichtungslager vorgesehen war, führten Maurerarbeiten durch und errichteten einige Baracken, darunter auch das Gaskammergebäude. Außerdem legten sie die Schienen für die Schmalspurbahn zu den Massengräbern.[14] Diese Beziehungen zur lokalen Bevölkerung in Bełżec basierten insgesamt mehr auf Freiwilligkeit denn auf Zwang, der aus den allgemeinen Besatzungsstrukturen herrührte.

In der Anfangszeit waren den T4-Reinhardt-Männern Bauspezialisten zur Seite gestellt, deren Identität nicht geklärt werden konnte.[15] Wahrscheinlich wurde aber keine der Lubliner Bauleitungen beim Bau von Belzec eingesetzt. Globocnik hätte theoretisch auf die »Zentralbauleitung der Waffen-SS« unter Karl Hantz oder auf die »Zentrale Bauinspektion der Waffen-SS und Polizei für den Ostraum und das Generalgouvernement« unter

Wilhelm Lenzer zurückgreifen können. Während des Stützpunkteprojekts hatte er jedoch die Erfahrung gemacht, dass er die Bauleitungen aufgrund ihrer Unterstellung unter das WVHA letztendlich nicht unabhängig einsetzen konnte.[16] Auch Globocniks Bauexperte Thomalla, dem in der historischen Forschung häufig der Aufbau von Belzec zugeschrieben wird, war zu diesem Zeitpunkt noch in Kiew.[17] Zwei während des Aufbaus beschäftigte Polen nannten dagegen in späteren Zeugenaussagen einen etwa 20-jährigen volksdeutschen Zimmermeister aus Kattowitz als Bauführer, der zuvor Baracken in Rzeszów und Majdanek aufgebaut habe. Einem dritten polnischen Zimmermann zufolge leitete ein Deutscher, der Tschechisch konnte, möglicherweise Jirmann, die Bauarbeiten.[18] Auch wenn die offiziellen Bauleitungen und Thomalla den Aufbau selbst nicht leiteten, so kamen Baukommissionen aus Lublin, wahrscheinlich die seit Januar 1942 von Naumann geleitete Zentralbauleitung, doch sporadisch zu Inspektionen nach Belzec, um sich über die Baufortschritte zu informieren und mit Rat zur Seite zu stehen.[19]

Auch von anderen Einrichtungen in Lublin erhielten die SS-Männer – Wirth, Niemann und Schwarz – Unterstützung. Bei den Deutschen Ausrüstungswerken in der Lipowastraße beschafften sie Material und Werkzeug. Bezugsscheine für Baumaterial besorgte sich Wirth bei Globocniks Mitarbeiter Frank Hoskowitz.[20] Oberhauser hielt sich zur besseren Koordination zunächst in Lublin auf und brachte von dort und aus Zamość weiteres Baumaterial wie Ziegelsteine und Holz, Wehrmachtsunterkünfte und Pferdebaracken nach Belzec. Über den Kreishauptmann von Zamość, Helmuth Weihenmaier, wurde zunächst die Versorgung mit Lebensmitteln sichergestellt.[21]

Etwa zwei Wochen nach Baubeginn wurde die erste Gruppe Wachmänner aus Streibels Ausbildungslager Trawniki abgestellt. Sie trafen spätestens am 18. November 1941 in Belzec ein und bezogen die erste fertiggestellte, behelfsmäßig mit Strohmatratzen ausgestattete Holzbaracke. In der Gruppe von etwa 60 Personen befanden sich mehrere Sowjetdeutsche mit Unteroffiziersfunktionen.[22] Die ukrainischen Hilfskräfte hatten zu dieser Zeit zum einen Wachfunktionen, zum anderen halfen sie auch bei den Bauarbeiten: Sie fällten Bäume, errichteten den Stacheldrahtzaun, tarnten diesen und die Rampe mit Fichten- oder Kiefernzweigen und hoben die ersten Leichengruben aus. Außerdem brachen sie Baracken im Umfeld des Lagers ab und bauten sie auf dem Lagergelände wieder auf. Bereits am 12. Dezember wurde ein Teil der Hilfskräfte wieder nach Trawniki zurückgeschickt und neue »Askaris« ins Lager geholt, wahrscheinlich, weil diese in der Zwischenzeit besser ausgebildet worden waren.[23]

Die polnischen und ukrainischen Arbeiter wurden kurz vor Weihnachten entlassen, vermutlich auf Geheiß von Wirth, der zu dieser Zeit das Lager kontrollierte und die Zivilarbeiter durch Trawniki-Männer und jüdische Zwangsarbeiter ersetzen wollte, um keine unnötigen Mitwisser zu haben. Ende Dezember zwangen Wirths Männer die ersten Juden aus benachbarten Dörfern zur Arbeit im Lager. Damit war nach den Trawniki-Männern auch der Grundstock für das zweite Innennetz gelegt.[24]

Über die Weihnachtstage wurde das Lager von etwa 20 Trawniki-Männern unter Aufsicht eines SS-Mannes (möglicherweise Jirmann) bewacht. Vorsorglich wurde auch der Ortskommandant der Wehrmacht in Tomaszów darüber informiert, dass im Dorf Bełżec Ukrainer unter Führung eines Deutschen stationiert waren. Dem Ortskommandanten unterstanden die Männer des Lagers bei militärischen Einsätzen.[25] Die Mehrzahl der T4-Reinhardt-Männer verbrachte das Weihnachtsfest und die Neujahrstage in der Heimat.[26]

Verstärkung des Netzwerks und Konstituierung der Lagermannschaft unter Wirth (Januar bis März 1942)

Nach der Rückkehr der Männer nach Belzec wurden im Januar ein regulärer Lagerbetrieb aufgebaut, das Personal signifikant mit weiteren T4-Angehörigen aufgestockt und die Lagerbauten erweitert. Zur Lagermannschaft stießen spätestens zu diesem Zeitpunkt Fichtner und Vallaster. Im Unterschied zu den aktiven SS-Männern war Erwin Fichtner, der als Destillateur-Angestellter gearbeitet hatte, erst zu Kriegsbeginn militärisch zur SS verpflichtet worden. Der Schlesier hatte Anfang 1940 zur zweiten Gruppe von SS-Männern gehört, die zur T4 versetzt worden waren. In Brandenburg und Bernburg wurde er dann möglicherweise als Pförtner oder in der Verwaltung, zuletzt auch als Koch eingesetzt.[27] Der österreichische Hilfsarbeiter Josef Vallaster war bereits an den Aufbauarbeiten von Hartheim beteiligt und arbeitete dort später als Leichenverbrenner.[28]

Etwa Anfang Februar holten Wirth und Niemann vier weitere T4-Angehörige, Borowski, Graetschus, Fuchs und Barbl, nach Belzec. Der Schlesier Werner Borowski hatte als Verwaltungsführer in Brandenburg und Bernburg gearbeitet.[29] SS-Oberscharführer Siegfried Graetschus war vom SS-Totenkopfverband »Brandenburg« aus dem Konzentrationslager Sachsenhausen mit der ersten Gruppe der aktiven SS-Mitglieder zur Kanzlei des Führers kommandiert worden. In Grafeneck, Brandenburg und Bernburg war er als Leichenverbrenner tätig, zuletzt arbeitete er in Bernburg im Büro.[30] Der Autoschlosser und Fahrer Erich Fuchs war ab 1940 als Fahrer in Brandenburg und Bernburg, insbesondere von Eberl, beschäftigt.[31] Der Hilfsmonteur, Hilfsarbeiter und Spengler Heinrich Barbl war im April 1940 nach Hartheim gekommen und dort als »Hausdiener« für Arbeiten wie die Installation der Wasserrohre und Brausen in der Gaskammer zuständig. Später gehörte er zur Gruppe der »Brenner«.[32]

Mitte Februar kam SS-Scharführer Kurt Franz aus Berlin nach Belzec. Dieser war mit Jirmann aus dem Konzentrationslager Buchenwald zur T4 gekommen, um als Koch eingesetzt zu werden. Er baute zunächst Grafeneck mit auf und wurde im Anschluss nach Brandenburg, Hartheim und Sonnenstein, zuletzt im Spätsommer 1941 in die Zentrale nach Berlin versetzt.[33] Im April – bereits während der ersten Transportphase – sollte SS-Scharführer Werner Dubois zur Mannschaft stoßen. Er war von der SS-Totenkopfstandarte »Brandenburg« mit der ersten Gruppe der aktiven SS-Angehörigen zur T4 kommandiert worden und in Grafeneck als Omnibusfahrer, danach in Brandenburg, Bernburg und Hadamar als Kraftfahrer und »Brenner« beschäftigt. Darüber hinaus nahm er am OT-Einsatz im Raum Wjasma teil.[34] Als Leiter der Bauarbeiten in Belzec beschrieben Zeugen außerdem einen SA-Mann aus Berlin, der später bei Bauarbeiten in Treblinka einen Arm verloren haben soll. Vielleicht handelte es sich dabei um einen weiteren T4-Angehörigen (Orlijewski), der den vorherigen Bauexperten abgelöst hatte.[35]

Bei den acht bis neun Neuzugängen handelte es sich um eine vergleichsweise heterogene Gruppe. Drei Männer (Graetschus, Franz und Dubois) gehörten der aktiven SS an. Sie sollten in den folgenden Monaten in die Führungsgruppen des Netzwerks aufsteigen. Ein weiterer (Fichtner) war als SS-Angehöriger mit Kriegsbeginn zur SS einberufen worden. Die anderen Männer waren Mitglieder der NSDAP und der SA. Zwei von ihnen (Barbl und Vallaster) hatten allerdings bereits während der »Euthanasie« – wie auch die SS-Männer Graetschus und Dubois – als »Brenner« gedient. Mit der hohen Anzahl von SS-Männern war die Lagermannschaft vermutlich ideologisch ausreichend gefestigt, um auch weniger indoktrinierte Mitarbeiter zu integrieren. Die aktiven SS-Mitglieder der Pionierzeit signalisierten gegenüber den Neuankömmlingen, die nicht der aktiven SS angehörten und von ihnen abfällig als »Zivilisten« bezeichnet wurden, Überlegenheit und teilten die Schlüsselpositionen unter sich auf. Diese, wenn auch nur flache hierarchische und arbeitsteilige Struktur war auch deshalb notwendig, weil aufgrund der größeren Personenanzahl informelle Absprachen nicht mehr einfach möglich waren.

Während des Aufbaus teilten die T4-Reinhardt-Männer die Aufgaben im Lager folgendermaßen auf: Wirth wurde nunmehr Kommandant des Lagers, Schwarz fungierte als sein Stellvertreter und war für den Vernichtungsbereich verantwortlich. Oberhauser, Jirmann und Franz beaufsichtigten die »Hiwi-Kompanie«. Franz war zunächst auch als Koch tätig. Niemann exerzierte – wie auch Franz – mit dem nicht militärischen T4-Personal. Fichtner war Lagersekretär und besorgte die Nahrungsmittel. Hackenholt leitete insbesondere den Aufbau der Gaskammer, teils fungierte er als Fahrer für Wirth. Barbl half Hackenholt bei der funktionalen Einrichtung der Vergasungsanlage, war als Elektriker und Klempner tätig und diente als Laufbursche. Vallaster beteiligte sich ebenfalls am Aufbau der Vergasungsanlage. Der Verwalter Borowski und der Fahrer Fuchs statteten das Lager mit Versorgungsgütern und Baumaterialien aus und hielten die Verbindung mit der T4-Zentrale in Berlin. Für die Brausedüsen der Gaskammern fuhren sie bis nach Białystok.[36]

Ende Januar oder Anfang Februar 1942 wurden jüdische Zimmermänner, Schmiede und Maurer aus den benachbarten Städtchen Lubycza Królewska, Mosty Małe und Potoki in das Lager verschleppt. Die über 100 Männer übernahmen die zuvor von den polnischen und ukrainischen Handwerkern und den Trawniki-Männern geleisteten Arbeiten und bauten das Lager weiter aus.[37] Begleitet von Trawniki-Männern rissen sie im Dorf Bełżec und in Nachbardörfern Baracken ab und transportierten Verpflegung und Material. Im Lager fällten sie Kiefern und hoben weitere Gruben aus. Außerdem richteten sie provisorische Werkstätten, zum Beispiel eine Schneiderei, ein. Von Anfang an schreckten die T4-Reinhardt-Männer nicht davor zurück, Menschen zu ermorden. Schwarz, dem nachgesagt wurde, dass er bereits in Grafeneck einen Leprakranken erschossen habe, tötete flüchtende Arbeiter. Willkürliche Einzelmorde waren folglich nicht das Produkt der Verrohung der Lagermannschaft während der »Reinhardt«-Giftgas-Massenmorde, sondern gehörten zu den Selbstverständlichkeiten in der durch Konzentrationslager und »Euthanasie« geprägten SS-Lebenswelt.[38]

Zur Bewachung der jüdischen Arbeitskräfte und des Lagers kamen am 6. März 1942 weitere Trawniki-Männer nach Belzec, die die reguläre Wachmannschaft, bestehend aus etwa 100 Mann, bildeten. Sie wurden Franz unterstellt, der sie wie auch die »Zivilisten« der T4 weiter ausbildete.[39] Als Personal standen der Lagermannschaft außerdem zwei polnische Köchinnen zur Verfügung.[40]

Noch vor der funktionalen Einrichtung der Gaskammern erkundigte sich Adolf Eichmann, Leiter des Judenreferats im RSHA, in Begleitung von Hermann Höfle (SSPF Lublin) in Belzec über die Fortschritte beim Lageraufbau. Wirth präsentierte ihnen – zufrieden mit seiner Mannschaft – die bereits gemachten Fortschritte und erklärte die zukünftige Vorgehensweise. Anfang Januar 1942 kam möglicherweise auch Himmler zur Inspektion ins Lager.[41]

Das Ergebnis der von den Zivilarbeitern, Wachmännern und »Arbeitsjuden« unter Aufsicht der T4-Reinhardt-Männer geleisteten Bauarbeiten waren etwa zehn Holzbaracken, die als Unterkunft für die Wachmänner und für einige im Lager festgehaltene jüdische Arbeiter sowie als Entkleidungsbaracke vorgesehen waren. Auch das Gaskammergebäude stand bereits; nordwestlich von den Baracken hatten die »Arbeitsjuden« bereits die ersten Gruben ausgehoben. An den Eckpunkten und in der Mitte des Lagers befanden sich Wachtürme; das Eisenbahngleis führte direkt in das Lager.[42] Somit waren die personellen und strukturellen Voraussetzungen geschaffen, damit sich die Lagermannschaft dem Zentrum des Vernichtungslagers, den Gaskammern, zuwenden konnte.

Erste Versuche mit Giftgas

Bevor die Lagermannschaft die erste Gaskammer, betrieben mit Motorenabgasen, einrichtete, führte sie einige Giftgasversuche durch. Zunächst experimentierten die Männer mit »Gaswagen«. Dies geschah entweder auf eine Anordnung von Wirth oder auf Initiative von Hackenholt. Beide waren über die Gaswagen-Versuche in Berlin auf dem Laufenden. Wirth kannte seit der »Versuchsvergasung« in Brandenburg im Januar 1940 die beiden Chemiker Albert Widmann und August Becker, die als Angehörige des Kriminaltechnischen Instituts des RSHA das Giftgas beschafften. Hackenholt hatte als Fahrer für den T4-»Fachmann für Vergasungsfragen« Becker beim Abholen der CO-Flaschen die Männer des Instituts, die mit der Errichtung der Gaswagen beauftragt waren, kennengelernt. Becker wiederum war seit Januar 1942 im Reichssicherheitshauptamt Amt II D, wo die Gaswagen entwickelt wurden, tätig und kontrollierte diese bei den Einsatzgruppen auf eventuell auftretende Mängel.[43]

Für den Motorenexperten Hackenholt war die Weiterentwicklung eines Fahrzeugs zu einem Gaswagen kein kompliziertes Unterfangen. Mithilfe seiner Kameraden baute er in einer Schlosserwerkstatt in Tomaszów Lubelski einen Paket-Kraftwagen, der zuvor zum Transport von Versorgungsgütern und Lebensmitteln genutzt worden war, so um, dass die Abgase des Auspuffs ins Innere des Wagens geleitet werden konnten. Einige Vorrichtungen für den Gaswagen ließ Hackenholt von polnischen Schmieden und Schlossern anfertigen. Nachdem der Wagen fertig war, wurde er von der Lagermannschaft getestet. Als Versuchspersonen holten sich die Männer Juden und Behinderte aus Dörfern der näheren Umgebung sowie möglicherweise auch politische Häftlinge aus Zamość. Fuchs fuhr den Gaswagen, währenddessen die Menschen getötet wurden. Danach mussten die jüdischen Gefangenen im Lager die Leichen aus dem Wagen entfernen und in den zuvor ausgehobenen Gruben beerdigen.

Die Versuche zeigten den Männern, dass die Gaswagen für die geplante Mordaktion nicht praktikabel waren, weil es zu lange dauerte, bis eine für ihre Zwecke zu geringe Anzahl von Opfern gestorben war, und die Juden – wie es Fuchs gegenüber seiner Frau ausdrückte – »im Wagen Krawall«[44]

machten. Dafür hatte die Lagermannschaft bereits Erfahrungen darin gewonnen, dass und wie sich die dem Tod geweihten jüdischen Arbeitskräfte in die Tötungsprozesse mit einbeziehen ließen, indem sie dazu gezwungen wurden, die unangenehmen und anstrengenden Arbeiten nach dem Mord zu übernehmen.

Die Gaswagenversuche sprachen sich – auch aufgrund der Redseligkeit der T4-Reinhardt-Männer – bald unter den deutschen Besatzungseinheiten herum. Hackenholt holte mit dem Gaswagen sogar Verpflegung in Trawniki ab, wo er ausdrücklich den Zweck des Wagens erläuterte.[45] Möglicherweise wurde dieser Gaswagen auch zu späteren Zeiten genutzt, etwa um damit Opfer aus der näheren Umgebung abzuholen und bereits unterwegs zu töten. Und vielleicht wurden später auch andere Fahrzeuge in Gaswagen umfunktioniert, denn der polnische Schlosser Czerniak stellte noch im Herbst 1942 Filter zur Trennung des Rauchs vom reinen Gas für drei Autos her, mit denen Juden ins Vernichtungslager gebracht wurden.[46]

Parallel zu den Gaswagenversuchen bauten Hackenholt, Barbl und Fuchs eine der Baracken, die während der ersten Bauphase errichtet worden waren,

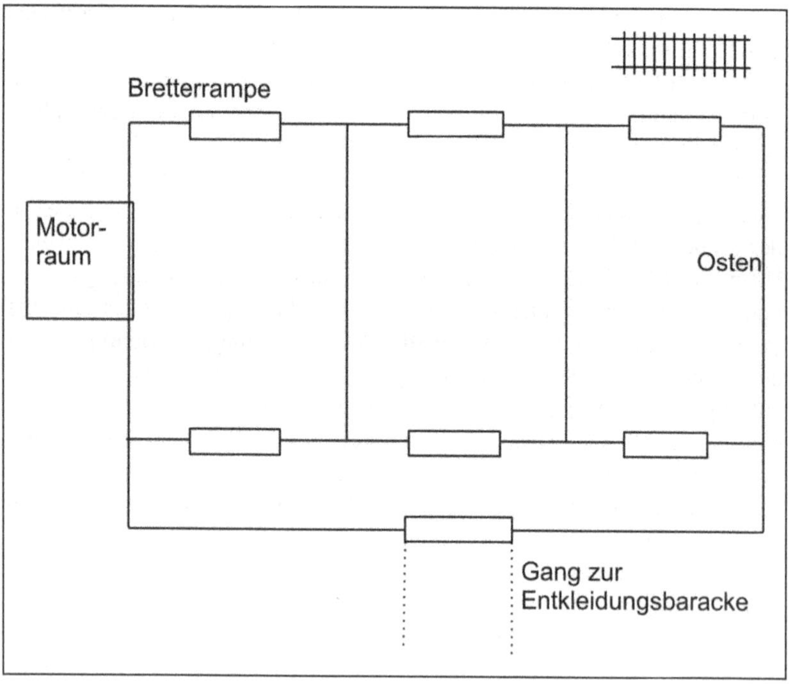

Abbildung 4: Erstes Gaskammergebäude in Belzec anhand der Beschreibung des beim Bau beschäftigten Zimmermanns Stanislaw Kozak

zu Tötungszwecken aus. Einzelne polnische Handwerker halfen bei der Fertigstellung mit.[47]

Das Gaskammergebäude war durch einen drei Meter breiten Gang mit der Baracke verbunden, in der sich die eintreffenden Menschen entkleiden sollten. Dieser Gang war circa drei Meter hoch mit Stacheldraht umzäunt. Ein Korridor innerhalb des Gebäudes führte direkt in die drei Gaskammern. Die Innen- und Außentüren ließ Hackenholt aus dicken Brettern bauen, mit Gummi beschlagen und mit einem Holzriegel sichern, um ein Eindrücken von innen zu verhindern. Auf der Außenseite führten die Türen direkt auf eine Bretterrampe, die durch ein Schmalspurgleis an die Massengräber angebunden war. Die Schmalspurbahn sollte wie in den »Euthanasie«-Einrichtungen Hadamar und Bernburg zum Abtransport der Leichen genutzt werden.[48] Dass das Gebäude – abgesehen vom Betonfundament – nicht sofort aus Stein erbaut wurde, verweist auf den Versuchscharakter der ersten Gaskammern. Im Unterschied zu den Krematorien von Birkenau, bei denen aufgrund der Einschaltung externer Unternehmen, wie dem Krematorienhersteller Topf und Söhne, Konstruktion und Mord zeitlich und personell auseinanderlagen, trafen in den Lagern der »Aktion Reinhardt« Theorie und Praxis aufeinander. Vor Ort wurde das Mordsystem erfunden, getestet, nach Problemlösungen gesucht und vor allem: Über die Massenmordtechnologie wurde kommuniziert.

Da die Holzbaracke nicht luftdicht abzuschließen war, suchten die T4-Reinhardt-Männer nach provisorischen Lösungen: An die Holzwände der Baracke ließen sie weitere Bretter annageln und die Zwischenräume der so entstandenen doppelten Wand zur besseren Isolierung mit Sand füllen. Sand nutzten sie offenbar auch dazu, die Außentüren luftdicht abzuschließen. Zur besseren Isolierung wurden die Wände mit Teerpappe versehen, der Boden und die untere Hälfte der Wände mit Zinkblech beschlagen, um die drei Gaskammern besser reinigen zu können. Barbl verlegte in den Gaskammern die Rohre, die in Kazimierz Czerniaks Werkstatt in Tomaszów Lubelski hergestellt worden waren, und im Lokomotivschuppen in Belzec half ihnen ein »Volksdeutscher« aus der Umgebung dabei, die Rohre zusammenzuschweißen. Nach dem Einbau der Vergasungseinrichtung brachte Fuchs zu Täuschungszwecken an der Decke noch Brausedrüsen an.[49]

Im nächsten Schritt ging es um die Wahl des Giftgases, das über das Röhrensystem in die Gaskammern eingelassen werden sollte. Zwar war den Männern nach den Gaswagen-Experimenten wahrscheinlich bereits klar, dass Motorenabgase zur Tötung verwendet werden sollten. Sie testeten aber auch die Wirksamkeit anderer Giftgase, wahrscheinlich um Aussagen zur Vergleichbarkeit machen zu können. Vielleicht gab es anfangs auch Schwierigkeiten, einen geeigneten Motor und ausreichend Kraftstoff zu bekommen. Zunächst orderten sie daher, wie zuvor während der »Euthanasie«, CO-Flaschengas vom Kriminaltechnischen Institut, was möglicherweise auch dazu diente, die Durchlässigkeit der Gaskammern während der »Probevergasungen« im Februar 1942 zu überprüfen. Solange die Flaschen noch zur Verfügung standen, wurden sie während der Transporte benutzt, wenn der Motor Schwierigkeiten bereitete oder sogar ganz ausfiel. Die regelmäßige Lieferung von CO-Flaschen wäre aber zu aufwendig gewesen.[50]

Offenbar unternahmen die T4-Reinhardt-Männer auch Versuche, Menschen mit dem bei der Verbrennung von Kohle oder Holz entstehenden Kohlenmonoxid zu töten. Nach der Zeugenaussage des Zimmermanns Kozak gab es in den drei Gaskammern anfangs schwere Öfen. Die Idee zu dieser Tötungsmethode war bereits vor der »Euthanasie« diskutiert worden. Allerdings wird es schwierig gewesen sein, Kohlenmonoxid in ausreichender Menge und ohne den bei der Verbrennung entstehenden »Dreck« herzustellen, weshalb davon auszugehen ist, dass derartige Versuche schnell wieder aufgegeben wurden.[51]

Unwahrscheinlich ist hingegen, dass auch Zyklon B bei den Vergasungen eingesetzt worden ist;[52] dafür waren die Gaskammern gar nicht ausgestattet, es gab weder ein Belüftungssystem noch Einwurfschächte. Außerdem wurde in den Lagern der »Aktion Reinhardt« während der gesamten Zeit nur Chlorkalk als Desinfektionsmittel genutzt, sodass Zyklon B gar nicht vorrätig war.

Sicherlich stellte sich nach den Experimenten aus Sicht der T4-Reinhardt-Männer der Mord mit Motorabgasen als der vergleichsweise effektivste und kostengünstigste dar. Die Umstellung von dem giftigen Kohlenmonoxid-(CO-)Konzentrat, das hoch dosiert werden konnte sowie geruchsneutral und geschmacksfrei war, auf die mit Reizstoffen versetzten Motorenabgase bedeutete aber auch, dass die Opfer keineswegs eines schnellen und schmerzlosen Todes starben, sondern grausamen Qualen und Todesängsten ausgesetzt waren. Getötet wurden sie entweder durch eine CO-Vergiftung oder die Kombination aus einer CO-Vergiftung und einem extremen Mangel an Sauerstoff. Der Todeskampf war mit starken Kopfschmerzen, Schwindel, Übelkeit, Verwirrung, Erbrechen, Atemnot, Krämpfen und Koma verbunden. Durch die unterschiedliche Wirksamkeit des Giftgases je nach körperlicher Konstitution erlebten einige Opfer den Todeskampf der anderen bewusst mit, bevor sie selbst erstickten. Diese Grausamkeiten nahmen die T4-Reinhardt-Männer angesichts der relativ preisgünstigen Tötung in Kauf.[53]

Zur Vergasung wurde schließlich ein sowjetischer Panzer- oder Lkw-Motor genutzt. Hackenholt, Barbl und Fuchs montierten ihn auf einen Sockel, verbanden ihn mit dem Röhrensystem und leiteten die Abgase in die Gaskammern. Dieses System war letztendlich, wie die Gaswagen auch, eine Weiterentwicklung der Minsker Vergasungseinrichtung von Widmann.[54] Die mörderische Funktionsfähigkeit der Gaskammern testeten die Männer an den Gefangenen im Lager sowie an jüdischen Einwohnern von Ortschaften in der näheren Umgebung. Dabei überprüften sie nicht nur die Wirkung des Gases, sondern legten als Leichen-Experten auch selbst Hand mit an, um die schnellste Technik beim Transport der Leichen aus den Gaskammern in die Massengräber zu finden.[55] Zur Messung der Giftgasmenge und -qualität kam ein von der Kanzlei des Führers geschickter Chemiker – wahrscheinlich Helmut Kallmeyer – ins Lager, der unter dem Decknamen »Dr. Blaurock« auftrat.[56] Um die richtige Menge von giftigen Abgasen zu erzeugen, musste der Motor so eingestellt werden, dass er bei möglichst geringer Luftzufuhr optimal lief. Zur Steigerung der Wirksamkeit des Gases beauftragte die Lagermannschaft den Schlosser Czerniak, einen Filter anzufertigen, der – wie Czerniak erfuhr – »den Rauch vom reinen Gas trennte und dieses Gas weiter abführte«.[57]

An all diesen Versuchen, die geeignete Tötungsmethode zu finden, wird insbesondere die uneingeschränkte und zu keinem Zeitpunkt infrage gestellte Bereitschaft der Männer zum Massenmord deutlich, die sich durch die gesamte Lagergeschichte wie ein roter Faden zieht. Von Anfang an wurden die Außennetze zur Schöpfung und Erbauung der Mordeinrichtung genutzt, die sowohl die Mitarbeit von Teilen der lokalen Bevölkerung als auch zentrale NS-Organisationen wie das Reichskriminalamt einschloss. Bemerkenswert sind überdies die Ausschöpfung der Handlungsmöglichkeiten und der Aktionismus, den die vergleichsweise junge Mannschaft unter Leitung von Wirth bei der Suche nach dem besten Tötungsmittel an den Tag legte. Durch die flachen Hierarchien in der Netzwerkstruktur wurden die einzelnen Männer persönlich herausgefordert und reagierten auf die ihnen zugebilligten Entscheidungskompetenzen mit einem größeren Maß an Eigeninitiative und mörderischer Kreativität.

Belzec in der ersten Transportphase (März bis April 1942)

Während der ersten vierwöchigen Transportphase von Mitte März bis Mitte April 1942, das heißt, als die ersten Deportationszüge mit jüdischen Opfern das Vernichtungslager Belzec erreichten, bestand die deutsche Lagermannschaft aus höchstens 14 Personen.[58] Da es nur wenige Zeugenaussagen zur ersten Deportationsphase gibt, lässt sich relativ wenig über die Strukturierung des Belzec-Personals sagen. Wahrscheinlich kristallisierten sich die meisten Rollen, Positionen und Funktionen erst später heraus, als die Subgruppe Belzec weiteren personellen Zuwachs erhielt. Zunächst scheinen

Absprachen unter SS-Mitgliedern mit ähnlichem Rang (zumeist SS-Oberscharführer oder SS-Scharführer) und die daraus resultierende zusammenwirkende Gruppenarbeit die vorherrschenden Arbeits- und Strukturmechanismen des »SS-Sonderkommandos Belzec« gewesen zu sein. In diesen flexiblen und eher temporären Strukturen sind Hierarchien und systematische Arbeitsteilungen nur schemenhaft zu erkennen. Der Beginn der Deportationen brachte neue Aufgaben mit sich und es zeigte sich schnell, dass zum einen zu wenig Personal im Lager war und sich zum anderen zu viele gleichrangige SS-Leute um die wenigen Leitungspositionen im Lager streiten mussten.[59]

In den ersten Wochen, in denen pausenlos Transporte ins Lager kamen, blieb den T4-Reinhardt-Männern wenig Zeit, um Schwachstellen auszubessern oder die Mordtechnik zu modifizieren. Zudem führten die Züge mehr Menschen mit sich, als in dieser Phase mit dem noch nicht eingeübten Personal, den noch rudimentären Mordstrukturen und den drei kleinen Gaskammern getötet werden konnten. Dennoch erreichten die Männer ihr Ziel, Tausende von Menschen zu ermorden. Da Einrichtungen zur Aufnahme von großen Personengruppen, wie beispielsweise in Birkenau, nicht vorhanden waren, konnten die Deportierten bei Überlastung der Lagerstrukturen nicht provisorisch in das Lager aufgenommen und erst zu einem späteren Zeitpunkt getötet werden. Daher gab es – aus Sicht der Täter – keine Alternative, als die Menschen sofort zu töten. Innerhalb von vier Wochen ermordeten sie mit über 70000 Personen so viele Menschen wie zuvor in fast zwei Jahren insgesamt in den sechs »Euthanasie«-Einrichtungen, und das mit einem weitaus geringeren – reichsdeutschen – Personalbestand. Dies entspricht einer Opferzahl von 2500 Menschen pro Tag.

Anders als beim Krankenmord, bei dem die – selbst dort nur unzureichende – Täuschung der Opfer vorrangiger Bestandteil des Tötungssystems war und die Ermordung durch CO-Gas zumindest theoretisch zu einem relativ schmerzlosen Tod führen sollte, war von diesen beiden Prinzipien nur noch wenig übrig. Wirth hielt zwar zu Täuschungszwecken anfangs eine Ansprache an die Deportierten und versprach ihnen ein Bad, die Verteilung neuer Kleidung und im Anschluss die Verschickung zum Arbeitseinsatz. Und ursprünglich hatten die T4-Reinhardt-Männer sogar geplant, die angebliche Badeanstalt mit den falschen Duschköpfen auch noch mit Handtüchern auszustatten. Doch die Anwendung von Gewalt erwies sich schnell als wirksamer als die Taktik der Täuschung.[60]

In der Regel wurde in den ersten vier Wochen nach folgendem Prozedere verfahren: Der Zug wurde je nach Länge in zwei bis drei Teile unterteilt und die Opfer in mehreren Schüben »abgefertigt«. Aus dem Transport wurden einige Männer ausgesucht, die zusammen mit den »Arbeitsjuden«, die als

Häftlinge im Lager festgehalten wurden, bei der »Abwicklung« der Transporte mithelfen mussten, bevor sie am Ende des Tages selbst getötet wurden. Zunächst mussten die Deportierten zu einer Baracke in der Nähe der Rampe gehen, ihr Gepäck abgeben und dann über eine mit Stacheldraht umzäunte Allee zur nächsten Baracke laufen, der Entkleidungsbaracke: eine große leere Halle, in der ein Raum für Wertsachen abgetrennt war. Hier hatten sich Männer, Frauen und Kinder ohne Rücksicht auf Alter und Geschlecht zusammen auszuziehen. Bei größeren Transporten wurden zunächst die Männer in die Entkleidungsbaracke geführt, während die Frauen mit den Kindern an der Rampe warteten. Von da aus betraten sie über einen etwa zehn Meter langen Korridor direkt die Gaskammern. Nach der Ermordung wurden die Leichen mit der Lorenbahn von den Gaskammern zu den Gruben gebracht. Wenn eine Grube mit Leichen gefüllt war, wurde sie mit einer anderthalb Meter hohen Sandschicht zugeschüttet.[61] Sobald die Vergasungsräume geleert und gesäubert waren, ereilte die Frauen und Kinder das gleiche Prozedere.

Da in den ersten Wochen noch nicht alle Arbeitsabläufe lückenlos kontrolliert wurden, gelang mehreren Menschen die Flucht und die Rückkehr in die jüdischen Gemeinden und Ghettos, wo sie über ihre Erlebnisse berichteten.[62] Bei der »Abfertigung« der Transporte traten aber noch weitere Probleme auf. So waren die Gaskammern mit einer Kapazität von maximal 500 Personen[63] zu klein für die hohe Anzahl der Opfer und die Häufigkeit der ankommenden Transporte. Verglichen mit den Gaskammern der »Euthanasie«-Einrichtungen stellte diese Größe zwar bereits einen Quantensprung dar, aber für Züge mit bis zu 5000 Personen, wie etwa bei einem Transport aus Stanislau, reichten ihre Kapazitäten nicht aus. Wahrscheinlich wurden viele Deportierte auch nicht in den Gaskammern ermordet, sondern erschossen.

Außerdem gab es mit den Gaskammern technische Probleme, die erst mit dem Aufbau des neuen Gebäudes in der Konsolidierungsphase behoben werden sollten. Die Türen waren nicht ausreichend abgedichtet, sodass jedes Mal neu Sand vor die Außentüren geworfen werden musste, um sie luftundurchlässig abzuschließen. Der Motor bereitete Schwierigkeiten und fiel verschiedentlich aus. Zudem dauerte es aufgrund der Durchlässigkeit der Kammern länger, bis das Kohlendioxid den Sauerstoff verdrängt hatte. Dadurch wurde der Tod noch qualvoller und die zusammengepferchten Menschen brachen in Panik aus und drohten, das Gebäude zu demolieren.[64]

Der Holzkorridor von der Umkleidebaracke bis zur Gaskammer erwies sich als zu kurz, sodass bereits die ersten Opfer in den Gaskammern waren, während andere noch in der Entkleidungsbaracke warteten. Dies erschwerte es, die Ermordung vor den nachfolgenden Opfern zu verheimlichen. Schwierigkeiten bereitete auch die Beseitigung der Leichen. Aus den überfüllten Massengräbern quollen verwesende Leichen und Flüssigkeiten hoch. Die Lagermannschaft versuchte gegen den Verwesungsgeruch, der noch in entfernten Ortschaften Kopfschmerzen und Übelkeit verursachte, anzugehen, indem sie die Gruben mit Zementschichten abdeckte. Als die Verwesungsgase den Beton angriffen, wurde versucht, die Leichname zu verbrennen. Mühlengebläse, die bei Bauern der Umgebung konfisziert wurden, sollten die Feuer am Leben halten. Zeit- und Personalmangel führten jedoch dazu, dass die meisten Leichen weiterhin vergraben beziehungsweise nicht exhumiert wurden.[65]

Und nicht zuletzt reichten Wirths Männer nicht aus, um die jüdischen Besitztümer zu verwerten. Beim Bau von Belzec war nicht bedacht worden, dass auch Magazine, insbesondere für die Kleidung, gebraucht würden. Das Problem wurde dann mit der Beschlagnahmung des ehemaligen Lokschuppens in der Nähe des Bahnhofs gelöst, wo man aufgrund des Zeitmangels die Kleidung jedoch nur unsortiert aufbewahrte.[66] Da auch auf höherer Entscheidungsebene noch nicht geklärt war, was mit der Kleidung und den Wertgegenständen geschehen sollte, führte Wirth Wertgegenstände zur T4 nach Berlin ab. Erst später sollte eine zentrale Sortier- und Lagerstelle in Lublin eingerichtet werden.

Diese Probleme erschienen den T4-Reinhardt-Männern als so gravierend, dass sie zunächst keine weiteren Züge aufnehmen wollten. Wahrscheinlich baten Wirth und seine Männer daher um einen vorläufigen Abbruch der Deportationen, um den Massenmord effektiver zu gestalten. Sie forderten mehr Personal für die anfangs nicht bedachten Aufgaben und Zeit für Umbauarbeiten ein. Auf organisatorischer Ebene stand ebenfalls eine Klärung von Zuständigkeiten unter der Doppelspitze der Kanzlei des Führers und SSPF Lublin aus.[67] Nach der Einstellung der Transporte Mitte April begab sich ein Teil des Personals (Wirth, Oberhauser, Schwarz, Hackenholt und Dubois) nach Berlin, um Urlaub bei der Familie zu verbringen und Gespräche mit Vertretern der »Stiftung« und der Kanzlei des Führers zu führen.[68]

Ein Teil der T4-Reinhardt-Männer aus Belzec ging als Experten und Berater nach Sobibor, das zweite Lager, das mittlerweile von T4-Personal übernommen worden war. Unter den Männern, die für längere Zeit oder ganz nach Sobibor wechselten, waren Barbl, Fuchs, Vallaster, Schwarz, Graetschus und Niemann. Anfang Mai wurden zeitgleich zum Beginn des Massenmords auch einige Trawniki-Männer von Belzec nach Sobibor versetzt.[69] Während der Transportpause in Belzec wurde ein Teil der Wachmänner nach Trawniki zurückgeschickt und diese gegen neue ausgewechselt.[70] Ihre Führung oblag Reinhold Feix, der wahrscheinlich zu diesem Zeitpunkt, möglicherweise auch erst im August, aus Trawniki kam und der als einziger Nicht-T4-Angehöriger in die Subgruppe Belzec eingereiht wurde. Feix hatte vor dem Krieg als Friseur gearbeitet. Vor seinem Einsatz in Trawniki war er möglicherweise bei der Polizei in Kraśnik tätig und für das Straflager in Janów zuständig.[71]

Ende April und Anfang Mai, als viele Männer in Berlin oder Sobibor waren, war es in Belzec etwas ruhiger. Das zurückgebliebene Personal bewachte den mit Kleidung gefüllten Lokschuppen und die Massengräber. Einige am Leben gelassene Arbeitskräfte hoben unter Aufsicht der Wachmänner weitere Gruben aus. Wahrscheinlich wurde in dieser Zeit auch ein Bagger zum Ausheben der Gruben in das Lager gebracht.[72] Das Vernichtungslager sollte insgesamt sechs Wochen inaktiv bleiben. Ende Mai und im Juni kamen vereinzelte Transporte mit circa 20000 Opfern ins Lager, die von einer verkleinerten Lagermannschaft in den im Umbau befindlichen Strukturen ermordet wurden. Im Zentrum der Aufmerksamkeit des T4-Reinhardt-Netzwerks stand von Ende April bis zur Transportsperre im Juni aber nicht Belzec, sondern das zweite Vernichtungslager Sobibor, wo in der zweiten Aprilhälfte T4-Personal eingetroffen war.

Sobibor: Ausweitung des Netzwerks und Aufbau des zweiten Lagers

Das zweite Vernichtungslager wurde in der Ortschaft Sobibór – an der Bahnlinie Chełm–Włodawa im Kreis Cholm (Chełm), etwa acht Kilometer südlich von Włodawa gelegen – errichtet. Wie Bełżec lag die Ortschaft in der Nähe des Grenzflusses Bug, am östlichen Ende des Generalgouvernements.[73] Die Gegend war sumpfig, bewaldet und relativ dünn besiedelt; kurz hinter Sobibór endete die Eisenbahnlinie in Włodawa. Der geringe Durchgangsverkehr und die Abgeschiedenheit des Ortes vereinfachten die Geheimhaltung.

Da die Bauarbeiten des zweiten Lagers zunächst unter der alleinigen Leitung von Richard Thomalla standen, ist letztlich nicht zu klären, ob eine Aufstockung des T4-Personals von Beginn an vorgesehen war oder ob diese erst später zwischen Wirth, Brack und Globocnik ausgehandelt wurde. Das T4-Personal traf erst zu einem relativ späten Zeitpunkt, kurz vor Beginn der Deportationen, in Sobibor ein.

Baubeginn unter Thomalla (Februar bis März 1942)

Bereits im Spätherbst 1941 – parallel zum Baubeginn in Bełżec – hatten drei SS-Offiziere das Gelände des späteren Vernichtungslagers besichtigt und am Abstellgleis Messungen vorgenommen. Es ist fraglich, ob schon damals der Bau eines zweiten Lagers in Planung war. Anfang Februar wurde die Örtlichkeit durch die Männer des SSPF noch einmal per Flugzeug erkundet; wenige Tage später begannen die Arbeiten zur Errichtung des Lagers.[74]

Die Leitung der Arbeiten oblag Richard Thomalla. Der Maurer und Bauunternehmer war von Dezember 1939 bis August 1940 in Radom Referent für Judenfragen und jüdische Zwangsarbeit, wurde im Herbst 1940 Bauleiter beim SS-Grenzsicherungs-Baukommando Belzec (Buggraben) und leitete zuletzt den SS- und Polizeistützpunkt in Kiew. In Sobibor war der kurz zuvor zum SS-Hauptsturmführer ernannte Thomalla als »Referent in der Bauabteilung« des SSPF Lublin, später trug er den Titel eines »Sachbearbeiters für Judenangelegenheiten«. Wahrscheinlich wurde er spätestens zu diesem Zeitpunkt in die Baumaßnahmen in den Vernichtungslagern einbezogen. Die in Belzec entwickelten Basisstrukturen eines Vernichtungslagers waren Thomalla und den T4-Reinhardt-Männern, die ihn später ablösten, aufgrund von Inspektionen und durch den kontinuierlichen Austausch mit den Konstrukteuren von Belzec bekannt. Es ist davon auszugehen, dass er sich vor Baubeginn mit Wirth über die benötigten Baulichkeiten abgesprochen hat. Thomalla war lediglich für den Aufbau der Grundstruktur des Lagers zuständig, die Umwandlung in ein Vernichtungslager mit Massengräbern und Gaskammern oblag im Anschluss den T4-Reinhardt-Männern.[75]

Dass Globocnik seinen Baufachmann entsandte, spricht zum einen dafür, dass er die in Lublin ansässigen Bauleitungen nicht in die Planung des Lagers einbeziehen wollte, wahrscheinlich um das Mordprojekt nicht durch unnötige Bürokratie zu belasten. Wie beim Lager Belzec beschränkten sich die Angehörigen der Lubliner SS-Zentralbauleitung darauf, das Lager Sobibor während des Aufbaus zu inspizieren. Zum anderen verweist die Entsendung Thomallas auch auf den Bedeutungszuwachs der Vernichtungslager. Mittlerweile zeichnete sich ab, dass diese bei den nationalsozialistischen Amtsträgern auf Resonanz stoßen würden. Die Entsendung der eigenen Baufachleute vereinfachte den Aufbau des Lagers, da Thomalla nach nunmehr zweijähriger Dienstzeit im Generalgouvernement die Strukturen vor Ort gut bekannt waren.[76]

Zusammen mit Thomalla wurden einige SS-Männer als Wach- und Baupersonal für den Aufbau von Sobibor abgestellt.[77] Vor Ort konnten sie auf die Hilfe des Baurats Bruno Moser bauen, der für den Kreishauptmann von Chełm für die Arbeitslager der Wasserwirtschaftsinspektion zuständig war und Thomalla Baumaterialien wie Pfähle, Barackenteile, Ziegel, Zement und Stacheldraht aus den Arbeitslagern Osowa und Krychów zukommen ließ. Auch nach Ankunft des T4-Personals sollte ein reger Kontakt zwischen Sobibor und den Arbeitslagern bestehen bleiben. So half Moser nicht nur weiterhin bei der Materialbeschaffung, sondern ließ Stangl und dessen Familie zeitweise auch bei sich wohnen.[78]

Die Vorgehensweise von Thomalla ähnelte derjenigen der T4-Reinhardt-Männer in Belzec. Beim Aufbau des Lagers wurde ebenfalls auf lokale polnische Arbeiter zurückgegriffen, die bei der Errichtung der Baracken und der Einzäunung halfen. Bauern aus der Umgebung beschafften mit ihren Fuhrwerken zusätzliches Material wie Ziegel, Kalk, Pfähle und Zweige für die Umzäunung.[79]

Als wichtigste Hilfe wurde Thomalla, wie zuvor den T4-Reinhardt-Männern in Belzec, ein Dutzend Trawniki-Männer zur Verfügung gestellt. Dieses erste Kommando wurde nach einer Weile wieder nach Trawniki zurückgeschickt und gegen neue Wachmänner ausgetauscht, die für längere Zeit im Lager blieben. Weitere »Hilfswillige« sollten kurz vor Beginn der Deportationen Anfang Mai aus Belzec nach Sobibor gebracht werden.[80]

Auch die Rekrutierung der jüdischen Arbeitskräfte, die im Wesentlichen handwerkliche Arbeiten zu verrichten hatten, verlief ähnlich wie in Belzec. Sie wurden vom Kreishauptmann Chełm zur Verfügung gestellt, wobei die »Judenräte« der Gemeinden bei der Auswahl der Arbeiter behilflich sein mussten. Unter den ersten Opfern befanden sich bis zu 120 jüdische Männer aus dem Arbeitslager Sawin (Wasserwirtschaftsinspektion), bei Bedarf zog man auch Männer aus dem Ghetto von Włodawa heran. Die Arbeitskräfte wurden von Thomalla und seinen Leuten schlecht behandelt, viele von ihnen wegen Entkräftung oder zur Abschreckung ermordet. Somit waren die beiden Innennetze Trawniki-Männer und »Arbeitsjuden« bereits vorhanden, als die T4-Reinhardt-Männer das Lager übernahmen, ebenso wie ein Teil der Außennetze, wie die Verbindungen zu Akteuren der Zivilverwaltung und zur lokalen Bevölkerung.[81]

Anders als in Belzec wurden in das Lagergelände einige bereits vorhandene Baulichkeiten einbezogen, wie die Försterei mit einigen Schuppen und die Post mit drei Nebengebäuden. Sie wurden von Thomalla im Rahmen des Besatzungsrechts requiriert und als Unterkunft genutzt. Die Gebäude befanden sich in der Nähe eines Nebengleises und eines kürzeren Rangiergleises, die parallel zur einspurigen Hauptstrecke der Bahnlinie verliefen. Auf dem in das Vernichtungslager einbezogenen Terrain stand außerdem eine Holzkapelle. Außerhalb des Lagerbereichs befand sich östlich von der Rampe die Station von Sobibór.[82]

Thomalla und seine Männer stellten einige Fertigbaracken auf, die als provisorische Unterkünfte und Werkstätten für die »Arbeitsjuden« und die Trawniki-Männer dienten. Sie zäunten das Lager ein und errichteten Wachtürme. Zuletzt bauten sie mithilfe der jüdischen Zwangsarbeiter und polnischer Zivilarbeiter das Gebäude, in dem später die Gaskammern eingerichtet werden sollten.[83] Der Bau des Lagers war bereits relativ weit fortgeschritten, wenn auch noch nicht abgeschlossen, als das T4-Personal ins Lager kam, um Thomalla und seine SS-Männer abzulösen.[84]

Konstituierung der Lagermannschaft unter Stangl (April 1942)

Im Unterschied zu Belzec bestand die Subgruppe Sobibor von Beginn an aus einer größeren Anzahl von Akteuren: In der zweiten Aprilhälfte kam Stangl mit einer 19-köpfigen Gruppe nach Sobibor. Möglicherweise trafen vor dieser Gruppe bereits die SS-Angehörigen Hubert Gomerski und Kurt Bolender als Vorauskommando ein.[85] Stangl hatte zunächst in Lublin Einzelheiten mit Globocnik geklärt und dieser stellte den Männern finanzielle Ressourcen zur Deckung der Baukosten zur Verfügung. Bei der SS-Reiterschwadron in Chełm erhielten sie anschließend Waffen und Ausrüstungsgegenstände.[86]

Die Lagermannschaft war nicht nur größer als diejenige aus Belzec. Auffällig ist zudem die fast fehlende Präsenz von aktiven SS-Angehörigen, die bereits vor dem Krieg in den Totenkopfverbänden gedient hatten. Einige von ihnen hatten der Aufbaumannschaft in Belzec angehört und sollten im Lauf der Zeit als die ideologisch gefestigtsten und in der nationalsozialistischen Weltanschauung »besten«[87] Männer Führungspositionen in den anderen Lagern übernehmen. Stattdessen kamen nun notdienstverpflichtete Pfleger, Fahrer, Handwerker, Verwaltungsangestellte und auch ein Landwirt ins Lager. Auch die folgenden Personalzuwächse von Belzec, Sobibor und Treblinka sollten mehrheitlich aus diesen Personengruppen rekrutiert werden. Bei der Auswahl der Männer, die zuvor zumeist in Hadamar und Hartheim eingesetzt worden waren, spielten deren beruflichen Fähigkeiten in der Regel eine sehr geringe Rolle, da ihnen in den Vernichtungslagern im Allgemeinen die Rolle von »Aufsehern« zukam und die handwerklichen Arbeiten von »Arbeitsjuden« oder auch Trawniki-Männern verrichtet wurden. Dennoch konnten einige Berufe, wie zum Beispiel der des Maurers, Landwirts oder Fahrers, von Vorteil sein, indem sie den Männern die Leitung von Handwerkskolonnen oder dem später eingerichteten Landwirtschaftskommando ermöglichten.

Der Oberleutnant der Schutzpolizei Franz Stangl, der die Gruppe anführte, wurde Sobibors erster Lagerleiter. Er war von der Staatspolizeistelle in Linz, wo er an der forcierten Emigration der österreichischen Juden mitgewirkt hatte, zur T4 kommandiert worden. Zwischen 1940 und 1942 hatte er mit einer mehrmonatigen Unterbrechung – zwischen Herbst 1941 und Frühjahr 1942 war er vorübergehend in Bernburg eingesetzt – den Posten des »Büroleiters« in Hartheim inne.[88]

Der einzige bereits vor dem Krieg aktive SS-Angehörige war SS-Oberscharführer Herbert Floß. Er war in den Konzentrationslagern Lichtenburg und Buchenwald eingesetzt, wurde mit der ersten Gruppe aktiver SS-Männer zur T4 kommandiert und war dann Leichenverbrenner in Grafeneck, Hadamar und zuletzt in Bernburg.[89]

Von den Handwerkern waren zwei zum Zeitpunkt ihrer Versetzung nach Sobibor militärisch zur SS verpflichtet worden. Der Eisenkontrolleur Kurt Bolender war zu Kriegsbeginn zur 7. SS-Totenkopfstandarte nach Brünn eingezogen und nach einem Lazarettaufenthalt mit der zweiten Gruppe der SS-Angehörigen zur T4 kommandiert worden. In Brandenburg, Hartheim und Sonnenstein war er als Leichenverbrenner tätig und er hatte den OT-Einsatz mitgemacht.[90] Der Eisendreher Hubert Gomerski wurde im Oktober 1939 zur 8. SS-Totenkopfstandarte einberufen, in Krakau ausgebildet und war dann in Brandenburg, Hartheim und Hadamar als »Brenner« tätig. Zuletzt arbeitete er auch in der Schlosserei.[91] Zu den zur T4 versetzten Handwerkern gehörte außerdem Karl Frenzel. Er hatte nach einer Lehre als Zimmermann in der Landwirtschaft, als Ausfahrer und Hilfspolizist, in einer Munitionsfabrik und als Verwalter des Schlosses Löwenberg/Mark gearbeitet, den Polenfeldzug mitgemacht, bevor er in Grafeneck, Hadamar und Bernburg als Handwerker, Wachmann und »Desinfektor«, das heißt als Leichenverbrenner, eingesetzt wurde.[92] Der oberschlesische Tischler Ernst Bauch kam Ende 1939 aus Berlin zur T4, wurde in Grafeneck und Hadamar ebenfalls als Leichenverbrenner eingesetzt und war als solcher auch für den Urnenversand zuständig.[93] Auch der sudetendeutsche Maurer Fritz Rehwald, genannt Wenzel, war als »Desinfektor« in Sonnenstein, möglicherweise in Hadamar und zuletzt in Bernburg beschäftigt, zum Teil führte er dort auch Maurerarbeiten aus.[94] Als »Brenner« in Hartheim arbeitete später auch der Kellner Paul Bredow,[95] der zuvor in der Kantine in der T4-Zentrale in Berlin sowie in Grafeneck als Wachmann oder Pfleger tätig gewesen war, sowie der Fleischer Paul Groth.[96] Groth war möglicherweise auch als Aushilfe im Büro und in der Küche beschäftigt, was auch der Einsatzbereich des Fleischers Ferdinand Grömer[97] war.

Drei Männer der Gruppe waren Fahrer: Erich Bauer war 1941 von der Berliner Verkehrsgesellschaft zur T4-Dienststelle gekommen und hatte dort als Chauffeur, insbesondere für die medizinischen Leiter der T4, Werner Heyde und Paul Nitsche, gearbeitet.[98] Sein Kollege Karl Friedrich Wilhelm Ludwig, der zuvor möglicherweise bei Martin Bormann in Diensten stand, war als Fahrer unter anderem von Brack und Heyde in Berlin, in Grafeneck und Hadamar beschäftigt. Mit Dubois hatte er den OT-Einsatz im Raum Wjasma mitgemacht.[99] Der Postschaffner Anton Getzinger war vor Sobibor als Kraftfahrer in Hartheim tätig gewesen[100] und der einzige Landwirt der Lagermannschaft. Rudolf Beckmann (SS) hatte in Grafeneck und Hadamar in der Landwirtschaft gearbeitet.[101]

Die Pfleger stammten aus Grafeneck und Hartheim. Bruno oder Otto Weiß war aus Grafeneck.[102] Hermann Michel kam aus der Heilanstalt Buch (Berlin) zunächst nach Grafeneck, bevor er als Pfleger oder Oberpfleger nach Hartheim versetzt wurde. Zuletzt hatte er den OT-Einsatz im Raum Minsk mitgemacht.[103] Sein Kollege Karl Steubl war aus der österreichischen Heilanstalt Niedernhart nach Hartheim gekommen, wo er zunächst als Pfleger, später im Büro arbeitete. Er hatte ebenfalls den OT-Einsatz mitgemacht.[104]

In der Gruppe befanden sich außerdem einige Verwaltungsangestellte. Der Handelsangestellte Gustav Wagner war zuvor in Hartheim im Büro beschäftigt und hatte den OT-Einsatz in Charsk mitgemacht.[105] Der gelernte Kaufmann Jakob Alfred Ittner hatte nach Zeiten der Arbeitslosigkeit ab 1934 bei der Gauleitung der NSDAP-Auslandsorganisation gearbeitet, deren Sitz in der Tiergartenstraße 4 war. Über seinen Vetter Wilhelm Schneider wurde er im Herbst 1939 als Buchhalter zur Hauptwirtschaftsabteilung der T4 vermittelt. Im Juni 1942 ließ er sich wieder nach Deutschland versetzen, weil ihm die Tätigkeit bei den Massengräbern nicht zusagte, und er blieb zunächst weiterhin bei der T4-Dienststelle in Berlin beschäftigt.[106] Hans-Heinz Friedrich Karl Schütt (SS) hatte bei verschiedenen Firmen und beim Deutschnationalen Handlungsgehilfen-Verband, in der Deutschen Angestelltenschaft und in der Deutschen Arbeitsfront (DAF) in der Verwaltung gearbeitet, bevor er als Verwaltungsführer in Grafeneck, Hadamar und zuletzt in der Berliner T4-Zentrale eingesetzt wurde. Wie Ittner bemühte sich auch Schütt aus nicht klar zu eruierenden Gründen bei einem Heimaturlaub im August um eine Rückversetzung aus Sobibor und ging als Soldat zur Waffen-SS.[107]

Aus Trawniki wurden dem Lager Sobibor zu Beginn der Transporte nicht nur Wachmänner zur Verfügung gestellt, sondern auch ein reichsdeutscher Kompanieführer. Wie in der Abordnung von Thomalla zur Vorbereitung der baulichen Maßnahmen verweist auch diese Personalversetzung auf die gestiegene Bedeutung des Projekts. Der erste Führer der Trawniki-Männer war Herbert Schäfer. Er hatte vor dem Krieg als Kellner gearbeitet, bevor er zur Hilfspolizei in Liegnitz einberufen wurde. Nach seiner Versetzung nach Trawniki war er an der Lubliner Ghettoräumung als Kompanieführer mitbeteiligt. Schäfer ließ sich nach kurzer Zeit, wahrscheinlich aus Widerwillen gegenüber dem Geschehen in Sobibor, nach Trawniki zurückversetzen.[108]

Für ihn kam Anfang Juni 1942 der Maurer Erich Lachmann aus dem Ausbildungslager. Er war 1939 ebenfalls zur Hilfspolizei in Liegnitz eingezogen worden und diente bis zum Frühjahr 1941 beim Polizei-Bataillon 82 in Ostoberschlesien. Später wurde er nach Lublin zu einem Polizeiregiment und von dort nach Trawniki versetzt. Wie Schäfer hatte er als Kompanieführer an den Deportationen aus Lublin mitgewirkt.[109]

Zur Unterstützung der Aufbaumannschaft kamen aus Belzec Josef Vallaster und Siegfried Graetschus sowie Heinrich Barbl, Erich Fuchs, Gottfried Schwarz und Johann Niemann hinzu. Die Überstellung des Personals aus Belzec diente dem Wissenstransfer: Sie gaben insbesondere bei der Einrichtung der Gaskammern und der Planung der »Transportabfertigung« ihre Erfahrungen an die neue Mannschaft weiter. Stangl selbst besuchte das Lager Belzec, das zu dieser Zeit jedoch keine Transporte annahm. Wenige Tage nach Stangls Gruppe kam auch Irmfried Eberl nach Sobibor, der zum Leiter des dritten Lagers Treblinka ernannt worden war. Außerdem traf Christian Wirth aus Berlin in Sobibor ein. Unter ihm fanden die ersten »Probevergasungen« statt, er war auch bei den ersten Transporten zugegen.[110] Möglicherweise waren für kurze Zeit außerdem einige Männer der zukünftigen Mannschaft von Treblinka in Sobibor, um sich auf ihre Tätigkeit im dortigen Vernichtungslager vorzubereiten.[111]

Somit befanden sich für kurze Zeit um die 30 T4-Reinhardt-Männer in Sobibor, um das Lager und sich selbst auf die Vernichtung der Juden vorzubereiten. Auch dies zeugt von der Bedeutung, die dem Mordprojekt nach den mittlerweile angelaufenen Deportationen zugesprochen wurde.

Eberl, Fuchs, Graetschus, Schwarz und Niemann blieben nur kurze Zeit in Sobibor und gingen dann nach Treblinka (Eberl, Fuchs und Graetschus) oder kehrten nach Belzec zurück (Schwarz und Niemann). Niemann und Graetschus sollten im Spätsommer allerdings aus Belzec und Treblinka im Zuge der personellen Umstrukturierungen im Gesamtnetzwerk wieder nach Sobibor versetzt werden.

Der Ausbau Sobibors zum Vernichtungslager (April 1942)

Nach der Ankunft der T4-Mannschaft wurde das Lager, basierend auf den von Thomalla geleisteten Vorarbeiten, weiter ausgebaut. Den T4-Reinhardt-Männern blieben noch circa zwei Wochen bis zum Beginn der Deportationen, die sie nutzten, um sich mit den örtlichen Gegebenheiten vertraut zu machen und die noch fehlenden Einrichtungen zu bauen. Durch die Aufstellung eines Schildes mit der Aufschrift »Umsiedlungslager« nahmen sie offiziell Besitz vom Lager, kurze Zeit später wechselten sie es – in Anlehnung an Belzec – gegen eines mit der Beschriftung »SS-Sonderkommando Sobibor« aus.[112]

Noch fehlende Gegenstände besorgten sich die Männer in der Regel beim »Judenrat« in Włodawa und bei SS- und Polizeieinrichtungen in Lublin. Sie scheuten aber auch keine langen Wege: Für den Motor für die Gaskammern fuhren Fuchs und Niemann bis nach Lemberg, wo sich ein Beutelager der Wehrmacht befand. Bauer holte in einem Warschauer Munitionsdepot Türen für die Gaskammern und Brausen für das fiktive Bad. Nach den »Probevergasungen« wurde in Warschau auch ein Bagger bestellt, der allerdings erst im Sommer geliefert werden sollte. Auch Eberl engagierte sich und organisierte aus Bernburg Decken und Medikamente für die Lagermannschaft in Sobibor und vorausschauend auch für seine zukünftige Mannschaft in Treblinka.[113]

In Bezug auf den Bau finden sich sowohl zahlreiche Parallelen zu Belzec als auch Eigenheiten und strukturelle Neuerungen. Der Transfer von Belzec-Personal und Besuche des Sobibor-Personals in Belzec machten es möglich, die dort gemachten – positiven und negativen – Erfahrungen beim Bau des neuen Lagers zu verarbeiten. Auch die Erkenntnisse, die die Belzec-Mannschaft während der ersten Deportationsphase bei der Ermordung der Juden gewonnen hatte, konnten zum Teil bereits beim Bau des zweiten Vernichtungslagers berücksichtigt werden, sodass sich wesentliche Unterschiede zum Experimentierlager Belzec ausmachen lassen. Sobibor war weiträumiger angelegt, Wohn- und Verwaltungsbereiche befanden sich, wahrscheinlich zum Schutz des Personals, innerhalb des Lagers. Auch für die Verwahrung des Raubguts wurde Raum geschaffen. Im Unterschied zu Belzec wurde hingegen keine Baracke zum Entkleiden eingerichtet, sondern ein Bereich im Freien dafür vorgesehen. Auch der Weg zwischen Auskleidebereich und Gaskammern, der sogenannte »Schlauch«, wurde gegenüber dem Vorgänger verlängert. Wie in Belzec wurde nicht mit ausgearbeiteten Plänen gebaut, sondern lediglich mit allgemein gehaltenen Bauskizzen.[114]

Als die Deportationen begannen, war das Lager zwar funktional eingerichtet, das heißt zum Töten geeignet, aber es fehlten noch zahlreiche Baulichkeiten. Deshalb wurden die Bauarbeiten bei bereits laufendem Lagerbetrieb fortgesetzt. Das Lager war zu diesem Zeitpunkt in ein »Vorlager« mit Verwaltungs- und Wohnbezirken der deutschen Lagerangehörigen, ein »Lager I« mit Werkstätten der »Arbeitsjuden«, ein »Lager II« als dem Ort, in dem sich die Opfer entkleiden und ihre Wertgegenstände abgeben sollten, und ein »Lager III«, dem Vernichtungsteil mit Gaskammern und Massengräbern, eingeteilt. Der eingezäunte »Schlauch« führte von der Rampe über die Lager I und II zu den Gaskammern im Lager III. Wachtürme und Stacheldraht gewährleisteten die Überwachung des gesamten Lagerbereichs.[115] Um das Lager herum wurden Bäume abgeholzt, um den Trawniki-Männern bei der Außenbewachung einen besseren Überblick zu verschaffen. Zur Verhinderung der Einsicht von außen ließen die T4-Reinhardt-Männer wie in Belzec Zweige in die Stacheldrahtzäune einflechten.[116]

Besonderes Augenmerk wurde auf die Bauarbeiten im Lager III gelegt, die von Bolender, Gomerski und Vallaster geleitet wurden. Dort wurden Bäume gefällt, um Platz für die Leichengruben zu schaffen. Die erste Grube hoben Wachmänner und »Arbeitsjuden« im sandigen Boden neben der Gaskammer mit Schaufel und Spaten aus. Für die zweite und dritte Grube wurde später ein Bagger geliefert. Im Anschluss wurde das Lager III als eigener Sektor mit einem Zaun umgeben.[117]

Die wichtigste Aufgabe der T4-Reinhardt-Mannschaft bestand in der funktionalen Einrichtung der Gaskammer. Hierfür waren Bauer sowie Fuchs und Barbl, die auf ihre Erfahrungen in Belzec zurückgreifen konnten, zuständig. Das Gebäude, das bereits von Thomalla und seinen Männer gebaut worden war, glich strukturell dem Bau in Belzec und war in drei verhältnismäßig niedrige Zellen unterteilt. Wahrscheinlich bestand das Gebäude aus Steinen beziehungsweise Ziegeln und hatte eine Betondecke, was gegenüber dem Holzbau in Belzec zu einer besseren Abdichtung führen sollte.[118] Die Angaben zur Größe der einzelnen Gaskammern schwanken zwischen vier mal fünf Meter (laut Schütt), vier mal fünf bis sechs Meter (Lambert), dreieinhalb mal fünf Meter (Lachmann) und drei mal vier Meter (Frenzel, Ittner, Stangl). Vermutlich konnten in den drei Gaskammern wie in Belzec bis zu 500 Personen auf einmal getötet werden.[119] Trotz der Vorerfahrungen aus Belzec wurde auch in Sobibor beim Bau der Gaskammern noch experimentiert, wie das Beispiel der Türen zeigt. Die T4-Reinhardt-Männer bauten für den Ein- und Ausgang zunächst Stahltüren für Luftschutzkeller ein, was sie als eine gute Weiterentwicklung der Gaskammern von Belzec ansahen. Doch bei der »Versuchsvergasung« und der ersten Transportphase stellte sich schnell heraus, dass sie zum Heraustragen der Leichen zu eng waren. Deshalb ließ die Lagermannschaft große Öffnungen in die Wand brechen und wie in Belzec dicke hölzerne Türen, die fast die gesamte Rückseite der Gaskammern ausmachten, einbauen. Auf der Eingangsseite behielt man hingegen die Stahltüren. Zu den Umbauarbeiten kam Wirth mit jüdischen Maurern, die er wahrscheinlich aus Belzec mitbrachte, nach Sobibor.[120]

Die drei Gaskammern waren über einen Verbindungskorridor zu betreten. Auf der Rückseite – in Richtung der Massengräber – wurde wie in Belzec eine Außenrampe gebaut, über die die Leichen mithilfe einer Lorenbahn über einen Steg bis zur Mitte der Gruben gebracht werden konnten.[121] An das Gebäude wurde ein Schuppen angebaut, in dem der Motor aufgestellt werden sollte. Nach dem Vorbild von Belzec legte Barbl das Rohrsystem aus diesem Motorraum bis in die Gaskammern. Zu Täuschungszwecken wurden

Brauseköpfe aufgehängt und am Eingang zu den Gaskammern ein Schild mit der Aufschrift »Baderaum« aufgestellt.[122]

Beim Einbau des Benzin-Panzermotors fand sich ein großer Teil der Lagermannschaft ein, um Ratschläge zu geben. Fuchs schloss den Motor an das vorhandene Rohrsystem an.[123] Bei den ersten »Probevergasungen« wurde der Motor erst angelassen, als die Menschen bereits in den Zellen waren. Später baute Fuchs das Rohrleitungssystem so um, dass die Auspuffgase durch eine Abzweigung des Auspuffs ins Freie abgeleitet werden konnten, sodass der Motor bereits vorher angelassen werden konnte. Wenn das Gas in die Kammern geleitet werden sollte, wurde die Abzweigung mit einem Holzstopfen verschlossen.[124]

Zur Testung der Gaskammern wurden zunächst »Arbeitsjuden« des Lagers ermordet, für weitere Versuche holte man Juden aus den umliegenden Ghettos, aus dem Arbeitslager Krychów und aus Zamość. Die Opfer mussten sich zunächst entkleiden und wurden dann von den T4-Reinhardt- und den Trawniki-Männern durch den »Schlauch« in die Gaskammern getrieben und ermordet. Ihre Leichen wurden mit der Lorenbahn zu den Massengräbern gefahren und dort von Wachmännern aufgestapelt. Bei den nachfolgenden Experimenten wurden aus der todgeweihten Gruppe Männer zurückgehalten, zu dieser Arbeit gezwungen und im Anschluss erschossen.[125]

Sobibor in der ersten Deportationsphase (Mai bis Juni 1942)

Die erste Transportphase zeigte den T4-Reinhardt-Männern in Sobibor zum einen, dass das errichtete Vernichtungssystem prinzipiell funktionierte, dass es gleichzeitig aber auch Schwachstellen gab, von denen einige schon nach kurzer Zeit behoben wurden. Mindestens 70000 Juden wurden von Anfang Mai bis Ende Juni 1942 in Sobibor getötet. Die Opfer stammten aus dem Distrikt Lublin, aber auch aus der Slowakei, Deutschland, Österreich und dem Protektorat Böhmen und Mähren (Theresienstadt). Insbesondere die ersten zweieinhalb Wochen waren besonders transportintensiv, auch wenn die Zahl der Opfer nicht an diejenige von Belzec heranreichte. Durchschnittlich wurden bis zu 1500 Menschen pro Tag ermordet.

Vor allem während der fast einwöchigen Transportpause Ende Mai veranlassten die T4-Reinhardt-Männer Änderungen, wie zum Beispiel die Einrichtung fester Arbeitskommandos und bauliche Umstrukturierungen. Außerdem wurden Zuständigkeiten innerhalb der Lagermannschaft neu zugewiesen.

Die »Transportabfertigung« in Sobibor glich in vielen Punkten dem Vorgänger in Belzec – etwa in der Ansprache an die Deportierten zu deren Täuschung oder der Nutzung der Lorenbahn im Vernichtungsbereich. Von Anfang an bildeten sich aber auch eigene Vorgehensweisen heraus. So durchliefen die Opfer gegenüber dem Vorbild Belzec eine größere Zahl von Lagerbereichen, die jeweils eigene Funktionen hatten: Rampe (Ausladen), Lager I (Trennung), Lager II (Auskleiden), ein verlängerter »Schlauch«, die Gaskammer. Eine wesentliche Veränderung gegenüber dem Vorbild Belzec waren auch die bereits nach wenigen Wochen eingeführten dauerhaften Arbeitskommandos für die »Transportabfertigung«.

Zunächst gab es wie in Belzec keine großen jüdischen Arbeitskommandos. Aus den ersten Transporten wurden lediglich einzelne Handwerker und Köche ausgewählt, um den Lagerbetrieb aufrechtzuerhalten, und Mitte Mai wurden Arbeiter für das Lager III aus einem Transport aus Zółkiewka zum Ausheben der Massengräber ausgewählt. Die für die »Transportabfertigung« benötigten Arbeitskräfte wurden dagegen nach kurzer Zeit oder sogar noch am selben Tag ermordet.[126] Aber schon nach den ersten Transporten zeigte sich, dass das System der nur kurze Zeit am Leben gelassenen Arbeitskräfte geändert werden musste. Daher wurden neben 50 bis 60 Handwerkern, die für den weiteren Ausbau des Lagers benötigt wurden, aus den Mai-Transporten aus Zółkiewka, Turobin, Krasnystaw, Zamość, Chełm, Izbica und Hrubieszów auch reguläre Arbeitskräfte für die »Transportabfertigung« ausgewählt. Anfang Juni – nach der ruhigeren Woche Ende Mai – wurde ein dauerhaftes »Bahnhofskommando« eingerichtet. In den nachfolgenden Juniwochen wurde das jüdische Stammpersonal komplettiert. Danach fanden Selektionen in der Regel nur noch statt, wenn Personal für neue Aufgaben, wie die Landwirtschaft, das Wald-, Sortier- oder Leichenverbrennungskommando und später das Lager IV benötigt wurde oder wenn Häftlinge ermordet worden waren und durch neue ersetzt werden mussten. Aus einem Transport, der Anfang Juni aus Hrubieszów eintraf, wurden drei junge Frauen als Wäscherinnen für die Kleidung der T4-Reinhardt-Männer ausgewählt und aus einem Transport aus Wien einige österreichische Jüdinnen als Dienstkräfte im Vorlager. Sie sollten für längere Zeit die einzigen weiblichen Gefangenen sein.[127]

Die »Transportabfertigung« der Anfangszeit unterschied sich in einigen Punkten von derjenigen der zweiten und dritten Phase. Der ankommende Zug wurde in zwei bis drei Teile gegliedert und dann je ein Segment von der Lokomotive auf das Rangiergleis geschoben. Wachmannschaften und die verfügbaren T4-Reinhardt-Männer umstellten das Gelände, öffneten die Güterwagen und trieben die Männer, Frauen und Kinder unter Geschrei, Gewaltanwendung und Schüssen heraus. Am Abschlussgleis wurden – bis zur Einrichtung eines »Bahnhofskommandos« Anfang Juni – 60 bis 80 Männer ausgewählt, die auf der Rampe, auf dem Entkleidungsplatz und im Lager III aushelfen mussten, um dann ebenfalls getötet zu werden. Die neu angekommenen Juden wurden – umstellt von Trawniki-Männern – von T4-Reinhardt-

Männern in Reih und Glied am Vorlager vorbei zum Lager I geführt, wo ihnen erklärt wurde, dass sie desinfiziert und »ausgesiedelt« würden. Auf dem Platz stellten sie ihr Gepäck ab und wurden nach Geschlecht getrennt. Anschließend wurden sie in Gruppen unterteilt, die der Kapazität der Gaskammern entsprachen.[128] In der Regel wurden Frauen und Kinder zuerst in den Tod geschickt, weil unter den Männern noch kleinere Selektionen für das Lager stattfanden. Gelegentlich, wenn keine Selektion stattfand, wurden zuerst die Männer getötet.[129] Insbesondere unter den ausländischen Juden wurden auch Arbeiter für die Arbeitslager der Wasserwirtschaftsinspektion in Osowa, Sawin und Krychów ausgewählt. »Arbeitsunfähige« Gefangene aus diesen Lagern wurden nach Sobibor (zurück)gebracht.[130]

Durch ein Tor, das im Anschluss geschlossen wurde, wurden die Männer, Frauen und Kinder in das Lager II geführt, wo sie sich zwischen Scheune und Forsthaus im Freien ausziehen mussten. An einem Schalter am Forsthaus gaben sie ihre Wertgegenstände bei Schütt oder Floß ab. Nachdem sie den Platz verlassen hatten, wurde ihre Kleidung von den jeweils aus den Transporten ausgewählten »Arbeitsjuden«, später von einem ständigen Arbeitskommando abgeholt und zur Sortierung gebracht.[131]

Dann wurden die Deportierten in Gruppen nackt durch den »Schlauch«, der im Lager II begann, direkt in die Gaskammern ins Lager III geführt und nach dem Schließen der Türen mit den Motorabgasen des von Bauer und Vallaster bedienten Motors getötet.[132] Nach der Öffnung der Gaskammern musste das Arbeitskommando des Lagers III gemeinsam mit zusätzlichen Arbeitskräften aus dem jeweiligen Transport die Leichen herausholen und sie mit der Lorenbahn zu den Gruben fahren, wo sie gestapelt wurden, um möglichst wenig Platz einzunehmen. Zum Schluss wurde zur Desinfizierung und gegen den Geruch Chlorkalk über die Leichen gestreut.[133]

Alte, kranke und gebrechliche Menschen wurden aus der Gruppe aussortiert, um sie ins »Lazarett« zu bringen, wo sie mit Karabinern und Maschinenpistolen erschossen wurden. Es dauerte eine Weile, bis die T4-Reinhardt-Mannschaft die passende Vorgehensweise gefunden hatte. Zu Beginn mussten die Opfer zu Fuß zur Exekutionsstätte gehen. Bald wurde jedoch ein Pferdefuhrwerk eingesetzt, auf das die greisen oder verletzten Personen an der Rampe regelrecht geworfen wurden. Bei den ersten Transporten wurden die Opfer in einem waldbewachsenen Teil zwischen Lager III und den Bahngleisen, wo später das Lager IV entstehen sollte, erschossen und vergraben. Die »Lazarett« genannte Exekutionsstätte, die sich in der Nähe der Kapelle befand, erwies sich allerdings als nicht praktikabel, da die Pferdewagen auf dem sandigen Boden nicht gezogen werden konnten. Außerdem war die Stelle von der dort vorbeiführenden Bahnstrecke und einem öffentlich zugänglichen Weg einsehbar. Das System wurde daraufhin ein weiteres Mal modifiziert und die »Gehunfähigen«[134] – wie die alten und gebrechlichen Menschen in Sobibor genannt wurden – nunmehr bei den Massengräbern im Lager III erschossen.[135] In der zweiten Maihälfte wurden Schmalspurschienen, die aus dem Sägewerk in der Nähe des Lagers und aus Trawniki stammten, von der Rampe bis zum Lager III verlegt, um den Transport der »Gehunfähigen« zu vereinfachen. Ab Anfang Juni löste die neue Lorenbahn die Fuhrwerke ab. Zu Beginn wurde sie noch per Hand geschoben oder von Pferden gezogen; im August wurde zu diesem Zweck eine kleine Diesellok eingesetzt. Die Lorenbahn, die von der Rampe in den Vernichtungsbereich des Lagers führte, war eine Sondereinrichtung von Sobibor, die es in Belzec und Treblinka in dieser Weise nicht gegeben hat.[136]

Gepäckstücke und Kleidung der Opfer wurden auf einem freien Platz zwischen Lager II und Lager III gestapelt. Einige Wochen nach Beginn der Deportationen errichtete man für die Sortierung überdachte Stellplätze, weil das Gepäck im Freien durch Sonne und Regen beschädigt wurde. Hier wurde die Kleidung unter Aufsicht von Groth vorsortiert[137] und von Zeit zu Zeit mit den Waggons, mit denen zuvor neue Opfer ins Lager gebracht worden waren, abtransportiert. Das Raubgut, das sich am Ende der ersten Deportationsphase noch im Lager befand, wurde abschließend mit einem leeren Zug abgeholt.[138] Der jüdische Goldschmied Stanislaw Szmajzner schmolz Gold zu Barren. Wertgegenstände, Geld und Gold wurden in Kisten geladen und von einem Kurier nach Berlin gebracht.[139]

Parallel zum laufenden Tötungsprozess wurden die Bauarbeiten fortgesetzt. Das Baumaterial entnahm man Häusern von Juden aus der Umgebung, die bereits in Sobibor ermordet worden waren. Neben den Sortiereinrichtungen wurden Unterkünfte und Werkstätten für die »Arbeitsjuden« gebaut, die aus den Transporten selektiert worden waren und anfangs in der Scheune geschlafen hatten. Im Vorlager wurden ein Wohngebäude für die Lagerführung, ein Unterkunftsraum für die T4-Reinhardt-Männer sowie Magazine eingerichtet. Das eingezäunte Lager III erhielt ein separates Tor, sodass es nicht nur über den »Schlauch« zu erreichen war. Um das Lager auch nach Sonnenuntergang bewachen und notfalls Transporte aufnehmen zu können, wurde ein Lichtaggregat aufgestellt. Zur Vereinfachung der »Transportabfertigung« wurde die Rampe erhöht, sodass sie wie eine normale Treppenstufe unter der Waggonbodenhöhe lag.[140]

Während der Deportationen kristallisierten sich Funktionen und Positionen innerhalb der Lagermannschaft heraus, die insbesondere in der Anfangszeit ständigen Änderungen unterworfen waren. Daher dauerte es einige Wochen, bis die Leitungspositionen unter den während der »Euthanasie« eher gleichberechtigten Männern endgültig aufgeteilt waren. Aufgrund der geringen Anzahl aktiver SS-Angehöriger gliederte sich die Lagermannschaft nach anderen Kriterien als dem SS-Rang, auch wenn SS-Angehörige bessere Ausgangsvoraussetzungen für eine höhere Dienststellung besaßen. Zu den Kriterien gehörten Charakterdispositionen, berufliche Fertigkeiten, vorherige Tätigkeiten während der »Euthanasie« sowie freundschaftliche Beziehungen zu Führungspersonen. Die acht »Brenner« nahmen in der Regel bevorzugte Stellungen ein. Allen Lagerangehörigen, auch den SA- oder NSDAP-Mitgliedern, hatte Stangl fiktive SS-Dienstgrade zugewiesen. Der kleinste vergebene Dienstgrad war der des SS-Unterscharführers. Bei der Titelvergabe kam es zu Verstimmungen unter den Männern, weil langjährige und aktive SS-Mitglieder wie Bolender oder Floß niedrigere oder gleichrangige SS-Dienstgrade erhielten wie ihre Kameraden, die nicht der SS angehörten.[141] Doch entschied der Dienstgrad nicht allein über die tatsächliche Dienststellung und die Macht, die sich der Betreffende vielmehr im Kräftemessen mit den Kameraden erstritt. Außerdem wurden die fiktiven Titel nicht in kohärenter Form benutzt, sodass sowohl die überlebenden Opfer als auch die Täter häufig unterschiedliche Dienstgrade in Erinnerung hatten. Als Lagerleiter vermied es Stangl, die Mannschaft in ein zu hierarchisches Korsett zu zwängen. Er war von Beginn an kein strenger Vorgesetzter, sondern eher Koordinator der Lagermannschaft und ließ seinen Männern große Freiräume. Auf diese Weise hing es von den Männern selbst ab, ob sie sich bei der Vernichtungsarbeit besonders einsetzten und infolgedessen Führungspositionen übernahmen, oder ob sie sich lieber im Hintergrund hielten.[142]

Bei der Ankunft der Transporte übernahmen die Männer verschiedene Tätigkeitsbereiche: Sie fungierten als Aufseher in den Bereichen Rampe, Auskleiden, Gaskammern sowie beim Abtransport der Leichen, sie organisierten den Transport der alten und kranken Menschen mit der Lorenbahn und erschossen diese. In transportfreien Zeiten wurden einige Männer als Aufseher über die Arbeitskräfte abgestellt, um den weiteren Ausbau des Lagers zu gewährleisten und das Lagerleben aufrechtzuerhalten.

Wie für Belzec ist es auch für Sobibor schwierig, das Personal den jeweiligen Dienstbereichen zuzuordnen, da sich diese vielfach überschnitten und die einzelnen Männer häufig mehrere Tätigkeiten wahrnahmen. Daher bietet sich eine Aufteilung nach Machtkreisen an.

Um den Lagerkommandanten Stangl kristallisierten sich drei Machtkreise heraus. Im engeren Machtzentrum befanden sich Wagner, Floß, Michel, Frenzel, Bolender und Gomerski.

Der T4-Büroangestellte und SS-Angehörige Gustav Wagner wurde in der Anfangszeit Chef des Lagers I, nach kurzer Zeit verdrängte er Michel von dessen Position als Spieß des gesamten Lagers, wahrscheinlich weil er gegenüber den anderen Männern als geeignetere Führungsperson auftrat. Er wählte neue Arbeitskräfte an der Rampe aus, teilte die Arbeiten im Lager

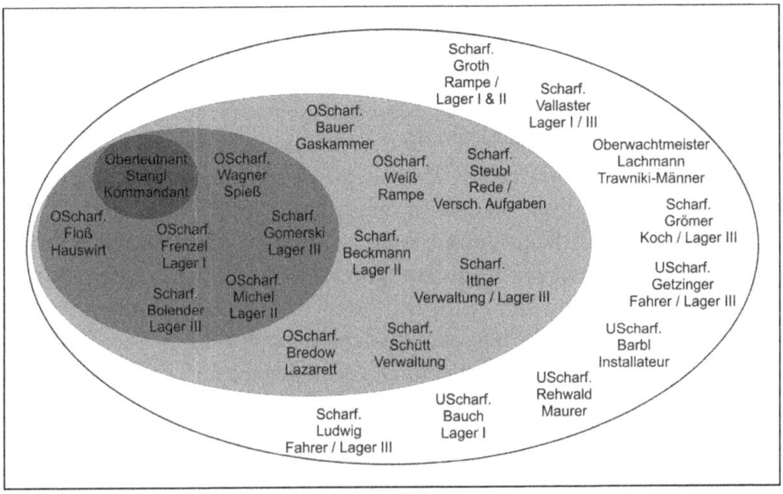

Abbildung 5: Lagerpersonal in Sobibor (Juni 1942)

ein, hatte die Gesamtaufsicht über das Lager, war Vertreter des Lagerleiters und koordinierte außerdem die Umbauarbeiten.[143] Der aktive SS-Angehörige und T4-Brenner Herbert Floß fungierte als Hauswirt und war in der Anfangszeit eine Art stellvertretender Kommandant und Spieß. Er war zunächst vertretungsweise und nach Schütts Weggang hauptverantwortlich für die Registrierung der Wertgegenstände zuständig.[144]

Der Pfleger Hermann Michel, der vor Wagner den Posten als Spieß innehatte, wurde im Anschluss Aufsichtsführender bei der Entkleidung der Opfer im Lager II. Er hielt auch die Ansprache an die Deportierten. Nebenbei war er als Sanitäter für die deutsche Lagermannschaft tätig und hatte die Aufsicht über das Medikamentenmagazin.[145] Eine weitere wichtige Rolle spielte der T4-»Brenner« Karl Frenzel, der die Leitung des Lagers I übernahm, das die Werkstätten und Unterkünfte der »Arbeitsjuden« sowie das Materiallager umfasste. Er galt als Organisationstalent, besorgte aus Sobibór und Włodawa Baumaterialien, unter anderem, indem er dort Häuser und Baracken abreißen ließ. Bei »Transportabfertigungen« war er mit dem ihm unterstellten »Bahnhofskommando« vor allem an der Rampe tätig.[146]

Der Eisenkontrolleur Kurt Bolender war zusammen mit seinem Kameraden Gomerski für das Lager III zuständig, dessen Leitung er schließlich übernahm. Er beaufsichtigte die dortigen »Arbeitsjuden« und war an der Tötung der »Gehunfähigen« beteiligt.[147] Der Eisendreher Hubert Gomerski war neben dem Dienst im Lager III auch für die Loren-Transporte von der Rampe zum Lager III zuständig und nahm dort ebenfalls Erschießungen vor.[148]

Im mittleren Machtkreis lassen sich Bauer, Bredow, Weiß, Beckmann, Steubl, Schütt und Ittner verorten. Nach Wagner und vor Frenzel hatte der Pfleger Bruno Weiß für kurze Zeit die Leitung des Lagers I inne. Er scheint sich dort nicht bewährt zu haben, weswegen er anschließend an verschiedenen Stellen eingesetzt wurde: Er führte Aufsicht über das »Bahnhofskommando« und hielt in Vertretung Michels die Ansprache vor den Deportierten. Außerdem wurde er in Lager III eingesetzt.[149]

Der Fahrer Erich Bauer fungierte als Kraftfahrer und besorgte Verpflegung und Baumaterialien. Bei der Ankunft von Transporten war sein Posten auf der Rampe, zudem war er für den Motor bei den Gaskammern verantwortlich.[150] Für die Küche und das Offizierskasino war der Kellner Paul Bredow zuständig. Er nahm Erschießungen vor oder leitete das aus Trawniki-Männern bestehende Exekutionskommando. Außerdem war er bei der Kleidersortierung tätig und fungierte als Friseur für seine Kameraden.[151] Der Landwirt Rudolf Beckmann leitete das Lager II und später die dort verortete und von ihm mit initiierte Landwirtschaft. Bei Transporten wurde er auf der Rampe und im Lager II eingesetzt. Vor der Einrichtung der Lorenbahn fuhr er Alte und Kranke mit dem Pferdefuhrwerk zur Exekutionsstelle.[152] Der Pfleger Karl Steubl verrichtete verschiedene Arbeiten, bei der Ankunft von Transporten befand er sich auf der Rampe und hielt, bevor Michel diese Aufgabe übernahm, die Rede an die Deportierten.[153]

Hans-Heinz Schütt war bis zu seiner Versetzung im August 1942 als Rechnungs- und Verwaltungsführer im Lager tätig. Er erledigte die Einkäufe und hielt sich häufig in Chełm, wo er zeitweise auch wohnte, in Lublin und in Krakau auf. Er verwaltete die Wertgegenstände und erledigte den Postverkehr. Wenn er bei der Ankunft von Transporten im Lager war, führte er Aufsicht beim »Bahnhofskommando« oder bei der Entkleidung.[154] Der Kaufmann Alfred Ittner war die ersten Wochen als Vertretung für Schütt Kassenleiter sowie für die Personalangelegenheiten und Wertgegenstände zuständig. Als Schütt seinen Wohnsitz von Chełm nach Sobibor verlegte, wurde er ins Lager III versetzt, wo er beim Ausheben der Massengräber Aufsicht führte. Er wurde auch auf der Rampe und beim Sortieren der Kleidung eingesetzt.[155]

Der dritte und äußere Machtkreis setzte sich aus unterschiedlich einsetzbaren Personen zusammen. Hierzu gehörten Vallaster, Grömer, Groth, Bauch, Rehwald, Ludwig, Barbl und die beiden Kompanieführer aus Trawniki, Schäfer und Lachmann.

Der aus Belzec gekommene Josef Vallaster fungierte im Lager I als Verwalter und führte im Lager III Aufsicht beim Ausheben der Gruben. Bei Transporten eskortierte er die Deportierten in die Gaskammern, bediente den Motor bei den Gaskammern und fuhr vertretungsweise die Lorenbahn.[156] Anton Getzinger war ebenfalls im Lager III, vor allem bei den Gaskammern tätig. Er half bei der Einrichtung des Lichtaggregats und der Schmalspurbahn. Möglicherweise nahm er auch Erschießungen vor.[157]

Der Fleischer Ferdinand Grömer war zunächst als Koch tätig. Nach zwei Monaten wurde er in das Lager III versetzt, wo er auch an Erschießungen teilnahm und bei den Gaskammern eingesetzt wurde.[158] Paul Groth, ebenfalls Fleischer und T4-»Brenner«, war Aufseher im Lager I und beaufsichtigte Arbeitskommandos bei der Sortierung des Gepäcks. Bei der Ankunft von Transporten war er auf der Rampe und führte Aufsicht bei der Reinigung der Waggons.[159] Wenzel Rehwald leitete die Maurerkolonnen und war somit für alle baulichen Maßnahmen zuständig. Er errichtete das Kasino, baute die Brunnen und legte die Gleise für die Lorenbahn. Bei der »Transportabfertigung« half er an der Rampe aus.[160] Der Installateur Heinrich Barbl half bei der Einrichtung der Gaskammern und beim Brunnenbau.[161] Karl Ludwig fungierte hauptsächlich als Lkw-Fahrer und Aufseher im Lager III.[162] Der Tischler Ernst Bauch wurde im Lager I und an der Rampe eingesetzt.[163] Herbert Schäfer und später Erich Lachmann waren als Führer der Trawniki-Männer für die Außenbewachung des Lagers und die Stellung der Wachmannschaften während der »Transportabfertigung« verantwortlich.[164]

Das SS-Sonderkommando Sobibor umfasste in der Aufbauphase zeitweise 23 Akteure, vor allem während der ersten Transporte. Die meisten Positionen, die sich einzelne T4-Reinhardt-Männer in dieser Zeit erstritten, blieben bis zur Auflösung des Lagers bestehen. Wie im Fall von Belzec gab es auch bei den Männern von Sobibor zahlreiche Versetzungen, sodass nur neun Akteure der Subgruppe Sobibor bis zum Ende des Lagers im Herbst 1943 beziehungsweise bis zu ihrem Tod ausschließlich in diesem Lager bleiben sollten. Ein erheblicher Teil von ihnen wechselte nach Treblinka, andere stiegen – aus verschiedenen Gründen – vorzeitig aus dem Netzwerk aus. Das Sonderkommando erwies sich im Vergleich zu Belzec von Beginn an als personalstärker und in seinen Aufgabenbereichen differenzierter, was nicht zuletzt auch auf den komplexeren Aufbau des zweiten Vernichtungslagers infolge der in Belzec zuvor gemachten Erfahrungen zurückzuführen ist.

Treblinka: Aufbau des dritten Lagers

Zeitgleich mit dem vorläufigen Ende der Deportationen nach Belzec wurde am 17. April 1942, als Himmler das Warschauer Ghetto besichtigte und den SS- und Polizeiführer von Warschau, Arpad Wigand, traf, der Aufbau des dritten Lagers Treblinka beschlossen. Es sollte vor allem der Ermordung der jüdischen Bevölkerung des größten polnischen Ghettos dienen. Zwar war erneut Globocnik für das Lager zuständig, für dessen Aufbau waren jedoch das Einverständnis und die Bereitschaft des Warschauer SSPF, der Lagermannschaft die notwendige Unterstützung zu gewährleisten, zwingend erforderlich.[165]

Das Vernichtungslager Treblinka wurde im nordöstlichen Generalgouvernement in der Nähe der Siedlungen Wólka Okrąglik und Poniatowo gebaut und gehörte zur Gemeinde Kosów Lacki im Kreis Sokołów des Distrikts Warschau. Seinen Namen erhielt es durch die Bahnstation und Ortschaft Treblinka, die einige Kilometer entfernt auf der Bahnstrecke Siedlce–Małkinia–Ostrołęka (Scharfenwiese) lag. Über die Station Małkinia war das Lager an die strategisch wichtige Bahnstrecke von Warschau nach Białystok angebunden.

Das Gelände, auf dem das Vernichtungslager errichtet werden sollte, wurde noch im April inspiziert. Es lag in einem Kiefernwald, der einen natürlichen Sichtschutz bot, sodass das Lager weder von einem in der Nähe vorbeiführenden Weg noch von der regulären Bahnstrecke eingesehen werden konnte. Überdies war die Gegend nur sehr dünn besiedelt. Nicht weit entfernt befand sich schon das Straf- und Arbeitslager Treblinka, in dem seit 1941 polnische und jüdische Häftlinge inhaftiert waren. Es sollte von nun an Treblinka I – im Unterschied zum neuen Vernichtungslager Treblinka II – genannt werden. Das Arbeitslager war zu diesem Zeitpunkt bereits über einen Schienenweg mit dem Bahnhof Treblinka verbunden. Das neue Vernichtungslager wurde parallel zu diesem errichtet, besaß also von Beginn an wie auch Belzec und Sobibor eine gute Verkehrsinfrastruktur.[166]

Das neue Vernichtungslager wurde zwischen April und Juli 1942 von den T4-Reinhardt-Männern unter der gemeinsamen Leitung des Arztes Irmfried Eberl und des Bauleiters Richard Thomalla errichtet. Die ersten Transporte sollte es im Juli 1942 aufnehmen, nachdem Himmler die Ermordung der jüdischen Bevölkerung des Generalgouvernements formal angeordnet hatte.

Die Aufbaumannschaft unter Eberl und Thomalla (April bis Juli 1942)

Anders als im Falle der Vernichtungslager Belzec und Sobibor, die der Leitung von Polizisten unterstellt worden waren, übertrugen Brack und Globocnik die Verantwortung für den Aufbau von Treblinka dem 31-jährigen Arzt Dr. Irmfried Eberl. Eberl war 1936 als »politischer Flüchtling« aus Österreich nach Deutschland gekommen und dann als hauptamtlicher Leiter der Abteilung für Volksgesundheit des Amtes für Volkswohlfahrt in Dessau, als vertretender Assistenzarzt in einem Sanatorium in Berlin-Lichtenrade und als wissenschaftlicher Mitarbeiter beim Hauptgesundheitsamt der

Stadt Berlin tätig. Der Arzt galt als sehr ehrgeizig, tendierte zu einem autoritären Führungsstil und war sowohl von sich selbst als auch von den Inhalten des Nationalsozialismus überzeugt. Bereits während der »Euthanasie« hatte er eine wichtige Rolle gespielt und schien deshalb prädestiniert für die Übernahme einer Leitungsposition in Treblinka: Er war an den »Probevergasungen« in Grafeneck und Brandenburg beteiligt, hatte dann den medizinischen Bereich der Anstalten Brandenburg und Bernburg geleitet und zuletzt eine Gruppe T4-Angehöriger beim OT-Einsatz in Minsk begleitet.[167] Dass er Lagerleiter des dritten unter T4-Regie stehenden Lagers werden würde, stand schon kurz nach der Bauentscheidung fest. Nur wenige Tage später hielt sich Eberl in Sobibor auf und besuchte, um sich auf seine zukünftige Aufgabe vorzubereiten, auch das Lager Belzec. In der Folgezeit ließ er sich zunächst in Warschau nieder, während sich ein Teil seiner Männer bereits nach Treblinka begab. Bis Anfang Juli 1942 behielt Eberl seinen Dienstsitz im Palais Brühl beim SSPF in Warschau bei, kam aber häufig nach Treblinka.[168]

Während Eberl noch in Warschau war, leitete Globocniks Baureferent Richard Thomalla die Bauarbeiten vor Ort. In der zweiten Aprilhälfte hatte er Sobibor verlassen und traf spätestens im Mai 1942 in Treblinka ein. Im Unterschied zu Sobibor ging er bei der Ankunft der T4-Reinhardt-Männer nicht sofort, sondern baute das Lager gemeinsam mit ihnen weiter aus, bis er wahrscheinlich im Juni 1942 Treblinka verließ.[169] Lambert zufolge waren Thomalla zeitweise zehn Unterführer und Mannschaften unterstellt.

Um die Erfahrungen aus Belzec und Sobibor für Treblinka nutzbar zu machen, wurde Personal der Aufbaumannschaft von Belzec nach Treblinka geschickt: Dies waren der Fahrer Erich Fuchs, der Verwalter Werner Borowski und der aktive SS-Angehörige Siegfried Graetschus. Möglicherweise waren außerdem einige Männer der neuen Mannschaft (Bootz, Kaina und Arndt) zuvor in Sobibor, um dort Erfahrungen zu sammeln.[170] Der Lagerleiter von Belzec, Christian Wirth, kam wahrscheinlich während des Aufbaus nach Treblinka, nahm aber nur eine beratende Funktion und keine dominante Rolle ein, was vermutlich an der Dominanz von Eberl lag. Zwischen Ende Mai und Anfang Juli 1942 trafen auch die weiteren T4-Reinhardt-Männer im Lager ein, die mit Eberl, Fuchs, Borowski und Graetschus zunächst die 16-köpfige Lagermannschaft komplettieren sollten. Der größte Teil von ihnen kam aus Bernburg: der Maurer Erwin Lambert, der Koch August Hengst, die Leichenverbrenner Karl Pötzinger und Rudolf Baer, der Wachmann Helmuth Bootz, die Bürokräfte Willy Mätzig und Albert Rittler, der Pförtner Max Biela und der Pfleger Otto Stadie. Außerdem fanden sich der Sonnensteiner »Brenner« Eduard Orlijewski und die Pfleger Kurt Arndt und Erwin Kaina aus Hadamar in Treblinka ein.[171]

Im Vergleich zu Belzec und Sobibor handelte es sich bei der Aufbaumannschaft von Treblinka – sieht man von Eberl ab – im großen Ganzen weder um Männer mit starkem Charakter oder besonderen Werdegängen noch um besonders überzeugte Nationalsozialisten. Nur Graetschus, der zuvor in Belzec eingesetzt war, gehörte bereits vor dem Krieg der aktiven SS an, vier weitere Männer (Mätzig, Biela, Bootz und Baer) waren zu Beginn des Krieges zur SS verpflichtet und von da aus zur T4 kommandiert worden. Möglicherweise wählte Eberl eher subalternes Personal aus, das sich ihm schon während der »Euthanasie« bereitwillig untergeordnet hatte. Um nach außen hin Geschlossenheit zu demonstrieren, wurden die Männer zunächst in Lublin mit nachgeahmten SS-Uniformen ausgestattet.[172]

Der Maurer Erwin Hermann Lambert hatte zuvor in Hartheim, Sonnenstein, Hadamar und Bernburg die Krematorien errichtet und Umbauarbeiten vorgenommen. Er blieb nur während der Bauarbeiten in Treblinka und wurde dann im Reich in einer »Euthanasie«-Anstalt sowie im T4-Ferienheim am Attersee eingesetzt. Erst zum Bau des zweiten Gaskammergebäudes sollte er wieder nach Treblinka zurückkehren.[173]

Willi Mätzig war zunächst als Glasschleifergehilfe angestellt, bevor er 1936 Wachmann einer Heeresmunitionsanstalt wurde und danach auch als Kaufmann arbeitete. In Brandenburg war er als Pförtner, später in Bernburg im Büro tätig.[174] Der Schlosser Max Biela, der vor dem Krieg in einer Glashütte gearbeitet hatte und dann längere Zeit arbeitslos war, wurde zunächst als »Desinfektor« in Brandenburg eingesetzt, später als Pförtner in Brandenburg und Bernburg.[175] Der Landarbeiter Helmuth Bootz hatte als Werkschutzmann bei der AEG gearbeitet, bevor er von der SS nach Grafeneck kommandiert wurde. In Brandenburg und Bernburg leistete er Wachdienst.[176] Der Tischler Rudolf Baer arbeitete in Brandenburg als »Desinfektor« und zuletzt in Bernburg in der Küche.[177] Nach Zeiten längerer Arbeitslosigkeit war der Monteur Albert Rittler unter anderem für die Reichsführung-SS in Berlin, beim Arbeitsamt in München und als SS-Wachmann für die Kriegsschule Fürstenfeldbruck beschäftigt, bevor er in Bernburg im Büro eingesetzt wurde.[178]

Der gelernte Bäcker August Hengst hatte in Amsterdam das Kochhandwerk gelernt und arbeitete nach seiner Rückkehr nach Deutschland 1932 als Hausmeister für die Studentenverbindung A.T.V. Gothia und die Reichsärztekammer in Bonn. Nachdem er bei den Reichsparteitagen in Nürnberg sowie bei Veranstaltungen der HJ und der NSDAP als Koch ausgeholfen hatte, setzte man ihn ab 1940 in dieser Funktion in Brandenburg und in Bernburg ein.[179] Der Brauer Karl Pötzinger hatte in Brandenburg und Bernburg als Leichenverbrenner gearbeitet.[180]

Der Krankenpfleger Otto Stadie, einer der älteren Lagerangehörigen, hatte den Ersten Weltkrieg als Soldat und den Polen- und Frankreichfeldzug als Sanitätsdienstgrad mitgemacht. Er wurde aus der Berliner Heilanstalt Wuhlgarten nach Bernburg verpflichtet und war dort als Oberpfleger und Transportbegleiter tätig. Vor seiner Versetzung nach Treblinka hatte er beim OT-Einsatz im Raum Smolensk teilgenommen.[181] Der Lederarbeiter Eduard Orlijewski war in Sonnenstein als »Brenner«, möglicherweise auch als Pfleger tätig. Er verließ das Lager spätestens im August 1942, möglicherweise infolge eines Unfalls Ende Juni, bei dem er einen Arm verloren hatte.[182]

Die Pfleger Kurt Arndt oder Arendt[183] aus der Heilanstalt Neuruppin und Erwin Kaina[184] aus der Berliner Heilanstalt Wuhlgarten waren in Grafeneck und Hadamar als »Transportbegleiter« tätig. Sie wurden einige Wochen in Sachsenhausen inhaftiert, weil sie über die T4-Aktion öffentlich geredet hatten. Der »Osteinsatz« war für sie eine Art Bewährung.

Das Personal in dieser Phase bestand also vor allem aus Pflegern, bei denen Eberl davon ausging, dass sie gegenüber ihm als Arzt eine besondere Loyalität an den Tag legen würden, sowie aus Handwerkern. Es ist nicht zu klären, warum nach den Erfahrungen von Belzec, wo sich die Lagermannschaft in der ersten Transportphase als zu klein erwiesen hatte, sowie nach der relativ großen Aufbaumannschaft von Sobibor mit über 20 Mann eine nur aus 16 Personen bestehende Mannschaft zusammengestellt wurde.

Wie in Belzec und Sobibor nutzten die T4-Reinhardt-Männer in Treblinka die Außennetze, sowohl bei den Bauarbeiten als auch bei der Beschaffung von Baumaterial. Einen wichtigen Anteil am Aufbau leistete die SS-Mannschaft aus dem Arbeitslager Treblinka I. Das benachbarte Lager war im November 1941 durch den Gouverneur des Distrikts Warschau, Ludwig Fischer, eingerichtet worden, unterstand dem Warschauer SSPF und wurde von Theodor van Eupen geleitet. Hier sollten ursprünglich nicht jüdische Polen, die sich »volksschädigenden Verhaltens« schuldig gemacht hatten, konzentriert werden. Schon ab Anfang 1942 wurden aber zunehmend Juden eingewiesen, sodass diese bald die Mehrheit der 500 bis 1800 Häftlinge ausmachten. Das Lager stellte Häftlinge als Arbeitskräfte zur Verfügung und der deutsche Architekt Leopold Lanz, der Werkstattleiter im Arbeitslager Treblinka war, übernahm die Leitung eines Teils der Bauarbeiten. Auch später sollten wechselseitige Beziehungen mit dem Arbeitslager bestehen bleiben.[185]

Wie in Belzec und Sobibor befanden sich bereits während des Aufbaus Trawniki-Männer im Lager.[186] Für die körperlichen Arbeiten wurden zum einen 200 jüdische und nichtjüdische Häftlinge des Arbeitslagers Treblinka, darunter auch deutsche Juden, herangezogen. Zum anderen wurden Arbeitskräfte in den jüdischen Gemeinden der Umgebung, wie Kosów Lacki, Stoczek Węgrowski und Węgrów, sowie im Warschauer Ghetto zwangsrekrutiert.[187] Von Anfang an wurde Gewalt gegen sie angewandt. Täglich kamen einige von ihnen ums Leben, manchmal gab es regelrechte Massenerschießungen. Ob dieses Verhalten durch instrumentelle Zwecke oder sadistisch motiviert war, ist nicht zu klären. Vermutlich diente es den T4-Reinhardt-Männern aber auch dazu, konkrete Erfahrungen in der Tötung von Menschen zu sammeln und moralische Hemmschwellen abzubauen. Die überlebenden Arbeiter sollten später zu den sogenannten »Hofjuden«, einer Gruppe von Handwerkern und Diensthäftlingen, zählen.[188]

Anders als in Belzec und Sobibor wurden beim Bau von Treblinka allem Anschein nach keine lokalen Handwerker eingesetzt. Eine Ausnahme waren polnische und ukrainische Mädchen, die innerhalb des Lagers wohnten und wahrscheinlich in der Küche beschäftigt wurden.[189] In der Forschungsliteratur gibt es einen breiten Konsens darüber, dass die deutschen Baufirmen Schönbronn aus Liegnitz und Schmidt & Münstermann aus Warschau am Bau von Treblinka beteiligt waren. Möglicherweise liegt hier aber eine Verwechslung mit dem Arbeitslager vor. Gleiches gilt für die Zentralbauleitung der Waffen-SS von Warschau unter Wilhelm Lübeck, die wahrscheinlich ebenfalls nur am Bau des Arbeitslagers beteiligt war.[190]

Die Errichtung des Vernichtungslagers

Material wurde wie in Belzec und Sobibor von verschiedenen Stellen organisiert. Einen Teil beantragte auch Eberl beim »Kommissar für den jüdischen Wohnbezirk«, Heinz Auerswald, der die Forderungen wiederum an den »Judenrat« des Warschauer Ghettos weitergab. Er verlangte von den Ghettobewohnern beispielsweise Kupfer- und Eisenrohre, wasserdichte Lichtarmaturen, Wasserhähne und elektrische Glühbirnen, Tapeten, Schienennägel für die Feldbahn, Zünd- und Anlasserkabel, eine Tischbohrmaschine und eine Feldschmiede.[191] Wie in Belzec und in Sobibor verpflichtete auch die Mannschaft in Treblinka polnische Juden für die Aufbauarbeiten des Vernichtungslagers – sowohl bei der Stellung von Arbeitskräften als auch bei der Beschaffung von Baumaterial.

Über die Ausnutzung der asymmetrischen Macht- und Besatzungsstrukturen hinaus griffen die T4-Reinhardt-Männer auch auf die Hilfe deutscher Einheiten zurück: Eberl erhielt über persönliche Netzwerke Hilfe vom Panzer-Armeeoberkommando, das ihm zum Transport von Materialien wie Dieselöl einen Lkw zur Verfügung stellte, als nach einem Unfall zeitweise kein Fahrzeug zur Verfügung stand. Elektromaterial und eine Lichtmaschine wurden aus Berlin geliefert. Kurz vor Beginn der Deportationen halfen auch Höfles Mitarbeiter bei fehlenden Gegenständen aus und lieferten Strohsäcke und Decken.[192]

Die Arbeiten beim Aufbau des Lagers ähneln denen in Belzec und Sobibor. Zunächst wurden Nivellierungsarbeiten für die Fundamente der Baracken durchgeführt, ein Zaun um das Lager gezogen und Wachtürme aufgestellt. Dann wurden das Verwaltungsgebäude mit der Unterkunft für den Lagerleiter und einem Magazin, ein Gebäude mit Unterkünften, Küche und Esszimmer für die T4-Reinhardt-Männer und das Gaskammergebäude gebaut. Nur wenig Zeit beanspruchte die Aufstellung der vorfabrizierten Baracken, die als Unterkunft für die Trawniki-Männer, zur Sammlung der Kleidung, zum Auskleiden der Frauen während der »Transportabfertigung« und als Werkstätten für die »Arbeitsjuden« dienen sollten. Außerdem wurden zwei Brunnen errichtet und in der Nähe der Gaskammern mit Schaufeln eine Grube ausgehoben. Im Juni 1942 montierten Eisenbahner Schienen vom bereits existierenden Anschlussgleis von der Station Treblinka zum Arbeitslager Treblinka und erstellten durch diese Abzweigung die Rampe für das Vernichtungslager.[193]

In das Lager wurden keine bereits vorhandenen Baulichkeiten einbezogen, wie dies in Belzec (Lokschuppen, Unterkunft und Verwaltung) und in Sobibor (Forsthaus, Post) der Fall gewesen war. Dadurch hatten die Lagerarchitekten mehr Freiheiten bei der Planung und beim Bau. Im Vergleich zu den beiden Vorgängern lassen sich sowohl Ähnlichkeiten als auch Unterschiede erkennen. Die Unterkünfte befanden sich wie in Sobibor innerhalb der Lagergrenzen. Auch die Grundstruktur der »Transportabfertigung« – Rampe, Ausziehbereiche, »Schlauch«, Gaskammern – wurden von Belzec und Sobibor in einer Art Mischform übernommen.

Mit der Zeit bildeten sich vier Bereiche innerhalb der Grenzen des Lagers heraus: In einem Teil befanden sich die Unterkünfte und Versorgungseinheiten für die Trawniki-Wachmänner, in der Nähe davon die Einrichtungen für die T4-Reinhardt-Männer. Diese beiden Bereiche sollten mit den später errichteten Unterkünften und Werkstätten der »Arbeitsjuden« das »Wohnlager« konstituieren. Südlich davon begann der untere Teil des zur »Transportabfertigung« genutzten Lagers mit der Rampe, den Auszieh- und Magazinbaracken und einem Sortierbereich. In einem vierten Lagerbereich, dem »oberen Lager«, waren die Gaskammern und Massengräber untergebracht. Zu diesem Zeitpunkt war das Lager allerdings noch nicht klar in einen oberen und unteren Teil, in ein Auffang- und ein Vernichtungslager untergliedert, es gab noch keine Zäune, Sandwälle oder Holzblenden und um das Lager herum hatte man im Unterschied zu Belzec und Sobibor keine Zweige in den Stacheldraht eingeflochten. Wahrscheinlich wurde der natürliche Sichtschutz des Waldes von den T4-Reinhardt-Männern als ausreichend angesehen.[194]

Einen Großteil der Zeit nahm der Bau des Gaskammergebäudes in Anspruch, der sich über mehrere Wochen zog. Es handelte sich um ein massives Gebäude aus Ziegelsteinen, das auf einem Betonblock gebaut wurde. Auf den ersten Blick hinterließ es den Eindruck einer Scheune, eines Schuppens oder eines Badehauses.[195] Die Aussagen zur Größe der drei Gaskammern im Inneren des Gebäudes schwanken zwischen drei mal dreieinhalb bis vier Meter (so Lambert und Rosenberg), vier mal vier Meter (so Lindwasser und in einer anderen Aussage Lambert) und fünf Meter mal fünf Meter (so Wiernik). Die Raumhöhe betrug wahrscheinlich um die zwei Meter. Mit einer Kapazität von mindestens 600 Personen besaßen die Gaskammern insgesamt also ein etwas größeres Fassungsvermögen als diejenigen von Belzec und Sobibor, in denen wahrscheinlich etwa 500 Menschen pro Vorgang getötet werden konnten.[196]

Durch eine hölzerne Wand, die parallel zur Eintrittsseite des Gaskammergebäudes verlief, entstand außerhalb des Gebäudes eine Art Korridor.[197] Möglicherweise wurden anfangs an der Ein- und Ausgangsseite der Kammern wieder eiserne, luftdicht schließende Luftschutztüren eingebaut und damit die negativen Erfahrungen von Sobibor wiederholt, wo sich die Türen für den Abtransport der Leichen als zu schmal erwiesen hatten. Zur Zeit der Massenvergasungen wurden diese Türen auf der Ausgangsseite jedenfalls wieder entfernt und durch große, nach oben zu öffnende Klapptüren, vergleichbar mit Garagentoren, ersetzt. Sie wurden nach der Öffnung mit eisernen Riegeln und Stangen fixiert und führten auf eine breite Betonrampe. Von dort ging eine kleine Lorenbahn zu den Gruben, um die Leichen von den Gaskammern zu den Massengräbern zu bringen.[198] Auf der Eintrittsseite blieben dagegen die Luftschutztüren bestehen, die mit kleinen Gucklöchern ausgestattet waren.

Der leicht abgeschrägte Boden und die Wände der drei Gaskammern waren mit Terrakottaplatten und roten Kacheln ausgestattet, damit sie leichter zu reinigen waren und das Blut der Opfer nicht sofort als solches erkennbar war. An der Decke befanden sich fiktive Brauseköpfe, um den Eindruck einer Badeanstalt zu erwecken.[199] In einem angebauten Holzschuppen war ein Maschinenraum installiert worden mit dem Motor, der das Giftgas produzierte, sowie einem Stromaggregat für das Lager. Die Abgase wurden über das bereits bekannte Röhrensystem entlang der Wände in die Kammern eingelassen. An der Decke befanden sich hermetisch abschließbare Klappen zur Lüftung der Gaskammern.[200]

Eberl plante zunächst, das Lager bis zum 1. Juli 1942 fertigzustellen. Doch trotz »toller Hetzjagd«, wie er seiner Frau in einem Brief gegenüber betonte, führten banale Probleme wie ein Unfall mit dem zum Lager gehörenden Lkw und »Papierkrieg«[201] zu einer zeitlichen Verzögerung. Anfang Juli teilte Eberl dem Kommissar des jüdischen Wohnbezirks in Warschau, Heinz

Auerswald, mit, dass das Lager am 11. Juli betriebsfertig und die Gaskammern »behelfsmäßig arbeitsfähig« sein würden.[202] Doch es sollte noch einige Tage dauern, bis ab dem 23. Juli 1942 – zu Beginn der Konsolidierungsphase – die ersten Transporte im Lager eintrafen.

Das Deportationsnetz in der Aufbauphase (März bis Juni 1942)

Das Deportationsnetz ist das wichtigste und das am stärksten ausgebildete Außennetz der Vernichtungslager der »Aktion Reinhardt«. Tausende deutsche, aber auch ausländische Männer waren in den 20 Monaten, in denen Belzec, Sobibor und Treblinka Transporte aufnahmen, an der arbeitsteiligen Verfolgung, Verhaftung und Verschleppung der Juden beteiligt. Ihre in der Regel problemlose Kooperation – trotz Rivalitäten, unterschiedlicher Positionen und zum Teil fehlender Hierarchien – machte die Ermordung der Juden überhaupt erst möglich. Die Hauptverantwortung trugen während der gesamten Zeit die SS und die Polizei mit allen zur Verfügung stehenden Einheiten. Innerhalb des Generalgouvernements war das beim SSPF Globocnik ansässige Referat von Höfle führend, außerhalb insbesondere Eichmanns Referat IV B4 im RSHA und seine Abgesandten.

Hermann Höfle, Globocniks Sachbearbeiter für »Judenaussiedlungen«, koordinierte das Deportationsnetz. Der Österreicher war seit dem »Anschluss« 1938 hauptamtlich als SS-Führer tätig, nachdem er sich zuvor als Automechaniker, Taxiunternehmer und Führer eines Lebensmittelgeschäfts versucht hatte. Nach dem Polenfeldzug wurde er als Selbstschutzführer in Nowy Sącz (Neu Sandez) eingesetzt. Ab September 1940 war er bei Globocnik in Lublin beschäftigt, für den er zeitweise ein Arbeitslager am Buggraben leitete; im Sommer 1941 wurde er überdies Referent für das Arbeitslager Lublin-Lipowastraße. Nach Globocniks Auftrag, die SS- und Polizeistützpunkte zu errichten, verwaltete er von Lublin aus beschlagnahmte Produktionsstätten und half mit, das Ausbildungslager Trawniki aufzubauen. Von 1942 an war er stellvertretender Stabsführer von Globocnik und Leiter des »Judenreferats«.[203]

Höfles Referat lässt sich als eine auf das Generalgouvernement beschränkte Koordinationsinstanz beschreiben, die strukturell mit Eichmanns Referat IV B4 beim RSHA vergleichbar ist, das für die Deportationen aus den west- und südeuropäischen Ländern zuständig war. Höfle und Eichmann tauschten sich über ihre Erfahrungen daher auch mehrmals aus; in einigen Fällen gab es auch Überschneidungen ihrer Zuständigkeitsbereiche. In der Anfangszeit stand Höfle vor allem sein Mitarbeiter Helmut Pohl zur

Seite. Spätestens ab Sommer 1942 waren in seinem Referat die Sachbearbeiter Thomalla, Amon Leopold Göth, Kurt Claasen und Georg Michalsen beschäftigt. Ernst Lerch war als Leiter des persönlichen Büros von Globocnik ebenfalls involviert. Höfles Mitarbeiter veranlassten sowohl die Deportationen als auch die Erschießungen vor Ort, wenn sich die Bereitstellung von Zügen aus ihrer Sicht nicht lohnte. Sie bestellten Züge bei der Generaldirektion der Ostbahn und Wachmannschaften in Trawniki, besprachen sich mit der Sicherheitspolizei (Sipo) und Ordnungspolizei vor den »Umsiedlungen« und beaufsichtigten einige »Aktionen« vor Ort, wie in Warschau, in Włodawa oder im Jahr darauf in Białystok.[204]

Die Zivilverwaltung übernahm wichtige Aufgaben bei der Deportation der Juden. Vor allem während der ersten Deportationsphase hatten die Kreishauptmänner und die Abteilung »Bevölkerungswesen und Fürsorge« einen großen Anteil an der Verfolgung und Deportation der Juden. Anfang Juni 1942 gab Generalgouverneur Frank die Hoheit über die die Juden betreffenden Angelegenheiten an die Sicherheitspolizei ab, um zu verhindern, dass die Deportationen durch Auseinandersetzungen zwischen zivilen und polizeilichen Behörden blockiert würden. Dennoch waren Teile der Zivilverwaltung auch bei späteren Deportationen beteiligt, indem sie etwa dafür sorgten, dass die Einwohner kleinerer jüdischer Gemeinden in größere Orte und Durchgangsghettos umzogen.[205]

Die Reichsbahn machte mit dem Schienennetz die logistische Durchführung der Deportationen überhaupt erst möglich. Sie unterstand dem Staatssekretär für den Schienenverkehr im Reichsverkehrsministerium, zunächst Wilhelm Kleinmann, ab Mai 1942 Albert Ganzenmüller. Im Generalgouvernement war für ab- und durchfahrende Züge die Generaldirektion der Ostbahn in Krakau zuständig, der in den Kreishauptstädten Betriebsdirektionen unterstellt waren. Die Fahrplananordnungen der Deportationszüge in die Vernichtungslager wurden in den Reichsbahndirektionen von der »Sonderzuggruppe« im Dezernat 33 zusammengestellt. Das Referat erstellte Fahrpläne, wies Züge und Lokomotiven zu und bestimmte die Fahrtroute, die Anzahl der Frachtwagen, die Zwischenaufenthalte sowie die An- und Abfahrtszeiten der Deportationszüge. Die ausgearbeiteten Fahrplananordnungen wurden an die beteiligten Betriebsdirektionen und die betroffenen Dienststellen wie die Bahnhöfe geschickt. Die Reichsbahn beschränkte sich nicht nur auf die Organisation der Züge und die Bereitstellung der Waggons, sondern stellte auch das Zugpersonal. In der Regel fuhren polnische Lokomotivführer die Todestransporte und deutsche Stationsvorsteher vor Ort rangierten diese Züge bis ins Innere der Vernichtungslager. Die Oberhoheit über die Anforderung und Bestellung der Züge lag beim Judenreferat im RSHA, wo die »Umsiedlertransporte« organisiert wurden, insbesondere bei

Eichmanns Mitarbeiter Franz Novak, der hierfür wöchentlich mit dem Verkehrsministerium konferierte. Der größte Teil der Sonderzüge wurde bei regelmäßig stattfindenden Fahrplankonferenzen festgelegt, die von der Generalbetriebsdirektion Ost (Berlin) organisiert wurden. Um eine spontane und zügige Abwicklung zu ermöglichen, überließ es Eichmanns Büro aber Höfle, den SSPF und der lokalen Sicherheitspolizei vor Ort, Züge aus dem Generalgouvernement oder aus den besetzten Gebieten der UdSSR selbst anzufordern.[206]

Eine besondere Rolle im Deportationsnetz spielten die T4-Reinhardt-Männer, die in Einzelfällen nicht nur aufnehmende Endstellen waren, sondern sich auch an der Verschleppung der Juden in die Vernichtungslager beteiligten. Die Mannschaft aus Belzec holte Juden aus dem benachbarten Tomaszów Lubelski mit Lkws ab.[207] Das Personal aus Sobibor half bei den Deportationen aus Włodawa und anderen Orten mit[208] und die Mannschaft aus Treblinka beteiligte sich an den Deportationen aus Warschau, Kosów Lacki, Białystok und anderen Orten nach Treblinka. T4-Reinhardt-Männer eskortierten Deportierte aus Treblinka zum Alten Flughafen nach Lublin und aus Sobibor nach Dorohucza.[209] Am Deportationsnetz waren aber auch die Dienststellen des Auswärtigen Amts und ausländische Akteure, wie die slowakische oder später die bulgarische Regierung, beteiligt.

Den Aktivitäten innerhalb dieses Deportationsnetzes fielen in der ersten Phase von März bis Juni 1942 mindestens 160000 Menschen zum Opfer. Die ersten vier Wochen bis Mitte April 1942 können als Testphase angesehen werden, in denen Transporte zunächst nur nach Belzec gingen. Der Radius des Verfolgungsnetzes war aber von Anfang an nicht nur auf den Distrikt Lublin beschränkt, sondern reichte bis in den Nachbardistrikt Galizien. Als es sich aus Sicht der Verantwortlichen ohne größere Probleme etablierte und die Zusammenarbeit zwischen SS, Polizei, Zivilverwaltung und anderen involvierten Akteuren mehr oder weniger reibungslos funktionierte, entstand aus den lokalen Tötungsaktionen das regionale Tötungsprogramm der sogenannten »Aktion Reinhardt«. Im Mai und Juni wurden Züge sowohl nach Belzec als auch nach Sobibor geleitet und das Deportationsnetz dehnte sich in den Distrikt Krakau und bis in die Slowakei, Deutschland, Österreich und das Protektorat Böhmen und Mähren (Theresienstadt) aus.

Transporte nach Belzec: Testphase im März und April 1942

Die Vorbereitungen für die Deportationen wurden bereits während des Aufbaus von Belzec getroffen. Um die Jahreswende 1941/42 hatte Globocnik die zuständigen Kreishauptmänner und Judenreferenten über das Vernichtungslager informiert und sich mit den beteiligten Polizeieinheiten besprochen.

Als Belzec fertiggestellt war, eröffnete Höfle dem Referenten der Unterabteilung Bevölkerungswesen und Fürsorge (BuF) im Distrikt Lublin, Fritz Reuter, dass »er täglich 4–5 Transporte zu 1000 Juden mit der Zielstation Belzec aufnehmen« könne.[210] Tatsächlich war das Lager auf eine so hohe Anzahl von Opfern nicht vorbereitet. Als Folge dieser großspurigen und ambitiösen Ankündigung kamen in den ersten vier Wochen täglich durchschnittlich 2500 Personen in Belzec an. Unklar ist, ob Wirth Höfle bewusst eine höhere Kapazität des Lagers genannt hatte, um Belzec als *das* Vernichtungslager etablieren zu können, oder ob Höfle die Zahlen selbst erhöht hatte, um die Nachfragen von lokalen Polizeieinheiten oder Kreishauptleuten nach der Deportation »ihrer« Juden nicht zu bremsen.

Kurz vor Beginn der Deportationen stattete Himmler am 13. und 14. März zunächst dem Höheren SS- und Polizeiführer Krüger und Generalgouverneur Frank in Krakau und anschließend Globocnik in Lublin einen Besuch ab, um letzte Einzelheiten zu den geplanten Verhaftungs- und Deportationsmaßnahmen in den Distrikten Lublin und Galizien zu klären.[211]

Die ersten Deportationen aus dem Distrikt Lublin, in dem Anfang 1942 250000 bis 320000 Juden lebten,[212] betrafen unter anderem das Ghetto der Distrikthauptstadt. Die Deportation aus Lublin – mit einer Ghettobevölkerung von etwa 36000 Personen – begann am Abend des 16. März 1942 mit einer Razzia im Ghetto. An der Aktion nahm ein großer Teil der Globocnik unterstellten Polizeieinheiten teil: Während Höfle für die Koordinierung der Gesamtaktion zuständig war, befand sich das Ghetto selbst unter der Oberhoheit des Judenreferenten des Kommandeurs der Sicherheitspolizei und des SD (KdS), Hermann Worthoff. Diesem standen für die Durchführung der Razzia Gestapo, Kripo und Sicherheitsdienst (SD) zur Verfügung. Außerdem wurden Trawniki-Wachmänner und Ordnungspolizisten eingesetzt. Bis Mitte April wurden bis zu 30000 Menschen nach Belzec deportiert; weitere 1000, darunter Kleinkinder, wurden vor Ort getötet. Zu Beginn der Deportationen wurde nur wenig Rücksicht auf Kriterien wie »Arbeitsfähigkeit« und bestehende Arbeitsverhältnisse genommen. Für die noch lebenden Juden richtete der KdS ein kleineres Ghetto im Lubliner Vorort Majdan-Tatarski ein.[213]

Die weiteren »Aussiedlungen« im Distrikt Lublin dienten insbesondere dazu, durch die Deportation der polnischen Juden Platz in den Ghettos für die deutschen, österreichischen und tschechischen Juden zu schaffen, die zu dieser Zeit in den Distrikt Lublin verschleppt wurden. Ab März, zeitgleich mit der Fertigstellung des Vernichtungslagers Belzec, organisierte Eichmanns Referat Transporte aus Deutschland und Österreich sowie dem Protektorat Böhmen und Mähren in den Distrikt Lublin und nach Warschau. Eichmann arbeitete dabei mit den »Zentralstellen für jüdische Auswanderung« in Prag

(Hans Günther) und Wien (Alois Brunner) sowie den lokalen Staatspolizeistellen im Reich zusammen. Nach den vorherigen Deportationen nach Litzmannstadt und in das Reichskommissariat Ostland war dies bereits die dritte Deportationswelle aus dem Reich. Die neu ankommenden Menschen sollten nicht unmittelbar getötet werden, sondern »vorübergehend im Distrikt Lublin Aufenthalt nehmen«.[214] Um sie in den Gemeinden unterzubringen, wurden die dort lebenden polnisch-jüdischen Einwohner deportiert. Diese »Judenaktion« wurde definiert als »Aussiedlung heimischer Juden nach Russland und Einsiedlung von Reichsjuden«[215] und von Höfles Mitarbeitern und der Unterabteilung BuF im Distrikt Lublin organisiert. Da die Züge aus Deutschland, Österreich und Theresienstadt hauptsächlich nach Izbica, Piaski und Zamość gingen, gehörten die Bewohner der dortigen Ghettos wie auch der Gemeinden von Lubartów, Opole und Wąwolnica zu den ersten Opfern von Belzec.[216]

Der Distrikt Galizien war dem Generalgouvernement erst am 1. August 1941 zugeschlagen worden und ein Teil der Juden Ostgaliziens zu diesem Zeitpunkt bereits den Einsatzgruppen zum Opfer gefallen. Seit Oktober 1941 hatten erneute Massenerschießungen in den Kreisen Stanislau (Iwano-Frankiwsk) und Kolomea sowie die mörderische Zwangsarbeit in den Lagern an der Durchgangsstraße IV die jüdische Bevölkerung ein weiteres Mal stark dezimiert, sodass sich im Frühjahr 1942 noch etwa 430000 Juden im Distrikt aufhielten.[217] Zwischen März und April 1942 wurden dann die Bewohner des Lemberger Ghettos sowie die Bevölkerung der jüdischen Gemeinden, die an der Bahnstrecke nach Belzec lagen, deportiert: Es traf die Städte Rawa Ruska, Drohobycz, Żołkiew, Kolomea und Stanislau.[218]

Zu den Hauptverantwortlichen für die Deportationen im Distrikt Galizien zählten der SSPF Friedrich Katzmann, dessen Stabsführer Willi Ost und die Judenreferenten Friedrich Hildebrand und Anton Löhnert. Auf polizeilicher Ebene waren außerdem der KdS Helmut Tanzmann und dessen Judenreferent Erich Engels beteiligt. Die Zivilverwaltung war über die Kreishauptleute in den Landgemeinden sowie über den BuF-Referenten im Distriktamt, Alfred Bisanz, ebenfalls stark involviert. Zur Vorbereitung und Durchführung der Deportationen ließ Katzmann »Aussiedlungskommissionen«, bestehend aus den Kreishauptmännern, den Fachreferenten, dem Arbeitsamt sowie der Sicherheits- und Schutzpolizei, bilden.[219]

In der Distrikthauptstadt Lemberg lebten Anfang 1942 über 100000 Juden. Am 14. März 1942 begannen deutsche Polizeieinheiten sowie der »Jüdische Ordnungsdienst« mit den Festnahmen. Die Festgenommenen wurden zunächst von einer Kommission unter dem Polizeipräsidenten Albert Ullrich auf Arbeitsfähigkeit und -einsatz überprüft. Sie bestand aus Vertretern der Polizeidirektion, der Stadtverwaltung und des Arbeitsamtes (»Judeneinsatz«

unter Heinz Weber). Der Präsident des »Judenrats« und der Leiter des jüdischen »Umsiedlungsrates« waren ebenfalls anwesend. Da die Anzahl der während der Aktion freigelassenen Personen als zu hoch bewertet wurde, wurde Ullrich einige Tage später von dieser Aufgabe entbunden. Seine Obliegenheiten übernahmen Ernst Inquart (Stab des SSPF), der Leiter der Gestapo in Lemberg, Kurt Stawitzki, der Judenreferent Engels und ein weiterer Abgesandter des KdS. Bis zum Ende der »März-Aktion« wurden 15000 Männer, Frauen und Kinder von Schutzpolizei und ukrainischer Polizei zum Bahnhof Kleparów eskortiert und deportiert.[220]

Insgesamt sah die Arbeitsteilung des Deportationsnetzes folgendermaßen aus: Der Stab des SSPF hielt den Kontakt zum Höheren SS- und Polizeiführer, koordinierte die Deportationen mit Höfles Referat, organisierte die Züge mit der Reichsbahndirektion in Lemberg und beaufsichtigte die verschiedenen Polizeizweige. Im Detail wurde die Aktion von der Sicherheitspolizei, insbesondere vom Judenreferenten Engels, geplant. Ordnungspolizei und Gendarmerie – mit dem Polizeibataillon 133, dem Polizei-Reiterschwadron Galizien und der ukrainischen Hilfspolizei – führten die Razzien durch und stellten das Wachpersonal der Züge. In der Distriktverwaltung unter Otto Wächter war insbesondere die Unterabteilung BuF unter Bisanz, die Abteilung Judeneinsatz beim Arbeitsamt unter Weber, der Polizeipräsident von Lemberg sowie die Kreishauptleute des Distrikts beteiligt an den Deportationen.[221]

In den ersten vier Wochen, in denen Belzec vor der längeren Pause Transporte annahm, kamen mindestens 70000 Menschen im Lager ums Leben: über 43000 aus dem Distrikt Lublin und mehr als 27000 aus dem Nachbardistrikt Galizien.[222] Die Testphase zeigte, dass die Deportationen auf keinen Widerstand stießen, sondern im Gegenteil von vielen Kreishauptmännern und den Verantwortlichen von SS und Polizei gewünscht waren und weiter forciert wurden. Im Distrikt Galizien wurde Ende März 1942 vorbereitend für weitere Deportationen mit der Konzentration der Juden in Orten in der Nähe der Eisenbahnlinien begonnen. Als durch den plötzlichen Transportstopp weitere Deportationen blockiert wurden, griffen die lokalen Verantwortlichen wieder auf das Mittel der Massenerschießungen zurück. Diese sogenannten »örtlichen Aussiedlungen« waren vor allem im Distrikt Galizien keine Seltenheit, sie fanden aber auch in den anderen Distrikten parallel zu den Deportationen statt, wenn es an Transportmitteln fehlte, die Vernichtungslager nicht aufnahmefähig waren oder sich aus Sicht der Verantwortlichen bei kleineren Gemeinden die Organisation eines Todeszuges nicht lohnte.[223]

Transporte nach Belzec und Sobibor im Mai und Juni 1942: von der »Aktion Globus« zur »Aktion Reinhardt«

Gegen Ende der vierwöchigen Testphase und parallel zum Eintreffen der ersten T4-Reinhardt-Männer in Sobibor trafen sich Globocnik, Bouhler und Brack wahrscheinlich am 19. April 1942 in Berlin, um offene Fragen im gemeinschaftlichen Mordprojekt zu klären. Himmler war zwei Tage zuvor in Warschau gewesen und hatte den Bau von Treblinka als drittes Vernichtungslager unter T4-Regie veranlasst.[224] Globocnik und Brack vereinbarten eine funktionale Arbeitsteilung, die sich später mit der Einrichtung der »Inspektion Einsatz Reinhardt« unter Wirth als T4-Vertreter und dem Referat »Einsatz Reinhardt« unter Höfle beim SSPF institutionalisieren sollte: Während Globocnik die Oberhoheit über die Deportationen hatte, waren Brack und die Kanzlei des Führers federführend in der Leitung und Bemannung der Tötungseinrichtungen.

Anfang Mai kam es zeitgleich mit der Fertigstellung des Vernichtungslagers Sobibor zu einem weiteren Treffen der Doppelspitze Brack und Globocnik in Lublin. Vermutlich ging es darum, die grundlegenden Voraussetzungen dafür zu schaffen, dass Belzec und Sobibor sowie das nunmehr im Aufbau befindliche Treblinka eine gute Position gegenüber anderen, rivalisierenden Tötungsprojekten bekamen. Die drei Lager sollten Zentren einer »großangelegten Vernichtungsaktion« unter ihrer Ägide werden, um »die Juden systematisch auszurotten«.[225] Bis zu diesem Zeitpunkt war der Wirkungskreis von Belzec territorial begrenzt, auch wenn der Radius durch die Deportationen aus dem Nachbardistrikt Galizien bereits über die Distriktgrenzen hinausreichte. Die Schöpfer des Projekts hatten das Ziel, die Lager des T4-Reinhardt-Netzwerks als zentrale Tötungseinrichtung für die jüdische Bevölkerung des gesamten Generalgouvernements zu etablieren. Globocnik selbst kamen dabei Sondervollmachten über die engen Grenzen des Distrikts Lublin hinaus zu. Um den Stellenwert der eigenen Vernichtungslager herauszustellen, wurden in der Besprechung alternative Tötungsmethoden diskutiert und der Vorzug der Giftgasmorde insbesondere gegenüber den Massenerschießungen der Einsatzgruppen hervorgehoben. Zudem wurde auf das unmittelbare »Konkurrenzprojekt« Auschwitz-Birkenau hingewiesen, wo bereits ein Bauernhaus zur Tötung durch Gas umgebaut worden war. Um das Projekt dauerhaft etablieren zu können, vereinbarten Globocnik und Brack, weitere Männer aus dem T4-Personalbestand in die Vernichtungslager zu schicken. Einigkeit herrschte darüber, die »Judenaktion« schnellstens zum Abschluss zu bringen, um nicht auf bürokratische Hindernisse oder Widerstand zu stoßen.[226]

Eine formelle Absegnung des Projekts und weiterreichende Befehle forderte Globocnik von Himmler erneut am 4. Juni 1942 ein, zufälligerweise am Todestag von Reinhard Heydrich, dem Chef des RSHA und Stellvertretenden Reichsprotektor für Böhmen und Mähren. Mit ihm hatte der Reichsführer-SS in den Monaten zuvor ausführlich über eine Verschärfung der antijüdischen Maßnahmen diskutiert. Heydrich hatte Globocnik in Ermangelung eines Grundsatzbefehls auch bereits (zum Teil rückdatierte) Genehmigungen für die Ermordung der Juden ausgestellt.[227] Nicht zufällig sprach Himmler in Heydrichs Trauerrede zwei Tage später von der geplanten Intensivierung der »Endlösung«, die bis zum Ende des Jahres abgeschlossen sein sollte. Es ist wahrscheinlich – wenn auch kontrovers diskutiert[228] –, dass Himmler in den Tagen nach dem Attentat auf Heydrich am 27. Mai den Entschluss gefasst hat, die Verfolgung der Juden umfassend auf alle Juden im Generalgouvernement auszudehnen und diesem systematischen Massenmord Heydrich zu Ehren den Namen »Aktion Reinhardt« zu geben. Der Name Reinhardt findet sich erstmals in einem Schreiben von Georg Wippern, Leiter der SS-Standortverwaltung, vom 6. Juni 1942 an Höfles Abteilung »SS- u. Polizeiführer – ›Reinhardt‹«. Einen formellen Befehl zur Tötung der Juden des Generalgouvernements sollte Himmler allerdings erst Mitte Juli 1942 erlassen.[229]

Während aus Berlin noch ein offizieller Befehl ausstand, wurden im Generalgouvernement die Deportationen wieder aufgenommen. Sie dauerten von Mai bis zur Transportsperre im Juni 1942 an; die Züge gingen nun sowohl nach Belzec als auch nach Sobibor. Neben dem Distrikt Lublin wurde als neuer Distrikt auch Krakau einbezogen, während aus Galizien bis Juli keine Deportationszüge mehr organisiert wurden.

In Sobibor kamen von Anfang Mai bis zur Transportsperre Mitte Juni 1942 mehr oder weniger kontinuierlich Transporte an, allerdings weniger als in den vier Wochen im März und April in Belzec. Nach den dort gemachten Erfahrungen versuchte Höfle wahrscheinlich, das neue Lager durch eine geringere Anzahl von Zügen sowie durch transportfreie Zeiten nicht zu überfordern. Die ersten Transporte kamen aus dem Distrikt Lublin, aus dem in der zweiten Maihälfte auch wieder Züge nach Belzec fuhren. Im Distrikt hatten Höfle und die Kreishauptmänner ab Ende April Vorbereitungen für die nun folgenden systematischen, kreisweiten Deportationen getroffen. Zuerst wurden bis zum 10. Mai Juden aus dem Kreis Puławy nach Sobibor verbracht. Es folgten die Kreise Krasnystaw, Zamość, Chełm, Hrubieszów und zuletzt Biała Podlaska am 10. Juni. Dabei wurden über 53000 Menschen aus dem Distrikt ermordet.[230]

Im Juni kamen außerdem mindestens 17000 Juden aus dem Großdeutschen Reich und aus der Slowakei in Sobibor an. Die ersten Transporte, die Anfang Juni ohne Zwischenstopp in Ghettos des Distrikts in Sobibor eintrafen, kamen aus der Slowakei. Die Verschickung der ausländischen Juden nach Sobibor fiel wahrscheinlich nicht zufällig zeitlich mit dem Attentat auf Heydrich Ende Mai zusammen und versinnbildlicht die neue – nicht mehr provisorische – Dimension, die Globocniks Lager mittlerweile erreicht hatten. Slowakische Juden waren wie die Juden aus dem Reich bereits von Ende März 1942 an in den Distrikt Lublin verschleppt worden. An der deutsch-slowakischen Abmachung waren neben Heydrich und Eichmann auch dessen Abgesandter Dieter Wisliceny sowie der Botschafter Hanns Elard Ludin als »Beauftragter für jüdische Angelegenheiten« bei der slowakischen Regierung unter dem Staatspräsidenten Jozef Tiso und dem Ministerpräsidenten Vojtech Tuka beteiligt. Letztlich stimmte die slowakische Regierung den Deportationen ohne besonderem deutschen Druck zu. Von März bis Oktober 1942 wurden 57000 Juden aus der Slowakei nach Auschwitz und in den Distrikt Lublin deportiert, davon gingen vom 27. März bis zum 14. Juni 38 Transporte in den Distrikt Lublin, wo die betroffenen 40000 Männer, Frauen und Kinder zunächst nach Majdanek und später in die Landgemeinden Lubartów, Rejowiec, Nałęczów, Opole, Łuków, Chełm und Dęblin gebracht wurden, um dann zu einem späteren Zeitpunkt in die Vernichtungslager deportiert zu werden. Ab dem 1. Juni fuhren Züge mit Frauen und Kindern aus der Slowakei, unter anderem aus den Lagern in Sered' und Nováky, nach einer vorherigen Selektion in Lublin direkt nach Sobibor.[231]

Ein ähnliches Schicksal ereilte auch die deutschen, österreichischen und tschechischen Juden, für die ebenfalls keine vorläufige Unterkunft mehr in den Gemeinden des Distrikts Lublin gesucht wurde. Auch sie wurden ab Juni 1942 direkt nach Sobibor verbracht; lediglich ein minimaler Teil »Arbeitsfähiger« wurde in Lublin in den Zügen selektiert. Der erste von vier Transporten aus dem Reich nach Sobibor erfolgte wahrscheinlich am 1. Juni aus Kassel, Halle und Chemnitz. Mindestens ein Zug aus Wien kam Mitte Juni an. Er sollte ursprünglich nach Izbica gehen, doch Höfles Mitarbeiter Helmut Pohl suchte in Lublin aus den 1000 Insassen 51 Arbeiter für Majdanek aus und leitete den Zug dann nach Sobibor weiter. Über Theresienstadt kamen Mitte Juni etwa 2000 tschechische Juden.[232]

Nach Sobibor wurden außerdem körperlich geschwächte und kranke Häftlinge aus Majdanek verschleppt. Dieser Sonderfall wurde in der historischen Forschung bislang noch nicht geklärt. Die Deportation steht wahrscheinlich im Zusammenhang mit der zeitgleichen Verschickung von – häufig jüdisch-slowakischen – Häftlingen aus Majdanek nach Auschwitz. Entgegen der Planungen hatte Majdanek für Arbeiter in großer Zahl keine Verwendung. Da das Lager zu diesem Zeitpunkt noch nicht über Massenvernichtungsstrukturen verfügte, schickte die Lagerleitung die Häftlinge nach Sobibor und nach Auschwitz, wo sie nach kurzer Zeit ermordet wurden.[233]

Auch aus den Arbeitslagern der Wasserwirtschaftsinspektion in Chełm wurden körperlich geschwächte Arbeitskräfte im Austausch gegen neue Arbeiter nach Sobibor gebracht.[234]

Nach sechswöchiger Transportpause wurden ab der zweiten Maihälfte auch wieder Transporte nach Belzec geleitet, allerdings aufgrund des reduzierten Personals und der noch nicht erfolgten Umstrukturierung mit etwa 20000 Opfern weniger als im März und April. Die Deportationen aus dem Distrikt Lublin standen im Zusammenhang mit der geplanten Germanisierung von Zamość, wo ein Siedlungsgebiet für »Volksdeutsche« entstehen sollte.[235] Von größerer Dimension waren die Transporte aus dem Distrikt Krakau.

Der Distrikt Krakau wurde Anfang Juni als dritte Region des Generalgouvernements in das Deportationsnetz mit einbezogen. Zwar lagen die Ortschaften näher am Vernichtungslager Auschwitz-Birkenau im annektierten Ostoberschlesien, das aber verwaltungstechnisch zum Deutschen Reich und nicht zum Generalgouvernement gehörte. Transporte aus Krakau nach Auschwitz wären somit mit einem größeren bürokratischen und organisatorischen Aufwand verbunden gewesen. Im Distrikt Krakau lebten Anfang 1942 fast 220000 Juden. Die erste Deportation fand, wie in allen Distrikten, zunächst aus der Distrikthauptstadt, aus Krakau statt, die zugleich Sitz der Regierung des Generalgouvernements war. Im dortigen Ghetto lebten im Frühjahr 1942 noch circa 19000 Menschen.[236] Danach traf es die jüdischen Gemeinden von Tarnów und Dąbrowa Tarnowska.[237]

In die Deportationen aus Krakau waren SSPF Julian Scherner, der Kommandeur der Sicherheitspolizei und des SD Max Großkopf und der Kommandeur der Ordnungspolizei mit den diesem regulär zur Verfügung stehenden Einheiten, eine Einheit der Waffen-SS vom Truppenübungsplatz Dębica und der Gouverneur-Sonderdienst in Krakau involviert. In der Nacht zum 29. Mai 1942 riegelten Ordnungspolizisten und Angehörige des Sonderdiensts das Ghetto hermetisch ab. Sicherheitspolizei und Waffen-SS trieben die Menschen im Ghetto zusammen. In den beiden folgenden Tagen wurden diejenigen, die deportiert werden sollten, durch die Gestapo unter Vorsitz des Judenreferenten des SSPF, Wilhelm Kunde, ausgewählt. Von den Deportationen durch ihre Arbeitsstellen freigestellte Männer und Frauen erhielten einen Stempel. Nach dieser »Stempelaktion« mussten »Judenrat« und »Jüdischer Ordnungsdienst« durch Plakate alle anderen Ghettobewohner auffordern, sich am 1. Juni am Platz Zgody einzufinden. Gestapo und SS-Kommandos durchsuchten gemeinsam mit dem »Jüdischen Ordnungsdienst« das Ghetto nach weiteren Personen ohne Stempel. Insgesamt wurden schließlich 2000 Männer und Frauen von Ordnungspolizisten zum Güterbahnhof Płaszów eskortiert. Bereits unterwegs wurden Ältere und

Kranke, für die der Weg zu mühsam war, erschossen. Alle anderen wurden nach Belzec deportiert. In der Nacht zum 4. Juni erfolgte erneut eine Razzia mit anschließender Deportation nach Belzec. Am 7. Juni wurden die Kennkarten noch einmal überprüft und an die »arbeitsfähigen« Ghettobewohner und ihre Familien »Blauscheine« ausgegeben. Alle anderen wurden am nächsten Tag nach Belzec gebracht. Das Ghetto wurde nach den Deportationen verkleinert.[238]

Als Koordinatoren und Organisatoren der Deportationen aus den Landgemeinden des Distrikts Krakau fungierten SSPF Scherner und sein Adjutant Martin Fellenz. Davor hielten sie jeweils »Einsatzbesprechungen« ab, an denen die Kommandeure der Sicherheitspolizei und des SD und der Ordnungspolizei des Distrikts sowie die lokalen Einsatzführer und exekutiven Dienststellen von Gestapo, Schupo, Gendarmerie und Waffen-SS teilnahmen. Auch die Kreis- und Stadthauptmänner wurden benachrichtigt. Über die örtliche Gestapo, die die Aktion vor Ort leitete, wurde der »Judenrat« des Ghettos eingeschaltet. Kurz vor der »Aussiedlung« fand im Beisein von Scherner oder eines Mitglieds seines Stabes eine weitere Besprechung vor Ort statt. In Tarnów erfolgte zusätzlich zu den Deportationen eine »örtliche Aussiedlung«: Alte und kranke Menschen, die nicht mehr laufen konnten, wurden zu einem entlegenen Waldstück gefahren und dort getötet.[239] Globocnik und einige »Herren aus Berlin«[240] von der Kanzlei des Führers wohnten dieser »Aktion« bei.

Ab dem 20. Juni kamen über das Schienennetz keine Transporte mehr in Belzec und Sobibor an. Dies lag daran, dass Mitte Juni eine allgemeine Transportsperre verhängt wurde, da Lokomotiven und Waggons von der Wehrmacht für die große Sommeroffensive im Osten benötigt wurden. Bis zu diesem Zeitpunkt waren in Belzec mehr als 90000, in Sobibor mindestens 70000 Menschen getötet worden.[241] Verhandlungen Krügers mit dem Leiter der Generaldirektion der Ostbahn, Adolf Gerteis, der zusagte, ab und zu Züge zum »Abtransport von Juden« zuzulassen, zeitigten keine Wirkung.[242] Nur aus Majdanek ging Ende Juni noch ein Transport nach Sobibor. Nach Belzec sollten erst am 7. Juli wieder Züge fahren.

Am 18. Juni besprachen der Höhere SS- und Polizeiführer Krüger, Franks Staatssekretär Bühler und die SSPF die geplante Ausdehnung der Mordaktionen auf das gesamte Generalgouvernement: Während die Deportation »arbeitsunfähiger« Juden aus Warschau bevorstünde, müsse Radom – so der stellvertretende Amtschef des Distrikts Radom – auch wegen der Transportprobleme noch etwa sechs bis acht Wochen warten.[243] Nicht nur das Treffen der Amtschefs zeigte, dass sich das T4-Reinhardt-Netzwerk drei Monate nach Beginn der Deportationen etabliert hatte. Das Deportationsnetz der ersten Phase hatte sich von Anfang an als funktionsfähig erwiesen. Die Errichtung der Vernichtungslager fand die Zustimmung der Verantwortlichen der Distrikte oder wurde zumindest stillschweigend akzeptiert. Hierin offenbart sich die Verantwortung zahlreicher Akteure bei der Ermordung der Juden: Denn ohne das Bestreben der verantwortlichen Stellen, die in ihren Verwaltungsbezirk lebende jüdische Bevölkerung zu deportieren, hätten die Vernichtungslager der »Aktion Reinhardt« weder errichtet noch in Gang gehalten werden können.

Verstärkung des Netzwerks: Konsolidierung und Optimierung der Lagerstrukturen (Juni/Juli bis Dezember 1942)

Mitte Juli, kurz nach der Wiederaufnahme der Deportationen nach Belzec, hielt sich Himmler in Lublin auf, wo er sich mit Globocnik traf. Unmittelbar vor diesem Besuch war er in Auschwitz-Birkenau. Am 19. Juli 1942 besuchte er Sobibor und möglicherweise Belzec und überzeugte sich von der Funktionsfähigkeit der Lager.[1] Noch am selben Abend ordnete er aus Lublin an, alle Juden im Generalgouvernement bis zum Ende des Jahres zu töten, und setzte damit auch formal die »Aktion Reinhardt« in Gang. Eine Ausnahme stellten lediglich die Zwangsarbeiter in den geplanten »Sammellagern« Warschau, Krakau, Tschenstochau, Radom und Lublin dar. Himmler war sich zwar zu diesem Zeitpunkt mit Krüger und Globocnik darüber einig, auf einen flächendeckenden Einsatz jüdischer Arbeitskraft im Generalgouvernement zu verzichten. Aber er zeigte sich zunächst kompromissbereit gegenüber den Angehörigen der Zivil- und Militärverwaltung, die auf eine Weiterführung des jüdischen Arbeitseinsatzes für die Dauer des Krieges drängten.[2]

Himmler reagierte mit dem Befehl auf die Vorstöße von Brack und Globocnik, die bereits im Mai 1942 gefordert hatten, die »ganze Judenaktion so schnell wie nur irgend möglich durchzuführen«.[3] Wahrscheinlich hing seine Entscheidung, zunächst keinen Nachfolger für Heydrich als Chef des RSHA zu ernennen und das Amt selbst zu leiten, auch damit zusammen, dass er diesbezügliche Hindernisse jeglicher Art ausschließen wollte. Globocnik wiederum dankte postwendend für den Grundsatzbefehl und versprach, in kürzester Zeit dafür zu sorgen, dass »alle unsere geheimen Wünsche damit in Erfüllung gehen«.[4] Somit stellte Himmlers Befehl den Abschluss des bis dato noch bestehenden und von oberster Stelle noch nicht gedeckten Provisoriums dar, dessen treibende Initiatoren Brack beziehungsweise die Kanzlei des Führers und Globocnik gewesen waren. Der Befehl war – in der Reihe der viel diskutierten Etappenentscheidungen zur Ermordung der Juden – die letzte wichtige Zäsur zum systematischen Massenmord. Globocnik konnte Himmler bei dessen Besuch vor Ort vorführen, dass seine Mitarbeiter im Hinblick auf Planung und Umsetzung des Großprojekts weit vorangeschritten waren. Dass der Befehl, der sich bereits sechs Wochen zuvor in Himmlers Trauerrede für Heydrich ankündigte, langfristig vorbereitet und als nachträgliche Genehmigung eines bereits begonnenen Programms gewünscht war, zeigt die beispiellose Welle an Transporten, die Belzec und Treblinka insbesondere von Juli bis September aus allen Distrikten erreichten. Ohne eine langfristige Planung wäre diese Vielzahl an Todeszügen nur schwerlich möglich gewesen.[5]

Zur gleichen Zeit wurden auch die Weichen für die systematische Ermordung der Juden der westeuropäischen Länder in Auschwitz-Birkenau gestellt. In den zwei Tagen vor dem Grundsatzbefehl vom 19. Juli hatte sich Himmler die Ermordung der ersten aus den Niederlanden eingetroffenen Juden angesehen und eine Verbesserung der Tötungseinrichtung angemahnt. Ab März 1942 waren in Birkenau nicht mehr nur vereinzelte Gruppen »arbeitsunfähiger« Menschen aus den oberschlesischen Ghettos, sondern ganze Konvois mit westlichen Juden angekommen. Juden aus der Slowakei und aus Frankreich sollten wie die Deportierten, die zur selben Zeit in den Distrikt Lublin geschickt wurden, zwar ursprünglich zur Arbeit eingesetzt werden. Aber die Lager-SS war dem Befehl zu ihrer systematischen Ermordung zuvorgekommen und hatte täglich Dutzende von ihnen getötet, sodass nach zwei Monaten im Lager über 80 Prozent nicht mehr am Leben waren. Außerdem hatte die Lager-SS bereits mit Selektionen bei den slowakischen Transporten begonnen. Erst ab Mitte Juli, zeitgleich mit Himmlers Besuch in Auschwitz, wurden Transporte aus den westlichen Ländern offiziell zur Ermordung nach Birkenau geleitet.[6] In den nächsten Monaten kam es zu einer auf die Herkunftsländer der Deportierten bezogenen Arbeitsteilung zwischen Auschwitz und den Lagern der »Aktion Reinhardt«: Während Birkenau Endziel der Transporte aus den westlichen Ländern wurde, fielen die Ghettos im Generalgouvernement bis Ende 1942 exklusiv in den Aufgabenbereich Globocniks und seiner Lager. Dies war für die Lager, die mit Auschwitz um die Vorreiterrolle buhlten, gegenüber dem Konkurrenzlager ein Mehr an Arbeit – und somit auch an Bedeutung.

Für die Lager der »Aktion Reinhardt» begann mit Himmlers Vernichtungsbefehl eine neue Phase, die bis Dezember 1942 dauerte. Es war eine Phase der Konsolidierung und Optimierung des Vernichtungssystems, das mit voller »Effektivität» arbeitete, auch wenn Sobibor zeitweilig aufgrund von Problemen im Schienenverkehr keine Transporte aufnahm. Diese Effektivität wurde erreicht durch personelle Umstrukturierungen im T4-Reinhardt-Netzwerk sowie Um- und Ausbauarbeiten innerhalb der Lager, die jeweils zeitlich versetzt vorgenommen wurden. Im Sommer 1942 wurden überdies einheitliche Maßnahmen zum Umgang mit den in den Lagern gesammelten Besitztümern der Opfer getroffen. Hinsichtlich des zuletzt gebauten Lagers Treblinka lassen sich Ungleichzeitigkeiten feststellen: Die erste

Deportationsphase begann dort mit der gerade einsetzenden Konsolidierungsphase, kurz nach Himmlers Grundsatzbefehl. Da das Lager zu diesem Zeitpunkt noch nicht für den umfassenden Vernichtungsbefehl gerüstet war, brach das System nach weniger als sechs Wochen zusammen; im Anschluss setzte Ende August 1942 eine personelle und funktionale Restrukturierung des Lagers ein. Die Umstrukturierungen in den Lagern sollten sich als äußerst wirksam im Sinne des Himmler'schen Befehls erweisen: Am Ende der Phase lebten nur noch wenige Menschen in den noch zugelassenen »Judenwohnbezirken« des Generalgouvernements.

Das Personal in den Lagern wurde beträchtlich aufgestockt. Bis Dezember des Jahres wurden weitere 55 T4-Mitarbeiter ins Generalgouvernement geschickt; dazu kam ein neuer Aufseher von der SS-Standortverwaltung, der in das T4-Reinhardt-Netzwerk integriert wurde. Das Personal wurde mit diesem Zuwachs somit verdoppelt und umfasste zeitweise bis zu 94 Männer. Nur 17 Männer verließen das Netzwerk bis zum Ende des Jahres wieder, kehrten zur T4 oder nach Trawniki zurück oder schieden ganz aus, fünf von diesen verstarben in dieser Zeit. Außerdem kam es zu Umbesetzungen innerhalb des Systems, die insbesondere im Fall von Treblinka einen »Wissenstransfer« bewirkten. Zur besseren Vernetzung der Lager untereinander und mit Einrichtungen wie Höfles Abteilung in Lublin wurde im Sommer 1942 unter Wirth die »Inspektion Einsatz Reinhardt« beziehungsweise »Einsatz R.« eingerichtet.

Reorganisation in Belzec: Ausbau der Vernichtungsstrukturen

Zwar stand seit April 1942 fest, dass die baulichen Strukturen in Belzec verändert werden mussten, aber die Umstrukturierung zögerte sich – vor allem durch die Inbetriebnahme von Sobibor und die Klärung der Ziele der Mordaktion – bis zum Juni 1942 hinaus, sodass für die Transporte im Mai und Juni zunächst noch die alten Gaskammern weitergenutzt wurden.[7] Erst nach ihrer Rückkehr aus Sobibor arbeiteten die T4-Reinhardt-Männer daran, die Vernichtungsstrukturen anhand der in der Aufbauphase gemachten Erfahrungen zu optimieren. Es wurden neue Gaskammern gebaut, die alte Anlage abgerissen und das Lager neu strukturiert. Im Juni/Juli 1942 – zu Beginn der Deportationen – traf neues T4-Personal in Belzec ein, nachdem kurz zuvor am 2. Juni bereits ein Wachkommando aus Trawniki angekommen war.[8] Weiteres T4-Personal erreichte in einem zweiten Schub im September 1942 das Lager. Parallel dazu wurde am 12. September auch die Trawniki-Mannschaft noch einmal um ein Dutzend aufgestockt.[9] Nicht zuletzt kam es zur Einrichtung dauerhafter jüdischer Arbeitskommandos. Damit war das Lager ausreichend für die folgenden Deportationen gerüstet: Zwischen Juli und Dezember 1942 wurden in Belzec mindestens 380000 Menschen ermordet.

Nach den Umbauarbeiten hatte das Lager die Struktur, die es bis zu seiner Auflösung 1943 beibehalten sollte. Im Vergleich zu den ausdifferenzierten Lagern Sobibor und Treblinka verfügte Belzec nur über Basisstrukturen. Es war mit einem doppelten Stacheldraht umzäunt, in den Zweige eingeflochten waren, es gab ein Eingangstor für die Züge und eines für Fahrzeuge. Durch mehrere Wachtürme konnte das gesamte Lager überwacht werden. Es war aufgeteilt in »Lager I« und »Lager II«, die durch einen Zaun voneinander getrennt waren. Zur groben Veranschaulichung ist unten die Skizze des T4-Reinhardt-Mannes Karl Schluch abgebildet, die dieser während des Ermittlungsverfahrens zu Belzec angefertigt hat. Der Vernichtungsbereich ist darauf nur angedeutet, sodass die Gaskammern und andere Baulichkeiten fehlen; verwiesen wird auf die Leichenverbrennung, die im Wesentlichen erst 1943 durchgeführt wurde.[10]

Das Lager I war etwa 250 Meter lang und 200 bis 250 Meter breit und gliederte sich in einen Wohn- und Aufnahmebereich.[11] Im Wohnbereich befan-

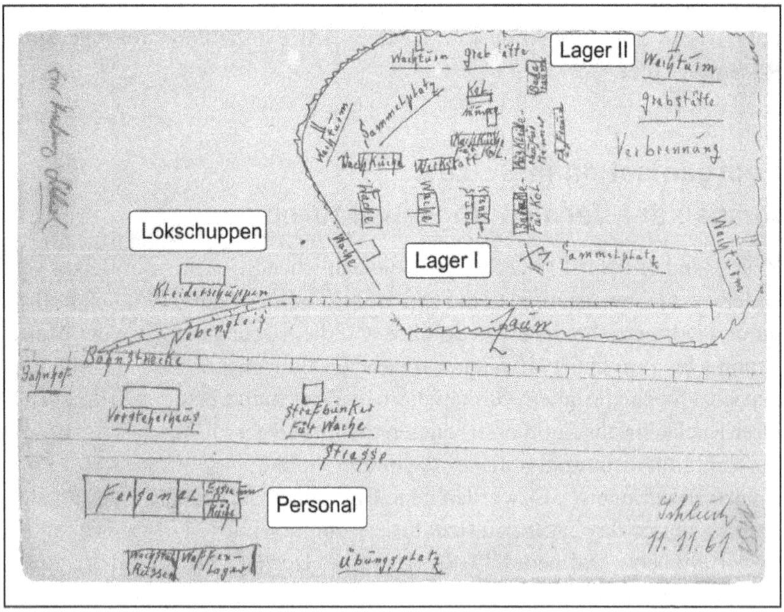

Abbildung 6: Zeichnung von Belzec von Karl Schluch (1961)
Skizze von Schluch, 11. 11. 1961, StA München, Staatsanwaltschaften 33033, Bd. 6, Bl. 1151

den sich drei Baracken für die Trawniki-Männer, die als Unterkunft, Esszimmer, Küche und Krankenrevier dienten, außerdem ein Friseur und eine Zahnarztstube, die sowohl von T4-Reinhardt-Männern als auch von Trawniki-Männern genutzt wurden. Die »Arbeitsjuden« lebten, kochten und arbeiteten in vier Baracken: eine diente den weiblichen Arbeitskräften als Unterkunft, zwei den männlichen, eine fungierte als Werkstatt mit Schneiderei und Schusterei. In der Nähe der Küche stand eine Holzhütte, in der Holz zum Heizen aufbewahrt wurde. Spätestens ab dem Winter 1942 gab es auch eine Garage mit einer Schlosser- und Schmiedewerkstatt im Lager. Ein oder zwei große Plätze dienten als Sammel- und Appellplatz. In den Aufnahmebereich mündeten zwei Nebengleise des Bahnhofs Belzec mit einer Entladerampe, die Platz für etwa 15 Waggons bot.[12]

In der Nähe der Rampe standen mehrere Baracken, in denen Gepäck und Kleidung provisorisch gelagert wurden und in denen sich die Opfer nach Geschlecht getrennt entkleiden mussten, ihre Wertgegenstände abgaben und den Frauen die Haare abgeschnitten wurden. Außerdem befanden sich hier Latrinen für die Gefangenen. Die »Schleuse«, ein Gang aus Stacheldraht mit eingeflochtenen Zweigen, führte in das Lager II mit den Tötungseinrichtungen. Das Lager II bestand aus den neuen Gaskammern, einer Unterkunftsbaracke für die Arbeitskommandos des Teilbereichs, einer Küche und einem Gräberfeld.

Die Stacheldrahtumzäunungen und die Wachtürme an den Eckpunkten des Lagers sowie ein mit einer Maschinengewehrstellung und einem Scheinwerfer ausgerüsteter Wachturm in der Mitte erlaubten die lückenlose Überwachung des Lagers. Parallel zur Bahnstrecke war als Sichtschutz gegen neugierige Blicke der Bahnpassagiere ein hoher Holzzaun errichtet worden. In der Anfangszeit hatte man dort zunächst Fichten gepflanzt, die aber nach kurzer Zeit ihre Nadeln verloren und dadurch die Sicht auf das Innere des Lagers freigaben.

Außerhalb des Lagers befanden sich, zum Teil in Steinhäusern, auch weiterhin die Unterkünfte, der Verwaltungsbereich und die Küche des »SS-Sonderkommandos Belzec der Waffen-SS«.[13] In einer alten Mühle lebten außerdem die T4-Reinhardt-Männer Gley und Girtzig und wahrscheinlich auch die jüdischen Wäscherinnen. Außerhalb des Lagers befanden sich zudem eine Wachstube und ein Strafbunker für die Trawniki-Männer, eine Waffenkammer und – über Schienen mit dem Lager verbunden – der Lokschuppen, der als Magazin für die konfiszierte Kleidung diente. Die Auslagerung von Unterkünften, Verwaltung und Sortierbereichen stellte eine Besonderheit gegenüber den beiden anderen Lagern dar.

Optimierung des Gasmordes (Juni bis August 1942)

Wie bereits bei den Giftgasexperimenten zeigt sich auch beim Neubau des Gaskammergebäudes die hohe Identifizierung der T4-Reinhardt-Männer mit dem Mordprojekt. Auf der Grundlage ihrer bisherigen Erfahrungen modifizierten sie die Anlage und effektivierten den Massenmord.

Gebaut wurden die neuen Gaskammern nach Plänen und unter Leitung von Hackenholt, der eine Maurerlehre gemacht hatte, bevor er sich in den Dienst der SS stellte. Jüdische Handwerker und einige Wachmänner waren ihm beim Bau behilflich. Möglicherweise ergaben sich jedoch ohne deutsche Fachleute Probleme, denn später in Treblinka und Sobibor wurde ihm der erfahrene Maurermeister Lambert zur Seite gestellt. Bei der Planung und Realisierung des Neubaus verarbeitete Hackenholt die in der vorherigen Phase gemachten Erfahrungen. Fünf Unterschiede sind gegenüber dem Altbau zu erkennen. Zunächst war durch die Verlagerung des Gebäudes die Verbindung von den Entkleidungsbaracken zu den Gaskammern, die »Schleuse«, verlängert worden, sodass nicht schon die ersten Menschen in die Gaskammern gelangten, während sich andere noch auskleideten. Diese Änderung war bereits in Sobibor und Treblinka umgesetzt worden.[14]

Außerdem wurde das Gebäude aus Beton gebaut, nachdem sich herausgestellt hatte, dass der hölzerne Bau trotz des Nachhelfens mit Sand nicht hermetisch abzuschließen war und sich der Massivbau in Sobibor und Treblinka bewährt hatte. Das Dach wurde mit Teertapete bedeckt, über die Laubwerk verteilt wurde. Damit sollte wahrscheinlich verhindert werden, dass deutsche Piloten, die das Lager während der Sommeroffensive überflogen, eine genauere Einsicht in die Vernichtungsstrukturen erhielten.[15] Auch die Tötungskapazität wurde erhöht, nachdem sich die alten Gaskammern als unzureichend für die Anzahl an Deportierten erwiesen hatten. Hackenholt plante das Gebäude mit sechs Gaskammern, die sich an einem Mittelgang, der durch die Baracke verlief, gegenüberlagen. Sie hatten wahrscheinlich jeweils eine Größe von vier mal fünf Metern,[16] die Höhe betrug etwa zwei Meter.[17] Im gesamten Gebäude konnten wahrscheinlich pro Vergasungsvorgang 1500 Menschen getötet werden.[18]

Eine weitere Veränderung bestand darin, dass das SS-Sonderkommando größeren Wert auf die Tarnung des Neubaus legte. Auf die drei Stufen, die zum Mittelgang des Gebäudes führten, wurden Blumenkübel gestellt und an der Wand die Schrift »Bade- und Inhalationsräume« angebracht.[19] Die Wände im Inneren wurden mit heller, gelblicher oder grauer Ölfarbe gestrichen. Und nicht zuletzt wurde die Beseitigung der Leichen vereinfacht. Hierfür waren den T4-Reinhardt-Männern die Gaskammern der »Euthanasie« ein Vorbild. Der Sockel der Gaskammern wurde wie Duschräume gekachelt, der Boden mit entsprechendem Material verlegt, sodass Exkremente, Urin und Blut einfacher zu beseitigen und die Räume besser zu reinigen waren. Zudem wurden Guckfenster in die Türen eingebaut, um den Tod der Opfer feststellen zu können, und in den Räumen elektrisches Licht installiert.[20]

Hackenholt übernahm auch bewährte Elemente der vorherigen Strukturen. Ein Motor – wahrscheinlich ein mittelschwerer russischer Panzermotor[21] – stand in einem großen Schuppen am hinteren Ende des Gebäudes. Von dort führten Rohre in die sechs Gaskammern. Da der Installateur Barbl noch in Sobibor war, ließ sich Hackenholt vom polnischen Elektriker Kuśmierczak helfen, der Rohre und Licht installierte. An der Decke der Kammern wurden wie im ersten Gebäude künstliche Duschen angebracht. Das gesamte Gebäude stand, wie zuvor, auf einem etwa anderthalb Meter hohen Sockel. Über die Außentüren gelangte man auf eine hölzerne Rampe, die zu den großen Massengräbern führte.[22]

Am Beispiel des Baus der Gaskammern zeigt sich die Weitsicht Globocniks, der für die Umsetzung seines Mordauftrags seiner Tötungsmannschaft weitreichende Handlungsspielräume zugestand. Sowohl der Entschluss, die Gaskammern der ersten Phase abzureißen und neue zu bauen, als auch die Realisierung ist auf die Initiative der T4-Reinhardt-Männer zurückzuführen. Sie mussten überdies weder bei der Planung noch bei der Umsetzung auf höhere Entscheidungsträger und Partner oder auf bürokratische Vorgaben Rücksicht nehmen, weswegen zwischen dem Beschluss und dem Bau vergleichsweise wenig Zeit verging und die Änderungen auf die Bedürfnisse des Lagers zugeschnitten werden konnten. Dies wird besonders deutlich im Vergleich mit Auschwitz-Birkenau, wo die Verantwortlichen Rücksprache innerhalb vorgeschriebener hierarchischer und arbeitsteiliger Strukturen halten mussten. Dort hatte man zur selben Zeit wie in Belzec, im März 1942, mit Massentötungen begonnen. Die Anlagen erwiesen sich jedoch schnell in vielerlei Hinsicht als unzureichend: Die Deportierten mussten bei einbrechender Dunkelheit zunächst umständlich mit Lastwagen oder zu Fuß von der Rampe zu den zwei Kilometer entfernten, zu Gaskammern umgebauten Bauernhäusern (Bunker 1 und 2) gebracht werden. Nach der Tötung mit dem Giftgas Zyklon B, das sich im Unterschied zu den Motorenabgasen nicht sofort bei der Öffnung der Türen verflüchtigte, dauerte es Stunden, bis das aus Häftlingen bestehende »Sonderkommando« beginnen konnte, die Leichen zur Lorenbahn zu tragen und zu den Massengräbern zu fahren. Als die Leichenbeseitigung im heißen Sommer 1942 den Verantwortlichen in Birkenau Schwierigkeiten bereitete, wurde der Bau von vier Krematorien geplant, deren im Bau integrierte Gaskammern mit Entlüftungs- und Belüftungssystemen ausgestattet waren. Der Bau dieser Anlagen sollte sich letztlich bis in den Sommer 1943 hinziehen, als die Lager der »Aktion Reinhardt« bereits kurz vor der Auflösung standen, und erforderte größere finanzielle Ressourcen und die Involvierung zahlreicher Akteure. Die umständliche Entwicklung der Vernichtungsstrukturen in Birkenau bis hin zu dem erst 1944 bis ins Lager verlängerten Gleisanschluss ist auch auf die bürokratischen Konzentrationslagerstrukturen zurückführen. Im Gegensatz dazu steht die mörderische Effizienz des relativ unabhängig agierenden T4-Reinhardt-Netzwerks.[23]

Die Planer und Organisatoren des Massenmords in Auschwitz-Birkenau ließen sich in den Reinhardt-Lagern zum Aufbau eines perfekten Systems inspirieren. Im Zuge der Neustrukturierung machte Hans Kammler, Leiter der Amtsgruppe C (Bauwesen) des WVHA, wahrscheinlich am 8. August 1942 eine Dienstreise nach Belzec, um dort die neuen Gaskammern zu besichtigen und Erfahrungswerte zu sammeln.[24]

Gleichzeitig sind auch Versuche überliefert, Erfahrungen aus Auschwitz auf die Reinhardt-Lager zu übertragen. Bereits vor der Errichtung des zweiten Gaskammergebäudes in Belzec wurde in Eichmanns Büro überlegt, das gesamte System in den Reinhardt-Lagern abzuändern und wie in Auschwitz Zyklon B zu verwenden. Im Juni 1942 wurde der Leiter der Abteilung Gesundheitstechnik im Hygiene-Institut der Waffen-SS, Kurt Gerstein, beauftragt, Blausäure in den Lagern vorzustellen. In Begleitung des Hygienikers Wilhelm Pfannenstiel fuhr Gerstein Mitte August nach Belzec, wo ihm die Tötung mit Motorenabgasen vorgeführt wurde. Doch die T4-Reinhardt-Männer ließen sich in das von ihnen entwickelte Vernichtungssystem nicht hineinreden: Wirth bat Gerstein, Zyklon B in Berlin nicht als die bessere Methode für die Gaskammern der Reinhardt-Lager vorzuschlagen, was dieser – auch um sich nicht zu sehr in die Morde zu verstricken – auch tat.[25] Tatsächlich wäre es für die Nutzung von Blausäure nötig gewesen, die Gaskammern ein weiteres Mal umzubauen und komplexe Lüftungsvorrichtungen zu installieren. Der Zeitverlust beim Warten auf eine natürliche Lüftung wäre – wie in den »Bunkern« in Birkenau – zu groß gewesen. Somit lösten sich die Versuche, Zyklon B auch in den Lagern der »Aktion Reinhardt« einzusetzen, schnell in nichts auf. Letztlich erwiesen sich die Motorenabgase in ihrer unkomplizierten Anwendung aus Sicht der T4-Reinhardt-Männer als kostengünstiges und effektives Tötungsmittel. Lediglich im September 1942 traten kurzzeitig Versorgungsprobleme auf, als die Treibstoffzuteilung von Globocnik gekürzt wurde.[26] An diesem gescheiterten Versuch der Einflussnahme wird einmal mehr deutlich, welche Bedeutung im nationalsozialistischen Machtapparat auch die Institutionen in der Peripherie sowohl in Bezug auf wesentliche Entscheidungen als auch auf die Umsetzung des Völkermords an den Juden hatten.

Die – wenngleich sporadischen – wechselseitigen Verbindungen zwischen Auschwitz und den Vernichtungslagern der »Aktion Reinhardt« zeigen, dass sich die beiden Mordunternehmen als Konkurrenten wahrnahmen. Diese Konkurrenz zu Auschwitz, aber auch zwischen den Lagern, war ein wesentlicher Antrieb für die T4-Reinhardt-Männer, die Strukturen funktionsfähiger zu machen und Menschen in immer größerer Anzahl zu töten. Sowohl Höß, der selbst auch Treblinka besuchte und 1946 rückblickend notierte, die Erfahrung habe gezeigt, »dass das Blausäurepräparat Zyklon B« – im Unterschied zu den Motorenabgasen – »unbedingt sicher und schnell den Tod verursacht«,[27] als auch Wirth waren davon überzeugt, das jeweils bessere Mordinstrument mit dem effektiveren Giftgas geschaffen zu haben. Wirth ließ als Schöpfer der mit Motorenabgasen betriebenen Gaskammern keinen Eingriff von außen zu, der die Eigenständigkeit und Souveränität der T4-Mannschaft infrage stellen konnte. Ähnlich äußerte sich auch Globocnik, als er 1943 selbst nach Auschwitz fuhr, um sich über das dortige Vernichtungssystem zu informieren, gegenüber Höß, dass er »dies alles nichts Besonderes« fand, da seine Stellen »viel rascher« arbeiteten und bessere »Tagesleistungen«[28] hätten.

Personelle Umstrukturierung und Erweiterung (Juni bis November 1942)

Von der maximal aus 14 Personen bestehenden Mannschaft der ersten Deportationsphase befanden sich im Juli 1942 fünf Männer in Sobibor und in Treblinka (Vallaster, Fuchs, Borowski, Graetschus und bis Sommer 1942 auch Barbl). Die schon in der ersten Deportationsphase geringen personellen Kapazitäten in Belzec reichten nicht aus, um eine noch größere Anzahl an Menschen zu töten und sich zusätzlich der in der ersten Phase vernachlässigten Kleidersortierung anzunehmen. Das Personal wurde daher – wie zwischen Brack und Globocnik im Mai 1942 besprochen – vor allem im Juni/Juli und dann noch einmal im September/Oktober 1942 um Neuzugänge aus der T4 erweitert. Unter ihnen befanden sich zumeist Büroangestellte und Pfleger, die zwar in die SA und NSDAP eingetreten, aber zumeist nicht Mitglied der SS waren. Außerdem kam der Polizist Gottlieb Hering ins Lager, um Wirth als Lagerleiter abzulösen. In den Monaten von Juli bis Dezember 1942 setzte sich die Mannschaft in Belzec durch die häufigen Personalverschiebungen sehr unterschiedlich zusammen.

Die erste Gruppe der von Brack zugesagten T4-Männer traf noch vor Beginn der Transporte im Juni 1942 in Belzec ein. Es handelte sich vorwiegend um Personal aus Hadamar, aber vereinzelt auch aus den anderen T4-Einrichtungen. Aus Hadamar kamen die Pfleger Heinrich Unverhau, Ernst Zierke, Karl Schluch, Max Bree und Friedrich Koschewski, der Büroangestellte Robert Jührs und der Fahrer Otto Kielminsky, aus Bernburg der Pfleger Fritz

Schmidt, aus Hartheim der Küchenangestellte Max Gringers und der Kantinenchef Hans Girtzig sowie aus Sonnenstein der »Brenner« Rudolf Kamm. Nur Girtzig und möglicherweise Kamm gehörten der SS an und waren zu Kriegsbeginn von dieser militärisch dienstverpflichtet worden.[29] Die neu eingetroffenen Männer nahmen vorwiegend Randpositionen in der Lagermannschaft ein.

Ende Juli, spätestens Anfang August 1942 verließ Wirth – etwa zeitgleich mit dem Anlaufen der Vernichtungsaktion in Treblinka – das Lager und ließ sich zum Inspekteur der drei Vernichtungslager ernennen, um eine bessere Vernetzung der Lager zu erreichen. Oberhauser verließ mit ihm das Lager.[30] Zuvor hatte Wirth zwar als Lagerleiter des »Versuchslagers« Belzec gegenüber den beiden anderen Kommandanten eine gewisse Autorität besessen, anders als im Fall von Stangl hatte er auf Eberl jedoch nur wenig Einfluss. Mit der Bildung der Dienststelle »Einsatz Reinhardt« in Lublin wurde seine Führungsrolle institutionalisiert und es sollte nicht lange dauern, bis er diese Autorität gegenüber Eberl in Treblinka ausspielte. Wirth und Oberhauser kamen auch in der Folgezeit häufig nach Belzec, um nach dem Rechten zu sehen. In Notfällen, als zum Beispiel Gley Jirman tötete, waren sie auf Telefonanruf sofort zur Stelle.[31]

Wirths Nachfolger in Belzec und dessen Urlaubsvertreter waren wie dieser Polizisten mit hohen SS-Angleichungsdienstgraden und hatten ebenfalls zuvor den nicht medizinischen Part der »Euthanasie«-Anstalten als sogenannte »Büroleiter« geleitet. Sie wurden in den 1880er und 1890er Jahren geboren und gehörten damit zu den ältesten Lagerangehörigen. Im Juli übernahm zunächst der Hauptmann der Schutzpolizei und SS-Untersturmführer Fritz Hirche für drei bis vier Wochen die Urlaubsvertretung als Lagerkommandant. Zuvor war er »Büroleiter« in Brandenburg und Bernburg.[32] Im August 1942 löste Kriminalinspektor und SS-Obersturmführer Gottlieb Hering Wirth als Lagerkommandant von Belzec ab. Er hatte wie sein Vorgänger bei der Stuttgarter Kriminalpolizei gearbeitet und wurde im September 1940 zur T4 kommandiert. Zunächst war er stellvertretender »Büroleiter« in Sonnenstein und kam dann als Leiter des Sonderstandesamtes nach Bernburg. Zuletzt leitete er als »Bürovorsteher« in Hadamar die Auflösung der Anstalt.[33] Wirth kam zur Einarbeitung Herings einige Tage ins Lager.[34]

Zwischen August und September kam es zu einem erneuten Wechsel in der deutschen Lagermannschaft, der wesentlich durch die Umstrukturierung und den damit verbundenen Personaltransfer in Treblinka verursacht wurde. Franz, Bree und Schmidt gingen nach Treblinka, wo Franz Stellvertreter des Lagerleiters wurde und Schmidt als Fachmann für Motoren bei den dortigen Gaskammern eingesetzt werden sollte. Niemann wechselte nach Sobibor, wo er – wie Franz in Treblinka – Stellvertreter des Lagerleiters wurde. Koschewski verließ das Lager, wahrscheinlich auf eigenen Wunsch, und kehrte nach Berlin zurück. Hackenholt ging vorübergehend zum Gaskammerbau nach Treblinka und Sobibor. Im Gegenzug kehrte der Installateur Heinrich Barbl wieder aus Sobibor zurück. Aus Treblinka kam wahrscheinlich zu dieser Zeit Rudolf Baer, der zuvor das Büro von Eberl geführt hatte.

Parallel zu den Versetzungen innerhalb des T4-Reinhardt-Netzwerks traf eine kleine Gruppe aus Sonnenstein in Belzec ein: der Polizist Friedrich Tauscher, der während des Krieges zur Polizei abgeordnete Arthur Dachsel, der Oberpfleger Heinrich Gley, der Kraftfahrer Walther Kloß und der Koch Hans Zänker.[35] Die Männer wurden – gemeinsam mit der Personalverstärkung für Sobibor und Treblinka – vor ihrer Versendung nach Belzec zunächst einige Wochen in Trawniki von Tauscher und anderen T4-Polizeibeamten militärisch ausgebildet. Dies war eine Antwort auf die zunehmende Bereitschaft zur Gegenwehr der Deportierten, die größere Risiken für die Wachmannschaften und Aufseher mit sich brachte. Insbesondere nach der Tötung des SS-Mannes Biela in Treblinka war offenkundig, dass die Lagerangehörigen und insbesondere die »Zivilisten« militärische Grundkenntnisse benötigten.[36]

Mit der Gruppe reiste der Kriminalsekretär Ernst Schemmel, der möglicherweise in Belzec kurzzeitig die Urlaubsvertretung von Hering übernahm, bevor er Stangl in Treblinka vertrat. Er war von der Kripo Dresden zur »Stiftung« versetzt worden und dann als »Büroleiter« in Sonnenstein und Hartheim tätig.[37] Als Einzelpersonen kamen im Herbst 1942 noch Groth (Sobibor), Fuchs (Treblinka) und als letzter Neuzugang Floß (Sobibor) ins Lager, sodass zeitweise insgesamt 37 T4-Reinhardt-Männer zwischen Herbst 1941 und Frühjahr 1943 im Lager Dienst leisteten.

Die Lagermannschaft teilte sich in zwei Gruppen ein: zum einen die sogenannten »Chargierten«,[38] die SS-Männer, die zumeist bereits in der Aufbauphase in Belzec gewesen waren, zum anderen die im Lagerjargon als »in Uniform gesteckte Zivilisten«[39] bezeichneten Männer des Juni- und Septemberschubes. In Belzec erhielten die »Zivilisten« unabhängig von ihrer Mitgliedschaft und ihren Dienstgraden in SA und NSDAP den Grad eines SS-Unterscharführers. Von der SS-Standortverwaltung bekamen sie SS-Uniformen, um nach außen hin Kohärenz zu demonstrieren.[40] Die Uniform verlieh ihnen Autorität gegenüber den unterstellten Trawniki-Männern und die Männer selbst nahmen den hohen Dienstrang des SS-Unterscharführers als Aufwertung ihrer Tätigkeit und als Auszeichnung wahr. Er war zudem insofern identitätsstiftend, als dass von den neuen SS-Unterscharführern erwartet wurde, dem Dienstgrad entsprechend zu handeln. Nicht zuletzt wurde mit dem Titel die Unterordnung unter die echten SS-Scharführer, Oberscharführer und Hauptsturmführer geklärt.[41]

Abbildung 7: SS-Sonderkommando in Belzec (mit den »Zivilisten« Barbl, Dachsel, Zierke und Gringers, dem aktiven SS-Mann Hackenholt und dem Polizisten Tauscher) USHMM, #87764

In die SS eintreten mussten die Männer nicht, auch wenn Wirth und Globocnik Versuche unternahmen, sie zur Mitgliedschaft zu bewegen. Außerdem wurde durch die Einkleidung mit SS-Uniformen keineswegs die Zugehörigkeit zu den unterschiedlichen Dienststellen, die auch die Vergütung regelten, aufgehoben.[42]

Auch wenn es kein eindeutig gestaffeltes System von Über- und Unterordnungen gab, so waren die Hierarchien lagerintern zumindest informell geklärt. Ohne ein Mindestmaß an Hierarchie konnten die Arbeitsabläufe nicht koordiniert und die Lückenlosigkeit der Vernichtungsprozesse nicht gewährleistet werden.[43] Der Großteil der »Zivilisten« ergänzte die untere Ebene des nunmehr in seinen Arbeitsabläufen und Zuständigkeiten stärker differenzierten T4-Reinhardt-Netzwerks. Die »Zivilisten« akzeptierten die relative Unterordnung unter die SS-Chargierten. Da sie sich durch die gemeinsame Tätigkeit während der »Euthanasie« bereits kannten, konnte diese Unterordnung jedoch nicht absolut sein; Befehle, die über ein koordinierendes Normalmaß hinausgingen, hätten die Männer nicht befolgt. Doch trotz der Entstehung einer neuen, den SS-Männern der ersten Phase untergeordneten Netzwerkschicht durch die sogenannten »Zivilisten« blieben die Hierarchien insgesamt eher flach. Nach wie vor herrschte ein weniger militärisches und eher zivilistisches Personalmanagement mit stark informellen Strukturen vor.

Die »Chargierten« wie Wirth und Hering, Oberhauser, Schwarz und Jirmann entschieden, wer in welchem Arbeitsbereich eingesetzt wurde, und teilten das Lagerpersonal informell am Frühstückstisch zu verschiedenen Aufsichtsdiensten ein.[44] Im Wesentlichen wurde das Lagerleben durch zwei Arbeitsabläufe strukturiert, an denen in der Regel das gesamte Lagerpersonal teilnahm. Der Erste betraf die »Abfertigung der Transporte«, die von der Ankunft der Züge bis zur Ermordung der Deportierten anfallenden Aufgaben. Hierbei führten Hering und sein Stellvertreter Schwarz die Oberaufsicht. Da sich die Arbeitsabläufe mit der Zeit eingespielt hatten, wurden keine Einzelbefehle ausgeben, kurze Anweisungen reichten aus.[45] Der zweite Funktionsablauf bezog sich auf die Arbeiten nach der Ermordung der Opfer bis zur »Verarbeitung« der Leichen und des Raubguts (bei den Sortierkommandos) sowie die Arbeiten zur Aufrechterhaltung des Lagerbetriebs (bei den Werkstätten, als Fahrer und im Büro). Die neu gekürten SS-Unterscharführer mussten außerdem während der transportfreien Zeiten und in der Nacht als »Führer vom Dienst« die Wachposten kontrollieren und im Lager nach dem Rechten sehen.[46]

Da viele T4-Reinhardt-Männer mehrere Funktionen und Arbeitsbereiche wahrnahmen, bietet sich die Beschreibung ihrer Tätigkeiten und Positionen wie im Falle Sobibors mithilfe von Machtkreisen an: Zwischen »Chargierten« und »Zivilisten« lassen sich drei Machtkreise erkennen, wobei im Vergleich mit der Aufbauphase die Ausdifferenzierung der Arbeitsbereiche, insbesondere mit den neuen Aufgaben in der Kleidersortierung, deutlich wird. Das Machtgefälle des SS-Sonderkommandos Belzec im Monat November 1942 zeigt die Abbildung 8.

Zum engeren Kreis um die Lagerleiter Wirth und später Hering sowie die Vertretungskommandanten Hirche und Schemmel gehörten insbesondere aktive SS-Männer der Pionierzeit: Schwarz, Oberhauser, Jirmann, Hackenholt, Niemann und Franz. Bis zum Sommer 1942, als Oberhauser, Franz und Niemann das Lager verließen und Jirmann versehentlich getötet wurde, konkurrierten sie um die Schlüsselpositionen im Lager. Durch den doppelten Personalzuwachs im Sommer und Herbst 1942 sowie die Einrichtung von dauerhaften Arbeitskommandos hatten sie erweiterte Befehlskompetenzen und Machtbefugnisse inne. Schlüsselpositionen besetzten im Herbst 1942 auch der Neuzugang Tauscher und der Trawniki-Aufseher Feix.

Gottfried Schwarz war stellvertretender Lagerkommandant und für das Lager II zuständig. Er nahm die Diensteinteilungen der deutschen Lagermannschaft, der Trawniki-Wachkommandos und der jüdischen Arbeitskommandos vor und hielt Appelle ab. Trafen Transporte ein, überwachte er die Vergasung und erschoss alte und kranke Menschen. Außerdem war er für den Transport von Wertsachen nach Lublin verantwortlich.[47] Josef Oberhau-

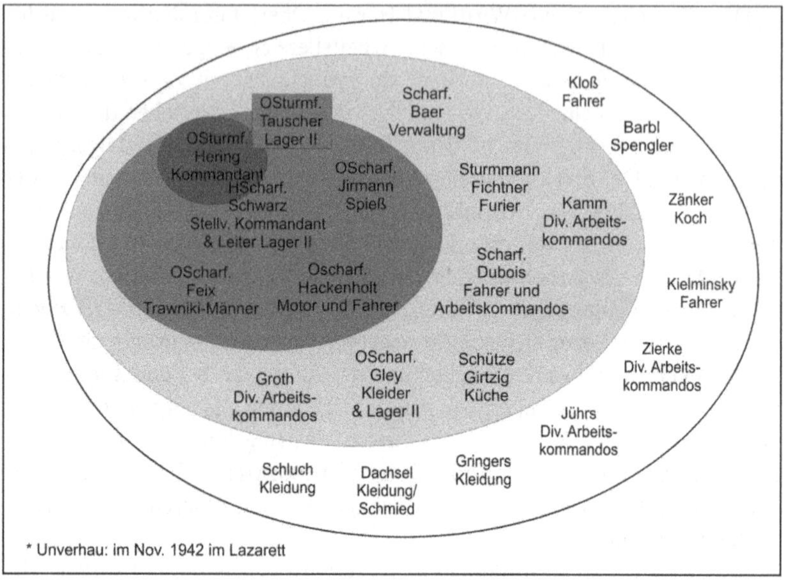

Abbildung 8: Lagerpersonal in Belzec (November 1942)

ser konnte in Vertretung des Kommandanten ebenfalls Anordnungen geben und Diensteinteilungen vornehmen. Er führte Oberaufsicht beim Eintreffen der Transporte, machte Inspektionsgänge durch das Lager und fungierte als Verbindungsmann zwischen Wirth und Globocnik. Im Sommer folgte er Wirth nach Lublin.[48] Lorenz Hackenholt wurde als Motor-Fachmann bei den Gaskammern eingesetzt. Er erschoss auch kranke und alte Deportierte und »Arbeitsjuden«. In transportfreien Zeiten kümmerte er sich um die Wartung der Kraftfahrzeuge und technische Arbeiten. Im Sommer 1942 hielt er sich nur selten im Lager auf, da er als Spezialist in Sobibor und Treblinka die Gaskammern errichtete. Als Vertretung für Schwarz nahm er auch Diensteinteilungen vor.[49] Johann Niemann, der nach Ankunft der Juni/Juli-Gruppe nur noch kurze Zeit im Lager war, bevor er in Sobibor Stellvertreter wurde, kümmerte sich weiterhin um den Vernichtungsbereich.[50] Kurt Franz, der im August als Stellvertreter nach Treblinka versetzt werden sollte, übernahm in Belzec stellvertreterähnliche Aufgaben und beaufsichtigte die Trawniki-Männer.[51] Fritz Jirmann war Stabsscharführer und Quartiermeister sowie Spieß der Wachmänner. Kamen Transporte an, hielt er die Ansprache vor den todgeweihten Menschen und erschoss Alte, Kranke und Kinder. Er wurde wahrscheinlich im Oktober 1942 versehentlich von Gley erschossen, als er mit diesem Trawniki-Männer aus dem Strafbunker holen wollte.[52]

Zum Führungspersonal des Lagers gehörte auch der Polizist Friedrich Tauscher. Er hatte zumindest 1943 bei der Verbrennung der Leichen das Kommando über das Lager II und konkurrierte dabei mit dem an Dienstgraden niedrigeren, aber hauptamtlichen SS-Mann Schwarz. Tauscher war 1940 von der Kripo Dresden als »Standesbeamter« nach Sonnenstein kommandiert worden, hatte den OT-Verwundetentransport mitgemacht und war im Anschluss wieder in Sonnenstein.[53] Die Versendung eines aktiven Polizeiangehörigen zur Verstärkung der Lagermannschaft und nicht als Lagerleiter war ein Novum für Belzec. Ähnliches geschah zur selben Zeit in Treblinka (Küttner) und Sobibor (Rost). Wahrscheinlich sollten die Polizisten Korruption und Diebstahl in den Lagern auf den Grund gehen. Ihre Versetzung in die Lager der »Aktion Reinhardt« stand in Zusammenhang mit der Absetzung Eberls, dem die Entwendung von Wertgegenständen zum Vorwurf gemacht wurde, und mit der Entstehung des Raubnetzes unter Führung des WVHA.

Im Unterschied zu seinem Kollegen Lachmann in Sobibor nahm auch der Führer der Trawniki-Männer Reinhold Feix in Belzec eine Führungsposition ein. Mit Jirmann tat er sich bei der Erschießung von kleinen Kindern und alten Menschen hervor. Er verließ das Lager bereits im Dezember 1942, um die Leitung des Arbeitslagers Budzyn zu übernehmen.[54]

Der zweite Machtkreis zeichnete sich durch mittlere Entscheidungsbefugnisse und eher eingeschränkte Verantwortungsbereiche aus. In diesem Kreis bewegte sich wahrscheinlich auch der aktive SS-Mann Herbert Floß, der zu Beginn der Exhumierung und Verbrennung der Leichen im Herbst 1942 aus Sobibor nach Belzec kam. Es kann angenommen werden, dass er die Verbrennungsaktion in Belzec einleitete, bevor er diese Aufgabe nach seiner Versetzung auch in Treblinka übernahm.[55] Sein Kamerad Werner Dubois war meist als Kraftfahrer unterwegs: Er holte Verpflegung oder brachte Wertsachen nach Lublin. Außerdem übernahm er zeitweise die Funktion eines Spießes und bildete die »Zivilisten« an den Waffen aus. Er bewachte Gefangene im Lager II und sorgte bei Transporten dafür, dass die Menschen in die Gaskammern getrieben wurden. Einige Male wurde er auch zu Erschießungen eingeteilt. Nach Jirmanns Tod übernahm er die Ausbildung der Wachmannschaften und die Position eines Stabsscharführers.[56]

Im mittleren Machtkreis bewegte sich auch der Pfleger Heinrich Gley, der im Herbst mit der Sonnensteiner Gruppe ins Lager gekommen war. Wie Unverhau, Zierke und Bree wurde er bereits Ende 1939 zur T4 dienstverpflichtet, hatte in Grafeneck und Sonnenstein als Oberpfleger gearbeitet und den OT-Einsatz im Raum Smolensk mitgemacht. In Belzec führte er Aufsicht an der Rampe, bei den Entkleidungsbaracken und im Lager II, wo er sich auch an den Erschießungen beteiligte.[57]

Erwin Fichtner blieb weiterhin Rechnungsführer und Furier. In dieser Funktion war er für die Verpflegung und die Gebrauchsgegenstände zuständig, die von der T4 ins Lager geschickt wurden, für die Verladung der Kleidung verantwortlich und verwaltete Schmuck und Wertgegenstände. Offiziell Ende März 1943, möglicherweise schon Ende 1942 kam er bei einem Partisaneneinsatz in der Umgebung des Lagers ums Leben.[58] Rudolf Baer, der im Zuge der Umstrukturierung aus Treblinka nach Belzec versetzt worden war, arbeitete im Büro und übernahm nach dem Tod von Fichtner dessen Aufgaben als Rechnungsführer und Furier.[59] Hans Girtzig, der mit der Juni-Gruppe ins Lager gekommen war, arbeitete zunächst in der Schreibstube, dann in der Mannschaftsküche und diente auch als Furier. Bei der Ankunft von Transporten stand er bei den »Bekleidungsbaracken« oder am »Schlauch«. Vor dem Krieg hatte er als Kaufmann, Wachmann und Angestellter gearbeitet und wurde bei Kriegsbeginn militärisch zur SS in Breslau verpflichtet. Anfang 1940 wurde er nach Grafeneck kommandiert, wo er für die Kantine zuständig war. Später übernahm er ähnliche Aufgaben in Hartheim, wo er außerdem das Krankenbuch führte und für die Versendung der Kleidung an die Familienangehörigen der ermordeten Patienten verantwortlich war. Beim Wintereinsatz der OT war er in Minsk stationiert.[60]

Rudolf Kamm, der wahrscheinlich ebenfalls mit der Juni-Gruppe nach Belzec gekommen war, wurde je nach Bedarf im Lager I oder II eingesetzt, so etwa bei den Sortierkommandos. Bei der Ankunft von Transporten stand er an der Rampe und führte Aufsicht in den Entkleidungsbaracken. Zudem war er bei den Gaskammern tätig und beteiligte sich an der Erschießung der alten und kranken Deportierten. Davor war er in Sonnenstein als »Desinfektor« oder Maurer beschäftigt.[61] Zum mittleren Machtkreis gehörte auch Heinrich Barbl, der wie in der Aufbauphase als Klempner, Installateur und Elektriker tätig und für die Kanalisation und Beleuchtung im Lager zuständig war. Wenn Transporte kamen, war er im Lager II oder führte Aufsicht in einer der Bekleidungsbaracken.[62]

Die größte Gruppe des dritten und letzten Machtkreises bestand hauptsächlich aus Angehörigen der beiden neu ins Lager gekommenen Gruppen. Es handelte sich zumeist um Pfleger und Handwerker, die sogenannten »Zivilisten«. Diese Männer wurden vor allem in den Sortierkommandos oder bei den Werkstätten eingesetzt. Viele wechselten je nach Bedarf zwischen verschiedenen Arbeitskommandos. Einige waren Fahrer. Zehn von ihnen stießen mit der Juni-Gruppe zur Lagermannschaft. Die Pfleger Karl Alfred Schluch[63] und Friedrich Koschewski[64] waren aus der Heilanstalt Berlin Herzberge zur T4 gekommen. Sie arbeiteten in Grafeneck und Hadamar und machten anschließend den OT-Einsatz im Raum Wjasma mit. In Belzec war Schluch in der Kleiderkammer und im Krankenrevier – zur Pflege seiner

Kollegen – tätig. Bei der Ankunft von Transporten stand er an der Rampe und an der »Schleuse«. Zeitweise führte er auch Aufsicht beim Entfernen der Leichen aus den Gaskammern. Die Pfleger Heinrich Unverhau[65] und Ernst Zierke[66] wurden im Dezember 1939 von der Pflegeanstalt Neuruppin zur T4 abgestellt und ebenfalls in Grafeneck und Hadamar eingesetzt. Mit Dubois hatten sie den OT-Winter-Einsatz im Raum Wjasma mitgemacht. In Belzec beaufsichtigte Unverhau ein Arbeitskommando bei der Sortierung der Kleidung. Zuweilen führte er auch Aufsicht bei der Entkleidung der Deportierten. Zierke wurde je nach Bedarf im Lager I und II eingesetzt. Er beaufsichtigte Häftlinge in der Schmiede und bei Arbeiten außerhalb des Lagers. Bei der Ankunft von Transporten hatte er seinen Platz auf der Rampe und in den Entkleidungsbaracken. Auch der Pfleger Max Bree, der mit Zierke und Unverhau Ende 1939 dienstverpflichtet wurde, war vor seiner Versetzung nach Belzec, wo er bei verschiedenen Aufgaben eingesetzt wurde, in Grafeneck und Hadamar tätig.[67]

Robert Jührs hatte vor dem Krieg als Maler, Hausarbeiter und Bürogehilfe gearbeitet. Im Mai oder Juni 1941 wurde er in Hadamar zunächst als Maler, später bei der Aktenablage beschäftigt. In Belzec beaufsichtigte er wechselnde Arbeitskommandos beim Barackenbau, beim Holzhacken, bei Küchenarbeiten, in der Schneider- und Schuhmacherwerkstatt, bei der Kleidersortierung und im Lager II bei den Gruben. Bei der Ankunft von Transporten führte er Aufsicht auf der Rampe, beim Entkleiden oder am »Schlauch«.[68]

Der Pfleger Fritz Schmidt, der vor der »Euthanasie« in psychiatrischen Anstalten in Sachsen tätig gewesen war, arbeitete zunächst in Sonnenstein, wo er als Pfleger und Kraftfahrer, eventuell auch in der Wachabteilung eingesetzt wurde. 1941 kam er nach Bernburg. In Belzec war er bis zu seiner Versetzung nach Treblinka im September 1942 als Kraftfahrer tätig.[69] Der Fahrer Otto Kielminsky war – wie Bauer – von den Berliner Verkehrsbetrieben zur T4 dienstverpflichtet worden, hatte in Grafeneck und Hadamar als Fahrer gedient und im Anschluss am OT-Einsatz teilgenommen. In Belzec betätigte er sich als Fahrer, holte Verpflegung für das Lager und arbeitete in der Kfz-Halle. Bei der Ankunft von Transporten führte er Aufsicht im Lager I.[70]

Max Gringers hatte in Hartheim in der Küche gearbeitet, möglicherweise wurde er auch mit Dubois in Grafeneck und Hadamar als »Desinfektor« eingesetzt. In Belzec führte er Aufsicht bei der Kleidersortierung im Lokomotivschuppen. Außerdem wurde er je nach Bedarf im Lager I und II eingesetzt. Wenn Transporte ankamen, war sein Platz in den Entkleidungsbaracken.[71]

Dem letzten Machtkreis sind auch einige Angehörige der September-Gruppe zuzuordnen. Arthur Dachsel hatte als Schmied oder Schlosser gearbeitet, bevor er mit Kriegsbeginn zur Polizei eingezogen und von dort als »Desinfektor« nach Sonnenstein kommandiert wurde. In Belzec war er für Schmiedearbeiten und Bauarbeiten zuständig. Er beaufsichtigte zudem das Sortieren der Kleidung. Wenn Transporte ankamen, war er je nach Bedarf in einem der beiden Lagerteile eingesetzt und nahm auch an Erschießungen teil.[72] Walter Kloß war möglicherweise in Grafeneck und in Sonnenstein als Fahrer eingesetzt. In Belzec fungierte er insbesondere als Chauffeur für Hering.[73] Der Fleischermeister Hans Zänker wurde in Hartheim und/oder Sonnenstein als Koch beschäftigt. In Belzec war er für die Verpflegung der Mannschaft zuständig und führte bei der Ankunft der Transporte Aufsicht.[74]

Zum letzten Machtkreis gehörte auch Paul Groth, der wahrscheinlich im Spätsommer oder Herbst 1942 wegen Trunkenheit und Disziplinlosigkeit aus Sobibor nach Belzec strafversetzt worden war. Er hatte in Belzec keine feste Funktion und hielt sich in beiden Lagerteilen auf.[75] Im unteren Machtkreis ist auch Erich Fuchs zu verorten, der zwischenzeitlich in Sobibor und Treblinka war, Mitte November erneut für zwei Wochen nach Belzec kam, anschließend wieder nach Treblinka zurückkehrte und danach ganz aus dem T4-Reinhardt-Netzwerk ausstieg.[76]

Vom Aufbau bis zum Abriss des Lagers wurden insgesamt 37 T4-Reinhardt-Männer über kurze oder längere Zeit in Belzec eingesetzt. Mit den Neuzugängen veränderte sich die Belzec-Subgruppe in ihrer funktionalen und personellen Zusammensetzung damit zweimal deutlich gegenüber der Aufbauphase. Neben den beiden kurzfristigen Vertretungskommandanten kamen bis Ende des Jahres 21 Personen neu ins Lager, ein Teil davon verließ Belzec wieder. Anfang Juli 1942 befanden sich nur noch neun der 14 T4-Reinhardt-Männer der Aufbauphase in Belzec, zuletzt waren es nur noch fünf (Schwarz, Hackenholt, Dubois, Fichtner und Barbl).

Während der Massendeportationen im Juli und insbesondere im August 1942 hielten sich bis zu 20 T4-Reinhardt-Männer gleichzeitig im Lager auf. Etwa die Hälfte von ihnen gehörte der SS an. Zwischen September 1942 und März 1943 erhöhte sich die Anzahl der T4-Reinhardt-Männer auf 22. Es handelte sich – trotz der doppelten Personalverstärkungen – im Vergleich zu Sobibor und Treblinka um eine sehr kleine Mannschaft. Trotzdem gelang es den Männern in den Monaten Juli bis Dezember 1942, Hunderttausende von Menschen zu töten, ohne dabei auf besondere Schwierigkeiten zu stoßen.

»Transportabfertigung« in Belzec (Juli bis Dezember 1942)

Von Juli bis Dezember 1942 war das gegenüber der Aufbauphase optimierte Vernichtungssystem in Belzec fast pausenlos in Betrieb, um Juden aus den Distrikten Krakau, Galizien, Lublin und Radom zu töten. Die T4-Reinhardt-Männer gingen ohne Unterlass ihrer eingespielten Tötungsarbeit nach, wobei alle zur Verfügung stehenden Männer eingebunden wurden und somit den Massenmord mit verantworteten. Die größte Opferzahl wurde mit über 140000 Opfern im August 1942 erreicht: In diesem Monat wurden durchschnittlich pro Tag fast 5000 Menschen von den T4-Reinhardt-Männern ermordet.

Die »Abfertigung der Transporte« lässt sich in fünf Schritte einteilen: die Entladung der Transporte; Ausziehen, Abgabe der Wertgegenstände und Abschneiden der Haare; die Ermordung der Opfer und der Abtransport der Leichen im Lager II; die Erschießung alter und kranker Menschen und zuletzt die »Verwertung« der von den Opfern mitgebrachten Wertgegenstände und der Kleidung.

An der Rampe: Vorbereitung und Entladung

Was die Ankunft von Zügen anbelangt, gab es keine langfristige, nicht einmal eine wöchentliche Planung. Die Ankunftszeiten wurden der Lagerdirektion vermutlich kurzfristig telefonisch durch Höfles Referat mitgeteilt.[77] Während der gemeinsamen Mahlzeiten wurden die Informationen von Wirth oder Hering, Oberhauser oder Schwarz an das Lagerpersonal weitergegeben. Schwarz und andere begaben sich eine halbe bis zwei Stunden vor Ankunft der Transporte zu den Männern und forderten diese auf, sich bereitzuhalten.[78] Die Oberwachleute, Zugwachleute und Gruppenwachleute und die diensthabenden Wachmannschaften besetzten die Strecke zwischen dem Bahnhof Bełżec und dem Lager. Eine Gruppe umstellte das Lagergelände, andere Wachmänner bezogen Stellung neben den Auskleidebaracken, am »Schlauch« und an der Rampe, um die Waggons zu umzingeln und die Menschen von Fluchtgedanken abzubringen. Die Wachmannschaften waren mit Gewehren bewaffnet, die T4-Reinhardt-Männer und die Unterkommandeure mit Peitschen und Pistolen, sodass bereits der Anblick der Männer den Opfern Angst einflößte.[79] An der Rampe bereithalten musste sich auch eine Gruppe von »Arbeitsjuden« sowie das Lagerorchester, welches das Eintreffen der Transporte – auch zu Täuschungszwecken – musikalisch untermalen und den Lärm des Motors übertönen sollte. »Arbeitsjuden«, die nicht zur »Transportabfertigung« eingesetzt waren, wurden in den Baracken eingeschlossen.[80]

Am Bahnhof Bełżec wurden die Transportpapiere dem deutschen Stationsvorsteher Rudolf Göckel oder den polnischen Eisenbahnern übergeben.

Das Bahnpersonal verließ den Zug, da es das Lager nicht betreten durfte. Auch der deutschen Begleitmannschaft aus SS und Polizei wurde in der Regel der Zutritt zum Lager verweigert, um jegliche unnötige Mitwisserschaft über die Vorgehensweisen im Lager zu vermeiden. Die Begleitmannschaften hatten sich aber bereitzuhalten, um den T4-Reinhardt-Männern bei Problemen zu helfen.[81] Göckel und ein polnischer Lokomotivführergehilfe fuhren den Zug auf das Nebengleis, wo er in zwei, bei großen Transporten in drei Teile getrennt wurde, da auf der Rampe im Lager nur begrenzt Platz war und die Gaskammerkapazitäten nicht für den gesamten Zug ausreichten. Wenn an einem Tag mehrere Züge oder diese zu später Uhrzeit ankamen, mussten die Deportierten dort bis zum nächsten Morgen auf die Entladung warten.[82] Durch das Lagertor wurden die Waggons dann mit einer Lok in das Lager geschoben und abgekoppelt. Die Lokomotive blieb vor dem Tor stehen. Im Anschluss wurde das Lagertor wieder verschlossen.[83]

Dann begann das Ausladen des Transports: Die von Wachmännern umzingelten Waggons wurden geöffnet und die Männer, Frauen und Kinder zum Aussteigen aufgefordert. Trawniki- und T4-Reinhardt-Männer halfen mit Peitschen nach, da sich viele trotz der Erschöpfung nach der katastrophalen Reise weigerten auszusteigen. Da im Sommer 1942 zunehmend Informationen über Belzec zu den jüdischen Gemeinden vorgedrungen waren, stieg bei den Juden die Bereitschaft, Widerstand zu leisten, auch wenn sie ohne Waffen kaum etwas gegen die Übermacht an bewaffneten Wachmännern und Aufsehern erreichen konnten.[84]

Ältere und kranke Personen, die bereits durch die katastrophalen Transportbedingungen gestorben oder zu schwach waren, um die Waggons aus eigener Kraft zu verlassen, wurden von den »Arbeitsjuden« aus den Waggons geholt. Angehörige des Lagerpersonals, Wachmannschaften und Unterkommandeure, aber auch der Stationsvorsteher Göckel kontrollierten die Waggons, jagten darin noch versteckte Menschen hinaus und übergaben sie Jirmann zur Erschießung.[85] Innerhalb weniger Minuten waren die Waggons leer. Die Arbeiter mussten sie daraufhin reinigen, dann wurden sie wieder verschlossen und mit der Lokomotive aus dem Lager gezogen. Mit der Reichsbahn war vereinbart worden, dass die Züge in Belzec, Sobibor und Treblinka gereinigt und entstandene Schäden ausgebessert wurden.[86]

»Gehunfähige«, das heißt Alte, Kranke und kleine Kinder ohne Aufsichtspersonen, wurden gemeinsam mit den Toten von den anderen getrennt, um sie später zu erschießen. Aus den Deportierten wurden auch einige kräftige Männer ausgewählt, die an transportintensiven Tagen kurzfristig die Arbeiter des Lagers verstärken sollten, um anschließend getötet zu werden.[87]

Lager I: Entkleidung, Abgabe der Wertgegenstände, Abschneiden der Haare

Wenn die Deportierten aus den Waggons gestiegen waren, hielten Wirth oder Jirmann mithilfe jüdischer Dolmetscher eine Ansprache. Auch Kapos mussten mit den Ankömmlingen sprechen.[88] Ihnen wurde mitgeteilt, dass sie in einem Durchgangslager seien, zum Arbeitseinsatz verschickt würden und zuvor aus hygienischen Gründen zur Vermeidung von ansteckenden Krankheiten duschen müssten. Aus diesem Grunde müssten auch ihre Haare abgeschnitten und ihre Kleidung desinfiziert werden. Möglicherweise wurden die Anweisungen auch durch einen Lautsprecher bekannt gegeben. Auf Tafeln wurden die Menschen zusätzlich in deutscher, jiddischer und polnischer Sprache aufgefordert, sich auszuziehen, die Schuhe in Paaren zusammenzubinden, Wertgegenstände, Dokumente und Geld abzugeben und sich zu den Duschen und Inhalationsräumen zu begeben. Mit der Ansprache sollten nicht nur Ahnungslose getäuscht werden, sondern auch diejenigen, denen bereits Gerüchte zu Ohren gekommen waren, dass Belzec ein Todeslager sei, diesen aber keinen Glauben schenken wollten.[89] Viele Menschen ließen sich jedoch, auch durch den Verwesungsgeruch im Lager und durch Warnungen der im Lager beschäftigten »Arbeitsjuden«, über das ihnen zugedachte Schicksal nicht mehr hinwegtäuschen. Aus diesem Grund wurde zunehmend auf die Ansprache verzichtet. Stattdessen wurden nur noch Anweisungen gegeben und rohe Gewalt angewandt, um Widerwillige zum Auskleiden zu zwingen. Wachmannschaften sorgten dafür, dass ein Zurück nicht mehr möglich war.[90]

Nach der Ansprache wurden die Deportierten in Männer und Frauen mit Kindern unterteilt und dazu gezwungen, sich in den »Entkleidungsbaracken« auszuziehen. In einigen Fällen hatten sie sich im Sommer auch im Freien auszuziehen. Auch hier war ein jüdisches Arbeitskommando tätig.[91] An einem Schalter mussten die nunmehr nackten Menschen ihre Wertsachen, Dokumente, Geld und Gold abgeben. Manchmal erhielten sie zur Täuschung auch Nummernmarken als Quittung. Kleidung und die zu Paaren zusammengebundenen Schuhe wurden von Unverhaus Arbeitskommando in den Lokschuppen gebracht.[92]

Den nackten Frauen wurde dann in einer Baracke von jüdischen »Friseuren« das Haar abgeschnitten, das in Jutesäcken gesammelt wurde. Mit dem Sammeln der Haare wurde wahrscheinlich wie auch in den Konzentrationslagern im Sommer 1942 begonnen, möglicherweise in Verbindung mit dem Anfang August 1942 erlassenen Befehl des Inspekteurs der Konzentrationslager, Richard Glücks, weiblichen Häftlingen das Haar abzuschneiden.[93]

Lager II: Gaskammern und Massengräber

Während den Frauen die Haare abgeschnitten wurden, mussten die nackten Männer bereits durch die »Schleuse« laufen. Im »Schlauch« standen T4-Reinhardt-Männer sowie einige »volksdeutsche« Trawniki-Männer und trieben sie zu den Gaskammern. Außerhalb der »Schleuse« waren bewaffnete Trawniki-Männer positioniert, die Stockungen und Verzögerungen verhindern sollten.[94]

Häufig zögerten die Deportierten, durch den mit Stacheldraht begrenzten »Schlauch« weiterzugehen, wurden dann aber durch die nachfolgenden Menschenmassen weitergedrängt. Spätestens zu diesem Zeitpunkt schlug die Situation in Hektik und Gewalt um. SS-Männer wie Franz, Schwarz, Jirmann, Feix und Wirth sowie die Zugwachmänner Schmidt, Siebert, Schneider, Kunz und der Wachmann Iwan Koslowsky standen vor den Gaskammern, verhöhnten die verzweifelten Menschen, trieben sie mit Geschrei, Peitschen, Gewehren, Bajonetten und Prügeln die Stufen hoch in das Gebäude und verteilten sie auf die sechs Gaskammern. Versuchte jemand zu fliehen, wurde er auf der Stelle getötet.[95]

Wenn die Gaskammern dicht mit Menschen gefüllt waren, wurden die Türen verschlossen. Dann wurde der Motor unter Aufsicht von Hackenholt, dem zwei Trawniki-Männer zur Verfügung standen, angeworfen und die Abgase wurden über das Röhrensystem in die einzelnen Kammern geleitet.[96] Das elektrische Licht in den Kammern wurde ausgeschaltet. Wenn sich die Opfer bis dahin noch durch die hell gekachelten Räume und die Duschbrausen hatten täuschen lassen, wussten sie spätestens jetzt, dass sie getötet werden sollten, und brachen in Panik aus. Sie schrien, riefen um Hilfe, weinten, beteten und stöhnten. Die Qualen konnten sich verlängern, wenn der Motor Schwierigkeiten bereitete und zunächst repariert werden musste.[97]

Nach 15 bis 20 Minuten hörten die Schreie auf; die Türen wurden vorsichtshalber erst nach einer halben Stunde geöffnet. Durch das kleine Schauglas, das allerdings bereits nach kurzer Zeit beschlagen war, prüften Hackenholt, Hering, Wirth, Schwarz oder Oberhauser, ob die Menschen tot waren.[98] Selbst in den nüchtern gehaltenen Beschreibungen der Lagermannschaft über den Anblick der Leichen nach dem Öffnen der Türen lässt sich das Grauen dieses gewaltsamen Todes erahnen. So sagte 1961 Karl Schluch im Ermittlungsverfahren aus, die Leichen hätten »kreuz und quer durcheinander« gelegen, »je nachdem, wie der Platz war. Die Leichen waren wenigstens teilweise mit Kot und Urin, andere zum Teil mit Speichel besudelt. […] Bei einigen waren die Augen geschlossen, bei anderen […] verdreht.«[99] Fanden sich noch Lebende in den Gaskammern, wurden sie von den Wachmännern oder von den T4-Reinhardt-Männern erschossen oder bei lebendigem Leib in die Massengräber geworfen.[100]

Von den Arbeitskommandos des Lagers II wurden die Leichen mit Ledergurten, die an ihr Handgelenk gebunden wurden, zu den Massengräbern gezogen. Die anfangs gebaute Schmalspurbahn mit den Loren hatte sich für den Transport der Leichen als zu schwerfällig erwiesen. Diese Erfahrung sollte auch in Treblinka gemacht werden. Damit stellte sich eine Praxis, die in den »Euthanasie«-Anstalten Hadamar und Bernburg der Effizienzsteigerung gedient hatte, für die massenhafte Tötung in den Vernichtungslagern als weniger erfolgreich heraus. Musste während der »Euthanasie« auf die Befindlichkeiten der »Brenner« Rücksicht genommen werden, denen der anstrengende Transport der Leichen ohne Hilfsmittel schwerfiel, war dies bei den »Arbeitsjuden«, die bei Erschöpfung einfach ausgetauscht werden konnten, nicht mehr nötig; wichtiger war hier vor allem, dass es schnell ging. In der Zwischenzeit säuberte ein Arbeitskommando die Gaskammern mit Wasser und Besen, um alle Spuren des Todes zu beseitigen und sie für die nächste Mordaktion vorzubereiten.[101]

Im Freien wurden die Leichen von sogenannten »Zahnärzten« nach Wertgegenständen untersucht. Mit einer Kneifzange zogen sie Goldzähne, entfernten Fingerringe und untersuchten auch die Genitalien und andere Körperöffnungen nach Gold, Brillanten und Wertsachen. Gold und Schmuckstücke wurden in einem bereitstehenden Behälter gesammelt. An den Gruben stand eine weitere Gruppe von Arbeitern bereit, die die Leichen in die Massengräber legten. Die Leichen von vor Ort erschossenen oder während des Transports gestorbenen Menschen mussten zunächst entkleidet werden.[102]

Auf diese Weise füllten sich 33 Massengräber, wie Ausgrabungen Ende der 1990er Jahre gezeigt haben. Sie waren durchschnittlich fünf bis sechs Meter tief, die größte Grube war 70 Meter lang und 33 Meter breit. Neue Gruben wurden kontinuierlich von den Gefangenen ausgehoben.[103]

Zwischen die Leichen gab man Chlorkalk als Desinfektionsmittel und gegen den Geruch. Die mit Leichen gefüllten Massengräber wurden mit einer Schicht flüssigen Kalks und sandiger Erde zugedeckt. Wie in der Aufbauphase hoben nach einiger Zeit Verwesungsgase die Erdschicht an, einige Tage später fielen die Gräber durch die gärenden Leichen wieder in sich zusammen und dickes schwarzes Blut und übel riechende Flüssigkeiten quollen heraus. Aufgrund des Zeitmangels und der pausenlosen Transporte hatte die Lagermannschaft noch keine Lösung für dieses Problem gefunden. Um den unangenehmen Folgen der Verwesung entgegenzutreten, zündeten die Männer die zuoberst liegende Leichenschicht mit Benzin oder anderen brennbaren Flüssigkeiten an, auch wenn diese durch die ungenügende Sauerstoffzufuhr nur unvollständig verbrannte.[104] Erst Ende 1942, zum Ende der Transporte, sollte die systematische Verbrennung der Leichen eingeleitet werden.

Erschießungen im Lager II

Ein anderes Schicksal als die Gaskammern war den Personen zugedacht, die die Vernichtungsprozesse behindern oder verlangsamen konnten. Alte, kranke und entkräftete Menschen, aber auch Kinder, die ihre Angehörigen verloren hatten, die nicht aus eigener Kraft die Prozedur des Ausziehens und den langen Weg in die Gaskammern hinter sich bringen konnten, wurden erschossen. Gleiches geschah mit Menschen, die nicht mehr in die Gaskammern gepasst hatten, mit denjenigen, die kurzfristig zum Arbeiten ausgewählt worden waren, und mit Häftlingen, die am Ende ihrer Kräfte waren. Zwar wurden die »transportunfähigen« Personen häufig bereits vor ihrer Verladung in die Züge von den Einheiten, die die Razzien organisierten, im Rahmen sogenannter »lokaler Aussiedlungen« erschossen. Trotzdem fanden sich in den Zügen noch Dutzende von Menschen, die die katastrophale lange Reise nicht verkraftet hatten. Andere hatten sich während der Fahrt oder beim plötzlichen Ausladen verletzt oder waren angeschossen worden. Diese Gruppe der Alten, Geschwächten und Verletzten wurde vom Lagerpersonal zynisch als »Gehunfähige« beziehungsweise »Halbtote« bezeichnet.[105]

Manchmal wurden diese Menschen bereits an der Rampe von den Wachleuten erschossen. In der Regel wurden sie aber zusammen mit den Leichen von den »Arbeitsjuden« weggeführt oder blieben so lange an der Rampe liegen, bis alle anderen die Sammelstelle verlassen hatten. Dann brachte das Arbeitskommando die »Halbtoten« unter dem Vorwand einer ärztlichen Behandlung auf Tragbahren bis zum Tor des Lagers II, wo sie ein Arbeitskommando des »Totenlagers« übernahm. Opfer, die noch bekleidet waren, mussten sich neben den Massengräbern ausziehen. Die Grube, an der die Menschen erschossen wurden, war verhältnismäßig flach und lag hinter den Gaskammern.[106]

Bei der Exekution der Opfer entwickelte die Lagermannschaft unterschiedliche Methoden. Einige setzten die Opfer an den Grubenrand, den letzten Blick auf die dort liegenden Leichen gerichtet, und erschossen sie von hinten. Eine andere Methode bestand darin, die Opfer mithilfe der Gefangenen nebeneinander mit dem Gesicht nach unten auf die dort bereits vorhandenen Leichen in die Grube zu legen. Einer der Exekutoren schoss ihnen anschließend aus unmittelbarer Nähe in den Hinterkopf. Dabei wurden 9-mm-Maschinenpistolen und Karabiner eingesetzt. Nachschüsse wurden nicht abgegeben. Zu den regulären Exekutoren gehörten Feix, Jirmann, Schwarz und der Zugwachmann Schmidt, aber auch andere Trawniki-Männer.[107]

»Verwertung« von Kleidung, Wertsachen und Haaren

Wenn die Menschen die Rampe verlassen hatten, holten Unverhau und sein Arbeitskommando zurückgelassene Koffer, Bündel und Kleidungsstücke und brachten sie zum Lokschuppen. Per Hand schoben sie leere Loren beziehungsweise einen »offenen Güterwagen« (Stuttgarter Wagen), der auf dem normalen Schienennetz fuhr, in das Lager. Zusammen mit dem Arbeitskommando, das auf der Rampe Dienst hatte, füllten sie Kleidung und Wäsche in die Loren. Polnische Eisenbahner gingen Unverhau dabei zur Hand. Erst wenn der Güterwagen das Lager wieder verlassen hatte, wurde der nächste zur Ermordung seiner Insassen bestimmte Zugteil ins Lager geschoben. Kleidung und Schuhe, die in den Entkleidungsbaracken zurückgelassen worden waren, wurden entweder direkt mit den an der Rampe zurückgelassenen Gegenständen zum Lokschuppen gebracht oder zunächst in einer Baracke im Lager verstaut. Hier wurden wahrscheinlich auch die Haare der Opfer gesammelt.[108]

Im Lokschuppen sortierten Arbeitskommandos unter Führung von Unverhau und anderen T4-Reinhardt-Männern Kleidung, Schuhe und Alltagsgegenstände. Unbrauchbare Kleidungsstücke wurden aussortiert, mit Benzin übergossen und verbrannt. Aus den brauchbaren Kleidungsstücken wurden die Davidsterne, Armbinden und andere Elemente entfernt, die auf ihre vorherigen jüdischen Besitzer hinweisen konnten. Außerdem wurden Nähte aufgetrennt, um nach versteckten Geldscheinen und Wertsachen zu suchen. Die Kleidungsstücke wurden grob sortiert und anschließend in Bündeln verpackt. Eine Klassifizierung und Registrierung war aufgrund der hohen Transportdichte und der fehlenden räumlichen Strukturen in Belzec lange Zeit nur bedingt möglich. Die Sortierung wurde wahrscheinlich – wie in Sobibor und Treblinka auch – bei den letzten Lieferungen 1943 verfeinert und die Objekte nunmehr registriert abgegeben.[109] Von Zeit zu Zeit veranlasste der Rechnungsführer Fichtner den Versand an die zentrale Sortier- und Lagerstelle im Alten Flughafen in Lublin. Schmuck und Wertgegenstände, die am Schalter abgegeben oder in den Kleidungsstücken gefunden worden waren, fielen ebenfalls in Fichtners Verantwortungsbereich. Gleiches galt auch für das Gold aus dem Totenlager, das zuvor von den »Dentisten« von den Zähnen getrennt und in Barren eingeschmolzen worden war. Der Kommandant oder sein Stellvertreter brachte dann die Wertgegenstände zur SS-Standortverwaltung nach Lublin.[110] Das abgeschnittene Haar wurde in Säcken gesammelt und von Zeit zu Zeit abtransportiert, um als Dichtungsmaterial für U-Boote genutzt zu werden.[111]

Mit dem Abtransport der Kleidung, der Alltags- und der Wertgegenstände fand die »Transportabfertigung« in Belzec ihren Abschluss. Das Lager war zwar nicht so perfekt ausgebaut wie Sobibor und auch Treblinka, aber bei den Primäraufgaben, der Ermordung der Juden, waren die in Belzec eingesetzten T4-Reinhardt-Männer den beiden anderen Mannschaften in ihrer mörderischen Effizienz nicht unterlegen.

Reorganisation in Treblinka: Ausbau der Vernichtungsstrukturen

Wenige Tage nach der Wiederaufnahme der Transporte nach Belzec im Juli 1942 begann auch in Treblinka die erste Transportphase. Bereits Mitte August zeigte sich – auch bedingt durch die hohe Anzahl an Opfern – die dringende Notwendigkeit von grundsätzlichen baulichen und personellen Umstrukturierungen. Wie in keinem anderen Lager wird am Beispiel Treblinkas deutlich, wie schnell die am Völkermord beteiligten Akteure auf neue Praxisanforderungen reagierten. War das Lager im April 1942, zur Zeit des Aufbaubefehls, noch mit geringeren Kapazitäten geplant worden, so mussten die T4-Reinhardt-Männer es im Juli schnell an die neue Realität anpassen, die durch den allumfassenden, prinzipiell auf alle Juden des Generalgouvernements bezogenen Vernichtungsbefehl Himmlers Mitte Juli 1942 entstanden war.[112]

Abgesehen von einer einwöchigen Transportpause Ende August 1942 fanden die personellen und baulichen Umstrukturierungen parallel zur Ankunft der Opfer in Treblinka statt. Um sich auf die neuen Transporte einzustellen, wurde das T4-Reinhardt-Personal im August und im September 1942 verstärkt sowie dauerhafte jüdische Arbeitskommandos eingerichtet. Mitte Oktober 1942 war die Umstrukturierung weitgehend abgeschlossen, sodass sich auch die »Transportabfertigung« in Treblinka einspielte und – aus Sicht der T4-Reinhardt-Männer – keine größeren Probleme mehr auftraten. Bis Ende 1942 kamen regelmäßig Züge nach Treblinka: Über 800000 Menschen wurden von Juli bis Dezember 1942 im Lager ermordet.

Erste Transporte und Personalaufstockung (Juli bis August 1942)

Ab dem 23. Juli 1942 kamen in Treblinka Züge aus Warschau an. Da Sobibor entgegen der Planungen aufgrund der defekten Bahnstrecke keine Transporte aufnehmen konnte, wurden auch Juden aus dem Distrikt Lublin und in hoher Anzahl aus dem Distrikt Radom nach Treblinka deportiert, sodass in den folgenden fünf Wochen über 280000 Menschen in dem kleinen Lager ermordet wurden. Allein Mitte August kamen in nur einer Woche über 70000 Personen im Lager an, als gleichzeitig das Warschauer Ghetto, der Kreis Warschau-Land, der Kreis Radzyń des Distrikts Lublin und die Ghettos von Radom und Kielce von Deportationen betroffen waren.

Vieles deutet darauf hin, dass die ehrgeizigen Organisatoren des Massenmords – von Höfle und seinen Deportationsspezialisten bis hin zu Eberl – Rekordzahlen erreichen wollten.[113] Aber die »behelfsmäßig arbeitsfähigen«[114] Vernichtungsstrukturen mit den drei Gaskammern waren nicht im Geringsten für die Vielzahl an Transporten konzipiert worden. Zwar waren die Gaskammern etwas größer als ihre Vorgänger in Belzec und Sobibor, boten aber trotzdem nur Raum für maximal 1000 Personen. Dennoch funktionierte das Vernichtungssystem in den ersten beiden Transportwochen fast störungsfrei. Eberl bekam bei einer Inspektion am 1. August dafür sogar ein »großes Lob«[115] ausgesprochen, wie er zwei Tage später seiner Frau berichtete. Trotz der Divergenz zwischen den Mordkapazitäten und der Anzahl der zu ermordenden Opfer kamen Eberl und seine Männer dem Auftrag nach: Sie waren – wie Eberl Ende Juli an seine Frau schrieb – »von früh bis spät auf den Beinen«, schliefen nur wenige Stunden und zogen trotz seiner »rücksichtslosen« Führung »wacker«[116] mit. Allein das Ergebnis zählte: Die Deportierten wurden, sieht man von wenigen Flüchtlingen ab, getötet. Man ermordete sie nicht nur wie geplant mit Motorenabgasen, sondern mit allen zur Verfügung stehenden Mitteln, darunter Erschießungen und Vergiftungen mit Chlor. Eberl kommentierte dies gegenüber seiner Frau so: »Aber die Aufgabe, die mir gestellt ist, wird restlos geschafft und das ist die Hauptsache.«[117]

Der autoritäre Eberl scheint in diesen Wochen die Zügel fest in der Hand gehabt zu haben. Unter ihm lassen sich keine ausdifferenzierten Hierarchien erkennen. Es ist zu vermuten, dass alle Männer an der »Abfertigung« der ankommenden Transporte beteiligt waren. In der Anfangszeit kristallisierten sich lediglich einzelne Positionen, Aufgaben- und Arbeitsbereiche heraus. Graetschus wurde Spieß und Wachführer und teilte sowohl die Trawniki-Männer als auch die wenigen im Lager festgehaltenen »Arbeitsjuden« zur Arbeit ein. Borowski besorgte Nahrungsmittel und war für die Verwaltung des Lagers zuständig. Hengst wurde Küchenchef und Fourier. Mätzig hielt die Ansprache an die Opfer und beaufsichtigte die Frauen in der Auskleidebaracke. Biela war wahrscheinlich im oberen Lager tätig, nachdem er als gelernter Schlosser dort bereits den Bau der Gaskammern überwacht hatte. Baer war im Büro beschäftigt und beaufsichtigte die Tischler. Stadie war wie Mätzig im unteren Lager tätig.[118]

Hatte sich Eberl beim Baubeginn noch von Belzec und Sobibor inspirieren lassen, so scheinen wesentliche Veränderungen in den anderen Lagern, insbesondere seit Juni 1942, nicht mehr in die Planung der »Transportabfertigung« in Treblinka mit eingeflossen zu sein. Wahrscheinlich suchte der eigenwillige und ehrgeizige Eberl keinen Kontakt mehr zu den Mannschaften der Lager Belzec und Sobibor. So übernahm er beispielsweise nicht die Einrichtung von dauerhaften Arbeitskommandos: Stattdessen wurden täglich

Männer aus den Transporten ausgewählt, um Leichen aus den Waggons zu entfernen, die Rampe zu säubern, das Gepäck wegzubringen und zu sortieren sowie die Leichen in die Massengräber zu bringen. Am Ende des Tages wurden diese Arbeitskräfte erschossen. Lediglich einzelne sogenannte »Hofjuden«, die als Handwerker eingesetzt wurden und mit Flicken besonders gekennzeichnet waren, wurden länger am Leben gelassen.[119]

Die »Transportabfertigung« war von Beginn an durch Gewalt gekennzeichnet und sah zu dieser Zeit folgendermaßen aus: Der auf der Rampe angekommene Zug wurde von Wachmännern umstellt und geöffnet. Männer, Frauen und Kinder stiegen aus, mussten ihr Gepäck stehen lassen und zu einem mit Stacheldraht eingezäunten Platz laufen. Hier wurden sie anfangs noch gezählt. Bis Mitte August 1942 versuchten Mätzig und Stadie die Menschen ruhigzustellen, indem sie in einer Ansprache auf ihre angebliche »Umsiedlung« hinwiesen. Danach verzichteten sie auf die Ansprache und stellten stattdessen Schilder in polnischer, deutscher und jiddischer Sprache auf, über die die Deportierten bei Androhung der Todesstrafe aufgefordert wurden, Gold, Silber, Schmuck und Wertgegenstände abzugeben, sich auszuziehen und zum Desinfizieren zu gehen. Die Frauen mussten sich nach der Ansprache in der Auskleidebaracke ausziehen, die Männer im Freien. Unter den Männern wurden noch Arbeitskräfte ausgewählt. Anschließend mussten zuerst die Frauen durch den »Schlauch« in die Gaskammer gehen, wo sie ermordet wurden. Ihnen folgten kurz darauf die Männer.[120]

Männer und Frauen wurden anfangs getrennt getötet, später wurde darauf aus Zeitmangel verzichtet. Nachdem die aus den Transporten ausgewählten Arbeitskräfte die Gaskammern geleert hatten, wurden diese gereinigt und die Leichen mit den handgeschobenen Loren zu den Massengräbern gebracht. Ähnlich wie in Belzec versuchten die T4-Reinhardt-Männer in Treblinka ohne großen Erfolg, die Leichen anzuzünden, um einer durch die Sommerhitze beschleunigten Verwesung der Leichen entgegenzusteuern. Sie ließen auch Chlorkalk gegen den Geruch sowie Sand über die Leichen streuen. Mit einem Bagger wurden in der Zwischenzeit neue Gräber ausgehoben.[121]

Gepäck und Kleidung wurden zunächst auf einem Platz im Freien vorsortiert und in den Magazinbaracken gestapelt; Wertgegenstände wurden separat gesammelt. Ein Transport mit Kleidung verließ das Lager bereits Ende Juli 1942, ein weiterer fuhr am 22. August nach Lublin. Einen Teil der Wertgegenstände führte Eberl – entgegen der mittlerweile mit dem WVHA getroffenen Vereinbarungen – an die T4-Zentrale ab.[122]

Die im Verhältnis zur Opferzahl – täglich durchschnittlich über 7000 Menschen – defizitären Lagerstrukturen glichen die Männer durch die Ausübung von roher Gewalt aus: Um die Situation ohne Gefahr für das eigene

Leben kontrollieren zu können, positionierten sich die – häufig betrunkenen – T4-Reinhardt-Männer und die Wachmänner mit Maschinengewehren auf den Dächern der Baracken und schossen während der »Transportabfertigung« in die Menschenmenge. Diese schier grenzenlose Gewalt, welche die »Transportabfertigung« in Treblinka während der ersten Wochen charakterisierte, lässt sich in dieser Form weder in den beiden anderen Lagern noch in Treblinka nach der Umstrukturierung ausmachen.[123]

Auf Dauer konnte dieses »atemberaubende Tempo«[124] – wie Eberl Ende Juli seiner Frau schrieb – nicht aufrechterhalten werden. Erschwert wurde dies auch dadurch, dass sich einige T4-Reinhardt-Männer, darunter Fuchs, Mätzig, Pötzinger und Borowski sowie einige Trawniki-Männer, wegen Fleckfieber im Lazarett in Ostrów befanden, sodass von den insgesamt 16 Angehörigen des Lagerpersonals bei der Ankunft von Transporten nur noch die Hälfte zur Verfügung stand.[125] Auch eine Aufstockung der Trawniki-Mannschaft änderte nichts an der Situation.[126] Erst Mitte August 1942 schickte die T4 eine 15-köpfige Personalverstärkung ins Lager, um das überarbeitete Personal bei seiner mörderischen Tätigkeit zu unterstützen. Dabei handelte es sich vorwiegend um Handwerker und Landwirte. Die meisten kamen aus Hadamar, aber auch von der Berliner T4-Zentrale.[127] Sie machten Zwischenstopp bei Wirth in Lublin und bei dem zu dieser Zeit im Warschauer Ghetto stationierten Kommando von Höfle. Nach Treblinka gelangten sie in einem der Deportationszüge aus Warschau.[128] Allem Anschein nach gehörte keiner von ihnen der aktiven SS oder den zu Kriegsbeginn zur SS Dienstverpflichteten an, viele waren sogar nur Mitglied der NSDAP und nicht zugleich auch der SS oder SA; nur wenige hatten während der »Euthanasie« als »Brenner« gearbeitet, mehrere waren sogar nur entfernt vom T4-Massenmord eingesetzt worden.

Zur größten Gruppe aus Hadamar, bestehend aus neun bis elf Personen, gehörte der Schlosser Richard Schuh, der nach Zeiten der Arbeitslosigkeit 1936 Wachmann bei einer SS-Grenz- und Wacheinheit geworden war. Vor seiner Versetzung nach Treblinka war er in Hadamar als Fahrer tätig.[129] Ebenfalls aus Hadamar kam der Schreinergehilfe Alfred Löffler, der zu Kriegsbeginn als Zivilangestellter zur Polizei abgeordnet worden war.[130] Drei Männer dieser Gruppe waren über die Landwirtschaftskammer Münster zur T4 verpflichtet worden: Der Müller und Landwirt August Wilhelm Miete führte in Grafeneck die Landwirtschaft und verrichtete in Hadamar handwerkliche Arbeiten während des Aufbaus, später half er auch als Leichenverbrenner aus.[131] Willy Mentz hatte zunächst in einem Braunkohlebergwerk gearbeitet und war dann Melker geworden. In Grafeneck versorgte er die Kühe und Schweine, wurde im Anschluss in Hadamar in der Gärtnerei eingesetzt und war für die Zentralheizung zuständig.[132] Der Landwirt Robert Möller war nach Argentinien gegangen, was ihm den Beinamen »Amerikaner« einbrachte, und hatte dort eine kleine Farm aufgebaut. Kurz vor dem Zweiten Weltkrieg kehrte er nach Deutschland zurück und wurde mit Miete und Mentz nach Grafeneck dienstverpflichtet, wo er zunächst ebenfalls in der Landwirtschaft arbeitete. Später gehörte er auch dem Personal von Hadamar an.[133]

Der Bäcker und Angestellte der Reichsbahndirektion Frankfurt, Philipp Post, hatte 1940 zunächst den Frankreichfeldzug bei der Infanterie mitgemacht, wurde 1941 über das Arbeitsamt in Frankfurt zur T4 dienstverpflichtet und war dann in Hadamar in der Küche und im Büro tätig.[134] Hermann Sydow hatte bereits am Ersten Weltkrieg teilgenommen und war im Anschluss in der Landwirtschaft, als Bierverteiler und als Arbeiter tätig. In Grafeneck und Hadamar wurde er unter anderem als Hausreiniger eingesetzt.[135] Der Konditor Hermann Erwin Stengelin kam ebenfalls aus Hadamar.[136] Josef Hirtreiter hatte als Bauschlosser, Hilfsarbeiter und Maurer gearbeitet, dann bei der Rhenus-Transport-Gesellschaft, bevor er über das Arbeitsamt Frankfurt nach Hadamar dienstverpflichtet und dort in der Küche, im Büro und bei Aufräumarbeiten eingesetzt wurde.[137]

Die Schuhmacher Ernst Gentz[138] und Willi Beelitz[139] waren möglicherweise ebenfalls in Grafeneck und Hadamar oder in der Berliner Zentrale tätig. Beelitz hatte vor dem Krieg mit seinem Bruder einen Bügel- und Schneidereibetrieb geführt. Gentz und Beelitz wurden mit Kriegsbeginn zur Polizei eingezogen und von dort zur T4 kommandiert.

Auch von der Zentrale in Berlin wurden in dieser Zeit T4-Angehörige nach Treblinka versetzt. Der Schneider Franz Suchomel hatte Ende der 1920er Jahre seinen Wehrdienst in der tschechischen Armee abgeleistet. Zu Kriegsbeginn wurde er zu einem Infanterie-Regiment eingezogen und kehrte im Anschluss wieder in seinen Schneidereibetrieb in Krummau zurück. Ab März 1941 war er im Fotolabor der T4-Zentrale in Berlin sowie für kurze Zeit auch in Hadamar beschäftigt.[140] Sein Kollege Heinrich Arthur Matthes kam erst nach dem Ende der »Euthanasie« zur T4 und arbeitete mit Suchomel in der Fotoabteilung. Zuvor war er in den Landesanstalten Bräunsdorf bei Freiberg und Arnsdorf bei Dresden als Pfleger tätig und hatte bis Herbst 1941 in Polen und Frankreich bei der Infanterie gekämpft. Vor seiner Versetzung nach Treblinka nahm er beim OT-Einsatz im Raum Minsk und Smolensk teil.[141] Im Berliner Fotolabor war zeitweise auch Bruno Bruckner beschäftigt, der vor dem Krieg in einem Linzer Schlachthaus gearbeitet hatte. Ab Herbst 1940 war er in Hartheim und in Berlin als Fotograf und im Fotolabor tätig. Als Einziger der Gruppe verlangte er nach seiner Ankunft in Treblinka eine sofortige Rückversetzung, woraufhin er nach Hartheim zurückkehren konnte, wo er bis Oktober 1942 blieb. Im Februar 1943 wurde er zur Wehrmacht eingezogen.[142] Bei der T4-Zentrale in Berlin war vor seiner Versetzung nach Treblinka zudem der Angestellte Alfred Florian als Wachmann beschäftigt.[143]

Die Personalverstärkung konnte nicht darüber hinwegtäuschen, dass die Vernichtungsanlagen nur für kleinere Opfergruppen konzipiert waren. In der Woche vor dem Transportstopp am 28. August 1942 wurden manche Deportierte, die bereits ins Lager gelassen worden waren, erst Tage später getötet. Als die Transporte Mitte August 1942 intensiviert wurden, gingen die T4-Reinhardt- und die Trawniki-Männer dazu über, die Männer an Ort und Stelle zu erschießen, statt sie wie die Frauen und Kinder in die zu kleinen Gaskammern zu treiben. Häufig verzichteten sie dabei sogar darauf, die Opfer zum Ausziehen zu zwingen. Erschwert wurde die reguläre »Transportabfertigung« auch dadurch, dass viele Menschen in den nur langsam fahrenden Zügen bereits tot in Treblinka ankamen, weil sie zuvor vom Begleitpersonal aufs Äußerste misshandelt worden waren. In einem Zug aus Międzyrzec Podlaski, der von Brownings »ganz normalen Männern«, dem Reserve-Polizeibataillon 101, beladen worden war, befanden sich fast nur Tote, weil zersetzendes Chlor in den vollkommen überfüllten Zug gegeben worden war. Die Ausladung der Toten durch Hunderte kurzfristig am Leben gelassener »Arbeitsjuden« dauerte bis spät in die Nacht. Die Leichen wurden neben den Stapeln an Kleidung und Gepäck in provisorischen Massengräbern im unteren Lager verstaut, wo auch die Arbeiter nach getaner Arbeit erschossen wurden.[144] Wahrscheinlich inspiriert von dieser Art der Tötung, nutzten auch die T4-Reinhardt-Männer, wenn der Motor ausfiel und es nicht gelang, diesen schnell zu reparieren, Chlorid beziehungsweise Chlorkalk, das sie in die Gaskammern schütteten. Das qualvolle Sterben der Opfer durch Hautverätzung und Erstickung zog sich dann die ganze Nacht hin.[145]

Spätestens ab dem 20. August waren Eberl und seine Männer nicht mehr Herr der Situation. Es herrschte Chaos statt Organisation. Im unteren Lager lagen, beginnend bei der Rampe, überall Leichen, Gepäckstücke, Geld und Müll herum. Selbst der Bahnhof und die Bahnstrecke vom Bahnhof Treblinka bis in das Lager waren mit Leichen übersät, weil verzweifelte Menschen versucht hatten, aus dem Zug zu fliehen und dabei von Wachmännern erschossen worden waren. Der Sortierplatz, das Kleidungsmagazin und die Baracke, in der vorübergehend auch einzelne, im Lager festgehaltene Arbeiter schliefen, waren voller Kleidungsstücke, da keine Zeit geblieben war, den Abtransport der Kleidung und der Wertgegenstände zu veranlassen.[146] Inmitten des Chaos befanden sich noch lebende Menschen, die auf ihre Tötung warteten. Das »Judenlager war« – so Josef Oberhauser in einer Vernehmung 1973 – »überschwemmt mit noch lebenden Juden«.[147]

Insbesondere in der transportintensiven Woche Mitte August 1942 waren sich alle Beteiligten darüber im Klaren, dass die Vernichtungsanlagen trotz der T4-Personalverstärkung nicht ohne größere Veränderungen weiter betrieben werden konnte. Die neuen T4-Reinhardt-Männer beschworen Eberl, einen Stopp der Transporte herbeizuführen, wozu sich dieser schließlich auch bereit erklärte. Lange Zeit war Eberl zu stolz und zu ehrgeizig gewesen, um Höfle um einen Stopp der Transporte zu bitten, aus Angst, er könnte der Unfähigkeit bezichtigt werden. Die Überlastung der Strukturen ist somit wesentlich auf Kommunikationsdefizite und Koordinationsprobleme zurückzuführen – nicht nur mit den anderen Lagern Belzec und Sobibor, sondern auch mit Höfles Referat. Vorgesetzten Stellen wurden die Zustände in Treblinka wahrscheinlich bei einem Besuch des Hygienikers Kurt Gerstein am 19. August bekannt, der von Wirth oder dessen Männern begleitet wurde. Vor Gerstein konnte die angespannte Situation offenbar verborgen werden, da dieser sonst präziser und ausführlicher über Treblinka und nicht nur über Belzec berichtet hätte.[148]

Globocnik, der sich kurze Zeit später mit Wirth in Treblinka einfand, sah die Verantwortung für das entstandene Chaos nicht bei seinen Mitarbeitern, die die Transporte organisiert hatten, sondern bei Eberl. Oberhauser berichtete 1964, dass der SSPF dem Kommandanten von Treblinka vorgeworfen habe, dass dieser »die Dinge nicht besprochen habe« und »5000 anliefern lässt«, wenn er doch »nur 2000 wegschaffen kann«.[149] Suchomel, der zu dieser Zeit bereits im Lager war, sah die Schuldfrage differenzierter und sprach auch Höfle und Wirth, die auf Eberls späte Bitte nicht schnell genug eingegangen seien, eine Mitverantwortung zu.[150]

Bei Globocniks Besuch wurde entschieden, das Lager grundsätzlich umzustrukturieren und es durch den Bau größerer Gaskammern für mehr Transporte aufnahmefähig zu machen. Dafür sollte Wirth, mittlerweile ja Inspekteur des »Einsatzes Reinhardt«, längere Zeit im Lager verbringen. Tatsächlich blieb er mehrere Wochen in Treblinka. Es dauerte einige Tage, bis Wirth, Höfle und Michalsen die bereits geplanten Transporte stoppen konnten. Ab dem 28. August setzten dann die Transporte bis zum 3. September für eine knappe Woche aus. Gleichzeitig wurde der Bahnhof Treblinka für normale Personenzüge ab dem 1. September gesperrt.[151]

In dieser Zeit und auch nach der Wiederaufnahme der Transporte im September 1942 wurden nicht nur wichtige Umbauarbeiten im Lager vorgenommen. Es kam auch zu weitgehenden personellen Veränderungen: So löste unter anderem Stangl Eberl als Kommandant ab, Franz kam als sein Vertreter aus Belzec nach Treblinka und das Lagerpersonal wurde signifikant vergrößert.

Reorganisation I: Umbauarbeiten und funktionale Struktur (August bis Oktober 1942)

Während der einwöchigen Transportpause schafften Arbeitskommandos Ordnung im Lager. Sie brachten die in der Sommerhitze verwesenden Leichen, die seit den Transporten noch im unteren Lager sowie am Bahnhof Treblinka und an der Bahnlinie lagen, mit Pferdegespannen zu einer großen Grube im unteren Lager, wo sie notdürftig verbrannt wurden. Dort wurde in der Folgezeit das sogenannte »Lazarett« eingerichtet. Die Arbeitskommandos entfernten im Lager herumliegenden Unrat, durchsuchten den sandigen Boden mit Harken und Besen nach Wertgegenständen und säuberten alle Einrichtungen des Lagers. Ein neu eingerichtetes »Lumpenkommando« sortierte Kleidungsstücke, Wäsche, Schuhe und Wertgegenstände im Freien. Alles wurde in große Haufen geteilt und verpackt. Zwischen dem 3. und dem 21. September 1942 wurden über 200 Waggons mit Gegenständen und Kleidung aus Treblinka in den Alten Flughafen in Lublin überführt.[152]

Im Anschluss an die Aufräumaktion begann, als bereits neue Züge im Lager ankamen, die bauliche Umstrukturierung des Lagers. Unter der Leitung von Wirth orientierte sich die Lagermannschaft – anders als zuvor unter Eberl – zum einen an den Vorbildern Belzec und Sobibor, aus denen Altbewährtes übernommen wurde. Zum anderen wurden auch Neuerungen eingeführt, die den Lagerstrukturen von Treblinka entgegenkamen. Zunächst wurden die Sicherheitsvorkehrungen verbessert: Die Bäume um das Lager herum wurden gefällt, um eine baumfreie Zone zur vereinfachten Überwachung zu schaffen. Um die Geschehnisse im Lager zu verbergen, wurde neben der Bahnlinie ein Holzzaun errichtet und in den Stacheldraht im und um das Lager herum wie schon in Belzec und Sobibor vom sogenannten »Tarnkommando« als Sichtschutz Kiefern- oder Wachholderzweige eingeflochten. Das Arbeitskommando bestand aus 15 bis 25 Männern, die außerhalb des Lagers Holz und Zweige einsammelten.[153]

Die wichtigste Arbeit bestand in der Vergrößerung der Tötungskapazitäten durch den Bau neuer Gaskammern, was von Anfang September bis Anfang Oktober dauerte. Verantwortlich für den Neubau waren Wirths Gaskammerspezialist Hackenholt, der hierfür aus Belzec ins Lager kam, sowie der Maurer Lambert, der für die Arbeiten wieder ins Lager zurückkehrte.[154] Zum Baukommando gehörten außerdem einige handwerklich versierte Trawniki-Männer, die zum Teil schon beim Gaskammerbau in Belzec geholfen hatten.[155] Außerdem wurden »Arbeitsjuden« mit Maurer- und Schreiner-Kenntnissen aus bereits bestehenden Arbeitskommandos herangezogen und neue Arbeitskräfte hierfür rekrutiert. Die Arbeiter errichteten zunächst das Fundament für die Gaskammern und darauf das Gebäude aus Ziegelsteinen.

Tischler bauten die Türen und das Dach.[156] Peitschenhiebe und Erschießungen standen dabei auf der Tagesordnung. Material für das neue Gebäude wurde aus Kosów Lacki und aus Małkinia sowie möglicherweise erneut aus dem Warschauer Ghetto geholt. Die Ziegelsteine stammten wahrscheinlich von einem Kamin, den die T4-Reinhardt-Männer in Małkinia abrissen. Die Innentüren wurden aus einem Beutelager in Białystok geholt.[157]

Gegen Ende der Umbauarbeiten im Oktober/November 1942 sah das Lager folgendermaßen aus: Es hatte einen trapezförmigen Grundriss und war etwa 600 Meter lang und 400 Meter breit. Mehrere Wachtürme gewährleisteten die Sicherheit nach außen und innen. Am Eingang stand wie in Belzec und Sobibor ein Schild mit der Aufschrift »SS-Sonderkommando«. Weitere Schilder warnten neugierige Menschen davor, sich dem Lager unbefugt zu nähern. Das Lager war nun durch Stacheldrahtzäune in getrennte Bereiche aufgeteilt: Im unteren Lager, auch Lager I genannt, befanden sich der Wohn- und Werkstattbereich und das »Auffanglager«,[158] der Bereich, in dem die Deportierten ihr Gepäck abgaben und sich auszogen. Im oberen Lager, auch als Lager II bezeichnet, befanden sich die Vernichtungsanlagen. Zwischen dem unteren und dem oberen Lager war im Zuge des Aushebens der Massengräber ein erhöhter Erdwall angelegt worden, der als zusätzlicher Sichtschutz zwischen den Lagerbereichen diente.[159]

Das untere Lager: Wohnlager und »Auffanglager«

Beim Haupteingang des Lagers befand sich ein Blockhaus, in dem ein Wachmann stationiert war, dann kam das Wohnlager für die Trawniki- und die T4-Reinhardt-Männer mit den Dienst- und Wirtschaftsgebäuden. Hier begann auch die »Lagerstraße«,[160] die einigen Treblinka-Überlebenden zufolge nach ihrem Erbauer auch »Kurt-Seidel-Straße«[161] genannt wurde. Sie verlief parallel zur Bahntrasse und mündete ins »Auffanglager«. Unmittelbar in der Nähe des Eingangs befand sich die »Kommandantur«, die die Verwaltung des Lagers mit zwei Büro- und Schreibräumen mit Telefonverbindung beherbergte, außerdem ein Wohn- und Schlafzimmer für den Lagerleiter sowie die Unterkünfte für Mätzig, Stadie und besondere Gäste. In der Nähe der Kommandantur standen eine oder mehrere Baracken, in denen das Krankenrevier, eine Zahnstation, eine Friseurstube und eine Wasch- und Bügelstube für die T4-Reinhardt-Männer untergebracht waren. In der Wäscherei waren jüdische Frauen tätig. In der Arztstube praktizierten der jüdische Arzt Julian Chorozycki, der 1943 wegen des Vorwurfs des Widerstands von Franz getötet und durch den Häftlingsarzt Rybak ersetzt werden sollte, sowie die Ärztin Irena (Irka) Lewkowski, die für die Behandlung der Trawniki-Männer zuständig war. Von der Lagerstraße führte ein Weg zum Vernichtungsbereich, an dem auf der einen Seite der Wohnbereich der »Arbeitsjuden«, auf der an-

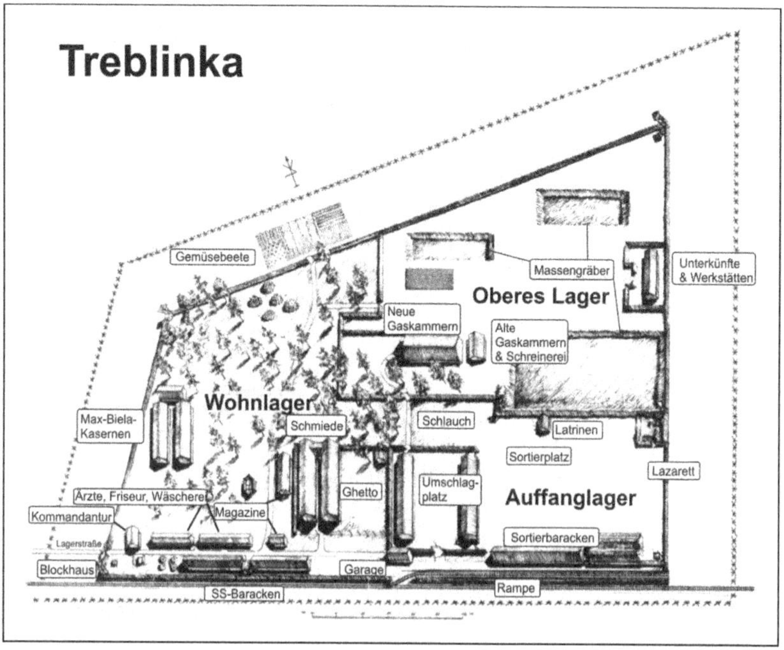

Abbildung 9: Plan von Treblinka (basierend auf der Skizze des Überlebenden Samuel Willenberg, entstanden in den 1980er Jahren anlässlich der Veröffentlichung seiner Erinnerungen)
Painted by Samuel Willenberg, Courtesy of The Jewish Historical Institute, Warsaw

deren Seite zwei Holzbaracken, die Unterkünfte der Trawniki-Männer lagen, die zu Ehren des im Lager getöteten Aufsehers von den T4-Reinhardt-Männern »Max-Biela-Kasernen«[162] genannt wurden. Am Rand des Wegs befanden sich außerdem Magazine für Lebensmittel und Gegenstände. Das Magazin für Wertsachen, Geld und Schmuck, in dem die »Goldjuden« arbeiteten, stand in der Nähe des »Auffanglagers« in der Lagerstraße. Im Wohnbereich der Deutschen gab es außerdem einen Strafbunker für die Trawniki-Männer.[163]

Auf der der Bahntrasse zugeneigten Seite der Lagerstraße befanden sich ein Parkplatz und die beiden Baracken für die T4-Reinhardt-Männer, im Lagerjargon auch »SS-Baracken«[164] genannt, mit Bad, Küche und Kantine. Der Lagerstraße folgend schloss sich die lagereigene Tankstelle mit der Garage für Lkws, Pkws und Fahrräder an.[165] Jugendliche »Arbeitsjuden«, sogenannte »Putzer«, und eine jüdische Frau hielten die Unterkünfte und Verwaltungsbereiche der deutschen Besatzung in Ordnung und putzten ihnen die Schuhe. Im Wohnbereich waren zudem auch einige ukrainische, nicht jüdische Frauen tätig.[166]

Der jüdische Wohnbezirk, auch »Ghetto«[167] genannt, befand sich ab November 1942 auf einem doppelt mit Stacheldraht eingezäunten Areal. Er bestand aus den Wohn- und Arbeitsbereichen der »Arbeits-« und der »Hofjuden«; auch ein Appellplatz und ein Brunnen waren hier untergebracht. Davor hatten die »Arbeitsjuden« in der Regel in der »Männerauskleidebaracke« im »Auffanglager«, die nicht als solche genutzt wurde, auf dem sandigen Boden geschlafen. Doch vor allem nachts war die Überwachung zu aufwendig, mehreren »Arbeitsjuden« war daher die Flucht gelungen. Durch die Einrichtung eines abgeschlossenen Bereichs (ähnlich dem Lager I in Sobibor), in dem die »Arbeitsjuden« nachts eingeschlossen werden konnten, wurde die Bewachung vereinfacht. Die neuen Häftlingsunterkünfte wurden in zwei etwa 25 Meter langen Baracken eingerichtet, die sich in einer Entfernung von circa vier Metern gegenüberlagen. Am Kopfende der beiden Baracken befand sich die Schmiede, sodass die Gebäude zusammen ein Hufeisen formten. Im Inneren waren sie durch Trennwände in einzelne Räume unterteilt, die als Unterkünfte und Werkstätten dienten. In den Unterkünften befanden sich längs der Wände zwei- und dreigeschossige Pritschengestelle; es gab auch elektrisches Licht. Der Platz zwischen den Baracken konnte durch ein Tor geschlossen werden.[168]

Die Baracke neben dem Appellplatz bestand aus zwei größeren Räumen, die als Unterkunft insbesondere für die Sortierkommandos dienten. Zudem gab es einen Wasch- und Latrinenraum sowie ein Werkzeugmagazin. Die andere Baracke beherbergte die Küche, einen Speiseraum, eine Vorratskammer und einen Schlafraum für den Oberkapo. Zudem befanden sich dort Unterkünfte für die Kapos, die »Hofjuden« und andere Arbeitskommandos, wie etwa das »rote Kommando«, das auf dem »Umschlagplatz« arbeitete. Später wurden auch die weiblichen Häftlinge in dieser Baracke untergebracht. Hier befanden sich zudem die Schneider-, Schuster- und Tischlerwerkstätten, außerdem die Wäscherei für die Trawniki-Männer.[169]

In der Schneiderwerkstatt arbeiteten zehn bis 15 Schneider, zwei Hemdennäherinnen und zwei Stickerinnen. Die Schneider nähten Zivilanzüge und -mäntel für die deutsche Lagermannschaft und Uniformen für die Wachleute. Außerdem wurden hier Fenstervorhänge genäht und Strümpfe gestopft. Etwa 30 Schuhmacher reparierten in der Werkstatt die aus den Transporten stammenden Stiefel und Schuhe und stellten auch Peitschen für die Lageraufseher, die Wachmannschaften und die Funktionshäftlinge her. Etwa 15 Tischler, zwei bis drei Schmiede beziehungsweise Schlosser und ein Automechaniker lebten und arbeiteten in der Tischlerei und der Schlosser- und Metallwerkstatt. Sie verrichteten alle anfallenden Tischlerarbeiten und -reparaturen und stellten Gegenstände für den Lagerbedarf her, wie zum Beispiel die Pritschen in den Wohnbaracken. Das Holz holten sie entweder selbst oder ließen es sich durch das Holzfäller-Kommando ins Lager bringen. Die Schreiner erhielten gelegentlich Hilfe von den im oberen Lager eingesetzten Tischlern, beispielsweise zum Bau der Wachtürme – einer der wenigen Momente, in denen es Kontaktmöglichkeiten zwischen den Lagerbereichen gab. Die Schlosser schmiedeten unter anderem die Stahltür für die Waffenkammer und bauten eine Kreissäge zur Holzverarbeitung, sie führten aber auch Klempnerarbeiten durch und reparierten die Dächer.[170]

Zwischen dem Appellplatz auf dem eingezäunten Bereich der »Arbeitsjuden« und der Frauen-Entkleidungsbaracke im »Auffanglager« führte ein von der SS genutzter Weg von den SS-Baracken ins obere Lager. Zum Wohn- und Wirtschaftsbereich des Lagers gehörten außerdem landwirtschaftliche Einrichtungen, die über das Lager verteilt waren. Einige Gemüsebeete befanden sich auch außerhalb des ersten Stacheldrahtzauns.[171]

Das »Auffanglager« bestand aus der Rampe, dem Auskleidebereich, den Sortiereinrichtungen und dem »Lazarett«. Dieser Lagerbereich war vom Wohnlager aus über die Lagerstraße zu betreten. Am Eingang befand sich ein Tor, durch das die Züge auf das Nebengleis geschoben werden konnten. Die Rampe und das Nebengleis verliefen parallel zur Eisenbahnstrecke, die zum Arbeitslager Treblinka führte. Die Rampe bot Platz für 20 Waggons und war erhöht worden, um auf die Ebene der Waggons zu kommen. Außerdem war sie mit ausgebrannter Kohle bedeckt worden und erzeugte so mit den dahinter stehenden Sortierbaracken die Illusion eines Bahnsteigs. Es gab zwei Sortierbaracken, die dem Überlebenden Richard Glazar zufolge zur Unterscheidung später als »A-Baracke« und »B-Baracke«[172] bezeichnet wur-

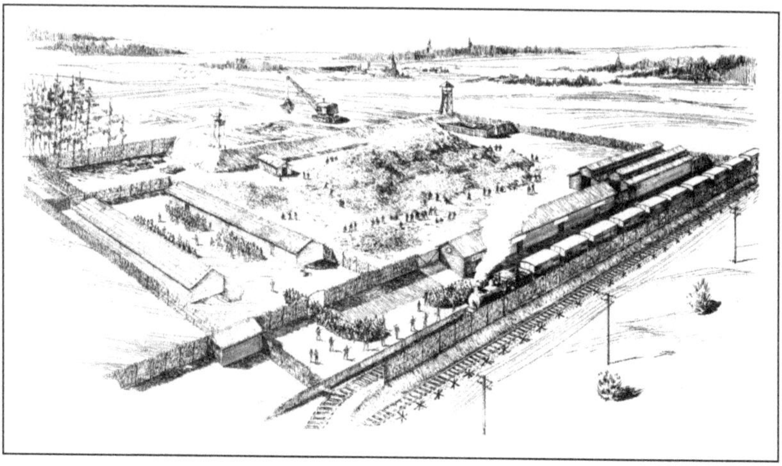

Abbildung 10: »Auffanglager« in Treblinka
Painted by Samuel Willenberg, Courtesy of The Jewish Historical Institute, Warsaw

den. Auf der linken Seite der Rampe war der »Bahnhofsplatz«.[173] Von hier aus führte ein Tor auf den »Sortierungs-« beziehungsweise »Sortierplatz«,[174] an dessen einer Ecke sich das »Lazarett« befand, in dem alte und kranke Deportierte sowie »Arbeitsjuden« erschossen wurden. In unmittelbarer Nähe war eine Grube zur Verbrennung von unbrauchbaren Gegenständen. In einer anderen Ecke befanden sich Latrinen für die »Arbeitsjuden«.[175]

Ein weiteres Tor führte vom »Bahnhofsplatz« in den Bereich, wo sich die Opfer ausziehen mussten. Er wurde von den T4-Reinhardt-Männern in Anlehnung an das Warschauer Ghetto als »Umschlagplatz«[176] beziehungsweise »Auffangplatz«[177] bezeichnet. Die Gefangenen benannten ihn seiner Funktion nach auch als »Entkleidungsplatz«.[178] Er war mit Stacheldraht mit eingeflochtenen Zweigen umzäunt. Auf der Seite in Richtung Wohnbereich stand eine etwa 30 Meter lange, scheunenähnliche Baracke, deren Türen entfernt worden waren. Sie diente Frauen und Kindern zum Auskleiden. Hier befand sich auch ein Schalter für die Wertgegenstände sowie seit Oktober 1942 die »Friseurstube«,[179] in der den Frauen vor ihrer Ermordung die Haare geschoren wurden. Die Baracke in Richtung Sortierplatz diente zunächst als Unterkunftsraum für die »Arbeitsjuden« und wurde später als Nahrungs- und Kleiderlager sowie als Sortierbaracke genutzt. Am Ende der Frauenauskleidebaracke begann der »Schlauch«, der von den Männern über den Hof betreten wurde.[180]

Der »Schlauch«,[181] von den T4-Reinhardt-Männern, wie die Überlebenden berichteten, auch als »Himmelfahrtsstraße« beziehungsweise »Himmelweg«[182] bezeichnet, führte direkt auf das neue Gaskammergebäude zu. Der sandige Weg war weniger als 100 Meter lang und mehrere Meter breit. Er machte einen rechtwinkligen Knick und wurde durch einen übermannshohen Stacheldraht mit eingeflochtenen Zweigen begrenzt. Während der Umstrukturierung stand im »Schlauch« auch ein kleines »Kassenhäuschen« zur Abgabe der Wertgegenstände, das aber nur kurze Zeit genutzt wurde.[183]

Das obere Lager: Der Vernichtungsbereich

Das Todeslager oder obere Lager lag im südöstlichen Teil des Lagergeländes und war etwa 200 mal 250 Meter groß. Hier befanden sich die alten und die neuen Gaskammern, die Massengräber sowie die Unterkünfte, Werkzeugschuppen und Werkstätten der in diesem Bereich eingesetzten »Arbeitsjuden«. Außerdem gab es hier eine Wachstube für die Trawniki- und die T4-Reinhardt-Männer.[184]

Das neue Gaskammergebäude glich dem von Belzec. Vom »Schlauch« führten mehrere Stufen zum Eingang des auf einem Betonfundament errichteten Gebäudes, an dem wie in Belzec Blumenkübel aufgestellt worden waren, um einen freundlichen Eindruck auf die Deportierten zu machen. Auf einem Schild stand anfangs möglicherweise »Inhalieranstalt«.[185] Später wurde dem Überlebenden Abraham Goldfarb zufolge zynischerweise auf Hebräisch an der Tür der alttestamentarische Psalm »Dies ist das Tor, durch das die Gerechten eingehen«[186] angebracht und am Giebel des Gebäudes ein großer Davidstern aufgehängt. Dadurch erweckte das Gebäude den Eindruck eines Tempels – eine Verhöhnung der Opfer vor ihrer Ermordung. Ein Vorhang aus Stoff, der wahrscheinlich aus einer Synagoge stammte, trennte den Korridor vom »Schlauch«. Durch ihn sollte verhindert werden, dass die hier wartenden Menschen das Innere des Gebäudes einsehen konnten. Entweder auf dem Dach oder an den Türen waren kleine Guckfenster, durch die in die Gaskammern geschaut werden konnte. In der Mitte des Gebäudes befand sich ein Korridor von etwa drei Metern Breite, auf dem sich die einzelnen Gaskammern gegenüberlagen. Im neuen Gebäude gab es wahrscheinlich zehn Kammern.[187] Die Größe der Gaskammern, die vermutlich quadratisch waren, lässt sich nicht mehr bestimmen. Aussagen hierzu variieren zwischen vier mal fünf Meter und acht mal acht Meter.[188] Die Höhe der Gaskammern lag bei etwa zwei Metern.[189]

Auch die Schätzungen zur Anzahl der Opfer, die in dem Gebäude getötet werden konnten, sind schwankend. Die meisten Überlebenden gingen von einer Mordkapazität von 800 bis 1200 Personen pro Kammer[190] aus, es gibt aber auch Hinweise auf 400 Personen.[191] Die Täter gaben pro Raum eine Kapazität von 200 bis 300 Opfern an.[192] Die Staatsanwaltschaft hielt 400 bis 700 Personen pro Gaskammer, das heißt ein Fassungsvermögen von insgesamt mindestens 4000 Personen, für wahrscheinlich.[193] Doch nicht alle Gaskammern wurden gleichzeitig genutzt, da an der Rampe nur 20 Waggons »entladen« werden konnten, in denen sich in der Regel 2000 Personen befanden. Auch bei noch höherer Waggonbelegung kann davon ausgegangen werden, dass in den Gaskammern nicht mehr als 2500 Personen pro Vorgang getötet wurden, was dennoch eine deutliche Steigerung im Vergleich zu Belzec und Sobibor darstellte.

Innen glichen die Gaskammern denen von Belzec: Die Zellen waren mit Kacheln ausgelegt. Der betonierte Boden fiel etwas schräg nach unten ab, um Flüssigkeiten ableiten zu können. Auf der Seite des Korridors befanden sich eiserne Panzertüren, außen waren es dagegen breite hölzerne Klapptüren mit Scharnieren, die hochgeklappt werden konnten. Sie führten auf eine mehrere Meter breite Rampe, die sich mit einem knappen Meter auf der gleichen Höhe wie das restliche Fundament des Gebäudes befand.[194] Im massiv gebauten Motorenraum standen ein Stromgenerator und ein russischer Panzer-Dieselmotor, dessen Abgase über eine Rohrleitung an den Wänden entlang auf die einzelnen Gaskammern verteilt wurden.[195]

In der Nähe des alten Gaskammergebäudes stand ein Ziehbrunnen, aus dem die Reinigungskräfte der Gaskammern, aber auch die Küche mit Wasser versorgt wurden. Das alte Gebäude wurde nun als Werkstatt für die »Dentisten« genutzt. An die früheren Gaskammern wurde zudem eine Schreinerwerkstatt angebaut, in der Arbeitskommandos neue Bauten für das obere Lager, teils auch für das untere Lager vorbereiteten. Hier arbeiteten vier bis sechs Tischler. In einem abgegrenzten Gelände wurden wie im unteren Lager Wohn- und Arbeitsbereiche eingerichtet, wo sich die Gefangenen außerhalb der Arbeitszeiten aufzuhalten hatten. Dort befanden sich die Unterkünfte und eine Küche, in der die Kapos und der Koch schliefen. Die Baracke hatte kleine vergitterte Fenster und war mit elektrischem Licht ausgestattet. Die »Arbeitsjuden« schliefen auf zweistöckigen Pritschen. In dem eingezäunten Bereich gab es außerdem Latrinen und einen Appellplatz.[196]

Das Lager Treblinka glich nach der Umstrukturierung eher dem Lager Sobibor als Belzec, wo Wohn-, Verwaltungs- und Sortierbereiche ausgelagert worden waren. Als Besonderheit ist in Treblinka das »Lazarett« als Exekutionsstätte im unteren Lager zu nennen. Bei den Umbauarbeiten hatte die Lagermannschaft begonnen, auch eigene, nicht mit der Vernichtung im Zusammenhang stehende Bedürfnisse mit einzubeziehen, wenn sie etwa einen Teil der »Arbeitsjuden«, die »Hofjuden«, zum Zwecke der eigenen Bedienung und als Handwerker am Leben ließen. Die meisten Baulichkeiten des im Vergleich zu Sobibor einfach strukturierten Lagers dienten im Jahr 1942 aber dem effektiven Mord an der jüdischen Bevölkerung: Die Rampe, der Bahnhofs- und der »Umschlagplatz«, der »Schlauch«, die »Gaskammern« und das »Lazarett« waren nunmehr durch passende Entfernungen und Größenverhältnisse aufeinander abgestimmt. Nach den Umstrukturierungen war die mörderische »Perfektion dieser Maschinerie«,[197] wie es der Treblinka-Überlebende Richard Glazar später formulierte, erreicht. Die Bauarbeiten im folgenden Jahr sollten nur noch dazu dienen, das Lager zu »verschönern« und die Freizeitmöglichkeiten der T4-Reinhardt-Männer zu verbessern.

Reorganisation II: Personalia (August bis Dezember 1942)

Globocnik und Wirth setzten Eberl noch vor dem 24. August als Lagerleiter ab und bestimmten Stangl zu seinem Nachfolger. Dieser konnte jedoch nicht sofort in Sobibor abgelöst werden, auch wenn dort zu dieser Zeit keine Transporte ankamen. Zunächst musste sein Nachfolger (Reichleitner) bestimmt und dessen Versetzung veranlasst werden. Stangl kam aber vermutlich während der Umstrukturierungsphase besuchsweise nach Treblinka. Eberl blieb noch bis Mitte September in Treblinka und kehrte dann nach Bernburg zurück, wo er mit der Auflösung der Anstalt begann. Noch im März

1943 sollten dort unter seiner Federführung Leichen aus einem Buchenwalder Außenlager verbrannt werden. Später ging er an die Front.[198]

Wahrscheinlich wäre es nicht zu seiner Ablösung und zu den radikalen personellen Veränderungen gekommen, wenn Eberl bei seinen Kollegen – wie es Mätzig 1967 ausdrückte – nicht »äußerst unbeliebt«[199] gewesen wäre. Schließlich war er mit seinen Männern trotz der verheerenden Zustände dem Auftrag nachgekommen: Kein anderes Lager hatte binnen so kurzer Zeit so viele Menschen getötet. Aber Eberl hatte mit seinem dünkelhaften Gebaren nicht nur gegenüber seinen Mitarbeitern, sondern auch gegenüber Globocnik häufig Überlegenheit demonstriert, was ihm nun zum Verhängnis wurde. Auch Wirth sah in dem dominanten Lagerleiter seine Autorität untergraben. Eberl passte als promovierter Arzt ebenso wenig in die T4-Reinhardt-Mannschaft hinein wie sein autoritärer Führungsstil, der dem Netzwerkcharakter der anderen Lager entgegenstand. Anders als seinen Kollegen in Sobibor und Belzec lag ihm nicht daran, die Männer aufzuwerten, indem er Führungspositionen vergab, große Handlungsspielräume gewährte und die Lager gemeinschaftlich führte, um so besser auf Erfordernisse reagieren zu können. Außerdem wurde Eberl vorgehalten, Wertgegenstände nicht ordnungsgemäß abgeliefert zu haben. Dieser Vorwurf, der ebenso an Wirth und Stangl gerichtet werden konnte, diente als willkommene Begründung für seine Absetzung und führte wahrscheinlich auch zur Abkommandierung der Polizisten Tauscher, Küttner und Rost in die drei Lager. Um weiterem Missbrauch vorzubeugen, schickte die SS-Standortverwaltung zusätzlich ihren Mitarbeiter Lindenmüller zur Werterfassung.[200]

Stangl blieb auch nach seiner Versetzung zunächst nur wenige Tage im Lager, um anschließend für einige Wochen in Urlaub zu fahren. Vertreten wurde er vom 22. oder 23. September bis mindestens zum 11. Oktober von dem Polizisten Ernst Schemmel, der zuvor bereits Hering in Belzec vertreten hatte. Von den Häftlingen »Hauptmann mit Spitzbart« genannt, führte dieser die von Wirth und Stangl begonnene Umstrukturierung fort. Besonderes Augenmerk richtete er dabei auf die Einrichtung eines dauerhaften jüdischen Arbeitskommandos. Kurze Zeit nach seiner Rückkehr ins Reich starb er im Dezember 1942 in Dresden an einem Herzschlag.[201]

Wirth führte neben der Absetzung Eberls und der Einsetzung Stangls als neuem Lagerleiter eine Reihe weiterer personeller Veränderungen durch. Zunächst kam es zu einigen Ablösungen aus Treblinka: Siegfried Graetschus wurde nach Sobibor versetzt, um dort die Trawniki-Männer anzuführen. Erich Fuchs, der zuvor krank gewesen war, hielt sich nach dem Kommandantenwechsel nicht mehr lange im Lager auf, kehrte nach einem kurzen Aufenthalt in Belzec zur T4 zurück und wurde in der Folgezeit in der Versuchsanstalt Wiesloch eingesetzt. Mit Eberl ging auch sein Wirtschaftsführer

Werner Borowski wieder zur T4 und kam dann ebenfalls nach Wiesloch. Rudolf Baer, der unter Eberl Dienst in der Schreibstube geleistet hatte, wurde in gleicher Funktion nach Belzec versetzt.[202]

Wichtiger als die Ablösungen war der Erfahrungszuwachs durch die Neuzugänge, insbesondere der »Praktiker« aus dem »Versuchslager« Belzec, in dem die Restrukturierung abgeschlossen und die neuen Gaskammern bereits in Betrieb genommen worden waren. Die wichtigste Versetzung aus Belzec betraf Kurt Franz, der schon kurz vor der Transportsperre Ende August 1942 nach Treblinka kam und zum Adjutanten und Stellvertreter für Stangl ernannt wurde. Er konnte dort als vielseitig einzusetzender, aktiver SS-Angehöriger besser gebraucht werden als in Belzec, wo die Männer aus den Totenkopfverbänden um Führungspositionen konkurrierten. Aus Belzec wurden darüber hinaus der Pfleger und Fahrer Fritz Schmidt sowie Lorenz Hackenholt nach Treblinka geholt. Hackenholt blieb nur für kurze Zeit in Treblinka, wo er vor dem Hintergrund seiner Erfahrungen in Belzec die Gaskammern einrichtete, was er dann auch in Sobibor machte. Für den Bau der Gaskammern kehrte auch der Maurer Erwin Lambert, der zwischenzeitlich im Reich tätig gewesen war, nach Treblinka zurück, um dann in gleicher Funktion nach Sobibor zu gehen. Aus Sobibor wurden Karl Ludwig und Paul Bredow nach Treblinka versetzt.[203]

Während der personellen Umstrukturierung wurden außerdem neue Mitarbeiter von der T4, insbesondere aus Sonnenstein, ins Lager versetzt: Die sogenannte »Sachsengruppe«,[204] die im September 1942 nach Treblinka kam, bestand aus dem Polizisten Fritz Küttner, den Tischlern Gustav Münzberger und Karl Schiffner, den Pflegern Hermann Felfe, Richard Hiller, Kurt Seidel, Ernst Seidler, Johannes Eisold, Johannes Klahn, Richard Horn und Willy Großmann, Herbert Scharfe aus der Wirtschaftsabteilung und dem Hilfsarbeiter Erich Schulze. Die Männer wurden zunächst militärisch von Küttner in Trawniki ausgebildet. Als Nachzügler kamen wahrscheinlich erst Ende November 1942 der Kellner Franz Rum und der Angestellte Karl-Heinz Plikat von der Berliner Zentrale ins Lager.

Um einen Neuanfang zu signalisieren, wurden die Aufgabenbereiche und die Führungspositionen unter den alten und den neuen T4-Reinhardt-Männern neu verteilt.[205] Dabei spielte es im Unterschied zu Belzec und Sobibor keine Rolle, wann die Männer ins Lager gekommen waren. Schlüsselpositionen erhielten sowohl diejenigen, die von Beginn an im Lager waren – in der Regel Bernburger –, als auch Angehörige der zweiten größeren Gruppe aus Hadamar und in eingeschränkter Form Angehörige der dritten Gruppe aus Sonnenstein. Die in dieser Zeit vergebenen Positionen blieben bis zum Ende von Treblinka bestehen. SS-Angehörige erstritten sich in der Regel höhere Stellungen – insbesondere Franz, der als einziger vor dem Krieg im Totenkopfverband aktiver SS-Mann über längere Zeit (nicht wie Floß und Hackenholt übergangsweise) im Lager blieb. Allerdings war die Zahl der SS-Angehörigen im Vergleich zu Belzec und auch zu Sobibor relativ gering: Insgesamt gehörte von den seit April 1942 über kürzere oder längere Zeit in Treblinka eingesetzten T4-Reinhardt-Männern nur etwa ein Viertel der allgemeinen SS an. Innerhalb der großen Lagermannschaft gab es viele Positionen mit geringerer Verantwortung. Die diese Position einnehmenden Männer beaufsichtigten wechselnde Arbeitskommandos und sprangen dort ein, wo sie gebraucht wurden. Bei der »Transportabfertigung« war ihnen meist ein Aufgabenbereich zugewiesen: Einige standen regulär auf der Rampe, andere am »Umschlagplatz, andere waren im »Lazarett« tätig, andere wiederum bezogen Stellung bei den Gaskammern und bei den Leichengruben. Insgesamt war der äußerste der insgesamt vier Machtkreise, die sich um den Lagerleiter gruppierten, in Treblinka im Vergleich zu Belzec und Sobibor am stärksten ausgebildet, wie auch in Abbildung 11 ersichtlich wird.

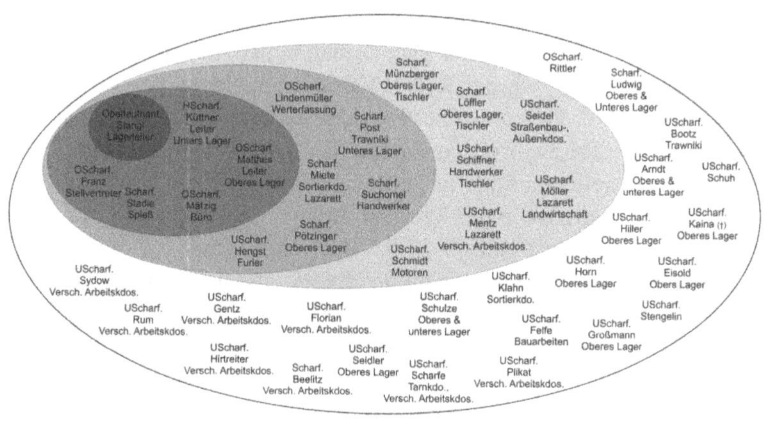

Abbildung 11: Lagerpersonal in Treblinka (Oktober 1942)

Den engeren Kreis um Lagerleiter Stangl bildeten neben dem Vizekommandanten Franz auch die Lagerführer Biela, Küttner und Matthes sowie der Spieß Stadie und der Rechnungsführer Mätzig. Der SS-Angehörige Max Biela, seit dem Frühjahr 1942 im Lager, war ab der Umstrukturierung für das untere Lager zuständig. Er beaufsichtigte aber auch den Gaskammerbau. Noch während der Umstrukturierungsphase wurde er während eines Appells am 11. September 1942 von einem polnischen »Arbeitsjuden« getötet.[206] Bielas Funktion übernahm der Polizist Fritz Küttner. Dieser war von der

Schutzpolizei in Dresden als Polizeibeamter nach Sonnenstein kommandiert worden. Zusammen mit seinen Kollegen Tauscher und Rost hatte er zunächst die Sonnensteiner Gruppe in Trawniki ausgebildet. In Treblinka wurde er dann Wirtschaftsleiter und Chef des unteren Lagers und hatte somit die Befehlsgewalt über die »Arbeitsjuden« und die Werkstätten inne.[207] Arthur Matthes, der im August 1942 ins Lager gekommen war, wurde Chef des oberen Lagers und war in dieser Funktion für die dortigen »Arbeitsjuden« sowie für die Abhaltung der Appelle, die Bauarbeiten und die Ermordung der Menschen in den Gaskammern verantwortlich.[208] Otto Stadie übernahm von Graetschus dessen Funktion als Spieß für die Trawniki-Männer und das Stammpersonal. Gelegentlich hielt er auch Appelle unter den »Arbeitsjuden« ab.[209] Willy Mätzig, der wie Stadie bereits seit dem Aufbau von Treblinka im Lager war, löste Baer in der Schreibstube ab und wurde Rechnungsführer. Er war damit für die Soldauszahlung, den Schriftverkehr mit der T4-Zentrale und die Lebensmittelversorgung zuständig.[210]

Dem zweiten Machtkreis gehörten kurzzeitig während des Gaskammerbaus Hackenholt und Lambert an. Zudem sind dieser Gruppe besondere »Kommandoführer«,[211] wie etwa der Werterfassung und der Sortierkommandos, zuzurechnen. Zwei der Männer hatten der Aufbaumannschaft angehört: Karl Pötzinger wurde Matthes Vertreter im oberen Lager;[212] August Hengst, der mit der Funktion eines Fouriers betraut wurde, wohnte in Warschau, um von dort aus eine Versorgung des Lagers mit Nahrungsmitteln, Kraftstoff und weiterem Material zu gewährleisten.[213] Drei Männer mit Positionen im zweiten Machtkreis waren im August 1942 ins Lager gekommen: Franz Suchomel wurde zunächst Chef der »Hofjuden«, insbesondere der Schneider, Schuhmacher und Schreiner. Später übernahm er auch die Verantwortung für die »Goldjuden« und die Wertgegenstände.[214] August Miete wurden als Vertreter Küttners die »Sortierbaracken« und das »Altmaterial« unterstellt. Bei der »Transportabfertigung« war er auf dem »Umschlagplatz« und ihm unterstand auch das »Lazarett«, in dem er systematisch »Arbeitsjuden« und Deportierte erschoss.[215] Philipp Post leitete vor der Ankunft Küttners kurzzeitig zusammen mit Biela das untere Lager. Später war er für die Waffenkammer und die Bäckerei verantwortlich, er führte Aufsicht im Sortierkommando und auch bei den Trawniki-Wachmannschaften.[216] Der SS-Scharführer Alfons Lindenmüller, der als einer der wenigen Aufseher nicht von der »Euthanasie« kam, sorgte ab September 1942 für die ordnungsgemäße Erfassung der Wertgegenstände. Er kam wahrscheinlich von der Lubliner SS-Standortverwaltung nach Treblinka, war zuvor möglicherweise im Rechnungswesen in Dachau oder in der Inspektion der Konzentrationslager eingesetzt und durch einen Motorradunfall frontunfähig geworden. Wirth bemühte sich um seine Absetzung, da er »betriebsfremd«[217] blieb. Nach seiner Genesung meldete sich Lindenmüller zur Front und verließ das Lager Anfang 1943. 1946 starb er im Kriegsgefangenenlager Ksawera Koszelew im oberschlesischen Będzin.[218]

Unterhalb dieses Machtkreises lassen sich weitere T4-Reinhardt-Männer ausmachen, die untergeordnete, aber permanente Arbeitskommandos, wie die Tischler, leiteten und für die Landwirtschaft oder das »Lazarett« zuständig waren. Die Landwirte Willi Mentz[219] und Robert Möller[220] beaufsichtigten verschiedene Arbeitskommandos im unteren und oberen Lager. Außerdem waren sie für die Landwirtschaftskommandos zuständig und halfen im »Lazarett« aus. Mentz beaufsichtigte zudem auch Außenkommandos. Drei Tischler leiteten die Handwerkerkolonnen des Lagers: Alfred Löffler[221] und Gustav Münzberger[222] waren im oberen Lager beschäftigt, wo sie die dortigen Tischler sowie die »Dentisten« beaufsichtigten. Sie bewachten zudem die Leichenkommandos und bezogen bei der »Transportabfertigung« ihre Stellung bei den Gaskammern. Der selbstständige Bau- und Möbelschreiner Münzberger war 1940 mit Schiffner und Kamm aus Weißkirchlitz zur T4 gekommen und dann in Sonnenstein in der Schreinerei und als Küchengehilfe tätig. Der sudetendeutsche Tischler Karl Schiffner wurde anfangs im oberen Lager eingesetzt, leitete später aber die Handwerkerkommandos im unteren Lager. Er war wie Münzberger in Sonnenstein als Tischler und Handwerker eingesetzt und zeitweise auch in Bernburg tätig.[223]

Der Pfleger Kurt Seidel beaufsichtigte in Treblinka die Arbeitskommandos beim Straßenbau, weswegen auch eine Straße im Lager nach ihm benannt wurde. Er führte Außenkommandos, wie das Waldkommando, und wurde zeitweise im oberen Lager eingesetzt. Vor dem Krieg hatte er in der Heil- und Pflegeanstalt Chemnitz-Altendorf gearbeitet, wurde dann mit Dachsel, Fey und Großmann zur Polizei einberufen und nach Sonnenstein kommandiert, wo er als Pfleger und in der Verwaltung arbeitete.[224] Der Fahrer und Pfleger Fritz Schmidt, der aus Belzec nach Treblinka gekommen war, richtete den Motorenraum der Gaskammern ein und bediente bei den Vergasungen den Motor. Er wurde als Elektriker und Lkw-Fahrer sowie im oberen Lager bei den Gaskammern eingesetzt und beaufsichtigte außerdem die Schlosser.[225] Paul Bredow, der aus Sobibor nach Treblinka versetzt worden war, bewachte Arbeitskommandos in den Sortierbaracken und bei den Leichenkommandos – und führte auch Erschießungen im »Lazarett« durch. Bei der Ankunft von Transporten wurde er im unteren Lager eingesetzt.[226]

Der unterste und umfangreichste Machtkreis bestand aus denjenigen T4-Reinhardt-Männern, die wechselnde Arbeitskommandos beaufsichtigten. Unter ihnen befanden sich Pfleger, aber auch Handwerker, Wachmänner und Angestellte. Zu den Pflegern gehörten Kurt Arndt[227] und Erwin Kaina,[228] die bereits seit der Aufbauphase in Treblinka und nun im oberen und unteren Lager beschäftigt waren. Kaina nahm sich am 31. Oktober 1942 in Treblinka das Leben. Ebenfalls schon in der Aufbaugruppe war der Landwirt Helmuth Bootz, der krankheitsbedingt häufig ausfiel. Er wurde bei den Trawniki-Männern eingesetzt und führte zeitweise das Tarnkommando.[229]

Aus der im August 1942 ins Lager gekommenen Gruppe waren im untersten Machtkreis folgende Männer aktiv: Die zur Polizei kommandierten Schuhmacher Ernst Gentz[230] und Wilhelm Beelitz[231] bildeten eine Art »Lagerpolizei«. Sie kontrollierten Posten und beaufsichtigten verschiedene Arbeitskommandos. Außerdem führten sie Erschießungen von »Arbeitsjuden« im »Lazarett« durch. Beelitz war zeitweise auch Chef des »blauen Kommandos«, das auf der Rampe eingesetzt war, und des Tarnkommandos. Der Maurer und Schlosser Josef Hirtreiter führte Aufsicht über Arbeitskommandos im unteren und teilweise im oberen Lager, war in der Küche und beim Holzroden eingesetzt und leitete die Beladung der Waggons mit Kleidung. Bei der »Transportabfertigung« überwachte er Männer, Frauen und Kinder beim Auskleiden und führte alte Menschen zum »Lazarett«.[232] Der Arbeiter Hermann Sydow war Chef des Tarnkommandos und beaufsichtigte Arbeitskommandos im unteren und oberen Lager. Bei der Ankunft von Transporten stand er auf der Rampe.[233] Der Angestellte Alfred Florian leitete Arbeitskommandos im unteren und oberen Lager. Er errichtete mit den »Arbeitsjuden« Wachtürme und führte Brunnenbohrungen und -säuberungen durch. Bei der Ankunft von Transporten war er im unteren Lager tätig. Er kehrte noch 1942 wieder zur T4 zurück.[234]

Ein großer Teil der zum unteren Machtkreis gehörenden Pfleger war mit der »Sachsengruppe« im September ins Lager gekommen. Richard Emil Hiller war vor dem Krieg als Pfleger in den Anstalten Leipzig-Dösen und Hubertusburg beschäftigt. Bei Kriegsbeginn wurde er zunächst zur Wehrmacht eingezogen und kam dann nach Sonnenstein. In Treblinka war er meist im oberen Lager tätig. Bei der Ankunft von Transporten bezog er vor den Gaskammern Posten.[235] Hermann Felfe hatte zunächst das Maurerhandwerk erlernt und anschließend in den sächsischen Heilanstalten Arnsdorf, Leipzig-Dösen und Großschweidnitz als Pfleger gearbeitet, bevor er nach Grafeneck und später nach Sonnenstein dienstverpflichtet wurde. In Sonnenstein war er als Maurer und Transportbegleiter eingesetzt und führte zeitweise auch in der T4-Zentrale die Krankenkartei. In Treblinka beaufsichtigte er die Bauarbeiten im oberen und unteren Lager.[236] Aus der Heilanstalt Großschweidnitz war wahrscheinlich auch Johannes Klahn nach Sonnenstein gekommen, der in Treblinka Chef eines Sortierkommandos wurde. Er sollte das Lager bereits vor Ende des Jahres wieder verlassen.[237] Auch der Pfleger Ernst Kurt Seidler kehrte wahrscheinlich im Laufe des Jahres 1942 zur T4 zurück, um in der Versuchsanstalt Wiesloch eingesetzt zu werden. In Treblinka war er im oberen Lager tätig.[238] Aus der Heilanstalt Arnsdorf waren die Pfleger Johannes Eisold[239] und Richard Otto Horn[240] zunächst nach Sonnenstein und dann nach Treblinka gekommen, wo sie im oberen Lager eingesetzt wurden. Sie wurden beim Abtransport der Leichen eingesetzt und verrichteten Dienst vor den Gaskammern. Horn hatte zunächst den Polen-, Frankreich- und den Beginn des Russlandfeldzugs als Sanitäter mitgemacht und kam dann für Aufräumarbeiten nach Sonnenstein, als die »Euthanasie« bereits beendet war. Im Anschluss hatte er mit Eisold in der T4-Zentrale Akten sortiert und am OT-Einsatz im Raum Minsk teilgenommen. Auch der Pfleger Willi Großmann kam im oberen Lager beim Grubenkommando und später bei der Leichenverbrennung als Baggerführer zum Einsatz. Er hatte zunächst in einer Fabrik gearbeitet, bevor er Krankenpfleger wurde. Ab 1930 war er bei der sächsischen Heilanstalt Hubertusburg beschäftigt, wurde zu Kriegsbeginn zur Polizei eingezogen und 1940 zum »Portierdienst« nach Sonnenstein kommandiert. Er hatte ebenfalls den OT-Einsatz im Raum Minsk mitgemacht.[241]

Zur September-Gruppe gehörte ebenfalls der Hilfsarbeiter Erich Schulze, »Brenner« in Sonnenstein oder in Grafeneck und Hadamar. In Treblinka war er im oberen und im unteren Lager tätig, bevor er im Frühjahr 1943 nach Sobibor versetzt wurde.[242] Herbert Scharfe, der aus der Sonnensteiner Wirtschaftsabteilung nach Treblinka gekommen war, wurde bei unterschiedlichen Arbeitskommandos eingesetzt und beaufsichtigte das Tarnungskommando. Er half außerdem bei den Schreinerarbeiten aus.[243] Der im September aus Sobibor nach Treblinka versetzte Fahrer Karl Ludwig führte Aufsicht bei Arbeitskommandos im oberen und im unteren Lager. Ihm unterstand auch die Waffenkammer; außerdem übernahm er Aufgaben bezüglich der Trawniki-Männer.[244]

Auch die beiden Nachzügler aus der Berliner T4-Zentrale sind dem unteren Machtkreis zuzurechnen. Der Bankangestellte Karl-Heinz Plikat wurde wahrscheinlich über die Einberufung zur Polizei zur T4 kommandiert, wo er unter anderem Kennkarten und Fahrbefehle anfertigte. In Treblinka leitete er Arbeitskommandos im unteren und oberen Lager. Er übernahm die Krankheitsvertretung für Häusler in Lublin und wechselte dann im Frühjahr 1943 ganz in den Alten Flughafen.[245] Franz Otto Rum hatte vor seiner Versetzung nach Treblinka in der Kopierabteilung der T4-Dienststelle in Berlin gearbeitet und war vor dem Ersten Weltkrieg als Page, Kellner und Schlafwagenschaffner vor allem in England und Frankreich tätig. Den Ersten Weltkrieg machte er als Soldat mit. Anschließende Versuche, selbstständig ein Gehöft und ein Wäschegeschäft zu führen, scheiterten, direkt vor der T4 war er im Berliner Nachtlokal »Insel« beschäftigt. In Treblinka beaufsichtigte er Arbeitskommandos im unteren Lager, wie die Holzfäller, das Tarnkommando und das Sortierkommando. Später wurde er im oberen Lager bei den Leichenkommandos eingesetzt. Während der »Transportabfertigung« befand er sich auf dem »Umschlagplatz«.[246]

Über die Tätigkeit von Max Bree, Richard Schuh, Erwin Stengelin und Albert Rittler in Treblinka sind keine Details bekannt. Rittler beaufsichtigte zeitweise die erkrankten T4-Reinhardt-Männer im Lazarett Ostrów, um zu verhindern, dass sie im Wahn über die Geschehnisse in Treblinka sprachen. Er stieg vermutlich auf eigene Bemühungen hin im Herbst 1942 wieder aus dem Netzwerk aus und kam zu einem Sonderkommando in Russland.[247]

Aufgrund der beiden Personalaufstockungen im August und September 1942 gehörten in den Herbstmonaten über 40 Männer zur Lagermannschaft. Da die Männer wie in Belzec und Sobibor mehrmals im Jahr zur Erholung zu ihren Familien fuhren, waren nicht alle Lagerangehörigen gleichzeitig im Lager. Wahrscheinlich wurde aber insbesondere während der Massendeportationen zwischen September und November 1942 darauf geachtet, dass das Lager vollständig besetzt war. Treblinka besaß damit den größten Personalstamm der drei Lager, nahm aber auch die meisten Transporte auf. Abbildung 12 veranschaulicht die monatlichen Veränderungen in der Anzahl der im Lager eingesetzten T4-Reinhardt-Männer:

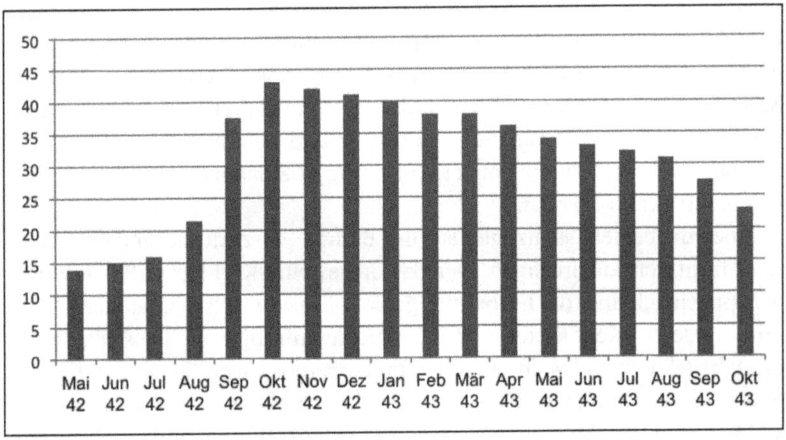

Abbildung 12: Monatliche Stärke des Lagerpersonals in Treblinka (Mai 1942 bis Oktober 1943)

Zeitgleich mit der Aufstockung des T4-Reinhardt-Personals im September 1942 wurde auch eine neue Gruppe Trawniki-Männer ins Lager geholt, die man im Vergleich zu den vorherigen Monaten einer strengeren Disziplin unterwarf.[248]

Während der Umstrukturierungsphase stellte man überdies eine jüdische Arbeitsmannschaft zusammen, um den Lagerbetrieb effizienter zu gestalten. Bis dahin waren lediglich die Handwerker als spezialisierte Arbeitskräfte am Leben gelassen worden. Damit war Treblinka das letzte Lager, das permanente Arbeitskommandos in der »Transportabfertigung« einführte. Noch während der Transportpause wurden die strukturellen Voraussetzungen und informellen Regelwerke für die Arbeiter geschaffen und dann spezifische Arbeitskommandos mit differenzierten Arbeitsbereichen – wie etwa das Straßenbaukommando, das Lumpenkommando oder die Leichenkommandos – eingerichtet.[249]

Die einzelnen Arbeitskommandos wurden jeweils dem oberen beziehungsweise dem unteren Lager zugewiesen und jeglicher Kontakt zwischen den beiden Lagerhälften unterbunden. Franz, der von seiner Erfahrung im Konzentrationslager Buchenwald profitierte, organisierte die Kommandos wie in Belzec hierarchisch und stellte sie unter die Leitung des Oberkapos Ingenieur Marceli Galewski. Diesem wurden wiederum Kapos für die verschiedenen Arbeitskommandos unterstellt. Anfangs erfasste man die ausgewählten Männer sogar namentlich, doch diese Praxis wurde schnell aufgegeben und nur die Anzahl der Häftlinge notiert und überprüft. Neben der Häftlingshierarchie wurden weitere Elemente aus den Konzentrationslagern übernommen, wie etwa die Appelle und die Aufstellung in Reih und Glied. Trotz dieser neuen Strukturen kam es nach wie vor zu Massenerschießungen und zum regelmäßigen Austausch von großen Teilen der Arbeitskommandos. Insbesondere für den Abtransport von Kleidung und Gepäck wurden täglich Männer aus den Transporten ausgewählt, die am Ende des Tages ermordet wurden. Die ausgewählten Arbeiter waren als solche gekennzeichnet; so mussten sich etwa die Männer im Sortierkommando einen roten Flicken anheften. Dennoch gab es noch keine klare Trennung zwischen den Neuankömmlingen und den Arbeitskommandos, sodass sich Deportierte unter die »Arbeitsjuden« mischen konnten, für die zum Ausgleich allerdings reguläre »Arbeitsjuden« als »Überschuss« getötet wurden.[250]

Das strenge und auf die Mitarbeit der Gefangenen bauende Häftlingsregiment schränkte die »Arbeitsjuden« in ihren Handlungsspielräumen systematisch ein. Dies war nicht zuletzt der Sicherheit der T4-Reinhardt-Männer geschuldet, die durch den den tödlichen Angriff auf den T4-Reinhardt-Mann Max Biela am 11. September 1942 gewarnt worden waren. Biela wurde bei einem Abendappell, bei dem nicht mehr benötigte Häftlinge ausgewählt werden sollten, um sie zu ermorden, von dem »Arbeitsjuden« Meir Berliner mit einem Messer erstochen.[251] Die Pfleger Stadie und Schmidt verarzteten Biela notdürftig, um ihn in das Lazarett Ostrów zu bringen. Er starb noch auf dem Weg dorthin. Zu seinen Ehren wurden später die Unterkünfte der Trawniki-

Männer nach ihm benannt. Es war der erste Todesfall im T4-Reinhardt-Netzwerk und daher für die Männer ein prägendes Ereignis, auf das sie nicht vorbereitet waren. Sie töteten Meir Berliner und richteten spontan ein Blutbad unter den »Arbeitsjuden« an. Im Anschluss erschossen sie auf Befehl Wirths nunmehr als kontrollierte Repressalie eine größere Anzahl der Arbeiter. Am nächsten Tag wurden erneut Hunderte Männer getötet[252] und auch die nachfolgenden Wochen waren durch häufige Tötungen und die Auswechslung der Arbeitskräfte geprägt. Erst Ende September/Anfang Oktober 1942, während der Interimsherrschaft von Schemmel, wurden größere Gruppen von Juden insbesondere aus den Transporten aus Tschenstochau als permanente Arbeiter ausgewählt. Gleichzeitig wurden neue Arbeitskommandos, wie das Friseur-Kommando und das »rote Kommando«, das auf dem »Umschlagplatz« tätig war, gebildet.[253]

Wie in Belzec und in Sobibor kam es auch nach der Einrichtung der permanenten Arbeitskommandos nach wie vor zu einzelnen Selektionen oder auch kollektiven Tötungen von »Arbeitsjuden«, zum einen aus purer Willkür, zum anderen weil sie vermeintlich widerständig, krank oder aufgrund der katastrophalen Lebensbedingungen geschwächt waren. Diese sollten sich erst Ende Dezember 1942, als der ständige Nachschub an Arbeitskräften durch die Transporte nachließ, etwas verbessern.[254]

»Transportabfertigung« in Treblinka (September bis Dezember 1942)

Während der Umstrukturierungsarbeiten unter Wirth wurden wesentliche Änderungen in der »Transportabfertigung« eingeführt. So wurden die Gefangenen in Kommandos eingeteilt, die spezifische Aufgaben bei der »Transportabfertigung« zu übernehmen hatten. Zu den Neuerungen gehörten auch die Einführung des »Lazaretts« und die Abschaffung der Lorenbahn im oberen Lager. Es dauerte aber noch bis Mitte Oktober 1942, bis sich die »Transportabfertigung« mit der Einrichtung der sogenannten »blauen« und »roten Kommandos«, die auf der Rampe und auf dem »Umschlagplatz« eingesetzt wurden, sowie der »Friseure« konsolidierte.

Im September 1942 ging die Zahl der Transporte leicht zurück, um das Lager nicht ein weiteres Mal vor der Fertigstellung der neuen Gaskammern in Chaos versinken zu lassen. Dennoch wurden in diesem Monat über 180000 Juden aus den Distrikten Warschau, Radom und Lublin sowie aus Theresienstadt ermordet, das heißt etwa 6000 Personen pro Tag. Das Lager erreichte somit die gleichen Opferzahlen wie Belzec mit seinen sechs Gaskammern im August 1942. Die Dimension der Opferzahlen von Treblinka im September 1942 wird vor allem im Vergleich mit Belzec und Sobibor in der

Anfangsphase – als noch die kleinen Gaskammern genutzt wurden – deutlich, wo im Frühjahr durchschnittlich 2500 beziehungsweise 1500 Menschen pro Tag getötet wurden. An Tagen mit hohen Opferzahlen fanden daher auch im September 1942 noch zusätzlich Massenerschießungen statt.[255]

Zwischen Oktober und Dezember 1942 kamen erneut Juden aus den Distrikten Radom, Lublin und Warschau sowie Theresienstadt, aber auch aus Deutschland und dem Regierungsbezirk Bialystok ins Lager. Im Oktober 1942, als die neuen Gaskammern fertiggestellt waren, erreichten die Opferzahlen den absoluten Höchststand. Die T4-Reinhardt-Männer töteten in diesem Monat, insbesondere in der zweiten Hälfte, über 210000 Menschen, das heißt im Durchschnitt fast 7000 Personen am Tag. Ab November 1942 gingen die Opferzahlen wieder stark zurück: Die T4-Reinhardt-Männer waren Himmlers Auftrag zur Ermordung der jüdischen Bevölkerung des Generalgouvernements so effektiv nachgegangen, dass sich zu diesem Zeitpunkt fast nur noch zur Zwangsarbeit eingesetzte Juden im Einzugsgebiet der Vernichtungslager befanden.

An der Rampe: Vorbereitung und Entladung

Als das Vernichtungssystem in Treblinka eingespielt war, dauerte es weniger als zwei Stunden, bis die Deportierten der ersten 20 Waggons ermordet waren.[256] Die Transporte wurden dem Lager Treblinka telefonisch kurz vor der Ankunft, wahrscheinlich durch die Eisenbahnstationen Małkinia und Siedlce, angekündigt. Nach der »Abfertigung« des Transports erfolgte aus dem Lagerbüro eine telefonische Meldung nach Lublin – an Höfle oder Wirth – über die Stärke und die Herkunft des Transports. Gelegentlich kamen auch nicht angemeldete Züge an. Wenn ein Transport bevorstand, sorgten Franz und Küttner dafür, dass alle zur Verfügung stehenden T4-Reinhardt-Männer sowie die hierfür bestimmten Wachmänner und »Arbeitsjuden« auf ihren Posten Stellung nahmen.[257]

Auf der Rampe fanden sich neben dem Lagerkommandanten, dem Stellvertreter Franz sowie Küttner, Stadie und Mätzig auch andere T4-Reinhardt-Männer ein.[258] Sie waren mit Walther-Pistolen und etwa ein Meter langen Peitschen aus geflochtenem Leder bewaffnet.[259] Die Wachmänner standen zwischen dem oberen und unteren Lager am »Schlauch« und auf dem »Umschlagplatz«, andere wiederum hielten sich an der Rampe bereit, um den Zug zu umzingeln. Von den Arbeitskommandos mussten das Entladekommando, das Kleider-, das Gepäck- und das Säuberungskommando, also vor allem das »blaue« und das »rote Kommando«, zur Stelle sein. Die anderen Arbeiter blieben in den Werkstätten und Magazinen.[260]

Im Bahnhof Treblinka übergab der polnische Zugführer dem Fahrdienstleiter die Frachtbriefe, Wagen- und Lokdienstzettel des Sonderzugs, dessen

Ankunft allerdings nicht im Stationsbuch vermerkt werden durfte. Dann übernahm der deutsche Eisenbahner Rudolf Emmerich den Zug. Wie Göckel in Belzec war er von der Reichsbahn zur Station Treblinka versetzt worden, um als eine Art Koordinationsinstanz zwischen dem Bahnhof und dem Vernichtungslager zu fungieren. Er beaufsichtigte die polnischen Eisenbahner bei den Rangierarbeiten und begleitete die Transportführer ins Lager. Eine ähnliche Aufgabe hatte wahrscheinlich auch der deutsche Eisenbahner Willi Klinzmann, der mit Emmerich zusammenarbeitete. Die Reichsbahn übernahm dementsprechend auch in Treblinka eine aktive Rolle, nicht nur bei der Deportation, sondern auch bei der Ermordung der Juden. Polnische Rangierer teilten den Zug auf der Station Treblinka – manchmal auch auf dem Bahnhof Małkinia – in zwei oder drei Segmente zu je 20 Waggons, die im Anschluss mit der Rangierlokomotive zum mehrere Kilometer entfernten Lager geschoben wurden. Die dazu verwendete »Fistellokomotive« (Typ TP2) wurde dafür jeden Tag aus dem Lokschuppen in Małkinia zur Verfügung gestellt. Aus Małkinia wurden auch Lokführer abgeordnet, die diese Aufgabe manchmal auch zusammen mit den Lokführern, die die Züge bis zum Bahnhof Treblinka gefahren hatten, übernahmen.[261]

Um die Waggons ins Lager zu holen, wurde das Lagertor geöffnet, die Waggons auf die Verladerampe geschoben und die Lok abgekoppelt. Damit den Zugführern keine Details aus dem Lagerinnenleben bekannt wurden, mussten sie anfangs mit der Lok wieder aus dem Lager herausfahren und dort warten, bis die Waggons ausgeladen waren. Das Tor war währenddessen geschlossen. Später blieb die Lokomotive im Lager, um Zeit zu sparen und die leeren Waggons schneller herausziehen zu können. Angesichts der hohen Anzahl der Deportierten war es den T4-Reinhardt-Männern wichtiger, die Effizienz der »Transportabfertigung« durch weniger personellen Aufwand und zeitliche Einsparungen zu steigern, als auf die Geheimhaltung Rücksicht zu nehmen.[262]

Der Transportführer meldete sich bei Stangl, Franz oder Küttner auf dem »Bahnhofsplatz« und teilte diesen mit, woher der Transport kam, wie viele Insassen er mit sich führte und ob es unterwegs Schwierigkeiten gegeben hatte. Dann übergab er Mätzig in der Kommandantur die Transportpapiere. Die polizeilichen Begleitmannschaften, die die Waggons bis zum Lager begleitet hatten, beteiligten sich wie in Belzec und Sobibor nicht an der »Transportabfertigung«. In einigen Fällen ersetzten Trawniki-Männer aus dem Lager die Begleitmannschaft des Zuges bereits auf dem Bahnhof Treblinka.[263]

An der Rampe war das »blaue Kommando« tätig. Es bestand aus 30 bis 50 »Arbeitsjuden«, die zur Unterscheidung von den Deportierten blaue Armbinden trugen und zur Reinigung der Waggons und der Rampe mit Besen ausgestattet waren. Sie hatten alle an der Rampe anfallenden mit körperlichem Einsatz verbundenen Aufgaben zu verrichten.[264]

Nach der Öffnung der Waggons durch »Arbeitsjuden« oder Trawniki-Männer ging alles äußerst schnell vonstatten: T4-Reinhardt- und Trawniki-Männer trieben die Menschen mit Hunden, Gebrüll, Peitschen und Gewehrkolben aus den Waggons. Manchmal gaben sie auch Schüsse ab. Die Angehörigen des »blauen Kommandos« halfen den Menschen beim Aussteigen und holten Gepäck und Leichen aus den Zügen. Während die Leichen in der Regel in die Grube des »Lazaretts« geworfen wurden, wurde das an der Rampe und in den Zügen zurückgelassene Gepäck auf den Sortierplatz gebracht. Die »Kranken«, Alten und Verletzten brachte man zum »Lazarett«, wo sie erschossen wurden. Die restlichen Deportierten gingen von der Rampe in Richtung des »Umschlagplatzes«.[265]

Wenn alle die Rampe verlassen hatten, reinigte das »blaue Kommando« innerhalb kürzester Zeit die Waggons und verstreute Chlorkalk zur Desinfizierung. Auch die Rampe wurde wieder in einen sauberen Zustand versetzt. Zuletzt wurden die leeren Waggons von den Lagerpolizisten Beelitz und Gentz und dem Spieß Stadie noch einmal durchsucht, bevor sie das Lager wieder verließen. Eine Stunde nach der Ankunft der ersten 20 Waggons konnte bereits ein neues Zugsegment ins Lager gebracht werden: Der Station wurde telefonisch mitgeteilt, weitere Waggons zu schicken, und die »Transportabfertigung« begann von Neuem.[266]

»Umschlagplatz«: Entkleidung, Abgabe der Wertgegenstände, Abschneiden der Haare

Am Tor zum »Umschlag-« beziehungsweise »Auffangplatz« übernahm das »rote Kommando«, etwa 30 bis 50 Häftlinge mit roten Armbinden, die Deportierten vom »blauen Kommando«. Bei sehr großen Transporten mussten ihm die Männer aus dem Sortierkommando zur Hand gehen.[267] Das »rote Kommando« wurde wahrscheinlich erst Ende September 1942 eingeführt. Bis dahin war das an der Rampe tätige Kommando auch auf dem »Umschlagplatz« und bei der Kleidersortierung eingesetzt worden und für die zeitintensiven Tätigkeiten hatte man zusätzlich – wie in der Anfangsphase – aus den Transporten Männer ausgewählt, die – zumeist nackt – unter Beaufsichtigung und Schlägen der T4-Reinhardt-Männer, der Wachmänner und der Kapos Kleidung, Schuhe und Gepäck wegschaffen mussten. Sie wurden am Ende des Tages nach vollendeter Arbeit getötet; nur einzelne Männer wurden in die ständigen Arbeitskommandos aufgenommen.[268]

Am Tor zum »Umschlagplatz« wurden Männer und Frauen voneinander getrennt: Die Männer wurden nach rechts geführt, während Frauen und Kinder nach links in Richtung der Auskleidebaracke gehen mussten. Diese und andere Anweisungen wurden über einen Lautsprecher für alle hörbar mitgeteilt. Auf dem »Umschlagplatz« hielten Stadie und Mätzig in den ersten Wochen nach der Umstrukturierung noch eine Ansprache, in der sie den eingetroffenen Juden weismachten, sich in einem »Umsiedlertransport« zu befinden, sie nun zu duschen hätten und anschließend neue Kleidung bekommen würden. Zweisprachige »Arbeitsjuden« übersetzten diese Ansprache. In der Folgezeit wurde wie in Belzec auch – außer bei westeuropäischen Transporten, bei denen Täuschungsmaßnahmen noch funktionierten – keine Rede mehr gehalten, sondern den Deportierten wurden nur noch knappe Anweisungen gegeben.[269]

Auch nach der Bildung des »roten Kommandos« wurden die Opfer vor ihrem Tod noch zur Mitarbeit gezwungen. Sie mussten ihre Kleidung selbst bündeln und die Schuhe paarweise mit Bindfäden oder Kordeln zusammenbinden. In der Regel zogen sich Frauen und Kinder die Schuhe im Freien aus und gingen dann in die Auskleidebaracke. Die Männer zogen sich dagegen im Freien auf dem »Umschlagplatz« aus. Angehörige des »roten Kommandos« halfen den Menschen, die sich nicht umziehen wollten oder konnten, und brachten auch einzelne kranke Menschen, die sich nicht eigenständig bewegen konnten und vom »blauen Kommando« an der Rampe übersehen worden waren, ins »Lazarett«.[270] Unter den Männern wurden von den Kommandoführern je nach Bedarf noch Arbeitskräfte für das Lager, aber auch für das benachbarte Arbeitslager Treblinka ausgewählt.[271]

Wenn sich die Frauen ausgezogen hatten, gaben sie ihre Wertgegenstände bei den »Goldjuden« ab, die in einem Verschlag am Ende der Frauenauskleidebaracke saßen. Hier wurden sie häufig auch von einem als Sanitäter gekleideten Häftling auf versteckte Wertgegenstände im Genitalbereich untersucht. Andere »Goldjuden« sammelten währenddessen mit großen Koffern bei den Männern Geld und Wertgegenstände ein. Eine Zeit lang gab es auch eine »Kasse« als dritte Abgabestelle im »Schlauch«, bei der Urkunden, Wertgegenstände und Geld abzugeben waren. Da durch den Schalter Stauungen im »Schlauch« entstanden, wurde das Kassenhäuschen jedoch wieder abgerissen. Die »Goldjuden« wurden von Suchomel, der auch ein Auge auf die »Friseure« hatte, und einem ukrainischen Wachmann beaufsichtigt.[272]

Nach dem Entkleiden und der Ablieferung der Wertsachen mussten die verstörten Frauen und Mädchen am Kopfende der Baracke die Friseurstube passieren. An fünf bis sechs Bänken wurden ihnen dort von 25 bis 30 »Friseuren« in weißen Friseurkitteln zunächst mit Scheren, später mit Haarschneidemaschinen die Haare geschoren. Das Haareschneiden war eine der letzten Änderungen in der »Transportabfertigung« und wurde wahrscheinlich erst ab Anfang Oktober 1942, vermutlich infolge einer Inspektion des

Lagers, praktiziert. Bis der Bau einer Friseurstube abgeschlossen war, wurden die Haare in den alten Gaskammern geschoren.[273]

Um die Täuschung der Menschen überzeugender zu gestalten, wurden in manchen Fällen, insbesondere bei aus Westeuropa stammenden Juden, Handtücher und Seife ausgegeben. Manchmal sollten die Opfer auch einen Złoty zurückbehalten, um das angebliche Bad bezahlen zu können, oder von den »Goldjuden« wurden ihnen an der »Kasse« Quittungen ausgegeben. Gelegentlich spielte während der »Transportabfertigung« die Lagerkapelle, um die Schreie zu übertönen und den Schrecken des Lagers zu verringern.[274]

Nach Abgabe der Wertgegenstände und dem Abschneiden der Haare wurden die Opfer im Laufschritt mit erhobenen Armen durch den »Schlauch« zur Gaskammer getrieben. Bis zu sechs Personen konnten nebeneinander herlaufen. Ab dem Zeitpunkt, als den Frauen die Haare geschoren wurden, gingen die Männer als Erstes durch den »Schlauch«. Diese Trennung wurde jedoch nicht systematisch durchgeführt, sodass viele Frauen und Kinder im »Schlauch« wieder auf die Männer trafen.[275]

Im »Schlauch« gingen in der Regel zwei T4-Reinhardt-Männer den Deportierten voraus, diesen folgten erneut T4-Reinhardt-Männer, Zugwachmänner, Oberwachmänner und Wachmänner, die auf sie einschlugen und Hunde auf sie hetzten. Außerhalb des »Schlauchs« standen in regelmäßigen Abständen weitere Aufseher und Wachmänner, um die Opfer überwachen zu können. Die dort eingesetzten Männer trugen die üblichen Pistolen und Peitschen, waren aber auch mit Säbeln, Bajonetten und Schwertern bewaffnet, um bei geringstem Widerstand oder bei Stauungen Gewalt anzuwenden. Als im Dezember 1942 nackte Männer versuchten, sich vor der Gaskammer auf ihre Mörder zu werfen, wurde gegen sie das Feuer eröffnet. In der Regel versuchten die Menschen den Schlägen zu entkommen, indem sie so schnell wie möglich in die Gaskammern vorrückten. Auch bei dem neuen Gaskammergebäude kam es vor, dass nachfolgende Personen, insbesondere Frauen und Kinder, im »Schlauch« warten mussten, und zwar vor dem rechtwinkligen Knick des »Schlauchs«, damit sie keinen Blick auf das Gaskammergebäude hatten.[276] Insbesondere im Winter waren sie dabei der Kälte schutzlos ausgeliefert.

Die Angehörigen des »roten Kommandos« trugen währenddessen – zum Teil zusammen mit den aus den Transporten ausgewählten nackten Männern – Kleidung und Gepäck, das die Deportierten bis zum »Umschlagplatz« mitgenommen hatten, auf den Sortierplatz und ordneten dort alles im Laufschritt nach verschiedenen Kategorien. Wenn die Opfer das »Auffanglager« verlassen hatten, säuberten sie innerhalb weniger Minuten den »Umschlagplatz«, die Auskleidebaracke und zusammen mit den »Goldjuden« die erste Hälfte des »Schlauchs«, auf dem weggeworfene Wertgegenstände und

Unrat herumlagen. Anschließend streuten sie neuen Sand aus, sodass zuletzt nichts mehr auf die soeben durch das Lager geschleusten Menschen hindeutete.[277]

Oberes Lager: Gaskammern und Massengräber

Von den neuen Gaskammern, die seit etwa Anfang Oktober 1942 in Betrieb waren, wurden in der Regel nicht alle genutzt, sondern diejenigen auf der Seite bevorzugt, die direkt zu den Massengräbern führten und bei denen der Abtransport der Leichen somit einfacher zu bewerkstelligen war. Da die Züge in Segmente von je 20 Waggons eingeteilt waren, kamen in der Regel maximal 2000 bis 2500 Menschen gleichzeitig ins obere Lager und für deren Ermordung reichte ein Teil der zehn Gaskammern aus. Der Motor hätte außerdem Schwierigkeiten gehabt, gleichzeitig die Abgase für zehn Gaskammern zu produzieren, auch wenn der Verlauf des Giftgases in die einzelnen Zellen durch Ventile geregelt werden konnte. Da die Ermordung, das Herausziehen der Leichen und die Reinigung der Gaskammern zeitintensiver waren als die Vorgänge im unteren Lager, wurden für die Menschen des zweiten Zugsegments die Zellen der anderen Seite genutzt.[278] In Ausnahmefällen während der transportintensiven Zeit nahm man sogar zusätzlich die alten Gaskammern wieder in Betrieb. Diese verwendete man auch bei kleinen Transporten, da die Ermordung dort weniger Zeit in Anspruch nahm. Da der »Schlauch« seit der Umstrukturierung verändert worden war, mussten die Opfer in diesen Fällen durch eine Zelle des neuen Gaskammergebäudes hindurchlaufen und sahen dabei das obere Lager und die dortigen Massengräber, bevor sie selbst ermordet wurden.[279]

Im »Schlauch« vor den Gaskammern standen die T4-Reinhardt-Männer des oberen Lagers – Matthes, Pötzinger, Münzberger, Hiller, Eisold, Löffler und Schmidt – Wache, denen sich auch Franz anschloss. Außerdem waren Trawniki-Männer, darunter die Zugwachmänner Jäger und Bieneman, der zuvor in Belzec eingesetzt war, sowie die am Motor beschäftigten Ivan Marchenko und Nikolaj Shalayev, im Einsatz. Sie wiesen den Opfern den Weg in die Zellen. Wenn sie sich weigerten, in die ohnehin schon dicht gefüllten Gaskammern zu gehen, wurden sie mit Lederpeitschen, Gewehrkolben, Eisenstangen, Stöcken und Hunden dazu gezwungen, wobei viele Menschen verletzt wurden. Kleinkinder und Babys wurden zur Füllung der Zellen über sie hinweg geworfen. In ihrer Todesangst schrien, weinten und beteten die Menschen.[280]

In der Regel gab Matthes den Trawniki-Männern den Befehl, die Türen zu schließen und nach der Vergasung wieder zu öffnen. Schmidt bediente mit Marchenko und Shalayev, denen ein oder zwei »Arbeitsjuden« helfen mussten, den Motor, um die Abgase in die Gaskammern zu leiten. Wenn die Menschen die giftigen Gase spürten, steigerten sich ihre Angst und Verzweiflung. Nach einigen Minuten waren nur noch Seufzer und das Stöhnen Einzelner zu vernehmen, dann trat Stille ein. Über die Guckfenster wurde der Tod der Menschen festgestellt, der nach etwa 15 bis 20 Minuten eintrat. Kurze Zeit später wurde der Abgaszufluss gestoppt und noch ein wenig gewartet, damit auch Menschen, die bisher nur bewusstlos waren, den Erstickungstod starben. Dann wurden die Außentüren der Gaskammern geöffnet.[281]

Hatten einzelne Menschen die Gase dennoch überlebt, wurden sie von Angehörigen des oberen Lagers, zum Beispiel von Matthes und Pötzinger, erschossen. Manchmal setzte auch der Motor aus, sodass die bereits in den Zellen eingeschlossenen Opfer einen langsamen Erstickungstod starben. Für die nachfolgenden Menschen wurden dann die alten Gaskammern verwendet. Wahrscheinlich ließen die T4-Reinhardt-Männer bei geringerem Transportaufkommen die Opfer auch aus purem Sadismus ersticken. Diesen qualvollen und langsamen Tod erlitten 1943 auch Deportierte aus Thrakien und aus Grodno. Bei ihnen wurde – wie bei den Transporten in der ersten Phase – zersetzendes Chlor in die Gaskammern gegeben. Viele Menschen überlebten diese Qualen zunächst und wurden anschließend erschossen.[282]

Mit der Beseitigung der Leichen nach dem Öffnen der Gaskammern waren mehrere Arbeitskommandos beschäftigt. Die Arbeiter des oberen Lagers mussten alle Arbeiten im Laufschritt erledigen, wobei sie von T4-Reinhardt-Männern, Wachmännern und Kapos geschlagen wurden. Häufig wurden Arbeitskräfte ermordet und durch neue Arbeiter ersetzt.[283] Bei den Gaskammern waren etwa 60 Mann tätig. Das »Rampenkommando« zog die Leichen aus den Kammern und legte sie zunächst auf der Rampe ab. Danach wurden die Wände und Böden mit Wasser aus dem Ziehbrunnen und Lumpen von Blut, Urin und Exkrementen befreit und notdürftig gereinigt. Diese Aufgaben führte das sogenannte »Reinigungskommando« beziehungsweise »Schlauchkommando« aus. Zuletzt wurden die Wände von einem Maler frisch getüncht. Das Kommando war auch für die Säuberung der oberen Hälfte des »Schlauchs« zuständig. Das Entfernen der Leichen und die anschließende Säuberung nahmen bis zu einer Stunde in Anspruch.[284]

Die Leichen auf der Rampe übernahm das »Transportkommando«, das aus 40 bis 60 »Trägern« bestand und die Leichen zu den Gruben brachte. In den ersten Wochen der Umstrukturierung wurden für den Transport noch Feldbahnloren genutzt – Anfang September waren dafür sogar noch die Schienen verlängert worden –, die Häftlinge schoben die Rollwagen per Hand zu den Gruben. Doch die Lorenbahn erwies sich, wie in Belzec, als zeitfressender Faktor, da die Kippwägelchen häufig aus den Schienen sprangen.[285] Deshalb ging man dazu über, die Leichen mit Gurten und Riemen wegzuziehen. Kurze Zeit später wurden diese gegen Tragen ausgetauscht, die die Tischler des Lagers anfertigten. Sie bestanden aus zwei Pfählen, auf die ein etwa 50 Zentimeter breites Stück Holz genagelt war. Es gab außerdem einfache Bahren, die mit ihren Sprossen Leitern glichen. In der Regel trugen zwei Häftlinge mithilfe dieser Tragen gemeinsam eine erwachsene Leiche, waren die Opfer leicht oder Kinder, transportierten sie zwei Leichen auf einmal. Dabei bewegten sie sich in einer Art Kreis vorwärts: Sie liefen mit den Leichen zu den Massengräbern, warfen sie in die Gruben und kehrten mit leeren Tragen wieder zurück zu den Gaskammern. Bei besonders großen Transporten mussten auch die Arbeiter, die nicht zu den regulären Leichenträgern gehörten, beim Abtransport der Leichen mithelfen. Da nicht genügend Tragen vorhanden waren, wurden die Leichen teilweise auch auf der Schulter transportiert.[286]

Auf dem Weg zu den Gruben wurden die Leichen von den »Dentisten« beziehungsweise »Goldjuden« nach Wertgegenständen durchsucht. Die Einrichtung dieses Arbeitskommandos, das anfangs vier bis sechs, später zehn bis 20 Männer umfasste, gehörte zu den Neuerungen der Umstrukturierung. Die Mitglieder dieses Arbeitskommandos standen je nach Bedarf in einer oder mehreren Sechsergruppen auf dem Weg von der Rampe bis zu den Gruben. Sie untersuchten die Leichen während des Transports schnell auf Gold- und Platinkronen und zogen gegebenenfalls mit Zahnarztzangen die Zähne. Wenn Zeit war, untersuchten die »Dentisten« auch den Unterleib der Opfer nach versteckten Wertgegenständen. Geld und Gold wurde auch in Bandagen gefunden, die sich die Menschen um den nackten Körper gewickelt hatten. Die T4-Reinhardt-Männer nahmen Stichproben vor, um den »Dentisten« wenig Gelegenheit zur Sabotage zu geben. In der Dentistenstube, die im Holzschuppen der alten Gaskammern untergebracht war, reinigten die Männer anschließend die Goldzähne, entfernten das Gold von den Zähnen und sortierten die Metalle nach Weißgold, Gelbgold, Platin und anderen Metallen. Geld, Gold und Schmuck wurden in einem Panzerschrank gesammelt und wöchentlich von Matthes oder Pötzinger ins untere Lager überführt. Dort wurde es von den »Goldjuden« weiter sortiert und für die Versendung vorbereitet.[287]

Das »Grubenkommando«, die aus etwa zehn Mann bestehende Totengräberkolonne, schichtete die von den Trägern abgeworfenen Leichen in den Gruben so auf, dass diese in Reih und Glied, Kopf an Fuß lagen, um möglichst wenig Platz einzunehmen. Mit Schaufeln warfen die Arbeiter Sand und Chlorkalk zwischen die Leichenschichten. Zuletzt wurde die oberste Leichenschicht mit einer 50 bis 100 Zentimeter hohen Sandschicht zugedeckt.[288]

Unteres Lager: Erschießungen im »Lazarett«

Den alten und kranken Menschen aus den Transporten wurde wie in Belzec und Sobibor ein anderes Schicksal zuteil. Sie wurden von Angehörigen des »roten« oder »blauen Kommandos« auf Tragen oder zu Fuß ins sogenannte »Lazarett« gebracht. Hierfür mussten sie den »Sortierplatz« überqueren, da sich das »Lazarett« an der gegenüberliegenden Ecke des Platzes in Richtung oberes Lager befand. An der einen Seite wurde es durch die Umzäunung des Lagers, auf der anderen Seite durch den Wall zum Vernichtungsbereich abgeschlossen. Der restliche Bereich war mit Stacheldraht umgeben, in den Tannenzweige geflochten waren, um die Einsicht zu verhindern. Das »Lazarett« bestand aus einer großen, bis zu sieben Meter tiefen Grube für die Leichen und einer kleinen, weiß gestrichenen Bretterhütte, die als Regenschutz für die drei im »Lazarett« tätigen »Arbeitsjuden« zur Verfügung stand. Ein überdachter Bereich diente als provisorischer Vorraum, der als fingierter Warte- und Auskleideraum für die Opfer genutzt wurde.[289]

Das »Lazarett« war eine Neuerung, die es in dieser Form in Belzec und Sobibor nicht gab, wo die Opfer jeweils im Vernichtungsbereich getötet wurden. In Treblinka hatten sich die T4-Reinhardt-Männer hingegen entschieden, die Grenzen zwischen den Lagerbereichen zu verwischen und – wie es

Abbildung 13: »Lazarett« in Treblinka
Painted by Samuel Willenberg, Courtesy of The Jewish Historical Institute, Warsaw

der Treblinka-Überlebende Oskar Strawczynski formulierte – eine Art »Miniaturausgabe«[290] des oberen Lagers, das heißt einen Bereich mit Massengräbern und Tötungseinrichtung, in das »Auffanglager« zu integrieren. Dies sparte den zeitaufwendigen Transport in das Todeslager, der in Sobibor beispielsweise über eine Lorenbahn gewährleistet werden musste.

Am Eingang des »Lazarett«-Bereichs hing eine Fahne mit einem roten Kreuz, sodass die Tötungseinrichtung von außen den Eindruck einer Krankenstation erweckte. Das Zeichen war möglicherweise auch auf der Hütte aufgemalt. Auch die dort eingesetzten »Arbeitsjuden« trugen Armbinden mit dem Symbol des Roten Kreuzes.[291]

Im »Lazarett« wurden kranke, gebrechliche, verletzte und widerständige Menschen sowie allein aufgefundene Babys und Kleinkinder aus den Transporten erschossen, die die »Transportabfertigung« aufgehalten hätten. Auch Sinti und Roma, die in kleinen Gruppen ins Lager gebracht wurden, sodass sich eine Tötung mit Gas aus Sicht der T4-Reinhardt-Männer nicht lohnte, wurden im »Lazarett« ermordet. Getötet wurden hier überdies »Arbeitsjuden«, die den T4-Reinhardt-Männern als krank erschienen oder aus unterschiedlichen Gründen auffällig geworden waren. Wahrscheinlich wurden dort im September 1942 auch Menschen erschossen, für die in den drei Gaskammern kein Platz mehr war.[292]

Die von den »Arbeitsjuden« ins »Lazarett« begleiteten Menschen zogen sich im Vorraum aus. Wenn sie dazu nicht mehr in der Lage waren, halfen ihnen die dort beschäftigten »Arbeitsjuden« dabei. Dann hatten sie auf einer Holzbank oder später auf mit Plüsch bezogenen Bänken vermeintlich auf den Arzt zu warten, bevor sie zur Erschießungsgrube geführt wurden. Einige alte und verletzte Menschen versuchten mit letzter Kraft zu fliehen, wenn sie erkannten, dass sie in eine Falle getappt waren, wurden dann aber an Ort und Stelle erschossen. Meistens waren die Menschen zu schwach, um dem grausigen Ort zu entfliehen. Sie wurden – in der Regel gruppenweise – in oder neben die Grube gelegt oder mussten sich an den Rand des Massengrabes mit dem Gesicht in Richtung der Grube setzen. Dann wurden sie von den T4-Reinhardt-Männern mit 9-mm-Pistolen oder Kleinkalibergewehren per Genickschuss getötet. Es wurde nicht kontrolliert, ob sie noch lebten; auch Nachschüsse wurden nicht abgegeben. Die Erschießungen führten nicht nur T4-Reinhardt-Männer, wie Miete, Mentz und Möller, sondern auch Trawniki-Männer, die turnusmäßig im »Lazarett« tätig waren, durch. Diese benutzten in der Regel Karabiner.[293]

Die Leichen wurden anfangs im »Lazarett«-Bereich vergraben und wie im oberen Lager mit Chlorkalk bestreut. Ab Ende September 1942 wurden sie von Kapo Kurland und den beiden mit ihm hier tätigen Häftlingen in der Grube verbrannt. Holz, Zweige und Öl hielten das Feuer am Brennen.[294] In der Grube wurden auch die Leichen der Menschen, die bereits während des Transports verstorben waren, verbrannt. Sie wurden von den »Arbeitsjuden« mit einem zweirädrigen Karren oder in Decken von den Zügen zum »Lazarett« gebracht, und zwar auf einem Weg, der an der Rückseite des »Lazaretts« entlangführte. Andernfalls wären die alten und kranken Menschen vorzeitig über den wahren Zweck des »Lazaretts« informiert worden.[295] In der Grube des »Lazaretts« wurden außerdem als unbrauchbar angesehene Kleidung, Schuhe, Dokumente und Fotos sowie Abfälle vernichtet. Ursprünglich war hierfür eine an das »Lazarett« angrenzende Mistgrube vorgesehen, in der in einigen Fällen auch »Transporttote« verbrannt wurden. Sie wurde jedoch wieder abgeschafft, da es sich nicht lohnte, zwei Feuer im unteren Lager zu unterhalten. Zur Verbrennung der Leichen im »Lazarett« wurden später wie im oberen Lager Schienen als provisorische Roste eingesetzt.[296]

Reorganisation in Sobibor: Ausbau der Vernichtungsstrukturen

Ab Juli 1942 war die Versorgung des Lagers Sobibor mit neuen Transporten aufgrund der Reparatur der Bahnschienen für mehrere Monate gar nicht, dann nur begrenzt möglich. Damit stand es ausgerechnet in der Zeit still, in der Himmler die systematische Ermordung der polnischen Juden angeordnet hatte. Dennoch gab es in Sobibor einen Personalzuwachs, obwohl das Lager im Vergleich zu Belzec und Treblinka bereits in der Aufbauphase personell sehr stark besetzt war. Die lange Transportpause wurde genutzt, um es weiter auszubauen. Obwohl sich abzeichnete, dass das Lager im Herbst 1942 weiterhin nur wenige Transporte aufnehmen sollte, wurden auch hier die Gaskammern umstrukturiert, nachdem die Spezialisten Hackenholt und Lambert in Treblinka die Umbauarbeiten abgeschlossen hatten. Man kann davon ausgehen, dass die T4-Reinhardt-Männer zu dieser Zeit darauf spekulierten, auf lange Sicht erneut eine erhöhte Anzahl von Transporten zugewiesen zu bekommen. Im Vergleich zu den Lagern Belzec und Treblinka, die zwar über hocheffektive Vernichtungsstrukturen, aber weniger ausgeprägte Sortier- und Arbeitsstrukturen verfügten, hatte die Mannschaft in Sobibor Ende 1942 die ausdifferenzierteste Struktur sowohl für die Vernichtung als auch für den Raub geschaffen und darüber hinaus auch für die Bedürfnisse der Lagerangehörigen.

Personelle Umstrukturierung des Netzwerks

Im Sommer 1942 kam es zu wichtigen Personalveränderungen, die zum einen durch die Umstrukturierungen in Treblinka und die damit verbundenen Versetzungen zwischen den Subgruppen Belzec, Sobibor und Treblinka bedingt waren, zum anderen wurde die Lagermannschaft mit neuem T4-Personal erweitert. Die meisten Männer stammten aus Sonnenstein und wurden, wie ihre Kollegen in Treblinka, vor ihrer Ankunft in Sobibor zunächst einige Wochen in Trawniki an den Waffen ausgebildet. Aus Belzec und Treblinka wurden außerdem die aktiven SS-Angehörigen Niemann und Graetschus nach Sobibor versetzt. Nur für eine kurze Zeit waren Hackenholt und Lambert für den Bau der Gaskammern im Lager. Hackenholt kehrte danach wieder nach Belzec zurück, Lambert wurde in den Alten Flughafen in Lublin versetzt.[297]

Der Kommandantenwechsel in Treblinka hatte auch Änderungen in der Führungsgruppe von Sobibor zur Folge: Im September löste der Polizist Franz Reichleitner Franz Stangl, der neuer Lagerleiter in Treblinka wurde, als Kommandant ab. Wie sein Vorgänger war er 1940 von der Kriminalpolizei in Linz nach Hartheim versetzt worden, wo er zunächst stellvertretender Büroleiter, später Büroleiter war. Zur Einarbeitung fuhr Reichleitner auch nach Treblinka, als dort das Lager neu strukturiert wurde. Als Lagerkommandant nahm er wie Stangl keine dominante Stellung gegenüber seinen Untergebenen ein. Er leitete die »Transportabfertigung«, machte Kontrollgänge durch das Lager, nahm besondere Appelle ab und ordnete die Erschießung von geschwächten oder des Widerstands verdächtigten »Arbeitsjuden« sowie standrechtliche Erschießungen von Trawniki-Männern an, mischte sich aber nicht in das alltägliche Lagerleben ein.[298] Als er das Lager Ende September für einige Wochen verließ, übernahm Arthur Walther die Urlaubsvertretung. Walther kam wahrscheinlich mit der September/Oktober-Gruppe um Schemmel und Tauscher nach Polen. Der gelernte Maschinenschlosser hatte ab 1934 bei der Polizei gearbeitet und wurde 1941 von der Schutzpolizei in Dohna, Kreis Pirna, nach Sonnenstein versetzt, wo er in der Wirtschaftsabteilung tätig war. Im Herbst 1941 oder Frühjahr 1942 wurde er als Wirtschaftsleiter nach Hartheim versetzt. Nach der Urlaubsvertretung kehrte er wieder zur T4 zurück.[299]

Die Neuerungen in der Führungsgruppe im Zuge der Umwälzungen im September 1942 betrafen aber nicht nur die Lagerleitung. Wie in Belzec (Schwarz) und Treblinka (Franz) wurde dem Kommandanten ein aktiver SS-Mann als Vertreter zur Seite gestellt. Hierfür wechselte Johann Niemann Ende August, Anfang September von Belzec nach Sobibor. Vor der Ankunft Reichleitners leitete er vertretungsweise für kurze Zeit das Lager, danach fungierte er als Vertreter des Kommandanten.[300] Der aktive SS-Angehörige Siegfried Graetschus, der aus Treblinka nach Sobibor versetzt wurde, übernahm die Hauptverantwortung für die Wachmänner.[301] Der bisherige Führer der ukrainischen Wachmannschaften, Erich Lachmann, wurde nach Trawniki zurückversetzt. Dies lag zum einen an seiner Unzuverlässigkeit, zum anderen aber auch daran, dass für Graetschus ein verantwortlicher Aufgabenbereich geschaffen werden musste.[302]

Wie in Belzec und Treblinka stieß auch zur Führungsgruppe in Sobibor ein zusätzlicher Mann. Mit dem Dresdener Polizeimeister Paul Rost wurde ein weiterer Polizist von der T4 in das Lager abgeordnet, was nicht zuletzt der Korruptions- und Diebstahlbekämpfung sowie der Wahrnehmung polizeilicher Aufgaben dienen sollte, wie dies auch bei Küttner in Treblinka und Tauscher in Belzec der Fall war. Rost war ab Mai 1940 Leiter des Transportwesens in Sonnenstein und hatte zunächst den Katastropheneinsatz im Westen mitgemacht. Im September kam er mit Schemmels und Tauschers Gruppe nach Polen, wo er zuerst in Trawniki mit Küttner für einige Wochen die nicht militärischen T4-Mitarbeiter ausbildete. In Sobibor war er leitend im Lager II tätig und kontrollierte die Sortierkommandos. Bei der Ankunft von Transporten wurde er auch an der Rampe eingesetzt.[303]

Von der Führungsmannschaft aus der Aufbauphase waren im Herbst 1942 noch der Spieß Gustav Wagner,[304] der Leiter des Lagers II Karl Frenzel,[305] der vielseitig tätige SS-Mann Herbert Floß sowie als Ranghöchster des Lagers III Hubert Gomerski übrig, der weiterhin die Lorenbahn fuhr, im Lager III »Gehunfähige« und »Arbeitsjuden« erschoss, die Opfer in die Gaskammern trieb und die Waffenkammer beaufsichtigte.[306] Floß ging im Winter von Sobibor nach Belzec, um dort die systematische Verbrennung der Leichen einzuleiten. Kurt Bolender musste im Oktober das Lager verlassen, da er Mitte des Monats wegen Meineids, den er im Rahmen seines Scheidungsverfahrens geleistet hatte, verhaftet worden war.[307]

Aus dem mittleren Machtkreis blieben aus der Aufbauphase noch Bauer, Weiß, Michel, Beckmann und Steubl im Lager. Der Fahrer Erich Bauer bediente den Motor bei den Gaskammern und beaufsichtigte das neu eingeführte Scheren der Haare.[308] Bruno Weiß war nach wie vor beim »Bahnhofskommando« aktiv und führte Aufsicht beim Auskleiden im Lager II sowie bei Außenkommandos.[309] Hermann Michel behielt die Oberaufsicht bei den Transporten im Lager II und hielt die Ansprache an die Deportierten.[310] Karl Steubl[311] und Rudolf Beckmann[312] übernahmen die Verwaltungsaufgaben von Ittner und Schütt, die das Lager verlassen hatten. Beckmann leitete das Lager II, wo inzwischen auch ein permanentes Sortierkommando tätig und eine Landwirtschaft entstanden war. Er verwaltete die Kasse mit den Wertgegenständen und das Magazin, während Steubl Rechnungs- und Verpflegungsführer wurde.[313] In diesen Machtkreis wurde Franz Hödl, der wahrscheinlich schon Ende Juni, Anfang Juli 1942 in Sobibor eintraf, integriert. Der Fahrer war zuvor bei der Oberösterreichischen Kraftwagen-Verkehrs-A.G. beschäftigt, die nach dem »Anschluss« von der Deutschen Reichspost übernommen wurde. Von hier aus wurde er nach Hartheim abgestellt, wo er als Kraftfahrer arbeitete. Er hatte den OT-Einsatz mitgemacht. In Sobibor war er als Kraftfahrer bei den Gaskammern tätig und bediente den Bagger im Lager III.[314]

Aus dem äußeren Machtkreis befanden sich noch Josef Vallaster, der im Lager III eingesetzt wurde,[315] der Maurer Wenzel Rehwald[316] sowie der Koch Ferdinand Grömer, ebenfalls Lager III, sowie der Tischler Bauch, der im Lager I tätig war, im Lager. Ernst Bauch beging Anfang Dezember während eines Heimaturlaubs in Berlin Selbstmord, möglicherweise weil er seine Beteiligung an der Ermordung der Juden in Sobibor nicht ertragen konnte.[317] Bredow und Ludwig, die diesem Machtkreis angehört hatten, gingen nach Treblinka, während Barbl und Groth nach Belzec versetzt wurden. Den untersten Machtkreis verstärkten einige Neuzugänge. Der gelernte Bäcker Johann Klier war als Arbeiter im Heddernheimer Kupferwerk in Frankfurt beschäftigt, bevor er im November 1940 nach Hadamar kam und dort für die Küchen- und Dampfheizung zuständig war. In Sobibor beaufsichtigte er die Bäckerei und spätestens ab Dezember 1942 die Schuhsortierung.[318] Der Schlosser und Fahrer Werner Becher hatte bei verschiedenen Firmen als Fahrer gearbeitet, wurde ab 1940 in Sonnenstein als Fahrer eingesetzt und nahm im Anschluss am OT-Einsatz teil. In Sobibor war er als Kraftfahrer sowie bei den Gaskammern im Lager III tätig und fungierte als Aufseher bei Sortier- und anderen Arbeitskommandos. Schon im November ging er nach Deutschland zurück, möglicherweise aufgrund einer Magenerkrankung, und nahm seine Tätigkeit als Fahrer bei der T4 wieder auf.[319]

Der Fleischer und Kraftfahrer Karl Richter war in Sonnenstein als Fahrer beschäftigt und übernahm in Sobibor Bredows Stelle als Koch. Er wurde auch als Aufseher bei der Entkleidung und beim »Bahnhofskommando« eingesetzt und führte Aufsicht bei Erschießungen.[320] Der Pfleger Walter Nowak war in Sonnenstein als Pfleger und Transportbegleiter tätig und hatte den OT-Einsatz mitgemacht. In Sobibor beaufsichtigte er verschiedene Arbeitskommandos, wie das Sortierkommando. Er überwachte zudem das Scheren der Haare und war als Friseur für das deutsche Stammpersonal tätig.[321] Kurt Fey war zu Kriegsbeginn zur Polizei eingezogen worden und arbeitete in Sonnenstein im Büro, möglicherweise auch als Pfleger. In Sobibor wurde er im Lager II eingesetzt.[322]

Im Herbst 1942, als erneut Transporte im Lager eintrafen, befanden sich mindestens 25 T4-Reinhardt-Männer in Sobibor, zu der Zeit, als die Gaskammern gebaut wurden, sogar bis zu 29 Personen. Im Vergleich zu Belzec und Treblinka war Sobibor personell überbesetzt. In den ruhigeren Monaten von Dezember bis Februar 1943 verringerte sich das Lagerpersonal durch Abgänge wieder auf 21 Personen.

Insgesamt lässt sich feststellen, dass sich das Lager vor allem auf den unteren Ebenen weiter ausdifferenzierte. Neue Arbeitsbereiche kamen durch die Einführung des Abschneidens der Haare und die verstärkte Aufmerksamkeit auf die Sortierung von Kleidung und Wertgegenständen hinzu. Die Arbeitsorganisation war wie in Belzec in zwei Bereiche aufgeteilt: erstens die »Transportabfertigung« von der Rampe bis zur Gaskammer, währenddessen sämtliche weitere Arbeiten im Lager eingestellt wurden; zweitens die Führung verschiedener Arbeitskommandos zur Aufrechterhaltung des Lagerlebens oder zur Sortierung der Kleidung. In der Nacht wurden zudem unter den T4-Reinhardt-Männern »Führer vom Dienst« ausgewählt, die unter anderem die Trawniki-Männer kontrollierten.[323]

Umbauarbeiten und funktionale Struktur des Lagers

In der langen transportfreien Zeit – und auch nach der Wiederaufnahme der Transporte im Oktober 1942 – wurde das Lager weiter ausgebaut, zusätzliche Baracken als Werkstätten und Unterkunft für die »Arbeitsjuden« im Lager I sowie neue Lagerhallen wurden errichtet. Auch im Vorlager wurden neue Wohn- und Arbeitsbereiche geschaffen, die durch den Abbruch von Häusern aus dem Ghetto in Włodawa realisiert wurden. Möglicherweise wurden die Umbauarbeiten durch Himmlers Besuch im Juli 1942 forciert.[324]

Der obligatorische Weg von der Rampe in die Gaskammern wurde abgeändert, sodass die Deportierten nicht mehr durch das Lager I, sondern von der Rampe direkt ins Lager II gingen. Dies hatte den Vorteil, dass sie nicht mehr in Kontakt mit den dort lebenden und arbeitenden Häftlingen kamen und ihre Beaufsichtigung einfacher war. Kurz vor dem Ende des »Schlauchs« wurde ein Gebäude errichtet, in dem den Frauen vor der Tötung die Haare abgeschnitten wurden. Im Herbst 1942, wahrscheinlich in der zweiten Oktoberhälfte, als bereits wieder Transporte das Lager erreichten, wurden auch in Sobibor neue Gaskammern errichtet. Wirth kam zur Überwachung der etwa zwei- bis dreiwöchigen Umbauarbeiten mehrfach aus Lublin nach Sobibor. Lambert und Hackenholt standen dafür 20 bis 30 Häftlinge sowie fünf Wachmänner, die Maurer und Zimmermänner oder andere Handwerker waren, zur Verfügung. Anders als in Belzec und Treblinka wurden die neuen Gaskammern an das bereits bestehende Gebäude angebaut.[325]

Im Herbst 1942 hatte das Lager zwar noch nicht seine endgültige Gestalt, aber der Großteil der Einrichtungen war mittlerweile gebaut. Wie Treblinka hatte es eine Größe von circa 600 mal 400 Metern und bestand aus vier Teilbereichen: dem Verwaltungs- und Wohnbereich für Aufseher und Wachmänner (Vorlager), dem Unterkunfts- und Werkstattbereich der »Arbeitsjuden« (Lager I), dem Aufnahmebereich (Lager II) und dem Vernichtungsbereich (Lager III). Am Lagereingang befand sich das Schild »SS-Sonderkommando Sobibor«.[326]

Der Aufbau des Lagers spiegelt die Netzwerkstruktur mit den großen Handlungsspielräumen und den flachen Hierarchien wider. Deutliche Begrenzungen galten im Lager nur für die »Arbeitsjuden«, von denen sich in Ausnahmefällen aber einige zwischen Vorlager, Lager I und Lager II bewegen durften. Zum Teil war auch die Bewegungsfreiheit der Wachmänner eingeschränkt, denen der Zutritt zu einigen Arbeitsbereichen untersagt wurde, um Diebstähle zu vermeiden. Für die T4-Reinhardt-Männer galten diese Beschränkungen nicht. Die Übergänge im Lager zwischen den Teilsektoren waren fließend, ebenso wie die Funktionen und Rollen, die den Männern zugeordnet waren. Das Lager glich in keiner Weise einem eher militärisch strukturierten Konzentrationslager, sondern war vielmehr Ausdruck der Herangehensweisen, Handlungslogiken und Bedürfnisse der T4-Reinhardt-Männer. Es entsprach einerseits den »Erfordernissen« eines Vernichtungsorts, war aber andererseits auch den Ansprüche der Aufseher selbst angepasst. Dazu gehörten die Werkstätten in Lager I, in denen auch für die Männer und ihre Familien gearbeitet wurde, sowie die die Vernichtung kontrastierende, scheinbare Idylle eines gepflegten Dorfes, in dem Blumen den Wegrand säumten.[327]

Das Rangiergleis führte vom Bahnhof in das Lager hinein und bot als Entladerampe Platz für bis zu elf Waggons. Die Rampe war also erheblich kürzer als in Belzec und Treblinka, was daran lag, dass sie bei Baubeginn bereits vorhanden war und sich durch die vergleichsweise geringe Anzahl von Transporten nicht die zwingende Notwendigkeit ergeben hatte, die Kapazitäten des Lagers signifikant durch die Verlängerung des Rangiergleises zu erhöhen.[328] Parallel zur Rampe begann ein mit Blumen bepflanzter Weg, der von Süden nach Norden bis zur Kapelle führte. Hier waren in der Anfangszeit alte und schwache Menschen erschossen worden. Nordwestlich von der Kapelle sollte 1943 das Nordlager, das sogenannte Lager IV, errichtet werden.[329]

Das Vorlager: Wohnbereich der Aufseher

Die Garnison beziehungsweise das »Vorlager« begann am Haupttor und erstreckte sich längs der Rampe, war also aus den ankommenden Zügen einsehbar. Dort befanden sich die Wohn- und Dienstquartiere des deutschen Lagerpersonals und der Trawniki-Männer – allerdings ohne die zum Arbeits-

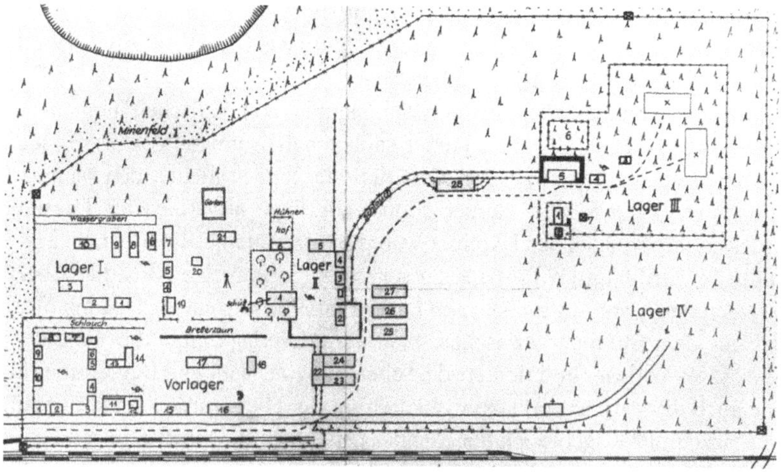

Abbildung 14: Skizze von Sobibor des T4-Reinhardt-Mannes Erich Bauer, angefertigt in Haft (Anfang der 1960er Jahre)
StA München, Staatsanwaltschaften 34865/85

bereich im Lager II gehörende Verwaltung. Die Gebäude waren frisch gestrichen, das Gelände mit Blumen angelegt. Den Deportierten bot sich aus den Waggons heraus ein beruhigender Anblick, hatte diese Idylle doch nichts mit ihren Vorstellungen von einem möglichen Vernichtungsort gemein. Für die T4-Reinhardt-Männer ging es hingegen um den Versuch, jenseits ihres alltäglichen Todesgeschäfts Normalität herzustellen – mit herrschaftlichem Dienstpersonal –, was sich auch in den Bezeichnungen der Unterkünfte wie »Schwalbennest« und »Zum lustigen Floh«,[330] wie einige Überlebende berichteten, äußerte. Im Unterschied zu Belzec waren sie in diesem funktionalen Bereich des Lagers, der auf alle Bedürfnisse einging, unter sich und nach außen hin besser geschützt.

Die Unterkunftsbaracken und die Küche für die Trawniki-Männer (Abbildung 14, Nr. 13 bis 18) standen parallel zum Ende der Rampe, während der Bereich der Deutschen parallel zum Beginn der Rampe ein Rechteck bildete. Der Wohnbereich der T4-Reinhardt-Männer setzte sich aus der Wache (Nr. 1), dem Zahnarzt und der Arrestkammer für die Trawniki-Männer (Nr. 2), dem Kasino (Nr. 3), dem Bad der deutschen Männer, in dem auch ein Rasiersalon eingerichtet war (Nr. 5 und 6), der Wäscherei (Nr. 7) und Bekleidungskammer (Nr. 10) sowie zwei Unterkunftsbaracken für die T4-Reinhardt-Männer (Nr. 8 und 9) zusammen. Im ehemaligen Postgebäude (Nr. 11) wohnten, in einem eigens abgezäunten Bereich, ebenfalls einige Aufseher. Daneben befand sich die Munitionskammer (Nr. 12). In einer Garage (Nr. 4) war ein Teil der Fahrzeuge untergebracht: Im Lager gab es zwei Renault-Pkw, einen Mercedes und einen weiteren Pkw, zwei Ford-V8-Lastwagen und im Jahr 1943 auch einen VW-Kübelwagen.[331]

In den Wohnbaracken wurden die Männer von jüdischen Frauen aus Österreich bedient, die die Zimmer sauber halten mussten. Diese Frauen wohnten ebenfalls im Vorlager. Drei jüdische Jungen hielten den Männern als »Putzer« die Schuhe sauber. Einige Häftlinge arbeiteten als Friseure. Auch in der Baracke der Ukrainer waren »Putzer« tätig. Ein »Platzmeister« hatte für Ordnung im Vorlager zu sorgen.[332] Schmutzige Kleidungsstücke des Personals wurden zunächst im Lager I im Freien in einem Trog mit Wasser aus dem Brunnen gewaschen. Bald darauf verlegte man die Wäscherei (Nr. 7) ins Vorlager und richtete dort ebenfalls eine Näh- und Bügelstube ein, die auch »Reparaturwerkstatt« genannt wurde. Hier wurden Kleidungsstücke für den Privatgebrauch der Männer genäht, geflickt und gebügelt. 1943 sollte das Arbeitskommando auf etwa 60 Frauen anwachsen und dort zusätzlich auch Männerhemden und – für die Kinder der T4-Reinhardt-Männer – Puppenkleider angefertigt werden. In der Nähstube befanden sich auch die Bekleidungskammer und ein Wäschemagazin, in dem die desinfizierte und gewaschene Kleidung der einzelnen Lagerangehörigen gelagert wurde.[333]

Das Kasino (Nr. 3) – als Speisehalle Ort der geselligen Zusammenkunft der T4-Reinhardt-Männer – wurde Ende August 1942 fertiggestellt. Hier arbeitete zunächst der Koch Bredow, dem ein jüdischer Kellner und Küchengehilfe sowie ein jüdisches Mädchen als Hilfen zur Verfügung standen. Später war manchmal Grömer als Koch zugange, aber in der Regel wurden die Speisen von einer jüdischen Köchin zubereitet, bis diese 1943 aus Angst vor einer Verschwörung und Vergiftung von dem Posten abgesetzt wurde. Das Kasino verfügte über eine Terrasse, auf der bei schönem Wetter gegessen werden konnte, und war mit weißem Kies und Blumenbeeten umsäumt. Im Inneren standen mehrere Tische mit weißen Tischdecken für je vier Personen, es gab keine feste Sitzordnung.[334] Die Küche für die ukrainischen Wachen (Nr. 16), in der ebenfalls zwei Gefangene eingesetzt waren, wurde vom »Hilfswilligen« Krupka geleitet. Sie war zunächst in einer Unterkunftsbaracke untergebracht, später kam sie in eine eigene Baracke.[335]

In der Zahnarzt- und Arztstube (Nr. 2), die durch die Aufschrift »Ärztliches Behandlungszimmer« gekennzeichnet war, standen den T4-Reinhardt-Männern jüdische Zahnärzte zur Verfügung, die nur deutsches Personal behandeln durften. Die Instrumente der Arztstube stammten aus den Transporten, die in Sobibor angekommen waren.[336]

Lager I: Wohn- und Arbeitsbereich der »Arbeitsjuden«
Westlich vom Vorlager befand sich das Lager I, das auch »Judenlager«[337] genannt und von Frenzel geleitet wurde. Dort befanden sich die Wohnquartiere der etwa 300 Häftlinge, die 1942 in Lager I und II arbeiteten. Sie bestanden aus mindestens drei Unterkunftsbaracken sowie den Werkstätten der Handwerker, einem Geräteschuppen (Nr. 5), einer Küche für die Gefangenen sowie den Latrinen. Die Gebäude waren um einen großen Platz herum gruppiert, der als Appellplatz diente. Zu Beginn war in diesem Bereich auch die Goldschmiede untergebracht, die mit der Ankunft von Reichleitner – offiziell – aufgelöst wurde. Das Lager I war von einem weiteren Stacheldrahtzaun umgeben.[338]

Bei den zwei Unterkunftsbaracken der männlichen »Arbeitsjuden« (Nr. 8 und 9), die nicht wie die Handwerker in den Werkstätten lebten, handelte es sich um eine Mischung aus Pferdeställen und Armeeunterkünften. Darin standen dreistöckige Pritschen. Die weiblichen Arbeitskräfte hatten eine eigene Baracke (Nr. 7), sie schliefen auf zweistöckigen Pritschen. Zum oberflächlichen Waschen war an der hinteren äußeren Wand der Unterkunftsbaracke ein dünnes Metallrohr über Trögen angebracht, aus dem Wasser aus kleinen Löchern tropfte. Als Latrine fungierte eine von Männern und Frauen gemeinsam genutzte Grube. In der Nacht, wenn die Gefangenen in den Baracken eingeschlossen waren, wurden Eimer zur Notdurft genutzt, die am Morgen geleert werden mussten.[339]

In der Küche für die »Arbeitsjuden« (Nr. 6) im Lager I arbeitete ein Dutzend Häftlinge. In den ersten Monaten kochten sie auch für die Gefangenen des Lagers III. Die Köche lebten getrennt von den anderen Arbeitskräften.[340] Im Lager I arbeiteten zudem Schneider, Schuster und Tischler, Strickerinnen, Mechaniker, Elektriker, Maurer, Spengler und Silberschmiede. Insgesamt produzierten etwa 50 bis 60 Juden als Handwerker für den Eigenbedarf des Lagers und der Lagerangehörigen. Die Zimmermänner bauten in der Tischlerwerkstatt (Nr. 3) Möbelstücke für die T4-Reinhardt-Männer und stellten Baracken im Lager auf. Sie errichteten auch den Bretterzaun rund um das Lager II. Im März 1943 befand sich etwa ein Dutzend Tischler im Lager. Im Lager I lebten außerdem fünf bis sechs Maurer, die zur von Rehwald beaufsichtigten Maurerkolonne gehörten. In der Malerwerkstatt (Nr. 10) lebten und arbeiteten ein Anstreicher und mehrere Kunstmaler. Hier wohnten auch einige Angehörige des »Bahnhofskommandos«, der Magazin-Verwalter und ein Gärtner.[341]

Fünf Schuster reparierten Schuhe und fertigten auf Bestellung Schuhwerk für die T4-Reinhardt-Männer sowie deren Frauen und Kinder an. Ein Raum der Schusterwerkstatt (Nr. 2) diente als Unterkunft. Weitere sechs bis acht Schuster arbeiteten in einem zweiten Atelier (Nr. 4) für die ukrainischen

Wachmannschaften, sie reparierten hauptsächlich alte Schuhe. Die Schneiderwerkstatt (Nr. 1) bestand aus drei Räumen und einer kleinen Küche. Ein Raum diente den Schneidern als Unterkunft, einer fungierte als Anproberaum. Etwa sechs Schneider nähten Uniformen und Mäntel für die T4-Reinhardt-Männer und führten Ausbesserungsarbeiten durch. Der dritte Raum der Schneiderwerkstatt diente den Hutmachern als Aufenthalts- und Arbeitsraum. Die kleine Küche wurde gelegentlich auch zum Arbeitsraum umfunktioniert. In einer im Dezember 1942 eingerichteten Strickstube mussten zwölf bis 20 Frauen für die deutschen und ukrainischen Lagerangehörigen Strümpfe und Pullover stricken. Sie waren ebenfalls in einem abgeteilten Bereich der Strickstube untergebracht.[342]

Direkt neben der Umzäunung des Lagers I war Kliers Bäckerei (Nr. 19). Zwischen Lager I und II befanden sich eine weitere Waschstube und Plätterei (Nr. 20) sowie der Obst- und Gemüsegarten, der zur Landwirtschaftsabteilung des Lagers II gehörte und eine gewisse Autarkie des Lagers ermöglichte. In diesem Bereich befand sich auch der konfiszierte Hochsitz der Försterei, der als Wachturm genutzt wurde.[343]

Lager II: Ausziehbereiche und Magazine

Von der Rampe führte ab Sommer 1942 ein mit Stacheldraht umzäunter Weg über das Lager I direkt ins Lager II. Das Lager II sowie das Lager III dienten im Unterschied zum Vorlager und dem Lager I der eigentlichen Aufgabe des Vernichtungslagers, der »Transportabfertigung«. Es bestand hauptsächlich aus dem teilweise überdachten Ausziehplatz sowie dem ehemaligen Forsthaus und einigen Blockhütten, die als Magazin für Lebensmittel (Abbildung 14, Nr. 2), Silberlager und Wagenschuppen (Nr. 3) genutzt wurden. Das Forsthaus (Nr. 1) diente als Verwaltungsgebäude und Wohnquartier für einige Männer der Lagerbesatzung. Durch einen Zaun war es von den Lagern I und II getrennt, im Inneren gab es einen kleinen Speiseraum. In die Schreibstube des Forsthauses hatte man eine Telefonleitung verlegt, nachdem während der Aufbauphase noch die Poststelle außerhalb des Lagers für Telefongespräche genutzt worden war. Von hier aus konnte auch das Lager III telefonisch erreicht werden. Zur internen Kommunikation im Lager gab es außerdem einen Lautsprecher. An der dem Lager II zugewandten Seite des Forsthauses fungierte ein Fenster als Registrierschalter, an dem die Deportierten nach dem Auskleiden ihre Wertgegenstände abgeben mussten.[344]

Im Magazin für Silbergegenstände (Nr. 4) installierten Getzinger und Hödl im Spätsommer einen Generator, mit dem die Scheinwerfer zur Beleuchtung der Arbeitsplätze mit Strom versorgt werden konnten. Davor hatte es keinen Strom gegeben und man behalf sich mit Petroleumleuchten und Kerzen.[345]

Am Rand des Lagers II lag die sogenannte Wirtschaftsabteilung beziehungsweise der »Erbhof«, der der Selbstversorgung des Lagers diente: Er bestand aus einem Hühner- und Schweinehof (Nr. 6) mit etwa 50 Ferkeln und Schweinen sowie einem Kuh- und Pferdestall mit drei bis vier Pferden (Nr. 5). Im Hühnerhof wurden auch Gänse und Enten gemästet, später sollten überdies Angora-Kaninchen gezüchtet werden. Die Kleinlandwirtschaft hatte Niemann angeregt und sie stand unter der Leitung des Landwirts Beckmann. Scheune und Stall gehörten ursprünglich zum Forsthaus.[346]

In der nordwestlichen Ecke des Lagers II begann der drei bis vier Meter breite und circa 150 Meter lange und bogenförmige »Schlauch«, der parallel zur Lorenbahn verlief. Er war auf beiden Seiten mit Stacheldraht begrenzt, in den zur Tarnung Tannenzweige eingeflochten waren; kurz vor den Gaskammern diente ein hoher Bretterzaun als Sichtschutz, sodass kein Einblick in den Vernichtungsbereich möglich war. Der »Schlauch« führte direkt in das Gaskammergebäude im Lager III. Am Ende der »Himmelfahrtsstraße«, wie der »Schlauch« in den Erinnerungen von Thomas Blatt von den T4-Reinhardt-Männern wahrscheinlich in Anlehnung an Treblinka auch genannt wurde,[347] befand sich, möglicherweise erst seit Frühjahr 1943, eine Abzweigung mit einer Baracke, in der den Frauen vor ihrem Tod die Haare abgeschnitten wurden (Nr. 28).[348]

Außerhalb des Lagers II befanden sich überdachte Bereiche zum Sortieren und Lagern der Kleidung und anderer Gegenstände (Nr. 25 bis 27), die allerdings erst im Frühjahr 1943 ihre endgültige Gestalt erhalten sollten. Zwischen den Sortierbereichen und dem Lager II verliefen die Schmalspurschienen der Lorenbahn von der Rampe bis zum Lager III, und zwar parallel zum Weg der Opfer: Sie fuhr zunächst die Rampe entlang, dann an Lager II, den Sortierbaracken und dem »Schlauch« vorbei bis zu den Massengräbern im Lager III. Mit der Lorenbahn wurden nicht nur Greise und Kranke zur Erschießung zu den Massengräbern, sondern auch Nahrungsmittel für die Arbeiter des Vernichtungsbereichs, Brennstoff und anderes Material ins Lager III sowie Kleidung und Gepäck zu den Sortierbaracken transportiert. Die Lorenbahn war eine Besonderheit von Sobibor und vereinfachte die Abkopplung des Vernichtungsbereichs von den beiden anderen Lagern, da beim Transport des Materials von einem zum anderen Lagerteil keine Schnittstelle zwischen den »Arbeitsjuden« der beiden Lagerhälften entstehen konnte. Auf der Fläche zwischen den beiden Lagern II und III war außerdem – auch dies eine Eigenheit – eine kleine Landebahn für Flugzeuge angelegt worden.[349]

Lager III: Der Vernichtungsbereich

Der Vernichtungsbereich – Lager III – lag im nordwestlichen Teil des Lagers. Hier befanden sich die Gaskammern mit dem Motorenraum (Abbildung 14, Nr. 5), die Massengräber und – zu einem späteren Zeitpunkt – die Verbrennungseinrichtungen. In einem extra eingezäunten Bereich standen die Baracken für die Gefangenen (Nr. 1) dieses Teils mit einer Küche und dem Arbeitsplatz der »Dentisten« (Nr. 2). Es gab zudem einen weiteren umzäunten Arbeitsplatz (Nr. 6), eine mechanische Werkstatt (Nr. 4) und einen Kleiderschuppen als Umkleideraum für das Arbeitskommando. Das Lager war mit einem zusätzlichen Wachturm (Nr. 7) versehen und über zwei Eingänge zugänglich: über den »Schlauch« für die Deportierten, der direkt in die Gaskammern führte, und über ein kleineres Tor für die Wachmänner und die T4-Reinhardt-Männer.[350]

Das neue Gebäude mit den Gaskammern war ähnlich wie in Belzec konstruiert, hatte einen Mittelgang, an dessen beiden Seiten je drei Gaskammern mit fiktiven Brausearmaturen lagen. Wahrscheinlich war es insgesamt etwas kleiner als sein Vorbild. Eine Tötungskapazität von etwa 1000 Personen insgesamt erscheint wahrscheinlich.[351] Die provisorischen hölzernen Türen der Aufbauphase waren durch Luftschutztüren aus einem Munitionsdepot in Warschau ersetzt worden, die jedoch breiter waren als die vorherigen. Sie führten auf eine Rampe von etwa anderthalb bis zwei Meter Breite hinaus. Über gläserne Sichtöffnungen konnte die Tötung der Menschen beobachtet werden.[352] Die Gaskammern waren durch eine Lorenbahn mit den Massengräbern verbunden, die im Unterschied zu Belzec und Treblinka weiterhin genutzt wurde. Ab Sommer 1942 wurden die Gruben mit einem Bagger ausgehoben.[353]

Im gesamten Lager Sobibor gab es mindestens sechs Brunnen. Ein überdachter Brunnen mit Handkurbel stand im Vorlager, außerdem ein Zierbrunnen, der kein Wasser spendete, und zu einem späteren Zeitpunkt ein Brunnen mit Hochpumpe, der zu Waschzwecken von den Wachmännern genutzt wurde. Eine Sickergrube und ein Wasserabfluss fingen das Wasser auf. Im Lager I befand sich ein Brunnen, aus dem das Wasser in hölzernen Eimern mit langen Stangen heraufgeholt wurde. Er stand schon vor der Errichtung des Vernichtungslagers. Ein Brunnen im Lager II wurde später zugeschüttet. Ein weiterer Brunnen befand sich im Lager III. Die Lagermannschaft holte aber auch Wasser vom Bahnhof, aus Angst, sich durch das von Leichenflüssigkeiten verunreinigte Grundwasser mit Krankheiten zu infizieren. In den Lagern der »Aktion Reinhardt« gab es keine Kläranlagen wie in Auschwitz-Birkenau.[354]

»Transportabfertigung« in Sobibor (Oktober bis Dezember 1942)

Die »Transportabfertigung« in Sobibor ähnelte den in Belzec und Treblinka praktizierten Modellen, bedingt durch die Architektur des Lagers sowie die eingesetzten Arbeitskommandos gab es jedoch einige Unterschiede. Eine Besonderheit ist der Transport der als »gehunfähig« klassifizierten Menschen mit der Lorenbahn ins Lager III, wo sie erschossen wurden. Ein weiterer Unterschied bestand darin, dass das Abschneiden der Haare kurz vor der Gaskammer am Ende des »Schlauchs« stattfand. Ab Sommer 1942 konnten Transporte aufgrund des Beleuchtungssystems auch nach Einbruch der Dunkelheit »abgefertigt« werden; in seltenen Fällen wurden das »Bahnhofskommando« und die »Friseure« daher auch nach dem abendlichen Wegschließen zur Arbeit gerufen. In der Regel blieben aber spät eingetroffene Züge über Nacht auf dem Nebengleis stehen.[355]

An der Rampe: Vorbereitung und Entladung

Eine oder eine halbe Stunde vor Beginn der »Transportabfertigung« wurde die Lagerleitung von Höfle oder Wirth aus Lublin oder von den Bahnbeamten der Station Sobibór über die bevorstehende Ankunft des Transports informiert. Der Spieß Wagner forderte dann die Lagermannschaft auf, sich auf den Transport vorzubereiten.[356] Die T4-Reinhardt-Männer waren mit Peitschen und Pistolen ausgerüstet. Spätestens in dieser Phase hatte sich die Lederpeitsche, die in der lagereigenen Schusterei aus alten Aktentaschen hergestellt wurde, als Standardausrüstung durchgesetzt. Mit ihr ließen sich die Oper zum einen leicht auf Abstand halten, zum anderen konnten sie mit Peitschenschlägen dazu gezwungen werden, bestimmte Wege einzuschlagen.[357]

Zunächst wurden die »Arbeitsjuden«, die nicht bei der »Transportabfertigung« eingesetzt wurden, in den Baracken eingeschlossen, damit sie keinen Kontakt mit den Deportierten aufnehmen konnten. Auf dem Bahnhofsgelände durften sich zu diesem Zeitpunkt nur noch Eisenbahner, wie der Fahrdienstleiter und der Weichensteller, aufhalten. Während die Frachtpapiere dem polnischen Stationsvorsteher oder dem deutschen Streckenabschnittsverantwortlichen übergeben wurden, übergaben die Transportbegleiter ihre Papiere dem Kommandanten. Die Begleitmannschaften sollten das Lager in der Regel nicht betreten, auch weil zu Beginn der Deportationen einige Männer versucht hatten, die Entladung zu fotografieren. Nach Erledigung der Formalitäten wurde der Zug von den Eisenbahnern je nach Größe in mehrere Teile geteilt und bis zu elf Waggons auf die Lagerrampe rangiert.[358]

Die »Aktion« an der Rampe, wo sich alle verfügbaren T4-Reinhardt-Männer, die Trawniki-Männer und das »Bahnhofskommando« einfanden, unterstand Frenzel und Wagner. Das »Bahnhofskommando« setzte sich aus circa

20 Jugendlichen und jungen Männern zusammen und war somit etwa halb so groß wie das strukturell vergleichbare »blaue Kommando« in Treblinka. Bei größeren Transporten mussten auch Angehörige anderer Arbeitskommandos mithelfen, sodass das Kommando auf bis zu 60 Personen anwuchs. Die Häftlinge waren mit Besen zur Reinigung der Rampe und der Waggons sowie mit provisorischen Tragbahren ausgerüstet, um alte und kranke Menschen transportieren zu können. Zur Unterscheidung von den Deportierten trugen sie einheitliche blaue Anzüge und Mützen mit dem roten Buchstaben »B«.[359]

Trawniki-Männer umzingelten den Zug, um jegliche Fluchtversuche zu unterbinden. In der Regel wurden alle Waggons des abgetrennten Zugteils zusammen geöffnet, manchmal wurden aus Angst vor Revolten der Deportierten die Türen auch einzeln geöffnet. Wenn es Schwierigkeiten bei der »Entladung« gab, wurden die Opfer mit Gewalt angetrieben. Nachdem Männer, Frauen und Kinder ausgestiegen waren, halfen die uniformierten Häftlinge wie auch einige Trawniki-Männer den Menschen, die nicht aus eigener Kraft aus dem Waggon kommen konnten, beim Aussteigen. Auch die Toten holten sie aus den Waggons. Die »Gehunfähigen« warteten zunächst auf der Rampe, bis der Rest des Zuges ausgeladen war. Währenddessen holte das »Bahnhofskommando« das zurückgebliebene Gepäck aus den Waggons, um es später mit der Lorenbahn zur Sortierung zu bringen. Die Männer säuberten die Waggons von Kot, Urin und Dreck und beseitigten auf der Rampe sämtliche Spuren. Außerdem reparierten sie in den Waggons kleinere Schäden, die unterwegs durch Fluchtversuche entstanden waren. Die Waggons wurden anschließend von einem T4-Reinhardt-Mann und den Eisenbahnern inspiziert.[360]

Lager II: Entkleidung, Abgabe der Wertgegenstände, Abschneiden der Haare

Von der Rampe kamen die Deportierten auf einem mit Stacheldraht gesicherten Weg ins Lager II. Von einem hölzernen Podest aus hielt einer der T4-Reinhardt-Männer eine Ansprache, die im Tenor den Reden von Belzec und Treblinka glich. Verantwortlich hierfür waren in der Regel die Pfleger, denen das Prozedere bereits von der »Euthanasie« bekannt war. Die Deportierten wurden angewiesen, sich zu entkleiden, Geld und Wertsachen abzugeben und ein desinfizierendes Bad zu nehmen, um Epidemien zu vermeiden. Im Anschluss würden sie neue Kleidung erhalten und – so wurde ihnen erläutert – weiter in den Osten, in die Ukraine, zur Arbeit fahren. Ein Schild mit der Aufschrift »Staatliche Seuchenbekämpfungsstelle« sollte den Inhalt der Rede bekräftigen. Teilweise wurden den Opfern die vermeintlich neuen Lebensbedingungen in schillernden Farben geschildert. Manchmal gingen die Redner auch auf die Todesangst der Opfer ein, besonders Michel, dem

»Prediger«, gelang es, den Todgeweihten Hoffnungen zu machen. Häufig machte sich die Lagermannschaft wie in den beiden anderen Lagern bei den polnischen Juden aber auch nicht mehr die Mühe, ihnen etwas vorzutäuschen, und gab nur noch Befehle aus, was sie zu tun hatten.[361]

Im Unterschied zu Belzec und Treblinka zogen sich in Sobibor alle Deportierten im Freien aus. Der Auskleideplatz befand sich in einem Winkel hinter dem Magazin an einem überdachten Bretterzaun. Die Kleidung konnte an Haken aufgehängt werden. Während sich zunächst Frauen und Kinder auszogen, wurde unter den Männern noch eine kleine Selektion vorgenommen, wenn im Lager Bedarf an Arbeitskräften bestand. Entweder zogen sich die Männer dann an Ort und Stelle aus oder später ebenfalls auf dem Auskleideplatz. Ein kleines »Judenkommando« von etwa zwölf Häftlingen half hilfsbedürftigen Personen, die zum Teil blutverkrustete, an der Haut festklebende, oft angefrorene Kleidung auszuziehen und diese wegzubringen. Nach dem Ausziehen mussten die Deportierten die Schuhe mit ausgeteilten Bindfäden zusammenbinden und ihre Kleidung ordentlich hinlegen oder aufhängen.[362]

Im Anschluss gaben sie Geld, Wertgegenstände und Dokumente am Fensterschalter des Forsthauses ab. Später wurde am Eingang zum »Schlauch« eine kleine Hütte zu diesem Zweck errichtet. An der »Kasse« saß ein T4-Reinhardt-Mann, dem ein »Arbeitsjude« zur Hand ging. Den Opfern wurden zur Täuschung Nummern gesagt, die sie sich für später merken sollten. Die eingesammelten Wertsachen, Geld und Gold wurden in der Verwaltung im Forsthaus gesammelt.[363]

Nach der Abgabe der Wertgegenstände wurden die Menschen gruppenweise und weiterhin nach Geschlecht getrennt – die Frauen zuerst – in den »Schlauch« getrieben. Ihnen voran gingen ein oder mehrere T4-Reinhardt-Männer. Vier bis sechs Trawniki-Männer mit Karabinern folgten ihnen oder standen Spalier; das Ende der Gruppe kontrollierte ein weiterer T4-Reinhardt-Mann.[364]

Am Ende des »Schlauchs« zweigten die Frauen zur Friseur-Baracke ab. Sie mussten sich auf lange Holzbänke oder -stühle setzen und sich von zehn bis 20 jugendlichen Gefangenen die Haare abschneiden lassen, bevor auch sie die letzten Meter bis zu den Gaskammern zurücklegen mussten. T4-Reinhardt-Aufseher überwachten die »Friseure« bei ihrer Arbeit und wandten bei geringstem Widerstand der Frauen und Mädchen Gewalt an. Bei polnischen Jüdinnen wurde wegen deren Bereitschaft zum Widerstand auf das Abschneiden der Haare zuweilen verzichtet.[365] Nach beendeter Arbeit wurden die Haare in Kartoffelsäcke gefüllt und in einen Lagerraum gebracht, wo sie sortiert und Nadeln, Klammern und Bänder entfernt wurden.[366]

Wenn sich die Opfer in den Gaskammern befanden, musste ein Arbeitskommando den Sand im »Schlauch« harken, um Gold oder Geld aufzufinden und die Fußspuren zu verwischen. Auch der Bereich, auf dem sich die Opfer ausgezogen hatten, wurde gesäubert. Ein etwa zehnköpfiges Arbeitskommando schaffte möglichst schnell Kleidungsstücke und Schuhe durch ein Tor zu den benachbarten Sortierbereichen.[367]

Lager III: Gaskammern und Massengräber

Die Aufseher eskortierten die Juden durch den »Schlauch« zu den Gaskammern und öffneten die Türen. Im Gebäude sorgte ein Aufseher des Lagers III, zum Beispiel der »Bademeister« beziehungsweise »Gasmeister« Erich Bauer, mit Unterstützung der Trawniki-Männer dafür, dass die Gaskammern dicht mit Menschen gefüllt wurden. Sobald die Türen verschlossen waren, wurden die Abgase eingeleitet. Bauer, Getzinger und Hödl bedienten den Motor, einige Trawniki-Männer halfen ihnen dabei. In der Regel wurde hierfür wahrscheinlich noch der alte Benzinmotor genutzt.[368]

Da das Schreien und Wehklagen der Opfer während der Ermordung weithin hörbar waren, mussten die »Arbeitsjuden« im Lager II die Gänseschar antreiben, damit deren Geschnatter die Geräusche übertönte. Zu einem späteren Zeitpunkt spielte zu diesem Zweck außerdem das Orchester.[369]

Die Tötung mit Giftgas dauerte 20 bis 30 Minuten. Nach dem Öffnen der Türen wurde zunächst kurz gewartet, um die Abgase abziehen zu lassen. Dann wurden die Leichen vom Arbeitskommando aus den Gaskammern geholt.[370] »Zahnärzte« untersuchten sie auf Goldzähne und versteckte Wertgegenstände, die in ein oder zwei großen Tonnen gesammelt wurden. Einige »Goldjuden« säuberten und schmolzen das Gold der Zähne direkt im Lager III ein. Gold und Wertgegenstände wurden später von T4-Reinhardt-Männern zur Verwaltung in Lager II gebracht.[371]

Danach wurden die Körper auf die Lorenbahn geladen, die sich in Sobibor anders als bei der intensiveren Transportdichte in Belzec und Treblinka als zweckdienlich erwiesen hatte. Die ehemaligen Kipploren waren den Vernichtungszwecken angepasst und umgebaut worden: Sie verfügten nun über einen Bretterboden mit senkrechten Wänden an Vorder- und Rückseite. Das »Bestattungskommando« legte die Leichen quer auf den Holzboden und schob die Loren zu den Gruben. Am Massengrab wurden die Leichen über den Steg in die Grube gelegt oder gekippt und dann von anderen Gefangenen gestapelt.[372]

Seit dem heißen Sommer 1942 standen den T4-Reinhardt-Männern die hygienischen Probleme der Leichenbestattung klar vor Augen: Die Leichengrube »explodierte«,[373] die sandige Erde erhob sich und aus den Massengräbern quollen angeschwollene Leichen heraus. Leichenwasser und Blut traten aus. Die verwesenden Leichen zogen Ungeziefer an, ein schlimmer Gestank breitete sich im Lager und in der Umgebung aus und die Lagermannschaft befürchtete – nach einigen Krankheitsfällen –, dass durch das verunreinigte Trinkwasser in den Brunnen Seuchen verbreitet würden. Chlorkalk zur Desinfizierung und Dämme um die Grube konnten an der Situation nicht viel ändern. Wahrscheinlich gab Himmler bei seinem Besuch in Sobibor den Auftrag, die Leichen zu exhumieren und zu verbrennen. Doch zu einer systematischen Verbrennung sollte es erst ab Ende 1942 kommen.[374]

Erschießungen im Lager III

Nach der Ermordung der »Gehfähigen« wandten sich die T4-Reinhardt-Männer den älteren, kranken und gebrechlichen Personen sowie Kleinkindern ohne Begleitung zu. Diese hatten in der Zwischenzeit auf der Rampe darauf gewartet, in ein Lazarett gebracht zu werden. Ausgesondert aus der Masse wurden auch einzelne Personen, die Unruhe gestiftet hatten.[375]

Waren die Menschen noch bei Kräften, wurden sie aufgefordert, sich auf die Lorenbahn zu setzen; waren sie zu schwach, wurden sie vom »Bahnhofskommando« mit improvisierten hölzernen Tragbahren zu den Loren gebracht. Mit diesen wurden auch die in den Waggons aufgefundenen Leichen zu den Massengräbern transportiert. Die Kipploren waren niedriger als die Rampe, sodass das Einsteigen oder Hineintragen der Personen vereinfacht war. In der Regel wurden zwei bis drei Loren mit »Gehunfähigen« ins Lager III gefahren, bei Transporten mit vielen Leichen und Erschöpften auch mehr. An der Lorenbahn kam es zu schrecklichen Szenen: Kranke wurden wie Gepäckstücke auf die Loren geworfen, auf Verletzungen keine Rücksicht genommen. Kein Einzelfall war, dass T4-Reinhardt-Männer Kleinkinder an den Beinen fassten und ihre Köpfchen an den Waggons oder Loren zerschmetterten. Eine behutsame Behandlung der kranken Menschen wurde den Angehörigen des »Bahnhofskommandos« von den Aufsehern an der Lorenbahn untersagt. Seit dem Sommer 1942 wurden die Loren mit einer kleinen Diesellokomotive (Deutz) bewegt, die bei einer benachbarten Mühle konfisziert worden war.[376]

Der Ort, an dem die Kranken erschossen wurden, hatte sich anders als in Treblinka nie zu einer eigenen Einrichtung entwickelt, sondern war aus dem Wohn- und Aufnahmelager ausgelagert worden. Wie in Belzec wurden die Menschen zu den Massengräbern gebracht und dort in unmittelbarer Nähe einer offenen Leichengrube erschossen. So konnten die Leichen auch einfacher beseitigt werden. Im Lagerjargon wurde das gesamte Lager III als »Lazarett« bezeichnet.[377]

Für die Exekution war keine spezielle Person zuständig: Frenzel, Bolender, Getzinger, Bauer, Grömer, Weiß, Groth, Gomerski und Bredow wurden in verschiedenen Zeugenaussagen als Exekutoren genannt. Auch die Trawniki-Männer wurden herangezogen. Bei ihnen gab es ein eingespieltes

Kommando, das mit oder ohne Aufsicht durch die T4-Reinhardt-Männer Alte, Kranke, Frauen und Kinder mit russischen Gewehren, Schnellfeuergewehren und Karabinern erschoss. Die nackten Opfer mussten sich für die Erschießung auf den Bauch legen und wurden per Genickschuss getötet.[378] Kleinere Gruppen von Deportierten, die auf Panjewagen oder Lkws gebracht wurden, für die sich der Aufwand der Gaskammer nicht lohnte, wurden hier ebenfalls erschossen.[379]

Die Erschießung der »Gehunfähigen« stand wie in Belzec und Treblinka am Ende der »Transportabfertigung«. Danach widmete sich die Lagermannschaft der Beseitigung der Leichen und insbesondere der Sortierung des angefallenen jüdischen Besitzes. Anders als in Belzec und Treblinka wurde in Sobibor – während der transportfreien Zeiten – schon früh damit begonnen, Wertgegenstände und Kleidung systematisch zu sortieren.[380]

Das verdichtete Deportationsnetz (Juli bis Dezember 1942)

Nach der Institutionalisierung des Programms »Reinhardt« durch den Grundsatzbefehl Himmlers wurden in das Deportationsnetz nach den Distrikten Lublin, Galizien und Krakau, aus denen bereits in der Aufbauphase Juden deportiert worden waren, im Juli 1942 auch der Distrikt Warschau und im August der Distrikt Radom einbezogen. Zu den Opfern aus dem Generalgouvernement kamen ab September Juden aus Theresienstadt, im Oktober aus Deutschland und ab November aus dem Regierungsbezirk Bialystok.

Die Situation der drei Lager in der transportintensiven Phase folgendermaßen aus: In Sobibor war wegen beschädigter Gleise eine längere Transportpause eingetreten, die bis Oktober andauerte; auch in den darauffolgenden Wochen trafen nur wenige Züge ein. Das Vernichtungslager Treblinka nahm in dieser Phase erst seine mörderische Tätigkeit auf, beginnend mit einer enormen Transportwelle, die vor Ort zum Zusammenbruch des Vernichtungssystems führte. Nach einer einwöchigen Transportpause wurden erneut Züge ohne Unterlass bis Anfang November ins Lager geleitet. Erst dann gingen die Zahlen langsam wieder zurück. Die Opferzahl von Treblinka in den vier Monaten von Mitte Juli bis Mitte November 1942 entbehrt jeglicher Vergleichbarkeit. In Belzec kamen in den Monaten Juli bis November ebenfalls kontinuierlich Züge mit neuen Deportierten an. Mitte Dezember stellte das Lager den Massenmord ein; aktiv sollten in der dritten Phase nur noch Sobibor und Treblinka bleiben.

Reaktionen und Folgen auf Himmlers Vernichtungsbefehl (Juli bis November 1942)

In den drei Monaten nach Himmlers Vernichtungsbefehl vom 19. Juli 1942 wurde ein großer Teil der jüdischen Ghettos im Generalgouvernement liquidiert. Das Vernichtungssystem der »Aktion Reinhardt« war ununterbrochen im Einsatz, um Himmlers Befehl der Ermordung der Juden bis zum Ende des Jahres umzusetzen. Während SS und Polizei auf eine Verschärfung und Deportation aller Juden drängten, gab es bei Teilen der Zivilverwaltung, der Ostbahn, der Wehrmacht und bei Rüstungsbetrieben jedoch erneute Vorstöße, die jüdischen Arbeiter längerfristig zu behalten. Am 18. September schickte der »Wehrkreisbefehlshaber im Generalgouvernement«, General Kurt von Gienanth, ein Memorandum an den Generalstab, um deutlich zu machen, dass eine sofortige Ablösung der 300000 arbeitenden Juden zu Fertigungsausfällen in der Rüstungsindustrie und somit zur Verminderung des Kriegspotenzials des Deutschen Reichs führen würde. Hitler gestand den Befürwortern eines Arbeitseinsatzes Konzessionen zu. Während eines Treffens mit dem Reichsminister für Bewaffnung und Munition Albert Speer im September 1942 ordnete er an, dass die jüdischen Facharbeiter zunächst im Generalgouvernement bleiben sollten. Himmler machte daraufhin dem Oberkommando der Wehrmacht das Zugeständnis, die Juden in »wirklichen Rüstungsbetrieben« zunächst noch nicht zu deportieren, während die Arbeiter der »sogenannten Rüstungsproduktion« – Schneidereien, Tischlereien und Schuhmachereien – durch das Errichten von Konzentrationslagern in Warschau und Lublin in das Wirtschaftsimperium der SS überführt werden sollten. Auf lange Sicht war jedoch geplant, die jüdischen Arbeitskräfte durch Polen zu ersetzen, was Himmler am 20. Oktober nachdrücklich mit einem Befehl zur »beschleunigten Gesamtaussiedlung« unterstrich. Eine Woche später befahl der Höhere SS- und Polizeiführer Krüger die Errichtung von geschlossenen Ghettos in den Distrikten Warschau und Lublin, kurz darauf in den Distrikten Radom, Krakau und Galizien. In den Verordnungen wurden die Orte festgelegt, in denen sich Juden – mit Ausnahme von denjenigen, die in Rüstungsbetrieben tätig waren – noch aufhalten konnten.[381]

Mit der Ghetto-Verordnung wurde Himmlers Befehl, alle Juden – bis auf die wichtigsten Arbeiter – bis zum Jahresende zu ermorden, teilweise umgangen und modifiziert. Am Stichtag des 31. Dezember 1942 lebten nach Angaben von Himmlers Inspekteur für Statistik, Richard Korherr, offiziell noch 37000 Juden im Distrikt Krakau, 29400 im Distrikt Radom, 20000 im Distrikt Lublin, 50000 im Distrikt Warschau und 161514 im Distrikt Lemberg.[382] Krüger rechtfertigte dies damit, »dass der Reichsführer vor allen

Dingen wolle, dass Juden nicht mehr unkontrolliert und frei herumlaufen. Wenn sie in bewachten Lagern zusammengehalten und geschlossen zur Arbeit geführt würden, so wäre damit schon einem Hauptwunsch des Reichsführers SS entsprochen.«[383]

Dennoch konnten die Verantwortlichen der »Aktion Reinhardt« und somit auch die T4-Reinhardt-Männer mit ihrer mörderischen Arbeit »zufrieden« sein. Über eine Million Menschen waren in den Vernichtungslagern der »Aktion Reinhardt« allein in den vier Monaten von August bis November 1942 getötet worden. Nicht von ungefähr spricht Browning in diesem Zusammenhang von einem – einseitig geführten – »Blitzkrieg«[384] gegen die Juden in Polen.

Die Razzien vor Ort waren im Sommer und Herbst 1942 zunehmend von Gewalt geprägt. Erschießungen nicht nur von Alten und Kranken, sondern von allen Personen, die sich nicht regelkonform verhielten oder gar die Flucht wagten, waren an der Tagesordnung. Auch die Bedingungen in den überfüllten Todeszügen verschlechterten sich im Lauf des Sommers 1942. Die Verantwortung dafür trugen nicht nur die Begleitmannschaften aus Sicherheitspolizei, Ordnungspolizei, Trawniki-Männern oder anderen ausländischen Hilfskräften, sondern auch die Reichsbahn und ihre Funktionäre. Da die Waggons und Lokomotiven in Kriegszeiten eine Mangelware darstellten, wurde die Zahl der Deportierten pro Waggon erhöht. Auf kurzen Strecken innerhalb Polens befanden sich über 6000 Personen in den verlängerten Zügen. Offiziell vorgesehen waren 100 Personen pro Waggon, aber es kam vor, dass noch mehr Menschen in die Waggons gedrängt wurden, um den Transportraum bis aufs Äußerste auszunutzen. Durch das hohe Gewicht der Transporte konnten die Züge nur mit einer Maximalgeschwindigkeit von 50 Kilometern pro Stunde fahren, sie ließen anderen Zügen Vorfahrt oder fuhren Umleitungen. Auf diese Weise waren sie auch bei kleineren Entfernungen oft stunden- oder sogar tagelang unterwegs, was das Leid der Opfer vor ihrer Ermordung noch erhöhte.[385]

Die Fahrt in die Vernichtungslager fand in plombierten Waggons statt, deren Fenster mit Stacheldraht vergittert waren. Die Insassen verletzten sich aufgrund der Enge und der fehlenden Luftzufuhr, einige erstickten. Trotz der Sommerhitze, die sich 1942 bis in den September zog, wurde kein Trinkwasser mitgegeben, sodass die Deportierten unerträglichen Durst litten und viele von ihnen sogar verdursteten. Der Bevölkerung war es unter Androhung von Waffengewalt verboten, den Deportierten Wasser und Verpflegung zu reichen. Gleichwohl verkauften jedoch die begleitenden Wachen, das Bahnpersonal oder die Bevölkerung häufig für viel Geld Wasser an die Verdurstenden. Für die Notdurft der Zuginsassen stand allenfalls ein Kübel zur Verfügung. In einigen Fällen wurden die Menschen nackt in die Züge gepresst, um ihnen die Flucht zu verunmöglichen, was in den kälteren Herbstmonaten zu Erfrierungen führte. In die Waggons wurde – entweder aus hygienischen Gründen oder aus Sadismus – häufig Chlor beziehungsweise Kalkpulver gegeben, was in Verbindung mit Schweiß und Urin zersetzend auf die Haut wirkte. Aufgrund der katastrophalen Bedingungen waren bei der Ankunft der Züge in den Vernichtungslagern viele der Deportierten bereits gestorben oder so geschwächt, dass sie aus den Waggons regelrecht herausfielen. Dies ging selbst den T4-Reinhardt-Männern in den Lagern zu weit, die sich mehrmals beschwerten, dass zu viele Tote in den Lagern ankämen. Sowohl für Sobibor als auch für Treblinka sind Fälle verzeichnet, in denen die Züge mehrheitlich Tote mit sich führten.[386]

Bei Zugstillständen forderte das Begleitpersonal die Deportierten auf, ihnen ihre Wertgegenstände zu geben, wofür sie im Gegenzug oft schwer misshandelt wurden. Da sich trotz der abgeschlossenen Ghettos Gerüchte über den Massenmord verbreiteten, ahnten viele das ihnen zugedachte Schicksal und versuchten zu fliehen. Aus den Waggons wurden Bretter herausgerissen, durch die die Menschen hinaussprangen oder ihre Kinder hinauswarfen. Die schwer bewaffneten, häufig betrunkenen Begleitmannschaften, die auf Wachhäuschen auf den Waggons den Zug überschauen konnten, schossen auf die Flüchtenden, sodass sich in der Nähe der Schienen täglich mehrere Leichen fanden, aber auch Geld und Wertgegenstände, die die Deportierten nicht ihren Mördern überlassen wollten. Selbst wenn ihnen die Flucht aus den Waggons gelang, so waren sie einem hohen Risiko ausgesetzt, entdeckt zu werden, indem sie den deutschen Besatzern oder auch lokalen Banden in die Hände liefen, die sie in der Nähe der Eisenbahnstrecke erwarteten, um sie auszurauben und anschließend zu töten.[387]

Transporte nach Belzec, Sobibor und Treblinka (Juli bis Dezember 1942)

Aus dem Generalgouvernement fuhren von Juli bis Dezember 1942 Züge in alle drei Lager, wobei die bis dahin noch nicht betroffenen Distrikte Radom und Warschau den Schwerpunkt bildeten. Aufgrund des lange Zeit nur beschränkt nutzbaren Lagers Sobibor kam es weitgehend zu einer geografischen Aufteilung zwischen Belzec und Treblinka: Treblinka übernahm hauptsächlich die nördlichen Distrikte Radom und Warschau, Belzec den Süden mit den Distrikten Krakau und Galizien. Der Distrikt Lublin hatte eine Sonderrolle inne: Im Anschluss an und parallel zu Massenerschießungen fuhren von August bis November Züge in alle drei Vernichtungslager sowie nach Majdanek, wo im Oktober 1942 Gaskammern in Betrieb genommen wurden.[388] Während in Belzec und Sobibor nur Transporte aus dem

Generalgouvernement ankamen, wurden nach Treblinka auch Juden aus Theresienstadt und aus dem Bezirk Bialystok deportiert. Auch ein Transport aus Deutschland kam wahrscheinlich hier an.

Nach Belzec fuhren nach dem Ende der Transportpause ab dem 7. Juli 1942 erneut Züge; diesmal wurden die Transporte ohne längere Pause bis zum Ende der Massentötungen am 11. Dezember 1942 fortgesetzt. Im August wurde der Höhepunkt der Deportationen erreicht. Die Opfer stammten aus vier der fünf Distrikte des Generalgouvernements: Krakau, Galizien, Lublin und Radom. Zunächst wurden verstärkt Juden aus dem Krakauer Distrikt – bis Ende August aus den Kreisen Rzeszów (Reichshof), Dębica, Tarnów, Jasło, Przemyśl, Jarosław (Jaroslau), Krosno, Nowy Sącz (Neu Sandez), Krakau-Land und Nowy Targ (Neumarkt) – nach Belzec deportiert. Im September erfolgten Deportationen aus den Kreisen Tarnów, Miechów und Sanok, im Oktober erneut aus der Distrikthauptstadt Krakau.[389]

Aus dem Distrikt Galizien kamen erst ab Ende Juli wieder Juden nach Belzec. Bis Ende August waren die Kreise Rawa Ruska, Stryj, Drohobycz, Lemberg-Land, Złoczów, Czortków und Tarnopol sowie mit großer Opferzahl ein zweites Mal das Ghetto von Lemberg, das durch ein »Kleinghetto« ersetzt wurde, betroffen. Vor allem in den Monaten September bis Dezember stellte der Distrikt die größte Zahl der Opfer des Vernichtungslagers. In dieser Zeit wurden Juden aus den systematisch »gesäuberten« Kreisen Stryj, Kolomea, Stanislau, Kamionka Strumiłowa, Złoczów, Brzeżany, Czortków, Tarnopol, Rawa Ruska, Drohobycz/Sambor, Lemberg-Land und der Distrikthauptstadt Lemberg in das Vernichtungslager deportiert.[390] Ab August kamen auch vereinzelt Züge aus dem Distrikt Lublin, insbesondere aus den Kreisen Biłgoraj und Janów (ab Oktober Kreis Kraśnik).[391] Aus dem Distrikt Radom (Kreis Opatów) wurden Ende Oktober ebenfalls einige Tausend Menschen nach Belzec deportiert.[392]

Geplant war auch die Deportation von Juden aus Rumänien nach Belzec, sie kam aber letztendlich nicht zustande: Die rumänische Regierung hatte ursprünglich zugesagt, ab September 1942 Deportationen aus dem Land in den Distrikt Lublin zu veranlassen, nachdem sie bereits eigenmächtig Juden aus Bessarabien und der Bukowina nach Transnistrien hatte verbringen lassen. Die Planung hierfür lag in den Händen des Judenreferats des RSHA, beim »Judenberater« für Rumänien Gustav Richter. Aber General Ion Antonescu und sein Stellvertretender Ministerpräsident und Außenminister Mihai Antonescu erklärten sich nach Protesten innerhalb und außerhalb Rumäniens letztlich nicht einverstanden mit den Plänen ihres Verbündeten, sodass die rumänischen Juden nicht nach Belzec deportiert wurden.[393]

Im Dezember hörten die Deportationen über das Schienennetz nach Belzec auf.[394] Während der transportintensiven Phase zwischen Juli und Dezember 1942 wurden zwischen 380000 und 470000 Menschen im Lager ermordet: mindestens 200000 aus dem Distrikt Galizien, 150000 aus dem Distrikt Krakau, 23000 aus dem Distrikt Lublin und 14000 aus dem Distrikt Radom.[395] Das kleine Lager hatte das Ende seiner Kapazitäten erreicht; es gab keinen Platz mehr für weitere Massengräber und die noch anstehende Verbrennung der Leichen erforderte noch genug Arbeit. Außerdem waren aus dem Generalgouvernement nur noch wenige Transporte zu erwarten, die in den beiden anderen Lagern Sobibor und Treblinka problemlos »abgefertigt« werden konnten.

Während Treblinka und Belzec im Sommer und Herbst 1942 pausenlos in Betrieb waren, herrschte in Sobibor vergleichsweise Ruhe. Dies lag daran, dass der Zugverkehr auf der einspurigen Bahnlinie Chełm–Włodawa weitgehend zum Erliegen gekommen war, da im sumpfigen Gebiet die Schienen häufig abgesackt waren. Reparaturarbeiten blockierten die Bahnstrecke bis Oktober.[396] Im Hochsommer wurden daher lediglich Bewohner der Ghettos der Umgebung (Kreise Chełm und Krasnystaw) ins Lager gebracht.[397] Aber auch nach der offiziellen Wiederaufnahme der Deportationen trafen nur wenige Personen im Lager ein: Die ab dem 1. November zur Entlastung der beiden anderen Lager geplante Deportation der Juden aus dem Distrikt Radom nach Sobibor wurde letztlich nicht umgesetzt. Im Distrikt Lublin kam es auch im Herbst nur zu Deportationen aus den an das Lager angrenzenden Kreisen (Krasnystaw, Lublin-Land, Chełm und Hrubieszów).[398]

Die weitgehende Inaktivität des gut ausgebauten Vernichtungslagers Sobibor steht in starkem Kontrast zu Treblinka und Belzec, die zu dieser Zeit ihre mörderische Effizienz unter Beweis stellten. Wahrscheinlich war das Schienennetz auch nach der Freigabe der Züge im Herbst 1942 nicht einwandfrei nutzbar, denn vor allem nach dem zeitlich verzögerten Umbau der Gaskammern hätte das Lager problemlos Transporte aufnehmen können. In der historischen Forschung zu den Deportationen aus dem Distrikt Lublin schwanken die Angaben zu den Opferzahlen für diese Monate erheblich und liegen zwischen 34000 und 61000 Opfern.[399]

Treblinka nahm ab Juli 1942 Transporte auf. Von Anfang an herrschte in dem Lager – wie es Franz Suchomel ausdrückte – »Hochbetrieb«.[400] In den ersten fünf Wochen, in denen das Vernichtungslager aktiv war, wurden hier mindestens 280000 Menschen aus dem Warschauer Ghetto und dem Warschauer Distrikt sowie den Distrikten Radom und Lublin (Kreis Radzyń)[401] ermordet. Allein in der Woche vom 17. bis 23. August erreichten täglich mehr als 10000 Menschen das Lager. Diese hohe Anzahl ist unter anderem darauf zurückzuführen, dass Sobibor keine Züge aufnehmen konnte und kein Aufschub der Deportationen gewünscht war.

Die ersten Opfer Treblinkas kamen aus dem Warschauer Ghetto. Im Distrikt Warschau lebten Anfang 1942 circa 520000 Juden, die meisten im Ghetto von Warschau, wohin Anfang 1941 auch die jüdischen Einwohner der Kreise Łowicz, Grójec und Sochaczew verbracht worden waren. Auch Juden aus dem Regierungsbezirk Zichenau, aus Krakau und aus den annektierten Gebieten wohnten dort seit ihrer Verschleppung. Globocnik erhielt wahrscheinlich bei einer Besprechung mit Himmler und Krüger am 9. Juli den Befehl zur Räumung des Ghettos und weitete damit seinen Aktionsradius erneut in den Nachbardistrikt aus. Zusammen mit seinem Warschauer Kollegen Ferdinand von Sammern-Frankenegg, seinem Deportationsspezialisten Höfle, dem Kommandeur der Sicherheitspolizei und des SD von Warschau (Ludwig Hahn) und den Judenreferenten des KdS von Lublin (Worthoff) und von Warschau (Karl Georg Brandt) organisierte er die Deportationen aus dem Ghetto. Zu dieser Zeit lebten in Warschau, dezimiert durch die katastrophalen Lebensverhältnisse, noch etwa 350000 Juden. Das »Lubliner Kommando« (unter anderen Höfle, Michalsen, Claasen und Worthoff) bezog für die Zeit der Deportationen seinen Wohnsitz innerhalb des Ghettos. Am Morgen des 22. Juli ließ Höfle Angehörige des »Judenrats« als Geiseln verhaften und befahl dem Vorsitzenden Adam Czerniaków sowie weiteren Funktionären unter Androhung von Sanktionen, täglich 6000 Ghettobewohner zum Sammelplatz zu bestellen. Für die Razzien standen zeitweise der »Jüdische Ordnungsdienst«, die Warschauer Ordnungspolizei, eine lettische und volksdeutsche Hilfstruppe, Trawniki-Männer, eine Schwadron der SS-Kavallerie-Ersatzabteilung sowie das Ghetto-Kommando des KdS zur Verfügung. In den nächsten Wochen verließen täglich 6000 Menschen Warschau, an einigen Tagen im August auch die doppelte Anzahl. Erst Mitte August gingen die Zahlen etwas zurück, weil Höfles Mitarbeiter mit der Organisation der Deportationen aus dem Warschauer Umland (Kreise Warschau-Land, Siedlce und Mińsk Mazowiecki) beschäftigt waren.[402]

Nachdem zwei Wochen lang täglich nur Deportierte aus Warschau im Lager eingetroffen waren, fuhren am 5. August und kontinuierlich ab dem 16. August auch Züge aus dem Distrikt Radom nach Treblinka. Hier lebten Anfang 1942 360000 bis 375000 Juden.[403] Der Distrikt wurde als letzter im Generalgouvernement in die Deportationen mit einbezogen, dafür gingen die Verantwortlichen hier vergleichsweise am systematischsten vor. Innerhalb weniger Wochen, zwischen Anfang August und Anfang November, wurden die meisten der im Distrikt lebenden Juden ermordet: etwa 10000 vor Ort, mehr als 320000 Menschen in Treblinka. Einige Tausend Juden wurden auch nach Belzec deportiert. Zuerst traf es die Distrikthauptstadt Radom, wo in zwei Ghettos etwa 32000 Menschen lebten. Das kleine Ghetto (Ghetto Glinice) wurde in der Nacht vom 4. auf den 5. August 1942 geräumt, das große Ghetto vom 16. bis 18. August. In die Liquidierung der Ghettos, die vom SSPF Herbert Böttcher persönlich geleitet wurde, waren alle SS- und Polizeieinheiten involviert. Böttchers Referent für Judenangelegenheiten, Erich Kapke, stellte eine Einheit von ukrainischen und baltischen »Hilfswilligen«. Zudem waren die Sicherheitspolizei und der Beauftragte für die Deportationen aus dem Distrikt Radom, Adolf Feucht (Referat IV B beim KdS) sowie die Ordnungspolizei, die polnische Polizei, die in Radom stationierte »Polizeikompanie München« sowie die SS-Veterinärersatzkompanie beteiligt. Der »Jüdische Ordnungsdienst« wurde zur Leistung von Handlangerdiensten gezwungen. Darauffolgende Deportationen, wie diejenige aus Kielce, wurden vom »Sonderkommando Feucht« koordiniert.[404]

Nach der einwöchigen Transportpause zur Ordnung und Restrukturierung des Lagers wurden von September bis November jeden Monat Menschen in sechsstelliger Zahl in das Lager deportiert. Ab dem 3. September wurden die Deportationen aus dem Warschauer Ghetto wieder aufgenommen. Insbesondere durch die große Razzia, die unter dem Namen »Kessel an der Mila« bekannt wurde, fielen bis zum 12. September weitere 52000 Personen aus Warschau den Deportationen zum Opfer. Bis zum vorläufig letzten Transport am 21. September wurden mindestens 235000 Juden aus Warschau nach Treblinka deportiert. Die Verantwortlichen anderer Distrikte und Kreise warteten zunächst das Ende der Deportationen aus dem Warschauer Ghetto ab, um katastrophale Zustände wie Ende August zu vermeiden. Im Warschauer Distrikt waren ab Mitte September die Kreise Mińsk Mazowiecki, Sokołów, Siedlce und Garwolin betroffen. Züge aus den nördlichen Kreisen des Distrikts Lublin (Biała Podlaska, Radzyń und Lublin-Land) trafen ab Ende September in Treblinka ein, Züge aus dem Distrikt Radom bereits ab Mitte September. Nach den Deportationen aus den kreisfreien Städten Radom und Kielce im August waren bis November die Ghettos und »jüdischen Wohnbezirke« in sämtlichen Kreisen des Distrikts Radom – beginnend mit dem Kreis Kielce am 12. September – sowie die kreisfreie Stadt Tschenstochau (22. September bis 7. Oktober) betroffen. Nur ein kleiner Teil der jüdischen Bevölkerung wurde vorläufig zur Zwangsarbeit in »Rest- und Arbeitsghettos« zurückgehalten.[405]

Im September und Oktober erreichten auch elf Transporte mit 18000 Menschen aus Theresienstadt und wahrscheinlich ein Transport aus Deutschland das Lager. Für Theresienstadt bedeutete der direkte Transport nach Treblinka die fünfte und vorletzte Phase der Deportationen, nachdem diese zuvor nach Riga (Januar 1942), in den Distrikt Lublin und nach Warschau (März bis Mai), direkt nach Sobibor (Juni) und zuletzt wieder in das Reichskommissariat Ostland (Juli bis September) gegangen waren. Ab dem 26. Oktober 1942 sollten alle Züge aus Theresienstadt nach Auschwitz-Birkenau verschickt wurden. Eichmann und seine Deportationsspezialisten versuchten, wie auch im Falle von Deutschland und Österreich, die Transporte in die jeweils freistehenden beziehungsweise aufnehmenden (Tötungs-)Orte zu schicken. Da seit Juni 1942 Juden aus dem Reich nach Theresienstadt verbracht wurden, befanden sich unter den Opfern der Herbsttransporte nicht nur Tschechen, sondern auch Deutsche und Österreicher.[406]

Ab Anfang November kamen nur noch wenige Transporte aus dem Generalgouvernement nach Treblinka, stattdessen wurden Transporte aus dem Regierungsbezirk Bialystok aufgenommen. Der Bezirk war seit August 1941 dem Oberpräsidenten der Provinz Ostpreußen, Erich Koch, unterstellt, der es als »Chef der Zivilverwaltung« leitete. Langfristig war geplant, den Bezirk in die Provinz Ostpreußen einzugliedern. Aus administrativer Sicht war es daher sinnvoll, die Bialystoker Juden nach Auschwitz zu schicken. Schließlich waren bereits die Juden aus dem annektierten Oberschlesien nach Auschwitz deportiert worden. Logistisch betrachtet war es allerdings einfacher, die Züge nach Treblinka zu leiten, da sie nach Auschwitz einen mehr als doppelt so weiten Weg zurücklegen mussten und dabei ohnehin an Treblinka vorbeifuhren. Hauptverantwortlich für die Verfolgung der 193460 Juden,[407] die 1942 noch im Bezirk lebten, war die Sicherheitspolizei. Leiter der im Frühjahr 1942 eingerichteten Dienststelle des KdS war bis Mai 1943 Wilhelm Altenloh, ab Juni 1943 Herbert Zimmermann. Ende Oktober 1942 erhielt Altenloh von Eichmanns Referat den Befehl, die Deportationen im Bezirk Bialystok vorzubereiten, indem die in kleineren Ghettos wohnenden Menschen auf größere Ghettos und Lager aufgeteilt wurden. Der Judenreferent Fritz Friedl organisierte diese Konzentration am 2. November mit den Kreiskommissaren und der Gendarmerie. Sammelpunkt für den Kreis Białystok war die Kaserne des 10. Polnischen Ulanenregiments in Białystok (Centipolk). Ein Großteil der Juden aus dem Kreis Grajewo wurde in das Lager Bogusze verbracht. Für die Kreise Grodno und Sokółka wurde das Kriegsgefangenenlager Kiełbasin zweckentfremdet, im Kreis Wołkowysk diente die Kreishauptstadt als Sammelort, im Kreis Łomża nutzte man die Kaserne in Zambrów als Durchgangslager. Die Bewohner des Kreises Bielsk Podlaski wurden – mit Ausnahme derjenigen aus dem Ghetto in Pružana – wahrscheinlich sofort nach Treblinka deportiert.[408]

Nach der vorbereitenden Konzentrierung wurde ein Teil der Juden des Bezirks Bialystok im November und Dezember 1942 nach Treblinka und nach Auschwitz deportiert. Das Lager Treblinka erreichten Züge aus den Kreisen Bielsk Podlaski, Białystok-Land und Wołkowysk sowie den Sammellagern Bogusze und Kiełbasin. Ein Teil der Menschen wurde erst im Januar 1943 deportiert, denn eine Transportsperre vom 15. Dezember bis zum 15. Januar 1943 brachte die Transporte aus dem Bezirk zunächst zum Erliegen.[409] Noch zu klären ist die in der historischen Forschung genannte Deportation von alten und kranken Juden aus Mława (Mielau) im Bezirk Zichenau, der zur Provinz Ostpreußen gehörte, am 11. November 1942 nach Treblinka. Da alle weiteren Transporte der Stadt sowie des gesamten Bezirks nach Auschwitz gingen, ist eine Verwechslung der Vernichtungslager nicht auszuschließen.[410]

In nur fünf Monaten, von Mitte Juli bis Mitte Dezember 1942, waren über 800000 Menschen in Treblinka ermordet worden, davon mehr als 650000 Personen allein aus den Distrikten Warschau und Radom. Die mörderische Effizienz der Lager der »Aktion Reinhardt«, insbesondere von Treblinka, aber auch von Belzec im Jahr 1942 zeigt sich nicht zuletzt im Vergleich zu den nach Auschwitz-Birkenau geleiteten Transporten, aus denen zudem ein Teil der Deportierten als Häftlinge für das Lager selektiert wurde. Das folgende Diagramm veranschaulicht die Anzahl der von März bis Dezember in die vier Lager deportierten Juden.[411]

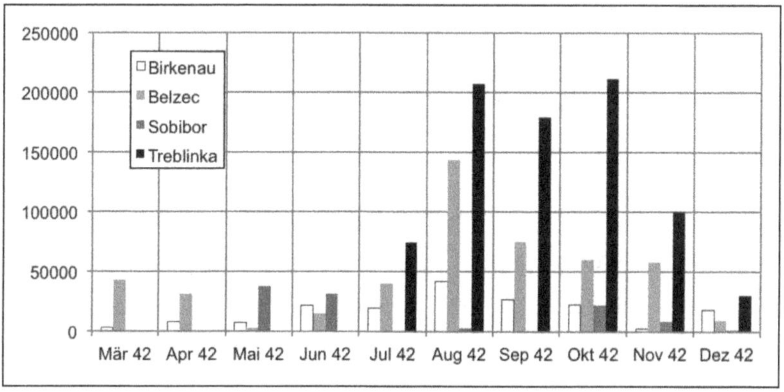

Abbildung 15: Anzahl der Juden, die 1942 nach Auschwitz-Birkenau und in die Lager der »Aktion Reinhardt« deportiert wurden

Das Raubnetz: Die »Endstelle der Aktion Reinhardt«

Die Lager der »Aktion Reinhardt« waren während ihres Bestehens in unterschiedlicher Art und Weise in ein Raubnetz eingebunden. Die Beraubung der Opfer gehörte strukturell zum Völkermord dazu und wurde daher auch von den Verantwortlichen – wie etwa Globocnik – als Bestandteil der »Aktion Reinhardt« angesehen. Von Beginn an bestand dieses Außennetz aus zahlreichen Akteuren, die miteinander um Kompetenzen im Verwertungssystem konkurrierten, um aus der Ermordung der Juden Profit zu schlagen oder den eigenen Einfluss im Kräftespiel innerhalb des Generalgouvernements zu stärken. In den ersten Monaten gab es noch keine Richtlinien und Strukturen für die Verwaltung und Verteilung des ehemals jüdischen Besitzes, der sich in den Vernichtungslagern angesammelt hatte. Erst Monate nach der Inbetriebnahme der Vernichtungslager wurde damit begonnen, das Raubnetz zu reglementieren und zu systematisieren. Diese Aufgabe übernahm das kurz vorher begründete SS-Wirtschafts- und Verwaltungshauptamt unter Oswald Pohl. Entgegen längere Zeit vorherrschender Vorstellungen in der historischen Forschung spielte das Konzentrationslager Majdanek eine lediglich marginale Rolle bei der Enteignung der ermordeten polnischen Juden.[412]

Die zentralen Einrichtungen zur Sortierung und Lagerung des Raubgutes wurden im Mai 1942 in Lublin geschaffen. Kleidung und Schuhe kamen in die »Bekleidungswerke Alter Flughafen«, Wertgegenstände zur SS-Standortverwaltung. Von dem Raubgut wurde auf drei Ebenen profitiert. Zum einen wurden die Besitztümer dem deutschen Reichshaushalt zugeführt, dem bereits wichtige »Erlöse« durch die »Arisierungen« zukamen, und für die Kriegsfinanzierung genutzt. Zum anderen flossen Gelder und Wertgegenstände in lokale und regionale schwarze Kassen und auf einer dritten Ebene boten sich den Verantwortlichen vor Ort zahlreiche Gelegenheiten zur individuellen Bereicherung.[413]

Diebstahl, Korruption und Zentralisierungsversuche der »Sachverwertung«

Insbesondere die unkoordinierte, unbürokratische Sammlung der Wertgegenstände der Aufbauphase bot Freiräume für privaten Diebstahl und Korruption. Aber auch nach der Systematisierung und Zentralisierung des »Verwertungssystems« wurden die zahlreichen Lücken nie restlos geschlossen. Die Bereicherung an jüdischem Besitz begann bereits in den Ghettos und an anderen Orten der Deportationen, wo Polizei, SS und Zivilverwaltung für individuelle, aber auch für institutionelle Zwecke Geld, Silber, Gold und Wertgegenstände abschöpften und Sonderfonds und schwarze Kassen ohne jegliche Kontrolle einrichteten. In den Vernichtungslagern selbst kam daher nur ein Bruchteil der ehemaligen Besitztümer an. Der Diebstahl setzte sich in den Lagern der »Aktion Reinhardt« weiter fort und bildete für die T4-Reinhardt-Männer, aber auch für die Trawniki-Männer eine wichtige Motivationsgrundlage für ihren Dienst in den Lagern.[414]

Die Lücken in der Verwertungskette waren den vorgesetzten Stellen bekannt: Globocnik spielte in seinem Abschlussbericht auf die Sauberkeit und Anständigkeit der beteiligten Männer an, von denen es abhängig gewesen sei, ob Gelder bei den Sortierstellen eingeliefert worden wären. Der Reichsrechnungshof stellte fest, dass die »Erfassungskommandos«, die die beschlagnahmten Juwelen an den »SS-Einsatzstab Reinhardt« abgegeben hätten, keine genauen Aufzeichnungen vorgenommen hätten, sodass nicht geklärt werden könne, wie viele Geldwerte und Juwelen verschwunden seien.[415] Himmler selbst gab sich nach außen hin ganz als Saubermann, so etwa in seiner Posener Rede im Oktober 1943, als er ankündigte, alle, die »verfehlt« hatten, »gnadenlos« mit dem Tode bestrafen zu wollen, schließlich habe er von Beginn an gesagt: »Wer sich auch nur eine Mark davon nimmt, der ist des Todes.«[416] Auch die T4-Reinhardt-Männer wurden immer wieder angemahnt, sich nicht an den Gütern zu vergreifen. Offiziell wurde der unsachgemäße Umgang mit den Wertgegenständen auch als Vorwand zur Absetzung von Eberl in Treblinka verwendet und zur Diebstahlkontrolle schickte man sowohl T4-Polizisten als auch Angehörige der SS-Standortverwaltung in die Vernichtungslager. Aber erst 1943, nach Abschluss des Völkermords, als der Korruptionsrichter Konrad Morgen die Sammeleinrichtungen der »Aktion Reinhardt« aufsuchte, wurden strafrechtliche Ermittlungen wegen Diebstahls aufgenommen. Die Ermittlungen endeten ohne juristische Konsequenzen für die Männer.[417]

Wenn es den Verantwortlichen des nationalsozialistischen Regimes ernsthaft darauf angekommen wäre, den Geldfluss ohne Verluste in die Kriegskassen des Reiches zu lenken, hätten sie wahrscheinlich auch geeignete Mittel und Wege dazu gefunden. Da es dafür aber keine klaren Hinweise gibt, ist zu vermuten, dass die implizite Duldung individueller Bereicherung auch dazu diente, die bewährten Massenmörder und andere Männer für ihre Dienste – inoffiziell und ohne zusätzliche Kosten – zu entlohnen. Korruption stellt sich somit – wie bereits für andere Handlungsfelder des NS-Regimes nachgewiesen wurde – auch im Fall der Ermordung der Juden als Mittel zur Herstellung von Handlungsbereitschaft dar. Dementsprechend wurde die »Verwertung« des jüdischen Eigentums der »Aktion Reinhardt« nicht von einer zentralistischen, akkurat arbeitenden Verwaltungsbürokratie übernommen, sondern lag in den Händen eines weitgesponnenen, hochgradig korrupten und Eigeninteressen berücksichtigenden Personen- und Institutionengeflechts.[418]

Zu Beginn der systematischen Enteignung hatte es in der Kanzlei des Führers Überlegungen gegeben, insbesondere die Personalkosten der »Aktion Reinhardt« über die geraubten Besitztümer zu decken. Allerdings waren sich die T4-Führungspersonen dabei uneins: Während Blankenburg dazu tendierte, die Goldablieferungen Globocniks Dienststelle zu überlassen, setzte sich der T4-Hauptwirtschafter Robert Lorent für eine Gewinnbeteiligung der Kanzlei des Führers an den Besitztümern der ermordeten Juden ein. Das T4-Reinhardt-Netzwerk nutzte die ungeklärten Zuständigkeiten, um Geld,

Gold und Wertgegenstände aus den Vernichtungslagern an die Mutterorganisation Kanzlei des Führers abzuführen, um so – indirekt – auch die eigenen Gehälter zu begleichen und die Zukunft der T4 bei der weiterhin geplanten Wiederaufnahme der »Euthanasie« zu sichern. Selbst im Herbst 1942, als längst eine Regelung getroffen war, brachte der T4-Kurier Erich Fettke noch eine Million Reichsmark aus Treblinka zur Kanzlei des Führers.[419] Wirth lieferte Geld auch direkt bei der Reichsbank ab. Höfles Dienststelle hatte ebenfalls Geld in großen Mengen aus den Vernichtungslagern und den Transporten, die in Lublin haltgemacht hatten, angesammelt.[420]

Das Problem der »Verwertung« des jüdischen Eigentums durch zahlreiche, unkontrollierbare Einrichtungen stellte sich nicht nur im Generalgouvernement und den Lagern der »Aktion Reinhardt«, sondern auch in anderen Teilen Europas und insbesondere im Vernichtungslager Auschwitz-Birkenau. Zur Einschränkung der Korruption musste dieser Strom an Geld- und Wertgegenständen zentralisiert werden. Im August 1942 entschied sich Himmler SS-intern, dass das gesamte Gold, Silber und Edelmetall ausnahmslos an Oswald Pohl (WVHA) abzuführen war, der auch mit der Verteilung der jüdischen Wertgegenstände an die zuständigen Dienststellen des Reichs betraut wurde. Globocniks Ersuchen, in Einzelfällen selbst entscheiden zu können, an wen das Geld verteilt würde, wurde zur gleichen Zeit abgelehnt.[421]

Pohl war nach diesen Entscheidungen nicht nur für Geld, Gold und Textilien aus Belzec, Sobibor und Treblinka, sondern auch für die »Effekten« aus Auschwitz zuständig. Im September 1942 bestimmte die Amtsgruppe A (Truppenverwaltung unter August Frank) für das Konzentrationslager Auschwitz und die SS-Standortverwaltung Lublin Richtlinien zur Verwendung und Weiterleitung der anfallenden Güter, von Frank als »Diebes-, Hehler- und Hamstergut« bezeichnet. Barbeträge, Devisen, Edelmetalle, Schmuck und Zahngold sollten über das WVHA an die Reichsbank geleitet und auf diese Weise dem Fiskus zur Verfügung gestellt werden. Uhren und Gebrauchsgegenstände sollten zunächst in Spezialwerkstätten des WVHA ausgebessert und dann gegen Bezahlung an die Fronttruppen abgegeben werden. Kleidung war für die Truppen, die Volksdeutsche Mittelstelle und Konzentrationslagerhäftlinge vorgesehen. Haushaltsgegenstände sollten zur Deckung des Eigenbedarfs von Lublin und Auschwitz genutzt und an die Volksdeutsche Mittelstelle abgegeben werden. Reinseidene Frauenkleidung sollte an das Wirtschaftsministerium gehen; Wäsche war für die Truppe bestimmt, Brillen und Augengläser für das Sanitätsamt. Edelpelze sollte das WVHA (Amt B I) erhalten, während andere Pelzarten an das Bekleidungswerk der Waffen-SS in Ravensbrück zu versenden waren. Lumpen und wertlose Haushaltsgegenstände sollten über das WVHA an das Wirtschaftsministerium abgeführt werden. Über diese Multiplikatoren gelangten Güter aus den Vernichtungslagern an weite Teile der reichs- und volksdeutschen Bevölkerung.[422]

Die Verfügungshoheit des WVHA erschöpfte sich aber nicht in generellen Anordnungen. Führungspersonal wie der Amtschef A IV, Joseph Vogt, besichtigte die Vernichtungslager der »Aktion Reinhardt« und überprüfte in Lublin die ordnungsgemäße Verbuchung der Wertgegenstände.[423] In Auschwitz-Birkenau waren der Standortverwaltungsleiter Wilhelm Burger und ab Frühjahr 1943 Karl Ernst Möckel vor Ort für das Einsammeln, Sortieren, Inventarisieren und die Verschickung des enteigneten Gutes zuständig. In Lublin war bereits im Frühjahr 1942 der Leiter der SS-Standortverwaltung Lublin, Georg Wippern, von WVHA-Chef Pohl beauftragt worden, die im Generalgouvernement beschlagnahmten Schmuck- und Wertgegenstände, Devisen und sonstigen Gelder zu verwahren, zu ordnen und ordnungsgemäß abzuliefern.[424]

SS-Standortverwaltung, »Kochschule«: Geld, Gold und Wertgegenstände

Fachlich war die Lubliner SS-Standortverwaltung dem WVHA sowie dem SS-Wirtschafter in Krakau unterstellt, disziplinarisch fiel sie aber in Globocniks Machtbereich. Sie war von Georg Wippern im Sommer 1941 eingerichtet worden und diente ursprünglich nur der Verwaltung und Versorgung der Truppen der Waffen-SS, der allgemeinen SS und der Lazarette.[425] Mit Aufnahme der neuen Aufgaben wurde die SS-Standortverwaltung mit Bank- und Verwaltungspersonal aufgestockt. Für die Wertgegenstände aus den Vernichtungslagern war innerhalb der Standortverwaltung die »Abteilung IV a des SSPF (Reinhardt)« zuständig.[426] Als »Endstelle der Aktion«, wie sie der ehemalige Mitarbeiter Artur Jäkel 1960 bezeichnete,[427] verwertete die SS-Standortverwaltung Wertgegenstände, Kleidung und Gebrauchsgegenstände nicht nur aus Belzec, Sobibor und Treblinka, in der Verwaltungssprache »B«, »S« und »T« genannt, sondern zum Teil auch aus Majdanek und aus dem restlichen Generalgouvernement. Der Geldstrom verlief allerdings auch nach Errichtung der Lubliner Einrichtungen nicht vollständig zentralisiert: Vor Ort wurde in den Ghettos weiterhin auch von anderen Akteuren Geld gesammelt, so zum Beispiel bei der »Werterfassung« im Warschauer Ghetto.[428] Seit Mitte September 1942 führte die SS-Standortverwaltung auch die Zentralkartei über die Bargeld-, Devisen-, Edelmetall-, Bekleidungs-, Wäsche- sowie Gebrauchsgüterbestände, die in Trawniki und Chełm sowie in Lublin im Alten Flughafen und in der Chopinstraße 27 sortiert wurden.[429]

Die »Werterfassung«, das heißt die Sammlung, Sortierung und Registrierung von Geld, Gold und Wertgegenständen, wurde in der sogenannten

»Kochschule« in der Chmielnastraße (Ulica Chmielna) vorgenommen, wo die SS-Standortverwaltung residierte. Hier hatten in der sogenannten »Bekleidungskammer« in den Monaten zuvor mehrere Dutzend Juden und nicht jüdische Polen als Kürschner, Schneider und Schuhmacher für die in Lublin stationierten und durchreisenden SS-Männer gearbeitet. Die »Bekleidungskammer« unterstand zunächst Overbeck, dann Alexander Pflanzer. Als im Mai 1942 die »Erfassung« der aus den Vernichtungslagern nach Lublin überführten Werte begann, wurden zusätzlich jüdische Juweliere rekrutiert, die offiziell als Häftlinge in Majdanek registriert waren. Die insgesamt 20 bis 30 Gefangenen, darunter einige Frauen, trugen daher die gestreifte Häftlingsbekleidung und wurden zusammen mit den Handarbeitern der »Bekleidungskammer« auf dem Hof der Standortverwaltung in einer mit Stacheldraht umzäunten Holzbaracke kaserniert. Während ihrer Arbeiten wurden sie von Johannes Teichelmann beaufsichtigt.[430]

Wertgegenstände und Geld aus den Vernichtungslagern gelangten auf verschiedene Weise in die »Kochschule«, wobei mehr das Prinzip Improvisation als Ordnung herrschte: Teils brachten T4-Reinhardt-Männer versiegelte Koffer und Kisten, teils kamen Gelder aus Treblinka über den SSPF in Warschau. In anderen Fällen holten Angehörige der SS-Standortverwaltung selbst Koffer und Kisten voller Geld und Schmuck in den drei Lagern ab. Die Gelder und Wertgegenstände, die in Höfles Dienststelle lagerten, wurden dagegen schon vom Rechnungsführer Fritz Dorl zusammen mit Höfles Mitarbeiter Max Meierhofer vor Ort sortiert.[431]

Die Aufgaben bei der »Werterfassung« sind schnell beschrieben: Geld und Wertgegenstände, die in der »Kochschule« ankamen, wurden von den jüdischen Arbeitern ausgeladen, die Buchhalter Alois Rzepa oder Johannes Teichelmann quittierten die Übergabe. Schmuck und Zahngold wurden unter Aufsicht von Pflanzer in Gold- und Silberbarren eingeschmolzen, Steine zuvor aus den Fassungen entfernt und gereinigt. Unter Aufsicht von Robert Sottmann reparierten jüdische Arbeiter Uhren, sortierten Wertgegenstände und erfassten sie in der Buchhaltung. Alles von Wert wurde in einem zimmergroßen Panzertresor im Keller der »Kochschule« eingeschlossen, für den es zwei verschiedene Schlösser gab. Die beiden Schlüssel wurden jeweils Rzepa und Wippern anvertraut, um zu verhindern, dass die Wertgegenstände entwendet wurden. Während polnische Złoty bei der Emissionsbank in Lublin auf ein Konto der Reichsbank eingezahlt wurden, lieferte man Wertgegenstände, ausländisches Geld und Edelmetalle über das WVHA an die Reichsbank ab. Zum Teil wurden die Wertgegenstände mit einem Lkw und mehreren gesicherten Fahrzeugen aus Berlin abgeholt, zum Teil fuhren Mitarbeiter der SS-Standortverwaltung die Lkws selbst von Lublin nach Berlin.[432]

Während aus dem restlichen Generalgouvernement die Wertgegenstände bereits sortiert und mit Inhaltsverzeichnissen versehen an die Standortverwaltung geliefert wurden, lag bei den Lieferungen aus den Vernichtungslagern in den Koffern anfangs alles durcheinander und nichts war verzeichnet. Dies änderte sich vermutlich erst, als sich in den Lagern ausdifferenzierte Sortierkommandos bildeten und es aufgrund weniger Transporte mehr Zeit zum Sortieren gab. Wegen der Ungenauigkeiten und der Vermutung, dass bei der Vielzahl von Transporten mehr Geld anfallen müsste, versuchte Wippern im Herbst und Winter 1942, Mitarbeiter der Standortverwaltung in die Lager abzustellen. Während in Treblinka zeitweise Lindenmüller für die »Verwertung« zuständig war, wurden in Belzec die Dienste des Rechnungsführers Wilhelm Schwarzkopf[433] trotz längerer Verhandlungen zwischen Wippern, Hering und Wirth abgelehnt. Wahrscheinlich duldeten die T4-Reinhardt-Männer in Belzec keine Einmischung. Nach Sobibor wurde von der Standortverwaltung niemand versetzt.[434]

Die Sammlung des jüdischen Eigentums als »Nebenprodukt« der Vernichtungslager und der Deportationen war ein lukratives Geschäft, über das sich die »Aktion Reinhardt« problemlos finanzieren ließ: Bestände in Höhe von knapp 12 Millionen Reichsmark wurden für Personal- und Sachausgaben verwendet. Darüber hinaus fielen für das »Großdeutsche Reich« noch vielfach höhere Geldsummen ab. Globocnik nannte im Abschlussbericht für die Zeit von April 1942 bis Dezember 1943 den Betrag von 132745960,59 Reichsmark, der an die Reichsbank in Berlin, den SS-Wirtschafter in Krakau sowie die SS-Wirtschaftsbetriebe abgegeben worden war. Zusammen mit den Textilien ergab dies eine Summe von mindestens 180 Millionen Reichsmark.[435]

Alter Flughafen und Chopinstraße 27: Kleidung und Gebrauchsgegenstände

Die Leitung der Kleider- und Schuhsortierung wurde im Juli 1942 zunächst formell Höfle zugesprochen. Spätestens im September 1942 unterstellte Globocnik das »Bekleidungswerk« aber ebenfalls der SS-Standortverwaltung. Im Herbst war die finanzielle Abwicklung nach der Zentralisierung und Unterstellung unter das WVHA geklärt, bei den Zuständigkeiten für die technische Durchführung der Sortierung gab es jedoch mehrere Wechsel.[436]

Der größte Teil der in den Vernichtungslagern gesammelten Kleidungsstücke wurde im Alten Flughafen an der Wrońskastraße (Ulica Wrońska, damalige Ulica Chełmska) desinfiziert und nach Männer-, Frauen- und Kinderkleidung sowie Unter- und Oberbekleidung, Schuhen und anderen Kategorien sortiert. Vor dem Krieg waren dort in den Lubliner Mechanischen

Werken E. Plage und T. Laśkiewicz Flugzeuge produziert worden.[437] Der Alte Flughafen verfügte über einen Gleisanschluss und bot sich mit der bereits vorhandenen Infrastruktur als zentrale Sammelstelle des jüdischen Besitzes an. Bereits im Spätsommer 1941 waren dort die »Pelz- und Bekleidungswerkstätten« eingerichtet worden, die dem »Bekleidungswerk der Waffen-SS in Dachau« unterstanden. Das Bekleidungswerk hatte zunächst die Aufgabe, die Truppenbekleidung für die Waffen-SS zu verwalten. Ab Mai 1942 nahm es Aufgaben im Rahmen der »Aktion Reinhardt« wahr: Hier wurde nun die Kleidung aus den Vernichtungslagern sortiert, gereinigt, desinfiziert, instand gesetzt und weiterversandt. Auch das Gepäck der ausländischen Juden, die in den Distrikt Lublin oder nach Sobibor deportiert wurden, wurde hier sortiert und aufbereitet. Leiter des Bekleidungswerks Lublin war im Frühjahr 1942 der Textilfachmann Josef Obermaier, zur Verstärkung wurde Personal des »SS-Wirtschafters Krakau« abgestellt. Die Männer wurden als »Angehörige der Aktion Reinhardt« bezeichnet. Nach der Regelung der verwaltungsmäßigen Unterstellung kam auch Personal der SS-Standortverwaltung hinzu. Die jüdischen Arbeitskräfte kamen vor allem aus Lublin, weitere wurden beim Zwischenhalt der Züge, die in die Ghettos oder nach Sobibor fuhren, ausgewählt.[438]

Obermaier und das Bekleidungswerk waren nach kurzer Zeit mit der Vielzahl der angelieferten Textilien überfordert. In den Räumlichkeiten fand sich bald kein Platz mehr, sodass Kleidungsstücke im Freien lagerten. Deshalb wurde die SS-Zentralbauleitung von Lublin im Oktober 1942 mit dem Bau einer Lagerhalle beauftragt, zu dem es allerdings nicht kam. Wahrscheinlich hatte sich der bürokratische Weg letztlich als zu mühsam erwiesen. Nach einer Flecktyphusepidemie unter den Gefangenen fehlten dem Bekleidungswerk außerdem die nötigen Arbeitskräfte. Zur gleichen Zeit schaltete sich der neue Kommandant von Majdanek, Max Koegel, zu diesen Problemen ein und stellte den Antrag, auf dem Gelände des Alten Flughafens ein Frauenkonzentrationslager zu errichten. Die SS-Zentralbauleitung legte daraufhin im November 1942 den Bebauungsplan für das zukünftige Lager vor, das 5000 Personen aufnehmen sollte, und begann mit der Aufstellung von Baracken für die Gefangenen. Koegel stellte zur Bewachung des Lagers Wachmannschaften des SS-Totenkopf-Sturmbanns Konzentrationslager Lublin sowie für die weiblichen Häftlinge einige SS-Aufseherinnen zur Verfügung, außerdem waren Trawniki-Männer am Alten Flughafen stationiert. Im November 1942, noch bevor die ersten Baracken fertiggestellt waren, wurden 4000 jüdische Frauen sowie 1200 Männer in den Alten Flughafen überstellt, der nunmehr zum Arbeitslager geworden war. Von Zeit zu Zeit holten Ärzte aus Majdanek schwache Häftlinge aus dem Lager ab, die in den im Herbst 1942 in Majdanek eingerichteten Gaskammern getötet wurden.

Es schien, als ob das Lubliner Machtgerangel um die Zuständigkeiten bei der Sortierung zugunsten des Konzentrationslagers Majdanek entschieden war.[439]

Doch wenige Wochen später – um Weihnachten 1942 – riss Globocnik das Ruder wieder herum und beauftragte Wirth, das »Judenarbeitslager« auf dem Alten Flughafen zu übernehmen, um die Textilien schnellstmöglich zu sortieren und zu verladen. Ende Dezember wurden die männlichen Häftlinge wieder nach Majdanek abgezogen, im Frühjahr 1943 auch die weiblichen und ein Teil der Lagerbaracken ging ebenfalls nach Majdanek. Auch die SS-Wachmannschaft verließ das Lager und blieb nur noch für die Außenbewachung zuständig. Spätestens Mitte Januar 1943 unterstand das gesamte Projekt Wirth und firmierte nunmehr unter »SS-Standortverwaltung Altsachenverwertungsstelle Lublin«. Nach und nach holte er T4-Reinhardt-Männer, besorgte sich aus den Zügen in die Vernichtungslager neue Arbeitskräfte und baute mithilfe des Maurers Lambert das »Judenarbeitslager« um. Wirth und seine Männer stiegen nunmehr als Akteur mit der Subgruppe »Inspektion« in die Kleidersortierung ein, die somit nicht mehr nur ein Außennetz darstellte. In der Folgezeit ließ Wirth zur Vereinfachung auch die Sortierung in den Lagern Belzec, Sobibor und Treblinka verbessern. Der Alte Flughafen sollte 1943 unter T4-Reinhardt-Regie auch für die Fertigungen der Deutsche Ausrüstungswerke und der Ostindustrie GmbH genutzt werden.[440]

Durch die Neuorganisation wurden bis zum Herbst 1943 insgesamt 1901 Waggons mit Bekleidung, Wäsche, Bettfedern und Lumpen im Wert von 26 Millionen Reichsmark verschickt. Gelagert wurden zu diesem Zeitpunkt noch Textilien im Wert von weiteren 20 Millionen Reichsmark.[441]

Die SS-Standortverwaltung war weisungsgemäß auch für die zeitweise durchgeführte Kleidersortierung in Chełm, Zamość und Trawniki, in Poniatowa, Rejowiec und Lubartów[442] sowie das »Materiallager« in der Chopinstraße 27 in Lublin verantwortlich. Dabei handelte es sich um einen mehrstöckigen Bau, in dem vor dem Krieg die »Katholische Aktion« untergebracht war, in der Folgezeit wurden dort Textilien und Gegenstände für die deutschen Truppen gelagert. Max Meierhofer, der wiederum Höfle unterstand, leitete das »Materiallager«. Im »Judenlagerdepot«, »Hauptlager« beziehungsweise »Erfassungslager für beschlagnahmtes Feindvermögen« wurden sowohl Kleidungsstücke und Schuhe als auch Einrichtungs- und Gebrauchsgegenstände wie Schränke und Stühle aus dem Ghetto gelagert. 20 bis 25 jüdische Häftlinge aus dem Arbeitslager Lublin (Lipowastraße), die den Deutschen Ausrüstungswerken unterstanden und von diesen versorgt wurden, mussten die Sachen hier in große Regale einsortieren. Oft war die Kleidung mit Blut beschmutzt und hatte Einschusslöcher; es kamen aber auch neue und gut erhaltene Textilien an. Das Materiallager belieferte nach

Genehmigung von Höfle und Wippern auch die im Distrikt stationierten deutschen Dienststellen. Minderwertiges Material wurde entweder entsorgt oder an die Bevölkerung zur Prämierung von Ernteleistungen ausgegeben. Andere Gegenstände wie Seife, Essgeschirr oder Nahrungsmittel wurden in den »Judenlagern« weiterverwendet. Wertvoller Hausrat und Einrichtungsgegenstände wurden vor Ort volksdeutschen und deutschen Siedlern sowie Wehrmachtsstellen überlassen.[443]

Zahlreiche Deutsche profitierten vom kollektiven Diebstahl in den Reinhardt-Lagern: Das Rasse- und Siedlungshauptamt erhielt Kleidung und Schuhe, um »Volksdeutsche« zu versorgen. Waggons voller Kleidung gingen an das Wirtschaftsministerium, das diese wiederum an Privatfirmen zur Umarbeitung weitergab, an die Volksdeutsche Mittelstelle, die Reichsjugendführung, das Unternehmen »Heinrich«, die IG-Farben, die Organisation Todt, den Generalinspekteur des Führers für das Kraftfahrwesen und an die Konzentrationslager. Wecker, Uhren, Füllfederhalter, Rasierklingen, -apparate und Scheren wurden an die an der Front eingesetzten Truppen, an diverse Waffen-SS-Einheiten, die Marine, die Deutschen Ausrüstungswerke, den SS-Verein Lebensborn sowie an ausgebombte «Volksgenossen« ausgegeben. Besonders die »Volksdeutschen« wurden mit den »in den Lagerhäusern in Lublin und Auschwitz vorrätigen Gebrauchsgegenständen und Bekleidungsstücken«[444] versorgt; so erhielten Weihnachten 1942 235000 »Volksdeutsche« aus östlichen Gebieten je ein Kleid beziehungsweise einen Anzug, einen Mantel und einen Hut, drei Hemden sowie weitere Utensilien in einem Koffer. Bedürftige bekamen zudem Bettwäsche. Die geraubten Besitztümer konnten auch im Ausland erworben werden: Die Reichsbank machte teure Uhren, Füllfederhalter und Briefmarkensammlungen im Auslandsverkauf zu Devisen.[445]

Zusammenfassend lässt sich sagen, dass vom Anfang bis zum Ende der Verwertungskette des Raubnetzes Hunderttausende deutsche und »volksdeutsche« zivile Männer und Frauen, Wehrmachts- und Waffen-SS-Angehörige standen, die teils bewusst, teils ohne Wissen zu den Nutznießern der »Aktion Reinhardt« gehörten. Dabei stellte das Diebesgut der drei Vernichtungslager nur einen Teil des Erlöses aus der »Entjudung« dar. Berücksichtigt man die »Arisierungen«, die andernorts erfolgten Enteignungen, das Diebesgut in Auschwitz-Birkenau, so profitierten – laut dem Historiker Götz Aly – indirekt oder direkt gar 95 Prozent der deutschen Gesellschaft von dem, wie er es ausdrückt, »konsequentesten Massenraubmord der modernen Geschichte«.[446] Für die T4-Reinhardt-Männer und die anderen in die »Aktion Reinhardt« involvierten Akteure war die »Werterfassung« ein willkommenes Nebenprodukt bei der Ermordung der Juden. Es diente ihnen einerseits dazu, sich selbst für die aus ihrer Sicht verdienstvolle Arbeit zu belohnen, gab ihnen andererseits aber auch das Gefühl, der Kriegskasse des Deutschen Reichs und der »Volksgemeinschaft« neben dem Massenmord auch durch die Erbringung von Geldern, Wertgegenständen und anderen Nutzgegenständen dienen zu können.

Das T4-Reinhardt-Netzwerk vom Höhepunkt seiner Macht bis zur Auflösung (Januar bis November 1943)

Kurz nach der Niederlage in Stalingrad wurde mit dem Besuch Himmlers in Treblinka und Sobibor Anfang 1943 ein Funktionswandel der Lager eingeleitet. Obwohl die Transporte aus dem Generalgouvernement weitgehend beendet waren, gab es zu diesem Zeitpunkt noch keine Entscheidung über die Zukunft der Lager; fest stand nur die Auflösung von Belzec, das keine Aufnahmekapazitäten mehr hatte. Um ihren Verbleib zu sichern, bemühten sich die T4-Reinhardt-Männer daher, Himmler und seiner Delegation die Kapazitäten und Effizienz ihres Systems zu demonstrieren. Zu diesem Zweck wurde ihnen in Sobibor am 12. Februar 1943 an mehreren Hundert Mädchen der gesamte Ablauf der Ermordung, die »Transportabfertigung«, präsentiert. In seiner Ansprache in der prachtvoll hergerichteten Kantine war Himmler voll des Lobes und veranlasste die Beförderung einiger Männer.[1] Darüber hinaus gelang es der Mannschaft, die weitere Existenz der Lager durch die Zuweisung neuer Transporte aus anderen Ländern abzusichern: Das Deportationsnetz wurde nach »Modernisierungsarbeiten« in Sobibor und Treblinka vornehmlich auf westeuropäische Länder ausgedehnt, die ihre Transporte zuvor nach Auschwitz geleitet hatten. Züge aus den Niederlanden und Frankreich, Weißrussland und Litauen gingen nun nach Sobibor, diejenigen aus Griechenland und Jugoslawien wurden hingegen nach Treblinka geschickt. In der Folge kam es zu einer weiteren Aufstockung des Personals. Zwölf neue Männer stießen von der T4 zum T4-Reinhardt-Netzwerk, sodass – nach einigen Abgängen im Winter 1943 – im April 1943 erneut der Personalhöchststand von 94 Männern erreicht wurde.[2]

Im Rahmen der Restrukturierung zogen die T4-Reinhardt-Männer neue Aufgaben an sich, indem sie die Leitung von vier Arbeitslagern im Distrikt Lublin übernahmen. Die Massenerschießungen der »Aktion Erntefest« führten Anfang November 1943 zur Tötung fast aller Juden in diesen Lagern und entzogen dem Netzwerk wesentliche Funktionen. Bereits zuvor hatten die Aufstände in Warschau und Białystok sowie in Treblinka und Sobibor im August und Oktober 1943 erheblich dazu beigetragen, die Schließung der Vernichtungslager in die Wege zu leiten. Ein weiterer Faktor, der zum Ende des T4-Reinhardt-Netzwerks in Polen beitrug, war der Weggang Globocniks im September 1943: Seine Nachfolge als SSPF von Lublin wurde zwar bereits im August 1943 von Jakob Sporrenberg übernommen, doch Globocnik hatte in der Übergangsphase nach wie vor die Zuständigkeit für die Arbeits- und Vernichtungslager behalten. Mit Globocniks Versetzung als Höherer SS- und Polizeiführer in das »Adriatische Küstenland« hatten die T4-Reinhardt-Männer nicht nur ihren unmittelbaren Vorgesetzten und Mitinitiator der Vernichtungslager, sondern auch den wichtigsten Unterstützer der von ihnen geleiteten Arbeitslager verloren.[3]

Auflösung von Belzec und Restrukturierung in Treblinka und Sobibor 1943

Drei Elemente charakterisieren die Vernichtungslager im Jahr 1943, in dem vergleichsweise wenig Deportationszüge ankamen: erstens die bereits gegen Ende des Jahres 1942 eingeleitete systematische Verbrennung der Leichen in Belzec, Sobibor und Treblinka und die anschließende Schließung von Belzec; zweitens die »Verschönerung« der Lager Sobibor und Treblinka, die bei Deportierten aus west- und südeuropäischen Ländern einen friedlichen Eindruck vermitteln und das alltägliche Leben der T4-Reinhardt-Männer angenehmer machen sollte. Und die dritte strukturell wichtige Änderung betraf die Sortierung von Kleidung und Wertgegenständen innerhalb der Lager: Nachdem Wirth in Lublin als Akteur in die Kleidersortierung eingestiegen war und das Lager Alter Flughafen entlasten wollte, wurde die Sortierung in Sobibor und Treblinka verfeinert, sodass eine Weitersortierung andernorts nicht mehr nötig war.

Mit der Verbrennung der Leichen hatte man in Belzec und Sobibor bereits Ende 1942 begonnen, systematisch umgesetzt wurde sie aber erst 1943. Diese Aktion hatte zum einen hygienische Gründe, diente zum anderen aber auch der Spurenverwischung. Spätestens nach der Niederlage bei Stalingrad und dem Vorrücken sowjetischer Truppen hatte selbst Globocnik, der anfangs – wie er Kurt Gerstein gegenüber erwähnte[4] – gar Bronzetafeln zur Erinnerung an die Heldentaten der T4-Reinhardt-Männer in den Massengräbern versenken wollte, Angst vor Konsequenzen für den Fall, dass die Gräber nach einem möglichen Sieg der Alliierten aufgespürt würden. Die Entdeckung der Massengräber von Katyn durch deutsche Einheiten und das Bewusstsein über den propagandistischen Nutzen, den Gegner prinzipiell daraus schlagen konnten, wurde auch von den T4-Reinhardt-Männern diskutiert und verstärkte die Argumente der Befürworter einer groß angelegten Aktion zur Beseitigung der Massengräber.[5]

In den Staatsspitzen wurde über die Idee, die Massengräber zu öffnen und die Leichen systematisch zu verbrennen, schon länger diskutiert.[6] Himmler hatte deswegen Paul Blobel, der zuvor das Sonderkommando 4a der Einsatzgruppe C geleitet hatte, mit der Erarbeitung einer Methode zur Beseitigung der Leichen beauftragt. Ab Juli 1942 entwickelte dieser in Kulmhof (Chełmno) Verbrennungstechniken, die später nicht nur in den Lagern der »Aktion Reinhardt« und in Auschwitz-Birkenau, sondern auch in den Orten, in denen Einsatzgruppen gemordet hatten, im Rahmen der sogenannten »Aktion 1005« angewandt wurden. Das Ergebnis war ein provisorischer Ofen in Form einer Grube, auf der Eisenschienen als Rost lagen. Es ist wahrscheinlich, dass Himmler bereits bei seinem Besuch in Sobibor im Juli 1942 eine Exhumierung und Verbrennung der Leichen angeregt hatte wie auch schon zwei Tage zuvor in Auschwitz-Birkenau.[7]

Vom Lagerkommandanten von Auschwitz, Rudolf Höß, ist bekannt, dass er mit Mitarbeitern im September 1942 nach Kulmhof ging, um sich dort Blobels Technik anzueignen. Kurze Zeit später wurde in Birkenau mit der Exhumierung und Verbrennung der Leichen auf Eisenbahnschienen begonnen. Wie Blobels Technik in die Lager der »Aktion Reinhardt« kam, kann nicht mehr rekonstruiert werden, auch wenn Verbindungen zwischen den T4-Reinhardt-Männern und ihm belegt sind. Blobel war zwar der ideelle Urheber der angewandten Methode, die Umsetzung vor Ort oblag aber den T4-Reinhardt-Männern und nicht seinem Kommando »1005«. Blobel selbst hat die Lager aller Wahrscheinlichkeit nach selbst nicht aufgesucht.[8]

In Sobibor und in Belzec begann die Leichenverbrennung im Herbst 1942, in Treblinka erst im Februar 1943, nachdem Himmler nach einer Visite im Lager die Verbrennung der Leichen angeordnet hatte.[9] Die unterschiedlichen Zeitpunkte des Beginns der Leichenverbrennung verweisen auf die relative Unabhängigkeit der einzelnen Lager der »Aktion Reinhardt« trotz der Koordinationsinstanz in Lublin.

Leichenverbrennung und Liquidierung des »Versuchslagers« Belzec

Belzec war 1943 im großen Ganzen nicht mehr als Vernichtungslager aktiv, in erster Linie wurden dort die Leichen der zuvor getöteten Menschen verbrannt. Zwar kamen Anfang 1943 noch einzelne kleine Gruppen von Juden an, die aber nicht mehr mit Gas getötet, sondern im Lager II erschossen wurden. Die Leichenverbrennung begann bereits im November 1942, kurz vor dem Ende der Deportationen nach Belzec. Die Leichen dieser letzten Transporte wurden gemeinsam mit den ausgegrabenen menschlichen Überresten verbrannt. Ende März 1943 erklärte das Lagerpersonal die Verbrennungen für beendet.[10]

Beauftragter der Leichenexhumierung und -verbrennung war Friedrich

Tauscher. Ihm standen Heinrich Gley, Heinrich Unverhau und Robert Jührs sowie zum Teil auch Ernst Zierke zur Seite. Keiner von ihnen hatte zuvor in den »Euthanasie«-Einrichtungen als Leichenverbrenner gearbeitet. Allerdings befanden sich im Herbst 1942 noch sechs ehemalige »Brenner« in Belzec, die wahrscheinlich bei der Einrichtung der Verbrennungsroste mitgeholfen haben. Zunächst versuchten Tauscher und seine Männer, die Leichen auf normalen Scheiterhaufen zu verbrennen, aber die halb verwesten Leichen, die mit sandiger Erde vermengt waren, brannten noch schlechter als bei früheren Versuchen. Dann wurde Blobels Leichenverbrennungsmethode auf Belzec übertragen. Eine Rolle beim Wissenstransfer spielte wahrscheinlich Floß, der für kurze Zeit in Belzec weilte, bevor er nach Treblinka wechselte. Gley besorgte mit einigen Kameraden und Wachmännern zehn Eisenbahnschienen von circa zehn Metern Länge, Feldbahngleise und große Steine. Sie montierten die Schienen auf die Backsteine, sodass diese zusammen mit den Schmalspurgleisen, die das Durchrutschen der Leichen verhindern sollten, einen erhöhten Gitterrost bildeten. Mithilfe eines Baggers und des aufgestockten Arbeitskommandos legten sie abwechselnd Leichen und Holz auf die Eisenbahnschienen, gossen Brennflüssigkeit wie Öl und Benzin über die Leichen und zündeten sie an. Das jüdische »Verbrennungskommando« musste das Feuer in Gang halten und achtgeben, dass die Leichen vollständig verbrannten.[11]

Die Leichenverbrennung wurde zunächst an einer, einen Monat später an zwei Feuerstellen vorgenommen. Pro Feuerstelle konnten innerhalb von 24 Stunden etwa 2000 Leichen, das heißt 60000 Leichen im Monat, verbrannt werden. Die erste Feuerstelle war fünf Monate, die zweite vier Monate lang Tag und Nacht in Betrieb.[12] Für die Zerkleinerung der bei der Verbrennung zurückbleibenden Knochenreste wurden Getreidemühlen bei lokalen Bauern konfisziert. Ein Dutzend Bauern erhielt vom Bürgermeister den Auftrag, die Asche zu sieben, auch um Gegenstände wie Gold, das die Deportierten verschluckt hatten, zu finden. Möglicherweise wurde zur Zerkleinerung der Knochen auch eine Knochenmühle aus dem Lager Lemberg-Janowska genutzt. Die Asche wurde nach der Siebung in die bereits entleerten Massengräber geworfen und diese zuletzt mit Erde zugeschüttet und eingeebnet.[13]

In mindestens zehn der insgesamt 33 durch Ausgrabungen entdeckten Gräber wurden Ende der 1990er Jahre nicht nur Asche, sondern auch mumifizierte Überreste gefunden. Eine größere Anzahl von Leichen wurde also nicht vollständig verbrannt. Möglicherweise ging die Lagermannschaft zu oberflächlich vor, übersah Sabotageakte der Arbeitskommandos, oder diese Arbeit behagte selbst den dem Tod gegenüber abgebrühten Männern nicht besonders. So beschrieb Gley 1963 während des Ermittlungsverfahrens zu

Belzec die Arbeit als einen »menschlich, ästhetisch und geruchsmäßig so schauerlichen Vorgang, dass die Fantasie jener Menschen, die heute in bürgerlichen Verhältnissen zu leben gewohnt sind, wohl nicht ausreicht, dieses Grauen nachzuempfinden«.[14] Vielleicht war den Männern auch der Sinn dieser Aktion – abgesehen von hygienischen Erfordernissen – nicht klar. Zwar gab es seit der Niederlage in Stalingrad Zweifel an der Überlegenheit und dem Sieg des Dritten Reichs, dennoch war es mehr als fraglich, ob sich der millionenfache Mord an den Juden, an dem Tausende von Tätern beteiligt waren und über den große Teile der Bevölkerung Bescheid wussten, mit der Leichenverbrennung überhaupt vertuschen ließ. Allein die Tatsache, dass in Belzec Leichen verbrannt wurden, war weithin bekannt: Die Flammen waren bis nach Tomaszów Lubelski und Rawa Ruska zu sehen und der beißende Qualm zog über die Dörfer.[15]

Gegen Ende der Verbrennungsaktion Ende März 1943 begannen die Abbauarbeiten des Lagers. Kurze Zeit später verließ Kommandant Hering Belzec. Der Polizist Tauscher wurde zum »Lagerleiter im Abbruch«[16] ernannt. Ein Teil der T4-Reinhardt-Männer verließ ebenfalls vorzeitig das Lager: Im Frühjahr wurden Schwarz, Jührs und Zierke in das neu errichtete Arbeitslager Dorohucza versetzt, Hackenholt und Baer wechselten zur Verstärkung von Wirth nach Lublin zum Alten Flughafen. Im Mai und Juni holte Hering Gley, Girtzig, Schluch, Kloß, Gringers und Zänker sowie die Zugwachmänner Budziak und Siebert und einige Wachmänner nach Poniatowa.[17]

Im Lager verblieben bis zuletzt noch Dubois, Groth, Dachsel, Kamm, Unverhau und eventuell Barbl, die zusammen mit Tauscher das Lager abwickelten, außerdem noch einige Trawniki-Männer. Unter Letzteren befanden sich nicht nur ehemalige Kriegsgefangene, sondern auch einige Zivilisten aus Ostgalizien, die am 12. April 1943 – nach einer doppelten Auswechslung fast aller Trawniki-Wachmänner infolge von Meuterei-Versuchen – in das Lager gekommen waren.[18] Als Abbruchpersonal fungierten zudem einige Hundert jüdische Arbeiter.[19]

Die jüdischen Arbeitskräfte bauten zusammen mit den Trawniki-Männern die Baracken und das Gaskammergebäude ab. Per Zug und Lkw wurden die Barackenteile nach Lublin gebracht. Aufgefundene Gegenstände, wie Bücher, Ausweise und Armbinden, wurden verbrannt. Auf dem gesamten Gelände pflanzte man junge Fichten, die über das Oberforstamt in Tomaszów Lubelski bezogen wurden. Die Stacheldrahtumzäunung und die Wachtürme wurden abgerissen. Das Nebengleis blieb intakt zurück, da es im Besitz der Ostbahn war, ebenso die konfiszierten Gebäude, die zur Verwaltung und als Unterkünfte für die T4-Reinhardt-Männer gedient hatten, sowie der Lokschuppen und die Alte Mühle.[20]

Nach Beendigung der Arbeiten wurde das leer geräumte Lager von einer

Kommission inspiziert, der auch Wirth und Hering angehörten. So wenig wie möglich sollte auf die Vergangenheit des Ortes als Vernichtungsstätte für Juden hinweisen. Am 26. Juni wurden die letzten »Arbeitsjuden«, die zur Auflösung des Lagers eingesetzt worden waren, in einen Zug verladen und nach Sobibor gebracht. Hering hatte sie zuvor angewiesen, sich eines der Arbeitslager Lublin, Trawniki oder Budzyn auszusuchen.[21] Doch sie trauten den Versprechungen nicht und versuchten unterwegs, die Böden der Waggons aufzubrechen. Mindestens drei Juden gelang dabei die Flucht, darunter Chaim Hirszman, der den Krieg überlebte, aber im März 1946 von polnischen Antisemiten getötet wurde. Viele der Flüchtenden wurden erschossen oder verletzt. Groth begleitete den Transport mit den restlichen Arbeitern nach Sobibor, wo diese ausnahmslos getötet wurden, und schloss sich der dortigen Lagermannschaft wieder an.[22] Für einen Teil der Arbeitskräfte bewahrheitete sich Herings beziehungsweise Wirths Versprechen: 20 bis 30 Jüdinnen, die als Dienstkräfte für die T4-Reinhardt-Männer gearbeitet hatten, kamen ins Arbeitslager Trawniki. Vielleicht lag diese ungewöhnliche Überstellung daran, dass sie nicht im Rahmen der »Transportabfertigung« eingesetzt worden waren und somit nicht zu den Geheimnisträgern zählten. Die meisten der Frauen fielen später der »Aktion Erntefest« zum Opfer.[23]

Ende Juni, Anfang Juli wurden Dubois, Unverhau, Dachsel, Kamm und eventuell Barbl nach Sobibor versetzt, Tauscher ging nach einem kurzen Zwischenaufenthalt in Dorohucza nach Budzyn, um dort Feix abzulösen. Die nicht mehr benötigten Trawniki-Männer kamen zurück nach Trawniki oder in die Arbeitslager.[24] Damit war das Lager Belzec aufgelöst.

In der Folgezeit wurde das Lagergebiet von T4-Reinhardt-Männern inspiziert, um Probleme zu beheben oder prophylaktisch auszuschließen. Dabei stellte sich heraus, dass die lokale Bevölkerung nach der Abreise der Lagermannschaft damit begonnen hatte, den Boden des ehemaligen Vernichtungslagers auf der Suche nach Gold und Wertgegenständen umzugraben. Daher wurde beschlossen, dort dauerhaft eine Person anzusiedeln, um »lästige Besucher«[25] abzuhalten. Im September 1943 wurde unter den T4-Reinhardt-Männern eine Baumannschaft zusammengestellt, die auf dem Gelände einen Bauernhof mit Wirtschaftsgebäuden für einen Wachmann und seine Familie errichtete. Hierzu gehörten der Schreiner Karl Schiffner, der zuvor in Treblinka eingesetzt war, der Pfleger Unverhau sowie zehn bis zwölf Trawniki-Männer. Zwei von diesen nutzten die Abgeschiedenheit und flohen. Unverhau beschäftigte sich während des Einsatzes mit Aufforstarbeiten. Auch hierfür wurden wieder bewährte Handwerker aus dem Dorf Bełżec, wie der Maurer Goch, hinzugezogen. Spätestens im Dezember war der Hof fertig und ein volksdeutscher Wachmann ließ sich dort als Siedler nieder. Er sollte Bełżec erst beim Nahen der Roten Armee im Sommer 1944 wieder verlassen.[26]

Ausbau und Modernisierung in Sobibor: Verbrennung der Leichen und Raubgutverwaltung

Während die T4-Reinhardt-Männer in Belzec die Auflösung des Lagers vorantrieben, bereitete sich die Mannschaft in Sobibor – nach Himmlers Besichtigung des Lagers im Februar 1943 – auf neue Aufgaben vor. Im Lager herrschte emsige Betriebsamkeit, Hunderte von »Arbeitsjuden« wurden in alten und neuen Arbeitskommandos beschäftigt. Das Personal wurde – wie die »Arbeitsjuden« und die Trawniki-Wachmänner – zur Wahrnehmung der neuen Aufgaben erneut aufgestockt.

Erweiterung und »Verschönerung« des Lagers und verbesserte »Transportabfertigung«

Im Winter 1942/43 fanden im Lager mehrere Bau- und »Modernisierungs«maßnahmen statt,[27] die zu Änderungen in der zuvor als »primitiv«[28] geltenden »Transportabfertigung« und in der »Verwertung« der geraubten Besitztümer führten. Viele Umbauarbeiten dienten außerdem der »Verschönerung«[29] des Lagers im Hinblick auf die Bedürfnisse der T4-Reinhardt-Männer. Erneut ging es – bewusst oder unbewusst – darum, eine den Massenmord kontrastierende Normalität herzustellen und Abwechslung in das monoton werdende Lagerleben zu bringen. Gleichzeitig lässt sich der Bau der Freizeiteinrichtungen auch als eine – gegenüber der Konsolidierungsphase noch verstärkte – Inbesitznahme des Lagers als Eigenkreation deuten. Ähnliche Entwicklungen gab es auch in Treblinka. Nicht zuletzt wurden als Antwort auf den verstärkten Widerstand der Juden innerhalb und außerhalb des Lagers die Sicherheitsvorkehrungen verbessert. Allen Veränderungen lagen die Idee und der Wunsch zugrunde, die Laufzeit des Lagers – trotz der bereits weitgehend vollendeten Ermordung der polnischen Juden – zu verlängern.

Die Leitung dieser Umstrukturierungen oblag Wagner. Für den Bau der neuen Gebäude wurden erneut Häuser in der Nähe des Lagers und in Włodawa, die zuvor Juden gehört hatten, abgerissen. Das Waldkommando brachte zusätzliches Holz ins Lager, per Zug wurden Baracken, Barackenteile und Zement geliefert. Die Arbeiten führten jüdische Zimmerleute und Maurer aus. Nach Fertigstellung der Bauten informierten Orientierungstafeln mit farbigen Figuren und Aufschriften über die Einrichtungen des Lagers. Sie können als Ausdruck des Stolzes der T4-Reinhardt-Männer auf ihre Schöpfung gedeutet werden, dienten aber auch dazu, neu ins Lager verbrachte Juden über die Vorgänge im Lager zu täuschen.[30]

Zu reinen Vergnügungszwecken im kalten Winter wurde im Bereich des Lagers I, in der Nähe der Tischlerei, eine Kegelbahn für die T4-Reinhardt-

Männer gebaut, für die Trawniki-Männer 1943 außerdem ein Kinoraum eingerichtet. Die alten Möbel der Lagermannschaft wurden gegen neue ausgetauscht, in den Magazinen Fußböden gelegt. Straßen im Lager wurden gepflastert und mit Grünanlagen verschönert.[31]

Zur Perfektionierung der »Transportabfertigung« wurde Anfang 1943, vor Beginn der Transporte aus den Niederlanden, auf dem eingezäunten Weg zwischen Rampe und Lager II eine längere Baracke mit zwei Anbauten aufgestellt, die als Gepäckabgabe- und Sortierstelle dienten. Die Gepäckabgabestelle erweckte bei den westeuropäischen Deportierten den Schein von geordneten Verhältnissen und wirkte vertrauensstiftend. Mit dem Bau dieser »Durchgangsbaracke« war der Weg von der Rampe zum Lager II zum dritten Mal verändert worden.[32]

Im Sommer 1943 – etwa zeitgleich zu den vorerst letzten großen Transporten aus den Niederlanden – begannen die Vorbereitungen zur Errichtung des neuen Lagerteils IV. Hier sollte Beutemunition sortiert und gelagert werden. Wer die Idee zum Aufbau des Lagerteils und zur Funktionserweiterung hatte, ist unklar. Es ist aber denkbar, dass auch diese Neuerung auf Bestrebungen der T4-Reinhardt-Männer zurückging. Sie steht im Zusammenhang mit der Übernahme der Leitung von Arbeitslagern durch das Netzwerk. Der neue Lagerteil lag nördlich vom Vorlager und westlich von der Kapelle. Durch den Ausbau des »Nordlagers« wurde das gesamte Lager Sobibor vergrößert. Arbeitskommandos, inklusive der weiblichen Häftlinge, rodeten die Waldflächen, hoben Fundamente aus, betonierten, bauten und tischlerten. Bis Ende September 1943 waren bereits neun Bunker errichtet, ein weiterer war in Vorbereitung. In das eingezäunte »Nordlager« führten eine Straße und Schienen für die Lorenbahn zur Beförderung von Baumaterialien und Munition. Neue Arbeitskräfte wie Zimmerleute, Schlosser und Klempner wurden aus den September-Transporten aus Minsk selektiert.[33]

Ab Ende Sommer 1943 wurde Waffenmunition geliefert und in diesen Bunkern gelagert. Ein Kommando, das vor allem aus Frauen bestand, sortierte die Munition, Handgranaten, Bomben, Sprengstoff und Minen. Die Idee, das Vernichtungs- in ein Arbeitslager umzuwandeln, hielt sich sogar nach dem Aufstand eine gewisse Zeit. Dass es sich um ein größeres Projekt handelte, zeigen die Überlegungen Himmlers, das Lager Sobibor in ein Konzentrationslager umzuwandeln und es der Inspektion der Konzentrationslager zu unterstellen. Dies hätte jedoch zu einem Machtverlust der T4-Reinhardt-Männer geführt. Sobibor wäre in diesem Fall entweder ein reines Arbeitslager für militärische Zwecke oder wie Auschwitz und Majdanek eine Mischform aus Arbeits- und Vernichtungslager geworden. Da weder Oswald Pohl (WVHA) noch Globocnik die Idee befürworteten, gab Himmler die Idee wieder auf.[34]

Ab Anfang März 1943 kamen die mit Himmler vereinbarten Transporte aus Frankreich und den Niederlanden ins Lager, auf die sich die T4-Reinhardt-Männer besonders vorbereiteten. Bei den westeuropäischen Juden wurde bei der »Transportabfertigung« mehr auf Täuschung als auf Zwang gesetzt. Dennoch gab es auch bei diesen Transporten Gewalt und Einzelmorde, wenn sich die Deportierten den Anordnungen nicht fügten. Mehrere neue Elemente in der »Transportabfertigung« dienten sowohl der Täuschung als auch der besseren »Verwertung« der Gegenstände der Opfer. Den Männern, Frauen und Kindern, die im Lager ankamen, wurde mehr Zeit gegeben, um aus den Waggons zu steigen. Sie erhielten dabei Hilfe durch das »Bahnhofskommando«, jungen, gesunden Arbeitern, die sie höflich empfingen. Das große Gepäck blieb an der Rampe stehen. In der neu errichteten, fensterlosen »Durchgangsbaracke« auf dem Weg von der Rampe ins Lager II händigten die Deportierten ihr Handgepäck und ihre Geldbörsen aus und erhielten hierfür von den dort beschäftigten acht Häftlingen fiktive Gepäcknummern ausgehändigt oder genannt.[35]

Nach dem Verlassen der Gepäckbaracke hielten Michel oder später Wagner im Lager II die Ansprache vor den Opfern, in der diesen weisgemacht wurde, sich in einem »Durchgangslager« zu befinden und in der sie Anweisungen zum weiteren Vorgehen bekamen. Manchmal wurden zur Bekräftigung des Gesagten auch Seife und Handtücher ausgegeben. Im Anschluss wurden Männer und Frauen getrennt. Die Männer zogen sich wie in der Konsolidierungsphase im Lager II aus, während Frauen und Kinder direkt weiter durch den »Schlauch« zur Friseurbaracke gingen, wo sie sich entkleideten und ihnen das Haar abgeschnitten wurde. Kurz vor Eintritt in den »Schlauch« mussten die Deportierten Geld, Schmuck und Wertgegenstände am Registrierschalter beim Forsthaus abgeben. Nach ihrer Tötung in den Gaskammern wurden ihre Leichen verbrannt.[36]

In einigen Fällen wurde die »Transportabfertigung« der Deportierten aus den Niederlanden nach der Ankunft unterbrochen und ihnen Kaffee, Brot und Marmelade angeboten. In dieser Zeit sollten sie Postkarten an ihre Verwandten in der Heimat schreiben und diesen mitteilen, dass sie im »Arbeitslager Włodawa« angekommen seien und es ihnen gut ginge. Auch polnische oder tschechische Juden mit Verwandten in neutralen Ländern wie der Schweiz sollten Postkarten schreiben, die über einen Kurier verschickt wurden. Durch die »Postkartenaktion« sollten Gerüchte, die in den westeuropäischen Ländern mittlerweile über Massenvernichtungen kursierten, ausgehebelt werden. Sie wurde 1943 in ähnlicher Weise auch in anderen Lagern, wie in Dorohucza, dem Alten Flughafen, Trawniki, Majdanek und Auschwitz-Birkenau, durchgeführt.[37]

Nachdem aus den ausländischen Transporten bereits in der Aufbauphase vereinzelt Männer für die benachbarten Arbeitslager der Wasserwirtschaftsinspektion ausgesucht worden waren, kam es ab März 1943 an der Rampe von Sobibor erneut zu regelmäßigen Selektionen. Das Vernichtungslager glich sich damit zum Teil Auschwitz-Birkenau an, wo man Arbeitskräfte für die Außenlager selektierte. Die ausgesuchten Häftlinge waren sowohl für die Arbeitskommandos im Lager Sobibor selbst als auch für Majdanek und die Arbeitslager Dorohucza, Alter Flughafen und Trawniki vorgesehen. Selektionen fanden bei mindestens drei Transporten aus Frankreich und mindestens neun Transporten aus den Niederlanden statt. Die französischen Juden kamen als Arbeitskräfte nach Majdanek und zum Alten Flughafen, die niederländischen Juden nach Majdanek, zum Alten Flughafen und nach Dorohucza. Der Überlebende Jules Schelvis schätzt, dass auf diese Weise 700 Juden aus den Niederlanden in das Torflager verschleppt wurden. Aus den Transporten aus Minsk und Lida wurde eine größere Gruppe Handwerker, Schneider, Sattler und Schuster sowie weibliche Deportierte für Trawniki selektiert.[38]

Während die ausländischen Deportierten eher bereit waren, den Versprechungen Glauben zu schenken, wussten die polnischen Juden, die 1943 aus den wenigen noch existierenden Ghettos des Generalgouvernements nach Sobibor kamen, zumeist über den systematischen Massenmord Bescheid. Sie wurden daher wie auch die Deportierten aus dem »Ostland« unter großer Gewaltanwendung, Schüssen, Schlägen und Hundeeinsatz so schnell wie möglich in die Gaskammern getrieben und getötet, um möglichen Widerstand im Keim zu ersticken. Die Wachmänner und die T4-Reinhardt-Männer waren bei diesen Transporten häufig angetrunken, was die Bereitschaft zur Gewaltanwendung noch steigerte. Trotz der erhöhten Gefahr von Revolten wurde auch den polnischen Frauen häufig noch das Haar geschoren.[39]

Verbrennung der Leichen

Diskussionen um die Verbrennung der Leichen hatte es in Sobibor schon seit dem heißen Sommer 1942 gegeben, als die hygienischen Probleme offensichtlich geworden waren. Doch trotz der langen Transportpause im Sommer 1942 begann die große Spurenbeseitigung wahrscheinlich erst Ende Oktober, Anfang November 1942. Ende März 1943 waren die Exhumierungen abgeschlossen. Ab November 1942 wurden die Toten nicht mehr begraben, sondern aus den Gaskammern direkt mit der Lorenbahn zur Verbrennungsstelle gebracht und dort zusammen mit den exhumierten Leichen verbrannt.[40]

Wahrscheinlich gab es in Sobibor nur einen Verbrennungsrost. Er bestand aus 50 bis 70 Zentimeter hohen Betonfundamenten, auf denen in einer Länge von zehn Metern und einer Breite von sechs Metern mehrere Eisenbahnschienen lagen. Als die Betonsockel der Hitze nachgaben, wurden stattdessen Schienen als Träger in den Boden gerammt. Nachdem diese durchgebrannt waren, besorgte Wagner eines Nachts mit einer Gruppe von »Arbeitsjuden« auf unbürokratische Weise Ersatzschienen außerhalb des Lagers. Unter den Schienen entfachte man mit Ästen und Zweigen, Petroleum und Holzkohle ein Feuer. Dann wurden die Leichen mit einem oder zwei Baggern aus den Massengräbern geholt und in mehreren Reihen bis zu einer Höhe von einem Meter auf den Verbrennungsrost gelegt, mit Brennmaterial übergossen und angezündet. Möglicherweise kam im Winter 1942 ein zusätzlicher Löffelbagger aus Stettin oder von einer Münchener Firma. Der Bagger wurde von Getzinger, Hödl und einem oder zwei Zivilisten aus Stettin, möglicherweise mit den Namen Fifek und Boescher, die nicht von der »Euthanasie« kamen, bedient. Die Verbrennungsaktion selbst leitete Vallaster.[41]

Die »Arbeitsjuden« mussten Asche und Knochenteile unter dem Rost einsammeln, mit Hämmern zerstampfen, klein schlagen und in Fässern sammeln. Ein Teil wurde mit Schotter und Schlacke gemischt und dafür genutzt, die Wege des Lagers zu bestreuen und den Boden im Gemüsegarten zu düngen. Einen anderen Teil brachte man mithilfe der Schmalspurbahn in Fässern zur Rampe und verschickte ihn – wahrscheinlich ebenfalls als Düngemittel.[42]

Um für genügend Brennmaterial zu sorgen, setzte man im Lager II ein neu geschaffenes »Waldkommando« ein. Es bestand aus 25 bis 40 meist männlichen Häftlingen in unterschiedlicher Besetzung, die tagsüber außerhalb des Lagers Holz und Reisig suchten. Unter Lebensgefahr fällten sie Bäume, zersägten und zerhackten diese und gruben Wurzeln und Baumstümpfe aus. Mithilfe eines Pferdewagens wurde das Holz ins Lager transportiert. Mehrere Wachmänner und mindestens zwei T4-Reinhardt-Männer begleiteten das Waldkommando und einige nutzten die Gelegenheit zu Quälereien, sodass es zahlreiche Verletzte und Tote gab. Im Sommer gelang einigen Häftlingen die Tötung eines Wachmanns und die anschließende Flucht.[43]

Verbesserung der »Werterfassung«

Im Lager II waren 1943 große Gruppen von Häftlingen mit der »Verwertung« des jüdischen Eigentums beschäftigt. Wie auch in Treblinka gestaltete man nach der Übernahme der »Altsachenverwertung« in Lublin durch Wirth in Sobibor die Sortierstellen funktionsgerechter. Dafür wurde die Sortierstelle neben dem Bretterzaun ausgebaut, die 1942 nur aus Holzwänden mit einem behelfsmäßigen Dach bestanden hatte (in der Sobibor-Zeichnung, Abbildung 14, Nr. 25, 26, 27). Das Gepäck wurde zunächst in zwei an der »Durchgangsbaracke« anliegenden Baracken (Nr. 23, 24) vorsortiert. Mit der Lorenbahn konnten Gepäckstücke von der Rampe in die Sortier- und Gepäckbaracken transportiert werden. Für die Schuhe wurde ein »Schuhsortierungsraum« (Nr. 21) zwischen den Lagern I und II eingerichtet. Weitere Magazine befanden sich im Lager II.[44]

Größere Sortierkommandos waren erst im November 1942 zusammengestellt worden. 1943 waren im Lager II aufgrund personeller Verstärkungen insgesamt etwa 400 »Arbeitsjuden« beschäftigt, davon etwa 100 Frauen. Sie sortierten in ausdifferenzierten Sortierkommandos den jüdischen Besitz nach Qualität und Eigenschaften und entlasteten so die Arbeitskommandos im Alten Flughafen und bei der SS-Standortverwaltung in Lublin. Die Sortierung begann schon während der »Transportabfertigung«: Das Gepäck, das von den Deportierten in der Durchgangsbaracke abgegeben worden war, wurde in die Nebengebäude gebracht. Weibliche Häftlinge öffneten die Koffer an großen Tischen, sortierten den Inhalt grob nach Schmuck, Medikamenten, Lebensmitteln sowie Frauen- und Männerkleidung und leiteten die Sachen an die betreffenden Sortierbaracken und Magazine weiter. Hatten die Deportierten das Lager II verlassen, wurden so schnell wie möglich Kleidung und Schuhe abgeholt, damit sich die nachfolgenden Menschen ebenfalls ausziehen konnten. Die Schuhe wurden von einem zehnköpfigen Arbeitskommando unter Klier in die Schuh-Baracke gebracht und nach Halb-, Schnür- und Gummischuhen sowie Stiefeln geordnet. Für den Transport der Kleidung in die Sortierbaracken war ein kleines Kommando von fünf bis zwölf »Arbeitsjuden« zuständig.[45]

In der Kleidersortierung selbst waren 100 bis 150 Häftlinge, zum Großteil Frauen, beschäftigt. Sie durchsuchten die Kleidung nach Wertgegenständen, um sie in einer Holzkiste zu sammeln, und entfernten die Judensterne von der Kleidung der westeuropäischen Deportierten sowie andere Hinweise auf die vorherigen Besitzer. Im Anschluss wurde die Kleidung nach Art und Qualität sortiert, in Ballen zusammengebunden und in die beiden Magazine für Herren- oder Damenkleidung sowie Kinderkleidung gebracht. Jedes Magazin war in verschiedene Abteilungen, je nach Art und Qualität der Kleidungsstücke, unterteilt. Der jüdische Maler Goldfarb hatte hierfür Schilder angefertigt, wie beispielsweise »Herrenröcke 1. Sorte« oder »Mäntel 3. Sorte«. Lumpen wurden aussortiert und vom »Lumpenmeister« zerschnitten.[46]

Zur Sortiererei gehörte auch ein Magazin für Galanteriewaren wie Kämme, Wolle und Toilettenartikel. Im Apothekenlager wurden Medikamente wie Opium, Morphin oder Aufputschmittel, Verbandszeug, Seife, aber auch medizinische Geräte aus den Transporten gesammelt. Deutsche Ärzte und Apotheker, die in Polen stationiert waren, kamen nach Sobibor, um sich mit Medikamenten aus dem Apothekenlager zu versorgen.[47] Der »Platzmeister« untersuchte Blechartikel wie Töpfe, Pfannen, aber auch Schubkarren auf doppelte Böden und versteckte Wertgegenstände und bereitete sie nach

Zählung und Sortierung für die Verschickung vor. Nahrungsmittel wurden im Lebensmittelmagazin im Lager II nach Brot und Butter, Zucker, Mehl und anderen Lebensmitteln geordnet und gesammelt. Hier wurden auch Instrumente gelagert.[48]

Wertgegenstände konnten in allen Sortierabteilungen gefunden werden, da sie häufig im Brot, in den Schuhen, in der Kleidung oder im Gepäck versteckt waren. Gold, Brillanten und andere Schmuckstücke wurden in einer großen Kasse gesammelt und sortiert. Ein Silberschmied goss das Gold in Barren. Wertgegenstände, Gold und Geld wurden von Zeit zu Zeit per Zug zur SS-Standortverwaltung nach Lublin gebracht. Manchmal wurde das Gold auch mit einem Flugzeug abgeholt. Zur Überprüfung der Inventarisierung kam regelmäßig ein deutscher Juwelier ins Lager, wahrscheinlich von der SS-Standortverwaltung.[49]

Papiere oder Fotos, die für die T4-Reinhardt-Männer keinen Wert darstellten, wurden in der Sortierabteilung in Decken gesammelt und zur Dokumentenverbrennungsstelle gebracht, die in nordöstlicher Richtung der Sortierbaracken, auf dem Weg zum Lager IV lag. Die anfänglich zur Verbrennung genutzte Grube wurde aufgrund der Feuergefahr durch fliegendes Papier eingeebnet und durch ein Gebäude mit einem Schornstein ersetzt, in dem ein Verbrennungsofen aufgestellt wurde. Hier verbrannte ein »Feuermann« Dokumente, alte Kleidung und Decken sowie andere für das Deutsche Reich unbrauchbare und wertlose Gegenstände.[50]

Personelle Veränderungen

In den Wintermonaten 1942/43 hatte sich die Lagermannschaft beim Personalstand von 21 T4-Reinhardt-Männern eingependelt. Im Frühjahr 1943 wurde das Personal erneut auf über 30 Männer erweitert, um den geplanten Aufgaben – der Aufsicht über die Holzfäller und das Waldkommando, die Sortierkommandos im Lager II, die Baukommandos im Lager IV und die Leichenkommandos im Lager III – nachkommen zu können. Ganz neu richtete man ein Strafkommando ein, das der Disziplinierung der Häftlinge diente. Auch die Trawniki-Mannschaft wurde aufgestockt und ausgewechselt: Am 26. März 1943 kamen aus Trawniki ein Gruppenwachmann, drei Oberwachmänner sowie 80 Wachmänner nach Sobibor, darunter auch der durch die Prozesse in Israel und Deutschland bekannt gewordene Iwan Demjanjuk.[51] Sie lösten vorherige Wachmänner ab, möglicherweise auf Antrag Wagners, der befürchtete, dass zwischen den »Arbeitsjuden« und den Trawniki-Männern zu intensive Beziehungen entstanden waren. Auch später kamen einzeln oder in kleinen Gruppen neue Wachmänner ins Lager: 50 Männer am 11. April, 17 am 2. August und eine Kompanie am 16. September 1943.[52]

Zur Verstärkung der deutschen Lagermannschaft kamen neue Mitarbeiter von der T4, aber auch Veteranen aus dem aufgelösten Belzec nach Sobibor, die weitgehend keine Schlüsselfunktionen innehatten und den unteren Machtkreisen angehörten. Von der T4 erreichten im Frühjahr 1943 die Brüder Wolf, Steffel, Wendlandt und Müller das Lager.

Der Fotograf Franz Wolf war nach Kriegsbeginn zunächst zum Infanterie-Regiment in Krummau eingezogen worden, bevor er im November 1940 – durch die Bekanntschaft mit einem T4-Fotografen – bei der T4 eingestellt wurde. Er arbeitete als Fotograf in Hadamar, wo er die Opfer vor ihrer Ermordung fotografierte, in der Zentrale in Berlin und zuletzt in der Psychiatrisch-Neurologischen Klinik in Heidelberg. In Sobibor war er hauptsächlich in der Sortierabteilung tätig, teils beaufsichtigte er auch das Waldkommando und das Baukommando in Lager IV. Bei Transporten wurde er auf der Rampe, im Lager II und im »Schlauch« eingesetzt.[53] Josef Wolf hatte vor dem Krieg wie sein jüngerer Bruder als Fotograf im Geschäft seines Vaters gearbeitet und war dann in der T4-Zentrale ebenfalls als Fotograf beschäftigt. In Sobibor beaufsichtigte er die Kleidersortierung.[54] Mit den Brüdern Wolf war auch Thomas Steffel aus Krummau zur T4 verpflichtet und ebenfalls in der T4-Zentrale in der Fotostelle eingesetzt worden. In Sobibor war er im Geschäftszimmer als Schreiber tätig, wo ein Juwelier unter seiner Aufsicht Gold und Wertgegenstände sortierte.[55]

Willi Wendlandt war vor seiner Versetzung nach Sobibor wahrscheinlich Küchengehilfe in Sonnenstein, wo er möglicherweise auch als »Desinfektor« eingesetzt wurde, und in Bernburg. In Sobibor führte er Außenkommandos und wurde im Lager III eingesetzt.[56] Fritz Konrad war als Pfleger aus der Heilanstalt Neuruppin nach Grafeneck und von dort möglicherweise im Anschluss nach Hadamar gekommen. In Sobibor wurde er in der Kleidersortierung eingesetzt.[57] Der ungelernte Arbeiter Adolf Müller wurde zu Beginn des Krieges zu den Eisenbahnpionieren eingezogen und machte den Frankreichfeldzug mit. In der T4-Zentrale arbeitete er als Portier und Hausmeister, in Sobibor beaufsichtigte er das Waldkommando und die Sortierabteilung. Bei der Ankunft von Transporten wurde er im Lager II bei der Entkleidung und beim Haareschneiden eingesetzt.[58]

Nach der Liquidierung von Belzec kamen Ende Juni 1943 Groth, Dubois, Unverhau, Dachsel, Kamm und möglicherweise Heinrich Barbl nach Sobibor, aus Treblinka Schulze, Schiffner und Stengelin, Schmidt, Post und Bree. Paul Groth beaufsichtigte Deportierte bei der Entkleidung und begleitete sie in die Gaskammern, in transportfreien Zeiten war er in den Sortierbaracken tätig.[59] Werner Dubois war Kraftfahrer und fungierte in Vertretung von Gomerski als Waffenwart, er begleitete das Waldkommando und führte Abrissarbeiten in Włodawa durch. Vertretungsweise beaufsichtigte er auch die

Kleidersortierung. Bei der Ankunft von Transporten war er auf der Rampe.[60] Arthur Dachsel leitete in Sobibor ein Arbeitskommando des Lagers IV.[61] Heinrich Unverhau war wie in Belzec im Sortierkommando beschäftigt, zeitweise führte er auch Aufsicht beim Waldkommando. Von September bis Dezember kehrte er nach Bełżec zurück, um auf dem Gelände des ehemaligen Lagers mit Schiffner einen fiktiven Bauernhof zu errichten.[62] Rudolf Kamm wurde in den Sortierbaracken eingesetzt und führte vertretungsweise Aufsicht im Waldkommando.[63] Max Bree war ebenfalls in der Kleidersortierung tätig.[64] Erich Schulze leitete das Wald- und das Strafkommando.[65] Karl Schiffner führte in Sobibor Schreinerarbeiten aus, wurde beim Waldkommando und bei der Ankunft von Transporten eingesetzt. Mit Unverhau wurde er zur Errichtung des fiktiven Bauernhofs nach Bełżec versetzt.[66] Erst im September kamen aus Treblinka Hermann Erwin Stengelin[67] und Fritz Schmidt[68] zur Verstärkung der Aufsicht über die Arbeitskommandos sowie Philipp Post, der die Bäckerei übernahm, ins Lager.[69]

Aus unterschiedlichen Gründen verließen Weiß, Michel, Grömer, Groth und Getzinger das Lager. Bruno Weiß erkrankte Anfang 1943 an Tuberkulose und wurde in eine Lungenheilanstalt eingewiesen.[70] Hermann Michel steckte sich 1943 mit Fleckfieber an und war zunächst im Lazarett in Włodawa in Behandlung. Er verließ das Lager im Frühsommer.[71] Ferdinand Grömer wurde vorzeitig aus dem Lager versetzt, möglicherweise weil er zu häufig durch Trunkenheit auffällig geworden war.[72] Paul Groth verließ das Lager – entweder ebenfalls wegen Alkoholmissbrauchs oder wegen einer Krankheit.[73] Anton Getzinger, der neben seinen Aufgaben im Lager III auch das neue Waffen- und Munitionsmagazin des Lagers IV übernommen hatte, kam ums Leben, als er versuchsweise mit einer russischen Handgranate oder Panzermine hantierte.[74]

Insgesamt waren von April 1942 bis November 1943 55 T4-Reinhardt-Männer im Lager eingesetzt, zum Teil mit sehr kurzem Aufenthalt, in anderen Fällen dauerhaft. Es ist möglich, dass weitere Personen in Sobibor beschäftigt waren. Aber ihre Präsenz in Sobibor wurde von zu wenigen Zeugen beschrieben, als dass sie zweifelsfrei als Mitglieder des T4-Reinhardt-Netzwerks bezeichnet werden können. In der Anfangszeit soll ein als grausam beschriebener Poul der Mannschaft angehört haben, der nicht identisch mit Paul Groth war.[75] Von der T4 kam möglicherweise im Sommer 1943 für kurze Zeit ein Fotograf, der während des Krieges einen Arm verloren hatte, ins Lager.[76] Zu den Toten des Aufstands zählten manche Zeugen einen Gaulstich.[77] Außerdem wurde ein Kurt Liebich aus Berlin als Angehöriger des Lagers bezeichnet[78] sowie ein »Chemiker« Blaurock, der aber nur kurze Zeit im Lager gewesen und im Lager III eingesetzt worden sein soll. Es könnte sich hierbei um den Sonnensteiner Pfleger Kurt Blaurock handeln.[79] Nicht aus dem Umfeld der »Euthanasie« stammten die zivilen Baggerführer aus Stettin, Fifek und Boescher.[80] Außerdem wurde ein als »menschlich« bezeichneter SS-Untersturmführer Schwarz als kurzzeitiger Angehöriger des Lagers angegeben, der dieses auf eigenen Wunsch hin innerhalb weniger Wochen wieder verlassen habe. Er ist möglicherweise identisch mit dem Juwelier, der zur Inventarisierung von Gold und Schmuck ins Lager kam, eventuell ein Angehöriger der SS-Standortverwaltung.[81] Der sowjetische Überlebende Petscherski nannte noch einen SS-Unterscharführer Walter Ryba, der beim Aufstand in der Autowerkstatt getötet wurde. Wahrscheinlich handelte es sich bei ihm um einen Trawniki-Mann.[82]

Ausbau und Modernisierung in Treblinka: »Verschönerung«, Raubgutverwaltung, Leichenverbrennung

Im Unterschied zu den Sommer- und Herbstmonaten, in denen ohne Unterlass Transporte ins Lager gekommen waren, zeichnete sich Treblinka 1943 – insbesondere nach den Deportationen im Januar und Februar – durch weitgehende Ruhe aus. Es gab im weiteren Umkreis des Lagers zunächst keine Juden mehr, die deportiert werden konnten. Die nunmehr zur Verfügung stehende Zeit wurde dazu genutzt, das Lager umzubauen, den Lebensstandard der T4-Reinhardt-Männer zu verbessern und die Monotonie des Treblinka-Alltags aufzulockern.[83] Nach Himmlers Besuch begann die Exhumierung und Verbrennung der Leichen, mit der die Lagermannschaft in Treblinka im Unterschied zu Belzec und Sobibor noch nicht begonnen hatte. Himmlers Besuch machte den T4-Reinhardt-Männern aber auch Hoffnung auf die Ankunft westeuropäischer Transporte, um den Weiterbestand des Lagers zu sichern. Aus unbekannten Gründen hatte er bei ihnen wie auch bei der Lagermannschaft in Sobibor die Vorstellung geweckt, dass bald englische Juden ins Lager kämen. Tatsächlich kamen Juden aus den bulgarisch besetzten Gebieten Mazedonien und Thrakien, doch die von den T4-Reinhardt-Männern erhofften Massentransporte blieben aus. Bis zum Aufstand sollte nach den Deportationen aus Warschau und dem Distrikt Lublin im April und Mai 1943 kein Transport mehr im Lager eintreffen.[84]

Umbauarbeiten und »Transportabfertigung«

Schon vor Himmlers Besuch in Treblinka hatten die T4-Reinhardt-Männer damit begonnen, das Lager – wie es der Kommandant Stangl gegenüber Gitta Sereny ausdrückte – »wirklich schön«[85] zu machen, wobei sie auf das Fachwissen der Häftlinge zurückgriffen. Wahrscheinlich wurden sie dabei durch das Personal in Sobibor inspiriert, das bereits 1942 auch auf die äußerliche Erscheinung des Lagers viel Wert gelegt hatte. Nach Bauarbeiten, die sich über das gesamte Frühjahr zogen, erweckte Treblinka, so Richard Glazar in seinen Erinnerungen, gar den Eindruck eines »Kurparks«[86] oder »einer gut eingerichteten und aufpolierten Fabrik«.[87] Ein Häftling, der als Komiker fungieren musste, beschrieb dies zum Vergnügen der T4-Reinhardt-Männer bei einer der nunmehr regelmäßigen sonntäglichen Unterhaltungsveranstaltungen in einem fiktiven Zeitungsbericht, den er rezitierte, folgendermaßen:

> »Kurort Treblinka – Besucht neu errichtetes Kurzentrum Treblinka – gelegen in wunderschöner Gegend, tiefe Wälder, frische Luft, heilsames Klima – spezielle ärztliche Behandlung, Diät, moderne Krankenhauseinrichtung für ernstere Fälle – Zoologischer Garten, Kurkapelle, Konzerte, traditionelle Rennläufe und andere sportliche Veranstaltungen – direkte Zugverbindung, komfortable Unterbringung bei mäßigen Preisen ohne Kurtaxe.«[88]

Die T4-Reinhardt-Männer in Treblinka steckten viel Zeit in die Verbesserung der eigenen Lebensbedingungen und in Einrichtungen zur Zerstreuung und Vergnügung, während im oberen Lager Hunderttausende von Leichen verbrannt wurden. Sinnbild für die Zerstreuung war die Einrichtung eines Orchesters in beiden Lagerteilen. Zwar hatte es bereits im Sommer und Herbst 1942 unter den »Hofjuden« ein kleines Orchester gegeben, das bei der »Transportabfertigung« und gelegentlich zu Festen gespielt hatte.[89] Für die Deutschen hatten auch einzelne Musiker, wie zum Beispiel ein Akkordeonspieler, musiziert. Ein professionelles Orchester wurde aber erst 1943 aufgebaut, als in einem Transport aus Warschau der bekannte Musiker Arthur Gold entdeckt wurde. Instrumente, vor allem Geigen, fanden sich in den Transporten; noch fehlende Trommeln, Trompeten und Klarinetten brachten Stangl und seine Männer aus den Ferien mit. Zusätzlich zu den etwa zehn Berufsmusikern der »Kapelle Gold« gab es einen Warschauer Operntenor, der die Arien sang. Um eine festliche Atmosphäre zu erzeugen, erhielten die Orchesterangehörigen Musikerfräcke und für ihre Konzerte errichteten die Schreiner ein Podium. Das Orchester begleitete den Lageralltag, es spielte bei den morgendlichen und abendlichen Appellen und bei den Abendveranstaltungen, bei denen sich nicht nur die T4-Reinhardt-Männer und die Wachmannschaften, sondern auch die »Arbeitsjuden« einfinden mussten.[90]

Sogar im Vernichtungsbereich wurde ein Trio gebildet. Unter den dortigen »Arbeitsjuden« gab es bereits einen Klarinettisten und einen Violinisten, die von Zeit zu Zeit bei Veranstaltungen spielen mussten. Als im unteren Lager die »Kapelle Gold« eingerichtet wurde, bekamen auch die Musiker des oberen Lagers mit dem Warschauer Pianisten, Akkordeonspieler und Komponisten Melodysta Verstärkung. Die Musiker spielten Märsche bei den Appellen und während der »Transportabfertigung«, um die in die Gaskammern eintretenden Menschen zu beruhigen und später ihre Schreie zu übertönen. Zu Vergnügungszwecken wurden außerdem an Sonntagen und zu Beginn der Morgenschicht Konzerte für die Aufseher abgehalten. Für die Wachmannschaften spielte das Trio nach der Arbeit auch russische Lieder. Die Frauen des oberen Lagers bildeten einen Chor, der von den Musikern begleitet Lieder wie das jiddische Volkslied »Tumbalalaika« sang. Außerdem wurden den T4-Reinhardt- und den Trawniki-Männern Theaterspiele und Csárdás-Tänze auf einer extra hierfür errichteten provisorischen Bühne vorgeführt. Die Schneider des Vernichtungsbereichs nähten dafür die Kostüme.[91]

Neben der Einführung kultureller Aktivitäten herrschte 1943 im Lager eine rege Bautätigkeit, um dieses schöner zu gestalten. Mittelpunkt der neuen Einrichtungen und ganzer Stolz der Lagermannschaft war der Zoo. Im Tiergarten konnten Pfaue, Tauben und Perlhühner, Füchse, Eichhörnchen, Igel, Schildkröten und ein junges Reh bestaunt werden. Die Tiere hatten die »Arbeitsjuden« außerhalb des Lagers einfangen müssen. Das kunstvolle Gehege war aus Birkenholz angefertigt. Erweitert wurde zudem die lagereigene Landwirtschaft, indem, wahrscheinlich ebenfalls in Anlehnung an Sobibor, Ställe für Hühner, Schweine, Enten, Gänse und die drei Reitpferde, ein Kartoffelbunker und neue Brunnen gebaut wurden – die T4-Reinhardt-Männer richteten sich dauerhaft ein.[92]

Überall im unteren Lager wurden Schilder und aus Holz geschnitzte Wegweiser aufgestellt, die von »Arbeitsjuden« gefertigt wurden. Über dem Haupttor hing eine Erdkugel, die von zwei SS-Runen durchschnitten wurde.

Abbildung 16: Zoo in Treblinka, Fotoalbum von Kurt Franz
Landesarchiv NRW – Abteilung Rheinland – RWB 18244a/0007

Auf dem Schild in der Seidelstraße waren zwei SS-Männer abgebildet. Das Gegenbild dazu war das antisemitische Zerrbild eines gekrümmten »Juden« mit einem Bündel mit Werkzeugen, der auf dem Schild »Zum Ghetto« zu sehen war. Das Schild »Zum Bahnhof« zeigte einen bärtigen »Juden« mit Brille, der sein Hab und Gut zum Bahnhof zog. Das Schild für die Viehställe war mit Kühen, Hühnern und einem Schäfer verziert, während der Wegweiser zu den Biela-Kasernen marschierende Soldaten zeigte. Auch die einzelnen Gebäude, wie die Bäckerei, der Friseurladen und die Zahnarztpraxis, wurden mit kunstvollen Symbolen versehen, so stand beispielsweise vor dem Viehstall ein Hahn aus Holz. Für den neuen Tiergarten wurde im Sommer 1943 ein Wasser spuckender, steinerner Frosch gestaltet. Das Tor des Lagers ließ man im mittelalterlichen Landstil bauen. Ein Wiener Gartenbauexperte, der sich unter den »Arbeitsjuden« befand, legte im gesamten Lager Rasenflächen und Blumenbeete mit farbigen Kieselsteinen an. Die Wege um die Kommandantur wurden gepflastert und am Rand mit gekalkten Bordsteinen versehen, die Nebenwege mit Sand bestreut und mit Holzbänken bestückt. Selbst im oberen Lager wurden Flächen mit buntem Kies gestaltet. Der Sortierplatz im unteren Lager wurde mit Schlacke aufgeschüttet und mithilfe einer Planiermaschine eingeebnet.[93]

Zur Verbesserung der Sicherheitsvorkehrungen gegen Angriffe von innen und außen wurden sogenannte Spanische Reiter – eine Barriere aus x-förmig zusammengesetzten Stangen – als Außenring um das Lager verlegt, die nur schwer zu überwinden waren. Außerdem wurden zwischen die beiden SS-Baracken eine Waffen- und Munitionskammer mit Eisentür und Zementdach gebaut sowie neue Steinhäuser: eine Bäckerei und ein Gebäude für Wertgegenstände, um diese besser vor Diebstählen durch die Trawniki-Männer zu schützen.[94]

Auch die Tischler im oberen Lager waren 1943 im Einsatz. Nachdem viele Arbeiter an Typhus erkrankt waren, errichteten sie im »Ghetto« eine Waschküche, eine Krankenstube und eine Unterkunft für weibliche Häftlinge. Frauen und Mädchen reinigten hier ab März 1943 die Kleidung der »Arbeitsjuden« des oberen Lagers. Gebaut wurden außerdem ein Wachhaus und ein vierstöckiger Wachturm.[95]

Im Rahmen der Umbauarbeiten wurde auch die Lagerrampe so hergerichtet, dass der Eindruck eines real existierenden Bahnhofs mit dem Namen »Treblinka-Obermajdan« entstand: Das Bahnhofsgelände wurde mit schwarzem Kies angeschüttet, die Gleise wurden blank poliert und die Barrieren weiß gestrichen. Die Sortierbaracken wurden bunt gestrichen und an der sogenannten »A-Baracke« eine falsche Uhr angebracht, deren Zeiger immer auf 6 Uhr standen. Die »B-Baracke« wurde als »Güterabfertigung« getarnt. Schilder verwiesen auf den vermeintlichen Weg »Zu den Zügen in Richtung

Bialystok und Wolkowysk« und zeigten die »1. Klasse«, »2. Klasse«, »3. Klasse«, den »Warteraum« und die »Kasse« an. An den fingierten Fenstern der »A-Baracke« stand »Fahrtkartenausgabe« und »Auskünfte«. Auf der Rückseite der Garage, vor dem Zugang zum »Umschlagplatz«, war eine Tür aufgemalt, die angeblich zur »Bahnmeisterei« führte. Selbst an Fahrpläne wurde gedacht, die unter Glas aufgehängt wurden. Ähnliche Täuschungsmanöver hatte es in eingeschränkter Form auch schon 1942 gegeben, als Schilder den Weg zum vermeintlichen »Speisesaal« oder zum »Fahrkartenschalter« wiesen.[96]

Die Bahnhofsattrappe sahen allerdings nur die griechischen und jugoslawischen Juden sowie die Deportierten aus dem widerständigen Warschauer Ghetto im April und Mai 1943, während die Juden aus dem ebenfalls widerständigen Białystoker Ghetto, die erst nach dem Aufstand das Lager erreichten, nur noch Trümmer zu Gesicht bekamen. Insgesamt zeichnete sich die »Transportabfertigung« 1943 eher durch gestiegene Gewalt als vermehrte Täuschung aus. Dies lag auch daran, dass die polnischen Juden, die 1943 vor allem aus Grodno und dem Warschauer Ghetto ins Lager kamen, sich über den Zweck Treblinkas im Klaren und nicht bereit waren, sich kampflos töten zu lassen. Im ungleichen Kampf gelang es ihnen zwar in Einzelfällen, Trawniki- und T4-Reinhardt-Männern Verletzungen zuzufügen, aber mehr konnten sie nicht tun.[97] Lediglich bei den Deportierten aus Mazedonien und Thrakien hatten die T4-Reinhardt-Männer leichtes Spiel. Zu ihnen waren die Gerüchte noch nicht vorgedrungen. Sie wurden daher »höflicher« behandelt, es wurde weder geschossen noch mit Peitschen geschlagen. Die Deportierten beteiligten sich beim Abtransport der Kleidung, erhielten Seife und Handtücher und gingen ahnungslos in die Gaskammern.[98]

Eine Neuerung in dieser Phase war, wie in Sobibor, die Einführung von Selektionen für die Arbeitslager im Distrikt Lublin. Von Januar bis Mai 1943 wurden jeweils mehrere Hundert Männer und Frauen aus Transporten aus Ujazd, Grodno und Warschau ausgewählt, die zum Alten Flughafen, nach Budzyn, Blizyn und Majdanek sowie nach Skarzysko-Kamienna im Distrikt Radom gebracht wurden. Sie blieben einige Stunden im Lager, bis die anderen Deportierten des Transports getötet worden waren, dann fuhren sie mit dem Zug weiter zum Alten Flughafen in Lublin, von wo aus sie auf die anderen Lager verteilt wurden.[99] Auch die bereits 1942 üblichen Selektionen für das Arbeitslager Treblinka wurden fortgesetzt. Im Austausch ließ Kommandant van Eupen aus dem Nachbarlager regelmäßig Hunderte von kranken und nicht mehr arbeitsfähigen jüdischen Häftlingen zur Ermordung überstellen.[100]

Verbesserung der »Werterfassung«

Das im September 1942 eingerichtete »Lumpenkommando« entwickelte sich 1943, nachdem Wirth und das T4-Reinhardt-Netzwerk im Alten Flughafen in die Kleidersortierung eingestiegen waren, zu einem hoch spezialisierten Sortierkommando. Treblinka wurde – als Außenstelle des Lubliner Sortierlagers – sogar zu einem direkten Versendebahnhof.[101] Verbesserungen in der »Werterfassung« hatte es bereits 1942 gegeben, nachdem aus Lublin Kritik laut geworden war, dass die Materialien aus Treblinka schlecht sortiert wären und sich zudem noch Wertgegenstände, Dokumente und Davidsterne an der Kleidung befänden. Der Sortierbereich in Treblinka unterstand Miete. Verantwortlich für die Kleidersortierung war zunächst Klahn, dann Bredow. Das Sortieren beaufsichtigten aber auch andere T4-Reinhardt-Männer.

Kleidung, Schuhe und Gepäck wurden zunächst auf dem großen Sortierplatz abgelegt und von den zuständigen »Arbeitsjuden« auf Tischtüchern und Bettlaken nach verschiedenen Kategorien vorsortiert. Schilder mit den Aufschriften »Baumwolle«, »Seide«, Wolle« oder »Lumpen« halfen bei der Zuordnung. Die Schuhe wurden zu Paaren zusammengebunden – wenn dies von den Deportierten nicht selbst gemacht worden war – und ebenfalls nach Art und Qualität sortiert. Das so vorbereitete Material wurde dann unter den spezialisierten Sortierkommandos aufgeteilt. Müll, Lumpen und die von den T4-Reinhardt-Männern als unbrauchbar angesehenen Fotos, Briefe und persönlichen Dokumente wurden verbrannt. Darüber hinaus gab es weitere kleinere Kommandos, die mit dem konfiszierten Besitz zu tun hatten. Eine besondere Sortierabteilung war beispielsweise das »Flaschensortierkommando« in der Baracke am »Umschlagplatz«. Hier sortierten, säuberten und reparierten meist ältere Lagerinsassen Töpfe, Teekessel, Thermosflaschen und Geschirr. Dieses Kommando wurde im Frühjahr 1943 abgeschafft und die Häftlinge getötet.[102]

Die meisten »Arbeitsjuden« waren ab November 1942 in den beiden Sortierbaracken längs der Rampe tätig: Das Sortierkommando »Baracke A« (Konfektion) ordnete unter dem Vorarbeiter Zelomir Bloch bessere Textilien und Kleidungsstücke je nach Art und Qualität. Seit Ende 1942 gab es hierfür im Innenraum der Sortierbaracke kleine Abteilungen, die vom Mittelgang zu den Seiten hin abgingen. Zur besseren Orientierung waren Schilder angebracht, auf denen etwa »Herrenmäntel 1. Klasse« oder »Herrenmäntel 2. Klasse« stand, sodass die Sortierbaracken fast an Kaufhäuser erinnerten. Das Kommando der »Baracke B« (Galanteriewaren) sortierte in ähnlicher Weise Schuhe, aber auch Decken, Lederwaren, Accessoires, Hüte, Mützen und Toilettenartikel. Die einzelnen »Arbeitsjuden« waren jeweils auf ein Gebiet spezialisiert: So sortierte der eine nur Brillen, ein anderer Füllfederhalter, ein weiterer wiederum nur Herrenmäntel. Aus den Kleidungsstücken wurden alle persönlichen Dokumente, die Davidsterne und Armbinden entfernt und dabei kontrolliert, ob in den Textilien Wertsachen eingenäht waren. Gefundene Wertgegenstände waren in Boxen und Koffern zu sammeln. Anschließend wurden jeweils zehn Kleidungsstücke oder zehn Paar Schuhe zu einem Bündel zusammengeschnürt und die Anzahl der jeweiligen Bündel notiert. Außerdem mussten die »Arbeitsjuden« Zettel mit ihrem Namen – und nach der Einführung der Häftlingsnummern auch mit dieser Nummer – in die Bündel legen. Wenn die T4-Reinhardt-Männer bei Stichproben Davidsterne, Armbinden oder Wertgegenstände in der Kleidung fanden oder Kleidungsstücke fehlten, konnten die »Schuldigen« auf diese Weise ermittelt und bestraft werden – in der Regel durch Erschießung im »Lazarett«.[103]

Nachdem im September 1942 die aus den vorherigen Transporten angehäufte Kleidung abtransportiert worden war, wurde die Kleidung, die während der Massentransporte im Herbst anfiel, zunächst im Lager magaziniert. Während der transportfreien Wochen im Dezember und Januar 1943 wurde sie in mehreren Zügen verschickt. Die bis dahin noch nicht sortierte Kleidung wurde erst im Frühjahr 1943 weggebracht.[104]

Die sortierten Kleidungsstücke kamen zumeist zum Alten Flughafen, um dort noch einmal sortiert zu werden. Zum Teil schickte man sie aber auch sofort an die Zielstationen weiter. Treblinka fungierte dabei offiziell als Versandbahnhof des »Bekleidungswerks der Waffen-SS, Außenstelle Lublin« beziehungsweise als »Heeresbekleidungsamt Warschau Abt. VI Sortierbetrieb, Treblinka«. Die Kleidung ging beispielsweise an die Memeler Textilfabriken GmbH, die Siedler-Wirtschafts-Gemeinschaft Zamość und eine Lumpenzerreißfabrik in Białystok, aber auch nach Berlin, Hannover, Bremen, Aachen und Schweinfurt. Es kann davon ausgegangen werden, dass über 1000 Waggons mit Kleidung und Gegenständen das Lager verließen: »Arbeitsjuden« notierten heimlich allein für die Zeit von Oktober 1942 bis August 1943 25 Waggons mit Frauenhaaren, 248 Waggons mit Kleidung, 100 Waggons mit Schuhen, 22 Waggons mit neuem Textilmaterial, 46 Waggons mit Apotheker- und chemischen Präparaten, vier Waggons mit ärztlichen Instrumenten, 260 Waggons mit Decken, Kissen, Teppichen und Plaids sowie 400 Waggons mit verschiedenen Gegenständen.[105]

Das privilegierteste Kommando innerhalb der »Werterfassung«, waren die »Goldjuden«, die zunächst Lindenmüller und später Suchomel unterstellt waren. Es gehörte zu den ersten Kommandos, die im Lager eingerichtet worden waren. Anfangs bestand es aus sechs Uhrmachern und Goldschmieden, später wurde es auf zwölf Personen aufgestockt. Unter ihnen befanden sich auch Musiker, Sänger und Tänzer, die sich im Anschluss an die Sortierarbeit im Orchester betätigten. Sie trugen zur Unterscheidung von anderen Häftlingen gelbe Armbinden mit der Inschrift »Goldjuden«. Ihre Hauptarbeitsstätte befand sich im Wohnlager der Deutschen. Während der »Transportabfertigung« waren einige am »Umschlagplatz« eingesetzt und sammelten das dort gefundene Geld, Gold und die Wertgegenstände ein, ebenso die Wertsachen, die die Sortierkommandos, die Schneider und Schuhmacher während ihrer Arbeit entdeckt hatten. Einzelne von ihnen holten auch den im oberen Lager gefundenen Schmuck ab. Die »Goldjuden« bündelten Geldscheine je nach Währung und Wert, zählten Goldstücke und sortierten Schmuck, Uhren, Goldbrillen sowie das im oberen Lager bereits von den »Dentisten« gereinigte Zahngold. Sie lösten Diamanten von Ringen und Schmuckstücken, wogen die Edelsteine und registrierten Gewicht und Anzahl in Bestandsverzeichnissen. In Anwesenheit von Stangl wurden in einem letzten Schritt Koffer und Munitionskisten mit den Wertgegenständen, dem Geld und Gold gefüllt und zugenagelt. Mehrmals im Monat wurden sie von Angehörigen der Lubliner SS-Standortverwaltung abgeholt oder von den T4-Reinhardt-Männern mit dem Auto nach Lublin gebracht.[106]

Zur Sachverwertung gelangte wie in Belzec und Sobibor auch das Haar der jüdischen Frauen. Es wurde zunächst von einem Desinfektionskommando am Kopfende der Frauenauskleidebaracke bearbeitet. Drei Häftlinge entfernten Spangen und Schmuck und wuschen und dämpften das Haar in einem Desinfektionskessel, in dem auch die Kleidung desinfiziert wurde, die T4-Reinhardt- und Trawniki-Männer in die Heimat nahmen.[107] Dann wurde das Haar zum Trocknen ausgelegt und als Ballen verpackt an die Firma Paul Reimann in Friedland bei Breslau verschickt. Es diente wahrscheinlich der Marine zur Herstellung von Matratzen, die Feuchtigkeit abwehren konnten. Möglicherweise wurde es auch als Abdichtungsmaterial für U-Boote verwendet.[108]

Verbrennung der Leichen

In den Massengräbern von Treblinka lagen Anfang 1943 die Leichen von über 800 000 Menschen. Bis zu diesem Zeitpunkt hatte es, mit Ausnahme der Verbrennung der Leichen im »Lazarett«, im Lager nur sporadische Versuche – etwa während der Aufräumarbeiten im September 1942 – gegeben, die Leichen zu verbrennen.[109] Als in Sobibor und Belzec Ende 1942 die systematische Exhumierung der Leichen begann, tat sich in Treblinka zunächst nichts. Im Januar 1943 wurde lediglich versucht, die Leichen der Opfer aus den neu eingetroffenen Transporten zu verbrennen, weil die Gruben mittlerweile überfüllt waren. Es ist möglich, dass selbst die abgebrühten T4-Reinhardt-Männer vor der Exhumierung der verwesenden Leichen zurückschreckten. Erst nachdem Himmler bei seinem Besuch in Treblinka den

Befehl zur Spurenbeseitigung gegeben hatte, begann Ende Februar 1943 eine groß angelegte Exhumierungs- und Verbrennungsaktion.[110]

Für die Exhumierung der Leichen und die Einebnungsarbeiten wurden zwei[111] oder drei[112] Bagger genutzt. Die Firma Adam Lamczak aus Berlin-Neukölln lieferte einen Greifbagger und stellte auch einen zivilen Baggerführer ab; ein weiterer Bagger mit Baggerführer kam möglicherweise von einer Hamburger Firma. Bei den Baggerführern handelte es sich möglicherweise um Hans Weiß aus Stettin und Josef Krecik. Sie gehörten nicht der »T4-Aktion« an und wurden als Externe auch nicht in die Stamm-Mannschaft des Lagers integriert.[113] Wahrscheinlich waren jedoch die T4-Reinhardt-Männer wie auch ihre Kollegen in Sobibor auf deren Fachkompetenzen derart angewiesen, sodass sie die ansonsten geltenden Gebote zur Geheimhaltung hier außer Acht ließen.

Zunächst griffen die T4-Reinhardt-Männer nicht auf das im Netzwerk bereits erworbene Wissen zurück, sondern bauten bei der Anlage der ersten Feuerstelle auf eigene Erfahrungen. Sie verbrannten die Leichen zusammen mit alten Kisten und Holz in einer tiefen Grube ohne Hilfsmittel. Doch diese Verbrennungsmethode scheiterte an der hohen Anzahl an Leichen, selbst als

Abbildung 17: Bagger im oberen Lager, im Hintergrund Baracke des Arbeitskommandos[114]
Fotoalbum von Kurt Franz, Landesarchiv NRW – Abteilung Rheinland – RWB 18244b/0050

Abbildung 18: Bagger im oberen Lager, vorne links ein »Arbeitsjude«
Fotoalbum von Kurt Franz, Landesarchiv NRW – Abteilung Rheinland – RWB 18244b/0052

die Männer spezielle Ventilatoren zur Luftzufuhr einsetzten. In einem nächsten Schritt installierten sie über einer Grube Feldbahnschienen als Roste, die sich aber als zu schwach erwiesen und sich im Feuer durchbogen.[115] Schließlich kam der Verbrennungsexperte Herbert Floß aus Belzec nach Treblinka, um nach dem Vorbild von Belzec und Sobibor auch dort Verbrennungsanlagen einzurichten.[116]

Die Feuerstellen bestanden aus etwa sechs Eisenbahnschienen, die auf einer Reihe von Zementsockeln in Höhe von einem halben Meter lagen. Unter den Schienen befand sich eine flache Grube. Die Verbrennungsanlagen waren bis zu 30 Meter lang und anderthalb bis zwei Meter breit. Zuletzt gab es vier bis sechs solcher Roste, auf denen täglich über 5000 Leichen verbrannt wurden, sodass sich die Leichenverbrennung im August 1943 ihrem Ende näherte.[117]

Zur Verbrennung wurden trockenes Holz und Reisig sowie mit Petroleum, Benzin, Diesel- und Rohöl getränkte Lumpen und Holzstücke genutzt. Das Holz wurde vom Waldkommando des unteren Lagers gesammelt. Um die Verbrennung der neuen Leichen zu beschleunigen, wurde ein Rost in der Nähe der Gaskammern errichtet, sodass sich lange Wege erübrigten.[118]

Die verwesenden Leichen und Leichenteile wurden mithilfe der Bagger aus den Massengräbern geholt und bei den Gruben abgelegt beziehungsweise abgeworfen. In der Grube gebliebene Leichenteile mussten von den »Arbeitsjuden« mit Heugabeln und per Hand hervorgeholt werden. Eine Häftlingsgruppe legte die Leichen auf die Tragbahren, dann wurden sie von den »Trägern« im Laufschritt zu den Verbrennungsrosten gebracht. Um einen Überblick über die Anzahl zu haben, wurde den Leichen der Kopf abgehackt, um sie besser zählen zu können. An den Feuerrosten wurden die Leichen von der »Feuerkolonne« übernommen, die sie ebenfalls mithilfe von Heugabeln und Haken in mehreren Schichten auf dem Rost anordnete und so lange hin und herschob, bis sie restlos verbrannt waren. Das Feuer brannte den ganzen Tag über und schwelte in der Nacht weiter, sodass am nächsten Tag die Glut zum Anfachen eines neuen Feuers genutzt werden konnte. Auf diese Weise war die Anlage ständig in Betrieb.[119]

Wenn sich die flache Grube mit Asche und nicht verbrannten Knochen gefüllt hatte, wurden diese von der »Knochenkolonne« eingesammelt. Sie siebte größere Knochen aus, die sie zusammen mit den Leichen noch einmal auf den Rost warf. Kleinere Knochen zerschlug und zerstampfte die »Aschekolonne« mithilfe von Spaten und anderen Hilfsmitteln, bis diese pulverfein waren und sich zur Kontrolle durch engmaschige Eisendrähte sieben ließen. Die Asche kam im Anschluss in die Gruben, in denen zuvor die Leichen gelegen hatten. Waren diese mit Asche gefüllt, wurden sie mit einer dicken Schicht Sand und Erde zugedeckt und der Boden zuletzt mit einem Bagger eingeebnet. Ein Gärtnerkommando legte Grasstücke auf die Sandhügel und säte Lupinen aus, sodass keine Spuren des Verbrechens mehr zu erkennen waren. Ein Teil der Asche wurde in Säcken gesammelt und auf dem Weg vom Vernichtungs- zum Arbeitslager ausgeschüttet. Hierfür wurden auch arbeitsverpflichtete Bauern sowie Jugendliche aus Orten der Umgebung eingesetzt.[120]

Personelle Veränderungen

Im Unterschied zu Sobibor war das Personal in Treblinka 1943 keinen größeren personellen Veränderungen mehr unterworfen. Vor dem Aufstand in Treblinka im August 1943 verließen lediglich einige T4-Reinhardt-Männer das Lager. Otto Stadie und Karl-Heinz Plikat wurden im Frühjahr zum Alten Flughafen nach Lublin versetzt. Erich Schulze, Max Bree und Karl Schiffner wechselten im Frühjahr 1943 nach Sobibor. Helmuth Bootz kehrte im Frühjahr, vermeintlich aus Krankheitsgründen, zur T4 zurück und ging Ende 1943 zur Wehrmacht.[121] Hermann Felfe stieg spätestens nach dem Aufstand aus dem T4-Reinhardt-Netzwerk aus.[122] Wie lange Richard Schuh, Kurt Arndt und Herbert Scharfe im Lager blieben, ist nicht zu rekonstruieren. Der Rest der Männer blieb in weitgehend unveränderten Positionen bis nach dem Aufstand im Lager. Erwin Lambert hielt sich 1943 erneut für einen Monat in Treblinka auf, um Bauarbeiten durchzuführen. Er war zwischenzeitlich in Sobibor, im Alten Flughafen in Lublin und im Lager Dorohucza eingesetzt.[123]

Neu ins Lager kamen nur zwei Männer: Kurze Zeit nach Himmlers Besuch in Treblinka stieß Herbert Floß für die Leichenverbrennung zur Lagermannschaft. Als Stadie in den Alten Flughafen nach Lublin wechselte, übernahm Floß auch die Funktion eines Spießes und bildete die Trawniki-Männer aus. Einige Monate später kehrte er wieder nach Sobibor zurück.[124] Als einziger Nachzügler aus Deutschland kam der Pfleger Alfred Forker nach Treblinka. Er war wie Matthes aus der Landesanstalt Arnsdorf zur T4 dienstverpflichtet worden und in Sonnenstein als Pfleger beschäftigt, im Anschluss in der Versuchsanstalt Wiesloch. In Treblinka wurde er im Auffanglager, beim Sortierkommando und im oberen Lager eingesetzt.[125]

Wie im Fall Sobibors wurden von Überlebenden auch für Treblinka Täter genannt, die sich nicht konkreten Personen zuordnen lassen, wie beispielsweise ein Josef oder Erwin Hermann beziehungsweise Erwin der Schießer, der in untergeordneter Funktion im oberen Lager tätig war. Möglicherweise stammte er aus Köln und war Bautechniker. Es ist aber auch nicht auszuschließen, dass es sich dabei um Hermann Erwin Lambert, Erwin Kaina, Hermann Erwin Stengelin, Hermann Sydow oder Hermann Felfe handelte, die im Lager eingesetzt waren. Allerdings treffen die Beschreibungen zur Herkunft, zum Alter und zum Aussehen auf diese Männer nicht zu.[126]

Beim Personal in Treblinka, das sich in drei Schüben zwischen Mai und September 1942 herausbildete, handelte es sich im Vergleich zu Belzec und Sobibor um eine relativ stabile Lagermannschaft. Über den Zeitraum des Bestehens des Lagers waren insgesamt 56 T4-Reinhardt-Männer eingesetzt.

Interne Vernetzung, Innen- und Außennetze: Zwischen institutioneller Zusammenarbeit, Kollaboration und Zwang

Die T4-Reinhardt-Männer hätten die Vernichtungslager nicht ohne die Hilfe anderer Einheiten und aus der Bevölkerung betreiben können und involvierten deshalb zahlreiche deutsche und ausländische Akteure. Diese Interaktionen erfolgten auf unterschiedlichen Ebenen, die sich zwischen absolutem Zwang, wie dies bei den im Lager festgehaltenen »Arbeitsjuden« der Fall war, institutioneller Zusammenarbeit und Kollaboration bewegten.

Zunächst ist diesbezüglich die interne Interaktion des Netzwerks, das heißt zwischen Belzec, Sobibor und Treblinka sowie mit den Einrichtungen des SSPF Lublin und der Kanzlei des Führers, zu betrachten. Zur besseren Koordination wurde hierfür bereits im Sommer 1942 in Lublin die »Inspektion Einsatz Reinhardt« eingerichtet. Innerhalb der Lager setzten die T4-Reinhardt-Männer Trawniki-Wachmänner und »Arbeitsjuden« ein. Neben dem Deportationsnetz und dem Raubnetz war das T4-Reinhardt-Netzwerk in weitere Außennetze mit anderen deutschen Einheiten eingebunden, wie zum Beispiel Versorgungsnetze. Einen Sonderfall stellen die vielfältigen Berührungspunkte mit der lokalen Bevölkerung im Umfeld der Vernichtungslager dar.

Interne Vernetzung, die »Inspektion Einsatz Reinhardt« und die T4

Die »Inspektion Einsatz Reinhardt« beziehungsweise »Inspektion der SS-Sonderkommandos beim SSPF Einsatz Reinhardt«, die Wirth im August 1942 in Lublin eingerichtet hatte, institutionalisierte sich 1943 als Leitungs- und Koordinationsinstanz der drei Vernichtungslager sowie der Arbeitslager und weitete sowohl ihre Aufgaben als auch ihren Mitarbeiterstab aus. Durch die Lubliner Zentrale konnten die drei Lager sowohl gegenüber der Mutterorganisation Kanzlei des Führers als auch gegenüber anderen Institutionen als geschlossene Einheit auftreten. Die Inspektion unterhielt ständigen Kontakt zu den Mitarbeitern von Höfles Hauptabteilung »Einsatz Reinhardt«, mit denen sowohl die Transporte in die Vernichtungslager als auch gemeinsame Projekte, wie die Arbeitslager, abgesprochen werden mussten. Zur besseren Koordination mit der Abteilung war die Inspektion anfangs sogar beim Stab von Globocnik untergebracht, zu einem späteren Zeitpunkt wechselte sie zum Polizeiregiment Lublin.[127]

Die Lubliner Dienststelle forderte bei Bedarf neues Personal für die Lager an und entschied über Personalverschiebungen zwischen den Lagern. Im Lubliner Büro mussten auch Urlaubs- oder Versetzungsanfragen gestellt werden.[128] Wirth besuchte in seiner Funktion als Inspekteur, häufig in Begleitung seines Adjutanten Oberhauser oder anderer Mitarbeiter, regelmäßig die drei Vernichtungslager, um zu überprüfen, ob alles seine Ordnung hatte. Wie wichtig sowohl eine zentrale Leitung als auch die Vernetzung zwischen den Lagern und der regelmäßigen Austausch waren, hatte sich im August 1942 in Treblinka gezeigt. Wirth bemühte sich auch darum, dem T4-Reinhardt-Netzwerk über den Massenmord hinaus eine Daseinsberechtigung zu verschaffen und dadurch auch seine eigene Macht zu steigern, was ihm in der Distrikthauptstadt Lublin allein durch die Nähe zu den politischen Entscheidungsträgern eher gelang als zuvor als Lagerleiter von Belzec. Aufgrund seines guten Verhältnisses zu Globocnik konnte das T4-Reinhardt-Netzwerk im Dezember 1942 die »Altsachenverwertung« im »Alten Flughafen« übernehmen, kurze Zeit später stieg die Inspektion auch in den Zwangsarbeitseinsatz ein.

Zunächst bestand die Inspektion lediglich aus Wirth und seinem Adjutanten Oberhauser, doch schon im Herbst 1942 wurde aus Berlin auch der Rechnungsführer Willy Häusler nach Lublin versetzt. Der Textilfachmann war bei Kriegsbeginn zur SS verpflichtet worden und hatte zunächst in Buchenwald als Wachmann Dienst geleistet. Von da aus wurde er im Juni 1940 zur T4-Wirtschaftsabteilung kommandiert. Häuslers Aufgabe in Lublin bestand unter anderem darin, die Lohnlisten für die Angehörigen der Vernichtungslager zu führen und die ein- und ausgehende Post zu bearbeiten.[129] Wirths Vertreter als Inspekteur war Hering, der zugleich sein Nachfolger in Belzec war. Im Frühjahr 1943 wurde das Verwaltungspersonal in Lublin ausgeweitet. Als Vertretung für Häusler kam Erich Dietze in die Inspektion, der zuvor in Sonnenstein im Büro beschäftigt war.[130] Im April 1943 stieß als einer der letzten Neuzugänge des T4-Reinhardt-Netzwerks der KdF-Fahrer Konrad Geng als Fahrer dazu.[131] Wahrscheinlich gehörte auch der Sonnensteiner Pfleger Rudolf Seifert zum Personal der Dienststelle,[132] vielleicht auch zeitweise die Sonnensteiner Fahrer Martin Thomas und Rudolf Lindner sowie die Sekretärin Anneliese Göbel.[133]

Als Inspekteur förderte Wirth den Austausch zwischen den Subgruppen. Die Lagerleiter von Belzec, Sobibor und Treblinka trafen sich regelmäßig zu »Lagerleiterbesprechungen« in Lublin[134] und standen außerdem durch gegenseitige Besuche in ständigem Austausch. Dem Wissens- und Erfahrungstransfer kamen auch die von Wirth veranlassten häufigen Versetzungen innerhalb des T4-Reinhardt-Netzwerks zugute. Neben Wirth, der sich als Inspekteur für eine gewisse Zeit in allen Lagern aufhielt, gab es fünf weitere T4-Reinhardt-Männer – Floß, Fuchs, Graetschus, Hackenholt und Schmidt –, die über einen bestimmten Zeitraum in allen drei Vernichtungslagern eingesetzt wurden, um beispielsweise Arbeiten an den Gaskammern vorzunehmen. Neun Männer waren sowohl in Belzec als auch in Sobibor tätig,[135] weitere neun Männer in Treblinka und Sobibor[136] und vier Männer gehörten den Lagermannschaften in Belzec und Treblinka an.[137] Ein Viertel der T4-Reinhardt-Männer war somit während der Transportphasen in mehr als einem Lager tätig. Darunter befanden sich insbesondere die aktiven SS-Angehörigen, die in der Regel stark an den Umstrukturierungsprozessen der jeweiligen Lager beteiligt waren.[138]

Die Inspektion vertrat – mit hohen Entscheidungsfreiheiten – zudem die T4-Zentrale in Berlin, insbesondere seitdem Oberdienstleiter Viktor Brack im Hochsommer 1942 die Kanzlei des Führers verlassen hatte. Der Weggang des Machtmenschen Brack scheint mit einer Ausweitung und eigenständigeren Führung des Netzwerks durch Wirth einhergegangen zu sein. Bracks Leitungsaufgaben bezüglich der »Aktion Reinhardt« übernahm der bisherige stellvertretende Leiter seines Hauptamts, Werner Blankenburg, der sich auch vorher bereits um das T4-Personal im Osten gekümmert hatte.[139] Darüber hinaus war weiteres Personal der Berliner T4-Zentrale in die »Aktion Reinhardt« involviert: Dietrich Allers war als T4-Geschäftsführer für das Personal zuständig, der Leiter der T4-Hauptwirtschaftsabteilung, Friedrich Robert Lorent, für die Gehälter und Sonderzulagen. Das T4-Reinhardt-Personal wurde dort unter der Bezeichnung »Geschäfte der Aktion M u. P« abgerechnet, möglicherweise ein Kürzel für Material und Personal. Die Betreuung der »Gefolgschaftsmitglieder im Osten« oblag dem Personalsachbearbeiter Friedrich Haus, dessen Stellvertreter Arnold Oels sowie Alois Kaufmann.[140]

Das Führungspersonal der Kanzlei des Führers und der T4 beschränkte sich aber nicht auf Treffen mit Wirth in Berlin und eine ferngesteuerte Aufsicht über das Personal der »Aktion Reinhardt«, sondern suchte auch die Inspektion in Lublin, die drei Vernichtungslager und die Arbeitslager auf.[141] T4-Kuriere, die ihren Sitz in Berlin hatten, fungierten als Bindeglieder des T4-Reinhardt-Netzwerks. Sie stellten wöchentlichen Kontakt zwischen der Kanzlei des Führers, der Lubliner Zentrale, Globocnik und Höfle sowie den drei Lagern her. Die Kuriere überbrachten unter anderem die Zulagen für das T4-Reinhardt-Personal, die sie dem Rechnungsführer des jeweiligen Lagers übergaben. Die regulären Gehälter wurden dagegen direkt auf die Bankkonten der Männer überwiesen. Überdies nahmen die Kuriere auch Briefe und Päckchen der T4-Reinhardt-Männer aus den Lagern mit, da dies in der Regel schneller ging als über die Feldpost.[142]

Die Berliner Zentrale legte Wert darauf, dass sich ihre Gefolgschaftsmitglieder weiterhin bei der T4 beheimatet fühlten. Deswegen stand dem Personal der Vernichtungslager das T4-Ferienheim am Attersee zur Verfügung, das viele mit ihren Familien auch nutzten. Bei Schwierigkeiten, wie Bolenders Verurteilung wegen Meineids, setzten sich T4-Verantwortliche wie Blankenburg für ihre Mitarbeiter ein. Auch bei der Beerdigung der während des Aufstands in Sobibor getöteten T4-Reinhardt-Männer fanden sich T4-Führungskräfte in Polen ein.[143]

Innennetze I: Die Trawniki-Männer – kollaborierende Wachmannschaften

Die Wachmänner lassen sich als ein eigenes Netzwerk beschreiben, dessen Zentrale Karl Streibels Ausbildungslager in Trawniki war und das im Generalgouvernement an zahlreichen Orten eingesetzt wurde, an denen Juden getötet und verfolgt wurden: in den Vernichtungslagern, aber auch in den Arbeitslagern Lipowastraße, Poniatowa, Trawniki, Budzyn und Krasnik, in Majdanek, bei den Deportationen, bei Massenerschießungen sowie Ghettoliquidierungen. In den Vernichtungslagern arbeiteten sie in Innennetzen mit den T4-Reinhardt-Männern zusammen. Sie waren die unabdingbare Voraussetzung dafür, dass in den einzelnen Lagern eine relativ kleine Gruppe von 30 bis 40 deutschen Männern ausreichte, um Hunderttausende von Menschen zu ermorden. Die Wachmänner tragen daher – ohne die Relevanz der T4-Reinhardt-Männer zu schmälern – eine Mitverantwortung an der Ermordung der Juden. Ohne Zweifel kann bei ihnen von Kollaboration gesprochen werden. Von dem Historiker Peter Black werden sie daher zu Recht als das »Fußvolk der Endlösung«[144] beziehungsweise Fronttruppen der »Aktion Reinhardt«[145] bezeichnet. Berücksichtigt werden muss hierbei allerdings, dass ihre Anwesenheit in den Lagern – wie es die Historikerin Angelika Benz ausdrückt – nur »bedingt freiwillig«[146] war. Wer sich daher wie die T4-Reinhardt-Männer der Trawniki-Männer bediente, musste diese durch eine Mischung aus Zwangsmaßnahmen und Anreizen an sich binden. Dies war, wie die Desertionen und Widerstandsakte der Wachmänner zeigen, nicht immer einfach. Im großen Ganzen erwies sich die Zusammenarbeit mit den Wachmännern aus der Sicht der T4-Reinhardt-Männer aber als erfolgreich.

Die Trawniki-Männer übernahmen in den Reinhardt-Lagern wesentliche personalintensive Aufgaben, die in den Konzentrationslagern – wie auch in Auschwitz – von den sogenannten »SS-Wachverbänden« wahrgenommen wurden.[147] Durch ihren Einsatz als »verlängerter Arm« (Benz) der deutschen Aufseher konnten mehrere Hundert deutsche SS-Männer eingespart werden, was gerade in dem unter Personalknappheit leidenden Generalgouvernement ein großer Vorteil war. Um die Trawniki-Männer aufzuwerten und symbolisch mit den SS-Wachverbänden der Konzentrationslager gleichzusetzen, wurden sie im Frühjahr 1943 in »SS-Wachmänner« umbenannt. Formell blieben sie nach der Versetzung in die Vernichtungslager weiterhin dem Ausbildungslager Trawniki unterstellt, von dem sie auch besoldet und zum Teil verpflegt wurden.[148]

In Belzec, Sobibor und Treblinka waren zu Höchstzeiten jeweils 100 bis 120 Trawniki-Männer gleichzeitig eingesetzt, die in drei Zügen zu je 30 bis 40 Personen unterteilt waren, von denen jeweils zwei Züge Dienst und der dritte freihatte.[149] Aufgrund der Versetzung ganzer Teile oder einzelner Wachmänner durchliefen insgesamt aber mehr Männer die Lager. In Belzec waren beispielsweise während der gesamten Existenz des Lagers 220 bis 250 Trawniki-Männer vorübergehend im Lager eingesetzt, was sich insbesondere auf Personalwechsel im Frühjahr 1943 zurückführen lässt. Der Historiker Peter Black konnte bislang 777 Wachmänner namentlich identifizieren, die über kurz oder lang in einem der drei Vernichtungslager eingesetzt waren. Ähnlich wie bei den T4-Reinhardt-Männern wurden in Einzelfällen auch Spezialisten innerhalb der Wachmannschaften zwischen den Lagern ausgetauscht, sodass Erfahrungen transferiert werden konnten – beispielsweise im Fall der Motorexperten oder der Gaskammerbauer aus Belzec nach Sobibor und Treblinka.[150]

Die meisten Trawniki-Männer waren zwischen 20 und 30 Jahre alt und demnach etwas jünger als die T4-Reinhardt-Männer. Mehrheitlich handelte es sich um Ukrainer, aber auch Russen und andere Nationalitäten waren vertreten, ebenso einige sogenannte »Volksdeutsche«. Sie stammten in der Regel aus ländlichen Gegenden und hatten eine einfache Schulbildung. Die meisten von ihnen waren in den Kriegsgefangenenlagern rekrutiert worden, ein Teil von ihnen wurde aber auch als Zivilisten in der Ukraine angeworben. Viele der vor allem im Herbst 1941 ausgewählten Männer hatten sich auf den Dienst für die Deutschen eingelassen, um dem Hungertod in den Kriegsgefangenenlagern zu entgehen. Dennoch standen sie anders als die »Arbeitsjuden« nicht unter Todesdruck, sondern hatten im Gegenteil relativ große Handlungsspielräume, die sie insbesondere für eigene Zwecke und häufig auch für besondere Gewalttätigkeit gegenüber den Gefangenen nutzten. Solange die Männer ihren Dienst nicht verweigerten und nicht durch exzessiven Diebstahl auffielen, drückten die T4-Reinhardt-Männer bei kleineren Verstößen gegen die Lagerregeln gewöhnlich beide Augen zu. Ausschlaggebend für ihre Bereitschaft zur Mitarbeit war daher in der Regel nicht absoluter Zwang. Vielmehr bewogen Kalkül und Opportunismus, aber auch materielle Vorteile sie dazu, die Tätigkeit in den Lagern, selbst wenn sie dabei zu Mördern wurden, nicht zu verweigern. Gefördert wurde die Bereitwilligkeit durch antisemitische Vorurteile, die nicht wenige von ihnen teilten.

Die Wachmänner wurden für ihre Arbeit bezahlt, medizinisch versorgt und erhielten kostenlose Unterkunft und Kleidung. Wenn sie während des Dienstes getötet wurden, wie der Trawniki-Mann Myron Flunt bei der Flucht des Waldkommandos in Sobibor, wurden sie auf deutschen »Heldenfriedhöfen« beigesetzt. In Sobibor und Treblinka sorgten ukrainische, nicht jüdische Zwangsarbeiterinnen für ihr Wohlbefinden. Wachmänner, die ihren Dienst ohne Verfehlungen ausführten, hatten zu den T4-Reinhardt-Männern in der Regel ein gutes Verhältnis. Einige wurden von diesen sogar zur Belohnung zu einer Besichtigungsreise nach Berlin eingeladen.[151]

Trotz dieser Vergünstigungen dürfen die ungleichen Machtverhältnisse, die zwischen den T4-Reinhardt-Männern und den ehemaligen Kriegsgefangenen herrschten, nicht übersehen werden. Sie wurden nicht als gleichwertig betrachtet und es sind Fälle bekannt, in denen Männer wie Franz, Schwarz und Feix Trawniki-Männer ohne besonderen Anlass misshandelten, um ihre vermeintliche rassische Überlegenheit über die »Fremdvölkischen« herauszustellen. In allen drei Lagern konnten sie bei Vergehen gegen die Lagerordnung in einen Strafbunker oder eine Arrestzelle gesperrt werden. Als Strafe erhielten sie – wie die Häftlinge auch – bis zu 25 Peitschenhiebe.[152]

Die Trawniki-Männer gliederten sich in Wachmänner, Oberwachmänner, Gruppenwachmänner und Zugwachmänner. Die beiden Letzteren waren in der Regel »Volksdeutsche«, die von den T4-Reinhardt-Männern »Beute-Germanen«[153] genannt wurden, oder Personen, die der deutschen Sprache mächtig waren und so Befehle der T4-Reinhardt-Männer weitergeben konnten. Dazu zählten in Belzec Christian Schmidt, Reinhard Siebert, Friedrich Schneider und Samuel Kunz, in Sobibor Alex Kaiser, der bis Sommer 1942 in Belzec eingesetzt war, sowie in Treblinka Aleksander Yeger (Jäger), Boris Rogossa und Bienemann (Pinneman).[154]

Die drei Züge waren pro Lager jeweils in drei Gruppen eingeteilt, die ständig rotierten und je nach Bedarf eingesetzt wurden, das heißt sowohl bei allgemeinen Bewachungsaufgaben als auch bei der »Abfertigung« von Transporten. Auf den Wachtürmen waren sie mit Maschinengewehren bewaffnet; die Zugwachmänner hatten auch Maschinenpistolen, die einfachen Wachmänner Gewehre. Bei allgemeinen Bewachungsaufgaben erhielten sie fünf Kugeln Munition, die sie nach Dienstschluss wieder abzugeben hatten.[155]

Die Hauptaufgabe der Wachmänner bestand darin, die Lager nach außen gegen mögliche Partisanenangriffe abzuschirmen und die Flucht von Häftlingen und Deportierten zu verhindern. Überdies waren sie dafür verantwortlich, dass sich keine polnischen oder ukrainischen Einwohner dem Lager näherten. Sie bezogen Posten an den Eingangstoren und auf den Wachtürmen, patrouillierten tags und nachts an der Außenumzäunung der Lager und bewachten die »Arbeitsjuden« der Außenkommandos, die das Lager verließen. Im Inneren beaufsichtigten sie die »Wohnbereiche« der Häftlinge und die Arbeitskommandos im Vernichtungsbereich. Die T4-Reinhardt-Männer versuchten, die Wachmänner nicht bei den Sortierbaracken einzusetzen, da dort das Risiko sehr hoch war, dass sie sich an den Wertgegenständen vergriffen. In Belzec stellten sie außerdem eine Dauerwache vor der Unterkunft der T4-Reinhardt-Männer außerhalb des Lagers zu deren Schutz ab, und sie begleiteten die Deutschen, wenn diese im Generalgouvernement unterwegs waren, um mögliche Partisanenangriffe abzuwehren. Bei der »Transportabfertigung« wurden die Wachmänner auch als Exekutoren der »Gehunfähigen« eingesetzt, einige waren zudem bei den Motoren der Gaskammern beschäftigt. Einzelne Wachmänner nahmen als »ständig Kommandierte« auch andere Aufgaben wahr, wurden beispielsweise als Postboten, Köche, Fahrer, Elektriker, Tischler oder Tierpfleger eingesetzt. Deutschsprachige Wachen arbeiteten auch in der Verwaltung, als Spieß der Trawniki-Männer oder als Dolmetscher. Auch die ständig Kommandierten wurden bei hohen Transportzahlen, insbesondere im Sommer 1942, in den Vernichtungsablauf mit einbezogen.[156]

Das Verhältnis der Trawniki-Männer zu den »Arbeitsjuden« ist in seiner Gesamtheit nicht mehr zu klären. Im Vergleich zu den T4-Reinhardt-Männern war das Spektrum des Verhaltens allerdings breiter und reichte von Hilfestellungen bis zu extremer Gewalt. Über den auf Eigennutz basierenden Tauschhandel mit den Häftlingen auf den lagerinternen »Schwarzmärkten«[157] hinaus gibt es auch Beispiele für menschliches Verhalten: Wachmänner leiteten an die »Arbeitsjuden« Informationen über die Vernichtungsmechanismen und über ihre in anderen Bereichen tätigen Mitgefangenen weiter. Es sind sogar gemeinsame Fluchtversuche überliefert. Diese Trawniki-Männer fühlten sich vermutlich mit den Gefangenen solidarisch, da sie selbst Gefangenschaft am eigenen Leib erfahren hatten.[158] Andererseits findet sich ein hohes Maß an Indifferenz und einige Wachmänner machten sich bei den Gefangenen durch ihre besondere Gewaltbereitschaft einen Namen. Die von ihnen ausgeübte Gewalt reichte von Tötungen von »Arbeitsjuden« und Deportierten bis zur Vergewaltigung jüdischer Frauen vor deren Tod.[159] Die Trawniki-Männer waren dementsprechend keine verhaltensneutralen Statisten, sondern prägten mit ihren Handlungsspielräumen und dem häufig direkten Kontakt mit den »Arbeitsjuden« das Geschehen und den Alltag in den Lagern maßgeblich mit.

Auch wenn die Wachmänner als Gruppe ein unersetzliches Element im Vernichtungsapparat darstellten, verlief ihr Einsatz nicht problem- und konfliktfrei: Aus Sicht der T4-Reinhardt-Männer waren sie undiszipliniert und unzuverlässig. Trotz des strengen Verbots und häufiger Kontrollen verschafften sie sich Geld und Wertgegenstände, die sie von den »Arbeitsjuden« im Tausch gegen Nahrungsmittel, Schnaps oder besondere Dienste erhielten. Sie verließen die Lager heimlich, da ihnen nur selten Ausgang in die umliegenden Dörfer genehmigt wurde. Mit der lokalen Bevölkerung pflegten sie in der Regel gute und enge Beziehungen: Sie tauschten mit dieser das gestohlene und im Tauschhandel erworbene Geld und Gold gegen Lebensmittel und Alkohol ein, aßen mit ihr zu Mittag oder zu Abend, verbrachten bei polnischen und ukrainischen Einwohnern ihre Freizeit bei Tanzvergnügungen in benachbarten Siedlungen und ließen sich mit »leichten Mädchen« und Prostituierten ein. Ein Wachmann heiratete sogar eine Frau aus Bełżec. Insgesamt lässt sich bei den Wachmännern ein hohes Maß an moralischer Korruption feststellen, was sich auch in ihrem hohen Alkoholkonsum widerspiegelte.[160]

Über die Undiszipliniertheit hinaus war das Verhältnis der T4-Reinhardt-Männer zu den Wachmännern von zunehmendem Misstrauen geprägt: Insbesondere nach der Niederlage von Stalingrad befürchteten sie, dass sich sowjettreue Wachmänner, die nur aus Kalkül Dienst in den Lagern leisteten, gegen sie verschwören könnten. Fluchtversuche mehrten sich, da Trawniki-Männer die Hoffnung hegten, sich Partisanengruppen und später wieder

Sowjettruppen anschließen zu können. Um sie von der Flucht abzuhalten, schreckten die T4-Reinhardt-Männer bei Fällen von Desertion – aber auch von Diebstahl – nicht vor der Verhängung der Todesstrafe zurück.[161] Als zwei zuvor in den Strafbunker gesperrte Ukrainer in Belzec standrechtlich erschossen werden sollten, kam es zu einem Handgemenge, bei dem der T4-Reinhardt-Mann Fritz Jirmann versehentlich von seinem Kameraden Gley getötet wurde.[162] Am 3. März 1943 fand in Belzec sogar ein Massenausbruch von Trawniki-Männern statt, bei dem mehreren die Flucht zu den Partisanen gelang. Andere wurden dagegen wieder aufgegriffen und erschossen. Doch die T4-Reinhardt-Männer befürchteten auch bei den neu ins Lager geholten Trawniki-Männern eine Verschwörung und ließen am 10. April weitere Wachmänner, darunter auch Sowjetdeutsche, wegen »Meuterei« erschießen, wobei sie vom Reserve-Polizeibataillon 67 unterstützt wurden. Der Massenaufstand und der mehrfache Austausch der Wachmänner, der sich auch durch eine gestiegene Angst der T4-Reinhardt-Männer vor Verschwörungen erklären lässt, verweisen deutlich auf die prekäre Situation, die sich aus dem Einsatz von Trawniki-Männern in den Vernichtungslagern ergab.[163]

Auch in Sobibor und Treblinka wurden Wachmänner wegen Tauschgeschäften mit »Arbeitsjuden«, versuchter Desertion und Kontakt zu Partisanen »auf der Flucht« oder standrechtlich erschossen. Aus den beiden Lagern sind aber auch Fälle von erfolgreicher Flucht überliefert. Vor allem Männer auf Außenwache nutzten Gelegenheiten, weswegen sie auch häufiger von T4-Reinhardt-Männern kontrolliert wurden. Einige Wachmänner besorgten sich vor der Flucht Munition, deutsche Uniformen und Wertgegenstände. Beim Aufstand in Sobibor im Oktober 1943 schlossen sich einzelne Wachmänner den Aufständischen an.[164]

In seltenen Fällen kam es sogar zum offenen Widerstand gegen die T4-Reinhardt-Männer. Matthes wurde in Treblinka von betrunkenen Trawniki-Männern angegriffen und musste sich mit der Peitsche gegen sie wehren. Weniger Glück hatte der SS-Angehörige Floß, der eine Woche nach dem Aufstand in Sobibor, am 22. Oktober 1943, von den Wachmännern Vasilij Hetmenets, Grigorij Derevyanko und Ivan Shevchenko zwischen Chełm und Zawadówka getötet wurde, als er diese und andere Wachmänner aus Sobibor nach Trawniki begleitete.[165]

Am Ende ihrer Tätigkeit in den Lagern der »Aktion Reinhardt« wurde ein Teil der Männer aus den Vernichtungslagern in die deutschen Konzentrationslager geschickt, wo sie als erfahrenes Personal Wachdienste leisten sollten. Einige Trawniki-Männer aus Belzec gehörten zu den 150 Wachmännern, die aus Trawniki nach Auschwitz geschickt wurden und dort im Juli 1943 eine Massenflucht wagten. Die Wachmänner, die sich nicht an der Flucht beteiligt hatten, wurden aus Sicherheitsgründen nach Buchenwald versetzt.[166]

Insgesamt wurden mehr als 1000 Wachmänner aus Trawniki im Konzentrationslager-System verpflichtet, darunter auch Wachmänner aus den drei Vernichtungslagern. Über die Hälfte von ihnen kam nach Sachsenhausen, andere nach Flossenbürg und Stutthof. Auch in Lublin-Majdanek, Krakau-Plaszow und im Konzentrationslager Warschau waren Trawniki-Männer eingesetzt, in Stutthof und Sachsenhausen Wachmänner aus Treblinka, in Flossenbürg auch Wachmänner aus Sobibor, einige wurden 1943 auch mit den T4-Reinhardt-Männern nach Poniatowa und in den Alten Flughafen nach Lublin versetzt. Einige Männer, die sich in den Lagern besonders bewährt hatten, folgten ihren Vorgesetzten später ins »Adriatische Küstenland« nach Italien.[167]

Zusammenfassend lässt sich festhalten, dass die Zusammenarbeit der Trawniki-Männer mit den T4-Reinhardt-Männern in einer Grauzone zwischen Freiwilligkeit und Zwang anzusiedeln ist, in der sie von Opfern, die sie in den Kriegsgefangenenlagern noch waren, zu Mittätern wurden. In den Vernichtungslagern zeigten sie ein sehr unterschiedliches Verhalten, das auf ihre Handlungsmöglichkeiten verweist. Einige Wachmänner verhielten sich gegenüber den Gefangenen menschlich und nutzten Gelegenheiten zur Flucht, wenige sogar zum Widerstand. Andere zogen dagegen Vorteile aus ihrer neuen Situation und wandten besondere Gewalt gegenüber den Häftlingen an. Festzuhalten ist überdies, dass sie prinzipiell die Möglichkeit hatten, wieder in die Gefangenschaft im Stalag zurückzukehren.[168] Ihre Mitarbeit in den Lagern steht symbolisch für die Kollaboration zahlreicher nicht deutscher Bevölkerungsgruppen im Allgemeinen und ukrainischer Staatsangehöriger im Besonderen: Schätzungen zufolge beteiligten sich zwischen 30000 und 40000 Ukrainer in unterschiedlichen Einheiten – auch als Hilfspolizisten, Angehörige der Zivilverwaltung oder der Wehrmacht – an der Ermordung der europäischen Juden.[169]

Innennetze II: Die »Arbeitsjuden« – Arbeitskräfte und Häftlinge

Wenn bei den Trawniki-Männern trotz ihrer vorherigen Kriegsgefangenschaft von »Kollaboration« gesprochen werden darf, so gelten im Gegensatz dazu bei den »Arbeitsjuden« ganz andere Voraussetzungen. Das T4-Reinhardt-Personal hatte sie zur Rolle des »Noch-nicht-ermordet-worden-Seins«[170] verurteilt, wie es der Rechtswissenschaftler Herbert Jäger ausdrückte. In den Worten der Treblinka-Überlebenden Chil Rajchman und Martin Gray waren sie »Tote auf Abruf«[171] oder vom Tod »Zurückgestellte«.[172] Suchomel bezeichnete sie in ähnlicher Weise als »Leichen auf Urlaub«[173] und Bolender erklärte diesen Status der »Arbeitsjuden« später folgendermaßen: »Die Auswahl von Juden für bestimmte Arbeiten bedeutete [...] nur einen Aufschub des Todes.«[174] Damit unterschieden sich die »Arbeitsjuden« der Vernichtungslager auch wesentlich von Häftlingen in Konzentrationslagern, die zwar ebenfalls sterben konnten, deren Schicksal aber nicht bereits vorgezeichnet war. Ihr Handlungsspielraum war daher minimal: Sie konnten lediglich zwischen der Ausführung der Befehle und dem sofortigen Tod wählen. Dennoch spielten sie als »Werkzeuge der Mörder«[175] neben den Wachmännern einen wichtigen Part in dem von den T4-Reinhardt-Männern errichteten Vernichtungssystem. Der Treblinka-Überlebende Richard Glazar kommentierte dies so: »Jeder echte Fabrikbetrieb braucht spezialisierte Arbeiter.«[176] Arbeiten, die während der »Euthanasie« noch vom T4-Personal ausgeführt worden waren, wie etwa die Verbrennung der Leichen oder die Sortierung von Kleidung, wurden nun von den »Arbeitsjuden« übernommen, insbesondere nachdem diese in festen Arbeitskommandos organisiert worden waren. Allerdings – und darauf muss an dieser Stelle ausdrücklich hingewiesen werden – töteten die »Arbeitsjuden« im Unterschied zu den T4-Reinhardt- und den Trawniki-Männern keine Menschen.

Organisation der Arbeitskommandos

Die Lagermannschaften bestimmten selbst, ob und welche Arbeitskräfte sie für die Führung und Aufrechterhaltung eines Vernichtungslagers benötigten. Wie bei den Bauvorhaben im Lager wurden ihnen hierbei keine detaillierten Vorgaben gemacht, solange sie die ihnen übertragenen Aufgaben – die Ermordung der Juden und die Verwertung des jüdischen Besitzes – erfüllten. Sobibor richtete im Mai 1942 als erstes Lager dauerhafte Arbeitskommandos ein, um die »Transportabfertigung« effizienter zu gestalten. Ab Anfang Juni 1942 befanden sich darunter auch Frauen. Während anfangs nur einige Dutzend Handwerker im Lager arbeiteten, pendelte sich die Anzahl aller »Arbeitsjuden« im Herbst 1942 bei circa 300 Personen ein, von denen ein großer Teil im Lager III tätig war. Im »Judenlager«, im Lager I und II, waren im Dezember 1942 120 bis 200 Juden beschäftigt. Bedingt durch die neuen Sortieraufgaben, die Verbrennung der Leichen, die Einrichtung des Waldkommandos und zuletzt bedingt durch den Bau des Lagers IV wuchs die jüdische Lagerbevölkerung im Jahr 1943 auf 600 bis 700 Personen an, von denen während der Exhumierung der Leichen zeitweise bis zu 300 Gefangene im Lager III eingesetzt wurden. Selbst im September 1943 wurden noch Dutzende jüdische Kriegsgefangene aus einem Transport aus Minsk selektiert.[177] Während 1942 etwa 20 Frauen im Lager eingesetzt waren, wuchs deren Anzahl zuletzt auf über 100 an. Damit verzeichnete das Lager Sobibor den größten Frauenanteil der drei Lager. Die Frauen lebten getrennt von den Männern und unter besseren hygienischen Bedingungen und arbeiteten in den SS-Baracken, in der Küche, in den Wäschereien. Ab Dezember 1942 verrichteten sie Strickarbeiten, ab Frühjahr 1943 wurden sie in den Sortierkommandos eingesetzt. Einige Frauen waren auch in der Küche im Vernichtungsbereich tätig.[178]

In Belzec führte man permanente Arbeitskommandos für die »Transportabfertigung« vermutlich erst nach der Transportpause im Juni/Juli 1942 ein. Während der Deportationen im Sommer und Herbst 1942 wurden bis zu 1000 »Arbeitsjuden« dauerhaft im Lager beschäftigt. Darunter befanden sich auch einige Frauen.[179]

Treblinka war das letzte Lager, das im Rahmen der Umstrukturierung zwischen Ende August und Ende Oktober 1942 permanente Arbeitskommandos einführte. Weibliche Häftlinge gab es erst ab Ende 1942. Zu Höchstzeiten, im Herbst 1942, befanden sich 1000 bis 1300 Häftlinge im gesamten Lager, davon 600 bis 1000 im unteren Lager und 300 bis 400 im oberen Lager. Treblinka besaß somit – bedingt durch die hohe Anzahl der Transporte – von den drei Lagern die größte Arbeitermannschaft. Im Frühjahr 1943 verringerten sich die Häftlingszahlen jedoch, als die Anzahl an Transporten abnahm und zudem eine Typhusepidemie vielen Menschen das Leben kostete.[180] Den Arbeitskommandos gehörten vergleichsweise wenige Frauen an, da diese im Unterschied zu Sobibor nicht zur Sortierung eingesetzt wurden. Ab Ende 1942 wurden 25 bis 28 Frauen als Reinigungskräfte, Köchinnen und Schneiderinnen sowie in den drei Wäschereien beschäftigt, es gab auch eine jüdische Ärztin. Im oberen Lager arbeitete ab März 1943 ein Dutzend Frauen in der Wäscherei, der Küche und der Krankenstube.[181]

Wie die Anzahl der Arbeiter variierten auch die Zusammensetzung, die Art und die Bezeichnung der Häftlingskommandos von Lager zu Lager. Dennoch finden sich strukturell ähnliche Arbeitskommandos, wie die »Friseure«, die »Dentisten« oder die Sortierkommandos in allen drei Lagern wieder. Andere Kommandos entstanden aufgrund der Erfordernisse des jeweiligen Lagers. Manche Kommandos, wie das Flaschensortierkommando oder die Reinigungskräfte in Treblinka, gingen sogar auf Vorschläge der »Arbeitsjuden« zurück.[182] Während sich die Arbeitskommandos in den Vernichtungsbereichen, das heißt im Lager II in Belzec, im Lager III in Sobibor und im oberen Lager in Treblinka, weitgehend ähneln, lassen sich in den restlichen Lagerteilen doch wesentliche Unterschiede erkennen.

In Belzec gab es im Lager I zwei unterschiedliche Arbeitsbereiche: Ein Teil der »Arbeitsjuden« wurde im Rahmen der »Transportabfertigung« eingesetzt, die anderen fungierten als Diensthäftlinge. Die Angehörigen der ersten Gruppe waren beim Aussteigen und beim Auskleiden der Deportierten tätig, hielten Ordnung auf der Rampe und in den Ausziehbereichen, brachten Leichen, Alte und Kranke in den Vernichtungsbereich und das Gepäck zu den Magazinen. »Friseure« schnitten den Frauen vor deren Tod die Haare ab. Zuletzt sortierten 40 bis 50 Männer und Frauen die Kleidungsstücke und die letzte Habe der ermordeten Menschen. Die Diensthäftlinge arbeiteten in den Küchen der Trawniki-Männer, als »Aufräumpersonal«, als Wäscherinnen und Büglerinnen. Andere wurden in der Schuhmacherwerkstatt und der Schneiderwerkstatt eingesetzt, manche errichteten Baracken, hackten Holz, besserten den Zaun aus und legten Wege innerhalb des Lagers an. Eine acht- bis zehnköpfige Musikkapelle spielte während der »Transportabfertigung« sowie zur sonntäglichen Freizeitgestaltung der deutschen Lagermannschaft. Einige Diensthäftlinge arbeiteten in der außerhalb des Lagers gelegenen Verwaltung, wo sie bei Büroarbeiten aushelfen mussten, und als Friseure und Handwerker in den deutschen Unterkünften im Dorf Bełżec. Sechs bis acht Frauen wohnten außerhalb des Lagers in der Alten Mühle: Sie hielten die Wohnbereiche der T4-Reinhardt-Männer in Ordnung und übernahmen Küchendienste unter Aufsicht nicht jüdischer polnischer Köchinnen. Einige Arbeiter begleiteten die T4-Reinhardt- und die Trawniki-Männer bei Verpflegungseinkäufen und bei der Materialbeschaffung. Aus den Arbeitern, die bei der »Transportabfertigung« eingesetzt wurden, stellte man zudem Außenkommandos zusammen: Holzfäller holten aus den um das Lager gelegenen Wäldern Zweige und Holz als Tarnungsmaterial und zur Verbrennung der Leichen. Weitere Arbeiter rissen im Umfeld des Lagers OT- und andere Holzbaracken ab, um das Material im Lager weiterzuverwenden. Andere Kommandos räumten noch verwendbares Kriegsmaterial aus den Bunkern, die an der in der Nähe des Lagers verlaufenden ehemaligen Demarkationslinie lagen.[183]

In Sobibor, wo nicht täglich Transporte eintrafen, waren viele Häftlinge der Lager I und II sowohl mit der »Transportabfertigung« als auch mit anderen Aufgaben beschäftigt. Wenn Transporte ankamen, bildeten sich unter den regulären Arbeitern Sondergruppen. Das »Bahnhofskommando« war an der Rampe tätig, ab 1943 nahm ein Kommando in der »Durchgangsbaracke« Koffer und anderes Gepäck in Empfang. Ein Kommando aus den Sortierbaracken holte im Lager II, wo sich die Deportierten auszogen, die Kleidung ab, ein weiteres Kommando harkte den »Schlauch« und »Friseure« scherten den Frauen zuletzt die Haare. In der transportfreien Zeit gingen die Arbeitskräfte ihren regulären Tätigkeiten nach: Schreiner, Schuster, Schneider, Polsterer, Klempner, Goldarbeiter, Uhrmacher, Metallarbeiter, Schmiede, Maler und Glaser arbeiteten im Lager I für den Lagerbedarf. Manchmal führten sie auch Außenarbeiten durch. Darüber hinaus standen die Diensthäftlinge wie in Belzec den T4-Reinhardt-Männern auch für den persönlichen Bedarf zur Verfügung: als Wäscherinnen, Näherinnen, Strickerinnen, Köche, Bäcker, Ärzte, Apotheker, Zahnärzte, »Putzer«, Dienstmädchen, Müllverbrenner, Gärtner und Tierpfleger, Musiker und Sängerinnen. Insgesamt waren etwa

50 Handwerker und Bedienstete für die T4-Reinhardt-Männer tätig. Eine weitere große Gruppe bildeten die Sortierkommandos und die Lagerverwalter. Andere Arbeitskräfte waren im »Waldkommando« außerhalb des Lagers beschäftigt. Das »Tarnkommando« versah den Stacheldraht mit frischen, im Wald gesammelten Zweigen. Außerdem wurden bei den Appellen Ad-hoc-Kommandos aus den »Arbeitsjuden« zusammengesetzt, um kurzfristig etwa beim Be- und Entladen von Waggons mit Kleidung oder Baumaterial eingesetzt zu werden.[184]

In Treblinka stand 1942 die reibungslose »Transportabfertigung« im Mittelpunkt der Tätigkeiten, für die das »blaue Kommando« an der Rampe und das »rote Kommando« auf dem »Umschlagplatz« zuständig waren. In den langen transportfreien Zeiten 1943, in denen es zur Ausbildung zahlreicher differenzierter Arbeitskommandos kam, bildeten die je 30 bis 50 Häftlinge eine Art »Mehrzweckkommando« (Glazar). Sie halfen bei Bauarbeiten, bei der Reparatur von Geschirr, beim Verladen von Materialien in die Waggons und beim Sortierkommando. Letzteres war ab Ende 1942 das größte Kommando im unteren Lager und setzte sich aus verschiedenen Abteilungen zusammen. Das »privilegierteste« Kommando waren die »Goldjuden«, die wie die Handwerker in den Werkstätten und die Diensthäftlinge zu den sogenannten »Hofjuden« gehörten. Die Bezeichnung »Hofjuden«, die sich lediglich in Treblinka findet, lässt sich wahrscheinlich auf das gleichnamige Stürmerbuch zurückführen.[185] Dabei handelte es sich um etwa 80 bis 100 Arbeitskräfte, die als Diensthäftlinge und Handwerker persönliche Dienste für die T4-Reinhardt-Männer und die Wachmänner verrichten mussten. Sie besaßen relative Bewegungsfreiheit im unteren Lager und trugen zur Unterscheidung von den anderen Arbeitern gelbe Stofflappen am Arm. Unter ihnen befanden sich Tischler, Schuhmacher, Elektriker, Schlosser, Schneider und Maurer. Zu den Diensthäftlingen gehörten Wäscherinnen und »Putzer«, die in den Baracken der T4-Reinhardt-Männer tätig waren, das Säuberungskommando, welches das Lager aufräumte, Verwalter, Bäcker, Köche, Kartoffelschäler, Ärzte, Zahnärzte, Friseure, Musiker und ein Maler. Einige »Arbeitsjuden« betreuten die lagereigene Landwirtschaft und den Zoo. Wie in Belzec und in Sobibor waren im Lager zudem ein Tarnkommando, ein Wald- und ein Straßenbaukommando tätig. Das bereits Ende August 1942 eingerichtete Waldkommando bestand aus 12 bis 30 Personen, die, eskortiert von einem T4-Reinhardt-Mann und einigen Wachmännern, im Wald Holz beschafften und es für die verschiedenen Zwecke bearbeiteten. Es diente insbesondere für den Bau neuer Innen- und Außeneinrichtungen, zum Heizen der SS-Baracken, zum Kochen und für das Feuer im »Lazarett«; 1943 wurde Holz auch für die Verbrennungsroste im oberen Lager benötigt. Das Kommando verrichtete überdies Straßenarbeiten im Lager und lud Steine und anderes Material aus den Zügen. 1943 wurde aus dem »roten« und »blauen Kommando« ein eigenes Straßenbaukommando gebildet.[186]

Die Gefangenen, die in den drei Lagern im Vernichtungsbereich eingesetzt waren, wohnten jeweils auch in diesem Bereich. Sie säuberten die Gaskammern, trugen die Leichen in die Massengräber; sogenannte »Dentisten« brachen den Leichen die Goldzähne aus, andere Arbeiter hoben neue Gruben aus. Später wurden die Arbeitskräfte bei der Exhumierung und Verbrennung der Leichen eingesetzt. In den Vernichtungsbereichen gab es außerdem Tarnkommandos und Küchenpersonal, das für die dort eingesetzten »Arbeitsjuden« kochte. In Treblinka arbeiteten im oberen Lager zudem Tischler, ein Barackenreiniger sowie ein Lagerreiniger und ab 1943 Wäscherinnen, Schneider, ein Arzt, der sich um kranke und verletzte Häftlinge kümmerte, Schlosser, die die Motoren der Gaskammer warten mussten, sowie ein kleines Orchester.[187]

Von Sobibor und Treblinka ist bekannt, dass die T4-Reinhardt-Männer jeglichen Kontakt zwischen den Arbeitskräften des Vernichtungsbereichs und des restlichen Lagers unterbanden, auch wenn zuweilen doch heimliche Gespräche stattfinden konnten, zum Beispiel wenn Arbeiter des Vernichtungsbereichs für spezielle Aufgaben in die Nähe der anderen Lagerhälfte kamen oder wenn Nahrungsmittel in den Vernichtungsbereich transportiert wurden. In Treblinka hatten einzelne Tischler Zugang zu beiden Bereichen, sodass zwischen den Lagerhälften eine sehr eingeschränkte Form der Kommunikation möglich war, was später eine Abstimmung bei der Aufstandsplanung ermöglichte. Zudem erhielten die »Arbeitsjuden« des oberen Lagers Informationen aus dem unteren Lager, wenn »Arbeitsjuden« aus diesem Bereich in den Vernichtungsteil versetzt wurden.[188] In Sobibor hingegen hatten die Häftlinge in Lager I und II keine genauen Vorstellungen über die Modalitäten der Ermordung; es zirkulierten sogar Gerüchte, dass sich nach der Vergasung mithilfe einer elektrischen Vorrichtung der Boden der Gaskammer öffnete.[189]

Bei der Strukturierung und Organisation der Häftlingskommandos brachte die Lager-SS ihre Erfahrungen aus den Konzentrationslagern ein. Sie organisierten die Häftlinge hierarchisch und unterstellten sie Funktionshäftlingen. Auf diese Weise gaben sie einen Teil der Verantwortung für das Funktionieren des Systems an die sogenannten Kapos und andere Funktionshäftlinge weiter, die für die einzelnen Arbeitskommandos und auch für die Einteilung der Häftlinge zuständig waren. Die Funktionshäftlinge fungierten als Bindeglied zwischen den T4-Reinhardt-Männern und den anderen Häftlingen, sie erstatteten Bericht und trugen die Verantwortung dafür, dass die Arbeitskommandos gut arbeiteten und keine Häftlinge flohen. Zum Antreiben der ihnen unterstellten Arbeiter waren sie mit einer Lederpeitsche ausgestattet. Auf Anordnung der Aufseher mussten sie auch die Prügelstrafe vollziehen. Einige Männer dieser »Lageraristokratie«,[190] wie sie von ihren Mithäftlingen genannt wurden, übten extreme Gewalt gegenüber den ihnen unterstellten Arbeitern aus, und manche denunzierten auch Mithäftlinge. In Belzec gab es zwei Oberkapos und eine größere Zahl Unterkapos, die auch als »Oberzugführer«, »Lagerälteste« und »Judenälteste« bezeichnet wurden, sowie eine größere Anzahl Unterkapos beziehungsweise »Zugführer«.[191]

In Sobibor wurden schon Anfang Juni 1942, als die Häftlingszahl angestiegen war, einzelne Personen zu Kapos und Vorarbeitern der verschiedenen Arbeitskommandos ernannt. Die Funktionshäftlinge schliefen separat von den anderen Gefangenen und trugen zur Unterscheidung rote Armbinden oder Mützen. An ihrer Spitze stand ein »Oberkapo«, der auch »Gouverneur«, »General« oder »Generalgouverneur« genannt wurde. Diesen Posten besetzte zunächst Moshe Sturm aus Hrubieszów, der jedoch im Sommer 1943 wegen Beteiligung am lagerinternen Widerstand erschossen wurde. Sein Nachfolger wurde Herbert Naftaniel mit dem Spitznamen »Berliner«, der zuvor als Gepäcksortierer eingesetzt war. Überlebende beschreiben ihn als intriganten, grausamen Denunzianten. Er wurde von den anderen Häftlingen getötet. Nach seinem Tod wurde als letzter Oberkapo der niederländische Jude Spitz eingesetzt. Auch im Lager III gab es einen Oberkapo. Als weitere Funktionshäftlinge gab es Blockleiter und Blockälteste, die für die Ordnung in den Baracken zuständig waren und die Vollzähligkeit der Kolonnen beim Appell zu überprüfen hatten.[192]

Der ranghöchste Funktionshäftling war als »Lagerältester« in Treblinka ab Ende August 1942 Marceli Galewski, der von den anderen Häftlingen auch »Lagerkommandant« genannt wurde. Als er im Frühjahr 1943 an Typhus erkrankte, wurde er durch Rakowski ersetzt, der wiederum von den T4-Reinhardt-Männern ermordet wurde. Danach übernahm wieder Galewski die Position des Lagerältesten. Im oberen Lager stand an der Spitze der Häftlinge ein Oberkapo, zunächst der österreichische Jude Blau, später dessen Landsmann Singer. In der Häftlingshierarchie von Treblinka gab es außerdem Vorarbeiter und Kapos, die den Arbeitskommandos vorstanden. Jede Baracke hatte wie in Sobibor ihren »Barackenältesten«. Die Funktionshäftlinge waren durch gelbe Armbinden mit der Aufschrift der jeweiligen Funktion als solche gekennzeichnet.[193]

Die drei Lager gingen mit der Einführung der Häftlingshierarchie ähnliche Wege, wenn sich auch jeweils eigene Begriffe, wie etwa derjenige des »Generalgouverneurs« in Sobibor, für die Funktionshäftlinge einbürgerten. In Treblinka gab es eine Eigenheit in Bezug auf die Organisation: Dort wurden die Häftlinge im November 1942 registriert und mussten farbige Lederstreifen mit Nummern tragen. Dies diente zum einen dazu, die zahlreichen

Fluchtversuche zu erschweren, zum anderen konnten sich Deportierte nun nicht mehr unter die Arbeiter schmuggeln. Nicht zuletzt konnten die Nummern bei sämtlichen Verstößen der Häftlinge gegen die Lagerordnung notiert und für schuldig befundene Personen beim Appell zur Bestrafung ausgerufen werden. Die »Arbeitsjuden« im oberen Lager erhielten keine Nummern.[194]

Die Lebensbedingungen

Die Lebensbedingungen der Gefangenen waren durch Gewalt und schlechte hygienische Verhältnisse, kräftezehrende Arbeiten und Verbote gekennzeichnet. Einmal zur Arbeit aussortiert, riskierten sie jeden Tag von Neuem ihr Leben. Geschwächte Arbeiter wurden bis ans Ende ihrer Kräfte gehetzt und in der Regel erschossen.

Während 1942 Erschießungen »ersetzbarer« Arbeitskräfte die Regel waren, wurden in Sobibor und Treblinka die Häftlinge ab Anfang 1943, als weniger Transporte die Lager erreichten und damit der »Wert« der Arbeiter stieg, etwas besser behandelt.[195] In Sobibor richtete man Mitte März 1943 eine Sanitätsstube ein, nachdem sich die Typhusfälle vermehrt hatten und auch wichtige Handwerker erkrankt waren. Zuvor waren sie nach einer Infektion direkt getötet worden. Nach der Einrichtung der Sanitätsstube gestanden die T4-Reinhardt-Männer den kranken Häftlingen eine Genesungszeit von drei Tagen zu. Waren sie länger krank, wurden sie im Lager III getötet.[196]

Auch in Treblinka waren 1942 hygienische Einrichtungen, Wasser und Seife nur unzureichend vorhanden, sodass sich unter den »Arbeitsjuden« ein aus dem Regierungsbezirk Bialystok eingeschleppter Typhus ausbreitete. Nachdem man zunächst kranke und verletzte Gefangene massenhaft im »Lazarett« getötet hatte, wurde Ende 1942 die Einrichtung von separaten Krankenstuben zugelassen, um die mittlerweile nicht mehr einfach zu ersetzenden Arbeitskräfte – insbesondere die »Hofjuden« – am Leben zu halten. Kranke konnten sich hier wie in Sobibor bis zu drei Tage aufhalten, wobei allerdings jederzeit das Risiko bestand, von Küttner, Miete und Matthes im »Lazarett« erschossen zu werden. Die Kranken wurden von Häftlingsärzten behandelt, im oberen Lager von Dr. Zimmermann, im unteren Lager von Dr. Bach und Dr. Reizman. Während der Fleckfieberepidemie, die das gesamte Frühjahr 1943 über andauerte, wurden zur Verbesserung der hygienischen Bedingungen Latrinen auf dem Appellplatz im Ghetto-Bereich gebaut, die es bis zu diesem Zeitpunkt nur auf dem Sortierplatz und in den Unterkunftsräumen des »Ghettos« gegeben hatte.[197]

In den Reinhardt-Lagern trugen die Häftlinge keine Uniformen, sondern Zivilkleidung, in der Regel diejenige, die sie bei ihrer Ankunft anhatten, oder sie besorgten sich trotz strenger Verbote auf dem lagerinternen »Schwarzmarkt« oder in den Magazinen neue Kleidung aus den Transporten. Sie stellten schnell fest, wie wichtig es war, sich ordentlich und sauber zu kleiden und sich täglich zu rasieren: Die T4-Reinhardt-Männer honorierten dies mit einer gewissen Achtung.[198] In den Beschreibungen des Treblinka-Überlebenden Richard Glazar, dem wie seinen tschechischen Freunden die Bedeutung der Kleidung bewusst war, wird der Unterschied der »Arbeitsjuden« in den Vernichtungslagern zu den Häftlingen anderer Lager besonders deutlich:

> »Schwarze Stiefel aus feinem Leder, geputzt auf Hochglanz, Reithosen, um die kurzen Jacken haben wir Gürtel geschnürt, um den Hals ein Seidentuch gebunden und die Schildmütze schön zur Seite gesetzt. So hat uns der Textilfachmann Hans Freund und der Mode- und Zuschneider Rudi Masarek herausgeputzt. Kecke Jungs aus dem Reich des Verderbens und des Todes.«[199]

Solche Möglichkeiten, sich neue Kleidung zu besorgen, hatten die Arbeiter in den Vernichtungsbereichen allerdings nicht. Zur Kenntlichmachung als Häftlinge und zur Vermeidung von Flöhen und Läusen wurden den »Arbeitsjuden« in Treblinka im Frühjahr 1943 die Haare geschoren.[200]

Die Ernährung der Häftlinge war in allen drei Lagern unzureichend. Morgens und abends ließen die T4-Reinhardt-Männer Schwarzbrot und Marmelade sowie heißes Wasser oder Ersatzkaffee verteilen. Mittags wurde Suppe mit Kartoffeln, Mehlklößen, Bohnen oder Rüben, von den Häftlingen »Plörre« genannt, ausgegeben. In besonderen Fällen erhielten die Gefangenen außerdem Pferde- oder Schweinefleisch sowie Graupen aus den Transporten.[201] Allerdings hatten die Arbeiter zumeist Möglichkeiten, sich trotz der Androhung strenger Strafen und gelegentlicher Inspektionen und Leibesvisitationen illegal zusätzliche Nahrung zu verschaffen. Vor allem die Kommandos, die das Lager verließen, nutzten die Gelegenheit für Geschäfte mit der lokalen Bevölkerung. Mithilfe der Trawniki-Männer, die als Zwischeninstanz Geld für sich einbehielten, tauschten sie Geld und Gold gegen Lebensmittel ein. In der Regel drückten die T4-Reinhardt-Männer bei diesem Handel ein Auge zu, mussten sie so doch keine zusätzlichen Lebensmittel besorgen. Der verbotene Tauschhandel konnte jedoch – wie alle anderen »Lagervergehen« – je nach Ermessen der Aufseher auch mit dem Tode bestraft werden. Manchmal wurden Lebensmittel aus den Transporten auch offiziell in die Häftlingsküchen gegeben.[202]

In Bezug auf die Lebensbedingungen der Häftlinge zeigt sich in den Lagern ein deutliches Gefälle zwischen den Vernichtungs- und den anderen Lagerbereichen, und das nicht nur, weil die Arbeiter bei den Massengräbern ständig den Tod vor Augen hatten und ihre Tätigkeit oft im Laufschritt erledigen mussten. Da die Leichenträger keine spezialisierten Facharbeiter, sondern austauschbare Kräfte waren, wurden sie häufiger misshandelt und getötet als die Arbeiter in den anderen Bereichen. Bei den Nahrungsmitteln waren sie auf die ihnen offiziell zugewiesenen Rationen beschränkt und sie hatten keine Möglichkeit, sich mit neuen Kleidungsstücken einzudecken. Bis zur Typhusepidemie 1943 wurde auch auf sonstige hygienische Bedürfnisse keine Rücksicht genommen. Da das Wasser bis zur Errichtung des Brunnens aus dem unteren Lager geholt und dann zumeist für die Küche und für die Reinigung der Gaskammern gebraucht wurde, konnten sich die Häftlinge weder waschen noch konnten sie trinken. Erst 1943 wurde ein Waschraum eingerichtet und mit weiblichen Häftlingen besetzt, die die Kleidung der Arbeiter wuschen.[203] Aufgrund der hoffnungslosen Lebensbedingungen kam es in den Vernichtungsbereichen häufiger zu Selbstmorden, die nur dadurch eingedämmt werden konnten, dass nachts zwei Häftlinge dazu bestimmt wurden, Wache zu halten und dadurch potenzielle Selbstmörder von ihrem Vorhaben abzuhalten. Die T4-Reinhardt-Männer wollten selbst über Leben und Tod ihrer Gefangenen bestimmen.[204]

Die »Arbeitsjuden« waren einer ungeschriebenen Lagerordnung unterworfen, die ihnen von Zeit zu Zeit mitgeteilt und durch Mundpropaganda verbreitet wurde. Sie war von den T4-Reinhardt-Männern geschaffen worden, um die Ordnung in ihrem Sinne aufrechtzuverhalten. Der Regelkodex verbot praktisch alles, sodass der Willkür bei der Ahndung von Vergehen keine Grenzen gesetzt waren, oder wie Stangl es später zusammenfasste: »Wenn einer ein Drückeberger war, dann war das […] ein Grund, ihn umzulegen.«[205] Die T4-Reinhardt-Männer beriefen sich dabei auf Wirth, der einmal gesagt hatte: »Weg damit, wenn einer nichts taugt.«[206] Zu den »Lagervergehen« zählten Rauchen, Entwendung des Besitzes der Opfer, Tauschhandel mit Nahrungsmitteln, Beschädigung von Lagereinrichtungen, Nichtausführung von Befehlen der Funktionshäftlinge, Weitergabe von Informationen über das Vernichtungslager an die Deportierten, aber je nach Auslegung des jeweiligen Aufsehers auch das zu langsame Abnehmen der Mütze beim Appell oder zu leises Singen. In Treblinka konnte jeder Lager- und Kommandoführer Häftlinge, die seiner Auffassung nach nicht zufriedenstellend arbeiteten, durch Peitschenschläge ins Gesicht »markieren« oder deren Nummer notieren. »Arbeitsjuden« mit solchen »Todesanzeigen« im Gesicht,[207] wie sie der Treblinka-Überlebende Martin Gray bezeichnete, wurden beim Abendappell bestraft. Die Strafen reichten in allen drei Lagern von der Auspeitschung mit in der Regel 25 Schlägen, über die Ableistung von kollektiven Strafarbeiten bis zum Tod durch Erschießen. Für die Verhängung der Prügelstrafe in Treblinka ließ Franz 1943 sogar einen hölzernen Bock von den Tischlern herstellen, auf den der zu bestrafende Arbeiter festgebunden wurde. Gefangene, die nach der Auspeitschung zu schwach waren, wurden im »Lazarett« getötet. Die öffentliche Erschießung oder Erhängung als Strafmaßnahme wurde nur in Ausnahmefällen praktiziert und diente dazu, ein Exempel nach Fluchtversuchen zu statuieren.[208]

In Sobibor richtete Wagner im Sommer 1943 für kurze Zeit zudem ein Strafkommando zur Bestrafung der Häftlinge ein, das besonders schwere Arbeiten beim Aufbau des Lagers IV ausführen musste. Es wurde von Schulze, Müller und Grömer beaufsichtigt. Die Häftlinge mussten dabei 18 Stunden im Laufschritt arbeiten und im Stehen essen. Sie wurden ausgepeitscht oder anderweitig misshandelt, erhielten nur Wasser und Brot und wurden nachts durch Appelle in ihrem Schlaf gestört. Die wenigen, die die vorgesehenen drei Tage überlebten, konnten die Strafkompanie wieder verlassen.[209]

In allen drei Lagern strukturierten die gemeinsamen Morgen- und Abendappelle den Lageralltag. Die Morgenappelle dienten auch dazu, Arbeitsaufgaben zu vergeben. Zudem wurden kleinere Appelle in der Mittagspause von den Wachhabenden der einzelnen Arbeitskommandos abgehalten. Bei den Appellen zählten Kapos und Blockleiter die Häftlinge und gaben die Anzahl an die zuständigen T4-Reinhardt-Männer weiter, damit diese sie überprüfen konnten. Alle Häftlinge mussten sich dabei in Reih und Glied in Fünferreihen, nach Arbeitskommandos geordnet, in strammer Haltung aufstellen. Die Appelle wurden von den Konzentrationslagern übernommen und spiegelten ein militärisches Ordnungssystem wider, in dem Über- und Unterordnung institutionalisiert waren. In Belzec waren für die Appelle der Kommandant und sein Stellvertreter zuständig, in Sobibor insbesondere Wagner und Frenzel, in Treblinka zumeist Franz und Küttner sowie im oberen Lager Matthes. Je nach Stimmung der jeweiligen T4-Reinhardt-Männer bestand der Appell aus einer viertel- bis halbstündigen Zählung oder auch aus langwierigen militärischen Exerziereinheiten und »Sport«. Bei den sogenannten »Sportläufen« beziehungsweise beim »Strafexerzieren« mussten erschöpfte Häftlinge unter Peitschenhieben marschieren, springen, robben, hüpfen und kriechen. Beim Abendappell wurden außerdem die Lagerstrafen vollzogen und erschöpfte, kranke und schwache, also vermeintlich »arbeitsunfähige« Arbeiter aussortiert und zum Erschießen weggeführt. Die Häftlinge mussten zudem Rituale des Mützenabnehmens über sich ergehen lassen und Lieder singen.[210]

Wie der »Sport« war auch das angeordnete Singen und Musizieren ein Herrschaftsmittel, das den Angehörigen der Totenkopfverbände aus den Konzentrationslagern bekannt war. Es diente zur Erniedrigung der Gefangenen und zur eigenen Aufwertung.[211] Gesungen wurden in Sobibor deutsche Volkslieder wie »In einem Polenstädtchen« und »Droben im Oberland«, populäre Marsch- und Soldatenlieder wie »Erika« und »Die blauen Dragoner«, aber auch sexuell anstößige oder antisemitische Lieder wie »Judenblut muss fließen«. In Belzec und Treblinka gehörte das polnische Volkslied »Góralu, czy ci nie żal?« (Tut es dir nicht leid, Gorale) zu den Lieblingsmelodien der Deutschen. In Treblinka spielten die Musiker ebenfalls Märsche, aber auch Arien aus Fromental Halévys Oper »La Juive« und jiddische Lieder wie »Die jiddische Mamme«.[212] Beliebt war bei den T4-Reinhardt-Männern auch die Treblinka-Hymne, deren Text im Auftrag von Franz von einem tschechischen Juden geschrieben und von Arthur Gold vertont worden war. Sie lautete folgendermaßen:

»Festen Schritts und Tritts und den Blick geradeaus,
immer mutig und froh in die Welt geschaut,
marschiert die Kolonne zur Arbeit.
Für uns gilt heute nur Treblinka,
das unser Schicksal ist.
Drum haben wir uns auf Treblinka
umgestellt in kurzer Frist.
Wir hören auf den Ton der Kommandanten
und folgen ihnen auf den Wink
und geh'n in Schritt und Tritt zusammen
für alles, was die Pflicht von uns verlangt.
Die Arbeit soll uns alles hier bedeuten
und auch Gehorsamkeit und Pflicht,
wir wollen weiter, weiter leisten,
bis uns das kleine Glück auch einmal winkt.«[213]

Auch im oberen Lager wurde ein eigenes Lied komponiert, das mit den Worten begann: »Lager II ist unser Leben, ei, ei ei«.[214] In Sobibor wurde der Refrain der »Blauen Dragoner« umgedichtet in: »Die Juden ziehen dahin, daher, sie ziehen durchs Rote Meer, die Wellen schlagen zu, die Welt hat Ruh.«[215] Ein anderes Lied, das die »Arbeitsjuden« in Sobibor singen mussten, begann mit »Herr, gib uns den Moses wieder« und endete mit der Hoffnung, dass alle Juden im Meer versenkt würden. Der Schmähgesang war bereits vor dem Krieg in Deutschland verbreitet gewesen.[216] Zur Belustigung der T4-Reinhardt-Männer mussten die Gefangenen zu den Liedern auch tanzen und religiöse Gewänder anziehen.[217] Trotz einer strengen Lagerordnung ist zumindest für die Lager Sobibor und Treblinka zu konstatieren, dass im Unterschied zu den Konzentrationslagern in den engen Grenzen der für die Arbeiter vorgesehenen Lagerbereiche relative Freizügigkeit herrschte. Männer und Frauen konnten sich in Sobibor miteinander unterhalten und die Männer auch die Frauenunterkünfte aufsuchen. Es konnte – oder sollte – getanzt, gesungen und musiziert werden. Die relativen Freiheiten, die auch Liebschaften zuließen, sollten die Gefangenen von Gedanken an die Freiheit, an

Flucht und Widerstand sowie ihren eigenen sicheren Tod ablenken, um sie zu willigen Werkzeugen zu machen.[218]

Fluchtversuche

Durch die ständig drohende Gewalt blieb den Häftlingen keine andere Wahl, als den Befehlen der T4-Reinhardt-Männer – scheinbar bedingungslos – zu gehorchen. Einzelne Männer versuchten, sich den Befehlen durch Selbstmorde oder durch Flucht zu entziehen. Während dies in Belzec nur in seltenen Fällen gelang, schafften es – auch vor den Revolten – mehrere Gefangene aus Sobibor und überdurchschnittlich viele Häftlinge aus Treblinka.

In Treblinka flohen viele Gefangene im Herbst 1942, als die äußere Absperrung des Lagers lückenhaft war. Die meisten wurden jedoch wieder aufgegriffen oder kamen auf andere Weise ums Leben. Mindestens 26 der bereits vor dem Aufstand geflüchteten Männer gelang es jedoch – zum Teil noch während der Besatzungszeit und zum großen Teil nach dem Krieg –, ein schriftliches Zeugnis über die Geschehnisse in Treblinka abzugeben. Die Geflüchteten konnten die noch in den Ghettos und »jüdischen Wohnbezirken« wohnenden Juden über ihr Schicksal informieren. Fluchtversuche gelangen auf verschiedene Weise – sei es in kleinen Gruppen oder allein, teils mithilfe anderer Gefangener, teils ohne. Einige Häftlinge versteckten sich in den Waggons zwischen Kleidungsbündeln, die aus dem Lager abtransportiert wurden, und sprangen während der Fahrt vom Zug. Andere versteckten sich am Abend in der Sortierbaracke und entkamen nachts durch ein Loch, das sie in den Stacheldraht schnitten.[219] Auch aus dem oberen Lager versuchten Häftlinge zu fliehen, etwa indem sie versuchten, einen unterirdischen Tunnel zu graben. Sie wurden jedoch allesamt entdeckt und getötet.[220]

Um Fluchtversuche zu verhindern, wurden die Häftlinge ab dem Herbst 1942 nachts im »Ghetto« eingeschlossen, das mit Stacheldraht eingezäunt war und mit Lichtstrahlern ausgeleuchtet wurde. Auch das restliche Lager wurde seitdem nachts beleuchtet, um potenzielle Flüchtlinge besser aufspüren zu können. Das gesamte Lager wurde zudem durch einen unüberwindbar scheinenden doppelten, drei bis vier Meter hohen Zaun aus Stacheldraht abgesichert, in dessen Inneren Wachmänner patrouillierten. Im Frühjahr 1943 wurde in einer Entfernung von 50 Metern ein weiterer Stacheldrahtzaun mit Panzersperren, den sogenannten Spanischen Reitern, angebracht. Dahinter begann der Wald. Es gab außerdem bis zu zehn hölzerne Wachtürme, die ständig mit bewaffneten Wachmännern besetzt waren, die das Lager kontrollierten. Nachts sorgten zusätzlich zwei T4-Reinhardt-Männer als Wachhabende, sogenannte Unteroffiziere vom Dienst, dafür, dass die Trawniki-Männer auf ihren Posten waren.[221]

Um die Gefangenen davon abzuhalten zu fliehen, wendeten die T4-Reinhardt-Männer in Treblinka – über die Sicherheitsvorkehrungen hinaus – zwei Strategien an. Zum einen versprachen sie ihnen, dass sie den Krieg überleben würden und für bewährte Kräfte ein »Judenstaat« errichtet werden würde.[222] Zum anderen drohten sie mit Repressalien: Pro entflohenem Häftling sollten zehn Arbeiter getötet werden. Wieder eingefangene Flüchtlinge sollten außerdem zu Tode gefoltert werden. Mehrmals kam es, um ein Exempel zu statuieren, zu öffentlichen Erhängungen. Dafür wurde ein hölzerner Galgen aufgestellt, an dem die Gefangenen nackt an den Füßen aufgehängt wurden, zum Teil wurden sie ausgepeitscht oder anderweitig misshandelt. Zuletzt wurden sie erschossen. Die anderen Häftlinge mussten dieser qualvollen und stundenlang andauernden Tötung zur Abschreckung beiwohnen. Gefangene, denen die Flucht misslang, wurden auch im »Lazarett« erschossen.[223]

Wie in Treblinka wurde das Sicherheitssystem auch in Sobibor im Frühjahr 1943 verbessert. Der gesamte Lagerkomplex, der anfangs von einem zweieinhalb bis drei Meter hohen Stacheldraht umgeben war, wurde mit einer zweiten Reihe Stacheldraht abgesichert. Die Lager I und III wurden zusätzlich umzäunt. Der Zaun war nicht elektrisch geladen. Am Zaun entlang befanden sich mehrere Wachtürme, je drei auf der Süd- und Nordseite sowie fünf auf der Waldseite. Zwischen Lager I und Lager II wurde zudem der alte Hochsitz der Försterei zur Bewachung genutzt. Durch bewegliche Scheinwerfer und Leuchten auf den Türmen konnte das Areal auch nach Sonnenuntergang einfach überwacht werden. Die Trawniki-Männer sicherten das Lager durch Patrouillen in den Laufgängen des doppelten äußeren Stacheldrahtzauns und besetzten die Wachtürme, auf denen Maschinengewehre befestigt waren.[224]

Seit dem Frühjahr erschwerten zudem mehrere Reihen scharfer Landminen um das Lager den Partisanen ein Näherkommen und den Gefangenen die Flucht. Die Minen wurden von Häftlingen unter Aufsicht von Wagner und Getzinger auf einem 15 Meter breiten Streifen um das Lager herum gelegt, »Ingenieure der Wehrmacht«,[225] möglicherweise eine »Pioniereinheit aus Cholm«,[226] gaben dabei Hilfestellung. In der Nähe des Vorlagers und insbesondere des Kasinos wurden lediglich Alarmminen mit einer geringeren Detonationskraft verwendet, um das Leben der T4-Reinhardt- und Trawniki-Männer, die sich versehentlich dem Minenfeld näherten, nicht zu gefährden. Von den Lagermalern angefertigte Schilder mit der Aufschrift »Vorsicht! Minen« warnten Außenstehende in deutscher, polnischer und russischer Sprache. Ein bewässerter Graben von zweieinhalb bis drei Metern Tiefe, der um einen Teil des Lagers gezogen wurde, vervollständigte das Sicherheitssystem.[227]

Einzelne Fälle von Flucht gab es während der gesamten Geschichte von Sobibor, allerdings nahmen diese nicht das Ausmaß wie in Treblinka an.

Schon im Mai oder Juni 1942 waren Häftlinge geflüchtet, als die Lagermannschaft noch nicht auf die Anzahl der Häftlinge geachtet hatte. Ein Mann beispielsweise entkam mithilfe von Mitgefangenen in einem Waggon mit Kleidungsstücken. Im Sommer 1942 gruben Häftlinge im Lager III ein Loch unter dem Zaun, wurden aber entdeckt und erschossen. Der Häftling Simon Honigman konnte im November 1942 entkommen, indem er unter dem Stacheldrahtzaun durchkroch. Im April 1943 wurde er erneut nach Sobibor deportiert, von wo aus ihm ein zweites Mal die Flucht mit dem Waldkommando gelang. Weihnachten 1942 flohen einige Häftlinge aus dem Lager III mit zwei Trawniki-Männern. Sie wurden von der polnischen Polizei aufgespürt und getötet.[228]

Als an einem regnerischen Abend im Frühjahr 1943 zwei Juden die Flucht gelang, wurde erstmals als Repressalie jeder zehnte Häftling getötet. Die T4-Reinhardt-Männer erschossen auch den Oberkapo Moshe Sturm und weitere Kapos, nachdem deren Fluchtpläne von dem nachfolgenden Oberkapo Herbert Naftaniel, genannt Berliner, verraten worden waren. Ende April 1943 wurden alle niederländischen Juden – mehr als 70 Personen – mit Ausnahme des Porträtmalers Max van Dam getötet, weil sie beschuldigt wurden, eine Massenflucht geplant zu haben. Im Sommer 1943 entkamen zwei Gefangene, die zur Löschung eines Waldbrands eingesetzt worden waren. Nach einigen Tagen wurden sie jedoch von der Grenzpolizei aufgespürt und im Lager erschossen. Im Juni 1943 gab es einen Fluchtversuch im Vernichtungsbereich, bei dem 150 »Arbeitsjuden« getötet wurden.[229]

Der letzte große Fluchtversuch vor dem Aufstand ereignete sich am 23. Juli 1943, als einige der beim Waldkommando eingesetzten Häftlinge flüchten konnten. Zunächst gelang es den Häftlingen Schlomo Podchlebnik und Josef Kopp, nachdem sie beim Wasserholen den Wachmann Myron Flunt betrunken gemacht hatten, diesen zu töten und zu flüchten. Als der Tod des Ukrainers festgestellt worden war, nutzten weitere polnische Häftlinge die Unruhe zur Flucht, während die holländischen Juden aufgrund fehlender Sprachkenntnisse, die sie sofort als Sobibor-Flüchtlinge verraten hätten, davor zurückschreckten. Die meisten Flüchtigen wurden wieder gefangen genommen, Einzelne überlebten jedoch. Kommandant Reichleitner ordnete als Vergeltung die Exekution der polnischen »Arbeitsjuden« des Waldkommandos an, der sämtliche Gefangene beiwohnen mussten. Ein Häftling rief vor seinem Tod dazu auf, Rache zu nehmen.[230]

Trotz der tödlichen Konsequenzen dachten viele Gefangene weiterhin über eine Flucht aus dem Lager nach. Ermutigt wurden sie durch die Berichte von Deportierten über den Ghettoaufstand in Warschau und die Nachricht vom Scheitern der Wehrmacht an der Ostfront. Vor allem die Tötung des berüchtigten Oberkapos Berliner zeigte ihnen, dass es trotz der vermeintlich unüberbrückbaren Schutzvorkehrungen Lücken in der Sicherheitsfront der Bewacher gab. Und nicht zuletzt drängte die Zeit angesichts der geringen Anzahl an Transporten, die noch im Lager eintrafen.[231]

Die Gewissheit, nach vollendeter Arbeit getötet zu werden, erhielten die Gefangenen durch die Ermordung der »Arbeitsjuden« von Belzec, die in Sobibor stattfand. Als der Transport in Sobibor ankam, wurden alle Häftlinge – einschließlich des »Bahnhofskommandos« – in den Baracken eingeschlossen, damit sie sich nicht mit den Gefangenen aus Belzec zum Widerstand verbünden konnten. Diese hatten bereits während des Transports versucht zu fliehen, weigerten sich auszusteigen und griffen Aufseher und Wachmänner an. Daraufhin wurden sie in den Waggons, an der Rampe und im Lager III erschossen. Die Angehörigen der Sortierkommandos lasen später auf Zetteln, die sie in der Kleidung der Toten fanden, dass man ihnen in Belzec das Versprechen gegeben hatte, sie in ein Arbeitslager zu bringen. Auf den Zetteln standen überdies Aufrufe, Widerstand zu leisten und Rache an den Deutschen zu nehmen.[232]

Doch das Fliehen Einzelner war 1943 durch die Sicherheitsvorkehrungen und die harten Strafen undenkbar geworden, offener Widerstand von Einzelpersonen, wie im Fall der Tötung von Biela und der Verletzung von Matthes durch einen »Arbeitsjuden« in Treblinka, zog schwere Repressalien nach sich. Dennoch verloren die Gefangenen nicht die Hoffnung, das Lager zu überleben und Zeugnis abzulegen, und bereiteten im Verborgenen Aufstände vor. Am 2. August 1943 kam es zur Massenflucht aus Treblinka und am 14. Oktober 1943 gelang »Arbeitsjuden« in Sobibor nicht nur die Flucht, sondern auch die Tötung von T4-Reinhardt-Männern. Sie entgingen damit – anders als die Arbeiter aus Belzec – ihrer geplanten Ermordung.

Außennetze I: Einbindung in den deutschen Besatzungsapparat

Die institutionellen Außennetze der Vernichtungslager können nicht mehr vollständig rekonstruiert werden, dennoch lassen sich – über die Zusammenarbeit bei den Deportationen und der »Verwertung« des jüdischen Eigentums hinaus – zahlreiche Verbindungen aufzeigen.

In ihren Kontakten mit der Außenwelt waren die Vernichtungslager naturgemäß eingeschränkter, als dies etwa Arbeitslager sein konnten. Aus Geheimhaltungsgründen sollten Unbefugte die Lager nicht betreten, weswegen den Begleitmannschaften der Züge, Eisenbahnern und erst recht Soldaten und Zivilisten, die sich den Lagern näherten, um – wie es Stangl gegenüber Gitta Sereny formulierte – »wie die Touristen«[233] Fotos zu machen, der Eintritt in die Lager verweigert wurde. Ohne Genehmigung und die Begleitung durch SS-Offiziere wie Höfle, Lerch, Wirth oder Michalsen ließ die Lagermannschaft auch keine militärischen Verbände ins Lager. Für Freunde und Bekannte der höherrangigen Lagerangehörigen – wie etwa Hauptmann Sommer von der Genesendeneinheit in Kosów im Fall von Treblinka – wurden allerdings Ausnahmen gemacht.[234]

Überdies wurden in allen drei Lagern zahlreiche Besuche von Vertretern der SS, der Polizei und der Zivilverwaltung genehmigt oder inoffiziell zugelassen. Zum Teil dienten sie keinen institutionellen Zielen, sondern lediglich dazu, die Neugierde darüber, wie der Mord in den Lagern vonstattenging, zu befriedigen. Diese Besuche, insbesondere von Angehörigen vorgesetzter Stellen, führten zu einer Normalisierung der Morde und zu einer vermeintlichen Legitimierung des Verbrechens. Nicht selten profitierten besuchende Gruppen sogar vom Massenmord: Für die SS-Angehörigen, die nach Sobibor kamen, ließ Wagner im Magazin beispielsweise Geschenke zusammenstellen.

Als hochrangigster Besucher fand sich der Chef von SS und Polizei, Heinrich Himmler, in Sobibor und Treblinka, möglicherweise auch in Belzec ein, wo er wesentliche Entscheidungen über den Fortbestand der Lager traf. Auch der SSPF von Galizien, Fritz Katzmann, informierte sich vor Ort über die Vernichtungsstrukturen in Belzec, wo die Juden seines Distrikts ermordet wurden. Angehörige des SSPF Warschau und des Höheren SS- und Polizeiführers Krakau besuchten Treblinka. Zur Vorbereitung der Deportationen aus Westeuropa inspizierte Höfles Kollege im RSHA, Adolf Eichmann, die Lager. Den Hygienikern Kurt Gerstein und Wilhelm Pfannenstiel wurde bei einem Besuch in Belzec die »Transportabfertigung« vorgeführt. Gerstein sollte dort und in Treblinka das Giftgas Zyklon B vorstellen und Vorschläge zur Desinfizierung der Kleidung machen.[235] Der Leiter des Ausbildungslagers Trawniki, Karl Streibel, informierte sich in Belzec und Sobibor über die Vernichtungsstrukturen und über die Verwendung der Wachmänner. Streibels Vertreter Franz Bartetzko kam nach Treblinka, der Kompanieführer Johann Schwarzenbacher stattete Belzec einen Besuch ab.[236]

Das Führungspersonal des WVHA besuchte die Lager, um finanzielle Fragen zur »Verwertung« des jüdischen Eigentums zu klären und sich Eindrücke über die Baustrukturen der Vernichtungslager zu verschaffen. In Belzec waren beispielsweise die Amtsleiter August Frank (Amtsgruppe A, Truppenverwaltung), Georg Lörner (Amtsgruppe B, Wirtschaftsunternehmen und 1943 Mitbegründer der Ostindustrie GmbH), Hans Kammler (Amtsgruppe C, Bauwesen) und möglicherweise auch Richard Glücks (Amtsgruppe D, Konzentrationslager). Wirth erklärte den Männern persönlich die Strukturen des Lagers. Auch der SS-Wirtschafter beim Höheren SS- und Polizeiführer Krakau, Erich Schellin, war vor Ort. Der Leiter der Lubliner SS-Standortverwaltung, Georg Wippern, und dessen Mitarbeiter besuchten die drei Lager regelmäßig, holten Wertgegenstände von dort ab und besprachen mit den T4-Reinhardt-Männern Einzelheiten in Bezug auf die Registrierung und Ablieferung von Geld, Gold und Wertgegenständen. Der Leiter der Zweigstelle der SS-Standortverwaltung in Zamość, Ernst Brosig, machte sich in Belzec ein Bild von den Vernichtungsstrukturen.[237] Die SS-Zentralbauleitungen von Lublin und möglicherweise auch von Warschau inspizierten die drei Lager insbesondere in der Aufbauphase und standen den Aufbaumannschaften mit Ratschlägen zur Seite.[238] Ein hochrangiger Besucher war der Kommandant von Auschwitz, Rudolf Höß, der das konkurrierende Vernichtungssystem besichtigen wollte.[239]

Zur Zivilverwaltung bestanden ebenfalls Kontakte. Ein Zeuge berichtete über den Besuch des Generalgouverneurs Hans Frank in Treblinka im Frühjahr 1943. Landkommissar Walter Panzer aus Tomaszów Lubelski, der die dortigen »Judenaussiedlungen« leitete, besuchte gemeinsam mit seiner Sekretärin das Lager Belzec. Das Lager wurde ebenfalls vom Kreishauptmann von Zamość, Helmuth Weihenmaier, besucht, während sein Kollege in Chełm, Werner Ansel, gemeinsam mit Baurat Moser das Lager Sobibor besichtigte. Beide Kreishauptmänner unterstützten die Lagermannschaften, etwa mit Arbeitskräften oder Lebensmitteln. Ähnliche Kontakte bestanden auch zu Angestellten der deutschen Arbeitsämter im Generalgouvernement. Wahrscheinlich war auch der Chef der Hauptabteilung Gesundheitswesen beim Generalgouverneur, Josef Walbaum, in Sobibor, um mit der Lagermannschaft Fragen der Hygiene zu klären.[240]

Eine enge Zusammenarbeit und freundschaftliche Kontakte pflegten die T4-Reinhardt-Männer mit dem Personal der umliegenden Arbeitslager. Im Falle Sobibors waren dies die Lager der Wasserwirtschaftsinspektion. Das Personal des Arbeitslagers Osawa kam zu Freundschaftsbesuchen und Trinkgelagen ins Lager. Das Lager Treblinka arbeitete dagegen regelmäßig mit dem Arbeitslager Treblinka I zusammen, dessen Personal schon beim Aufbau des Vernichtungslagers geholfen hatte und während der Umstrukturierungsphase im September 1942 polnische Strafgefangene für die Aufräumarbeiten zur Verfügung stellte. Später wurden regelmäßig »arbeitsfähige« und »arbeitsunfähige« Arbeitskräfte zwischen den Lagern ausgetauscht. Die beiden Lagermannschaften organisierten gemeinsam die Deportation der Juden aus der Umgebung, wie etwa aus Kosów Lacki. Die Kontakte verschlechterten sich allerdings, als der Kommandant des Arbeitslagers, Theodor van Eupen, zum Standortältesten von Małkinia, einschließlich Treblinka, ernannt wurde und im Rahmen dessen eine Unterstellung von Stangl einforderte, was sich dieser nicht bieten ließ. 1943 übernahmen die T4-Reinhardt-Männer in Treblinka zeitweise auch die Verwaltung der Kieswerke, die der Deutschen Erd- und Steinwerke GmbH Auschwitz unterstellt waren und in denen viele Häftlinge von Treblinka I arbeiteten.[241]

Eine regelmäßige Zusammenarbeit fand auch innerhalb der Versorgungsnetze statt. Bei der Bereitstellung von Baumaterialien und Lebensmitteln vor Ort halfen die Kreishauptmänner oder das Hauptverpflegungsamt in Warschau aus. Brot und andere Nahrungsmittel bezogen die Lagermannschaften anfangs auch über das Ausbildungslager Trawniki.[242] Bei der Materialbeschaffung überschritten die T4-Reinhardt-Männer sogar die Distriktgrenzen und besorgten diverses Material, Luftschutztüren und Bagger aus den Beute- und Munitionslagern in Białystok und Warschau sowie aus dem Warschauer Ghetto, holten zudem einen Motor aus Lemberg, weiteres Material aus Krakau und von den Deutschen Ausrüstungswerken in Lublin. Das Truppenwirtschaftslager in Lublin half bei der Verpflegung aus. Die Lubliner Fahrbereitschaft lieferte zusätzliche Fahrzeuge wie Lkws und bot Hilfe an, wenn die Lagerfahrzeuge Mängel aufwiesen. Reparaturen wurden ebenfalls in den Werkstätten des Heeres-Kraftfahrzeugsparks durchgeführt und Benzin mit Bezugsscheinen beim Tanklager in Lublin geholt.[243]

Bei schwereren Erkrankungen und Verletzungen, bei denen die Häftlingsärzte in den Lagern nicht weiterhelfen konnten, nahmen sowohl die T4-Reinhardt-Männer als auch die Wachmänner professionelle Strukturen in Anspruch. Dies galt insbesondere bei den wiederholten Fleckfiebererkrankungen. Für die Männer aus Belzec waren die Lazarette in Tomaszów Lubelski und Zamość zuständig, für die Männer in Sobibor ein Lazarett in Chełm und ein Krankenhaus in Włodawa. Das Lagerpersonal aus Treblinka wurde im Reserve-Kriegslazarett in Ostrów Mazowiecka versorgt. In schwereren Fällen, wie im Falle Unverhaus, der durch die Fleckfiebererkrankung ein Auge verlor, wurde eine Überführung in ein Lazarett in Lublin veranlasst, das unter der Leitung von Mauritius Schnur stand. Dort wurde das Lagerpersonal auch gegen Fleckfieber geimpft. Darüber hinaus schickte die T4-Zentrale den T4-Arzt Kurt Borm nach Warschau, um die in Belzec, Sobibor und Treblinka eingesetzten T4-Mitarbeiter zu untersuchen.[244] Ärzte und Apotheker aus dem Generalgouvernement versorgten sich in Sobibor mit Medikamenten und Morphium.[245]

Auch in Sicherheitsfragen kooperierten die T4-Reinhardt-Männer mit polizeilichen Einheiten und der Wehrmacht vor Ort. In Belzec übernahm nach dem Fluchtversuch der Trawniki-Männer im Frühjahr 1943 das Reserve-Polizeibataillon 67 kurzfristig die Sicherung des Lagers und half bei deren standrechtlichen Tötung. Sobibor konnte in Notfällen auf die Hilfe der Gendarmerie in Włodawa, der SS-Reiterschwadron in Włodawa, des Sicherheitsbataillons der Wehrmacht und des Grenzpolizeikommissariats in Chełm bauen. Auch die Gendarmerie in Małkinia arbeitete mit dem Lagerpersonal in Treblinka in dienstlichen Angelegenheiten zusammen und übergab diesem beispielsweise geflüchtete Juden. Der Postenführer Paul Liesigk nahm aber auch selbst das »Recht« in Anspruch, wie er 1961 während eines Ermittlungsverfahrens bekundete, »alle frei herumlaufenden Juden zu erschießen«.[246]

Die Einbindung der Reinhardt-Lager in das Besatzungsnetzwerk zeigt zum einen, dass die Lager keinesfalls Geheimprojekte waren, die nur wenigen Eingeweihten bekannt waren. Zum anderen wird auch in diesem Punkt – wie im Falle des Deportations- und des Raubnetzes – die Mitverantwortung anderer Akteure für die Ermordung der europäischen Juden deutlich. Sie verweigerten oder sabotierten nicht etwa eine Zusammenarbeit mit den Vernichtungslagern oder sabotierten diese, sondern unterstützten sie sogar beim Aufbau und bei der Versorgung und bestätigten die T4-Reinhardt-Männer durch ihren Konsens zugleich in ihrem mörderischen Tun.

Außennetze II: Die lokale Bevölkerung

Bei der Betrachtung der Kontakte der Vernichtungslager mit ihrer zumeist polnischen und ukrainischen Nachbarschaft offenbart sich ein breites Spektrum an Handlungsmustern, das sich zwischen einzelnen Hilfsaktionen, innerer Emigration aus Angst vor eigener Verfolgung und freiwilliger Kollaboration bewegt. Ganz allgemein zeichnete sich die lokale Bevölkerung durch ein hohes Maß an Indifferenz gegenüber dem Schicksal der jüdischen Bevölkerung, zum Teil sogar durch unterschwelligen und offenen Antisemitismus aus. Beides ist auf die bereits vor dem Krieg verbreiteten antijüdischen Vorurteile und nationalen Strömungen zurückzuführen, in denen zwischen »Polen« und »Juden« klar unterschieden und Juden als ewige »Fremde« wahrgenommen wurden.[247] Der Blick auf die Bevölkerung vor Ort zeigt aber auch, dass eine Geheimhaltung der Lager selbst in den dünn besiedelten Gegenden, in denen die Vernichtungslager gebaut wurden, langfristig nicht möglich war. Umso mehr kam es den Verantwortlichen der Deportationen darauf an, die systematische Ermordung der Juden so schnell wie möglich abzuschließen. Die Informationen über die massenhafte Ermordung verbreiteten sich als offenes Geheimnis nicht nur bei den deutschen Besatzern in Polen, sondern auch bei der Bevölkerung des Generalgouvernements. In dem Personenzug, der regelmäßig an Belzec vorbeifuhr, raunten sich die Passagiere Informationen über die Todesart, die Herkunft der Opfer und deren angeblicher Verarbeitung zu Seife zu. Auch die in den Lagern eingesetzten Trawniki-Männer und die geflüchteten Gefangenen berichteten aus den Lagern und zerstreuten Zweifel über den Bestimmungsort und das wahre Ziel der vermeintlichen »Umsiedlung«.[248]

Einige Einwohner benachbarter Dörfer arbeiteten mit den Lagern in Versorgungsnetzen zusammen. Arbeitskräfte konnten durch die Arbeitsämter oder direkt vom Lagerpersonal rekrutiert werden. Aufgrund der Besatzung hatten die T4-Reinhardt-Männer bei der Einforderung von Dienstleistungen bei der polnischen Bevölkerung keine größeren Probleme, da sie bei Nichtbefolgung von Befehlen Zwang ausüben konnten. Die Zusammenarbeit mit der lokalen Bevölkerung war aber nicht nur durch Angst und Zwang, sondern auch durch freiwillige Dienstleistungen geprägt und zuweilen profitierten die Einheimischen auch davon. Insbesondere die Lagermannschaft in Belzec war auf die tägliche Zusammenarbeit mit lokalen Handwerkern und Händlern angewiesen, da die Lagerstrukturen dort weniger ausgebaut waren als in Sobibor und Treblinka. Einheimische Mechaniker, Müller und Bäcker, Köchinnen, Schuster, Fotografen, Förster und Wirte standen der Lagermannschaft daher zu Diensten. Diese übertrug polnischen Einwohnern selbst solche Arbeiten, die unmittelbar mit dem Massenmord zusammenhingen: So installierten Schlosser das Rohrsystem in den Gaskammern und Bauern halfen dabei, die Aschereste nach der Verbrennung der Leichen zu sieben.[249]

Das Lager Sobibor hingegen war aufgrund der Tierhaltung, des Gemüseanbaus, der eigenen Bäckerei und des Konglomerats von Werkstätten vergleichsweise autark. Während der Aufbauphase waren im Lager aber ebenfalls polnische Frauen in der deutschen Küche beschäftigt. Ukrainische Mädchen versorgten später im Lager die Trawniki-Männer, denen einige auch zu sexuellen Diensten zur Verfügung stehen mussten.[250] Auch in Treblinka waren einige polnische und ukrainische Frauen aus Kosów sowie Zwangsarbeiterinnen in der deutschen Küche und in den Unterkünften beschäftigt. Eine Bäckerei aus dem Dorf lieferte Brot für das Lager. Einheimische Bauern und Jugendliche aus Kosów wurden dazu verpflichtet, mit ihren Fuhrwerken die Asche der verbrannten Leichen auf Straßen außerhalb des Lagers zu verstreuen.[251]

Die Mehrheit der lokalen Bevölkerung – so scheint es – gewöhnte sich mit der Zeit an die Vernichtungslager, auch wenn sie durch die Verwesungsgerüche, die weithin hörbaren Schreie der Opfer und die Schüsse täglich mit dem Massenmord konfrontiert wurde. Der Gestank der Leichen und später der Verbrennungen war selbst in einigen Kilometern Entfernung noch allgegenwärtig. So beschwerte sich auch die Ortskommandantur der Wehrmacht in Ostrów Mazowiecka im Oktober 1942 darüber, dass »unerträglicher Kadavergeruch die Luft verpestet«.[252]

Aber trotz der Präsenz der Vernichtungslager nahm das Leben in der Regel seinen alltäglichen Lauf. Bauern, die in der Nähe der Lager Land besaßen, bestellten sogar weiterhin ihre Felder. Es gab kein – wie etwa in

Auschwitz-Birkenau – zum Lagerkomplex gehörendes »Interessengebiet« um die Lager herum, aus dem die Einwohner vertrieben wurden.[253]

Es gab einzelne mutige Einheimische, die versuchten, Juden zu helfen, Flüchtlinge mit Nahrungsmitteln zu unterstützen oder sie gar – wie es etwa für das Dorf Bełżec belegt ist – zu verstecken. Bei vielen nicht jüdischen Einwohnern setzte sich jedoch das vorhandene Mitleid mit den Juden aus Furcht vor der angedrohten Bestrafung in keine konkrete Hilfe um. Viele hatten große Angst vor dem Lagerpersonal, das damit drohte, auf jeden zu schießen, der sich dem Lager näherte. Und die Einwohner fürchteten auch, nach der Vernichtung der Juden ebenfalls ermordet zu werden. Tatsächlich war dies bei einzelnen nicht jüdischen Polen in den Reinhardt-Lagern der Fall. Die Bedrohungslage der Bevölkerung und die Willkür der Deutschen spiegelt sich auch in einem Vorfall wider, der sich im Oktober 1942 ereignete: Die Lagermannschaft von Belzec rückte nach dem Brand eines Gebäudes in der Nähe des Lagers zu einer regelrechten Strafexpedition aus und erschoss mindestens 46 Menschen in den benachbarten Dörfern Żyłka und Lubycza Królewska. Schwarz und Hering wurden wegen dieser Tötungen angeklagt, im Januar 1944 aber vom SS- und Polizeigericht in Lublin freigesprochen. Auch in der Umgebung von Sobibor wurden nicht jüdische Polen wegen Nichtigkeiten misshandelt.[254]

Ein Teil der Einwohner konnte von der Existenz der Lager dagegen profitieren. Sie handelten mit Wodka und verkauften zusätzliche Lebensmittel für Geld, Schmuck und Gold an die Wachmänner. Frauen prostituierten sich und ließen sich im Tausch für großzügige Geschenke auf Affären mit Trawniki-Männern ein. Wirth ließ zur Abschreckung sogar ein Dutzend Prostituierte in das Arbeitslager Treblinka einweisen. In der Umgebung von Sobibor nahmen Schwarzmarkt und Korruption ein derartiges Ausmaß an, dass die Lagermannschaft bei polnischen Familien Haussuchungen durchführte und Kleidung, Uhren und Schmuck konfiszierte. »Das Netz«, so der Treblinka-Überlebende Richard Glazar, »spannte sich bis Warschau, Lublin und andere Städte, wo die Großspekulanten residierten.«[255] »Die Habsucht« – so fasste dies in seinen Erinnerungen auch der Pole Georg Królikowski zusammen – »tötete bei einem Teil der örtlichen Bevölkerung jeglichen moralischen Grundsatz.«[256] Der Überlebende Eddie Weinstein, der im September 1942 in einem Zug voller Kleidung aus Treblinka flüchtete, berichtete, dass die Waggons auf mehreren Bahnhöfen, darunter der Station Treblinka selbst, von polnischen Eisenbahnern geöffnet und heimlich Bündel entwendet worden seien. Einige profitierten aber nicht nur indirekt von den Vernichtungslagern, sondern schreckten auch nicht davor zurück, die deportierten Juden noch vor ihrem Tod auszubeuten, indem sie ihnen beispielsweise auf den Bahnhöfen gegen hohe Bezahlung Wasser anboten.[257]

In einzelnen Fällen beteiligten sich Dorfbewohner auch am Mord selbst. So wurden Deportierte, die aus Transporten geflohen waren, von Bauern nach Sobibor und Treblinka gebracht, um dafür im Gegenzug Zucker oder auch Schnaps zu erhalten. Auch entlang der Bahnlinie von Belzec trieben sich – so der polnische Leiter des Krankenhauses in Tomaszów Lubelski Janusz Peter – »Schakale in menschlichen Körpern«[258] herum, die Flüchtlinge für Geld verrieten. Sie suchten überdies nach Geld und Wertgegenständen, die die Deportierten in ihrer Verzweiflung aus den Fenstern geworfen hatten, um diese nicht ihren Verfolgern zu überlassen. Flüchtende und im Untergrund lebende Juden mussten sich daher auch vor der polnischen Bevölkerung in Acht nehmen. Tatsächlich wurden mehrere Flüchtlinge aus Belzec, Sobibor und Treblinka von Polen ausgeraubt, ermordet oder wieder an die Lager ausgeliefert. Dabei taten sich insbesondere Angehörige der widerständigen *Armia Krajowa* hervor, in der antisemitische Vorurteile verbreitet waren. Einige Überlebende der Vernichtungslager wurden sogar noch nach dem Krieg von polnischen Antisemiten getötet.[259]

Partisanengruppen hielten sich aufgrund des erhöhten Umlaufs von Geld und Gold häufiger in der Umgebung der Vernichtungslager auf, um ihren Kampf gegen die Besatzer über die dort zu erbeutenden Gelder zu finanzieren. Auch wenn es ihnen dabei, von Ausnahmen abgesehen, nicht darum ging, die Lager zu zerstören und die Mannschaften anzugreifen, kam es in einigen Fällen zu Zusammenstößen mit ihnen. Im Juni 1943 näherten sich Partisanen nachts dem Nordlager in Sobibor, wurden aber in die Flucht geschlagen. Partisanen griffen auch die schwer bewaffneten Fahrzeuge der Lagermannschaft an. Das Lagerpersonal führte zudem Razzien außerhalb der Lager durch, bei denen es vereinzelt zu Kämpfen kam. Die T4-Reinhardt-Männer Fichtner und Kloß kamen bei solchen Einsätzen ums Leben. Wenn die Untergrundgruppen tatsächlich etwas gegen die Vernichtungslager tun wollten, beschränkten sich ihre Aktivitäten jedoch darauf, die Anzahl der Züge, die die Lager erreichten, zu dokumentieren und kollaborierende Einwohner – wie polnische Mädchen, die mit Trawniki-Männern verkehrten – zu bestrafen.[260] Aufgrund der wachsenden Gefahr, die von Partisanen ausging, wurden die Lager Sobibor und Treblinka im Frühjahr 1943 gegen Angriffe auf das Lager besser abgesichert.[261]

Festzuhalten ist, dass die in der Nähe der Vernichtungslager lebende Bevölkerung, die nicht jüdischen Polen und Ukrainer unter deutscher Besatzung, über wenn auch eingeschränkte Handlungsmöglichkeiten verfügten. Über die institutionelle Kollaboration hinaus, die sich etwa in der Mithilfe der polnischen Polizei bei den Deportationen äußerte, arbeiteten einzelne nicht jüdische Nachbarn der Vernichtungslager bei der Ermordung der Juden mit den deutschen Besatzern zusammen und profitierten vom Massenmord.

Andere dagegen riskierten ihr Leben im Partisanenkampf gegen die Lagermannschaften oder indem sie – trotz Androhung der Todesstrafe – ihren verfolgten jüdischen Mitbürgern halfen.[262]

Die europaweite Ausdehnung des Deportationsnetzes (Januar bis Oktober 1943)

Das Deportationsnetz der dritten Phase von Januar bis Oktober 1943 ist durch zwei Merkmale gekennzeichnet. Erstens kamen in dieser Phase nur noch wenige Transporte in die beiden noch aktiven Lager Sobibor und Treblinka, die zudem nur noch in geringer Zahl aus dem ehemaligen Stammgebiet der »Aktion Reinhardt«, dem Generalgouvernement, stammten. Die Verantwortlichen machten sich bei der Auflösung der kleineren noch bestehenden Ghettos und jüdischen Wohnbezirke nur noch selten die Mühe, die Menschen zu deportieren, sondern erschossen sie meist direkt vor Ort. Zweitens wurde die Reichweite des Deportationsnetzes auf west-, süd- und osteuropäische Länder ausgedehnt. Zwar gab es bereits 1942 Deportationen von Juden aus nicht polnischen Gebieten, aus Deutschland, Österreich, Theresienstadt und der Slowakei, in die Reinhardt-Lager, die Transporte aus diesen Ländern hatte sich aber aus der Situation heraus – durch die vorherigen Deportationen in die Landgemeinden des Distrikts Lublin – entwickelt. In der Regel gingen die Transporte aus den westeuropäischen Ländern 1942 nach Auschwitz-Birkenau. Vermutlich wurden die Züge mit französischen und niederländischen sowie griechischen und jugoslawischen Juden aufgrund der Baumaßnahmen in Birkenau nach Sobibor und Treblinka umgeleitet. Im Gegenzug nahm Auschwitz-Birkenau ab März 1943 nach der Schließung von Belzec Transporte aus dem Distrikt Krakau auf und dehnte damit den Aktionsradius in das zuvor Globocniks Lagern zugesprochene Terrain aus. 1943 wurden aus diesem Distrikt keine Juden mehr in die Reinhardt-Lager deportiert, auch aufgrund der Entfernung zu den noch bestehenden Lagern Sobibor und Treblinka. Diese Verwischung der Grenzen der Deportationsnetze von Auschwitz und den Lagern der »Aktion Reinhardt« wird auch dadurch deutlich, dass die Liquidierung des Krakauer Ghettos im März 1943 von Höfles Mitarbeiter Amon Göth geleitet wurde, der im Anschluss das Arbeitslager in Płaszów leitete.[263]

Deportationen nach Treblinka

In Treblinka kamen 1943 etwa 70000 Menschen ums Leben, die aus dem Distrikt Radom, aus Warschau und aus dem Kreis Radzyń des Distrikts Lublin,[264] aus dem Regierungsbezirk Bialystok sowie aus Thrakien und Mazedonien deportiert worden waren. Aus einzelnen Transporten wurden in Treblinka Häftlinge für die Arbeitslager des Distrikts Lublin und für das benachbarte Arbeitslager selektiert.[265]

Im Distrikt Radom wurden ab Januar 1943 die letzten »Judenwohnbezirke« liquidiert und in den »Arbeitsghettos« und Arbeitslagern Selektionen durchgeführt. Etwa 18000 Menschen wurden nach Treblinka deportiert, zahlreiche weitere direkt an Ort und Stelle erschossen. Ab Februar wurden Juden nicht mehr deportiert, sondern nur noch vor Ort getötet. Offiziell lebten im Mai 1943 noch 22000 Juden in Arbeitslagern. Ein Großteil dieser Zwangsarbeiter sollte schließlich 1944 nach Auschwitz verbracht werden.[266]

Im Warschauer Distrikt lebte 1943 nur noch im Warschauer Ghetto eine größere Anzahl von Juden. Himmler befahl während eines Besuchs vor Ort im Januar 1943, die nicht arbeitenden Ghettobewohner »umzusiedeln« und die »sogenannten Rüstungsarbeiter«, wie die Textil- und Pelzarbeiter, in Zwangsarbeitslager zu überführen. 6000 Personen wurden noch im selben Monat nach Treblinka deportiert. Im April begann man damit, das Ghetto gänzlich aufzulösen. Dort hatte sich jedoch inzwischen eine starke Widerstandsbewegung gebildet. Verschiedene, insbesondere linkszionistisch ausgerichtete Organisationen hatten sich in der Jüdischen Kampforganisation (Żydowska Organizacja Bojowa – ŻOB) zusammengeschlossen: die Hashomer Hatzair, Dror, Akiba, Gordonia, der Bund, Poale Zion, Hanoar Hacyjoni und die Polnische Arbeiterpartei (PPR). Angeführt wurden sie ab Herbst 1942 von Mordechaj Anielewicz. Daneben gab es den Jüdischen Militärverband (Żydowski Związek Wojskowy, ŻZW), in dem unter anderem der rechtszionistische Betar aktiv war. Den zumeist jungen Widerstandskämpfern stand nach der Deportation Hunderttausender Juden aus Warschau und anderen Ghettos klar vor Augen, dass sie alle – ohne Ausnahme – zum Tode verurteilt waren und nichts mehr zu verlieren hatten. Zu Zusammenstößen war es bereits im Januar während der Deportationen nach Treblinka gekommen. Die folgenden Monate nutzten die Kampforganisationen zur Vorbereitung des Aufstands: Sie beschafften Waffen und bildeten die Kämpfer an ihnen aus, richteten Bunker und Verstecke ein und schufen Fluchtwege zwischen den Kellergewölben und über Tunnel aus den Ghettos hinaus. Ghettobewohner, die mit dem deutschen Besatzer zusammenarbeiteten, wurden getötet. Durch die Aktionen im Januar waren die Nationalsozialisten auf den Widerstand vorbereitet und leiteten die Auflösung des Ghettos am 19. April 1943 mit großem personellen Aufwand mit Angehörigen der Waffen-SS, der Ordnungspolizei, der polnischen Polizei, der Sicherheitspolizei, der Wehrmacht sowie mit Trawniki-Männern ein. Der SSPF von Warschau, Ferdinand von Sammern-Frankenegg, wurde kurz nach Beginn des Aufstands durch Jürgen Stroop abgelöst, der gewaltsam gegen den verzweifelten Widerstand vorging. Knapp einen Monat später, am 16. Mai, wurde der Aufstand mit der Sprengung der Großen Synagoge für beendet erklärt. Stroop gab zum Abschluss der »Ghetto-Großaktion« an, dass bis Mitte Mai 1943 56065 Juden ergriffen worden seien, von denen 7000 durch Waffengewalt ums Leben gekommen und 6929 nach Treblinka deportiert worden seien. Weitere 5000 bis 6000 Juden seien bei Sprengungen und Feuern ums Leben gekommen. Seine Zahlen gelten als übertrieben, da zu diesem Zeitpunkt nur noch etwa 40000 Menschen im Ghetto lebten. Die nicht vor Ort getöteten oder nach Treblinka deportierten Ghettobewohner wurden in die Arbeitslager Poniatowa und Trawniki sowie zum Alten Flughafen überführt und von da aus mehrheitlich nach Majdanek und in eines der noch bestehenden Arbeitslager verschleppt. Für die Überführung in die Arbeitslager war Höfles Mitarbeiter Michalsen zuständig.[267] Am Ende lag das Warschauer Ghetto in Schutt und Asche. Ein Lager wurde aufgebaut, um die Trümmer zu räumen, damit – so Himmler – »der für 500000 Untermenschen bisher vorhandene Wohnraum, der für Deutsche niemals geeignet ist, von der Bildfläche verschwindet«.[268]

Aus dem Bezirk Bialystok wurden 1943 die Züge erneut auf Treblinka und Auschwitz verteilt. Nach Treblinka kamen im Januar Deportierte aus Jasionówka (Kreis Białystok), im Februar die Bewohner der Ghettos von Grodno und Białystok. Um eine reibungslose Deportation zu gewährleisten, entsandte Eichmann Anfang Februar seinen Stellvertreter Rolf Günther in die Bezirkshauptstadt. Nach den Deportationen lebten noch etwa 30000 Juden in Białystok. Sie wurden erst im August 1943 deportiert. Zur Räumung des Ghettos vom 16. bis 23. August kam Michalsen nach Białystok, der wie zuvor in Warschau die Verlegung der Ghettobetriebe in den Alten Flughafen nach Lublin organisieren sollte. Auch hier leisteten die Ghettoinsassen bewaffneten Widerstand, die zu überführenden Werkstätten wurden durch Brände beschädigt. Die Züge aus Białystok gingen hauptsächlich nach Treblinka, wo wenige Wochen zuvor eine Revolte stattgefunden hatte. Zum Teil wurden Waggons mit als »arbeitsfähig« erklärten Juden an die Züge nach Treblinka angehängt und in Lublin abgekoppelt, zum Teil wurden »Arbeitsfähige« in Treblinka selektiert und nach einer weiteren Selektion am Alten Flughafen auf andere Arbeitslager verteilt. Die dafür notwendigen Transporte nach Lublin wurden von T4-Reinhardt-Männern begleitet. Zwei Züge aus Białystok fuhren nach Auschwitz, ein Transport mit Kindern nach Theresienstadt. Am 8. September wurden 2000 zuvor verschonte Bewohner des »Kleinen Ghettos« nach Lublin verbracht. Danach war der Bezirk Bialystok »judenfrei«.[269]

Im März 1943 kamen in Treblinka fünf Transporte mit über 11000 thrakischen und mazedonischen Juden aus den seit 1941 von Bulgarien besetzten Gebieten in Griechenland und Jugoslawien an. Bulgarien war als Bündnispartner des Deutschen Reiches nach der Slowakei der zweite nicht von deutschen Truppen besetzte Staat, der die Deportation von Juden in die Lager der »Aktion Reinhardt« unter seiner Hoheit zuließ und förderte. Im August 1942 hatte die bulgarische Regierung unter Zar Boris III. und Premierminister Bogdan Filow ein Kommissariat für jüdische Fragen eingerichtet, das kurze Zeit später Aleksander Belev unterstellt worden war. Dieses hatte eine Registrierung der Juden vorgenommen, die geltende antijüdische Gesetzgebung verschärft und die Deportation der Juden vorbereitet. Zur Beschleunigung der antijüdischen Maßnahmen wurde der außendiensterprobte »Judenberater« Theodor Dannecker nach Bulgarien geschickt, der zusammen mit Belev die Deportationspläne ausarbeitete. Im Februar 1943 unterzeichneten sie ein Abkommen über die Deportation von 20000 Juden, beginnend mit den »neubulgarischen« Juden aus den besetzten Gebieten. Ab März wurden die thrakischen Juden in den Sammellagern Dupnica, Gorna Džmaja und Radomir konzentriert, gemeinsam mit Deportierten aus Pirot per Zug zum Donauhafen Lom, dann per Schiff nach Wien und von dort aus Ende März weiter mit dem Zug nach Treblinka verschleppt. Die mazedonischen Juden wurden mehrheitlich in einer groß angelegten Verhaftungsaktion in Skopje, Bitola und Štip am 11. März von bulgarischen Einheiten festgenommen, in ein kurz zuvor eingerichtetes Lager in Skopje gebracht und in drei Zügen zwischen dem 22. und 29. März nach Treblinka deportiert. Bulgarische Wachen begleiteten die Züge bis zur Grenze des Generalgouvernements. Proteste innerhalb und außerhalb Bulgariens, insbesondere gegen die geplante Verschleppung der einheimischen Juden, führten zu einem vorzeitigen Ende der Deportationen.[270] Eher unwahrscheinlich ist, dass ein Transport mit 2800 Juden aus Thessaloniki, aus der deutsch besetzten Zone Griechenlands, nach Treblinka ging. Auf einem Wagenzettel der Reichsbahn Wien, datiert auf den 26. März, ist ein Sonderzug von Thessaloniki über Wien und Krakau nach Małkinia vermerkt, der allerdings nicht in den Unterlagen der griechischen Bahndirektion genannt wird. Möglicherweise handelte es sich dabei um einen der Züge aus Skopje, da diese Stadt auf der Bahnstrecke von Thessaloniki über Belgrad nach Wien lag. Aus Thessaloniki wurden zwischen März und Mai etwa 40000 Juden, die zwischenzeitlich ins Ghetto »Baron Hirsch« verbracht worden waren, nach Auschwitz-Birkenau deportiert. Zuständig für diese Deportationen waren vor Ort Eichmanns Mitarbeiter Dieter Wisliceny und Alois Brunner.[271]

Deportationen nach Sobibor

Nach Sobibor wurden von Januar bis Oktober 1943 über 70000 Juden aus den Distrikten Lublin und Galizien, aus Frankreich, den Niederlanden, Litauen und Weißrussland deportiert. Außerdem tötete man dort die »Arbeitsjuden« aus Belzec und Treblinka sowie aus Arbeitslagern des T4-Reinhardt-Netzwerks.

Aus dem Distrikt Lublin (Kreise Krasnystaw, Lublin-Land und Chełm) wurden Anfang 1943 die Transporte nach Sobibor sporadisch wieder aufgenommen. Von März bis Mai 1943 wurde die letzten außerhalb von Arbeitslagern lebenden Juden vor Ort getötet oder deportiert.[272] Besondere Erwähnung verdienen die Deportationen aus Włodawa in das benachbarte Sobibor: Dort versuchte der Schachtmeister Bernhard Falkenberg, seine Arbeiter vor der Verschleppung zu retten. Er hatte als Leiter der Entwässerungsarbeiten in Włodawa bereits bei der »Großaktion« im Oktober 1942, bei der auch T4-Reinhardt-Männer aus Sobibor beteiligt waren, die Freistellung von 500 Arbeitern von dem Transport erreicht. In einer »Aktion« im Frühjahr 1943 verhalf er Juden zur Flucht, woraufhin er denunziert, verhaftet und nach Mauthausen gebracht wurde. Er überlebte den Krieg und sollte 1969 von Yad Vashem als »Gerechter unter den Völkern« ausgezeichnet werden.[273]

Im Distrikt Galizien hatte SSPF Katzmann 1943 im Rahmen der Liquidierung der noch bestehenden Lager und Ghettos weitere Massenerschießungen angeordnet. Ein Teil der Juden wurde in das Lager Janowska in Lemberg gebracht. Einige Züge gingen nach der Schließung von Belzec nach Sobibor, wie beispielsweise ein großer Transport im Juni 1943, der wahrscheinlich aus Lemberg kam – die Mehrheit der nackten Menschen war aufgrund der Verletzungen und Strapazen der tagelangen Fahrt bereits gestorben. Im selben Monat bezeichnete SSPF Katzmann den Distrikt als »judenfrei«. Zu diesem Zeitpunkt lebten offiziell noch 21000 Zwangsarbeiter im Distrikt.[274]

Aus Frankreich kamen zwischen dem 4. und 25. März 1943 vier Züge mit je 1000 Insassen nach Sobibor; von März 1942 an waren die Transporte – zumeist über das Durchgangslager Drancy – nach Auschwitz gegangen. Verantwortlich für die Deportationen waren der Befehlshaber der Sicherheitspolizei und des SD Helmut Knochen und der »Judenreferent« Heinz Röthke. Bereits im Juli 1942 war noch unter dem vorherigen »Judenberater« Dannecker überlegt worden, jüdische Kinder aus Frankreich ins Generalgouvernement zu verschleppen. Unter den nach Sobibor deportierten Juden kamen viele aus Vichy-Frankreich, das seit November 1942 von deutschen Truppen besetzt war. Einige waren in Gurs interniert worden, andere bei einer Razzia unter dem Decknamen »Aktion Tiger« im Januar 1943 in Marseille verhaftet, zunächst nach Compiègne und von dort aus nach Drancy verlegt worden. Nach den vier Sobibor-Transporten gingen die Züge aus Frankreich wieder nach Auschwitz-Birkenau.[275]

Aus den Niederlanden erreichten zwischen dem 5. März und 20. Juli 1943 19 Züge mit über 34000 Menschen Sobibor; bis dahin waren die Transporte von Mitte Juli 1942 an nach Auschwitz gefahren. Dabei diente das ehemalige Flüchtlingslager für deutsche Juden Westerbork als »Polizeiliches Judendurchgangslager«. Verantwortlich waren wie in Frankreich Akteure der Sicherheitspolizei: der Befehlshaber der Sicherheitspolizei und des SD Wilhelm Harster und sein »Judenreferent« Willy Zöpf. Der zahlenstärkste Transport, der Sobibor am 11. Juni erreichte, bestand fast ausschließlich aus Frauen und Kindern. Wie im Falle Frankreichs wurden auch die Züge aus den Niederlanden nach dieser Transportphase wieder nach Auschwitz geleitet.[276]

Im September kamen Transporte aus den zum Reichskommissariat Ostland gehörenden Generalkommissariaten Litauen und Weißrussland in Sobibor an. In den Gebieten war die jüdische Bevölkerung zuvor von Einsatzgruppen, Sipo- und SD-Dienststellen und von örtlichen Kollaborateuren getötet worden. 1943 existierten noch einige größere Ghettos, deren Auflösung Himmler am 21. Juni 1943 befahl. In Weißrussland war für die Umsetzung dieses Befehls der Kommandeur der Sicherheitspolizei und des SD (KdS) Weißruthenien, Dr. Erich Isselhorst, zuständig. Im größten Ghetto der Region, Minsk, waren ursprünglich 100000 Juden untergebracht, die zumeist erschossen und in Gaswagen ermordet worden waren. Im Sommer 1943 lebten dort noch rund 10000 Personen, darunter Juden aus Deutschland und Österreich. Im September 1943 wurden die Ghettobewohner von Minsk zusammen mit jüdischen Kriegsgefangenen aus dem Lager Schirokaja-Straße nach Sobibor und über den Alten Flughafen in Lublin nach Budzyn und Trawniki verschleppt, die letzten Ghettoinsassen einen Monat später getötet. Auch die 4000 Bewohner des Ghettos Lida wurden im September nach Sobibor, Trawniki und Majdanek deportiert. Bis Ende November 1943 waren alle Ghettos in Weißrussland aufgelöst.[277] Zuständig für die Judenverfolgung in Litauen war im September 1943 der KdS Litauen, Wilhelm Fuchs, sowie vor Ort der Leiter der KdS-Außenstelle Vilnius, Rudolf Neugebauer. Das Ghetto in Wilna (Vilnius), in dem Ende 1941 nach den vorausgegangenen Massenmorden noch 20000 Bewohner gelebt hatten, wurde im September 1943 aufgelöst. »Arbeitsfähige« wurden in Lager in Estland und Lettland und über 4000 Männer, Frauen und Kinder nach Sobibor deportiert.[278]

Insbesondere aus den Transporten aus Frankreich und den Niederlanden wurden in Sobibor kräftige Männer und in Einzelfällen auch Frauen selektiert, um in die vom T4-Reinhardt-Netzwerk betriebenen Arbeitslager weiterverschleppt zu werden. Sie kamen zum Alten Flughafen, nach Dorohucza, aber auch nach Trawniki und Majdanek.[279]

Deportationsnetze und Opferzahlen (1942 bis 1943)

Beim Deportationsnetz der drei Lager der »Aktion Reinhardt« lassen sich drei Phasen feststellen, in denen das Verfolgungsnetz sukzessive ausgeweitet wurde: In der Aufbauphase, die zunächst nur Belzec und Sobibor betraf, wurden Juden aus den Distrikten Lublin, Galizien und Krakau deportiert. Mit Ausarbeitung des »Programms« Reinhardt ermordeten die Nationalsozialisten planmäßig auch Menschen aus Deutschland, Österreich, dem Protektorat Böhmen und Mähren sowie der Slowakei. Während der Konsolidierungsphase von Juli bis Dezember 1942, in der alle drei Vernichtungslager in Betrieb waren, stammte eine hohe Anzahl von Opfern aus allen Distrikten des Generalgouvernements, dem Stammland der »Aktion Reinhardt«. Aber auch aus dem Regierungsbezirk Bialystok und in geringerer Zahl aus Theresienstadt und aus dem Reich trafen Deportierte in den Lagern ein. In der Erweiterungsphase 1943 gingen die Opferzahlen stark zurück und das Deportationsnetz wurde nach Westen (Niederlande, Frankreich), Süden (Griechenland und Jugoslawien) und Osten (Weißrussland und Litauen) ausgedehnt. Zu dieser Zeit waren nur noch Sobibor und Treblinka aktiv.

Die Herkunfts- und Zielorte der Transporte in die drei Lager werden in der nachfolgenden Tabelle zusammengefasst. Die größten Opferzahlen haben die Distrikte Warschau und Radom zu verzeichnen.

Tabelle 1: Herkunftsländer und -regionen der Opfer der Lager der »Aktion Reinhardt«

Herkunft	Belzec	Sobibor	Treblinka	Opfer (Mindestzahlen)
Distrikt Lublin	März bis Mai, August, Oktober und November 1942	Mai, Juni, August, Oktober 1942 bis Mai 1943	August bis November 1942, Mai 1943	210000
Distrikt Galizien	März und April, Juli bis Dezember 1942	1943		245000
Distrikt Krakau	Juni bis November 1942			165000
Distrikt Warschau			Juli bis November 1942, Januar, April und Mai 1943	340000

Herkunft	Belzec	Sobibor	Treblinka	Opfer (Mindest-zahlen)
Distrikt Radom	November 1942		August bis November 1942, Januar 1943	350000
Bezirk Bialystok			November 1942 bis Februar 1943, August 1943	100000
Bezirk Zichenau			November 1942	0–1000
Slowakei		Juni 1942		10000
Deutschland		Juni 1942	Oktober 1942	5000
Theresien-stadt/Protek-torat Böhmen und Mähren		Juni 1942	September und Oktober 1942	20000
Österreich		Juni 1942		1000
Griechenland			März 1943	4200–7000
Jugoslawien			März und April 1943	7100
Frankreich		März 1943		4000
Niederlande		März bis Juli 1943		33000
Weißrussland		September 1943		8700
Litauen		September 1943		4000

Die Opferzahl der drei Lager ist nur schwer zu rekonstruieren und auch nach der Entdeckung eines Funkspruchs von Hermann Höfle nach wie vor ein Forschungsdesiderat.[280] Die folgende Aufstellung gibt die monatlichen Opferzahlen sowie die Gesamtzahlen der drei Lager, die sich aus den im Anhang aufgeführten Deportationstabellen berechneten, wieder.

Tabelle 2: Monatliche Opferzahlen von Belzec, Sobibor und Treblinka (März 1942 bis September 1943)

	Belzec	Sobibor	Treblinka	Insgesamt
März	43000–49600			43000–49600
April	27550–49100			27550–49100
Mai	3200–4300	38000–52800		41200–57100
Juni	15000–19000	31600–40300		46000–59300
Juli	39000–49100	–	74100	113100–123200
August	141700–173800	3000	207400–228100	352100–404900
September	76200–91000	–	179300–185500	255500–276500
Oktober	56500–69000	21800–44300	211600–234600	289900–347900
November u. Dezember	65500–91300	9900–14200	130700–147800	208000–253300
Insgesamt 1942	**467650–596200**	**104300–154600**	**803100–870100**	**1376950–1620900**
Transporte 1943				
Januar		800–900	25700–26600	26500–27500
Februar		0–500	12400–14400	12400–14900
März		8600–9000	9000–11800	17600–20800
April		9300–9700	5900	15200–15600
Mai		8200	6500–7500	14700–15700
Juni		6300–6500		6300–6500
Juli		9000		9000
August		200–600	7600–15000	7800–15600
September		14000		14000
Transporte aus Galizien 1943		14000–25000		15000–25000
Insgesamt 1943		**70400–83400**	**67100–81200**	**138500–164600**
1942–1943	**467650–596200**	**175100–238900**	**870200–951800**	**1513650–1785500**

Die Zusammenführung der bisherigen Studien zu den Deportationen lässt eine Opferzahl von etwa 1,6 Millionen getöteten Menschen für die Lager der »Aktion Reinhardt« als wahrscheinlich erscheinen. Belzec war von den drei Lagern flächenmäßig für den größten Teil des Generalgouvernements zuständig. Aus dem Ausland trafen dort zwar keine direkten Transporte ein, doch aufgrund der vorausgegangenen Deportationen in den Distrikt Lublin kamen auch zahlreiche deutsche, österreichische, slowakische und tschechische Juden ums Leben. Zwischen März und Dezember 1942 wurden in Belzec etwa 500000 Menschen ermordet.[281] In Sobibor kamen von Mai 1942 bis Oktober 1943 etwa 200000 Juden aus den Distrikten Lublin und Galizien, aus Deutschland, Österreich, der Slowakei und Theresienstadt, aus den Niederlanden und Frankreich, aus Weißrussland und Litauen ums Leben.[282] Nach Treblinka wurden hauptsächlich Menschen aus den Distrikten Radom und Warschau, aus den nördlichen Kreisen des Distrikts Lublin, aus Theresienstadt und Deutschland, aus dem Regierungsbezirk Bialystok sowie aus Griechenland und Jugoslawien deportiert. Zwischen Juli 1942 und August 1943 wurden dort etwa 900000 Menschen ermordet.[283]

In allen drei Lagern wurden neben jüdischen Opfern auch kleinere Gruppen oder Einzelpersonen anderer Opferkategorien getötet. Eine größere Opfergruppe, die sich nicht mehr quantifizieren lässt, stellen Sinti und Roma dar, die nicht nur in Polen, sondern auch an anderen Orten häufig das Schicksal der jüdischen Bevölkerung teilten. Es lag keine Anweisung zu ihrer Deportation in die drei Vernichtungslager vor, sodass die Verantwortlichen vor Ort selbst entschieden, ob sie diese deportieren und ermorden ließen. Unter den Opfern befanden sich wahrscheinlich auch deutsche Sinti und Roma, die im Mai 1940 aus Hamburg, Köln und Hohenasperg ins Generalgouvernement deportiert worden waren. Die Sinti und Roma wurden gruppenweise in Lkws in die drei Lager verschleppt und dort zumeist erschossen. Teilweise nutzten die für die Deportationen vor Ort verantwortlichen Akteure die Gelegenheit, sich im Rahmen der Deportation der jüdischen Bevölkerung zugleich auch der »Zigeuner« zu entledigen, wie zum Beispiel in Drohobycz, Hrubieszów, im Kreis Kolomea, in Warschau und Siedlce. Auch in den Zügen aus Mazedonien befanden sich wahrscheinlich Sinti und Roma.[284]

Es gibt außerdem Hinweise auf nicht jüdische Polen und Ukrainer, die in den Lagern getötet wurden. In den Zügen nach Belzec, Sobibor und Treblinka befanden sich gelegentlich einzelne Polen, die wegen deutschfeindlicher Tätigkeit, wegen »Schleichhandels« oder Hilfe für Juden verhaftet worden waren.[285] Unter den nach Sobibor Deportierten aus Minsk waren außerdem russische nicht jüdische Kriegsgefangene.[286] Eine weitere kleinere Opfergruppe stellten polnische Patienten aus Heil- und Pflegeanstalten dar: In Belzec fielen sie in der Anfangszeit des Lagers den »Versuchsvergasungen« zum Opfer.[287] Menschen mit geistiger Behinderung kamen 1943 auch nach Sobibor, unklar ist, ob es sich um jüdische oder um nicht jüdische Patienten handelte.[288] Auch ein deutscher Soldat, der versehentlich in einem Transport nach Sobibor gelandet war, wurde erschossen. Ähnliches widerfuhr einer »arischen« Frau mit ihren beiden Söhnen in Treblinka.[289]

Funktionale Ausdehnung des T4-Reinhardt-Netzwerks: Die SS-Arbeitslager und das Zwangsarbeitsnetz

Die Ausnutzung der jüdischen Arbeitskraft im Distrikt Lublin, bei der dem T4-Reinhardt-Netzwerk 1943 eine führende Rolle zukam, stand im Kontext der Diskussion zwischen Arbeitsbefürwortern und Verfechtern einer endgültigen »Lösung der Judenfrage«. Lange Zeit wurde bei den Deportationen die »Arbeitsfähigkeit« der Menschen nicht weiter beachtet, waren doch die meisten nicht in kriegswichtigen Unternehmen eingesetzt. Eine systematische Ausnutzung der jüdischen Arbeitskraft wurde als unrentabel angesehen. Die Deportationen veränderten die Sicht auf den »Arbeitseinsatz«, zumindest für einige Monate, bis sich die Verfechter einer vollständigen »Endlösung« durchsetzen konnten. Der Bedeutungszuwachs, der der Ausnutzung jüdischer Arbeitskraft zwischenzeitlich zukam, erklärt, warum es in einigen Distrikten wie Radom zur Neugründung von Arbeitslagern kam. Die Diskussion um die jüdische Arbeitskraft wurde schließlich mit einem Kompromiss zwischen Arbeit und Vernichtung entschieden, als Himmler im Oktober 1942 anordnete, die Juden in »wirklichen Rüstungsbetrieben« nicht zu deportieren, während die Arbeiter der »sogenannten Rüstungsproduktion« der Privatindustrie entzogen und in Lagern unter Leitung der SS kaserniert werden sollten. Der Befehl stand im Zusammenhang mit der gestiegenen Bedeutung kriegswichtiger Arbeit im Dritten Reich. Die Neubewertung hatte 1943, parallel zur Auflösung der letzten Ghettos, eine neue Welle an Lagerneugründungen und somit eine Ausdehnung des Lagersystems unter Ägide der SSPF zur Folge. Mindestens 120000 Zwangsarbeiter waren im Frühjahr 1943 im Generalgouvernement in Lagern interniert.[290]

Mit der Einrichtung der SS-Arbeitslager wurde die »Verwertung der Arbeitskraft«[291] zu einem der von Globocnik definierten Aufgabenfelder der »Aktion Reinhardt«. Das neue Handlungsfeld hatte Wirth sich und dem T4-Reinhardt-Netzwerk Anfang 1943 erschlossen, als er sich von Globocnik zu dessen Vertreter beim jüdischen Arbeitseinsatz ernennen ließ. Dadurch entstand bei der Inspektion der Lager in Lublin – neben Belzec, Sobibor und Treblinka – eine neue Subgruppe, die in enger Vernetzung mit bekannten und neuen Akteuren der Außennetze agierte.

Das T4-Reinhardt-Netzwerk und die Ostindustrie GmbH: Die »sogenannte Rüstungsproduktion« im Distrikt Lublin

Nach Himmlers Befehl, die »sogenannte Rüstungsproduktion« in Lager zu überführen und in das Wirtschaftsimperium der SS einzugliedern, begann Globocnik im Herbst 1942 damit, im Distrikt Lublin ein Netz von Zwangsarbeitslagern zu errichten. Wie bei den Vernichtungslagern bemühte sich der SSPF dabei, den von Himmler gewünschten Arbeitseinsatz so effektiv wie möglich zu gestalten. Dass er sich dabei schnell profilierte, zeigt die Tatsache, dass ihm teilweise auch die Verantwortung über die jüdischen Arbeiter und die Zwangsarbeit aus den anderen Distrikten übertragen wurde.

Globocnik reagierte mit seiner Einsatzbereitschaft auf die gestiegene Bedeutung des Faktors »Arbeit«, wie ein Blick auf die wesentlichen rüstungswirtschaftlichen Entwicklungen dieser Zeit zeigt. Seit Beginn des Krieges gegen die Sowjetunion hatte sich die Suche nach zur Verfügung stehenden Arbeitern für die deutsche Kriegs- und Rüstungsindustrie intensiviert. 1942 ersetzten Millionen sogenannte »Fremdarbeiter« die deutschen Männer, die gefallen beziehungsweise als Soldaten an der Front oder im besetzten Ausland waren. Auch sowjetische Kriegsgefangene wurden mittlerweile als Zwangsarbeiter eingesetzt und seit dem Frühjahr 1942 rekrutierte der Generalbevollmächtigte für den Arbeitseinsatz, Fritz Sauckel, mehr oder weniger freiwillige »Zivilarbeiter«. Die Konzentrationslager, die 1942 über die Amtsgruppe D in das WVHA eingegliedert worden waren, hatten sich ebenfalls auf die gestiegene Anfrage nach Arbeitskräften eingestellt: In Außenlagern wurden die Häftlinge für die industrielle Produktion nutzbar gemacht. Auschwitz, das in die strukturstarke Bergbauregion Oberschlesien eingebunden war, lieferte seinen Nebenlagern durch Selektionen aus den Transporten ständig neue Arbeitskräfte.[292]

Auch Globocnik wollte sich in diesem Bereich profilieren, selbst wenn die Bedingungen für Rüstungsunternehmen im strukturschwachen Distrikt Lublin nicht besonders günstig waren. Dennoch wollte er mit seinen Lagern die kriegsgebeutelte Industrie des Reiches entlasten: Sie sollten deutsche Arbeiter für den Krieg freistellen, neue Produktionsorte für von Bomben zerstörte Betriebe werden, zu einer Produktionssteigerung und termingerechten Lieferung der hergestellten Produkte beitragen und dabei nicht für Privathände, sondern für die Reichskassen Gewinne erwirtschaften.[293] Erfahrungen hatten er und seine Mitarbeiter insbesondere aufgrund der 1940 errichteten Arbeitslager am Buggraben.

Unmittelbar nach Himmlers Befehl im Oktober 1942 ließ Globocnik die Orte für den geplanten Arbeitseinsatz aussuchen, darunter Poniatowa und Trawniki. Im Zentrum sollten die Textil- und Pelzverarbeitung der Betriebe

Walther C. Többens und Schultz u. Co. aus dem Warschauer Ghetto stehen. Globocnik schloss Ende Januar und Anfang Februar 1943 Verträge mit den Betrieben, die die Firmen zu Pächtern ihrer Arbeiter und ihrer Anlagen machten. Tatsächlich sollten insgesamt 457000 Złoty für die jüdischen Arbeitskräfte, die bis November 1943 gearbeitet hatten, an den SSPF Globocnik gezahlt werden. Höfles Mitarbeiter Michalsen organisierte die Verlegung der Betriebe von Többens und Schultz in die neuen Arbeitslager. Többens selbst wurde Mitte März 1943 zum Beauftragten der Verlagerung der Arbeiter in die Arbeitslager Poniatowa, Trawniki und Lublin ernannt.[294]

Die Firma Schultz wurde nach Trawniki verlegt, während die Firma Többens im ehemaligen Kriegsgefangenenlager Poniatowa unterkam. Darüber hinaus gab es im Distrikt Lublin das SS-Arbeitslager Budzyn, einige Fertigungen in Lublin (Alter Flughafen, »Judenlager« Lipowastraße, Konzentrationslager Lublin), das Torfwerk in Dorohucza sowie Arbeitslager in Kraśnik und Annapol. Im Juni 1943 waren in Globocniks Arbeitslagern über 45000 Juden beschäftigt. Globocnik übernahm Arbeiter und Werkstätten nicht nur aus dem Nachbardistrikt Warschau, sondern auch aus dem Ghetto von Białystok. Außerdem plante er die Überführung der Ghettoarbeiter und der Maschinen aus Litzmannstadt nach Poniatowa, was eine Liquidierung des Ghettos zur Folge gehabt hätte.[295]

Zur finanziellen Abwicklung der neu geschaffenen Arbeitslager sowie zur Übernahme des jüdischen Eigentums wurde am 12. März 1943 das SS-Wirtschaftsunternehmen Ostindustrie GmbH (Osti) gegründet, das die Betriebe übernehmen und dafür sorgen sollte, dass die Gewinne der SS zukamen. Die Osti war ein Kompromiss zwischen Globocnik und Vertretern des WVHA, das bei der wirtschaftlichen Ausbeutung mitverdienen wollte. Ihre Geschäftsführung übernahmen Globocnik und der Wirtschaftsfachmann Max Horn. Die Übernahme der Fertigungen in den Lagern durch die Osti kam allerdings nur schleppend in Gang. Bis zum November 1943 waren lediglich Dorohucza und ein Teil der Lubliner Werke übernommen worden, während die finanzielle Übernahme von Trawniki noch bevorstand. Lager wie Poniatowa waren noch nicht einbezogen.[296]

Die Leitung und Bemannung eines großen Teils der Arbeitslager übertrug Globocnik dem T4-Reinhardt-Netzwerk: Er ernannte Wirth zum »Inspekteur der Arbeitslager«, da dieser mit der Inspektion der Vernichtungslager nicht mehr ausgelastet war, sich immer loyal verhalten hatte und über ein eingearbeitetes, effizientes Team von Mitarbeitern verfügte. Begonnen hatte diese Kompetenzerweiterung Ende 1942, als Globocnik Wirth das »Judenarbeitslager« – das Wohnlager und die Sortierstellen des Alten Flughafens – anvertraut hatte. Wirth und seine Männer sollten dort die Alttextilien bearbeiten und abtransportieren lassen, da Globocnik das Gelände für andere

Werkstätten nutzen wollte. Da sich Wirth auch als Akteur in der Zwangsarbeit bewährt hatte, sollte er die frei werdenden Männer aus den Vernichtungslagern in den neuen Arbeitslagern – zumindest im Alten Flughafen, in Dorohucza, Poniatowa und Budzyn – einsetzen. Insgesamt handelte es sich um 23 T4-Reinhardt-Männer, ein Fünftel des gesamten Netzwerks. Einige von ihnen waren auch in zwei oder – wie Lambert – in mehreren Lagern tätig. In Lublin befanden sich zeitweise zwölf Männer, in Poniatowa acht, in Dorohucza bis zu sechs sowie zwei Männer in Budzyn.[297] Zwischenzeitlich gab es sogar die Idee, in Sobibor und in Treblinka Arbeitslager einzurichten.[298]

Wie die Deportationen in die Vernichtungslager war auch die Zwangsarbeit ein Gemeinschaftsprojekt der Abteilungen von Wirth und Höfle. Michalsen wählte die Standorte der Lager aus, organisierte die Überstellung der Betriebe und teilweise auch des jüdischen Personals. Wirth und seine Männer leiteten die Arbeitslager und rekrutierten über die Vernichtungslager weitere Arbeitskräfte. Der Maurer Lambert errichtete unbürokratisch im Alten Flughafen, in Dorohucza und in Poniatowa Baracken für die Arbeiter und die Aufseher. Auf diese Weise waren die T4-Reinhardt-Männer von Institutionen wie der SS-Zentralbauleitung von Lublin unabhängig, die die Arbeitsprozesse verlangsamt hätten.[299] Beim Umstieg von der Vernichtung auf die Ausbeutung der Arbeitskraft zeigte sich einmal mehr die Flexibilität und Organisationsfähigkeit des T4-Reinhardt-Netzwerks.

Die SS-Arbeitslager wurden zu einer Art »Außen-« beziehungsweise »Nebenlager«[300] von Sobibor und Treblinka, wo Arbeitskräfte für diese Lager ausgewählt wurden. Damit floss – wenn auch in beschränktem Umfang – das aus Auschwitz-Birkenau bekannte Element der »Selektion« auch in die Reinhardt-Lager ein. Zuvor hatte man die Arbeitskräfte in der Regel bereits bei der Zusammenstellung der Transporte in den Ghettos selektiert – eine weitere Selektion innerhalb der Lager war daher nicht notwendig. Ausnahmen gab es allerdings auch früher schon: In Sobibor wurden Arbeitskräfte für die Lager der Wasserwirtschaftsinspektion ausgewählt und in Treblinka »Arbeitsfähige« dem benachbarten Arbeitslager überstellt. Neu bei den Selektionen 1943 war allerdings, dass die Arbeitskräfte nunmehr für eigene Projekte verwendet werden sollten. Als Wachmannschaften in den Lagern fungierten Trawniki-Männer, die zum Teil schon in den Vernichtungslagern, vor allem in Belzec, eingesetzt worden waren.[301]

Die Selektion für die Zwangsarbeit bot den Arbeitskräften eine vermeintliche Überlebenschance und über Monate hinweg sah es auch so aus, als ob sie sich in Lagern wie Poniatowa oder auch Trawniki bis zum Ende des Krieges retten könnten. Doch im Unterschied zu einem Teil der Häftlinge in den Außenlagern von Auschwitz, die durch die Arbeit ihrer Ermordung entrinnen konnten, gelang dies nur Einzelnen. Die meisten wurden Anfang November 1943 im Rahmen der »Aktion Erntefest« ermordet. Wenige Tage nach dem Aufstand in Sobibor gab Himmler den Befehl, die Lager im Distrikt Lublin aus Sicherheitsgründen zu liquidieren. Damit wurde auch das Ende des T4-Reinhardt-Arbeitseinsatzes eingeleitet. Der neue SSPF von Lublin, Jakob Sporrenberg, steuerte die Aktion. Ende Oktober erließ er den Befehl, in den Lagern Majdanek, Poniatowa und Trawniki Gruben auszuheben, die angeblich dem Splitterschutz gegen Fliegerangriffe dienen sollten. Um die Fluchtgefahr zu verringern, wurde zur Ermordung der Juden für den 3. und 4. November 1943 ein Großeinsatz geplant. 2000 bis 3000 Männer aus verschiedenen SS- und Polizeieinheiten wurden in die Massenerschießungen, die 42000 bis 43000 Opfer forderten, mit einbezogen, darunter auch das Reserve-Polizeibataillon 101 und ein Kommando aus Auschwitz. Am 3. November wurden die circa 18000 jüdischen Arbeiter aus Majdanek und dem Lubliner Lagerkomplex sowie die circa 6000 Arbeiter aus Trawniki und Dorohucza getötet. Die Arbeitskräfte aus Poniatowa wurden aufgrund des Mangels an Einsatzkräften erst am 4. November umgebracht. Parallel dazu lief auch die Liquidierung kleinerer Arbeitskommandos und -lager des Distrikts. Auch in den Nachbardistrikten Krakau und Galizien wurden in den folgenden Tagen Juden erschossen. Die Arbeitslager im Distrikt Radom blieben dagegen unberührt, ebenso wie einige Lager im Distrikt Lublin, wie Budzyn, und die kleineren Lager in Biała Podlaska, Dęblin, Zamość und Kraśnik.[302]

Der Initiator der Lager, Globocnik, war über die Auflösung der Lager weder informiert noch damit einverstanden. Auch die T4-Reinhardt-Männer hatten nicht damit gerechnet, noch am Tag der »Aktion Erntefest« wurden drei Waggons mit Barackenteilen aus Treblinka nach Dorohucza geschickt. Die Osti löste sich infolge der »Aktion Erntefest« am 1. März 1944 auf. Zum Ende des T4-Reinhardt-Arbeitseinsatzes wäre es langfristig allerdings auch ohne den Massenmord gekommen, da seit dem Spätsommer 1943 geplant war, die Arbeitslager in Außenlager des Konzentrationslagers Majdanek umzuwandeln: Kurz vor seiner Versetzung nach Italien hatte sich Globocnik diesbezüglich am 7. September mit Oswald Pohl, Richard Glücks und Gerhard Maurer (WVHA), Max Horn (Osti), Erich Schellin (SS-Wirtschafter im Generalgouvernement) und dem Kommandanten von Majdanek, Hermann Florsted, geeinigt. Etwa zwei Wochen vor der »Aktion Erntefest« hatte Pohl angeordnet, das Lager an der Lipowastraße, den Alten Flughafen, Poniatowa, Trawniki, Budzyn und andere Lager in den Distrikten Galizien, Radom und Krakau der Inspektion der Konzentrationslager zu unterstellen. Aufgrund der »Aktion Erntefest« wurde letztendlich nur ein Teil der Arbeitslager, wie Budzyn, in Außenlager von Majdanek umgewandelt.[303]

Arbeitslager Alter Flughafen in Lublin: »Altsachenverwertung«, DAW und Osti-Werke

Im Dezember 1942 übernahm Wirth nach dem Kompetenzgerangel das ehemalige »Bekleidungswerk« am Alten Flughafen, der nun nicht mehr wie geplant in ein »Frauenkonzentrationslager« umgewandelt werden sollte,[304] sondern als »Altsachenverwertungsstelle Lublin« der SS-Standortverwaltung geführt wurde. Wirths Häftlinge arbeiteten zudem für die Deutschen Ausrüstungswerke (DAW) und ab Frühjahr 1943 für die Osti. Auf dem Gelände befand sich weiterhin das von Wirth unabhängige Hauptnachschublager des Höheren SS- und Polizeiführers Russland.

Wirth behielt einen Teil der Aufseher und Trawniki-Männer, die 1942 im Lager gewesen waren. Als neues Aufsichtspersonal holte er nach und nach T4-Reinhardt-Männer nach Lublin, die in den Vernichtungslagern nicht mehr benötigt wurden, und verlegte außerdem das Hauptquartier der Inspektion Reinhardt zum Alten Flughafen. Josef Oberhauser fungierte als Vertreter von Wirth bei der Beaufsichtigung der in den Bekleidungswerkstätten beschäftigten »Arbeitsjuden«, bereitete den Betriebsbeginn im Osti-Werk vor, organisierte die Material- und Fertiggütertransporte für die Osti sowie die Abstellung der Wachmannschaften. Kurt Bolender (aus Sobibor) führte im »Judenwohnlager« Aufsicht und koordinierte den Arbeitseinsatz. Otto Stadie (aus Treblinka) wurde Spieß der Wachmannschaften. Lorenz Hackenholt (Belzec, Sobibor und Treblinka) leitete die Aufstellung von Baracken für die Arbeitskräfte und Erwin Lambert (Treblinka und Sobibor) baute im Januar 1943 Zuganker in die Flugzeughallen ein, damit diese durch die Unmengen darin gestapelter Kleidung nicht zusammenbrachen. Zudem waren in Lublin neben dem Verwaltungs- und Fahrpersonal der Inspektion (Willy Häusler, Erich Dietze, Rudolf Seifert und Konrad Geng) auch Rudolf Baer (Treblinka und Belzec) und Karl-Heinz Plikat (Treblinka) eingesetzt.[305]

Um nach dem Abzug der weiblichen Häftlinge nach Majdanek über neue Arbeitskräfte zu verfügen, ließ Wirth zwischen Februar und September 1943 in Sobibor und Treblinka Selektionen aus den Transporten aus Grodno, den Niederlanden, Frankreich, Warschau und Lida durchführen. Aus Warschau und Białystok kamen auch auf direktem Weg Züge nach Lublin. »Arbeitsfähige« Häftlinge wurden überdies aus Majdanek in den Alten Flughafen gebracht, zum Beispiel Mitte Juli für das im Aufbau befindliche Eisenwerk der Osti, während die »Arbeitsunfähigen« aus den Transporten nach Majdanek kamen. Der Alte Flughafen fungierte auch als Verteilungsstelle für andere Arbeitslager: Arbeitskräfte wurden nach Budzyn, Trawniki/Dorohucza und Poniatowa sowie in die im Distrikt Radom gelegenen Lager Skarzysko-Kamienna (HASAG – Hugo Schneider AG) und das Osti-Lager in Radom-

Bliżyn weitergeleitet. Außerdem fand ein reger Austausch zwischen den Arbeitskräften des Werks I der Deutschen Ausrüstungswerke (Lipowastraße) und des Werks II auf dem Alten Flughafen statt. Im Sommer 1943 waren im Alten Flughafen 5000 Männer und über 5000 Frauen beschäftigt.[306]

Wirth intensivierte zunächst die Sortierung, Bündelung, Desinfizierung und den Abtransport der noch im Alten Flughafen lagernden Kleidung der »Altsachenverwertungsstelle«, um die neuen Osti-Werkstätten in den frei werdenden Flugzeughallen einzurichten. Außerdem reduzierte er weitere Materiallieferungen, indem er anordnete, die Sortierung der Kleidung in anderen Lagern, wie in Poniatowa, durchzuführen.[307] In Sobibor und Treblinka ließ er die Sortierung perfektionieren, Letzteres erhielt die Bezeichnung »Bekleidungswerk der Waffen-SS, Außenstelle Lublin, Versandbahnhof Treblinka«. Bis zum Sommer 1943 war die »Altsachenverwertung« abgeschlossen; nur Schuhe und Lederartikel stapelten sich noch in den Baracken. Diese wurden mit 14 Holzbaracken an die Lager- und Werkstätten der DAW übergeben.[308]

Die Arbeiter in Wirths »Judenlager« waren zur Zeit der »Altsachenverwertungsstelle« in verschiedene Kommandos eingeteilt. Das »Entladekommando« entlud die Textilien aus den Waggons, das »Transportkommando« brachte sie zu den »Sortierkommandos« und zum »Packkommando« für den Weitertransport. Im »Schuhkommando« wurden Schuhe von Frauen sortiert und von Männern repariert. Die drei Sortierkommandos sortierten in drei Hangars die Textilien. In der Kleidung gefundene Wertgegenstände wurden der SS-Standortverwaltung übergeben. Im »Gaskommando« wurden die Kleidungsstücke desinfiziert. Das »Wäschereikommando« wusch die Lagerkleidung, möglicherweise auch Kleidung aus der »Aktion Reinhardt«. Das »Küchen«- und das »Essenträgerkommando« sorgten für die Versorgung der Lagerinsassen. Die als »Scheißekommando« bezeichnete Häftlingsgruppe war für die Sauberkeit des Lagers und der Latrinen zuständig. Im »Puppenkommando« wurden Stoffpuppen hergestellt. Das »Wegebaukommando« stellte Pflastersteine aus jüdischen Grabsteinen her. Außerdem waren ein »Bau«- und ein »Landwirtschafts«- beziehungsweise »Gartenkommando« im Alten Flughafen tätig. Ein »Rampenkommando« entnahm das Gepäck aus den Zügen, die mit jüdischen Häftlingen für die Arbeitslager oder Majdanek ankamen, holte die Leichen heraus und reinigte die Waggons von Blut und Kot. Die anderen Häftlinge des »Judenlagers« arbeiteten für die Fertigungsstätten der DAW und der Osti.[309]

Die DAW waren als SS-Wirtschaftsunternehmen bereits längere Zeit in Lublin ansässig. Aus dem ihnen unterstellten Lager in der Lipowastraße hatten sie 1942 die Dachpappenfertigung in den Alten Flughafen ausgelagert. 1943 weiteten sie ihre Tätigkeiten weiter aus, sodass auf dem Alten Flughafen auch eine Autowerkstatt, ein Holzverarbeitungsbetrieb mit Schlosserei und die Lederverwertung, die sie von Wirth übernommen hatten, betrieben wurden. Außerdem verfügten sie über einen »Zerlegebetrieb«, in dem optische Geräte auseinandergenommen wurden. Der Werkskomplex der DAW im Alten Flughafen, in dem bis zu 2500 Arbeiter beschäftigt waren, unterstand Martin Schramm.[310]

Nach und nach übernahm die neu gegründete Osti den frei werdenden Teil des alten Bekleidungswerks mit Ausnahme der zu den DAW gehörenden Schuhwerkstätten. Die Produktion erfolgte unter der Gesamtleitung Wirths. Im August 1943 übernahm die Osti aus dem Ghetto Białystok eine elektrotechnische Werkstatt, eine Großschneiderei, eine Großschmiede, eine kleine mechanische Werkstatt und eine Bürstenfabrik. Weitere Maschinen hatte Globocniks Mitarbeiter Michalsen zuvor aus dem Warschauer Ghetto besorgt. Mit den vorhandenen Maschinen richtete die Osti eine Pinsel- und Bürstenfabrik (Werk III) sowie ein Eisenwerk (Werk V) ein. Zum Werk III, in dem 1800 Juden arbeiteten, gehörten eine Borstenzurichterei sowie eine Weiden- und Korbflechterei für Geschossbehälter. Die Produktion wurde im Mai 1943 aufgenommen. Aufträge kamen von der Waffen-SS, dem Munitionslager in Lublin und der Wehrmacht. Das Eisenwerk (Werk V) bestand aus einem Zerlegebetrieb für Flugzeugteile, einer Werkstatt zur Herstellung von Geschirrschnallen und zur Instandsetzung von Blechgefäßen sowie einem Stickereibetrieb. Aufgrund der zunächst notwendigen Reparatur der Maschinen konnte die Produktion erst im Oktober 1943 beginnen. Das Werk V beschäftigte zuletzt 1500 Personen, die Aufträge für die Wehrmacht, das Munitionslager, die Luftwaffe, den Heereskraftfahrpark und private Firmen erledigten.[311]

Gewalt gegen die Arbeiter war im Alten Flughafen alltäglich und wurde sowohl von Wirths Männern als auch von anderen SS-Angehörigen im Lager ausgeübt. Zur Abschreckung hängten Wirth, im Lager als »Major von Treblinka«[312] bezeichnet, und seine Mannschaft am Lagertor einen Häftling auf. Auch ein Trawniki-Wachmann, der beschuldigt worden war, in betrunkenem Zustand Jüdinnen getötet zu haben, wurde erhängt.[313]

Es gibt verschiedene Indizien dafür, dass Wirth einen Raum, der zur Desinfizierung von Kleidern diente, für Experimente mit Zyklon B nutzte. Vielleicht wollte er sich selbst von der Effizienz des Konkurrenz-Giftgases überzeugen. Zeugen konnten beobachten, wie er mit einigen SS-Männern Fenster und Türen einer der beiden »Entwesungskammern« abdichtete, dort Männer, Frauen und Kinder hineintrieb und ermordete.[314]

Wirth und Oberhauser blieben bis zum 20. September 1943 im Lager; danach folgten sie Globocnik nach Italien. Obwohl geplant war, dass Majdanek das Flughafenlager als Außenlager übernehmen sollte, blieb es zunächst noch integraler Bestandteil des T4-Reinhardt-Netzwerks. Das Lager wurde von Gottfried Schwarz übernommen, der es bis zur »Aktion Erntefest« am 3. November 1943 weiter führte. An diesem Tag wurden die Arbeitskräfte vom Alten Flughafen und der SS-Standortverwaltung nach Majdanek verbracht, wo sie zusammen mit den dortigen jüdischen Häftlingen getötet wurden.[315]

Wirths Zentrale in Lublin ist Ausdruck für die Machterweiterung des T4-Reinhardt-Netzwerks. Ihr unterstand ein regelrechter Kosmos aus Vernichtungs-, Arbeits- und Verwertungslagern. Das Zwangsarbeitsnetz wurde von Wirth und den in Lublin eingesetzten Männern effizienzsteigernd koordiniert, sodass Aufseher, Arbeitskräfte und selbst Baumaterial je nach Bedarf hin und her geschoben wurden. Von der Inspektion in Lublin hingen bedeutsame Wirtschaftsunternehmen wie die Osti und die DAW ab. Über mehrere Monate hinweg konnten Wirth und seine Männer den Streit um die Kompetenzen für sich entscheiden. Erst durch die Versetzung Globocniks setzten sich – vorläufig – Akteure wie das Konzentrationslager Majdanek durch.

SS-Arbeitslager Poniatowa: Textilien

Anfang 1943 wurde der Textilbetrieb von Walter Többens nach Poniatowa verlegt. Dort war im September 1941 zunächst das Stammlager 359 für sowjetische Kriegsgefangene eingerichtet worden, die Mehrzahl der 24000 Kriegsgefangenen war zwischenzeitlich umgekommen. Im Sommer 1942 wählte Höfles Mitarbeiter Amon Göth das Lager als zukünftiges »Judenarbeitslager« aus und die Wehrmacht übergab es an Globocnik. Im Herbst 1942 wurden Juden aus Opole Lubelski, Staszów und Bełżyce in das Lager deportiert, sodass sich dort im Januar 1943 1500 Häftlinge befanden. Mit der Verlegung des Textilbetriebs von Többens wurden zwischen Ende Februar und Mai 1943 14000 bis 15000 Juden aus Warschau dorthin verschleppt. Im Sommer 1943 kamen weitere Arbeiter, sodass zuletzt Juden aus Polen, der ehemaligen Tschechoslowakei, Deutschland, Österreich und der Sowjetunion im Lager waren. Die Warschauer Arbeiter konnten ihre Familien mitnehmen, sodass auch mehrere Hundert Kinder im Lager lebten.[316]

Nach einer kurzen Aufbauzeit unter Göth übernahm im Herbst 1942 zunächst Otto Hantke vom Stab des SSPF Globocnik das Lager.[317] Sein Nachfolger wurde 1943 der Kommandant von Belzec, Gottlieb Hering, dem – bis zum 9. Juni 1943 – Heinrich Gley, Karl Schluch, Hans Girtzig, Max Gringers, Hans Zänker, Walther Kloß sowie die Zugwachmänner Siebert und Budziak und weitere Wachmänner aus Belzec nach Poniatowa folgten. Während Gley zum Spieß des Lagers ernannt wurde, übernahmen die anderen Männer allgemeine Wachaufgaben. Zänker beaufsichtigte die SS-Küche. Vor der Ankunft der T4-Reinhardt-Männer aus Belzec befanden sich bereits SS-Angehörige, hauptsächlich von der SS-Standortverwaltung in Lublin, im Lager, von denen einige auch in der Folgezeit blieben, darunter der für das Bauwesen zuständige Bernhard Wallerang.[318]

Trawniki-Männer gewährleisteten die Bewachung des Lagers. Die Wachmannschaft war als Außenstelle des Ausbildungslagers Trawniki mit mehreren Kompanien in Poniatowa im Einsatz. Befehligt wurden die Männer von Johann Schwarzenbacher, der gleichzeitig Vizekommandant des SS-Arbeitslagers war. Die ersten Wachmänner kamen im Herbst 1942 zeitgleich mit den ersten Gefangenen ins Lager, weitere trafen am 24. und 25. Februar, am 30. März, am 25. Mai, am 19. Juni ein, sodass etwa 500 Wachmänner im Lager waren. Weitere Wachmänner wurden am 14. August 1943 nach Poniatowa versetzt.[319]

Zum Lager gehörte neben den Fabrikhallen, Werkstätten und Verwaltungsräumen auch das Barackenlager, in dem die meisten Gefangenen untergebracht wurden, sowie eine Wohnsiedlung für »privilegierte« Arbeiter; dort gab es auch eine Krankenstation. Im Sommer 1943 wurden für die erwartete Aufnahme der Ghettoproduktion aus Litzmannstadt neue Baracken in Poniatowa aufgestellt: Geplant waren über 70 Baracken für Unterkünfte und Vorarbeiter.[320]

Die Mehrheit der Häftlinge arbeitete in den Textilwerkstätten von Többens. Nach eigenen Angaben hatten die »Werke Poniatowa GmbH im SS-Arbeitslager« im Juni 1943 eine wöchentliche Produktions- und Verarbeitungskapazität von 38000 Blusen, Hosen und Mänteln, 18000 Hemden oder Wäschestücken, 6000 Mützen, 7200 Paar Socken, 5000 Tornistern, 4200 Brotbeuteln und 2400 Koppeltraggestellen. Außerdem wurden Schuhe und Kleidung von ermordeten Juden, wahrscheinlich aus den Reinhardt-Lagern, repariert. Geplant war neben der Textilproduktion auch die Herstellung von Mutterschrauben und von Betonbaracken. Auftraggeber waren in erster Linie Wehrmachtseinheiten. Eine kleine Minderheit deutscher und österreichischer Juden war in den Lagerbüros, in den Küchen und als Vorarbeiter der Werkstätten beschäftigt. Die ehemaligen Ghettobewohner von Opole, Dęblin, Staszów, Bełżyce, Puławy und Smolensk sowie einige Warschauer Juden, die nicht in Többens Werkstätten arbeiteten, wurden dagegen zu schwereren Arbeiten im »SS-Arbeitslager« gezwungen. Sie mussten Bäume fällen und errichteten die Kanalisation und Straßen der »Siedlung«.[321]

Nach der Übernahme des Lagers durch die T4-Reinhardt-Männer im Juni 1943 verschlechterten sich die Lebens- und Arbeitsbedingungen der Gefangenen deutlich. Es gab zu wenig Nahrungsmittel, sodass sich sogar Többens um zusätzliche Rationen bemühte. Seine Anfrage, die Versorgung zu verbessern, wurde jedoch von Wirth und Wippern abgeschmettert. Die Lagerregeln, die Morgenappelle, die Lagerjustiz mit der Verhängung der Todesstrafe bei Fluchtversuchen und vermeintlichem Widerstand, die Demütigungen beim Appell, die Einteilung zur Arbeit, die alltägliche Gewalt und selbst die Trinkgelage in Begleitung der Musikkapelle standen in altbekannter Belzec-Tradition. Vielleicht vor dem Hintergrund der den Lagerinsassen bekannten vorherigen Tätigkeit ihrer Aufseher kursierten in Poniatowa Gerüchte, dass Wallerang einen Raum baue, um eine Vergasungsanlage einzurichten. Als besonders gewalttägig und mordlüstern galten Hering und sein Spieß Gley, aber auch Girtzig. Hering ließ sogar die nicht jüdische Ehefrau eines im Lager inhaftierten deutschen Juden, die mit Zigaretten schmuggelte, im Lager erschießen.[322]

Zwischen den T4-Reinhardt-Männern und den anderen SS-Männern kam es zu Spannungen, Machtspielen und Handgreiflichkeiten, ebenso zwischen Hering und der zivilen Betriebsleitung. Hering schlug den Werkstätten-Direktor Ernst Jahn sogar krankenhausreif und warf ihm vor, sich an Jüdinnen sowie an Gold und Wertsachen vergriffen zu haben. Jahn flüchtete später aus dem Krankenhaus; vermutlich wurde er aufgegriffen und erschossen. Sein Nachfolger Rudolf Bauch hatte ein besseres Verhältnis zu den T4-Reinhardt-Männern. Hering ließ mithilfe von Wirth auch den SS-Sanitätsdienstgrad Backhaus wegen seiner Beziehung zu einer jüdischen Krankenschwester, die im Krankenrevier von Poniatowa beschäftigt war, in ein Lubliner Gefängnis bringen und vor ein SS-Gericht stellen.[323]

Ob die Arbeit der Häftlinge unter den Lebens- und Arbeitsbedingungen, die die T4-Reinhardt-Männer in Poniatowa schufen, im Vergleich zur Warschauer Zeit effizienter wurde, lässt sich nicht mehr klären. Sicher ist jedoch, dass der SS durch die Verpachtung der Maschinen und der Arbeitskräfte an Többens beträchtliche Summen zuflossen. Dem florierenden Arbeitseinsatz wurde am 4. November 1943 ein Ende bereitet, als 12000 bis 14500 Häftlinge des Lagers im Rahmen der »Aktion Erntefest« ermordet wurden. Kurze Zeit davor waren auf Befehl Herings große Luftschutzgräben von den Häftlingen ausgehoben worden. Hering selbst wurde allerdings erst am Tag vor der Aktion in Lublin über den bevorstehenden Massenmord informiert. Einzelne Arbeiter, die im Dienst der Lager-SS standen, wurden zunächst verschont und erst bei der Abreise von Hering und den anderen T4-Reinhardt-Männern erschossen.[324]

Nach der »Aktion Erntefest« wurde Gley beauftragt, die Leichen mithilfe von 150 bis 200 neu ins Lager gebrachten Juden zu verbrennen. Er blieb noch ein bis zwei Wochen, um die ihm aus Belzec vertraute Leichenverbrennung auf Eisenbahnschienen einzuleiten, dann verließ auch er das Lager. Eine Kompanie Trawniki-Männer blieb im Lager zurück und beaufsichtigte die Verbrennungsaktion.[325]

SS-Arbeitslager Dorohucza: Torfwerk

Das Torfwerk Dorohucza war ab März 1943 nicht nur eine Art Nebenlager von Sobibor, sondern auch des nur wenige Kilometer entfernten Arbeitslagers Trawniki. Der Torfbruch sollte der Planung nach im Jahr 1943 10000 Tonnen Torf liefern, der aufgrund des Mangels an Benzin und Öl als Brennstoff für Generatoren genutzt werden sollte. Verträge hierüber waren mit der Waffen-SS und den DAW geschlossen worden. Letztlich wurden 7000 Kubikmeter Torf für 265000 Złoty verkauft, für die Osti ein Verlustgeschäft. Dorohucza firmierte als Werk II der Osti; Werksleiter war der Chemiker Jakob Schlimm.[326]

Anders als Poniatowa und der Alte Flughafen wurde Dorohucza vom T4-Reinhardt-Netzwerk selbst aufgebaut. Daran waren Gottfried Schwarz, Robert Jührs und Ernst Zierke aus Belzec und der T4-Neuzugang Sporleder beteiligt. Der Maurer Erich Sporleder war zu Beginn der »Euthanasie« mit der zweiten Gruppe SS-Angehöriger in die T4-Anstalt Brandenburg gekommen und leistete dort Wachdienst. Später war er in Bernburg als Hausmeister beschäftigt, zuletzt einige Monate in der T4-Versuchsanstalt Wiesloch.[327] Für Bauarbeiten befand sich für kurze Zeit auch Erwin Lambert im Lager. Schwarz wurde Lagerkommandant. Nach dem Weggang Wirths vom Alten Flughafen übernahm er dort die Leitung, wahrscheinlich ließ er Jührs, Zierke und Sporleder in Dorohucza zurück, die in dem kleinen Lager auch ohne Kommandanten auskamen.[328]

Anfangs kamen die Arbeitskräfte täglich unter Bewachung einiger Wachmänner aus dem Arbeitslager Trawniki nach Dorohucza. Später wurden sie direkt im Lager untergebracht. Sie schliefen in drei Baracken, die von Lambert zusammen mit »Hilfswilligen« errichtet und mit Stacheldraht eingezäunt wurden. Neben den Baracken für die »Arbeitsjuden« gab es eine kleine Küchenbaracke sowie zwei Baracken für die T4-Reinhardt-Männer und die Wachmänner. Ein Wachturm vereinfachte die Überwachung der Häftlinge.[329]

Arbeitskräfte erhielten die T4-Reinhardt-Männer in der Folgezeit aus Sobibor: Zwischen März und Juli wurden dort aus verschiedenen Transporten niederländische Häftlinge für das Torflager selektiert und von T4-Reinhardt-Männern wie Gomerski und Bauer nach Dorohucza gebracht. Polnische Juden kamen auch über den Alten Flughafen und über Trawniki ins Lager. Den Geschäftsberichten der Osti zufolge erreichten die Torfwerke eine Beschäftigungszahl von 1000 Personen.[330]

Die Arbeit im Lager war kräftezehrend: Die Gefangenen mussten Torf stechen, ihn schichten und in der Sonne zum Trocknen auslegen. Die Nahrungsmittel waren unzureichend: Wie in den Vernichtungslagern gab es Ersatzkaffee, verschimmeltes Brot mit Marmelade und eine dünne Suppe.

Eine jüdische Gefangene aus Trawniki notierte im September 1943 in ihrem Tagebuch, in Dorohucza herrsche »reine Vernichtung. Leute sterben wie die Fliegen.«[331] Es gab weder ausreichend Wasser zum Trinken noch zur Hygiene, sodass sich durch Ungeziefer und Läuse Typhus verbreitete. Erschöpfte oder vermeintlich widerwillige Arbeiter wurden von den T4-Reinhardt-Männern erschossen oder im Austausch gegen neue Kräfte nach Sobibor gebracht. Die Behandlung der jüdischer Arbeitskräfte verweist auf den Abbau jeglicher moralischer Hemmschwellen, insbesondere weil eine Rücksichtnahme durch die weitgehend mühelose Rekrutierung neuer Arbeitskräfte in Sobibor nicht notwendig erschien. Die T4-Reinhardt-Männer übernahmen aber nicht nur die katastrophalen Lebens- und Arbeitsbedingungen, sondern auch die Zählappelle und die hierarchische Organisation mit Kapos aus Belzec.[332]

Im Rahmen der »Aktion Erntefest« wurden alle »Arbeitsjuden« von Dorohucza nach Trawniki gebracht und zusammen mit den dortigen Häftlingen am 3. November 1943 erschossen. Die T4-Reinhardt-Männer in Dorohucza beteiligten sich nicht an der Erschießung. Jührs, Zierke und Sporleder, die zu dieser Zeit noch im Lager waren, wurden kurze Zeit später nach Sobibor abgeordnet.[333]

SS-Arbeitslager Budzyn: Flugzeugwerke

In Budzyń bei Kraśnik wurde Ende August 1942 von Amon Göth ein Arbeitslager eingerichtet. Es lag in der Nähe einer Flugzeugfabrik, die im selben Monat von der Heinkel-Flugzeugwerke A.G. übernommen wurde. Hierfür wurde ein altes Barackenlager, bestehend aus einer Reihe von Pferdebaracken und einer Küche, mit Stacheldraht umzäunt und mit Wachtürmen abgesichert. Außerhalb des Lagers befanden sich eine Wachstube und Unterkunftsräume für die Wachmannschaften. Das Lager firmierte wie Poniatowa und Trawniki als »SS-Lager« und wurde ab Oktober 1942 von Trawniki-Männern bewacht. Es gehörte nicht zur Osti und wurde von Globocnik lediglich betreut. Lagerleiter war ab der zweiten Septemberhälfte 1942 zunächst Otto Hantke. Im Dezember 1942 übernahm Reinhold Feix aus Belzec das Lager.[334]

Bereits 1942 waren dort mehrere Hundert jüdische Häftlinge und Kriegsgefangene aus den Lagern Końskowola, Lublin-Lipowastraße und Kraśnik interniert. Weitere jüdische Arbeiter kamen 1943 aus Hrubieszów, Krychów und dem Arbeitslager Bełżyce hinzu. Die Liquidierung dieses Lagers sowie die Verschleppungen aus Gościeradów nach Budzyn leitete Feix im Frühjahr 1943. Er besorgte sich auch über den Alten Flughafen neue Arbeitskräfte, insbesondere aus dem Ghetto Warschau, sodass im Lager Mitte 1943 circa

3000 Insassen untergebracht waren, darunter auch mehrere Hundert Frauen und einzelne Kinder. Die Häftlinge verrichteten Erd- und Bauarbeiten im Lager, arbeiteten für die Heinkel-Flugzeugwerke und zum Teil auch für die Organisation Todt.[335]

Wie in Belzec legte Feix den Häftlingen gegenüber ein grausames Verhalten an den Tag. Er misshandelte »Arbeitsjuden« und erschoss zahlreiche von ihnen eigenhändig, beispielsweise bei einer großen Selektion am 8. Mai 1943. Anfang Juli 1943 wurde er wegen Disziplinarproblemen oder Unregelmäßigkeiten abgesetzt und an die Front geschickt.[336] Das Lager wurde dann von Friedrich Tauscher übernommen. Im Vergleich zu seinem Vorgänger wurde er zwar als »mild« beschrieben, aber auch von ihm sind Einzeltötungen überliefert. Mindestens ein Transport mit »Arbeitsunfähigen« wurde zu seiner Zeit nach Majdanek zur Tötung überstellt.[337] Im Unterschied zu den anderen Lagern standen sowohl Feix als auch Tauscher keine weiteren T4-Reinhardt-Männer zur Seite, das Aufsichts- und Verwaltungspersonal stellten SS-Männer aus Lublin.[338]

Im Oktober 1943 gab es die Anweisung, Budzyn in ein Außenlager von Majdanek umzuwandeln. Die Übernahme erfolgte allerdings erst ein paar Monate später, im Februar 1944, unter dem neuen Lagerleiter Josef Leipold. Anders als in Trawniki, Poniatowa, Dorohucza, Majdanek und den anderen Lagern wurden die Arbeiter bei der »Aktion Erntefest« nicht ermordet. Dies lag wahrscheinlich an der rüstungswirtschaftlichen Bedeutung der Heinkel-Werke. Ein Teil der Lagerinsassen konnte durch die Evakuierung des Lagers Mitte 1944 in andere Lager den Krieg überleben.[339] Tauscher blieb nicht bis zur Umwandlung von Budzyn in ein Außenlager von Majdanek im Lager, sondern folgte den T4-Reinhardt-Männern Weihnachten 1943 nach Italien.[340]

Weniger als ein Jahr nachdem Wirth in den Arbeitseinsatz eingestiegen war, entzogen die »Aktion Erntefest« und die Übernahme Budzyns als Außenlager von Majdanek dem T4-Reinhardt-Netzwerk seine wichtigste Aufgabe, nachdem die Revolten in den Vernichtungslagern deren Auflösung beschleunigt hatten.

Die Aufstände in Treblinka und Sobibor und das Ende der »Aktion Reinhardt«

Am 2. August 1943 gelang Häftlingen in Treblinka aus beiden Lagerhälften eine Massenflucht. Zwei Monate später brach auch in Sobibor eine Häftlingsrevolte aus. Dort konnten die Gefangenen mehrere T4-Reinhardt-Männer töten und zum Teil fliehen. Der mutige Widerstand der Gefangenen – wie auch derjenige der Ghettokämpfer – widerlegt zum einen die weitverbreitete

These der Passivität der Juden.[341] Zum anderen verweist er aber auch auf die Schwachstellen des T4-Reinhardt-Netzwerks, das sich bis zu diesem Zeitpunkt als weitgehend perfekt funktionierende Tötungsorganisation dargestellt hatte.

Die Revolten in Treblinka und Sobibor fügten sich ein in eine Zeit des wachsenden Widerstands der polnischen Juden, die nichts mehr zu verlieren hatten. Zusammen mit den Ghettoaufständen in Warschau im April und Mai und in Białystok im August 1943 alarmierten sie die SS-Führung und stärkten die Position derjenigen, die dafür eintraten, die »Endlösung« im Generalgouvernement wegen der Sicherheitsprobleme abzuschließen und die Vernichtungslager aufzulösen.[342] Die Revolten waren also – neben dem Nahen der Ostfront und der Existenz des Vernichtungslagers Auschwitz-Birkenau, das nach der Aktivierung seiner Krematorien im Frühling und Sommer 1943 ausreichende Kapazitäten zur Tötung der noch lebenden Juden hatte – eine wesentliche Ursache für die Entscheidung zur Auflösung der Lager. Die Vernichtungslager Sobibor und Treblinka hatten ohnehin viel länger bestanden, als ursprünglich geplant war. Kurz nach dem Aufstand in Treblinka begann im September 1943 der Abbau des Vernichtungslagers, einen Monat später wurden – nach dem dortigen Aufstand – auch die Liquidierungsarbeiten in Sobibor in Gang gesetzt. Beide Lager wurden noch vor Ende 1943 aufgelöst und sämtliche Spuren verwischt, die auf die Funktion der Lager als Vernichtungsstätten hätten hindeuten können. Globocnik erklärte – nur fünf Tage nach dem Aufstand in Sobibor – am 19. Oktober 1943 die »Aktion Reinhardt« für beendet.[343]

Der Aufstand am 2. August 1943 in Treblinka und die Auflösung des Lagers

Angesichts der zahlreichen Sicherheitsvorkehrungen wähnte sich die Lagermannschaft in Treblinka trotz des zahlenmäßigen Übergewichts der Häftlinge in Sicherheit, und die Männer bemerkten nicht, dass sich 1943 ein konspirativer Untergrund formierte. Die Widerständigen waren sich darüber einig, dass einzelne Fluchtversuche, wie sie noch 1942 möglich gewesen waren, durch die Repressalien und verschärften Sicherheitsmaßnahmen nicht mehr infrage kamen. Auch die Tötung von einzelnen T4-Reinhardt-Männern führte nicht weiter, wie es die Tötung von Max Biela durch einen Häftling im September 1942 sowie ein gescheiterter Angriff auf Arthur Matthes im Januar 1943 gezeigt hatten. In beiden Fällen war es zu blutigen Strafaktionen gekommen.[344] Unsicher erschien es den Widerständigen auch, eher wohlgesinnte Trawniki-Männer in die Fluchtplanung einzubeziehen. Pläne einzelner Gefangener, mithilfe von Wachmännern, die für ihre Fluchthilfe bezahlt werden sollten, zu fliehen, waren mit der Ermordung des zeitweiligen Lagerältesten Rakowski gescheitert, der den Kontakt hergestellt hatte. Daher planten sie, ebenso wie die Gefangenen in Sobibor, einen kollektiven Ausbruch. Ermutigt – zugleich aber auch entmutigt – wurden sie dabei durch den Aufstand im Warschauer Ghetto, von dem sie von den deportierten Warschauer Juden erfuhren.[345]

Zu den Köpfen des Aufstandskomitees zählten der Lagerälteste Marceli Galewski, der Arzt Julian Chorozycki und der »Lazarett«-Kapo Kurland. Auch wenn die T4-Reinhardt-Männer versuchten, Kontakte zwischen den beiden Lagerhälften zu unterbinden, gelang es den Widerstandsgruppen dennoch, den Zeitpunkt und die Modalitäten des geplanten Aufstands untereinander abzustimmen. Einen empfindlichen Schlag erlitten sie, als Kurt Franz Chorozycki ermordete. Deshalb und auch wegen der Typhuserkrankung eines Teils der Arbeiter wurde der Aufstand, der zunächst für das Frühjahr 1943 geplant war, mehrmals verschoben. Zuletzt waren es die Arbeiter des oberen Lagers, die auf eine baldige Aktion drängten, da sich die Leichenverbrennung ihrem Ende näherte und sie fürchten mussten, als nicht mehr benötigte Häftlinge getötet zu werden.[346]

Im Hochsommer nahm die Aufstandsplanung der Häftlinge konkrete Gestalt an und die beiden Lagerhälften entschieden sich für den 2. August 1943 als Tag der Aktion. Die Aufständischen planten eine Massenflucht während des Generalappells, bei dem alle Häftlinge anwesend waren. Dabei sollten auch das Verwaltungsgebäude und die Baracken der Trawniki-Männer gestürmt werden, um Aufseher und Wachmänner zu töten. Die Widerständigen teilten die wichtigsten Aufgaben unter sich auf und organisierten sich in kleinen Gruppen. Die meisten Häftlinge wurden allerdings – aus Angst vor Denunzianten und Verrätern – nicht über die Widerstandsplanung informiert. Bei der Vorbereitung kam den Gefangenen zugute, dass ein erheblicher Teil der im Lager anfallenden Aufgaben von ihnen in Selbstverwaltung durchgeführt wurde: Die in die Aufstandsplanung einbezogenen Häftlingsschmiede wetzten Messer, andere besorgten sich Werkzeuge wie Äxte, um gegen die bewaffneten T4-Reinhardt-Männer und Wachmänner nicht mit bloßen Händen kämpfen zu müssen und den Stacheldraht aufschneiden zu können. Dem Schlosser Eugeniusz Turowski gelang es, den Schlüssel zur Waffenkammer nachzumachen, sodass jugendliche »Putzer« unauffällig Waffen – Granaten, Gewehre und Pistolen – entwenden und unter den Arbeitern verteilen konnten. Außerdem versorgten sich die Gefangenen mit Geld und Wertgegenständen, die ihnen ein Leben außerhalb des Lagers in der Illegalität ermöglichen konnten. Ein Häftling besprühte die Gebäude des Lagers mit einer entflammbaren Flüssigkeit, damit diese zum gegebenen Zeitpunkt besser angezündet werden konnten.[347] Die Arbeiter des oberen Lagers hatten gegenüber den Häftlingen des unteren Lagers erschwerte Voraussetzungen: Sie mussten mehrere Stacheldrähte überwinden und zu einem besonderen Trick greifen, um nicht frühzeitig in ihren Unterkünften eingesperrt zu werden: Während des heißen Sommers waren die T4-Reinhardt-Männer dazu übergegangen, die Arbeit schon am frühen Nachmittag zu beenden. Die Arbeiter zögerten daher am Aufstandstag die Verbrennung der Leichen hinaus und rangen – um keinen Verdacht zu erwecken – dem T4-Reinhardt-Mann Karl Pötzinger eine doppelte Ration an Nahrungsmitteln ab, um die Leichen über die vorgegebene Arbeitszeit hinaus zu verbrennen.[348]

Der Aufstandstag war gut gewählt, da sich nur wenig Aufsichtspersonal im Lager aufhielt, weil mehrere T4-Reinhardt-Männer im Heimaturlaub waren und Kurt Franz an diesem Tag mit mehreren Trawniki-Männern – unvorhergesehenerweise – im Fluss Bug schwimmen gegangen war.[349] Der Aufstand musste allerdings früher beginnen, da Fritz Küttner bei Häftlingen Wertgegenstände gefunden hatte und diese erschießen wollte. Auf das Signal zum Aufstand, einem Schuss, begann um etwa 16 Uhr die chaotische Flucht der trotz aller Vorbereitungen in Panik geratenen Arbeiter. Die meisten der nicht eingeweihten Gefangenen schlossen sich spontan den Widerständigen an, etwa 100 Häftlinge blieben im Lager zurück, da sie sich nicht schnell genug für die waghalsige Flucht entscheiden konnten, weil sie körperlich geschwächt waren oder weil ihr Arbeitskommando im entscheidenden Moment zu stark bewacht wurde. Mehrere Hundert Gefangene wagten dagegen den Ausbruch und versuchten die Hürde des doppelten und teils dreifachen Stacheldrahts und der Spanischen Reiter zu überwinden. Dabei wurden sie von den Wachtürmen und vom Boden aus mit Maschinengewehren beschossen. Ein Großteil der Flüchtlinge starb im Feuergefecht oder wurde in der Umgebung des Lagers wieder gefangen und getötet. Wahrscheinlich konnten 100 Männer und Frauen zunächst aus dem Umkreis des Lagers entkommen, aber viele wurden während der noch fast einjährigen Besatzungszeit getötet. Nur etwas mehr als 50 der geflüchteten Arbeiter überlebten letztendlich den Krieg, darunter zwei Frauen.[350]

Entgegen der Planung gelang es den Aufständischen in Treblinka nicht, auch T4-Reinhardt-Männer zu töten. Getötet wurden wahrscheinlich zwei Wachmänner, die von den Gefangenen des oberen Lagers mit Wertgegenständen, die sie ihnen zum Tausch angeboten hatten, vom Wachturm gelockt worden waren. Außerdem wurden Funktionshäftlinge, die als Spitzel bekannt waren, von ihren Mithäftlingen getötet.[351] Wie geplant setzten die Widerständler einen Großteil der hölzernen Lagergebäude und der Werkstätten, die Autos, die Benzinstation und die Blätter und Zweige in den Stacheldrähten in Brand, sodass ein großer Teil der Lagerstrukturen zerstört war. Intakt blieben allerdings die aus Stein gebauten Gaskammern.[352]

Nach dem Aufstand begann die Suche nach den geflüchteten Häftlingen. Kommandant Stangl fuhr mit dem im Lager stationierten Panzerspähwagen ins Gelände. Das Personal vom Arbeitslager Treblinka, Sicherheitspolizisten, die Gendarmerie von Małkinia, die polnische Polizei und andere deutsche Einheiten wie der Grenzzoll und die Eisenbahner, die in den Ortschaften zwischen Małkinia, Siedlce und Sokołów Podlaski stationiert waren, wurden zu Hilfe geholt. Gemeinsam durchkämmten sie die Umgebung nach versteckten Juden und kontrollierten alle Männer, die sie auf der Straße antrafen. Aufgefundene Flüchtlinge, die durch die im Frühjahr geschorenen Haare einfach zu erkennen waren, wurden an Ort und Stelle getötet oder wieder in das Lager zurückgebracht. Plakate an Bahnhöfen und öffentlichen Plätzen informierten über die Flucht der »jüdischen Banditen«.[353] Die Häftlinge, die im Lager zurückgeblieben oder zurückgebracht worden waren, wurden von den T4-Reinhardt-Männern mithilfe des Personals des Arbeitslagers Treblinka getötet. Eine Gruppe von 18 bis 20 Gefangenen wurde aus unbekannten Gründen ins Arbeitslager Treblinka überführt, wo einige von ihnen überleben konnten.[354]

Die erste Maßnahme der T4-Reinhardt-Männer nach dem Aufstand bestand darin, das Lager wieder als Vernichtungslager aufzubauen. Bereits zwei Wochen später, Mitte August 1943, wurden Juden aus Białystok nach Treblinka deportiert, auch wenn die Vernichtungsstrukturen des Lagers defizitär waren. Zudem fehlten eingearbeitete Arbeitskräfte. Deswegen wurde bei der Ermordung der Deportierten aus dem ohnehin widerständigen Ghetto auf den personalintensiven Teil der »Transportabfertigung« verzichtet. Die Menschen wurden angekleidet in die Gaskammern getrieben und dort ermordet.[355]

Kurzzeitig diskutierten die T4-Reinhardt-Männer auch die Idee, das Lager in ein Arbeitslager umzuwandeln, in dem – wie in Dorohucza – Torf gestochen werden sollte. Die Idee war vermutlich schon vor dem Aufstand entstanden, um die weitere Zukunft des T4-Reinhardt-Netzwerks zu sichern. Stangl besorgte Baumaterialien in Warschau, um die verbrannten Baracken wieder aufbauen zu können. Kurz darauf – wahrscheinlich noch im August 1943 – entschied jedoch Globocnik, das Lager Treblinka gänzlich aufzulösen und den T4-Reinhardt-Männern nicht zu »erlauben« (so Suchomel),[356] es wieder aufzubauen. Anfang September begann der Abriss des Lagers. In den folgenden zweieinhalb Monaten wurde es aufgelöst, die letzten Leichen wurden verbrannt und die offenen Leichengruben zugeschüttet. Die Baracken wurden auseinandergenommen, unbrauchbare Teile verbrannt und das Lagerterrain eingeebnet. Ersatz für die geflohenen Arbeitskräfte beschafften sich die T4-Reinhardt-Männer aus den Zügen aus Białystok und aus dem Arbeitslager Treblinka, sodass sie später auch dem Lager Sobibor nach dem dort ausgebrochenen Aufstand Arbeitskräfte zur Verfügung stellen konnten.[357]

Zwischen dem 10. September und dem 17. November 1943 verließen die letzten Materialien aus der »Werterfassung« sowie Einrichtungsgegenstände und Baumaterialien das Lager. Das meiste Material kam zunächst in den Alten Flughafen, von wo aus es weiter verschickt wurde. Auch die Arbeitslager Dorohucza und Poniatowa erhielten aus dem liquidierten Treblinka Material und Baustoffe. Andere Lieferungen kamen wahrscheinlich durch persönliche Kontakte zustande: Am 4. November wurde Material an das Heeres-Bekleidungsamt in Wien verschickt, einen Tag später ging der Panzerspähwagen an das Grenzlandamt unter Reinhold von Mohrenschildt in Klagenfurt. Der Stacheldrahtzaun und die Spanischen Reiter wurden dem Arbeitslager Treblinka übergeben, der Tierpark und der Hund Barry dem Reservelazarett in Ostrów überlassen.[358]

Im Verlauf der Liquidierung des Lagers wurde das T4-Reinhardt-Personal durch Versetzungen einiger Männer nach Sobibor verkleinert, Trawniki-Männer wurden ins Ausbildungslager zurückversetzt. Kommandant Stangl folgte im September 1943 Globocnik ins »Adriatische Küstenland«. Nachfolger wurde sein Stellvertreter Franz, der die weitere Auflösung des Lagers bis Ende November 1943 leitete.[359]

Während der Abrissarbeiten wurden auf dem Gelände des Lagers Lupinen und Fichten angepflanzt, außerdem nach dem Vorbild von Belzec ein Bauernhaus errichtet, um sämtliche Spuren des Massenmords zu verwischen. In diesem lebten die T4-Reinhardt-Männer, die den vollständigen Abbruch des Lagers koordinierten. Nach der Liquidierung des Lagers zogen ein »volksdeutscher« Wachmann und dessen Frau ein, die dort bis kurz vor der Eroberung des Landstrichs durch die Sowjetarmee im Jahr 1944 blieben. Das Lager selbst wurde Ende November 1943 mit der Tötung der 25 bis 35 Arbeitskräfte, die den T4-Reinhardt-Männern während der letzten Wochen als Diensthäftlinge gedient hatten, aufgelöst. Am Tag darauf fuhren auch die restlichen T4-Reinhardt-Männer in den Heimaturlaub oder nach Sobibor, wo zu diesem Zeitpunkt ebenfalls die Auflösung des Lagers vorangetrieben wurde.[360]

Der Aufstand am 14. Oktober 1943 in Sobibor und die Auflösung des Lagers

Wie in Treblinka organisierte sich 1943 auch in Sobibor ein Untergrundkomitee, das über Möglichkeiten einer kollektiven Flucht nachdachte. Es stand unter der Leitung des polnischen Juden Leon Feldhendler aus Żołkiewka. Die Planung einer Massenflucht wurde jedoch durch einzelne Mithäftlinge erschwert, die in der Hoffnung auf eine bessere Behandlung für die T4-Reinhardt-Männer spionierten. Von Vorteil war allerdings, dass viele Gefangene schon seit mehreren Monaten im Lager waren, sodass sich Vertrauensbeziehungen entwickelt hatten und ihnen zudem die Stärken und Schwächen der Lagerstrukturen bekannt waren. Dennoch blieben die Widerständler lange Zeit unentschlossen, da es ihnen an Kampferfahrung fehlte. Dies änderte sich, als die T4-Reinhardt-Männer einen kapitalen Fehler begingen: Fixiert auf den Ausbau des Nordlagers und auf der Suche nach kräftigen Arbeitern, wählte Karl Frenzel Ende September aus den Zügen aus Weißrussland auch jüdisch-sowjetische Kriegsgefangene als Arbeiter aus. Die Warnungen seines Rivalen Gustav Wagner, sie besser zu erschießen und auf ihre Arbeitskraft zu verzichten, fanden kein Gehör. Ein Teil der Kriegsgefangenen wurde zusammen mit ihrem Offizier Alexander Petscherski in das Untergrundkomitee aufgenommen. Verstärkt durch die im Kampf erfahrenen Juden wurde binnen weniger Wochen ein Widerstandsplan erdacht, der vor allem auf List und auf dem Wissen um die Pünktlichkeit und die Habgier der T4-Reinhardt-Männer beruhte. Der Aufstand hatte zwei Ziele: so vielen Häftlingen wie möglich die Flucht aus dem Lager zu ermöglichen und so viele Lageraufseher wie möglich zu töten. Anders als in Treblinka nahm die Tötung der Aufseher in der Planung konkrete Formen an. Schon zuvor – im Sommer 1943 – hatte es Pläne gegeben, die Aufseher und Wachmänner zu vergiften. Doch der Plan war gescheitert und die involvierten Küchenangestellten getötet worden.[361]

Der engere Kreis des Untergrundkomitees bestand aus fünf bis sieben Männern. Weitere 30 bis 40 Häftlinge waren eingeweiht und mit kleineren Aufgaben betraut. Ein Kontakt mit dem Lager III konnte – anders als in Treblinka – nicht hergestellt werden. Die schwierige Aufgabe, die Aufseher zu töten, übernahmen Petscherski und Feldhändler selbst. Unterstützt werden sollten sie dabei vom polnischen Juden Shlomo Leitman sowie den Vorarbeitern der Schneider, Schuster, Tischler und Wartungsmonteure. Andere wichtige Aufgaben bestanden in der Unterbrechung der Telefonleitung und der Durchtrennung des Stacheldrahtzauns. Gewehre wurden heimlich aus den Baracken der Trawniki-Männer entwendet. Andere Häftlinge rüsteten sich mit Äxten, Zangen und Messern aus, die ihnen sonst als Arbeitswerkzeuge dienten.[362]

Als Tag des Aufstands wurde zunächst der 13. Oktober ausgewählt, weil Lagerleiter Reichleitner, Wagner, Gomerski und andere Aufseher zu diesem Zeitpunkt im Urlaub waren. Doch der Aufstand musste kurzfristig um einen Tag verschoben werden, weil sich Personal des Arbeitslagers Osowa zu einem Trinkgelage in Sobibor eingefunden hatte.[363] Der Aufstand begann daraufhin einen Tag später am 14. Oktober um 16 Uhr. Innerhalb von weniger als einer Stunde wurden mindestens neun T4-Reinhardt-Männer (Niemann, Graetschus, Josef Wolf, Vallaster, Konrad, Bree, Stengelin, Steffel, Beckmann) und mehrere Wachmänner lautlos getötet. Die meisten hatten ahnungslos in den Werkstätten und Magazinen ihre Waffen vor den »Arbeitsjuden«, die in den Monaten vor dem Aufstand den Eindruck der »passiven Kooperation« erweckt hatten, abgelegt, um Schuhe, Mäntel oder Anzüge in den Schneider- und Schusterwerkstätten sowie in den Magazinen anzuprobieren.[364]

Durch die vorzeitige Entdeckung des Leichnams von Beckmann durch den von Einkäufen zurückgekehrten T4-Reinhardt-Mann Erich Bauer wurde der Aufstand durch Feldhendler und Petscherski ausgerufen, bevor alle Gefangenen zum Appell erschienen waren. Dadurch waren die im Nordlager eingesetzten Arbeiter, die von ihren Arbeitsstätten noch nicht zurückgekehrt waren, von dem Fluchtversuch ausgeschlossen. Auch den Gefangenen des Lagers III war es nicht möglich, sich den Aufständischen anzuschließen. Der Weg über das weniger verminte Vorlager konnte entgegen der Planung nicht von den Aufständischen abgesichert werden, sodass die Flüchtenden durch Löcher im Stacheldrahtzaun oder über eine von den Schreinern für den Aufstand angefertigte Leiter klettern mussten. Viele wurden dabei von den Wachmännern oder den T4-Reinhardt-Männern Bauer, Frenzel, Wilhelm Wendlandt und Wenzel Rehwald erschossen oder ließen ihr Leben im Minenfeld.[365] Etwa 50 Gefangenen sollte es gelingen, den Krieg in Verstecken oder bei Partisaneneinheiten zu überleben. Der Überlebende Thomas Blatt schätzt, dass von 550 Gefangenen 150 im Lager blieben, 80 während des Aufstands umkamen sowie 170 im Verlauf der Fahndung ermordet wurden. Etwa 100 weitere wurden bis zum Ende des Krieges getötet.[366]

Frenzel besprach als nunmehr Ranghöchster das weitere Vorgehen nach dem Aufstand telefonisch mit Gottlieb Hering, der zu diesem Zeitpunkt die Inspektion in Lublin leitete und sofort nach Sobibor kam. Bei der Absperrung des Lagers und bei der Jagd nach den Entflohenen bekam die Lagermannschaft Unterstützung von Einheiten der Sicherheits- und Ordnungspolizei sowie der Wehrmacht. Vor Ort war die Polizei-Reiterabteilung III, später auch die SS-Kavallerie II. Die Wehrmacht stellte zwei Kompanien des Sicherheitsbataillons 689 aus Chełm. Der Stabsarzt des Bataillons blieb sogar einige Tage zur Behandlung der Verwundeten im Lager. Ein Einsatzkommando des Grenzpolizeikommissariats in Chełm durchkämmte das Lager. Die Luftwaffe und eine 20-köpfige Sipo-Spezialeinheit aus Lublin suchten mit Aufklärungsflugzeugen nach geflüchteten Juden. Der Kommandeur der Ordnungspolizei Lublin schickte ebenfalls Männer nach Sobibor. Auch die polnische Polizei wurde über die Flucht informiert. Die Einheiten durchstreiften die Wälder um Sobibor und durchsuchten Häuser in der Umgebung nach entflohenen Häftlingen. Vorsichtshalber wurde auch der SSPF von Sluzk im Generalbezirk Weißruthenien, Wilhelm Günther, darüber ins Bild gesetzt, dass ein Teil von 700 ausgebrochenen Juden versuchen würde, über die Bug-Grenze zu fliehen.[367]

Am Tag nach dem Aufstand – Kommandant Reichleitner war noch nicht wieder nach Sobibor zurückgekehrt – kam der neue SSPF von Lublin, Jakob Sporrenberg, ins Lager, in Begleitung vom Kommandeur der Gendarmerie des Distrikts Lublin, August Preyssl, von Hermann Höfle sowie von anderen höheren SS-Funktionären. Sporrenberg ordnete als Vergeltungsmaßnahme die Erschießung der im Lager zurückgebliebenen und wieder aufgefundenen »Arbeitsjuden« an.[368]

Der Aufstand in Sobibor läutete das Ende des T4-Reinhardt-Netzwerks ein. Kurz darauf wurde der Plan, ein Arbeitslager zur Sortierung von Beutemunition zu errichten, aufgegeben. Ein letzter Transport mit Munition aus dem Bereich des Höheren SS- und Polizeiführers Russland Mitte kam noch während der Abbauarbeiten Ende Oktober ins Lager. Als Ersatz für die nunmehr fehlenden Häftlinge holten Hubert Gomerski und Kurt Bolender, der wieder nach Sobibor zurückgekehrt war, mehrere Hundert Arbeiter aus Treblinka. Die Gefangenen wurden bei den Abbau- und Verladearbeiten eingesetzt. Auch in Sobibor richteten die T4-Reinhardt-Männer ihr Augenmerk darauf, sämtliche Spuren des Massenmords zu verwischen: Das Gaskammergebäude wurde gesprengt und ein Teil der Baracken verbrannt. Die Massengräber wurden mit Sand eingeebnet und Kiefern angepflanzt. Zuletzt wurden die Zäune um das Lager abgerissen und die Minen von Sprengstoffexperten der Wehrmacht entfernt. Brauchbares Baumaterial und Einrichtungsgegenstände wurden wie in Treblinka an verschiedene deutsche Einheiten übergeben; so erhielt beispielsweise die Stadtkommandantur von Chełm die Schuster- und Schneidermaschinen. Der Hochsitz und die Gebäude, die beim Aufbau des Lagers konfisziert worden waren, wurden an die Post und das Forstamt zurückgegeben.[369]

Ende November oder Anfang Dezember 1943 wurden die letzten noch lebenden Häftlinge getötet und ihre Leichen verbrannt. Im Anschluss verließen die T4-Reinhardt-Männer das Lager, um einige Tage in der Heimat zu verbringen. Wie in Belzec und Treblinka blieben einige Trawniki-Männer zurück, um das Gelände des ehemaligen Vernichtungslagers zu bewachen. Sie verließen Sobibor erst im Frühling 1944. Die T4-Reinhardt-Männer verhafteten und internierten zu diesem Zeitpunkt bereits Juden an ihrem neuen Einsatzort im »Adriatischen Küstenland«.[370]

T4-Reinhardt-Männer im »Adriatischen Küstenland« (1943 bis 1945)

Das Ende der »Aktion Reinhardt« fiel zeitlich mit der Machtveränderung in Italien zusammen. Am 25. Juli 1943 wurde Benito Mussolini nach der Ankunft alliierter Truppen in Sizilien von König Vittorio Emanuele III. und dem faschistischen Großrat gestürzt und eine Militärdiktatur mit General Pietro Badoglio als neuem Regierungschef eingerichtet. Am 8. September 1943 wurde der italienisch-alliierte Waffenstillstand bekannt gegeben. Kurz darauf begann die Besetzung Italiens durch deutsche Truppen. Bis zum 11. September brachte die Wehrmacht das Gebiet von den Alpen bis zur Frontlinie »Salerno–Benevento–Eboli« unter ihre Kontrolle, während angloamerikanische Truppen den Süden Italiens besetzten. Das von deutschen Truppen okkupierte Gebiet wurde in »Operationszonen« und das »übrige besetzte Gebiet« aufgeteilt. Im »übrigen besetzten Gebiet« wurde Mussolini zugestanden, eine »Marionettenregierung«, die *Repubblica sociale italiana* (RSI) beziehungsweise »Republik von Salò« zu errichten, über die beiden großen Operationszonen verlor der italienische Staat seine Souveränität. Zur »Operationszone Adriatisches Küstenland« gehörte das Gebiet um Udine, Görz, Triest, Pola, Fiume/Rijeka und Laibach/Ljubljana, das dem Reichsstatthalter und Gauleiter von Kärnten, Friedrich Rainer, als Oberstem Kommissar unterstellt wurde. Die Provinzen Bozen, Trient und Belluno bildeten dagegen die »Operationszone Alpenvorland«.[371]

Am 13. September wurde Odilo Globocnik, den eine Freundschaft mit Rainer verband, zum Höheren SS- und Polizeiführer im »Adriatischen Küstenland« – mit Sitz in seiner Geburtsstadt Triest – ernannt. Globocnik verließ Lublin eine Woche nach seiner Nominierung und nahm treue Mitarbeiter mit, darunter sechs T4-Reinhardt-Männer (Wirth, Oberhauser, Stangl, Stadie, Geng und Baer) sowie 16 Angehörige seines Stabs in Lublin, von denen ebenfalls einige unmittelbar in die »Aktion Reinhardt« involviert waren (Georg Michalsen aus Höfles »Reinhardt«-Referat, der Kompanieführer aus Trawniki Johannes Schwarzenbacher und Globocniks Adjutant Ernst Lerch).[372]

In Triest versuchte Globocnik erneut, einen großen Personalstamm aufzubauen, und bat daher um die Übersendung des durch die Beendigung der »Aktion Reinhardt« frei gewordenen Personals aus seiner alten Dienststelle als SSPF. Doch sein Nachfolger Jakob Sporrenberg weigerte sich strikt, ihm weitere SS-Männer zur Verfügung zu stellen. Daraufhin vereinbarte Globocnik mit der Kanzlei des Führers die Überstellung der nunmehr beschäftigungslosen T4-Reinhardt-Männer nach Triest. Sie organisierten sich erneut als Netzwerk, und zwar als »Sonderabteilung R«, und operierten weitgehend autonom von den anderen Besatzungseinheiten. In den formalisierten Besatzungsapparat waren sie nur locker eingebunden. In ihren Zuständigkeitsbereich fiel insbesondere die Verhaftung der dort lebenden Juden, die Konfiszierung ihres Eigentums sowie die Führung des Lagers Risiera di San Sabba. Über diese Aufgaben hinaus beteiligten sie sich an der Bekämpfung der Partisanen. Auch im »Adriatischen Küstenland« nutzten die T4-Reinhardt-Männer die ihnen durch die direkte Unterstellung unter Globocnik gegebenen Handlungsspielräume exzessiv: So dehnten sie etwa bei der Verhaftung der Juden ihre Aktionen auf Personen außerhalb der Operationszone aus. Die Ausübung individueller Gewalt blieb ebenfalls weiterhin auf der Tagesordnung. Insbesondere politische Gefangene und Partisanen wurden häufig getötet: mit Giftgas, durch Erschießung, Erhängen und tödliche Schläge.[373]

Die »Sonderabteilung R«

Das T4-Reinhardt-Netzwerk war Ende 1943 numerisch reduziert: 18 der in den Vernichtungslagern eingesetzten T4-Reinhardt-Männer waren durch Aufstände, Selbstmorde und Unfälle ums Leben gekommen,[374] bis zu 25 waren aus unterschiedlichen Gründen ausgestiegen.[375] Die verbliebenen mindestens 78 T4-Reinhardt-Männer, das heißt etwa zwei Drittel des Netzwerks, wurden in die Operationszone »Adriatisches Küstenland« versetzt. Dabei handelte es sich vor allem um diejenigen, die bis zuletzt in den Vernichtungslagern aktiv waren. Die meisten kamen einzeln oder gruppenweise zwischen November 1943 und Januar 1944 nach Triest, vereinzelt auch T4-Mitarbeiter, die nicht in Polen eingesetzt waren, darunter auch weibliche Angestellte. Insgesamt gehörten dem Netzwerk im Küstenland etwa 100 T4-Mitarbeiter an.[376]

Ab der ersten Dezemberhälfte 1943 traten die T4-Reinhardt-Männer unter dem Sigle »Höherer SS- und Polizeiführer im Adriatischen Küstenland, Abteilung R« auf, sie wurden allgemein »Reinhardt« genannt.[377] Zum Teil firmierten sie auch auf dem Briefkopf des Befehlshabers der Sicherheitspolizei und des SD als »Abteilung R«.[378] Sie teilten sich nach den drei Standorten in die Abteilungen R I mit Sitz in Triest und vor allem in der Risiera, R II in Fiume und R III in Udine auf. Wirth wurde nach der »Euthanasie« und der »Aktion Reinhardt« nun auch Inspekteur der drei R-Abteilungen.[379] Die Inspektion übernahm wie zuvor in der Lubliner Zentrale Koordinations- und Verwaltungsaufgaben. Auch italienisches Personal, wie der Übersetzer Antonio Costré, war dort tätig.[380] Nach dem Tod von Wirth Ende Mai 1944 wurde die »Sonderabteilung R« kurzzeitig vom Kommandanten des Polizeihaftlagers Risiera, Gottlieb Hering, weitergeführt, der bereits in Polen Wirths Stellvertreter war. Dann übernahm der T4-Geschäftsführer Dietrich

Allers die Führung der Einheit.[381] Untergebracht war die Inspektion ab Herbst 1943 in der konfiszierten Villa des Unternehmers jüdischer Abstammung Guido Segre in der Via Murat. Nach der Bombardierung der Villa im Juni 1944 wurde der Dienstsitz in eine Wohnung in der Via Giustinelli verlegt, in der zuvor die schweizerisch-jüdische Familie Spierer gewohnt hatte.

Die Zugehörigkeit der Männer zu den einzelnen Abteilungen lässt sich in Ermangelung von Personallisten nur eingeschränkt rekonstruieren. Offenbar gab es eine hohe Fluktuation zwischen den Abteilungen. Von Anfang an waren die Aufgaben der Einheit vielseitig und nicht nur auf die Erfassung jüdischen Besitzes und die Festnahme von Juden beschränkt. Die Männer leiteten auch Arbeiten der Organisation Todt, warben Italiener für den Landschutz an und wirkten bei der Auflösung von italienischen Einheiten mit, die als unzuverlässig eingeschätzt wurden. Ab Frühjahr 1944 kamen zunehmend der Aufbau von Stützpunkten, Einsätze gegen Partisanen und die Sicherung der Straßen von Triest in die anderen Provinzhauptstädte als Aufgaben hinzu, insbesondere nachdem Globocnik im Juli 1944 zusätzlich zu seiner Funktion als Höherer SS- und Polizeiführer zum Leiter des Stellungsbaus im »Adriatischen Küstenland« ernannt worden war.[382]

Die folgende Tabelle fasst den jeweiligen Einsatzort der Männer zusammen. Ein Teil von ihnen (mit * gekennzeichnet) war zeitweise auch in anderen Abteilungen tätig.

Tabelle 3: Zusammensetzung der Abteilungen R I, R II und R III

Einheit	Leiter	Angehörige
R I (Triest)	Hering* Oberhauser	T4-Reinhardt-Männer: Baer, Barbl, Bauer*, Bolender*, Bredow, Dachsel*, Dietze, Dubois, Eisold, Fey, Forker, Franz*, Geng, Girtzig, Gley, Gringers, Großmann*, Hackenholt, Häusler*, Hengst*, Horn, Jührs, Klier, Koschewski, Lambert, Löffler, Matthes, Mätzig*, Miete*, Nowak, Oberhauser, Plikat, Post, Rehwald, Rost, Rum, Schiffner, Schluch, Schmidt, Schulze, Schwarz, Seidel, Seifert, Stadie*, Suchomel*, Tauscher, Unverhau, Wendlandt*, Franz Wolf*, Zänker Möglicherweise: Orlijewski und Arndt T4-Angehörige: Gerhard Schneider, Gerhard Siebert, August Köhler, Kurt Riedel, Albert Geis, Erich Fettke, Sekretärinnen

R II (Fiume)	Reichleitner Stangl* Börner	T4-Reinhardt-Männer: Bauer*, Bolender*, Dachsel*, Frenzel, Gomerski, Hiller, Hödl, Kamm, Ludwig, Richter, Stadie*, Steubl, Wagner, Wendlandt*, Franz Wolf*, Zierke T4-Angehörige: Helmut Fischer*
R III (Udine)	Stangl* Küttner Walther Fischer*	T4-Reinhardt-Männer: Beelitz, Gentz, Hengst*, Hering*, Kielminsky, Mätzig*, Miete*, Mentz, Münzberger, Pötzinger, Suchomel* Wahrscheinlich: Hirtreiter T4-Angehörige: Sekretärinnen
Einheit unklar		Möller, Müller, Seidler, Sporleder, Steubl, Sydow[383]

Die »Einheit R I« hatte ihren Sitz in der ehemaligen Reisfabrik Risiera di San Sabba, die in ein Haft-, Durchgangs- und Exekutionslager umfunktioniert wurde. Zunächst wurde die Abteilung vom Polizisten und Lagerleiter von Belzec, Gottlieb Hering, kommandiert, bis dieser von Wirths Nachfolger Dietrich Allers von seinem Posten abgesetzt wurde. Die Leitung der Abteilung und der Risiera übernahm in der Folgezeit der aktive SS-Angehörige Josef Oberhauser. Insgesamt waren in Triest mindestens 53 T4-Reinhardt-Männer – Wirth eingerechnet – vorübergehend tätig, von denen 20 bis 30 Männer in der Risiera eingesetzt wurden.[384]

Die »Abteilung R II« in Fiume – Sušak wurde vom ehemaligen Lagerleiter von Sobibor, Franz Reichleitner, geführt, bis dieser Anfang Januar 1944 von Partisanen getötet und durch den früheren Lagerleiter von Sobibor und Treblinka, Franz Stangl, ersetzt wurde. Stangl führte die Einheit bis Mai/Juni 1944. Ihm folgte der T4-Wirtschafter Gerhard Börner, der zuvor Wirtschaftsleiter in Sonnenstein war. Der Abteilung gehörten Stangl zufolge 25 bis 30 Männer an, davon konnten zusammen mit Reichleitner und Stangl 17 T4-Reinhardt-Männer identifiziert werden, von denen die meisten zuvor in Sobibor waren.[385]

Die »Abteilung R III« in Udine wurde zunächst von Stangl geleitet, bis dieser im Januar 1944 nach Fiume wechselte. Stangls Nachfolge trat der Chef des unteren Lagers in Treblinka, Fritz Küttner, an, bis dieser im Juli 1944 durch Allers abgesetzt wurde. Daraufhin übernahm Arthur Walther, der im Herbst 1942 Vertretungskommandant in Sobibor war, die Befehlsgewalt, bis er mit einem Teil der Männer nach Castelnuovo d'Istria (Podgrad) wechselte, um dort einen Stützpunkt zu errichten. Ihm folgte der T4-Rechnungsführer Helmut Fischer. Mit den Polizisten Stangl, Küttner und Walther waren mindestens 16 T4-Reinhardt-Männer in Udine und Umgebung tätig, zumeist Personal aus Treblinka. Die Einheit hatte ihren Sitz zunächst in der Via S. Martino. Nach einem Luftangriff wechselte sie zum Dienstsitz des SS- und Polizeikommandeurs von Udine.[386]

Die »Abteilung R« blieb im großen Ganzen bis zum Kriegsende intakt. Einzelne Männer wechselten vorzeitig zu den kämpfenden Truppen – auf eigenen Wunsch, aufgrund von Strafversetzungen wegen Undiszipliniertheit oder Schwierigkeiten mit dem neuen Leiter der »Sonderabteilung R«, Dietrich Allers. Unverhau kam im März 1944 zur Wehrmacht und wurde dort verschiedenen Sanitätskompanien zugeteilt; Gley ging als Ausbilder zur Waffen-SS nach Prag. Horn wurde im Herbst 1944 zurück in die Heilanstalt Arnsdorf und von dort zu einer Sanitätsdiensteinheit versetzt und Beelitz war zuletzt bei einem SS- und Polizeiregiment tätig. Plikat wurde wegen Undiszipliniertheit von Allers abgesetzt. Er war zunächst bei der Ordnungspolizei, kam dann zur Wehrmacht und fiel einige Tage vor Kriegsende im Kampf mit sowjetischen Soldaten in Berlin. Auch Seidler verließ Italien und starb als Gefreiter im November 1944 in Saporoshje in der Ukraine.[387]

Die meisten Männer blieben jedoch in Norditalien und zogen sich im April 1945 Richtung Österreich zurück, um nicht in die Hände jugoslawischer Einheiten zu fallen. Sie setzten sich gruppenweise ab, was zur Folge hatte, dass Männer wie Wolf, Bauer, Bredow, Frenzel, Dubois, Rehwald und Ludwig auch gemeinsam in amerikanische Kriegsgefangenschaft gerieten und in das große oberbayerische Gefangenenlager Bad Aibling kamen. Eine andere Gruppe, im Wesentlichen Männer der Einheit R III, wurde im amerikanischen Kriegsgefangenenlager Habach bei Weilheim interniert, darunter Großmann, Post, Schiffner, Schmidt, Stadie, Seidel, Münzberger, Mentz und Matthes. Andere, wie Lambert, Sporleder und Baer, kamen in Kirchbach bei Mauthen in englische Gefangenschaft und wurden von dort in das amerikanische Kriegsgefangenenlager Aalen in Baden-Württemberg überführt.[388] Erst in der Kriegsgefangenschaft löste sich das T4-Reinhardt-Netzwerk auf.

Partisaneneinsätze

Der Partisanenkampf, für den die T4-Reinhardt-Männer mit Polizeiuniformen ausstaffiert wurden, nahm in ihrer Tätigkeit der einen breiten Raum ein. Bereits im November 1943 war das »Adriatische Küstenland« zum »Bandenkampfgebiet« ernannt worden. Deutsche Einheiten kämpften hier an mehreren Fronten gegen starke slowenische, kroatische und italienische Partisaneneinheiten verschiedener Couleur. In einigen Regionen gelang es den Aufständischen, regelrechte Partisanenrepubliken einzurichten. Je nach Nationalität und politischer Herkunft verfolgten sie unterschiedliche, zum Teil entgegengesetzte Zielsetzungen. Diese standen im Kontext der Nationalitätenkämpfe in der Grenzregion, der Unterdrückung der lokalen slowenischen und kroatischen Bevölkerung während der faschistischen Italianisierung einerseits sowie der Ermordung von Italienern durch jugoslawische Partisanen unter Führung von Josip Tito in den sogenannten Foibe, den Karsthöhlen, andererseits. Die deutschen Einheiten antworteten auf den Widerstand mit roher Gewalt, häufig mit der Zerstörung ganzer Ortschaften, und verübten zahlreiche Kriegsverbrechen, bei denen auch Zivilisten ermordet wurden. Auch die T4-Reinhardt-Männer brandschatzten Ortschaften, wie das kroatische Dorf Vodice, aus dem sie einen Teil der Bevölkerung in die Risiera verschleppten. Wirth beziehungsweise Allers und Franz waren als Sicherungskommandanten für die Straße von Triest nach Fiume und San Daniele del Carso (Štanjel) zuständig, um diese vor Partisanen zu schützen.[389]

Für ihre »Kaltblütigkeit« und »Besonnenheit« während des Partisanenkampfs wurde ein Teil der Männer ausgezeichnet. Bolender bekam das Eiserne Kreuz II. Klasse für seinen »persönlichen Mut« und seine »Einsatzfreudigkeit« bei einem Partisaneneinsatz am 19. August 1944 am Monte Lisina. Die gleiche Auszeichnung erhielten auch Stangl und Walther. Letzterer hatte sich bei »weit mehr als zwanzig Bandeneinsätzen hervorragend bewährt« und »stets durch sein entschlossenes und mutiges Vorgehen seine Mannschaft mitgerissen«.[390] Das Eiserne Kreuz erhielt er vor allem für einen Einsatz am 14. September 1944 im slowenischen Tatre im Brkini-Gebirge, bei dem das Dorf eingeäschert worden war. Mit dem Kriegsverdienstkreuz II. Klasse wurden unter anderem Frenzel und Häusler ausgezeichnet.[391]

Der Kampf gegen die Partisanen führte aber nicht nur zur Auszeichnung von T4-Reinhardt-Männern, sondern forderte auch mindestens acht Tote, darunter maßgebliche Führungspersonen des Netzwerks. Es starben Reichleitner (3. Januar 1944), Gringers und Löffler (beide 30. April), Wirth (26. Mai), Schwarz (19. Juni), Richter (13. August), Pötzinger (22. Dezember) und zuletzt Fey (1945). Als Repressalie für den Tod von Wirth durch die vereinigte slowenisch-kroatische Partisanenformation »Istrski odred« wurden noch am selben Tag die Dörfer Beka und Ocizla im heutigen Slowenien geplündert und eingeäschert. Andere T4-Reinhardt-Männer wurden in den Kämpfen zum Teil schwer verletzt, wie Bolender, Franz, Mentz und Großmann.[392]

Einzelne Historiker mutmaßten, dass die Versetzung der Männer in das partisanenstarke »Adriatische Küstenland« dazu diente, Mitwisser des Massenmords zu beseitigen. Auch das Personal aus Kulmhof wurde zum Partisaneneinsatz nach Jugoslawien geschickt und erlitt dort größere Verluste. Vor Gericht sagten die T4-Reinhardt-Männer später aus, dass es Gerüchte gegeben habe, das T4-Personal nach dem Krieg auf einem Schiff zu versenken. Doch ist die Anzahl der Todesfälle unter den T4-Reinhardt-Männern im Vergleich zu den normalen Risiken von Fronteinsätzen insgesamt nicht besonders hoch, sodass zu vermuten ist, dass der Versetzung nach Triest nicht die Idee zugrunde lag, T4-Personal aus dem Weg zu schaffen.[393]

Die T4-Reinhardt-Männer bauten wie zuvor im Generalgouvernement eine Vielzahl von Außenbeziehungen mit deutschen und ausländischen Einheiten auf. Besonders deutlich zeigt sich dies beim Partisanenkampf, wo sie beispielsweise mit der 1. Gebirgs-Division der Wehrmacht zusammenarbeiteten.[394] Zudem konnten sie auf eine größere Gruppe von Trawniki-Männern zurückgreifen, die von Johannes Schwarzenbacher geführt wurde, bis dieser Anfang Juni 1944 im Kampf gegen Partisanen ums Leben kam. Oberhauser zufolge handelte es sich um circa 200 Männer, von denen die Hälfte in Triest stationiert war.[395] Unter ihnen befanden sich mindestens ein Dutzend Wachmänner, die sich zuvor in den Vernichtungslagern bei besonderen Aufgaben bewährt hatten, darunter »Ivan der Schreckliche« (Ivan Marchenko) und Nikolaj Shalayev, die in Treblinka bei den Gaskammern eingesetzt waren.[396]

Darüber hinaus konnten die T4-Reinhardt-Männer auch auf lokale, das heißt insbesondere italienische, aber auch slowenische und kroatische Einheiten zurückgreifen, die zum Teil in das SS-Wachmannschafts-Bataillon der Ukrainer integriert wurden. Mit der Führung der fremdsprachigen Bataillone wurde Wirth beziehungsweise nach dessen Tod Allers von Globocnik beauftragt. Wirth strebte von Anfang an eine gute Zusammenarbeit mit den prodeutschen faschistischen Truppen, den Forze Armate Fasciste, an, mit denen er gemeinsam einen Sieg erringen und zur Befreiung der italienischen Landstriche von Partisanen beitragen wollte.[397] Bei den italienischen Einheiten handelte es sich wahrscheinlich um italienische Zöllner und den neu gegründeten »Landschutz« (Milizia per la Difesa Territoriale). Die ausländischen »Freiwilligen« arbeiteten zum Teil aus Überzeugung, zum Teil aus Angst vor einer Bestrafung mit den Besatzern zusammen. Einsatzkräfte, die sich verweigerten, wurden als »italienische Militärinternierte« oder als politische Häftlinge nach Deutschland deportiert. Ausgebildet wurden die »Freiwilligen« von Oberhauser, Schwarz, Franz und Stadie[398] und dann zur Bewachung von Magazinen und zur Sicherung der Hauptstraßen von Triest nach Fiume, Udine, Pola und Laibach eingesetzt. Sie nahmen auch an Verhaftungen von politischen Gegnern und im Kampf gegen die Partisanen teil.[399]

Eine gute Zusammenarbeit – bei der Verhaftung von Partisanen, aber auch von Juden – pflegten die T4-Reinhardt-Männer auch mit der italienischen Sicherheitspolizei, dem Ispettorato speciale di Pubblica Sicurezza per la Venezia Giulia (Sonderinspektion der Öffentlichen Sicherheit für Julisch-Venetien) unter Leitung von Giuseppe Gueli. Insbesondere der dort beschäftigte Polizist Gaetano Collotti, der die berüchtigte *Banda Collotti* befehligte, spielte ihnen dabei in die Hände.[400]

Verhaftung von Juden und Konfiszierung jüdischen Eigentums

Gegen Ende des Jahres 1943 wurden die T4-Reinhardt-Männer beauftragt, die Provinzen Udine, Triest, Görz und Pola »judenfrei«[401] zu machen. Die »Judenaktion«, so Suchomel 1963 in einer Zeugenaussage, sollte also »im beschränkten Umfange«[402] weitergehen. Beschränkt war die Aufgabe zum einen dadurch, dass die »Sonderabteilung R« nur die Verhaftung und Internierung der jüdischen Bevölkerung, also nicht deren Deportation und Ermordung übernehmen sollte. Zum anderen gab es, wie sich Suchomel ausdrückte, »praktisch fast keine Juden mehr«,[403] die Zahl von etwa 3500 Juden, die zu Beginn der deutschen Besatzung noch im »Adriatischen Küstenland« ansässig waren, erschien im Vergleich zu den über anderthalb Millionen ermordeten Menschen verschwindend gering.[404] Erschwert wurde die Verhaftung der Juden dadurch, dass diese vereinzelt lebten und nicht ghettoisiert wie in Polen, erleichtert wurde sie wiederum durch die Tatsache, dass die deutschen Besatzer, anders als auf dem Territorium der Republik von Salò, im »Adriatischen Küstenland« autonom waren und auf italienische Belange keine Rücksicht nehmen mussten. Sie konnten eigenständig Verhaftungen vornehmen und das Vermögen von Juden für die deutsche Reichskasse konfiszieren. Es ist möglich, dass die T4-Reinhardt-Männer zunächst damit beauftragt wurden, das Eigentum zu beschlagnahmen, und sich daraus die Verhaftung von Juden ergab.

Die erste Verhaftung, die von T4-Reinhardt-Männern durchgeführt wurde, geht nachweislich auf den 30. Dezember 1943 zurück.[405] Davor lag die Zuständigkeit für die Verhaftung von Juden bei der Dienststelle des Befehlshabers der Sicherheitspolizei und des SD, Ernst Weimann, der zugleich auch Leiter des Referats IV (Gestapo) war. Weimanns Dienststelle hatte im Dezember 1943 zusammen mit den Kollegen in der Republik von Salò bereits einen Zug nach Auschwitz organisiert und sollte auch in der Folgezeit für die Züge verantwortlich sein.[406] Hilfestellung, insbesondere bei der Erfassung der Juden, lieferte das Centro per lo studio del problema ebraico (Zentrum für das Studium des jüdischen Problems) in Triest. Weitere Informationen über die Wohnorte der jüdischen Bevölkerung im »Adriatischen Küstenland« konnten von den Quästuren, den Melde- und Grundbuchämtern und durch Konfiszierung der Unterlagen der Israelitischen Gemeinde von Triest ermittelt werden.[407]

Mithilfe dieser Verzeichnisse suchten die T4-Reinhardt-Männer systematisch Wohnungen auf. Ein Teil der Juden war allerdings, verunsichert durch die vorangegangenen Verhaftungen und durch die alarmierenden Berichte von Flüchtlingen aus Osteuropa, die Triest als Durchgangshafen nutzten, untergetaucht. Andere waren in ihren Wohnungen geblieben, weil sie keine finanziellen Möglichkeiten zur Flucht hatten oder eine solche aus gesundheitlichen Gründen nicht auf sich nehmen konnten. Und wieder andere wussten nichts über die ihnen drohende Gefahr.[408] Zunächst brachten die T4-Reinhardt-Männer die verhafteten Personen in das Triester Stadtgefängnis Coroneo, ab Februar 1944 in das ihnen unterstellte »Polizeihaftlager« Risiera.[409]

In Triest führte die »Abteilung R I« insbesondere zwischen Januar und März 1944 einige größere Verhaftungsaktionen durch, vor allem in Krankenhäusern, aus denen die betroffenen Patienten nur schwer fliehen konnten.[410] In der Provinz Fiume (mit den Städten Abbazia, Sušak, Arbe und Laurana), wo nach Triest die meisten Juden lebten, kam es ab Ende Januar 1944 zu Festsetzungen durch die »Abteilung R II«.[411] Die »Abteilung R III«, in deren Umkreis weniger Juden lebten, verhaftete einige Dutzend Männer, Frauen und Kinder in den Dörfern der Provinz Udine. In der Provinz Pola waren bereits im Herbst 1943 Juden verhaftet worden, möglicherweise unter Beteiligung von T4-Reinhardt-Männern wie Geng und Oberhauser. Diese waren zu dieser Zeit für einige Wochen in der Provinz eingesetzt, bis dort eine Außenstelle der Sicherheitspolizei eingerichtet war. In der Provinz Görz oblag im Herbst 1943 die Zuständigkeit für die Verhaftungen dagegen anderen Einheiten.[412]

Im Sommer und Herbst 1944 verhafteten die T4-Reinhardt-Männer auch Juden aus dem Territorium der Republik von Salò und überführten diese in die Risiera. Stangl und Hödl bezogen dafür im Juni 1944 ihren Dienstsitz vorübergehend in Mestre-Venedig und organisierten von dort aus vor allem die Verhaftungen in Krankenhäusern in Venedig im August und Oktober 1944. Diese fielen zeitlich mit der Auflösung des zentralen Durchgangslagers Fossoli bei Carpi (Modena) zusammen, wo die Gefangenen aus der RSI vor ihrer Deportation gesammelt wurden. Die Versetzung der T4-Reinhardt-Männer in die Republik von Salò ist ungewöhnlich, da Globocnik für dieses Gebiet keine Befehlsgewalt hatte. Dort waren zu dieser Zeit zum einen italienische Polizeieinheiten für die Verhaftung der Juden zuständig, zum anderen das »Judenreferat« des Befehlshabers der Sicherheitspolizei und des SD in Verona. Die Verhaftungen waren dementsprechend nur durch die Kooperationsbereitschaft der deutschen, aber auch der italienischen Polizei auf dem Territorium der RSI möglich.[413]

In den Herrschaftsbereich der RSI drangen Stangl und die T4-Reinhardt-Männer auch bei anderen Verhaftungsaktionen ein. Im Juli 1944 organisierten sie die Überstellung der von italienischen Polizeieinheiten in den Provinzen Padua und Rovigo verhafteten Juden aus dem italienischen Internierungslager Vo' Vecchio in die Risiera. Im August 1944 lieferten sie jüdische Patienten aus der Klinik Prosdocimi in Morocco di Mogliano in der Nähe von Treviso dort ein und am 11. Oktober Patienten der Klinik De Gironcoli in Conegliano aus der Provinz Treviso. In die Risiera wurden auch jugoslawische Juden gebracht, die zuvor im italienischen Militärinternierungslager auf der Insel Rab (Arbe) festgehalten worden waren.[414] Insgesamt wurden mehr als 1000 Juden aus der Operationszone »Adriatisches Küstenland« nach Auschwitz-Birkenau und in andere Lager deportiert.[415]

Von der Risiera wurden die Gefangenen in einem grauen Omnibus der Reichspost, der bereits während der »Euthanasie«-Aktion für den Transport der Kranken genutzt worden war, in die Nähe des Bahnhofs Triest gebracht und dort – versteckt vor den Blicken der Triester Bevölkerung – in Güterwaggons verladen. Da es sich zumeist um sehr kleine Transporte handelte, wurden die Waggons an größere Züge gehängt. 19 Züge fuhren nach Auschwitz; nach der Schließung von Auschwitz gingen drei Züge von Triest nach Ravensbrück und Bergen-Belsen. In seltenen Fällen kam es vor, dass T4-Reinhardt-Männer den Konvoi streckenweise begleiteten, wenn sie zum Urlaub in die Heimat fuhren.[416]

Anders als im Durchgangslager Fossoli, aus dem sogenannte »Mischlinge« – von Ausnahmen abgesehen – nach Buchenwald und Ravensbrück deportiert wurden, wurden aus Triest auch »Mischlinge« jüdischer und katholischer Religion nach Auschwitz verschleppt. Andere »Mischlinge« wurden dagegen – zum Teil gegen Zahlung von Bestechungsgeldern – wieder freigelassen. Ihre Deportation im Lauf des Jahres 1944 ging möglicherweise auf einen Geheimbefehl Himmlers zurück, alle »Mischlinge« aus dem »Adriatischen Küstenland« zu deportieren. Es ist aber auch nicht ausgeschlossen, dass die T4-Reinhardt-Männer eigenmächtig Verhaftungen vorgenommen haben.[417]

Ungewöhnlich ist auch die Deportation politischer Gefangener aus Triest nach Auschwitz, wobei nicht festzustellen ist, auf welche Veranlassung diese zurückging. Vor allem Frauen waren von diesen gemeinsam mit den jüdischen Gefangenen zwischen Januar und Oktober 1944 erfolgenden Transporten betroffen, ein Teil der Frauen wurde im September 1944 in ein Außenlager von Mauthausen (Hirtenberg) überführt. Die meisten politischen Häftlinge kamen in andere Konzentrationslager, nach Dachau, Buchenwald, Mauthausen, Flossenbürg und Ravensbrück.[418]

Die Verschleppungen nach Auschwitz wurden nach bekannter T4-Manier als Verschickung zur Arbeit oder auf andere Weise verschleiert. So antwortete etwa Oberhauser auf die wiederholte Nachfrage der nicht jüdischen

Mutter der Auschwitz-Überlebenden Ida Ascoli, die sich nach dem Schicksal ihrer Tochter und ihres Mannes erkundigte, er »bedaure«, ihr mitteilen zu müssen, dass ihre Angehörigen, »die am 20. Juli 1944 in ein Auffanglager weiter ins Innere Deutschlands transportiert wurden, einem an diesem Tage stattfindenden Bombenangriff zum Opfer gefallen sind«.[419]

Von Beginn an beschlagnahmten die T4-Reinhardt-Männer in den verschiedenen Provinzen auch jüdisches Eigentum. Anders als im Generalgouvernement kamen die Besitztümer nicht der SS, sondern der Zivilverwaltung zugute. Bei der Konfiszierung arbeitete die »Sonderabteilung R« der Abteilung 4 (Judenvermögen) des Arbeitsbereichs III (Finanzen) des Obersten Kommissars Friedrich Rainer zu. Zuständigkeiten und Kompetenzen dieser Zusammenarbeit klärte Wirth mit Angehörigen der Abteilung, die dem Südtiroler Alois Fischbach unterstand, bei einer Besprechung am 16. Dezember 1943. Während die T4-Reinhardt-Männer die Besitztümer in den Wohnungen und Geschäften der Juden beschlagnahmten und sicherstellten, übernahm die Verwaltung III/4 die listenmäßige Aufstellung und Inventarisierung des »beschlagnahmten Judengutes«.[420] Während sogenannter »Erhebungsdienste« nahmen jeweils zwei T4-Reinhardt-Männer grob das Inventar der Wohnungen auf und versiegelten diese anschließend. Das konfiszierte Mobiliar, die Einrichtungsgegenstände und die Kleidung wurden in die Risiera gebracht, wo jüdische Gefangene alles sortierten und magazinierten. Darüber hinaus verschafften sich die T4-Reinhardt-Männer einen Überblick über den jüdischen Grundbesitz und das »Judenvermögen« bei den italienischen Banken.[421]

Die Besatzer versprachen sich viel von dieser groß angelegten Konfiszierungsaktion, denn nach den – freilich hochgesteckten – Verlautbarungen des Generalkonsuls Ernst von Druffel verfügte die jüdische Bevölkerung in Triest über 45,6 Millionen Reichsmark. Letztendlich wurden von der »Abteilung R« und der Unterabteilung III/4 bis Ende 1945 1420 Vermögenskomplexe beschlagnahmt. Konfisziert wurde überdies Schmuck im Versicherungswert von 2 Millionen Reichsmark, 313533 Aktien und Staatspapiere, die bei der Banca Commerciale Italiana hinterlegt waren, Bankguthaben sowie der Inhalt von Sicherheitskassetten. Insgesamt beliefen sich die »Judenvermögen« auf einen Schätzwert von etwa 35 Millionen Lire. Die Besatzer hatten demgegenüber 14 Millionen Lire als Ausgaben zu verzeichnen. Nutznießer der Konfiszierungen waren »Kaufwillige« vor Ort, Einwohner von Berlin, wohin »Umzugsgut« bis Mai 1944 in über 300 Waggons verschickt wurde, und von Rainers Heimatgau Kärnten. Kunstgüter wurden nach Wien verschickt.[422]

Vorstöße der »Abteilung Reinhardt«, einen Teil des Vermögens nach gewohnter Manier für eigene Zwecke – wie etwa die »Judenaktionen« – abzuzweigen, scheiterten an der Durchsetzungskraft der Zivilregierung. Der Arbeitsbereich III stellte ihr stattdessen im Frühjahr 1944 zwei Millionen Lire für diese Zwecke zur Verfügung, verpflichtete sie aber dazu, ihre alleinige Verfügungsgewalt über das restliche Vermögen anzuerkennen. Dennoch schafften die T4-Reinhardt-Männer auch im »Adriatischen Küstenland« zur eigenen Bereicherung noch beträchtliche Summen beiseite. In Einzelfällen ließen sie sich auch – etwa gegen Zahlung der hohen Summe von 300000 Lire – bestechen, verhaftete Juden oder andere Gefangene wieder freizulassen. Eine nicht jüdische Frau, die zusammen mit ihrem jüdischen Mann und ihren Kindern verhaftet worden war, wurde Ende Oktober 1944 gar von T4-Reinhardt-Männern ermordet, weil sie bei ihrer Freilassung auf der Rückgabe ihrer konfiszierten 30000 Lire bestanden hatte.[423]

Wie bei den Verhaftungen der Juden stießen die T4-Reinhardt-Männer auch im Falle der Konfiszierungen bis in das Territorium der Republik von Salò vor. Häusler überprüfte in Mailand und Turin jüdische Geschäfte. Die Versetzung des T4-Reinhardt-Mannes ist ungewöhnlich, da es in beiden Städten »Judenreferenten« bei der lokalen Gestapo gab. Die von den Juden konfiszierten Gelder, Betriebe und Immobilien fielen zudem dem italienischen Staat zu, Häusler hätte also theoretisch keinen Handlungsspielraum für Konfiszierungen gehabt. Auf dem Territorium der RSI sollten die T4-Reinhardt-Männer zudem einem Sonderauftrag nachgehen: Stangl wurde beauftragt, die »Löwen von San Marco« in Venedig für die Sammlung des Reichsmarschalls Göring in Carinhall zu beschaffen. Allers wiederum sollte gemeinsam mit Görings Agenten Josef Angerer in Florenz Kunstschätze für Göring konfiszieren.[424]

Das »Polizeihaftlager« Risiera di San Sabba

Der Gebäudekomplex der ehemaligen Reismühle im Triester Stadtviertel San Sabba, in dem die Abteilung R I ihren Dienstsitz hatte, diente den Männern ab Februar 1944 als »Polizeihaftlager« mit verschiedenen Funktionen. Die Risiera fungierte als Sammel- und Durchgangslager für jüdische und politische Häftlinge sowie als Verhör-, Folter- und Exekutionsstätte für politische Gefangene. Insofern wurden dort nicht nur Juden, sondern auch slowenische, italienische und kroatische Partisanen, politische Gefangene, Geiseln und Einsatzkräfte, die die Zusammenarbeit mit den deutschen Besatzern abgelehnt hatten, inhaftiert. Schätzungen zufolge waren in der Risiera 15000 bis 25000 Personen vor ihrer Deportation oder Ermordung interniert.[425] Die Gefangenen wurden sowohl von den T4-Reinhardt-Männern als auch von anderen Einheiten, wie der italienischen Polizei, der deutschen Sicherheitspolizei und dem SD oder dem Einsatzstab der Bandenkampfverbände, eingeliefert. Außerdem diente die Risiera als Magazin für die konfiszierten Besitztümer der Juden und auf dem Gelände befanden sich auch die Unterkünfte der T4-Reinhardt-Männer sowie der italienischen und ukrainischen Hilfskräfte.[426]

Die italienischen Einsatzkräfte, die den T4-Reinhardt-Männern neben einigen Trawniki-Männern in der Risiera zur Verfügung standen, stammten aus der ehemals antifaschistischen Einheit namens »Battaglione Davide« (»Battaglione Patrioti Italiani«), die wie eine Partisaneneinheit organisiert war, aber zuletzt in Görz mit deutschen Verbänden zusammengearbeitet hatte und von diesen finanziert worden war. Ende April 1944 waren die Männer des Bataillons wegen des Vorwurfs, Kontakt zu Titos Partisanen aufgenommen zu haben, verhaftet und in die Risiera gebracht worden. Aus dem Regiment wurden »zuverlässige«[427] Männer ausgesucht, die zum Dienst für die Deutschen bereit waren und in der Folgezeit als Kompanie des SS-Wachmannschafts-Bataillons in der Risiera als Hilfswachen, aber auch zu Razzien, Befestigungsarbeiten und zur Straßensicherung eingesetzt wurden. Diejenigen, die nicht zur Kollaboration bereit waren oder nach verschiedenen oberflächlichen Prüfungen aussortiert wurden, darunter auch der Bataillonsführer Giovanni Davide Ferrero, wurden nach Deutschland deportiert. Zwei der Männer wurden im Hof der Risiera ermordet, weil ihnen ein Mangel an Disziplin vorgeworfen wurde. Angehörige des Bataillons wurden als Exekutoren ausgewählt, um ihre Loyalität gegenüber der »Sonderabteilung R« unter Beweis zu stellen. Da sie einen der Männer nur verletzten, erschoss ihn der Spieß Stadie.[428]

Die Tätigkeit der »Abteilung R I« war insbesondere gegenüber politischen Gefangenen und Partisanen durch Gewalt gekennzeichnet. Es kam oft vor, dass diese während der Verhöre, die häufig Wirth und Allers durchführten, gefoltert wurden. Zudem wurden mehrmals wöchentlich Häftlinge gruppenweise und zumeist nachts ermordet, durch Schläge, Schüsse, Erhängen und durch den Gebrauch von Giftgas. Wie in Belzec bauten die T4-Reinhardt-Männer – wahrscheinlich erneut auf Initiative von Hackenholt – ein Fahrzeug in einen »Gaswagen« um. Zeugen beschrieben ihn als ein Postauto ohne Fenster. Die Schreie der Opfer während der Tötungen waren für die übrigen Gefangenen hörbar, auch wenn die T4-Reinhardt-Männer versuchten, diese mit aus Lautsprechern schallender Musik und Hitler-Reden zu übertönen. Verantwortlich für die Morde in der Risiera waren unter anderem der Spieß Stadie und ein einarmiger Mann, entweder Wendlandt oder Orlijewski, sowie einige Trawniki-Männer.[429] In der historischen Forschung wird heute von 1000 bis 5000 Opfern ausgegangen.[430]

Zur Verschleierung der Morde bauten die T4-Reinhardt-Männer im Frühjahr 1944 einen primitiven Ofen zur Verbrennung der Leichen. Der Maurer

Lambert schlug dafür, möglicherweise zusammen mit Rehwald, ein Loch in den auf dem Gelände stehenden Fabrikschlot, um diesen als Rauchabzug zu nutzen. Neben den Schlot zog er Wände hoch, auf die er Gusseisenstäbe legte und diese einmauerte. Der offene Ofen bot Raum für mehrere Leichen. Die von den Trawniki-Männern betriebene »Menschenverbrennungsanlage«, wie der T4-Reinhardt-Mann Gley sie 1967 nannte,[431] wurde wahrscheinlich im April 1944 in Betrieb genommen. Verbrannt wurden hier Opfer von Vergeltungsexekutionen anderer Einheiten. Asche und restliche Leichenteile wurden ins Meer geworfen. Kurz vor Kriegsende wurde die Anlage von Hackenholt gesprengt, um die Beweise für die Massenmorde zu vernichten.[432]

Abgesehen von einzelnen italienischen und ausländischen Juden und Jüdinnen wurden die jüdischen Gefangenen in der Risiera nicht ermordet. Das Gefängnis fungierte in ihrem Fall als Durchgangslager auf dem Weg nach Auschwitz oder später in die Konzentrationslager im Reich. Die meisten Gefangenen wurden nach kurzer Zeit, in der Regel innerhalb weniger Wochen, deportiert. Wie in den Lagern in Polen sorgten die T4-Reinhardt-Männer auch in der Risiera nicht für eine ausreichende Ernährung; die hygienischen Bedingungen waren – auch für Frauen und Kinder – katastrophal und wie die »Arbeitsjuden« wurden die jüdischen Gefangenen zur Arbeit gezwungen. Die Häftlinge mussten Uniformen und Kleidung für private Zwecke der T4-Reinhardt-Männer schneidern; andere Gefangene waren als Schuster, in der Küche, im Pferdestall, im Holzhacker- oder Sägekommando beschäftigt, wurden zur Sortierung und Sammlung des konfiszierten Besitzes eingesetzt und mussten die Räumlichkeiten und die Exekutionsstätte reinigen. Die Gefangenen, die sich am 29. April 1945, als die T4-Reinhardt-Männer die Stadt verließen, noch in der Risiera befanden, wurden von Oberhauser freigelassen.[433]

Zum Verhaltensrepertoire der T4-Reinhardt-Männer gehörten wie schon in den Vernichtungslagern Korruption, Gewalt sowie Trinkgelage mitsamt Orgien und Essbanketten. Es gibt auch Hinweise darauf, dass sie ihre Machtstellung für sexuelle Kontakte zu Gefangenen nutzten.[434]

Vor allem durch ihre Aktivitäten in der Risiera di San Sabba machten sich die T4-Reinhardt-Männer auch in der Operationszone »Adriatisches Küstenland« einen Namen. Die »Sonderabteilung R« steht in der kollektiven Erinnerung an die Besatzungszeit als Inbegriff für Gewalt und Willkür. Aufgrund der Brutalität der Männer, der vergleichsweise hohen Opferzahl und der Existenz des Krematoriums wurde die Risiera lange Zeit als »Vernichtungslager«[435] bezeichnet. Auch wenn sich das Lager kaum mit den Todeslagern vergleichen lässt, so verweist diese Bezeichnung doch auf die gewaltsamen Spuren, die die T4-Reinhardt-Männer in Norditalien hinterlassen haben.

Das Profil des T4-Reinhardt-Netzwerks

In den drei Phasen der Existenz der Vernichtungslager zeigten sich die T4-Reinhardt-Männer als eigenständige und eigenverantwortliche Akteure, die – in flachen Hierarchien – die Lager aufbauten, diese effizient gestalteten und später weitere Aufgaben an sich zogen. Sie verfügten über große Handlungsspielräume und trugen somit auch eine große Verantwortung – und Schuld – bei der Ermordung der Juden. Im Folgenden sollen die Herkunft der Männer, die situativen Bedingungen ihrer Taten sowie die individuellen Beweggründe und Handlungsmuster analysiert werden. Die Handlungsspielräume wurden von den Tätern in unterschiedlicher Weise sowohl in Bezug auf ihre Gewalttätigkeit als auch die funktionale Verbesserung des Vernichtungssystems genutzt, sodass eine Typologisierung der Täter anhand der Merkmale Gewalttätigkeit und Einsatzbereitschaft vorgenommen werden kann.

Sozial- und Milieustrukturen des Täterkollektivs

In den Biografien der 121 T4-Reinhardt-Männer finden sich zahlreiche Gemeinsamkeiten, sodass sich der Ansatz der »kollektiven Biografie« sinnvoll anwenden lässt.[1] Der Ansatz sieht die vergleichende, empirische und quantitativ gestützte Analyse individueller Lebensläufe vor, um Aufschlüsse über gemeinsame Sozial- und Milieustrukturen zu erhalten. Bei den T4-Reinhardt-Männern bietet sich dabei über einen Vergleich der klassischen Merkmale wie Alter, geografische Herkunft, politische Zugehörigkeit, Berufe, Familienstand hinaus zusätzlich auch die Untersuchung der während der »Euthanasie« ausgeübten Tätigkeiten an.

Altersstruktur: Kriegsjugendgeneration und Kriegskindheitsgeneration

Das T4-Reinhardt-Netzwerk weist einen hohen Grad an Homogenität in Bezug auf die Geburtenjahrgänge auf: Etwa 86 Prozent der Männer wurde zwischen 1900 und 1914 geboren. Zu den vor der Jahrhundertwende geborenen Tätern zählten hauptsächlich Polizisten und Lagerleiter wie Wirth und Hering, die führende Positionen innehatten. Die Anzahl der Männer pro Geburtskohorten, das heißt für jeweils fünf Jahre, wird in der folgenden Tabelle verdeutlicht.

Tabelle 4: Altersstruktur des T4-Reinhardt-Netzwerks

Geburtsjahr	1880–1884	1885–1889	1890–1894	1895–1899	1900–1904	1905–1909	1910–1914	1915–1919	?	Insgesamt
Gesamtnetzwerk	1 0,8 %	3 2,5 %	6 5 %	3 2,5 %	28 23,1 %	38 31,4 %	38 31,4 %	3 2,5 %	1 0,8 %	121
Belzec	1	2	3	1	4	10	14	2	0	37
Sobibor	0	0	1	0	15	16	22	1	0	55
Treblinka	1	1	2	2	15	18	15	1	1	56

Demnach wurden nur 13 T4-Reinhardt-Männer noch während des Kaiserreichs politisch sozialisiert. Mehr als die Hälfte entstammte den Jahrgängen 1900 bis 1909: Für diese Männer waren der Umbruch vom Kaiserreich zur Weimarer Republik sowie der Erste Weltkrieg während ihrer Kindheit und Jugend prägende Ereignisse. Über 30 Prozent der Männer wurden gegen Ende des Kaiserreichs geboren, verbrachten die Kindheit im Krieg und während der einschneidenden Umbrüche nach dem Krieg. Der jüngste Akteur des T4-Reinhardt-Netzwerks – Graetschus – war zu Beginn der »Aktion Reinhardt« 25 Jahre alt.

Der größte Teil der Männer gehörte somit der »Kriegsjugendgeneration« (Geburtenjahrgänge 1900 bis 1910) an. Dieser Begriff geht auf eine Definition von Günther Gründel aus dem Jahre 1932 zurück. Die nach 1910 Geborenen lassen sich in Anlehnung daran als »Kriegskindheitsgeneration« bezeichnen. Seit den Studien von Ulrich Herbert zu Werner Best und Michael Wildt zum Reichssicherheitshauptamt wurde auf die Bedeutung dieser Jahrgänge für die nationalsozialistischen Gewaltverbrechen häufig hingewiesen. Herbert bezeichnete die politische Generation als »Generation der Sachlichkeit«; Wildt definierte sie als »Generation des Unbedingten«. Beide hoben den besonderen generationellen Stil und die gemeinsamen Erfahrungen hervor, die eine wesentliche Grundlage für die spätere Täterschaft bildeten. Weitere Studien bestätigten die Befunde zur Bedeutung dieser Jahrgangskohorten, auch wenn vor Verallgemeinerungen gewarnt und eine Einbeziehung anderer Faktoren sowie situativer Bedingungen gefordert wurde.[2]

Zwar lässt sich mit der Generationszugehörigkeit keineswegs das Denken, Fühlen und Handeln einer ganzen Gruppe und damit ihre Beteiligung an den NS-Verbrechen vollständig erklären. Dennoch bietet der Blick auf den kollektiven Lebenslauf der Kohorten und die wichtigen Zäsuren in ihrem Leben – vor allem der Erste Weltkrieg – Aufschlüsse auf identitätsstiftende Wahrnehmungs- und Deutungsmuster. Diese wiederum können zu gemeinsamen, spezifischen Handlungen, in diesem Fall die Beteiligung an nationalsozialistischen Gewaltverbrechen, führen. Ulrike Jureit und Michael

Wildt haben diesen Zusammenhang mit den vier den »Generationsbegriff« charakterisierenden Aspekten Identitätskonstruktion, Kollektivbezug, Erfahrungsgemeinschaft und Handlungsrelevanz beschrieben.[3]

Dass dieser Zusammenhang zwischen Geburtsjahr und gemeinsamen Verhaltensweisen – selbst bei generationsstiftenden Ereignissen wie dem Ersten Weltkrieg – nicht allumfassend ist, wurde bereits vom Wissenssoziologen Karl Mannheim herausgestellt. Er differenzierte 1928 das spezifische Verhältnis der Generationen zum historischen Kontext, in dem sie leben, nach »Generationslagerung«, »Generationszusammenhang« und »Generationseinheiten«. Die »Generationslagerung« beschreibt er als reine Zugehörigkeit zu einander verwandten Geburtsjahrgängen. Diese bietet die Grundlage für den »Generationszusammenhang«, das heißt die verwandte Lagerung dieser Jahrgänge in einem historisch-sozialen Raum mit gemeinsamen Erlebnissen und Zäsuren. Innerhalb dieses Generationszusammenhangs gibt es verschiedene »Generationseinheiten«, die die gemeinsam erlebten Ereignisse in jeweils ähnlicher Form verarbeiten.[4]

Nicht nur aufgrund der Zugehörigkeit zu benachbarten Geburtenjahrgängen lassen sich die T4-Reinhardt-Männer im Sinne Mannheims einer bestimmten »Generationseinheit« zuordnen, welche die Teilhabe an einem gemeinsamen Schicksal in ähnlicher Weise verarbeitete und in ähnlicher Form auf die Erlebnisse reagierte. Der Erste Weltkrieg stand als Zäsur im Zentrum der Vorkriegskohorten und somit vieler T4-Reinhardt-Männer, die noch zu jung waren, um selbst am Krieg teilzunehmen. Ihre Kindheit war durch das durch Nationalismen aufgeheizte Kriegsklima und die Kriegspropaganda, die aus den gewaltsamen Kämpfen ein Abenteuer machte, geprägt. Die fehlenden Väter, die als Frontsoldaten in den Krieg zogen, wurden von den Kindern als Kriegshelden imaginiert und somit als allmächtig idealisiert. Als der Erste Weltkrieg mit einer Niederlage und dem Zusammenbruch der alten Welt endete, schenkten viele Jugendliche Verschwörungstheorien wie der Dolchstoßlegende Glauben, statt die nationale »Schmach« zu akzeptieren. Sie können mit Mannheim als eigene »Generationseinheit« beschrieben werden, die stärker als andere die Ohnmacht spürte, die nach Norbert Elias den Nationalcharakter der Deutschen prägte. Diesen Jugendlichen und jungen Männern gelang es nicht, den Widerspruch zwischen dem überzogenen Anspruch nach einer Großmachtstellung des Deutschen Reiches und der Wirklichkeit, mit der sie nach der Niederlage konfrontiert waren, aufzulösen. Während Teile der Bevölkerung der Weimarer Republik den Krieg als sinnloses Opfer und massenhaftes Sterben deuteten, entwickelten diese Jugendlichen und jungen Männer keine pazifistische Haltung als Antwort auf die entfesselte Gewalt. Vielmehr stilisierten sie in ihren Fantasien den Krieg, den sie nicht persönlich in seinem Leid und Schrecken kannten, zu einem zentralen und heroischen Erlebnis und interpretierten ihn als Geburtsstätte eines neuen Menschentypus, dessen Tugenden Vaterlandsliebe, Soldatentum, Kampf, Härte, Opferbereitschaft und Erbarmungslosigkeit waren. Für alle aus ihrer Sicht negativen Entwicklungen machten sie – nach der im Krieg propagierten einfachen Freund-Feind-Unterscheidung – als fremd definierte Gruppen verantwortlich.[5]

Statt des erhofften Sieges erlebten die Vorkriegskohorten in ihrer Jugend die Nöte der instabilen Nachkriegsjahre der Weimarer Republik, die von politischen Auseinandersetzungen und wirtschaftlichen Krisen geprägt waren. Als sie erwachsen und politisch mündig wurden und in die Arbeitswelt einsteigen wollten, erschütterte die große Wirtschaftskrise die politisch geschwächte Weimarer Republik. Gerade die noch jungen und unerfahrenen, aber dafür zahlreichen Vorkriegskohorten stellten das Heer der Arbeitslosen. In Städten wie Berlin erreichte die Arbeitslosenquote unter Jugendlichen und jungen Erwachsenen 45 Prozent. Rückhalt fanden viele bei Massenbewegungen wie der NSDAP, die sich als politische Vertreterin der »Frontgeneration« stilisierte. Sie half bei der Suche nach Sündenböcken und setzte sich dafür ein, der gebrochenen deutschen Nation die alte Größe wiederzugeben, die ihr nach der verzerrten Sichtweise *a priori* durch die vermeintliche Überlegenheit der deutschen »Rasse« zustand. Viele, nicht nur die hier beschriebene Generationseinheit, der etliche T4-Reinhardt-Männer angehörten, setzten Vertrauen in das nationalsozialistische Programm, das mit Prinzipien wie »Ein Volk – ein Reich – ein Führer« Gemeinschaftssehnsüchte ansprach und mit dem Ausschluss von Feinden einfache Lösungen bot.[6] Den »Juden« kam dabei eine spezielle Funktion zu. Sie wurden als andere Rasse definiert und als Ursache der wirtschaftlichen, sozialen, politischen und kulturellen Fehlentwicklungen in der deutschen Gesellschaft betrachtet, als abstrakte Chiffre für die Übel der Welt, vom Freimaurertum über die moderne Kunst, den Kapitalismus und Liberalismus bis zum Sozialismus und Bolschewismus. Der Antisemitismus fungierte somit als »kultureller Code« (Shulamit Volkov) zur Herstellung nationaler Identität.[7]

Geografische Herkunft: Reichsweit mit regionalen Konzentrationen

Die geografische Herkunft der Akteure stellt sich zwar als weniger homogen als die Altersstruktur dar, dennoch sind einige Regionen überdurchschnittlich vertreten. Die T4-Reinhardt-Männer wurden in Deutschland und Österreich-Ungarn (einschließlich der Gebiete, die 1918 die Tschechoslowakei bildeten) geboren, kamen vor allem aus dem Raum Berlin (in Reichweite der

»Euthanasie«-Einrichtung Brandenburg), aus Sachsen (in Reichweite von Pirna-Sonnenstein) sowie aus dem weiteren Umkreis von Hartheim (bei Linz) in Österreich. »Die Sachsen«, wie sie in den Lagern genannt wurden, bildeten eine besonders große Gruppe. Die näheren Umgebungen von Bernburg, Grafeneck und Hadamar stellten dagegen keine Ballungsräume dar, weil Bernburg und Hadamar als »Euthanasie«-Nachfolgeorganisationen weitgehend das Personal aus Brandenburg und Grafeneck übernahmen und für Grafeneck als erster »Euthanasie«-Einrichtung die Auswahl der Täter zentral aus Berlin gesteuert wurde.[8]

Soweit erkennbar wuchsen zehn T4-Reinhardt-Männer als deutsche Minderheit im Sudetenland auf, das zum Zeitpunkt ihrer Geburt noch zur K.-u.-K.-Monarchie Österreich-Ungarn gehört hatte, 1918 aber dem neu geschaffenen Staat Tschechoslowakei zugesprochen wurde.[9] In den »verlorenen Gebieten« des Deutschen Reiches wurde dagegen lediglich Mentz (Posen) geboren. Ein Mann – Löffler – kam ursprünglich aus der Schweiz (Basel), wuchs allerdings in Frankfurt auf. Ein größerer Teil der Akteure wuchs in Grenzregionen des Deutschen Reiches auf, insbesondere in der Nähe der deutsch-tschechoslowakischen Grenze und in Schlesien, wo Nationalismus in Form von Abgrenzung gegenüber Angehörigen anderer ethnischer Herkunft gepflegt wurde.

Besondere Erwähnung verdienen die mindestens elf österreichischen T4-Reinhardt-Männer. Die Zahlen sind niedriger, als dies angesichts der Existenz einer T4-Anstalt in Österreich vermutet werden könnte. Sie entsprechen prozentual dem Anteil der Österreicher an der Gesamtbevölkerung des Reichs, anders als dies in der Diskussion um die Beteiligung von Österreichern an den NS-Verbrechen zuweilen vorgebracht wurde. So ging man in Anknüpfung an ein Memorandum Wiesenthals aus dem Jahr 1966 von einem österreichischen Anteil von 40 Prozent am Personal der Vernichtungslager aus. Allerdings bestätigen die Zahlen die Befunde, dass auch Österreicher in prominenter Position an NS-Verbrechen beteiligt waren. Zudem befanden sich unter den elf Männern Personen mit besonderer Verantwortung für die Massenmorde, vor allem die Lagerleiter Stangl, Reichleitner und Eberl sowie der für seine Gewalt bekannte Gustav Wagner.[10]

Auf der folgenden Karte sind anhand von Nummern die Geburtsorte der 121 T4-Reinhardt-Männer in den Grenzen des Deutschen Reiches nach dem Ersten Weltkrieg sowie die geografische Verortung der sechs »Euthanasie«-Einrichtungen vermerkt.[11]

Die Lebensläufe der T4-Reinhardt-Männer verweisen zudem auf ein relativ hohes Maß an Mobilität. Viele kamen ursprünglich aus Dörfern und Kleinstädten, in denen traditionelle Bindungen sehr stark waren. Dies wird am Beispiel von Belzec deutlich. Von den Angehörigen des Lagerpersonals

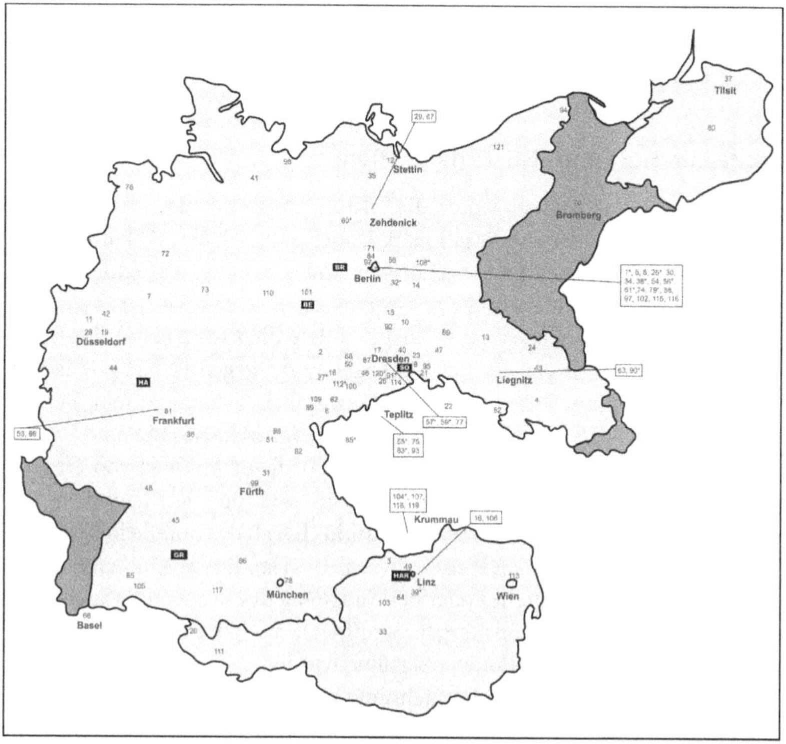

Abbildung 19: Geografische Herkunft der T4-Reinhardt-Männer (Brandenburg [BR], Bernburg [BE], Sonnenstein [SO], Grafeneck [GR], Hadamar [HA], Hartheim [HAR])

stammten ursprünglich nur neun bis elf Männer aus Großstädten, fünf aus Städten mit 30000 bis 100000 Einwohnern, sieben aus Kleinstädten mit bis zu 30000 Einwohnern und 13 Männer aus Dörfern mit bis zu 5000 Einwohnern. Viele verließen ihre Heimat, weil sie dort keine Arbeit fanden oder weil sie den traditionellen Strukturen entfliehen wollten. Dieser Ausbruch aus herkömmlichen Strukturen ging mit Individualisierungsprozessen in der Gesellschaft einher, die durch die Wirtschaftskrise noch weiter verstärkt wurden. Die Folge war einerseits ein gewisses Maß an Unsicherheit und Entwurzelung, das den Einzelnen zwang, sein Leben selbst zu organisieren, ohne sich auf die alten dörflichen oder familiären Strukturen verlassen zu können. Andererseits bot die Individualisierung neue Freiheiten und Chancen. Bei vielen der T4-Reinhardt-Männer war der Verlust der Heimat jedoch mit wechselnden Arbeitsplätzen und beruflicher Instabilität verbunden. Diese

Bindungsverluste versuchten viele von ihnen durch den Eintritt in Parteiorganisationen auszugleichen, die die gemeinschaftliche Bindung stark betonten und ihnen eine neue Heimat boten.[12]

Politische Herkunft: NS-Organisationen

Bis auf wenige Ausnahmen waren die T4-Reinhardt-Männer Mitglieder von nationalsozialistischen Organisationen. Dabei lässt sich eine Abstufung zwischen SS-Angehörigen, SA-Angehörigen und einfachen Parteimitgliedern ausmachen. Als besonders wichtige Gruppe zeigten sich bereits während der »Euthanasie« die SS-Angehörigen, insbesondere die aktiven SS-Männer.

Nur wenige waren vor der Machtergreifung bei gegnerischen politischen Organisationen aktiv. Fuchs gab an, SPD-Mitglied gewesen zu sein. Sporleder hatte den Kommunisten nahegestanden, bevor er in NSDAP und SS eintrat.[13] Mehrere Männer waren dagegen bereits davor Mitglied von Organisationen im rechten politischen Spektrum wie der Kyffhäuser-Jugend (Bolender und Franz), der Wehrschaft Armin (Baer), des Stahlhelms (Unverhau, Lachmann), des Deutschnationalen Handlungsgehilfenverbands (Schütt), der DNVP (Hirche) oder der Sudetendeutschen Partei (Suchomel, Brüder Wolf, Jirmann, Münzberger, Schiffner), die dann zum Teil in nationalsozialistische Organisationen überführt wurden.

Während ihrer Zeit in den Vernichtungslagern war mindestens ein Drittel der 121 T4-Reinhardt-Männer Mitglied der SS und zumeist zusätzlich auch der NSDAP, der SA oder anderer nationalsozialistischer Organisationen. Unter den SS-Angehörigen lässt sich zwischen den neun hauptberuflichen, aktiven SS-Angehörigen,[14] den elf SS-Männern, die zu Kriegsbeginn militärisch verpflichtet wurden,[15] und der größeren Gruppe an SS-Angehörigen, die lediglich notdienstverpflichtet waren, unterscheiden. Etwa ein weiteres Fünftel der Männer war Mitglied der SA und zumeist auch der NSDAP. 17 Prozent waren nicht Mitglied in SS und SA, aber in der NSDAP. Bei einem Viertel der Männer sind keine ausreichenden Quellen überliefert, um die Daten rekonstruieren zu können. Es ist anzunehmen, dass sie zwar nicht in der SS, aber ebenfalls in der SA oder anderen nationalsozialistischen Organisationen waren. Die meisten aktiven SS-Angehörigen waren im »Versuchslager« Belzec eingesetzt.

Mindestens 33 Männer waren »alte Kämpfer«, die bereits vor 1932 beziehungsweise in Österreich vor 1938 NS-Organisationen angehörten, oder »junge Nazis«, die als Jugendliche in Parteiorganisationen eingetreten waren. 29 weitere schlossen sich unmittelbar nach der Machtergreifung oder nach dem »Anschluss« von Österreich und dem Sudetenland der Partei oder anderen Organisationen an. Nur von acht Männern ist überliefert, dass sie zu-

Tabelle 5: SS-, SA- und NSDAP-Mitgliedschaft beim T4-Reinhardt-Netzwerk

	SS (u. SA, NSDAP)	Davon hauptberufliche SS u. militärische Verpflichtete	SA (u. NSDAP)	NSDAP (u. andere)	Keine NS-Organisation	Unbekannt
Gesamtes Netzwerk	43	mind. 20	25–26	21	1[16]	30
Belzec	17	mind. 13	7	3	0	10
Sobibor	20	mind. 8	14	6	1	14
Treblinka	16	mind. 9	12	14	0	14

nächst den Lauf der Dinge abwarteten, bis sie Mitglied einer nationalsozialistischen Vereinigung wurden. Von 51 Männern sind die Umstände und der Zeitpunkt des Eintritts nicht überliefert. Zu den Motiven für einen Eintritt zählten nicht nur ideologische Überzeugung, sondern auch die Hoffnung auf bessere Chancen bei der Suche nach einer Arbeitsstelle, die Angst vor einer Degradierung bei den Pflegern, aber auch die Möglichkeit musikalischer Betätigung in einer SA-Kapelle oder die Suche nach Anbindung und neuen Kameraden.[17]

Besonders hervorzuheben ist die Illegalität der österreichischen Nationalsozialisten, die sich vor dem »Anschluss« trotz des Verbots politisch betätigt hatten. Herausragendes Beispiel hierfür ist der Wiener Gustav Wagner, der im August 1933 wegen moralischer Nichteignung aus dem österreichischen Heer entlassen worden war. Während der folgenden mehrjährigen Arbeitslosigkeit wurde er insgesamt sechs Monate wegen illegaler Betätigung für die NSDAP inhaftiert, bis er im März 1936 nach Deutschland ging und dort als politischer Flüchtling anerkannt wurde. Auch Vallaster und Getzinger gingen nach Deutschland, Eberl fand als NS-Aktivist in seinem Heimatland ebenfalls keine Anstellung als Arzt und emigrierte nach Deutschland. Barbl wurde wegen der Verbreitung nationalsozialistischer Schriften 1934 zu drei Wochen Arrest verurteilt und auch Stangl rühmte sich in seinem nach dem »Anschluss« geschriebenen Lebenslauf »illegaler Tätigkeit«.[18]

Die Männer, die vor 1933 in nationalsozialistischen Organisationen, insbesondere in der SA, aktiv waren, erlebten die durch gewaltsame Ausschreitungen geprägten Wahlkämpfe Anfang der 1930er Jahre. Als sie in die Sturmabteilung eintraten, war diese bereits eine mitgliederstarke Parteiarmee, in der sich während der Wirtschaftskrise viele Angehörige der Kriegsjugendgeneration zusammenschlossen. Am Anfang nur eine unter vielen paramilitärischen Jugendorganisationen, gehörten der SA im August 1932 bereits

455000 Männer an. Mitte 1934 erreichte sie – auch durch die Eingliederung von Wehrorganisationen wie dem Stahlhelm – einen Mitgliederstand von 4,5 Millionen.[19]

Aus ihren Aktivitäten in der SA übernahmen die T4-Reinhardt-Männer später zahlreiche Elemente in die Lager. Dazu gehörten die hierarchische Unterordnung bei gleichzeitiger Akzeptanz von Disziplinlosigkeit. Ein wichtiges Element war auch die Männerkameraderie, die sie in »Sturmlokalen« oder »SA-Heimen« kennengelernt hatten. Die Männer verband ein »SA-Geist«, der sich auf gemeinsame Mythen stützte, in denen Opferbereitschaft für die nationalsozialistischen Ideen gepredigt wurde. Zu den propagierten Werten gehörte neben dem Gewaltkult, Militarismus, Nationalismus und Führerkult auch ein starker (Radau-)Antisemitismus. Ein Teil der SA-Männer knüpfte in den Vernichtungslagern an die Gewalttaten vor und während des Jahres 1933 an. Dies gilt insbesondere für T4-Reinhardt-Männer wie den »Rabauken« Erich Bauer, der einem für seine Gewalt bekannten Sturm der Berliner SA angehörte, oder den »richtigen, alten SA-Mann von echtem Schrot und Korn«, Adolf Müller, der – so sein Dienstleistungszeugnis 1937 – aktiv dazu beigetragen hatte, dass »im roten Berliner Südosten der Nationalsozialismus zum Siege kam«.[20] Die SA setzte sich jedoch aus unterschiedlichen sozialen Milieus zusammen, und längst nicht alle SA-Mitglieder waren gewaltbereit. Dies gilt zum Beispiel für viele Pfleger unter den T4-Reinhardt-Männern.[21]

Von besonderer Bedeutung für die Reinhardt-Lager ist die kleine Gruppe der neun aktiven SS-Männer, die bereits vor dem Krieg in den Konzentrationslagern beziehungsweise in den Totenkopfverbänden Dienst geleistet hatten und von da aus zur »Euthanasie« kommandiert worden waren.[22] Die Totenkopfverbände waren aus den 1934 aufgestellten »Politischen Bereitschaften« hervorgegangen und unterstanden bis zum Kriegsbeginn dem Inspekteur der Konzentrationslager Theodor Eicke. Ab 1937 waren sie in die drei Standarten »Oberbayern« (Dachau), »Brandenburg« (Sachsenhausen) und »Thüringen« (Buchenwald) unterteilt. Mitte 1939 bestanden sie aus über 22000 Männern, die hauptberuflich für die SS tätig waren. Die neun T4-Reinhardt-Männer gehörten dem 2. Totenkopfverband »Brandenburg« (Niemann, Hackenholt, Dubois, Graetschus, Oberhauser, Schwarz) und dem 3. Totenkopfverband »Thüringen« (Floß, Franz, Jirmann) an. Der Verband »Brandenburg« versorgte das 1936 gegründete Lager Sachsenhausen mit Wachpersonal. Angehörige des Verbands »Thüringen« waren im 1937 eingerichteten Lager Buchenwald eingesetzt.[23] Floß war vor 1937 im Lager Lichtenburg, Niemann in Esterwegen tätig. In den Lagern und Totenkopfverbänden hatten die späteren T4-Reinhardt-Männer keine besondere Position inne, dafür waren sie zu spät in das System aufgenommen worden.[24] Mit

»T4« und »Aktion Reinhardt« sollten sie Aufstiegschancen erhalten, die sie innerhalb des Konzentrationslager-Systems nicht gehabt hätten.

Innerhalb des Netzwerks der Konzentrationslager-SS sammelten die neun hauptberuflichen SS-Männer wesentliche theoretische und praktische Erfahrungen, die maßgeblich dazu beitrugen, dass sie später in den Lagern der »Aktion Reinhardt« neben den Polizisten, welche die offizielle Leitung innehatten, Führungspositionen übernahmen. Dabei ist insbesondere auf die ideologische Indoktrination hinzuweisen: Die Männer waren in den Wachverbänden und häufig zuvor in der Wehrmacht militärisch und weltanschaulich ausgebildet worden, sie waren ideologisch gefestigt, auf Zucht und Ordnung gedrillt und bereit zur Anwendung von Gewalt.[25] Schon in den Vorkriegsjahren lernten sie, die nationalsozialistische Weltanschauung mit einem spezifischen Berufsethos zu verschmelzen und – so Niemann 1943 in seinem Lebenslauf – als »aktive Soldaten [...] nach des Führers Vorbild zu leben und zu handeln«.[26] Hinter dem Begriff des »politischen Soldaten«, der innerhalb des Weltanschauungs- und Rassenkrieges etwa als Aufseher in einem Konzentrationslager – oder später in den Vernichtungslagern der »Aktion Reinhardt« – »kämpft«, steht die Idee des »heroischen Realismus«.[27] Damit wurde zum einen das Prinzip des Kampfes als Lebensgesetz bejaht und gleichzeitig das Kämpferische vom Militärischen getrennt. In weltanschaulichen Schulungen wurde den Männern ein »inneres Bekenntnis« zu den »ewigen Lebensgesetzen« der SS vermittelt, wozu der nordische Blutsgedanke, die kulturelle Überlegenheit der »arischen Rasse«, das Feindbild des internationalen Judentums und das Recht des Stärkeren gehörten. Nicht nur die Wendung »Meine Ehre heißt Treue«,[28] mit der Kurt Franz 1940 einen Brief an das Rasse- und Siedlungshauptamt unterschrieb, deutet darauf hin, dass die T4-Reinhardt-Männer Schlagwörter der SS in ihr Bezugssystem integrierten.[29]

Über die ideologische Schulung hinaus, die sie für die Führungspositionen in den Lagern prädestinierte, waren die T4-Reinhardt-Männer auch mit den Organisations- und Verwaltungsprinzipien der Konzentrationslager vertraut. Die Prinzipien der »Dachauer Schule«[30] und der »Kaderschmiede«[31] Lichtenburg wurden nunmehr zum Teil durch die SS-Männer in die Vernichtungslager der »Aktion Reinhardt« hineingetragen. Hierzu zählten etwa die Trennung zwischen den Totenkopfwachverbänden und dem Kommandanturstab sowie die Häftlingsdisziplin und -hierarchie, aber auch Gewaltexzesse wie der »Sport« der entkräfteten Häftlinge und die Appelle. Die Ordnung der Konzentrationslager diente den Männern somit als Vorbild; allerdings schätzten sie die in den Reinhardt-Lagern vorherrschenden lockeren Netzwerkstrukturen und übernahmen deshalb nicht die offiziellen »Dienstvorschriften-« oder »Disziplinar- und Strafanordnungen«.[32]

Festzuhalten ist, dass es sich bei den T4-Reinhardt-Männern insgesamt um eine, verglichen mit der gesamtdeutschen Gesellschaft, überdurchschnittlich indoktrinierte Gruppe handelte. Es ist davon auszugehen, dass ein großer Teil der Männer die nationalsozialistischen Werte und Normen nicht nur kannte, sondern auch teilte.

Beruflicher Hintergrund: Arbeiter, Angestellte und Handwerker

Die meisten T4-Reinhardt-Männer kamen aus unteren sozialen Schichten, aus dem Proletariat und dem Kleinbürgertum, und hatten die Volksschule besucht. Nur Einzelne waren auf weiterführenden Schulen, der Mittelschule oder dem Real-Reform-Gymnasium. Ein Großteil hatte eine Lehre gemacht. Ausnahme von der Regel war nur der promovierte Arzt Eberl. Die T4-Reinhardt-Männer waren Arbeiter, Angestellte und Handwerker, wie die folgende Tabelle darstellt.

Tabelle 6: Berufe des Lagerpersonals in der Vorkriegszeit

	Polizisten	Aktive SS	Handwerker, Arbeiter, Köche	Landwirte, Fleischer	Pfleger	Fahrer	Verwaltung	Wachen
Belzec	5	9	9	0	7	2–3	2	
Sobibor	4	6	21	1	10	6	3	
Treblinka	3	5	19	5	14 u. Arzt	2	2	2
Insgesamt	10 = 8,2 %	10 = 8,2 %	39 = 32,2 %	10 = 8,2 %	27 u. 1 = 23 %	9–10 = 8,2–9 %	7–8 = 5,8–6,6 %	2 = 1,7 %

Den meisten T4-Reinhardt-Männer waren prekäre Arbeitsverhältnisse und Arbeitslosigkeit vertraut. Insbesondere die Wirtschaftskrise in den 1930er Jahren stürzte sie, häufig zeitgleich zum Einstieg ins Berufsleben, in längere Arbeitslosigkeit.[33] Nicht wenige fanden im ursprünglich erlernten Beruf keine Anstellung und wechselten häufig den Arbeitgeber und die Tätigkeit. Viele schulten in den Pflegeberuf um. Einige arbeiteten notgedrungen als einfache Landarbeiter oder Hilfskräfte. Bei vielen war der Weg von der unteren Mittelschicht in die Arbeiterklasse nicht weit.

Einige Handwerker und Verwaltungskräfte wurden 1939 militärisch zur SS eingezogen, andere Handwerker, Verwaltungsangestellte und Pfleger zur Polizei verpflichtet. Von SS und Polizei wurden sie zur T4 kommandiert und hatten dementsprechend einen anderen Status als ihre von zivilen Arbeitgebern notdienstverpflichteten Kollegen. Einige Männer konnten ihre Position durch die aktive Tätigkeit für das nationalsozialistische Regime spürbar verbessern. Dies gilt insbesondere für die Angehörigen der aktiven SS. Von den an der »Euthanasie« und der »Aktion Reinhardt« beteiligten beruflichen Gruppen wird im Folgenden auf die Polizisten, die Pfleger und die Landwirte eingegangen.

Bei den Polizisten ist zu unterscheiden zwischen den zehn Polizeibeamten, die hauptberuflich vor 1939 bei verschiedenen Polizeistellen arbeiteten, und denjenigen, die mit Kriegsbeginn zur Polizei verpflichtet wurden (wie Dachsel, Großmann, Fey, Seidel, Beelitz, Gentz, Dietze, Zänker). Die Polizeibeamten kamen von den Staatspolizeileitstellen Stuttgart (Wirth, Hering), Dresden (Küttner, Rost, Tauscher, Schemmel), Linz (Stangl, Reichleitner) und Berlin (Hirche). Bei der Kriminalpolizei waren die Kommandanten Wirth, Hering, Stangl und Reichleitner, der Vertretungskommandant Schemmel und Tauscher. Küttner, Rost und Walther (Dohna, Kreis Pirna) kamen von der Schutzpolizei. Zumindest Stangl hatte vorher im »Judenreferat« mit der jüdischen Minderheit zu tun.[34] Während der »Euthanasie« besetzten diese Polizisten Leitungspositionen wie den Bürovorstand der T4-Anstalten. Die meisten von ihnen gehörten der SS an.[35]

Dass bei den Massenmorden in den Vernichtungslagern auch Polizisten – zudem in Leitungspositionen – aktiv waren, liegt an den Veränderungen der polizeilichen Strukturen während des Dritten Reichs. Die Polizei agierte zunehmend im rechtsfreien Raum, vor allem seitdem Himmler im Juni 1936 zum Chef der Deutschen Polizei ernannt worden war. Als Dienstherr sowohl der SS als auch der Polizei verklammerte er beide Institutionen miteinander, wobei die Polizei aus der herkömmlichen Innenverwaltung herausgelöst wurde. Die Gleichschaltung von SS und Polizei institutionalisierte sich in der Einsetzung der Höheren SS- und Polizeiführer, die im Frühjahr und Sommer 1938 ernannt wurden. Kurz nach Beginn des Zweiten Weltkriegs wurde am 1. Oktober 1939 das Reichssicherheitshauptamt gegründet, in dem die Macht von Sicherheitspolizei (Gestapo und Kripo) und Sicherheitsdienst unter Reinhard Heydrich zusammengefasst wurde. Weltanschauliche Schulungsmaßnahmen, vor allem ab 1936, sollten dafür sorgen, dass eine »SS-Polizei« oder »Weltanschauungspolizei« mit ideologisch motivierten und gefestigten Sicherheitspolizisten geschaffen wurde. Zu den Grundlagen dieser Erziehung zählten auch Themen wie der deutsche Lebensraum, die Rassenlehre und insbesondere der Rassenantisemitismus.[36]

Erfahrungen in der Zusammenarbeit mit den Konzentrationslagern sammelte die deutsche Polizei schon ab 1933 im Rahmen der Kriminalprävention und der »Vorbeugenden Verbrechensbekämpfung«, und nicht erst bei der Verhaftungsaktion von »asozialen Personen« im Juni 1938 überschritt sie die Grenzen des Rechtsstaats. Mit Beginn des Krieges nahm die Tätigkeit der

Polizei mehr und mehr kriminelle Formen an: Sie forderte die Vernichtung des Gegners und rücksichtslose Unterdrückung von Feinden und setzte diese in die Tat um, führte die »Sonderbehandlung«, das heißt Exekutionen ohne ein justizielles Verfahren, ein und schuf zum Schutz der an »besonderen Einsätzen« beteiligten Polizei- und SS-Angehörigen eine eigene SS- und Polizeigerichtsbarkeit. Diesen letzten Richtungswechsel erlebten die Polizisten unter den T4-Reinhardt-Männern mit, bevor auch sie sich ohne rechtliche Grundlage an der »Euthanasie« beteiligten. Als sie später selbst Leitungspositionen in den Vernichtungslagern der »Aktion Reinhardt« übernahmen, waren ihre ehemaligen Polizeikollegen bereits in den Einsatzgruppen, in Polizeibataillonen, im Besatzungsapparat der Befehlshaber der Sicherheitspolizei und des SD sowie der Ordnungspolizei in die systematische Verfolgung und Ermordung der Juden involviert.[37]

Nach den Handwerkern stellten die Pfleger die größte Berufsgruppe des T4-Reinhardt-Netzwerks. Sie kamen beispielsweise aus den deutschen Landesheilanstalten Arnsdorf bei Dresden, Herzberge (Berlin), Neuruppin, Berlin-Buch, Hubertusburg und der österreichischen Anstalt Niedernhart. Viele Männer hatten den Pflegeberuf erst erlernt, nachdem sie in ihrem ursprünglichen Beruf keine Anstellung gefunden hatten, weswegen ihn viele auch nur als Übergangslösung betrachteten. Zwar sicherte der Pflegeberuf die ökonomische Existenzgrundlage, aber er genoss ein sehr geringes Ansehen. Dies galt insbesondere für die im Psychiatriebereich arbeitenden Pfleger. Ihre Arbeitsbedingungen waren geprägt von langen Arbeitszeiten, geringer Bezahlung und schlechten Wohnverhältnissen. Dem Pflegepersonal wurde insgesamt eine menschenverachtende, sozialdarwinistische Einstellung zu den Patienten abverlangt, die psychisch Kranken wurden als minderwertig betrachtet und ökonomische Kosten-Nutzen-Erwägungen in den Vordergrund gestellt. Die schlechten Arbeitsbedingungen und das Menschenbild der Pfleger ebneten den Weg zu einer Beteiligung am Massenmord.[38]

Eine besondere, aber kleinere Kategorie stellten die elf Männer dar, die als Landwirte oder als Fleischer gearbeitet hatten. Mindestens 13 weitere T4-Reinhardt-Männer übten zwar später andere Berufe aus, waren aber zumindest übergangsweise ebenfalls in der Landwirtschaft beschäftigt. Die Landwirte waren zum Teil während der »Euthanasie« noch in Bereichen außerhalb des Massenmords eingesetzt, in den Vernichtungslagern wirkten jedoch einige, insbesondere in Treblinka, im »Lazarett« bei Exekutionen mit. Möglicherweise konnten Einzelne auf ihre Erfahrung des Tötens von Tieren zurückgreifen.[39]

Familiäre Situation: Familienväter in instabilen Beziehungen

Relative Homogenität ist auch im Hinblick auf die familiäre Situation der T4-Reinhardt-Männer festzustellen. Die meisten waren verheiratete Familienväter mit kleinen Kindern. Es gibt jedoch Hinweise dafür, dass es sich nicht immer um intakte, sondern um eine überdurchschnittlich hohe Anzahl eher labiler Familienbeziehungen gehandelt hat.

Verheiratet waren bis 1945 mindestens 85 der T4-Reinhardt-Männer. Nur bei dreien liegen Informationen dazu vor, dass sie unverheiratet waren, bei 30 Männern sind keine Angaben vorhanden. Mindestens acht von ihnen heirateten T4-Angestellte, die sie während der gemeinsamen Tätigkeit bei der »Euthanasie« kennengelernt hatten. Von mindestens 57 Männern ist bekannt, dass sie Kinder hatten. Davon waren in mindestens 17 Fällen die Frauen zum Zeitpunkt der Heirat schwanger oder die Kinder kamen außerehelich zur Welt. Die Tatsache, dass die T4-Reinhardt-Männer selbst Väter zumeist kleiner Kinder waren, scheint auf ihre Tätigkeit in den Lagern keinen Einfluss gehabt zu haben. Auch Männer mit eigenen Kindern töteten Säuglinge im »Lazarett« und verübten wie Gomerski oder Küttner grausame Gewaltakte an Kleinkindern und Neugeborenen.

Ehefrauen und Familien gaben den Männern Rückhalt, insbesondere wenn sie die politische Überzeugung ihrer Männer teilten oder sogar selbst an der »Euthanasie« teilgenommen hatten. In diesem Sinne waren sie Teil der Tätergesellschaft. Die Frauen der SS-Männer förderten deren politische Aktivitäten bereits dadurch, dass sie sich auf die Prozedur des Heiratsverfahrens einließen. Dafür mussten sie ihre Ahnenstammbäume bis zum Jahr 1800 nachweisen und sich einer langwierigen gesundheitlichen und erbbiologischen Überprüfung durch die SS-Ärzte und das Rasse- und Siedlungshauptamt auf »rassische Eignung« und Ehetauglichkeit als zukünftige Frau eines SS-Angehörigen unterziehen. Viele hatten auf eine Heirat in der Kirche verzichtet, manche waren sogar aus der Kirche ausgetreten. Die aktiven SS-Männer legten ihrerseits häufig großen Wert auf den Eignungsnachweis ihrer zukünftigen Ehefrau. So suchte sich Schwarz, dessen Braut für einen SS-Mann als zu dick abgelehnt wurde, eine neue Frau unter den T4-Angestellten, die er, noch während seine Exverlobte mit neuen Fotos um eine Heiratsgenehmigung nachsuchte, kurzerhand schwängerte und später heiratete.[40]

Die Familien der T4-Reinhardt-Männer profitierten von den Massenmorden, indem sie Geschenke und Päckchen annahmen, die sich die Männer aus dem ehemaligen Besitz der ermordeten Juden zusammenstellen ließen. Die Frauen stützten ihre Männer bei den häufigen Urlauben in der Heimat und gaben ihnen, wie im Falle von Eberl, der mit einer überzeugten Nationalsozialistin verheiratet war, in Briefen Kraft und Ratschläge. Sie wandten sich nicht von ihnen ab, auch wenn sie von ihren mörderischen Aktivitäten erfuhren. Einzelne Ehefrauen waren besuchsweise auch im »Osten«, was jedoch die Ausnahme von der Regel darstellte. Zudem wohnten die Frauen – im Unterschied zur SS-Siedlung in Auschwitz – nicht in der direkten Nähe des Ortes, an dem der Massenmord stattfand. Es kann festgehalten werden, dass die Vernichtungslager der »Aktion Reinhardt« Männersache waren, zu der – die deutschen – Frauen keinen Zugang hatten; an der Peripherie spielten sie jedoch durchaus eine Rolle.[41]

Es gibt aber auch viele Indizien für labile familiäre Beziehungen. So hatten die T4-Reinhardt-Männer nicht selten vor Ort mit anderen Frauen Affären oder in der Heimat eine Geliebte.[42] Ein Mann (Rittler) war sogar in den 1930er Jahren von seiner Schwägerin wegen Zuhälterei angezeigt worden, bevor er zwei Frauen ehelichte.[43] Mindestens 13 der Männer ließen sich während oder nach dem Krieg scheiden.[44] Die zahlreichen Affären legen nahe, dass sich durch die tägliche Konfrontation mit dem Massenmord traditionelle moralische Hemmschwellen auch im Rahmen zwischenmenschlicher Beziehungen auflösten. Dazu zählt auch der sexuelle Missbrauch von Jüdinnen im Lager, der nicht nur ein Gewaltverbrechen an sich darstellt, sondern auch eine Missachtung der Ehefrau. Eine besondere Moralvorstellung ließ Franz erkennen, als er für das »diesige Mädel«,[45] das ein Kind von ihm erwartete, um Heiratserlaubnis bat, ohne gleichzeitig die Scheidung einzureichen. Wahrscheinlich nahm er an, dass ihm als bewährtem SS-Untersturmführer und zuletzt als Kommandant von Treblinka eine Zweitfrau zugestanden würde.

Konfession: Vorwiegend protestantisch und »gottgläubig«

Der evangelischen Kirche gehörten ursprünglich mindestens 34 T4-Reinhardt-Männer an. Mindestens zwölf traten aus der Kirche aus und bekannten sich später als »gottgläubig«. Die Gottgläubigkeit war als »neuer Glauben« seit Ende 1936 eine offizielle Konfessionsbezeichnung. Mindestens 15 waren ursprünglich katholisch, mindestens vier von ihnen kehrten der Kirche jedoch den Rücken zu und wurden ebenfalls »gottgläubig«. Einer war neuapostolisch (Sporleder). Beachtenswert ist, dass mindestens zwei T4-Reinhardt-Männer jüdische Verwandte hatten.[46] Die mehrheitlich protestantische Religionszugehörigkeit ist auch darauf zurückzuführen, dass in vielen Regionen, aus denen die Männer rekrutiert wurden (wie Sachsen und Brandenburg), überwiegend Protestanten lebten.[47]

Mindestens 35 der T4-Reinhardt-Männer gaben als Konfession die »Gottgläubigkeit« an, darunter neun der zehn Polizisten sowie alle neun aktiven

SS-Angehörigen. Insgesamt waren drei Viertel der 35 »Gottgläubigen« Mitglieder der SS. Der Anteil von etwa einem Drittel der Männer, die aus der Kirche ausgetreten waren, ist im Vergleich zur Gesamtbevölkerung überdurchschnittlich hoch: 1939 waren einer Statistik zufolge selbst in Hochburgen wie Berlin nur knapp über zehn Prozent der Bevölkerung »gottgläubig«, im gesamten Reich gerade einmal 3,5 Prozent. Von den SS-Mitgliedern, auf die größerer Druck ausgeübt wurde, aus der Kirche auszutreten, bekannte sich im Dezember 1938 insgesamt ein Viertel als »gottgläubig«. Ähnliches lässt sich bei den Polizisten feststellen. Einzelne T4-Reinhardt-Männer firmierten auch nach dem Krieg weiter als »gottgläubig«. Die meisten traten später allerdings wieder in die Kirche ein.[48]

Der Begriff Gottgläubigkeit entstammte der völkischen Bewegung. Theoretiker wie Ziegler und Gunter d'Alquen visierten eine »nordische Gottgebundenheit« statt der »artfremden« orientalischen, jüdisch-christlichen Religion und Kultur mit ihren Dogmen der Gleichheit aller Menschen an. Der Nationalsozialismus mit seinem totalitären Anspruch konnte neben sich keine umfassende Weltanschauung dulden, wie sie etwa die katholische Kirche für sich beanspruchte. Andererseits ging die Partei nicht so weit, sich als atheistische Partei zu definieren, wie die »gottlosen« Bolschewisten und Marxisten. Die »Gottgläubigkeit« bezeichnete daher nur den Austritt aus der Kirche als Institution; sie basierte auf der Abspaltung des Glaubens von der Kirchenzugehörigkeit. Himmler und andere extreme »weltanschauliche Rigoristen« (Wolfgang Dierker), die auf einen Bruch mit der offiziellen römischen Amtskirche, auf eine mit der Germanisierung einhergehende »Entchristlichung« beziehungsweise auf eine »Endlösung der religiösen Frage« drängten, nahmen für sich eine individuelle Religiosität in Anspruch, die jenseits der christlichen Konfession zu verorten war. In der Definition von Heydrich aus dem Jahr 1936 war die Gottgläubigkeit eine »kirchenfreie deutsche Religiosität«.[49]

Einzelne T4-Reinhardt-Männer hatten die Kirchen bereits vor der Entstehung des »neuen Glaubens« verlassen. So sah schon Eberls Vater insbesondere die katholische Kirche als »deutschfeindlich« an. Fuchs trat in den 1920er Jahren aus der Kirche aus und stand den Freidenkern nahe.[50]

Es verwundert nicht, dass schon während der »Euthanasie« ein antiklerikaler Ton herrschte, der besonders nach der Protestrede von Graf von Galen noch zunahm. Über von Galen zirkulierten unter dem T4-Personal Spottlieder. Ein Beispiel ist die in den Akten Eberls überlieferte Parodie des »Heiden Vater unser«.[51] In Hadamar verspotteten die Leichenverbrenner die Bevölkerung bei Kirchengängen und feierten eine fiktive Beerdigung für den zehntausendsten Toten, indem einer der »Brenner« im Ornat eines Geistlichen eine Leichenrede hielt.[52]

Dieser blasphemische Antiklerikalismus ging so weit, dass in das Gelände des Vernichtungslagers Sobibor eine kleine Kapelle mit einbezogen wurde, in deren Nähe eine Zeit lang kleine Kinder und geschwächte Männer und Frauen erschossen wurden. Es liegt nahe, dass sich die Männer dadurch demonstrativ vom alten Glauben absetzen wollten und symbolisch die Identifikation mit dem neuen Glauben und somit der nationalsozialistischen Weltanschauung zur Schau stellten. Zudem wurden auch zu hohen christlichen Feiertagen wie Pfingsten 1942 in den Lagern Menschen ermordet.[53]

Herkunft von der T4: »Das Umbringen war schon ihr Beruf«

Die Beteiligung der T4-Reinhardt-Männer an der »Euthanasie« war unbestreitbar die »Vorschule für Polen«.[54] Erich Bauer, der während der Krankenmorde noch als Fahrer und nicht in den T4-Einrichtungen gearbeitet hatte, beschrieb seine Kameraden folgendermaßen: »Die waren es ja gewöhnt von der Euthanasie. [...] Das war doch das Gleiche gewesen, nur in kleinerem Maßstab. [...] Man könnte sagen, das Umbringen war schon ihr Beruf.«[55]

Während der »Euthanasie« waren die Männer als Handwerker (27 Männer), als Pfleger und »Transportbegleiter« (23 bis 24 Männer) oder als »Brenner« (20 bis 21 Männer) beschäftigt, elf bis zwölf Männer als Fahrer, sieben bis neun in der Verwaltung, sechs als Wachmänner und vier als Landwirte. Sie waren in allen sechs »Euthanasie«-Einrichtungen sowie in der Berliner T4-Zentrale eingesetzt. Die meisten kamen aus Sonnenstein (37 bis 39 Männer) und Grafeneck (33 bis 40 Männer) beziehungsweise aus Hadamar (34 bis 37 Männer). In Brandenburg waren 21, in Bernburg 28 bis 29 und in Hartheim 22 bis 25 Männer eingesetzt, 19 bis 21 Männer in der Berliner Zentrale. Mindestens 19 hatten den Wintereinsatz der Organisation Todt mitgemacht. In der Tendenz wurden die Männer gruppenweise versetzt, was zum einen logistische Vorteile hatte, zum anderen durch die Identifikation mit den Kollegen auch das Gruppenhandeln beeinflusste. Die wichtigste Gruppe stellten in Belzec die Bernburger dar, die das Lager aufbauten und zusammen mit Personal aus Hadamar die größte Gruppe im Lager bildeten. Das Lager Sobibor wurde gemeinsam von Bernburgern und Hartheimern aufgebaut. Sonnensteiner bildeten allerdings durch den späteren Personalschub die größte im Lager eingesetzte Gruppe, gefolgt von Personal aus Hartheim. Treblinka wurde in drei großen Schüben zunächst aus Bernburg, dann aus Hadamar und zuletzt aus Sonnenstein mit T4-Personal versorgt. Personal aus Bernburg und Sonnenstein bildete dort die größten Gruppen.

Nicht alle T4-Angehörigen waren während der »Euthanasie« in gleicher Weise in die Tötung der Kranken involviert. So waren beispielsweise die Mitarbeiter der T4-Zentrale oder auch das Personal, das in der Landwirtschaft von Grafeneck und Hadamar arbeitete, nicht direkt am Mord beteiligt, am unmittelbarsten hingegen die Ärzte, die »Brenner« und die Pfleger. Letztlich, so scheint es, hatte jedoch die jeweilige Entfernung oder Nähe zum Mord keinen Einfluss auf das Verhalten sowie die Position der Täter in den Vernichtungslagern, wie an den Beispielen der in Berlin eingesetzten Fahrer Bauer und Hackenholt und den später im »Lazarett« in Treblinka eingesetzten Landwirten Miete und Mentz deutlich wird. Allerdings nahmen vor allem die »Brenner« in den Lagern Schlüsselpositionen ein. Andere Männer kamen sogar erst nach dem offiziellen Ende der »Euthanasie« im Herbst 1941 zur T4, darunter Matthes, der spätere Leiter des Vernichtungsbereichs in Treblinka.

Die »tödliche Kontinuität« (Patricia Heberer) von den T4-Anstalten zu den Vernichtungslagern der »Aktion Reinhardt« offenbarte sich auf drei Ebenen. Zum einen hatten die T4-Reinhardt-Männer die Schwelle zum Mord schon vor der Versendung in den »Osten« überschritten. Ihnen waren Arbeitsschritte bei der Tötung (Ankunft, Ansprache, Entkleidung, Ermordung), Tötungsstrukturen (Einrichtungen zum Auskleiden, »Schlauch«, Gaskammern, Lorenbahn), das Tötungsmittel (Giftgas) sowie Tötungsprinzipien (Täuschung, Versperrung von Fluchtmöglichkeiten) bereits bekannt. Die T4-Reinhardt-Männer hatten Erfahrungen mit dem Tod, dem Töten, dem Anblick der Toten und der Tötungsroutine.[56] Zum anderen befanden sich auch unter den Opfern der »Euthanasie« viele Juden und sogenannte jüdische »Mischlinge«, ebenso unter den Konzentrationslagerhäftlingen, die ab Sommer 1941 unter dem Sigle »Aktion 14f13« in Sonnenstein, Hartheim und Bernburg getötet wurden. Die Ermordung von Juden wurde also bereits während der »Euthanasie« von Autoritäten wie den Ärzten nicht nur theoretisch legitimiert, sondern auch in die Praxis umgesetzt. Die Kontinuität betraf drittens auch das routinierte Zusammenspiel mit der Mutterorganisation und insbesondere mit den Kameraden und der gesamten Gruppe. Es ist denkbar, dass es mehr Verweigerer gegeben hätte, wenn eine neue, nicht eingeübte Mannschaft aufgestellt worden wäre, die zunächst die Tötungstechniken neu hätte erfinden müssen.

Auch wenn die Kontinuitäten zwischen T4 und »Aktion Reinhardt« selbst im Detail offensichtlich sind, so sind die beiden Mordaktionen doch in wichtigen Punkten zu unterscheiden. Dies betrifft zunächst die Anzahl der Opfer sowie die Allgegenwart des Todes in den Vernichtungslagern, die sich etwa durch die Verwesungsgerüche der offenen Massengräber und die Verbrennungen an der freien Luft manifestierte. Zweitens unterschieden sich die Aufgaben der einzelnen T4-Reinhardt-Männer signifikant von denen, die sie während der »Euthanasie« ausgeübt hatten: Statt die Arbeiten selbst zu erledigen, waren sie nun Aufseher über jüdische Arbeitskommandos und Trawniki-Wachmannschaften. Strukturell vergleichbar waren nur die Aufgaben der Pfleger, die nun statt der Patienten der Pflegeanstalten Juden von der Rampe bis zu den Gaskammern begleiteten. Beim Großteil der Aufgaben gab es keine Entsprechung zum Krankenmord, wie zum Beispiel bei den Erschießung im »Lazarett« und an den Massengräbern.

Motive und situative Bedingungen für die Beteiligung am Massenmord

Die Rekrutierung der Männer für die Vernichtungslager aus dem Personalbestand der T4 verlief reibungslos. Und auch das T4-Reinhardt-Netzwerk erwies sich als stabil, nur wenige ließen sich zur Front versetzen oder kehrten zur T4 zurück. Die Tatsache, dass die Männer über Möglichkeiten der Rückversetzung verfügten, bedeutet im Umkehrschluss, dass diejenigen, die in den Lagern blieben, sich auch dafür entschieden hatten, sich aktiv an der Ermordung der Juden zu beteiligen. Es waren komplexe Motive, die die Täter zu ihren Handlungen bewogen, wobei bewusste und unbewusste Reaktionsmuster eine Rolle spielten. Auf monokausale Erklärungen sollte daher verzichtet und stattdessen – wie es auch der Sozialpsychologe Harald Welzer fordert – die verschiedenen Kontexte der Taten, ihre sozialen und normativen Rahmenbedingungen, der jeweilige situative Zusammenhang sowie die individuelle Ebene mit einbezogen werden.[57] Diese Gemengelage von Motiven und Gründen kann nicht für jeden Einzelnen dargestellt werden. Daher wurde versucht, allgemeine Tendenzen und dominante Grundlinien für das gesamte Täterkollektiv herauszuarbeiten. Die Gewichtung der einzelnen Faktoren ist naturgemäß individuell unterschiedlich.

Während die Sozial- und Milieustrukturen der Täter empirisch gut zu dokumentieren waren, mussten ihre individuellen Beweggründe für die Teilnahme am Massenmord in einer diffizilen, quellenkritischen Analyse herausgearbeitet werden. Das Problem bestand insbesondere darin, dass das Gros der zur Verfügung stehenden Dokumente, das heißt insbesondere die Aussagen der Täter während der Ermittlungsverfahren und Prozesse, den Charakter von Rechtfertigungen hat, die der Verteidigung vor Gericht und möglichst geringen Bestrafung dienen sollten. Dennoch lassen sich auch in diesen Texten Elemente von Wahrheit finden, weshalb die Aussagen – wenn auch in eingeschränkter Weise – als Belege für Beweggründe dienen können, insbesondere dann, wenn sie sich in die historische Forschung zu den NS-Tätern einbetten lassen.

Zwischen Freiwilligkeit und Zwang, Befehl und unterstellter Rechtmäßigkeit

Da es sich bei den Morden in den Vernichtungslagern der »Aktion Reinhardt« um staatliche Auftragsmorde handelte, ist von einem komplexen Verhältnis zwischen Zwang, Gehorsamsbereitschaft und Freiwilligkeit auszugehen. Grundsätzlich ist festzuhalten, dass der – wenn auch lange Zeit nicht formalisierte – sehr allgemein gefasste Befehl beziehungsweise Auftrag zur Ermordung der Juden die notwendige Voraussetzung für die Bereitschaft der T4-Reinhardt-Männer zur aktiven Teilnahme am Massenmord war. Prinzipiell war es möglich, die Beteiligung zu verweigern, auch wenn dies nicht immer sofortigen Erfolg zeigte. Allerdings hatten Männer, die die Vernichtungslager verlassen wollten, in Kauf zu nehmen, entweder zur »Aktion Brandt« – der Fortführung der »Euthanasie« in der Heimat – oder an die Front versetzt zu werden.[58]

Nicht allen T4-Reinhardt-Männern war vor ihrer Versetzung in den Osten der Zweck der Lager bekannt, sodass sie keine Möglichkeit hatten, sich vorher mit der künftigen mörderischen Aufgabe zu befassen und in neutraler Umgebung über eine Beteiligung oder Nichtbeteiligung nachzudenken. Ein Teil der Männer wusste allerdings schon vor der Versetzung Bescheid und nach dem Anlaufen der Aktion sickerten die Informationen über die Aufgaben der Männer in Polen bis zur T4-Dienststelle in Berlin und ihre Einrichtungen durch.[59]

Ein sogenannter Befehlsnotstand kann für die Vernichtungslager der »Aktion Reinhardt« nicht festgestellt werden, auch wenn es vor allem dem Personal aus Belzec später im Prozess gelang, sich hierauf erfolgreich zu stützen. Die T4-Reinhardt-Männer wurden keinesfalls pausenlos – wie die von ihnen zur Arbeit gezwungenen Gefangenen – mit dem Tode bedroht. Sie mordeten also nicht, um dem eigenen Tod zu entgehen,[60] sondern hätten, wenn sie es gewollt hätten, durchaus Wege finden können, um die Tätigkeit in den Lagern nicht ausüben zu müssen. Sie hätten sich gegenüber ihren Vorgesetzten auf Natur- und Universalrechte, auf christliche Moralvorschriften oder auf das Verbot der Tötung von Zivilisten nach dem geltenden deutschen Strafrecht oder dem Internationalen Kriegsrecht stützen können. Schließlich machten sie sich bei der Teilnahme an den Morden auch nach dem zur Tatzeit geltenden Militärstrafgesetz (§ 47 Abs. I) schuldig: Demzufolge traf sie als Ausführende die Schuld, wenn ihnen bekannt war, »daß der Befehl des Vorgesetzten eine Handlung betraf, welche ein allgemeines oder militärisches Verbrechen oder Vergehen bezweckte«.[61]

Allerdings wurde den Männern der Antrag auf eine Versetzung nicht leicht gemacht. Insbesondere Wirth als Lagerleiter von Belzec und späterer

Inspekteur der drei Lager galt als Hürde. Globocniks Mitarbeiter Michalsen beschrieb dies während des Sobibor-Prozesses 1966 folgendermaßen:

> »Wirth war in erster Linie nicht für die Freigabe eines Mannes; er war auch die erste Klippe, die zu umschiffen gewesen wäre. Wenn ein solcher Antrag eingegangen wäre, hätte er den Mann zunächst runtergeputzt und ihn einen Schlappschwanz genannt.«[62]

Das heißt, die Männer wurden psychologisch unter Druck gesetzt. Neben dem Vorwurf, »Drückeberger«[63] zu sein, dem Hans-Heinz Schütt nach eigenen Angaben bei seinem Versetzungsgesuch ausgesetzt war, wurden sie – wie es Unverhau ebenfalls nach dem Krieg ausführte – »vor versammelter Mannschaft« mit »den übelsten Schimpfworten wie Lump«[64] beschimpft. Franz Suchomel berichtete, als »Schwein« und »Weichling«[65] bezeichnet worden zu sein. Dass einige Männer Wirths Drohungen, einen zu »beseitigen« und »über den Haufen zu schießen«, wie es Willy Großmann während des Ermittlungsverfahren zu Treblinka ausdrückte,[66] ernst nahmen, zeigen die Selbstmordfälle von Bauch und Kaina. Letzterer wählte aus Angst davor, bei Missachtung von Wirths Befehlen erneut wie bereits während der »Euthanasie« in ein Konzentrationslager eingewiesen zu werden, in Treblinka den Freitod. Mit der einschüchternden Figur von Wirth rechtfertigten manche Täter, die an der Richtigkeit des Massenmords zweifelten, ihren Verbleib in den Vernichtungslagern und ihr mörderisches Tun.[67]

Das häufig gewalttätige Verhalten der T4-Reinhardt-Männer in den Lagern deutet eher darauf hin, dass sie zu ihrer Tätigkeit nicht gezwungen wurden. Auch sind keine Zeichen von Sabotage oder gar Widerstand festzustellen. Keiner von ihnen versuchte, wie etwa Kurt Gerstein, Informationen über die Vernichtungslager zu sammeln, um mit diesen zumindest zu einem späteren Zeitpunkt der Wahrheitsfindung zu dienen. Daher kann davon ausgegangen werden, dass die Beteiligung am Massenmord bei den meisten Männern wenn auch nicht aus eigener Initiative, so doch – nach einer Abwägung der Kosten einer Verweigerung, den Vorteilen einer Teilnahme sowie vor dem Hintergrund ihrer Ideologie – aus eigenem Willen erfolgte. Das T4-Reinhardt-Netzwerk bestand nicht aus wegstrebenden Akteuren, die nichts unversucht ließen, um es zu verlassen. Das Gegenteil war der Fall: Erich Bauer räumte in den 1970er Jahren ein, dass die Leute »ganz alte Füchse« gewesen seien, die nicht »weg« wollten.[68] Auch in den Jahren zuvor hatte der – im Unterschied zu seinen Kameraden – bereits zu lebenslanger Haft verurteilte Bauer schon angegeben, dass die Männer vielmehr den Ausschluss aus dem T4-Reinhardt-Netzwerk fürchteten und keineswegs »abgeschoben«[69] werden wollten. Gründe für den erzwungenen Ausschluss waren beispielsweise Alkoholsucht, Korruption, Disziplinlosigkeit oder, wie Erwin Lambert 1974 während des wieder aufgenommenen Prozesses gegen Hubert

Gomerski erklärte, »wenn man etwas ausgefressen hatte, z. B. wenn einer zu den Polen ging«,[70] das heißt, wenn er persönliche Beziehungen zur einheimischen Bevölkerung pflegte.[71]

Zudem wurden die drei Lager nicht streng militärisch, sondern auf Kooperation setzend geführt. Erich Bauer verglich sie während des Sobibor-Prozesses 1965 mit »Zivilvereinen«,[72] Suchomel beschrieb das Personal in Treblinka 1964 als einen »halb zivilen Haufen«, in dem es nicht »furchtbar preußisch«[73] zuging. Untereinander duzte sich die Lagermannschaft.[74] Die Lagerleiter Stangl, Reichleitner und selbst der in den Nachkriegsaussagen als absoluter Herrscher dargestellte Wirth waren keine militärisch strengen Vorgesetzten, sondern pflegten kooperative Führungsstile. Eine Ausnahme bildete lediglich Eberl, dessen autoritärer Führungsstil sich aber nicht durchsetzen konnte.[75]

Anders als bei den »Arbeitsjuden« waren Zwang und Befehlsgewalt allein also nicht ausschlaggebend für den Gehorsam. Entscheidend war auch, dass die Ermordung von einer rechtmäßigen Institution angeordnet wurde. Die Kanzlei des Führers und der SSPF waren als vorgesetzte Instanzen in den Augen der Täter und der damaligen Bevölkerung keine »Terrororganisation« außerhalb der Gesellschaft, sondern galten als rechtmäßig.[76] An dieser Stelle ist auf die Versuche von Stanley Milgram zu den psychologischen Mechanismen von Gehorsam hinzuweisen, auf die sich auch Christopher Browning in seiner Analyse des Reserve-Polizeibataillons 101 und andere Historiker in Studien zu den NS-Verbrechen stützen. Milgram hat mit seinen Experimenten gezeigt, dass Menschen gegenüber legitimen Autoritäten auch dann noch bedingungslosen Gehorsam aufbringen, wenn ihre persönlichen moralischen Grundüberzeugungen dem Befehl diametral entgegenstehen. Er wies darauf hin, dass selbst Menschen mit intakten Wertvorstellungen von gut und böse, moralisch und unmoralisch, ohne besondere politische Indoktrinierung, ohne das Empfinden persönlicher Feindschaften gegenüber den Opfern zu Handlangern bei Verbrechen werden können. Dies liegt daran, dass durch den Befehl individuelle Verantwortung abgestreift wird und sich die Menschen, die den Befehl ausführen, für das eigene Handeln nicht verantwortlich oder moralisch haftbar fühlen. Verantwortlich sind in ihren Augen nur die legitimen Autoritäten. Die Gehorsamsbereitschaft wird noch erhöht, wenn die Menschen, wie etwa die Pfleger, SS-Männer oder Polizisten unter den T4-Reinhardt-Männern, an hierarchische Systeme gewöhnt sind, in denen Gehorsam und Respekt gegenüber legitimen Autoritäten, Dienst an der Nation, Treue und Pflichterfüllung zu Primärtugenden zählen. Auch wenn sich mit Milgrams Experiment das Verhalten einiger Männer beschreiben lässt, so ist dennoch vor zu einseitigen Schlussfolgerungen abzusehen, wie Harald Welzer nach einer kritischen Analyse des Experiments vor dem Hintergrund der nationalsozialistischen Gewaltverbrechen ausführt: Zum einen können die Experimente im Labor nicht den gesamten Kontext der nationalsozialistischen Gewaltverbrechen abdecken, zum anderen wurden bei der Analyse des Experiments den Varianten der sozialen Nähe der Versuchspersonen zum Versuchsleiter und zum vermeintlichen Opfer nicht genügend Aufmerksamkeit geschenkt. Diese situativen und gesellschaftlichen Faktoren müssen jedoch – so Welzer – bei der Analyse von komplexen Handlungssituationen, wie im Fall der NS-Verbrechen, stärker mit einbezogen werden.[77]

Gleichwohl ist zu konstatieren, dass der Befehl zur Ermordung der Juden durch die Führungsschicht des Deutschen Reichs zum Abbau moralischer Hemmungen der Täter führte. Diese fühlten sich – wie Werner Dubois es während des Ermittlungsverfahrens zu Sobibor 1962 anführte – lediglich als »Ausführungsorgane«, die »nicht aus eigener Initiative, sondern im Rahmen der Endlösung der Judenfrage tätig wurden«.[78] Einige T4-Führungspersonen argumentierten auch mit dem Krieg nach dem Motto, auch ein Soldat könne sich nicht aussuchen, an welcher Front er kämpfe und jeder SS-Mann habe seine Pflicht dort zu erfüllen, wo er hingestellt werde.[79] Derlei vorgebrachte Argumente scheinen nicht nur zu ihrer Verteidigung in den Prozessen erfunden worden zu sein, sondern gehören zu den klassischen Argumentationsmustern militärischer Einheiten. Die Gehorsamshaltung führte dazu, dass die Rechtmäßigkeit der von oben befohlenen Tötungen nicht – beziehungsweise nur wenig – infrage gestellt wurde; Besuche von Vorgesetzten in den Lagern und die Beförderungen bestätigten überdies die Richtigkeit des Tuns. Die Verantwortung für die Massenmorde wurde auf diese Weise auf die »hohen Herren«[80] Globocnik und Brach bzw. Blankenburg abgeschoben.

Auch wenn der Massenmord an den Juden, ebenso wie die »Euthanasie« zuvor juristisch nicht gedeckt war, waren die T4-Reinhardt-Männer von der Legitimität ihrer Aufgabe überzeugt. Ernst Zierke wies jegliche Verantwortung mit dem Hinweis auf die Autoritäten von sich, im Folgenden bezogen auf die »Euthanasie«: »Wenn die Sache von der höchsten Stelle gut geheißen war, dann war ich der Ansicht, daß ich mir keine Schuld zuzog. [...] Ich war [...] der Meinung, es liege ein Gesetz vor.«[81] Und Josef Oberhauser beteuerte später: »Ich glaube, daß es für uns verbindlich war, wenn von der Staatsführung befohlen wurde, die Juden zu töten. Der Grundsatz war: Befehl ist Befehl!«[82]

Eine vermeintliche Bestätigung in ihrer Haltung erfuhren die T4-Reinhardt-Männer auch dadurch, dass die Justizbehörden den Völkermord ignorierten, seitdem Himmler die Verantwortung dafür übernommen hatte. Wenn die Männer mit Richtern konfrontiert waren, wie etwa Bolender wegen eines Meineids, Hering und Schwarz wegen der Razzien in der Umgebung von Belzec, so hatte dies nichts mit der Ermordung der Juden zu tun.

Der Korruptionsrichter Konrad Morgen stellte bei seinen Ermittlungen den Massenmord ebenfalls nicht infrage, sondern konzentrierte sich auf Begleitumstände wie den damit in Verbindung stehenden Diebstahl.[83] Auch diese Nichteinmischung der Justizbehörden bestärkte die Täter in ihrer Vorstellung von einer Rechtmäßigkeit ihres Verhaltens. So argumentierte Frenzel:

> »Auch Übergriffe gegen Juden im damaligen Reichsgebiet wurden nicht verfolgt. Kein Mensch – kein Staatsanwalt, dessen Aufgabe es ja gewesen wäre, erhob Anklage oder bezeichnete solches Verhalten als Unrecht. Wie sollte ich als einfacher Mensch [...] überhaupt nur ahnen, daß mein Vertrauen in die Menschen der damaligen Regierung falsch war. [...] Nach meiner heutigen Einstellung hätte es schon genügt, wenn nur eine Macht der Welt aufgestanden wäre und gegen diese Art von Willkür protestiert hätte, kein Justizminister oder einer der führenden Männer – sprach ein Wort dagegen. Und somit musste ich ja auch glauben, daß dies alles richtig war.«[84]

Frenzels Ausführungen sind sicherlich einer Entlastungsstrategie geschuldet. Aber sie verweisen auch auf die tatsächliche Verantwortung vieler, insbesondere der juristisch Zuständigen, für den Mord an den Juden. In ähnlicher Weise ließ auch später Zierke seiner Empörung freien Lauf:

> »Wenn man mir heute nach zwanzig Jahren vorwirft, ich hätte nichts unternommen, so darf ich die Frage stellen, warum haben die hohen Persönlichkeiten nichts unternommen, die eine entscheidende Wendung hätten herbeiführen können. Jeder General an der Front [...] ist schuldig, weil er nichts unternommen hat, um den sinnlosesten Kampf abzubrechen. Jeder Soldat an der Front. [...] Wer will diese Soldaten für schuldig erklären? Aber noch mehr, das deutsche Volk in der überwiegenden Mehrzahl hat seine Kraft für Hitler eingesetzt.«[85]

Die Idee, dass nach dem Dritten Reich unter einer anderen Regierungsform der Massenmord als Verbrechen eingeschätzt werden könnte und die Täter individuell zur Verantwortung gezogen würden, kam erst durch das Näherrücken der Front im Frühjahr 1943 auf. So fragte Franz Wolf in Sobibor einen »Arbeitsjuden«: »Was wirst du nach dem Kriege mit mir machen, wenn du mich triffst?«[86]

Antisemitismus als weltanschauliche Grundlage

Der Befehl allein hätte nicht ausgereicht, um die Männer zu einer Beteiligung am Völkermord zu bewegen. Schließlich lassen sich Menschen nur unter extremer Gewaltandrohung dazu zwingen, andere Menschen zu töten, wenn sie das eigentlich nicht wollen. Notwendige Voraussetzung für die aktive

Teilnahme an der Ermordung der Juden war, dass sich der Befehl dazu in ihren weltanschaulichen Bezugsrahmen einordnete. Die Frage nach der Weltanschauung und der Rolle des Antisemitismus der Täter bei der Umsetzung des Völkermords wurde vor allem seit Daniel Goldhagens Studie zu den »willigen Vollstreckern« und dem »eliminatorischen Antisemitismus« ausgiebig diskutiert. Wie bei der Frage des Gehorsams ist auch hier vor voreiligen Schlüssen und monokausalen Erklärungsversuchen abzusehen: Der Antisemitismus allein reicht als Erklärung nicht aus. Ohne die antisemitische Grundeinstellung der Täter wäre der Massenmord jedoch nicht in die Tat umgesetzt worden.[87]

Die T4-Reinhardt-Männer identifizierten sich als Partei-, SA- und SS-Mitglieder mit den Grundideen der nationalsozialistischen Ideologie. Dass die Juden der »Weltfeind Nummer eins« waren, war ihnen über Jahre hinweg in Schulungen, aber auch in Zeitungen und politischen Reden vermittelt worden. Die Erfahrungen der Pogromnacht 1938, an der ein Teil der Männer teilgenommen hatte, verstärkten die antisemitische Haltung. Erstmals wurde hier über die Propaganda hinaus im öffentlichen Raum Gewalt in großem Umfang praktiziert und staatlich sanktioniert. Wie mit der vermeintlich anderen »Rasse« umzugehen war, konnten auch die SS-Männer der Totenkopfverbände in den Lagern Buchenwald und Sachsenhausen nach dem Novemberpogrom 1938 erfahren. Jüdische Häftlinge waren der Willkür der SS stärker als andere Gruppierungen ausgesetzt; Morde an ihnen gehörten zum Lageralltag. Die antisemitische Haltung wurde auch während der »Euthanasie« weiter gepflegt und selbst in den Vernichtungslagern wurden die Männer mit antisemitischer Propaganda, etwa durch die wöchentlichen Kurierlieferungen mit Zeitungen, versorgt. Darunter befanden sich sicherlich auch die führenden antisemitischen NS-Propagandablätter »Das Schwarze Korps« und »Der Stürmer«, der 1942 massiv für die Liquidierung von Ghettos eintrat. Auch die Bezeichnung »Hofjuden« in Treblinka verweist auf das gleichnamige »Stürmer-Buch«. In der Kantine von Sobibor waren an den Wänden Losungen angebracht wie »Die Räder müssen rollen für den Sieg«, welche die T4-Reinhardt-Männer auf die Deportation der Juden bezogen.[88] Die Männer befahlen den »Arbeitsjuden«, antisemitische Lieder zu singen, die sie aus den nationalsozialistischen Männerbünden kannten, und erfanden neue. Es verwundert nicht, dass Eberl nach seinen in Treblinka gewonnenen Erfahrungen 1943 anbot, Vorträge über rassenpolitische Themen – wie die »Judenfrage« – zu halten.[89]

Der Antisemitismus der T4-Reinhardt-Männer offenbarte sich auch in der Verächtlichmachung der jüdischen Religion, wie zum Beispiel der erzwungenen Arbeit am Samstag, in der Austeilung von Schweinefleisch am Freitagabend oder einer ins Lächerliche gezogenen Inszenierung des Begräbnisses eines chassidischen Häftlings.[90] Zu den Demütigungen in Treblinka zählte 1943 überdies das sogenannte »Scheißekommando«. Im unteren Lager wurden zwei Gefangene in Gewänder von Rabbinern und Synagogen-Kantoren gesteckt und mit einem großen Küchenwecker behängt. Dann wurden sie zu »Latrinenkapos« ernannt und hatten dafür zu sorgen, dass sich die anderen Häftlinge höchstens zwei Minuten auf der Latrine aufhielten. Die beiden »Scheißekapos« wurden später von Franz zu einem Boxkampf gezwungen und im »Lazarett« ermordet. Auch im oberen Lager gab es einen Latrinenaufseher, der sich in einer Mischung aus Rabbiner und Clown zu kleiden hatte. Jeden Abend wurde beim Appell an ihn die Frage gerichtet: »Rabbiner, wie klappt es mit der Scheiße?«[91]

Antisemitische Einstellungen der T4-Reinhardt-Männer kamen auch zum Ausdruck, wenn sie die »Arbeitsjuden« verbal schikanierten. So wurde ihnen von Franz Wolf erklärt, Juden seien familienfeindliche Egoisten, expansionslustig, Ausbeuter, Parasiten und Diebe.[92] In derartigen Anwürfen drückt sich – wie es Raphael Gross ausführte – die Vorstellung einer jüdischen Gegenmoral aus, die sich den Inhalten der »arischen Moral«, wie Kameradschaft, Treue und Opferbereitschaft, entgegenstellte. Gross legt dar, dass sich diese moralische Verurteilung der Juden, die sich durch verschiedenste antisemitische Begründungen zieht, zu starken Gefühlen wie Abscheu, Ekel und Hass, quasi zu einer antisemitischen Leidenschaft auswachsen konnte.[93] Auch wenn es bei vielen T4-Reinhardt-Männern kein stark ausgeprägter persönlicher Hass gegen die Juden gewesen sein mag, dann aber zumindest Verachtung und Gleichgültigkeit ohne Mitleid, Empathie, Erbarmen und Bedauern gegenüber den Opfern. Den nach den Strapazen des Transports und jahrelangem Ghettoleben geschwächten, kranken, psychisch zerstörten und vermeintlich gesichtslosen Deportierten standen sie mit emotionaler Distanz gegenüber, nahmen sie als anonyme Masse wahr und nicht als Individuen mit eigenen Lebensgeschichten.[94] Ihr Wert als Menschen wurde ihnen abgesprochen, wenn sie auf eine Stufe mit Tieren gestellt wurden. So beschimpfte Franz die Häftlinge bei den Appellen als Ungeziefer, als weniger wert als Hunde oder die Erde, in die man sie werfe.[95] Diese Gleichsetzung von Juden – insbesondere der »Ostjuden« – mit Dreck, Seuchen und Schädlingen hatte Fritz Hippler in seinem Propagandafilm »Der Ewige Jude« auf perfide Weise in Szene gesetzt. Suchomel fasste dies während des Prozesses gegen Stangl 1970 so zusammen: »Ein Jude in Treblinka war nicht mehr wert als eine Fliege.«[96] Stangl beschrieb seine Verachtung gegenüber den wehrlosen Menschen, die sich vermeintlich freiwillig zu den Gaskammern führen ließen, folgendermaßen:

> »Es hat nichts mit Haß zu tun. Die waren so schwach! Sie ließen alles mit sich geschehen. Es waren Leute, mit denen man nichts gemein hatte,

keine Möglichkeit der Verständigung – daraus entsteht Verachtung. Ich konnte niemals verstehen, daß sie einfach aufgaben, wie sie es taten. Vor kurzem hab' ich ein Buch gelesen über Lemminge in Skandinavien, die jede fünf oder sechs Jahre in das Meer wandern und sterben. Das erinnerte mich an Treblinka.«[97]

Aber die »Juden« wurden in der antisemitischen Propaganda nicht nur als minderwertig gegenüber der überlegenen deutschen »Rasse« dargestellt. Sie wurden darüber hinaus beschuldigt, einen mitleidslosen Kampf auf Leben und Tod gegen das deutsche Volk zu führen – selbst wenn dies im Widerspruch zu der soeben zitierten Vorstellung einer vermeintlichen Passivität stand.[98] So führte Frenzel an:

> »Schon im Mai 1940 begann der furchtbare Bombenkrieg gegen deutsche Städte. [...] Sie galten nicht etwa militärischen Zielen, sondern die deutsche Zivilbevölkerung sollte gemordet werden, um die Widerstandskraft zu brechen. [...] Die Deutsche Presse und der Rundfunk verkündeten, daß dies das Werk des ›Internationalen Judentums‹ wäre und ich war entsprechend der ganzen politischen Erziehung und Entwicklung davon überzeugt, daß dies richtig war. Als dann im Frühjahr 1941 der sog. ›Führerbefehl‹ bezüglich der Vernichtung der Juden bekannt wurde, [...] glaubte ich noch, daß es um Sein oder Nichtsein des Deutschen Volkes ginge, und die Maßnahmen der Regierung richtig sein müßten. [...] Wie konnte ich wissen, dass hiermit Unrecht geschah?«[99]

Eine ähnliche Argumentation, mit dem Hinweis auf einen Befehl von oben, den Bombenhagel auf deutsche Frauen und Kinder und die Feindschaft der Juden gegen das deutsche Volk, findet sich auch in der Rede des Majors Wilhelm Trapp vor dem Reserve-Polizeibataillon 101, mit der der Historiker Christopher Browning seine Studie zu den »ganz normalen Männern« beginnt, da sie die Morde des Bataillons in Józefów einleitete.[100] Aus einer solchen Perspektive war die Ermordung der Juden dadurch legitimiert, dass sie einem höheren Ziel diente, wie die T4-Reinhardt-Männer auch gegenüber den Gefangenen ausführten. Hiervon berichtete der Treblinka-Überlebende Samuel Willenberg:

> »Man muss dazu sagen, dass die Deutschen sich als Elite empfanden, die eine schwere und verantwortungsvolle Mission für den *Führer* erfüllten. Sie liebten es, mit dem Lagerältesten Diskussionen darüber zu führen und er wiederum berichtete uns danach. Sie redeten von der Überlegenheit der deutschen Rasse und des deutschen Volkes. Von ihrer hohen Kultur und den wichtigen Aufgaben bei der Organisierung und Einführung der neuen Ordnung in Europa.«[101]

Die Täter sahen sich demnach als Träger eines historischen Auftrags, wie beispielsweise Ernst Zierke, der in einem Brief an die Staatsanwaltschaft in

München 1964 schrieb: »Mein Bestreben war, zu arbeiten, nicht für mich, sondern für das Wohl aller Menschen.«[102]

Äußerungen dieser Art sind vor dem Hintergrund eines »Erlösungsantisemitismus«, wie ihn der Historiker Saul Friedländer definierte, zu verstehen. Dieser entstand durch die Verbindung von Rassentheorien mit dem biologischen Sozialdarwinismus und den Ideen eines Rassenkampfes. Alle negativen antijüdischen Stereotype, die sich zum Teil untereinander ausschlossen, verknüpften sich darin zu einer scheinbar wissenschaftlichen und ganzheitlichen Verschwörungstheorie, nach der die »Juden« vermeintlich die Weltherrschaft anstrebten und die mystifizierte »arische Rasse« bedrohten. In diese Rassen- und Verschwörungstheorie waren nunmehr alle Juden, ohne Ausnahme, vom Neugeborenen bis zum Greis, eingeschlossen, unabhängig, ob sie selbst dem jüdischen Glauben anhingen oder nicht. Wer der Propaganda des ewigen Kampfes des internationalen Judentums gegen das sich verzweifelt verteidigende deutsche Volk Glauben schenkte, der plädierte häufig auch dafür, dass das jüdische »Problem« gelöst werden musste, zur Not – als *ultima ratio* – auch mit ihrer Ermordung.[103]

Harald Welzer hat überzeugend dargestellt, dass der Mord durch die nationalsozialistische Moral kontextualisiert und das Töten daher gesellschaftlich integriertes Handeln war. Schließlich sind Moralvorstellungen, selbst wenn sie Fragen von Leben und Tod berühren, nicht universell und einheitlich, sondern hängen von den jeweiligen Gesellschaften ab. Gerade weil sie den Dienst in den Vernichtungslagern nicht verweigerten, handelten die T4-Reinhardt-Männer »moralisch« im Sinne der von Raphael Gross beschriebenen NS-Moral und befolgten somit die Normen und Werte, die in der »Volksgemeinschaft« als verbindlich betrachtet wurden. Für die jüdischen Opfer galt das partikulare Moralsystem nicht; sie waren aus dem »Universum der allgemeinen Verbindlichkeiten« (Helen Fein) ausgeschlossen. Wie Gross am Beispiel des Korruptionsrichters Konrad Morgen aufzeigt, bezog sich die moralische Verpflichtung in erster Linie auf das deutsche Volk, dem gegenüber Treue und Solidarität zu erbringen waren. Die von Morgen beschriebene moralische Empörung während seines Besuchs in Birkenau galt daher weniger dem Völkermord als vielmehr den Unzulänglichkeiten der Wachmannschaft, die sich persönlich bereicherte und große Mengen an Alkohol konsumierte. In ähnlicher Weise interpretierten auch die T4-Reinhardt-Männer ihre Taten vor dem Hintergrund eines gesellschaftlichen Kontextes, der von einem radikalen, auf die Ausschaltung der Juden und die »Endlösung« drängenden Antisemitismus geprägt war. Dabei ist unwesentlich, dass die Vorwürfe einer Weltverschwörung nicht der Wahrheit entsprachen und in Wirklichkeit die Deutschen – und somit auch die T4-Reinhardt-Männer als Hauptakteure – eine »einseitige Schlacht«[104] gegen die Juden führten. Denn der Antisemitismus und die Deutung, sich im Krieg gegen die Juden zu befinden, schufen eine Art »Pseudowirklichkeit«, in der sich die allgemeinen Tötungsverbote in spezifische Tötungsgebote verwandelten.[105]

Da die Täter sowohl im Auftrag des Deutschen Reiches als auch im Rahmen der vorherrschenden Ideologie handelten, nahmen sie sich nicht als Mörder an wehrlosen Männern, Frauen und Kindern wahr. So zog der Gewalttäter Josef Hirtreiter 1948 eine klare Linie zwischen sich und herkömmlichen Kriminellen: »Ich bin mein ganzes Leben straffrei gewesen. Ich bin der Ansicht, daß ein Verbrecher geboren sein muß, nicht aber, daß er in einem gewissen Zeitraum alle Moral fallen lässt.«[106] Diese Zusammenführung von Töten und Moral zu einer nationalsozialistischen Tötungsmoral zeigte Welzer in seiner Auseinandersetzung mit Gitta Serenys Gesprächen mit Franz Stangl. Er legt dar, dass Stangl nicht sein zuvor vorhandenes integres moralisches Vermögen während des Vernichtungsprozesses verloren, sondern im Gegenteil keine beziehungsweise zumindest wenige, moralische Irritationen durch die Tätigkeit in den Lagern erfahren hat. Er konnte den Massenmord an den Juden in seinen Referenzrahmen einordnen und sich gleichzeitig selbst als gut, gerecht, sachlich und freundlich wahrnehmen.[107] Kognitive Dissonanzen,[108] die sich zwischen dem gesellschaftlich propagierten (wenn auch nicht strafrechtlich abgesicherten) »Tötungsgebot« und Teilen des eigenen Moralempfindens ergaben, konnten im Lager dadurch ausgeglichen werden, dass man sich möglichst »anständig« verhielt und unnötige Gewalt vermied, also anders als zum Beispiel Franz, Küttner, Wagner, Frenzel, Schwarz und Co.[109] Wer auf diese Weise Dienst in den Lagern leistete, hatte allenfalls ein »ungutes Gefühl«, aber »kein ausgesprochenes Schuldgefühl«.[110] Schuld- und Schamgefühle entstanden bei den Männern nicht wegen ihrer Beteiligung am Massenmord, sondern im Gegenteil, wenn sie sich nicht »stark« genug für die Ermordung der Juden fühlten oder wenn sie die mörderische Aufgabe infrage stellten. Solche Gefühle zu evozieren, war auch die Absicht entsprechender Reden Himmlers an die SS-Männer, in denen er denjenigen, die sich verweigerten, vorwarf, dass sie *nicht* den »Mut« und die »innere Konsequenz« besaßen, die Juden zu ermorden.[111]

Bei alldem spielt auch eine Rolle, dass die Männer an der »Euthanasie« teilgenommen und somit bereits die moralische Hemmschwelle zum Mord überschritten hatten. Ein Schritt führte zum nächsten, sodass zuletzt jeder Einzelne einen Beitrag zum Massenmord leistete, den er selbst am Anfang seiner mörderischen Karriere nicht für möglich gehalten hätte. Die Täter passten sich so sukzessive den jeweils neuen situativen Bedingungen an,[112] was Schluch folgendermaßen ausdrückte: »Ich bin langsam immer tiefer in diese Sache hinein gesunken.«[113] Die Vorstellung, sich durch einen falschen

Schritt in eine Situation ohne vermeintliche Ausstiegsmöglichkeiten begeben zu haben, veranlasste vermutlich auch Max Biela dazu, seinen Cousin davon zu überzeugen, nicht in die SS einzutreten.[114]

Dass die Berechtigung des Massenmords von den Männern nie ernsthaft infrage gestellt wurde und sich der Referenzrahmen, in dem sie sich bewegten, nicht veränderte, ist auch darin begründet, dass die Lager – wie es der Sobibor-Überlebende Kurt Thomas beschrieb – eine Art isolierter »Staat im Staat«[115] mit einem in sich konsistenten Milieu mit eigenen Gesetzen und einer eigenen Lagerjustiz waren.[116] Doch auch außerhalb des Lagers zweifelte niemand die Tätigkeit der Männer öffentlich an. Dabei gab es viele Mitarbeiter und Mitwisser, wie die vielfältigen Außennetze der Lager zeigen. Der Massenmord in den Vernichtungslagern ging – wie auch der T4-Geschäftsführer Dietrich Allers nach dem Krieg betonte – keineswegs so vonstatten, dass »eine kleine Gruppe von Verschwörern im Hintergrunde arbeitete und heimtückisch ans Werk ging«.[117] Im Gegenteil: Zahlreiche Akteure ermöglichten und förderten ihn durch die Deportationen und die Unterstützung des Vernichtungssystems und trugen so beständig dazu bei, dass sich die Täter selbst nicht infrage stellen mussten. Selbst das unmittelbare lokale Umfeld der Lager war von Antisemitismus und Indifferenz geprägt. Nur wenige Partisanen griffen die T4-Reinhardt-Männer an, die Einheimischen versuchten nicht, die Zusammenarbeit mit den Lagern in Alltagsangelegenheiten zu verweigern. Nur wenige, wie Bernhard Falkenberg, Leiter der Entwässerungsarbeiten in Włodawa, der seine Arbeiter vor der Deportation bewahrte, oder Wagner vom Sicherungsbataillon in Chełm, äußerten Bedenken. Doch auch diese Kritiker hüteten sich davor, ihre Positionen offensiv vorzutragen.[118]

Vernichtung als Arbeit: Funktionslust und Versuche der Rationalisierung

In vieler Hinsicht stellte der alltägliche Massenmord in den Vernichtungslagern für die Männer eine mehr oder wenige normale und geregelte Arbeit dar. Diese Sicht auf das Töten beziehungsweise die Vernichtung als Arbeit hat der Historiker Alf Lüdtke anhand von Briefen von Soldaten an der Front an ihre vormaligen Arbeitgeber während des Zweiten Weltkrieges herausgearbeitet. Seitdem ist dieser Grundgedanke einer »Tötungsarbeit« in verschiedenen Studien zu den nationalsozialistischen Gewaltverbrechen, beispielsweise von der Historikerin Elissa Mailänder Koslov zum Dienstalltag in Majdanek oder von Harald Welzer, weiterentwickelt worden.[119] Die Tätigkeit in den Vernichtungslagern wurde auch tatsächlich als Arbeit aufgefasst – die T4-Reinhardt-Männer sahen sich gegenseitig, wie es Erich Bauer 1965 ausdrückte, als »Arbeitskollegen«.[120] In einer anderen Aussage beschrieb er das Töten selbst, wie bereits oben beschrieben, als »Beruf«.[121]

Mit dieser Perspektive auf die Massenmorde können die verschiedenen Aspekte, die diese Arbeit charakterisierten, wie etwa das Arbeitsverständnis, genauer ausgeleuchtet werden. Eigenschaften wie Eifer, Ehrgeiz und Perfektionsdrang, die im zivilen Leben als positiv gelten, wurden in den offenen Netzwerkstrukturen besonders gefördert, denn die Stärkung der intrinsischen Motivation trug zur Perfektionierung der Vernichtungsprozesse bei. Einige T4-Reinhardt-Männer legten große »Funktionslust« an den Tag, das heißt, sie wirkten kreativ und engagiert an der Entwicklung der Lager mit. Diese Funktionslust und Arbeitsfreude, der Wille, eine schwierige Aufgabe kompetent und erfolgreich zu erfüllen, verbesserten die beruflichen Aufstiegschancen und stärkten das berufliche Selbstbewusstsein. Ein Beispiel dafür ist die Konstruktion des Gaswagens durch Hackenholt, auf den er – so Franz 1961 – »sehr stolz« gewesen und von Wirth »besonders gelobt« worden sei.[122] Diesen Männern ging es darum, sich mit guter Arbeit zu bewähren.[123] Eberl fühlte sich beim Aufbau des Lagers, wie er seiner Frau Ende Juni 1942 schrieb, »ausgezeichnet. Es ist viel Betrieb und das macht mir Spaß«[124] und selbst einen Monat später, als Tausende Menschen täglich im Lager ermordet wurden, zeigte er sich gegenüber seiner Frau »froh und stolz« auf diese »Leistung«.[125] Der Stolz und Ehrgeiz von Eberl führten allerdings zu einem späteren Zeitpunkt auch dazu, dass er sich überschätzte und das System in Treblinka zusammenbrach.

Nicht nur Eberl wollte sein »Bestes« geben. Auch Stangl erfüllte seine Aufgaben mit Ehrgeiz und Perfektionismus: »Alles, was ich aus meinem freien Willen getan habe, [...] mußte ich so gut machen, wie ich konnte. So bin ich eben.«[126] Und Franz äußerte sich hierzu folgendermaßen:

> »Wenn man es heute beanstandet, daß ich zu den besten Männern zählte, so sehe ich darin nichts schändliches. Schon bei der Wehrmacht zählte ich nicht zu den schlechtesten. Es kommt darauf an, mit welchen Augen und von welchem Standpunkt aus, man das Wörtchen ›bester‹ sieht.«[127]

Gute Arbeit in der Logik der Vernichtungslager drückte sich, wie die Feier für den zehntausendsten Toten in Grafeneck zeigte, nicht zuletzt in hohen Opferzahlen aus. Wenn bereits die Erfolgsquote der »Euthanasie«-Einrichtungen gefeiert worden war, so konnten die T4-Reinhardt-Männer auf ihre beispiellose mörderische Effizienz erst recht »stolz« sein. Die Verantwortlichen in Sobibor bedauerten geradezu, dass ihr Lager gegenüber Belzec und Treblinka – so Bauer 1962 – »an letzter Stelle rangierte«.[128]

Es war nicht nur der Aufbau der Vernichtungsstrukturen, der als berufliche Herausforderung begriffen wurde, sondern auch der Aufbau der Strukturen für das eigene Wohlbefinden. Die Lagermannschaften schufen – aus dem Nichts heraus und mit eigenen Ressourcen – ganze Wohnanlagen. In Sobibor traf der Besucher auf freundlich aussehende, saubere Tirolerhäuser mit hübschen Gardinen und Blumen. In Treblinka gab es gar wie in Buchenwald einen eigenen Zoo.[129]

Die Leistung der T4-Reinhardt-Männer wurde von höchster Stelle gewürdigt und die Anerkennung durch Einzel- und Kollektivbeförderungen ideell und materiell zum Ausdruck gebracht. So wurden nach dem Besuch Himmlers in Treblinka und Sobibor im Frühjahr 1943 die »besten Männer und Führer« aus SS, Waffen-SS und Polizei befördert. Wirth wurde zum SS-Sturmbannführer ernannt, die Lagerleiter Hering, Reichleitner und Stangl zu SS-Hauptsturmführern und die wichtigen SS-Männer Niemann, Oberhauser, Franz und Schwarz zu Untersturmführern sowie Jirmann und Hackenholt zu Hauptscharführern.[130]

Die T4-Reinhardt-Männer fühlten sich wichtig und sie waren es auch. Unabhängig davon, ob ihre Aktivitäten während des Nationalsozialismus als positiv oder mit heutigen Maßstäben als verbrecherisch bewertet werden, sie waren »Personen der Zeitgeschichte«,[131] wie sie der Leiter der Zentralen Stelle in Ludwigsburg, Adalbert Rückerl, einmal bezeichnete. Es war nicht nur ihre berufliche Tätigkeit an sich, sondern auch ihr sozialer Status im NS-System: Sie waren der Kanzlei des Führers direkt zugeordnet und glaubten sich über Brack und Bouhler direkt mit Hitler verbunden.

Überdies ist zu berücksichtigen, dass die Mehrzahl der T4-Reinhardt-Männer aus Berufen kamen, die in der Regel mit keinen Leitungsfunktionen und wenig Aufstiegsmöglichkeiten verbunden waren. Selbst Christian Wirth hätte unter anderen Umständen keinen Mitarbeiterstab von 120 deutschen Männern, Hunderten von Trawniki-Männern und Tausenden von »Arbeitsjuden« befehligen können. Den SS-Männern, die erst Mitte der 1930er Jahre in die Totenkopf-Wachverbände eingetreten waren, wären Aufstiegsmöglichkeiten ebenfalls schwerlich möglich gewesen. Franz, der noch zur Zeit der Kommandierung zur T4 ein bedeutungsloser SS-Rottenführer gewesen war, schaffte es zuletzt gar bis zum »SS-Untersturmführer und Kommandant« von Treblinka. Jeder einzelne T4-Reinhardt-Mann hatte faktisch einen enormen Machtzuwachs zu verzeichnen. Er war kein untergeordneter Arbeiter mehr wie in seinem früheren Leben, sondern hatte weisungsbefugte Leitungspositionen inne. In seinem Bereich war er unumschränkter Herrscher über die Trawniki-Männer und sämtliche Häftlinge.[132]

Da das Tötungspersonal seine Aufgaben freiwillig, bereitwillig und eigeninitiativ erledigte, war es unnötig, es in ein starres hierarchisches Korsett mit einer klaren Befehls- und Gehorsamsstruktur zu zwängen. Weil die T4-Reinhardt-Männer an große Handlungsspielräume gewöhnt waren, reagierten sie auf ihrer Meinung nach zu starke Reglementierungen und Anordnungen auch mit Aufsässigkeit.[133] Das unbürokratische Netzwerk war unter diesen Umständen die beste Organisationsform, um eine möglichst effektive Funktionalität der Vernichtungssysteme zu erreichen.[134]

Die Tötungsarbeit war zudem gekennzeichnet durch Arbeitsteilung, die kollektive Ausführung der Verbrechen sowie die Wahrnehmung des Tötungssystems als einem technischen Prozess. Bei denjenigen Männern, die nicht nach verantwortungsvollen Positionen in den Führungsgruppen strebten und »Dienst nach Vorschrift« leisteten, lässt sich folgender sozialpsychologischer Mechanismus erkennen: In Verbindung mit der Selbstwahrnehmung als Befehlsempfänger trug insbesondere die Arbeitsteilung dazu bei, dass sich einige Täter nicht als aktive, individuell verantwortliche Akteure bei der gemeinsam durchgeführten Ermordung der Juden betrachteten.[135] Während die Opfer alle Angehörigen des Personals der nur auf den Mordzweck ausgerichteten Vernichtungslager als Mörder ansahen, wiesen die untergeordneten T4-Reinhardt-Männer die Verantwortung von sich. Zerlegt man den gesamten Vernichtungsvorgang in Einzelaktionen, dann reduzierte sich der individuelle Tatbeitrag psychologisch betrachtet auf ein Minimum. Eine für die Aktion gänzlich verantwortliche Person existierte in dieser Logik nicht, diente doch ein Großteil der Aufgaben in den Vernichtungslagern lediglich der »Vorbereitung« und der »Nachbereitung« des Mordes, man war also nur Zwischenglied einer Handlungskette.[136] War es Mord, wenn man die Juden beim Auskleiden *vor* dem Mord bewachte? War man Mörder, wenn man die Juden beaufsichtigte, die die Leichen *nach* dem Mord aus den Gaskammern zogen? Der »eigentliche« Mord reduziert sich in dieser Logik nur noch auf den Moment, in dem die Motorenabgase in die Gaskammern eingelassen wurden. So sollte später in vielen Aussagen der Täter von Belzec und Treblinka der Hinweis auf das »eigentliche Vernichtungslager«[137] – Lager II beziehungsweise das »obere Lager« – auftauchen, mit denen sie selbst aufgrund der Arbeitsteilung nichts zu tun gehabt hätten. Das arbeitsteilige System ermöglichte es ihnen faktisch, sich als Randfiguren darzustellen, die nur einen geringen »Anteil« an der Ermordung und somit eine verminderte Verantwortung dafür gehabt hatten. Stellvertretend für andere steht Barbl, der seine Tätigkeit folgendermaßen darstellte: »Nun gut, ich habe ja schließlich niemanden umgebracht.«[138]

Auch wenn derartige Aussagen der Verteidigung vor Gericht dienten, so ist ihnen dennoch ein gewisser Wahrheitsgehalt nicht abzusprechen: Für die Psyche eines Täters macht es einen großen Unterschied, ob wie im Falle von Belzec 37 Männer gemeinschaftlich 500000 Menschen töten oder ob jeder Einzelne von ihnen eigenhändig und eigenverantwortlich 13500 Menschen erschlägt oder erschießt. Die Arbeitsteilung half also dabei, die Verantwortung für den Mord in verringertem Maß wahrzunehmen. Gleichwohl konnten sich die Täter nicht ganz aus der Verantwortung ziehen, in den reinen Vernichtungslagern war dies schlichtweg nicht möglich. Schluch, der in untergeordneter Funktion in Belzec tätig war, räumte ein,

> »daß keiner von uns bei der Vernichtungsaktion ausgenommen wurde, jeder von uns war daran beteiligt: ob sein Platz beim Schlauch, in der Entkleidungsbaracke, beim Sammelplatz, bei der Vergasungsanlage oder bei den Gruben gewesen war, dürfte im Grunde genommen gleichgültig gewesen sein«.[139]

Dubois erklärte das arbeitsteilige Zusammenspiel der einzelnen Akteure der Lagermannschaft in ähnlicher Weise als eine »Kette von Funktionen« und betonte wie Schluch die Bedeutung jedes einzelnen T4-Reinhardt-Mannes für das Funktionieren der Vernichtungslager:

> »Das Lager funktionierte in einer Kette von Funktionen. Wenn nur ein Glied dieser Kette entfällt, stockte der gesamte Betrieb. [...] Sämtliche Angehörige des deutschen Lagerpersonals hatten die Aufsicht im Lager und trugen die Verantwortung für die Vernichtung der Juden.«[140]

Trotz der von Schluch und Dubois betonten Übernahme der Verantwortung evoziert die Vorstellung des Handelns als Glieder einer Kette insgesamt die Idee einer verringerten Verantwortung der einzelnen Täter. Dies wird an der Aussage von Gley deutlich, der selbst direkte Erschießungen von alten und kranken Menschen darunter fasste:

> »Sie waren von den Machthabern zum Tode verdammt und es gab keine Rettung für sie. Es war mehr oder weniger Zufall, daß gerade ich zu ihrer Tötung befohlen wurde. Selbst wenn ich mich erfolgreich hätte weigern können, wären sie eben von einem anderen erschossen worden.«[141]

Bei einer näheren Betrachtung der Vernichtungssysteme zeigt sich jedoch, dass die fließbandmäßige Arbeitsteilung, die das Bild einer Kette erzeugt und die der Soziologe Wolfgang Sofsky als interdependentes Netz von Verfahren mit klar bestimmten Aufgabenbereichen und -rollen sowie standardisierten Arbeitsabläufen definiert, eher ein Konstrukt ist.[142] Denn untergliederte, klar definierte Arbeitsbereiche hatten lediglich die »Arbeitsjuden« und »standardisiert« war nur die Art und Weise, wie die Deportierten sterben mussten: Aussteigen aus den Waggons – Ausziehen – Abgabe der Wertgegenstände – Scheren der Haare – Tötung (Gaskammer oder Erschießung) – Beseitigung der Leichen. Diese Aufgaben wurden – wie beispielsweise im Fall der Leichenbeseitigung – von verschiedenen Arbeitskommandos wahrgenommen. Die T4-Reinhardt-Männer setzten in der Regel diese einzelnen Arbeitsschritte zur Tötung nicht selbst um, sondern führten vielmehr die Aufsicht darüber, und häufig wurden sie an verschiedenen Stationen des Tötungsprozesses eingesetzt, eskortierten zum Beispiel die Deportierten von der Rampe bis zum »Schlauch«. Der Tötungsprozess war also keineswegs in derart partielle Handlungen und Funktionen eingeteilt, dass sich die einzelnen Männer mit der Behauptung, nur unbedeutende Randpositionen eingenommen zu haben, vom gesamten Mordprozess gänzlich hätten distanzieren können.

Noch gewichtiger in Bezug auf die Zurückweisung von Verantwortung scheint die Delegierung der Arbeit an die Trawniki-Männer und die »Arbeitsjuden« zu sein. Aufgaben, die den direkten Kontakt mit den Opfern implizierten und mit Gewalt gegenüber diesen verbunden waren, konnten an die untergebenen Trawniki-Männer delegiert werden, die in vielen Fällen als Scharniere zwischen den T4-Reinhardt-Männern und den Häftlingen fungierten. Hätten die T4-Reinhardt-Männer zudem selbst statt der »Arbeitsjuden« Hunderttausende Leichen aus den Gaskammern und später aus den Massengräbern holen müssen, wäre es möglicherweise zu einer höheren Quote an Arbeitsverweigerern gekommen. Faktisch mussten sie – so Jührs 1961 während des Ermittlungsverfahrens zu Belzec verharmlosend – nur »repräsentieren, das heißt durch unser Erscheinen in Uniform wirken. Jeder musste in seinem Bereich umhergehen und durch Anwesenheit wirken.«[143]

Der defensive Hinweis, dass die T4-Reinhardt-Männer nur eine Art Kontrollfunktion gehabt hätten und die Verantwortung in großen Teilen auch den Opfern, euphemistisch »Arbeitswillige« (so Werner Dubois 1971)[144] genannt, zukomme, zieht sich durch mehrere Aussagen. Diese Argumentation fällt auf fruchtbaren Boden in der meist mit moralischer Konnotation geführten Diskussion um die Verantwortung der »Judenräte«, der Kapos oder – im Fall von Auschwitz-Birkenau – des Sonderkommandos.[145] Jührs bezeichnete während des Ermittlungsverfahrens zu Belzec die Verrichtungen der »Arbeitsjuden als die »eigentliche Arbeit und Ausführung«;[146] Ernst Zierke und Josef Oberhauser definierten sie als die »Arbeit im technischen Sinne«.[147] In einer Aussage von Unverhau während des Ermittlungsverfahrens zu Belzec (1960) liest sich dies dann so:

> »Die Angehörigen des deutschen Personals der Vernichtungslager hatten [...] an den dortigen Vorgängen nur einen sehr geringen Anteil. Wirth hat wiederholt, wenn er in angeregter Stimmung war, sich damit gebrüstet, daß alles so eingespielt sei, daß er niemanden brauche, er könne alle nach Hause schicken und würde alles mit seinen Kapos allein machen können. Tatsächlich ist die Vernichtungsaktion, so eigenartig dies klingen mag, im Wesentlichen durch Juden selbst durchgeführt worden, die aus Angst um ihr eigenes Leben sich absolut willfährig zeigten und sich für jede Aufgabe verwenden ließen.«[148]

Auch wenn die Delegierung von Arbeiten an die Häftlinge zu einer Reduzierung der wahrgenommenen Verantwortung führen konnte, so lässt sich doch nicht übersehen, dass solche Aussagen sehr stark der eigenen Entlastung dienten und die Praxis der realen Gewaltanwendung einerseits und der limitierten Handlungsspielräume der Gefangenen andererseits ganz anders aussah. Überdies töteten die Häftlinge im Unterschied zu den T4-Reinhardt- und den Trawniki-Männern nicht. Die T4-Reinhardt-Männer beschränkten sich außerdem keineswegs darauf, in Uniform zu wirken, sondern hatten als »Richter und Peiniger«, wie sie der Sobibor-Überlebende Kurt Thomas bezeichnet,[149] die Befehlsgewalt über die Trawniki-Männer und die Häftlinge. Nicht zuletzt gab es Funktionen, bei denen die Deutschen nicht »nur« Aufsichtspersonen waren, sondern in die direkte Ermordung involviert waren, und zwar bei der Erschießung von Alten und Kranken oder beim Einleiten des Gases in die Gaskammern.[150]

Neben der Arbeitsteilung und der Delegierung der Arbeiten an Trawniki-Männer und »Arbeitsjuden« gab es weitere Möglichkeiten, die Ermordung als technischen Vorgang zu betrachten, bei dem die Menschen gar eines humanen Todes starben. So bezeichneten Robert Jührs und Heinrich Gley in den Ermittlungsverfahren die Erschießungen im »Lazarett« als »Gnadentod« und »Erlösung«:[151] Die Opfer seien – so Jührs 1961 – häufig »mehr tot als lebendig«[152] im Lager angekommen. Auch Dubois relativierte 1971 die Erschießungen der alten und kranken Deportierten, indem er behauptete, sie hätten »ohnehin nicht länger als 10 Minuten zu leben gehabt«.[153] Auch hier stellt sich die Frage, wie viel von diesen Ausführungen lediglich der Verteidigung vor Gericht diente und welche Sicht die Täter zur damaligen Zeit tatsächlich hatten. Zahlreiche Wendungen und Begriffe dienten den T4-Reinhardt-Männern dazu, die Ermordung der Juden zu versachlichen und den Opfern ihr Menschsein abzusprechen. Statt von ihrer Ermordung zu reden, verwendeten sie – wie etwa Horn 1970 – Begrifflichkeiten wie »Maßnahmen«.[154] Zierke und andere bezeichneten den Mordprozess als »Abfertigung der Juden«.[155] Diese Sprachregeln sind ebenfalls Indizien dafür, die Ermordung als technischen Arbeitsvorgang zu konzipieren und die Ermordeten nicht als gequälte Männer, Frauen und Kinder anzusehen, für die man Mitleid hätte empfinden können.

Die alltägliche Beteiligung am Mord, wie selbst die Tätigkeit bei den Massengräbern, führte auch dazu, dass sie als eine – wie sie einige Trawniki-Männer in den Nachkriegsermittlungen beschrieben – »eintönige Beschäftigung«[156] angesehen wurde. Auch Jührs definierte sie 1961 als eine »eingespielte Arbeit, bei der man zusehen konnte, aber auch weggehen konnte, wenn man wollte«.[157] Das Personal der Vernichtungslager gewöhnte sich an die Tötungsarbeit. Die ständige Konfrontation mit dem Tod und der Gewalt führte zu einem Schwinden der Sensibilität gegenüber dem Tod, gegenüber den Opfern und dem eigenen Tatbeitrag. Harald Welzer hat hervorgehoben, dass dies weniger auf eine Brutalisierung der Männer zurückzuführen ist, sondern vielmehr als »Normalisierung« bezeichnet werden kann. Die Tötungsarbeit glich sich somit strukturell jeder anderen beliebigen Arbeit an, mit mehr oder weniger geregelten Arbeitszeiten, Pausen und einem Feierabend.[158]

»Schöne Zeiten«: Anreizstrukturen und individueller Nutzen

Die Entscheidung, in den Vernichtungslagern zu bleiben, war zudem auch interessengeleitet, es gab mehrere motivierende und kompensierende Anreize. Zum einen wurden gute Gehälter bezahlt, Privilegien und Beförderungen gewährt, zum anderen boten aber auch die Handlungsfreiräume innerhalb der Netzwerkstruktur den Tätern Vorteile. Sowohl der Diebstahl jüdischen Eigentums als auch das Ausleben sadistischer Neigungen wurden geduldet und nur in wenigen Fällen geahndet. Insgesamt waren die T4-Reinhardt-Männer sehr wenigen Regeln unterworfen. Nur Einzelne unterschrieben eine während Himmlers Besuch in Lublin von Hermann Höfle aufgesetzte Erklärung, die »Aktion Reinhardt« als geheime Reichssache und als »Befehl in Dienstsachen« mit den üblichen Geboten (wie der Schweigepflicht) und Verboten (wie dem Verbot des Fotografierens und des Diebstahls) zu betrachten. Den Dienstherren genügte in der Regel »ein Handschlag«, die vorherige Verpflichtung während der »Euthanasie« oder die Vereidigung der SS-Männer.[159] Es war ihnen wichtiger, dass die Männer ihrem Auftrag nachgingen, als dass sie die Gebote strikt einhielten. Insofern war die Tätigkeit in den Lagern tatsächlich für einen Teil der Männer positiv konnotiert: »Schöne Zeiten« betitelte Franz die Bilder zu Treblinka in seinem Fotoalbum[160] und meinte dies keineswegs ironisch.

Die Tätigkeit in den Lagern war – sieht man von den späteren Aufständen ab – mit einer relativ geringen Gefahr für das eigene Leben verbunden, während der Dienst an der Front zahlreiche Opfer forderte. Die Tatsache, dass ein Verlassen der Lager eine Versetzung an die Front nach sich zog, war für die T4-Reinhardt-Männer ein wichtiger Beweggrund, dort zu bleiben. Der Hinweis auf den »Heldentod« genügte bei den meisten Zweiflern, um sie – in einer einfachen Kosten-Nutzen-Rechnung – an die Vernichtungslager zu binden. Der Personalsachbearbeiter Oels formulierte 1961 entsprechend: »Allgemein war es so, daß die Leute lieber bei uns bleiben wollten statt zur Truppe zu gehen.«[161]

Die Unannehmlichkeiten und Gefahren an der Front waren vielen von ihnen durch den OT-Einsatz aus eigener Anschauung bekannt. Auch wenn vermieden wurde, ehemalige T4-Angehörige an der Ostfront einzusetzen, um sie nicht in die Hände der Sowjets fallen zu lassen, drohte doch auch an den anderen Fronten immer noch der Soldatentod.[162] Der Treblinka-Überlebende Josef Siedlecki gab ein Gespräch mit dem Fahrer Ludwig wieder: »Er hat ganz offen mit mir gesprochen, dass er mit den Zuständen in Treblinka nicht zufrieden war, er könne aber nichts dagegen machen, denn sonst würde er an die russische Front geschickt.«[163]

Einen Vorgeschmack darauf, was es hieß, angreifbar zu sein, bekamen die Männer bereits vor den Aufständen. Bei Razzien gegen Partisanen wurden auch T4-Reinhardt-Männer verletzt und sogar getötet. Fichtner kam bei einem Einsatz gegen Partisanen im März 1943 ums Leben, Kloß wurde drei Monate später bei der Fahrt von Poniatowa nach Lublin getötet. Die Uniform Gomerskis, der im Lager durch seinen Sadismus Angst verbreitete, war nach einer Razzia gegen Partisanen mit Kot verschmiert.[164] Insgesamt stellten die Einsätze gegen Partisanen in dieser Zeit aber eine Ausnahme dar, sodass die Tätigkeit in den Lagern im Vergleich zu Fronteinsätzen eine deutlich höhere Überlebenschance bot.

Darüber hinaus war sie mit allen Bequemlichkeiten verbunden. Es gab sogar Möglichkeiten zur Freizeitgestaltung, wie zum Beispiel eine 1943 in Sobibor eingerichtete Kegelbahn. Im lagereigenen Kino fanden regelmäßig Filmvorführungen mit abschließender Feier statt, an der auch die Trawniki-Männer teilnehmen sollten, und tagsüber wurde mit den Wachmännern Fußball gespielt. In allen drei Lagern standen den Männern Pferde zum Ausritt zur Verfügung. »Arbeitsjuden« sorgten für das persönliche Wohl jedes Einzelnen, hielten Haus und Zimmer sauber, kochten und musizierten auf Fingerzeig. Nicht zu vergessen sind auch die in den Kriegszeiten nicht selbstverständlichen regelmäßigen Mahlzeiten.[165] Mehrmals im Jahr erhielten die Männer zudem zwei Wochen Heimaturlaub, sofern sich dieser mit den Anforderungen des Lagers vereinbaren ließ. Überdies hatten sie die Möglichkeit, in der »Villa Schoberstein« in Weißenbach am Attersee kostengünstig Ferien zu machen, und nutzten diese auch, zum Teil mit Ehefrauen und Kameraden gemeinsam.[166]

Ein wichtiger Anreiz war für die T4-Reinhardt-Männer auch die Möglichkeit individueller Bereicherung – offizieller und inoffizieller Art. Auf die Bedeutung der Plünderungen als Motivationsgrundlage und Beschleunigungsfaktor des Mordgeschehens haben die Historiker Frank Bajohr und Götz Aly hingewiesen. Bajohr bezeichnet die Bereicherung gar als eine systemimmanente Massenerscheinung und eine für das Herrschaftssystem konstitutive Praxis. Aly spricht plakativ von »Hitlers zufriedenen Räubern«, die sich durch die individuellen Vorteile politisch neutralisieren ließen.[167]

Die T4-Reinhardt-Männer verdienten während der »Euthanasie« und in den Vernichtungslagern weitaus mehr als bei ihren Beschäftigungen vor dem Krieg. Der hohe Sold war zudem Ausdruck der Wichtigkeit ihrer Arbeit und trug zur Erhöhung des Selbstbewusstseins bei. Die Männer erhielten ihren Lohn weiterhin von der »Gemeinnützigen Stiftung« oder den Einheiten, von denen sie kommandiert worden waren – wie der SS oder der Polizei. Der Lohn variierte nach Dienstgraden und nach der Zugehörigkeit zur Gruppe der Kommandierten oder der Notdienstverpflichteten. Der Pfleger Zierke, der in Belzec in untergeordneter Funktion tätig war, bekam beispielsweise ein Monatsgehalt von 176,27 Reichsmark brutto. Zusätzlich zum Lohn erhielten alle T4-Reinhardt-Männer von der Dienststelle Globocniks oder der T4-Dienststelle »Prämien« und »Sonderzulagen« in Höhe von 10 bis 18 Reichsmark täglich.[168]

Neben dem guten Gehalt gab es auch Möglichkeiten, sich in den Vernichtungslagern selbst zu bereichern, zum einen durch Diebstahl von konfisziertem Hab und Gut der ermordeten Juden, zum anderen durch Ausnutzung der Arbeitskraft der lagereigenen Handwerker. Selbstverständlich galt diese individuelle Bereicherung an nunmehr Eigentum des Deutschen Reichs nach NS-Gesetzen als krimineller Akt und wurde als solcher prinzipiell auch geahndet. Daher gingen die T4-Reinhardt-Männer heimlich vor. Ihre Dienstherren drückten hierbei aber offensichtlich ein Auge zu, weil ihnen bewusst war, dass das Diebesgut für die Männer eine wesentliche Motivationsgrundlage darstellte. Die Wertgegenstände nahmen diese während der häufigen Urlaube mit nach Hause. T4-Kuriere fungierten als Komplizen, wenn sie Privatpakete für die Familien auf der Post in Berlin aufgaben oder auch den bei der T4 beschäftigten Frauen Schuhe aus den Werkstätten in Treblinka mitbrachten.[169] Ein Teil der Wertgegenstände wurde in der Heimat mithilfe von Hehlern gewinnbringend verkauft.[170] Als Wirth nach Verdachtsmomenten im Herbst 1942 strengere Vorschriften einführte und Koffer auf Diebesgut kontrolliert wurden, ließen sich die T4-Reinhardt-Männer Geld und Schmuck von den Schneidern in ihre Mäntel einnähen oder versteckten es in Thermosflaschen.[171]

Die Dimension dieser Bereicherung ist für die Lager Sobibor und Treblinka gut zu rekonstruieren. In beiden Lagern beauftragten die Männer heimlich – und ohne Absprache untereinander – einzelne Häftlinge, die beim Sortieren beschäftigt waren oder auf andere Weise an Geld, Gold und Diamanten herankamen, ihnen Wertgegenstände zu beschaffen. Vor Urlaubsantritt bestellten sie, in der Regel ohne offizielles Wissen des Lagerleiters, in den Magazinen Pakete mit Textilien, Lederwaren, Handtaschen, Uhren, Seife, Besteck und anderem Nutzgut für sich und ihre Familie.[172]

In Sobibor fertigte ein Goldschmied, der zu den ersten Häftlingen gehörte, für die Lagerangehörigen Goldmonogramme für Aktentaschen, Portemonnaies und Frauenhandtaschen sowie goldene Ringe und Ketten an, polierte Schmuckstücke oder arbeitete diese um. Er schmolz auch Gold, beispielsweise Zahngold, in Barren ein, damit die Männer es unauffällig mit nach Hause nehmen konnten.[173] Ein anderer »Arbeitsjude« mit technischem

Geschick stellte Kinderfahrräder her, die sie ihren Kindern schenkten. Vom lagereigenen Landwirtschaftsgut in Sobibor brachten die T4-Reinhardt-Männer ihren Familien Schinken, Gänsefleisch und andere Lebensmittel mit, die zu Hause längst Mangelware geworden waren. Die Lagerleiter hatten bestimmt, dass jedem Mann offiziell zwei Paar Stiefel und Pantoffeln zustanden. Die Männer ließen in der Näh- und Strickstube aber auch Pullover und Strümpfe, Puppenkleidung und Uniformen der Hitlerjugend für ihre Kinder, Unterwäsche und Taschentücher mit Stickereien für ihre Frauen schneidern. Die Tischler, ebenfalls selektierte »Arbeitsjuden«, schreinerten in Sobibor Hartholzmöbel, nicht nur für das Lager, sondern auch für die Familien der Lagermannschaft.[174]

Die T4-Reinhardt-Männer nutzten auch das künstlerische Talent ihrer Gefangenen. In Sobibor porträtierte der Kunstmaler Max van Dam aus Amsterdam, der im Frühjahr 1943 ins Lager deportiert worden war, mit zwei Zeichnerinnen die Angehörigen der Lagermannschaft. Der aus Frankfurt deportierte Maler Alfred Friedberg malte Stillleben und Blumenbilder, der Expressionist Fritz Schwarz-Waldegg, der aus Wien nach Minsk und von dort nach Sobibor verschleppt worden war, Landschaftsbilder und andere Bilder. Ein anderer Maler, Mordechaj Goldfarb, stellte Reproduktionen von Postkarten her.[175] Auch in Treblinka fertigte ein Berufsmaler, der aus Warschau deportiert worden war, nach Fotos Porträts von den Familienangehörigen der T4-Reinhardt-Männer an.[176]

Zwar wurde dem Diebstahl im Herbst 1942 offiziell ein Riegel vorgeschoben, als die »Stiftung« Kriminalbeamte nach Belzec (Tauscher), Sobibor (Rost) und Treblinka (Küttner) schickte; diese Beamten passten sich allerdings schnell an die Lagergegebenheiten an und ließen den Diebstahl weiterlaufen.[177] Erst zum Abschluss der »Aktion Reinhardt« leitete der auf Korruption spezialisierte Richter Konrad Morgen Ermittlungen wegen Wirtschaftsvergehen ein. Er besichtigte zu diesem Zweck den Alten Flughafen in Lublin und das im Abbau befindliche Lager Sobibor. Die Ermittlungen verliefen im Sande, im Unterschied zu denen gegen Lagerangehörige von Auschwitz-Birkenau, die wegen Korruption zum Tode verurteilt wurden.[178]

Kameradschaft und Gruppendruck

Bei der Diskussion um die Faktoren, die eine Teilnahme am Massenmord begünstigten, ist auch der hohe Gruppendruck zu nennen, dem die Männer ausgesetzt waren und auf den Browning in seiner Studie zu den »ganz normalen Männern« hingewiesen hat. Browning stellt den Gruppendruck neben Faktoren wie die ideologische Indoktrination der Männer, eigennützige Interessen und die Bereitschaft zur Ausführung von Befehlen. Er beschreibt die sozialen Kosten einer persönlichen Isolierung, die Verweigerer zu zahlen hatten, wenn sie die »Drecksarbeit« den Kameraden überließen und der kollektiven Pflicht nicht nachgingen.[179] Das gruppenkonforme Verhalten ist insbesondere vor dem Hintergrund der Männerkameradschaft zu sehen, deren Bedeutung für den sozialen Zusammenhalt im Zweiten Weltkrieg der Historiker Thomas Kühne in seiner Studie zur »Kameradschaft« hervorgehoben hat.[180]

Die während der »Euthanasie« kasernierten T4-Reinhardt-Männer kannten sich zum Teil bereits seit vielen Jahren. Einige hatten schon vor der »Euthanasie« zusammengearbeitet, etwa in den SS-Totenkopfverbänden oder in einigen Heil- und Pflegeanstalten. Manchmal kamen sie sogar aus gleichen Orten. Aufgrund zahlreicher Rotationen zwischen den T4-Einrichtungen sowie gemeinsamer Aktivitäten, wie Handballspiele, gab es auch vielfältige persönliche Kontakte zwischen den untereinander vernetzten Anstalten.[181] Diese Kontakte während der »Euthanasie« förderten nicht nur die Entstehung von Ehen und Liebschaften, sondern auch Männerfreundschaften und Kameradschaften. Erich Bauers Darstellung der T4-Reinhardt-Männer als ein »verschworener Haufen«[182] verweist auf diesen Gruppenzusammenhalt. Die Loyalität der Männer und ihre kameradschaftlichen Ideale samt bedingungsloser gegenseitiger Treue überstanden sogar den Krieg. So hielten sie sich etwa in den NS-Prozessen sehr zurück, sich zu kritisch zum Verhalten ihrer Mittäter zu äußern, und bezeichneten selbst Gewalttäter unter diesen als anständig.[183]

Die Kameradschaft wurde täglich beim abendlichen geselligen Zusammensein, das in den Lagern die Hauptfreizeitgestaltung darstellte, inszeniert. Anfangs wurden alkoholische Getränke sogar von der Hauptwirtschaftsabteilung der T4 in die Lager gebracht, später besorgten sich die T4-Reinhardt-Männer große Mengen an Wodka und Bier vor Ort.[184] Die Besäufnisse gehörten, wie Kühne ausführt, zum Set an Alltagsritualen, die Kameradschaft erzeugten, da sie Gegensätze verschwinden ließen. Bei diversen Ausschweifungen infolge der Trinkgelage wurden überdies militärisches Regelwerk und »gute Sitten« des zivilen Lebens außer Kraft gesetzt, was die verschworene Gemeinschaft erneut bestätigte.[185]

Die T4-Reinhardt-Männer tranken Bier, Wein und Eierlikör bei gemeinsamen, von den Musikern der Lager musikalisch untermalten Festen. Dabei spielten sie Karten, musizierten und sangen, wie sie es bereits während der »Euthanasie« und in den NS-Organisationen praktiziert hatten. Wurde es ihnen in den Lagern zu langweilig, fuhren sie mit Panjewagen oder Autos in die Gaststätten der Umgebung, wo auch Angehörige anderer Einheiten verkehrten. Die Männer aus Belzec gingen beispielsweise nach Tomas-

Abbildung 20: Sobibor-Personal während eines Trinkgelages
Landesarchiv NRW, Q 234, Nr. 4560–001

zów, die Männer aus Treblinka in ein Soldatenheim in Kosów. Die Männer in Sobibor frequentierten Gastwirtschaften in Chełm, machten Ausflüge zu einem benachbarten Fischgut und hielten Trinkgelage in der Stationsschenke in Sobibór ab, wo sie die Dorfmusikanten musizieren ließen. Dabei kam es oft zu Handgemengen, bei denen sie polnische Dorfbewohner schlugen und das Lokal demolierten. Die Männer in Treblinka feierten Trinkgelage gemeinsam mit Angehörigen anderer deutscher Einheiten, darunter Einheiten aus Kosów, Angehörigen des Reservelazaretts in Ostrów, des Arbeitslagers Treblinka und des Zolls.[186] Fotos, die die T4-Reinhardt-Männer bei den gemeinschaftlichen Gelagen von sich machten, zeugen von der Bedeutung, die diese für das Gruppenverständnis der Männer hatten.[187]

Der Alkoholkonsum hatte neben seiner Funktion als Motor für geselliges Zusammensein auch den Charakter der Kompensation und Verdrängung der tagtäglich miterlebten Gräueltaten, selbst wenn dies den Männern nicht bewusst war. Er führte naturgemäß aber auch zu Problemen. Diese reichten von Disziplinlosigkeit, über Streitigkeiten, die nur durch den T4-Dienststellenleiter Blankenburg geschlichtet werden konnten, bis hin zu Schießereien, die die Vernichtungsprozesse zu beeinträchtigen drohten. Die Trinkgelage und damit verbundenen Ausschweifungen nahmen ein solches Ausmaß an,

Abbildung 21: Personal von Sobibor im »Schwalbennest«
Landesarchiv NRW, Q 234, Nr. 4560–000

dass die T4-Verantwortlichen, die eine charakterlich einwandfreie persönliche Haltung einforderten, von »völliger Entwürdigung und Verrohung«[188] sprachen.[189] Sie befürchteten sogar, dass sie sich später nicht mehr für eine mögliche Weiterführung der »Euthanasie« eignen würden. Daher wurde verschiedentlich – auch mit Versetzungen – versucht, die T4-Reinhardt-Männer zu disziplinieren und den Alkoholmissbrauch einzuschränken.[190]

Spielten sich die Alkoholexzesse in der Regel in Abwesenheit von Frauen ab, gab es doch auch Gelegenheiten des Zusammentreffens. So entstanden beispielsweise intime Beziehungen zu Frauen der Rotkreuzschwesternschaft des Bahnhofs Małkinia, mit denen – »unbeschwert fröhlich«,[191] wie es eine der ehemaligen Schwestern 1974 in einem Brief an ihre Kameradinnen ausdrückte – zusammen Weihnachten und andere Feste gefeiert wurden. Einige Männer begannen Liebschaften mit deutschen Frauen, die vor Ort stationiert waren, wie etwa Franz, der seine Geliebte im Lazarett in Ostrów kennenlernte. Darüber hinaus pflegte das Personal aus Treblinka auch Kontakte zu Prostituierten und anderen polnischen Frauen rund um das Lager, die ihren Körper gegen großzügige Geschenke verkauften.[192] Ein Foto zeigt die Mannschaft von Sobibor – darunter Gustav Wagner – im geselligen Miteinander, zusammen mit Frauenbesuch innerhalb des Lagers Sobibor im »Schwalbennest«.

Insbesondere die Kriegsjugendgeneration war anfällig für den von SA und SS, aber auch von der Wehrmacht gepflegten Mythos der Kameradschaft und die damit zusammenhängenden Männlichkeitsrituale. Kameradschaft galt vielen als ein angestrebtes Gut in einer immer weniger überschaubaren Welt. Sie war die Grundlage der nationalsozialistischen Volksgemeinschaft, das verheißungsvolle Leitbild bedingungslosen Zusammenhalts, gegenseitiger Fürsorge und Opferbereitschaft in schwierigen Zeiten, die Leid und Gefahren mit sich brachten. Sie versprach Heimat und Familienersatz im Männerbund. Die kameradschaftliche Vergemeinschaftung, die Kühne in seinen verschiedenen Facetten untersucht hat, hatte demnach zum einen kompensatorische Funktionen in Bezug auf die Widrigkeiten und Entbehrungen, die Soldaten im Krieg teilten. Ihre Schattenseite war zum anderen der dadurch aufgebaute Druck, der Scham bei denjenigen Männern hervorrief, die sich gegen gemeinsame Ziele stellten oder Weltanschauungen nicht teilten und daher vermeintlich unkameradschaftlich handelten. Vor diesem Hintergrund ist auch der bereits beschriebene Vorwurf gegen Schütt zu verstehen, ein »Drückeberger«[193] zu sein, weil er das Lager wieder verließ. Ein Ausscheren bedeutete den Ausschluss aus den gemeinsamen Fürsorge- und Kameradschaftsbezügen, die die Zwangsgemeinschaft bot, und führte zur Vereinzelung. Kameradschaft konnte somit als Grundlage des Konformitätsdrucks auch als »Motor der Gewalt« (Kühne) wirken.[194]

Die Gruppenmoral und das Kameradschaftsverständnis im T4-Reinhardt-Netzwerk wurden maßgeblich durch die Pioniermannschaften der Vernichtungslager bestimmt, die in den Lagern zu den Führungsgruppen gehörten. Als solche prägten sie den abgeschlossenen Mikrokosmos der Lager und schufen die Regeln für die Lebenswelt der T4-Reinhardt-Männer. Sie speisten ihre im Rahmen ihrer SS-Tätigkeit, der Arbeit in den Konzentrationslagern und in der »Euthanasie« gemachten Erfahrungen und die dort geltenden Normen in das Netzwerk ein. Neuzugänge wurden jeweils in das Netzwerk integriert und entsprechend sozialisiert.[195] Die vehementen Befürworter des Massenmords waren somit richtungsweisend für die Gemeinschaftsmoral, die von den Männern geteilt werden musste, wollten sie in die kameradschaftlichen Bezüge eingebunden bleiben. Mögliche konträre Auffassungen wurden klein gehalten beziehungsweise lächerlich gemacht. Dies beschreibt Suchomel eindrücklich am Beispiel von Horn: »Um Weihnachten ging ein Witz im Lager herum: ›Otto, die Sache geht schief.‹ Otto hatte schon immer gesagt, daß es [die Ermordung der Juden] schief gehe.«[196] Die Gruppennormen radikalisierten sich zudem zum einen durch die Angst vor Spitzeln unter den eigenen Kameraden, die Wirth über mögliche kontroverse Haltungen informieren konnten, und zum anderen durch die Rivalität unter den Männern. Besonders unter den SS-Männern herrschte – wie es Robert Jührs während des Ermittlungsverfahrens zu Belzec 1961 beschrieb – »Futterneid«[197] um Beförderungen und höhere Positionen im Lager.[198] Mit großem Einsatz versuchten sie, sich durch funktionale Verbesserungen der Vernichtungsstrukturen und besondere Gewaltanwendung zu profilieren. Dabei fallen besonders die Konkurrenten Wagner und Frenzel in Sobibor sowie Küttner und Franz in Treblinka ins Auge.

Zu den hervorgehobenen Männlichkeitswerten gehörten Härte, die Durchsetzung des Rechts des Stärkeren und die Ausschaltung von Mitleid. Ein konkretes Beispiel hierfür ist die Misshandlung der Häftlinge: Sie zählte zur vorgegebenen Norm und war eine Art ungeschriebenes Gesetz. Obwohl es keinen Befehl dazu gab, schlugen die meisten Lagerangehörigen Häftlinge und einige schreckten auch vor eigenhändigem Töten nicht zurück. Die Misshandlungen dienten auch dazu, sich vor den anderen in Szene zu setzen. Neuankömmlinge in den Lagern wurden durch Initiationsriten auf »Lagerkurs« gebracht. In Belzec mussten sie sich etwa einer »Härteprobe«[199] unterziehen und bei Exekutionen zeigen, dass sie wahre Männer waren. Oberhauser beschrieb während der Ermittlungen zu Belzec 1962, wie Wirth die Männer mit Sprüchen wie »Männle, ich bring dich um« oder »Sie Düppel, ich mach Sie kaputt« unter Druck setzte. Über Schluch, der entweder nicht »forsch« genug vorgegangenen war oder sich verweigert hatte, äußerte Wirth gegenüber Oberhauser: »Am liebsten hätte ich ihn gern selbst in die Grube hineingeschossen.«[200]

Einige Männer wie Bolender empfanden die Arbeit in den Lagern als Ausdruck ihrer Männlichkeit. Mit nacktem Oberkörper standen sie in Sobibor im Lager III in der Sonne neben den Leichen oder brieten in unmittelbarer Nähe der Massengräber in ihrem Blockhaus Kartoffelpuffer.[201] Die Tätigkeit in den Lagern stellte für sie eine »große Gaudi«,[202] wie Stangl es nannte, ein Abenteuer fern von familiären Verpflichtungen dar. In ähnlicher Weise lässt sich auch die Zurschaustellung von Männlichkeit und die damit einhergehende Inszenierung von Kameradschaft beim gemeinsamen Besteigen der Baggerschaufeln im Vernichtungsbereich des Lagers erklären, wobei sie sich obendrein fotografierten.

Darüber hinaus äußerten sich die Vorstellungen von Männlichkeit in körperlichen Auseinandersetzungen, wie etwa geregelten Boxkämpfen oder spontanen Prügeleien unter den T4-Reinhardt-Männern: Wagner schlug sich mit Bauer und mit Gomerski. Münzberger bedrohte Horn mit gezogener Pistole, nachdem dieser nicht an einem Besäufnis teilgenommen hatte. In Triest prügelten sich Plikat und Häusler mit Gley und Hackenholt. Manche Lagerangehörige hatten sogar regelrecht Angst vor gewalttätigen Kameraden. Es herrschte also ein rauer Umgangston; Machtspiele dominierten die Lagermannschaft.[203]

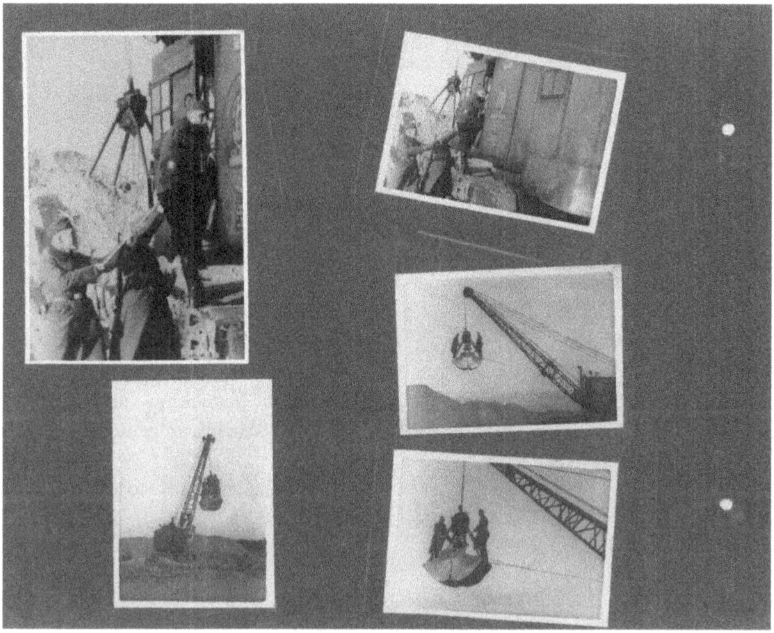

Abbildung 22: T4-Reinhardt-Männer auf einem Bagger im Oberen Lager in Treblinka
Fotoalbum von Franz, Landesarchiv NRW – Abteilung Rheinland – RWB 18244a/0010

Das T4-Reinhardt-Netzwerk weist trotz der unterschiedlichen Tätertypen eine große Kohäsion auf. Der hohe Konformitätsdruck führte dazu, dass das Verhalten der Gruppenmitglieder von wenigen Ausnahmen abgesehen regel- und rollenkonform blieb. Abweichlern gegenüber war die Gruppe zwangsläufig intolerant, wollte sie die den Mord legitimierenden Normen aufrechterhalten. Browning hat darauf hingewiesen, dass Verweigerer tunlichst vermieden, ihr abweichendes Verhalten den Kameraden gegenüber als moralische Vorhaltung erscheinen zu lassen, sondern geradezu versuchten, sich selbst als zu schwach – und nicht als zu »gutmütig« – darzustellen. Anzeichen von Milde, Menschlichkeit und Weichheit gegenüber den Gefangenen wurden bereits als Verletzung der Gruppennormen angesehen und mit Verachtung und Hohn sowie Ausschluss aus den Kameradschaftsnetzen der Gruppe geahndet. Besonders die als »Zivilisten« bezeichneten Pfleger oder Handwerker wurden von vornherein – wie es Horn geschah – »schief«[204] angesehen. Außenseiter, die ein abweichendes Verhalten vom Lagerkodex zeigten, wurden in Umkehr der wahren Verhältnisse als »Feiglinge« bezeichnet,

Abbildung 23: Foto aus dem Wiederaufnahmeverfahren gegen Gomerski, der in Sobibor auch Boxkämpfe gegen und unter »Arbeitsjuden« ausrichtete (im Hintergrund der als Wachturm genutzte Hochsitz)
HHStA Wiesbaden, Abtl. 461, Nr. 36346, Bd. 13, Bl. 2062

so etwa Horn in Treblinka und Klier in Sobibor, und aufgrund ihrer etwas menschlicheren Behandlung der Häftlinge verhöhnt.[205]

Frenzel erklärte hierzu während der Ermittlungen zu Sobibor, dass er, wenn er auf Auspeitschungen verzichtet hätte, wohl nicht bestraft worden wäre, sich aber hätte sagen lassen müssen, dass er »zu human sei. Darauf wollte ich es nicht ankommen lassen.«[206] Auch der ebenfalls gewalttätige Josef Hirtreiter wollte, wie er 1950 im Ermittlungsverfahren zu Treblinka ausführte, »nicht gegen den Strom schwimmen«.[207]

Einzelne T4-Reinhardt-Männer, die in ihrer Gewalttätigkeit nicht an die »Alphamänner« heranreichten, konnten sich mit divergierenden Wertevorstellungen auch deshalb nicht durchsetzen, weil sie ähnliche ideologische Grundvorstellungen teilten. Das Höchstmaß abweichenden Verhaltens in den Lagern war daher, sich auf einen »Dienst nach Vorschrift« zu beschränken und direkte Morde zu vermeiden. Aber selbst Männer wie Klier erledigten letztendlich – und das war entscheidend für das Funktionieren der Vernichtungslager – ihre Arbeit.[208]

Gewaltformen und Gewaltmilieu

Die Vernichtungslager waren durch ein spezifisches »Gewaltmilieu«[209] geprägt, das einen der wesentlichen situativen Kontexte bildete, in denen die Männer handelten. Die Anwendung von physischer Gewalt war zum einen funktionaler Teil des Vernichtungssystems und des Herrschaftssystems über die Häftlinge. Zum anderen diente sie dem Ausleben von Aggressionslust und der Zurschaustellung von Macht und ist somit einer der Beweggründe für die Teilnahme an den Verbrechen.

Um die in den Lager ausgeübten Formen der Gewalt zu unterscheiden, wird im Folgenden auf Jan Philipp Reemtsmas Phänomenologie körperlicher Gewalt zurückgegriffen. Er differenziert drei Formen der Gewalt nach ihrem speziellen Körperbezug: lozierende Gewalt, raptive Gewalt und autotelische Gewalt.[210]

Lozierende Gewalt ist zweckgerichtet und richtet sich nicht auf den Körper als solchen, sondern auf den Körper als verschiebbare Masse. Dabei kann unterschieden werden zwischen dislozierender Gewalt, bei der der Körper als Hindernis betrachtet wird, »das zu verschwinden hat«, und captiver Gewalt, die darauf zielt, den Körper zu bestimmten Zwecken an einen bestimmten Ort zu verbringen. Unter dislozierende Gewalt fallen die Deportationen der jüdischen Bevölkerung sowie sämtliche Prozesse der »Transportabfertigung«, vom Entladen der Züge, In-die-Gaskammern-Treiben über das Vergasen der Menschen bis zum Vergraben beziehungsweise Verbrennen der Leichen. Diese Gewalt ist somit instrumentell, auf ein Ziel hin gerichtet: den Massenmord als »finales Aus-der-Welt-Schaffen« der Körper. Als eine Form captiver Gewalt kann die Internierung der »Arbeitsjuden« bezeichnet werden, die zur Mitarbeit bei den Vernichtungsprozessen sowie der Verwertung des Raubgutes gezwungen wurden. Ihr Körper wurde allein unter dem Aspekt seiner Tauglichkeit betrachtet, was gleichzeitig die jederzeitige Austauschbarkeit implizierte. Diese Formen von lozierender Gewalt lassen sich mit Stavros Mentzos auch als »funktionale« Gewalt beschreiben.[211] Sie wurden von allen T4-Reinhardt-Männern praktiziert.

Im Unterschied zur lozierenden Gewalt, die am Körper an sich desinteressiert ist, ist der raptiven und autotelischen Gewalt ein »brachiales Interesse« am Körper eigen. *Raptive Gewalt* »benutzt den Körper des anderen, um an ihm irgendwelche (meist sexuellen) Handlungen zu vollziehen«. *Autotelische Gewalt* zielt darauf, den Körper zu beschädigen und sogar zu zerstören. Somit ist sie nicht mehr Mittel zum Zweck, sondern selbst das Ziel. Sie verstört am meisten, weil sie sich dem Erklären entzieht.

Wie die lozierende Gewalt, lassen sich auch die beiden anderen Formen der Gewalt in den Vernichtungslagern Belzec, Sobibor und Treblinka beobachten. Während Vergewaltigungen von Frauen und sexualisierte Gewalt eher die Ausnahme als die Regel darstellten, fand autotelische Gewalt, also die sinnlose brutale Misshandlung von Deportierten und »Arbeitsjuden«, die für das Vernichtungssystem keinen unmittelbaren Nutzen darstellte, sondern eigenen Bedürfnissen diente, kontinuierlich und in großem Ausmaß statt. Diese Form der Gewalt kann auch als »individuell« und – in Anlehnung an

Mentzos – in Einzelfällen sogar als dysfunktional beschrieben werden; Elissa Mailänder Koslov bezeichnet sie als »Grausamkeit«.[212]

Die verschiedenen Eigenschaften der dargestellten Gewaltformen waren auch den Opfern und den Tätern bewusst. So formulierte der Sobibor-Überlebende Abraham Margulies sehr genau den Unterschied zwischen Schlagen und Schlagen, der auch in den Begriffen von autotelischer und lozierender Gewalt aufgeht: »Es gab ein verbrecherisches Schlagen oder nur ein Schlagen zum Antreiben. Die nur antrieben, waren gute Menschen.«[213] Ähnlich äußerte sich auch Otto Horn in einer Aussage während des Prozesses gegen Franz Stangl: »Man konnte im Lager zum Verbrecher werden, man brauchte es aber nicht.«[214]

Vor einer Analyse der Gewalt in den drei Vernichtungslagern muss zunächst festgehalten werden, dass es dort keine festgeschriebenen Regeln zur Anwendung von Gewalt gab. Die T4-Reinhardt-Männer konnten selbst entscheiden, ob sie eine Peitsche tragen wollten oder nicht.[215] Ihre Handlungsspielräume reichten sogar so weit, dass sie über Leben und Tod der Gefangenen bestimmten. Der »Todesengel« Miete, der täglich willkürlich Häftlinge im Lager herausgriff und im »Lazarett« tötete, formulierte dies so:

> »Wenn ein Arbeitsjude krank war oder wenn er sich irgendetwas zuschulden kommen ließ, dann konnte er erschossen werden, ohne daß es dazu einer Anweisung bedurfte. Solche Tötungen habe ich ebenso vorgenommen wie andere Angehörige des Lagerpersonals.«[216]

Aufgrund der fehlenden Regeln zur Anwendung der Gewalt waren gewaltbereiten Männern keine Schranken gesetzt, insbesondere da sie davon ausgehen konnten, dass ihre Opfer nicht überleben und Rache üben würden. Gewaltausübung war in den Vernichtungslagern demnach nicht eingeschränkt oder verboten, sondern, um erneut Reemtsma zu zitieren, erlaubt und geboten; sie fand in einer spezifischen Zone einseitig verteilter Machtverhältnisse statt, in der sie legitimiert war und erwartet wurde.[217]

Im Folgenden wird dargestellt, wie sich die verschiedenen Gewaltformen im Verhalten der T4-Reinhardt-Männer bei der »Transportabfertigung« und im Umgang mit den Häftlingen äußerten und welches Gewaltmilieu dadurch entstand.

Lozierende Gewalt

Lozierende Gewalt fand insbesondere zur Gewährleistung des Vernichtungsbetriebs statt, und zwar zusammen mit den Prinzipien Täuschung, Schnelligkeit sowie der Verhinderung von Fluchtmöglichkeiten. Der gesamte Weg der Opfer vom Ausstieg aus den Waggons bis zum quälend langsamen Erstickungstod in den Gaskammern war ein Weg der Gewalt, der bereits in den Ghettos seinen Anfang genommen hatte. Die wehrlosen Menschen wurden verhöhnt, angeschrien, angetrieben, mit Hunden »gejagt«, mit Peitschen, Stöcken, Gummiknüppeln, Gewehrkolben und sogar mit Bajonetten geschlagen. Schüsse wurden auf sie abgefeuert. Diese Form der Gewalt ist im kollektiven Bewusstsein über die Funktionsweise der Lager, insbesondere wenn sie als seelenlose »Vernichtungsmaschinerie« betrachtet werden, häufig nicht vorhanden. Die lozierende Gewalt diente dazu, einen möglichst reibungslosen Ablauf der einzelnen Arbeitsgänge bei der Ermordung der jüdischen Bevölkerung zu gewährleisten, Gehorsam bei tatsächlicher und vermeintlicher Widerständigkeit zu erzwingen und damit jegliche Fluchtgedanken im Keim zu ersticken. Physische Gewalt wurde auch angewandt, um die Opfer zur Eile anzutreiben und die Arbeitsabläufe zu beschleunigen. Die Ausübung von Gewalt, aber auch die schiere Zurschaustellung von Gewaltbereitschaft dienten zudem dazu, die Menschen auf Abstand zu halten. Denn diese sannen auf realistische Möglichkeiten, sich zu wehren oder zu flüchten. Allerdings waren die meisten physisch und psychisch nach den jahrelangen Strapazen der Ghettoisierung und der anstrengenden Fahrt in die Vernichtungslager dazu nicht mehr in der Lage. Dennoch kam es vor, dass Deportierte Messer oder sogar Handgranaten in den Transporten mit sich führten und ihre Henker angriffen. Verletzungen der T4-Reinhardt-Männer, aber auch der Wachmänner und »Arbeitsjuden«, sind ebenso überliefert wie einzelne Versuche von Massenausbrüchen aus den Waggons.[218]

Lozierende Gewalt war nicht nur integraler Part des Vernichtungssystems, sondern auch Bestandteil des funktionalen Terrorregimes über die kasernierten Häftlinge, die zum einen eingeschüchtert und von Flucht- und Widerstandsgedanken abgehalten und zum anderen zu einer produktiveren Arbeit angetrieben werden sollten. Dazu war eine strenge Lagerordnung geschaffen worden. Regelverstöße wurden bei den Appellen etwa durch Auspeitschen oder Kollektivstrafen wie den »Sport« geahndet. Diese Art der Gewalt als Herrschaftstechnik lässt sich strukturell mit der Gewalt in den nationalsozialistischen Konzentrationslagern vergleichen, wie dies zum Beispiel Elissa Mailänder Koslov und Marc Buggeln in ihren Studien zur Gewalt in Majdanek und in den Außenlagern von Neuengamme aufgezeigt haben.[219]

Autotelische Gewalt

Autotelische, auf die Zerstörung der Integrität des Körpers gerichtete Gewalt zeigte sich in den Vernichtungslagern insbesondere im Rahmen des Herrschaftssystems über die Gefangenen. Aber auch während der »Transportabfertigung« konnte es – trotz des Zeitdrucks – dazu kommen, wenn beispielsweise Deportierte aus der Masse herausgegriffen und besonders misshandelt wurden. Ein Beispiel hierfür ist der Transport aus Biała Podlaska nach Sobibor im Juni 1942: Die Deportierten legten den T4-Reinhardt-Männern einen Brief des Kreisvorstehers vor, in dem um eine »gute Behandlung« gebeten wurde. Daraufhin wurden viele Menschen aussortiert und vor ihrer Ermordung noch zu einer besonders schweren Arbeit im Eiltempo gezwungen und dabei von Trawniki- und T4-Reinhardt-Männern geschlagen. Einzelne wurden zum Trinken von Medikamenten gezwungen und zuletzt an Bäumen aufgehängt.[220] Auch die körperlich schwachen Häftlinge aus Majdanek, die im Sommer 1942 nach Sobibor kamen, wurden besonders misshandelt.[221] Ein weiteres Beispiel für autotelische Gewalt bei der Ankunft von Transporten ist die sadistische Misshandlung von Babys und Kleinkindern: Sie wurden ihren Müttern aus den Armen gerissen, ihre Körper an Mauern oder Waggons zerschlagen, ihre Köpfe mit Stiefeln zertreten; Kleinkinder wurden an den Beinen entzweigerissen; noch lebende Neugeborene in die Latrinen oder ins Feuer des »Lazaretts« in Treblinka geworfen.[222]

Für autotelische Gewalt gegenüber den Gefangenen in Form von Erniedrigen, Lächerlichmachen und Quälen sind zahlreiche Fälle dokumentiert. So hetzten Bolender und Gomerski in Sobibor und Franz in Treblinka ihren Hund auf wehrlose Häftlinge, die die Latrine aufsuchten. Die Bisse des Hundes in die Genitalien der Opfer kommentierten sie mit den Worten: »Mensch, fass den Hund«,[223] worin sich die Degradierung der Menschen zu Tieren und die unumschränkte Macht und Lust an der Quälerei offenbart. Gomerski warf in Sobibor Menschen bei lebendigem Leib in das Feuer, in dem die wertlosen Dinge verbrannt wurden. Ein Häftling, dem eine Flasche zerbrochen war, wurde von Bauer gezwungen, den Boden voller Glassplitter mit der Zunge zu reinigen. Angehörige des Sortierkommandos wurden in »Fallschirmspringer ohne Fallschirm« verwandelt, indem sie mit einem Regenschirm von einem Dach herunterspringen mussten. Anderen wurden Ratten in die Hosen gesteckt und dann zum Stillstehen gezwungen. Ein Arbeiter wurde von Groth und anderen dazu genötigt, sich den halben Kopf und Bart zu rasieren. Er wurde betrunken gemacht und im Anschluss als Spaßobjekt einiger T4-Reinhardt-Männer missbraucht, die ihre Notdurft in seinem Mund verrichteten. Andere wurden dazu gezwungen, kiloweise Lebensmittel oder auch menschlichen Kot zu verzehren.[224]

T4-Reinhardt-Männer zwangen Häftlinge auch dazu, andere Gefangene zu misshandeln: Sie mussten die Peitschenschläge ausführen oder gegeneinander Boxkämpfe austragen. Ein Arbeiter wurde von Frenzel genötigt, seine ebenfalls inhaftierte Freundin auszupeitschen. Weitere Fälle autotelischer Gewalt fanden beim Brunnenbau und der Brunnenreinigung in Sobibor statt, als Häftlinge von Wagner, Frenzel, Gomerski und Reichleitner in den Brunnen geworfen wurden. Wagner schnitt einigen Jungen Finger und Ohren ab, bevor er sie tötete. Gefangene wurden auch mit Strom, der an Geschlechtsteilen angeschlossen war, gefoltert. Beliebt waren bei der

Lagermannschaft von Sobibor (Steubl, Weiß, Bredow, Gomerski) auch Schießübungen, für die Häftlinge auf ihrem Kopf Konservendosen aufstellen mussten.[225] Auch für Treblinka sind zahlreiche Beispiele autotelischer Gewalt überliefert: Hirtreiter ermunterte im oberen Lager beispielsweise die Wachmänner, den »Arbeitsjuden« die Ohren abzuschneiden. Ein Baggerführer warf Leichenteile auf die Arbeiter und erfasste Gefangene mit den Greifern des Baggers. Arbeiter wurden auch bei lebendigem Leib verbrannt.[226]

Wie im folgenden Kapitel noch zu zeigen sein wird, verhielten sich die Männer in Bezug auf Gewalt unterschiedlich: Einige waren gewaltbereiter als andere, die auf autotelische Gewalt verzichteten und sich auf lozierende Gewalt beschränkten. Sadistische Gewaltanwendung konnte – in der Logik des Lagersystems – gleichzeitig auch kontraproduktiv sein, wenn beispielsweise »Arbeitsjuden« getötet wurden, die über für die Lager relevante Spezialkompetenzen verfügten. Doch war sie nie so störend, dass sie den Massenmord ernsthaft behindert hätte.[227]

Die autotelische Gewalt der T4-Reinhardt-Männer führte zur Erniedrigung, Demütigung und Zerstörung der körperlichen Integrität der wehrlosen und dem Tod bereits ausgelieferten Opfer. Den Tätern diente sie der Aufwertung ihrer Persönlichkeit und Position. Darauf verweist eine Äußerung, die der Sohn des Gewalttäters Münzberger über seinen Vater gemacht hat und die auf mehrere Aufseher zutreffen dürfte:

> »Zu Haus im Sudetenland war mein Vater ein … na ja … ein Tischler. […] Und dann in Treblinka … es ist doch unfaßbar, was er plötzlich war und hatte: Möglichkeiten, Versuchungen, diese Macht, die Einzigartigkeit, der Unterschied zwischen ihm und all diesen andern!«[228]

Auch bei Frenzel scheint die absolute Gewalt gegenüber den hilflos ausgelieferten Häftlingen als Mittel der Kompensierung von Minderwertigkeitsgefühlen gedient zu haben. So äußerte sich sein Kollege Franz Wolf über ihn:

> »Mit Frenzel sind offenbar seine niedrigen Instinkte durchgegangen. Ich hatte den Eindruck, daß er sonst beruflich nicht viel zu sagen hatte und daß die plötzliche Machtvollkommenheit, die ihn zum Herren über Tod und Leben der jüdischen Häftlinge erhoben hatte, ihm zu Kopfe gestiegen ist.«[229]

Die Aufseher konnten sich bei der Ausübung von Gewalt – wie es die Sobibor-Überlebende Esther Raab beschrieb – als »Herrgott«[230] fühlen. Groth ließ sich wie ein König auf einem Stuhl oder Sessel durch das Lager tragen und warf dabei brennendes Papier auf die Arbeiter.[231] Dass sich einige von ihnen als Herrscher über Leben und Tod fühlten, brachten sie auch symbolisch zum Ausdruck. So ließ etwa Stangl für die Lagermannschaft von Sobibor goldene Siegelringe mit den Symbolen für Leben und Tod anfertigen.[232] Ein besonders sadistisches Beispiel für die Selbstwahrnehmung Einzelner als absolute Herrscher schilderte ein Sobibor-Überlebender:

> »Ein Arbeitsjude, der völlig entkräftet war, meldete sich bei Frenzel und bat um seinen Tod. Frenzel sagte spöttisch: ›Was, du willst sterben? Du sollst doch leben!‹ [...] Er beauftragte den jüdischen Kapo, den Arbeitsjuden zwei Wochen lang gut zu pflegen. [...] Nach zwei Wochen war er wieder bei Kräften. Frenzel fragte ihn, ob er noch immer sterben wolle. Der Jude dankte ihm und bat, leben zu dürfen. Frenzel antwortete ihm: ›Nun willst du leben, aber jetzt musst du sterben!‹ Er zog die Pistole und erschoß den Juden.«[233]

Der Soziologe Heinrich Popitz hat diese Form der Gewalt als Aktionsmacht und Verletzungsmacht beschrieben, mit der die Überlegenheit von Menschen über andere Menschen gezeigt werden kann. Mit der Tötung als äußerster Form der Gewalt wird die vollkommene, absolute Macht als Steigerung des Herrseins über andere Menschen, über Leben und Tod symbolisch manifestiert.[234] Narzisstische Aggressionslust und Machtdemonstrationen waren integrale Bestandteile des Lagerlebens, die etlichen Tätern nicht nur eine starke berufliche Befriedigung brachte, sondern auch Spaß machte. Sie freuten sich sogar, wenn Transporte eintrafen.[235]

Misshandlungen und Ermordungen einzelner Häftlinge konnten darüber hinaus dazu genutzt werden, die Machtposition der einzelnen T4-Reinhardt-Männer im Gesamtnetzwerk zu festigen und Kämpfe um sozialen Status und Prestige für sich zu entscheiden. Auf Kosten der Opfer wurde Gewalttätigkeit zu einem Mittel, um Überlegenheit gegenüber verhassten Rivalen auszuspielen.[236]

Raptive Gewalt

In allen drei Lagern ließen die großen Handlungsspielräume auch Formen raptiver Gewalt zu. Entgegen der nationalsozialistischen Gesetzgebung, die »Rassenschande« unter Strafe stellte, finden sich in den Lagern Beispiele hierfür, häufig auch in Form von Gruppenvergewaltigungen.[237] In Sobibor wurden zum Beispiel Jüdinnen aus Wien und Berlin, möglicherweise Film- und Theaterschauspielerinnen, zu sexuellen Diensten gezwungen: Als Nutznießer wurden Stangl, Steubl, Wagner, Michel, Frenzel, Gomerski, Bauer, Lachmann, Groth, aber auch Schütt genannt. In den ersten Monaten veranstalteten die Männer regelrechte Sexorgien. Die jungen Frauen wurden später – wahrscheinlich vor dem Besuch eines höheren Offiziers aus Angst vor dem Vorwurf der »Rassenschande« oder aufgrund von Eifersüchteleien und Ränkeleien – erschossen.[238] In diesen Kontext ist auch die »Liebesgeschichte« zwischen dem als Sadisten beschriebenen Groth und einer Gefangenen zu verorten. Während seiner Abwesenheit wurde diese von anderen T4-Reinhardt-Männern getötet.[239]

In Treblinka mussten jüdische Frauen ebenfalls zum Tanz und sexuellen Vergnügen der Männer herhalten. Wenn sie sie vergewaltigt hatten und ihrer überdrüssig wurden, wurden sie getötet. Franz hielt sich eine Mätresse, die er, nachdem er sie geschwängert hatte, tötete. Auch Suchomel hatte eine »Freundin«. Einige Männer schreckten auch nicht davor zurück, Frauen im Angesicht des Todes im oberen Lager zu vergewaltigen.[240] Selbst während der »Transportabfertigungen« kam es zu extremen Gewaltausbrüchen gegenüber Frauen: Hochschwangere wurden etwa durch Tritte und Gewalt zum Gebären gezwungen und Frauen noch vor ihrer Ermordung auf Befehl von Mentz von Trawniki-Männern vergewaltigt. Manchmal wurden, auch auf Anordnung von Trawniki-Männern wie »Ivan dem Schrecklichen«, »Arbeitsjuden« aus dem oberen Lager dazu gezwungen, sich mit häufig noch sehr jungen Mädchen zu »vergnügen«.[241]

Die Historikerin Regina Mühlhäuser hat eingehend gezeigt, dass sexuelle Gewalt gegenüber Frauen während des Zweiten Weltkrieges keine Ausnahme darstellte. Sie führt aus, dass Vergewaltigungen in Männerbünden wie dem Militär über die simple Lustbefriedigung hinaus als Beweis ihrer Männlichkeit, ihrer sexuellen Potenz und somit auch ihrer männlichen Ehre gelten konnten – dies dürfte auch für die Mannschaften in den Vernichtungslagern gelten. Die Wahl besonders junger und jungfräulicher Frauen hatte dabei einen besonders hohen symbolischen Wert, da den Frauen mit der Vergewaltigung die ihnen zugeschriebene Reinheit und Unberührtheit genommen wurde, sie daher »beschmutzt« wurden. Wenn Vergewaltigungen und Misshandlungen der Frauen dabei vor den Augen anderer Deportierter und der Häftlinge stattfanden oder gar die Gefangenen selbst dazu gezwungen wurden, diente dies auch dazu, dem männlichen Kollektiv anschaulich vor Augen zu führen, dass es nicht in der Lage war, seine Frauen zu schützen. Die Vergewaltigungen bedeuteten eine totale Verfügungsgewalt über den Körper der Frau und verstärkten somit das Gefühl der Überlegenheit.[242]

Ein Vergleich der verschiedenen Gewaltformen in Arbeits-, Konzentrations- und Vernichtungslagern steht zwar noch aus; vorsichtig kann hier jedoch, gestützt auf die Forschungsergebnisse von Marc Buggeln, der autotelische, grausame Gewalt gegenüber lozierender Gewalt in den Außenlagern von Neuengamme als Ausnahme beschrieben hat, die These aufgestellt werden, dass die autotelische und raptive Gewalt in den Vernichtungslagern der »Aktion Reinhardt« ein erheblich größeres Ausmaß als in den Konzentrationslagern angenommen hat. Dies liegt zum einen an der Tatsache, dass der Tod der Deportierten und der »Arbeitsjuden« im reinen Vernichtungslager bereits dekretiert war, während auf Häftlinge in Konzentrationslagern auch im Hinblick auf ihre Arbeitsfähigkeit mehr Rücksicht genommen werden musste. Zum anderen ist das hohe Maß an autotelischer und raptiver Gewalt aber auch auf die großen Handlungsspielräume der T4-Reinhardt-Männer, den unmittelbaren direkten Kontakt, den diese zu den Häftlingen des Lagers hatten, und die jederzeit mögliche Austauschbarkeit der Gefangenen zurückzuführen.

Typologien der Täter: Gewalttätigkeit und Einsatzbereitschaft

Die Handlungsspielräume, die den T4-Reinhardt-Männern durch die offenen Netzwerkstrukturen gegeben waren, wurden von ihnen in der Regel nicht dazu genutzt, Menschenleben zu retten, das System zu verlangsamen oder zu sabotieren, sondern vielmehr zur Effizienzsteigerung und zur radikalen Ausübung von Gewalt. Diesbezüglich gab es in den Vernichtungslagern – so der Überlebende Richard Glazar – »größere und kleinere Herren: Halbherren, Kommandanten der Henker, Meisterhenker und ihre Gehilfen«.[243]

Die T4-Reinhardt-Männer »typisierten Individuen« zuzuordnen, wie es das Ziel einer kollektiven Biografie ist, erwies sich in dieser Studie als nicht praktikabel. Bei typisierten Individuen spielt insbesondere die »lebensgeschichtliche Vergangenheit als Dimension der Erfahrungsakkumulation«[244] eine wichtige Rolle, um Verhaltensmuster zu beschreiben. Zwar finden sich bei den SS-Männern aus den Totenkopfverbänden und den Polizisten ähnliche Lebensläufe und Verhaltensmuster; aber die großen Gruppen der Pfleger, Handwerker, Fahrer und Verwaltungsangestellten lassen sich solchen »typisierten Individuen« nur schwer zuordnen.

Die im Kosmos der Vernichtungslager zu beobachtenden Verhaltensformen der Täter können aber anhand der Kriterien »Gewalt« und »Einsatzbereitschaft« beschrieben und verglichen werden. Die Skala des Kriteriums Gewalt reicht dabei von rein funktionaler, lozierender Gewalt bis hin zu individuellen, willkürlichen, raptiven und autotelischen Gewaltexzessen, die Skala des Kriteriums der Einsatzbereitschaft vom Eigeninitiative ergreifenden Täter mit – so Suchomel 1964 – »strengerer Dienstauffassung«[245] über den vorschriftsmäßigen Arbeitseinsatz bis hin zur Disziplinlosigkeit. Mit diesen beiden Kriterien lassen sich fünf Typen von Tätern klassifizieren. Täter vom *Typus I* waren gewaltbereit und gewalttätig, eigeninitiativ und nahmen Führungspositionen ein. Ihm gehörten 23 Männer an. *Typus II* ist durch Einsatzbereitschaft in Bezug auf die Funktionsabläufe des Lagers gekennzeichnet. Verglichen mit Typus I beschränkten sich die Angehörigen dieser Gruppe allerdings auf funktionale Gewalt. Auch die 15 Männer vom Typus II hatten Führungspositionen inne. Die Männer der Tätertypen III und IV waren dagegen in untergeordneter Funktion tätig und zeichneten sich durch weniger Eigeninitiative aus: *Typus III* verkörpert den Gegentypus zum *Typus II*: Hier finden sich 20 exzessive, undisziplinierte Gewalttäter aus den unteren Machtkreisen. Zum *Typus IV* gehörten bis zu 47 Männer, die vorschriftsmäßig ihren Dienst leisteten, ohne dabei überdurchschnittliche Einsatzbereitschaft an den Tag zu legen, und sich auf funktionale Gewalt beschränkten. Zuletzt ist als *Typus V* der Sonderfall der 16 Männer zu nennen, die die Lager auf eigenen Wunsch hin wieder verließen.

Typus I: Gewalttätige und eigeninitiative Täter in Führungspositionen

Die 23 T4-Reinhardt-Männer des Typus I stellten die Führungsriege. Sie waren überzeugt von der Richtigkeit und Notwendigkeit der »Aktion Reinhardt« und hauptverantwortlich für den Aufbau und die Umstrukturierungen der Vernichtungslager. Von ihnen gingen wesentliche Initiativen aus, sodass ihnen eine große Verantwortung für die Effektivität des Lagerbetriebs zugesprochen werden muss. Als Vorbilder prägten sie die vorherrschenden Regeln und Normen und beeinflussten stark das Denken und Verhalten der anderen T4-Reinhardt-Männer. Sie verhielten sich brutal und wandten über die lozierende Gewalt hinaus auch autotelische und zum Teil raptive Gewalt an.

An der Spitze dieses Typus steht der Lagerleiter und Inspekteur der Lager, Christian Wirth, »Christian der Grausame«.[246] Mit seinem Organisationstalent, seiner Einsatzbereitschaft und seiner Brutalität diente er diesen Männern als Vorbild, sein aufbrausender Charakter wurde aber auch gefürchtet. Er setzte sich skrupellos, bedingungslos und tatkräftig für das Anliegen des T4-Reinhardt-Netzwerks ein.[247] Sein Nachfolger in Belzec, der Polizist Gottlieb Hering, wird als brutale und harte Bestie, als »Terror der SS-Männer« und »Schlägertyp« beschrieben, als bösartiger Mensch, der auch Trawniki-Männer tötete.[248] In Belzec ragten durch besondere Gewalttätigkeit und Grausamkeit die aktiven SS-Angehörigen Franz, Schwarz, Jirmann und Hackenholt, aber auch der aus Trawniki dorthin versetzte Feix heraus. Kurt Franz schlug und erschoss jüdische Gefangene und Deportierte. Auch Wachmänner, die die Lagerregeln verletzt hatten, bestrafte er mit Peitschenhieben. In Treblinka, wo er zum stellvertretenden Leiter und während des Abbaus des Lagers auch zum Kommandanten aufstieg, nahmen seine Brutalität, seine Arroganz, sein »Übereifer«, seine Eitelkeit und sein Wille zur absoluten Herrschaft sogar noch zu. Die Überlebenden nannten ihn »Lalka«, Puppe, und beschrieben ihn als raffinierten Sadisten und Verbrecher, der zahlreiche

Einzelmorde beging und Hauptinitiator von vielen Gewaltakten war, um die Häftlinge zu demütigen und zu quälen.[249]

Sein Kamerad Gottfried Schwarz wurde als erbarmungslos, grausam, scharf und höllisch beschrieben, als undurchsichtige und üble Person. Er schlug viel und tötete eigenhändig zahlreiche Menschen.[250] Fritz Jirmann beging Grausamkeiten mit ausdrucksloser Ruhe; er galt als skrupellos und »blutdurstig«.[251] Lorenz Hackenholt war ein Organisationstalent und führte Aufträge, wie die Einrichtung der Gaskammern, mit mörderischem Einfallsreichtum durch. Er trank sehr viel, war bekannt als Besserwisser und Draufgänger und wurde als rücksichtslos, hart, brutal, charakterlos, ehrlos, gleichgültig und frech beschrieben.[252] Der Friseur und Führer der Trawniki-Männer, Reinhold Feix, wurde als grausamer und sadistischer Streber bezeichnet. In Budzyn, wo er später als Lagerleiter eingesetzt wurde, war er ebenfalls als Mörder bekannt und misshandelte und ermordete dort Hunderte von »Arbeitsjuden«.[253] Der Oberpfleger Heinrich Gley passte sich dem Gewaltklima an, als er im September 1942 nach Belzec kam. Er war ehrgeizig und löste durch sein Auftreten Furcht aus. Er wurde als harter Soldat beschrieben, der gerne schoss, Häftlinge misshandelte und sich bei der Ermordung der Juden hervortat. In Poniatowa avancierte er als Spieß zum »Satan in Menschengestalt« (Walter Többens)[254] und verübte zahlreiche Morde.[255]

Aus der Stamm-Mannschaft von Sobibor ragten aufgrund ihrer Grausamkeit insbesondere Wagner, Frenzel, Gomerski und Bolender hervor. Der Handelsangestellte und Spieß Gustav Wagner stellte für die »Arbeitsjuden« den »Prototyp eines Ariers« (Philipp Bialowitz)[256] dar und wurde als sadistisch, mordlustig, mitleidslos und gewalttätig beschrieben. Er ermordete »Arbeitsjuden« und tötete Kleinkinder und Babys. Bei Straf- und Gewaltaktionen war er in führender Rolle beteiligt. Er galt als korrupt und verfolgte misstrauisch sämtliche Vorgänge im »Judenlager«.[257] Der Zimmermann und Leiter des Lagers I, Karl Frenzel, gehörte zu den – in der Logik des Vernichtungssystems – zuverlässigsten Männern der Lagermannschaft und erwies sich als kreativ im Lösen von Problemen. Überlebende berichteten über zahlreiche Gewalttaten, auch an Säuglingen und Kleinkindern, individuelle Morde sowie die Beteiligung an kollektiven Quälereien.[258]

Der Dreher Hubert Gomerski, der in führender Position im Lager III eingesetzt war, wurde ebenfalls als furchterregend, gefährlich, gewissenlos, als Mörder und Sadist beschrieben, der große Befriedigung aus seiner Grausamkeit zog und von den Häftlingen »Doktor« genannt wurde. Er tötete willkürlich Arbeitshäftlinge, erfand zudem besondere Quälereien, zum Teil mit Todesfolge, um die Gefangenen zu erniedrigen, misshandelte Kleinkinder und Babys und beteiligte sich an kollektiven autotelischen Gewaltaktionen. Er trank häufig und wurde als stumpf und dumm beschrieben.[259] Der Eisenkontrolleur Kurt Bolender hat sich, obwohl er nur 1942 und vornehmlich im Lager III eingesetzt war, durch seinen Sadismus in die Erinnerung der Überlebenden eingebrannt. Er hetzte Hunde auf die Arbeiter, tötete eigenhändig Häftlinge und Deportierte. Möglicherweise vergewaltigte er jüdische Frauen.[260] Der Pfleger Hermann Michel, der an die Deportierten die Ansprache hielt, wurde als sadistisch, gefühllos, skrupellos und gewissenlos, herrschsüchtig und als feiger Mörder beschrieben.[261] Ähnliches gilt für seinen Kollegen Karl Steubl, der die 1943 gebildete Strafkompanie beaufsichtigte. Er tötete und misshandelte »Arbeitsjuden«, war launisch und herrschsüchtig und beteiligte sich an Sexorgien, zu denen einige Männer jüdische Frauen zwangen.[262] Der aktive SS-Mann Herbert Floß stand mit »fanatischem Eifer«[263] hinter der Ermordung der Juden. Während er in Sobibor nicht als gewalttätig bekannt war, bezichtigten ihn Überlebende aus Treblinka besonderer Gewalttaten und Morde.[264]

In der Stamm-Mannschaft von Treblinka waren besonders Eberl, Franz, Küttner, Stadie, Miete, Matthes und Mentz gewalttätig und einsatzbereit. Der erste Lagerleiter von Treblinka, Irmfried Eberl, bestimmte maßgeblich das Gewaltklima der ersten Deportationswochen. Sein Ehrgeiz und Übereifer führten dazu, dass in kurzer Zeit Hunderttausende Menschen in dem nur für kleinere Personengruppen geschaffenen Lager getötet wurden, bedingten dann aber auch den Zusammenbruch der Tötungsstrukturen, da er sich nicht rechtzeitig für eine Verringerung der Transporte einsetzte. Eberl wurde als überheblich, brutal und rücksichtslos beschrieben.[265] Der Polizist Fritz Küttner, genannt »Kiewe«, wurde von den »Arbeitsjuden« nicht nur aufgrund seiner Funktion als Leiter des unteren Lagers gefürchtet, in dem er Appelle abhielt und Prügelstrafen oder »Sportläufe« anordnete. Darüber hinaus ließ er Häftlinge während der Appelle erhängen, erschoss Deportierte bei der »Transportabfertigung« und war als Sadist bekannt, der kleine Kinder tötete. Wie Franz zeigte er sich besonders kreativ bei der Verbesserung der Tötungsprozesse.[266]

Vom Pfleger und Spieß Otto Stadie, aufgrund seiner Körperfülle »Fässele« genannt, sind ebenfalls zahlreiche individuelle Morde und Quälereien von Häftlingen überliefert. Er war schnell erregbar und trank gerne Alkohol.[267] Auch der Landwirt August Miete, Chef des »Lazaretts«, zählte zu den grausamsten, sadistischsten und brutalsten Männern des unteren Lagers. Er suchte willkürlich »Arbeitsjuden« aus, tötete von anderen T4-Reinhardt-Männern »gestempelte«, das heißt zur Ermordung ausgewählte Häftlinge im »Lazarett«, folterte, prügelte und schikanierte die Arbeiter. Den Überlebenden blieben seine unbewegte Miene, sein Lächeln bei der Durchführung seiner mörderischen Aufgaben, seine Kaltblütigkeit und sein streberhafter Eifer in Erinnerung. Seine Körperhaltung brachte ihm den Spitznamen »Krummkopf« beziehungsweise »Krimme Keppl« ein. Weil er gefürchtet war, erhielt er auch den Titel »Malchamowes« (Todesengel); von den Tschechen wurde er »der fromme Schütze« genannt.[268] Häufig mit Miete zusammen anzutreffen war der Melkermeister Willy Mentz, genannt »Frankenstein«, der im unteren Lager im »Lazarett« und in der Landwirtschaft tätig war. Er wurde ebenfalls als »bösartig« bezeichnet, schlug und ermordete Häftlinge auch außerhalb seiner alltäglichen Arbeit im »Lazarett«.[269]

Der Pfleger Arthur Matthes, Leiter des oberen Lagers, wurde übereinstimmend als Sadist beschrieben. Er war mit seinem Vertreter Pötzinger maßgeblich für die unmenschlichen Bedingungen im oberen Lager verantwortlich, schikanierte und folterte die Häftlinge, nahm Selektionen unter ihnen vor und erschoss zahlreiche Arbeiter eigenhändig. Um Exempel zu statuieren, ließ er Gefangene hängen. Er trank viel. Matthes war erst nach der Beendigung der »Euthanasie« zur T4 gekommen und hatte in der Berliner Zentrale Dienst geleistet. Es waren also seine besondere Einsatzfreude und die Bereitschaft zur Ausübung von Gewalt, die ihm im oberen Lager seine Führungsposition verschafften.[270] Matthes' Stellvertreter Karl Pötzinger gehörte ebenfalls zu den grausameren Lagerangehörigen. Er erschoss »Arbeitsjuden« und Deportierte.[271]

Zur Gruppe des Typus I lässt sich wahrscheinlich auch der Maurer Erwin Lambert zählen, der in Sobibor und Treblinka die Gaskammern baute. Seine aktive Bereitschaft, Strategien zur Verbesserung der Vernichtungsstrukturen zu finden, trug maßgeblich zur Effizienzsteigerung der Lager bei. Einige Häftlinge des Vernichtungsbereichs von Treblinka berichten, dass er Gefangene erschoss.[272]

Typus II: Eigeninitiative, nur funktional gewalttätige Täter in Führungspositionen

Die 15 Männer des Typus II ähneln dem Typus I bezüglich ihrer hohen Einsatzbereitschaft. Sie setzten sich ebenfalls eigenständig für das Funktionieren des Systems ein und gehörten den Führungsgruppen an. Im Unterschied zu den Männern des Typus I beschränkten sie sich allerdings auf die Anwendung funktionaler Gewalt. Mit ihrer Eigeninitiative und den Funktionen, die sie einnahmen, tragen sie jedoch die gleiche Verantwortung für den Massenmord wie die Täter des Typus I, spielte doch die Tatsache, ob die Männer autotelische Gewalt ausübten oder nicht, keine Rolle für das Funktionieren des Vernichtungssystems an sich. Dies zeigt vor allem das Beispiel des Polizisten und Lagerleiters von Sobibor und Treblinka Franz Stangl, der wegen seiner Zuverlässigkeit bei seinen Vorgesetzten derart geschätzt wurde, dass ihm die Leitung von Treblinka nach dem Zusammenbruch des dortigen Vernichtungssystems zugesprochen wurde. Er hatte zwar die Oberhoheit über die Lager Sobibor und Treblinka, ließ seinen Mitarbeitern mit seinem kameradschaftlichen Führungsstil in der Regel aber große Handlungsfreiräume. Zu den Gefangenen hatte er nur wenig Kontakt.[273] Sein Nachfolger in Sobibor, Franz Reichleitner, hielt sich zwar wie Stangl im Hintergrund, griff aber manchmal auch zu gewalttätigen Maßnahmen. So erschoss er Deportierte während einer von ihm geleiteten »Transportabfertigung« und ließ auch Wachmänner hinrichten. Er traf wichtige Entscheidungen, wie die Tötung der niederländischen »Arbeitsjuden«, die eines Aufstands verdächtigt wurden, und von Häftlingen nach Fluchtversuchen. Die von ihm begangenen Morde lassen sich allerdings auf seine Position als Lagerleiter zurückführen, sodass Reichleitner nicht den Gewalttätern des Typus I zuzuordnen ist. Mit der Schließung der Goldschmiede schob er der Korruption einen Riegel vor und verlangte überdies von seinen Mitarbeitern, ihren Alkoholkonsum einzuschränken, auch um dysfunktionale, unter Alkoholeinfluss begangene Gewaltakte zu reduzieren.[274] Auch der Vertretungskommandant in Belzec und Treblinka, Ernst Schemmel, genannt »Hauptmann mit Spitzbart«, lässt sich in diese Kategorie einordnen. In Treblinka war er maßgeblich an den Umstrukturierungen beteiligt: Unter seiner Interimsherrschaft wurden permanente Häftlingskommandos eingerichtet. Die »Arbeitsjuden« empfanden die von ihm eingeführten Regeln als Erleichterung, doch sorgten diese auch für eine Konsolidierung der Vernichtungsprozesse und somit für eine Effizienzsteigerung.[275] Über den Polizisten Fritz Hirche, der im Sommer 1942 für einige Wochen in Belzec die Urlaubsvertretung übernommen hatte, und den kurzzeitigen Vertretungskommandanten in Sobibor, Arthur Walther, liegen keine Aussagen vor. Beide sorgten aber während ihrer Vertretungszeit für das reibungslose Funktionieren des Systems. Schwierig ist auch die Zuordnung des Polizisten Friedrich Tauscher. Er wirkte auf seine Kameraden eingebildet und unheimlich und war – so Unverhau – mit der »Aktion« nicht einverstanden. Dennoch übernahm er später selbst Leitungspositionen: zunächst als Lagerleiter von Belzec im Abbau, dann als Nachfolger von Feix in Budzyn, wo er als vergleichsweise milde beschrieben wurde.[276]

Von der Pioniergruppe der aktiven SS-Männer lassen sich dem Typus II auch Oberhauser, Niemann, Graetschus und Dubois zuordnen. Josef Oberhauser war die rechte Hand von Wirth. Er wurde als zwielichtig, herausfordernd, arrogant und »halbstark« beschrieben. Gley bezeichnete ihn als typischen Vertreter der »Radfahrerei«: »nach oben buckeln, nach unten treten«.[277] Johann Niemann konkurrierte mit Oberhauser in Belzec um den Platz an der Seite von Wirth und galt bei seinen Kameraden als »Streber«.[278] In Sobibor nahm er als Stellvertreter eine ähnliche Position ein. Individuelle Gewalttaten beging er in der Regel nicht, galt aber trotzdem als »kalt und grausam«,[279] da er nicht zurückschreckte, Gewalt während der »Transportabfertigung« auszuüben.[280] Siegfried Graetschus, Führer der Wachmannschaften in Sobibor, wird zwar als gewaltsam, hart, ohne Nachsicht und als der Schrecken der weiblichen Häftlinge beschrieben, die er misshandelte, es sind jedoch keine Einzelmorde von Häftlingen überliefert. Auf der Rampe schoss er gelegentlich auf Deportierte, um die Entladung des Transports zu beschleunigen. Über seine Zeit als Wachführer in Treblinka liegen keine Aussagen vor.[281] Der Fahrer Werner Dubois wurde als »Draufgängertyp« (Schluch),[282] »Großsprecher der Waffen-SS« (Jührs)[283] bezeichnet, der viel Alkohol trank und ohne Hemmungen Aufträge ausführte, gehörte aber – den Beschreibungen nach – nicht zur Gruppe der Gewalttäter.[284]

Zu Max Biela, vor seinem Tod im September 1942 Leiter des unteren Lagers, sind nur wenige Aussagen vorhanden. Überlebende hörten, dass er, verglichen mit anderen Aufsehern, »ein guter Mann« gewesen sein soll. Verwandte berichteten, dass er seiner Frau Folgendes schrieb: »Hier passieren schreckliche Dinge, wenn ich nach Hause komme, erzähle ich dir darüber.« Dies könnte ebenfalls dafür sprechen, dass er mit der extremen Gewalttätigkeit seiner Kollegen nicht einverstanden war.[285] Der Destillateur-Angestellte Erwin Fichtner, in Belzec als Rechnungsführer tätig, war ein überzeugter SS-Mann und Hitler-Anhänger,[286] wie auch der Rechnungsführer Willy Mätzig in Treblinka, der von seinen Kollegen als ruhig und gutmütig, als »Beamtentyp« beschrieben wurde.[287] Ähnliches gilt für Wilhelm Häusler, der in Lublin in der Inspektion als Rechnungsführer für alle Vernichtungs- und Arbeitslager zuständig war.[288]

Der Schneider Franz Suchomel, der als Chef der Goldjuden eine der privilegiertesten Positionen im Lager innehatte, gehörte zu den »milderen« Lagerangehörigen in Treblinka. Er war verhältnismäßig ruhig, auch wenn er – so der Überlebende Josef Siedlecki – »kein Engel«[289] war. Auch von ihm sind Fälle von Misshandlungen bekannt, ohne dass er allerdings das Gewaltpotenzial des Typus I erreichte. Einige Überlebende berichteten auch, dass er auf Juden geschossen haben soll. Die ihm unterstehenden »Goldjuden« und insbesondere die tschechischen Juden behandelte er in der Regel »anständig« (Charles Unger).[290] Er warnte Häftlinge vor Männern wie Küttner oder Franz.[291]

Typus III: Exzessive und undisziplinierte Gewalttäter

Der Typus III zeichnet sich durch ein hohes Maß individueller, autotelischer und raptiver, zum Teil dysfunktionaler Gewalt aus. Gerade wegen ihrer Brutalität, die häufig in Verbindung mit exzessivem Alkoholkonsum stand, war auf diese Männer aus Sicht der Lagerleitung kein großer Verlass, durch ihr Verhalten konnten sie die Abläufe des Lagerbetriebs auch stören. Aufgrund ihrer Undiszipliniertheit besetzten sie in der Regel keine besonderen Positionen innerhalb der Lager, in Einzelfällen wurden sie sogar aus dem T4-Reinhardt-Netzwerk ausgeschlossen. Von den 20 Exzesstätern gingen nur wenige Initiativen zur Optimierung der Lagerabläufe aus, diese richteten sich eher darauf, sich eigene Vorteile zu verschaffen.

In Sobibor gehörte der notorisch betrunkene Fahrer und »Gasmeister« Erich Bauer, von den »Arbeitsjuden« auch »Bejder« oder »Bademeister« genannt, zur Gruppe der Sadisten und »Rabauken«. Es sind mehrere Fälle nachgewiesen, in denen er »Arbeitsjuden« aus eigener Initiative erschoss oder erhängte. Er war an besonders gewalttätigen Aktionen, wie der Erschießung des Waldkommandos oder der Ermordung der Arbeiter aus Belzec, beteiligt.[292] Ähnlich ist auch der Pfleger Bruno Weiß einzuschätzen, der zunächst das Lager I geleitet hatte. Er tötete auf eigene Faust sowie mit anderen zusammen, prahlte mit seinen Taten und erfand sadistische Spiele für die »Arbeitsjuden«.[293] Auch der Fleischer Paul Groth misshandelte die »Arbeitsjuden« mit sadistischen Spielen, quälte und erniedrigte sie, indem er zum Beispiel einen Hund auf sie hetzte. Er brachte Gefangene ohne vermeintlichen Grund zum Erschießen oder erschoss sie eigenhändig. Vor allem nachdem seine Kameraden seine »Mätresse« Ruth getötet hatten, trank er viel und störte dadurch den Betrieb. Auch nach seiner Strafversetzung nach Belzec erschoss der »Draufgänger« eigeninitiativ Juden.[294]

Der Kellner Paul Bredow war sowohl in Sobibor als auch in Treblinka für Misshandlungen, Einzeltötungen und Gewalt bekannt. In Sobibor fiel er besonders durch sexuelle Gewalt gegenüber Frauen auf. Er war häufig betrunken und galt als korrupt.[295] Den Ruf eines grausamen und jähzornigen Schlägers hatte auch Ferdinand Grömer, der Arbeiter aus dem Waldkommando tötete. Er war undiszipliniert und trank viel.[296] Der Hilfsarbeiter Josef Vallaster galt als primitiv, war für Grausamkeiten bekannt und peitschte die Arbeiter häufig aus. Es sind auch individuelle Morde überliefert.[297] Als schikanös, skrupellos und grausam sowie als brutale »Draufgänger« wurden auch der Kraftfahrer Karl Richter,[298] der Glasschleifer Rudolf Kamm,[299] der Hilfsarbeiter Erich Schulze,[300] der Arbeiter Adolf Müller,[301] der ehemalige Postschaffner und »Gasmeister« Anton Getzinger[302] und der Fotograf Franz Wolf[303] beschrieben.

Der Führer der Trawniki-Männer Erich Lachmann war als Schläger bekannt und vergewaltigte Frauen. Er war häufig angetrunken. Mithilfe einer Polin, mit der er ein Verhältnis hatte, verkaufte er auf dem Schwarzmarkt Diebesgut, um sich persönlich zu bereichern. Sein undiszipliniertes Verhalten war einer der Gründe für seine Rückversetzung durch Reichleitner nach Trawniki. Er desertierte später mit seiner Freundin, wurde in Lublin festgenommen, vom dortigen SS- und Polizeigericht wegen Fahnenflucht zu sechs Jahren Haft verurteilt und kam dann in das SS- und Polizeilager in Dachau.[304]

Eher undisziplinierte Männer wurden nach Möglichkeit im Vernichtungsbereich eingesetzt, da sie hier die Abläufe am wenigsten störten. In Treblinka waren mehrere Gewalttäter des Typus III im Vernichtungsbereich tätig: Der Schreiner Alfred Löffler erschoss Menschen, die nach der Vergasung noch lebten, beteiligte sich an gemeinsamen Gewaltexzessen gegen die Arbeiter des Vernichtungsbereichs, erschoss zahlreiche Arbeiter und warf Menschen bei lebendigem Leib ins Feuer.[305] Der Tischler Gustav Münzberger war häufig betrunken und mit Eifer dabei, die Arbeiter oder die Deportierten zu verprügeln, zu misshandeln, zu foltern und zu erschießen.[306] Der Pfleger Richard Hiller, von den Überlebenden Richard oder »Roger der Böse« genannt, war bei Gewaltaktionen oft zusammen mit Münzberger anzutreffen. Bevor die Deportierten ermordet wurden, fügte er ihnen mit Dolch und Säbel Verletzungen zu, und er tötete Gefangene.[307]

Zu den undisziplinierten Gewalttätern gehörte in Treblinka auch der Chef des Tarnkommandos Hermann Sydow, auch »Hermännchen« genannt. Er war häufig betrunken und wurde deswegen auch ermahnt. Er schikanierte die Arbeiter, indem er sie zum Beispiel auf Bäume klettern ließ.[308] Dem Typus III ist wahrscheinlich auch Willi Beelitz zuzurechnen, der individuelle Morde beging und auch einen polnischen Bauern erschoss.[309] Der Hilfsarbeiter und Maurer Josef Hirtreiter, genannt »Zepf« oder »Zepp«, der in Treblinka verschiedene Arbeitskommandos führte, tötete zahlreiche Kleinkinder. Er quälte Arbeiter in sadistischer Weise, bis sie starben, schlug mit Säbeln auf nackte Menschen ein und leitete auch die Trawniki-Männer zu Grausamkeiten gegenüber den Gefangenen an.[310]

Mehr durch Trinkerei und Disziplinlosigkeit als durch individuelle Gewalt fiel Karl-Heinz Plikat auf, der von Franz sogar eingesperrt wurde, weil er in angetrunkenem Zustand im Lager und in einem der umliegenden Dörfer mit seiner Pistole um sich geschossen hatte. Er wurde als fanatischer SA-Mann beschrieben, der sich durch seine Bekanntschaft mit Blankenburg den anderen gegenüber überlegen und geschützt fühlte. Wegen seines Alkoholismus wurde er aus Treblinka nach Lublin abgeordnet. In der Risiera in Triest war er dafür bekannt, dass er die Häftlinge schlug.[311]

Zu den Gewalttätern in Treblinka wurde auch ein nicht zu identifizierender »Erwin der Schießer« beziehungsweise Hermann gezählt, dem kein spezielles Arbeitskommando unterstand. Erwin oder Hermann hießen Lambert, Felfe, Kaina, Sydow und Stengelin, doch die Beschreibungen der Überlebenden treffen auf keinen von ihnen zu. Dieser Mann beobachtete häufig das Verbrennen der Leichen dicker Frauen und tötete viele Arbeiter.[312]

Typus IV: Täter nach Vorschrift

Die 47 T4-Reinhardt-Männer des Typus IV versahen vorschriftsmäßig ihren Dienst und fielen weder durch Eigeninitiative bei der Effektivierung der Tötungsprozesse noch durch besondere Gewalttätigkeit gegenüber Gefangenen und Deportierten auf. Zum Typus IV gehörten zum einen Männer, die der Ermordung der Juden »gleichgültig« gegenüberstanden und daher zwar nicht übermäßig gewalttätig waren, aber auch nicht als menschlich bezeichnet werden können. Zum anderen sind dieser Gruppe auch diejenigen zuzurechnen, die eine gewisse Skepsis gegenüber dem Massenmord an den Tag legten, aber aus verschiedenen Gründen, meist weil sie nicht an die Front wollten oder Angst vor Wirth hatten, im Lager blieben und nicht versuchten, dem Dienst zu entkommen. Häufig reagierten Männer dieser Kategorie stark auf den Gruppendruck, der im Lager herrschte, was sich vor allem daran zeigte, dass sie Gefangene im Beisein anderer Täter misshandelten, sich aber umgänglicher verhielten, wenn sie mit ihrem Arbeitskommando alleine waren.[313] Dass manche auch aus Angst vor der Front im Lager blieben, machte sie – so der Überlebende Kurt Thomas – »weder heldenhaft noch edel«.[314] In der Logik des Lagers erschienen jedoch einige dieser Täter auch den Überlebenden als »gut« oder »anständig«. Gleichwohl waren sie keineswegs »Statisten«,[315] wie sie Horn untertreibend beschrieb, denn sie verrichteten ordnungsgemäß ihren Dienst, auch als Vorgesetzte der Gefangenen. Damit waren sie mitverantwortlich für den Massenmord.

Aus der Mannschaft in Belzec sind diesem Tätertypus bis zu 14 Männer zuzuordnen, allerdings stellt sich hier die Quellensituation aufgrund des Fehlens von Überlebenden schlechter dar als in Sobibor und Treblinka. Zum Tätertypus IV gehörten wahrscheinlich der Kellner Max Gringers, die Fahrer Walther Kloß und Otto Kielminsky, der Fleischer Hans Zänker, der zuvor als Rechnungsführer in Treblinka eingesetzte Tischler Rudolf Baer, der Pfleger Max Bree,[316] der Büroangestellte Robert Jührs[317] und der Angestellte Hans Girtzig, der allerdings von Überlebenden aus Poniatowa als Schläger – wenn auch nicht als Mörder – beschrieben wurde.[318] Den Pfleger Karl Schluch stellten seine Kameraden als gutmütigen Trottel und typischen Einzelgänger dar.[319] Auch sein Kollege Heinrich Unverhau galt als »anständig«.[320] Der Pfleger und Fahrer Fritz Schmidt, der im Herbst 1942 aus Belzec nach Treblinka wechselte, gehörte ebenfalls zur Kategorie IV.[321]

»Gleichgültig« gegenüber der Ermordung der Juden zeigte sich auch der Pfleger Ernst Zierke.[322] Der Klempner Heinrich Barbl wurde von den meisten als harmlos und »primitiv« bezeichnet, wobei sich seine Kameraden nicht darüber einig waren, ob er die fehlende Intelligenz nur vortäuschte. Er trank viel Alkohol, wurde von seinen Kameraden schlecht behandelt und für Nichtigkeiten bestraft.[323] Im Grenzbereich zwischen Typus V und Typus IV ist der Pfleger Friedrich Koschewski zu verorten. Er kehrte für kurze Zeit zur T4 zurück, wo er – noch im Frühjahr 1944 in Hartheim – an Ermordungen beteiligt war, schloss sich den anderen T4-Reinhardt-Männern in Italien aber später wieder an.[324]

In Sobibor gehörten bis zu 21 Männer dem Tätertypus IV an. Der Bäcker Johann Klier wurde von allen Sobibor-Überlebenden als gutmütig und human beschrieben. Er besorgte für die Häftlinge Brot oder Schuhe, redete mit ihnen normal, schlug sie in der Regel nicht und erlaubte ihnen das heimliche Rauchen. Er hatte Angst vor seinen Kameraden, von denen er gehänselt und beschimpft wurde. Einige Überlebende berichteten, dass er gelegentlich zugeschlagen habe, um den Eindruck von Härte zu erwecken.[325] Ähnliches gilt für den Landwirt und Chef des Lagers II, Rudolf Beckmann, der zwar in einzelnen Fällen – ohne Anlass – Gewalt ausübte, ansonsten aber – so die Überlebende Eda Lichtman – als der »gute Beckmann«[326] bezeichnet wurde.[327] Vom Kraftfahrer Karl Ludwig berichteten Überlebende aus Sobibor und Treblinka ebenfalls, dass er gegen den Massenmord war, aber aus Angst vor einem Fronteinsatz im Lager blieb. Er schlug die Arbeiter nicht und gehörte dem Sobibor-Überlebenden Izchak Lichtmann zufolge zu den »Guten«.[328] Er trank viel.[329] Zu den laut Josef Herszmann »ordentlichen Menschen«,[330] die sich nicht aktiv beteiligten, zählte auch Thomas Steffel. Der Maurer Wenzel Rehwald, der die »Arbeitsjuden« in der Regel nur in Gegenwart seiner Kameraden schlug,[331] und der Polizist Paul Rost[332] sind wahrscheinlich ebenfalls dem Tätertypus IV zuzuordnen.

Im Grenzbereich zwischen Typus III und IV agierte dagegen Arthur Dachsel, der in Belzec als schießfreudig bekannt war, in Sobibor dagegen zu den weniger brutalen Lagerangehörigen gehörte.[333] Der Kraftfahrer und »Gasmeister« Franz Hödl wurde von den Überlebenden zwar nicht als gewalttätig beschrieben, möglicherweise hat er aber Erschießungen im Lager vorgenommen; unklar ist, ob er auf Befehl oder eigenmächtig handelte.[334] Den Pfleger Walter Nowak bezeichnete Abraham Margulies als »guten Menschen«,[335] ansonsten wurde er zumeist als nicht gewalttätig beschrieben, allerdings sind Fälle überliefert, in denen er zusammen mit Frenzel und anderen Häftlinge misshandelte.[336] Im Unterschied zu seinem jüngeren Bruder wurde der Fotograf Josef Wolf als relativ menschlich beschrieben.[337] Ähnliches gilt auch für Willi Wendlandt.[338] Keine Aussagen zum Verhalten liegen über Fritz Konrad und Kurt Fey vor, die daher wahrscheinlich auch zur Tätergruppe IV zu zählen sind.

Von der Mannschaft in Treblinka sind bis zu 19 Personen zum Typus IV zu rechnen, darunter die schon erwähnten Baer, Ludwig und Schmidt. Zu diesem Typus gehörte auch August Hengst. Der Koch und Fourier war bereits während seiner Zeit in Treblinka häufig unterwegs, später ließ er sich ganz in Warschau nieder, um von dort aus Verpflegungsangelegenheiten zu erledigen, dementsprechend war er häufig nicht am direkten Ort des Geschehens.[339] Eduard Orlijewski, der während der Aufbauphase in Treblinka durch einen Unfall einen Arm verlor und aus diesem Grund das Lager wieder verließ, gehörte möglicherweise auch zur Gruppe IV. Er ermöglichte einen Briefwechsel zwischen zwei jüdischen Ehepaaren, von denen die Frauen im Vernichtungslager und die Männer im Arbeitslager Treblinka eingesetzt waren; allerdings ist es nicht ausgeschlossen, dass er sich diese Hilfe durch sexuelle Dienste von den Frauen bezahlen ließ.[340]

Ähnlich zwielichtig erscheint auch das Verhalten des Bäckers Philipp Post, der in Treblinka durch Undiszipliniertheit auffiel, weil er eine »volksdeutsche« Geliebte in der Nähe von Warschau hatte und mit ihr den Urlaub verbrachte, statt zu seiner Familie nach Hause zu fahren. Aus diesem Grund wurde er nach dem Aufstand nach Sobibor strafversetzt. Zeugen berichteten sowohl über Hilfeleistungen gegenüber »Arbeitsjuden« als auch über Erschießungen; insgesamt fiel er aber weder durch einen besonderen Einsatz noch durch Gewalttätigkeit auf.[341] Im Grenzbereich zwischen Typus III und Typus IV ist auch der Landwirt Robert Möller, »Amerikaner« genannt, zu verorten, der gelegentlich im »Lazarett« Dienst verrichtete. Die Beschreibungen seines Verhaltens reichten vom kaltblütigen Niederschießen einer schwangeren Frau und anderen Grausamkeiten bis zu »guten«[342] (so Czesław Augustyniak) und »rücksichtsvollen«[343] (so Marian Płatkiewicz) Aktionen.[344]

Der Schuhmacher Ernst Gentz nutzte die Vorteile von Treblinka, bereicherte sich zum Beispiel an Kleidungsstücken, gehörte aber zu den »Milderen« im Lager.[345] Der Tischler Karl Schiffner wurde als korrupt und verhältnismäßig ruhig, wenn auch nicht als »milde« beschrieben. Seine Kollegen nannten ihn ein »Protektionskind«, das von Anfang an bei der T4 gewesen sei.[346] Der Kellner Franz Rum fiel den Gefangenen ebenfalls nicht durch besondere Gewalttätigkeit auf. Er hatte sich Ende 1942 nach Treblinka versetzen lassen, weil er die Schwefeldämpfe im Fotolabor nicht mehr vertragen und eine Aufgabe an der »frischen Luft« bevorzugt hatte.[347]

Eine größere Gruppe von ehemals Sonnensteiner Pflegern scheint sich bei Gewalttaten in Treblinka ebenfalls zurückgehalten zu haben. Dazu gehört der Pfleger Otto Horn.[348] »Sozusagen anständig« laut Samuel Rajzman[349] verhielt sich der Pfleger Kurt Seidel, der das Straßenbaukommando führte und die Arbeitskräfte nicht oder wenig schlug.[350] Auch Johannes Klahn gehörte zu den »Milderen«.[351] Ähnliches könnte auch auf die Sonnensteiner Ernst Seidler und Johannes Eisold zutreffen, zu deren Verhalten von den Überlebenden keine Aussagen vorliegen.[352] Auch Herbert Scharfe, zeitweise Chef des Tarnkommandos, aufgrund seiner kleinen Größe »Mäuschen« oder

»Mickymaus« genannt, galt als milderer Lagerangehöriger, auch wenn er beim Schlagen beobachtet wurde.[353] Vermutlich zählte Willy Großmann, der von den Arbeitern »Chaim Missele« genannt wurde, ebenfalls zu dieser Gruppe.[354]

Zur Kategorie IV in Treblinka muss wahrscheinlich auch Hermann Stengelin gerechnet werden, dessen Verhalten im Unklaren bleibt, von dem allerdings überliefert ist, dass er im Affekt den Gefangenen, der Biela getötet hatte, ermordet hat.[355] Keine Aussagen liegen zum Verhalten des Pflegers Hermann Felfe in Treblinka, des Büroangestellten Erich Dietze, des Fahrers Konrad Geng und des Pflegers Rudolf Seifert vor, die in der Lubliner Dienststelle eingesetzt waren, sowie zum Maurer Erich Sporleder, der lediglich in Dorohucza tätig war. Sie sind somit ebenfalls zum Tätertypus IV zu zählen, da sie keine Führungspositionen innehatten und in der Regel die gewaltbereiten Täter des Typus III namentlich bekannt waren.

Typus V: Versetzt auf eigenen Wunsch

16 Männer lassen sich dem Typus V zuordnen. Sie verließen die Lager, vermutlich nach einer Bitte um Versetzung. Dabei hatten sie die Hürde des Lagerleiters und Inspekteurs Wirth zu nehmen, der die Männer bei Versetzungsgesuchen als Feiglinge diffamierte, und mussten sich darüber hinaus gegen die eigenen Kameraden stellen. In der Regel wurden diese Männer zur Wehrmacht oder zur Waffen-SS versetzt. Anders als dies die Männer, die keine Versetzung beantragt hatten, nach dem Krieg darstellten, erfuhren sie durch ihre Entscheidung keine besonderen Nachteile.[356]

Die Quellen zu den Gründen für die Versetzung sind nicht einfach zu interpretieren und bei vielen lässt sich die Frage nach der Motivation nicht mehr klären. In den NS-Prozessen wurde von den Männern zumeist nicht Mitleid mit den Juden oder Gewissenskonflikte als Motivation genannt, sondern vielmehr Konflikte mit den Lagerleitern und/oder Kameraden oder Degradierungen. Die meisten Männer verließen zudem erst viele Monate nach ihrer Ankunft in den Vernichtungslagern das Netzwerk. Einzelne T4-Angehörige, die laut Aktenlage nach Polen gereist sind, deren Anwesenheit in den Lagern aber nicht dokumentiert ist, könnten theoretisch ebenfalls zu den Aussteigern gezählt werden, da nicht ausgeschlossen ist, dass sie unmittelbar nach ihrer Ankunft um eine Rückversetzung ersucht haben.[357] Den Fall einer solchen Rückversetzung beschreibt der Treblinka-Überlebende Heniek Sperling:

> »Nur einmal fand ich in Treblinka einen SS-Mann, der sich mit Widerwillen zu diesen unmenschlichen Vorgängen bezog. Schon am ersten Tag nach seiner Ankunft, fand er alles so unglaublich, daß er einen Juden vom Arbeitseinsatz […] bat, ihm die reine Wahrheit zu sagen. ›Unmöglich, un-

möglich‹, murmelte er ununterbrochen und schüttelte dann langsam den Kopf. Am anderen Tag haben wir ihn nicht wiedergesehen.«[358]

An dieser Stelle ist auch besonders auf die beiden Selbstmordfälle von Bauch und Kaina hinzuweisen, zu denen jedoch wenig Details überliefert sind. Der SS-Angehörige und Tischler Ernst Bauch nahm sich Anfang Dezember 1942 während eines Urlaubs in Berlin durch einen Sprung in die Spree das Leben. Er war den Überlebenden nicht als gewalttätig aufgefallen, allerdings sind auch keine Aussagen zu einer neutralen oder gar widerständigen Haltung zur Ermordung der Juden bekannt. Es ist lediglich zu vermuten, dass er seine Beteiligung am Massenmord als Bürde empfand und damit nicht weiterleben konnte.[359]

Der Pfleger Erwin Kaina war vor der »Aktion Reinhardt« mit seinem Kollegen Arndt im Konzentrationslager Sachsenhausen, weil sie über die Geschehnisse in den »Euthanasie«-Anstalten öffentlich gesprochen hatten. Sie hatten sich geschworen, nie mehr als Häftling in ein Konzentrationslager zu gehen. Für die beiden Pfleger war der »Osteinsatz« eine Bewährung. Kaina nahm sich Ende Oktober 1942 in Treblinka das Leben, als Wirth ihm erneut mit Konzentrationslager drohte. Suchomel beschrieb die Schikanen, denen der ehemalige Pfleger ausgesetzt war:

> »Kainer [sic] sagte, daß er das nicht mehr aushalte. ›Ich mache Schluß. Ich kann es einfach nicht mehr. Wirth dressiert mich so, daß ich es nicht mehr kann.‹ Er hat sich nur beschwert, daß Wirth ihn von dieser Arbeit nicht wegließ. Kainer mußte selbst Leichen mit aus dem Haufen herausziehen, als so viele Leichen anfielen, daß man mit den Beerdigungen nicht nachkam.«[360]

Noch nach seinem Tod wurde Kaina für seine Haltung geschmäht. Küttner beauftragte Suchomel damit, seine Leiche wegzuschaffen, mit den Worten: »Kümmer dich um das feige Schwein.«[361] Es ist möglich, dass sein Kollege Kurt Arndt nach diesem Vorfall das Lager verließ.[362]

Einige T4-Reinhardt-Männer äußerten auch gegenüber Kollegen, dass sie mit dem Massenmord nicht einverstanden waren, so etwa Alfred Forker, einer der letzten T4-Neuzugänge im Frühjahr 1943, der sich um eine Ablösung bemühte und nach dem Aufstand in Treblinka versetzt wurde. Während seines Aufenthalts in Treblinka verhielt er sich den Gefangenen gegenüber nicht gewalttätig.[363] Auch Bruno Bruckner bat Eberl zusammen mit Suchomel, der jedoch letztlich im Lager blieb, direkt nach der Ankunft um eine Rückversetzung. Schon bald kehrte er wieder nach Hartheim zurück und wurde im Februar 1943 zur Wehrmacht eingezogen.[364]

Die drei Verwaltungskräfte Borowski, Ittner und Schütt ließen sich nach einigen Monaten wieder zurückversetzen. Ihnen kam dabei wahrscheinlich zugute, dass in den unbürokratisch organisierten Lagern kein verwaltungstechnischer Sachverstand benötigt wurde und die Wertgegenstände auch nicht mehr über die Kanzlei des Führers, sondern über das WVHA abgewickelt wurden. Werner Borowski wurde nach seiner Tätigkeit in den Lagern und einer anschließenden Fleckfiebererkrankung zurück nach Bernburg versetzt und danach als Büro- und Wirtschaftsleiter in die Anstalt Wiesloch bei Heidelberg, wo T4-Ärzte Versuche mit Menschen mit geistiger Behinderung, zum Teil mit Todesfolge, durchführten. Ende August 1943 kam er zur Luftwaffe. Er gilt als verschollen.[365] Alfred Ittner ließ sich beim ersten Heimaturlaub mithilfe seines Chefs Fritz Schmiedel wieder nach Berlin zurückbeordern, nachdem er nach eigenem Bekunden gegen seinen Willen aus der Lagerverwaltung in den Vernichtungsbereich in Sobibor versetzt worden war. Danach war er weiterhin für die T4 tätig und wurde im September 1944 zur Infanterie einberufen.[366] Hans-Heinz Schütt verhielt sich den meisten Zeugenberichten zufolge relativ »gutmütig«. Es gibt allerdings auch Aussagen, dass er seine Machtposition gegenüber wehrlosen Frauen ausnutzte, was ihm den Vorwurf der »Rassenschande« einbrachte. Möglicherweise ließ er auch ein von ihm geschwängertes Mädchen aus diesem Grund töten oder erschoss es selbst. Er schied nach wenigen Monaten aus dem Netzwerk wieder aus und meldete sich freiwillig zur Waffen-SS. Ab Oktober 1942 war er beim SS-Panzer-Grenadier-Ersatz-Bataillon »Totenkopf« I eingesetzt, ab Januar 1943 beim Begleit-Bataillon RF-SS im französischen Arys, in der Folgezeit war er in Italien, Ungarn und im Osten. In einer Vernehmung 1963 gab er an, er habe sich vorgestellt, »dass der Krieg eines Tages zu Ende sein würde und die Kinder mich fragten, was ich gemacht habe«.[367]

Der Kraftfahrer und Fachmann für Vergasungsanlagen, Erich Fuchs, stieg Ende 1942 ebenfalls aus dem Netzwerk aus. Von den Überlebenden der Lager liegen keine Berichte über ihn vor, daher ist er wahrscheinlich dem Typus IV zuzurechnen. Er verblieb ein Jahr im Netzwerk, bevor er es wieder verließ, wurde zunächst mit Borowski in Wiesloch eingesetzt, später bei der Ostland-Ölgesellschaft in Riga. Ab Herbst 1944 war er bei den Panzerjägern in Potsdam.[368]

Der Fahrer Werner Becher, der für einige Monate in Sobibor war, verhielt sich der Überlebenden Eda Lichtman zufolge abgesehen von einer Misshandlung »korrekt«. Er verließ das Netzwerk offiziell wegen einer Magenerkrankung, möglicherweise war seine Krankheit aber nur vorgetäuscht.[369] Zu den Versetzungsfällen gehört auch der Arbeiter und Wachmann Helmuth Bootz, dessen abenteuerliche Ausstiegsgeschichte sich allerdings nicht auf ihren Wahrheitsgehalt hin prüfen ließ. Nach eigenen Angaben hatte er bereits mit Bauch versucht, aus Grafeneck zu desertieren und kam dann zunächst in ein Berliner Gefängnis, später nach Sachsenhausen. Anschließend wurde er erneut als Wachmann in Brandenburg und Bernburg eingesetzt. In Treblinka, so sein Bericht, fügte er sich selbst Wunden zu und ließ diese nicht ausheilen, sodass er häufig ausfiel und zuletzt von Wirth im Frühjahr 1943 als »untauglich« zurückgeschickt wurde. Blatt zufolge schlug er einen Häftling, sagte diesem aber später, dass es ihm leidtäte. Im Herbst 1943 wurde Bootz zur Wehrmacht eingezogen und geriet später mit der Infanterie in Kriegsgefangenschaft.[370] Auch der Wachmann Albert Rittler verließ Treblinka vorzeitig. Es bleibt unklar, warum der SS-Angehörige, der 1936 laut einem Schreiben der Gendarmerie Fürstenfeldbruck noch wegen einer Schlägerei in einer Kneipe auffällig geworden war und dabei »Herr sind wir da herinnen, sonst seid ihr lauter Leichen«[371] gerufen haben soll, das T4-Reinhardt-Netzwerk verließ. Über ihn liegen keine negativen Aussagen von Überlebenden oder Kollegen vor, die auf eine Gewaltbereitschaft hinweisen. Rittler kam später zu einem Sonderkommando in Russland und starb 1944 in Straß bei Neu-Ulm.[372]

Auch über das Verhalten des SS-Wachmanns Richard Schuh in Treblinka ist nichts Näheres bekannt, außer einer Beförderung vom SS-Rottenführer zum SS-Unterscharführer. Er verließ wahrscheinlich ebenfalls das T4-Reinhardt-Netzwerk und kam bei Kämpfen im März 1945 in Pommern in Karznica (damals Ramnitz) ums Leben.[373] Ein weiterer T4-Reinhardt-Mann, der nach kurzer Zeit aus dem Netzwerk wieder ausstieg, ist Alfred Florian. Unklar ist, ob er Treblinka auf eigenen Wunsch verließ oder dazu gezwungen wurde, weil er, wie Rum ihn beschrieb, ein »Trunkenbold«[374] war, der – so Bauer – einen »Schlag mit der Wichsbürste«[375] hatte. Die Überlebenden erwähnten ihn nicht. Er kehrte noch vor Ende 1942 zur T4 zurück und leistete dort Dienst als Portier.

Der aus Trawniki kommende Herbert Schäfer ließ sich laut Lachmann aus Sobibor wieder nach Trawniki versetzen, da er es in Sobibor nicht ausgehalten habe.[376] Auch der zur Verwaltung der Wertgegenstände abgeordnete Alfons Lindenmüller verließ Treblinka nach einigen Monaten wieder. Er erklärte den Angehörigen des Lagerpersonals, dass er mit der Ermordung der Juden nicht einverstanden war, versuchte, die Gewaltexzesse von Küttner oder Franz zu verhindern, und meldete sich schließlich an die Front, wohin er im Frühjahr 1943 versetzt wurde. Den Häftlingen gegenüber fiel er nicht durch gewalttätiges Verhalten auf. Er starb im Juli 1946 im oberschlesischen Kriegsgefangenenlager Ksawera Koszelew.[377]

Alle Männer – bis zu ihrem Ausscheiden auch die Männer des Typus V – leisteten ihren Beitrag zum Funktionieren der Vernichtungslager. Sie tragen demnach als Kollektiv die Verantwortung für die Ermordung der Juden in den drei Lagern, unabhängig vom Grad der Einsatzbereitschaft und vom Ausmaß der ausgeübten Gewalt. Die zahlreichen Fälle beweisen, dass es reale Möglichkeiten gab, die Vernichtungslager zu verlassen, auch wenn dies häufig Monate der Vorbereitung in Anspruch nahm. Der Blick auf die Angehörigen des Typus V wie auch des Typus IV, unter den neben den indifferenten auch die »anständigen« und »milden« T4-Reinhardt-Männer gefasst wurden, zeigt jedoch, dass Widerständler oder Lebensretter, die man auch nach ganz normalen Maßstäben als »gut« bezeichnen würde, unter den T4-Reinhardt-Männern nur schwerlich zu finden sind. Sie waren schon zu weit in die »Euthanasie« verstrickt, als dass Mitleid für die ermordeten Juden sie zur Umkehr hätte motivieren können. Keiner der Männer, die Versetzungsgesuche einreichten, versuchte, einzelne Menschenleben zu retten, das System zu sabotieren oder dazu beizutragen, dass die Verbrechen bekannt wurden – weder während des Krieges noch danach.

Die Aufarbeitung des Massenmords in den Vernichtungslagern der »Aktion Reinhardt«

Der rapide Aufstieg der T4-Reinhardt-Männer war mit dem Ende des Krieges vorbei. Sie kehrten wieder in ihre Vorkriegsberufe zurück, erlebten erneut Zeiten der Arbeitslosigkeit und der beruflichen Unsicherheit, waren wieder als Handwerker, Pfleger oder als Hilfsarbeiter tätig. Die meisten erlebten einen beruflichen Abstieg – insbesondere die aktiven SS-Angehörigen und die Polizisten. Aus den Exekutoren eines historischen Sonderauftrags wurden wieder kleine Leute mit entsprechender Lebensweise. Inwiefern ihnen nach 1945 die in den Vernichtungslagern gestohlenen Wertgegenstände beim Aufbau einer neuen Existenz halfen, kann nicht mehr geklärt werden. Genützt hat den meisten von ihnen jedoch, dass der Massenmord in den Vernichtungslagern strafrechtlich lange Zeit nicht beziehungsweise nur ungenügend geahndet wurde. Erst in den 1960er Jahren kam es – nach der Gründung der Zentralen Stelle in Ludwigsburg – zu größeren Prozessen. Die strafrechtlichen Versäumnisse sind besonders auffällig im Vergleich dazu, dass die den T4-Reinhardt-Männern unterstellten Wachmänner von sowjetischen Gerichten wegen Kollaboration zum Tode oder zu langen Freiheitsstrafen verurteilt wurden. Auch der Trawniki-Mann Demjanjuk wurde 2011 vor einem deutschen Gericht zu einer vergleichsweise hohen Strafe von fünf Jahren verurteilt.[1]

Die NS-Prozesse der 1960er Jahre boten Anlass für eine erste Auseinandersetzung mit den in den Lagern begangenen Verbrechen. Eine intensive historische, künstlerische und erinnerungspolitische Aufarbeitung der Vernichtungslager der »Aktion Reinhardt« setzte aber erst in den 1980er Jahren ein.

Die strafrechtliche Verfolgung der Täter

1945 befand sich ein Großteil der T4-Reinhardt-Männer in Kriegsgefangenschaft, aus der die meisten nach kurzer Zeit wieder entlassen wurden. Dann löste sich das Netzwerk, das über fünf Jahre existiert hatte, auf und die Männer verstreuten sich in Deutschland, Österreich und im Ausland. Kontakte bestanden lediglich sporadisch weiter.[2] Die meisten Täter reihten sich – ohne eine neue Identität anzunehmen – wieder als normale Bürger in die Nachkriegsgesellschaft ein, in der Regel, ohne dabei straffällig zu werden. Der

Großteil der in Ostdeutschland geborenen T4-Reinhardt-Männer verließ die Sowjetische Besatzungszone aus Angst vor einer härteren Strafverfolgung und ließ sich in Westdeutschland nieder. In Einzelfällen nahmen sie dafür sogar die (dauerhafte) Trennung von der Familie in Kauf. Die sudetendeutschen T4-Reinhardt-Männer ließen sich zumeist in Deutschland nieder.[3]

Einzelne Männer entschieden sich für die Flucht ins Ausland. Der Lagerleiter von Sobibor und Treblinka, Franz Stangl, flüchtete im Mai 1948 während des gegen ihn laufenden Ermittlungsverfahrens wegen der Morde in Hartheim aus der Haftanstalt in Linz. Er nutzte – wie zahlreiche andere NS-Verbrecher – die sogenannte »Rattenlinie« über Italien und ließ sich in Rom beim Fluchthelfer und Bischof Alois Hudal einen Pass des Roten Kreuzes ausstellen. Mit diesem konnte er legal aus Italien ausreisen, um sich zunächst in Syrien niederzulassen. Einige Monate später holte er seine Familie nach Damaskus nach und wanderte mit ihr 1951 weiter nach Brasilien aus, wo er zunächst in der Textilbranche, später beim VW-Werk in São Paulo arbeitete.[4] Die gleiche Route über Italien nach Brasilien nutzte auch sein Spieß in Sobibor, Gustav Wagner, der auf einer Ranch in Itatiaia in der Nähe von São Paulo unter dem Decknamen Günter (oder Ganter) Mendel lebte.[5] Robert Möller aus Treblinka kehrte wieder nach Argentinien zurück, wo er bereits vor dem Krieg gelebt hatte, und war als Landwirt in Puerto Esperanza tätig.[6] Konrad Geng, der bei der Inspektion in Lublin eingesetzt war, lebte nach dem Krieg in Italien und arbeitete in Mailand als Amtsgehilfe am Generalkonsulat.[7]

Nur wenige der einstigen T4-Reinhardt-Männer tauchten unter anderem Namen unter, wie Kurt Bolender, zeitweise Chef des Vernichtungsbereichs in Sobibor, der zunächst – in Erinnerung an seine Tätigkeit in den T4-Instituten – den Namen »Brenner«, später Kurt Wilhelm Vahle annahm.[8] Der aktive SS-Mann und Erbauer der Gaskammern in den Lagern, Lorenz Hackenholt, nannte sich nach dem Krieg wahrscheinlich Jansen und wurde 1953 von seiner Frau für tot erklärt.[9] Untergetaucht ist vermutlich auch der Leiter des unteren Lagers in Treblinka, Fritz Küttner, der 1945 noch am Leben war, aber nicht zu seiner Familie zurückkehrte. Er wurde 1959 für tot erklärt.[10] Ähnliches gilt für Philipp Post, der möglicherweise die Gelegenheit nutzte, um mit einer deutschen Frau, die er in Polen kennengelernt hatte, ein neues Leben zu beginnen.[11] Vermisst und als verschollen erklärt wurden zudem Werner Borowski und Arthur Dachsel.[12]

Als 1950 die juristische Aufarbeitung der »Aktion Reinhardt« in Deutschland begann, waren – soweit bekannt – mindestens 43 der 121 Täter gestorben oder für tot erklärt worden, unter ihnen die Lagerleiter Wirth und Reichleitner sowie deren Stellvertreter Niemann und Schwarz. 18 Männer waren bis Ende 1943, neun weitere im »Adriatischen Küstenland« und vier bei anderen Kriegseinsätzen ums Leben gekommen. Vier Personen kehrten aus sowjetischer Kriegsgefangenschaft nicht zurück: Alfons Lindenmüller,[13] Reinhold Feix,[14] Kurt Seidel[15] und wahrscheinlich Walter Nowak.[16] Zwischen 1945 und 1950 kamen mindestens sechs weitere Personen ums Leben: Der Lagerleiter von Belzec, Gottlieb Hering, erlag im Oktober 1945 einer Krankheit.[17] Adolf Müller starb an den Folgen einer Krebserkrankung im März 1949.[18] Paul Bredow verunglückte im Februar 1946 tödlich, wobei nicht auszuschließen ist, dass er Selbstmord beging.[19] Den Freitod wählten der Vertreter des Lagerleiters in Belzec, Fritz Hirche, am 1. Mai 1945,[20] Karl Steubl im September 1945,[21] der Lagerleiter von Treblinka, Irmfried Eberl, in Untersuchungshaft im Februar 1948[22] und Hermann Felfe 1947 vor der Vollstreckung des gegen ihn im Dresdner Ärzteprozess verhängten Todesurteils.[23]

Von den überlebenden zwei Dritteln des T4-Reinhardt-Netzwerks konnten insgesamt 44 Personen zur Aussage vor Gericht geladen werden. Die übrigen Täter waren den Gerichten zwar meist namentlich bekannt, konnten jedoch nicht identifiziert, aufgefunden oder – wie Wagner und Möller in Brasilien und Argentinien – nicht aus anderen Ländern ausgewiesen werden. 27 Personen wurden letztendlich vor Gericht gestellt, neun von ihnen wurden zu lebenslanger Haft verurteilt, zehn erhielten kleinere Freiheitsstrafen und sieben wurden freigesprochen. Bolender beging während des Sobibor-Prozesses Selbstmord.[24] Die folgende Tabelle gibt einen Überblick über die während der Reinhardt-Prozesse vor Gericht gestellten Personen und die jeweiligen Urteile.

Tabelle 7: Prozesse zu den Vernichtungslagern der »Aktion Reinhardt«

Angeklagte	**Urteil**	**Täter-typus**[25]	**Gericht/Urteils-verkündung**
Erich Hermann Bauer	Todesurteil, umgewandelt in lebenslang	III	LG Berlin, 8. 5. 1950 (Sobibor)
Hubert Gomerski	Lebenslang (umgewandelt im Nachfolgeprozess in 15 Jahre, nicht bestätigt, dann verhandlungsunfähig)	I	LG Frankfurt (Main), 25. 8. 1950 (Sobibor)
Johann Klier	Freispruch	IV	
Josef Hirtreiter	Lebenslang	III	LG Frankfurt (Main), 3. 3. 1951 (Treblinka)
Josef Kaspar Oberhauser	4 Jahre und 6 Monate	II	LG München I, 21. 1. 1965 (Belzec)

Angeklagte	Urteil	Täter-typus[25]	Gericht/Urteils-verkündung
Kurt Hubert Franz	Lebenslang	I	LG Düsseldorf, 3. 9. 1965 (Treblinka)
Heinrich Arthur Matthes	Lebenslang	I	
Willi Mentz	Lebenslang	I	
August Wilhelm Miete	Lebenslang	I	
Gustav Münzberger	12 Jahre	III	
Otto Stadie	7 Jahre	I	
Franz Suchomel	6 Jahre	II	
Erwin Hermann Lambert[26]	4 Jahre	I	
Franz Otto Rum	3 Jahre	IV	
Richard Otto Horn	Freispruch	IV	
Karl August Wilhelm Frenzel	Lebenslang (bestätigt im Nachfolgeprozess)	I	LG Hagen, 20. 12. 1966 (Sobibor)
Kurt Bolender	Selbstmord während Prozess	I	
Franz Wolf	8 Jahre	III	
Fritz Erich Fuchs	4 Jahre	V	
Jakob Alfred Ittner	4 Jahre	V	
Karl Werner Dubois	3 Jahre	II	
Erwin Hermann Lambert	3 Jahre	I	
Robert Emil Franz Jührs	Freispruch	IV	
Erich Gustav Willi Lachmann	Freispruch	III	

Angeklagte	Urteil	Täter-typus[25]	Gericht/Urteils-verkündung
Hans-Heinz Friedrich Schütt	Freispruch	V	
Heinrich Unverhau	Freispruch	IV	
Ernst Zierke	Freispruch	IV	
Franz Stangl	Lebenslang	II	LG Düsseldorf, 22. 12. 1970 (Sobibor – Treblinka)

Die Ermittlungen zur »Aktion Reinhardt« wurden bereits 1949 aufgenommen, noch bevor im Januar 1950 die rechtlichen Grundlagen für deutsche Gerichte geschaffen waren, auch bei nicht deutschen Opfern aktiv werden zu können. Aufgrund der Wohnorte der Hauptbeschuldigten wurden die Verfahren bei unterschiedlichen Staatsanwaltschaften geführt und dauerten bis in die 1980er Jahre. Insgesamt fanden in Westdeutschland neun Haupt- und Nachfolgeprozesse statt. In der DDR und in Österreich wurden keine direkt auf die Vernichtungslager der »Aktion Reinhardt« bezogenen Prozesse geführt. Am Tatort selbst, in Polen, hatte es zwar unmittelbar nach dem Krieg Ermittlungsverfahren speziell zur »Aktion Reinhardt« gegeben, die jedoch bald eingestellt wurden.[27]

Die ersten westdeutschen Verfahren in den Nachkriegsjahren konzentrierten sich auf vier Personen, die eher zufällig entdeckt worden waren. So wurde »Gasmeister« Bauer von zwei Überlebenden in Berlin gesehen und daraufhin festgenommen. Bauer, einer der Exzesstäter von Sobibor, wurde im Mai 1950 vom Berliner Landgericht zum Tode verurteilt. Nach der Abschaffung der Todesstrafe wurde das Urteil in lebenslang umgewandelt. Das Ermittlungsverfahren gegen Hirtreiter wurde von der Staatsanwaltschaft Frankfurt eröffnet, nachdem dieser bei Anhörungen zur »Euthanasie« selbst von Gaskammern in Polen berichtet hatte. Bei diesem Ermittlungsverfahren stieß die Staatsanwaltschaft auf zwei weitere in Frankfurt lebende T4-Reinhardt-Männer: Klier und Gomerski, die in Sobibor eingesetzt waren. Aufgrund der Kluft, die hinsichtlich der Gewalttätigkeit von Gomerski und Klier bestand, wurde Ersterer zu lebenslanger Haft verurteilt, während Klier freigesprochen wurde.

Die meisten Täter, die in den Ende der 1940er Jahre laufenden »Euthanasie«-Verfahren aussagten, verschwiegen ihren späteren Einsatz in den Vernichtungslagern; sie wurden in der Regel auch nicht nach ihrer weiteren Tätigkeit gefragt. Die Berliner und Frankfurter Staatsanwaltschaften beschränkten sich darauf, den oder die betreffenden Angeklagten abzuurteilen, und ermittelten nicht systematisch weitere Täter. Sie rekonstruierten auch nicht die Geschichte der Vernichtungslager, sondern nur den unmittelbaren Kontext der Taten. Die Prozesse dauerten nur wenige Tage und es wurden lediglich einzelne Überlebende, die sich zu dieser Zeit als *Displaced Persons* noch in Deutschland befanden, als Zeugen gehört.[28]

Die fehlende Aufarbeitung der Morde in den Vernichtungslagern in den frühen Jahren der Bundesrepublik ist kein Zufall: Nach der Unabhängigkeit der deutschen Gerichte im Jahr 1950 sank die Bereitschaft, die zahlreichen NS-Verbrechen strafrechtlich zu ahnden. Die Politik setzte auf die »Integration« der früheren Nationalsozialisten; man förderte die Rückkehr in ihre Berufe, verhängte Amnestien und von den Alliierten wurde gefordert, die sogenannten »Kriegsverurteilten« wieder freizulassen. Es entwickelte sich kein Bewusstsein über die Schwere der Taten und die Besonderheit der NS-Verbrechen, viele stellten sie mit den alliierten Kriegsverbrechen auf eine Stufe. Die Forderung vonseiten der Bevölkerung, der Politik und der Justiz, einen »Schlussstrich« unter die Vergangenheit zu ziehen, führte zu einem spürbaren Rückgang an NS-Prozessen und Verurteilungen.[29]

Ein Wandel im politisch-rechtlichen Handeln setzte erst 1958 mit dem »Ulmer Einsatzgruppenprozess« ein. Der Prozess gegen Bernhard Fischer-Schweder, der an den Verbrechen des »Einsatzkommandos Stapo und SD Tilsit« beteiligt war, führte vor Augen, dass die gerichtliche Aufarbeitung des Nationalsozialismus alles andere als erfolgreich, geschweige denn als abgeschlossen gelten konnte. Als Reaktion darauf wurde zur Koordination der verschiedenen Stellen, die mit der Ahndung der NS-Verbrechen beschäftigt waren, die Gründung der »Zentralen Stelle der Landesjustizverwaltungen zur Aufklärung nationalsozialistischer Verbrechen« in Ludwigsburg beschlossen, die am 1. Dezember 1958 ihre Tätigkeit aufnahm. Erst damit kamen systematische Ermittlungen – auch bezüglich der Vernichtungslager Belzec, Sobibor und Treblinka – in Gang. Bevor die Ermittlungen allerdings Ergebnisse zeitigen konnten, gingen – trotz einer öffentlichen und politischen Debatte im Jahr 1960 – Totschlagsdelikte in Verjährung, sodass nur noch der Strafbestand des Mordes juristisch verfolgbar war.[30]

Systematische Vorermittlungen zu den Vernichtungslagern der »Aktion Reinhardt« wurden in der Zentralen Stelle im Juli 1959 eingeleitet. Kurz darauf wurden die Verfahren an die Staatsanwaltschaften München (Belzec), Düsseldorf (Treblinka) und die Zentralstelle Dortmund (Sobibor) abgegeben. Insgesamt wurden in den folgenden Jahren vier Prozesse, der Belzec-, der Sobibor-, der Treblinka- und der Stangl-Prozess, sowie zwei sogenannte Nachfolgeprozesse geführt. Der Belzec-Prozess in München endete nach einer nur vier Tage dauernden Hauptverhandlung vom 18. bis zum 21. Januar

1965 mit der Verhängung einer kurzen Haftstrafe gegen den einzigen Angeklagten Oberhauser. Gegen die anderen Beschuldigten wurden die Ermittlungen aufgrund mangelnder Beweise und fehlender Belastungszeugen vorzeitig eingestellt, während das Verfahren gegen Franz an das Landgericht Düsseldorf abgegeben wurde, weil eine Verurteilung im Treblinka-Verfahren aufgrund der dichten Beweislage mehr Erfolg versprach. Allerdings sollten fünf Männer, die von dieser Verfahrenseinstellung profitiert hatten (Dubois, Jührs, Zierke, Unverhau und Fuchs), später im Sobibor-Prozess vor Gericht stehen.

Drei Monate vor der Urteilsverkündung im Belzec-Prozess begann vor dem Landgericht Düsseldorf im Oktober 1964 der Treblinka-Prozess. Fast ein Jahr später, im September 1965, wurde das Urteil gegen die zehn Angeklagten verhängt: Vier Verurteilte, Franz, Matthes, Miete und Mentz, die sämtlich zu den eigeninitiativen und gewalttätigen Tätern des Typus I zählten, erhielten lebenslang. Fünf weitere Männer (Münzberger, Stadie, Suchomel, Lambert, Rum) wurden zu Haftstrafen von drei bis zwölf Jahren verurteilt; Horn wurde freigesprochen.[31]

Der Sobibor-Prozess wurde im September 1965 vor dem Landgericht Hagen eröffnet, bei dem die Zentralstelle Dortmund Anklage erhoben hatte. Statt der zunächst geplanten vier Monate dauerte das Verfahren aufgrund der zahlreichen vorgeladenen Zeugen fast 16 Monate. Erst im Dezember 1966 wurde der Gewalttäter Frenzel zu lebenslanger Haft verurteilt. Gegen fünf Angeklagte wurden Freiheitsstrafen von drei bis acht Jahren (Wolf, Fuchs, Ittner, Dubois, Lambert) verhängt. Fünf weitere Männer (Jührs, Lachmann, Schütt, Unverhau, Zierke) wurden freigesprochen. Bolender, der mit einer lebenslangen Freiheitsstrafe rechnen musste, beging während des Prozesses Selbstmord. 1970 fand in Düsseldorf der vierte »Aktion-Reinhardt«-Prozess statt, der sich gegen den Lagerleiter von Sobibor und Treblinka, Franz Stangl, richtete, der zwei Jahre vorher in Brasilien aufgespürt und nach Deutschland ausgeliefert worden war. Nach siebenmonatiger Hauptverhandlung wurde Stangl im Dezember 1970 zu lebenslanger Haft verurteilt.[32]

Nachdem Gomerski und Frenzel, die wegen ihrer Verbrechen in Sobibor zu lebenslanger Haft verurteilt worden waren, die Wiederaufnahme der Verfahren beantragt hatten, kam es in den 1970er und 1980er Jahren zu Nachfolgeprozessen. Gomerski wurde nach seinem Antrag auf Wiederaufnahme zunächst im Dezember 1972 aus der Haft entlassen. Während der Hauptverhandlung von 1973 bis 1977 gelang es ihm, seine lebenslange Haftstrafe auf 15 Jahre zu reduzieren. Dagegen legte die Staatsanwaltschaft zwar Berufung ein, sodass das Verfahren im Oktober 1981 ein weiteres Mal aufgenommen wurde. Zwei Jahre später wurde es aber wegen dauernder Verhandlungsunfähigkeit des Angeklagten eingestellt. 1986 erhielt Gomerski eine Entschädigung von 63632 DM für die nach dem zweiten Urteil zu lange abgesessene Freiheitsstrafe zugesprochen. Der hessische Justizminister Herbert Günther, Mitglied der SPD, erklärte sich mit dieser Zahlung an einen der grausamsten Täter von Sobibor einverstanden.[33] Man kommt nicht umhin, diese Entscheidung als einen Skandal und eine Verhöhnung der Opfer zu bezeichnen.

Das lebenslängliche Urteil gegen Frenzel wurde zwar nach einem erneuten Prozess im Oktober 1985 bestätigt, *de facto* befand sich Frenzel zu diesem Zeitpunkt aber bereits auf freiem Fuß. Vorzeitig – wegen guter Führung – aus der lebenslangen Haft entlassen wurden auch Bauer (1971), Hirtreiter (1977), Miete (1985) und Franz (1993).[34] Matthes, Mentz und Stangl starben dagegen in Haft.

Einige T4-Reinhardt-Männer, gegen die in den Verfahren ermittelt wurde, wurden auch wegen anderer NS-Verbrechen vor Gericht gestellt. Oberhauser, der im Belzec-Prozess verurteilt wurde, war bereits 1948 in der Sowjetischen Besatzungszone wegen seiner Beteiligung an der »Euthanasie« zu 15 Jahren Haft verurteilt, 1956 aber amnestiert und wieder freigelassen worden.[35] Im April 1976 wurde er in Triest im Rahmen des dortigen Prozesses zum Lager Risiera di San Sabba in Abwesenheit zu lebenslanger Haft verurteilt, während die bei der Frankfurter Staatsanwaltschaft geführten Ermittlungen zur Verfolgung der Juden in der Operationszone »Adriatisches Küstenland« gegen ihn 1979 eingestellt wurden. Da er nicht an Italien ausgeliefert wurde, musste er die dort verhängte Haftstrafe nicht abbüßen.[36] Hubert Gomerski[37] und Ernst Zierke[38], die wegen ihrer Taten in Sobibor vor Gericht standen, mussten sich zuvor 1947 und 1948 in Frankfurt (Main) unter anderem wegen ihrer Tätigkeit in Hadamar vor Gericht verantworten, wurden dort aber freigesprochen. In einigen Fällen (wie bei Hirtreiter und Jührs) wurden Ermittlungsverfahren zu den Krankenmorden jedoch eingestellt, ohne dass Anklage gegen sie erhoben wurde.

Der Prozess wegen »Euthanasie«-Verbrechen wurde auch einzelnen Tätern gemacht, die in Bezug auf die »Aktion Reinhardt« straffrei blieben. In der Sowjetischen Besatzungszone wurde 1948 Erich Sporleder wegen seiner Tätigkeit in Brandenburg und Bernburg zu fünf Jahren Haft verurteilt.[39] Den Pfleger und Maurer Hermann Felfe, der in untergeordneter Stellung beschäftigt und nicht durch besondere Gewalt aufgefallen war, traf von allen T4-Reinhardt-Männern das härteste Schicksal: Er wurde im Dresdner Ärzteprozess wegen seiner Aktivitäten in Sonnenstein im Juli 1947 zum Tode verurteilt und beging vor der Vollstreckung des Urteils Selbstmord.[40] Fritz Schmidt wurde 1949 in Dresden wegen seiner Tätigkeit in Sonnenstein in Abwesenheit zu neun Jahren Haft verurteilt, er war bereits ein Jahr zuvor aus der Strafhaft geflohen und untergetaucht.[41] Auch gegen Irmfried Eberl wurde ermittelt. Bevor er nach Ostdeutschland ausgeliefert werden konnte, beging er in Ulm in Untersuchungshaft Selbstmord.[42] In Österreich wurde Franz Hödl wegen seiner Tätigkeit in Hartheim vom Volksgericht Linz 1947 zu dreieinhalb Jahren Haft verurteilt.[43]

Gegen die T4-Reinhardt-Männer wurde auch wegen der Morde in den Arbeitslagern im Distrikt Lublin ermittelt. Friedrich Tauscher wurde wegen seiner leitenden Tätigkeit im Arbeitslager Budzyn angeklagt. Er beging während der Untersuchungshaft in Hamburg – nach der Gegenüberstellung mit jüdischen Überlebenden – im September 1965 Selbstmord.[44] Gegen Heinrich Gley ermittelte die Staatsanwaltschaft in Hamburg wegen seiner Tätigkeit in Poniatowa. Zum Prozess kam es allerdings nicht.[45]

17 weitere T4-Reinhardt-Männer hatten in Ermittlungsverfahren in West- und Ostdeutschland oder in Österreich ausgesagt; sie waren den Behörden also bekannt.[46] Gegen sie wurde jedoch wegen ihrer Beteiligung an der »Aktion Reinhardt« nicht ermittelt oder es kam zur Einstellung der Verfahren – etwa aufgrund von Krankheit oder weil keine ausreichenden Beweise vorlagen. Fast ein Drittel der Täter entging der Strafverfolgung, weil sie nicht aufgefunden oder ausgeliefert werden konnten.

Selbstinszenierung der Täter als kleine Befehlsempfänger

Die Gründe für die Einstellung von Ermittlungsverfahren vor der Anklageerhebung, für die Freisprüche und das geringe Strafmaß sind – wie bei allen NS-Prozessen – auch darin zu sehen, dass das Zivilstrafrecht nicht darauf ausgelegt war, staatlichen Massenmord zu ahnden. Die deutsche Justiz weigerte sich überdies, wie die Alliierten in den Nürnberger Prozessen – oder wie die deutschen Gerichte in den unmittelbaren Nachkriegsjahren mit dem Kontrollratsgesetz Nr. 10 – die NS-Verbrechen nach der Sonderkategorie der »Verbrechen gegen die Menschlichkeit« zu ahnden und berief sich stattdessen auf das Rückwirkungsverbot des Artikels 103 Abs. 2 des Grundgesetzes. Dieser besagte mit dem Grundsatz des *Nullum crimen sine lege*, dass eine Tat nur dann bestraft werden könne, wenn die Strafbarkeit vor ihrer Begehung gesetzlich fixiert war. Da es den Strafbestand des Völkermords im Nationalsozialismus noch nicht gab, musste die Massenvernichtung nach dem Strafgesetzbuch, insbesondere nach § 211 (Mord) und § 212 (Totschlag), geahndet werden. Des Weiteren grenzte die Verjährung von Totschlag nach 15 Jahren, also im Jahre 1960, die Handlungsmöglichkeiten der Strafrichter massiv ein, denn die Gerichte hatten für eine Verurteilung wegen Mordes oder gemeinschaftlicher Beihilfe zum Mord den subjektiven Täterwillen nachzuweisen.[47] Dies gelang den Staatsanwaltschaften zwar zum Teil bei den gewalttätigen Tätern, die sich den Tätertypen I und III zuordnen ließen. Ohne den Nachweis von Einzeltaten zog die alleinige Zugehörigkeit zum Personal der Todeslager jedoch keine Verurteilung nach sich. Daher endeten die Verfahren, zum Teil mit Verweis auf die vermeintliche Befehlssituation unter dem »unbarmherzigen Vorgesetzten«[48] Wirth und einen Putativnotstand, häufig mit Freisprüchen, sofern die Ermittlungsverfahren nicht vorher eingestellt wurden.

Dazu kam, dass es die Männer nach Möglichkeit vermieden, ihre ehemaligen Kameraden zu belasten, auch wenn sie Informationen über diese preisgeben mussten, wollten sie vor den Gerichten oder Staatsanwaltschaften nicht als aussageresistent wahrgenommen werden. Sie nutzten gezielt die Handlungsspielräume des Strafrechts und stilisierten sich in ihren Aussagen zu subalternen Figuren, zu kleinen Befehlsempfängern ohne Eigenmotivation und persönlichen Antrieb. Der FAZ-Korrespondent Lothar Bewerunge kommentierte die Verteidigung Bolenders folgendermaßen: »So, wie der Portier und gelernte Eisenfacharbeiter Bolender sich darstellt, entsteht im Schwurgerichtssaal das Bild eines kleinen Befehlsempfängers, der zudem noch sanfte Züge des Märtyrers trägt.«[49]

Die vorherigen Herrscher über Leben und Tod versuchten, den Massenmord als reines »Fließbandverfahren«, als perfekt funktionierende Todesmaschinerie ohne Gewalt darzustellen, wobei die Schuld auf höhere Befehlsgeber abgeschoben wurde. Sie beschrieben sich, wie etwa Karl Frenzel 1963, als »kleines Rad in einer Maschine, deren Lauf unverständlicherweise von niemandem Einhalt geboten wurde«,[50] und sahen ihre Schuld, wie es Schütt im selben Jahr betonte, lediglich darin, dass sie »den Befehlen nicht widerstanden haben, ihre Ausführung nicht verweigerten und nicht davongelaufen sind«.[51] Die in den Lagern praktizierte Arbeitsteilung nutzten sie als Möglichkeit, jegliche Verantwortung abzustreiten. Der für die Trawniki-Wachmannschaften zuständige Erich Lachmann betonte ebenfalls 1963: »Ich fühle mich am Tode der in Sobibor umgekommenen Juden nicht schuldig, weil ich sie nicht vergast habe.«[52] Kurt Franz inszenierte sich 1960 als »dummer Junge«, der von damaligen Machthabern missbraucht worden war und nun zu einem »Opfer der Kollektivschuld Deutschlands« wurde. Die jüdischen Zeugen bezeichnete er als »Komplott von Lügnern« und führte aus:

> »Man kann doch nicht einfach einen Menschen zum gemeinen Mörder stempeln, wenn er an einer Aktion teilnehmen musste, die vom Staat befohlen war! […] Ich betrachte mich als ein unfreiwilliges Glied in einer gewaltigen Kette, die ich leider nicht sprengen konnte.«[53]

Der Massenmord in den Vernichtungslagern wurde zudem von den Angeklagten und ihren Verteidigern relativiert und mit anderen Verbrechen gleichgesetzt. Ernst Zierke verglich 1964 vor dem Hintergrund des Kalten Krieges die Mauertoten mit dem Massenmord in den Vernichtungslagern:

> »Heute, nach 20 Jahren, werden immer noch Menschen an der Mauer in Berlin ermordet. Es sind deutsche Menschen, es sind unsere Brüder, unsere Schwestern. Hier könnte man ebenso die Frage stellen, warum wird hier nichts unternommen?«[54]

Wirkliche Reue oder das Eingeständnis von persönlicher Schuld fanden sich bei den Angeklagten in den Prozessen nicht. So gab der ehemalige Kommandant von Sobibor und Treblinka, Franz Stangl, während des Prozesses gegen ihn kund: »Der Herrgott kennt mich, und mein Gewissen verurteilt mich nicht.«[55] Und selbst Franz Suchomel, der den Eindruck zu erwecken versuchte, zur Wahrheitsfindung beitragen zu wollen, bezeichnete 1979 in einem Brief an einen Sympathisanten von Franz die Anklageschrift und das Urteil als »Märchenbücher«, bedauerte die schlechte Verteidigung seines »Schicksalsgenossen« Franz und bewunderte, »wie vorzüglich [...] sich da Oberhauser im Prozess Belzec verteidigt« hatte.[56]

Die Männer scheuten auch vor Meineiden nicht zurück. Erich Fuchs, dem von der Staatsanwaltschaft im Sobibor-Urteil eine »intelligente Wendigkeit« darin bescheinigt wurde, »ein umfangreiches, bewusst falsches Beweisgebäude«[57] zu errichten, verleitete sogar ehemalige Wegbegleiter und Ehefrauen zu Falschaussagen. Franz schrieb in den über 33 Jahren seiner Inhaftierung zahlreiche Briefe, in denen er die Anschuldigungen als »rachsüchtig und gemein und unwahr«[58] zurückwies. Selbst nach seiner Entlassung im Jahr 1993 kam er immer wieder auf das vermeintliche Unrecht zurück, das ihm widerfahren sei. Er nutzte jede Gelegenheit, seine Unschuld zu beteuern, und stilisierte sich sogar als Lebensretter. So ist im Protokoll der Hauptverhandlung gegen Stangl, in der Franz als Zeuge vernommen wurde, zum Beispiel zu lesen:

> »›Es ist ein Verbrechen, was man da mit mir gemacht hat. Ich bin kein Mörder. Es ist mein Leben. Der Staat hat die Schuld, nicht wir. [...] Ich habe nichts getan, nie, nie ...‹ (Diese Gefühlsausbrüche des Zeugen Franz wurden mit wütenden Faustschlägen auf den Zeugentisch bekräftigt, woraufhin vorzeitig die Mittagspause eingelegt wurde.) ›Das Unrecht, das mir widerfahren ist, ist viel zu groß‹.«[59]

Der Gewalttäter Bolender vertrat die Unschuldsthese noch in seinem Abschiedsbrief, den er 1966 vor seinem Freitod schrieb:

> »Ich habe in Sobibor keinen einzigen Juden getötet oder töten lassen. Jede anders lautende Aussage ist unwahr. Dafür, daß meine Angabe die reine Wahrheit ist, ist Gott mein Zeuge. Ich bin nicht gewillt, unschuldig für lebenslänglich im Zuchthaus leben zu müssen, deshalb nehme ich mir heute das Leben.«[60]

Um solchen Selbstinszenierungen wirksam entgegentreten und individuelle Schuld nachweisen zu können, waren Aussagen von Zeugen – von den Opfern, von Trawniki-Männern und von Bewohnern der Umgebung der Lager – unabdingbar. Doch da aufgrund des Kalten Krieges bis in die 1960er Jahre die deutschen Justizorgane mit ihren osteuropäischen Kollegen nicht zusammenarbeiteten, wurden weder die in der UdSSR lebenden Trawniki-Männer noch die polnischen und ukrainischen Zeitzeugen, die in der Nähe der Tatorte lebten, zu Aussagen vorgeladen. Auch die in Polen und der UdSSR bereits existierenden Ermittlungsprotokolle zu den Lagern wurden in den Prozessen nicht beziehungsweise nur in geringem Umfang herangezogen. Dadurch waren die Möglichkeiten zur Wahrheitsfindung und zur Belastung der Täter stark begrenzt; niedrige Strafen, Freisprüche und die Einstellung der Ermittlungsverfahren waren die Konsequenz.

Zudem gestaltete sich die Suche nach den Opfern ebenso schwierig wie die nach den Tätern. Die Überlebenden der Lager lebten verstreut in Israel, in den USA, in Kanada, in der UdSSR, in Australien, Venezuela und Brasilien, in Schweden, Frankreich und Deutschland. Den Staatsanwälten im Hagener Sobibor-Verfahren gelang es, 27 von ihnen aufzuspüren. Die meisten berichteten während der Hauptverhandlung über ihre Erfahrungen. Zusammen mit den vorherigen und den nachfolgenden Sobibor-Verfahren konnten insgesamt 41 Opfer ausfindig gemacht werden, die zum Massenmord in Sobibor aussagten. Das waren etwa zwei Drittel der namentlich bekannten Sobibor-Überlebenden. Die meisten hatten sich während des Aufstands am 14. Oktober 1943 retten können. Keiner von ihnen stammte aus dem Lager III, dem Bereich der Gaskammern und der Massengräber, sodass den Gerichten für die in diesem Teil des Lagers begangenen Verbrechen lediglich die Aussagen der Täter zur Verfügung standen. Bei den Ermittlungen zum Vernichtungslager Treblinka sagten 63 der knapp 80 Überlebenden aus. Über 40 von ihnen reisten zu den Hauptverhandlungen in Düsseldorf an. Im Unterschied zu den Überlebenden von Sobibor konnten sie über alle Lagerteile, auch über die Gaskammern, die Leichenkommandos und über die Verbrennung der Leichen Aussagen machen. Viele von ihnen waren Überlebende der Revolte, andere konnten im Sommer und Herbst 1942 aus dem Lager fliehen.

Für die Überlebenden war der Weg nach Deutschland mit großen Ängsten verbunden; die meisten traten ihn dennoch an, in der Hoffnung, durch ihre Aussagen bei der Rekonstruktion der Verbrechen im Lager zu helfen und somit zur Gerechtigkeit beitragen zu können. Ihre schwierige Aufgabe fasste ein Journalist während des Treblinka-Prozesses zusammen:

> »Das sind die Augenblicke, in denen die Überlebenden des Vernichtungslagers in Erinnerung an ihre vergasten Angehörigen die Beherrschung ver-

lieren, in Weinkrämpfe ausbrechen, Nervenzusammenbrüche erleiden, wie z.B. Rajzman aus Montevideo in ohnmächtiger Verzweiflung und beinahe flehentlich dem Gericht zurufen: Aber die Angeklagten lügen ... lügen ganz niederträchtig ... sie alle haben gemordet ... Tag für Tag ... das ist die reine, die fürchterliche Wahrheit ... bitte bitte, so glauben Sie es doch.«[61]

Vor allem durch die Aussagen der Opfer konnte in einigen Fällen die individuelle Täterschaft nachgewiesen und damit juristisch die Grundlage für eine Verurteilung der Angeklagten geschaffen werden. Diese Voraussetzung war im Belzec-Prozess nicht gegeben, der lediglich zur Verurteilung eines einzigen Angeklagten führte. Der einzige Überlebende, der im Verfahren aussagte, konnte namentlich nur vier inzwischen verstorbene Täter individueller Gewalttaten bezichtigen. Letztendlich wurden die T4-Reinhardt-Männer im Belzec-Verfahren dafür »belohnt«, dass sie im Unterschied zu ihren Kameraden in Treblinka und Sobibor sorgsam darauf geachtet hatten, alle Häftlinge zu ermorden.

Die Überlebenden waren überdies auch verbalen Angriffen der Angeklagten und der Verteidiger ausgesetzt, die versuchten, sie als dreiste, verschlagene und unglaubwürdige Zeugen darzustellen,[62] sie gar der Erzeugung von neuem Antisemitismus bezichtigten. Frenzels Verteidiger Leonard Reintzsch, dessen fragwürdiges Verhalten schon während des Prozesses sichtbar wurde, versuchte diesen danach als Sieger- und Lynchjustiz zu diffamieren, indem er den Jüdischen Weltkongress als »federführend« bei den Ermittlungen bezeichnete. Dabei argumentierte er 1974 folgendermaßen:

»Es soll nun wirklich nicht gesagt werden, daß die Juden schlechter sind als andere Menschen, aber es ist eine Tatsache, daß sie anders denken, empfinden und handeln als ein normaler Mitteleuropäer. Die Juden sind gradliniger und unversöhnlicher.«[63]

Den Überlebenden wurde abverlangt, objektiv zu sein und ohne Hass auszusagen, um zu einem gerechten Urteil zu kommen. Die Absurdität dieses Anliegens fasst der Sobibor-Überlebende Samuel Lerer zusammen:

»Die Leute, die hier angeklagt sind, die können kein gerechtes Urteil nie [sic] bekommen, weil es keines existiert in der Welt. [...] Die haben ja hunderte, tausende Frauen und Kinder, Nackte unter dem freien Himmel bei 30° Kälte noch zum Tode geführt und das war noch nicht genug, die haben noch dazu geschlagen und geschossen, weil man sich nicht schnell genug bewegt. Da können Sie ja verstehen, ob ich Haß gehabt habe gegen Bauer oder gegen diese Leute; meine Eltern, Schwestern und Brüder liegen verbrannt auf den Sobibor-Feldern. Das ist ja selbstverständlich.«[64]

Es steht außer Frage, dass eine Sühne des Massenmords mit den Mitteln der Justiz, mit denen lediglich die »strafrechtliche Schuld« festgestellt werden kann, nicht möglich ist. Gegenüber der Anzahl der Toten erschienen die Urteile – insbesondere des Belzec-Prozesses – bereits den Zeitgenossen als erneutes Unrecht. Enttäuschung machte sich bei den Opfervertretern auch bei den Urteilen im Sobibor-Prozess breit.[65] 19 Freiheitsstrafen für mehr als anderthalb Millionen Tote konnten damals und können auch heute kaum überzeugen. Verantwortlich für die geringe Zahl der Verurteilten ist zum einen die späte Aufarbeitung der NS-Verbrechen durch die Versäumnisse in der Nachkriegszeit, zum anderen die Verjährung von Totschlag. Als weitere Gründe spielten die Weigerung der Juristen, während des »Kalten Krieges« Material aus dem Ostblock in die Ermittlungen aufzunehmen, eine Rolle sowie das Problem der subjektiven Auslegung von Mord, die – im Unterschied zum Prozess gegen Iwan Demjanjuk, in dem die bloße Präsenz im Vernichtungslager Sobibor geahndet wurde – nicht die gemeinsame Tätigkeit in den Vernichtungslagern selbst in den Vordergrund stellte, sondern nach der inneren Einstellung des Täters fragte. Hält man sich das in der Einleitung beschriebene funktionalistische Täterbild mit der Hervorhebung einer anonymen Vernichtungsmaschinerie vor Augen, das lange Zeit in der Öffentlichkeit die Sicht auf die NS-Verbrecher prägte, so wird deutlich, welche argumentativen Möglichkeiten den T4-Reinhardt-Männern bei ihren Rechtfertigungen und Ausflüchten gegeben waren. Nicht zuletzt ist auf die Unzulänglichkeiten der historischen Forschung hinzuweisen: Die Staatsanwälte, die die Verbrechen zu ahnden versuchten, mussten aufgrund des Fehlens wissenschaftlicher Studien die Verbrechenskomplexe eigenständig aufarbeiten.

Verglichen mit der juristischen Aufarbeitung anderer Tötungsdelikte sind die 27 vor Gericht gestellten Personen und die neun lebenslangen Haftstrafen allerdings ein beachtliches Ergebnis, besonders wenn man berücksichtigt, dass ein Großteil der Hauptverantwortlichen – wie der Lagerkommandanten und ihrer Stellvertreter – bereits gestorben war. Immerhin stellen die lebenslangen Urteile über fünf Prozent aller in den westdeutschen Prozessen ausgesprochenen Höchststrafen dar. Die Gerichte der 1960er Jahre haben es sich – sieht man vom skandalösen Urteil im Münchener Belzec-Prozess ab – bei der Beweisfindung nicht einfach gemacht und umfangreiches Zeugenmaterial zu den NS-Verbrechen zusammengetragen. Ein realistisches Bild des Massenmords in den Vernichtungslagern können die Urteile vor dem Hintergrund der justiziellen Versäumnisse, der Verjährungen und dem vorherrschenden Bild von den NS-Verbrechen und den Tätern freilich nicht zeichnen.[66]

Die deutsche Öffentlichkeit und die Prozesse gegen die T4-Reinhardt-Männer

Trotz der unbefriedigenden Urteile waren die Prozesse wichtig und notwendig. Nach Jahren des Schweigens und Verdrängens der NS-Verbrechen trugen sie in den 1960er Jahren dazu bei, dass die bundesdeutsche Bevölkerung mit den im Zweiten Weltkrieg begangenen Massenmorden konfrontiert wurde. Zeitungsleser wurden mit Titeln wie »... und dann gingen sie eben zur Vergasung«, »Massenexekution im ›Lazarett‹«, »Der ›Todesengel‹ gibt Erschießungen zu«, »Vergasungen bei Scheinwerferlicht«, »Geburten vor der Gaskammer«, »Kinder in der Luft erschossen« und »... verbrennt man am Ende auch Menschen«[67] auf die Verbrechen in den Vernichtungslagern aufmerksam gemacht. In der *Frankfurter Allgemeinen Zeitung* waren am 22. Januar 1965 gleich Berichte über drei Prozesse – zu Auschwitz, Belzec und Treblinka – zu lesen. Zur gleichen Zeit begann in den Zeitungen die Diskussion um die Verjährung von Totschlag. Doch obwohl deutlich wurde, welche Dimension die NS-Verbrechen hatten, lehnte mehr als die Hälfte der Bundesdeutschen die NS-Prozesse ab und forderte weiterhin – wie Umfrageergebnisse zur öffentlichen Meinung im Januar 1965 zeigen –, einen Schlussstrich unter die Vergangenheit zu ziehen.[68]

Dem heutigen Leser verdeutlichen die Zeitungsartikel freilich die großen Lücken im damaligen Wissen über die Vernichtungslager. Zudem standen, wie auch im Prozess selbst, die individuellen Gewalttaten der Hauptangeklagten im Fokus der Berichterstattung, während das Vernichtungssystem der Lager an sich nur am Rande thematisiert wurde. Dies war in den Prozessen selbst begründet, in denen der tausendfache Mord in den Gaskammern lediglich als Beihilfe beurteilt wurde, während der einzelne, individuelle Mord mit lebenslänglicher Haft bestraft werden konnte. In ähnlicher Weise ging auch in der Berichterstattung zum Auschwitz-Prozess die Hälfte der Beiträge auf die Exzesstaten, die grausamen und gewalttätigen Aspekte des Lagerlebens ein und nicht auf das komplexe System der Massenvernichtung. Es wurde auch nicht thematisiert oder kommentiert, inwiefern sich die Massenmorde in die Geschichte des Nationalsozialismus und der nationalsozialistischen Gewaltverbrechen einordnen ließen und was die deutsche Bevölkerung mit ihnen zu tun hatte.[69]

Ein Ausmaß wie beim Auschwitz-Prozess erreichte die Berichterstattung über die drei Lager allerdings nicht. Während über den Treblinka-Prozess und den Prozess gegen Stangl regelmäßig berichtet wurde, finden sich bei den Verfahren zu Sobibor und dem nur viertägigen Verfahren zu Belzec größere Lücken. Zudem beschränkten sich die Journalisten darauf, die wichtigsten Fakten zu den Prozessen und zur Geschichte der Vernichtungslager nüchtern wiederzugeben; auf Kommentare wurde zumeist verzichtet.[70] Besonders die Person Stangl erweckte seit seiner Auslieferung 1967 das Interesse vieler Journalisten, selbst von Boulevardzeitungen wie der *Bild.* Viele fragten sich, wer dieser – wie es der *Zeit*-Journalist Dietrich Strothmann schrieb – »feine Herr« von Treblinka und einer »der besten Tötungstechniker Himmlers« war.[71] Die *Stuttgarter Zeitung* führte hierzu aus:

> »In allen NS-Prozessen wird ein Mißverhältnis zwischen Tat und Tätern offenbar: keine hochfahrenden Herrenmenschen sitzen da auf der Anklagebank, die einem trotz allem einen Funken Respekt abnötigen könnten, sondern kleine, verquetschte Figuren, die nicht mehr gewesen sein wollen als Rädchen im Getriebe.«[72]

Die Rechtfertigungen des Angeklagten Stangl, der jegliche Verantwortung für das Geschehen in den Lagern von sich wies, veranlasste die *Frankfurter Allgemeine Zeitung* zu folgendem sarkastischen Kommentar:

> »Es wird wohl nicht mehr lange dauern, bis die Legende entsteht, im Vernichtungslager Treblinka am Bug in Polen hätten sich anno 1942 und 1943 etwa 700000 Menschen jüdischen Glaubens selbst das Leben genommen.«[73]

Trotz der Defizite der Berichterstattung brachten die Prozesse doch eine – frühe – Diskussion um die Täter in Gang. So führte die Ablehnung des Hauptverfahrens gegen die Täter von Belzec zu der Frage, ob die Männer tatsächlich »bei Gefahr für Leib und Leben gehorchen und Tausende in die Gaskammern jagen mussten«.[74] Viele Leser waren angesichts der Einzelheiten, die während der Prozesse bekannt wurden, schockiert und vor allem Menschen, die sich mit den Verbrechen intensiver auseinandergesetzt hatten, war die Schwere der Verantwortung der Täter im Speziellen und Deutschlands im Allgemeinen bewusst. So schrieb ein Lehrer an das Schwurgericht:

> »Seit Jahrzehnten bewegt mich die Frage, ob die Kreaturen, die dieses Leid über ihre Mitmenschen brachten, noch leben, und ob sie irgendeiner Gerechtigkeit ausgeliefert worden sind. Nun lese ich, daß sie leben ... und sich unschuldig fühlen. Was sind das für Menschen???! [...] Mir klingt es wie schreckliche Ironie, wenn ich lesen muß: ›Die Lebensretter Franz und Stangl‹!«[75]

Die Prozesse stießen allerdings nicht überall auf Konsens, wie Briefe an die Staatsanwaltschaften zeigen. Insbesondere bei der Frage nach der individuellen und kollektiven Schuld gingen die Meinungen auseinander. Deutschland – so wurde den Staatsanwälten in einigen Schreiben vermittelt – habe genug gebüßt. Die Kriegsverbrechen der »anderen Seite« würden nie zur Rechenschaft gezogen, während deutsche »Männer, die ihre Pflicht taten, [...] grausam behandelt«[76] werden würden. In einer Zuschrift heißt es:

> »Es ist einfach bewundernswert, wie Sie seit nunmehr 35 Jahren Deut-

sche verfolgen u. aburteilen. Festigen Sie damit Ihre Positionen, wollen Sie damit den Ausländern gefallen oder die bestialischen Schandtaten, blutigen Grausamkeiten, die vor, während und nach dem Kriege von diesen Schergen an Deutschen begangen wurden, unter den Teppich kehren? […] Seit 1945 120 Kriege mit circa 35 Millionen Toten, dieses ist für Sie natürlich. Um dieses alles zu vertuschen, müssen Deutsche herhalten. Pfui!«[77]

In einer anderen Zuschrift wurden die Überlebenden als »zweifelhafte Elemente« angeprangert, um dann folgendermaßen fortzufahren:

»Ich will kein Moralprediger sein, aber immerhin haben Sie zur Urteilsfindung 7 Monate gebraucht, was sehr bedenklich ist, und noch dazu die Kosten. Wer bezahlt die Kosten, hoffentlich nicht Sie in Ihren alten Tagen. […] Übrigens möchte ich mich als Zeuge anbieten: Gefangenschaft bei Amerikanern mit all ihren Leiden im Freien erlebt, dann noch ein Hungerlager in Frankreich (vorher Remagen): mit meinen knapp 24 Jahren hat man mich als Bubi angesprochen.«[78]

Die rechtsextreme *National-Zeitung* wetterte ebenfalls gegen die Überlebenden und bezeichnete den Selbstmord von Bolender als eine »Demonstration der Ohnmacht eines Angeklagten gegenüber dem organisierten Aufgebot von Belastungszeugen«.[79]

Den Angeklagten hingegen schlug eine Welle der Solidarität entgegen. Nicht nur Verwandte bemühten sich um die Freilassung der »politischen Gefangenen«,[80] wie Kurt Franz von seiner Mutter bezeichnet wurde, und beklagten die Gleichsetzung der Angeklagten mit »unverbesserlichen Triebverbrechern und Raubmördern«.[81] Insbesondere der Fall des Gewalttäters Franz bewegte die Herzen von zahlreichen weiblichen und männlichen Bittstellern, die um Gnade baten für den vermeintlich kleinen Wachmann, der nunmehr genug gebüßt habe. Franz' Mutter gelang es 1964 sogar, vom Kölner Erzbischof Joseph Kardinal Frings Unterstützung zu erhalten.[82] Eine Sympathisantin versuchte, beim nordrhein-westfälischen Ministerpräsidenten Johannes Rau für Franz einzutreten und schrieb diesem 1978: »Wir können doch nur Frieden haben, wenn wir friedlich sind, jeder auf seinem Platz. Dazu gehört, dass wir vergeben können – auch unseren Kriegsverbrechern.«[83] Auch Kollegen, Politiker und Nachbarn setzten sich etwa im Falle des »Kreistagsabgeordneten und Mitglieds verschiedener Ausschüsse« Schütt und des »Schriftführers der Liederkranztafel und Vorsitzendem der Sudetendeutschenlandmannschaft« Suchomel für die Männer ein.[84] Stadie schlug 1965 eine »Welle des Mitgefühls und der Sympathie« aus der Nordenauer Dorfgemeinschaft entgegen, von den dortigen Bürgern sei »niemand von einer *echten* Schuld des Angeklagten überzeugt«.[85] Für Mentz sammelte 1970 seine Tochter 250 Unterschriften von Sympathisanten. Miete erhielt im selben Jahr als »geschätzter Bürger« von Westerkappeln Leumundszeugnisse von Lokalpolitikern und vom Pfarrer.[86]

Obwohl die NS-Prozesse auf einer Fülle an Aussagen von Opfern und Tätern basierten, wurde schon zu dieser Zeit das Fundament für die Holocaustleugnung gelegt. Hieran waren auch die Verteidiger beteiligt. Gomerskis Anwalt Reinhard Neudorf schrieb 1966 an das Landgericht Frankfurt:

> »Wenn heute eine Gruppe von Häftlingen der Vollzugsanstalt Butzbach behaupten würde, dort sei die gesamte Bevölkerung von Oberbayern vergast worden, würde schwerlich ein Gericht dieser Behauptung Glauben schenken. Daß westdeutsche Gerichte analogen Behauptungen über Sobibor Glauben schenken, beruht auf der Fülle vorausgegangener Behauptungen in der offiziellen Literatur, Presse, ›Wissenschaft‹.«[87]

Frenzels Anwalt Leonard Reintzsch sprach in der rechtsextremen *National-Zeitung* 1966 von der »seit Jahren durch deutsche Gerichtssäle geisternde sogenannte Aktion Reinhard«, um ganz offensichtlich Zweifel an den historischen Tatsachen anzubringen.[88] Da die Dokumentation sowie die Lager weitgehend zerstört wurden, boten sich die Lager der »Aktion Reinhardt« den Revisionisten besonders an. Es wundert nicht, dass der französische Holocaustleugner Robert Faurisson in den 1970er Jahren um Einsicht in die Akten des Treblinka-Prozesses bat und noch im September 2010 kündigte der Holocaustleugner David Irving einen Besuch Treblinkas an. Der Holocaustleugner John C. Ball stützt seine angeblichen Studien auf die Luftaufnahmen von Belzec, Sobibor und Treblinka. Sein Schweizer Kollege Jürgen Graf, der Schwede Thomas Kues und der italienische Holocaustleugner Carlo Mattogno haben ebenfalls zahlreiche im Internet frei zugängliche Bücher über die Lager der »Aktion Reinhardt« verfasst.[89]

Die historiografische, kulturelle und erinnerungspolitische Aufarbeitung

Die Vernichtungslager der »Aktion Reinhardt« sind auch in der heutigen öffentlichen Wahrnehmung lediglich peripher verankert, sodass sie sogar als »die vergessenen Mordlager des Holocaust«[90] bezeichnet wurden. Nur die mediale Aufmerksamkeit, die dem Prozess gegen Iwan Demjanjuk gewidmet wurde, hat dazu geführt, dass sie für eine kurze Zeit wieder ins Blickfeld einer interessierten Öffentlichkeit geraten sind. Doch wurde dabei vor allem die Kollaboration anderer Länder oder Bevölkerungsgruppen bei der Ermordung der Juden thematisiert und weniger die Verantwortung der deutschen und österreichischen Täter sowie die Geschichte der Lager.[91]

Auch die Historiker haben sich mit der Aufarbeitung der Lager erst relativ spät beschäftigt. Wolfgang Scheffler leistete als Gutachter beim Treblinka-Prozess Vorarbeiten und befasste sich insbesondere mit den Opferzahlen von Belzec, Sobibor und Treblinka. Die Journalistin Gitta Sereny publizierte 1974 ihre in ihrem Buch »Am Abgrund« Gespräche mit Franz Stangl und rekonstruierte darin auch Abschnitte aus der Geschichte von Sobibor und Treblinka. Der Leiter der Zentralen Stelle in Ludwigsburg, Adalbert Rückerl, versuchte drei Jahre später, mit einer Wiedergabe der Urteile zu den Vernichtungslagern die Wissenslücken in der historischen Forschung zu verkleinern. In der Folgezeit haben sich zumeist nur ausländische Wissenschaftler und sogar Überlebende wie Jules Schelvis und Thomas Blatt mit der Aufarbeitung der Verbrechen in den Lagern beschäftigt. Die erste umfassende historische Studie erschien erst 1987 mit Yitzhak Arads »Belzec, Sobibor, Treblinka«.

Die meisten Überlebenden sagten nur während der Ermittlungsverfahren aus, Einzelne haben aber auch jüdischen Institutionen ihre Erlebnisse geschildert oder eigene Erinnerungen veröffentlicht. Die Zentrale Jüdische Geschichtskommission in Polen (Centralna Żydowska Komisja Historyczna) sammelte bereits unmittelbar nach dem Krieg Berichte von Überlebenden. Nur wenige veröffentlichten selbst in der Nachkriegszeit,[92] die meisten zogen sich ins Privatleben zurück, obwohl viele von ihnen als wesentliche Motivation für die Aufstände angaben, der Öffentlichkeit von den Morden zu berichten. In den 1960er Jahren wurden Interviews mit Überlebenden von Mitarbeitern von Yad Vashem und vom Ghetto Fighters House (Miriam Novitch) geführt. Die meisten Überlebenden, auch Martin Gray (Treblinka, 1971),[93] Richard Glazar (Treblinka, 1992) und Thomas Blatt (Sobibor, 1997), durchbrachen erst ab den 1980er Jahren mit der Veröffentlichung ihrer Erinnerungen, mit Auftritten vor Schülern oder anderem Publikum sowie in Video-Interviews bei Institutionen wie etwa dem United States Holocaust Memorial Museum und für die Sammlung des Fortunoff Video Archive for Holocaust Testimonies ihr Schweigen.[94] In größerem Umfang hat die 1994 vom Regisseur Steven Spielberg ins Leben gerufene USC Shoah Foundation in den 1990er Jahren Interviews mit Sobibor- und Treblinka-Überlebenden sowie mit zahlreichen Deportierten, die in den beiden Lagern selektiert und von dort in Arbeitslager gebracht wurden, geführt.[95]

Relativ früh wurde dagegen das Interesse von Autoren und Filmemachern geweckt, die sich seit den 1960er Jahren mit Sobibor und Treblinka auseinandersetzten und dazu beitrugen, dass die Lager in der Öffentlichkeit bekannt wurden. Schon unmittelbar nach dem Krieg hatte Wassili Grossman auf der Grundlage einiger Überlebendenberichte und einem Besuch des Ortes, wo das Vernichtungslager Treblinka lag, den historisch-literarischen Bericht »Die Hölle von Treblinka« (1946) verfasst. Mit diesem Lager befasste sich auch der französische Journalist Jean-François Steiner im Jahr 1966 in seinem Buch »Treblinka. Die Revolte eines Vernichtungslagers«, wofür er verschiedene Zeitzeugenberichte auswertete und Überlebende befragte. Wissenslücken reicherte er mit eigener Fantasie an. Er löste mit seinem Buch eine intensive öffentliche Debatte aus, zog sich aber auch die Kritik der Überlebenden zu, die Fehler in der literarisch-dokumentarischen Darstellung ausmachten und sein philosophisch-moralisches Urteil über die Gefangenen, wie vor allem den Vorwurf der Kollaboration, brandmarkten. Knapp zwei Jahrzehnte später, im Jahr 1982, erschien der Roman des Amerikaners Richard Rashke »Flucht aus Sobibor«, in dem er mithilfe von Interviews mit 18 Sobibor-Überlebenden und der Auswertung der bis dato vorhandenen Erinnerungsberichte und historischen Darstellungen die Geschichte des Lagers rekonstruierte. Der Sohn von Veit Harlan, Thomas Harlan, der sich bereits früh für die Täter der Vernichtungslager interessierte, legte 2006 einen Roman über die Aktivitäten der Männer im »Adriatischen Küstenland« vor. Zuletzt hat der Franzose Dominique Sigaud einen Roman über fiktive Gespräche des inhaftierten Franz Stangl mit einer nach dem Krieg geborenen Journalistin verfasst.[96]

Auch in Spielfilmen wurde das Thema der Vernichtungslager der »Aktion Reinhardt« verarbeitet. Der Franzose Robert Enrico verfilmte 1983 mit »Der Schrei nach Leben« (»Au nom de tous les miens«) die – veröffentlichte – Lebensgeschichte von Mietek Grayewski, alias Martin Gray, der im September 1942 aus Warschau nach Treblinka deportiert worden war, in beiden Lagerbereichen eingesetzt wurde und im Oktober aus dem Lager fliehen konnte. Der britische Regisseur Jack Gold setzte 1987 dem Widerstand in Sobibor mit dem Film »Escape from Sobibor« ein Denkmal. Die Geschichte basiert auf dem Roman von Rashke, Gold ließ sich bei der Rekonstruktion aber auch von Überlebenden wie Thomas Blatt und Stanislaw Szmajzner beraten. Bereits bei seiner Erstausstrahlung im amerikanischen Fernsehen erreichte der Spielfilm 32 Millionen Zuschauer. Es folgten Synchronisationen in zahlreichen Sprachen. Die Revolte von Sobibor wurde – in künstlerisch sehr freier und trivialisierter Form – neun Jahre zuvor einem internationalen Publikum auch in der Fernsehserie »Holocaust« anhand des Protagonisten Rudi Weiss präsentiert. Costa-Gavras beschrieb 2002 in seinem auf dem Drama »Der Stellvertreter« von Rolf Hochhuth beruhenden Film »Amen« die Aufklärungsbemühungen von Kurt Gerstein nach seinem Besuch in einem Vernichtungslager, das wahrscheinlich Belzec darstellen sollte.[97]

In einigen Dokumentarfilmen zur Shoah wurden die Vernichtungslager ebenfalls behandelt, wobei sich die Autoren der Schwierigkeit bewusst waren, nicht auf eine historische Kulisse und auf Filmmaterial zurückgreifen zu können, und deshalb Gespräche mit Zeitzeugen in den Mittelpunkt stellten. Im deutschsprachigen Raum hatten die Filme allerdings nur einen begrenzten Wirkungskreis. Die ersten Aussagen von Überlebenden wurden während des Prozesses gegen Adolf Eichmann im Jahr 1961 vom amerikanischen Regisseur Leo Hurwitz festgehalten: Im Filmmaterial des Prozesses sind Aussagen der Treblinka-Überlebenden Jakob Wiernik, Kalman Teigman, Abraham Lindwasser und Eliahu Rosenberg sowie der Sobibor-Überlebenden Ada Lichtman, Dov Freiberg und Jakob Biskubitz festgehalten, die in verschiedenen Dokumentarfilmen auftauchen. Karl Fruchtmann dokumentierte 1981 in »Zeugen. Aussagen zum Mord an einem Volk« Gespräche mit Shlomo Helmann (Treblinka) und Jakob Biskubitz (Sobibor). In Claude Lanzmanns Werk »Shoah« (1985) kamen die Treblinka-Überlebenden Richard Glazar und Abraham Bomba, die T4-Reinhardt-Männer Josef Oberhauser (Belzec) und Franz Suchomel (Treblinka) sowie ein Einwohner von Sobibor (Jan Piwonski) zu Wort. Fast zwei Jahrzehnte später machte Lanzmann 2001 auf der Grundlage des im Rahmen von »Shoah« entstandenen Interviews mit den Sobibor-Überlebenden Yehuda Lerner den Film »Sobibór, 14. Oktober 1943, 16 Uhr«. Mit dem Aufstand beschäftigten sich auch Pavel Kogan und Lily van den Bergh im niederländisch-russischen Dokumentarfilm »Opstand in Sobibor« (1990). 2002 wurde dieser erneut mit dem Zeitzeugen Thomas Toivi Blatt in Peter Nestlers Film »Die Verwandlung des guten Nachbarn« thematisiert. Blatt ist ebenfalls einer der Protagonisten in »Izbica – Drehkreuz des Todes«, der 2007 von Wolfgang Schoen und Frank Gutermuth gedreht wurde. Mit dem Ort, an dem sich das Vernichtungslager Belzec befand, bevor dort eine Gedenkstätte eingerichtet wurde, beschäftigt sich der Dokumentarfilm von Wilhelm Hein »To Those Who Found No Graves« (1989 bis 1994). Der Franzose Guillaume Moscovitz erstellte 2005 den Dokumentarfilm »Bełżec«, für den er vor allem die Einwohner des Dorfes interviewte. Der Treblinka-Überlebende Samuel Willenberg steht im Zentrum von Michal Nekanda-Trepkas Film »The Last Witness – Ostatni swiadel« (2005) und in Gerardo Stawskys in Uruguay produzierten Film »A pesar de Treblinka (Despite Treblinka)« (2002). In einem Dokumentarfilm von Oliver Merz und Eric Friedler über die »Blutige Beute« – das in den Vernichtungslagern entwendete Gold – kommen 1998 die Treblinka-Überlebenden Eliahu Rosenberg und Josef Czarny zu Wort. Außerdem wurden einige Dokumentarfilme produziert, die die Täter der Lager in den Vordergrund rückten: Im BBC-Magazin »Panorama« wurde 1979 der Filmbeitrag »Gustav Wagner – Angel of Death« mit einem Interview mit dem ehemaligen Sobibor-Aufseher Wagner ausgestrahlt. Alexandre Michel gelang es 1998 in seinem Dreiteiler »Der Judenmord: Deutsche und Österreicher berichten«, auch Kurt Franz zu Äußerungen zu bewegen. Die TV-Dokumentation »Mörder und Marionetten – Brennpunkt« des Österreichischen Rundfunks beschäftigte sich 1999 mit der Biografie Franz Stangls. Zuletzt befasste sich in der TV-Dokumentationsreihe »Die Nazi-Jäger – Späte Gerechtigkeit« (»Nazi Hunter«) 2010 eine Sendung mit der »Jagd nach Franz Stangl und Gustav Wagner«.[98]

Anders als in Auschwitz-Birkenau entstanden an den Orten der Vernichtungslager erst relativ spät Gedenkstätten. Nach dem Krieg lagen die jeweiligen Areale brach. Goldgräber durchsuchten den Boden jahrelang nach Geld und Wertgegenständen und die 1943 vom Personal der Lager gepflanzten Bäume erfüllten ihren Zweck und entwickelten sich zu dichten Wäldern. Aufgrund dieser Spurenverwischung ließ sich die Geschichte der Orte nur schwer nachvollziehen.[99] Für Treblinka gab es 1947 bereits einen Wettbewerb für eine Gedenkstätte. Nach einer längeren Debatte setzte sich zunächst ein Entwurf durch, der die jüdische Identität der Opfer herausstellte. Aus ideologischen Gründen wurde er aber nicht umgesetzt. Erst in den 1960er Jahren errichtete die Volksrepublik Polen auf dem Gelände der drei Lager Denkmäler: 1963 in Belzec, 1964 in Treblinka und 1965 in Sobibor.

In Treblinka beschränkten sich der Architekt Adam Haupt sowie die Bildhauer Franciszek Duszeńko und Franciszek Strynkiewicz nicht nur auf ein monumentales Denkmal, sondern errichteten eine Gedenkanlage mit verschiedenen Elementen, wobei sie die Rampe, den vermuteten Standort der Gaskammern und die Verbrennungsstätten in den Mittelpunkt stellten. Tausende Granitsteine, von denen 216 die Namen der Städte tragen, aus denen Menschen nach Treblinka deportiert wurden, erinnern an die Zerstörung der jüdischen Gemeinden. Ein Stein ist Janusz Korczak gewidmet. Die Grenzen des Lagers wurden ebenfalls mit Steinen markiert, sodass sich die Größe des Lagers erahnen lässt. Das Gelände des Vernichtungslagers wurde 1983 zusammen mit dem Gelände des Arbeitslagers und der Kiesgrube zum »Muzeum Walki i Męczeństwa w Treblince« (Museum des Kampfes und des Martyriums in Treblinka) zusammengefasst, das dem Regionalmuseum in Siedlce unterstellt ist. Seit 2006 gibt es eine kleine Ausstellung und zuletzt wurden Infotafeln auf dem Gelände des Lagers mit Fotos aus dem Album von Kurt Franz aufgestellt.

In Belzec wurde ab Mitte der 1990er Jahre eine Gedenkstätte geplant, die dann schließlich 2004 eröffnet wurde (»Muzeum-Miejsce Pamięci w Bełżcu«). Sie besteht aus einem Denkmal, das einen großen Teil des Lagers und vor allem die Massengräber bedeckt, deren Position zuvor durch archäologische Ausgrabungen lokalisiert wurde. Entworfen wurde es von Andrzej Sołyga, Zdzisław Pidek und Marcin Roszczyk. Das Monument erinnert besonders an die einzelnen Opfer (durch eine Wand mit Tausenden Vornamen) und an die jüdischen Gemeinden, aus denen die Opfer deportiert wurden. Anders als zumindest in geringem Maße im Fall von Sobibor und Treblinka lässt sich durch das Denkmal am Ort selbst das Geschehen nicht mehr nachvollziehen. Dieses Manko wird durch eine Ausstellung ausgeglichen, die in den Kontext der Vernichtungslager, die Judenverfolgung in Polen, die Deportationen und die Geschichte des Vernichtungslagers einführt. Das Museum ist dem Staatlichen Museum Majdanek unterstellt. Außerhalb des Lagerbereichs im Ort Bełżec stehen immer noch der Lokschuppen sowie die Häuser, in denen das Personal des Lagers gewohnt hat. Sie gehören nicht zur Anlage der Gedenkstätte.

In Sobibor gab es dagegen – ähnlich wie in Treblinka – Versuche, die Aufteilung des Lagers symbolisch nachzuzeichnen. 1993 wurde dort zum 50. Jahrestag des Aufstands ein kleines Museum (»Muzeum byłego hitlerowskiego obozu zagłady w Sobiborze«) eingerichtet, eine Zweigstelle des Heimatmuseums von Włodawa, das sich auch mit der Geschichte der jüdischen Bevölkerung der Stadt befasst. In Zusammenarbeit mit der niederländischen »Stichting Sobibór« und dem »Bildungswerk Stanisław Hantz« wurde eine »Gedenkallee« gestaltet. Zurzeit entsteht eine neue Gedenkstätte mit israelischer, niederländischer und slowakischer Beteiligung, die im Oktober 2013 eröffnet werden soll; sie ist wie Belzec dem Staatlichen Museum Majdanek unterstellt. Das Gedenken vor Ort wird dadurch erschwert, dass einige Bereiche des Lagers nicht in den Gedenkkomplex aufgenommen wurden, sodass dort ganz alltägliches Leben stattfindet: Die Rampe wird von einem Holzbetrieb genutzt und die nicht zerstörte Kommandantur im ehemaligen Vorlager ist bewohnt; Jugendliche nutzen die freien Flächen zum Fußballspiel.[100]

Im Unterschied zur Gedenkstätte in Auschwitz wird das Gedenken in den drei Lagern vom deutschen Staat nicht finanziell gefördert, was auch dazu beiträgt, dass die Orte trotz ihrer Bedeutung für die Shoah nur peripher in der deutschen und europäischen Erinnerungslandschaft verankert sind.[101] Die Orte werden heute hauptsächlich von jüdischen Jugendgruppen, vor allem aus Israel, besucht, die ihre Reise in Seminaren in Yad Vashem und im Ghetto Fighters House vor- und nachbereiten.[102] Von den internationalen jüdischen Jugendgruppen reist insbesondere die sozialistisch-zionistische Hashomer Hatzair nach Polen und führt jedes Jahr Tausende Jugendliche aus verschiedenen Ländern zu den Vernichtungslagern der »Aktion Reinhardt«. Sie legt ihren Schwerpunkt auf den jüdischen Widerstand etwa in Warschau, aber auch in Sobibor und Treblinka. Heute besuchen aber auch zunehmend konservative jüdische Gruppen die Lager. Bei ihren Bildungsreisen legen sie den Schwerpunkt auf die verlorene jüdische Tradition und verbinden den Besuch von Sobibor mit Orten ehemals florierender jüdischer Kultur in Włodawa und Łęczna, von Belzec mit Zamość sowie von Treblinka mit Białystok, Tykocin und Warschau. Die Lager werden auch von Einzelpersonen besucht, aber ohne historisches Vorwissen ist es für sie schwierig, das Geschehen in den Lagern zu rekonstruieren.[103]

In den großen internationalen Museen zur Shoah wird den drei Vernichtungslagern in der Regel nur wenig Aufmerksamkeit gewidmet – sie bleiben im Schatten des Vernichtungslagers Auschwitz-Birkenau. Eine Ausnahme stellt das israelische Ghetto Fighters House im Kibbuz Lohamei Haghetaot dar, das ein vom Treblinka-Überlebenden Jakob Wiernik gebautes Modell von Treblinka beherbergt und einen Bereich der Ausstellung um das Modell gestaltet hat.

Die vergleichsweise geringe Aufmerksamkeit, die den Lagern insbesondere im Vergleich zu Auschwitz geschenkt wird, liegt zum Teil daran, dass es den T4-Reinhardt-Männern weitgehend gelungen ist, nicht nur die Spuren vor Ort, sondern auch das Dokumenten- und ikonografische Material zu zerstören. Zum Teil liegt es aber auch daran, dass mit weniger als 140 Personen – auch im Vergleich mit dem Lager Auschwitz – nur sehr wenige Menschen die Lager überleben konnten, von denen zudem nur einige Dutzend Erinnerungen verfasst oder auf andere Weise ausführlich über ihre Erfahrungen berichtet haben. Auf ihren Schultern lag und liegt das Gedenken und die Erinnerung an Millionen ermordeter Juden.

Fazit

1. Als im Herbst 1941 nach den Erfahrungen der »Einsatzgruppen« bei den Massenerschießungen Vorarbeiten für die spätere »Aktion Reinhardt« und den Mord mit Zyklon B in Auschwitz begannen, war weder geplant noch absehbar, dass sich die zwei Giftgas-Varianten des Massenmords in den folgenden Monaten und Jahren zu komplexen Systemen der Massenvernichtung entwickeln sollten.

Das T4-Reinhardt-Netzwerk bestand zuletzt aus drei Vernichtungslagern, vier Arbeitslagern und diversen Sortiereinrichtungen und hatte die beispiellose Bilanz von etwa 1,6 Millionen Toten zu verzeichnen. Allein in den Monaten Juli bis November 1942 übertrafen die drei Lager die Gesamtopferzahl des Vernichtungslagers Auschwitz-Birkenau, des Symbols für den »industriellen Massenmord« schlechthin. Zwar weist das Lager Auschwitz mit einer Opferzahl von über einer Million Menschen eine höhere Opferzahl auf als das Vernichtungslager Treblinka, in dem von den drei Lagern der »Aktion Reinhardt« die meisten Menschen getötet wurden. Die Zahl der Toten bezieht sich aber zum einen auf den gesamten Lagerkomplex von Auschwitz-Birkenau mit seinen Außenlagern und zum anderen auf die viel längere Zeitspanne von 1940 bis 1945. Somit stellte die »Aktion Reinhardt« das bei Weitem »effektivste« Tötungssystem dar. Dies gilt nicht nur in Bezug auf die Opferzahlen, die Anzahl der beteiligten Akteure und die niedrigen Kosten, sondern auch hinsichtlich der Anpassungsfähigkeit des Systems und der Schnelligkeit, mit der dieses auf neue Erfordernisse von außen reagieren konnte.

Die »Aktion Globus«, die im Oktober 1941 noch als lokal-regionale Lösung des »Judenproblems« im Distrikt Lublin geplant worden war, entwickelte sich bis Juni/Juli 1942 zur groß angelegten »Aktion Reinhardt«. Der sukzessiven Inbetriebnahme der drei Lager Belzec, Sobibor und Treblinka im März, Mai und Juli 1942 folgte nach kurzer Zeit eine Phase der Konsolidierung und Optimierung der Lagerstrukturen: Die Gaskammern wurden vergrößert und Strukturen, die sich als defizitär erwiesen hatten, verbessert. Diese Umstrukturierung ermöglichte während der nur sechsmonatigen Konsolidierungsphase von Juli bis Dezember 1942 die systematische Vernichtung eines Großteils der jüdischen Bevölkerung des Generalgouvernements.

Gerade im schnellen Übergang von der Aufbau- zur Optimierungsphase zeigt sich – neben der hohen Opferzahl – die mörderische Effizienz der drei Lager. Die Umstellung des schwerfälligen bürokratischen Systems in Birkenau dauerte dagegen mehr als ein Jahr. Erst im Frühjahr und Sommer 1943 waren die Krematorien fertiggestellt, zuvor mussten Fragen der Finanzierung geklärt und zahlreiche Institutionen einbezogen werden. Und ein weiteres Jahr verstrich, bis der lange Weg vom fast einen Kilometer vom Lager entfernten Nebengleis ins Innere des Lagers durch die Verlängerung des Nebengleises verkürzt wurde.

Gegenüber dem »barbarischen Verfahren« (Goebbels)[1] der Lager der »Aktion Reinhardt« wurde Auschwitz-Birkenau nach dem Bau der Krematorien als ein System zur vermeintlich »zivilisierten Tötung« angesehen. Die Reinhardt-Lager galten – wie Franz Suchomel es ausdrückte – lediglich als »Fließbänder des Todes«, während Auschwitz zu einer »Todesfabrik« wurde.[2] Doch selbst im Sommer 1944 – nach den langen Vorbereitungen zur Effektivierung des Systems – erreichte Birkenau nicht die Opferzahlen Treblinkas, wo allein in den drei Monaten von August bis Oktober 1942 über 600000 Menschen – mehr als die Hälfte sogar noch in den drei kleineren Gaskammern – ermordet wurden. Die Opferzahl in Auschwitz-Birkenau war nur bedingt zu steigern, weil es erstens mehr Zeit in Anspruch nahm, die großen Gaskammern zu leeren, und zweitens die Verbrennungskapazitäten der Krematoriumsöfen begrenzt waren. Die Strukturen in Treblinka und den beiden anderen Lagern der »Aktion Reinhardt« waren dagegen nur wenig durch technische Vorgaben und Kapazitäten eingeschränkt. Um effektiv töten zu können, reichten einfache Strukturen aus. Vielleicht ist gerade dies das Erschreckende, dass es keines komplizierten und technisch hoch entwickelten Systems bedurfte. Neben dem Anschluss an das Schienennetz war lediglich eine Rampe notwendig, über die die Deportierten die Züge verlassen konnten, und ein kurzer Weg, auf dem sich die Opfer auszogen und ihre Wertgegenstände abgaben. Zur Tötung selbst reichte ein hermetisch abgedichtetes Gebäude mit mehreren Gaskammern und großen Türen, in das Motorenabgase eingeleitet werden konnten. Die Beseitigung der Leichen erfolgte in einer Reihe von Massengräbern und später auch mithilfe einfacher Verbrennungseinrichtungen. Diese Basisstrukturen konnten die T4-Reinhardt-Männer nicht zuletzt deshalb so effektiv gestalten, weil sie die Vernichtungslager *ex novo* erbauten und nicht – wie in Birkenau – an bereits vorhandene Konzentrationslagerstrukturen anzupassen hatten. Wie weitgehend die mörderische Effektivität der Reinhardt-Lager war, machte der Treblinka-Überlebende Richard Glazar deutlich:

> »Das ist etwas, […] was die Welt niemals verstanden hat: die Perfektion dieser Maschine. Nur der Mangel an Transportmitteln, bedingt durch den Kriegsbedarf der Deutschen, hinderte sie daran, weitaus größere Zahlen hinzukriegen, als sie es taten. Allein Treblinka hätte für alle 6 Millionen Juden und noch mehr ausgereicht.«[3]

2. Voraussetzung für die Dynamik, die das anfänglich unbestimmte Projekt »Aktion Globus« entwickelte, war der Sonderstatus des Generalgouvernements und des Distrikts Lublin. Die besondere Effizienz und Durchsetzungskraft des Projekts ist jedoch im Wesentlichen auf das T4-Reinhardt-Netzwerk selbst, auf seine einsatzbereiten Akteure zurückzuführen. Das Lagerpersonal konzipierte die Strukturen zur Tötung und effektivierte und erweiterte sie im Laufe der Zeit. Die Lager entstanden nicht auf dem Reißbrett – geplant und gebaut von einer zentralen, aber vom Tatort fernen Instanz –, sondern durch das Handeln der T4-Reinhardt-Männer vor Ort. Die Männer waren sowohl »Räder in dem Getriebe der Mordmaschinerie«,[4] wie sie verharmlosend noch im Urteil des Sobibor-Prozesses genannt wurden, als auch ihre Schöpfer und passten die Vernichtungsstrukturen immer wieder neuen Situationen an. Dabei konnten sie auf frühere Erfahrungen aus der »Euthanasie« und auf neue, im Lauf der Monate erworbene Tötungskenntnisse aufbauen. Auf diese Weise konnte das Netzwerk auf Erfordernisse effektiv und schnell reagieren.

Die T4-Reinhardt-Männer organisierten jedoch nicht nur die Vernichtungsprozesse, sondern bauten auch selbst die erforderlichen Strukturen auf, in denen sie agierten, und modifizierten diese, wenn es notwendig erschien – etwa während der Phase der Umstrukturierung im September 1942. Die vorgesetzten Dienststellen, die Kanzlei des Führers und der SSPF Lublin, ließen dem Netzwerk bei dieser Selbstorganisation große Handlungsspielräume. Die T4-Reinhardt-Männer wiederum wählten eine ihren Bedürfnissen entsprechende, nichtmilitärische Organisationsform mit flachen Hierarchien: die Netzwerk-Organisation. Diese Organisationsform trug maßgeblich zur Effizienz der »Aktion Reinhardt« bei. Sie erlaubte den Männern, die Arbeit je nach Fähigkeiten und Belieben selbst zu organisieren, und ihre Einsatzbereitschaft wurde nicht durch starre Hierarchien eingeengt. Gleichzeitig besaßen sie große Freiräume zur Befriedigung eigener Interessen – insbesondere in Bezug auf materielle Bereicherung und die Ausübung von Gewalt. Auf die Handlungsspielräume von Tätern wurde in den letzten Jahren häufig hingewiesen, um Fragen zu individueller Verantwortung und Schuld zu klären. Übersehen wurde dabei jedoch der wichtige Aspekt, dass diese Handlungsspielräume systemimmanent waren und dass gerade sie es waren, die die zunehmende Radikalisierung der Verfolgungspolitik und die Effektivierung des organisierten Massenmords mit befördert haben.

Als Netzwerk waren die T4-Reinhardt-Männer auch deshalb so effektiv, weil sie sich zum Erreichen ihrer Ziele auf äußere Netzwerke stützten und alte Beziehungen aktivierten. Zudem nutzten sie ihre einschlägigen Erfahrungen, die Möglichkeiten als Besatzungsmacht sowie die günstige Ausgangssituation, die der SSPF Globocnik im Distrikt Lublin geschaffen hatte.

Dabei hatten die T4-Reinhardt-Männer als relativ eigenständiges Netzwerk, das lediglich der Kanzlei des Führers und dem SSPF Lublin unterstellt war, in geringerem Maß den Regeln des bürokratischen NS-Apparats zu folgen als andere Institutionen und Akteure, die formalisierten Organisationen angehörten.

Erst als die große Mehrheit der Juden in Polen bereits ermordet war, offenbarte das Netzwerk mit seinen flachen Hierarchien, die zuvor zur stetigen Verbesserung, zur Modifizierung des Systems und zur Effizienzsteigerung geführt hatten, aus Sicht der Vernichtungspolitik einen Schwachpunkt. Dass es am Ende zur Schließung der Lager kam, hatte seine Gründe zwar auch im Gesamtkontext – dem wachsenden Widerstand von Ghettobewohnern, dem Nahen der Front und der Versetzung Globocniks. Zum großen Teil lag es aber auch am T4-Reinhardt-Netzwerk selbst, dessen besondere Arbeitsorganisation und -struktur mit wenn auch sehr begrenzten Handlungsräumen der Häftlinge die Aufstände in den Lagern Sobibor und Treblinka mit ermöglichten. Auch die Flucht von Lagerinsassen, Probleme der Geheimhaltung sowie individueller Diebstahl und Korruption unter den Männern wurden durch die Netzwerk-Organisation mit ihren flachen Hierarchien und großen Handlungsspielräumen ohne streng kontrollierte Regelsysteme verursacht. Dennoch: Das Gesamtziel der systematischen Ermordung der Juden wurde von den T4-Reinhardt-Männern zur höchsten Zufriedenheit der damaligen Machthaber erreicht.

3. Zahlreiche Angehörige von SS und Polizei, von Zivilverwaltung und Reichsbahn sowie andere Akteure agierten miteinander, um die effektive Durchführung des Massenmords zu ermöglichen. Tausende deutsche – aber auch ausländische, insbesondere »volksdeutsche«, ukrainische und polnische – Männer verhafteten und deportierten Juden sowie Sinti und Roma in die Lager, halfen bei deren Ermordung und der »Verwertung« ihres Besitzes und zwangen die hierfür vorläufig am Leben gelassenen Gefangenen zur Arbeit.

Die Wechselbeziehungen zwischen den Lagern und ihrem äußeren Umfeld lassen sich besonders gut am Beispiel des Deportationsnetzes zeigen. Mit steigender Kapazität der Lager der »Aktion Reinhardt« wurden die Deportationen stetig über die Distriktgrenzen hinaus ausgedehnt, sodass bereits in der Aufbauphase nicht nur Menschen aus den Distrikten Lublin und Galizien, sondern auch aus dem Distrikt Krakau sowie aus Deutschland und Österreich, dem Protektorat Böhmen und Mähren und der Slowakei in die Lager deportiert wurden. Die Vorbereitung weiterer Transporte führte in der Konsolidierungsphase wiederum zur Restrukturierung der Lager und zur Erweiterung der Mordkapazitäten, auf die dann zahlreiche Transporte aus dem gesamten Generalgouvernement und aus dem Bezirk Bialystok folgten. In der dritten Phase reichte das Deportationsnetz im Westen bis nach Frankreich und die Niederlande, im Süden bis nach Jugoslawien und Griechenland sowie im Osten bis nach Litauen und Weißrussland. Diese Ausdehnung führte wiederum zu einer weiteren Optimierung der Tötungsprozesse.

Auch bei der Einrichtung von Arbeitslagern und dem systematischen Aufbau von Raubnetzen interagierten die T4-Reinhardt-Männer mit zahlreichen Akteuren außerhalb der Lager, insbesondere dem WVHA, das sowohl über die Ostindustrie GmbH als auch über die Verwertung des geraubten Eigentums in die »Aktion Reinhardt« involviert war. Auch hier lassen sich zahlreiche Wechselwirkungen und Verbindungen feststellen. Als das T4-Reinhardt-Netzwerk den Alten Flughafen in Lublin übernahm, veränderten sich auch die Sortiereinrichtungen innerhalb der Vernichtungslager Sobibor und Treblinka, und als die Arbeitslager dazukamen, führte dies wiederum zur Selektion arbeitsfähiger Männer und Frauen in den Lagern. Mit dem Einstieg der T4-Reinhardt-Männer als Akteure in das Raubnetz und der Übernahme von Leitungsfunktionen in den Arbeitslagern Dorohucza, Poniatowa, Alter Flughafen und Budzyn, die zu einer Art »Außenlager« von Sobibor und Treblinka wurden, näherten sich die Vernichtungslager im Jahr 1943 strukturell dem Modell von Auschwitz an. Der Arbeitseinsatz in den Lagern der »Aktion Reinhardt« nahm freilich zu keiner Zeit ein solches Ausmaß wie in Auschwitz ein.

Die in der Forschung vielfach angenommene enge Kooperation zwischen den drei Reinhardt-Lagern und Majdanek konnte in dieser Studie hingegen nicht nachgewiesen werden. Es gab weder eine systematische Zusammenarbeit noch eine Arbeitsteilung zwischen den Lagern. Allerdings existierten einzelne Verbindungen und nicht zuletzt standen die Lager in Konkurrenz zueinander. Verbindungen bestanden etwa im Deportationsnetz: So ist ein einmaliger Transport von Majdanek nach Sobibor nachgewiesen; und im Herbst 1942, nachdem in Majdanek Gaskammern eingerichtet worden waren, wurden auch Juden aus dem Distrikt Lublin und anderen Regionen dorthin deportiert, womit das Lager, das vom Historiker Tomasz Kranz als ein »multifunktionales Provisorium« definiert wurde, eine Art »Begleitfunktion« zu den Reinhardt-Lagern übernahm.[5] Außerdem wurden in Sobibor und Treblinka Arbeitskräfte aus den Transporten selektiert und zur Arbeit nach Majdanek gebracht, während als »arbeitsunfähig« deklarierte Häftlinge aus dem Alten Flughafen nach Majdanek verbracht wurden, um sie dort in den Gaskammern zu töten. Über die Deportationen hinaus nahm Majdanek zeitweise auch einen Part im Raubnetz ein, als im Herbst 1942 versucht wurde, auf dem Alten Flughafen in Lublin ein Frauenkonzentrationslager zu errichten und die »Werterfassung« von Kleidung und Schuhen zu übernehmen. Diese Versuche scheiterten jedoch, als Wirth das Lager übernahm. Eine weitere Verbindung von Majdanek zum T4-Reinhardt-Netzwerk lässt sich in der geplanten Übernahme der SS-Arbeitslager, die von den T4-Reinhardt-Männern geleitet wurden, als Außenlager von Majdanek ausmachen. Auch dieses Projekt scheiterte weitgehend, da das Gros der Arbeitskräfte in den SS-Arbeitslagern, aber auch in Majdanek, im Rahmen der »Aktion Erntefest« ermordet wurde. Somit sind sporadische Verbindungen zwischen den Lagern der »Aktion Reinhardt« und Majdanek festzustellen, es kam aber zu keiner systematischen und längerfristigen Kooperation.

Die zahlreichen Außenbeziehungen der T4-Reinhardt-Männer verdeutlichen, wie stark die »Aktion Reinhardt« in das gesamte NS-System eingebunden war und wie viele Menschen an der Ermordung der Juden beteiligt waren. Aber auch ausländische Bevölkerungsgruppen kollaborierten: Die zumeist ukrainischen Wachmänner wurden keineswegs zum häufig mit Gewalt und Einzelmorden verbundenen Dienst in den Lagern gezwungen, auch wenn die ehemaligen Kriegsgefangenen den Deutschen hierarchisch untergeordnet waren. Hinzuweisen ist auch auf die Kooperation der T4-Reinhardt-Männer mit der einheimischen Bevölkerung im Umkreis der Vernichtungslager, die in Einzelfällen beim Aufbau der Lager half, bei alltäglichen Problemen mit dem Personal der Lager zusammenarbeitete und sogar aus eigener Initiative Jagd auf flüchtende Juden machte. Verantwortlich für den Mord an den europäischen Juden waren auch die Regierungsvertreter der Slowakei und Bulgariens, die die Deportation von Juden zusammen mit deutschen Stellen organisierten. Dieser Hinweis auf die für das Betreiben der Vernichtungslager unabdingbare Kollaboration von Angehörigen anderer Nationen bei der Ermordung der Juden bedeutet keineswegs eine Exkulpation der T4-Reinhardt-Männer im Besonderen und der deutschen Gesellschaft im Allgemeinen. Es zeigt lediglich, dass der Massenmord ein zwar von deutschen Akteuren hauptverantwortlich gelenktes, aber dennoch auch europäisches Ereignis nicht nur seitens der Opfer, sondern auch seitens der Täter war.

Im Fall des Innennetzes der »Arbeitsjuden« kann dagegen keinesfalls von Kollaboration gesprochen werden. Die Arbeitskommandos waren für das Funktionieren der Vernichtungslager zwar ebenso unerlässlich wie die Trawniki-Männer. Die Gefangenen hatten aber anders als die Wachmänner und die deutschen Aufseher keine Handlungsspielräume, sondern wurden als lebende Werkzeuge missbraucht, um danach getötet zu werden. Nur durch die Flucht Einzelner und die Aufstände in Sobibor und Treblinka gelang es einem kleinen Teil von ihnen, ihrer geplanten Vernichtung zu entgehen.

4. Die »Aktion Reinhardt« kann – wie die NS-Verbrechen im Allgemeinen – als ein Makroverbrechen, das Millionen Menschen das Leben kostete, beschrieben werden. Der Rechtswissenschaftler Herbert Jäger führt dazu aus:

»Makroverbrechen werden im Allgemeinen durch die Orte und Stätten gekennzeichnet, an denen sie begangen worden sind, nicht durch die Namen von Tätern. Deren Taten und Tatbeiträge scheinen in einem undurchdringlichen Netzwerk unterschiedlicher, eng miteinander verflochtener Einzelaktivitäten zu verschwinden, die durch das oft koordinierte Zusammenwirken vieler den Eindruck erwecken, es habe im Grunde die Organisation, das Kollektiv, das ›System‹ selbst gehandelt, nicht die einzelne beteiligte Person.«[6]

Dieses Wechselverhältnis zwischen den »individuellen Taten und Tatbeiträgen« und dem »Kollektivnetz des Verbrechens«[7] lässt sich am Beispiel des T4-Reinhardt-Netzwerks mithilfe des Netzwerk-Konzepts präzise bestimmen, wodurch der Massenmord nicht zuletzt der Anonymität entzogen wird. So können gerade die Wechselwirkungen zwischen der Mikro- und der Makroebene deutlich gemacht werden, indem das komplexe Interagieren zwischen Tätern und Strukturen untersucht und sowohl die strukturellen Vorgaben und Handlungsspielräume als auch die individuelle Verantwortung für die Taten geklärt werden. Schließlich waren die Vernichtungslager keinesfalls, wie es der Begriff der Maschinerie suggeriert, rein funktional gestaltete Fabriken, in denen identitätslose Menschen einige Knöpfe drückten: Weder beim Aufbau noch während des Betriebs kam das Vernichtungssystem ohne eigenverantwortliche Akteure aus.

Doch es war nicht nur das Vernichtungssystem, das von den T4-Reinhardt-Männern vor Ort entwickelt und gestaltet wurde, sondern auch die Bedingungen und der Kontext des Makroverbrechens. Dabei lässt sich feststellen, dass die einzelnen Tatbeiträge – über den befohlenen Massenmord hinaus – durch ein hohes Maß an kriminellem Verhalten gekennzeichnet waren, und zwar insbesondere durch Gewalt und Korruption.

Korruption umfasst dabei die Korrumpierbarkeit der Männer und ihr kriminelles Vorgehen sowie ihre moralische Verdorbenheit. Die Täter profitierten davon, dass in den Vernichtungslagern eigene Regeln herrschten und gesetzloses Verhalten nicht geahndet wurde. Sie lebten in einem eigenen Kosmos »rechenschaftsloser Handlungsfreiheit«,[8] in dem es nur wenige Grenzen gab, sodass sowohl uneingeschränkte Gewalt gegenüber den Deportierten und den Gefangenen als auch Diebstahl möglich waren. Insbesondere die den gesamten Massenmord durchdringende brutale Gewaltausübung gegenüber jedem einzelnen Opfer geht in der kollektiven Vorstellung von den Giftgasmorden als einer zumindest »humaneren« Todesart, wie es auch der Begriff der Vernichtungsmaschinerie suggeriert, häufig verloren.

Das von den T4-Reinhardt-Männern eingerichtete Vernichtungssystem war durch die Prinzipien Schnelligkeit, Täuschung und Verhinderung von Fluchtmöglichkeiten gekennzeichnet. Dominantes Prinzip war jedoch die in diesem System ausgeübte Gewalt der Täter gegenüber ihren Opfern. Sie beschränkte sich nicht nur auf die Vernichtungslager, sondern spielte im gesamten Verfolgungsnetz eine Rolle: Sie begann in den Ghettos und in den Zügen und setzte sich bis zum langsamen und grausamen Tod in den Gaskammern fort. Dabei kann zwischen funktionaler, lozierender Gewalt zur Erreichung des Ziels – der Vernichtung der Juden – und individueller, willkürlicher und sadistischer, in der Definition Reemtsmas autotelischer beziehungsweise raptiver Gewalt Einzelner unabhängig von diesem Ziel unterschieden werden. Die individuelle Gewalt, die durch die T4-Reinhardt-Männer gegenüber den Deportierten, aber auch gegenüber den »Arbeitsjuden« ausgeübt wurde, wurde insbesondere durch die großen Handlungsspielräume der Männer gefördert.

Wie die Gewalt zieht sich auch die Korruption wie ein roter Faden durch die Geschichte der Verfolgung und Ermordung der Juden im Generalgouvernement. Auch dieses Merkmal trifft nicht nur auf die T4-Reinhardt-Männer zu, für die die Bereicherung eine wesentliche Motivationsgrundlage für ihre Arbeit in den Lagern darstellte. Diebstahl und Korruption lassen sich auch bei den Trawniki-Männern, bei anderen deutschen und ausländischen Einheiten sowie bei der einheimischen Bevölkerung beobachten. Gewalt und Korruption stehen geradezu in einem reziproken Verhältnis, wenn beispielsweise Flüchtende ermordet wurden, um an deren Geld zu gelangen. Diese Reziprozität kommt in dem von Aly verwendeten Begriff des »Raubmords«[9] zum Ausdruck. Insgesamt ist ein hohes Maß an moralischer Korrumpierung zu konstatieren, bei der herkömmliche Moralvorstellungen weitgehend verdrängt wurden. Sinnbilder für dieses moralische Versagen und das hohe Maß an Indifferenz gegenüber dem Schicksal der Juden sind neben dem florierenden Schwarzmarkt auch Feste, Trinkgelage und sexuelle Ausschweifungen in den Lagern selbst und in der Nähe der Orte, die Millionen von Menschen den Tod und immenses Leid gebracht haben.

5. Die in dieser Arbeit eingenommene Perspektive auf die Lager der »Aktion Reinhardt« als personelles und organisatorisches Netzwerk ermöglichte es nicht nur, den Massenmord in seiner Komplexität zu fassen, sondern auch die überschaubare Tätergruppe der »Aktion Reinhardt« differenziert zu analysieren. Sie lenkte den Blick auf die Merkmale des Täterkollektivs, sodass von diesem ein Profil im Gesamtkontext seiner Strukturen erstellt werden konnte.

Die Sozial- und Milieustrukturen, aus denen die T4-Reinhardt-Männer kamen, sind relativ homogen. Sie gehörten zumeist der Kriegsjugendgeneration beziehungsweise der Kriegskindheitsgeneration an, kamen in der Regel aus der Arbeiterschicht und aus dem Kleinbürgertum und waren Mitglieder von NS-Organisationen wie der SS, der SA und der NSDAP. Ein überdurchschnittlich hoher Anteil bezeichnete sich als »gottgläubig«. Fast alle hatten bereits während der »Euthanasie« Erfahrungen mit dem Töten von unschuldigen Menschen gemacht.

Die Gründe, nach der »Euthanasie« auch beim Massenmord an den Juden mitzuarbeiten, sind vielfältig, häufig miteinander verflochten und bei den einzelnen Tätern unterschiedlich zu gewichten. Von Bedeutung waren psychologische Mechanismen wie Gehorsamsbereitschaft, Gruppendynamiken und Techniken der Rationalisierung der Vernichtungsarbeit sowie Weltanschauungen, diesbezüglich ist insbesondere der rassische Antisemitismus zu nennen. Nicht zuletzt spielten auch die Anreizstrukturen des Netzwerks eine wichtige Rolle, die von einer sehr guten Entlohnung über Möglichkeiten zusätzlicher Bereicherung bis hin zur Befriedigung gewalttätiger Allmachtsfantasien reichten. Die Motive lassen sich zwar für das Täterkollektiv insgesamt eruieren, für die einzelnen T4-Reinhardt-Männer jedoch nicht.

Aufgrund der Gemengelage der Motive erwies es sich für die Tätergruppe der Vernichtungslager der »Aktion Reinhardt« auch als nicht adäquat, sie den bisher in der Forschung entwickelten Tätertypen zuzuordnen, die vornehmlich auf den Motiven der Täter aufbauen. Stattdessen wurde eine Tätertypisierung nach den Kriterien Einsatzbereitschaft und Gewaltausübung, das heißt nach dem Verhalten der einzelnen Täter vor Ort unter Berücksichtigung ihrer Handlungsspielräume, vorgenommen. Fünf Typen von Tätern können anhand dieser Kriterien unterschieden werden: Die Männer der Typen I und II, die ein knappes Drittel der Tätergruppe ausmachen, hatten Führungspositionen inne, waren durchgängig einsatzfreudig und eigeninitiativ, unterschieden sich allerdings hinsichtlich ihres gewalttätigen Verhaltens. Die Täter des Typus II beschränkten sich auf funktionale beziehungsweise lozierende Gewalt, während die Männer des Typus I auch vor raptiver und autotelischer Gewalt nicht zurückschreckten. Bei den etwa 20 Männern des Typus III handelte es sich um exzessive und undisziplinierte Täter, deren Gewalttätigkeit weit über einen funktionalen Rahmen hinausging und keine Grenzen kannte. Eine große Anzahl der Männer gehörte dem Typus IV an: Sie leisteten »Dienst nach Vorschrift«, ohne eine besondere Einsatzfreude an den Tag zu legen, und beschränkten sich auf die Ausübung funktionaler Gewalt. Nur wenige sind dem Typus V zuzuordnen, das heißt denjenigen Männern, die die Lager auf eigenes Ersuchen hin verließen.

Ungeachtet des jeweiligen Ausmaßes der Einsatzbereitschaft und der Gewalttätigkeit ist jedem Täter im T4-Reinhardt-Netzwerk eine Verantwortung für die Ermordung der Juden und somit auch ein Anteil der Schuld zuzusprechen. Nur ein Teil der Männer musste sich später vor Gericht für die Taten rechtfertigen; den meisten gelang es, ihren jeweiligen Beitrag an der Ermordung der Juden kleinzureden und so mit einer geringen Haftstrafe davonzukommen. Die lediglich neun Verurteilungen zu lebenslangen Haftstrafen verweisen deutlich auf die Grenzen des Strafrechts. Der Mord an über anderthalb Millionen Juden in den Vernichtungslagern der »Aktion Reinhardt« konnte nicht gerecht geahndet und gesühnt werden.

6. Den T4-Reinhardt-Männern ist aber nicht nur eine entscheidende Rolle und Verantwortung bei der Optimierung des Massenmords in den drei Vernichtungslagern zuzuschreiben. Darüber hinaus stellt sich die Frage, ob ohne ihre Einsatzbereitschaft und die Schaffung des Netzwerks die groß angelegte Ermordung der Juden in Polen überhaupt realisiert worden wäre. Denn die Männer hatten einen maßgeblichen Anteil daran, dass sich die Entscheidungen der Führungsebene zur Ermordung der Juden insgesamt radikalisierten.

In der Studie konnte eindeutig der Einfluss Globocniks und des T4-Reinhardt-Netzwerks auf die Befehlsgebung Himmlers hinsichtlich der Vernichtungslager gezeigt werden. Auf Drängen von Globocnik gab Himmler im Oktober 1941 die Genehmigung zum Aufbau des Lagers Belzec und stellte die Verbindung zwischen dem T4-Chef Brack und dem SSPF her. Zum Ende der Aufbauphase der mittlerweile drei Vernichtungslager erließ er, erneut als Reaktion auf die bereits erfolgten Entwicklungen und auf Bitte von Globocnik und Brack, die massiv die Interessen des T4-Reinhardt-Netzwerks vertraten, im Juli 1942 den Befehl, die Juden im Generalgouvernement systematisch zu töten. Im Februar 1943, zu Beginn der Erweiterungsphase, entschied Himmler, die Lager weiterzuführen und Sobibor und Treblinka in das internationale Deportationsnetz einzubinden – wiederum auf Initiative des T4-Reinhardt-Netzwerks selbst. Himmler war es allerdings auch, der – diesmal entgegen der Vorstellungen des T4-Reinhardt-Netzwerks – der »Aktion Reinhardt« ein Ende bereitete, als er die Schließung der Lager befahl und die letzten Arbeiter im Distrikt Lublin im Rahmen der »Aktion Erntefest« töten ließ.

Dieses wechselseitige Verhältnis zwischen den Befehlen der Führung des Dritten Reiches und der Entwicklung und Optimierung des Vernichtungssystems durch die T4-Reinhardt-Männer vor Ort trug maßgeblich zu der von dem Historiker Hans Mommsen angenommenen »kumulativen Radikalisierung«[10] des Völkermords bei. Der NS-Staat war kein autoritärer Staat in dem Sinne, dass es zunächst einen konkreten Befehl zum umfassenden Massenmord gegeben hätte und danach erst die Lager aufgebaut und die Deportationen geplant und durchgeführt worden wären. Im Gegenteil: Auch für den Massenmord der »Aktion Reinhardt« lässt sich feststellen, dass sich die Polykratie – die Vielzahl von weitgehend autonomen, miteinander konkurrierenden Herrschaftsträgern, wie sie auf der nationalsozialistischen Führungsebene existierte – auf den unteren Ebenen weiter fortsetzte.[11]

Die in der »Aktion Reinhardt« zu beobachtenden Wechselwirkungen zwischen lokalen oder regionalen Entscheidungsträgern und den nationalsozialistischen Führungsebenen, zwischen Peripherie und Zentrum, bedeuten gleichzeitig, dass auch die unteren Entscheidungsebenen, die Exekutoren und die vermeintlich kleinen Chargen, reale Möglichkeiten der Einflussnahme auf die höheren Entscheidungsebenen hatten und diese auch nutzten. Genau hier geht die Verantwortung der T4-Reinhardt-Männer über die reine Durchführung und Umsetzung des Massenmords in den Lagern hinaus. Sie führten Beschlüsse herbei, die letztlich zur Folge hatten, dass immer größere Bevölkerungsgruppen in ganz Europa zum Opfer des nationalsozialistischen Massenmords wurden.

Danksagung

Die vorliegende Arbeit wurde im Jahr 2011 von der Fakultät für Geschichtswissenschaft der Ruhr-Universität Bochum als Dissertation unter dem Titel »Das T4-Reinhardt-Netzwerk. Täter und Organisation der Vernichtungslager Belzec, Sobibor und Treblinka« angenommen. Für die Veröffentlichung wurde sie gekürzt und argumentativ verdichtet. Bernd Faulenbach, der bereits während meines Studiums mein Interesse für den Nationalsozialismus unterstützt hat, hat mich auch während der Jahre der Arbeit an diesem Projekt stets gefördert und ermutigt, mich intensiv diesem Forschungsgegenstand zu widmen. Ihm danke ich daher von Herzen, ebenso wie dem Zweitbetreuer der Arbeit, Wolfgang Benz (Zentrum für Antisemitismusforschung, Technische Universität Berlin), der die Arbeit hilfreich unterstützt hat. Mit Freude möchte ich mich auch bei der Gesellschaft der Freunde der Ruhr-Universität Bochum bedanken, die meine Dissertation 2012 mit dem Wilhelm-Hollenberg-Preis ausgezeichnet hat.

Besonders danken möchte ich zudem Michael Wildt, der sich als Mitherausgeber der »Studien zur Gewaltgeschichte des 20. Jahrhunderts« in besonderer Weise engagiert und mit wertvollen Hinweisen die Publikation dieser Arbeit befördert hat. Auch den beiden Mitherausgebern, Bernd Greiner und Jörg Baberowski, sowie den Mitarbeitern der Hamburger Edition gilt mein herzlicher Dank. Sigrid Weber hat die Arbeit mit großem Engagement und Sorgfalt lektoriert, ihr danke ich für diese Unterstützung sehr herzlich.

Den Mitarbeitern der zahlreichen Archive und Institute, die ich während meiner Recherchen aufgesucht habe, danke ich für ihre stets freundliche Bereitschaft, mich bei der Recherche zu beraten und mir wertvolle Hinweise zu geben. Besonders erwähnen möchte ich die Mitarbeiter und Mitarbeiterinnen des Bundesarchivs in Berlin und Ludwigsburg, der Stasi-Unterlagen-Behörde in Berlin, der Landesarchive in Berlin, Düsseldorf und Münster, des Hessischen Hauptstaatsarchivs in Wiesbaden, der Staatsarchive in München und Hamburg, von Yad Vashem in Jerusalem, des Ghetto Fighters Houses in Lohamei Haghetaot, des Regionalinstituts für die Geschichte der Befreiungsbewegung in Triest und des Holocaust Memorial Museums in Washington. Mein besonderer Dank geht an dieser Stelle an David Rich und Elizabeth White, die mir Material aus dem Office of Special Investigations in Washington zugänglich gemacht und mir einen neuen Blick auf die Trawniki-Männer eröffnet haben.

In den Jahren der Arbeit an dieser Publikation haben mich zahlreiche Freunde, Kolleginnen und Kollegen durch die Bereitstellung von Material und Aufsätzen, durch wertvolle Hinweise oder auf andere Weise unterstützt und immer wieder auch neue Perspektiven auf Einzelprobleme eröffnet. Hier gilt mein Dank insbesondere Angelika Benz (Berlin), Peter Black (Washington), Peter Eigelsberger (Hartheim), Constantin Goschler (Bochum), Alfred Gottwaldt (Berlin), Andrea Kammerhofer (Hartheim), Georg Lilienthal (Hadamar), Peter Klein (Hamburg/Berlin), Christopher Kopper (Bielefeld), Helmut Musial (Bochum), Bertrand Perz (Wien), Dieter Pohl (Klagenfurt), Kolja Raabe (Bochum), Werner Renz (Frankfurt), Regine Scholz (Düsseldorf), Andreas Schulz (Berlin), Dietmar Schulze (Leipzig) und Wolfgang Weber (Innsbruck). Mit Stefan Hördler (Washington) konnte ich die Täter-Problematik ausgiebig diskutieren.

Im Mailänder Centro di Documentazione Ebraica Contemporanea (CDEC) konnte ich intensiv Bibliothek und Archiv nutzen und durch die Mitwirkung in wissenschaftlichen Projekten in der ersten Zeit auch meinen Lebensunterhalt während des Dissertationsprojekts sichern. Den Kolleginnen und Kollegen des CDEC möchte ich daher herzlich danken. Zuletzt hatte ich die einzigartige Möglichkeit, als Mitarbeiterin der Fondazione Museo della Shoah in Rom bei Ausstellungsprojekten Erfahrungen zu sammeln und mein Projekt in größeren Zusammenhängen zu sehen. Meinen Kolleginnen und Kollegen der Fondazione möchte ich sehr herzlich für ihre stetige Bereitschaft danken, mit mir über Themen der Arbeit zu diskutieren und mich in wissenschaftlicher und persönlicher Hinsicht zu unterstützen. Mein besonderer Dank gilt hier Libera Picchianti für ihre kritische Lektüre.

An dieser Stelle ist es mir auch ein tiefes Bedürfnis, Marcello Pezzetti zu danken, der mich dazu ermutigt hat, die Lager der »Aktion Reinhardt« als Promotionsthema zu wählen. Mit seiner großen fachlichen Kompetenz und seinem mitreißenden und unermüdlichen Engagement bei der Aufarbeitung der Shoah hat er in zahlreichen Diskussionen dazu beigetragen, meine Argumente zu schärfen und eigene Thesen zu entwickeln.

Für ihre kluge Lektüre, ihre konstruktive Kritik und bereichernden Diskussionen danke ich ganz besonders auch Christine Kausch und Mechthild Leutner, die die Arbeit seit ihren Anfängen begleitet haben. Mein Dank gilt hierfür auch Melanie Goebel, Niko Pusch und Martin Leutner.

Shlomo Venezia, Überlebender des Sonderkommandos in Birkenau, hat mir auf schmerzliche Weise Einblicke in die Funktionsweise der Vernichtungslager geben können. Die Freundschaft mit ihm und seiner Familie bis zu seinem Tod im Oktober 2012 – wie auch mit dem italienisch-rhodischen Auschwitz-Überlebenden Sami Modiano sowie mit den Schwestern Andra und Tatiana Bucci, die von den hier behandelten Tätern als Kinder aus dem »Adriatischen Küstenland« nach Auschwitz deportiert wurden – hat mich immer wieder darin bestätigt, dieses traurige Kapitel der deutschen Geschichte wissenschaftlich aufzuarbeiten. Philip Bialowitz, einer der wenigen Überlebenden von Sobibor, hat mir das Vernichtungslager Sobibor auch aus der Opferperspektive eindrücklich vermittelt.

Ganz persönlich danken möchte ich meinen Eltern, Marianne Leutner-Berger und Lutz Berger, und meiner Schwester Lina für ihr jahrelanges Verständnis und ihre persönliche Unterstützung. Meine Eltern haben schon früh mein Interesse an der Geschichte des Nationalsozialismus und an der historischen Aufarbeitung der NS-Verbrechen geweckt und gefördert. Gewünscht hätte ich mir, dass mein Vater die Fertigstellung dieser Arbeit noch erlebt hätte.

Anhang

Kurzbiografien der T4-Reinhardt-Männer

Die Biografien konzentrieren sich auf Geburtsdaten, Mitgliedschaft in NS-Organisationen, Beruf, T4-Tätigkeit 1940–1941 (ohne zeitliche Zuschreibung und Nennung der T4-Institute), die Zeit in den Vernichtungslagern, die darauf folgende Tätigkeit in Italien und gegebenenfalls Prozess- und Sterbedaten.

Arndt oder **Arendt, Kurt:** Um 1912 geboren (oder 1914 in Königsberg), in Berlin und Neuruppin wohnhaft, im Zivilberuf und bei der T4 Pfleger. Eingesetzt in Treblinka (Mai/Juni 1942 bis 1943), im oberen und unteren Lager mit dem Dienstgrad eines SS-Unterscharführers. 1944 möglicherweise in Triest (R I), weiterer Lebensweg unbekannt. Tod möglicherweise 1998.
Baer, Rudolf: 1906 in Leipzig geboren. Arbeiter in einem Möbelhaus und der väterlichen Tischlerei. Mitglied der »Wehrschaft Armin« (1924 bis 1925) und der SS (1933). Bei der T4 Brenner und Koch. Eingesetzt in Belzec (September 1942 bis Frühjahr 1943), Treblinka (Mai/Juni bis September 1942) und im Alten Flughafen, hauptsächlich in der Verwaltung. Dienstgrad eines SS-Scharführers. Herbst 1943 bis Kriegsende 1945 in Triest (R I), dann in Kriegsgefangenschaft, weiterer Lebensweg unbekannt.
Barbl, Heinrich: 1900 in Sarleinsbach in Österreich geboren. Mitglied der NSDAP und der SA (1933). Im Zivilberuf Spengler und Installateur, bei der T4 Spengler und Urnenversand. Eingesetzt in Belzec (Januar 1942 bis April 1942, dann wieder Herbst 1942 bis Sommer 1943) bei den Gaskammern und in Sobibor (April bis Herbst 1942) als Installateur. Dienstgrad eines SS-Unterscharführers. Ende 1943 bis Kriegsende 1945 in Triest (R I); nach dem Krieg in Österreich, Zeuge in Ermittlungsverfahren, aber keine Anklage.
Bauch, Ernst: 1911 in Giersdorf (Gałązczyce) bei Grottkau geboren. Mitglied von SS (1933), NSDAP (1937) und DAF. Im Zivilberuf Tischler, bei der T4 Brenner. Eingesetzt in Sobibor (April bis zum Tod im November 1942) im Lager I mit dem Dienstgrad eines SS-Unterscharführers. Selbstmord in Berlin.
Bauer, Erich: 1900 in Berlin geboren. Dreherlehre, Teilnahme am Ersten Weltkrieg; danach Kraftfahrer. Mitglied der SA (1933) und NSDAP (1938). Bei der T4 Fahrer. Eingesetzt in Sobibor (April 1942 bis Ende 1943) als Fahrer, in Lager III und an der Rampe mit dem Dienstgrad eines SS-Oberscharführers. Ende 1943 bis Kriegsende 1945 in Triest (R I) und Fiume (R II). 1950 in Berlin zum Tode verurteilt, umgewandelt in lebenslange Haft. Tod 1980.
Becher, Werner: 1912 in Aue (Sachsen) geboren. Mitglied der NSDAP (1940). Im Zivilberuf Schlosser und Fahrer, bei der T4 Fahrer. Eingesetzt in Sobibor (August bis November 1942) im Lager III und im Sortierkommando mit dem Dienstgrad eines SS-Unterscharführers. In der Folgezeit wieder bei der T4. Nach dem Krieg noch Aussage vor Gericht. Tod 1977 in der DDR.
Beckmann, Rudolf: 1904 in Buer (Westfalen) geboren. Mitglied der NSDAP und SS. Im Zivilberuf und bei der T4 als Landwirt tätig. Eingesetzt in Sobibor (April 1942 bis

Oktober 1943) als Leiter des Lagers II, in der Verwaltung und bei den Sortierbaracken. Dienstgrad eines SS-Unterschar-, Schar- oder Oberscharführers. Stirbt beim Aufstand am 14. Oktober 1943.

Beelitz, Willi: 1909 in Berlin-Lichterfelde geboren. Mitglied der SA. Im Zivilberuf Schuhmacher und Schneider. Eingesetzt in Treblinka (August 1942 bis Oktober 1943) mit Polizeidiensten und bei verschiedenen Kommandos mit dem Dienstgrad eines SS-Scharführers. Ab Ende 1943 in Udine (R III), weiterer Lebensweg unbekannt.

Biela, Max: 1905 in Löschen (Kreis Calau) geboren, Mitglied der SS. Im Zivilberuf Schlosser, bei der T4 Brenner und Pförtner. Eingesetzt in Treblinka (Mai/Juni bis zum Tod im September 1942) als Leiter des unteren Lagers mit dem Dienstgrad eines SS-Oberscharführers; bei Waffen-SS Dienstgrad des SS-Rottenführers. Tödlich verletzt durch »Arbeitsjuden« am 11. September 1942.

Bolender, Kurt: 1912 in Duisburg-Beeck geboren. Mitglied der Kyffhäuserjugend, dann der SA, der NSDAP (1931) und der SS (1932). Im Zivilberuf Eisenkontrolleur, bei der T4 Brenner. Eingesetzt in Sobibor (April bis Oktober 1942, Oktober 1943) als Leiter des Lagers III und im Alten Flughafen. Dienstgrad eines SS-Scharführers. Ende 1943 bis Kriegsende 1945 in Triest (R I) und Fiume (R II). Nach dem Krieg unter falschem Namen untergetaucht. Angeklagter im Sobibor-Prozess in Hagen, 1966 Selbstmord in U-Haft.

Bootz, Helmuth: 1907 in Stettin geboren. Mitglied der NSDAP und SS (1933). Im Zivilberuf Landwirt und beim Werkschutz, bei der T4 Wachdienst. Eingesetzt in Treblinka (Mai/Juni 1942 bis Frühjahr 1943) als Aufseher über die Wachmänner mit dem Dienstgrad eines SS-Unterscharführers. Zunächst wieder in Bernburg, ab November 1943 bei der Wehrmacht. Zeuge in Ermittlungsverfahren in Düsseldorf, Ermittlungen 1974 eingestellt.

Borowski, Werner: 1913 in Sprottau geboren. Im Zivilberuf wahrscheinlich Kaufmann, bei der T4 Verwalter. Eingesetzt in der Verwaltung in Belzec (Januar bis ca. April 1942) und Treblinka (Mai/Juni bis September 1942) mit dem Dienstgrad eines SS-Oberscharführers. Anschließend in Versuchsanstalt Wiesloch, ab Ende August 1943 bei der Luftwaffe, dort 1944 als vermisst gemeldet.

Bredow, Paul: 1911 in Fürstenberg (Oder) geboren. Im Zivilberuf Kellner, bei der T4 Brenner. Eingesetzt in Sobibor (April bis November 1942, Oktober 1943) als Leiter des Offizierskasinos und bei Erschießungen, in Treblinka (November 1942 bis Oktober 1943) im unteren Lager und bei den Sortierkommandos. Dienstgrad eines SS-Oberscharführers. Ende 1943 bis Kriegsende 1945 in Triest (R I). 1946 tödlich verunglückt.

Bree, Max: 1906 geboren, möglicherweise aus Lübben im Spreewald. Im Zivilberuf und bei der T4 Pfleger. Eingesetzt in Belzec (Juni/Juli bis August/September 1942), Treblinka (September 1942 bis Frühjahr 1943) und Sobibor (Frühling 1943 bis Oktober 1943) bei verschiedenen Kommandos. Dienstgrad eines SS-Unterscharführers. Stirbt beim Aufstand am 14. Oktober 1943.

Bruckner, Bruno: 1902 in Linz geboren. Mitglied von NSDAP und SA. Im Zivilberuf Portier, bei der T4 im Fotolabor. Eingesetzt in Treblinka (August bis September 1942) bei verschiedenen Kommandos mit dem Dienstgrad eines SS-Unterscharführers. Ab Februar 1943 bei der Wehrmacht, nach dem Krieg in Österreich.

Dachsel, Arthur: 1890 in Böhlen (Riesa) in Sachsen geboren. Im Zivilberuf Schmied, Schlosser, Zigarrenhändler, Polizeibeamter und/oder Pfleger. Mitglied der NSDAP, möglicherweise auch der SS. Bei der T4 tätig. Eingesetzt in Belzec (September 1942 bis Sommer 1943) als Handwerker und bei der Kleidersortierung, in Sobibor (Juli bis Ende 1943) Aufsicht im Lager IV. Dienstgrad eines SS-Scharführers. Ende 1943 bis Kriegsende 1945 in Triest (R I) und Fiume (R II); weiterer Lebensweg unbekannt, 1958 für tot erklärt.

Dietze, Erich: 1915 geboren, wohnhaft in Arnsdorf. Bei der T4 in der Verwaltung. Eingesetzt bei der Inspektion Lublin. Ab Ende 1943 in Triest (R I); weiterer Lebensweg unbekannt.

Dubois, Werner: 1913 in Wuppertal geboren. Zunächst Pinselmacherlehre, dann arbeitslos, in der Landwirtschaft und beim freiwilligen Arbeitsdienst. Mitglied der SA (1933/1934), NSDAP (1937) und SS (1937). 1937 bei SS-Totenkopfstandarte, im Konzentrationslager Sachsenhausen als Fahrer tätig, bei der T4 Fahrer und Brenner. Eingesetzt in Belzec (März/April 1942 bis Sommer 1943) als Fahrer und bei verschiedenen Kommandos, in Sobibor (Juli bis Oktober 1943) als Fahrer, bei Außenkommandos, beim Waldkommando und als Waffenwart. Dienstgrad eines SS-Scharführers. Ende 1943 bis Kriegsende 1945 in Triest (R I). Ermittlungen im Belzec-Verfahren eingestellt, im Sobibor-Prozess 1966 zu drei Jahren Haft verurteilt. Tod 1971.

Eberl, Irmfried: 1910 in Bregenz geboren. Mitglied der NSDAP (1931). Im Zivilberuf Arzt (Promotion 1935) und wissenschaftlicher Mitarbeiter. Bei der T4 medizinischer Leiter. Eingesetzt in Sobibor (April bis Mai 1942) während des Aufbaus, Lagerleiter in Treblinka (Mai bis September 1942) mit dem Dienstgrad eines SS-Untersturmführers. In Folgezeit in Bernburg, dann bei der Wehrmacht. Selbstmord 1947 in U-Haft in Ulm.

Eisold, Johannes: 1907 in Königstein (bei Löbau) in Sachsen geboren. Möglicherweise Mitglied der NSDAP und SS. Im Zivilberuf und bei der T4 Pfleger. Eingesetzt in Treblinka (September 1942 bis November 1943) im oberen Lager mit dem Dienstgrad eines SS-Unterscharführers. Ab Ende 1943 in Triest (R I), ab Herbst 1944 in einer Pflegeanstalt, dann bei der Wehrmacht. Aus Kriegsgefangenschaft entlassen, weiterer Lebensweg unbekannt.

Feix, Reinhold: 1909 in Oberschwarzbrunn, Kreis Gablonz (Sudetenland) geboren. Mitglied der SS. Im Zivilberuf Friseur, nicht bei der T4, Einsatz im Ausbildungslager Trawniki. Eingesetzt in Belzec (April/August bis Dezember 1942) und Budzyn als Aufseher über die Trawniki-Männer mit dem Dienstgrad eines SS-Oberscharführers. Später an der Front, stirbt wahrscheinlich in russischer Kriegsgefangenschaft.

Felfe, Hermann: 1902 in Jankwitz bei Bautzen geboren. Mitglied der NSDAP. Im Zivilberuf und bei der T4 Maurer und Pfleger. Eingesetzt in Treblinka (September 1942 bis August 1943) bei Bauarbeiten mit dem Dienstgrad eines SS-Unterscharführers. Im Dresdner Ärzteprozess 1947 zum Tod verurteilt, Selbstmord vor Vollstreckung des Urteils.

Fey (möglicherweise auch **Vey), Kurt:** 1898 (oder 1901) geboren. Im Zivilberuf vielleicht Pfleger, bei der T4 im Büro. Eingesetzt in Sobibor (Oktober 1942 bis Ende 1943) im Lager II, wahrscheinlich mit dem Dienstgrad eines SS-Unterscharführers. In Triest (R I) von Ende 1943 bis zu seinem Tod im Kampf gegen Partisanen 1945.

Fichtner, Erwin: 1912 in Trachenberg geboren. Mitglied der SS (1933). Im Zivilberuf Angestellter, bei der T4 Pförtner oder Brenner. Eingesetzt in Belzec (Januar 1942 bis zum Tod Ende 1942 oder Januar 1943) als Rechnungsführer und Furier mit dem Dienstgrad eines SS-Unterscharführers; bei Waffen-SS Dienstgrad eines Sturmmanns. Stirbt bei Kämpfen gegen Partisanen.

Florian, Alfred (möglicherweise auch **Albert**): Gehörte zu den »alten Kämpfern«, im Zivilberuf wahrscheinlich Angestellter, bei der T4 Pförtner. Eingesetzt in Treblinka (August bis November 1942) bei verschiedenen Kommandos mit dem Dienstgrad eines SS-Unterscharführers. Im Anschluss Rückkehr zur T4. Weiterer Lebensweg unbekannt.

Floß, Herbert: 1912 in Reinholdshain geboren. Zunächst Färber, dann arbeitslos, dann in verschiedenen Bereichen beschäftigt, zuletzt beim SS-Totenkopfverband, in den Konzentrationslagern Lichtenburg und Buchenwald tätig. Mitglied der NSDAP (1930), SA (1931 bis 1935) und SS (1935). Bei der T4 Brenner. Eingesetzt in Sobibor (April 1942 bis November 1942 und im Oktober 1943) bei den Wertsachen, als Hauswirt und bei den Trawniki-Männern, in Belzec (November 1942 bis Februar 1943) bei der Verbrennungsaktion und in Treblinka (Frühjahr bis September 1943) ebenfalls bei der Leichenverbrennung, als Spieß und bei den Trawniki-Männern. Dienstgrad eines SS-Oberscharführers. Getötet durch Trawniki-Männer am 22. Oktober 1943.

Forker, Alfred: 1904 in Sachsen geboren. Mitglied der NSDAP. Im Zivilberuf und bei der T4 Pfleger. Eingesetzt in Treblinka (Frühjahr bis August 1943) bei verschiedenen Kommandos mit dem Dienstgrad eines SS-Unterscharführers. Im Anschluss zunächst wieder T4, dann in Triest (R I). Weiterer Lebensweg unbekannt.

Franz, Kurt: 1914 in Düsseldorf geboren. Ausbildung zum Koch, 1935 bei der Wehrmacht, im Oktober 1937 zur SS verpflichtet und in Buchenwald eingesetzt, bei der T4 Koch. Eingesetzt in Belzec (Mitte Februar bis August 1942) und Treblinka (August 1942 bis November 1943) als Stellvertreter des Kommandanten mit dem Dienstgrad eines SS-Oberscharführers (zuletzt als SS-Untersturmführer). Ende 1943 bis Kriegsende 1945 in Triest (R I) und Görz. Im Treblinka-Prozess 1965 zu lebenslanger Haft verurteilt. Tod 1998.

Frenzel, Karl: 1911 in Zehdenick (Havel) geboren. Mitglied von NSDAP und SA (1930). Im Zivilberuf Zimmermann und Hilfsarbeiter, bei der T4 Brenner. Eingesetzt in Sobibor (April 1942 bis Ende 1943) als Leiter des Lagers I mit dem Dienstgrad eines SS-Oberscharführers. Ende 1943 bis Kriegsende 1945 in Fiume (R II). 1966 im Sobibor-Prozess zu lebenslanger Haft verurteilt. Tod 1996.

Fuchs, Erich: 1902 in Berlin geboren. Mitglied von SPD, SA und NSDAP. Im Zivilberuf Schlosser, bei der T4 Fahrer von Eberl. Eingesetzt in Belzec (Januar bis April, November 1942), Sobibor (April bis Mai 1942) und Treblinka (Juni bis Oktober 1942) bei verschiedenen Kommandos, als Fahrer und Installateur des Motors in den Gaskammern mit dem Dienstgrad eines SS-Unterscharführers. In Folgezeit in der Versuchsanstalt Wiesloch, dann bei der Ostland-Ölgesellschaft in Riga und ab Herbst 1944 bei der Wehrmacht. Ermittlungen im Belzec-Verfahren eingestellt, in Sobibor-Prozess 1966 zu vier Jahren Haft verurteilt. Tod 1980.

Geng, Konrad: 1911 in Lauf a.d. Pegnitz (bei Nürnberg) geboren. Mitglied von SS (1933) und NSDAP (1937). Im Zivilberuf und bei der T4 Fahrer, u.a. von Brack. Eingesetzt bei der Inspektion Lublin. Herbst 1943 bis Kriegsende 1945 in Triest (R I), nach dem Krieg in Italien, Zeuge in Ermittlungsverfahren, aber keine Anklage.

Gentz, Ernst: Wahrscheinlich nach 1912 geboren, aus der Mark Brandenburg, möglicherweise aus Storkow. Im Zivilberuf Schuhmacher, bei der T4 tätig. Eingesetzt in Treblinka (August 1942 bis Oktober 1943) bei Polizeidiensten und bei verschiedenen Kommandos mit dem Dienstgrad eines SS-Unterscharführers. Ende 1943 bis Kriegsende 1945 in Udine (R III). Weiterer Lebensweg unbekannt.

Getzinger, Anton: 1910 in Oeblarn (Steiermark) geboren. Mitglied der NSDAP (1933) und SA. Flucht wegen illegaler nationalsozialistischer Tätigkeit nach Deutschland. Im Zivilberuf und bei der T4 Fahrer. Eingesetzt in Sobibor (April 1942 bis zum Tod im September 1943) im Lager III, bei den Gaskammern und bei Außenkommandos mit dem Dienstgrad eines SS-Unterscharführers. Stirbt beim Hantieren mit Granaten.

Girtzig, Hans: 1905 in Berlin geboren. Mitglied der NSDAP (1929, dann Austritt, dann wieder März 1933) und der SS (1931). Im Zivilberuf Angestellter, bei der T4 Kantinenleiter, Führer des Krankenbuchs und in der Wäscherei tätig. Eingesetzt in Belzec (Juni/Juli 1942 bis Mai 1943) in der Schreibstube und der Küche, dann in Poniatowa. Dienstgrad eines SS-Unterscharführers, bei Waffen-SS Schütze. Ende 1943 bis Kriegsende 1945 in Triest (R I). Ermittlungen im Belzec-Verfahren eingestellt.

Gley, Heinrich: 1901 in Rödlin (Kreis Neustrelitz) geboren. Mitglied von NSDAP (1932) und SS (1934). Zunächst in der Landwirtschaft, im Reichsheer und in verschiedenen Arbeitsbereichen tätig, ab 1929 Pfleger, so auch bei der T4. Eingesetzt in Belzec (September 1942 bis Mai 1943) bei der Kleidersortierung und bei verschiedenen Kommandos, dann in Poniatowa. Dienstgrad eines SS-Oberscharführers. Ende 1943 bis Juli 1944 in Triest (R I), ab August bei Waffen-SS in Prag. Ermittlungen zu Belzec (München) und Poniatowa (Hamburg) eingestellt. Tod 1985.

Gomerski, Hubert: 1911 in Schweinheim, Kreis Aschaffenburg, geboren. Mitglied der HJ (1927), NSDAP (1929), SA (1930) und SS (1931). Im Zivilberuf Eisendreher, bei der T4 Brenner. Eingesetzt in Sobibor (April 1942 bis Ende 1943) im Lager III bei den Trawniki-Männern, bei der Lorenbahn und der Waffenkammer mit dem Dienstgrad eines SS-Scharführers. Ende 1943 bis Kriegsende 1945 in Fiume (R II). 1950 in Frankfurt (Main) im Sobibor-Prozess zu lebenslanger Haft verurteilt, im Wiederaufnahmeverfahren 1977 auf 15 Jahre Haft reduziert. Tod 1999.

Graetschus, Siegfried: 1916 in Tilsit (Ostpreußen) geboren, zunächst in der Landwirtschaft tätig. 1933 Nationalsozialistischer Freiwilliger Arbeitsdienst, dann Reichsheer. 1937 zur SS verpflichtet und beim SS-Totenkopfverband »Brandenburg« im Konzentrationslager Sachsenhausen eingesetzt. Bei der T4 Brenner. Eingesetzt in Belzec (Januar bis April 1942) bei verschiedenen Kommandos, in Treblinka (Mai/Juni bis September 1942) als Spieß und Wachführer, in Sobibor (September 1942 bis Oktober 1943). Dienstgrad eines SS-Oberscharführers. Stirbt beim Aufstand in Sobibor am 14. Oktober 1943.

Gringers, Max: 1898 in Pforzheim geboren. Bei der T4 wahrscheinlich Desinfektor oder Koch. Eingesetzt in Belzec (Juni/Juli 1942 bis Mai 1943) bei der Kleidersortierung und in Poniatowa. Dienstgrad eines Hauptwachtmanns und eventuell SS-Scharführers. In Triest (R I) Ende 1943 bis zum Tod im Kampf gegen Partisanen am 30. April 1944.

Grömer, Ferdinand: 1903 in Österreich geboren. Im Zivilberuf Fleischer, bei der T4 Koch, möglicherweise auch Brenner. Eingesetzt in Sobibor (April 1942 bis Spätsommer 1943) als Koch, im Lager III, beim Wald- und beim Strafkommando mit dem Dienstgrad eines SS-Scharführers. Weiterer Lebensweg unbekannt.

Großmann, Willy: 1901 in Lichtenberg, Kreis Kamenz, geboren. Mitglied der NSDAP (1933) und des NSKK. Im Zivilberuf Pfleger, bei der T4 Portier. Eingesetzt in Treblinka (September 1942 bis November 1943) im oberen Lager, als Baggerführer mit dem Dienstgrad eines SS-Unterscharführers. Ende 1943 bis Kriegsende 1945 in Triest

(R I) und in Tolmezzo. Zeuge in westdeutschen Ermittlungsverfahren, aber keine Anklage. Tod 1969.

Groth, Paul: 1913 in Hamburg geboren, wohnhaft in Berlin. Wahrscheinlich Mitglied der SA. Im Zivilberuf Fleischer, bei der T4 Brenner. Eingesetzt in Belzec (Spätsommer/Herbst 1942 bis Sommer 1943) im Lager I und II, in Sobibor (April bis Spätsommer 1942, Juli 1943 bis Spätsommer 1943) im Lager I und II, an der Rampe und bei den Sortierkommandos mit dem Dienstgrad eines SS-Scharführers. Weiterer Lebensweg unbekannt.

Hackenholt, Lorenz: 1914 in Gelsenkirchen geboren. Zunächst Maurer. Mitglied der SS (1933), 1934 in Führerschule des SS-Abschnitts XVII, 1935 bis 1937 in der Wehrmacht, dann beim SS-Totenkopfverband »Brandenburg«, bei der T4 Fahrer. Eingesetzt in Belzec (Winter 1941 bis Frühjahr 1943), in Treblinka (September bis Oktober 1942) und in Sobibor (Oktober 1942) bei den Gaskammern, dann im Alten Flughafen. Dienstgrad eines SS-Oberscharführers. Ende 1943 bis Kriegsende 1945 in Triest (R I). Nach Kriegsende unter falschem Namen untergetaucht.

Häusler, Willy: 1894 in Breslau geboren. Teilnehmer des Ersten Weltkriegs, SS und NSDAP (1933/1934). Im Zivilberuf Kaufmann, bei der T4 in der Verwaltung. Eingesetzt in der Inspektion der Vernichtungslager in Lublin. Ende 1943 bis Kriegsende 1945 in Triest (R I), Mailand und Turin. Zeuge in westdeutschen Ermittlungsverfahren, aber keine Anklage.

Hengst, August: 1905 in Bonn geboren. Mitglied der NSDAP (1933). Im Zivilberuf Koch und Hausmeister, bei der T4 Koch. Eingesetzt in Treblinka (Mai/Juni 1942 bis September 1943) als Furier (mit Sitz in Warschau) mit dem Dienstgrad eines SS-Unterscharführers. Ende 1943 bis Kriegsende 1945 in Triest (R I) und Udine (R III). Zeuge in Ermittlungsverfahren, aber keine Anklage. Tod 1963.

Hering, Gottlieb: 1887 in Warmbronn, Kreis Leonberg, geboren. Mitglied der NSDAP (1933). Zunächst landwirtschaftlicher Aufseher, 1907 bis 1912 beim Militär, dann Stadtpolizei Heilbronn; Teilnehmer des Ersten Weltkrieges, danach Kriminalpolizei in Heilbronn, Göppingen und Stuttgart, im Januar 1940 bei der Polizei Gotenhafen. Bei der T4 Büroleiter. Eingesetzt als Lagerleiter in Belzec (August 1942 bis Frühjahr 1943) und in Poniatowa mit dem Dienstgrad eines Kriminalinspektors oder SS-Obersturmführers. Ende 1943 bis Sommer 1944 in Triest (R I), kurze Zeit in Udine (R III), dann abgelöst. Tod im Oktober 1945.

Hiller, Richard: 1899 in Bräunsdorf bei Freiberg (Sachsen) geboren. Im Zivilberuf und bei der T4 Pfleger, bei der T4 möglicherweise auch Brenner. Eingesetzt in Treblinka (September 1942 bis Oktober 1943) im oberen Lager mit dem Dienstgrad eines SS-Unterscharführers. Ende 1943 bis Kriegsende 1945 in Fiume (R II). Tod 1962.

Hirche, Fritz: 1893 in Penzig im Kreis Görlitz geboren. Teilnehmer des Ersten Weltkrieges. Mitglied der DNVP und NSDAP (1933). Im Zivilberuf Polizist, bei der T4 Büroleiter. Eingesetzt als Vertretungskommandant in Belzec (Juli 1942) mit dem Dienstgrad eines Kriminal-Obersekretärs und Hauptmanns der Schutzpolizei sowie eines SS-Untersturmführers. Ab November 1943 Leiter der Kriminalpolizei in Stralsund, dort Selbstmord am 1. Mai 1945.

Hirtreiter, Josef: 1909 in Bruchsal (Baden) geboren. Mitglied der NSDAP und SA (1932), DAF (1934) und NSV (1936). Im Zivilberuf Maurer und Schlosser, bei der T4 in der Küche und im Büro. Eingesetzt in Treblinka (August 1942 bis Oktober 1943) bei verschiedenen Kommandos mit dem Dienstgrad eines SS-Unterscharführers.

Ende 1943 bis Kriegsende 1945 im »Adriatischen Küstenland«, wahrscheinlich in Udine (R III). Verurteilt 1951 im Treblinka-Prozess in Frankfurt (Main) zu lebenslanger Haft. Tod 1978.

Hödl, Franz: 1905 in Aschach an der Donau geboren. Mitglied von NSDAP (1937) und SS (1938) in der Ortsgruppe von Reichleitner. Im Zivilberuf und bei der T4 Fahrer. Eingesetzt in Sobibor (Juni 1942 bis Ende 1943) im Lager III, bei den Gaskammern, vertretungsweise Leiter des Lagers II. Dienstgrad eines SS-Scharführers. Ende 1943 bis Kriegsende in Fiume (R II). 1947 im Hartheim-Prozess in Linz zu drei Jahren Kerker verurteilt. Todesjahr unklar, aber vor 1983.

Horn, Richard: 1903 in Obergrauschwitz bei Oschatz (Sachsen) geboren. Mitglied der NSDAP (1937) und DAF. Zunächst Landwirt und Bergmann, dann Pfleger, bei der T4 Aktensortierung. Eingesetzt in Treblinka (September 1942 bis September 1943) im oberen Lager mit dem Dienstgrad eines SS-Unterscharführers. Ende 1943 bis circa September 1944 in Triest (R I), dann Heilanstalt und Sanitätseinheit. Im Treblinka-Prozess 1965 freigesprochen. Tod nach 1989.

Ittner, Alfred: 1907 in Kulmbach in Bayern geboren. Mitglied der NSDAP (1925 bis 1926, dann wieder 1934) und SA. Im Zivilberuf Kaufmann, bei der T4 Buchhalter. Eingesetzt in Sobibor (April bis Juni 1942) als Kassenleiter und im Lager III mit dem Dienstgrad eines SS-Oberscharführers. In Folgezeit erneut T4, dann ab September 1944 bei der Infanterie. Im Sobibor-Prozess 1966 zu vier Jahren Haft verurteilt. Tod 1976.

Jirmann, Fritz: 1914 in Barzdorf (Božanov), Kreis Braunau, geboren. Nach Ausbildung Dienst im Tschechischen Heer, dann beim Sudetendeutschen Freikorps. Mitglied der Sudetendeutschen Partei (1934), der SS (1938) und NSDAP. Beim Totenkopfverband »Ostmark« – Adlershof, dann im Juni 1939 beim Totenkopfverband »Thüringen« in Buchenwald. Bei der T4 Koch und Brenner. Eingesetzt in Belzec (Winter 1941 bis zu seinem Tod im Oktober 1942) als Stabsscharführer und Spieß der Trawniki-Männer mit dem Dienstgrad eines SS-Oberscharführers. Versehentlich von Gley getötet.

Jührs, Robert: 1911 in Frankfurt (Main) geboren. Mitglied von NSDAP (April 1930) und SA (1930 bis 1935/1936). Im Zivilberuf und bei der T4 Bürogehilfe. Eingesetzt in Belzec (Juni/Juli 1942 bis Frühjahr 1943) bei verschiedenen Kommandos und in Dorohucza. Dienstgrad eines SS-Unterscharführers. Ende 1943 bis Kriegsende 1945 in Triest (R I). Ermittlungen wegen Hadamar (1947) und Belzec eingestellt. Freispruch im Sobibor-Prozess 1966. Tod 1996.

Kaina, Erwin: 1910 in Berlin geboren. Im Zivilberuf und bei der T4 Pfleger. Eingesetzt in Treblinka (Mai/Juni bis zum Selbstmord im Oktober 1942) im oberen Lager mit dem Dienstgrad eines SS-Unterscharführers.

Kamm, Rudolf: Um 1910 (möglicherweise auch 1915) im Sudetenland, wahrscheinlich im Böhmerwald, in Teschen oder Teplitz-Schönau geboren (eventuell auch Rauscha, Kreis Görlitz). Wahrscheinlich Mitglied der SS. Im Zivilberuf eventuell Glasschleifer, bei der T4 möglicherweise Brenner und Maurer. Eingesetzt in Belzec (Juni/Juli oder September 1942 bis Sommer 1943) bei verschiedenen Kommandos und in Sobibor (Juli bis Ende 1943) beim Sortier- und beim Waldkommando mit dem Dienstgrad eines SS-Scharführers. Ende 1943 bis Kriegsende 1945 in Fiume (R II). Weiterer Lebensweg unbekannt.

Kielminsky, Otto: Um 1906 möglicherweise in Berlin geboren. Im Zivilberuf und bei der T4 Fahrer. Eingesetzt in Belzec (Juni/Juli 1942 bis circa Frühjahr 1943) als Fahrer mit dem Dienstgrad eines SS-Unterscharführers. Ende 1943 bis Kriegsende 1945 in Udine (R III). Weiterer Lebensweg unbekannt.

Klahn, Johannes: 1908 geboren, möglicherweise aus Dresden. Mitglied der NSDAP. Im Zivilberuf und bei der T4 Pfleger. Eingesetzt in Treblinka (September bis Dezember 1942) im Sortierkommando mit dem Dienstgrad eines SS-Scharführers. Weiterer Lebensweg unbekannt.

Klier, Johann: 1901 in Stadtsteinach geboren. Mitglied der SA und der NSDAP (1933), dort 1938/40 Blockleiter. Im Zivilberuf Bäcker und Hilfsarbeiter, bei der T4 für die Heizung zuständig. Eingesetzt in Sobibor (August 1942 bis Ende 1943) in der Bäckerei und der Schuhsortierung mit dem Dienstgrad eines SS-Unterscharführers. Ende 1943 bis Kriegsende 1945 in Triest (R I). Bis 1948 in Internierungshaft. Im Sobibor-Prozess in Frankfurt (Main) 1950 freigesprochen. Tod 1955.

Kloß, Walther: 1906 wahrscheinlich in Dresden geboren. Im Zivilberuf und bei der T4 Fahrer. Eingesetzt in Belzec (September 1942 bis Frühjahr 1943) als Fahrer von Hering und in Poniatowa. Dienstgrad eines SS-Unterscharführers. Im Juni 1943 von Partisanen erschossen.

Konrad, Fritz: 1902 in Frankfurt (Oder) geboren. Im Zivilberuf und bei der T4 Pfleger. Eingesetzt in Sobibor (Frühjahr bis Oktober 1943) bei der Kleidersortierung mit dem Dienstgrad eines SS-Unterscharführers. Stirbt beim Aufstand am 14. Oktober 1943.

Koschewski (auch **Kraschewski), Friedrich:** 1893 geboren. Im Zivilberuf und bei der T4 Pfleger. Eingesetzt in Belzec (Juni/Juli bis August/September 1942) bei verschiedenen Kommandos mit dem Dienstgrad eines SS-Unterscharführers. Im Anschluss wieder bei der T4, ab 1944 in Triest (R I). Weiterer Lebensweg unbekannt.

Küttner, Fritz: 1907 in Oelsnitz im Erzgebirge, Kreis Chemnitz, geboren. Mitglied der NSDAP (1937) und SS. Im Zivilleben zunächst Handwerker, dann Polizist, so auch bei der T4. Eingesetzt in Treblinka (September 1942 bis September 1943) als Wirtschaftsleiter und Leiter des unteren Lagers mit dem Dienstgrad eines Polizeihauptwachtmeisters beziehungsweise SS-Hauptscharführers. Ende 1943 bis Juli 1944 in Udine (R III), dann abgelöst. 1945 in Dresden, dann wahrscheinlich untergetaucht. 1959 für tot erklärt.

Lachmann, Erich: 1909 in Liegnitz, Niederschlesien geboren. Mitglied des Stahlhelms, dann der SA (1933). Im Zivilberuf Maurer. Nicht bei der T4 tätig, Einsatz im Ausbildungslager Trawniki. Eingesetzt in Sobibor (Juni bis September 1942) als Führer der Trawniki-Männer mit dem Dienstgrad eines Oberwachtmeisters. In Folgezeit wegen Fahnenflucht in SS- und Polizei-Straflager Dachau inhaftiert. Bei Kriegsende in Strafkompanie, dann in russischer Kriegsgefangenschaft bis 1950. Im Sobibor-Prozess 1966 freigesprochen. Tod 1972.

Lambert, Erwin: 1909 in Schildow, Kreis Niederbarnim, geboren. Mitglied der NSDAP (1933). Im Zivilberuf Maurer. Bei der T4 zuständig für Umbauarbeiten in Instituten. Eingesetzt in Treblinka (Mai/Juni bis Juli, September bis Oktober 1942, Frühjahr 1943) und Sobibor (Oktober 1942) beim Gaskammerbau sowie im Alten Flughafen und in Dorohucza. Dienstgrad eines SS-Unterscharführers. Anfang 1944 bis Kriegsende 1945 in Triest (R I). Verurteilt im Treblinka-Prozess 1965 zu vier Jahren Gefängnis und im Sobibor-Prozess 1966 zu drei Jahren Haft. Tod 1976.

Lindenmüller, Alfons: 1914 in Trossingen, Kreis Tuttlingen (Württemberg) geboren. Mitglied der SA (1931), SS (1933) und NSDAP. Nicht bei der T4 tätig, bei SS-Standortverwaltung. Eingesetzt in Treblinka (September 1942 bis Februar 1943) bei der

Werterfassung mit dem Dienstgrad eines SS-Oberscharführers. In Folgezeit an der Front. Tod 1946 im Kriegsgefangenenlager Ksawera Koszelew.

Löffler, Alfred: 1904 in Basel in der Schweiz geboren, in Frankfurt aufgewachsen. Im Zivilberuf Tischler. Bei der T4 tätig. Eingesetzt in Treblinka (August 1942 bis Oktober 1943) im oberen Lager als Tischler mit dem Dienstgrad eines SS-Scharführers. Ende 1943 bis zum Tod im Kampf gegen Partisanen am 30. April 1944 in Triest (R I).

Ludwig, Karl: 1901 in Zehdenik (Brandenburg) geboren, wohnhaft in Berlin. Mitglied der NSDAP (1933), DAF, NSV und wahrscheinlich SA. Im Zivilberuf und bei der T4 Fahrer. Eingesetzt in Sobibor (April bis September 1942, November 1943) als Fahrer und im Lager III, in Treblinka (September 1942 bis Oktober 1943) im oberen und unteren Lager. Dienstgrad eines SS-Scharführers. Ende 1943 bis Kriegsende 1945 in Fiume (R II). Tod 1963.

Matthes, Arthur: 1901 in Wermsdorf, Bezirk Leipzig, geboren. Mitglied von SA (1933/1934) und NSDAP (1937). Im Zivilberuf Pfleger, bei der T4 im Fotolabor. Eingesetzt in Treblinka (August 1942 bis Oktober 1943) als Chef des oberen Lagers mit dem Dienstgrad eines SS-Scharführers. Ende 1943 bis Kriegsende 1945 in Triest (R I). Im Treblinka-Prozess 1965 zu lebenslanger Haft verurteilt. Tod 1978.

Mätzig, Willy: 1910 in Berg, Kreis Rothenburg, geboren. Mitglied der SS (1933). Im Zivilberuf Glasschleifer und Wachmann, bei der T4 Pförtner und im Büro. Eingesetzt in Treblinka (Juni/Juli 1942 bis November 1943) im Büro mit dem Dienstgrad eines SS-Oberscharführers. Ende 1943 bis Kriegsende 1945 in Triest (R I) und Udine (R III). Zeuge in Ermittlungsverfahren in Düsseldorf, Ermittlungen 1974 eingestellt. Tod 1993.

Mentz, Willy: 1904 in Schönhagen (Bromberg) geboren. Mitglied der NSDAP (1932). Im Zivilberuf Melkermeister, bei der T4 in der Landwirtschaft, Gärtnerei und bei der Zentralheizung tätig. Eingesetzt in Treblinka (August 1942 bis November 1943) im »Lazarett« und bei verschiedenen Kommandos mit dem Dienstgrad eines SS-Unter- oder Scharführers. Ende 1943 bis Kriegsende 1945 in Udine (R III). Im Treblinka-Prozess 1965 zu lebenslanger Haft verurteilt. Tod 1978.

Michel, Hermann: 1906 in Heegermühle (Eberswalde) bei Berlin geboren. Mitglied der NSDAP (1933). Im Zivilberuf und bei der T4 Pfleger. Eingesetzt in Sobibor (April 1942 bis Frühsommer 1943) als Spieß, im Lager II und in der Schreibstube mit dem Dienstgrad eines SS-Oberscharführers. Weiterer Lebensweg unbekannt.

Miete, August: 1908 in Westerkappeln, Bezirk Münster, geboren. Mitglied der NSDAP (1940). Im Zivilberuf Landwirt und Müller, bei der T4 in der Landwirtschaft, Handwerker und Brenner. Eingesetzt in Treblinka (August 1943 bis November 1943) im Sortierkommando und im »Lazarett« mit dem Dienstgrad eines SS-Scharführers. Ende 1943 bis Kriegsende 1945 in Triest (R I) und Udine (R III). Im Treblinka-Prozess 1965 zu lebenslanger Haft verurteilt. Tod 1987.

Möller, Robert: 1900 in Großenmarpe (Kreis Lippe) geboren. Im Zivilberuf und bei der T4 Landwirt. Eingesetzt in Treblinka (August 1942 bis November 1943) in der Landwirtschaft und im »Lazarett« mit dem Dienstgrad eines SS-Unterscharführers. Ab Ende 1943 im »Adriatischen Küstenland«. 1946 Rückkehr nach Argentinien, nicht ausgeliefert an BRD wegen Verhandlungsunfähigkeit. Tod nach 1971.

Müller, Adolf (auch **Karl**)**:** 1902 in Berlin geboren. Mitglied von NSDAP und SA (1931). Im Zivilberuf Arbeiter, bei der T4 Pförtner. Eingesetzt in Sobibor (Frühjahr bis Ende 1943) beim Wald-, Sortier- und Strafkommando mit dem Dienstgrad eines SS-Unterscharführers. Ab Ende 1943 im »Adriatischen Küstenland«. Tod 1949.

Münzberger, Gustav: 1903 in Weißkirchlitz (Teplitz-Schönau) geboren. Wehrdienst beim tschechischen Heer, Mitglied der Sudetendeutschen Partei, der SS (1939) und der NSDAP (1940). Im Zivilberuf Tischler, bei der T4 Tischler und Koch. Eingesetzt in Treblinka (September 1942 bis November 1943) im oberen Lager, bei den Leichenkommandos und als Tischler. Dienstgrad eines SS-Scharführers. Ende 1943 bis Kriegsende 1945 in Udine (R III). Im Treblinka-Prozess 1965 zu zwölf Jahren Haft verurteilt. Tod 1977.

Niemann, Johann: 1913 in Völlen (Niedersachsen) geboren. Mitglied von NSDAP und SA (1931) sowie SS (1934). Zunächst Malerlehre, dann Dienst in den Lagern Esterwegen und Sachsenhausen bei Totenkopfstandarte »Brandenburg«. Bei der T4 Brenner. Eingesetzt in Belzec (Winter 1941 bis April/August 1942) im Lager II, in Sobibor (September 1942 bis Oktober 1943) als Stellvertreter. Dienstgrad eines SS-Oberscharführers (zuletzt eines SS-Untersturmführers). Stirbt beim Aufstand am 14. Oktober 1943.

Nowak, Walter: 1912 in Dresden geboren. Mitglied von NSDAP und möglicherweise SS. Im Zivilberuf und bei der T4 Pfleger. Eingesetzt in Sobibor (Oktober 1942 bis Ende 1943) beim Haareabschneiden, beim Außen- und Sortierkommando sowie im Lager IV. Dienstgrad eines SS-Unterscharführers. Ende 1943 bis Kriegsende 1945 in Triest (R I). Weiterer Lebensweg unbekannt.

Oberhauser, Josef: 1915 in München geboren. Mitglied der NSDAP und SS (1935). Zunächst Landwirt, dann Wehrmacht, dann Totenkopfstandarte »Brandenburg«. 1939 Polenfeldzug mit Leibstandarte Adolf Hitler. Bei der T4 Brenner. Eingesetzt in Belzec (Winter 1941 bis Juli 1942) bei der Inspektion in Lublin und im Alten Flughafen als Adjutant. Dienstgrad eines SS-Oberscharführers (zuletzt eines SS-Untersturmführers). September 1943 bis Kriegsende 1945 in Triest (R I). Verurteilt zu 15 Jahren Haft in Magdeburg wegen Brandenburg und Bernburg, 1956 amnestiert. In Belzec-Prozess 1965 zu vier Jahren und sechs Monaten Haft verurteilt. 1976 in Abwesenheit in Triest im Risiera-Prozess zu lebenslanger Haft verurteilt, nicht ausgeliefert. Tod 1979.

Orlijewski, Eduard: Um 1905 geboren, wohnhaft in Berlin. Vor 1933 Kommunist, später Mitglied der SA. Im Zivilberuf Lederarbeiter, bei der T4 Brenner. Eingesetzt in Treblinka (Mai/Juni bis Juli/August 1942) bei verschiedenen Arbeiten mit dem Dienstgrad eines SS-Unterscharführers. Möglicherweise in Triest (R I) eingesetzt. Weiterer Lebensweg unbekannt.

Plikat, Karl-Heinz: 1907 in Insterburg (Tschernjachowsk) in Ostpreußen geboren, wohnhaft in Berlin. Mitglied der SA. Im Zivilberuf Bankangestellter, bei der T4 in Verwaltung. Eingesetzt in Treblinka (November 1942 bis Frühjahr 1943) bei verschiedenen Kommandos und im Alten Flughafen. Dienstgrad eines SS-Unterscharführers. Ende 1943 bis Sommer 1944 in Triest (R I), dann bei Ordnungspolizei und Wehrmacht. Tod Mai 1945.

Post, Philipp: 1911 in Bad Vilbel (Hessen) geboren. Mitglied der NSDAP (1933). Im Zivilberuf Bäcker und Eisenbahner; bei der T4 in Küche und im Büro. Eingesetzt in Treblinka (August 1942 bis September 1943) bei den Trawniki-Männern, in der Bäckerei und bei anderen Kommandos im unteren Lager, in Sobibor (September bis Ende 1943) in der Bäckerei. Dienstgrad eines SS-Scharführers. Ende 1943 bis Kriegsende 1945 in Triest (R I), dann wahrscheinlich untergetaucht, 1964 für tot erklärt.

Pötzinger, Karl: 1908 in Marktredwitz in Oberfranken geboren. Mitglied der NSDAP (1932) und SA. Im Zivilberuf Brauer; bei der T4 Brenner. Eingesetzt in Treblinka (Mai/Juni 1942 bis Oktober 1943) im oberen Lager mit dem Dienstgrad eines SS-Scharführers. Ende 1943 bis zu seinem Tod im Dezember 1944 in Udine (R III).
Rehwald, Wenzel: Um 1910 möglicherweise in Moldau (Teplitz-Schönau) geboren, genannt »Böhmischer Wenzel«. Mitglied der SS. Im Zivilberuf Maurer, bei der T4 Brenner. Eingesetzt in Sobibor (April 1942 bis Ende 1943) als Maurer mit dem Dienstgrad eines SS-Scharführers. Ende 1943 bis Kriegsende 1945 in Triest (R I). Weiterer Lebensweg unbekannt.
Reichleitner, Franz: 1906 in Ried (Tirol) geboren. Mitglied von NSDAP (1936) und SS (1937). Im Zivilberuf Kriminalpolizist, bei der T4 Büroleiter. Eingesetzt in Sobibor (September 1942 bis Ende 1943) als Lagerleiter mit dem Dienstgrad eines Polizeihauptmeisters, später eines SS-Hauptsturmführers. Ende 1943 bis zu seinem Tod im Januar 1944 in Fiume (R II).
Richter, Karl: 1914 in Skaska (Kamenz) geboren. Im Zivilberuf Fleischer und Fahrer, bei der T4 Fahrer. Eingesetzt in Sobibor (Oktober 1942 bis Ende 1943) in der Küche und beim Kasino, an der Rampe und bei der Entkleidung mit dem Dienstgrad eines SS-Unterschar- oder Scharführers. Ende 1943 bis zu seinem Tod im August 1944 in Fiume (R II).
Rittler, Albert: 1910 in Burgau, Kreis Günzburg geboren. Im Zivilberuf Wachmann, bei der T4 im Büro. Eingesetzt in Treblinka (Mai/Juni bis November 1942) bei verschiedenen Kommandos mit dem Dienstgrad eines SS-Oberscharführers. Im Anschluss bei einem Sonderkommando in Russland bis zum Tod im April 1944 in Straß bei Neu-Ulm.
Rost, Paul: 1904 in Deutschenbora bei Nossen geboren. Mitglied der NSDAP (1937) und SS (1940). Zunächst Fleischer, dann Polizist. Bei der T4 Fahrleiter. Eingesetzt in Sobibor (Oktober 1942 bis Ende 1943) im Lager II und bei polizeilichen Aufgaben mit dem Dienstgrad eines Polizeimeisters beziehungsweise SS-Untersturmführers. Ende 1943 bis Kriegsende 1945 in Triest (R I/Zoll). Kurze U-Haft in Dresden wegen Sonnenstein, dann keine weiteren Ermittlungen. Tod 1984 in Dresden.
Rum, Franz: 1890 in Berlin geboren. Mitglied der NSDAP (1933) und DAF. Im Zivilberuf Kellner, bei der T4 in der Kopierabteilung. Eingesetzt in Treblinka (November 1942 bis November 1943) bei verschiedenen Kommandos mit dem Dienstgrad eines SS-Unterscharführers. Ende 1943 bis 1945 in Triest (R I). In Treblinka-Prozess 1965 zu drei Jahren Haft verurteilt. Tod 1970.
Schäfer, Herbert: Zwischen 1902 und 1909 geboren, wahrscheinlich aus Liegnitz. Im Zivilberuf Kellner, nicht bei der T4 tätig, im Ausbildungslager Trawniki. Eingesetzt in Sobibor (April bis Juni 1942) bei der Führung der Trawniki-Männer mit dem Dienstgrad eines Oberwachtmeisters. Weiterer Lebensweg unbekannt.
Scharfe, Herbert: 1913 geboren, wahrscheinlich aus Königstein bei Pirna. Bei der T4 in der Wirtschaftsabteilung tätig. Eingesetzt in Treblinka (September 1942 bis 1943) bei verschiedenen Kommandos und beim Tarnkommando mit dem Dienstgrad eines SS-Unterscharführers. Weiterer Lebensweg unbekannt.
Schemmel, Ernst: 1893 in Kirchhain geboren. Mitglied der NSDAP (1937). Im Zivilberuf Kriminalpolizist, bei der T4 Büroleiter. Eingesetzt in Belzec (September 1942) und Treblinka (September bis Oktober 1942) als Vertretungskommandant. Dienstgrad eines Polizeihauptmanns. Tödlicher Herzschlag Dezember 1942.

Schiffner, Karl: 1901 in Weißkirchlitz (Teplitz-Schönau) geboren, ursprünglich mit dem Familiennamen Kresadlo. Wehrpflicht beim tschechischen Heer, Mitglied der Sudetendeutschen Partei, der NSDAP, SA und SS. Im Zivilberuf Tischler, bei der T4 Tischler, Handwerker und möglicherweise Brenner. Eingesetzt in Treblinka (September 1942 bis Juli 1943) als Handwerker und Tischler, in Sobibor (August, November 1943) als Schreiner und beim Waldkommando. Dienstgrad eines SS-Unterscharführers, bei der allgemeinen SS: Sturmmann. Ende 1943 bis Kriegsende 1945 in Triest (R I). Nach dem Krieg in Österreich, Zeuge in Ermittlungsverfahren, aber keine Anklage.
Schluch, Karl: 1905 in Lauenburg (Lębork) in Pommern geboren. Mitglied des Sanitätssturms der SA (1932/1933) und der NSDAP (1935/1936). Im Zivilberuf und bei der T4 Pfleger. Eingesetzt in Belzec (Juni/Juli 1942 bis Mai 1943) bei der Kleidersortierung und im Krankenrevier sowie in Poniatowa. Dienstgrad eines SS-Unterscharführers. Ende 1943 bis Kriegsende 1945 in Triest (R I). Zeuge in Ermittlungsverfahren, aber keine Anklage.
Schmidt, Fritz: 1906 in Eibau geboren. Im Zivilberuf und bei der T4 Pfleger und Kraftfahrer. Eingesetzt in Belzec (Juni/Juli bis September 1942) als Fahrer, in Treblinka (September 1942 bis September 1943) bei den Gaskammern und als Elektriker und Schlosser, in Sobibor (September bis Ende 1943). Dienstgrad eines SS-Unterscharführers. Ab Ende 1943 in Triest (R I). In Dresden 1949 wegen Sonnenstein zu neun Jahren Haft verurteilt, zuvor Flucht in die BRD. Tod 1982.
Schuh, Richard: 1910 in Frankfurt (Main) geboren. Mitglied der SS (1933) und NSDAP. Im Zivilberuf Schlosser und SS-Wachmann, bei der T4 Fahrer. Eingesetzt in Treblinka (August 1942 bis 1943) bei verschiedenen Kommandos mit dem Dienstgrad eines SS-Unterscharführers. Anschließend an der Front. Tod in Karznica (Ramnitz) im März 1945.
Schulze, Erich: 1902 in Adlershof/Berlin geboren. Mitglied der NSDAP. Im Zivilberuf Hilfsarbeiter, bei der T4 Wachmann und Brenner. Eingesetzt in Treblinka (September 1942 bis Frühjahr 1943) im oberen und unteren Lager, in Sobibor (Frühjahr bis Ende 1943) beim Wald- und beim Strafkommando. Dienstgrad eines SS-Scharführers. Ab Ende 1943 in Triest (R I). Weiterer Lebensweg unbekannt.
Schütt, Hans-Heinz: 1908 in Dummersdorf (Lübeck) geboren. Mitglied der SS (1933) und NSDAP (1928, nach Austritt erneut 1937). Im Zivilberuf Kaufmann, bei der T4 in der Verwaltung. Eingesetzt in Sobibor (April bis August 1942) in der Verwaltung mit dem Dienstgrad eines SS-Oberscharführers. In der Folgezeit bei der Waffen-SS. Im Sobibor-Prozess 1966 freigesprochen.
Schwarz, Gottfried: 1913 in Fürth (Bayern) geboren. Mitglied der SS (1932) und NSDAP. Zunächst Bierbrauer, dann im Konzentrationslager Sachsenhausen in der Totenkopfstandarte »Brandenburg« tätig. Bei der T4 Brenner. Eingesetzt in Belzec (Winter 1941 bis Frühjahr 1943) als Leiter des Lagers II und stellvertretender Kommandant sowie in Dorohucza. Dienstgrad eines SS-Hauptscharführers, 1943 befördert zum SS-Untersturmführer. Ende 1943 bis zu seinem Tod im Juni 1944 in Triest (R I).
Seidel, Kurt: 1894 in Augustusburg (bei Chemnitz) geboren. Mitglied der NSDAP. Im Zivilberuf und bei der T4 Pfleger, bei der T4 auch im Büro. Eingesetzt in Treblinka (September 1942 bis November 1943) beim Straßenbau, bei Außenkommandos und im oberen Lager. Dienstgrad eines SS-Unterscharführers. Ende 1943 bis Kriegsende 1945 in Triest (R I), dann wahrscheinlich in sowjetischer Kriegsgefangenschaft gestorben.

Seidler, Ernst: 1902 in Netzschkau (Vogtland) geboren. Im Zivilberuf und bei der T4 Pfleger. Eingesetzt in Treblinka (September bis circa Ende 1942) im oberen Lager. Dienstgrad eines SS-Unterscharführers. 1944 im »Adriatischen Küstenland«, gefallen in der Ukraine im November 1944.

Seifert, Rudolf: 1913 geboren, wohnhaft in Pirna. Mitglied der NSDAP. Bei der T4 Pfleger. Eingesetzt bei der Inspektion der Vernichtungslager in Lublin, möglicherweise zeitweise auch in Treblinka. Weiterer Lebensweg unbekannt.

Sporleder, Erich: 1908 in Calbe/Saale (Magdeburg) geboren. Mitglied der SS (1934/1935) und NSDAP (1937). Im Zivilberuf Maurer, bei der T4 Wachdienste und Hausmeister. Eingesetzt in Dorohucza. Ende 1943 bis Kriegsende 1945 im »Adriatischen Küstenland«. In Magdeburg 1948 wegen Tätigkeit in Brandenburg und Bernburg zu fünf Jahren Haft verurteilt, dann weiterhin in der DDR.

Stadie, Otto: 1897 in Berlin geboren. Mitglied der NSDAP (1933) und SA. Im Zivilberuf und bei der T4 Pfleger. Eingesetzt in Treblinka (Mai/Juni 1942 bis Frühjahr 1943) als Spieß und im Alten Flughafen. Dienstgrad eines SS-Scharführers. September 1943 bis Kriegsende 1945 in Triest (R I) und Fiume (R II). Im Treblinka-Prozess 1965 zu sieben Jahren Haft verurteilt. Tod 1977.

Stangl, Franz: 1908 in Altmünster geboren. Mitglied der SS und NSDAP vor 1938. Zunächst Webmeister, dann Kriminalpolizist, bei der T4 Büroleiter. Eingesetzt in Sobibor (April bis September 1942) und Treblinka (September 1942 bis September 1943) als Lagerleiter mit dem Dienstgrad eines Oberleutnants der Schutzpolizei, 1943 befördert zum SS-Hauptsturmführer. September 1943 bis Anfang 1945 in Fiume (R II) und Udine (R III). 1948 Flucht während Ermittlungsverfahren wegen Hartheim über Italien nach Syrien und später Brasilien. 1967 ausgeliefert und 1970 in Düsseldorf zu lebenslanger Haft verurteilt. Tod 1971.

Steffel, Thomas: 1909 in Roiden (Omlenice, Kreis Krummau) geboren. Im Zivilberuf und bei der T4 Fotograf. Eingesetzt in Sobibor (Frühjahr bis Oktober 1943) in der Verwaltung und bei den »Goldjuden«. Dienstgrad eines SS-Unterscharführers. Stirbt beim Aufstand am 14. Oktober 1943.

Stengelin, Hermann: 1909 in Tuttlingen (Baden-Württemberg) geboren. Möglicherweise Mitglied – wie sein Bruder – der SS und NSDAP. Im Zivilberuf Konditor, bei der T4 tätig. Eingesetzt in Treblinka (August 1942 bis September 1943) bei verschiedenen Kommandos und in Sobibor (September bis Oktober 1943). Dienstgrad eines SS-Unterscharführers. Stirbt beim Aufstand am 14. Oktober 1943.

Steubl, Karl: 1910 in Linz geboren. Im Zivilberuf und bei der T4 Pfleger, dort auch im Büro. Eingesetzt in Sobibor (April 1942 bis Ende 1943) in der Verwaltung mit dem Dienstgrad eines SS-Scharführers. Ende 1943 bis Kriegsende 1945 in Fiume (R II). Selbstmord September 1945 in Linz.

Suchomel, Franz: 1907 in Krummau (Český Krumlov) geboren. Mitglied der Sudetendeutschen Partei, später des NSKK. Im Zivilberuf Schneider, bei der T4 im Fotolabor. Eingesetzt in Treblinka (August 1942 bis Oktober 1943) bei den »Goldjuden« und den Handwerkern mit dem Dienstgrad eines SS-Scharführers. Ende 1943 bis Kriegsende 1945 in Triest (R I) und Udine (R III). Verurteilt im Treblinka-Prozess 1965 zu sechs Jahren Haft. Tod 1979.

Sydow, Hermann: Vor 1900 (möglicherweise 1889) geboren, wahrscheinlich aus der Mark Brandenburg. Im Zivilberuf Landwirt und Arbeiter, bei der T4 Hausreiniger. Eingesetzt in Treblinka (August 1942 bis Oktober 1943) bei verschiedenen Kommandos mit dem Dienstgrad eines SS-Unterscharführers. Ende 1943 bis Kriegsende 1945 im »Adriatischen Küstenland«. Weiterer Lebensweg unbekannt, möglicherweise September 1945 gestorben.

Tauscher, Friedrich: 1903 in Planitz (Kreis Zwickau) geboren. Mitglied der NSDAP und SS (1933). Zunächst Landwirtschaftsgehilfe, dann beim Telegraphen-Bauamt und im Bergbau. Ab 1933 bei der Gendarmerie, ab 1938 bei der Kriminalpolizei, bei der T4 Büroleiter. Eingesetzt in Belzec (Oktober 1942 bis Sommer 1943) im Lager II und in Budzyn. Dienstgrad eines Oberleutnants beziehungsweise SS-Obersturmführers. 1944 bis Kriegsende in Triest (R I/Zoll). 1965 Selbstmord in U-Haft in Hamburg während Ermittlungsverfahren zu Budzyn.

Unverhau, Heinrich: 1911 in Vienenburg, Kreis Goslar, geboren. Mitglied – als Musiker – des Stahlhelms (1931), der SA (1933), NSV (1934), DAF, des Deutschen Beamtenbundes und der NSDAP (1937). Im Zivilberuf zunächst Klempner, dann Musiker, ab 1934 Pfleger. Bei der T4 Pfleger. Eingesetzt in Belzec (Juni/Juli 1942 bis Sommer 1943) bei der Kleidersortierung; in Sobibor (Juli bis August, November 1943) bei der Kleidersortierung und beim Waldkommando. Dienstgrad eines SS-Unterscharführers. Ende 1943 bis März 1944 in Triest (R I), dann Wehrmacht. Ermittlungen im Belzec-Verfahren eingestellt, in Sobibor-Prozess 1966 freigesprochen. Tod 1983.

Vallaster, Josef: 1910 in Silbertal (Montafon) geboren. Mitglied der NSDAP und SA, 1933 ins Deutsche Reich eingebürgert. Im Zivilberuf Holzarbeiter, Knecht und Hilfsarbeiter, bei der T4 Brenner. Eingesetzt in Belzec (Januar bis April 1942) bei verschiedenen Kommandos, in Sobibor (April 1942 bis Oktober 1943) im Lager I und Lager III. Dienstgrad eines SS-Scharführers. Stirbt beim Aufstand am 14. Oktober 1943.

Wagner, Gustav: 1911 in Wien geboren. Mitglied von NSDAP (1931) und SS (1933). Dienst im Österreichischen Bundesheer, dann arbeitslos und »politischer Flüchtling« in Deutschland, dort Handelsangestellter. Bei der T4 im Büro. Eingesetzt in Sobibor (April 1942 bis Ende 1943) als Spieß und Vertreter des Lagerleiters. Dienstgrad eines SS-Oberscharführers. Ab Ende 1943 in Fiume (R II). Nach dem Krieg Flucht über Italien und Syrien nach Brasilien. 1978 identifiziert, aber nicht ausgeliefert. Tod 1980.

Walther, Arthur: 1907 in Reichstein geboren. Mitglied der SA (1929 bis 1931), SS (1931) und NSDAP (1930). Im Zivilberuf Polizist, bei der T4 Wirtschaftsleiter. Eingesetzt in Sobibor (September 1942) als Vertretungskommandant mit dem Dienstgrad eines Polizeileutnants. Frühjahr 1944 bis Kriegsende 1945 in Udine (R III) und in Castelnuovo d'Istria. Zeuge in Ermittlungsverfahren, aber keine Anklage.

Weiß, Bruno (oder **Otto**): Zwischen 1905 und 1910 geboren; wohnhaft in Berlin. Im Zivilberuf und bei der T4 Pfleger. Eingesetzt in Sobibor (April 1942 bis Frühjahr 1943) an der Rampe, bei Außenkommandos, im Lager II, teils auch im Lager III. Dienstgrad eines SS-Oberschar- oder Scharführers. 1944 wegen Tuberkulose in Lungenheilanstalt. Weiterer Lebensweg unbekannt.

Wendlandt, Willi: Um 1904 wahrscheinlich in Berlin geboren. Im Zivilberuf Koch, bei der T4 Küchenhilfe, eventuell auch Brenner. Eingesetzt in Sobibor (April bis Ende 1943) bei Außenkommandos und im Lager III mit dem Dienstgrad eines SS-Unterscharführers. Ab Ende 1943 in Triest (R I) und Fiume (R II).

Wirth, Christian: 1885 in Ober-Balzheim geboren. Teilnehmer des Ersten Weltkrieges. Mitglied der NSDAP (1922 bis 1923), dann der DNVP, später erneut der NSDAP, der SA und der SS (1937). Zunächst im Sägehandwerk, dann beim Württembergischen Grenadier-Regiment 123, ab 1910 bei der Polizei, bei der T4 Büroleiter und Inspekteur der Institute. Eingesetzt in Belzec (Dezember 1941 bis Juli 1942) als Lagerleiter und als Inspekteur der Vernichtungslager in Lublin. Dienstgrad eines SS-Hauptsturmführers, 1943 befördert zum SS-Sturmbannführer. September 1943 bis zu seinem Tod im Mai 1944 Leiter der »Sonderabteilung R« in Triest.

Wolf, Franz: 1907 in Krummau (Český Krumlov) geboren. Mitglied der Sudetendeutschen Partei. Zunächst Förster, dann Fotograf, bei der T4 Fotograf. Eingesetzt in Sobibor (Frühjahr bis Ende 1943) beim Sortier- und beim Waldkommando mit dem Dienstgrad eines SS-Unterscharführers. Ende 1943 bis Kriegsende in Triest (R I) und Fiume (R II). Im Sobibor-Prozess 1966 zu acht Jahren Haft verurteilt. Tod nach 1983.

Wolf, Josef: 1900 in Krummau (Český Krumlov) geboren. Mitglied der Sudetendeutschen Partei (1934) und später des NSKK. Im Zivilberuf und bei der T4 Fotograf. Eingesetzt in Sobibor (Frühjahr bis Oktober 1943) beim Sortierkommando mit dem Dienstgrad eines SS-Unterscharführers. Stirbt beim Aufstand am 14. Oktober 1943.

Zänker, Hans: 1905 in Sachsen geboren. Im Zivilberuf Metzger, bei der T4 Koch. Eingesetzt in Belzec (September 1942 bis Juni 1943) als Koch sowie in Poniatowa. Dienstgrad eines SS-Unterscharführers. Ende 1943 bis Kriegsende 1945 in Triest (R I). Weiterer Lebensweg unbekannt.

Zierke, Ernst: 1905 in Krampe, Kreis Köslin (Krępa, Białogard) in Pommern geboren. Mitglied der NSDAP (1930) und der SA (1930 bis 1934). Zunächst Waldarbeiter, dann Schmied, ab 1934 Pfleger, bei der T4 Pfleger. Eingesetzt in Belzec (Juni/Juli 1942 bis Frühjahr 1943) bei verschiedenen Kommandos sowie in Dorohucza. Dienstgrad eines SS-Unterscharführers. Ende 1943 bis Kriegsende 1945 in Fiume (R II). Freigesprochen im Hadamar-Prozess in Frankfurt 1947 und im Sobibor-Prozess 1966, Ermittlungen im Belzec-Verfahren eingestellt. Tod 1972.

Liste der Deportationen in die drei Vernichtungslager

Tabelle 8: Deportationen nach Belzec (März bis Dezember 1942)

Datum	Herkunftsort	Kreis, Distrikt	Opferzahl[1]
15./20. 3. 1942	Żołkiew	Lemberg-Land, Distrikt Galizien	700
15. 3.–1. 4.	Lemberg	Lemberg, Distrikt Galizien	15000
17. 3.–29. 3.	Lublin	Lublin, Distrikt Lublin	18000
19./20. 3.	Rawa Ruska	Rawa Ruska, Distrikt Galizien	1000–1500
23. 3.	Piaski	Lublin-Land, Distrikt Lublin	3400
24. 3.	Izbica, Siennica Różana, Kraśniczyn	Krasnystaw, Distrikt Lublin	2472–3272
25. 3.	Drohobycz	Drohobycz, Distrikt Galizien	1000–2000
30.–31. 3.	Kazimierz Dolny, Opole, Wąwolnica	Puławy, Distrikt Lublin	1950–3500
1. 4.	Stanislau	Stanislau, Distrikt Galizien	4000–5000
2./7. 4.	Rejowiec	Chełm, Distrikt Lublin	2400
2.–13. 4.	Kolomea, Śniatyń, Horodenka, Zabłotów, Kuty	Kolomea, Distrikt Galizien	5000–13000
7./10. 4.	Piaski	Lublin-Land, Distrikt Lublin	1500–2000
Anfang April–14. 4.	Lublin	Lublin, Distrikt Lublin	8000–12000
9.–10. 4.	Lubartów	Lublin-Land, Distrikt Lublin	650–800
11. 4.	Zamość	Zamość, Distrikt Lublin	2500–3000
11./12. 4.	Kraśnik	Janów Lubelski (Kraśnik), Distrikt Lublin	2040–2500
12. 4.	Krasnystaw	Krasnystaw, Distrikt Lublin	500–2000

Datum	Herkunftsort	Kreis, Distrikt	Opferzahl[1]
8. 5.	Szczebrzeszyn	Biłgoraj, Distrikt Lublin	280
22.–27. 5.	Cieszanów, Tyszowce, Komarów Osada, Łaszczów, Tomaszów Lubelski	Zamość, Distrikt Lublin	3200–4000
1.–8. 6.	Krakau	Krakau, Distrikt Krakau	5000–7500
8. 6.	Izbica	Krasnystaw, Distrikt Lublin	Greise und Kinder
10./11.–18. 6.	Tarnów, Dąbrowa Tarnowska	Tarnów, Distrikt Krakau	10000–11500
7.–18./19. 7.	Rzeszów mit Sokołów Małopolski, Jawornik Polski, Głogów, Kolbuszowa, Czudec, Tyczyn, Błażowa, Strzyżów, Niebylec	Rzeszów, Distrikt Krakau	18000–22000
21.–25. 7.	Dębica mit Pilzno, Sędziszów Małopolski, Baranów mit Tarnobrzeg, Rozwadów, Radomyśl-Wielki, Ropczyce mit Wielopole Skrzyńskie	Dębica, Distrikt Krakau	12000
27. 7.–3. 8./ Juli–August	Przemyśl, Bircza, Dobromil, Chyrów	Przemyśl, Distrikt Krakau	13000–16600
27. 7.	Rawa Ruska, Niemirow, Uhnów	Rawa Ruska, Distrikt Galizien	3500–5000
Anfang August	Łańcut, Leżajsk, Sieniawa, Żołynia, Radymno mit Rzeszów über Durchgangslager Pełkinie	Jarosław u. Rzeszów, Distrikt Krakau	10000
4.–8. 8.	Borysław, Sambor, Stary Sambor, Drohobycz	Drohobycz, Distrikt Galizien	15300–16000
9. 8.	Tarnogród, Szczebrzeszyn, Biłgoraj, Goraj	Biłgoraj, Distrikt Lublin	2600–3100
9. 8.	Zwierzyniec	Zamość, Distrikt Lublin	300

Datum	Herkunftsort	Kreis, Distrikt	Opferzahl[1]
10.–15. 8.	Krosno, Brzozów, Dukla, Jasienica Rosielna, Korczyna, Rymanów	Krosno, Distrikt Krakau	5000
10.–22./25. 8.	Lemberg	Distrikt Galizien	38000–50000
11. 8.	Zamość mit Nowa Osada	Distrikt Lublin	500–1000
12.–13. 8.	Bóbrka, Gródek Jagielloński	Lemberg-Land, Distrikt Galizien	3700–5500
16.–20. 8.	Jasło, Biecz, Bobowa, Gorlice	Jasło, Distrikt Krakau	16000
24.–28. 8.	Nowy Sącz (Neusandez), Grybów, Stary Sącz (Altsandez), Krynica-Zdrój, Piwniczna, Łącko, Limanowa, Łabowa	Nowy Sącz, Distrikt Krakau	15000–16000
25.–30. 8.	Bochnia, Nowy-Wiśnicz, Wieliczka, Dobczyce, Niepołomice, Gdów, Maków Podhalański, Jordanów, Skawina, Myślenice	Krakau-Land, Distrikt Krakau	12600–14000
28.–30. 8.	Nowy Targ (Neumarkt), Rabka, Szczawnica, Czorsztyn, Czarny Dunajec, Krościenko	Nowy Targ, Distrikt Krakau	2500–3000
26. 8.	Turka, Brzuchowice	Drohobycz, Distrikt Galizien	5000
26.–31. 8.	Brzuchowice, Olesko, Sasów, Złoczów	Złoczów, Distrikt Galizien	2700–3400
27. 8.	Czortków	Czortków, Distrikt Galizien	2000–2500
31. 8.	Jezierna, Zborów, Tarnopol, Mikulińce, Skałat, Zbaraż	Tarnopol, Distrikt Galizien	5000–8700
Anfang September	Zamość	Zamość, Distrikt Lublin	400

Datum	Herkunftsort	Kreis, Distrikt	Opferzahl[1]
2./7. 9.	Miechów, Słomniki mit Działoszyce u. Skalbmierz, Wolbrom, Proszowice, Koszyce	Miechów, Distrikt Krakau	10000
3.–5. 9.	Skole, Stryj, Brzozdowce, Bolechów, Mikołajów, Chodorów, Rozdół, Żydaczów, Żurawno	Stryj, Distrikt Galizien	11000–14000
7. 9.–10. 9.	Kolomea, Kuty, Kosów, Horodenka, Zabłotów, Śniatyń	Kolomea, Distrikt Galizien	8200–9000
8. 9.	Ustrzyki Dolne via AL Zasław	Przemyśl, Distrikt Krakau	1500
10.–15. 9.	Sanok, Lesko, Zagórz, Baligród	Sanok, Distrikt Krakau	13000
10.–18. 9.	Tarnów, Brzesko, Dąbrowa Tarnowska, Tuchów, Zakliczyn, Zabna	Tarnów, Distrikt Krakau	8000
12. 9.	Stanislau, Delatyn	Stanislau, Distrikt Galizien	5000
14.–17. 9.	Kamionka Strumiłowa, Radziechów, Sokal	Kamionka Strumiłowa, Distrikt Galizien	4900–5000
16. 9.	AL Pustków	Dębica, Distrikt Krakau	1800
19. 9.	Brody	Złoczów, Distrikt Galizien	2500–5000
21. 9.	Brzeżany, Bołszowce, Bukaczowce, Bursztyn, Kozowa, Narajów, Podhajce, Rohatyń	Brzeżany, Distrikt Galizien	5000–7000
26.–30. 9.	Borszczów, Jezierzany, Korolówka, Mielnica, Skała-Podolska, Kopyczyńce, Probuzna	Czortków, Distrikt Galizien	4900–7600
30. 9.–5. 10.	Tarnopol, Tłuste, Jagielnica, Buczacz	Tarnopol, Distrikt Galizien	1200–5800
Anfang Oktober	Uhnów, Lubycza Królewska, Lubaczów	Rawa Ruska, Distrikt Galizien	4500

Datum	Herkunftsort	Kreis, Distrikt	Opferzahl[1]
7. 10./Oktober	Radziechów, Łopatyn, Tartaków, Witków Nowy	Kamionka Strumiłowa, Distrikt Galizien	2400
7.–8. 10.	Buczacz, Tłuste, Monasterzyska	Czortków, Distrikt Galizien	3000–3400
11.–13. 10.	Kolomea	Kolomea, Distrikt Galizien	4000
12.–13. 10./ Oktober	Mościska, Sądowa Wisznia	Lemberg-Land, Distrikt Galizien	2500
15. 10.	Stanislau	Stanislau, Distrikt Galizien	2000–4000
17.–23. 10.	Sambor, Borysław, Drohobycz	Drohobycz, Distrikt Galizien	5500
17.–21. 10.	Stryj, Chodorów, Bolechów	Stryj, Distrikt Galizien	2700
19. 10.	Izbica	Krasnystaw, Distrikt Lublin	Hunderte–2500
19. 10.	Chorostków	Czortków, Distrikt Galizien	2200
20.–22. 10.	Zbaraż, Skałat	Tarnopol, Distrikt Galizien	3700–4000
21./22. 10.	Szczebrzeszyn	Biłgoraj, Distrikt Lublin	1000–2000
26. 10./ Ende Oktober	Bukaczowce, Bursztyn, Podhajce, Bołszowce	Brzeżany, Distrikt Galizien	3400
27. 10.	Tomaszów Lubelski	Zamość, Distrikt Lublin	2000
28. 10.	Kamionka Strumiłowa, Sokal	Kamionka Strumiłowa, Distrikt Galizien	3523
28. 10.	Krakau	Krakau, Distrikt Krakau	4500–7000
29. 10.	Sandomierz, Zawichost	Opatów, Distrikt Radom	8230
November	Oleszyce via Lubaczów	Rawa Ruska, Distrikt Galizien	1000
1.–3. 11.	Ulanów, Kraśnik, Annapol, Modliborzyce, Zakrzówek über Kraśnik, Zaklików, Janów Lubelski	Kraśnik (Janów Lubelski), Distrikt Lublin	7700–10100

Datum	Herkunftsort	Kreis, Distrikt	Opferzahl[1]
2.–4. 11.	Złoczów, Brody	Złoczów, Distrikt Galizien	5000–5500
1./2. 11.	Izbica	Krasnystaw, Distrikt Lublin	Hunderte–1500
2.–4. 11.	Frampol, Józefów, Krzeszów, Biłgoraj, Tarnogród	Biłgoraj, Distrikt Lublin	8600–9000
5.–9./10. 11.	Trembowla, Tarnopol, Zbaraż, Skałat	Tarnopol, Distrikt Galizien	4000–6000
7.–8. 11.	Jaworów	Lemberg-Land, Distrikt Galizien	1300–1800
8. 11.	Staszów	Opatów, Distrikt Radom	6000
11. 11.	Bochnia	Krakau-Land, Distrikt Krakau	450–1000
15. 11.	Tarnów, Żabno, Tuchów, Zakliczyn	Tarnów, Distrikt Krakau	2500–4000
15. 11.	Rzeszów	Rzeszów, Distrikt Krakau	1500–2000
17. 11.	Przemyśl	Przemyśl, Distrikt Krakau	3000–4000
18.–20./21. 11.	Lemberg	Lemberg, Distrikt Galizien	5000–10000
20.–23. 11./ November	Bolechów, Stryj	Stryj, Distrikt Galizien	1800
22.–29. 11.	Żołkiew, Kulików, Szczerzec, Rudki, Komarno	Lemberg-Land, Distrikt Galizien	4600
27. 11.	Buczacz	Czortków, Distrikt Galizien	1600–2500
30. 11.	Borysław	Drohobycz, Distrikt Galizien	2000–3000
4.–5. 12.	Brzeżany, Narajów	Brzeżany, Distrikt Galizien	1500
5. 12.	Przemyślany	Złoczów, Distrikt Galizien	3000
7.–11. 12.	Rawa Ruska	Rawa Ruska, Distrikt Galizien	2000–5000
8. 12.	Rohatyń	Brzeżany, Distrikt Galizien	1500

Datum	Herkunftsort	Kreis, Distrikt	Opferzahl[1]
8. 12.	Bóbrka	Lemberg-Land, Distrikt Galizien	1200
Dunkelziffer März – Dezember 1942			22800[2]

Tabelle 9: Deportationen nach Sobibor (Mai 1942 bis Oktober 1943)

Datum	Herkunftsort	Kreis, Distrikt	Opferzahl[3]
3. 5. 1942	Komarów	Zamość, Distrikt Lublin	2000
5.–12. 5.	Opole Lubelski, Dęblin-Irena, Ryki, Józefów, Końskowola, Baranów, Markuszów, Puławy, Michów, Łysobyki	Puławy, Distrikt Lublin	16822–20000
12.–15. 5.	Turobin, Zółkiewka, Gorzków, Krasnystaw, Izbica	Krasnystaw, Distrikt Lublin	8000–11250
15.–16. 5.	Zamość	Zamość, Distrikt Lublin	5000
18.–23. 5./ 25.–30. 5.	Siedliszcze, Chełm, Włodawa	Chełm, Distrikt Lublin	6100–6900
1.–2. 6.	Hrubieszów, Bełż, Dubieńka	Hrubieszów, Distrikt Lublin	5670–7220
1. 6.	Poprad	Slowakei	1000 (auch Majdanek)
2. 6.	Liptovsky, St. Mikulas		1014 (auch Majdanek)
3. 6.	Bratislava, Žilina		1000 (auch Majdanek)
3. 6. (1. 6.)	Kassel, Halle, Chemnitz	Deutschland	1000 (auch Majdanek)
6. 6.	Kraśniczyn	Krasnystaw, Distrikt Lublin	800–1000
6. 6.	Žilina	Slowakei	1001 (auch Majdanek)
8. 6.	Bratislava, Žilina	Slowakei	1000 (auch Majdanek)

Datum	Herkunftsort	Kreis, Distrikt	Opferzahl[3]
9. 6.	Zvolen, Kremnica	Slowakei	1010 (auch Majdanek)
7.–10. 6.	Hrubieszów, Grabowiec, Uchanie	Hrubieszów, Distrikt Lublin	3200–3350
10. 6.	Biała Podlaska, Sławatycze, Cyców	Biała Podlaska, Distrikt Lublin	3000–4500
11. 6. 12. 6. 13. 6.	Nováky Sered, Žilina Poprad	Slowakei	1000 1000 1000 (auch Majdanek)
13. 6. (11. 6.)	Frankfurt (Main)	Deutschland	1253 (auch Majdanek)
14. 6.	Nováky, Žilina	Slowakei	1000 (auch Majdanek)
14. 6. (13. 6.)	Berlin-Potsdam	Deutschland	747–1030 (auch Majdanek)
15. 6. (12. 6.) 16. 6. (13. 6.)	Theresienstadt	Protektorat Böhmen und Mähren (Tschechien)	1000 (auch Majdanek) 1000 (auch Majdanek)
17. 6. (14. 6.)	Wien	Österreich	996 (auch Majdanek)
19. 6. (15. 6.)	Koblenz, Köln, Düsseldorf	Deutschland	1003 (auch Majdanek)
29. 6.	Majdanek	Distrikt Lublin	1600–5000
Ende Juni	Chełm	Chełm, Distrikt Lublin	300–600
9.–10. 8.	Rejowiec	Chełm, Distrikt Lublin	2000
10. 8.	Zołkiewka	Krasnystaw, Distrikt Lublin	1000
1.–5. 10.	Puchaczów	Lublin-Land, Distrikt Lublin	150
8.–19. 10.	Izbica	Krasnystaw, Distrikt Lublin	1500–5000
10. 10.	Rejowiec	Chełm, Distrikt Lublin	2400
22.–24. 10.	Siedliszcze, Włodawa	Chełm, Distrikt Lublin	5000–6400

Datum	Herkunftsort	Kreis, Distrikt	Opferzahl[3]
22.–30. 10.	Piaski, Izbica (über Trawniki)	Lublin-Land u. Krasnystaw, Distrikt Lublin	4000–5000
23. 10.	Łęczna	Lublin-Land, Distrikt Lublin	1000–3000
27.–28. 10. u. 6. 11./Oktober–November	Chełm, Włodawa, Wojsławice, Cycow, Krzywowierzba, Olchowiec, Pawlów, Sawin, Świerże, Uhrusk	Chełm, Distrikt Lublin	11700–18000
28. 10.	Hrubieszów	Hrubieszów, Distrikt Lublin	2000–3000
2. 11.	Piaski, Izbica (über Trawniki)	Lublin-Land u. Krasnystaw, Distrikt Lublin	1750
22. 12.	Staw, Nowosiolki	Chełm, Distrikt Lublin	800
Dezember 1942	Dubeczno	Chełm, Distrikt Lublin	650
Januar 1943	Izbica	Krasnystaw, Distrikt Lublin	750
Januar–März	Chełm	Chełm, Distrikt Lublin	180–300
4. 3. (Abfahrt)	Drancy	Frankreich	1000 (Selektion von 40 Männern: Majdanek, Alter Flughafen)
5./6. 3. (2. 3.) (Abfahrt)	Westerbork	Niederlande	1105 (Selektion für Majdanek, Alter Flughafen)
6. 3. (Abfahrt)	Drancy	Frankreich	1000 (Selektion für Majdanek, Alter Flughafen)
13. 3. (10. 3).	Westerbork	Niederlande	1105 (Selektion von 60 Männern und 26 Frauen: Alter Flughafen, Majdanek, Dorohucza)

Datum	Herkunftsort	Kreis, Distrikt	Opferzahl[3]
20. 3. (17. 3).	Westerbork	Niederlande	964 (Selektion von 35 Männern: Majdanek, Alter Flughafen)
23. 3. 25. 3. (jeweils Abfahrt)	Drancy	Frankreich	997 1000 (Selektion von mind. 15 Männern: Majdanek, Alter Flughafen)
26. 3. (23. 3.) 2. 4. (30. 3.) 9. 4. (6. 4.) 16. 4. (13. 4.) 23. 4. (20. 4.)	Westerbork	Niederlande	1250 1255 2020 1204 1166 (Selektion von mind. 25 Männern: Dorohucza)
28. 4.	Izbica	Krasnystaw, Distrikt Lublin	200–500
29. 4.	Łęczna	Lublin-Land, Distrikt Lublin	200
30. 4. (27. 4.)	Westerbork	Niederlande	1204 (Selektion von mind. 7 Männern u. Frauen: Dorohucza, Alter Flughafen)
30. 4.–7. 5.	Włodawa	Chełm, Distrikt Lublin	2150
7. 5. (4. 5.) 14. 5. (11. 5.) 21. 5. (18. 5.)	Westerbork	Niederlande	1187 1446 (Selektion von 80 Männern u. Frauen: Dorohucza 2511 (Selektion von mind. 4 Männern: Dorohucza)
28. 5. (25. 5.)	Westerbork	Niederlande	2862

Datum	Herkunftsort	Kreis, Distrikt	Opferzahl[3]
4. 6. (1. 6.)			3006 (Selektion von 81 Männern für Dorohucza)
11. 6. (8. 6.)			3017 (Selektion von mind. 1 Frau: Alter Flughafen)
26. 6.	Belzec	Zamość, Distrikt Lublin	306–500
2. 7. (29. 6.)	Westerbork	Niederlande	2397
9. 7. (6. 7.)			2417 (Selektion von mind. 3 Männern: Dorohucza, Alter Flughafen)
16. 7. (13. 7.)			1988 (Selektion von mind. 1 Frau: Dorohucza)
23. 7. (20. 7.)			2209 (Selektion von mind. 17 Männern u. 18 Frauen: Dorohucza)
15.–21. 8.	Trawniki	Distrikt Lublin	200
10. 9.	Dorohucza	Distrikt Lublin	Hunderte
17.–19. 9. (Abfahrt)	Lida	Generalkommissariat Weißrussland	2700 (Selektion von 630 Männern: Alter Flughafen, Majdanek)
18. 9.–23. 9. (Abfahrt)	Minsk		6000 (Selektion von 200–250 Männern und Frauen: Trawniki)
23. 9. (Abfahrt)	Vilnius	Generalkommissariat Litauen	4000–5000
25. 9.	Trawniki	Distrikt Lublin	?
27., 29. 9., 11. 10. ?	Osten?		?

Datum	Herkunftsort	Kreis, Distrikt	Opferzahl[3]
20. 10. 3. 11.	Treblinka	Sokołów Podlaski, Distrikt Warschau	300 150
Dunkelziffer: Mai 1942–Oktober 1943			23250[4]
Schätzzahl für Deportationen aus Ghettos im Distrikt Galizien (nicht in monatlichen Angaben enthalten), 1943			15000–25000[5]

Tabelle 10: Deportationen nach Treblinka (Juli 1942 bis August 1943)

Datum	Herkunftsort	Kreis, Distrikt	Opferzahl[6]
22. 7.–18. 8. 25.–27. 8. 1942	Warschau	Warschau, Distrikt Warschau	186200–199500
5. 8. 16.–18. 8.	Radom	Radom, Distrikt Radom	25300–25900
19.–20. 8.	Falenica, Otwock, Rembertów, Ludwisin	Warschau-Land, Distrikt Warschau	17100
19.–26. 8.	Parczew, Międzyrzec Podlaski	Radzyń, Distrikt Lublin	16000–16500
20.–24. 8.	Kielce	Kielce, Distrikt Radom	14500–18000
21.–22. 8.	Mińsk Mazowiecki	Mińsk Mazowiecki, Distrikt Warschau	3500–6120
22.–24. 8.	Łosice, Mordy, Siedlce	Siedlce, Distrikt Warschau	10800–11800
3.–12. 9.	Warschau	Warschau, Distrikt Warschau	49000–52000
12. 9.	Chęciny	Kielce-Land, Distrikt Radom	4000–4200
15.–27. 9.	Kałuszyn, Kołbiel, Mrozy, Siennica, Stanisławów	Mińsk Mazowiecki, Distrikt Warschau	9400
16.–25. 9.	Włoszczowa, Jędrzejów, Szczekociny, Wodzisław, Sędziszów	Jędrzejów, Distrikt Radom	15300–17000
21. 9.	Warschau	Warschau, Distrikt Warschau	2200
21./22. 9. (19. 9.)	Theresienstadt	Protektorat Böhmen und Mähren (Tschechien)	2000

Datum	Herkunftsort	Kreis, Distrikt	Opferzahl[6]
21.–22. 9.	Suchedniów	Kielce-Land, Distrikt Radom	4000
22. 9.–7. 10.	Tschenstochau	Tschenstochau, Distrikt Radom	40000–43000
22. 9.	Jadów	Warschau-Land, Distrikt Warschau	700
22.–25. 9.	Sokołów Podlaski, Węgrów, Kosów Lacki, Sterdyń, Stoczek	Sokołów, Distrikt Warschau	18300
23. 9.	Szydłowiec	Radom-Land, Distrikt Radom	10000
23./24. 9. (21. 9.) 25./26. 9. (23. 9.)	Theresienstadt	Protektorat Böhmen und Mähren (Tschechien)	2020 1980
26. 9.	Siedlce	Siedlce, Distrikt Warschau	3000
26. 9.–6. 10.	Biała Podlaska (über Międzyrzec Podlaski)	Biała Podlaska, Distrikt Lublin	4800
27. 9.–2. 10.	Łaskarzew, Parysów mit Stoczek Łukowski, Sobienie-Jeziory, Sobolew, Żelechów	Garwolin, Distrikt Warschau	19940
27. 9.–29. 9.	Kozienice, Zwoleń	Radom-Land, Distrikt Radom	23000
28./29.9. (26.9.) 1./2. 10. (29. 9.)	Theresienstadt	Protektorat Böhmen und Mähren (Tschechien)	2004 2000
1.–6. 10.	Busko, Chmielnik, Szydłów, Pińczów, Wiślica (über Bahnstation Jędrzejów), Nowy Korczyn, Pacanów (über Bahnstation Szczuczyn)	Busko, Distrikt Radom	22000–23800
1.–8. 10.	Radzyń, Parczew, Łuków, Międzyrzec Podlaski	Radzyń, Distrikt Lublin	9000–11500
2. 10. (30. 9.)	Darmstadt/Mainz	Deutschland	883
3.–4. 10.	Radzymin, Wołomin, Jabłonna	Warschau-Land, Distrikt Warschau	5200

Datum	Herkunftsort	Kreis, Distrikt	Opferzahl[6]
3. 10.	Skarżysko-Kamienna	Kielce-Land, Distrikt Radom	2500
6.–7. 10.	Żarki, Koniecpol	Radomsko, Distrikt Radom	2400
7. 10.	Łagów	Opatów, Distrikt Radom	2000
7./8. 10. (5. 10.)	Theresienstadt	Protektorat Böhmen und Mähren (Tschechien)	1000
8. 10.–15. 10.	Kamionka, Lubartów, Dęblin-Irena	Lublin-Land u. Puławy, Distrikt Lublin	6300
9.–12. 10.	Przedbórz (über Radomsko)	Końskie, Distrikt Radom	4000
9.–12. 10.	Radomsko	Radomsko, Distrikt Radom	10000–14000
10./11. 10. (8. 10.)	Theresienstadt	Protektorat Böhmen und Mähren (Tschechien)	1000
12.–15. 10.	Ostrowiec Świętokrzyski, Iwaniska	Opatów, Distrikt Radom	12600
14./15.–21. 10.	Piotrków, Przygłów, Rozprza, Sulejów, Gorzkowice, Kamieńsk	Piotrków/Petrikau, Distrikt Radom	24700–28100
15.–29. 10.	Sienno, Chotcza Nowa, Iłża, Ciepielów, Wierzbnik-Starachowice, Tarłów, Lipsko, Solec nad Wisłą	Starachowice, Distrikt Radom	21750–25000
17./18. 10. (15. 10.)	Theresienstadt	Protektorat Böhmen und Mähren (Tschechien)	1998
20. 10.	Opatów	Opatów, Distrikt Radom	6000–6500
21./22. 10. (19. 10.)	Theresienstadt	Protektorat Böhmen und Mähren (Tschechien)	1984

Datum	Herkunftsort	Kreis, Distrikt	Opferzahl[6]
22. 10.–2. 11.	Nowe Miasto, Drzewica, Gielniów, Opoczno, Przysucha, Biała Rawska, Rawa Mazowiecka, Koluszki, Ujazd, Żarnów, Tomaszów Mazowiecki	Tomaszów Mazowiecki, Distrikt Radom	37350–40000
24./25. 10. (22. 10.)	Theresienstadt	Protektorat Böhmen und Mähren (Tschechien)	2018
25.–30. 10.	Osiek, Klimontów, Koprzywnica, Čmielów, Kunów, Ożarów	Opatów, Distrikt Radom	12000
27. 10.–7. 11.	Międzyrzec Podlaski, Łuków	Radzyń, Distrikt Lublin	11000–19200
2.–15. 11.	Bielsk Podlaski, Siemiatycze, Ciechanowiec, Kamieniec Litewski	Bielsk Podlaski, Bezirk Bialystok	18630
3.–7. 11.	Radoszyce, Końskie, Gowarczów	Końskie, Distrikt Radom	14000
5.–6. 11.	Stopnica	Busko, Distrikt Radom	5000
7. 11.	Staszów	Opatów, Distrikt Radom	6000
10. 11.–17. 12.	Kreis Białystok-Land über Białystok	Białystok-Land, Bezirk Bialystok	9320
10. 11.–17. 12.	Bogusze, Kreis Grajewo	Grajewo, Bezirk Bialystok	7100–9100
10. 11.–17. 12.	Kiełbasin, Kreise Grodno u. Sokółka	Grodno u. Sokółka, Bezirk Bialystok	30000–38900
10. 11.–17. 12.	Kreis Wołkowysk (über Wołkowysk)	Wołkowysk, Bezirk Bialystok	16300
11. 11.	Mława	Bezirk Zichenau	Alte und Kranke
15. 11.	Gniewoszów	Radom-Land, Distrikt Radom	1000
30. 11. 1942	Siedlce	Siedlce, Distrikt Warschau	3000
6. 1. 1943	Radomsko	Distrikt Radom	4000
6. 1.	Ujazd	Tomaszów Mazowiecki, Distrikt Radom	2000 (Selektion für Budzyn)

Datum	Herkunftsort	Kreis, Distrikt	Opferzahl[6]
10. 1.	Sandomierz	Opatów, Distrikt Radom	6000
13. 1.	Radom	Radom, Distrikt Radom	600–1500
13. 1.	Szydłowiec	Radom-Land, Distrikt Radom	5000
18.–22. 1.	Warschau	Warschau, Distrikt Warschau	6000 (Selektion für AL Treblinka)
25. 1.	Jasionówka	Białystok, Bezirk Bialystok	2120
9.–12. 2.	Białystok	Białystok, Bezirk Bialystok	8000–10000
13.–16. 2.	Grodno	Grodno, Bezirk Bialystok	4400 (Selektion für Alter Flughafen u. Majdanek)
27.3.(25./26.3.) Ende März	Thrakien (über Lom und Wien)	von Bulgarien besetztes Gebiet (Griechenland)	4219
Ende März	Thessaloniki	Griechenland	0–2800
28. 3.–4. 4. (22. 3.–29. 3.)	Mazedonien (über Skopje)	von Bulgarien besetztes Gebiet (Jugoslawien)	7122–7144
19. 4.–15. 5.	Warschau	Warschau, Distrikt Warschau	7000 (Selektion für Majdanek, Alter Flughafen, Budzyn, Skarzysko-Kamienna und AL Treblinka)
2. 5. (Mai)	Łuków, Międzyrzec Podlaski	Radzyń, Distrikt Lublin	3000–4000
17.–23. 8. 1943	Białystok	Białystok, Bezirk Bialystok	7600–15000

Abkürzungsverzeichnis

AL:	Arbeitslager
BdS:	Befehlshaber der Sicherheitspolizei und des SD
BuF:	Abteilung Bevölkerungswesen und Fürsorge
DAF:	Deutsche Arbeitsfront
DAW:	Deutsche Ausrüstungswerke
DDR-JuNSV:	DDR-Justiz und NS-Verbrechen
GG:	Generalgouvernement
Hpt.V.:	Hauptverhandlung
HSSPF:	Höherer SS- und Polizeiführer
IKL:	Inspektion der Konzentrationslager
JuNSV:	Justiz und NS-Verbrechen
Kap.:	Kapitel
KdF:	Kanzlei des Führers
KdO:	Kommandeur der Ordnungspolizei
KdS:	Kommandeur der Sicherheitspolizei und des SD
KL:	Konzentrationslager, die der IKL unterstanden
KTI:	Kriminaltechnisches Institut
LG:	Landgericht
NL:	Niederländische Vernehmungen von Überlebenden
NSKK:	Nationalsozialistisches Kraftfahrkorps
NSV:	Nationalsozialistische Volkswohlfahrt
Orpo:	Ordnungspolizei
Osti:	Ostindustrie GmbH
OT:	Organisation Todt
P:	Polnische Zeitzeugenaussagen und Nachkriegsermittlungen
R I:	Sonderabteilung R I, mit Sitz in Triest
R II:	Sonderabteilung R II, mit Sitz in Fiume
R III:	Sonderabteilung R III, mit Sitz in Udine
RM:	Reichsmark
RSHA:	Reichssicherheitshauptamt
RSI:	Repubblica Sociale Italiana
RuSHA:	Rasse- und Siedlungshauptamt
Scharf.:	SS-Scharführer
Schupo:	Schutzpolizei
SD:	Sicherheitsdienst
Sipo:	Sicherheitspolizei
SSPF:	SS- und Polizeiführer
SU:	Sowjetische Ermittlungen gegen Trawniki-Männer
T4:	Tiergartenstraße 4, Sitz der »Euthanasie«-Zentrale
USHMM:	United States Holocaust Memorial Museum, Washington
WASt:	Wehrmachtsauskunftsstelle für Kriegerverluste und Kriegsgefangene
WVHA:	SS-Wirtschafts- und Verwaltungshauptamt

Quellen und Literatur

Archive

APMO: Archiwum Państwowe Muzeum Auschwitz-Birkenau
(Archiv der Gedenkstätte Auschwitz-Birkenau)
D-AuI-2, Bd. 1–2: Zugangslisten – Juden, 1942
Material zum Prozess Höß.

Archiwum Państwowe w Lublinie, siehe OSI
Bestand 516 (Zentralbauleitung der Waffen-SS)

BArch: Bundesarchiv Berlin
BDC: Berlin Document Center
- RS – Akten des Rasse- und Siedlungshauptamt
- SSO/SS – SS-Personalakten und -listen von SS-Angehörigen
- PK – Parteikorrespondenz
- SM – SS-Mannschaftsdienstgrade
- SA – SA-Personalakten
- SS –SS-Listen
- R 9361 – Sammlung BDC-Akten

DP 3: Generalstaatsanwalt der DDR
DS K0004, Sammelliste 47a: Arbeitslager Poniatowa
NS 3: SS-WVHA
NS 19: Stab Reichsführer-SS
R 52 II: Kanzlei des Generalgouvernements
R 70 Italien: Polizeidienststellen in Italien
R 83 Adriatisches Küstenland: Oberster Kommissar für die Operationszone »Adriatisches Küstenland«
R 96 I: Reichsarbeitsgemeinschaft für Heil- und Pflegeanstalten
R 102 II: Distrikt-Lublin im Generalgouvernement
R 178: Kanzlei des Führers – »Euthanasie«
R 3001: Reichsjustizministerium

BArch Ludwigsburg: Bundesarchiv Ludwigsburg
B 162/1042: Akte aus Verfahren gegen Weirauch (Generalgouvernement)
B 162/6646: Akte aus Verfahren zur Judenverfolgung im »Adriatischen Küstenland«
B 162/20821: Akte aus Verfahren zur Judenverfolgung im Distrikt Lublin
208 AR-Z 673/41: Akte aus Verfahren gegen Kurt Streibel

BStU: Bundesbeauftragte für die Unterlagen des Staatssicherheitsdienstes der ehemaligen Deutschen Demokratischen Republik
Akte Ast 246/48: Verfahren gegen Oberhauser (Bernburg)
Außenstelle Halle, MfS BV Halle Ast 7054/48, Bd. 1: Verfahren gegen Sporleder (Bernburg)
Außenstelle Halle, MfS BV Halle, AU 1655/62: Verfahren gegen Liesigk (Gendarmerie Małkinia)

G-SKS, 7147: Vollzugs-Erziehungs-Akte Robert Herzer (Sonnenstein)
HA IX: Verfahren zu »Euthanasie«
HA XX: Material zu Treblinka
Halle AP 269/56, Bl. 99–100: Ermittlungen gegen Eberl (Bernburg)
Magdeburg, Ast 105/48: Ermittlungen gegen Sporleder
RHE-West 487: Verfahren gegen Rost (Sonnenstein)
RHE-West 4: Verfahren gegen Nitsche (Sicherheitspolizei Włodawa)

CDEC: Centro di Documentazione Ebraica Contemporanea, Mailand
(Dokumentationszentrum jüdischer Zeitgeschichte)
Archivio della Memoria – »Archiv der Erinnerung«: Videointerviews durch Marcello Pezzetti und Liliana Picciotto mit Überlebenden der Deportation aus Italien aus den 1990er Jahren
Processo Trieste: Zeugenaussagen im italienischen Ermittlungsverfahren der Risiera di San Sabba

FSB Oblast Archive Krasnodar, siehe OSI
Archivenr. 100366 (Matvienko und andere)

FSB Zentralarchiv Moskau, siehe OSI
K-779, fund 16, opis 312 »e«, delo 409–411
Nr. 20869 (Wachmänner)

Ghetto Fighters House, Lohamei Hagetaot
Sammlung Adolf Abraham Bermann

HHStA Wiesbaden: Hessisches Hauptstaatsarchiv Wiesbaden
Abtl. 461, Nr. 32061: Grafeneck- und Hadamar-Verfahren
Abtl. 461, Nr. 35253: Verfahren gegen Hirtreiter (Treblinka)
Abtl. 461, Nr. 36346: Verfahren gegen Gomerski und Klier (Sobibor)
Abtl. 631a, Nr. 152ff.: Verfahren gegen Allers und Vorberg (»Euthanasie«)
Abtl. 631a, Nr. 884–890: Verfahren gegen Lorent und Becker (»Euthanasie«)
Abtl. 631a, Nr. 1328ff.: Verfahren gegen Allers und Oberhauser (Italien)
Abtl. 631a, Nr. 1631: Dokumentensammlung »Euthanasie« (Urkunden Eberl)

IMT: Dokumente des Internationalen Militärgerichtshofs in Nürnberg
Zitierte Dokumente sind abrufbar (außer die mit * versehenen) unter:
http://nuremberg.law.harvard.edu/php/docs_swi.php?DI=1&text=doc_anal
NI: Nuremberg Industrialist
NI 34
NO: Nuremberg Organizations
NO 57, NO 65, NO 365, NO 426, NO 482, NO 1271
PS: Paris-Storey
1919 PS, *3944 PS, *4024 PS
Affidavits:
Affidavit von Thea Brack, 23. 6. 1947, IMT Brack Supplement IV, Nr. 57
*Konrad Morgen, 19. 7. 1946, IMT Affidavit SS 67

Die mit * versehenen Dokumente sind abgedruckt in:
Der Prozeß gegen die Hauptkriegsverbrecher vor dem Internationalen Militärgerichtshof, Nürnberg 14. November 1945 bis 1. Oktober 1946, Nürnberg 1947–1949.
3944-PS (Bd. XXXIII)
4024 PS – vgl. auch IMT NO 57 und NO 65 (Bd. XXXIV)
Konrad Morgen, 19. 7. 1946, IMT Affidavit SS 67 (Bd. XLII)

IPN Warschau: Instytut Pamięci Narodowej, siehe OSI
File 228/67

IRSML: Istituto Regionale per la storia del movimento di liberazione nel Friuli – Venezia Giulia, Triest
(Regionalinstitut für die Geschichte der Befreiungsbewegung)
Risiera Processo: Zeugenaussagen im italienischen Ermittlungsverfahren der Risiera di San Sabba

LA Berlin: Landesarchiv Berlin
B Rep. 058 Nr. 1568–1581: Verfahren gegen Bauer, mit Urteil des Nachfolgeprozesses gegen Gomerski (Sobibor)

LA Düsseldorf: Landesarchiv Nordrhein-Westfalen, Abteilung Rheinland
Gerichte Rep. 388 Nr. 231–277, 706: Verfahren gegen Stangl (Treblinka/Sobibor)
Gerichte Rep. 388, Nr. 380–414, 740: Verfahren gegen Swidersky (Arbeitslager Treblinka)
Gerichte Rep. 388 Nr. 415–471, 696–704: Verfahren gegen Ganzenmüller (Reichsbahn)
Gerichte Rep. 388, Nr. 741–900: Verfahren gegen Franz und andere (Treblinka)

LA Münster: Landesarchiv Nordrhein-Westfalen, Abteilung Westfalen
Q 234, Nr. 4261ff.: Staatsanwaltschaft Dortmund, Zentralstelle für die Bearbeitung von NS-Massenverbrechen: Verfahren gegen Frenzel und andere (Sobibor)

StA Hamburg: Staatsarchiv Hamburg
Landgericht NSG 213–12, 0036: Verfahren gegen Streibel und andere (Trawniki)
Landgericht NSG 213–12, 0039: Verfahren gegen Hantke und Michalsen (Distrikt Lublin)

StA München: Staatsarchiv München
Staatsanwaltschaften (München I) 33033: Verfahren gegen Oberhauser (Belzec)
Staatsanwaltschaften (München II) 34865: Verfahren gegen Wolff (RF-SS)

OSI: Office of Special Investigation, Washington
Plaintiff Dokumente: Demjanjuk v. Petrovsky, Dokumente im US-Fall gegen Reimer, OSI File TC 4-5

SBU-Archiv Dnepropetrovsk, siehe OSI
Archivenr. 32132, Fall Nr. 44 (Zuev)

SBU-Archiv Donezk, siehe OSI
Archivnr. 37834, Fall Nr. 5734 (Iskaradov)
Archivnr. 56433, Fall Nr. 7168 (Shvidkij)

SBU-Archiv Iwano-Frankiwsk, siehe OSI
Archivenr. 7179, Fall Nr. 8112 (Oleksyuk)

SBU-Archiv Kiew, siehe OSI
Archivnr. 58240, Fall Nr. 6937 (Babenko)
Archivnr. 59446, Fall Nr. 7707 (Kuchma)
Archivnr. 14, Fall Nr. 66437 (Shul'ts und andere)

SBU-Archiv Lemberg, siehe OSI
Archivnr. 11991, Fallnr. 2871 (Moskalenko)

Sonderarchiv Litauen, Vilnius, siehe OSI
Bestand K1, ap. 33, Band 19

USC Shoah Foundation, The Institute for Visual History and Education, Los Angeles
Interviews mit Überlebenden der Shoah

USHMM: United States Holocaust Memorial Museum, Washington
RG-50: Oral History Collection des USHMM

Yad Vashem: Archiv von Yad Vashem, Jerusalem
M 9: Simon Wiesenthal Sammlung
M 49: Zeitzeugenberichte aus dem Archiv des Jüdischen Historischen Instituts in Warschau
O 2: Zeitzeugenberichte der Wiener Library
O 3: Sammlung von Yad Vashem-Zeitzeugenberichten
O 12: Perlman Sammlung von Zeitzeugenberichten

Veröffentlichte Quellen und Erinnerungsberichte

Ajenstat, Charles/Buk, Daniel/Harlan,Thomas, Hermann Höfle. L'Autrichien artisan de la Shoah en Pologne, Paris 2006.
Alexandre, Michel, Der Judenmord. Deutsche und Österreicher berichten, Köln 1998.
Berenstein, Tatiana u.a. (Hg.), Faschismus – Ghetto – Massenmord. Dokumentation über Ausrottung und Widerstand der Juden in Polen während des zweiten Weltkrieges, Frankfurt am Main 1960.
Berliner Adressbuch, unter Benutzung amtlicher Quellen, Berlin 1896–1943.
Bialowitz, Philip, A Promise at Sobibór. A Jewish Boy's Story of Revolt and Survival in Nazi-Occupied Poland, Wisconsin 2010.
Blatt, Thomas, Nur die Schatten bleiben. Der Aufstand im Vernichtungslager Sobibór, Berlin 2000.

Chodzko, Mieczyslaw, Évadé de Treblinka, Paris 2010.
Cymlich, Israel/Strawczynski, Oskar, Escaping Hell in Treblinka, New York/Jerusalem 2007.
Czerniaków, Adam, Diario 1939–1942, Rom 1989.
DDR-Justiz und NS-Verbrechen. Sammlung ostdeutscher Strafurteile wegen nationalsozialistischer Tötungsverbrechen, hrsg. v. Christian Frederic Rüter, Amsterdam/München 2002.
Deeg, Peter, Hofjuden, hrsg. v. Julius Streicher, Nürnberg 1939.
Donat, Alexander (Hg.), The Death Camp Treblinka. A Documentary, New York 1979.
Fangaresi, Dante, Dieci settimane a San Sabba, Vigevano 1994.
Freiberg, Dov, To survive Sobibor, Jerusalem 2007.
Friedman, Tuwiah, Sobibor. Ein NS-Vernichtungslager im Rahmen der »Aktion Reinhard«, Haifa 1998.
Ders., Treblinka. Ein NS-Vernichtungslager im Rahmen der »Aktion Reinhard«, Haifa 1997.
Glazar, Richard, Die Falle mit dem grünen Zaun. Überleben in Treblinka, Frankfurt am Main 1992.
Gray, Martin, Der Schrei nach Leben, München 1992.
Gründel, E. Günther, Die Sendung der Jungen Generation. Versuch einer umfassenden revolutionären Sinndeutung der Krise, München 1932.
Gumkowski, Janusz/Rutkowski, Adam, Treblinka, Warschau 1962.
Hoffenberg, Sam, Le camp de Poniatowa. La liquidation des derniers Juifs de Varsovie, Paris 1988.
Hosenfeld, Wilm, »Ich versuche jeden zu retten«. Das Leben eines deutschen Offiziers in Briefen und Tagebüchern, hrsg. v. Thomas Vogel, München 2004.
Höß, Rudolf/Pery Broad/Johann Paul Kremer, Auschwitz in den Augen der SS, Oświęcim 2003.
Justiz und NS-Verbrechen (JuNSV). Sammlung deutscher Strafurteile wegen nationalsozialistischer Tötungsverbrechen 1945–1999, hrsg. v. Fritz Bauer/Karl Dietrich Bracher bzw. v. Christian Frederic Rüter/Dick De Mildt, München/Amsterdam, verschiedene Jahre.
Kepplinger, Brigitte/Leitner, Irene (Hg.), Dameron Report: Bericht des War Crimes Investigating Teams No 6824 der U.S. Army vom 17. 7. 1945 über die Tötungsanstalt Hartheim, Innsbruck/Wien/Bozen 2011.
Kermisz, Joseph u.a. (Hg.), Dokumenty i materiały, Bd. II: »Akcie« i »Wysiedlenia«, Warschau 1946.
Klarsfeld, Serge (Hg.), Documents Concerning the Destruction of the Jews of Grodno 1941–1944, Paris/New York 1987.
Ders. (Hg.), Dokumente zur »Euthanasie«, Frankfurt am Main 2001.
Klein, Peter (Hg.), Die Einsatzgruppen in der besetzten Sowjetunion 1941/42. Die Tätigkeits- und Lageberichte des Chefs der Sicherheitspolizei und des SD, Berlin 1997.
Klukowski, Zygmunt, Diary from the Years of Occupation 1939–1944, Illinois 1993.
Lanzmann, Claude, Der patagonische Hase. Erinnerungen, Reinbek bei Hamburg 2010.
Ders., Sobibor. 14 octobre 1943, 16 heures, Paris 2001.
Ders., Shoah, München 1988.

Mitscherlich, Alexander/Mielke, Fred (Hg.), Medizin ohne Menschlichkeit. Dokumente des Nürnberger Ärzteprozesses, Frankfurt am Main 2004.
Müller, Theodor, Landeskunde des Generalgouvernements, Krakau 1943.
Novitch, Miriam (Hg.), Sobibor. Martyre et révolte, Paris 1978.
Pachter, Michel, »Varsovie – Treblinka – Maïdanek«, in: Le travail du mal, *Revue d'histoire de la Shoah. Le monde juif* (2002), H. 175, S. 54–131.
Petchorski, Alexander, »The Revolt in Sobibor«, in: Albert Nierenstein, A Tower from the Enemy, New York 1958, S. 303–347.
Pezzetti, Marcello, Il libro della Shoah italiana, Turin 2009.
Präg, Werner/Jacobmeyer, Wolfgang (Hg.), Das Diensttagebuch des deutschen Generalgouverneurs in Polen 1939–1945, Stuttgart 1975.
Rajchman, Chil, Ich bin der letzte Jude. Treblinka 1942/43. Aufzeichnungen für die Nachwelt, München 2009.
Reder, Rudolf, Bełżec, Oświęcim 1999.
Reich-Ranicki, Marcel, Mein Leben, München 2000.
Reuth, Ralf Georg (Hg.), Joseph Goebbels Tagebücher 1942–1945, München/Zürich 1992, 5 Bände.
Rothfels, Hans, »Augenzeugenbericht zu den Massenvergasungen«, in: *Vierteljahrshefte für Zeitgeschichte*, 1 (1953), H. 2, S. 177–194.
Schelvis, Jules, Eine Reise durch die Finsternis, Münster 2005.
Silberzweig, Szulem »Sol«, Mama, It will Be Alright! A Story of Survival, Jerusalem 2005.
State of Israel – Ministry of Justice, The trial of Adolf Eichmann. Statement made by Adolf Eichmann to the Israel Police prior to his trial in Jerusalem, Jerusalem 1995, Bd. 7.
Stroop, Jürgen, Żydowska dzielnica mieszkaniowa w Warszawie już nie istnieje!! Es gibt keinen jüdischen Wohnbezirk in Warschau mehr, Warschau 2009.
Stiffel, Frank, The Tale of the Ring: A Kaddish, Toronto u.a. 1984.
Szmajzner, Stanislaw, Inferno em Sobibor. A tragédia de um adolescente judeu, Rio de Janeiro 1979.
Terry, Jack/Nitecki, Alicia, Jakubs Welt. Die Erinnerungen des Jack Terry, München 2005.
Ticho, Kurt, My Legacy. Holocaust, History and the Unfinished Task of Pope John Paul II, hrsg. v. Mara Gales Ryan, Włodawa 2008.
Weh, Albert, Die rechtliche Stellung und die Verwaltung des Generalgouvernements, in: Karl Baedeker: Das Generalgouvernement. Reisehandbuch, Leipzig 1943.
Weinstein, Eddi, 17 Days in Treblinka. Daring to Resist, and Refusing to Die, Jerusalem 2008.
Wewryk, Kalmen, To Sobibor and Back. An Eyewitness Account, Włodawa 2008.
Wiernik, Jankiel, Rok w Treblince. A Year in Treblinka, Warschau 2003.
Willenberg, Samuel, Treblinka. Lager – Revolte – Flucht – Warschauer Aufstand, Hamburg/Münster 2009.
Ders., Revolt in Treblinka, Warschau 1992.
Zielinski, Andrew, Conversations with Regina, Włodawa 2008.

Sekundärliteratur

»Camerati germanici in visita alla Casa Littoria«, *Il Piccolo di Trieste* vom 9. 11. 1943, S. 2.

»Der Dämon von Sobibor«, *Der Spiegel*, Nr. 23/1978, S. 99–104.

»Fagott geblasen«, *Der Spiegel*, 37/1965, S. 61–62.

»Geldmangel – NS-Gedenkstätte Sobibor geschlossen«, *Die Welt* vom 2. 6. 2011.

»Internationale Presse entsandte Beobachter«, *Westfalenpost* vom 21. 12. 1966.

»Simon Wiesenthal spürte in Brasilien KZ-Kommandanten auf«, Die Welt vom 31. 5. 1978, S. 14.

Achrainer, Martin/Ebner, Peter, »›Es gibt kein unwertes Leben‹. Die Strafverfolgung der ›Euthanasie‹-Verbrechen«, in: Thomas Albrich/Winfried R. Garscha/Martin F. Polaschek (Hg.), Holocaust und Kriegsverbrechen vor Gericht. Der Fall Österreich, Innsbruck/Wien/Bozen 2006, S. 57–86.

Adler, H. G., Theresienstadt 1941–1945. Das Antlitz einer Zwangsgemeinschaft, Göttingen 2005.

Adorno, Theodor W. u.a., Der autoritäre Charakter, Bd. 1. Studien über Autorität und Vorurteil, Amsterdam 1968.

Alberti, Michael, »›Niederträchtige Perfidie, gemeine, unermessliche Gier und kalte, berechnende Grausamkeit …‹. Die ›Endlösung der Judenfrage‹ im Reichsgau Wartheland«, in: Jacek Andrzej Młynarczyk/Jochen Böhler, Der Judenmord in den eingegliederten polnischen Gebieten 1939–1945, Osnabrück 2010, S. 117–142.

Ders., Die Verfolgung und Vernichtung der Juden im Reichsgau Wartheland 1939–1945, Wiesbaden 2006.

Aly, Götz/Heim, Susanne, Vordenker der Vernichtung. Auschwitz und die deutschen Pläne für eine neue europäische Ordnung, Frankfurt am Main 2004.

Aly, Götz, Hitlers Volksstaat. Raub, Rassenkrieg und nationaler Sozialismus, Bonn 2005.

Angrick, Andrej, »Georg Michalsen – Handlungsreisender der ›Endlösung‹«, in: Klaus-Michael Mallmann/Gerhard Paul (Hg.), Karrieren der Gewalt. Nationalsozialistische Täterbiographien, Darmstadt 2004, S. 156–165.

Arad, Yitzhak, »Sobibor«, in: Gutman (Hg.), Enzyklopädie des Holocaust, Bd. 3, S. 1330–1334.

Ders., »Wilna«, in: Gutman (Hg.), Enzyklopädie des Holocaust, Bd. 3, S. 1599–1603.

Ders., Belzec, Sobibor, Treblinka. The Operation Reinhard Death Camps, Bloomington und Indianapolis 1987.

Ders., »Die ›Aktion Reinhard‹. Gaskammern in Ostpolen«, in: Kogon Langbein Rückerl (Hg.), Nationalsozialistische Massentötungen, S. 146–193.

Arndt, Ino/Scheffler, Wolfgang, »Organisierter Massenmord an Juden in nationalsozialistischen Vernichtungslagern«, in: *Vierteljahrshefte für Zeitgeschichte*, 24 (1976), H. 2, S. 105–135.

Asher, Harvey, »Ganz normale Täter. Variablen sozialpsychologischer Analysen«, in: *Zeitschrift für Genozidforschung*, 3 (2001), H. 1–2, S. 81–115.

Bajohr, Frank, Parvenüs und Profiteure. Korruption in der NS-Zeit, Frankfurt am Main 2004.

Ballarini, Amleto u.a., Il tributo fiumano all'olocausto, Rom 1999.

Banach, Jens, »Heydrichs Vertreter im Feld. Die Inspekteure, Kommandeure und Befehlshaber der Sicherheitspolizei und des SD«, in: Gerhard Paul/Klaus-Michael Mallmann (Hg.), Die Gestapo im Zweiten Weltkrieg. »Heimatfront« und besetztes Europa, Darmstadt 2000, S. 82–99.

Ders., Heydrichs Elite. Das Führerkorps der Sicherheitspolizei und des SD 1936–1945, München/Wien/Zürich 1998.

Bartusevičius, Vincas/Joachim Tauber/Wolfram Wette (Hg.), Holocaust in Litauen. Krieg, Judenmorde und Kollaboration im Jahre 1941, Köln/Weimar/Berlin 2003.

Bauman, Zygmunt, Dialektik der Ordnung. Die Moderne und der Holocaust, Hamburg 2002.

Baxter, Ian, The SS of Treblinka, Stroud, Gloucestershire 2010.

Beer, Mathias, »Gaswagen. Von der ›Euthanasie‹ zum Genozid«, in: Morsch/Perz (Hg.), Neue Studien, S. 153–164.

Ders., »Die Entwicklung der Gaswagen beim Mord an den Juden«, in: *Vierteljahrshefte für Zeitgeschichte*, 35 (1987), H. 3, S. 403–417.

Bem, Marek, From the Ashes of Sobibor. Ausstellungskatalog, Włodawa o.J.

Bender, Sara, The Jews of Białystok During World War II and the Holocaust, Lebanon (N.H.) 2008.

Ben-Sasson, Havi, »La Pologne et les Polonais vus par les Juifs polonais pendant la Shoah: un regard qui a évolué«, in: Jean-Charles Szurek/Annette Wieviorka (Hg.), Juifs et Polonais. 1939–2008, Paris 2009, S. 109–122.

Benz, Angelika, Der Henkersknecht. Der Prozess gegen John (Iwan) Demjanjuk in München, Berlin 2011.

Dies., »Der Fall Demjanjuk und die Trawnikis«, in: *Tribüne. Zeitschrift zum Verständnis des Judentums*, 48 (2009), H. 191, S. 149–157.

Dies., »Trawniki«, in: W. Benz/Distel (Hg.), Ort des Terrors, Bd. 7, S. 99–100.

Dies., »Von Ausbildern und Handlangern. Der Spagat zwischen Schuld und Rechtsprechung«, in: *Einsicht 02. Bulletin des Fritz Bauer Instituts*, Jg. 1, Herbst 2009, S. 32–36.

Dies., »Wer ist John Demjanjuk, und welche Rolle spielten die Trawnikis im Holocaust?«, in: *Jahrbuch für Antisemitismusforschung*, 18 (2009), S. 251–266.

Benz, Wolfgang/Distel, Barbara (Hg.), Der Ort des Terrors. Geschichte der nationalsozialistischen Konzentrationslager, München 2008–2009, 9 Bände.

Benz, Wolfgang, »Treblinka«, in: W. Benz/Distel (Hg.), Ort des Terrors, Bd. 8, S. 409–443.

Ders. (Hg.), Dimension des Völkermords. Die Zahl der jüdischen Opfer des Nationalsozialismus, München 1991.

Benz, Wolfgang/Kwiet, Konrad/Matthäus, Jürgen (Hg.), Einsatz im »Reichskommissariat Ostland«. Dokumente zum Völkermord im Baltikum und in Weißrussland 1941–1944, Berlin 1998.

Berding, Helmut, Moderner Antisemitismus in Deutschland, Frankfurt am Main 1988.

Berenstein, Tatiana, »Martyrologia, opór i zagłada ludności żydowskiej w dystrykcie lubelskim«, in: *BŻIH* (1957), H. 21, S. 21–92.

Berger, Sara, »NS-Prozesse gegen Personal der Vernichtungslager der ›Aktion Reinhardt‹. Anmerkungen zu Schuld und Sühne eines Massenmords«, in: *Einsicht 02. Bulletin des Fritz Bauer Instituts*, Jg. 1, Herbst 2009, S. 24–31.

Bergmann, Werner, Geschichte des Antisemitismus, München 2004.

Besier, Gerhard, Die Kirchen und das Dritte Reich. Spaltungen und Abwehrkämpfe 1934–1937, Berlin/München 2001.
Bessel, Richard, »Die Heimkehr der Soldaten. Das Bild der Frontsoldaten in der Öffentlichkeit der Weimarer Republik«, in: Gerhard Hirschfeld/Gerd Krumeich/Irina Renz (Hg.), »Keiner fühlt sich hier mehr als Mensch …« Erlebnis und Wirkung des Ersten Weltkriegs, Essen 1993, S. 221–239.
Bewerunge, Lothar, »Franz Stangl: Der Herrgott kennt mich«, *Frankfurter Allgemeine Zeitung* vom 16. 12. 1970, S. 7.
Ders., »Ein ›Achteljude‹ vor Gericht«, *Frankfurter Allgemeine Zeitung* vom 16. 9. 1965, S. 7.
Ders., »›… verbrennt man am Ende auch Menschen‹«, *Frankfurter Allgemeine Zeitung* vom 3. 8. 1965, S. 8.
Ders., »Bolender alias Brenner alias Vahle«, *Frankfurter Allgemeine Zeitung* vom 7. 9. 1965, S. 7.
Ders., »Kinder in der Luft erschossen«, *Frankfurter Allgemeine Zeitung* vom 12. 4. 1965, S. 9.
Ders., »Geburten vor der Gaskammer«, *Frankfurter Allgemeine Zeitung* vom 24. 3. 1965, S. 8.
Ders., »Vergasungen bei Scheinwerferlicht«, *Frankfurter Allgemeine Zeitung* vom 9. 3. 1965, S. 8.
Ders., »Wer nicht spurt, spielt mit dem Leben«, *Frankfurter Allgemeine Zeitung* vom 7. 2. 1965, S. 8.
Ders., »Der ›Todesengel‹ gibt Erschießungen zu«, *Frankfurter Allgemeine Zeitung* vom 16. 2. 1965, S. 9.
Ders., »Massenexekution im ›Lazarett‹«, *Frankfurter Allgemeine Zeitung* vom 18. 12. 1964, S. 9.
Ders., »Noch heute Angst vor ›Lalka‹«, *Frankfurter Allgemeine Zeitung* vom 11. 12. 1964, S. 8.
Ders., »Der Himmel war rot über Treblinka«, *Frankfurter Allgemeine Zeitung* vom 9. 12. 1964, S. 7.
Ders., »Wer bei der Auspeitschung schrie, wurde erschossen«, *Frankfurter Allgemeine Zeitung* vom 2. 12. 1964, S. 8.
Ders., »Als Hygiene-Professor vor der Gaskammer«, *Frankfurter Allgemeine Zeitung* vom 18./19. 11. 1964, S. 8.
Ders., »›Meine Aufgabe war, Juden zu erschießen‹«, *Frankfurter Allgemeine Zeitung* vom 6. 11. 1964, S. 7.
Bierbrauer, Günter, Sozialpsychologie, Stuttgart/Berlin/Köln 1996.
Bilden, Helga, »Geschlechterverhältnis und Individualität im gesellschaftlichen Umbruch«, in: Heiner Keupp/Helga Bilden (Hg.), Verunsicherungen. Das Subjekt im gesellschaftlichen Wandel, Göttingen/Toronto/Zürich 1989, S. 19–46.
Black, Peter, »Foot Soldiers of the Final Solution: The Trawniki Training Camp and Operation Reinhard«, in: *Holocaust and Genocide Studies,* 25 (2011), H. 1, S. 1–99.
Ders., »Askaris in the ›Wild East‹. The Deployment of Auxiliaries and the Implementation of Nazi Racial Policy in Lublin District«, in: Charles Ingrao/Franz A. J. Szabo (Hg.), The Germans and the East, West Lafayette/Indiana 2008, S. 277–309.
Ders., »Police Auxiliaries for Operation Reinhard. Shedding Light on the Trawniki

Training Camp through Documents from Behind the Iron Curtain«, in: David Bankier (Hg.), Secret Intelligence and the Holocaust, New York/Jerusalem 2006, S. 327–366.

Ders., »Die Trawniki-Männer und die ›Aktion Reinhardt‹«, in: Musial (Hg.), »Aktion Reinhardt«, S. 309–352.

Ders., »Rehearsal for Reinhardt? Odilo Globocnik and the Lublin Selbstschutz«, in: *Central European History*, 25 (1992), H. 2, S. 204–226.

Blank, Manfred, »Zum Beispiel: Die Ermordung der Juden im ›Generalgouvernement‹ Polen«, in: Adalbert Rückerl (Hg.), NS-Prozesse. Nach 25 Jahren Strafverfolgung. Möglichkeiten – Grenzen – Ergebnisse, Karlsruhe 1972, S. 35–64.

Blatt, Thomas »Toivi«, Sobibor. Der vergessene Aufstand, Hamburg/Münster 2004.

Bock, Gisela, »Ganz normale Frauen. Täter, Opfer, Mitläufer und Zuschauer im Nationalsozialismus«, in: Kirsten Heinsohn/Barbara Vogel/Ulrike Weckel (Hg.), Zwischen Karriere und Verfolgung. Handlungsspielräume von Frauen im nationalsozialistischen Deutschland, Frankfurt am Main 1997, S. 223–244.

Böhler, Jochen, Auftakt zum Vernichtungskrieg. Die Wehrmacht in Polen 1939, Frankfurt am Main 2006.

Böhm, Boris, »›Karrieren‹ – Von der ›Euthanasie‹-Anstalt Sonnenstein in die Vernichtungslager im besetzten Polen«, in: *Sonnenstein. Beiträge zur Geschichte des Sonnensteins und der Sächsischen Schweiz. Von den Krankenmorden auf dem Sonnenstein zur »Endlösung der Judenfrage« im Osten*, 2001, H. 3, S. 109–144.

Ders., »Die ›Aktion T4‹, die ›Euthanasie‹-Anstalt Sonnenstein und die Überleitung der Krankenmorde in den Holocaust«, in: *Sonnenstein. Beiträge zur Geschichte des Sonnensteins und der Sächsischen Schweiz. Von den Krankenmorden auf dem Sonnenstein zur »Endlösung der Judenfrage« im Osten*, 2001, H. 3, S. 9–28.

Ders., Pirna-Sonnenstein. Von einer Heilanstalt zu einem Ort nationalsozialistischer Tötungsverbrechen, Begleitband zur ständigen Ausstellung der Gedenkstätte Pirna-Sonnenstein, Dresden/Pirna 2001.

Bönisch, Georg u. a., »Der dunkle Kontinent«, *Der Spiegel*, 2009, Nr. 21, S. 82–92.

Bon Gherardi, Silva, La persecuzione antiebraica a Trieste (1938–1945), Udine 1972.

Bon, Silva, »La Risiera di San Sabba«, in: Mantelli (Hg.), Libro dei deportati, Bd. 2, S. 854–869.

Dies., »La deportazione dalla Operationszone Adriatisches Küstenland«, in: Mantelli (Hg.), Libro dei deportati, Bd. 2, S. 367–395.

Dies., Le Comunità ebraiche della provincia italiana del Carnaro. Fiume e Abbazia (1924–1945), Triest 2004.

Bowman, Steven B., The Agony of Greek Jews, 1940–1945, Stanford 2009.

Brandes, Detlef, Die Sudetendeutschen im Krisenjahr 1938, München 2010.

Brauer, Juliane, Musik im Konzentrationslager Sachsenhausen, Berlin 2009.

Breitman, Richard/Aronson, Shlomo, »Eine unbekannte Himmler-Rede vom Januar 1943«, in: *Vierteljahrshefte für Zeitgeschichte*, 38 (1990), H. 2, S. 337–348.

Breitman, Richard, »›Gegner Nummer eins‹. Antisemitische Indoktrination in Himmlers Weltanschauung«, in: Matthäus u. a., Ausbildungsziel Judenmord?, S. 21–34.

Broszat, Martin, »Nationalsozialistische Konzentrationslager 1933–1945«, in: Ders. u. a., Anatomie des SS-Staates, München 1999, S. 321–445.

Browning, Christopher R., Die »Endlösung« und das Auswärtige Amt. Das Referat D III der Abteilung Deutschland 1940–1943, Darmstadt 2010.

Ders., Ganz normale Männer. Das Reserve-Polizeibataillon 101 und die »Endlösung« in Polen, Hamburg 2007.
Ders., Die Entfesselung der »Endlösung«. Nationalsozialistische Judenpolitik 1939–1942, Berlin 2006.
Ders., Der Weg zur »Endlösung«. Entscheidungen und Täter, Bonn 1998.
Bruder, Franziska, »Hunderte solcher Helden«. Der Aufstand jüdischer Gefangener im NS-Vernichtungslager Sobibór, Münster 2013.
Buchheim, Hans, »Befehl und Gehorsam«, in: Martin Broszat u.a., Anatomie des SS-Staates, München 1999, S. 215–318.
Buggeln, Marc, Arbeit & Gewalt. Das Außenlagersystem des KZ Neuengamme, Göttingen 2009.
Bundesarchiv Koblenz (Hg.), Gedenkbuch. Opfer der Verfolgung der Juden unter der nationalsozialistischen Gewaltherrschaft in Deutschland 1933–1945, Koblenz 1986.
Burba, Manfred, Treblinka. Ein NS-Vernichtungslager im Rahmen der »Aktion Reinhard«, Göttingen 1995.
Carnier, Pier Arrigo, Lo sterminio mancato. La dominazione nazista nel Veneto orientale 1943–1945, Mailand 1982.
Cholawski, Shalom, »Minsk«, in: Gutman (Hg.), Enzyklopädie des Holocaust, Bd. 2, S. 950–951.
Chrostowski, Witold, Extermination Camp Treblinka, London/Portland 2004.
Coslovich, Marco, I percorsi della sopravvivenza. Storia e memoria della deportazione dall'Adriatisches Küstenland, Mailand 1994.
Curilla, Wolfgang, Der Judenmord in Polen und die deutsche Ordnungspolizei 1939–1945, Paderborn 2011.
Czech, Danuta, Kalendarium der Ereignisse im Konzentrationslager Auschwitz-Birkenau 1939–1945, Reinbek bei Hamburg 1989.
D'Amico, Giovanna, »La deportazione dei politici italiani ad Auschwitz«, in: Marcello Pezzetti/Bruno Vespa (Hg.), Auschwitz-Birkenau, Rom 2010, S. 29–33.
Datner, Szymon, »Eksterminacja ludności żydowskiej w Okręgu Białostockim«, in: *BŻIH* (1966), H. 60, S. 3–50.
de Mildt, Dick, In the Name of the People. Perpetrators in Genocide in the Reflection of their Post-War Prosecution in West Germany. The »Euthanasia« and »Aktion Reinhard« Trial Cases, Den Haag 1996.
Dean, Martin, »Budzyń«, in: Megargee (Hg.), Encyclopedia of Camps, Bd. 1, Part B, S. 882–884.
Ders., »Seizure of Jewish Property and Inter-Agency Rivalry in the Reich and in the Occupied Soviet Territories«, in: Feldman/Seibel (Hg.), Networks of Nazi Persecution, S. 88–102.
Desbois, Patrick/Frenk, Levana, Opération 1005. Des techniques et des hommes au service de l'effacement des traces de la Shoah, Les Études du Crif, Ausgabe 3, Paris 2003.
Di Giusto, Stefano, Operationszone Adriatisches Küstenland, Udine 2005.
Dieckmann, Christoph, Deutsche Besatzungspolitik in Litauen 1941–1944, Göttingen 2011.
Dierker, Wolfgang, Himmlers Glaubenskrieger. Der Sicherheitsdienst der SS und seine Religionspolitik 1933–1941, Paderborn 2002.

Distel, Barbara, »Sobibór«, in: W. Benz/Distel (Hg.), Ort des Terrors, Bd. 8, S. 375–404.

Döblin, Alfred, »Die Fahrt ins Blaue und die Berliner ›Listenkranken‹«, in: Götz Aly (Hg.), Rasse und Klasse. Nachforschungen zum deutschen Wesen, Frankfurt am Main 2003, S. 69–78.

Ducklau, Volker, Die Befehlsproblematik bei NS-Tötungsverbrechen. Eine Untersuchung anhand von 900 Urteilen deutscher Gerichte von 1945 bis 1965, Freiburg 1976.

Dylewski, Adam, Les Juifs polonais. Guide illustré des monuments et lieux de mémoire, Bielsko-Biała 2006.

Elias, Norbert, »Der Zusammenbruch der Zivilisation«, in: Ders., Studien über die Deutschen. Machtkämpfe und Habitusentwicklung im 19. und 20. Jahrhundert. Gesammelte Schriften, Frankfurt am Main 1989.

Engelking, Barbara/Leociak, Jacek, The Warsaw Ghetto. A guide to the perished city, New Haven/London 2009.

Fahlbusch, Jan Hendrik, »Im Zentrum des Massenmords. Ernst Zierke im Vernichtungslager Belzec«, in: Wojciech Lenarczyk (Hg.), KZ-Verbrechen. Beiträge zur Geschichte der nationalsozialistischen Konzentrationslager und ihrer Erinnerung, Berlin 2007, S. 53–72.

Feldman, Gerald D./Seibel, Wolfgang (Hg.), Networks of Nazi Persecution. Bureaucracy, Business and the Organization of the Holocaust, New York/Oxford 2006.

Dies., »The Holocaust as Division-of-Labor-Based Crime – Evidence and Analytical Challenges«, in: Feldman/Seibel (Hg.), Networks of Nazi Persecution, S. 1–10.

Festinger, Leon, A Theory of Cognitive Dissonance, Stanford 1957.

Fischer, Lorenz/Wiswede, Günter, Grundlagen der Sozialpsychologie, München/Wien 2002.

Fleischer, Hagen, »Griechenland«, in: W. Benz (Hg.), Dimension des Völkermords, S. 241–274.

Foedrowitz, Michael, »Auf der Suche nach einer besatzungspolitischen Konzeption. Der Befehlshaber der Sicherheitspolizei und des SD im Generalgouvernement«, in: Gerhard Paul/Klaus-Michael Mallmann (Hg.), Die Gestapo im Zweiten Weltkrieg. »Heimatfront« und besetztes Europa, Darmstadt 2000, S. 340–361.

Fogar, Galliano, »L'occupazione nazista del Litorale Adriatico e lo sterminio della Risiera«, in: Scalpelli (Hg.), San Sabba, Bd. 1, S. 3–137.

Fölkel, Ferruccio, La Risiera di San Sabba, Mailand 1979.

Förster, Jürgen, »Die weltanschauliche Erziehung in der Waffen-SS. ›Kein totes Wissen, sondern lebendiger Nationalsozialismus‹«, in: Matthäus u.a., Ausbildungsziel Judenmord?, S. 87–113.

Fraenkel, Daniel/Borut, Jakob (Hg.), Lexikon der Gerechten unter den Völkern. Deutsche und Österreicher, Göttingen 2005.

Frei, Norbert, Vergangenheitspolitik. Die Anfänge der Bundesrepublik und die NS-Vergangenheit, München 1997.

Freudiger, Kerstin, Die juristische Aufarbeitung von NS-Verbrechen, Tübingen 2002.

Friedlander, Henry, »Viktor Brack – Parteimann, SS-Mann und Mordmanager«, in: Ronald Smelser/Enrico Syring (Hg.), Die SS: Elite unter dem Totenkopf, Paderborn 2003, S. 88–99.

Ders., Der Weg zum NS-Genozid. Von der Euthanasie zur »Endlösung«, Berlin 1997.

Friedländer, Saul, Den Holocaust beschreiben. Auf dem Weg zu einer integrierten Geschichte, Göttingen 2007.

Ders., Kurt Gerstein oder die Zwiespältigkeit des Guten, München 2007.

Ders., Das Dritte Reich und die Juden. Die Jahre der Vernichtung, München 2006.

Ders., Das Dritte Reich und die Juden. Die Jahre der Verfolgung, München 2000.

Friedler, Eric/Siebert, Barbara/Kilian, Andreas, Zeugen aus der Todeszone. Das jüdische Sonderkommando in Auschwitz, Lüneburg 2002.

Friedrich, Klaus-Peter, »Einleitung«, in: Susanne Heim u.a. (Hg.), Die Verfolgung und Ermordung der europäischen Juden durch das nationalsozialistische Deutschland 1933–1945, Bd. 4, München 2011, S. 12–56.

Ders., »Zusammenarbeit und Mittäterschaft in Polen 1933–1945«, in: Christoph Dieckmann u.a. (Hg.), Kooperation und Verbrechen. Formen der »Kollaboration« im östlichen Europa 1939–1945, Göttingen 2005, S. 113–150.

Fröbe, Rainer, »Bauen und Vernichten. Die Zentralbauleitung Auschwitz und die ›Endlösung‹«, in: »Durchschnittstäter«. Handeln und Motivation. *Beiträge zur Geschichte des Nationalsozialismus* (2000), H. 16, S. 155–209.

Gailus, Manfred, »›Ein Volk – ein Reich – ein Glaube‹? Religiöse Pluralisierungen in der NS-Weltanschauungsdiktatur«, in: Friedrich Wilhelm Graf/Klaus Große Kracht (Hg.), Religion und Gesellschaft. Europa im 20. Jahrhundert, Köln/Weimar/Wien 2007, S. 247–268.

Galaskiewicz, Joseph/Wasserman, Stanley, »Social Network Analysis: Concepts, Methodology, and Directions for the 1990s«, in: *Sociological Methods & Research,* 22 (1993), H. 1, S. 3–22.

Geldmacher, Thomas, »Wir als Wiener waren ja bei der Bevölkerung beliebt«. Österreichische Schutzpolizisten und die Judenvernichtung in Ostgalizien 1941–1944, Wien 2002.

Gerlach, Christian, Krieg, Ernährung, Völkermord. Deutsche Vernichtungspolitik im Zweiten Weltkrieg, Zürich 2001.

Ders., Kalkulierte Morde. Die deutsche Wirtschafts- und Vernichtungspolitik in Weißrußland 1941 bis 1944, Hamburg 1999.

Ders., »Wie schwer wiegt das ›Nichts‹?«, *Die Zeit* vom 21. 10. 1983, S. 71–72.

Golczewski, Frank, »Die Kollaboration in der Ukraine«, in: Christoph Dieckmann u.a. (Hg.), Kooperation und Verbrechen. Formen der »Kollaboration« im östlichen Europa 1939–1945, Göttingen 2005, S. 151–182.

Ders., »Polen«, in: W. Benz (Hg.), Dimension des Völkermords, S. 411–498.

Gold, Jack, »Escape from Sobibor: A Film Made for Television Decipting the Mass Escape from Sobibor Extermination Camp«, in: Toby Haggith/Joanna Newman (Hg.), Holocaust and the Moving Image. Representations in Film and Television Since 1933, London/New York 2005, S. 198–202.

Goldhagen, Daniel Jonah, Hitlers willige Vollstrecker. Ganz gewöhnliche Deutsche und der Holocaust, Berlin 1996.

Gottwaldt, Alfred/Schulle, Diana, Die »Judendeportationen« aus dem Deutschen Reich 1941–1945, Wiesbaden 2005.

Gottwaldt, Alfred, »Die ›Logistik des Holocaust‹ als mörderische Aufgabe der Deutschen Reichsbahn im europäischen Raum«, in: Ralf Roth/Karl Schlägel (Hg.), Neue Wege in ein neues Europa. Geschichte und Verkehr im 20. Jahrhundert, Frankfurt am Main/New York 2009, S. 269–289.

Grabher, Michael, Irmfried Eberl. »Euthanasie«-Arzt und Kommandant von Treblinka, Frankfurt am Main 2006.
Grabitz, Helge/Scheffler, Wolfgang, Letzte Spuren. Ghetto Warschau, SS-Arbeitslager Trawniki, Aktion Erntefest, Berlin 1993.
Grabitz, Helge (Hg.), Täter und Gehilfen des Endlösungswahns. Hamburger Verfahren wegen NS-Gewaltverbrechen 1946–1996, Hamburg 1999.
Grabowski, Jan, »Die antijüdische Politik im Regierungsbezirk Zichenau«, in: Jacek Andrzej Młynarczyk/Jochen Böhler (Hg.), Der Judenmord in den eingegliederten polnischen Gebieten 1939–1945, Osnabrück 2010, S. 99–115.
Greve, Michael, Der justitielle und rechtspolitische Umgang mit den NS-Gewaltverbrechen in den sechziger Jahren, Frankfurt am Main 2001.
Grode, Walter, Die »Sonderbehandlung 14 f 13« in den Konzentrationslagern des Dritten Reiches. Ein Beitrag zur Dynamik faschistischer Vernichtungspolitik, Frankfurt am Main u.a. 1987.
Gross, Jan Tomasz/Grudzińska Gross, Irena, Golden Harvest. Events at the Periphery of the Holocaust, New York 2012.
Gross, Jan T., La peur. L'antisémitisme en Pologne après Auschwitz, Paris 2008.
Ders., Nachbarn. Der Mord an den Juden von Jedwabne, München 2001.
Gross, Raphael, Anständig geblieben. Nationalsozialistische Moral, Frankfurt am Main 2010.
Grossmann, Wassilij, Die Hölle von Treblinka, Moskau 1946.
Gruchmann, Lothar, »Euthanasie und Justiz im Dritten Reich«, in: *Vierteljahrshefte für Zeitgeschichte,* 20 (1972), H. 3, S. 235–279.
Gutman, Israel (Hg.), Enzyklopädie des Holocaust. Die Verfolgung und Ermordung der europäischen Juden, München/Zürich 1998.
Ders., Resistance. The Warsaw Ghetto Uprising, Boston/New York 1994.
Hájková, Anna, »Das Polizeiliche Durchgangslager Westerbork«, in: Wolfgang Benz/Barbara Distel (Hg.), Terror im Westen. Nationalsozialistische Lager in den Niederlanden, Belgien und Luxemburg 1940–1945, Berlin 2004, S. 217–248.
Harlan, Thomas, Heldenfriedhof, Berlin 2006.
Harrison, Jonathan u.a., Belzec, Sobibor, Treblinka. Holocaust Denial and Operation Reinhard. A Critique of the Falsehoods of Mattogno, Graf and Kues, Holocaust Controversies 2011, http://holocaustcontroversies.blogspot.com/ [23. 4. 2013].
Harscheidt, Michael, »Biographieforschung. Werden und Wandel einer komplexen Methode«, in: *Historical Social Research/Historische Sozialforschung,* 14 (1989), H. 4, S. 99–142.
Harten, Hans-Christian/Neirich, Uwe/Schwerendt, Matthias, Rassenhygiene als Erziehungsideologie des Dritten Reichs. Bio-bibliographisches Handbuch, Berlin 2006.
Heberer, Patricia, »Eine Kontinuität der Tötungsoperationen. T4-Täter und die ›Aktion Reinhardt‹«, in: Musial (Hg.), »Aktion Reinhardt«, S. 285–308.
Heil, Johannes/Erb, Rainer (Hg.), Geschichtswissenschaft und Öffentlichkeit. Der Streit um Daniel J. Goldhagen, Frankfurt am Main 1998.
Heinen, Armin, Rumänien, der Holocaust und die Logik der Gewalt, München 2007.
Herbert, Ulrich, »Wer waren die Nationalsozialisten? Typologien des politischen Verhaltens im NS-Staat«, in: Gerhard Hirschfeld/Tobias Jersak (Hg.), Karrieren im Nationalsozialismus. Funktionseliten zwischen Mitwirkung und Distanz, Frankfurt am Main/New York 2004, S. 17–42.

Ders., »Drei politische Generationen im 20. Jahrhundert«, in: Jürgen Reulecke (Hg.), Generationalität und Lebensgeschichte im 20. Jahrhundert, München 2003, S. 95–114.

Ders., »Zwangsarbeit im ›Dritten Reich‹. Kenntnisstand, offene Fragen, Forschungsprobleme«, in: Gabriella Hauch (Hg.), Industrie und Zwangsarbeit im Nationalsozialismus, Innsbruck 2003, S. 11–35.

Ders., »Vernichtungspolitik. Neue Antworten und Fragen«, in: Ders. (Hg.), Nationalsozialistische Vernichtungspolitik. 1939–1945. Neue Forschungen und Kontroversen, Frankfurt am Main 1998, S. 9–66.

Ders., Best. Biographische Studien über Radikalismus, Weltanschauung und Vernunft 1903–1989, Bonn 1996.

Herbert, Ulrich/Orth, Karin/Dieckmann, Christoph (Hg.), Die nationalsozialistischen Konzentrationslager. Entwicklung und Struktur, Frankfurt am Main 2002, 2 Bände.

Herf, Jeffrey, Zweierlei Erinnerung. Die NS-Vergangenheit im geteilten Deutschland, Berlin 1998.

Hilberg, Raul, Die Vernichtung der europäischen Juden, Frankfurt am Main 1994.

Ders., »Die Aktion Reinhard«, in: Eberhard Jäckel/Jürgen Rohwer (Hg.), Der Mord an den Juden im Zweiten Weltkrieg, Frankfurt am Main 1987, S. 125–144.

Ders., Sonderzüge nach Auschwitz, Frankfurt am Main/Berlin 1987.

Hirschfeld, Gerhard, »Niederlande«, in: W. Benz (Hg.), Dimension des Völkermords, S. 137–165.

Hirschinger, Frank, »Die Strafverfolgung von NS-Euthanasie-Verbrechen in der SBZ/DDR«, in: Klaus-Dietmar Henke (Hg.), Tödliche Medizin im Nationalsozialismus. Von der Rassenhygiene zum Massenmord, Köln/Weimar/Wien 2008, S. 225–246.

Hoffmann, Jens, »Das kann man nicht erzählen«. »Aktion 1005« – Wie die Nazis die Spuren ihrer Massenmorde in Osteuropa beseitigten, Hamburg 2008.

Hoffmann, Ute, »Normale Leute? Kollektivbiographische Anmerkungen zu den Tätern der NS-›Euthanasie‹«, in: Maike Rotzoll u.a. (Hg.), Die nationalsozialistische »Euthanasie«-Aktion »T4« und ihre Opfer. Geschichte und ethische Konsequenzen für die Gegenwart, Paderborn u.a. 2010, S. 252–258.

Dies., »›Wir haben nur unsere Pflicht getan …‹«, in: Jüdisches Museum Berlin (Hg.), Tödliche Medizin. Rassenwahn im Nationalsozialismus, Berlin 2009, S. 116–122.

Dies., Todesursache »Angina«. Zwangssterilisation und »Euthanasie« in der Landes-Heil- und Pflegeanstalt Bernburg, Magdeburg 1996.

Hohmann, Joachim S., Der »Euthanasie«-Prozess Dresden 1947. Eine zeitgeschichtliche Dokumentation, Frankfurt am Main u.a. 1993.

Höhne, Heinz, Der Orden unter dem Totenkopf. Die Geschichte der SS, München 2002.

Hoppe, Hans-Joachim, »Bulgarien«, in: W. Benz (Hg.), Dimension des Völkermords, S. 275–310.

Hördler, Stefan, Ordnung und Inferno. Das KZ-System im letzten Kriegsjahr, Göttingen 2013.

Ders., »SS-Kaderschmiede Lichtenburg. Zur Bedeutung des KZ Lichtenburg in der Vorkriegszeit«, in: Stefan Hördler/Sigrid Jacobeit (Hg.), Lichtenburg. Ein deutsches Konzentrationslager, Berlin 2009, S. 75–129.

Ders., »Aspekte der Täterforschung. Eine kritische Bilanz«, in: Petra Frank/Stefan Hördler (Hg.), Der Nationalsozialismus im Spiegel des öffentlichen Gedächtnisses. Formen der Aufarbeitung und des Gedenkens, Berlin 2005, S. 23–45.

Hradska, Katarina, »The Influence of Germany on the ›Solution of the Jewish Question‹ in Slovakia«, in: Wacław Długoborski (Hg.), The Tragedy of the Jews of Slovakia. 1938–1945: Slovakia and the »Final Solution of the Jewish Question«, Oświęcim 2002, S. 87–94.

Husson, Edouard, Heydrich et la Solution finale, Paris 2008.

Hüttenberger, Peter, »Nationalsozialistische Polykratie«, in: *Geschichte und Gesellschaft*, 2 (1976), H. 4, S. 417–442.

Insdorf, Annette, Indelible Shadows. Film and the Holocaust, Cambridge 2009.

Jäger, Herbert, »Makroverbrechen als Gegenstand des Völkerstrafrechts. Kriminalpolitisch-kriminologische Aspekte«, in: Gerd Hankel/Gerhard Stuby (Hg.), Strafgerichte gegen Menschheitsverbrechen. Zum Völkerstrafrecht 50 Jahre nach den Nürnberger Prozessen, Hamburg 1995, S. 325–354.

Ders., Verbrechen unter totalitärer Herrschaft. Studien zur nationalsozialistischen Gewaltkriminalität, Frankfurt am Main 1982.

Jansen, Dorothea, Einführung in die Netzwerkanalyse. Grundlagen, Methoden, Forschungsbeispiele, Wiesbaden 2006.

Jockheck, Lars, Propaganda im Generalgouvernement. Die NS-Besatzungspresse für Deutsche und Polen 1939–1945, Osnabrück 2006.

Jørgensen, Torben, Stiftelsen. Bødlerne fra Aktion Reinhardt, Kopenhagen 2005.

Jureit, Ulrike/Wildt, Michael, »Generationen«, in: Jureit/Wildt (Hg.) Generationen. Zur Relevanz eines wissenschaftlichen Grundbegriffs, Hamburg 2005, S. 7–26.

Kaienburg, Hermann, Die Wirtschaft der SS, Berlin 2003.

Kaiser, Jochen-Christoph, »Widerspruch und Widerstand gegen die Krankenmorde«, in: Klaus-Dietmar Henke (Hg.), Tödliche Medizin im Nationalsozialismus. Von der Rassenhygiene zum Massenmord, Köln/Weimar/Wien 2008, S. 171–183.

Kamenec, Ivan, »The Deportation of Jewish Citizens from Slovakia in 1942«, in: Wacław Długoborski (Hg.), The Tragedy of the Jews of Slovakia. 1938–1945: Slovakia and the »Final Solution of the Jewish Question«, Oświęcim 2002, S. 111–139.

Kepplinger, Brigitte/Reese, Hartmut, »Die nationalsozialistischen Euthanasieverbrechen. Orte und ›Aktionen‹«, in: Brigitte Kepplinger/Gerhart Marckhgott/Hartmut Reese (Hg.), Tötungsanstalt Hartheim, Linz 2008, S. 437–471.

Kepplinger, Brigitte, »Die Tötungsanstalt Hartheim 1940–1945«, in: Brigitte Kepplinger/Gerhart Marckhgott/Hartmut Reese (Hg.), Tötungsanstalt Hartheim, Linz 2008, S. 63–116.

Dies., »Die Tötungsanstalten des Euthanasieprogramms«, in: Wolfgang Benz (Hg.), Ort des Terrors, Bd. 1, München 2005, S. 258–273.

Keupp, Heiner, »Die Suche nach Gemeinschaft zwischen Stammesdenken und kommunitärer Individualität«, in: Wilhelm Heitmeyer (Hg.), Was hält die Gesellschaft zusammen?, Frankfurt am Main 1997, S. 282–310.

Kerner, Aaron, Film and the Holocaust. New Perspectives on Dramas, Documentaries, and Experimental Films, New York 2011.

Kiełboń, Janina, »Judendeportationen in den Distrikt Lublin (1939–1943)«, in: Musial (Hg.), »Aktion Reinhardt«, S. 111–140.

Dies., Migracje ludności w dystrykcie lubelskim w latach 1939–1944, Lublin 1995.

Klarsfeld, Serge, »La déportation dans le camp d'extermination de Sobibor des juifs raflés à Marseille en janvier 1943«, in: Christian Oppetit (Hg.), Marseille, Vichy et les Nazis. Le temps des rafles. La déportation des juifs, Marseille 2005, S. 111–114.

Ders., Le Calendrier de la persécution des Juifs en France 1940–1944, Paris 1993.

Ders., Vichy – Auschwitz. Die Zusammenarbeit der deutschen und der französischen Behörden bei der »Endlösung der Judenfrage« in Frankreich, Nördlingen 1989.

Klee, Ernst, Das Personenlexikon zum Dritten Reich, Frankfurt am Main 2005.

Ders., »Euthanasie« im NS-Staat. Die »Vernichtung lebensunwerten Lebens«, Frankfurt am Main 2002.

Ders., Was sie taten – was sie wurden. Ärzte, Juristen und andere Beteiligte am Kranken- oder Judenmord, Frankfurt am Main 1986.

Kleffner, Heike/Rürup, Miriam, »Das vergessene Vernichtungslager Sobibor«, *Frankfurter Rundschau* vom 7. 11. 2003.

Klein, Peter, »Massentötung durch Giftgas im Vernichtungslager Chełmno«, in: Morsch/Perz (Hg.), Neue Studien, S. 177–184.

Ders., Die »Gettoverwaltung Litzmannstadt« 1940–1944. Eine Dienststelle im Spannungsfeld von Kommunalbürokratie und staatlicher Verfolgungspolitik, Hamburg 2009.

Klinkhammer, Lutz, Zwischen Bündnis und Besatzung. Das nationalsozialistische Deutschland und die Republik von Salò 1943–1945, Tübingen 1993.

Knigge, Volkhard/Lüttgenau, Rikola-Gunnar/Wagner, Jens-Christian (Hg.): Zwangsarbeit. Die Deutschen, die Zwangsarbeiter und der Krieg, Begleitband zur Ausstellung, Weimar 2010.

Knoke, David/Kuklinski, James H., Network Analysis, Newbury Park 1982.

Kogon, Eugen/Langbein, Hermann/Rückerl, Adalbert (Hg.), Nationalsozialistische Massentötungen durch Giftgas. Eine Dokumentation, Frankfurt am Main 1983.

Kola, Andrzej, Bełżec. The Nazi Camp in the Light of Archeological Sources. Excavations 1997–1999, Warschau/Washington 2000.

Koschat, Michael, »Das Polizeihaftlager in der Risiera di San Sabba und die deutsche Besatzungspolitik in Triest 1943–1945«, in: *Zeitgeschichte,* 19 (1992), S. 157–171.

Krakowski, Shmuel, Das Todeslager Chełmno/Kulmhof. Der Beginn der »Endlösung«, Göttingen 2007.

Ders., »Poniatowa«, in: Gutman (Hg.), Enzyklopädie des Holocaust, Bd. 2, S. 1156–1157.

Ders., »Rzeszów«, in: Gutman (Hg.), Enzyklopädie des Holocaust, Bd. 3, S. 1263–1265.

Ders., »In Kulmhof. Stationierte Gaswagen«, in: Kogon/Langbein/Rückerl (Hg.), Nationalsozialistische Massentötungen, S. 110–145.

Kranz, Tomasz, Die Vernichtung der Juden im Konzentrationslager Majdanek, Lublin 2007.

Ders., »Das KL Lublin – zwischen Planung und Realisierung«, in: Herbert/Orth/Dieckmann (Hg.), Die nationalsozialistischen Konzentrationslager, Bd. 1, S. 363–389.

Krausnick, Helmut, Hitlers Einsatzgruppen. Die Truppen des Weltanschauungskrieges 1938–1942, Frankfurt am Main 1993.

Krökel, Ulrich, »Ein Holocaust-Leugner will nach Treblinka«, *Die Zeit* vom 17. 9. 2010.

Kroll, Frank-Lothar, Utopie als Ideologie. Geschichtsdenken und politisches Handeln im Dritten Reich, Paderborn 1999.

Kühl, Stefan, »Die Fußvölker der ›Endlösung‹«, *Die Zeit* vom 23. 4. 2009.

Ders., Wenn die Affen den Zoo regieren. Die Tücken der flachen Hierarchien, Frankfurt am Main/New York 1998.
Kühne, Thomas, Kameradschaft. Die Soldaten des nationalsozialistischen Krieges und das 20. Jahrhundert, Göttingen 2006.
Kuwałek, Robert, Das Vernichtungslager Bełżec, Berlin 2013.
Ders., »Bełżec«, in: W. Benz/Distel (Hg.), Ort des Terrors, Bd. 8, S. 331–371.
Ders., »Die Durchgangsghettos im Distrikt Lublin«, in: Musial (Hg.), »Aktion Reinhardt«, S. 197–232.
Ders., Von Lublin nach Bełżec. Auf Spurensuche. Leben und Vernichtung der Juden im südöstlichen Lubliner Land, Lublin o. J.
Langbein, Hermann, Menschen in Auschwitz, Wien 1972.
Lasik, Alexander, »Die SS-Besatzung des KL Auschwitz«, in: Wacław Długoborski/ Franciszek Piper (Hg.), Studien zur Geschichte des Konzentrations- und Vernichtungslagers Auschwitz, Oświęcim 1999, Bd. 1, S. 321–384.
Lazarsfeld, Paul F./Menzel, Herbert, »On the Relation Between Individual and Collective Properties«, in: Amitai Etzioni (Hg.), Complex Organizations. A Sociological Reader, New York 1961, S. 422–440.
Lazzero, Ricciotti, Le SS italiane. Storia dei 20000 che giurarono fedeltà a Hitler, Mailand 1982.
Lenarczyk, Wojciech, »Budzyń«, in: W. Benz/Distel (Hg.), Ort des Terrors, Bd. 7, S. 89–92.
Levi, Primo, I sommersi e i salvati, Torino 2007.
Lewy, Guenter, The Nazi Persecution of the Gypsies, New York 2001.
Liblau, Charles, Die Kapos von Auschwitz, Staatliches Museum Auschwitz-Birkenau 1998.
Lilienthal, Georg, »Von der ›zentralen‹ zur ›kooperativen Euthanasie‹. Die Tötungsanstalt Hadamar und die ›T4‹ (1942–1945)«, in: Maike Rotzoll u.a. (Hg.), Die nationalsozialistische »Euthanasie«-Aktion »T4« und ihre Opfer, Paderborn u.a. 2010, S. 100–107.
Ders., »Personal einer Tötungsanstalt. Acht biographische Skizzen«, in: Uta George u.a. (Hg.), Hadamar. Heilstätte Tötungsanstalt Therapiezentrum, Marburg 2006, S. 267–292.
Liuzzi, Giorgio, La politica di repressione nazista nel Litorale Adriatico (1943–1945), Doktorarbeit an der Universität Pisa, Zyklus 2004, http://etd.adm.unipi.it/t/etd-04232010-135632/ [23. 4. 2013].
Loewenberg, Peter, »The Psychohistorical Origins of the Nazi Youth Cohort«, in: *American Historical Review*, 76 (1971), H. 5, S. 1457–1502.
Longerich, Peter, Heinrich Himmler. Biographie, München 2008.
Ders., Geschichte der SA, München 2003.
Ders., Politik der Vernichtung. Eine Gesamtdarstellung der nationalsozialistischen Judenverfolgung, München 1998.
Ders. (Hg.), Die Ermordung der europäischen Juden. Eine umfassende Dokumentation des Holocaust 1941–1945, München 1989.
Losemann, Volker, »Rassenideologien und antisemitische Publizistik in Deutschland im 19. und 20. Jahrhundert«, in: Wolfgang Benz/Werner Bergmann (Hg.), Vorurteil und Völkermord. Entwicklungslinien des Antisemitismus, Freiburg/Basel/ Wien 1997, S. 304–337.

Löw, Andrea/Roth, Markus, Juden in Krakau unter deutscher Besatzung 1939–1945, Göttingen 2011.

Lüdtke, Alf, »Working Class and Volksgemeinschaft. The Appeal of Exterminating ›Others‹. German Workers and the Limits of Resistance«, in: Christian Leitz (Hg.), The Third Reich. Essential Readings, Oxford 1999, S. 151–178.

Ders., »Der Bann der Wörter. ›Todesfabriken‹. Vom Reden über den NS-Völkermord – das auch ein Verschweigen ist«, in: *WerkstattGeschichte* (1996), H. 13, S. 5–18.

Lustiger, Arno, Zum Kampf auf Leben und Tod! Das Buch zum Widerstand der Juden 1933–1945, Erftstadt 2004.

Mailänder Koslov, Elissa, Gewalt im Dienstalltag. Die SS-Aufseherinnen des Konzentrations- und Vernichtungslagers Majdanek, Hamburg 2009.

Dies., »Täterinnenbilder im Düsseldorfer Majdanek-Prozess (1975–1981)«, in: Simone Erpel (Hg.), Im Gefolge der SS. Aufseherinnen des Frauen-KZ Ravensbrück, Berlin 2007, S. 211–221.

Mallmann, Klaus-Michael, »Vom Fußvolk der ›Endlösung‹. Ordnungspolizei, Ostkrieg und Judenmord«, in: *Tel Aviver Jahrbuch für deutsche Geschichte,* 26 (1997), S. 355–392.

Mann, Michael, »Were the Perpetrators of Genocide ›Ordinary Men‹ or ›Real Nazis‹? Results from Fifteen Hundred Biographies«, in: *Holocaust and Genocide Studies,* 14 (2000), H. 13, S. 331–366.

Mannheim, Karl, »Das Problem der Generationen«, in: Ders., Wissenssoziologie, hrsg. v. Kurt H. Wolff, Neuwied 1964, S. 509–565.

Mantelli, Brunello (Hg.), Il libro dei deportati, Mailand 2010.

Marin, Bernd/Mayntz, Renate, »Introduction. Studying Policy Networks«, in: Dies. (Hg.), Policy Networks: Empirical Evidence and Theoretical Considerations, Frankfurt am Main 1991, S. 11–25.

Matkovski, Aleksandar, »The Destruction of Macedonian Jewry in 1943«, in: *Yad Vashem Studies,* 3 (1959), S. 203–258.

Matsas, Michael, The Illusion of Safety. The Story of the Greek Jews During World War II, New York 1997.

Matta, Tristano, »La Risiera di San Sabba«, in: Instituto regionale per la storia del movimento di liberazone nel Friuli Venezia Giulia, Un percorso tra le violenze del novecento nella provincia di Trieste, Triest 2007, S. 47–54.

Matthäus, Jürgen u.a., Ausbildungsziel Judenmord? »Weltanschauliche Erziehung« von SS, Polizei und Waffen-SS im Rahmen der »Endlösung, Frankfurt am Main 2003.

Ders., »Die ›Judenfrage‹ als Schulungsthema von SS und Polizei. ›Inneres Erlebnis‹ und Handlungslegitimation«, in: Matthäus u.a., Ausbildungsziel Judenmord?, S. 35–86.

Mayntz, Renate, »Policy-Netzwerke und die Logik von Verhandlungssystemen«, in: *Politische Vierteljahresschrift,* 34 (1993), Sonderheft H. 24, S. 39–56.

Megargee, Geoffrey P. (Hg.), Encyclopedia of Camps and Ghettos, 1933–1945, Bloomington/Indianapolis 2012.

Mentzos, Stavros, Der Krieg und seine psychosozialen Funktionen, Frankfurt am Main 1993.

Meyer zu Uptrup, Wolfram, Kampf gegen die »jüdische Weltverschwörung«. Propaganda und Antisemitismus 1919–1945, Berlin 2003.

Meyer, Hermann Frank, Blutiges Edelweiß. Die 1. Gebirgs-Division im Zweiten Weltkrieg, Berlin 2007.

Michman, Dan, »Les dirigeants juifs face à la mort«, in: Les Conseils Juifs dans l'Europa Allemande, *Revue d'histoire de la Shoah* (2006), H. 185, S. 449–473.

Milgram, Stanley, Das Milgram-Experiment. Zur Gehorsamsbereitschaft gegenüber Autorität, Hamburg 1982.

Miron, Guy/Shulhani, Shlomit (Hg.), The Yad Vashem Encyclopedia of the Ghettos during the Holocaust, Jerusalem 2009, 2 Bände.

Mix, Andreas, »Warschau«, in: W. Benz/Distel (Hg.), Ort des Terrors, Bd. 7, S. 100–104.

Młynarczyk, Jacek Andrzej, Judenmord in Zentralpolen. Der Distrikt Radom im Generalgouvernement 1939–1945, Darmstadt 2007.

Ders., »Organisation und Durchführung der ›Aktion Reinhard‹ im Distrikt Radom«, in: Musial (Hg.), »Aktion Reinhardt«, S. 165–195.

Ders., »Treblinka. Ein Todeslager der ›Aktion Reinhard‹«, in: Musial (Hg.), »Aktion Reinhardt«, S. 257–281.

Molho, Michael, In Memoriam. Hommage aux victimes juives des Nazis en Grèce, Thessaloniki 1973.

Mommsen, Hans, »Forschungskontroversen zum Nationalsozialismus«, in: *Aus Politik und Zeitgeschichte* (2007), H. 14–15, S. 14–21.

Ders., Auschwitz, 17. Juli 1942. Der Weg zur europäischen »Endlösung der Judenfrage«, München 2002.

Ders., »Die Realisierung des Utopischen: Die ›Endlösung der Judenfrage‹ im ›Dritten Reich‹«, in: *Geschichte und Gesellschaft* (1983), H. 3, S. 381–430.

Monteath, Peter, »›Lass uns der Nacht Lebewohl sagen, denn wir werden den Sonnenaufgang nicht mehr sehen.‹ Die Geschichte der Regina Zielinski«, in: Barbara Distel/Wolfgang Benz (Hg.), Frauen im Holocaust, Gerlingen 2001, S. 301–328.

Morsch, Günter, »Gründung und Aufbau des Konzentrationslagers Sachsenhausen«, in: Ders. (Hg.), Von der Sachsenburg nach Sachsenhausen. Bilder aus dem Fotoalbum eines KZ-Kommandanten, Berlin 2007, S. 87–194.

Morsch, Günter/Perz, Bertrand (Hg.), Neue Studien zu nationalsozialistischen Massentötungen durch Giftgas. Historische Bedeutung, technische Entwicklung, revisionistische Leugnung, Berlin 2011.

Mosse, George L., Die Nationalisierung der Massen. Politische Symbolik und Massenbewegungen von den Befreiungskriegen bis zum Dritten Reich, Frankfurt am Main 1993.

Moyn, Samuel, A Holocaust Controversy. The Treblinka Affair in Postwar France, Waltham, Massachusetts 2005.

Mühlhäuser, Regina, Eroberungen. Sexuelle Gewalttaten und intime Beziehungen deutscher Soldaten in der Sowjetunion 1941–1945, Hamburg 2010.

Musial, Bogdan (Hg.), »Aktion Reinhardt«. Der Völkermord an den Juden im Generalgouvernement 1941–1944. Tagungsband, Osnabrück 2004.

Ders., »Ursprünge der ›Aktion Reinhard‹. Planung des Massenmordes an den Juden im Generalgouvernement«, in: Ders. (Hg.), »Aktion Reinhardt«, S. 49–85.

Ders., Deutsche Zivilverwaltung und Judenverfolgung im Generalgouvernement. Eine Fallstudie zum Distrikt Lublin 1939–1944, Wiesbaden 1999.

Neuberger, Oswald, Mikropolitik. Der alltägliche Aufbau und Einsatz von Macht in Organisationen, Stuttgart 1995.

Noelle, Elisabeth/Neumann, Erich Peter (Hg.), Jahrbuch der öffentlichen Meinung 1965–1967, Institut für Demoskopie Allensbach, Bonn 1967.

Dies., La vérité sur Treblinka, Paris 1967.

Orth, Karin, Die Konzentrationslager-SS. Sozialstrukturelle Analysen und biographische Studien, München 2004.

Patterson, Charles, »Für die Tiere ist jeden Tag Treblinka«. Über die Ursprünge des industrialisierten Tötens, Frankfurt am Main 2004.

Pätzold, Kurt/Schwarz, Erika, »Auschwitz war für mich nur ein Bahnhof«. Franz Novak – der Transportoffizier Adolf Eichmanns, Berlin 1994.

Paul, Gerhard/Mallmann, Klaus-Michael, »Sozialisation, Milieu und Gewalt. Fortschritte und Probleme der neueren Täterforschung«, in: Dies. (Hg.), Karrieren der Gewalt. Nationalsozialistische Täterbiographien, Darmstadt 2004, S. 1–32.

Paul, Gerhard, »Ganz normale Akademiker. Eine Fallstudie zur regionalen staatspolizeilichen Funktionselite«, in: Gerhard Paul/Klaus-Michael Mallmann (Hg.), Die Gestapo – Mythos und Realität, Darmstadt 2003, S. 236–254.

Ders., »Die Täter der Shoah im Spiegel der Forschung«, in: Ders. (Hg.), Die Täter der Shoah. Fanatische Nationalsozialisten oder ganz normale Deutsche?, Göttingen 2002, S. 13–90.

Perl, Shaindy, Tell the World. The Story of the Sobibor Revolt, Lakewood (NJ) 2004.

Persak, Krzysztof, »Le crime de Jedwabne, effacer et retrouver ses traces après la guerre«, in: Jean-Charles Szurek/Annette Wieviorka (Hg.), Juifs et Polonais. 1939–2008, Paris 2009, S. 461–480.

Perz, Bertrand/Sandkühler, Thomas, »Auschwitz und die ›Aktion Reinhard‹ 1942–1945. Judenmord und Raubpraxis in neuer Sicht«, in: *Zeitgeschichte,* 26 (1999), H. 5, S. 283–316.

Perz, Bertrand, »Die Verwertung des Opfergoldes aus den Vernichtungslagern der ›Aktion Reinhard‹«, in: DÖW (Hg.), Forschungen zum Nationalsozialismus und dessen Nachwirkungen. Festschrift für Brigitte Bailer, Wien 2012, S. 131–154.

Ders., »Die österreichische Beteiligung an NS-Verbrechen. Anmerkungen zur Debatte«, in: Helmut Kramer/Karin Liebhart/Friedrich Stadler (Hg.), Österreichische Nation – Kultur – Exil und Widerstand. In memoriam Felix Kreissler, Wien/Berlin 2006, S. 223–234.

Peukert, Detlev J. K., Die Weimarer Republik. Krisenjahre der Klassischen Moderne, Frankfurt am Main 1987.

Picciotto, Liliana, Il libro della memoria. Gli ebrei deportati dall'Italia (1943–1945), Mailand 2002.

Piper, Franciszek, Vernichtung. Studien zur Geschichte des Konzentrations- und Vernichtungslagers Auschwitz, hrsg. v. Wacław Długoborski/Franciszek Piper, Oświęcim 1999, Bd. 3.

Ders., Die Zahl der Opfer von Auschwitz, Oświęcim 1993.

Podhorizer-Sandel, Erna, »O zagładzie żydów w dystrykcie krakowskim«, in: *BŻIH* (1959), H. 30, S. 87–109.

Pohl, Dieter, Verfolgung und Massenmord in der NS-Zeit 1933–1945, Darmstadt 2008.

Ders., »Die Trawniki-Männer im Vernichtungslager Belzec«, in: Alfred Gottwaldt/Norbert Kampe/Peter Klein (Hg.), NS-Gewaltherrschaft. Beiträge zur historischen Forschung und juristischen Aufarbeitung, Berlin 2005, S. 278–289.

Ders., »Die Stellung des Distrikts Lublin in der ›Endlösung der Judenfrage‹«, in: Musial (Hg.), »Aktion Reinhardt«, S. 87–107.
Ders., »Ukrainische Hilfskräfte beim Mord an den Juden«, in: Gerhard Paul (Hg.), Die Täter der Shoah. Fanatische Nationalsozialisten oder ganz normale Deutsche?, Göttingen 2002, S. 205–234.
Ders., »Die großen Zwangsarbeitslager der SS- und Polizeiführer für Juden im Generalgouvernement 1942–1945«, in: Herbert/Orth/Dieckmann (Hg.), Die nationalsozialistischen Konzentrationslager, Bd. 1, S. 415–438.
Ders., »Franz Reichleitner«, in: Gutman (Hg.), Enzyklopädie des Holocaust, Bd. 3, S. 1199.
Ders., »Die Holocaustforschung und Goldhagens Thesen«, in: *Vierteljahrshefte für Zeitgeschichte,* 45 (1997), H. 1, S. 1–48.
Ders., Nationalsozialistische Judenverfolgung in Ostgalizien 1941–1944. Organisation und Durchführung eines staatlichen Massenverbrechens, München 1997.
Ders., Von der »Judenpolitik« zum Judenmord. Der Distrikt Lublin des Generalgouvernements 1939–1944, Frankfurt am Main u.a. 1993.
Popitz, Heinrich, Phänomene der Macht, Tübingen 1992.
Pötzl, Ulrich, »Dr. Valentin Faltlhauser. Reformpsychiatrie, Erbbiologie und Lebensvernichtung«, in: Michael von Cranach/Hans Ludwig Siemen (Hg.), Psychiatrie im Nationalsozialismus. Die Bayerischen Heil- und Pflegeanstalten zwischen 1933 und 1945, München 1999, S. 385–404.
Pressac, Jean-Claude, Die Krematorien von Auschwitz. Die Technik des Massenmordes, München 1995.
Ders., Auschwitz. Technique and Operation of the Gas Chambers, Paris 1989.
Pucher, Siegfried J., »… in der Bewegung führend tätig«. Odilo Globocnik – Kämpfer für den »Anschluß«, Vollstrecker des Holocaust, Klagenfurt 1997.
Pulzer, Peter, »Die Wiederkehr des alten Hasses«, in: Michael A. Meyer (Hg.), Deutsch-jüdische Geschichte in der Neuzeit, München 1997, Bd. 3, S. 193–248.
Raab, Jörg, »Networks. More Than Just a Metaphor«, in: Feldman/Seibel (Hg.), Networks of Nazi Persecution, S. 321–339.
Ranft, Ferdinand, »Der ›vergessene Prozess‹«, *Die Zeit* vom 2. 12. 1966.
Ders., »Ohne Scham und ohne Reue«, *Die Zeit* vom 25. 3. 1966.
Rashke, Richard, Flucht aus Sobibor, Gerlingen 1998.
Reemtsma, Jan Philipp, Vertrauen und Gewalt. Versuch über eine besondere Konstellation der Moderne, Hamburg 2008.
Rees, Laurence, »The Nazis. A Warning From History«, in: Toby Haggith/Joanna Newman (Hg.), Holocaust and the Moving Image. Representations in Film and Television Since 1933, London/New York 2005, S. 146–153.
Reichardt, Sven, Faschistische Kampfbünde. Gewalt und Gemeinschaft im italienischen Squadrismus und in der deutschen SA, Köln/Weimar/Wien 2009.
Ders., »Vergemeinschaftung durch Gewalt. Das Beispiel des SA-›Mördersturms 33‹ in Berlin-Charlottenburg zwischen 1928 und 1932«, in: Entgrenzte Gewalt. Täterinnen und Täter im Nationalsozialismus. Heft 7 der Beiträge zur Geschichte der nationalsozialistischen Verfolgung in Norddeutschland, Bremen 2002, S. 20–36.
Reichel, Peter, Vergangenheitsbewältigung in Deutschland. Die Auseinandersetzung mit der NS-Diktatur in Politik und Justiz, München 2007.

Ders., Erfundene Erinnerung. Weltkrieg und Judenmord in Film und Theater, München/Wien 2004.

Rejak, Sebastian/Frister, Elżbieta (Hg.), Inferno of Choices. Poles and the Holocaust, Warschau 2012.

Rich, David Alan, »Reinhard« and Operation 1005? Corpse Disposal in Generalgouvernement. Killing Centers, 1942–1944, Vortrag Paris, 15. 6. 2009, unveröffentlichtes Manuskript.

Ders., »Reinhard's Footsoldiers. Soviet Trophy Documents and Investigative Records as Sources«, in: John K. Roth/Elisabeth Maxwell (Hg.), Remembering for the Future. The Holocaust in an Age of Genocide, Basingstoke 2001, Bd. 1, S. 688–701.

Rieß, Volker, »Christian Wirth. Der Inspekteur der Vernichtungslager«, in: Klaus-Michael Mallmann/Gerhard Paul (Hg.), Karrieren der Gewalt. Nationalsozialistische Täterbiographien, Darmstadt 2004, S. 239–251.

Ders., Die Anfänge der Vernichtung »lebensunwerten Lebens« in den Reichsgauen Danzig-Westpreußen und Wartheland 1939/40, Frankfurt am Main u.a. 1991.

Robel, Gerd, »Sowjetunion«, in: W. Benz (Hg.), Dimension des Völkermords, S. 499–560.

Roth, Markus/Löw, Andrea, Das Warschauer Getto. Alltag und Widerstand im Angesicht der Vernichtung, München 2013.

Roth, Markus, Herrenmenschen. Die deutschen Kreishauptleute im besetzten Polen – Karrierewege, Herrschaftspraxis und Nachgeschichte, Göttingen 2009.

Rückerl, Adalbert (Hg.), NS-Vernichtungslager im Spiegel deutscher Strafprozesse. Belzec, Sobibor, Treblinka, Chelmno, München 1977.

Rutkowski, Adam, »Martyrologia, walka i zagłada ludności żydowskiej w dystrykcie radomskim podczas okupacji hitlerowskiej«, in: *BŻIH* (1955), H. 15–16, S. 75–182.

Sachslehner, Johannes, Der Tod ist ein Meister aus Wien. Leben und Taten des Amon Leopold Göth, Wien 2008.

Safrian, Hans, Die Eichmann-Männer, Wien/Zürich 1993.

Sakowska, Ruta, Die zweite Etappe ist der Tod. NS-Ausrottungspolitik gegen die polnischen Juden, gesehen mit den Augen der Opfer, Berlin 1993.

Sandkühler, Thomas, »Endlösung« in Galizien. Der Judenmord in Ostpolen und die Rettungsaktionen des Berthold Beitz, Bonn 1996.

Sandner, Peter, Verwaltung des Krankenmordes. Der Bezirksverband Nassau im Nationalsozialismus, Gießen 2003.

Scalpelli, Adolfo (Hg.), San Sabba. Istruttoria e processo per il Lager della Risiera, Mailand 1988, 2 Bände.

Scheffler, Wolfgang, »Die Einsatzgruppe A«, in: Peter Klein (Hg.), Die Einsatzgruppen in der besetzten Sowjetunion 1941/42, Berlin 1997, S. 29–51.

Schelvis, Jules, Vernichtungslager Sobibór, Hamburg/Münster 2003.

Schilter, Thomas, Unmenschliches Ermessen. Die nationalsozialistische »Euthanasie«-Tötungsanstalt Pirna-Sonnenstein 1940/41, Leipzig 1999.

Schmidt, Martin/Kuhlmann, Robert/v. Cranach, Michael, »Heil- und Pflegeanstalt Kaufbeuren«, in: Michael v. Cranach/Hans Ludwig Siemen (Hg.), Psychiatrie im Nationalsozialismus. Die Bayerischen Heil- und Pflegeanstalten zwischen 1933 und 1945, München 1999, S. 265–326.

Schmidt-Hartmann, Eva, »Tschechoslowakei«, in: W. Benz (Hg.), Dimension des Völkermords, S. 353–379.

Schoeps, Julius (Hg.), Ein Volk von Mördern? Die Dokumentation zur Goldhagen-Kontroverse um die Rolle der Deutschen im Holocaust, Hamburg 1996.

Scholl, Wolfgang, »Grundkonzepte der Organisation«, in: Heinz Schuler (Hg.), Lehrbuch »Organisationspsychologie«, Bern 2004, S. 515–556.

Schreiber, Gerhard, Die Italienischen Militärinternierten im Deutschen Machtbereich 1943–1945. Verachtet – verraten – vergessen, München 1990.

Schröder, Wilhelm Heinz, »Kollektive Biographien in der historischen Sozialforschung. Eine Einführung«, in: Ders. (Hg.), Lebenslauf und Gesellschaft. Zum Einsatz von kollektiven Biographien in der historischen Sozialforschung, Stuttgart 1985, S. 7–17.

Schubert, Elke, »›Morgen fliehen wir‹«, *Die Zeit* vom 11. 10. 1991, S. 84.

Schulte, Jan Erik, »Initiative der Peripherie. Globocniks Siedlungsstützpunkte und die Entscheidung zum Bau des Vernichtungslagers Belzec«, in: Ders. (Hg.), Die SS, Himmler und die Wewelsburg, Paderborn 2009, S. 118–137.

Ders., »Rüstungsunternehmen oder Handwerksbetrieb? Das KZ-Häftlinge ausbeutende SS-Unternehmen ›Deutsche Ausrüstungswerke GmbH‹«, in: Herbert/Orth/Dieckmann (Hg.), Die nationalsozialistischen Konzentrationslager, Bd. 1, S. 558–583.

Ders., »Zwangsarbeit für die SS. Juden in der Ostindustrie GmbH«, in: Norbert Frei (Hg.), Ausbeutung, Vernichtung, Öffentlichkeit. Neue Studien zur nationalsozialistischen Lagerpolitik, München 2000, S. 43–74.

Schulz, Andreas, »Regierungsbezirk Zichenau«, in: Wolf Gruner/Jörg Osterloh (Hg.), Das »Großdeutsche Reich« und die Juden. Nationalsozialistische Verfolgung in den »angegliederten« Gebieten, Frankfurt am Main/New York 2010, S. 261–280.

Schulze, Dietmar, »Euthanasie« in Bernburg. Die Landes-Heil- und Pflegeanstalt Bernburg/Anhaltische Nervenklinik in der Zeit des Nationalsozialismus, Essen 1999.

Schumann, Dirk, »Gewalterfahrungen und ihre nicht zwangsläufigen Folgen. Der Erste Weltkrieg in der Gewaltgeschichte des 20. Jahrhunderts, 2004«, http://www.erster-weltkrieg.clio-online.de/_Rainbow/documents/texteZZF/schumann.pdf [10. 5. 2013].

Schuster, Martin, Die SA in der nationalsozialistischen »Machtergreifung« in Berlin und Brandenburg 1926–1934, Berlin 2005, http://opus.kobv.de/tuberlin/volltexte/2005/876/ [10. 5. 2013]

Schwarz, Gudrun, Eine Frau an seiner Seite. Ehefrauen in der »SS-Sippengemeinschaft«, Hamburg 2001.

Schwindt, Barbara, Das Konzentrations- und Vernichtungslager Majdanek. Funktionswandel im Kontext der »Endlösung«, Würzburg 2005.

Scott, John, Social Network Analysis. A Handbook, London 1991.

Seibel, Wolfgang/Raab, Jörg, »Verfolgungsnetzwerke. Zur Messung von Arbeitsteilung und Machtdifferenzierung in den Verfolgungsapparaten des Holocaust«, in: *Kölner Zeitschrift für Soziologie und Sozialpsychologie,* 55 (2003), H. 2, S. 197–230.

Seibel, Wolfgang, »Restraining or Radicalizing? Division of Labor and Persecution Effectiveness«, in: Feldman/Seibel (Hg.), Networks of Nazi Persecution, S. 340–360.

Seidel, Robert, Deutsche Besatzungspolitik in Polen. Der Distrikt Radom 1939–1945, Paderborn u.a. 2006.
Selmin, Francesco (Hg.), Da Este ad Auschwitz. Storia degli ebrei di Este e del campo di concentramento di Vo', Este 1987.
Sereny, Gitta, Am Abgrund. Eine Gewissensforschung. Gespräche mit Franz Stangl, Kommandant von Treblinka, und anderen, Wien 1980.
Sforni, Roberto, Il Sabba di Belzec, Mailand 2004.
Siemens, Daniel, Horst Wessel. Tod und Verklärung eines Nationalsozialisten, München 2009.
Sigaud, Dominique, Franz Stangl et moi, Paris 2011.
Silberklang, David, »Die Juden und die ersten Deportationen aus dem Distrikt Lublin«, in: Musial (Hg.), »Aktion Reinhardt«, S. 141–164.
Ders., The Holocaust in the Lublin District, unveröffentlichte Dissertation, Jerusalem 2003.
Smith, Mark S., Treblinka survivor. The Life and Death of Hershl Sperling, The Mill 2010.
Sofsky, Wolfgang, Die Ordnung des Terrors. Das Konzentrationslager, Frankfurt am Main 1999.
Spector, Shmuel, »Budzyn«, in: Gutman (Hg.), Enzyklopädie des Holocaust, Bd. 1, S. 254–255.
Ders., »Trawniki«, in: Gutman (Hg.), Enzyklopädie des Holocaust, Bd. 3, S. 1425–1427.
Ders., »Aktion 1005 – Effacing the Murder of Millions«, in: *Holocaust and Genocide Studies*, 5 (1990), H. 2, S. 157–173.
Ders., »Tötungen in Gaswagen hinter der Front«, in: Kogon/Langbein/Rückerl (Hg.), Nationalsozialistische Massentötungen, S. 81–109.
Spoerer, Mark, Zwangsarbeit unter dem Hakenkreuz. Ausländische Zivilarbeiter, Kriegsgefangene und Häftlinge im Dritten Reich und im besetzten Europa 1939–1945, Stuttgart/München 2001.
Springmann, Veronika, »›Sport machen‹. Eine Praxis der Gewalt im Konzentrationslager«, in: Wojciech Lenarczyk u.a. (Hg.), KZ-Verbrechen. Beiträge zur Geschichte der nationalsozialistischen Konzentrationslager und ihrer Erinnerung, Berlin 2007, S. 89–101.
Steinacher, Gerald, Nazis auf der Flucht. Wie Kriegsverbrecher über Italien nach Übersee entkamen, Frankfurt am Main 2010.
Steinbacher, Sybille, »Musterstadt« Auschwitz. Germanisierungspolitik und Judenmord in Ostoberschlesien, München 2000.
Steiner, Jean-François, Treblinka. Die Revolte eines Vernichtungslagers, Oldenburg/Hamburg 1966.
Steur, Claudia, Theodor Dannecker. Ein Funktionär der »Endlösung«, Essen 1997.
Strothmann, Dietrich, »Der ›feine Herr‹ von Treblinka«, *Die Zeit* vom 10. 3. 1967.
Ders., »Befehl war nicht Befehl«, *Die Zeit* vom 3. 12. 1965.
Teicholz, Tom, The Trial of Ivan the Terrible. State of Israel vs. John Demjanjuk, London 1990.
Teubner, Gunther, »Die vielköpfige Hydra. Netzwerke als kollektive Akteure höherer Ordnung«, in: Wolfgang Krohn/Günter Küppers (Hg.), Emergenz. Die Entstehung von Ordnung, Organisation und Bedeutung, Frankfurt am Main 1992, S. 189–216.

Tochtermann, Erwin, »›... und dann gingen sie eben zur Vergasung‹«, *Süddeutsche Zeitung* vom 20. 1. 1965, S. 9.
Tönsmeyer, Tatjana, Das Dritte Reich und die Slowakei 1939–1945. Politischer Alltag zwischen Kooperation und Eigensinn, Paderborn u.a. 2003.
Tregenza, Michael, Purificare e distruggere. I. Il programma »Eutanasia«. Le prime camere a gas naziste e lo sterminio dei disabili (1939–1941), Verona 2006.
Ders., »Bełżec – okres eksperymentalny. Listopad 1942-kwiecień 1942«, in: *Zeszyty Majdanka* (2001), Bd. 21, S. 165–209.
Ders., »Bełżec – Das vergessene Lager des Holocaust«, in: Irmtrud Wojak/Peter Heyes (Hg.), »Arisierung« im Nationalsozialismus. Volksgemeinschaft, Raub und Gedächtnis, Frankfurt am Main/New York 2000, S. 241–267.
Ders., »Belzec Death Camp«, in: *The Wiener Library Bulletin,* 30 (1977), new series, H. 41/42, S. 8–25.
Trunk, Achim, »Die todbringenden Gase«, in: Morsch/Perz (Hg.), Neue Studien, S. 23–49.
Tuchel, Johannes, Organisationsgeschichte und Funktion der »Inspektion der Konzentrationslager« 1934–1938, Boppard am Rhein 1991.
Tyas, Stephen, »Der britische Nachrichtendienst. Entschlüsselte Funkmeldungen aus dem Generalgouvernement«, in: Musial (Hg.), »Aktion Reinhardt«, S. 431–447.
Villani, Cinzia, »The Persecution of Jews in Two Regions of German Occupied Northern Italy, 1943–1945. Operationszone Alpenvorland and Operationszone Adriatisches Küstenland«, in: Joshua D. Zimmerman (Hg.), Jews in Italy under Fascist and Nazi rule, 1922–1945, Cambridge u.a. 2005, S. 243–261.
Volkov, Shulamit, Die Juden in Deutschland 1780–1918, München 2000.
Vollnhals, Clemens, »›Über Auschwitz aber wächst kein Gras‹. Die Verjährungsdebatten im Deutschen Bundestag«, in: Jörg Osterloh/Clemens Vollnhals (Hg.), NS-Prozesse und deutsche Öffentlichkeit. Besatzungszeit, frühe Bundesrepublik und DDR, Göttingen 2011, S. 375–401.
von Krannhals, Hanns, »Die Judenvernichtung in Polen und die Wehrmacht«, in: *Wehrwissenschaftliche Rundschau,* 15 (1965), H. 10, S. 570–581.
von Miquel, Marc, »Wir müssen mit den Mördern zusammenleben«, in: Irmtrud Wojak (Hg.), Gerichtstag halten über uns selbst. Geschichte und Wirkung des ersten Frankfurter Auschwitz-Prozesses, Frankfurt am Main/New York 2001, S. 97–116.
Wagner, Bernd C., IG Auschwitz. Zwangsarbeit und Vernichtung von Häftlingen des Lagers Monowitz 1941–1945, München 2000.
Wagner, Patrick, Volksgemeinschaft ohne Verbrecher. Konzeptionen und Praxis der Kriminalpolizei in der Zeit der Weimarer Republik und des Nationalsozialismus, Hamburg 1996.
Wasser, Bruno, Himmlers Raumplanung im Osten. Der Generalplan Ost in Polen 1940–1944, Basel 1993.
Wasserman, Stanley/Faust, Katherine, Social Network Analysis. Methods and Applications, Cambridge 1994.
Weber, Wolfgang, Von Silbertal nach Sobibor. Über Josef Vallaster und den Nationalsozialismus im Montafon, Feldkirch 2008.
Wedekind, Michael, Nationalsozialistische Besatzungs- und Annexionspolitik in Norditalien 1943 bis 1945. Die Operationszonen »Alpenvorland« und »Adriatisches Küstenland«, München 2003.

Wefing, Heinrich, Der Fall Demjanjuk. Der letzte große NS-Prozess, München 2011.
Wegner, Bernd, Hitlers Politische Soldaten. Die Waffen-SS 1933–1945, Paderborn 1990.
Weiß, Hermann, »Aktion Reinhardt«, in: Wolfgang Benz (Hg.), Lexikon des Holocaust, München 2002, S. 9–11.
Ders., »Offener Brief an Wolfgang Benz wegen Reinhard(t)«, in: Hermann Graml/Angelika Königseder/Juliane Wetzel (Hg.), Vorurteil und Rassenhaß. Antisemitismus in den faschistischen Bewegungen Europas, Berlin 2001, S. 443–450.
Wellers, Georges, »Die zwei Giftgase«, in: Kogon/Langbein/Rückerl (Hg.), Nationalsozialistische Massentötungen, S. 281–287.
Welzer, Harald, Täter. Wie aus ganz normalen Menschen Massenmörder werden, Frankfurt am Main 2005.
Ders., »Massenmord und Moral. Einige Überlegungen zu einem missverständlichen Thema«, in: Mihran Dabag/Kristin Platt (Hg.), Genozid und Moderne. Strukturen kollektiver Gewalt im 20. Jahrhundert, Opladen 1998, Bd. 1, S. 254–272.
Wettlaufer, Antje, »Die Beteiligung von Schwestern und Pflegern an den Morden in Hadamar«, in: Dorothee Roer/Dieter Henkel (Hg.), Psychiatrie im Faschismus. Die Anstalt Hadamar 1933–1945, Frankfurt am Main 2003, S. 283–330.
Wetzel, Juliane, »Frankreich und Belgien«, in: W. Benz (Hg.), Dimension des Völkermords, S. 105–135.
Wickert, Christl, »Die Formierung der SS in den frühen Konzentrationslagern 1933–1937«, in: Günter Morsch (Hg.), Von der Sachsenburg nach Sachsenhausen. Bilder aus dem Fotoalbum eines KZ-Kommandanten, Berlin 2007, S. 195–201.
Wieland, Günther, Naziverbrechen und deutsche Strafjustiz, Berlin 2004.
Wiesenthal, Simon, Doch die Mörder leben, München/Zürich 1967.
Wildt, Michael, »Raul Hilberg and Saul Friedländer – Two Perspectives on the Holocaust«, in: Christian Wiese/Paul Betts (Hg.), Years of Persecution, Years of Extermination. Saul Friedländer and the Future of Holocaust Studies, London/New York 2010, S. 101–113.
Ders., Generation des Unbedingten. Das Führungskorps des Reichssicherheitshauptamtes, Hamburg 2002.
Wilhelm, Friedrich, Die Polizei im NS-Staat. Die Geschichte ihrer Organisation im Überblick, Paderborn u.a. 1997.
Wilke, Jürgen u.a., Holocaust und NS-Prozesse. Die Berichterstattung in Israel und Deutschland zwischen Abneigung und Abwehr, Köln 1995.
Winstone, Martin, The Holocaust Sites of Europe. An Historical Guide, London/New York 2010.
Witte, Peter/Tyas, Stephen, »A New Document on the Deportation and Murder of Jews During Einsatz Reinhard 1942«, in: *Holocaust and Genocide Studies,* 15 (2001), H. 3, S. 468–486.
Witte, Peter u.a. (Hg.), Der Dienstkalender Heinrich Himmlers 1941/42, Hamburg 1999.
Ders., »Two Decisions Concerning the ›Final Solution to the Jewish Question‹: Deportations to Lodz and Mass Murder in Chelmno«, in: *Holocaust and Genocide Studies,* 9 (1995), H. 3, S. 318–345.
Witte, Peter, »›… zusammen 1274166‹«, *Die Zeit* vom 10. 1. 2002, S. 82.
Wolf, Gerhard, Ideologie und Herrschaftsrationalität. Nationalsozialistische Germanisierungspolitik in Polen, Hamburg 2012.

Wörsdörfer, Rolf, Krisenherd Adria 1915–1955. Konstruktion und Artikulation des Nationalen im italienisch-jugoslawischen Grenzraum, Paderborn u.a. 2004.
Zach, Krista, »Rumänien«, in: W. Benz (Hg.), Dimension des Völkermords, S. 381–409.
Zegenhagen, Evelyn, »Poniatowa«, in: Geoffrey P. Megargee (Hg.), Encyclopedia of Camps and Ghettos, 1933–1945, Bloomington/Indianapolis 2009, Bd. 1, Part B, S. 888–891.
Ziegler, Hasso, »»Die Angeklagten haben gemordet ... bitte glauben Sie es doch!‹«, *Stuttgarter Zeitung* vom 15. 2. 1965.
Zimmermann, Michael, Rassenutopie und Genozid. Die nationalsozialistische »Lösung der Zigeunerfrage«, Hamburg 1996.
Zimmermann, Volker, NS-Täter vor Gericht. Düsseldorf und die Strafprozesse wegen nationalsozialistischer Gewaltverbrechen, Düsseldorf 2001.
Ders., Die Sudetendeutschen im NS-Staat. Politik und Stimmung der Bevölkerung im Reichsgau Sudetenland (1938–1945), Essen 1999.

Dokumentar- und Spielfilme

Dokumentarfilme

Alexandre, Michel, Der Judenmord: Deutsche und Österreicher berichten, Österreich 1998.
Bower, Tom, Gustav Wagner – Angel of Death, BBC 1, Großbritannien, 18. Juni 1979.
Fruchtmann, Karl, Zeugen. Aussagen zum Mord an einem Volk, Deutschland 1981.
Hein, Wilhelm, To Those Who Found No Graves, Deutschland 1989–1994.
Hurwitz, Leo (Bildregie), Eichmann-Prozess (Eichmann Trial), USA 1961.
Kogan, Pavel/van den Bergh, Lily, Opstand in Sobibor, Niederlande/Russland 1990.
Lanzmann, Claude, Shoah, Frankreich 1985.
Lanzmann, Claude, Sobibór, 14. Oktober 1943, 16 Uhr (Sobibór, 14 octobre 1943, 16 heures), Frankreich 2001.
Merz, Oliver/Friedler, Eric, Blutige Beute. Das SS-Raubgold und die verschwundenen Akten, Deutschland 1998.
Moscovitz, Guillaume, Belzec, Frankreich 2005.
Nekanda-Trepka, Michal, The Last Witness – Ostatni swiadek, Polen 2005.
Nestler, Peter, Die Verwandlung des guten Nachbarn, Deutschland 2002.
Österreichischer Rundfunk (ORF), Mörder und Marionetten – Brennpunkt, Österreich 1999.
Schoen, Wolfgang/Gutermuth, Frank, Izbica – Drehkreuz des Todes, Deutschland 2007.
Stawsky, Gerardo, A pesar de Treblinka (Despite Treblinka), Uruguay 2002.
Valentin, Marcus, Die Nazi-Jäger – Späte Gerechtigkeit: Die Jagd nach Franz Stangl und Gustav Wagner (Nazi Hunters), Kanada 2010.

Spielfilme

Chomsky, Marvin J., Holocaust – Die Geschichte der Familie Weiss, USA 1978.

Costa-Gavras, Amen, Frankreich/Deutschland/Rumänien 2002.

Enrico, Robert, Der Schrei nach Leben (Au nom de tous les miens), Frankreich/Kanada/Ungarn 1983.

Gold, Jack, Sobibor (Escape from Sobibor), Großbritannien 1987.

Anmerkungen

Einleitung: Das »T4-Reinhardt-Netzwerk«

1 Die »Euthanasie« wurde nach dem Dienstsitz in der Berliner Tiergartenstraße 4 als »Aktion T4« bezeichnet.
2 Lüdtke, »Bann der Wörter«, S. 5–18.
3 Eintrag v. Goebbels v. 27. 3. 1942, in Reuth (Hg.), Tagebücher, Bd. 4, S. 1776.
4 Jäger, Verbrechen, S. 21.
5 Vgl. Paul, »Täter der Shoah«, S. 13–90; Paul/Mallmann, »Sozialisation«, S. 1–32; Herbert, »Nationalsozialisten«, S. 17–42; Hördler, »Täterforschung«, S. 23–45.
6 Jäger, »Makroverbrechen«, S. 333.
7 So z.B. in Bauman, Dialektik.
8 Paul, »Täter der Shoah«, S. 61; Paul/Mallmann, »Sozialisation«, S. 18–19.
9 Mann, »Perpetrators«, S. 331–333; Goldhagen, Willige Vollstrecker; Browning, Normale Männer.
10 Browning, Normale Männer.
11 Vgl. Raab, »Networks«, S. 323–329.
12 Feldman/Seibel, »Division-of-Labor-Based Crime«, S. 1–10; Seibel/Raab, »Verfolgungsnetzwerke«, S. 197–230.
13 Mayntz, »Policy-Netzwerke«, S. 39–56; Marin/Mayntz, »Introduction«, S. 11–25; Teubner, »Vielköpfige Hydra«, S. 189–216.
14 Vgl. Lazarsfeld/Menzel, »Relation«, S. 422–440. Vgl. zu den Begriffen Jansen, Netzwerkanalyse, S. 51–75; Wasserman/Faust, Social Network Analysis; Scott, Social Network Analysis; Knoke/Kuklinski, Network Analysis; Galaskiewicz/Wasserman, »Social Network Analysis«, S. 3–22; Neuberger, Mikropolitik; Scholl, »Grundkonzepte«, S. 515–556.
15 Odilo Globocnik, der Leiter der »Aktion Reinhardt«, definierte diese als »die Aussiedlung selbst«, »die Verwertung der Arbeitskraft«, »die Sachverwertung« sowie »die Einbringung verborgener Werte und Immobilien«. Globocnik an Himmler, 5. 1. 1944, IMT 4024 PS.
16 Lediglich das WVHA übertrug den Namen »Reinhardt« (als Synonym für die Ermordung der Juden) in einzelnen Dokumenten auch auf die Vernichtungsstrukturen in Auschwitz. Reisebericht, 17. 9. 1942, in Hefte von Auschwitz, 3 (1960), S. 122. Vgl. Perz/Sandkühler, »Auschwitz«, S. 292–299.
17 Bauer, 20. 11. 1962, LA Münster, Q 234, Nr. 4280, Bl. 114–119.
18 Zeichnung eines T4-Kuriers, in Klee (Hg.), Dokumente, S. 120. Ähnlich beschrieben auch die Staatsanwälte 1948 Eberls Aufgabe in Bernburg als »Organisierung und Durchführung des Vernichtungsnetzes«, BStU, Halle AP 269/56, Bl. 99–100.
19 Die »kollektive Biographie« ist nach Wilhelm Schröder die »empirische, besonders auch quantitativ gestützte Erforschung eines historischen Personenkollektivs in seinem jeweiligen gesellschaftlichen Kontext anhand einer vergleichenden Analyse der individuellen Lebensläufe der Kollektivmitglieder«. Schröder, »Kollektive Biographien«, S. 8. Vgl. auch Harscheidt, »Biographieforschung«, S. 99–142.

20 Arad, Belzec. Vgl. auch Kuwałek, Vernichtungslager Bełżec; Schelvis, Sobibór; Blatt, Sobibór; Tregenza, »Belzec Death Camp«, S. 8–25; Chrostowski, Extermination Camp. Neue Ergebnisse sind auch von der Dissertation von Annika Wienert (Bochum) zur »Architektur der nationalsozialistischen Vernichtungslager der Aktion Reinhard« zu erwarten.
21 Kuwałek, »Bełżec«, Distel, »Sobibór«; W. Benz, »Treblinka«; Musial (Hg.), Aktion Reinhardt.
22 Z.B. Pohl, Judenpolitik; Musial, Zivilverwaltung; Pohl, Judenverfolgung; Sandkühler, Endlösung; Seidel, Besatzungspolitik; Schwindt, Majdanek.
23 Friedlander, NS-Genozid; Klee, Was sie taten; Böhm, »Karrieren«; U. Hoffmann, Todesursache; Schulze, Bernburg; Lilienthal, »Personal«, S. 267–292.
24 Sereny, Abgrund; Grabher, Eberl; Rieß, »Christian Wirth«, S. 239–251; Fahlbusch, »Im Zentrum«, S. 53–72; Weber, Silbertal.
25 Jørgensen, Stiftelsen.
26 Wedekind, Annexionspolitik; Bon Gherardi, Persecuzione; Koschat, »Polizeihaftlager«, S. 157–171.
27 Reder, Bełżec.
28 Blatt, Schatten; Novitch (Hg.), Sobibor; Freiberg, To survive; Szmajzner, Inferno; Ticho, My Legacy; Zielinski, Conversations; Wewryk, To Sobibor; Perl, Tell; Bialowitz, Promise; Petchorski, »Revolt«, S. 303–347. Vgl. auch die Interviews auf www.sobiborinterviews.nl [10. 5. 2013].
29 Glazar, Falle; Wiernik, Rok; Willenberg, Revolt (dt. Fassung: Treblinka); Donat (Hg.), Treblinka; Cymlich/Strawczynski, Escaping; Weinstein, 17 Days; Rajchman, Ich bin der letzte Jude; Smith, Treblinka Survivor; Stiffel, Tale; Gray, Schrei.
30 Rückerl (Hg.), NS-Vernichtungslager. Einen Einblick bieten die Urteilssammlungen Bauer/Bracher bzw. Rüter/De Mildt (Hg.), Justiz und NS-Verbrechen (= JuNSV) und Rüter (Hg.), DDR-Justiz und NS-Verbrechen (= DDR-JuNSV). Vgl. De Mildt, Name of the People.
31 Black, »Police Auxiliaries«, S. 327–366.
32 Friedländer, Holocaust beschreiben, S. 7–27; Wildt, »Raul Hilberg«, S. 101–113.
33 Rajchman, Ich bin der letzte Jude, S. 59, 77.

Voraussetzungen für den Völkermord

1 Robert Lorent an die bayerische Kriminalpolizei, 4. 5. 1961, StA München, Staatsanwaltschaften 33033/5, Bl. 893.
2 Friedrich, »Einleitung«, S. 25–29; Böhler, Auftakt, S. 188–200; Alberti, Verfolgung, S. 36–41; Rieß, Anfänge; Friedlander, NS-Genozid, S. 228–234; Miron/Shulhani (Hg.), Yad Vashem Encyclopedia; Megargee (Hg.), Encyclopedia.
3 Vgl. Browning, Weg; Longerich, Politik; Gutman u.a. (Hg.), Enzyklopädie des Holocaust; Mommsen, Auschwitz, S. 90–110; Steinbacher, Musterstadt, S. 60, 136–137; Aly/Heim, Vordenker, S. 257–265.
4 Vgl. Klein (Hg.), Einsatzgruppen; Krausnick, Einsatzgruppen, S. 129–143.
5 Bundesarchiv (Hg.), Gedenkbuch, Anhang, S. XVII–XVIII; Gottwaldt/Schulle, Judendeportationen, S. 31–136; Mommsen, Auschwitz, S. 111–144; Steinbacher, Musterstadt, S. 257–258; Witte, »Two Decisions«, S. 318–345.

6 Mommsen, Auschwitz, S. 129–141; Herbert, »Vernichtungspolitik«, S. 44–45; Gerlach, Krieg, S. 173.

7 Alberti, »Niederträchtige Perfidie«, S. 135–137.

8 Browning, Entfesselung, S. 507–509; Beer, »Gaswagen«, S. 157–159.

9 JuNSV (1979), Bd. 20, Nr. 580, S. 434–436 (Wolff); ebenda (2001), Bd. 26, Nr. 658, S. 561–563; Witte u.a. (Hg.), Dienstkalender, S. 193–195; Beer, Gaswagen, S. 158–160; Beer, »Entwicklung«, S. 407.

10 Georg Wippern, 16./17. 5. 1962 u. 17. 4. 1962, StA München, Staatsanwaltschaften 33033/12, Bl. 2335–2349 u. 2350–2361; Tregenza, Purificare, S. 114, FN 71, S. 143–144.

11 Beer, »Entwicklung«, S. 410; JuNSV (1998), Bd. 23, Nr. 632; ebenda (2001), Bd. 26, Nr. 658, S. 567; Spektor, »Tötungen«, S. 81–109.

12 Krakowski, Chełmno, S. 32–51; Klein, Gettoverwaltung, S. 383–393; Klein, »Massentötung«, S. 179.

13 Friedler/Siebert/Kilian, Todeszone, S. 21–22.

14 Weh, »Rechtliche Stellung«, S. LX.

15 Banach, »Vertreter«, S. 86–87; Foedrowitz, »Suche«, S. 344–347.

16 Browning, Normale Männer, S. 27; ders., Weg, S. 134. Vgl. Curilla, Judenmord.

17 Vgl. Pohl, »Stellung«, S. 95–106.

18 Pucher, Bewegung, S. 89–92.

19 Georg Michalsen, 7. 1. 1964, StA Hamburg, LG NSG 213–12, 0036/20, Bl. 8384–8392; Schulte, »Initiative«, S. 124–125; Witte u.a. (Hg.), Dienstkalender, S. 201–202.

20 Einsatzbefehl Nr. 8, Anlage 1, in Klein (Hg.), Einsatzgruppen, S. 334.

21 Black, »Trawniki-Männer«, S. 314–315; ders., »Askaris«, S. 277–309; ders., »Police Auxiliaries«, S. 327–366; ders., »Foot Soldiers«, S. 5–8; Pohl, »Trawniki-Männer«, S. 281; A. Benz, »Wer ist Demjanjuk«, S. 252–258.

22 Vgl. Aly/Heim, Vordenker, hier S. 432–437. Vgl. zum Zusammenhang von Germanisierungspolitik und Judenverfolgung auch Wolf, Ideologie.

23 Globocnik an Himmler, 1. 10. 1941, zit. n. Musial, Zivilverwaltung, S. 204.

24 Witte u.a. (Hg.), Dienstkalender, S. 233; Schulte, »Initiative«, S. 123; Hilberg, »Aktion Reinhard«, S. 126; Pohl, Judenpolitik, S. 91; Musial, Zivilverwaltung, S. 195–200.

25 Berenstein u.a. (Hg.), Faschismus, S. 128–129; Pohl, Judenpolitik, S. 93–94.

26 Protokoll der Wannsee-Konferenz, abrufbar auf der Internetseite des Hauses der Wannsee-Konferenz, www.ghwk.de [10. 5. 2013].

27 Friedlander, NS-Genozid, S. 135, 156; Sandner, Verwaltung, S. 374.

28 U. Hoffmann, »Pflicht«, S. 117; dies., »Normale Leute?«, S. 252–258; Klee, NS-Staat, S. 173; Böhm, Pirna-Sonnenstein, S. 87; Kepplinger, »Hartheim«, S. 63–116; Sandner, Verwaltung, S. 462–463; Arnold Oels, 23. 5. 1961, StA München, Staatsanwaltschaften 33033/5, Bl. 940.

29 Böhm, »Aktion T4«, S. 12; Schulze, Bernburg, S. 139–141; Dietrich Allers in Sereny, Abgrund, S. 83, 88; Sandner, Verwaltung, S. 419–440; Friedlander, NS-Genozid, S. 373.

30 Vgl. Kepplinger/Reese, »Tötungsanstalten«, S. 260–261; Friedlander, NS-Genozid, S. 237–248; Klee, NS-Staat, S. 345–355; Grode, Sonderbehandlung.

31 Friedlander, NS-Genozid, S. 247, 429–430; Irma Margarete Fuchs, 30. 4. 1963, LA Münster, Q 234, Nr. 4289, Bl. 2.
32 Friedlander, NS-Genozid, S. 191–227; Klee, NS-Staat, S. 294–344; Kaiser, »Widerspruch«, S. 171–183.
33 Lilienthal, »Euthanasie«, S. 100–107; Friedlander, NS-Genozid, S. 249–267.
34 Viktor Brack, 12. 10. 1946, IMT NO 426. Vgl. auch Arnold Oels, 16. 11. 1964 (Hpt.V.), LA Düsseldorf, Rep. 388, Nr. 808.
35 Mitscherlich/Mielke (Hg.), Medizin, S. 307–321.
36 Gorgaß, 23. 2. 1947, in Hilberg, »Aktion Reinhardt«, S. 139–140; Friedlander, NS-Genozid, S. 469; Browning, Entfesselung, S. 520.
37 Wetzel an Reichskommissar für das Ostland, 25. 10. 1941, IMT NO 365; Klee (Hg.), Dokumente, S. 271–272.
38 Sandkühler, Endlösung, S. 159–162.
39 Vernehmung von Koppe, zit. n. Krakowski, »In Kulmhof«, S. 110–111.
40 Klee, Dokumente, S. 283; Heberer, »Kontinuität«, S. 291; Schilter, Ermessen, S. 167.
41 Witte u.a. (Hg.), Dienstkalender, S. 290; Viktor Brack, 12. 10. 1946, IMT NO 426.
42 Friedlander, NS-Genozid, S. 428. Eberl an Blankenburg, 4. 2. 1942 u. an Hirche, 19. 2. 1942, HHStA Wiesbaden, Abtl. 631a, Nr. 1631, Bl. 98; Dietrich Allers, 19. 9. 1962, ebenda, Abtl. 461, Nr. 36346, Bd. 9; Heberer, »Kontinuität«, S. 292.
43 Gerhard Simon, 31. 7. 1962, LA Münster, Q 234, Nr. 4278, Bl. 4–8; Rum, 23. 11. 1961, ebenda, Nr. 4267, Bl. 64–73; Arnold Oels, 2. 5. 1966 (Hpt.V.), ebenda, Nr. 4426, Bl. 1147–1159; Häusler, 10. 6. 1963, StA München, Staatsanwaltschaften 33033/13, Bl. 2668–2672.
44 BArch, RS B 5270 (Siegfried Graetschus); Oberhauser, 10. 1. 1968, HHStA Wiesbaden, Abtl. 631a, Nr. 183, Bl. 790–800; Stangl, 24. 6. 1967, LA Düsseldorf, Rep. 388, Nr. 245, Bl. 143–145.

Der Aufbau des T4-Reinhardt-Netzwerks (Oktober 1941 bis Juni/Juli 1942)

1 Tregenza, »Bełżec« (2000), S. 245; BuF an Regierung des GG, 21. 10. 1940, in Kermisz u.a. (Hg.), Dokumenty, S. 220–221; Tregenza, »Belzec Death Camp«, S. 15; Black, »Rehearsal«, S. 215–216; Lebenslauf, Höfle, 2. 2. 1942, BArch, SSO 102 A (Hermann Höfle).
2 Arad, Belzec, S. 23; Rückerl (Hg.), NS-Vernichtungslager, S. 143–144; Kuwałek, »Bełżec«, S. 333.
3 Tregenza, »Bełżec« (2000), S. 241.
4 Oberhauser, 12. 6. 1973, HHStA Wiesbaden, Abtl. 461, Nr. 36346, Bd. 12, Bl. 1963 (Anlage); Oberhauser, 12./14. 12. 1962, StA München, Staatsanwaltschaften 33033/13, Bl. 2426–2436.
5 Schulte, »Initiative«, S. 134.
6 Rieß, »Christian Wirth«, S. 239–251. BArch, SSO 251 B (Christian Wirth); BArch, SSO 180 B (Richard Thomalla); Rückerl (Hg.), NS-Vernichtungslager, S. 78, 119–120.
7 BArch, RS E 363 (Josef Oberhauser); Oberhauser, 18./19. 7. 1961 u. 4. 2. 1963,

StA München, Staatsanwaltschaften 33033, Bd. 8, Bl. 1488–1499 u. Bd. 13, Bl. 2491–2499; Unverhau, 21. 7. 1960, ebenda, Bd. 4, Bl. 685–689; Dubois, 7. 9. 1961, ebenda, Bd. 7, Bl. 1229–1243; vgl. JuNSV (1979), Bd. 20, Nr. 585, S. 629–630.

8 BArch, RS B 43 (Werner Dubois); BArch, RS F 5184 (Gottfried Schwarz); Unverhau, 21. 7. 1960 u. 10. 7. 1961, StA München, Staatsanwaltschaften 33033, Bd. 4, Bl. 685–689 u. Bd. 5, Bl. 994–1005, Personelle Besetzung Bernburg, 20. 11. 1942, ebenda, Bd. 5, Bl. 833–837; Dubois, 10. 5. 1962, HHStA Wiesbaden, Abtl. 631a, Nr. 1328.

9 BArch, SSO 350 A (Johann Niemann); BArch, RS B 5453 (Lorenz Hackenholt); Oberhauser, 18./19. 7. 1961, StA München, Staatsanwaltschaften 33033/8, Bl. 1488–1499.

10 BArch, RS C 5177 (Friedrich Jirmann); BArch R 178, EVZ I/25, Akte 1; Gley, 8.–10. 5. 1961, StA München, Staatsanwaltschaften 33033/5, Bl. 908–932; Unverhau, 21. 10. 1963, LA Münster, Q 234, Nr. 4293, Bl. 118–129.

11 BArch, RS B 5453 (Lorenz Hackenholt); BArch, R 178, EVZ I/25, Akte 1; Ilse Barbara Hackenholt, 31. 10. 1961, StA München, Staatsanwaltschaften 33033, Bd. 6, Bl. 1152–1159; Münzberger 18. 10. 1962, ebenda, Bd. 12, Bl. 2323–2327; Dubois, 10. 5. 1962, HHStA Wiesbaden, Abtl. 631a, Nr. 1328, Nr. 884, Abtl. 461, Nr. 36346, Bd. 6; Hans-Heinrich Lenz, 24. 10. 1963, ebenda; Dietrich Allers, 25. 9. 1962, ebenda.

12 BArch, RS E 363 (Josef Oberhauser); BArch, RS F 5184 (Gottfried Schwarz); BArch, RS B 5453 (Lorenz Hackenholt); BArch, SSO 350 (Johann Niemann); Oberhauser, 20. 3. 1963, StA Hamburg, LG NSG 213–12, 0036/16, Bl. 6458–6468; Oberhauser, 12. 6. 1973, HHStA Wiesbaden, Abtl. 461, Nr. 36346, Bd. 12, Bl. 1963 (Anlage); Ilse Barbara Hackenholt, 31. 10. 1961, StA München, Staatsanwaltschaften 33033/6, Bl. 1152–1159.

13 Tregenza, »Bełżec« (2000), S. 248; Kuwałek, »Bełżec«, S. 333.

14 Stanislaw Kozak, 14. 10. 1945 (P), in Schelvis, Sobibór, S. 109–111; Franciszek Budzyński, 20. 2. 1946 (P), StA München, Staatsanwaltschaften 33033/34, S. 118; Edward Ferens, 20. 3. 1946 (P), ebenda, S. 129–130; Andrzej Panasowiec, 17. 10. 1966 (P), ebenda, Bl. 19–21; Edward Luczynski, 13. 10. 1966 (P) u. 15. 10. 1945 (P), ebenda, Bl. 8–10, 45–48; Eugeniusz Goch, 14. 10. 1945 (P), ebenda, Bl. 41–44.

15 Oberhauser, 26. 2. 1960 u. 4. 12. 1961, StA München, Staatsanwaltschaften 33033, Bd. 4, Bl. 623–627 u. Bd. 6, Bl. 1194–1210.

16 Schulte, »Initiative«, S. 124–125, 133. Gegenteilig Tregenza, »Bełżec« (2001), S. 169.

17 Z.B. Tregenza, »Bełżec« (2001), S. 169–170; zuletzt Kuwałek, »Bełżec«, S. 333. Nur Fuchs, der ihm allerdings auch in Sobibor und Treblinka begegnet war, gab für den Aufbau von Belzec jedoch die »Firma Hoch- und Tiefbau Thomalla« aus Breslau. Fuchs, 19. 9. 1963, LA Münster, Q 234, Nr. 4292, Bl. 187–192; Schulte, »Initiative«, S. 134.

18 Stanislaw Kozak, 19. 2. 1946 (P), StA München, Staatsanwaltschaften 33033, Bd. 34, Bl. 100–104; Edward Ferens, 20. 3. 1946 (P), ebenda, Bl. 8–10; Edward Luczynski, 13. 10. 1966 (P), ebenda, Bl. 129–130; Wiktor Skowronek, 20. 2. 1946 (P), ebenda, Bl. 114–118; Oberhauser, 12./14. 12. 1962, ebenda, Bd. 13, Bl. 2426–2436.

19 Fuchs, 8. 4. 1963, LA Münster, Q 234, Nr. 4290, Bl. 47–57; Wasser, Raumplanung, S. 86. Alexander Kirillowitsch, 23. 9. 1965, StA München, Staatsanwaltschaften 33033/32, Bl. 37–44.

20 Kaienburg, Wirtschaft, S. 857–908. Otto Hantke, 27. 2. 1962, StA Hamburg, LG NSG 213–12, 0036/07, Bl. 2898–2920; Oberhauser, 20. 3. 1963, ebenda, Bd. 16, Bl. 6458–6468; Franz Hoskowitz, 10. 2. 1964, ebenda, Bd. 27, Bl. 11236–11243.

21 Maria Warzocha, 13. 10. 1966, StA München, Staatsanwaltschaften 33033, Bd. 34, Bl. 14–16; Oberhauser, 4. 12. 1961, ebenda, Bd. 6, Bl. 1194–1210; Oberhauser, 12. 6. 1973, HHStA Wiesbaden, Abtl. 461, Nr. 36346, Bd. 12, Bl. 1963 (Anlage); Musial, Zivilverwaltung, S. 216.

22 Black, »Trawniki-Männer«, S. 316; Fetissowa Nadeschda Ssawowna, 10. 2. 1966 (SU), StA München, Staatsanwaltschaften 33033/32, Bl. 113–117; Alexander Kirillowitsch, 23. 9. 1965 (SU), ebenda, Bl. 37–44; Stanislaw Kozak, 14. 10. 1945 (P), in Schelvis, Sobibór, S. 109–111; Oberhauser, 12. 6. 1973, HHStA Wiesbaden, Abtl. 461, Nr. 36346, Bd. 12, Bl. 1963 (Anlage).

23 Oberhauser, 18./19. 7. 1961, StA München, Staatsanwaltschaften 33033, Bd. 8, Bl. 1488–1499; Edward Luczynski, 13. 10. 1966 (P), ebenda, Bd. 34, Bl. 8–10; Alexander Kirillowitsch, 23. 9. 1965 (SU), ebenda, Bd. 32, Bl. 37–44; Maria Warzocha, 13. 10. 1966 (P), ebenda, Bd. 34, Bl. 14–16; Alojzy Berezowski, 1945 (P), ebenda, Bd. 34, Bl. 88–91; Stanislaw Kozak, 14. 10. 1945 (P), in Schelvis, Sobibór, S. 109–111; Oberhauser, 12. 6. 1973, HHStA Wiesbaden, Abtl. 461, Nr. 36346, Bd. 12, Bl. 1963 (Anlage); Pohl, »Trawniki-Männer«, S. 280, 285; Samuel Kunz, 26. 2. 1969, StA Hamburg, LG NSG 0036/42, Bl. 16844–16850.

24 Jan Busse, 23. 5. 1946 (P), StA München, Staatsanwaltschaften 33033, Bd. 34, Bl. 140–141; Fetissowa Nadeschda Ssawowna, 10. 2. 1966 (SU), ebenda, Bd. 32, Bl. 113–117; Alojzy Berezowski, 3. 2. 1962 (P), ebenda, Bd. 42; Tadeusz Misiewicz, 15. 10. 1945 (P), ebenda, Bd. 34, Bl. 49–53; Alexander Kirillowitsch, 23. 9. 1965 (SU), ebenda, Bd. 32, Bl. 37–44; Oberhauser, 12./14. 12. 1962, Bd. 13, Bl. 2426–2436; Fuchs, 13./14. 11. 1969, ebenda, Bd. 25, Bl. 55–73; Oberhauser, 19. 6. 1973, HHStA, Wiesbaden, Abtl. 461, Nr. 36346, Bd. 12, Anlage zu Bl. 1963.

25 Oberhauser, 26. 2. 1960, 20. 4. 1960 u. 4. 12. 1961, StA München, Staatsanwaltschaften 33033, Bd. 4, Bl. 623–627, 768–770, Bd. 6, Bl. 1194–1210; Oberhauser, 12. 6. 1973, HHStA Wiesbaden, Abtl. 461, Nr. 36346, Bd. 12, Bl. 1963 (Anlage).

26 Schwarz heiratete, ohne die Erlaubnis vom RuSHA abzuwarten, am 12. 1. 1942 die T4-Pflegerin Erna Beuster. BArch, RS F 5184 (Gottfried Schwarz).

27 BArch, RS B 334 (Erwin Fichtner); Bolender, 5. 6. 1961, StA München, Staatsanwaltschaften 33033/5, Bl. 961–978; Personelle Besetzung Bernburg, 20. 11. 1942, ebenda, Bl. 833–837; Robert Lorent, 4. 5. 1961, ebenda, Bd. 5, Bl. 815–816; BStU, Außenstelle Halle, MfS BV Halle Ast 7054/48, Bd. 1; August Köhler, 28. 11. 1961, HHStA Wiesbaden, Abtl. 631a, Nr. 1329; Bolender, 27. 9. 1963, LA Münster, Q 234, Nr. 4293, Bl. 15–19.

28 Möglicherweise wurde er auch in Brandenburg als Arbeiter eingesetzt. BArch, PK S 14 (Josef Vallaster); BArch, R 178, EVZ/I/K.30, Akte 26; Gomerski, 3. 5. 1961, StA München, Staatsanwaltschaften 33033/5, Bl. 885–889; Bolender, 5. 6. 1961, ebenda, Bl. 961–978; Barbl, 10. 12. 1965, HHStA Wiesbaden, Abtl. 631a, Nr. 884; Lambert, 2. 10. 1962, LA Münster, Q 234, Nr. 4278, Bl. 134–142; Frenzel, 6. 2. 1964, ebenda, Nr. 4296, Bl. 88–97; Weber, Silbertal.

29 Fuchs, 1. 12. 1971, HHStA Wiesbaden, Abtl. 461, Nr. 36346, Bd. 6, Bl. 916–918; Günter Borowski, 27. 3. 1963, LA Münster, Q 234, Nr. 4290, Bl. 11–13; Fuchs, 8. 4. 1963, ebenda, Bl. 47–57.

30 BArch, RS B 5270 (Siegfried Graetschus); Dubois, 10. 5. 1962, HHStA Wiesbaden, Abtl. 631a, Nr. 1328; August Köhler, 28. 11. 1961, ebenda, Nr. 1329; Personelle Besetzung Bernburg, 20. 11. 1942, StA München, Staatsanwaltschaften 33033, Bd. 5, Bl. 833–837; Oberhauser, 18./19. 7. 1961, ebenda, Bd. 8, Bl. 1488–1499; Gley, 11. 9. 1961, LA Münster, Q 234, Nr. 4266, Bl. 5–8; Sporleder, 31. 5. 1947, BStU, Außenstelle Halle, MfS BV Halle Ast 7054/48, Bd. 1, Bl. 19–29.

31 Fuchs, 28. 5. 1963 u. 13./14. 11. 1969, StA München, Staatsanwaltschaften 33033, Bd. 13, Bl. 2639–2646 u. Bd. 25, Bl. 55–73; Fuchs, 8. 4. 1963, LA Münster, Q 234, Nr. 4290, Bl. 47–57; vgl. JuNSV (2001), Bd. 25, Nr. 641, S. 20–21.

32 BArch, PK A 186 (Heinrich Barbl); Bolender, 5. 6. 1961, StA München, Staatsanwaltschaften 33033/5, Bl. 961–978; Marianne Lenz, 24. 10. 1963, HHStA Wiesbaden, Abtl. 631a, Nr. 884; Barbl, 10. 12. 1965, ebenda, Nr. 886; Robert Lorent, 27. 10. 1965, ebenda; Barbl, 28. 3. 1966, LA Münster, Q 234, Nr. 4424, Bl. 68 im Umschlag.

33 Franz, 3. 12. 1959, StA München, Staatsanwaltschaften 33033/2, Bl. 314–330; BArch, RS B 453 (Kurt Franz); Anklageschrift gg. Werner Heyde, 22. 5. 1962, BArch, DP 3/1624 (Strafverfahrensakten, Bd. 3), Bl. 262–264.

34 BArch, NS 3/1566; Dubois, 10. 5. 1962, HHStA Wiesbaden, Abtl. 631a, Nr. 1328; Dubois, 16.–18. 9. 1961 u. 7. 9. 1961, StA München, Staatsanwaltschaften 33033, Bd. 6, Bl. 1033–1059 u. Bd. 7, Bl. 1229–1243; Unverhau, 10. 7. 1961, ebenda, Bd. 5, Bl. 994–1005; Jührs, 11.–13. 10. 1961, ebenda, Bd. 6, Bl. 1089–1120; Gomerski, 19./20. 9. 1961, LA Münster, Q 234, Nr. 4266, Bl. 29–43; vgl. JuNSV (2001), Bd. 25, Nr. 642, S. 168–170.

35 Fuchs, 8. 4. 1963, LA Münster, Q 234, Nr. 4290, Bl. 47–57; Hengst, 6. 2. 1962, LA Düsseldorf, Rep. 388, Nr. 761, Bl. 135–140.

36 Oberhauser, 12./14. 12. 1962, 18./19. 7. 1961 u. 23. 5. 1960, StA München, Staatsanwaltschaften 33033, Bd. 13, Bl. 2426–2436, Bd. 8, Bl. 1488–1499 u. Bd. 4, Bl. 773–775; Fuchs, 16. 5. 1963, 28. 5. 1963 u. 13./14. 11. 1969, ebenda, Bd. 13, Bl. 2637, 2639–2646 u. Bd. 25, Bl. 55–73; Franz, 14. 9. 1961, ebenda, Bd. 6, Bl. 1060–1086; Jan Glab, 19. 2. 1946 (P), ebenda, Bd. 34, Bl. 96–99; Fuchs, 8. 4. 1963, LA Münster, Q 234, Nr. 4290, Bl. 47–57; Barbl, 28. 3. 1966, ebenda, Nr. 4424, Bl. 68 im Umschlag; Barbl, 16. 11. 1964, HHStA Wiesbaden, Abtl. 631a, Nr. 884; Fuchs, 1. 12. 1971, ebenda, Abtl. 461, Nr. 36346, Bd. 6, Bl. 916–918.

37 Fuchs, 13./14. 11. 1969, StA München, Staatsanwaltschaften 33033, Bd. 25, Bl. 55–73; Mieczyslaw Kudyba, Okt. 1945 (P), ebenda, Bd. 34, Bl. 33–35; Edward Luczyński, 15. 10. 1945 (P), ebenda, Bd. 34, Bl. 45–48; Pohl, »Trawniki-Männer«, S. 280; Arad, Belzec, S. 25; Tregenza, »Bełżec« (2000), S. 248; Kuwałek, »Bełżec«, S. 337.

38 Gerhard Simon, 31. 7. 1962, LA Münster, Q 234, Nr. 4278, Bl. 4–8; Nadeschda Fetissowa, 10. 2. 1966 (SU), StA München, Staatsanwaltschaften 33033/34, Bl. 22–23; Eugeniusz Goch, 17. 10. 1966 (P), ebenda, Bl. 33–35; Mieczyslaw Kudyba, Okt. 1945 (P), ebenda, Bl. 45–48; Edward Luczyński, 15. 10. 1945 (P), ebenda, Bd. 32, Bl. 113–117; Samuel Kunz, 26. 2. 1969, StA Hamburg, LG NSG

0036/42, Bl. 16844–50; Fuchs, 19. 9. 1963, LA Münster, Q 234, Nr. 4292, Bl. 187–192.

39 Iwan Ssissoy, 22. 7. 1965 (SU), StA München, Staatsanwaltschaften 33033, Bd. 32, Bl. 106–113; Oberhauser, 26. 2. 1960 u. 20. 4. 1960, ebenda, Bd. 4, Bl. 623–627 u. 768–770; Kiril Prochorenko, 27. 9. 1965 (SU), ebenda, Bd. 32, Bl. 150–161; Mitrofan Klötz, 9. 8. 1965 (SU), ebenda, Bd. 32, Bl. 96–106; Franz, 29. 5. 1963, ebenda, Bd. 13, Bl. 2653–2656; Samuel Kunz, 26. 2. 1969, StA Hamburg, LG NSG 0036/42, Bl. 16844–50. Pohl, »Trawniki-Männer«, S. 280.

40 Natyna Krystyna, 12. 10. 1966 (P), StA München, Staatsanwaltschaften 33033/34, Bl. 4–7.

41 Sandkühler, Endlösung, S. 159; Witte u.a. (Hg.), Dienstkalender, S. 311; State of Israel, Trial, Bd. 7, S. 172. Andere Datierung zum Besuch von Eichmann und damit verbundene Interpretationsversuche zum Aufbau von Belzec: Browning, Entfesselung, S. 522.

42 Michal Kuśmierczak, 16. 10. 1945 (P), StA München, Staatsanwaltschaften 33033, Bd. 34, Bl. 57–59; Alojzy Berezowski, o. Dt. [Ende 1945] (P), ebenda, Bd. 34, Bl. 88–91; Oberhauser, 12./14. 12. 1962, ebenda, Bd. 13, Bl. 2426–2436; Fuchs, 13./14. 11. 1969, ebenda, Bd. 25, Bl. 55–73.

43 Wildt, Generation, S. 329–332; Hans-Heinrich Lenz, 24. 10. 1963, HHStA Wiesbaden, Abtl. 631a, Nr. 884; Klee, Personenlexikon, S. 34; Beer, »Gaswagen«, S. 163.

44 Anna Fuchs, 28.–30. 3. 1966, StA München, Staatsanwaltschaften 33033, Bd. 25, Bl. 14–45; Franz, 14. 9. 1961, ebenda, Bd. 6, Bl. 1060–1086; Kazimierz Czerniak, 18. 10. 1966 (P), ebenda, Bd. 34, Bl. 24–25; Samuel Kunz, 26. 2. 1969, StA Hamburg, LG NSG 0036/42, Bl. 16844–50; Franz, 30. 12. 1959, LA Münster, Q 234, Nr. 4300, Bl. 169–178; Fritz Karl Albert Bleich, 9. 1. 1968, BStU, HA IX/11 AS 58/67, Bl. 3–12; Franz, 12. 10. 1964 (Hpt.V.), LA Düsseldorf, Rep. 388, Nr. 808.

45 Karl Streibel, 26. 11. 1962, StA München, Staatsanwaltschaften 33033/7, Bl. 1363–1365; Lachmann, 3. 3. 1969, HHStA Wiesbaden, LG NSG 213–12, 0036–39, Bl. 16710–16719.

46 Kazimierz Czerniak, 18. 10. 1945 (P), StA München, Staatsanwaltschaften 33033/34, Bl. 78–80.

47 Edward Ferens, 20. 3. 1946 (P), StA München, Staatsanwaltschaften 33033, Bd. 34, Bl. 129–130; Fuchs, 28. 5. 1963, ebenda, Bd. 13, Bl. 2639–2646; Stanislaw Kozak, 14. 10. 1945 (P), in Schelvis, Sobibór, Bl. 109–111; vgl. Sforni, Sabba, S. 21; Bauer, 11. 12. 1962, LA Münster, Q 234, Nr. 4286, Bl. 54–71; Fuchs, 8. 4. 1963, ebenda, Nr. 4290, Bl. 47–57; Barbl, 28. 3. 1966, ebenda, Nr. 4424, Bl. 68 im Umschlag.

48 Wahrscheinlich waren die Gaskammern etwa 3 m × 4 m groß. Stanislaw Kozak, 14. 10. 1945 (P), in Schelvis, Sobibór, S. 109–111; Dubois, 29. 4. 1963, StA München, Staatsanwaltschaften 33033, Bd. 8, Bl. 1512–1523; Mitrofan Klötz, 9. 8. 1965 (SU), ebenda, Bd. 32, Bl. 96–106; Franz, 3. 12. 1959, ebenda, Bd. 2, Bl. 314–330; Kazimierz Czerniak, 18. 10. 1945 (P), ebenda, Bd. 34, Bl. 78–80; Oberhauser, 15. 11. 1971 (Hpt.V. gg. Sturm), HHStA Wiesbaden, Abtl. 468, Nr. 362, Bl. 878–883. Für den Hinweis auf die Schmalspurbahn in Hadamar und Bernburg danke ich Georg Lilienthal, Gedenkstätte Hadamar, 2010.

49 Stanislaw Kozak, 14. 10. 1945 (P), in Schelvis, Sobibór, S. 109–111; Kazimierz Czerniak, 18. 10. 1945 (P), StA München, Staatsanwaltschaften 33033, Bd. 34, Bl. 78–80; Dubois, 29. 4. 1963 u. 15. 9. 1971, ebenda, Bd. 8, Bl. 1512–1523 u. Bd. 27, Bl. 11–25; Michal Kusmierczak, 13. 10. 1966 (P), ebenda, Bd. 34, Bl. 11–13; Fuchs, 28. 5. 1963 u. 13./14. 11. 1969, ebenda, Bd. 13, Bl. 2639–2646 u. Bd. 25, Bl. 55–73; Alojzy Berezowski, 3. 2. 1962 (P), ebenda, Bd. 42.

50 Wiktor Skowronek, 20. 2. 1946 (P), StA München, Staatsanwaltschaften 33033, Bd. 34, Bl. 114–118; Oberhauser, 12./14. 12. 1962 u. 4. 2. 1963, ebenda, Bd. 13, Bl. 2426–2436 u. 2491–2499; Oberhauser, 12./19. 6. 1973, HHStA Wiesbaden, Abtl. 461, Nr. 36346, Bd. 12, Bl. 1963 (Anlage); Fuchs, 26. 9. 1963, LA Münster, Q 234, Nr. 4292, Bl. 187–192.

51 Stanislaw Kozak, 14. 10. 1945 (P), in Schelvis, Sobibór, S. 109–111; Friedlander, NS-Genozid, S. 152.

52 Gegenteilig Tregenza, »Bełżec« (2000), S. 24 sowie Rückerl (Hg.), NS-Vernichtungslager, S. 133.

53 Vgl. Trunk, »Die todbringenden Gase«, S. 28–32; Wellers, »Die zwei Giftgase«, S. 284.

54 Michal Kusmierczak, 13. 10. 1966 (P), StA München, Staatsanwaltschaften 33033, Bd. 34, Bl. 11–13; Oberhauser, 12./14. 12. 1962, ebenda, Bd. 13, Bl. 2426–2436; Tregenza, »Bełżec« (2000), S. 249; Barbl, 28. 3. 1966, LA Münster, Q 234, Nr. 4424, Bl. 68 im Umschlag.

55 Mieczyslaw Kudyba, Okt. 1945 (P), StA München, Staatsanwaltschaften 33033/34, Bl. 33–35; Michal Kuśmierczak, 16. 10. 1945 (P), ebenda, Bl. 57–59; Franz, 14. 9. 1961, ebenda, Bd. 6, Bl. 1060–1086; Oberhauser, 12./14. 12. 1962, ebenda, Bd. 13, Bl. 2426–2436; Oberhauser, 12. 6. 1973, HHStA Wiesbaden, Abtl. 461, Nr. 36346, Bd. 12, Bl. 1963 (Anlage).

56 Kallmeyer muss vor dem 28. 2. in Belzec gewesen sein. Fuchs gab an, dass »Dr. Blaurock« in Sobibor war. Wahrscheinlich verwechselt er Belzec und Sobibor. Es gab auch einen T4-Pfleger namens Blaurock. Vermerk, 10. 11. 1960, HHStA Wiesbaden, Abtl. 631a, Nr. 156, Bl. 40–41; Fuchs, 8. 4. 1963, LA Münster, Q 234, Nr. 4290, Bl. 47–57; Hilberg, »Aktion Reinhard«, S. 128; Friedlander, NS-Genozid, S. 341; Tregenza, Purificare, S. 101.

57 Kazimierz Czerniak, 18. 10. 1945 (P), StA München, Staatsanwaltschaften 33033/34, Bl. 78–80.

58 Dubois, 29. 4. 1963, StA München, Staatsanwaltschaften 33033/8, Bl. 1512–1523.

59 Unverhau, 21. 7. 1960, StA München, Staatsanwaltschaften 33033, Bd. 4, Bl. 685–689; Franz, 12. 7. 1960, 14. 9. 1961 u. 3. 12. 1959, ebenda, Bd. 4, Bl. 791–797, Bd. 6, Bl. 1060–1086 u. Bd. 2, Bl. 314–330; Fuchs, 13./14. 11. 1969, 28. 5. 1963 u. 16. 5. 1963, ebenda, Bd. 25, Bl. 55–73, Bd. 3, Bl. 2639–2646 u. Bd. 13, Bl. 2637; Dubois, 16.–18. 9. 1961, ebenda, Bd. 6, Bl. 1033–1059; Eugeniusz Goch, 19. 2. 1946 (P), ebenda, Bd. 34, Bl. 100–104.

60 Fuchs, 28. 5. 1963 u. 13./14. 11. 1969, StA München, Staatsanwaltschaften 33033, Bd. 13, Bl. 2639–2646 u. Bd. 25, Bl. 55–73; Mieczyslaw Garfinkiel, 5. 10. 1945 (P), ebenda, Bd. 4, Bl. 7–10.

61 Franz, 14. 9. 1961, StA München, Staatsanwaltschaften 33033, Bd. 6, Bl. 1060–1086; Mitrofan Klötz, 9. 8. 1965 (SU), ebenda, Bd. 32, Bl. 96–106; Du-

bois, 15. 9. 1971, ebenda, Bd. 27, Bl. 11–25; Bericht über die Untersuchung des Vernichtungslagers Belzec, ebenda, Bd. 34, Bl. 92–95; Mieczyslaw Garfinkiel, 5. 10. 1945 (P), ebenda, Bd. 34, Bl. 7–10; Oberhauser, 19. 6. 1973, HHStA, Wiesbaden, Abtl. 461, Nr. 36346, Bd. 12, Anlage zu Bl. 1963; Franz, 2. 12. 1960, LA Düsseldorf, Rep. 388, Nr. 752, Bl. 140–145.

62 Sandkühler, Endlösung, S. 229; Pohl, Judenverfolgung, S. 192; Mieczyslaw Garfinkiel, 5. 10. 1945 (P), StA München, Staatsanwaltschaften 33033/34, Bl. 7–10. Tregenza, »Bełżec« (2001), S. 201,208; Blatt, Schatten, S. 48; Klukowski, Diary, S. 191.

63 Wahrscheinlich ist eine Anzahl von etwa 150 Personen pro Gaskammer. Vgl. Dubois, 29. 4. 1963 u. 15. 9. 1971, StA München, Staatsanwaltschaften 33033, Bd. 8, Bl. 1512–1523 u. Bd. 27, Bl. 11–25; Oberhauser, 12./14. 12. 1962, ebenda, Bd. 13, Bl. 2426–2436. Tregenza, »Bełżec« (2000), S. 248; Pohl, Judenverfolgung, S. 188.

64 Dubois, 29. 4. 1963, StA München, Staatsanwaltschaften 33033, Bd. 8, Bl. 1512–1523; Anna Fuchs, 4. 2. 1970, ebenda, Bd. 25, Bl. 79–86; Tregenza, »Belzec Death Camp«, S. 18.

65 Stangl in Sereny, Abgrund, S. 117; Kuwałek, »Bełżec«, S. 351–352; Tregenza, »Bełżec« (2001), S. 200.

66 Oberhauser, 19. 6. 1973, HHStA, Wiesbaden, Abtl. 461, Nr. 36346, Bd. 12, Anlage zu Bl. 1963.

67 Pohl, Judenverfolgung, S. 196. Oberhauser, 18./19. 7. 1961, StA München, Staatsanwaltschaften 33033/8, Bl. 1488–1499; Oberhauser, 12. 6. 1973, HHStA Wiesbaden, Abtl. 461, Nr. 36346, Bd. 12, Bl. 1963 (Anlage).

68 Dubois, 15. 9. 1971, StA München, Staatsanwaltschaften 33033/27, Bl. 11–25.

69 Oberhauser, 18./19. 7. 1961, StA München, Staatsanwaltschaften 33033/8, Bl. 1488–1499; Bauer, 10./11. 10. 1961 u. 15. 11. 1965 (Hpt.V.), LA Münster, Q 234, Nr. 4266, Bl. 67–82 u. Nr. 4418, Bl. 556f.

70 Petr Browzew, 2. 8. 1965 (SU), StA München, Staatsanwaltschaften 33033, Bd. 32, Bl. 66–71; Iwan Ssissoy, 22. 7. 1965 (SU), ebenda, Bl. 106–113; Oberhauser 18./19. 7. 1961, ebenda, Bd. 8, Bl. 1488–1499; Oberhauser, 12. 6. 1973, HHStA Wiesbaden, Abtl. 461, Nr. 36346, Bd. 12, Bl. 1963 (Anlage); Pohl, »Trawniki-Männer«, S. 281.

71 Josef Boniovko, 17. 7. 1962, StA Hamburg, LG NSG 213–12, 0036/10, Bl. 4102–4104; Szyja Sontag, 6. 7. 1962, ebenda, Bl. 4105–4111; Bericht Sonderkommision, 23. 11. 1964, ebenda, 0036/25, Bl. 10349; Franz Geiger, 1. 12. 1964, ebenda, 0036/25, Bl. 10353; BArch, SM D 8 (Reinhold Feix); Franz, 3. 12. 1959 u. 14. 9. 1961, StA München, Staatsanwaltschaften 33033, Bd. 2, Bl. 314–330 u. Bd. 6, Bl. 1060–1086; Girtzig, 2. 5. 1960 u. 18. 7./19. 7. 1961, ebenda, Bd. 4, Bl. 657–661 u. Bd. 6, Bl. 1009–1026; Jührs, 11.–13. 10. 1961, ebenda, Bd. 6, Bl. 1089–1120; Oberhauser, 19. 6. 1973, HHStA Wiesbaden, Abtl. 461, Nr. 36346, Bd. 12, Bl. 1963 (Anlage).

72 Oberhauser, 12. 6. 1973, HHStA Wiesbaden, Abtl. 461, Nr. 36346, Bd. 12, Bl. 1963 (Anlage); Oberhauser, 18./19. 7. 1961, StA München, Staatsanwaltschaften 33033, Bd. 8, Bl. 1488–1499; Ludwik Obalek, 10. 10. 1945 (P), ebenda, Bd. 34, Bl. 19–21; Edward Luczyński, 15. 10. 1945 (P), ebenda, Bd. 34, Bl. 45–48.

73 Arad, Belzec, S. 30; Friedlander, NS-Genozid, S. 439.

74 Jan Piwoński, 29. 4. 1975, in Schelvis, Sobibór, S. 37–38; Erhard Kies, 6. 2. 1963,

LA Münster, Q 234, Nr. 4288, Bl. 87–89; Jozef Malinski, 31. 12. 1945 (P), ebenda, Nr. 4583, Bl. 306–311; Blatt, Sobibór, S. 31; Musial, Zivilverwaltung, S. 206; Musial, »Ursprünge«, S. 81.

75 Er wurde 1903 in Annahof (Oberschlesien) geboren. Mitglied der SS (1932), der SS-Motorstaffel und der NSDAP. BArch, RS G 240 (Richard Thomalla); BArch, SSO 180 B (Richard Thomalla); Wasser, Raumplanung, S. 195; Georg Michalsen, 3.–6. 3. 1964, StA Hamburg, LG NSG 213–12, 0036/20, Bl. 8450–8502; Pohl, Judenpolitik, S. 153.

76 Blatt, Schatten, S. 304; Schulte, »Initiative«, S. 135.

77 Zygmunt Bialucha, 11. 5. 1984, LA Münster, Q 234, Nr. 4397, Bl. 80–93; Gomerski, 19./20. 9. 1961, ebenda, Nr. 4266, Bl. 29–43; Bolender, 30. 9. 1963, ebenda, Nr. 4293, Bl. 21–25; Bauer, 15. 11. 1965 (Hpt.V.), ebenda, Nr. 4418, Bl. 556f; Jakob Engelhardt, 14. 3. 1983, ebenda, Nr. 4395; Engelhardt, 14. 11. 1974 (SU), HHStA Wiesbaden, Abtl. 461, Nr. 36346, Bd. 11, Bl. 1883–1891; Oberhauser, 18./19. 7. 1961, StA München, Staatsanwaltschaften 33033/8, Bl. 1488–1499.

78 Werner Ansel, 15. 6. 1960, LA Münster, Q 234, Nr. 4262, Bl. 108; Jan Piwonski, 10. 5. 1984, ebenda, Nr. 4396, Bl. 99ff.; *Arbeiter-Zeitung Schaffhausen*, 1. 8. 1944: »Das Todeslager von Sobibor«, ebenda, Nr. 4310, Bl. 140; Schütt, 22. 11. 1962, ebenda, Nr. 4284, Bl. 100–105; Berichte des LKA NRW, 1. 4. 1968, 29. 5. 1968 u. 10. 5. 1968, LA Düsseldorf, Rep. 388, Nr. 264 u. Nr. 265; Stangl, 26. 6. 1967, ebenda, Nr. 245, Bl. 146–156; Musial, Zivilverwaltung, S. 216–217; Sereny, Abgrund, S. 147.

79 Stangl in Sereny, Abgrund, S. 113; Jakow Engelhardt, 14. 11. 1974 (SU), HHStA Wiesbaden, Abtl. 461, Nr. 36346, Bd. 11, Bl. 1883–1891; Jan Stefaniuk, 14. 10. 1945 (P), LA Münster, Q 234, Nr. 4397, Bl. 111–114; Nadzieja Czop, 13. 12. 1978, ebenda, Nr. 4583, Bl. 349–353; Jan Piwoński, 29. 4. 1975, in Schelvis, Sobibór, S. 37–38.

80 Jakob Engelhardt, 14. 3. 1983, LA Münster, Q 234, Nr. 4395; Bronislaw Lobejko, 8. 1. 1946 (P), ebenda, Nr. 4400; Bauer, 10./11. 10. 1961 u. 15. 11. 1965 (Hpt.V.), ebenda, Nr. 4266, Bl. 67–82 u. Nr. 4418, Bl. 556f; Jakob Engelhardt, 14. 3. 1983, ebenda, Nr. 4395; Jan Piwonski, 10. 5. 1984, ebenda, Nr. 4396, Bl. 99ff.; Prokofij Businnij, 8. 8. 1975, ebenda, Nr. 4570, Bl. 598–622; Oberhauser, 18./19. 7. 1961, StA München, Staatsanwaltschaften 33033/8, Bl. 1488–1499.

81 Jan Piwonski, 26. 2. 1966 (P), LA Münster, Q 234, Nr. 4310, Bl. 184–188; Jan Krzowski, 28. 2. 1966 (P), ebenda, Nr. 4310, Bl. 193–197; Zygmunt Bialucha, 11. 5. 1984, ebenda, Nr. 4397, Bl. 80–93; Bauer, 10./11. 10. 1961, ebenda, Nr. 4266, Bl. 67–82; Frenzel, 6. 2. 1963, ebenda, Nr. 4285, Bl. 122–125; Bolender, 30. 9. 1963, ebenda, Nr. 4293, Bl. 21–25; Musial, Zivilverwaltung, S. 216–217; Jakow Engelhardt, 14. 11. 1974 (SU), HHStA Wiesbaden, Abtl. 461, Nr. 36346, Bd. 11, Bl. 1883–1891; Sereny, Abgrund, S. 113.

82 Jan Piwonski, 15. 12. 1967, LA Münster, Q 234, Nr. 4583, Bl. 321–329; Franciszek Sitarski, 17. 11. 1967, ebenda, Bl. 316–320; Janina Prokopiuk, 9. 10. 1967, ebenda, Bl. 330–334.

83 Jan Stefaniuk, 26. 2. 1966 (P), LA Münster, Q 234, Nr. 4310, Bl. 198–199; Franciszek Sitarski, 17. 11. 1967, ebenda, Nr. 4583, Bl. 316–320; Jakob Engelhardt, 14. 3. 1983, ebenda, Nr. 4395; Jozef Malinski, 22. 2. 1968, ebenda, Nr. 4583,

Bl. 299–305; Bolender, 30. 9. 1963, ebenda, Nr. 4293, Bl. 21–25; Frenzel, 12. 11. 1963, ebenda, Nr. 4294, Bl. 52–60.

84 Jozef Malinski, 31. 12. 1945 (P), LA Münster, Q 234, Nr. 4583, Bl. 306–311; Zygmunt Bialucha, 11. 5. 1984, ebenda, Nr. 4397, Bl. 80–93; Bauer, 10. 12. 1962 u. 10./11. 10. 1961, ebenda, Nr. 4286, Bl. 43–53 u. Nr. 4266, Bl. 67–82.

85 Stangl in Sereny, Abgrund, S. 105; Bauer, 27. 6. 1961 u. 12. 12. 1963, LA Münster, Q 234, Nr. 4264, Bl. 159–163 u. Nr. 4295, Bl. 86–101; Gomerski, 24. 2. 1964, ebenda, Nr. 4297, Bl. 15–24.

86 Bauer, 1./2. 4. 1964, StA München, Staatsanwaltschaften 34865/86; Stangl, 26. 6. 1967, LA Düsseldorf, Rep. 388, Nr. 245, Bl. 146–156; Sereny, Abgrund, S. 106–108; Gomerski, 24. 2. 1964, LA Münster, Q 234, Nr. 4297, Bl. 15–24.

87 Franz an Herta Neusüß, 13. 10. 1965, LA Düsseldorf, Rep. 388, Nr. 787, Bl. 52 [Umschlag].

88 BArch, SSO 350 A (Johann Niemann); JuNSV, Bd. 44 (2005), Nr. 746, S. 735–738; Sereny, Abgrund, S. 22–105; Stangl, 26. 6. 1967, LA Düsseldorf, Rep. 388, Nr. 245, Bl. 146–156; Lebenslauf Stangl, 3. 10. 1938, ebenda, Nr. 259, Bl. 17; Stangl, 21. 7. 1947 u. 12. 9. 47, HHStA Wiesbaden, Abtl. 631a, Nr. 884.

89 BArch, RS B 414 (Herbert Floß); BArch, SS A 2, Bl. 406–414; BArch, NS 3/1566–1569; BArch, R 178, EVZ I/25, Akte 1; Franz, 30. 12. 1959, LA Münster, Q 234, Nr. 4300, Bl. 169–178; Mentz, 30. 8. 1961, ebenda, Nr. 4265; Bl. 112–118; Schütt, 7.–9. 6. 1961 u. 5. 7. 1961, ebenda, Nr. 4263, Bl. 155–168 u. Nr. 4264, Bl. 175–192; Bauer, 10./11. 10. 1961, ebenda, Nr. 4266, Bl. 67–82; Franz, 3. 12. 1959, StA München, Staatsanwaltschaften 33033, Bd. 2, Bl. 314–330; Personelle Besetzung Bernburg, 20. 11. 1942, ebenda, Bd. 5, Bl. 833–837; Gomerski, 3. 5. 1961, ebenda, Bd. 5, Bl. 885–889; Oberhauser, 18./19. 7. 1961, ebenda, Bd. 8, Bl. 1488–1499; Unverhau, 21. 7. 1960, ebenda, Bd. 4, Bl. 685–689; Dubois, 7. 9. 1961, ebenda, Bd. 7, Bl. 1229–1243; Dubois, 10. 5. 1962, HHStA Wiesbaden, Abtl. 631a, Nr. 1328.

90 Bolender, 29. 5. 1961 u. 5. 6. 1961, StA München, Staatsanwaltschaften 33033/5, Bl. 948–949, 961–978; BArch, RS A 5068 (Kurt Bolender).

91 BArch, RS B 5244 (Hubert Gomerski); Gomerski, 15. 4. 1964 u. 3. 5. 1961, StA München, Staatsanwaltschaften 34865/86 u. Staatsanwaltschaften 33033/5, Bl. 885–889; Unverhau, 10. 7. 1961, ebenda, Bd. 5, Bl. 994–1005; Gomerski, 2. 12. 1965 (Hpt.V.) u. 24. 2. 1964, LA Münster, Q 234, Nr. 4420, Bl. 698–715 u. Nr. 4297, Bl. 15–24; Dubois, 7. 9. 1961, ebenda, Nr. 4265, Bl. 126–140; Schütt, 5. 7. 1961, ebenda, Nr. 4264, Bl. 175–192; Lilienthal, »Personal«, S. 283–284; JuNSV (1971), Bd. 7, Nr. 233.

92 JuNSV (2001), Bd. 25, Nr. 642, S. 117–118; Frenzel, 10. 1. 1972, HHStA Wiesbaden, Abtl. 461, Nr. 36346, Bd. 7, Bl. 951–955; Frenzel, 16. 4. 1964, StA München, Staatsanwaltschaften 34865/86; Personelle Besetzung Bernburg, 20. 11. 1942, ebenda, 33033/5, Bl. 833–837.

93 BArch, RS A 255 (Ernst Bauch); Parteistatistische Erhebung 1939, BArch, R 9361, I, Archiv Nr. 144; Bootz, 15. 8. 1968, LA Düsseldorf, Rep. 388, Nr. 863, Bl. 25–31; Unverhau, 10. 7. 1948, StA München, Staatsanwaltschaften 33033/4, Bl. 784–785; Schütt, 5. 7. 1961, LA Münster, Q 234, Nr. 4264, Bl. 175–192; Unverhau, 14./15. 9. 1961, ebenda, Nr. 4266, Bl. 16–28.

94 Suchomel, 24./25. 1. 1962, LA Münster, Q 234, Nr. 4269, Bl. 108–118; Bauer, 13. 9. 1960 u. 10./11. 10. 1961, ebenda, Nr. 4263, Bl. 10–13 u. Nr. 4266, Bl. 67–82; Münzberger, 26. 1. 1962, ebenda, Nr. 4269, Bl. 119–12; Lambert, 2. 10. 1962, ebenda, Nr. 4278, Bl. 134–142; Mosze Szklarek, 10. 4. 1960, ebenda, Nr. 4262, Bl. 46–55; BArch, SSO 350 A (Johann Niemann); Personelle Besetzung Bernburg, 20. 11. 1942, StA München, Staatsanwaltschaften 33033/5, Bl. 833–837; Münzberger, 1. 4. 1960, LA Düsseldorf, Rep. 388, Nr. 746, Bl. 132–135; Böhm, »Karrieren«, S. 112.

95 Münzberger, 31. 3. 1960, LA Düsseldorf, Rep. 388, Nr. 746, Bl. 128–131; Mentz, 23. 6. 1960, ebenda, Nr. 749, Bl. 133–137, Rum, 12. 10. 1960, ebenda, Nr. 751, Bl. 101–112; Mentz, 30. 8. 1961, LA Münster, Q 234, Nr. 4265, Bl. 112–118; Sterbeurkunde Bredow, ebenda, Nr. 4273, Bl. 116; Rum, 23. 11. 1961, ebenda, Nr. 4267, Bl. 64–73; Schütt, 5. 7. 1961, ebenda, Nr. 4264, Bl. 175–192; Erich Fettke, 17. 10. 1961, ebenda, Nr. 4266, Bl. 97–101; Gley, 11. 9. 1961, ebenda, Nr. 4266, Bl. 5–8. Helene Hintersteiner, 29. 6. 1945, in Kepplinger/Leitner (Hg.), Dameron-Report, S. 107–126, hier S. 119.

96 Robert Lorent, 4. 5. 1961, StA München, Staatsanwaltschaften 33033/5, Bl. 893; Bolender, 5. 6. 1961, ebenda, Bl. 961–978; Gomerski, 19./20. 9. 1961, LA Münster, Q 234, Nr. 4266, Bl. 29–43; Bauer, 11. 12. 1962 u. 13. 9. 1960, ebenda, Nr. 4286, Bl. 54–71 u. Nr. 4263, Bl. 10–13; Schütt, 7.–9. 6. 1961, ebenda, Nr. 4263, Bl. 155–168; Hans-Heinrich Lenz, 24. 10. 1963, HHStA Wiesbaden, Abtl. 631a, Nr. 884. Für die biografischen Hinweise danke ich Andrea Kammerhofer. Kepplinger/Leitner (Hg.), Dameron-Report, S. 45.

97 Schelvis, Sobibór, S. 303; Girtzig, 13. 6. 1962, LA Münster, Q 234, Nr. 4276, Bl. 113–115; Bauer, 11. 12. 1962, ebenda, Nr. 4286, Bl. 54–71; Bolender, 5. 6. 1961, StA München, Staatsanwaltschaften 33033/5, Bl. 961–978.

98 Bauer, 1./2. 4. 1964, StA München, Staatsanwaltschaften 34865/86; Bauer, 13. 9. 1960, LA Münster, Q 234, Nr. 4263, Bl. 10–13; Suchomel, 24./25. 1. 1962, ebenda, Bd. 4269, Bl. 108–118. Vgl. JuNSV (1971), Bd. 6, Nr. 212, S. 545–546.

99 Vermerk, 3. 1. 1962, LA Münster, Q 234, Nr. 4269, Bl. 52–53; Schütt, 5. 7. 1961, ebenda, Nr. 4264, Bl. 175–192; Bauer, 11. 12. 1962 u. 13. 9. 1960, ebenda, Nr. 4286, Bl. 54–71 u. Nr. 4263, Bl. 10–13; Frenzel, 23. 3. 1962, ebenda, Nr. 4271, Bl. 155–169; Unverhau, 14./15. 9. 1961, ebenda, Nr. 4266, Bl. 16–28; Dubois, 7. 9. 1961, ebenda, Nr. 4265, Bl. 126–140; Mentz, 30. 8. 1961, ebenda, Nr. 4265, Bl. 112–118; Franz, 3. 12. 1959, StA München, Staatsanwaltschaften 33033, Bd. 2, Bl. 314–330; Oberhauser, 18./19. 7. 1961, ebenda, Bd. 8, Bl. 1488–1499; Dietrich Allers, 19. 9. 1962, HHStA Wiesbaden, Abtl. 461, Nr. 36346, Bd. 9; Miete, 2. 6. 1960, LA Düsseldorf, Rep. 388, Nr. 265, Nr. 748, Bl. 161–166.

100 BArch, PK D 43 (Anton Getzinger); Gomerski, 19./20. 9. 1961, LA Münster, Q 234, Nr. 4266, Bl. 29–43; Bauer, 15. 11. 1965 (Hpt.V.), ebenda, Nr. 4418, Bl. 556–557; Schütt, 5. 7. 1961, ebenda, Nr. 4264, Bl. 175–192; Kepplinger/Leitner (Hg.), Dameron-Report, S. 86, 138 (Helene Hintersteiner, 29. 6. 1945), 231 (Marianne Lenz, 4. 7. 1945).

101 Miete, 7. 6. 1960, LA Düsseldorf, Rep. 388, Nr. 748, Bl. 167–173; Mentz, 30. 8. 1961, LA Münster, Q 234, Nr. 4265, Bl. 112–118; Dubois, 7. 9. 1961, ebenda, Nr. 4265, Bl. 126–140; Schütt, 7.–9. 6. 1961, ebenda, Nr. 4263, Bl. 155–168; Bauer, 13. 9. 1960, ebenda, Nr. 4263, Bl. 10–13.

102 Bauer, 13. 9. 1960, LA Münster, Q 234, Nr. 4263, Bl. 10–13; Girtzig, 13. 6. 1962, ebenda, Nr. 4276, Bl. 113–115.

103 Girtzig, 13. 6. 1962, LA Münster, Q 234, Nr. 4276, Bl. 113–115; Bauer, 11. 12. 1962, ebenda, Nr. 4286, Bl. 54–71; Ittner, 17./18. 7. 1962, ebenda, Nr. 4275, Bl. 116–130; Kurt M. Thomas an World Jewish Congress, 3. 12. 1961, ebenda, Nr. 4270, Bl. 29–41; Chaim Engel, 22. 6. 1946 (NL), ebenda, Nr. 4582, Bl. 49–58; Hödl, 18. 4. 1963, ebenda, Nr. 4289, Bl. 23–27; Frenzel, 23. 3. 1962, ebenda, Nr. 4271, Bl. 155–169; Bauer, 13. 9. 1960, ebenda, Nr. 4263, Bl. 10–13; Girtzig, 18. 7./19. 7. 1961, StA München, Staatsanwaltschaften 33033/6, Bl. 1009–1026. Stangl in Sereny, Abgrund, S. 113; Helene Hintersteiner, 29. 6. 1945, in Kepplinger/Leitner (Hg.), Dameron-Report, S. 107–126, hier S. 116. Biografische Angaben nach Auskunft der Dokumentationsstelle Hartheim.

104 Helene Hintersteiner, 29. 6. 1945, in Kepplinger/Leitner (Hg.), Dameron-Report, S. 107–126, hier S. 122; BArch, R 178, EVZ I/25, Akte 1; Gomerski, 19./20. 9. 1961, LA Münster, Q 234, Nr. 4266, Bl. 29–43; Mosze Szklarek, 10. 4. 1960, ebenda, Nr. 4262, Bl. 46–55; Hödl, 18. 4. 1963, ebenda, Nr. 4289, Bl. 23–27; Stangl, 21. 7. 1947 u. 12. 9. 47 (LG Linz), HHStA Wiesbaden, Abtl. 631a, Nr. 884; Girtzig, 18. 7./19. 7. 1961, StA München, Staatsanwaltschaften 33033/6, Bl. 1009–1026.

105 BArch, PK S 106 (Gustav Wagner); Helene Hintersteiner, 29. 6. 1945, in Kepplinger/Leitner (Hg.), Dameron-Report, S. 107–126, hier S. 122; Gomerski, 19./20. 9. 1961, LA Münster, Q 234, Nr. 4266, Bl. 29–43; Fotos OT-Einsatz Charsk, ebenda, Nr. 4424, Umschlag Bl. 1055a; Girtzig, 18. 7./19. 7. 1961, StA München, 33033/6, Bl. 1009–1026.

106 Ittner, 17./18. 7. 1962, LA Münster, Q 234, Nr. 4275, Bl. 116–130; Häusler, 3. 9. 1962, HHStA Wiesbaden, Abtl. 631a, Nr. 888. Vgl. JuNSV (2001), Bd. 25, Nr. 642.

107 Schütt, 7.–9. 6. 1961 u. 18. 8. 1966 (Hpt.V.), LA Münster, Q 234, Nr. 4263, Bl. 155–168 u. Nr. 5244, Bl. 1581–1588; BArch, RS F 5077 (Hans-Heinz Schütt); BArch, SS A 9, Bl. 1142. Vgl. JuNSV (2001), Bd. 25, Nr. 642.

108 Lachmann, 21. 6. 1961 u. 6. 11. 1962, LA Münster, Q 234, Nr. 4264, Bl. 4–17 u. Nr. 4284, Bl. 37–43; Bauer, 13. 12. 1962 u. 30. 11. 1965 (Hpt.V.), ebenda, Nr. 4286, Bl. 72–83 u. Nr. 4419, Bl. 689–697; Anklageschrift gg. Karl Streibel u.a., StA Hamburg, LG NSG 213–12, 0039/33, Bl. 16300–16533; Lachmann, 3. 3. 1969, ebenda, 0036/039, Bl. 16710–16719; Lachmann, 28. 4. 1964, StA München, Staatsanwaltschaften 34865/86.

109 Lachmann, 6. 11. 1962 u. 21. 6. 1961, LA Münster, Q 234, Nr. 4284, Bl. 37–43 u. Nr. 4264, Bl. 4–17; Lachmann, 28. 4. 1964, StA München, Staatsanwaltschaften 34865/86; Lachmann, 3. 3. 1969, StA Hamburg, LG NSG 213–12, 0036/039, Bl. 16710–16719. Vgl. JuNSV (2001), Bd. 25, Nr. 642.

110 Schütt, 7.–9. 6. 1961, LA Münster, Q 234, Nr. 4263, Bl. 155–168; Bolender, 27. u. 30. 9. 1963, ebenda, Nr. 4293, Bl. 15–25; Frenzel, 12. 11. 1963, ebenda, Nr. 4294, Bl. 52–60; Ittner, 28./29. 11. 1963, ebenda, Nr. 4295, Bl. 17–31; Bauer, 10.–11. 10. 1961 u. 6. 10. 1965 (Hpt.V.), ebenda, Nr. 4266, Bl. 67–82 u. Nr. 4416, Bl. 174–189; Fuchs, 8. 4. 1963 u. 20. 9. 1963, ebenda, Nr. 4290, Bl. 47–57 u. Nr. 4292, Bl. 194–203; Eberl (Sobibor) an Bernburg, 26. 4. 1942, HHStA Wiesbaden, Abtl. 631a, Nr. 1631; Bauer, 7. 12. 1962, StA München, Staatsanwaltschaften

33033/07, Bl. 1385–1388; Stangl, 26. 6. 1967, LA Düsseldorf, Rep. 388, Nr. 245, Bl. 146–156; Stangl, in Schelvis, Sobibór, S. 114.

111 Bootz, 4. 6. 1970 (Hpt.V.) u. 15. 8. 1968, LA Düsseldorf, Rep. 388, Nr. 869 u. Nr. 863, Bl. 25–31 nannte sich selbst, Arndt, Mätzig, Biela und Kaina. Bauer erwähnte Kaina. Bauer, 4. 1. 1966, ebenda, Nr. 871, Bl. 57–61.

112 Gomerski, 24. 2. 1964, LA Münster, Q 234, Nr. 4297, Bl. 15–24; Frenzel, 6. 2. 1963, ebenda, Nr. 4285, Bl. 122–125; Bolender, 30. 9. 1963, ebenda, Nr. 4293, Bl. 21–25.

113 Bauer, 15. 11. 1965 (Hpt.V.) u. 6. 10. 1965 (Hpt.V.), LA Münster, Q 234, Nr. 4418, Bl. 556f u. Nr. 4416, Bl. 174–189; Fuchs, 19.–20. 9. 1963, ebenda, Nr. 4292, Bl. 187–203; Bauer, 1./2. 4. 1964, StA München, Staatsanwaltschaften 34865/86; Eberl (Sobibor) an Bernburg, 26. 4. 1942, HHStA Wiesbaden, Abtl. 631a, Nr. 1631.

114 Dubois, 28. 10. 1963, LA Münster, Q 234, Nr. 4293, Bl. 140–151; Stangl, 26. 6. 1967, LA Düsseldorf, Rep. 388, Nr. 245, Bl. 146–156.

115 Vgl. die Skizze in Szmajzner, Inferno, S. 302–303; Szmajzner, 25./26. 4. 1968, LA Münster, Q 234, Nr. 4567, Bl. 60b-60g.

116 Frenzel, 23. 3. 1962, LA Münster, Q 234, Nr. 4271, Bl. 155–169; Gomerski, 24. 2. 1964, ebenda, Nr. 4297, Bl. 15–24; Zygmunt Bialucha, 11. 5. 1984, ebenda, Nr. 4397, Bl. 80–93; Gomerski, 2. 12. 1965 (Hpt.V.), HHStA Wiesbaden, Abtl. 461, Nr. 36346, Bd. 5, Bl. 471–506.

117 Bauer, 10. 12. 1962, LA Münster, Q 234, Nr. 4286, Bl. 43–53; Bolender, 30. 9. 1963 u. 2. 10. 1963, ebenda, Nr. 4293, Bl. 21–25, 29–38; Jan Krzowski, 28. 2. 1966 (P), ebenda, Nr. 4310, Bl. 193–197; Fuchs, 8. 4. 1963, ebenda, Nr. 4290, Bl. 47–57; Bolender, 9./14. 9. 1965 (Hpt.V.), ebenda, Nr. 4399, Bl. 12–25, 44–53; Gomerski, 24. 2. 1964 u. 2. 12. 1965 (Hpt.V.), ebenda, Nr. 4297, Bl. 15–24 u. Nr. 4420, Bl. 698–715; Frenzel, 7. 1. 1964, ebenda, Nr. 4296, Bl. 1–8; Lachmann, 27. 11. 1963, ebenda, Nr. 4295, Bl. 1–14; Jan Piwoński, 29. 4. 1975, in Schelvis, Sobibór, S. 37–38.

118 Bauer, 10. 12. 1962 u. 12. 12. 1963, LA Münster, Q 234, Nr. 4286, Bl. 43–53 u. Nr. 4295; Schütt, 11. 12. 1963, ebenda, Nr. 4295, Bl. 69–83; Lachmann, 21. 6. 1961, ebenda, Nr. 4264, Bl. 4–17; Lambert, 8. 8. 1974 (Hpt.V.), ebenda, Nr. 1581, Fuchs, 19. 9. 1974 (Hpt.V.), ebenda, Nr. 1581; Gomerski, 2. 12. 1965 (Hpt.V.), HHStA Wiesbaden, Abtl. 461, Nr. 36346, Bd. 5, Bl. 471–506; Jakow Engelhardt, 14. 11. 1974 (SU), ebenda, Bd. 11, Bl. 1883–1891; Schütt, 31. 1. 1974 (Hpt.V.), LA Berlin, B Rep. 058, Nr. 1576; Bauer, 14. 2. 1974 (Hpt.V.), ebenda; Stangl, 26. 6. 1967 u. 29. 4. 1969, LA Düsseldorf, Rep. 388, Nr. 245, Bl. 146–156 u. Nr. 252, Bl. 53–68.

119 Schütt, 11. 12. 1963 u. 1. 10. 1965 (Hpt.V.), LA Münster, Q 234, Nr. 4295, Bl. 69–83 u. Nr. 4416, Bl. 148–153; Lachmann, 27. 11. 1963 u. 21. 6. 1961, ebenda, Nr. 4295, Bl. 1–14 u. Nr. 4264, Bl. 4–17; Frenzel, 21. 1. 1964, ebenda, Nr. 4296, Bl. 48–55; Ittner, 28./29. 11. 1963, ebenda, Bl. 17–31; Lambert, 8. 8. 1974 (Hpt.V.), LA Berlin, B Rep. 058, Nr. 1581; Stangl, 20. 5. 1970 (Hpt.V.), LA Düsseldorf, Rep. 388, Nr. 255, Bl. 12–15; Gomerski, 2. 12. 1965 (Hpt.V.), HHStA Wiesbaden, Abtl. 461, Nr. 36346, Bd. 5, Bl. 471–506; Hersch Cukiermann, 29. 11. 1949, ebenda, Bd. 2, Bl. 93–94.

120 Bolender, 30. 9./2. 10. 1963, LA Münster, Q 234, Nr. 4293, Bl. 21–38; Fuchs, 4. 10.

1963, ebenda, Bl. 71–73; Bauer, 12. 12. 1963, ebenda, Nr. 4295, Bl. 86–101; Gomerski, 2. 12. 1965 (Hpt.V.), ebenda, Nr. 4420, Bl. 698–715; Lachmann, 21. 6. 1961 u. 27. 11. 1963, ebenda, Nr. 4264, Bl. 4–17 u. Nr. 4295, Bl. 1–14.

121 Fuchs, 19. 9. 1974 (Hpt.V.), LA Berlin, B Rep. 058, Nr. 1581; Lachmann, 21. 6. 1961, LA Münster, Q 234, Nr. 4264, Bl. 4–17; Gomerski, 2. 12. 1965 (Hpt.V.), HHStA Wiesbaden, Abtl. 461, Nr. 36346, Bd. 5, Bl. 471–506.

122 Bauer, 15. 11. 1965 (Hpt.V.) u. 6. 10. 1965 (Hpt.V.), LA Münster, Q 234, Nr. 4418, Bl. 556–557 u. Nr. 4416, Bl. 174–189; Lachmann, 21. 6. 1961, ebenda, Nr. 4264, Bl. 4–17; Bauer, 1./2. 4. 1964, StA München, Staatsanwaltschaften 34865/86.

123 Laut Bauer ein französischer Panzermotor (Renault). Fuchs zufolge ein russischer Motor, der ursprünglich als Antrieb des Einheitsschleppers »Stalino« hätte dienen sollen. Der wassergekühlte V-Motor mit acht Zylindern habe etwa 200 PS gehabt. Hödl zufolge war der V-Motor ein luftgekühlter Viertakter. Bauer, 7. 10. 1965 (Hpt.V.) u. 12. 12. 1963, LA Münster, Q 234, Nr. 4416, Bl. 190–203 u. Nr. 4295, Bl. 86–101; Fuchs, 8. 4. 1963 u. 19.–20. 9. 1963, ebenda, Nr. 4290, Bl. 47–57 u. Nr. 4292, Bl. 187–203; Hödl, 31. 3. 1966, ebenda, Nr. 4424, Umschlag Bl. 1055a.

124 Bauer, 12. 12. 1963, LA Münster, Q 234, Nr. 4295, Bl. 86–101; Fuchs, 8. 4. 1963, ebenda, Nr. 4290, Bl. 47–57; Freiberg, To survive, S. 190.

125 Jakow Engelhardt, 14. 3. 1983, LA Münster, Q 234, Nr. 4395; Fuchs, 8. 4. 1963, ebenda, Nr. 4290, Bl. 47–57; Engelhardt, 14. 11. 1974 (SU), HHStA Wiesbaden, Abtl. 461, Nr. 36346, Bd. 11, Bl. 1883–1891; Stangl, 29. 4. 1969, LA Düsseldorf, Rep. 388, Nr. 252, Bl. 53–68; Stangl in Sereny, Abgrund, S. 118.

126 Stanislaw Szmajzner, 9. 2. 1961, LA Münster, Q 234, Nr. 4263, Bl. 120–125; Szmul Lerer, 9. 9. 1949, ebenda, Nr. 4569, Bl. 358–364; Schütt, 7.–9. 6. 1961, ebenda, Nr. 4263, Bl. 155–168; Moshe Sklarek-Bahir, 3. 3. 1964 (YV), ebenda, Nr. 4398; Eda Lichtman, 18. 3. 1974, LA Berlin, B Rep. 058, Nr. 1581.

127 Bolender, 31. 1. 1964, LA Münster, Q 234, Nr. 4296, Bl. 81–85; Izchak Lichtman, 19./20. 10. 1983, ebenda, Nr. 4392, Umschlag Bl. 273; Mosze Bachir, 14. 12. 1965 (Hpt.V.), ebenda, Nr. 4420, Bl. 780–794; Stanislaw Szmajzner, 27. 1. 1966 (Hpt.V.), ebenda, Nr. 4421, Bl. 914–926; Ada Lichtman, 3. 3. 1964 (YV), ebenda, Nr. 4400, Bl. 145–154; Gomerski, 21. 8. 1950 (Hpt.V.), HHStA Wiesbaden, Abtl. 461, Nr. 36346, Bd. 3, Bl. 277–296; Thomas Blatt, 24. 1. 1974 (Hpt.V.), LA Berlin, B Rep. 058, Nr. 1576.

128 Abraham Margulies, 15. 5. 1962 u. 16. 11. 1965 (Hpt.V.), LA Münster, Q 234, Nr. 4277, Bl. 3–10 u. Nr. 4419, Bl. 570–589; Schütt, 7.–9. 6. 1961, ebenda, Nr. 4263, Bl. 155–168; Franciszek Sitarski, 17. 11. 1967, ebenda, Nr. 4583, Bl. 316–320; Moshe Sklarek-Bahir, 3. 3. 1964 (YV), ebenda, Nr. 4398; Jakob Biskobicz, 6. 6. 1962 u. 3. 3. 1964 (YV), ebenda, Nr. 4279, Bl. 41–54 u. Nr. 4398; Bauer, 12. 12. 1963 u. 15. 11. 1965 (Hpt.V.), ebenda, Nr. 4295, Bl. 86–101 u. Nr. 4418, Bl. 556f.; Ada Lichtman, 29. 12. 1960, ebenda, Nr. 4569, Bl. 296/1–13; Gomerski, 2. 12. 1965 (Hpt.V.), ebenda, Nr. 4420, Bl. 698–715; Moshe Bachir, 12. 3. 1974 (Hpt.V.), LA Berlin, B Rep. 058, Nr. 1575; Schütt, 31. 1. 1974 (Hpt.V.), ebenda, Nr. 1576; Frenzel, 4. 2. 1974 (Hpt.V.), ebenda, Nr. 1576; Hersch Cukiermann, 29. 11. 1949, HHStA Wiesbaden, Abtl. 461, Nr. 36346, Bd. 2, Bl. 93–94; Szmajzner in Sereny, Abgrund, S. 218; Freiberg, To survive, S. 189.

129 Mosze Szklarek, 10. 4. 1960, LA Münster, Q 234, Nr. 4262, Bl. 46–55; Icek Lichtman, 15. 12. 1945 (P), ebenda, Nr. 4572, Bl. 939–948; Freiberg, To survive, S. 190; Szmajzner, Inferno, S. 133–154; Josef Zukierman, 2. 12. 1949, HHStA Wiesbaden, Abtl. 461, Nr. 36346, Bd. 2, Bl. 106–108.

130 Ref. II R/R-C beim Gouverneur Lublin an Pohl, 13. 5. 1942, BArch, R 102 II/27, Bl. 157; Eda Lichtman, in Novitch (Hg.), Sobibor, S. 62; Jan Krzowski, 28. 2. 1966 (P), LA Münster, Q 234, Nr. 4310, Bl. 193–197; Jan Piwonski, 10. 11. 1945 (P), ebenda, Nr. 4397, Bl. 115–120; Eda Lichtman, 24. 2. 1966, ebenda, Nr. 4423, Umschlag Bl. 1003; Jozef Malinski, 22. 2. 1968, ebenda, Nr. 4583, Bl. 299–305.

131 Schütt, 7.–9. 6. 1961, LA Münster, Q 234, Nr. 4263, Bl. 155–168; Mosze Bachir, 14. 12. 1965 (Hpt.V.), ebenda, Nr. 4420, Bl. 780–794; Szmajzner, Inferno, S. 115–132; Josef Zukierman, 2. 12. 1949, HHStA Wiesbaden, Abtl. 461, Nr. 36346, Bd. 2, Bl. 106–108.

132 Schütt, 31. 1. 1974 (Hpt.V.), LA Berlin, B Rep. 058, Nr. 1576; Gomerski, 19./20. 9. 1961, LA Münster, Q 234, Nr. 4266, Bl. 29–43; Bauer, 15. 11. 1965 (Hpt.V.) u. 6. 10. 1965 (Hpt.V.), Nr. 4418, Bl. 556–557 u. Nr. 4416, Bl. 174–189.

133 Bolender, 30. 9.–2. 10. 1963, LA Münster, Q 234, Nr. 4293, Bl. 21–38; Lachmann, 27. 11. 1963 u. 21. 6. 1961, ebenda, Nr. 4295, Bl. 1–14 u. Nr. 4264, Bl. 4–17; Gomerski, 2. 12. 1965 (Hpt.V.), ebenda, Nr. 4420, Bl. 698–715; Gomerski, 28. 11. 1973 (Hpt.V.), LA Berlin, B Rep. 058, Nr. 1577.

134 Z.B. Gomerski am 19./20. 9. 1961, LA Münster, Q 234, Nr. 4266, Bl. 29–43; Frenzel an Amtsgericht Düsseldorf, März 1963, ebenda, Nr. 4293, Bl. 41–60.

135 Samuel Lerer, 12. 10. 1965 (Hpt.V.) u. 23. 1. 1950, LA Münster, Q 234, Nr. 4416, Bl. 213–232 u. Nr. 4569, Bl. 352–357; Bolender, 22. 8. 1962, ebenda, Nr. 4278, Bl. 23–25; Ittner, 28./29. 11. 1963, ebenda, Nr. 4295, Bl. 17–31; Gomerski, 2. 12. 1965 (Hpt.V.), ebenda, Nr. 4420, Bl. 698–715; Frenzel, 7. 1. 1964 u. 19. 12. 1963, ebenda, Nr. 4296, Bl. 1–8 u. Nr. 4295, Bl. 121–128; Jan Piwonski, 15. 12. 1967, ebenda, Nr. 4583, Bl. 321–329; Mosze Bachir, 14. 12. 1965 (Hpt.V.), ebenda, Nr. 4420, Bl. 780–794; Ber Freiberg, Sept. 1963 (YV), ebenda, Nr. 4570, Bl. 482–560; Schütt, 31. 1. 1974 (Hpt.V.), LA Berlin, B Rep. 058, Nr. 1576; Jakob Biskubicz, 22. 2. 1974 (Hpt.V.), ebenda; Josef Zukierman, 2. 12. 1949, HHStA Wiesbaden, Abtl. 461, Nr. 36346, Bd. 2, Bl. 106–108; Ber Freiberg, in Novitch (Hg.), Sobibor, S. 84.

136 Bauer, 7. 5. 1962, 10. 12. 1962 u. 12. 12. 1963, LA Münster, Q 234, Nr. 4274, Bl. 18–22, Nr. 4286, Bl. 43–53 u. Nr. 4295, Bl. 86–101; Jakob Biskobicz, 6. 6. 1962, ebenda, Nr. 4279, Bl. 41–54; Gomerski, 24. 2. 1964, ebenda, Nr. 4297, Bl. 15–24.

137 Moshe Sklarek-Bahir, 3. 3. 1964 (YV), LA Münster, Q 234, Nr. 4398; Ada Lichtman, 3. 3. 1964 (YV), ebenda, Nr. 4400, Bl. 145–154; Frenzel, 6. 2. 1964, ebenda, Nr. 4296, Bl. 88–97; Dov Freiberg, 4. 7. 1974 (Hpt.V.), LA Berlin, B Rep. 058, Nr. 1581, Bl. 929ff.; Freiberg, To survive, S. 194–195; Stangl, 29. 4. 1969, LA Düsseldorf, Rep. 388, Nr. 252, Bl. 53–68; Ber Freiberg, in Novitch (Hg.), Sobibor, S. 84.

138 Abraham Margulis, 4. 3. 1974 (Hpt.V.), LA Berlin, B Rep. 058, Nr. 1575; Moshe Sklarek-Bahir, 3. 3. 1964 (YV) u. 10. 4. 1960, LA Münster, Q 234, Nr. 4398 u. Nr. 4262, Bl. 46–55; Hersh Cukierman, Mai 1962, ebenda, Nr. 4274, Bl. 119–124; Freiberg, To Survive, S. 222.

139 Ittner, 17./18. 7. 1962, LA Münster, Q 234, Nr. 4275, Bl. 116–130; Jan Piwonski, 26. 2. 1966 (P), ebenda, Nr. 4310, Bl. 184–188; Stanislaw Szmajzner, 24. 1. 1966 (Hpt.V.), ebenda, Nr. 4421, Bl. 898–911.

140 Dov Freiberg, 4. 7. 1974 (Hpt.V.), LA Berlin, B Rep. 058, Nr. 1581, Bl. 929ff.; Dov Freiberg, 21. 12. 1965 (Hpt.V.), LA Münster, Q 234, Nr. 4420, Bl. 830–845; Frenzel, 12. 11. 1963, ebenda, Nr. 4294, Bl. 52–60; Bauer, 12. 12. 1963 u. 6. 10. 1965 (Hpt.V.), ebenda, Nr. 4295, Bl. 86–101 u. Nr. 4416, Bl. 174–189; Samuel Lerer, 14. 10. 1965 (Hpt.V.), ebenda, Nr. 4416, Bl. 233–267; Harry Cukiermann, 13. 12. 1973, ebenda, Nr. 4568, Bl. 249–259; Ada Lichtman, 3. 3. 1964 (YV), ebenda, Nr. 4400, Bl. 145–154; Freiberg, To survive, S. 223.

141 Bolender, 27. 9. 1963, LA Münster, Q 234, Nr. 4293, Bl. 15–19; Frenzel, 23. 3. 1962 u. 12. 11. 1963, ebenda, Nr. 4271, Bl. 155–169 u. Nr. 4294, Bl. 52–60.

142 Stangl, 27. 6. 1967, LA Düsseldorf, Rep. 388, Nr. 245, Bl. 157–166; Bauer, 15. 11. 1965 (Hpt.V.), LA Münster, Q 234, Nr. 4418, Bl. 556f.

143 Gomerski, 15. 4. 1964, StA München, Staatsanwaltschaften 34865/86; Bauer, 10./11. 1. 1962, LA Münster, Q 234, Nr. 4269, Bl. 59–64; Stanislaw Szmajzner, 10. 6. 1963, ebenda, Nr. 4291, Bl. 160–168; Jakob Biskubicz, Sept. 1963 (YV), ebenda, Nr. 4570, Bl. 482–560; Szmajzner, in Novitch (Hg.), Sobibor, S. 49; Simha Bialowitz, in ebenda, S. 76. Szmajzner, Inferno, S. 237–268 zufolge übernahm er erst nach Weggang von Michel die Position als Spieß.

144 Frenzel, 16. 4. 1964, StA München, Staatsanwaltschaften 34865/86; Ada Lichtman, 30. 3. 1960, LA Münster, Q 234, Nr. 4263, Bl. 29–41; Schütt, 7.–9. 6. 1961, ebenda, Nr. 4263, Bl. 155–168; Ittner, 29. 8. 1968, LA Düsseldorf, Rep. 388, Nr. 250, Bl. 32–33; Stangl, 29. 4. 1969, ebenda, Nr. 252, Bl. 53–68.

145 Bolender, 5. 6. 1961, StA München, Staatsanwaltschaften 33033/5, Bl. 961–978; Frenzel, 16. 4. 1964, ebenda, 34865/86; Schütt, 7.–9. 6. 1961, LA Münster, Q 234, Nr. 4263, Bl. 155–168; Stanislaw Szmajzner, 10. 6. 1963 u. 24. 1. 1966 (Hpt.V.), ebenda, Nr. 4291, Bl. 160–168 u. Nr. 4421, Bl. 898–911; Mosze Szklarek, 10. 4. 1960, ebenda, Nr. 4262, Bl. 46–55; Bauer, 13. 9. 1960, ebenda, Nr. 4263, Bl. 10–13; Ittner, 28./29. 11. 1963, ebenda, Nr. 4295, Bl. 17–31; Ber Freiberg, Sept. 1963 (YV), ebenda, Nr. 4570, Bl. 482–560; Freiberg, To survive, S. 227–228; Szmajzner, Inferno, S. 187–210.

146 Gomerski, 22. 5. 1962, LA Münster, Q 234, Nr. 4274, Bl. 73–77; Bauer, 7. 5. 1962, ebenda, Nr. 4274, Bl. 18–22; Jakob Biskobicz, 6. 6. 1962, ebenda, Nr. 4279, Bl. 41–54; Josef Zukierman, 11./12. 12. 1962, ebenda, Nr. 4286, Bl. 20–29; Frenzel, 16. 4. 1964, StA München, Staatsanwaltschaften 34865/86; Klier, 4. 5. 1949, HHStA Wiesbaden, Abtl. 461, Nr. 36346, Bd. 1, Bl. 8–9.

147 Bolender, 5. 6. 1961, StA München, Staatsanwaltschaften 33033/5, Bl. 961–978; Bolender, 21. 12. 1961, LA Münster, Q 234, Nr. 4267, Bl. 270–276; Frenzel, 23. 3. 1962, ebenda, Nr. 4271, Bl. 155–169; Lachmann, 6. 11. 1962, ebenda, Nr. 4284, Bl. 37–43; Stangl, 27. 6. 1967, LA Düsseldorf, Rep. 388, Nr. 245, Bl. 157–166.

148 Abraham Margulies, 15. 5. 1962, LA Münster, Q 234, Nr. 4277, Bl. 3–10; Jakob Biskobicz, 6. 6. 1962, ebenda, Nr. 4279, Bl. 41–54; Szmul Lerer, 23. 1. 1950, ebenda, Nr. 4569, Bl. 352–357; Frenzel, 12. 11. 1963, ebenda, Nr. 4294, Bl. 52–60; Bolender, 30. 9. 1963, ebenda, Nr. 4293, Bl. 21–25; Gomerski, 2. 12. 1965 (Hpt.V.), ebenda, Nr. 4420, Bl. 698–715.

149 Mosze Szklarek, 10. 4. 1960, LA Münster, Q 234, Nr. 4262, Bl. 46–55; Abraham

Margulies, 15. 5. 1962, ebenda, Nr. 4277, Bl. 3–10; Ittner, 17./18. 7. 1962 u. 28./29. 11. 1963, Nr. 4275, Bl. 116–130 u. Nr. 4295, Bl. 17–31; Stanislaw Szmajzner, 10. 6. 1963, ebenda, Nr. 4291, Bl. 160–168; Frenzel, 12. 11. 1963, ebenda, Nr. 4294, Bl. 52–60; Bauer, 10./11. 10. 1961, ebenda, Nr. 4266, Bl. 67–82; Bolender, 3. 10. 1963, ebenda, Nr. 4293, Bl. 61–69.

150 Bauer, 1./2. 4. 1964, StA München, Staatsanwaltschaften 34865/86; Gomerski, 15. 4. 1964, ebenda; Frenzel, 16. 4. 1964, ebenda; Bolender, 5. 6. 1961, ebenda, Staatsanwaltschaften 33033/5, Bl. 961–978; Stangl, 29. 4. 1969, LA Düsseldorf, Rep. 388, Nr. 252, Bl. 53–68; Gomerski, 19./20. 9. 1961, LA Münster, Q 234, Nr. 4266, Bl. 29–43; Lachmann, 21. 6. 1961, ebenda, Nr. 4264, Bl. 4–17; Ittner, 17./18. 7. 1962, ebenda, Nr. 4275, Bl. 116–130; Jakob Biskobicz, 6. 6. 1962, ebenda, Nr. 4279, Bl. 41–54; Bauer, 12. 12. 1963, ebenda, Nr. 4295, Bl. 86–101.

151 Mosze Szklarek, 10. 4. 1960, LA Münster, Q 234, Nr. 4262, Bl. 46–55; Frenzel, 23. 3. 1962 u. 19. 12. 1963, ebenda, Nr. 4271, Bl. 155–169 u. Nr. 4295, Bl. 121–128; Lachmann, 21. 6. 1961, ebenda, Nr. 4264, Bl. 4–17; Schütt, 5. 7. 1961, ebenda, Nr. 4264, Bl. 175–192; Ittner, 28./29. 11. 1963, ebenda, Nr. 4295, Bl. 17–31; Samuel Lerer, 11. 10. 1965 (Hpt.V.), ebenda, Nr. 4416, Bl. 204–212; Frenzel, 16. 4. 1964, StA München, Staatsanwaltschaften 34865/86; Frenzel, 10. 1. 1972, HHStA Wiesbaden, Abtl. 461, Nr. 36346, Bd. 7, Bl. 951–955; Samuel Lerer, 9. 5. 1974 (Hpt.V.), LA Berlin, B Rep. 058, Nr. 1574, Bl. 868–880.

152 Bauer, 10./11. 10. 1961, 13. 9. 1960 u. 10. 12. 1962, LA Münster, Q 234, Nr. 4266, Bl. 67–82, Nr. 4263, Bl. 10–13 u. Nr. 4286, Bl. 43–53; Gomerski, 19./20. 9. 1961, ebenda, Nr. 4266, Bl. 29–43; Frenzel, 30. 1. 1964, ebenda, Nr. 4296, Bl. 71–79; Frenzel, 4. 2. 1974 (Hpt.V.), LA Berlin, B Rep. 058, Nr. 1576.

153 Abraham Margulies, 15. 5. 1962 u. 16. 11. 1965 (Hpt.V.), LA Münster, Q 234, Nr. 4277, Bl. 3–10 u. Nr. 4419, Bl. 570–589; Ber Freiberg: Manuskript »Sobibor«, 25. 7. 1945 (P), ebenda, Nr. 4573, Bl. 2630–2679; Eda Lichtman, 19. 3. 1974, ebenda, Nr. 1581; Schütt, 7.–9. 6. 1961, ebenda, Nr. 4263, Bl. 155–168.

154 Schütt, 18. 8. 1966 (Hpt.V.), LA Münster, Q 234, Nr. 5244, Bl. 1581–1588; Georg Michalsen, 4. 9. 1961, ebenda, Nr. 4265, Bl. 119–121; Bauer, 10./11. 1. 1962 u. 20. 11. 1962, ebenda, Nr. 4269, Bl. 59–64 u. Nr. 4280, Bl. 114–119; Harry Cukiermann, 4. 11. 1965 (Hpt.V.), ebenda, Nr. 4418, Bl. 489–501; Schütt, 31. 1. 1974 (Hpt.V.), LA Berlin, B Rep. 058, Nr. 1576; Stangl, 29. 4. 1969, LA Düsseldorf, Rep. 388, Nr. 252, Bl. 53–68.

155 Ittner, 8. 6. 1965, HHStA Wiesbaden, Abtl. 631a, Nr. 885; Ittner, 17./18. 7. 1962, LA Münster, Q 234, Nr. 4275, Bl. 116–130; Bauer, 13. 9. 1960 u. 11. 12. 1962, ebenda, Nr. 4263, Bl. 10–13 u. Nr. 4286, Bl. 54–71; Schütt, 22. 7. 1970 (Hpt.V.), LA Düsseldorf, Rep. 388, Nr. 255, Bl. 106–110.

156 Bolender, 5. 6. 1961, StA München, Staatsanwaltschaften 33033/5, Bl. 961–978; Klier, 21. 8. 1950 (Hpt.V.), HHStA Wiesbaden, Abtl. 461, Nr. 36346, Bd. 3, Bl. 277–296; Gomerski, 19./20. 9. 1961, LA Münster, Q 234, Nr. 4266, Bl. 29–43; Moshe Bachir, 26. 3. 1974 (Hpt.V.), ebenda, Nr. 1575; Bauer, 27. 6. 1961, ebenda, Nr. 4264, Bl. 159–163; Szmajzner, Inferno, S. 187–210.

157 Frenzel, 23. 3. 1962 u. 19. 12. 1963, LA Münster, Q 234, Nr. 4271, Bl. 155–169 u. Nr. 4295, Bl. 121–128; Bauer, 27. 6. 1961, ebenda, Nr. 4264, Bl. 159–163; Gomerski, 19./20. 9. 1961, ebenda, Nr. 4266, Bl. 29–43; Hödl, 18. 4. 1963, ebenda, Nr. 4289, Bl. 23–27; Lachmann, 6. 11. 1962, ebenda, Nr. 4284, Bl. 37–43; Hersch

Zuckermann, 22. 11. 1949, LA Berlin, B Rep. 058, Nr. 2489, Bl. 77–78; Freiberg, To survive, S. 243.

158 Bauer, 11. 12. 1962 u. 6. 10. 1965 (Hpt.V.), LA Münster, Q 234, Nr. 4286, Bl. 54–71 u. Nr. 4416, Bl. 174–189; Frenzel, 23. 3. 1962, ebenda, Nr. 4271, Bl. 155–169; Ittner, 17./18. 7. 1962, ebenda, Nr. 4275, Bl. 116–130; Mosze Szklarek, 10. 4. 1960, ebenda, Nr. 4262, Bl. 46–55; Ada Lichtman, 30. 3. 1960, ebenda, Nr. 4263, Bl. 29–41.

159 Bolender, 5. 6. 1961, StA München, Staatsanwaltschaften 33033/5, Bl. 961–978; Abraham Margulies, in Novitch (Hg.), Sobibor, S. 70; Lachmann, 21. 6. 1961, LA Münster, Q 234, Nr. 4264, Bl. 4–17; Abraham Margulies, 16. 11. 1965 (Hpt.V.), ebenda, Nr. 4419, Bl. 570–589; Freiberg, To Survive, S. 194.

160 Frenzel, 12./18. 2. 1964 u. 19. 12. 1963, LA Münster, Q 234, Nr. 4296, Bl. 113–152 u. Nr. 4295, Bl. 121–128; Mosze Bachir, 14. 12. 1965 (Hpt.V.), ebenda, Nr. 4420, Bl. 780–794; Bauer, 13. 9. 1960, ebenda, Nr. 4263, Bl. 10–13; Ada Lichtman, 30. 3. 1960, ebenda, Nr. 4263, Bl. 29–41.

161 Bauer, 15. 11. 1965 (Hpt.V.), LA Münster, Q 234, Nr. 4418, Bl. 556f; Barbl, 28. 3. 1966, ebenda, Nr. 4424, Bl. 68 im Umschlag (Barbl verwechselt Sobibor und Belzec).

162 Izchak Lichtman, 27. 7. 1966 u. 19./20. 10. 1983, LA Münster, Q 234, Nr. 5243, Umschlag Bl. 1559a u. Nr. 4392, Umschlag Bl. 273; Frenzel, 19. 12. 1963, ebenda, Nr. 4295, Bl. 121–128; Bauer, 10./11. 10. 1961, ebenda, Nr. 4266, Bl. 67–82; Ada Lichtman, 30. 3. 1960, ebenda, Nr. 4263, Bl. 29–41.

163 Ada Lichtman, 30. 3. 1960, LA Münster, Q 234, Nr. 4263, Bl. 29–41; Frenzel, 23. 3. 1962, ebenda, Nr. 4271, Bl. 155–169; Ittner, 7. 10. 1965 (Hpt.V.), ebenda, Nr. 4416, Bl. 190–203; Bolender, 5. 6. 1961, StA München, Staatsanwaltschaften 33033/5, Bl. 961–978.

164 Frenzel, 16. 4. 1964, StA München, Staatsanwaltschaften 34865/86; Bauer, 10./11. 10. 1961, LA Münster, Q 234, Nr. 4266, Bl. 67–82; Abraham Margulies, 15. 5. 1962, ebenda, Nr. 4277, Bl. 3–10.

165 Pohl, Judenverfolgung, S. 204; Witte u.a. (Hg.), Dienstkalender, S. 400–401; Arad, Belzec, S. 38.

166 Zabecki in Sereny, Abgrund, S. 157; Ermittlungsbericht zu Treblinka, 24. 9.–22. 11. 1945 (P), LA Düsseldorf, Rep. 388, Nr. 420, Bl. 107–113; Młynarczyk, »Treblinka«, S. 257; Chrostowski, Extermination Camp Treblinka, S. 24–25; W. Benz, »Treblinka«, S. 409.

167 Heberer, »Kontinuität«, S. 297–298; Grabher, Eberl, S. 13–65; Schulze, Bernburg, S. 155; Mitgliedsbuch NSDAP, BArch, PK B 34 (Irmfried Eberl); BStU, Außenstelle Halle, MfS BV Halle Ast 7054/48, Bd. 1; Briefe von Eberl, HHStA Wiesbaden, Abtl. 631a, Nr. 1631.

168 Eberl (Sobibor) an Bernburg, 26. 4. 1942, HHStA Wiesbaden, Abtl. 631a, Nr. 1631; Eberl, 19. 6. 1942 an Heinz Auerswald, in Gumkowski/Rutkowski, Treblinka; Fuchs, 14. 11. 1963, LA Münster, Q 234, Nr. 4294, Bl. 64–67; Hengst, 5. 7. 1962, ebenda, Nr. 4275, Bl. 80–85; Bootz, 15. 8. 1968, LA Düsseldorf, Rep. 388, Nr. 863, Bl. 25–31; Fuchs, 13./14. 11. 1969, StA München, Staatsanwaltschaften 33033/25, Bl. 55–73.

169 Lambert, 27. 4. 1964, StA Hamburg, LG NSG 213–12, 0036/022, Bl. 9334–9343.

170 Fuchs, 19. 9. 1963, LA Münster, Q 234, Nr. 4292, Bl. 187–19; Stadie, 26. 11. 1965, LA Düsseldorf, Rep. 388, Nr. 871, Bl. 27–28; Bootz, 15. 8. 1968, ebenda, Nr. 863, Bl. 25–31.

171 Bootz, 4. 6. 1970 (Hpt.V.) u. 15. 8. 1968, LA Düsseldorf, Rep. 388, Nr. 255, Bl. 46–50 u. Nr. 863, Bl. 25–31; Robert Levi, 27. 10. 1959, ebenda, Nr. 742, Bl. 235–242; Fuchs, 6. 3. 1968, ebenda, Nr. 248, Bl. 180–187; Hengst, 5. 2. 1962, ebenda, Nr. 761, Bl. 127–134; Stadie, 26. 11. 1964 (Hpt.V.), ebenda, Nr. 808; Mätzig, 23. 11. 1967, ebenda, Nr. 862, Bl. 156–163; Lambert, 2. 10. 1962 u. 4. 5. 1961, LA Münster, Q 234, Nr. 4278, Bl. 134–142 u. Nr. 4310, Bl. 92–102; Lambert, 27. 4. 1964, StA Hamburg, LG NSG 213–12, 0036/022, Bl. 9334–9343; Lambert, 12. 2. 1963, BArch Ludwigsburg, B 162/4456, Bl. 61–67.

172 Lambert, 2. 10. 1962, LA Münster, Q 234, Nr. 4278, Bl. 134–142; Hirtreiter, 9. 11. 1950, HHStA Wiesbaden, Abtl. 461, Nr. 35253, Bl. 181–190.

173 Lambert, 26. 4. 1961, 2. 10. 1962 u. 7. 11. 1963, LA Münster, Q 234, Nr. 4310, Bl. 74–91, Nr. 4278, Bl. 134–142 u. Nr. 4294, Bl. 39–48; Bolender, 8. 7. 1965, HHStA Wiesbaden, Abtl. 631a, Nr. 887; Emil Hackel, 3. 3. 1966, ebenda, Nr. 888; Lambert, 20. 12. 1961, LA Düsseldorf, Rep. 388, Nr. 760, Bl. 170–181; Münzberger, 18. 12. 1961, ebenda, Bl. 165–167. Vgl. JuNSV (2001), Bd. 25, Nr. 642, S. 174–179 sowie (1981), Bd. 22, Nr. 596, S. 160–164.

174 BArch, RS D 5247 (Willy Mätzig); Mätzig, 23. 11. 1967, LA Düsseldorf, Rep. 388, Nr. 862, Bl. 156–163; Sporleder, 31. 5. 1947, BStU, Außenstelle Halle, MfS BV Halle Ast 7054/48, Bd. 1; Bolender, 5. 6. 1961, StA München, Staatsanwaltschaften 33033/5, Bl. 961–978; Personelle Besetzung Bernburg, 20. 11. 1942, ebenda, Bl. 833–837; Mätzig, 6. 10. 1965, HHStA Wiesbaden, Abtl. 631a, Nr. 1330.

175 WASt an Untersuchungsrichter, 16. 3. 1960 zu Max Biela, LA Düsseldorf, Rep. 388, Nr. 746, Bl. 42; Sporleder, 31. 5. 1947, BStU, Außenstelle Halle, MfS BV Halle Ast 7054/48, Bd. 1; Bolender, 5. 6. 1961, StA München, Staatsanwaltschaften 33033/5, Bl. 961–978; BArch, R 178, EVZ I/25, Akte 1 u. EVZ/I/K.30, Akte 26; Ernst Fischer, 31. 10. 1945, BStU, Magdeburg, ASt 105/48; E-Mail eines Vewandten von Biela an Verfasserin, 29. 7. 2011.

176 Bericht, LKA – NRW, 25. 3. 1968 zu Bootz, LA Düsseldorf, Rep. 388, Nr. 868; Bootz, 26. 2. 1971, 4. 6. 1970 (Hpt.V) u. 15. 8. 1968, ebenda, Nr. 864, Bl. 8–15, Nr. 869 u. Nr. 863, Bl. 25–31; Hengst, 6. 2. 1962, ebenda, Nr. 761, Bl. 135–140.

177 Sporleder, 31. 5. 1947, BStU, Außenstelle Halle, MfS BV Halle Ast 7054/48, Bd. 1, Bl. 19–29; Personelle Besetzung Bernburg, 20. 11. 1942, StA München, Staatsanwaltschaften 33033/5, Bl. 833–837.

178 BArch, RS E 5477 (Albert Rittler); Berta Rittler zu Schwager, 2. 12. 1935, BArch, R 3001, Archivnr. 100881 (Albert Rittler); Abkommandierte zum »Osteinsatz« aus Bernburg, HHStA Wiesbaden, Abtl. 631a, Nr. 1631; Fuchs, 6. 3. 1968, LA Düsseldorf, Rep. 388, Nr. 248, Bl. 180–187.

179 Hengst, 5. 7. 1962, LA Münster, Q 234, Nr. 4275, Bl. 80–85; Hengst, 26. 4. 1962, HHStA Wiesbaden, Abtl. 631a, Nr. 1329; Hengst, 5. 2. 1962, LA Düsseldorf, Rep. 388, Nr. 761, Bl. 127–134; Sporleder, 31. 5. 1947, BStU, Außenstelle Halle, MfS BV Halle Ast 7054/48, Bd. 1; Personelle Besetzung Bernburg, 20. 11. 1942, StA München, Staatsanwaltschaften 33033/5, Bl. 833–837.

180 Polizeipräsident in Berlin an Zentrale Stelle, 20. 4. 1960, LA Münster, Q 234,

Nr. 4261, Bl. 305; Käthe Pötzinger, 12. 10. 1961, ebenda, Nr. 4266, Bl. 83–85; Münzberger, 31. 3. 1960, LA Düsseldorf, Rep. 388, Nr. 746, Bl. 128–131; BStU, Außenstelle Halle, MfS BV Halle Ast 7054/48, Bd. 1; BArch, R 178, EVZ I/30, A. 16; Personelle Besetzung Bernburg, 20. 11. 1942, StA München, Staatsanwaltschaften 33033/5, Bl. 833–837.

181 Stadie, 27. 6. 1962, LA Düsseldorf, Rep. 388, Nr. 763, Bl. 88–97; Miete, 7. 6. 1960, ebenda, Nr. 748, Bl. 167–173, Mentz, 19. 7. 1960, ebenda, Nr. 749, Bl. 157–169, Suchomel, 24. 10. 1960, ebenda, Nr. 751, Bl. 148–159; Stadie, 13. 12. 1962, StA München, Staatsanwaltschaften 33033/20, Bl. 767–771; Sporleder, 31. 5. 1947, BStU, Außenstelle Halle, MfS BV Halle Ast 7054/48, Bd. 1; Eberl, 4. 2. 1942 an Blankenburg, HHStA Wiesbaden, Abtl. 631a, Nr. 1631, Bl. 98; JuNSV (1981), Bd. 22, Nr. 596, S. 91–97.

182 Schilter, Ermessen, S. 207; Robert Lorent, 18.–29. 10. 1965, HHStA Wiesbaden, Abtl. 631a, Nr. 886; Mentz, 31. 5. 1965 (Hpt.V.), LA Düsseldorf, Rep. 388, Nr. 812. Vgl. Berliner Adressbuch von 1941.

183 Bauer, 4. 1. 1966, LA Düsseldorf, Rep. 388, Nr. 871, Bl. 57–61; Unverhau, 19. 11. 1964 (Hpt.V.), ebenda, Nr. 808; Mentz, 20. 9. 1967, ebenda, Nr. 862, Bl. 97–104; Zierke, 19. 11. 1963, LA Münster, Q 234, Nr. 4294, Bl. 80–92; Unverhau, 30. 6. 1960 u. 18. 8. 1966 (Hpt.V.), ebenda, Nr. 4262, Bl. 126ff. u. Nr. 5244, Bl. 1581–1588; BArch, R 178, EVZ/I/K.30, Akte 22; Döblin, »Fahrt«, S. 73. Zusammenstellung v. Thomas Harlan.

184 BArch, R 178, EVZ/I/K.30, Akte 22 u. 25, Akte 1; Unverhau, 19. 11. 1964 (Hpt.V.), LA Düsseldorf, Rep. 388, Nr. 808; Mentz, 20. 9. 1967 u. 5. 11. 1964 (Hpt.V.), ebenda, Nr. 862, Bl. 97–104 u. Nr. 808; Jührs, 26. 11. 1964 (Hpt.V.), ebenda, Nr. 808; Unverhau, 30. 6. 1960 u. 18. 8. 1966 (Hpt.V.), LA Münster, Q 234, Nr. 4262, Bl. 126ff u. Nr. 5244, Bl. 1581–1588; Gräberauskunft unter http://www.volksbund.de/graebersuche.html [10. 5. 2013].

185 Vgl. www.nachkriegsjustiz.at/prozesse/geschworeneng/hoefle.php [10. 5. 2013]; Robert Levi an Oberstaatsanwalt Frankfurt, 10. 12. 1950 u. 18. 12. 1950, HHStA Wiesbaden, Abtl. 461, Nr. 35254, Bl. 259–264; Robert Levi, 27. 10. 1959, LA Düsseldorf, Rep. 388, Nr. 742, Bl. 235–242; Bootz, 4. 6. 1970 (Hpt.V.) u. 15. 8. 1968, ebenda, Nr. 255, Bl. 46–50 u. Nr. 863, Bl. 25–31; JuNSV, 2006, Bd. 36, Nr. 761, S. 312–332.

186 Prokofij Ryabtsev, 3. 2. 1965, Dokument GX-121 im US-Fall gg. Reimer, Plaintiff-Dokumente, Demjanjuk v. Petrovsky, S. 664–671, OSI File TC 4-5-51; Aleksej Govorov, 7. 9. 1961, SBU-Archiv Kiew, Archivnr. 14, Fall Nr. 66437 (Shul'ts u.a.), Bd. 14, Bl. 36–48.

187 Jan Sułkowski, 20. 12. 1945 (P), BStU, HA XX, Treblinka-Material, Bl. 36–41; Rzepka Mendel, 18. 1. 1960, in Friedman, Treblinka; Chaim Zechanowsky, 3. 10. 1944, LA Düsseldorf, Rep. 388, Nr. 252, Umschlag Bl. 157a; William Schneiderman, 14. 5. 1965, ebenda, Nr. 779, Bl. 168–176; Hengst, 6. 2. 1962, ebenda, Nr. 761, Bl. 135–140; Robert Levi, 27. 10. 1959, ebenda, Nr. 742, Bl. 235–242; Czerniaków, Diario, S. 332 u. 336; Robert Levi an Oberstaatsanwalt beim LG Frankfurt, 10. 12. 1950, HHStA Wiesbaden, Abtl. 461, Nr. 35254, Bl. 259–260; Robert Levi, 18. 12. 1950, ebenda, Bl. 262–264.

188 Jan Sułkowski, 20. 12. 1945 (P), BStU, HA XX, Treblinka-Material, Bl. 36–41; Untergrundbericht, 1. 6. 1942, in Młynarczyk, »Treblinka«, S. 261; Prokofij

Ryabtsev, 3. 2. 1965, Dokument GX-121 im US-Fall gg. Reimer, Plaintiff-Dokumente, Demjanjuk v. Petrovsky, S. 664–671, OSI File TC 4-5-51; Cymlich/Strawczynski, Escaping, S. 171.

189 Stangl, 17. 7. 1967, LA Düsseldorf, Rep. 388, Nr. 246, Bl. 70–80; Richard Fleschner, 3. 2. 1960, ebenda, Nr. 744, Bl. 155–158; Suchomel in Sereny, Abgrund, S. 176; Cymlich/Strawczynski, Escaping, S. 141.

190 Vgl. hierzu Baxter, SS of Treblinka, S. 30–31; Arad, Belzec, S. 37; Młynarczyk, »Treblinka«, S. 258; Hermann Leyh, 16. 8. 1960, LA Düsseldorf, Rep. 388, Nr. 750, Bl. 19–27; Franz Sailer, 3. 10. 1960, ebenda, Nr. 765, Bl. 15–20; Ermittlungsbericht zu Treblinka, 24. 9.–22. 11. 1945 (P), ebenda, Nr. 420, Bl. 107–113; BArch, RS D 5047 (Hermann Leyh); LKA Baden-Württemberg an Zentrale Stelle, 18. 8. 1960, BArch Ludwigsburg, B 162/3847, Bl. 91–95; Vermerk zu Hermann Leyh, 9. 10. 1962, LA Münster, Q 234, Nr. 4278, Bl. 150–151; Oberhauser, 12. 6. 1973, HHStA Wiesbaden, Abtl. 461, Nr. 36346, Bd. 12, Bl. 1963 (Anlage).

191 Eberl an Heinz Auerswald, 19. 6. 1942, 26. 6. 1942 u. 7. 7. 1942, in Gumkowski/Rutkowski, Treblinka; Fuchs, 14. 11. 1963, LA Münster, Q 234, Nr. 4294, Bl. 64–67.

192 Eberl an Bernburg, 26. 4. 1942, HHStA Wiesbaden, Abtl. 631a, Nr. 1631; Eberl an seine Frau, 29. 6. 1942, ebenda, Bl. 147; Fuchs, 6. 3. 1968, LA Düsseldorf, Rep. 388, Nr. 248, Bl. 180–187; Bootz, 15. 8. 1968, ebenda, Nr. 863, Bl. 25–31; Notiz für Meierhofer, 20. 7. 1942, ebenda, Nr. 757, Bl. 84; Fuchs, 14. 11. 1963, LA Münster, Q 234, Nr. 4294, Bl. 64–67.

193 Lambert, 2. 10. 1962 u. 4. 5. 1961, LA Münster, Q 234, Nr. 4278, Bl. 134–142 u. Nr. 4310, Bl. 92–102; Lambert, 27. 4. 1964, StA Hamburg, LG NSG 213–12, 0036/022, Bl. 9334–9343; Lambert, 12. 2. 1963, BArch Ludwigsburg, B 162/4456, Bl. 61–67; Lambert, 20. 12. 1961, LA Düsseldorf, Rep. 388, Nr. 760, Bl. 170–181; Fuchs, 6. 3. 1968, ebenda, Nr. 248, Bl. 180–187; Chaim Zechanowsky, 3. 10. 1944, ebenda, Nr. 252, Umschlag Bl. 157a; William Schneiderman, 14. 5. 1965, ebenda, Nr. 779, Bl. 168–176; Abraham Krzepicki: 18 Tage im Totenlager, ebenda, Nr. 838; Lucjan Puchała, 26. 10. 1945 (P), ebenda, Nr. 859; Robert Levi an Oberstaatsanwalt beim LG Frankfurt, 10. 12. 1950, HHStA Wiesbaden, Abtl. 461, Nr. 35254, Bl. 259–260; Robert Levi, 18. 12. 1950, ebenda, Nr. 35254, Bl. 262–264; Jan Sułkowski, 20. 12. 1945 (P), BStU, HA XX, Treblinka-Material, Bl. 36–41; Hilberg, Sonderzüge, S. 78; Glazar, Falle, S. 25.

194 Mentz, 19. 7. 1960 u. 20. 6. 1967, LA Düsseldorf, Rep. 388, Nr. 749, Bl. 157–169 u. Nr. 862, Bl. 97–104; Hengst, 5. 2. 1962, ebenda, Nr. 761, Bl. 127–134; Charles Unger, 10./11. 3. 1965, ebenda, Nr. 779, Bl. 9–27.

195 Jan Sułkowski, 20. 12. 1945 (P), BStU, HA XX, Treblinka-Material, Bl. 36–41; Robert Levi, 18. 12. 1950, HHStA Wiesbaden, Abtl. 461, Nr. 35254, Bl. 262–264; Lambert, 15. 10. 1964 (Hpt.V.), LA Düsseldorf, Rep. 388, Nr. 808; Jakob Wiernik, 1./2. 10. 1964, ebenda, Nr. 771, Bl. 107–118; Abraham Lindwasser, 6. 7. 1960, ebenda, Nr. 753, Bl. 186–193; Elias Rosenberg, 24. 12. 1947, ebenda, Nr. 743, Bl. 583–594; Aron Czechowicz, 11. 10. 1945 (P), ebenda, Nr. 748, Bl. 77–79; Abraham Krzepicki: 18 Tage im Totenlager, ebenda, Nr. 838.

196 Lambert, 15. 10. 1964 (Hpt.V.), LA Düsseldorf, Rep. 388, Nr. 808; Jakob Wiernik, 1./2. 10. 1964, ebenda, Nr. 771, Bl. 107–118; Abraham Lindwasser, 6. 7. 1960, ebenda, Nr. 753, Bl. 186–193; Eliasz Rosenberg, 21. 12. 1964 (Hpt.V.) u.

24. 12. 1947, ebenda, Nr. 809 u. Nr. 743, Bl. 583–594; Rückerl (Hg.), NS-Vernichtungslager, S. 226; Rajchman, Ich bin der letzte Jude, S. 87.

197 Lambert, 15. 10. 1964 (Hpt.V.), LA Düsseldorf, Rep. 388, Nr. 808; Abraham Lindwasser, 6. 7. 1960, ebenda, Nr. 753, Bl. 186–193; Jakob Wiernik, 1./2. 10. 1964, ebenda, Nr. 771, Bl. 107–118; Wiernik, Rok, S. 55–56.

198 Matthes, 15. 10. 1964 (Hpt.V.), LA Düsseldorf, Rep. 388, Nr. 808; Jakob Wiernik, 1./2. 10. 1964, ebenda, Nr. 771, Bl. 107–118; Abraham Lindwasser, 6. 7. 1960, ebenda, Nr. 753, Bl. 186–193; Szyja Warszawski, 9. 10. 1945 (P), ebenda, Nr. 744, Bl. 142–145; Eliasz Rosenberg, 21. 12. 1964 (Hpt.V.), ebenda, Nr. 809; Aron Czechowicz, 11. 10. 1945 (P), ebenda, Nr. 748, Bl. 77–79; Lambert, 15. 10. 1964 (Hpt.V.), ebenda, Nr. 808; Leon Finkelsztein, 28. 12. 1945 (P), BStU, HA XX, Treblinka-Material, Bl. 28–31.

199 Lambert, 15. 10. 1964 (Hpt.V.), LA Düsseldorf, Rep. 388, Nr. 808; Jakob Wiernik, 1./2. 10. 1964, ebenda, Nr. 771, Bl. 107–118; Abraham Lindwasser, 6. 7. 1960, ebenda, Nr. 753, Bl. 186–193; Elias Rosenberg, 24. 12. 1947, ebenda, Nr. 743, Bl. 583–594; Jan Sułkowski, 20. 12. 1945 (P), BStU, HA XX, Treblinka-Material, Bl. 36–41; Leon Finkelsztein, 28. 12. 1945 (P), ebenda, Bl. 28–31.

200 Lambert, 15. 10. 1964 (Hpt.V.), LA Düsseldorf, Rep. 388, Nr. 808; Elias Rosenberg, 24. 12. 1947, ebenda, Nr. 743, Bl. 583–594; Jakob Wiernik, 1./2. 10. 1964, ebenda, Nr. 771, Bl. 107–118; Abraham Lindwasser, 6. 7. 1960, ebenda, Nr. 753, Bl. 186–193; Aron Czechowicz, 11. 10. 1945 (P), ebenda, Nr. 748, Bl. 77–79; Wiernik, Rok, S. 55–56.

201 Eberl an seine Frau, 29. 6. 1942, HHStA Wiesbaden, Abtl. 631a, Nr. 1631, Bl. 147.

202 Eberl an Heinz Auerswald, 7. 7. 1942, in Gumkowski/Rutkowski, Treblinka.

203 Geboren 1911 in Salzburg, Mitglied von NSDAP und SS. 1961 wurde er in Salzburg festgenommen und beging 1962 Selbstmord in U-Haft. Vgl. zu Höfle Ajenstat u.a., Höfle; Pohl, »Hermann Höfle«, S. 618–619; Lebenslauf v. Höfle, 2. 2. 1942, BArch, SSO 102 A (Hermann Höfle).

204 Georg Michalsen, 19. 1. 1964 u. 3.–6. 3. 1964, StA Hamburg, LG NSG 213–12, 0036/020, Bl. 8438–8502; Pohl, Judenpolitik, S. 141. Zu Göth vgl. Sachslehner, Tod; zu Claasen BArch, SSO 129 (Kurt Claasen); zu Michalsen Angrick, »Michalsen«, S. 156–165. Vgl. JuNSV (2008), Bd. 39, Nr. 812.

205 Musial, Zivilverwaltung, S. 215–290; Arad, Belzec, S. 46. Vgl. auch Roth, Herrenmenschen, S. 203–234.

206 Hilberg, Sonderzüge, S. 33, 37; Gottwaldt, »Logistik«, S. 283. Walther Stier, 6. 3. 1964 u. 13. 4. 1965, LA Düsseldorf, Rep. 388, Nr. 420, Bl. 200–209 u. Nr. 421, Bl. 112–117; Carl Heinzemann, 21. 9. 1965, ebenda, Nr. 421, Bl. 42–45; Miete, 2. 6. 1960, ebenda, Nr. 748, Bl. 161–166; Mentz, 20. 7. 1960, ebenda, Nr. 749, Bl. 171–184; Richard Glazar, 8. 12. 1964 (Hpt.V.), ebenda, Nr. 809; Suchomel, 26. 10. 1964 (Hpt.V.), ebenda, Nr. 808; Alfons Glas, 21. 10. 1960, ebenda, Nr. 419, Bl. 284–288; Friedrich vom Baur, 11. 5. 1962, ebenda, Nr. 420, S. 36–39; Oskar Diegelmann, 12. 12. 1961, StA München, Staatsanwaltschaften 33033, Bd. 19, Bl. 418–424. Georg Hölzel, 10. 1. 1962, ebenda, Bd. 19; Stefan Kirsz, 15. 10. 1945 (P), ebenda, Bd. 34, Bl. 54–56, Bl. 468–472; Jan Glab, 14. 10. 1966 (P), ebenda, Bd. 34, Bl. 30–33.

207 Wlodzimierz Mróz, 9. 10. 1945 (P), StA München, Staatsanwaltschaften 33033/34, Bl. 11; Adam Poglodziñki, 11. 10. 1945 (P) u. 20. 2. 1946 (P), ebenda,

Bl. 22–23 u. 112–113; Kazimierz Czerniak, 18. 10. 1945 (P), ebenda, Bl. 78–80; Kuwałek, Von Lublin, S. 28–29.

208 Frenzel, 6. 2. 1963, LA Münster, Q 234, Nr. 4285, Bl. 122–125; Eda Lichtman, 18. 3. 1974, LA Berlin, B Rep. 058, Nr. 1581; Eda Lichtman, 8. 5. 1973, HHStA Wiesbaden, Abtl. 461, Nr. 36346, Bd. 8, Bl. 1166–1171.

209 Georg Michalsen, 25. 1. 1961 u. 9. 5. 1961, StA Hamburg, LG NSG 213–12, 0036/02, Bl. 493–506 u. 1145–1148a; Jührs, 21. 1. 1974 (Hpt.V.), LA Berlin, B Rep. 058, Nr. 1576; Zierke, 19. 11. 1963, LA Münster, Q 234, Nr. 4294, Bl. 80–92; Karl Prefi, 26. 9. 1960, LA Düsseldorf, Rep. 388, Nr. 750, Bl. 182–188; Jakob Wiernik, 23. 8. 1960, ebenda, Nr. 753, Bl. 194–204; Zygmunt Gostinski, 12. 1. 1965 (Hpt.V.), ebenda, Nr. 810.

210 Vermerk Reuter, 17. 3. 1942, in Kermisz u.a. (Hg.), Dokumenty, S. 32–33; vgl. Pohl, Judenverfolgung, S. 188.

211 Pohl, Judenpolitik, S. 110; Witte u.a. (Hg.), Dienstkalender, S. 378–379.

212 Blank, »Zum Beispiel«, S. 39; Black, »Askaris«, S. 281.

213 Schwindt, Majdanek, S. 100–102; Pohl, Judenpolitik, S. 114, 229; Silberklang, »Juden«, S. 146; Silberklang, Holocaust, S. 241–247; JuNSV (2008), Bd. 38, Nr. 790, S. 532–578; ebenda (2009), Bd. 40, Nr. 826; Curilla, Judenmord, S. 767–770; Kuwałek, Vernichtungslager Bełżec, S. 129–137.

214 Bühler an Zörner, 3. 3. 1942, zit. n. Pohl, Judenpolitik, S. 107.

215 Vermerk, BuF Lublin, 17. 3. 1942, in Berenstein u.a. (Hg.), Faschismus, S. 269–270; BArch, R 102 II/29, Bl. 53–55; Vermerk, BuF Lublin, 23. 3. 1942, StA München, Staatsanwaltschaften 33033/41; Gottwaldt/Schulle, Judendeportationen, S. 137–229; Kiełboń, »Judendeportationen«, S. 133.

216 Vermerk Türk, 30. 3. 1942, StA München, Staatsanwaltschaften 33033/41; Musial, Zivilverwaltung, S. 224–227, 229–239; Silberklang, »Juden«, S. 150; Silberklang, Holocaust, S. 271; JuNSV (2008), Bd. 38, Nr. 790; ebenda (1972), Bd. 9, Nr. 316; Kuwałek, Vernichtungslager Bełżec, S. 138–140.

217 Sandkühler, Endlösung, S. 10, 114–122, 141–153, 166; Golczewski, »Polen«, S. 456; Pohl, Judenverfolgung, S. 179.

218 Pohl, Judenverfolgung, S. 190–191; Sandkühler, Endlösung, S. 243; JuNSV (2001), Bd. 26, Nr. 657.

219 Sandkühler, Endlösung, S. 169, 208; Pohl, Judenverfolgung, S. 184.

220 Golczewski, »Polen«, S. 455; JuNSV (1978), Bd. 18, Nr. 544, S. 733; ebenda (2003), Bd. 27, Nr. 671, S. 664, 673; Pohl, Judenverfolgung, S. 187–190, 267–289; Sandkühler, Endlösung, S. 208–209.

221 Pohl, Judenverfolgung, S. 187–190, 267–289; Sandkühler, Endlösung, S. 168, 170, 433; JuNSV (2003), Bd. 27, Nr. 671.

222 Vgl. die Deportationstabellen im Anhang. Laut Sandkühler 80000, laut Arad 75000, laut Kuwałek 63000 Opfer. Arad, Belzec, S. 72; Kuwałek, »Bełżec«, S. 345.

223 Pohl, Judenpolitik, S. 148–149; Pohl, Judenverfolgung, S. 195.

224 Friedlander, NS-Genozid, S. 470; Affidavit von Thea Brack, 7. 6. 1947, IMT Brack Supplement IV, Nr. 57; Witte u.a. (Hg.), Dienstkalender, S. 400–401.

225 Oberhauser, 10. 11. 1964, StA München, Staatsanwaltschaften 33033, Bd. 15, Bl. 2915–2925.

226 Oberhauser, 12. 6. 1973, HHStA Wiesbaden, Abtl. 461, Nr. 36346, Bd. 12,

Bl. 1963 (Anlage); Oberhauser, 18./19. 7. 1961 u. 12./14. 12. 1962, StA München, Staatsanwaltschaften 33033, Bd. 8, Bl. 1488–1499 u. Bd. 13, Bl. 2426–2436; Wilhelm Pfannenstiel, 9. 11. 1959, ebenda, Bd. 1, Bl. 135–141; Hermann Worthoff, 9. 3. 1961, LA Düsseldorf, Rep. 388, Nr. 754, Bl. 56–59; Brack an Himmler, 23. 6. 1942, in Rückerl (Hg.), NS-Vernichtungslager, S. 120–121; vgl. auch Pohl, Judenpolitik, S. 101.

227 Eichmann, 1. 6. 1960, in State of Israel, **Trial**, Bd. 7, S. 239–241; Husson, Heydrich, S. 360–364; Longerich, Politik, S. 504.

228 Namensgeber könnte auch Staatssekretär Fritz Reinhardt (Finanzministerium) gewesen sein. Nach ihm war das »Reinhardt-Programm« benannt worden, über das Darlehen an die Wirtschaft verteilt wurden. Allerdings konzentriert sich diese Deutung zu sehr auf wirtschaftliche Aspekte. Vgl. Weiß, »Aktion Reinhardt«, S. 9 sowie Weiss, »Offener Brief«, S. 443–450.

229 Pohl, Judenverfolgung, S. 204–205; Kermisz u.a. (Hg.), Dokumenty, S. 182; Longerich, Himmler, S. 588–589. Georg Michalsen, 25. 1. 1961, LA Düsseldorf, Rep. 388, Nr. 765, Bl. 111–120. Laut Perz/Sandkühler, »Auschwitz«, S. 289 wurde die Verwaltung der geraubten Güter zuvor mit Tarnnamen wie »Katholische Aktion« (nach dem vorherigen Nutzen des Gebäudes in der Chopinstraße) bezeichnet. Es findet sich auch die Bezeichnung »Sonderaufgabe G«, eventuell für Globocnik. Pohl an Globocnik, 16. 2. 1944, BArch, NS 19/2234, Bl. 67. Vgl. Breitman/Aronson, »Himmler-Rede«, S. 339–340, 344.

230 Pohl gibt für Sobibor etwa 53500 Opfer, Arad über 77000 Opfer an. Aus den Deportationstabellen im Anhang lässt sich ein Minimum von 53000 und ein Maximum von 75000 Opfern berechnen. Pohl, Judenpolitik, S. 121; Arad, »Aktion Reinhard«, S. 178; Musial, Zivilverwaltung, S. 244, 255; Curilla, Judenmord, S. 700–701, 758–783; Silberklang, Holocaust, S. 271–272; JuNSV (1972), Bd. 9, Nr. 316; (1979), Bd. 20, Nr. 582; ebenda (2003), Bd. 28, Nr. 674; ebenda (2008), Bd. 39, Nr. 804; Berenstein, »Martyrologia«, S. 65–71.

231 Schwindt, Majdanek, S. 99; Schmidt-Hartmann, »Tschechoslowakei«, S. 372–373; Kamenec, »Deportation«, S. 124, 130; Hradska, »Influence«, S. 88–89; Tönsmeyer, Das Dritte Reich, S. 139–162; Browning, Die »Endlösung« und das Auswärtige Amt, S. 124–131.

232 Vgl. Arad, Belzec, S. 141–142; Erfahrungsbericht des 152. Polizeireviers, 20. 6. 1942, in Schelvis, Sobibór, S. XIV–XV. Andere Autoren geben frühere Transporte bereits für Sobibor an. Z.B. Bundesarchiv (Hg.), Gedenkbuch; Silberklang, Holocaust, S. 249–252, 261.

233 Goldfarb bezeichnete sie als »Muselmänner« aus Auschwitz. Gomerski, 5. 12. 1973 (Hpt.V.), LA Berlin, B Rep. 058, Nr. 1577; Eda Lichtman, 18. 3. 1974, ebenda, Nr. 1581; Bauer, 9. 10. 1974 (Hpt.V.), ebenda, Nr. 1581. Vgl. JuNSV, Nr. 642 (2001), S. 126–128; Mordechai Goldfarb, 21. 10. 1983, LA Münster, Q 234, Nr. 4392, Umschlag Bl. 296; Abraham Margulies, Sept. 1963 (YV), ebenda, Nr. 4570, Bl. 482–560; Izchak Lichtman, 17. 6. 1962, ebenda, Nr. 4279, Bl. 58–60; Harry Cukiermann, 4. 11. 1965 (Hpt.V.), ebenda, Nr. 4418, Bl. 489–501; Simcha Bialowicz, 26. 10. 1965 (Hpt.V.), ebenda, Nr. 4417, Bl. 442–467; Esther Raab, 17. 9. 1949, ebenda, Nr. 4569, Bl. 316–325; Szmajzner, Inferno, S. 237–268 gibt den Transport für 1943 an. Zur Ermordung der Juden aus Majdanek in Auschwitz vgl. die Zugangslisten v. 22. 5. 1942 und 30. 6. 1942, in APMO, D-AuI-2, Bd. 1–2.

234 Vgl. Kap. »Sobibor in der ersten Deportationsphase«.
235 Silberklang, Holocaust, S. 271–272; JuNSV (1979), Bd. 20, Nr. 575.
236 Golczewski, »Polen«, S. 454; Kiełboń, »Judendeportationen«, S. 134.
237 JuNSV (1979), Bd. 20, Nr. 571; ebenda (1989), Bd. 23, Nr. 619; ebenda (2004), Bd. 32, Nr. 710; ebenda (2007), Bd. 37, Nr. 775.
238 JuNSV (1998), Bd. 23, Nr. 619, S. 78–81; ebenda (2003), Bd. 32, Nr. 667, S. 363–366; Löw/Roth, Juden in Krakau, S. 129–145.
239 JuNSV (1998), Bd. 23, Nr. 619, S. 76–77, 86.
240 Franz Bertl, 29. 4. 1965, HHStA Wiesbaden, Abtl. 631a, Nr. 887.
241 Arad, »Aktion Reinhard«, S. 174, 178 nennt für Belzec über 96000, für Sobibor über 77000 Opfer.
242 Präg/Jacobmeyer, Diensttagebuch, S. 508–512.
243 Ebenda, S. 511; Seidel, Besatzungspolitik, S. 298.

Verstärkung des Netzwerks: Konsolidierung und Optimierung der Lagerstrukturen (Juni/Juli bis Dezember 1942)

1 Nach seinem Dienstkalender war am 19. Juli ein Besuch in Chełm, in dessen Kreis Sobibor lag, bei der Reiter-Schwadron sowie ein Essen im Kasino vorgesehen. Am Nachmittag hielt er sich in Zamość in der Nähe von Belzec auf. Vgl. Witte u.a. (Hg.), Dienstkalender, S. 496. Der Besuch von Himmler in Sobibor wurde bezeugt von Mosze Bachir, 14. 12. 1965 (Hpt.V.) u. 3. 3. 1964 (YV), LA Münster, Q 234, Nr. 4420, Bl. 780–794 u. Nr. 4398; Prokofij Businnij, 8. 8. 1975, ebenda, Nr. 4570, Bl. 598–622; Ada Lichtman, 3. 3. 1964 (YV), ebenda, Nr. 4400, Bl. 145–154; Stanislaw Szmajzner, 9. 2. 1961, ebenda, Nr. 4263, Bl. 120–125; Samuel Lerer, 17. 5. 1963, ebenda, Nr. 4289, Bl. 160; Icek Lichtman, 15. 12. 1945 (P), ebenda, Nr. 4572, Bl. 939–948.
2 Himmler an Krüger, 19. 7. 1942, BArch, NS 19/1757, Bl. 1; Witte u.a. (Hg.), Dienstkalender, S. 482–483.
3 Brack an Himmler, 23. 6. 1942, in Rückerl (Hg.), NS-Vernichtungslager, S. 120–121.
4 Globocnik an Wolff, 22. 7. 1942, BArch, SSO 16 A (Odilo Globocnik).
5 Globocnik an Himmler, 22. 7. 1942, BArch, SSO 16 A (Odilo Globocnik). Vgl. zur Bedeutung des Besuchs von Himmler in Auschwitz und im Distrikt Lublin auch Mommsen, Auschwitz, S. 166–168; Friedländer, Jahre der Vernichtung, S. 432–433. Friedländer trennt mit dem Juli 1942 zwischen der Phase des »Massenmords« und der Phase der »Shoah«. Vgl. auch Pohl, Judenverfolgung, S. 211; Longerich, Himmler, S. 589; Longerich, Politik, S. 513–516.
6 Czech, Kalendarium, S. 250–251; vgl. Zugangslisten, APMO, D-AuI-2, Bd. 1–2: An einigen Tagen fanden mehr als 100 von ihnen den Tod (z.B. 19. 6., 22. 6., 4. 7., 8. 7. 1942).
7 Oberhauser, 19. 6. 1973, HHStA Wiesbaden, Abtl. 461, Nr. 36346, Bd. 12, Bl. 1963 (Anlage); Jührs, 7. 5. 1963, StA München, Staatsanwaltschaften 33033, Bd. 8, Bl. 1533–1564; Dubois, 29. 4. 1963 u. 15. 9. 1971, ebenda, Bd. 8, Bl. 1512–1523 u. Bd. 27, Bl. 11–25; Filipp Pavlovich Babenko, 12. 11. 1948, SBU-Archiv Kiew, Archivnr. 58240, Fall Nr. 6937 (Babenko), Bl. 12–19.
8 Grigoriji Nesmejan, 28. 9. 1965 (SU), StA München, Staatsanwaltschaften

33033/32, Bl. 117–128; Alexander Ssemigodow, 7. 7. 1965 (SU), ebenda, Bl. 137–149; Taras Olejinik, 24. 10. 1966 (SU), ebenda, Bl. 246–260.

9 Pohl, »Trawniki-Männer«, S. 281; Grigoriji Lynkin, 27. 7. 1966 (SU), StA München, Staatsanwaltschaften 33033/32, Bl. 195–205; Anastasij Nawrodiji, 27. 6. 1965 (SU), ebenda, Bl. 161–176; Nikolaj Leontev, 30. 6. 1964, FSB Oblast Archiv Krasnodar, Archivnr. 100366 (Matvienko u.a.), Bd. 1, Bl. 37–43; Mikhail Korzhikov, 9. 9. 1964, ebenda, Bd. 10, Bl. 118–128.

10 Zur folgenden Beschreibung siehe Rückerl (Hg.), NS-Vernichtungslager, S. 133; Girtzig, 2. 5. 1960 u. 18.–19. 7. 1961, StA München, Staatsanwaltschaften 33033, Bd. 4, Bl. 657–661 u. Bd. 6, Bl. 1009–1026; Unverhau, 10. 7. 1961, ebenda, Bd. 5, Bl. 994–1005; Dubois, 16.–18. 9. 1961, ebenda, Bd. 6, Bl. 1033–1059; Gley, 8.–10. 5. 1961, ebenda, Bd. 5, Bl. 908–932; Oberhauser, 12./14. 12. 1962, ebenda, Bd. 13, Bl. 2426–2436; Schluch, 11. 11. 1961, ebenda, Bd. 6, Bl. 1128–1150; Alojzy Berezowski, 3. 2. 1962, ebenda, Bd. 42; Kuwałek, »Bełżec«, S. 336, 344; Vladimir Emel'Yanov, 23. 9. 1947, SBU-Archiv Donezk, Archivnr. 37834, Fall Nr. 5734 (Iskaradov), Bl. 215–224; Filipp Pavlovich Babenko, 12. 11. 1948, SBU-Archiv Kiew, Archivnr. 58240, Fall Nr. 6937 (Babenko), Bl. 12–19; Nikolaj Semenovich Leontev, 30. 6. 1964, FSB Oblast Archiv Krasnodar, Archivnr. 100366 (Matvienko u.a.), Bd. 1, Bl. 37–43; Andrej Kuchma, 8. 2. 1950, SBU-Archiv Kiew, Archivnr. 59446, Fall Nr. 7707 (Kuchma), Bl. 12–19. Weitere Zeichnungen von T4-Reinhardt-Personal von Belzec unter StA München, Staatsanwaltschaften 33033, Bd. 5, Bl. 932b (Skizze Gley), ebenda, Bd. 6, Bl. 1006 (Skizze Unverhau), ebenda, Bd. 6, Bl. 1027 (Skizze Girtzig), ebenda, Bd. 6, Bl. 1059a (Skizze Dubois), ebenda, Bd. 6, Bl. 1087 (Skizze Franz); Bd. 6, Bl. 1121 (Skizze Jührs).

11 Rückerl (Hg.), NS-Vernichtungslager, S. 133.

12 Unverhau, 10. 7. 1961 (15 bis 20 Waggons), StA München, Staatsanwaltschaften 33033, Bd. 5, Bl. 994–1005; Dubois, 16.–18. 9. 1961 (15 Waggons), ebenda, Bd. 6, Bl. 1033–1059; Jührs, 7. 5. 1963 (15 Waggons), ebenda, Bd. 8, Bl. 1533–1564; Edward Luczyński, 15. 10. 1945 (P) (20 Waggons), ebenda, Bd. 34, Bl. 45–48. Zur zweigleisigen Rampe siehe Kuwałek, Vernichtungslager Bełżec, S. 63.

13 Gerstein, 4. 5. 1945, zit. n. Rothfels, »Augenzeugenbericht«, S. 177–194.

14 Dubois, 15. 9. 1971, StA München, Staatsanwaltschaften 33033/27, Bl. 11–25; Pjotr Petrowitsch Browzew, 25. 8. 1975, BArch Ludwigsburg, 208 AR-Z 673/41, Bd. 3, Bl. 560–663.

15 Reder, Bełżec, S. 123.

16 So Schluch und JuNSV (1979), Bd. 20, Nr. 585, S. 632. Auf 4 m × 4 m schätzten sie Jührs und Pfannenstiel. Gerstein gab 5 m × 5 m an. Reder, 8./11. 8. 1960, StA München, Staatsanwaltschaften 33033, Bd. 4, Bl. 705–713; Jührs, 7. 5. 1963, ebenda, Bd. 8, Bl. 1533–1564; Schluch, 9. 5. 1963, ebenda, Bd. 8, Bl. 1571–1581; Pfannenstiel, 9. 9. 1959, ebenda, Bd. 1, Bl. 135–141; Rothfels, »Augenzeugenbericht«, S. 177–194. 5 × 5 m^2 auch bei Tregenza, »Bełżec« (2000), S. 250.

17 Reder, Bełżec, S. 124. Laut Bericht von Gerstein 1,90 m.

18 Dubois schätzte die Kapazität des Gebäudes auf 750 Personen, Gley auf 900 bis 1200, Jührs auf 1500 und der Wachmann Emel'Janov auf 1800 Personen. Reder berichtet von 750 Personen pro Kammer, d.h. 4500 Personen im ganzen Gebäude. Jührs, 7. 5. 1963, StA München, Staatsanwaltschaften 33033, Bd. 8, Bl. 1533–1564; Dubois, 29. 4. 1963, ebenda, Bd. 8, Bl. 1512–1523; Gley, 7. 1.

1963 u. 28. 8. 1970, ebenda, Bd. 7, Bl. 1395–1397 u. Bd. 26, Bl. 158–160; Reder, 1945, ebenda, Bd. 4, Bl. 693; Vladimir Emel'Yanov, 23. 9. 1947, SBU-Archiv Donezk, Archivnr. 37834, Fall Nr. 5734, (Iskaradov-Verfahren), Bl. 215–224. JuNSV (1979), Bd. 20, Nr. 585, S. 632. Arad gibt 2000, Tregenza 3000 bis 4500 Personen an. Arad, Belzec, S. 74; Tregenza, »Bełżec« (2000), S. 250.

19 Reder, Bełżec, S. 120–122. Pfannenstiel und Gerstein berichteten, dass am Gebäude »Stiftung Hackenholt« stand und auf dem Dach ein Judenstern hing. Pfannenstiel, 25. 4. 1960, StA München, Staatsanwaltschaften 33033/4, Bl. 776–781; Rothfels, »Augenzeugenbericht«, S. 190.

20 Reder, Bełżec, S. 51, 124, 126; Schluch, 10.–12. 11. 1961, StA München, Staatsanwaltschaften 33033, Bd. 6, Bl. 1128–1150; Reder, 8./11. 8. 1960, ebenda, Bd. 4, Bl. 705–713; Pfannenstiel, 9. 11. 1959 u. 25. 4. 1960, ebenda, Bd. 1, Bl. 135–141 u. Bd. 4, Bl. 776–781.

21 Pfannenstiel, Dubois und Schluch sprachen von einem Dieselmotor. Rudolf Reder ging von einem Benzinmotor aus. Pfannenstiel, 9. 11. 1959, StA München, Staatsanwaltschaften 33033, Bd. 1, Bl. 135–141; Dubois, 15. 9. 1971, ebenda, Bd. 5, Bl. 908–932; Schluch, 10.–12. 11. 1961, ebenda, Bd. 27, Bl. 11–25; Gley, 8.–10. 5. 1961, ebenda, Bd. 6, Bl. 1128–1150; Reder, Bełżec, S. 126. Vgl. Trunk, »Die todbringenden Gase«, S. 32–37.

22 Reder, Bełżec, S. 51, 122–126; Schluch, 10.–12. 11. 1961, StA München, Staatsanwaltschaften 33033, Bd. 6, Bl. 1128–1150; Reder, 8./11. 8. 1960, ebenda, Bd. 4, Bl. 705–713; Pfannenstiel, 9. 11. 1959 u. 25. 4. 1960, ebenda, Bd. 1, Bl. 135–141 u. Bd. 4, Bl. 776–781; Alexander Ssemigodow, 7. 7. 1965 (SU), ebenda, Bd. 32, Bl. 137–149; Michal Kuśmierczak, 16. 10. 1945 (P), ebenda, Bd. 34, Bl. 57–59. Tregenza, »Bełżec« (2000), S. 247.

23 Pressac, Auschwitz, S. 183–205; Czech, Kalendarium, S. 250–251.

24 Fröbe, »Bauen«, S. 161–162.

25 Hilberg, Vernichtung, S. 946; Höß, 14. 5. 1946, IMT NI 34; Gerstein, 26. 4. 1945, StA München, Staatsanwaltschaften 33033/1, Bl. 35–40; Pfannenstiel, 6. 6. 1950, ebenda, Bl. 41–44; Rothfels, »Augenzeugenbericht«, S. 189–191; Kuwałek, »Bełżec«, S. 248–249; Reder, Bełżec, S. 126. Vgl. zu Gerstein Friedländer, Kurt Gerstein.

26 Globocnik an Grothmann, 4. 9. 1942 u. Grothmann an Jüttner, 8. 9. 1942, BArch, NS 19/3165, Bl. 195ff.; Schelvis, Sobibór, S. XXII.

27 Höß in Höß/Broad/Kremer, Auschwitz, S. 91.

28 Globocnik zit. n. Höß, Jan. 1947, in Pucher, Bewegung, S. 121.

29 Es ist auch möglich, dass Kamm erst im September mit dem Personal aus Sonnenstein nach Belzec kam. Unverhau, 10. 7. 1961, StA München, Staatsanwaltschaften 33033, Bd. 5, Bl. 994–1005; Girtzig, 18.–19. 7. 1961, ebenda, Bd. 6, Bl. 1009–1026; Schluch, 10.–12. 11. 1961, ebenda, Bd. 6, Bl. 1128–1150; Jührs, 11.–13. 10. 1961, ebenda, Bd. 6, Bl. 1089–1120; Jührs, 21. 1. 1974 (Hpt.V.), LA Berlin, B Rep. 058, Nr. 1576.

30 Tregenza, »Bełżec« (2000), S. 251.

31 Oberhauser, 19. 11. 1964 (Hpt.V.), LA Düsseldorf, Rep. 388, Nr. 808.

32 Dubois, 16.–18. 9. 1961, StA München, Staatsanwaltschaften 33033/6, Bl. 1033–1059; Gefolgschaftsmitglieder Bernburg, HHStA Wiesbaden, Abtl. 631a, Nr. 1631; BArch, SM G 74 (Fritz Hirche); BArch, PK E 233 (Friedrich Hir-

che); Sporleder, 31. 5. 1947, BStU, Außenstelle Halle, MfS BV Halle Ast 7054/48, Bd. 1, Bl. 19–29.

33 BArch, SSO 90 A (Gottlieb Hering); BArch, R 178; Franz, 3. 12. 1959, StA München, Staatsanwaltschaften 33033, Bd. 2, Bl. 314–330; Unverhau, 21. 7. 1960, ebenda, Bd. 4, Bl. 685–689; Jührs, 11.–13. 10. 1961, ebenda, Bd. 6, Bl. 1089–1120; Gley, 23. 11. 1961, ebenda, Bd. 6, Bl. 1166–1190; Bolender, 8. 7. 1965, HHStA Wiesbaden, Abtl. 631a, Nr. 8847; Böhm, Pirna-Sonnenstein, S. 115–118; Lilienthal, »Personal«, S. 271; Reder, Bełżec, S. 136; Böhm, »Karrieren«, S. 115.

34 Girtzig, 2. 5. 1960, StA München, Staatsanwaltschaften 33033/4, Bl. 657–661; Oberhauser, 12. 6. 1973, HHStA Wiesbaden, Abtl. 461, Nr. 36346, Bd. 12, Bl. 1963 (Anlage).

35 Schilter, Ermessen, S. 169.

36 Gley, 2. 5. 1963, StA München, Staatsanwaltschaften 33033/8, Bl. 1526–1536; Fuchs, 19. 9. 1963, LA Münster, Q 234, Nr. 4292, Bl. 187–190; Tauscher, 4. 5. 1964, ebenda, Nr. 4299, Bl. 103–105; Münzberger, 19. 9. 1973, StA Hamburg, LG NSG 213–12, 0039/37, Bl. 19031–19041.

37 Klee, Personenlexikon, S. 530; Bolender, 5. 6. 1961, StA München, Staatsanwaltschaften 33033/5, Bl. 961–978; Gley, 8.–10. 5. 1961, ebenda, Bl. 908–932; Oberhauser, 20. 3. 1963, StA Hamburg, LG NSG 213–12, 0036/16, Bl. 6458–6468; Schiffner, 22. 10. 1965, HHStA Wiesbaden, Abtl. 631a, Nr. 890.

38 Jührs, 11.–13. 10. 1961, StA München, Staatsanwaltschaften 33033/6, Bl. 1089–1120.

39 Franz, 29. 5. 1963, StA München, Staatsanwaltschaften 33033/13, Bl. 2653–2656; Grigoriji Nesmejan, 28. 9. 1965 (SU), ebenda, Bd. 32, Bl. 117–128.

40 Unverhau, 21. 10. 1963, LA Münster, Q 234, Nr. 4293, Bl. 118–129; Jührs, 5. 11. 1963, ebenda, Nr. 4294, Bl. 10–20; Zierke, 4. 4. 1966 (Hpt.V.), ebenda, Nr. 4424, Bl. 1027–1038; Bauer, 11. 12. 1962, ebenda, Nr. 4286, Bl. 54–71.

41 Walter Borgelt, 29. 3. 1966, StA München, Staatsanwaltschaften 33033, Bd. 25, Bl. 14–45; Jührs, 7. 5. 1963, ebenda, Bd. 8, Bl. 1533–1564; Fuchs, 28. 5. 1963, ebenda, Bd. 13, Bl. 2639–2646; Girtzig 1. 7. 1963, ebenda, Bd. 14, Bl. 2684–2690; Natyna Krystyna, 12. 10. 1966 (P), ebenda, Bd. 34, Bl. 4–7; Franz, 3. 12. 1959, ebenda, Bd. 2, Bl. 314–330.

42 Unverhau, 8. 1. 1963, StA München, Staatsanwaltschaften 33033/8, Bl. 1402–1405; Unverhau, 21. 10. 1963, LA Münster, Q 234, Nr. 4293, Bl. 118–129; Jührs, 5. 11. 1963, ebenda, Nr. 4294, Bl. 10–20; Zierke, 4. 4. 1966 (Hpt.V.), ebenda, Nr. 4424, Bl. 1027–1038; Franz, 13. 6. 1966 (Hpt.V.), ebenda, Nr. 4429, Bl. 1477–1488.

43 Franz, 14. 9. 1961, StA München, Staatsanwaltschaften 33033/6, Bl. 1060–1086; Schluch, 10.–12. 11. 1961, ebenda, Bl. 1128–1150; Reder, Bełżec, S. 135–140.

44 Gley, 2. 5. 1963, StA München, Staatsanwaltschaften 33033, Bd. 8, Bl. 1526–1536; Dubois, 29. 4. 1963 u. 15. 9. 1971, ebenda, Bd. 8, Bl. 1512–1524 u. Bd. 27, Bl. 11–25; Franz, 29. 5. 1963, ebenda, Bd. 13, Bl. 2653–2656; Fuchs, 28. 5. 1963, ebenda, Bd. 13, Bl. 2639–2646; Jührs, 11.–13. 10. 1961 u. 7. 5. 1963, ebenda, Bd. 6, Bl. 1089–1120 u. Bd. 8, Bl. 1533–1564; Schluch, 9. 5. 1963, ebenda, Bd. 8, Bl. 1571–1581; Unverhau, 6. 5. 1963, ebenda, Bd. 8, Bl. 1539–1549; Girtzig, 1. 7. 1963, ebenda, Bd. 14, Bl. 2684–2690; Zierke, 13. 5. 1963, ebenda, Bd. 8, Bl. 1586–1596; Oberhauser, 3. 1. 1962, ebenda, Bd. 8, Bl. 1512–1523.

45 Schluch, 9. 5. 1963, StA München, Staatsanwaltschaften 33033, Bd. 8, Bl. 1571–1581; Gley, 8.–10. 5. 1961, ebenda, Bd. 5, Bl. 908–932.

46 Fuchs, 28. 5. 1963, StA München, Staatsanwaltschaften 33033, Bd. 13, Bl. 2639–2646; Jührs, 11.–13. 10. 1961, ebenda, Bd. 6, Bl. 1089–1120, Gley, 8.–10. 5. 1961, ebenda, Bd. 5, Bl. 908–932.

47 Franz, 3. 12. 1959 u. 14. 9. 1961, StA München, Staatsanwaltschaften 33033, Bd. 2, Bl. 314–330 u. Bd. 6, Bl. 1060–1086; Girtzig, 18.–19. 7. 1961, ebenda, Bd. 6, Bl. 1009–1026; Unverhau, 21. 7. 1960, ebenda, Bd. 4, Bl. 685–689; Schluch, 10.–12. 11. 1961, ebenda, Bd. 6, Bl. 1128–1150; Jührs, 11.–13. 10. 1961, ebenda, Bd. 6, Bl. 1089–1120; Zierke 13. 5. 1963, ebenda, Bd. 8, Bl. 1586–1596; Grigoriji Lynkin, 27. 7. 1966 (SU), ebenda, Bd. 32, Bl. 195–205; Georg Wippern 17. 4. 1962, ebenda, Bd. 12, Bl. 2350–2361; Reder, Bełżec, S. 139.

48 Dubois, 29. 4. 1963, StA München, Staatsanwaltschaften 33033, Bd. 8, Bl. 1512–1523; Jührs, 7. 5. 1963, ebenda, Bd. 8, Bl. 1533–1564; Oberhauser, 12./14. 12. 1962, ebenda, Bd. 13, Bl. 2426–2436; Schluch, 10.–12. 11. 1961, ebenda, Bd. 6, Bl. 1128–1150; Oberhauser, 3. 1. 1962, LA Düsseldorf, Rep. 388, Nr. 761, Bl. 63–66.

49 Gley, 8.–10. 5. 1961, StA München, Staatsanwaltschaften 33033, Bd. 5, Bl. 908–932; Unverhau, 10. 7. 1961, ebenda, Bl. 994–1005; Franz, 14. 9. 1961, ebenda, Bd. 6, Bl. 1060–1086; Schluch, 10.–12. 11. 1961, ebenda, Bd. 6, Bl. 1128–1150; Jührs, 11.–13. 10. 1961, ebenda, Bd. 6, Bl. 1089–1120; Jan Glab, 19. 2. 1946 (P), ebenda, Bd. 34, S. 96–99.

50 Franz, 3. 12. 1959, StA München, Staatsanwaltschaften 33033/2, Bl. 314–330.

51 Franz, 14. 9. 1961, StA München, Staatsanwaltschaften 33033, Bd. 6, Bl. 1060–1086; Grigoriji Lynkin, 27. 7. 1966 (SU), ebenda, Bd. 32, S. 195–205; Dubois, 11./12. 4. 1962, LA Münster, Q 234, Nr. 4272, Bl. 73–79.

52 Reder, Bełżec, S. 138; Girtzig, 2. 5. 1960, StA München, Staatsanwaltschaften 33033, Bd. 5, Bl. 657–661; Gley, 8.–10. 5. 1961, ebenda, Bd. 5, Bl. 908–932; Schluch, 10.–12. 11. 1961, ebenda, Bd. 6, Bl. 1128–1150.

53 BArch, RS G 167 (Fritz Tauscher); Tauscher, 18. 12. 1963 u. 21. 1. 1964, StA Hamburg, LG NSG 213–12, 0036/20, Bl. 8196–8200 u. 8201–8216; Tauscher, 4. 5. 1964, LA Münster, Q 234, Nr. 4299, Bl. 103–105; Eberl an Blankenburg, 4. 2. 1942, HHStA Wiesbaden, Abtl. 631a, Nr. 1631, Bl. 98; Dubois, 2. 8. 1967, ebenda, Abtl. 631a, Nr. 1328; Gley, 8.–10. 5. 1961, StA München, Staatsanwaltschaften 33033, Bd. 5, Bl. 908–932; Schluch, 10.–12. 11. 1961, ebenda, Bd. 6, Bl. 1128–1150; Jührs, 11.–13. 10. 1961, ebenda, Bd. 6, Bl. 1089–1120.

54 Reder, 8./11. 8. 1960, StA München, Staatsanwaltschaften 33033, Bd. 4, Bl. 705–713; Franz, 3. 12. 1959, ebenda, Bd. 2, Bl. 314–330; Girtzig, 2. 5. 1960, ebenda, Bd. 4, Bl. 657–661; Gley, 8.–10. 5. 1961, ebenda, Bd. 5, Bl. 908–932; Dubois, 16.–18. 9. 1961, ebenda, Bd. 6, Bl. 1033–1059; Schluch, 9. 5. 1963, ebenda, Bd. 8, Bl. 1571–1581; Jührs, 11.–13. 10. 1961, ebenda, Bd. 6, Bl. 1089–1120; Taras Olejinik, 23. 7. 1966 (SU), ebenda, Bd. 32, S. 219–234; Jechaeskiel Chajkin, 27. 2. 1964, StA Hamburg, LG NSG 213–12, 0036/22, Bl. 9045–9048; Jakob Ender, 20. 12. 1961, ebenda, 0036/003, Bl. 1402; Silberklang, Holocaust, S. 319.

55 Laut Unverhau, 10. 7. 1948, StA München, Staatsanwaltschaften 33033/4, Bl. 784–785 war Floß in Belzec in der Waschküche tätig.

56 Unverhau, 10. 7. 1961, StA München, Staatsanwaltschaften 33033, Bd. 5,

Bl. 994–1005; Dubois, 29. 4. 1963, 16.–18. 9. 1961 u. 15. 9. 1971, ebenda, Bd. 8, Bl. 1512–1523, Bd. 6, Bl. 1033–1059 u. Bd. 27, Bl. 11–25; Girtzig, 18.–19. 7. 1961, ebenda, Bd. 6, Bl. 1009–1026; Schluch, 10.–12. 11. 1961, ebenda, Bd. 6, Bl. 1128–1150; Jührs, 11.–13. 10. 1961, ebenda, Bd. 6, Bl. 1089–1120; Zierke, 7. 8. 1970, ebenda, Bd. 26, Bl. 171–173.

57 Gley, 8.–10. 5. 1961, 23. 11. 1961, 7. 1. 1963 u. 2. 5. 1963, StA München, Staatsanwaltschaften 33033, Bd. 5, Bl. 908–932, Bd. 6, Bl. 1166–1190, Bd. 7, Bl. 1395–1397 u. Bd. 8, Bl. 1526–1536; Dubois, 16.–18. 9. 1961, ebenda, Bd. 6, Bl. 1033–1059; Schluch, 10.–12. 11. 1961, ebenda, Bd. 6, Bl. 1128–1150; Jührs, 11.–13. 10. 1961, ebenda, Bd. 6, Bl. 1089–1120; Eberl an Blankenburg, 4. 2. 1942, HHStA Wiesbaden, Abtl. 631a, Nr. 1631, Bl. 98; SS-Personalamt an Brack wg. Beförderungsurkunde, 10. 3. 1942, LA Münster, Q 234, Nr. 4531, Bl. 179; Böhm, »Karrieren«, S. 119–122.

58 Unverhau, 21. 7. 1960 u. 10. 7. 1961, StA München, Staatsanwaltschaften 33033, Bd. 4, Bl. 685–689 u. Bd. 5, Bl. 815–816; Robert Lorent, 4. 5. 1961, ebenda, Bd. 5, Bl. 994–1005; Gley, 8.–10. 5. 1961, ebenda, Bd. 5, Bl. 908–932; Dubois, 16.–18. 9. 1961, ebenda, Bd. 6, Bl. 1033–1059; Jührs, 11.–13. 10. 1961, ebenda, Bd. 6, Bl. 1089–1120; Erich Fettke, 3. 7. 1963, ebenda, Bd. 14, Bl. 2691–2694; Wiktor Skowronek, 20. 2. 1946 (P), ebenda, Bd. 34, Bl. 114–118. Gräberauskunft unter http://www.volksbund.de/graebersuche.html [10. 5. 2013].

59 Bolender, 5. 6. 1961, StA München, Staatsanwaltschaften 33033, Bd. 5, Bl. 833–837; Dubois, 16.–18. 9. 1961, ebenda, Bd. 5, Bl. 961–978; Jührs, 11.–13. 10. 1961, ebenda, Bd. 6, Bl. 1033–1059; Girtzig, 11. 8. 1961, ebenda, Bd. 6, Bl. 1089–1120; Dubois, 10. 5. 1962, HHStA Wiesbaden, Abtl. 631a, Nr. 1328.

60 BArch, RS B 5172 (Hans Girtzig); Unverhau, 21. 7. 1960, StA München, Staatsanwaltschaften 33033, Bd. 4, Bl. 685–689; Gley, 8.–10. 5. 1961, ebenda, Bd. 5, Bl. 908–932; Dubois, 16.–18. 9. 1961, ebenda, Bd. 6, Bl. 1033–1059; Schluch, 10.–12. 11. 1961, ebenda, Bd. 6, Bl. 1128–1150; Girtzig, 18.–19. 7. 1961 u. 1. 7. 1963, ebenda, Bd. 6, Bl. 1009–1026 u. Bd. 14, Bl. 2684–2690; Franz, 8. 12. 1960, LA Düsseldorf, Rep. 388, Nr. 752, Bl. 146–152.

61 F. Wolf, 14./15. 6. 1962, LA Münster, Q 234, Nr. 4275, Bl. 25–40; Schiffner, 19. 4. 1963, ebenda, Nr. 4289, Bl. 28–31; Münzberger, 10. 11. 1962, ebenda, Nr. 4284, Bl. 46–53; Suchomel, 7. 11. 1962, ebenda, Nr. 4284, Bl. 72–77; Schreiben von General Services Administration – Federal Record Center an Headquarters United States Army, Europa, 3. 7. 1962, ebenda, Nr. 4277, Bl. 86–88; Girtzig, 2. 5. 1960, StA München, Staatsanwaltschaften 33033, Bd. 4, Bl. 657–661; Gley, 8.–10. 5. 1961, ebenda, Bd. 5, Bl. 908–932; Jan Glab, 19. 2. 1946 (P), ebenda, Bd. 34, Bl. 96–99; Unverhau, 21. 7. 1960, ebenda, Bd. 4, Bl. 685–6895; Bolender, 5. 6. 1961, ebenda, Bd. 5, Bl. 961–978; Girtzig, 18.–19. 7. 1961, ebenda, Bd. 6, Bl. 1009–1026; Schluch, 10.–12. 11. 1961, ebenda, Bd. 6, Bl. 1128–1150; Jührs 7. 5. 1963, ebenda, Bd. 8, Bl. 1533–1564.

62 Dubois, 16.–18. 9. 1961, StA München, Staatsanwaltschaften 33033, Bd. 6, Bl. 1033–1059; Jührs, 11.–13. 10. 1961, ebenda, Bd. 6, Bl. 1089–1120; Gley, 8.–10. 5. 1961, ebenda, Bd. 5, Bl. 908–932; Jan Glab, 19. 2. 1946 (P), ebenda, Bd. 34, Bl. 96–99.

63 Schluch, 10.–12. 11. 1961, 8. 1. 1963 u. 9. 5. 1963, StA München, Staatsanwalt-

schaften 33033, Bd. 6, Bl. 1128–1150, Bd. 8, Bl. 1406–1408 u. 1571–1581; Unverhau, 21. 7. 1960 u. 10. 7. 1961, ebenda, Bd. 4, Bl. 685–689 u. Bd. 5, Bl. 994–1005; Gley, 8.–10. 5. 1961, ebenda, Bd. 5, Bl. 908–932; Schluch, 11. 4. 1962, LA Münster, Q 234, Nr. 4272, Bl. 65–70.

64 BArch, R 178, EVZ I/25, Akte 1; Robert Lorent, 18.–29. 10. 1965, HHStA Wiesbaden, Abtl. 631a, Nr. 886; Lydia Thomas, 1. 3. 1946, ebenda, Abtl. 461, Nr. 32061, Bd. 2, Bl. 115; Schluch, 10.–12. 11. 1961, StA München, Staatsanwaltschaften 33033/6, Bl. 1128–1150.

65 Unverhau, 20. 5. 1948, 10. 7. 1961, 8. 1. 1963 u. 6. 5. 1963, StA München, Staatsanwaltschaften 33033, Bd. 4, Bl. 786–788, Bd. 5, Bl. 994–1005, Bd. 8, Bl. 1402–1405 u. Bl. 1539–1549; Schluch, 10.–12. 11. 1961, ebenda, Bd. 6, Bl. 1128–1150. Vgl. JuNSV (2001), Bd. 25, Nr. 642, S. 196–198.

66 Zierke, 31. 1. 1963 u. 13. 5. 1963, StA München, Staatsanwaltschaften 33033, Bd. 8, Bl. 1436–1449 u. 1586–1596; Jührs, 11.–13. 10. 1961, ebenda, Bd. 6, Bl. 1089–1120; Unverhau, 10. 7. 1961, ebenda, Bd. 5, Bl. 994–1005; Dubois, 29. 4. 1963, ebenda, Bd. 8, Bl. 1512–1523; Fahlbusch, »Im Zentrum«, S. 53–72; JuNSV (2001), Bd. 25, Nr. 642, S. 205–206.

67 Unverhau, 10. 7. 1948, StA München, Staatsanwaltschaften 33033/4, Bl. 782–783; Unverhau, 14./15. 9. 1961, LA Münster, Q 234, Nr. 4266, Bl. 16–28; BArch, R 178, EVZ I/25 u. EVZ/I/K.30, Akte 22 u. Akte 1; nur L. Thomas gab an, dass er auch »Brenner« war. Judith Thomas, 16. 2. 1946, HHStA Wiesbaden, Abtl. 461, Nr. 32061, Bd. 2, Bl. 51–52; Lydia Thomas, 1. 3. 1946, ebenda, Bl. 115; Robert Lorent, 18. 10. 1965, ebenda, Abtl. 631a, Nr. 886. Eventuell hat er vorher auch als Elektroinstallateur gearbeitet. Für den Hinweis danke ich Georg Lilienthal von der Gedenkstätte Hadamar.

68 Schluch, 10.–12. 11. 1961, StA München, Staatsanwaltschaften 33033, Bd. 6, Bl. 1128–1150; Jührs, 11.–13. 10. 1961 u. 7. 5. 1963, ebenda, Bd. 6, Bl. 1089–1120 u. Bd. 8, Bl. 1533–1564; JuNSV (2001), Bd. 25, Nr. 642, S. 203–204.

69 Franz, 3. 12. 1959, StA München, Staatsanwaltschaften 33033, Bd. 2, Bl. 314–330; Personelle Besetzung Bernburg, 20. 11. 1942, ebenda, Bd. 5, Bl. 833–837; Bolender, 5. 6. 1961, ebenda, Bd. 5, Bl. 961–978; Kiril Prochorenko, 27. 9. 1965, ebenda, Bd. 32, S. 150–161; Böhm, »Karrieren«, S. 112; Schilter, Ermessen, S. 207.

70 BArch, R 178, EVZ I/25, Akte 1; Jührs, 11.–13. 10. 1961, StA München, Staatsanwaltschaften 33033/6, Bl. 1089–1120; Judith Thomas, 16. 2. 1946, HHStA Wiesbaden, Abtl. 461, Nr. 32061, Bd. 2, Bl. 51–52; Dietrich Allers, 11. 3. 1965, ebenda, Abtl. 631a, Nr. 885; Hödl, 18. 11. 1963, LA Münster, Q 234, Nr. 4289, Bl. 23–27.

71 Robert Lorent, 18.–29. 10. 1965, HHStA Wiesbaden, Abtl. 631a, Nr. 886; Unverhau, 21. 7. 1960, StA München, Staatsanwaltschaften 33033, Bd. 4, Bl. 685–689; Gley, 8.–10. 5. 1961, ebenda, Bd. 5, Bl. 908–932; Girtzig, 18.–19. 7. 1961, ebenda, Bd. 6, Bl. 1009–1026; Dubois, 16.–18. 9. 1961, ebenda, Bd. 6, Bl. 1033–1059; Berliner Adressbuch 1940; Gräberauskunft unter http://www.volksbund.de/graebersuche.html [10. 5. 2013].

72 Vermerk zu Dachsel (1960), StA München, Staatsanwaltschaften 33033, Bd. 4, Bl. 692; Todesurkunde Dachsel, 10. 11. 1958, ebenda, Bd. 20, Bl. 628; Gley, 8.–10. 5. 1961, ebenda, Bd. 5, Bl. 908–932; Dubois, 16.–18. 9. 1961 u. 7. 9. 1961,

ebenda, Bd. 6, Bl. 1033–1059 u. Bd. 7, Bl. 1229–1243; Jührs 7. 5. 1963, ebenda, Bd. 8, Bl. 1533–1564; Bauer, 4. 7. 1967, HHStA Wiesbaden, Abtl. 631a, Nr. 1328; Helmut M. G. Fischer, 27. 6. 1969, ebenda, Nr. 1329; Suchomel, 24./25. 1. 1962, LA Münster, Q 234, Nr. 4269, Bl. 108–118; BArch, PK B 220 (Arthur Dachsel); Böhm, »Karrieren«, S. 113; Schilter, Ermessen, S. 206.

73 Dass er in Grafeneck war, gab nur Gley an. Rost, 4. 5. 1946, BStU, RHE-West 487, Bl. 91–95; Gley, 8.–10. 5. 1961, StA München, Staatsanwaltschaften 33033, Bd. 5, Bl. 908–932; Dubois, 16.–18. 9. 1961, ebenda, Bd. 6, Bl. 1033–1059; Gräberauskunft unter http://www.volksbund.de/graebersuche.html [10. 5. 2013].

74 Gley, 28. 7. 1967, in Scalpelli (Hg.), San Sabba, Bd. 2, S. 18–21; Bauer, 13. 12. 1962, LA Münster, Q 234, Nr. 4286, Bl. 72–83; Matthes, 10. 10. 1962, ebenda, Nr. 4280, Bl. 16–18; Dubois, 16.–18. 9. 1961, StA München, Staatsanwaltschaften 33033, Bd. 6, Bl. 1033–1059; Münzberger 18. 10. 1962, ebenda, Bd. 12, Bl. 2323–2327; Gley, 8.–10. 5. 1961, ebenda, Bd. 5, Bl. 908–932; Bolender, 5. 6. 1961, ebenda, Bd. 5, Bl. 961–978; Girtzig, 18.–19. 7. 1961, ebenda, Bd. 6, Bl. 1009–1026; Schluch, 10.–12. 11. 1961, ebenda, Bd. 6, Bl. 1128–1150; Jührs, 11.–13. 10. 1961, ebenda, Bd. 6, Bl. 1089–1120; Schilter, Ermessen, S. 207.

75 Freiberg, To survive, S. 256; Abraham Margulies 15. 5. 1962, LA Münster, Q 234, Nr. 4277, Bl. 3–10; Jakob Biskubicz, Sept. 1963 (YV), ebenda, Nr. 4570, Bl. 482–560; Girtzig, 2. 5. 1960, StA München, Staatsanwaltschaften 33033, Bd. 4, Bl. 657–661; Tadeusz Misiewicz, 15. 10. 1945 (P), ebenda, Bd. 34, Bl. 49–53; Jan Glab, 19. 2. 1946 (P), ebenda, Bd. 34, Bl. 96–99; Mieczyslaw Kudyba, 19. 2. 1946 (P), ebenda, Bd. 34, Bl. 100–104.

76 Fuchs, 28. 5. 1963, StA München, Staatsanwaltschaften 33033/13, Bl. 2639–2646.

77 Arndt/Scheffler, »Organisierter Massenmord«, S. 129; Oberhauser, 12. 6. 1973, HHStA Wiesbaden, Abtl. 461, Nr. 36346, Bd. 12, Bl. 1963 (Anlage).

78 Gley, 23. 11. 1961, StA München, Staatsanwaltschaften 33033, Bd. 6, Bl. 1166–1190; Franz, 14. 9. 1961, ebenda, Bl. 1060–1086; Schluch, 10.–12. 11. 1961, ebenda, Bl. 1128–1150.

79 Timofeji Gurch, 22. 6. 1966 (SU), StA München, Staatsanwaltschaften 33033, Bd. 32, Bl. 86–96; Iwan Ssissoy, 22. 7. 1966 (SU), ebenda, Bl. 106–113; Nikita Mamtschura, 26. 7. 1966 (SU), ebenda, Bl. 273–282; Anastasij Nawrodiji, 27. 6. 1965 (SU), ebenda, Bl. 161–176; Fedor Korownitschenko, 9. 9. 1966 (SU), ebenda, Bl. 181–186; Franz, 14. 9. 1961, ebenda, Bd. 6, Bl. 1060–1086.

80 Reder, Bełżec, S. 122–125, 135–138; Stefan Kirsc, 15. 10. 1945 (P), StA München, Staatsanwaltschaften 33033, Bd. 34, Bl. 54–56; Michal Kuśmierczak, 16. 10. 1945 (P), ebenda, Bl. 57–59; Andrzej Jonko, 10. 10. 1945 (P), ebenda, Bl. 17–18; Sara Ritterband, 1. 2. 1960, ebenda, Bd. 3, Bl. 563–566.

81 Unverhau, 10. 7. 1961, StA München, Staatsanwaltschaften 33033, Bd. 5, Bl. 994–1005; Oberhauser, 12./14. 12. 1962, ebenda, Bd. 13, Bl. 2426–2436; Dubois, 15. 9. 1971, ebenda, Bd. 27, Bl. 11–25; Zierke, 7. 8. 1970, ebenda, Bd. 26, Bl. 171–173; Georg Hölzel, 10. 1. 1962, ebenda, Bd. 19, Bl. 468–472; Rückerl (Hg.), NS-Vernichtungslager, S. 135.

82 Reder, 8./11. 8. 1960, StA München, Staatsanwaltschaften 33033, Bd. 4, Bl. 705–713; Oberhauser, 12./14. 12. 1962, ebenda, Bd. 13, Bl. 2426–2436; Unverhau, 10. 7. 1961, ebenda, Bd. 5, Bl. 994–1005; Alojzy Berezowski, o. Dt.

[1945], ebenda, Bd. 34, Bl. 88–91; Franz, 14. 9. 1961, ebenda, Bd. 6, Bl. 1060–1086; Jührs, 7. 5. 1963, ebenda, Bd. 8, Bl. 1533–1564; Maria Daniel, 16. 10. 1945 (P), ebenda, Bd. 34, Bl. 60–62; Edward Luczyński, 15. 10. 1945 (P), ebenda, Bd. 34, Bl. 45–48; Tadeusz Misiewicz, 15. 10. 1945 (P), ebenda, Bd. 34, Bl. 49–53; Stefan Kirsz, 15. 10. 1945 (P), ebenda, Bd. 34, S. 54–56; Wiktor Skowronek, 16. 10. 1945 (P), ebenda, Bd. 34, Bl. 66–67; Josef Lewko, 13. 10. 1966 (P), ebenda, Bd. 34, Bl. 1–3; Sofia Molenda, 19. 10. 1966 (P), ebenda, Bl. 17; Wiktor Skowronek, 16. 10. 1945 (P), ebenda, Bl. 66–67; Reder, 1945, ebenda, Bd. 4, Bl. 693.

83 Dubois, 15. 9. 1971, StA München, Staatsanwaltschaften 33033, Bd. 27, Bl. 11–25; Andrzej Panasowiec, 17. 10. 1966 (P), ebenda, Bd. 34, Bl. 19–21; Georg Hölzel, 10. 1. 1962, ebenda, Bd. 19, Bl. 468–472.

84 Zierke, 31. 1. 1963, StA München, Staatsanwaltschaften 33033, Bd. 8, Bl. 1436–1449; Gley, 28. 8. 1970, ebenda, Bd. 26, Bl. 158–160; Schluch, 10.–12. 11. 1961, ebenda, Bd. 6, Bl. 1128–1150; Mitrofan Klötz, 9. 8. 1965 (SU), ebenda, Bd. 32, Bl. 96–106; Anastasij Nawrodiji, 27. 6. 1965 (SU), ebenda, Bd. 32, Bl. 161–176; Fedor Korownitschenko, 9. 9. 1966 (SU), ebenda, Bd. 32, Bl. 181–186; Eugeniusz Goch (P), 14. 10. 1945, ebenda, Bd. 34, Bl. 41–44; Unverhau, 10. 7. 1961, ebenda, Bd. 5, Bl. 994–1005; Oberhauser, 12./14. 12. 1962, ebenda, Bd. 13, Bl. 2426–2436; Nikita Mamtschura, 26. 7. 1966 (SU), ebenda, Bd. 32, Bl. 246–260; Taras Olejinik, 24. 10. 1966 (SU), ebenda, Bd. 32, Bl. 96–106; Mieczyslaw Kudyba, Okt. 1945 (P), ebenda, Bd. 34, Bl. 33–35; Dubois, 15. 9. 1971, ebenda, Bd. 27, Bl. 11–25; Rothfels, »Augenzeugenbericht«, S. 190; Mikhail Korzhikov, 9. 9. 1964, FSB Oblast Archiv Krasnodar, Archivnr. 100366 (Matvienko u.a.), Bd. 10, Bl. 118–128.

85 Reder, Bełżec, S. 118–119; Dubois, 15. 9. 197, StA München, Staatsanwaltschaften 33033, Bd. 27, Bl. 11–25; Gley, 8.–10. 5. 1961, ebenda, Bd. 5, Bl. 908–932; Zierke, 7. 8. 1970, ebenda, Bd. 26, Bl. 171–173; Anastasij Nawrodiji, 27. 6. 1965 (SU), ebenda, Bd. 32, Bl. 161–176; Stefan Kirsz, 15. 10. 1945 (P), ebenda, Bd. 34, Bl. 54–56.

86 Dubois, 15. 9. 1971, StA München, Staatsanwaltschaften 33033/27, Bl. 11–25; Schelvis, Sobibór, S. 59–60.

87 Reder, Bełżec, S. 125; Jührs, 11.–13. 10. 1961, StA München, Staatsanwaltschaften 33033, Bd. 6, Bl. 1089–1120; Dubois, 15. 9. 1971, ebenda, Bd. 27, Bl. 11–25; Pjotr Petrowitsch Browzew, 25. 8. 1975, BArch Ludwigsburg, 208 AR-Z 673/41, Bd. 3, Bl. 560–663.

88 Dubois, 15. 9. 1971, StA München, Staatsanwaltschaften 33033, Bd. 27, Bl. 11–25; Schluch, 10.–12. 11. 1961, ebenda, Bd. 6, Bl. 1128–1150; Franz, 14. 9. 1961, ebenda, Bd. 6, Bl. 1060–1086; Girtzig, 6. 8. 1970, ebenda, Bd. 26, Bl. 216–220; Oberhauser, 12./14. 12. 1962, ebenda, Bd. 13, Bl. 2426–2436; Zierke, 7. 8. 1970, ebenda, Bd. 26, Bl. 171–173; Obalek, 10. 10. 1945 (P), ebenda, Bd. 34, Bl. 19–21; Fedor Korownitschenko, 9. 9. 1966 (SU), ebenda, Bd. 32, Bl. 181–186; Reder, Bełżec, S. 120.

89 Reder, 8./11. 8. 1960, StA München, Staatsanwaltschaften 33033, Bd. 4, Bl. 705–713; Franz, 14. 9. 1961, ebenda, Bd. 6, Bl. 1060–1086; Pfannenstiel, 9. 11. 1959, ebenda, Bd. 1, Bl. 135–141; Dubois, 15. 9. 1971, ebenda, Bd. 27, Bl. 11–25; Zierke, 7. 8. 1970, ebenda, Bd. 26, Bl. 171–173; Mieczyslaw Kudyba, Okt. 1945

(P), ebenda, Bd. 34, Bl. 33–35; Edward Luczyński, 15. 10. 1945 (P), ebenda, Bl. 45–58. Text der Tafel in Tregenza, »Bełżec« (2001), S. 191; Reder, Bełżec, S. 120.

90 Robert Lorent, 4. 5. 1961, StA München, Staatsanwaltschaften 33033, Bd. 5, Bl. 815–816; Franz, 14. 9. 1961, ebenda, Bd. 6, Bl. 1060–1086; Zierke, 7. 8. 1970, ebenda, Bd. 26, Bl. 171–173; Jührs, 24. 8. 1970, ebenda, Bd. 26, Bl. 199–201; Dubois, 15. 9. 1971, ebenda, Bd. 27, Bl. 11–25. Zur Gewalt siehe Mitrofan Klötz, 9. 8. 1965 (SU), ebenda, Bd. 32, Bl. 96–106; Grigoriji Nesmejan, 28. 9. 1965 (SU), ebenda, Bl. 117–128; Taras Olejinik, 19. 8. 1966 (SU), ebenda, Bl. 242–246; Stepan Dejnek, 18. 11. 1966 (SU), ebenda, Bl. 56–63; Grigoriji Lynkin, 25. 6. 1966 (SU), ebenda, Bl. 186–195; Anastasij Nawrodiji, 27. 6. 1965 (SU), ebenda, Bl. 161–176; Michal Kusmierczak, 13. 10. 1966 (P), ebenda, Bd. 34, Bl. 11–13; Maria Daniel, 16. 10. 1945 (P), ebenda, Bd. 34, Bl. 60–62; Andrzej Panasowie, 17. 10. 1966 (P), ebenda, Bd. 34, Bl. 19–21; Ludwik Obalek, 10. 10. 1945 (P), ebenda, Bd. 34, Bl. 19–21; Wassiliji Orlowskiji, 23. 8. 1965 (SU), ebenda, Bl. 127–137; Mikhail Korzhikov, 9. 9. 1964, FSB Oblast Archiv Krasnodar, Archivnr. 100366 (Matvienko u.a.), Bd. 10, Bl. 118–128; Reder, Bełżec, S. 125.

91 Timofeji Gurch, 22. 6. 1966 (SU), StA München, Staatsanwaltschaften 33033, Bd. 32, Bl. 86–96; Alexander Ssemigodow, 7. 7. 1965 (SU), ebenda, Bl. 137–149; Nikita Mamtschura, 26. 7. 1966 (SU), ebenda, Bl. 273–282; Anastasij Nawrodiji, 27. 6. 1965 (SU), ebenda, Bl. 161–176; Taras Olejinik, 19. 8. 1966 (SU), ebenda, Bl. 242–246; Gley, 8.–10. 5. 1961, ebenda, Bd. 5, Bl. 908–932; Unverhau, 10. 7. 1961, ebenda, Bd. 5, Bl. 994–1005; Pfannenstiel, 9. 11. 1959, ebenda, Bd. 1, Bl. 135–41; Robert Lorent, 4. 5. 1961, ebenda, Bd. 5, Bl. 815–816.

92 Franz, 14. 9. 1961, StA München, Staatsanwaltschaften 33033, Bd. 6, Bl. 1060–1086; Schluch, 10.–12. 11. 1961, ebenda, Bl. 1128–1150; Zierke, 31. 1. 1963, ebenda, Bd. 8, Bl. 1436–1449; Oberhauser, 12./14. 12. 1962, ebenda, Bd. 13, Bl. 2426–2436; Unverhau, 6. 5. 1963, ebenda, Bd. 8, Bl. 1539–1549; Timofeji Gurch, 22. 6. 1966 (SU), ebenda, Bd. 32, Bl. 86–96; Alexander Ssemigodow, 7. 7. 1965 (SU), ebenda, Bd. 32, Bl. 137–149; Wassiliji Orlowskiji, 23. 8. 1965 (SU), ebenda, Bl. 127–137; Edward Luczyński, 15. 10. 1945 (P), ebenda, Bd. 34, Bl. 45–48; Rothfels, »Augenzeugenbericht«, S. 190; Vladimir Emel'Yanov, 23. 9. 1947, SBU-Archiv Donezk, Archivnr. 37834, Fall Nr. 5734, (Iskaradov-Verfahren), Bl. 215–224; Nikolaj Leontev, 30. 6. 1964, FSB Oblast Archiv Krasnodar, Archivnr. 100366 (Matvienko u.a.), Bd. 1, Bl. 37–43; Kuwałek, Vernichtungslager Bełżec, S. 189.

93 Glücks an Kommandanten der Konzentrationslager, 6. 8. 1942, in Berenstein u.a. (Hg.), Faschismus, S. 402; Rothfels, »Augenzeugenbericht«, S. 190; Reder, Bełżec, S. 128; Reder, 8./11. 8. 1960, StA München, Staatsanwaltschaften 33033, Bd. 4, Bl. 705–713; Dubois, 15. 9. 1971, ebenda, Bd. 27, Bl. 11–25; Mitrofan Klötz, 9. 8. 1965 (SU), ebenda, Bd. 32, Bl. 96–106; Nikita Mamtschura, 26. 7. 1966 (SU), ebenda, Bd. 32, Bl. 273–282; Alexander Ssemigodow, 7. 7. 1965 (SU), ebenda, Bd. 32, Bl. 137–149.

94 Reder, Bełżec, S. 120; Dubois, 15. 9. 1971, StA München, Staatsanwaltschaften 33033, Bd. 27, Bl. 11–25; Oberhauser, 12./14. 12. 1962, ebenda, Bd. 13, Bl. 2426–2436; Gley, 8.–10. 5. 1961, ebenda, Bd. 5, Bl. 908–932; Schluch, 10.–12. 11. 1961, ebenda, Bd. 6, Bl. 1128–1150; Timofeji Gurch, 22. 6. 1966

(SU), ebenda, Bd. 32, Bl. 86–96; Grigoriji Nesmejan, 28. 9. 1965 (SU), ebenda, Bd. 32, Bl. 117–128; Fedor Korownitschenko, 9. 9. 1966 (SU), ebenda, Bl. 181–186; Rothfels, »Augenzeugenbericht«, S. 190.

95 Mitrofan Klötz, 9. 8. 1965 (SU), StA München, Staatsanwaltschaften 33033/32, Bl. 96–106; Iwan Ssissoy, 22. 7. 1965 (SU), ebenda, Bl. 106–113; Alexander Ssemigodow, 7. 7. 1965 (SU), ebenda, Bl. 137–149; Grigoriji Nesmejan, 28. 9. 1965 (SU), ebenda, Bl. 117–128; Anastasij Nawrodiji, 27. 6. 1965 (SU), ebenda, Bl. 161–176; Reder, 8./11. 8. 1960, ebenda, Bd. 4, Bl. 705–713; Reder, Bełżec, S. 122; Pohl, »Trawniki-Männer«, S. 283; Chaim Hirszman, 19. 3. 1946, Yad Vashem, M 49/1476.

96 Jührs, 24. 8. 1970, StA München, Staatsanwaltschaften 33033, Bd. 26, Bl. 199–201; Dubois, 15. 9. 1971, ebenda, Bd. 27, Bl. 11–25; Gley, 8.–10. 5. 1961, ebenda, Bd. 5, Bl. 908–932; Schluch, 10.–12. 11. 1961, ebenda, Bd. 6, Bl. 1128–1150; Unverhau, 10. 7. 1961, ebenda, Bd. 5, Bl. 994–1005; Alexander Ssemigodow, 7. 7. 1965 (SU), ebenda, Bd. 32, Bl. 137–149; Maria Warzocha, 13. 10. 1966 (P), ebenda, Bd. 34, Bl. 14–16; Rothfels, »Augenzeugenbericht«, S. 191; Reder, Bełżec, S. 120–126.

97 Dubois, 15. 9. 1971, StA München, Staatsanwaltschaften 33033, Bd. 27, Bl. 11–25; Gley, 8.–10. 5. 1961 u. 23. 11. 1961, ebenda, Bd. 5, Bl. 908–932 u. Bd. 6, Bl. 1166–1190; Schluch, 10.–12. 11. 1961, ebenda, Bd. 6, Bl. 1128–1150; Unverhau, 10. 7. 1961, ebenda, Bd. 5, Bl. 994–1005; Alexander Ssemigodow, 7. 7. 1965 (SU), ebenda, Bd. 32, Bl. 137–149; Maria Warzocha, 13. 10. 1966 (P), ebenda, Bd. 34, Bl. 14–16; Pfannenstiel, 25. 4. 1960, ebenda, Bd. 4, Bl. 776–781; Rothfels, »Augenzeugenbericht«, S. 191; Reder, Bełżec, S. 120–126.

98 Gley, 8.–10. 5. 1961 u. 23. 11. 1961, StA München, Staatsanwaltschaften 33033, Bd. 5, Bl. 908–932 u. Bd. 6, Bl. 1166–1190; Schluch, 10.–12. 11. 1961, ebenda, Bd. 6, Bl. 1128–1150; Olejinik, 24. 10. 1966 (SU), ebenda, Bd. 32, Bl. 246–260; Mitrofan Klötz, 9. 8. 1965 (SU), ebenda, Bl. 96–106; Alexander Ssemigodow, 7. 7. 1965 (SU), ebenda, Bl. 137–149; Anastasij Nawrodiji, 27. 6. 1965 (SU), ebenda, Bl. 161–176; Dubois, 15. 9. 1971, ebenda, Bd. 27, Bl. 11–25; Pfannenstiel, 9. 11. 1959, ebenda, Bd. 1, Bl. 135–141; Nikolaj Semenovich Leontev, 30. 6. 1964, FSB Oblast Archiv Krasnodar, Archivnr. 100366 (Matvienko u.a.), Bd. 1, Bl. 37–43; Reder, Bełżec, S. 126; Rothfels, »Augenzeugenbericht«, S. 191.

99 Schluch, 10.–12. 11. 1961, StA München, Staatsanwaltschaften 33033, Bd. 6, Bl. 1128–1150. Vgl. ähnlich Anastasij Nawrodiji, 27. 6. 1965 (SU), ebenda, Bd. 32, Bl. 161–176; Pfannenstiel, 25. 4. 1960, ebenda, Bd. 4, Bl. 776–781; Reder, Bełżec, S. 120–121.

100 Edward Luczyński, 15. 10. 1945 (P) u. 20. 2. 1946 (P), StA München, Staatsanwaltschaften 33033/34, Bl. 45–48 u. 108–109; Grigoriji Lynkin, 17. 9. 1966 (SU), ebenda, Bd. 32, Bl. 195–205. Vgl. Rich, »Reinhard« and Operation 1005?.

101 Oberhauser, 12./14. 12. 1962, StA München, Staatsanwaltschaften 33033, Bd. 13, Bl. 2426–2436; Schluch, 10.–12. 11. 1961, ebenda, Bd. 6, Bl. 1128–1150; Alexander Ssemigodow, 7. 7. 1965 (SU), ebenda, Bd. 32, Bl. 137–149; Reder, 8./11. 8. 1960, ebenda, Bd. 4, Bl. 705–713; Dubois, 15. 9. 1971, ebenda, Bd. 27, Bl. 11–25; Edward Luczyński, 15. 10. 1945 (P), ebenda, Bd. 34, Bl. 45–48; Reder, Bełżec, S. 131; Auskunft von Georg Lilienthal, Gedenkstätte Hadamar, 2010.

102 Schluch, 10.–12. 11. 1961, StA München, Staatsanwaltschaften 33033, Bd. 6,

Bl. 1128–1150; Dubois, 15. 9. 1971, ebenda, Bd. 27, Bl. 11–25; Reder, Bełżec, S. 128; Rothfels, »Augenzeugenbericht«, S. 191.

103 Edward Luczyński, 15. 10. 1945 (P), StA München, Staatsanwaltschaften 33033, Bd. 34, Bl. 45–48; Reder, 8./11. 8. 1960, ebenda, Bd. 4, Bl. 705–713; Jührs, 11.–13. 10. 1961, ebenda, Bd. 6, Bl. 1089–1120; Dubois, 16.–18. 9. 1961 u. 15. 9. 1971, ebenda, Bd. 6, Bl. 1033–1059 u. Bd. 27, Bl. 11–25. Tregenza, »Bełżec« (2000), S. 257. Vgl. zu den Grabungen Kola, Bełżec.

104 Reder, 8./11. 8. 1960, StA München, Staatsanwaltschaften 33033, Bd. 4, Bl. 705–713; Dubois, 15. 9. 1971, ebenda, Bd. 27, Bl. 11–25; Michal Kusmierczak, 13. 10. 1966 (P), ebenda, Bd. 34, Bl. 11–13; Pfannenstiel, 25. 4. 1960, ebenda, Bd. 4, Bl. 776–781; Reder, Bełżec, S. 131; Rothfels, »Augenzeugenbericht«, S. 192.

105 Reder, Bełżec, S. 119; Mitrofan Klötz, 9. 8. 1965 (SU), StA München, Staatsanwaltschaften 33033, Bd. 32, Bl. 96–106; Iwan Ssissoy, 22. 7. 1965 (SU), ebenda, Bl. 106–113; Grigoriji Nesmejan, 28. 9. 1965 (SU), ebenda, Bl. 117–128, Grigoriji Lynkin, 23. 8. 1966 (SU) u. 17. 9. 1966 (SU), ebenda, Bl. 205–214, 214–218; Alexander Ssemigodow, 7. 7. 1965 (SU), ebenda, Bl. 137–149; Fedor Korownitschenko, 9. 9. 1966 (SU), ebenda, Bl. 181–186; Reder, 8./11. 8. 1960, ebenda, Bd. 4, Bl. 705–713; Gley, 23. 11. 1961, ebenda, Bd. 6, Bl. 1166–1190; Jührs, 11.–13. 10. 1961, ebenda, Bd. 6, Bl. 1089–1120; Zierke, 31. 1. 1963, ebenda, Bd. 8, Bl. 1436–1449.

106 Schluch, 10.–12. 11. 1961, StA München, Staatsanwaltschaften 33033, Bd. 6, Bl. 1128–1150; Jührs 7. 5. 1963, 11.–13. 10. 1961 u. 24. 8. 1970, ebenda, Bd. 8, Bl. 1533–1564, Bd. 6, Bl. 1089–1120 u. Bd. 26, Bl. 199–201; Gley, 8.–10. 5. 1961 u. 23. 11. 1961, ebenda, Bd. 5, Bl. 908–932 u. Bd. 6, Bl. 1166–1190; Dubois, 15. 9. 1971, ebenda, Bd. 27, Bl. 11–25; Grigoriji Lynkin, 23. 8. 1966 (SU), ebenda, Bd. 32, Bl. 205–214; Alexander Ssemigodow, 7. 7. 1965 (SU), ebenda, S. 137–149; Grigoriji Nesmejan, 28. 9. 1965 (SU), ebenda, Bl. 117–128; Fedor Korownitschenko, 9. 9. 1966 (SU), ebenda, Bl. 181–186; Wassiliji Orlowskiji, 23. 8. 1965 (SU), ebenda, Bl. 127–137; Pohl, »Trawniki-Männer«, S. 284; Reder, Bełżec, S. 120.

107 Nachgewiesen sind Erschießungen auch bei Kamm, Dachsel, Franz, Dubois, Hackenholt, Gley und mindestens einmal bei Jührs. Reder, 8./11. 8. 1960, StA München, Staatsanwaltschaften 33033, Bd. 4, Bl. 705–713; Dubois, 15. 9. 1971, ebenda, Bd. 27, Bl. 11–25; Alexander Ssemigodow, 7. 7. 1965 (SU), ebenda, Bd. 32, Bl. 137–149; Taras Olejinik, 24. 10. 1966 (SU), ebenda, Bd. 32, Bl. 246–260; Gley, 23. 11. 1961 u. 8.–10. 5. 1961, ebenda, Bd. 6, Bl. 1166–1190 u. Bd. 5, Bl. 908–932; Jührs, 11.–13. 10. 1961, ebenda, Bl. 1089–1120; Iwan Ssissoy, 22. 7. 1965 (SU), ebenda, Bd. 32, Bl. 106–113; Mitrofan Klötz, 9. 8. 1965 (SU), ebenda, Bd. 32, Bl. 96–106; Petr Browzew, 2. 8. 1965 (SU), ebenda, Bl. 66–71; Fedor Korownitschenko, 9. 9. 1966 (SU), ebenda, Bl. 181–186; Wassiliji Orlowskiji, 23. 8. 1965 (SU), ebenda, Bl. 127–137; Grigoriji Lynkin, 25. 6. 1966 (SU), ebenda, Bd. 32, S. 186–195; Grigoriji Nesmejan, 28. 9. 1965 (SU), ebenda, Bd. 32, Bl. 117–128; Zierke, 13. 5. 1963, ebenda, Bd. 6, Bl. 1089–1120; Schluch, 10.–12. 11. 1961, ebenda, Bd. 6, Bl. 1128–1150; Reder, Bełżec, S. 120.

108 Reder, Bełżec, S. 128; Reder, 8./11. 8. 1960, StA München, Staatsanwaltschaften 33033, Bd. 4, Bl. 705–713; Unverhau, 10. 7. 1961 u. 6. 5. 1963, ebenda, Bd. 5, Bl. 994–1005 u. Bd. 8, Bl. 1539–1549; Oberhauser, 12./14. 12. 1962, ebenda,

Bd. 13, Bl. 2426–2436; Jührs, 11.–13. 10. 1961, ebenda, Bd. 6, Bl. 1089–1120; Wiktor Skowronek, 16. 10. 1945 (P), ebenda, Bd. 34, Bl. 66–67; Maria Daniel, 16. 10. 1945 (P), ebenda, Bd. 34, Bl. 60–62.

109 Oskar Diegelmann, 12. 12. 1961, StA München, Staatsanwaltschaften 33033, Bd. 19, Bl. 418–424; Unverhau, 21. 7. 1960, ebenda, Bd. 4, Bl. 685–689; Gley, 23. 11. 1961, ebenda, Bd. 6, Bl. 1166–1190; Stefan Kirsz, 15. 10. 1945 (P), ebenda, Bd. 34, Bl. 54–56; Pfannenstiel, 25. 4. 1960, ebenda, Bd. 4, Bl. 776–781; vgl. das Faksimile des Lieferscheins aus Belzec in das Magazin Chopinstraße, 8. 2. 1943, in Kuwałek, Vernichtungslager Bełżec, S. 203.

110 Reder, Bełżec, S. 129; Reder, 1945, StA München, Staatsanwaltschaften 33033, Bd. 4, Bl. 693; Unverhau, 6. 5. 1963, ebenda, Bd. 8, Bl. 1539–1549; Oberhauser, 12./14. 12. 1962, ebenda, Bd. 13, Bl. 2426–2436; Gley, 23. 11. 1961, ebenda, Bd. 6, Bl. 1166–1190; Georg Wippern, 17. 4. 1962, ebenda, Bd. 12, Bl. 2350–2361; Tadeusz Misiewicz, 15. 10. 1945 (P), ebenda, Bd. 34, Bl. 49–53.

111 Glücks an Kommandanten der KL, 6. 8. 1942, in Berenstein u.a. (Hg.), Faschismus, S. 402; Reder, 8./11. 8. 1960, StA München, Staatsanwaltschaften 33033/4, Bl. 705–713; Rothfels, »Augenzeugenbericht«, S. 190; Funkspruch, 30. 9. 1942, APMO Prozess Höß, Bd. 12, Bl. 170.

112 Oberhauser, 12. 6. 1973, HHStA Wiesbaden, Abtl. 461, Nr. 36346, Bd. 12, Bl. 1963 (Anlage).

113 Mentz, 19. 7. 1960, LA Düsseldorf, Rep. 388, Nr. 749, Bl. 157–169.

114 Eberl an Heinz Auerswald, 7. 7. 1942, in Gumkowski/Rutkowski, Treblinka.

115 Eberl an Ruth Eberl, 3. 8. 1942, in Grabher, Eberl, S. 75.

116 Eberl an Ruth Eberl, 30. 7. 1942, HHStA Wiesbaden, Abtl. 631a, Nr. 1631, Bl. 149; Lanzmann, Shoah, S. 77; Mentz, 19. 7. 1960, LA Düsseldorf, Rep. 388, Nr. 749, Bl. 157–169, Matthes, 22. 10. 1964 (Hpt.V.), ebenda, Nr. 808.

117 Eberl an Ruth Eberl, 30. 7. 1942, HHStA Wiesbaden, Abtl. 631a, Nr. 1631, Bl. 149.

118 Oberhauser, 3. 1. 1962, LA Düsseldorf, Rep. 388, Nr. 761, Bl. 63–66; Miete, 24. 11. 1965 u. 7. 6. 1960, ebenda, Nr. 871, Bl. 17–20 u. Nr. 748, Bl. 167–173; Stadie, 26. 11. 1965, ebenda, Nr. 871, Bl. 27–28; Bootz, 16. 8. 1968, ebenda, Nr. 863, Bl. 32–40; Wolf Szejnberg, 21.–23. 6. 1960, ebenda, Nr. 749, Bl. 65–86; Mätzig, 23. 11. 1967, ebenda, Nr. 862, Bl. 156–163; Bootz, 16. 8. 1968, ebenda, Nr. 863, Bl. 32–40; Fuchs, 6. 3. 1968, ebenda, Nr. 248, Bl. 180–187; Lambert, 20. 12. 1961 u. 9. 11. 1964 (Hpt.V.), ebenda, Nr. 760, Bl. 170–181 u. Nr. 808; Mentz, 19. 7. 1960, 25. 11. 1965, 30. 10. 1970 u. 4. 6. 1970 (Hpt.V.), ebenda, Nr. 749, Bl. 157–169, Nr. 871, Bl. 21–23, Nr. 863, Bl. 166–168 u. Nr. 255, Bl. 46–50; Shlomo Hellmann, 28. 12. 1964 (Hpt.V.), ebenda, Nr. 810; William Schneiderman, 14. 5. 1965, ebenda, Nr. 779, Bl. 168–176; Stadie, 9./10. 7. 1962, LA Münster, Q 234, Nr. 4275, Bl. 89–98; Rzepka Mendel, 18. 1. 1960, in Friedman, Treblinka.

119 Wiernik, Rok, S. 50–53; Abraham Krzepicki: 18 Tage im Totenlager, LA Düsseldorf, Rep. 388, Nr. 838; Weinstein, 17 Days, S. 40.

120 T II, geschildert von Oscar Berger, Yad Vashem, M 9/530; Wiernik, Rok, S. 50–53; Josef Wasser, 22. 3. 1965 (Hpt.V.), LA Düsseldorf, Rep. 388, Nr. 811; Abraham Krzepicki: 18 Tage im Totenlager, ebenda, Nr. 838; Miete, 24. 11. 1965, ebenda, Nr. 871, Bl. 17–20; Mentz, 30. 10. 1970, ebenda, Nr. 863, Bl. 166–168;

Stadie, 22. 10. 1964 (Hpt.V.), ebenda, Nr. 808; Stangl, 17. 7. 1967, ebenda, Nr. 246, Bl. 70–80; Abraham Lindwasser, 15. 12. 1964 (Hpt.V.), ebenda, Nr. 809; Suchomel, 3. 7. 1970 (Hpt.V., Mitschrift Kaul), BArch, DP 3/2012. Text des Schildes in Rückerl (Hg.), NS-Vernichtungslager, S. 219; Weinstein, 17 Days, S. 54.

121 Abraham Lindwasser, 6. 7. 1960, LA Düsseldorf, Rep. 388, Nr. 753, Bl. 186–193; Matthes, 22. 10. 1964 (Hpt.V.) u. 5. 11. 1964 (Hpt.V.), ebenda, Nr. 808; Johann Sułkowski, 20. 12. 1945 (P), ebenda, Nr. 859; Mentz, 19. 7. 1960, ebenda, Nr. 749, Bl. 157–169; Abraham Krzepicki: 18 Tage im Totenlager, ebenda, Nr. 838; Weinstein, 17 Days, S. 39; T II, geschildert von Oscar Berger, Yad Vashem, M 9/530; Wiernik, Rok, S. 59.

122 T II, geschildert von Oscar Berger, Yad Vashem, M 9/530; Oberhauser, 3. 6. 1970 (Hpt.V.), LA Düsseldorf, Rep. 388, Nr. 255, Bl. 32–36; Wehrmachtsfrachtbrief 22. 8. 1942, ebenda, Nr. 849, Bl. 64; Stangl, 26. 6. 1968, ebenda, Nr. 249, Bl. 136–147; Simcha Laski in Arad, Belzec, S. 259.

123 T II, geschildert von Oscar Berger, Yad Vashem, M 9/530; Jakob Wiernik, 1./2. 10. 1964, LA Düsseldorf, Rep. 388, Nr. 771, Bl. 107–118; Josef Wasser, 22. 3. 1965 (Hpt.V.), ebenda, Nr. 811; Abraham Goldfarb, 14. 6. 1960, ebenda, Nr. 752, Bl. 70–79; Abraham Krzepicki: 18 Tage im Totenlager, ebenda, Nr. 838; Suchomel, 22. 10. 1964 (Hpt.V.), ebenda, Nr. 808; Mentz, 19. 10. 1964 (Hpt.V.), ebenda, Nr. 808.

124 Eberl an Ruth Eberl, 30. 7. 1942, HHStA Wiesbaden, Abtl. 631a, Nr. 1631, Bl. 149.

125 Hengst, 1. 10. 1963, StA Hamburg, LG NSG 213–12, 0036/018, Bl. 7442–7446; Fuchs, 26. 9. 1963, LA Münster, Q 234, Nr. 4293, Bl. 3–11; Hengst, 6. 2. 1962, LA Düsseldorf, Rep. 388, Nr. 761, Bl. 135–140.

126 Georgij Skidan, 26. 5. 1950, Dokument GX-141 im U.S.-Fall gg. Reimer, Plaintiff Dokumente, Demjanjuk v. Petrovsky, S. 459–466, OSI-File TC 4-5-40.

127 Suchomel, 24. 10. 1960, LA Düsseldorf, Rep. 388, Nr. 751, Bl. 148–159; Matthes, 29. 3. 1962, ebenda, Nr. 762, Bl. 64–69; Mentz, 20. 9. 1967, ebenda, Nr. 862, Bl. 97–104; Rum, 26. 7. 1967, ebenda, Nr. 246, Bl. 104–108; Suchomel, 24. 4. 1964, StA Hamburg, LG NSG 213–12, 0036/022, Bl. 9323–9333.

128 Mentz, 19. 7. 1960, LA Düsseldorf, Rep. 388, Nr. 749, Bl. 157–169; Matthes, 29. 3. 1962 u. 13. 10. 1964 (Hpt.V.), ebenda, Nr. 762, Bl. 64–69 u. Nr. 808; Miete, 15. 7. 1970 (Hpt.V.), ebenda, Nr. 255, Bl. 96–101; Suchomel, 5. 2. 1963, StA München, Staatsanwaltschaften 33033/8, Bl. 1450–1458.

129 BArch, RS F 5089 (Richard Schuh); Johann Bilaczek, 23. 2. 1946, HHStA Wiesbaden, Abtl. 461, Nr. 32061, Bd. 2, Bl. 100; Münzberger, 31. 3. 1960, LA Düsseldorf, Rep. 388, Nr. 746, Bl. 128–131; Suchomel, 24. 10. 1960, ebenda, Nr. 751, Bl. 148–159.

130 Todesurkunde Alfred Löffler, HHStA Wiesbaden, Abtl. 461, Nr. 32061, Bd. 3, Bl. 104; Benedikt Härtle, 20. 2. 1946, ebenda, Bd. 2, Bl. 72; Wilhelm Scheurer, Feb. 1946, ebenda, Bd. 2, Bl. 62–63; Gräberauskunft unter http://www.volksbund.de/graebersuche.html [10. 5. 2013]; Miete, 7. 6. 1960, LA Düsseldorf, Rep. 388, Nr. 748, Bl. 167–173; Matthes, 29. 3. 1962, ebenda, Nr. 762, Bl. 64–69; Suchomel, 14. 9. 1967, ebenda, Nr. 247, Bl. 3–10. Laut Hirtreiter kam er erst im September nach Treblinka.

131 Miete, 27. 5. 1960, LA Düsseldorf, Rep. 388, Nr. 748, Bl. 154–157; Gustav Westenhoff, 2. 6. 1960, ebenda, Nr. 749, Bl. 4; BArch, PK I 81 (August Miete). JuNSV (1981), Bd. 22, Nr. 596, S. 120–137.

132 Mentz, 23. 6. 1960 u. 19. 7. 1960, LA Düsseldorf, Rep. 388, Nr. 749, Bl. 133–137 u. Nr. 749, Bl. 157–169; Münzberger, 31. 3. 1960, ebenda, Nr. 746, Bl. 128–131; Miete, 27. 5. 1960, ebenda, Nr. 748, Bl. 154–157; BArch, PK I 39 (Willy Mentz); Mentz, 30. 8. 1961, LA Münster, Q 234, Nr. 4265, Bl. 112–118; JuNSV (1981), Bd. 22, Nr. 596, S. 107–120.

133 Leitender Oberstaatsanwalt, Vermerk, 25. 1. 1968, LA Düsseldorf, Rep. 388, Nr. 871, Bl. 91; Miete, 27. 5. 1960 u. 7. 6. 1960, ebenda, Nr. 748, Bl. 154–157 u. Nr. 748, Bl. 167–173; Mentz, 19. 7. 1960 u. 23. 6. 1960, ebenda, Nr. 749, Bl. 157–169 u. Nr. 749, Bl. 133–137; Konsulat BRD, Córdoba an LG Düsseldorf, 26. 9. 1967, ebenda, Nr. 871, Bl. 90; Jacob Domb an Zentrale Stelle, 7. 12. 1959, ebenda, Nr. 743, Bl. 565–566; Josef Czarny, 11. 1. 1965 (Hpt.V.), ebenda, Nr. 810; Czeslaw Augustyniak, 14. 12. 1967, ebenda, Nr. 248, Bl. 126–137. Ein Foto aus dem Album Mentz LA Düsseldorf, RWB 18248, zeigt ihn in Hadamar.

134 Mentz, 23. 6. 1960, LA Düsseldorf, Rep. 388, Nr. 749, Bl. 133–137; Suchomel, 14. 9. 1967, ebenda, Nr. 247, Bl. 3–10; Hirtreiter, 9. 11. 1950, HHStA Wiesbaden, Abtl. 461, Nr. 35253, Bl. 181–190; Johann Bielaczek, 25. 2. 1946, ebenda, Nr. 32061, Bd. 2, Bl. 99; Elisabeth Utry, 6. 5. 1946, ebenda, Nr. 32061, Bd. 3, Bl. 42; Ehefrau von Philipp Post, 5. 1. 1962, LA Münster, Q 234, Nr. 4272, Bl. 35–36.

135 Münzberger, 31. 3. 1960, LA Düsseldorf, Rep. 388, Nr. 746, Bl. 128–131; Rum, 12. 10. 1960, ebenda, Nr. 751, Bl. 101–112; Miete, 7. 6. 1960, ebenda, Nr. 748, Bl. 167–173; Lambert, 20. 12. 1961, ebenda, Nr. 760, Bl. 170–181; Großmann, 6. 7. 1961, ebenda, Nr. 756, Bl. 50–57; Dietrich Allers, 21. 3. 1962, ebenda, Nr. 4271, Bl. 133–141; Schalom Kohn an Staatsanwalt Zeug, 12. 11. 1959, ebenda, Nr. 742, Bl. 379–381; Mentz, 19. 7. 1960 u. 23. 6. 1960, ebenda, Nr. 749, Bl. 157–169 u. Nr. 749, Bl. 133–137; Suchomel, 24. 10. 1960, ebenda, Nr. 751, Bl. 148–159; Gerhard Simon, 31. 7. 1962, LA Münster, Q 234, Nr. 4278, Bl. 4–8; Rum, 12. 6. 1962, ebenda, Nr. 4276, Bl. 110–112. Vgl. Gräberauskunft unter http://www.volksbund.de/graebersuche.html [10. 5. 2013].

136 Auszug aus Familienbuch Stengelin, LA Münster, Q 234, Nr. 4273, Bl. 131; Suchomel, 24./25. 1. 1962, ebenda, Nr. 4269, Bl. 108–118; BArch, RS F 5521 (Ernst Stengelin).

137 Hirtreiter, 22. 2. 1951 (Hpt.V.), 9. 11. 1950, 5. 7. 1948 (Spruchkammer Darmstadt) u. 2. 7. 1946, HHStA Wiesbaden, Abtl. 461, Nr. 35254, Bl. 312–315; Nr. 35253, Bl. 181–190; Nr. 35253, Bl. 7–12 u. Nr. 35253, Bl. 28; JuNSV, 1971, Bd. 8, Nr. 270.

138 Rum, 26. 7. 1967, LA Düsseldorf, Rep. 388, Nr. 246, Bl. 104–108; Mätzig, 24. 11. 1967, ebenda, Nr. 248, Bl. 14–21; Münzberger, 31. 3. 1960, ebenda, Nr. 746, Bl. 128–131; Mentz, 23. 6. 1960, ebenda, Nr. 749, Bl. 133–137; Miete, 2. 6. 1960, ebenda, Nr. 748, Bl. 161–166; Suchomel, 28. 12. 1964 (Hpt.V.), ebenda, Nr. 810. Vgl. Foto aus Fotoalbum Mentz, LA Düsseldorf, RWB 18248.

139 WASt, 13. 4. 1960 zu Wilhelm Beelitz sowie Bericht, 25. 11. 1960, LA Düsseldorf, Rep. 388, Nr. 264, Buchstabe B; Richard Fleschner, 3. 2. 1960, ebenda, Nr. 744, Bl. 155–158; Münzberger, 31. 3. 1960, ebenda, Nr. 746, Bl. 128–131;

Miete, 2. 6. 1960, ebenda, Nr. 748, Bl. 161–166; Mentz, 23. 6. 1960, ebenda, Nr. 749, Bl. 133–137; Mätzig, 24. 11. 1967, ebenda, Nr. 248, Bl. 14–21; Rum, 12. 10. 1960, ebenda, Nr. 751, Bl. 101–112; Suchomel, 24. 10. 1960, ebenda, Nr. 751, Bl. 148–159; Hengst, 6. 2. 1962, ebenda, Nr. 761, Bl. 135–140; Henry Brenner, 7. 5. 1968, ebenda, Nr. 862, Bl. 182–189. Vgl. Fotoalbum Mentz. LA Düsseldorf, RWB 18248.

140 Suchomel, 24. 10. 1960 u. 3. 7. 1970 (Hpt.V.), LA Düsseldorf, Rep. 388, Nr. 751, Bl. 148–159 u. Nr. 255; Suchomel, 7. 11. 1962, LA Münster, Q 234, Nr. 4284, Bl. 46–53; Suchomel, 5. 2. 1963, StA München, Staatsanwaltschaften 33033/8, Bl. 1450–1458; JuNSV (1981), Bd. 22, Nr. 596, S. 137–151.

141 Matthes, 29. 3. 1962, LA Düsseldorf, Rep. 388, Nr. 762, Bl. 64–69; Großmann, 5. 7. 1961, ebenda, Nr. 756, Bl. 40–49; JuNSV (1981), Bd. 22, Nr. 596, S. 99–107.

142 Auskunft der Dokumentationsstelle Hartheim; Kepplinger, »Hartheim«, S. 79; F. Wolf, 5. 9. 1963, LA Münster, Q 234, Nr. 4298, Bl. 51–56; Suchomel, 24. 10. 1960 u. 5. 11. 1964 (Hpt.V.), LA Düsseldorf, Rep. 388, Nr. 751, Bl. 148–159 u. Nr. 808; Wiesenthal, Mörder, S. 393ff.; Patterson, Für die Tiere, S. 130.

143 Ein Alfred Florian firmierte seit 1940 im Adressbuch von Berlin als kaufmännischer Angestellter. Rum, 26. 7. 1967 u. 6. 1. 1966, LA Düsseldorf, Rep. 388, Nr. 246, Bl. 104–108 u. Nr. 871, Bl. 66–71; Suchomel, 23. 11. 1965, ebenda, Nr. 871, Bl. 11–13; Bauer, 4. 1. 1966, ebenda, Nr. 871, Bl. 57–61; Lambert, 30. 11. 1965, ebenda, Nr. 871, Bl. 35–36; Matthes, 25. 11. 1965, ebenda, Nr. 871, Bl. 24–26; Berliner Adressbuch von 1940.

144 T II, geschildert von Oscar Berger, Yad Vashem, M 9/530; Wiernik, Rok, S. 50–53; Sewek Warszawski, 27. 2. 1951 (Hpt.V.), HHStA Wiesbaden, Abtl. 461, Nr. 35254, Bl. 317–320; Oberhauser, 19. 6. 1973, ebenda, Nr. 36346, Bd. 12, Bl. 1963 (Anlage); Jakob Wiernik, 23. 8. 1960 u. 1./2. 10. 1964, LA Düsseldorf, Rep. 388, Nr. 753, Bl. 194–204 u. Nr. 771, Bl. 107–118; Abraham Krzepicki: 18 Tage im Totenlager, ebenda, Nr. 838; Lucjan Puchała, 26. 10. 1945 (P), ebenda, Nr. 859; Mentz, 19. 7. 1960, ebenda, Nr. 749, Bl. 157–169; Stangl, 26. 6. 1968, ebenda, Nr. 249, Bl. 136–147; Sewek Warszawski, 21. 1. 1960, ebenda, Nr. 744, Bl. 86–92; Bericht über Treblinka, 25. 2. 1943, ebenda, Nr. 747, Bl. 9–18; Stanisław Kohn, 7. 10. 1945 (P), ebenda, Nr. 753, Bl. 174–179; Abraham Goldfarb, 14. 6. 1960, ebenda, Nr. 752, Bl. 70–79; Suchomel, 22. 10. 1964 (Hpt.V.), ebenda, Nr. 808; Suchomel, in Lanzmann, Shoah, S. 79; Georgij Skidan, 26. 5. 1950, Dokument GX-141 im U.S.-Fall gg. Reimer, Plaintiff Dokumente, Demjanjuk v. Petrovsky, S. 459–466, OSI-File TC 4-5-40; Suchomel, 24. 4. 1964, StA Hamburg, LG NSG 213–12, 0036/022, Bl. 9323–9333; Browning, Normale Männer, S. 128–134; Weinstein, 17 Days, S. 40–41.

145 Leon Finkelsztein, 28. 12. 1945 (P), BStU, HA XX, Treblinka-Material, Bl. 28–31; Sewek Warszawski, 9. 11. 1950, HHStA Wiesbaden, Abtl. 461, Nr. 35253, Bl. 192–199; Aron Czechowicz, 11. 10. 1945 (P), ebenda, Nr. 748, Bl. 77–79.

146 Suchomel, 24. 4. 1964, StA Hamburg, LG NSG 213–12, 0036/022, Bl. 9323–9333; Suchomel, 14. 9. 1967, LA Düsseldorf, Rep. 388, Nr. 247, Bl. 3–10; Jakob Wiernik, 1./2. 10. 1964, ebenda, Nr. 771, Bl. 107–118; Szyja Warszawski, 9. 10. 1945 (P), ebenda, Nr. 744, Bl. 142–145; Abraham Krzepicki: 18 Tage im Totenlager, ebenda, Nr. 838; Mentz, 19. 10. 1964 (Hpt.V.), ebenda, Nr. 808; Rum, 26. 10. 1964 (Hpt.V.), ebenda, Nr. 808, ebenda, Nr. 249,

Bl. 136–147; Stangl, 26. 6. 1968, ebenda, Nr. 249, Bl. 136–147; Weinstein, 17 Days, S. 42–50; Abraham Kolski, 29. 3. 1990, USHMM-Interview, RG-50.030*0113; T II, geschildert von Oscar Berger, Yad Vashem, M 9/530; Suchomel in Sereny, Abgrund, S. 166.

147 Oberhauser, 19. 6. 1973, HHStA Wiesbaden, Abtl. 461, Nr. 36346, Bd. 12, Bl. 1963 (Anlage).

148 Hengst, 1. 10. 1963, StA Hamburg, LG NSG 213–12, 0036/018, Bl. 7442–7446; Suchomel, 24. 4. 1964, ebenda, 0036/022, Bl. 9323–9333; Suchomel, in Lanzmann, Shoah, S. 80; Rothfels, »Augenzeugenbericht«, S. 192.

149 Oberhauser, 19. 11. 1964 (Hpt.V.), LA Düsseldorf, Rep. 388, Nr. 808 sowie Oberhauser, 19. 6. 1973, HHStA Wiesbaden, Abtl. 461, Nr. 36346, Bd. 12, Bl. 1963 (Anlage).

150 Suchomel, 24. 4. 1964, StA Hamburg, LG NSG 213–12, 0036/022, Bl. 9323–9333; Suchomel, 22. 10. 1964 (Hpt.V.), LA Düsseldorf, Rep. 388, Nr. 808.

151 Oberhauser, 19. 6. 1973, HHStA Wiesbaden, Abtl. 461, Nr. 36346, Bd. 12, Bl. 1963 (Anlage); Hengst, 1. 10. 1963, StA Hamburg, LG NSG 213–12, 0036/018, Bl. 7442–7446; Oberhauser, 18. 11. 1968, LA Düsseldorf, Rep. 388, Nr. 250, Bl. 92–98; Richard Fleschner, 20. 1. 1960, ebenda, Nr. 744, Bl. 79–84; Fahrplananordnung Nr. 243 vom 27. 8. 1942, in Hilberg, Sonderzüge, S. 187.

152 Abraham Goldfarb, 14. 6. 1960, LA Düsseldorf, Rep. 388, Nr. 752, Bl. 70–79; Abraham Krzepicki: 18 Tage im Totenlager, ebenda, Nr. 838; Mentz, 19. 10. 1964 (Hpt.V.), ebenda, Nr. 808; Jakob Wiernik, 23. 8. 1960, ebenda, Nr. 753, Bl. 194–204; Miete, 2. 6. 1960, ebenda, Nr. 748, Bl. 161–166; Kalman Tajgmann, 25. 8. 1960, ebenda, Nr. 755, Bl. 37–42; Wehrmachtsfrachtbriefe vom 3./10./13./21. 9. 1942, ebenda, Nr. 849, Bl. 72, 70, 76, 79; Gumkowski/Rutkowski, Treblinka; Stangl, 22. 5. 1970 (Hpt.V., Mitschrift Kaul), BArch, DP 3/2012; Weinstein, 17 Days, S. 41, 47, 61–69; Stiffel, Tale, S. 83–88.

153 Suchomel, 25. 10. 1960, LA Düsseldorf, Rep. 388, Nr. 751, Bl. 160–171; Abraham Goldfarb, 14. 6. 1960, ebenda, Nr. 752, Bl. 70–79; Abraham Krzepicki: 18 Tage im Totenlager, ebenda, Nr. 838; Charles Unger, 7. 3. 1962 u. 10./11. 3. 1965, ebenda, Nr. 762, Bl. 56–60 u. Nr. 779, Bl. 9–27; Horn, 11. 10. 1967, ebenda, Nr. 862, Bl. 114–124; J. Rajgrodzki: 11 Monate in Treblinka, ebenda, Nr. 752, Bl. 4–38; Mieczyslaw Chodźko, 7. 1. 1969, ebenda, Nr. 250, Bl. 129–134; Richard Glazar in Sereny, Abgrund, S. 246; Glazar, Falle, S. 59, 126–127; Samuel Reizman: Evidence by witness, BStU, HA XX, Treblinka-Material, Bl. 225–230; Willenberg, Revolt, S. 79–82.

154 Suchomel, 3. 7. 1970 (Hpt.V., Mitschrift Kaul), BArch, DP 3/2012; Wiernik, Rok, S. 60; Jakob Wiernik, 1./2. 10. 1964, LA Düsseldorf, Rep. 388, Nr. 771, Bl. 107–118; Shlomo Hellmann, 28. 12. 1964 (Hpt.V.), ebenda, Nr. 810; Lambert, 22. 10. 1964 (Hpt.V.), ebenda, Nr. 808; Münzberger, 1. 4. 1960, ebenda, Nr. 746, Bl. 132–135; Suchomel, in Lanzmann, Shoah, S. 87.

155 Unter den Wachmännern waren Anton Andrejewski, Aleksey Kostenko, Nikolaj Makoda, Alexander Lasarenko, der Dolmetscher Busch sowie als Wache Vasily Woronkow. Die Tischler Lasarenko und Andrejewski waren in Belzec stationiert und begleiteten Lambert später nach Hartheim und Poniatowa. Lambert, 27. 10. 1967 u. 20. 12. 1961, LA Düsseldorf, Rep. 388, Nr. 862, Bl. 137–142 u. Nr. 760,

Bl. 170–181; Wiernik, Rok, S. 60; Personalbogen Nr. 1126 von Alexander Lasarenko, SBU-Archiv Dnepropetrovsk, Archivnr. 32132, Bd. 11, Bl. 2, 4–5, 7–8 (Fall 44, Zuev); Josef Lewko, 13. 10. 1966, StA München, Staatsanwaltschaften 33033/34, Bl. 1–3.

156 Lambert, 20. 12. 1961, LA Düsseldorf, Rep. 388, Nr. 760, Bl. 170–181; Abraham Goldfarb, 14. 12. 1964 u. 14. 6. 1960 (Hpt.V.), ebenda, Nr. 809 u. Nr. 752, Bl. 70–79; Shlomo Hellmann, 28. 12. 1964 (Hpt.V.), ebenda, Nr. 810; Sewek Warszawski, 21. 1. 1960, ebenda, Nr. 744, Bl. 86–92; Wiernik, Rok, S. 60.

157 Lambert, 20. 12. 1961 u. 22. 10. 1964 (Hpt.V.), LA Düsseldorf, Rep. 388, Nr. 760, Bl. 170–181 u. Nr. 808; Bericht über Treblinka, 25. 2. 1943, ebenda, Nr. 747, Bl. 9–18; Suchomel, in Lanzmann, Shoah, S. 87; Fotoalbum von Franz, LA Düsseldorf, RWB 18244.

158 Z.B. Münzberger, 31. 3. 1960, LA Düsseldorf, Rep. 388, Nr. 746, Bl. 128–131; Miete, 7. 6. 1960, ebenda, Nr. 748, Bl. 167–173; Mentz, 19. 7. 1960, ebenda, Nr. 749, Bl. 157–169; Franz, 15. 10. 1964 (Hpt.V.), ebenda, Nr. 808.

159 Franz, 15. 10. 1964 (Hpt.V.), LA Düsseldorf, Rep. 388, Nr. 808; Charles Unger, 20. 8. 1970, ebenda, Nr. 255, Bl. 142–151; Georg Królikowski: Erinnerungen, ebenda, Nr. 778, Bl. 87–111; Henry Brenner, 7. 5. 1968, ebenda, Nr. 249, Bl. 49–56; Suchomel, 24. 10. 1960, ebenda, Nr. 751, Bl. 148–159; Mentz, 19. 7. 1960, ebenda, Nr. 749, Bl. 157–169; Stangl, 26. 6. 1968, ebenda, Nr. 249, Bl. 136–147; Willenberg, Revolt, S. 80; Arad, Belzec, S. 40; Chrostowski, Extermination Camp, S. 36; Młynarczyk, »Treblinka«, S. 265–266.

160 Franz, 24. 8. 1962, LA Düsseldorf, Rep. 388, Nr. 762, Bl. 214–217; Stangl, 19. 7. 1967, ebenda, Nr. 246, Bl. 86–94.

161 Glazar, Falle, S. 139–140; Maniek Platkiewicz, 10. 12. 1964 (Hpt.V.), LA Düsseldorf, Rep. 388, Nr. 809; Moszek Laks, 28. 12. 1964 (Hpt.V.), ebenda.

162 Der von den T4-Reinhardt-Männern eingeführte Begriff wurde von Opfern und Tätern gleichermaßen verwendet. Franz, 24. 8. 1962, LA Düsseldorf, Rep. 388, Nr. 762, Bl. 214–217; Kalman Taigman, 29. 11. 1959, ebenda, Nr. 743, Bl. 550–552; William Schneiderman, 14. 5. 1965, ebenda, Nr. 779, Bl. 168–176.

163 Franz, 24. 8. 1962 u. 15. 10. 1964 (Hpt.V.), LA Düsseldorf, Rep. 388, Nr. 762, Bl. 214–217 u. Nr. 808; Schiffner, 19. 6. 1962, ebenda, Nr. 762, Bl. 142–153; Richard Glazar, 4. 9. 1961, ebenda, Nr. 757, Bl. 111–117; Mätzig, 23. 11. 1967, ebenda, Nr. 862, Bl. 156–163; Stangl, 11./17. 7. 1967, ebenda, Nr. 246, Bl. 51–80; Abraham Krzepicki: 18 Tage im Totenlager, ebenda, Nr. 838; Bronka Sukno, 14. 6. 1961, ebenda, Nr. 756, Bl. 196–199; Wiernik, Rok, S. 84; Willenberg, Revolt, S. 66; Sereny, Abgrund, S. 174–175; Cymlich/Strawczynski, Escaping, S. 164.

164 Stangl, 26. 6. 1968, LA Düsseldorf, Rep. 388, Nr. 249, Bl. 136–147; Richard Glazar, 29. 7. 1962, ebenda, Nr. 263; Richard Fleschner, 3. 2. 1960, ebenda, Nr. 744, Bl. 155–158.

165 Franz, 24. 8. 1962, LA Düsseldorf, Rep. 388, Nr. 762, Bl. 214–217; Matthes, 10. 11. 1964 (Hpt.V.), ebenda, Nr. 808; Bronka Sukno, 7. 2. 1965, ebenda, Nr. 781, Bl. 243–254; Richard Glazar, 29. 7. 1962, Rundfunk-Interview, ebenda, Nr. 263.

166 Willenberg, Revolt, S. 140–141; Rum, 13. 10. 1960, LA Düsseldorf, Rep. 388, Nr. 751, Bl. 113–123; Stadie, Matthes, Mentz, Miete u. Suchomel, 15. 10. 1964 (Hpt.V.), ebenda, Nr. 808; Stadie, 29. 4. 1965 (Hpt.V.), ebenda, Nr. 812; Richard Fleschner, 20. 1. 1960, ebenda, Nr. 744, Bl. 79–84; Glazar, Falle, S. 112.

167 Matthes, 19. 10. 1964 (Hpt.V.), LA Düsseldorf, Rep. 388, Nr. 808; Glazar, Falle, S. 31.

168 Willenberg, Revolt, S. 73, 92–93, 110; Samuel Rajzman, 15. 5. 1968, LA Düsseldorf, Rep. 388, Nr. 863, Bl. 1–13; William Schneiderman, 14. 5. 1965, ebenda, Nr. 779, Bl. 168–176; Richard Glazar, 10. 6. 1970 (Hpt.V.), ebenda, Nr. 255, Bl. 51–54; Charles Unger, 10./11. 3. 1965, ebenda, Nr. 779, Bl. 9–27; Franz, 24. 8. 1962, ebenda, Nr. 762, Bl. 214–217; Stangl, 11. 7. 1967, ebenda, Nr. 246, Bl. 51–59; Glazar, Falle, S. 31; Sereny, Abgrund, S. 174–175; Interview mit Avraham Bomba, 28. 8. 1990, USHMM, RG-50.030*0033; Weinstein, 17 Days, S. 53; Cymlich/Strawczynski, Escaping, S. 139,147; Stiffel, Tale, S. 80.

169 Vgl. Skizze in Glazar, Falle. Willenberg, Revolt, S. 92–93; Stangl, 19. 7. 1967, LA Düsseldorf, Rep. 388, Nr. 246, Bl. 86–94; Münzberger, 1. 4. 1960, ebenda, Nr. 746, Bl. 132–135; Sonia Lewkowitz, 23. 6. 1960, ebenda, Nr. 752, Bl. 85–89.

170 Suchomel, 18. 9. 1967, 15. 10. 1964 (Hpt.V.) u. 3. 7. 1970 (Hpt.V.), LA Düsseldorf, Rep. 388, Nr. 247, Bl. 15–22, Nr. 808 u. Nr. 255, Bl. 77–82; Bronka Sukno, 14. 6. 1961 u. 7. 2. 1965, ebenda, Nr. 756, Bl. 196–199 u. Nr. 781, Bl. 243–254; Tadeusz Grinberg, 19. 1. 1961, ebenda, Nr. 756, Bl. 184–190; Eugeniusz Turowski, 28. 8. 1960 u. 4. 1. 1965 (Hpt.V.), ebenda, Nr. 752, Bl. 80–84 u. Nr. 810; Schiffner, 19. 6. 1962 u. 26. 3. 1971, ebenda, Nr. 762, Bl. 142–153 u. Nr. 864, Bl. 21–23; Oskar Strawczynski, 7. 10. 1945 (P) u. 3. 12. 1964 (Hpt.V.), ebenda, Nr. 745, Bl. 32–39 u. Nr. 809; Willenberg, Revolt, S. 72–73; Glazar, Falle, S. 26; Sewek Warszawski, 14. 7. 1950 u. 9. 11. 1950, HHStA Wiesbaden, Abtl. 461, Nr. 35253, Bl. 142–143 u. Bl. 192–199.

171 Vgl. Skizze in Glazar, Falle; Richard Glazar, 1. 9. 1961, LA Düsseldorf, Rep. 388, Nr. 757, Bl. 100–108; Stadie, 15. 10. 1964 (Hpt.V.), ebenda, Nr. 808; Moszek Laks, 10. 4. 1960, ebenda, Nr. 748, Bl. 66–69; Berek Rojzman, 18. 2. 1965 (Hpt.V.), ebenda, Nr. 811; Josef Czarny, 3. 3. 1987, in Teicholz, Trial, S. 163; Yehiel Reichman, März 1987, in ebenda, S. 182; Cymlich/Strawczynski, Escaping, S. 165–166; Wiernik, Rok, S. 55.

172 Richard Glazar, 31. 8. 1961, LA Düsseldorf, Rep. 388, Nr. 757, Bl. 96–99.

173 Stangl, 11. 7. 1967, LA Düsseldorf, Rep. 388, Nr. 246, Bl. 51–59; Bootz, 4. 6. 1970 (Hpt.V.), ebenda, Nr. 255, Bl. 46–50.

174 Miete, 29. 9. 1967, LA Düsseldorf, Rep. 388, Nr. 862, Bl. 106–112; Stangl, 17. 7. 1967, ebenda, Nr. 246, Bl. 70–80; Charles Unger, 20. 8. 1970, ebenda, Nr. 255, Bl. 142–151; Richard Glazar, 10. 3. 1960, ebenda, Nr. 747, Bl. 164–171; Münzberger, 1. 4. 1960, ebenda, Nr. 746, Bl. 132–135; Suchomel, 25. 10. 1960, ebenda, Nr. 751, Bl. 160–171.

175 Franz, 24. 8. 1962, LA Düsseldorf, Rep. 388, Nr. 762, Bl. 214–217; Stangl, 11. 7. 1967, ebenda, Nr. 246, Bl. 51–59; Oskar Strawczynski, 7. 10. 1945 (P), ebenda, Nr. 745, Bl. 32–39; Georg Królikowski: Erinnerungen, ebenda, Nr. 778, Bl. 87–111; Tadeusz Grinberg, 19. 1. 1961, ebenda, Nr. 756, Bl. 184–190; Aleksander Kudlik, 10. 10. 1945 (P), ebenda, Nr. 746, Bl. 53–56; Münzberger, 1. 4. 1960, ebenda, Nr. 746, Bl. 132–135; Stadie, 22. 10. 1964 (Hpt.V.), ebenda, Nr. 808; Bootz, 4. 6. 1970 (Hpt.V.), ebenda, Nr. 255, Bl. 46–50; Charles Unger, 20. 8. 1970, ebenda, Nr. 255, Bl. 142–151; Salomon Lachmann, 6. 5. 1965 (Hpt.V.), ebenda, Nr. 812; Miete, 6. 5. 1965 (Hpt.V.), ebenda, Nr. 812; Hirtreiter, 9. 11. 1950, HHStA Wiesbaden, Abtl. 461, Nr. 35253, Bl. 181–190; Abraham

Bomba, 23. 11. 1950, ebenda, Nr. 35254, Bl. 233–234; Weinstein, 17 Days, S. 51; Zabecki in Sereny, Abgrund, S. 159; Cymlich/Strawczynski, Escaping, S. 138; vgl. die Zeichnung von Glazar.

176 Richard Fleschner, 3. 2. 1960, LA Düsseldorf, Rep. 388, Nr. 744, Bl. 155–158; Miete, 27. 5. 1960, ebenda, Nr. 748, Bl. 154–157; Mentz, 23. 6. 1960, ebenda, Nr. 749, Bl. 133–137; Suchomel, 24. 10. 1960, ebenda, Nr. 751, Bl. 148–159; Franz u. Stadie, 22. 10. 1964 (Hpt.V.), ebenda, Nr. 808.

177 Stadie, 28. 6. 1962, LA Düsseldorf, Rep. 388, Nr. 763, Bl. 98–103; Suchomel, 23. 11. 1965, ebenda, Nr. 871, Bl. 11–13; Münzberger, 24. 11. 1965, ebenda, Nr. 871, Bl. 14–16; Miete, 24. 11. 1965, ebenda, Nr. 871, Bl. 17–20; Rum, 6. 1. 1966, ebenda, Nr. 871, Bl. 66–71; Abraham Lindwasser, 17. 12. 1964 (Hpt.V.), ebenda, Nr. 809.

178 Richard Glazar, 2. 11. 1967, LA Düsseldorf, Rep. 388, Nr. 247, Bl. 165–176; Samuel Reizman, 9. 10. 1945 (P), ebenda, Nr. 745, Bl. 191–196.

179 Abraham Goldfarb, 14. 6. 1960, LA Düsseldorf, Rep. 388, Nr. 752, Bl. 70–79; Stangl, 17. 7. 1967, ebenda, Nr. 246, Bl. 70–80; Suchomel, 15. 10. 1964 (Hpt.V.), ebenda, Nr. 808; Stadie, 22. 10. 1964 (Hpt.V.), ebenda, Nr. 808.

180 Franz, 24. 8. 1962, LA Düsseldorf, Rep. 388, Nr. 762, Bl. 214–217; Suchomel, 15. 10. 1964 (Hpt.V.), ebenda, Nr. 808; Charles Unger, 10./11. 3. 1965, ebenda, Nr. 779, Bl. 9–27; Leo Lewi, 21. 10. 1959, ebenda, Nr. 742, Bl. 209–217; Wiernik, Rok, S. 55–61; Naftali Milgraum, 30. 8. 1943, Yad Vashem, O 12 Perlman Collection Nr. 53; Rajchman, Ich bin der letzte Jude, S. 37; Cymlich/Strawczynski, Escaping, S. 139.

181 Elias Rosenberg, 24. 12. 1947, LA Düsseldorf, Rep. 388, Nr. 743, Bl. 583–594; Richard Fleschner, 20. 1. 1960, ebenda, Nr. 744, Bl. 79–84; Miete, 27. 5. 1960, ebenda, Nr. 748, Bl. 154–157; Mentz, 23. 6. 1960, ebenda, Nr. 749, Bl. 133–137; Grossmann, 5. 7. 1961, ebenda, Nr. 756, Bl. 40–49.

182 J. Rajgrodzki: 11 Monate im Vernichtungslager in Treblinka, LA Düsseldorf, Rep. 388, Nr. 752, Bl. 4–38; Jakob Wiernik, 1./2. 10. 1964, ebenda, Nr. 771, Bl. 107–118; Czeslaw Augustyniak, 3. 12. 1964 (Hpt.V.), ebenda, Nr. 809; Zygmund Strawczynski, 11. 5. 1965, ebenda, Nr. 779, Bl. 126–145; Georg Samuel Rajgrodzki, 29. 11. 1964, ebenda, Nr. 781, Bl. 68ff.; Abraham Goldfarb, 14. 12. 1964 (Hpt.V.), ebenda, Nr. 809; Willenberg, Revolt, S. 17. Sonia Lewkowicz, Aussage im Federenko-Prozess, 1978, www.holocaustresearchproject.org/survivor/sonialewkowicz.html [10. 5. 2013].

183 Nikolay Shalayev, 18. 12. 1950, Dokument GX-125 im US-Fall gg. Reimer, Plaintiff Dokumente, Demjanjuk v. Petrovsky, S. 395–404, OSI File TC 4-5-35; Suchomel, 15. 10. 1964 (Hpt.V.), LA Düsseldorf, Rep. 388, Nr. 808; Franz, 24. 8. 1962, ebenda, Nr. 762, Bl. 214–217; Richard Glazar, 8. 12. 1964 (Hpt.V.), ebenda, Nr. 809; Suchomel, 21. 5. 1965 (Hpt.V.), ebenda, Nr. 812; Wiernik, Rok, S. 62.

184 Arad, Belzec, S. 41–42; Wiernik, Rok, S. 55, 68; Großmann, 5. 7. 1961, LA Düsseldorf, Rep. 388, Nr. 756, Bl. 40–49; Sewek Warszawski, 21. 1. 1960, ebenda, Nr. 744, Bl. 86–92; Oskar Strawczynski, 7. 10. 1945 (P), ebenda, Nr. 745, Bl. 32–39; Jakob Wiernik, 23. 8. 1960, ebenda, Nr. 753, Bl. 194–204; Matthes, 19. 10. 1964 (Hpt.V.), ebenda, Nr. 808; Rajchman, Ich bin der letzte Jude, S. 74.

185 Lambert, 15. 10. 1964 (Hpt.V.), LA Düsseldorf, Rep. 388, Nr. 808.

186 Abraham Goldfarb, 14. 12. 1964 (Hpt.V.), LA Düsseldorf, Rep. 388, Nr. 809.

187 Sechs bis acht nannten Matthes, Mentz, Horn, Rum, Lambert, Münzberger und Suchomel. Der Überlebende Kohn sprach von zwölf Gaskammern, die anderen Überlebenden von zehn Gaskammern.

188 4 m × 5 m (Lambert, Münzberger), 6 m × 6 m (Kohn), 7 m × 7 m (Wiernik), 8 m × 4–5 m (Hellmann) und 8 m × 8 m (Reichman).

189 Lambert, Rum, Münzberger, Matthes u. Horn, 15. 10. 1964 (Hpt.V.), LA Düsseldorf, Rep. 388, Nr. 808; J. Rajgrodzki: 11 Monate in Treblinka, ebenda, Nr. 752, Bl. 4–38; Horn, 11. 10. 1967, ebenda, Nr. 862, Bl. 114–124; Abraham Lindwasser, 17. 12. 1964 (Hpt.V.), ebenda, Nr. 809; Jakob Wiernik, 23. 8. 1960 u. 1./2. 10. 1964, ebenda, Nr. 753, Bl. 194–204 u. Nr. 771, Bl. 107–118; Szymon Goldberg, 23. 1. 1964, ebenda, Nr. 771, Bl. 205–211; Eliasz Rosenberg, 21. 12. 1964 (Hpt.V.), ebenda, Nr. 809; Bericht über Treblinka, 25. 2. 1943, ebenda, Nr. 747, Bl. 9–18; Lambert, 20. 12. 1961 (Hpt.V.), ebenda, Nr. 760, Bl. 170–181; Münzberger, 1. 4. 1960 u. 14. 12. 1964 (Hpt.V.), ebenda, Nr. 746, Bl. 132–135 u. Nr. 809; Stanislaw Kohn, 17. 8. 1944, ebenda, Nr. 252, Umschlag Bl. 157a; Henryk Reichman, 12. 10. 1945 (P), ebenda, Nr. 746, Bl. 60–63; Samuel Rajgrodzki, 30. 11. 1964 (Hpt.V.), ebenda, Nr. 809; Abraham Goldfarb, 14. 6. 1960, ebenda, Nr. 752, Bl. 70–79; Shlomo Hellmann, 6. 6. 1960 u. 28. 12. 1964 (Hpt.V.), ebenda, Nr. 752, Bl. 67–69 u. Nr. 810; Stangl, 17. 7. 1967, ebenda, Nr. 246, Bl. 70–80; Sewek Warszawski, 9. 12. 1949, HHStA Wiesbaden, Abtl. 461, Nr. 35253, Bl. 91–94; Leon Perelsztejn, 9. 3. 1945 (P), BStU, HA XX, Treblinka-Material, Bl. 22–27; Suchomel, 3. 7. 1970 (Hpt.V., Mitschrift Kaul), BArch, DP 3/2012; Münzberger, 24. 6. 1970 (Hpt.V., Mitschrift Kaul), ebenda; Wiernik, Rok, S. 60; Cymlich/Strawczynski, Escaping, S. 169.

190 Wiernik, Rok, S. 60; Abraham Goldfarb, 14. 12. 1964 (Hpt.V.), LA Düsseldorf, Rep. 388, Nr. 809; Jakob Wiernik, 1./2. 10. 1964, ebenda, Nr. 771, Bl. 107–118; Shlomo Hellmann, 6. 6. 1960, ebenda, Nr. 752, Bl. 67–69; Szyja Warszawski, 9. 10. 1945 (P), ebenda, Nr. 744, Bl. 142–145; Szymon Goldberg, 23. 1. 1964, ebenda, Nr. 771, Bl. 205–211.

191 J. Rajgrodzki: 11 Monate in Treblinka, LA Düsseldorf, Rep. 388, Nr. 752, Bl. 4–38; Stanislaw Kohn, 17. 8. 1944, ebenda, Nr. 252, Umschlag Bl. 157a.

192 Großmann, 5. 7. 1961, LA Düsseldorf, Rep. 388, Nr. 756, Bl. 40–49; Matthes, 29. 3. 1962, ebenda, Nr. 762, Bl. 64–69.

193 JuNSV (1981), Bd. 22, Nr. 596, S. 46; W. Benz, »Treblinka«, S. 412. Burba, Treblinka, S. 7 schätzt 5000 Personen.

194 J. Rajgrodzki: 11 Monate in Treblinka, LA Düsseldorf, Rep. 388, Nr. 752, Bl. 4–38; Pinchas Epstein, 25. 9. 1970 (Hpt.V.), ebenda, Nr. 256, Bl. 203–208; Stangl, 17. 7. 1967, ebenda, Nr. 246, Bl. 70–80; Jakob Wiernik, 1./2. 10. 1964 u. 23. 8. 1960, ebenda, Nr. 771, Bl. 107–118 u. Nr. 753, Bl. 194–204; Abraham Goldfarb, 14. 12. 1964 (Hpt.V.), ebenda, Nr. 809; Lambert, 15. 10. 1964 (Hpt.V.), ebenda, Nr. 808; Münzberger, 24. 6. 1970 (Mitschrift Kaul), BArch, DP 3/2012.

195 Lambert u. Matthes, 15. 10. 1964 (Hpt.V.), LA Düsseldorf, Rep. 388, Nr. 808; Jakob Wiernik, 23. 8. 1960, ebenda, Nr. 753, Bl. 194–204; Nikolay Shalayev, 20. 12. 1951 u. 18. 12. 1950, Dokument GX-126 u. 125 im US-Fall gg. Reimer, Plaintiff Dokumente, Demjanjuk v. Petrovsky, S. 380–389 u. 395–404, OSI File TC 4-5-34 u. 35; Prokofij Ryabtsev, 3. 2. 1965, Dokument GX-121 in ebenda, S. 664–671, OSI File TC 4-5-51.

196 Matthes, 15. 10. 1964 (Hpt.V.) u. 30. 3. 1962, LA Düsseldorf, Rep. 388, Nr. 808 u. Nr. 762, Bl. 70–76; J. Rajgrodzki: 11 Monate in Treblinka, ebenda, Nr. 752, Bl. 4–38; Sewek Warszawski, 21. 1. 1960 (P) u. 23. 5. 1962, ebenda, Nr. 744, Bl. 86–92 u. Nr. 763, Bl. 112–118; Münzberger, 1. 4. 1960 u. 28. 10. 1969, ebenda, Nr. 746, Bl. 132–135 u. Nr. 863, Bl. 59–64; Sonia Lewkowicz, 7. 1. 1965 (Hpt.V.), ebenda, Nr. 810; Wiernik, Rok, S. 68, 81–82.

197 Glazar in Sereny, Abgrund, S. 238.

198 Stangl war spätestens am 21. 9. in Treblinka, Eberl blieb bis mindestens zum 13. 9. 1942. Ruth an Eberl, 24. 8. 1942, HHStA Wiesbaden, Abtl. 631a, Nr. 1631, Bl. 151; Gumkowski/Rutkowski, Treblinka, S. 5–6; Oberhauser, 18. 11. 1968, LA Düsseldorf, Rep. 388, Nr. 250, Bl. 92–98; Miete, 29. 9. 1967, ebenda, Nr. 862, Bl. 106–112; Stangl, 26. 6. 1968, ebenda, Nr. 249, Bl. 136–147; Stangl, 22. 5. 1970 (Hpt.V., Mitschrift Kaul), BArch, DP 3/2012; Grabher, Eberl, S. 86–91.

199 Mätzig, 24. 11. 1967, LA Düsseldorf, Rep. 388, Nr. 248, Bl. 14–21.

200 Stangl, 24. 6. 1967 u. 26. 6. 1968, LA Düsseldorf, Rep. 388, Nr. 245, Bl. 143–145 u. Nr. 249, Bl. 136–147; Friedlander, NS-Genozid, S. 472.

201 Abraham Bomba, 27. 11. 1959, LA Düsseldorf, Rep. 388, Nr. 743, Bl. 544; Jakob Jakubicz, 30. 11. 1964 (Hpt.V.), ebenda, Nr. 809; Zigmund Strawczynski, 14. 5. 1968, ebenda, Nr. 862, Bl. 190–203; Stangl, 1. 8. 1967 u. 27. 6. 1967, ebenda, Nr. 246, Bl. 132–143 u. Nr. 245, Bl. 157–166; Czeslaw Augustyniak, 30. 5. 1960, ebenda, Nr. 748, Bl. 140–146, Miete, 2. 6. 1960, ebenda, Nr. 748, Bl. 161–166, Charles Burk, 13. 5. 1965, ebenda, Nr. 779, Bl. 148–157; Suchomel, 24. 10. 1960, ebenda, Nr. 751, Bl. 148–159; Aron Gelbard, 26. 11. 1959, ebenda, Nr. 743, Bl. 540; Gley, 8.–10. 5. 1961, StA München, Staatsanwaltschaften 33033/5, Bl. 908–932; Klee, Personenlexikon, S. 530.

202 Oberhauser, 3. 1. 1962, LA Düsseldorf, Rep. 388, Nr. 761, Bl. 63–66; Hengst, 6. 2. 1962, ebenda, Nr. 761, Bl. 135–140; Günter Borowski, 14. 3. 1962, ebenda, Nr. 762, Bl. 45–48; Miete, 24. 11. 1965 u. 31. 5. 1965 (Hpt.V.), ebenda, Nr. 871, Bl. 17–20 u. Nr. 812; Mentz, 25. 11. 1965, ebenda, Nr. 871, Bl. 21–23; Stadie, 26. 11. 1965, ebenda, Nr. 871, Bl. 27–28; Bauer, 10. 5. 1963 u. 6. 10. 1965 (Hpt.V.), LA Münster, Q 234, Nr. 4289, Bl. 5 u. Nr. 4416, Bl. 174–189; Fuchs, 19. 9. 1963, ebenda, Nr. 4292, Bl. 187–192.

203 Oberhauser, 18. 11. 1968, LA Düsseldorf, Rep. 388, Nr. 250, Bl. 92–98; Franz, 2. 12. 1960, ebenda, Nr. 752, Bl. 140–145; Miete, 2. 6. 1960 u. 27. 5. 1960, ebenda, Nr. 748, Bl. 161–166 u. Nr. 748, Bl. 154–157; Schalom Kohn an Zeug, 12. 11. 1959, ebenda, Nr. 742, Bl. 379–381; Münzberger, 1. 4. 1960, ebenda, Nr. 746, Bl. 132–135; Mentz, 19. 7. 1960 u. 3. 11. 1964 (Hpt.V.), ebenda, Nr. 749, Bl. 157–169 u. Nr. 808; Häusler, 23. 5. 1960, StA München, Staatsanwaltschaften 33033/5, Bl. 800–805; Weinstein, 17 Days, S. 52.

204 Suchomel, 23. 11. 1965, LA Düsseldorf, Rep. 388, Nr. 871, Bl. 11–13.

205 Miete, 24. 11. 1965, LA Düsseldorf, Rep. 388, Nr. 871, Bl. 17–20.

206 Abraham Krzepicki: 18 Tage im Totenlager, LA Düsseldorf, Rep. 388, Nr. 838; Miete, 29. 9. 1967 u. 7. 6. 1960, ebenda, Nr. 862, Bl. 106–112 u. Nr. 748, Bl. 167–173; Mentz, 5. 11. 1964 (Hpt.V.), ebenda, Nr. 808.

207 BArch, RS D 397 (Fritz Küttner); Münzberger, 31. 3. 1960, LA Düsseldorf, Rep. 388, Nr. 746, Bl. 128–131; Suchomel, Miete u. Münzberger, 5. 11. 1964 (Hpt.V.), ebenda, Nr. 808; Schalom Kohn an Zeug, 12. 11. 1959, ebenda, Nr. 742,

Bl. 379–381; Oskar Strawczynski, 7. 10. 1945 (P), ebenda, Nr. 745, Bl. 32–39; Eugeniusz Turowski, 28. 8. 1960, ebenda, Nr. 752, Bl. 80–84; Miete, 2. 6. 1960, ebenda, Nr. 748, Bl. 161–166; Suchomel, 25. 10. 1960, ebenda, Nr. 751, Bl. 160–171; Großmann, 6. 7. 1961, ebenda, Nr. 756, Bl. 50–57; Charles Unger, 7. 3. 1962, ebenda, Nr. 762, Bl. 56–60; Zygmund Strawczynski, 11. 5. 1965, ebenda, Nr. 779, Bl. 126–145; Mentz, 20. 9. 1967, ebenda, Nr. 862, Bl. 97–104; Richard Glazar, 2. 11. 1967, ebenda, Nr. 247, Bl. 165–176; Kalman Tajgmann, 22. 12. 1964 (Hpt.V.), ebenda, Nr. 810; Münzberger, 19. 9. 1973, StA Hamburg, LG NSG 213–12, 0039/37, Bl. 19031–19041.

208 Matthes, 25. 11. 1965 u. 29. 3. 1962, LA Düsseldorf, Rep. 388, Nr. 871, Bl. 24–26 u. Nr. 762, Bl. 64–69; Münzberger, 26. 10. 1960, ebenda, Nr. 751, Bl. 172–183; Großmann, 5. 7. 1961, ebenda, Nr. 756, Bl. 40–49; Abraham Lindwasser, 7. 3. 1961, ebenda, Nr. 759, Bl. 126–130; Horn, 6. 11. 1961, ebenda, Nr. 760, Bl. 62–74; J. Rajgrodzki: 11 Monate in Treblinka, ebenda, Nr. 752, Bl. 4–38; Abraham Goldfarb, 14. 6. 1960, ebenda, Nr. 752, Bl. 70–79; Pinchas Epstein, 7. 6. 1960, ebenda, Nr. 752, Bl. 91–98; Glazar, Falle, S. 52.

209 Miete, 7. 6. 1960 u. 24. 11. 1965, LA Düsseldorf, Rep. 388, Nr. 748, Bl. 167–173 u. Nr. 871, Bl. 17–20; Stadie, 26. 11. 1965 u. 27. 6. 1962, ebenda, Nr. 871, Bl. 27–28 u. Nr. 763, Bl. 88–97; Bootz, 16. 8. 1968, ebenda, Nr. 863, Bl. 32–40; Münzberger, 29. 5. 1962, ebenda, Nr. 763, Bl. 141–146; Franz, 28. 8. 1962, ebenda, Nr. 762, Bl. 218–220; Rum, 12. 10. 1960, ebenda, Nr. 751, Bl. 101–112; Großmann, 6. 7. 1961, ebenda, Nr. 756, Bl. 50–57; Schiffner, 24. 11. 1964 (Hpt.V.), ebenda, Nr. 808; Franz, 3. 12. 1959, StA München, Staatsanwaltschaften 33033/2, Bl. 314–330.

210 Franz, 1. 12. 1960, LA Münster, Q 234, Nr. 4300, Bl. 195–200; Erich Fettke, 29. 9. 1960, LA Düsseldorf, Rep. 388, Nr. 750, Bl. 195–201; Rum, 12. 10. 1960 u. 6. 1. 1966, ebenda, Nr. 751, Bl. 101–112 u. Nr. 871, Bl. 66–71; Franz, 24. 8. 1962, ebenda, Nr. 762, Bl. 214–217; Suchomel, 23. 11. 1965, ebenda, Nr. 871, Bl. 11–13; Miete, 2. 6. 1960, ebenda, Nr. 748, Bl. 161–166; Großmann, 5. 7. 1961, ebenda, Nr. 756, Bl. 40–49; Lambert, 30. 11. 1965, ebenda, Nr. 871, Bl. 35–36; Mätzig, 23. 11. 1967, ebenda, Nr. 862, Bl. 156–163; Bauer, 4. 1. 1966, ebenda, Nr. 871, Bl. 57–61.

211 Stangl, 19. 7. 1967, LA Düsseldorf, Rep. 388, Nr. 246, Bl. 86–94; Franz, 28. 8. 1962, ebenda, Nr. 762, Bl. 218–220.

212 Mentz, 30. 8. 1961, LA Münster, Q 234, Nr. 4265, Bl. 112–118; Matthes, 30. 3. 1962 u. 22. 10. 1964 (Hpt.V.), LA Düsseldorf, Rep. 388, Nr. 762, Bl. 70–76 u. Nr. 808; Münzberger, 29. 5. 1962 u. 26. 10. 1960, ebenda, Nr. 763, Bl. 141–146 u. Nr. 751, Bl. 172–183, Jakob Wiernik, 1./2. 10. 1964, ebenda, Nr. 771, Bl. 107–118; Horn, 11. 10. 1967, ebenda, Nr. 862, Bl. 114–124; Gilmair Rajchman, 14. 1. 1965 (Hpt.V.), ebenda, Nr. 810.

213 Hengst, 1. 10. 1963, StA Hamburg, LG NSG 213–12, 0036/018, Bl. 7442–7446.

214 Richard Fleschner, 3. 2. 1960, LA Düsseldorf, Rep. 388, Nr. 744, Bl. 155–158; Suchomel, 17. 4. 1973, ebenda, Nr. 864, Bl. 79–107; Stangl, 19. 7. 1967, ebenda, Nr. 246, Bl. 86–94; Miete, 7. 6. 1960, ebenda, Nr. 748, Bl. 167–173; Tadeusz Gruenberg 19. 1. 1961 u. 20. 12. 1959 an Zentrale Stelle, ebenda, Nr. 756, Bl. 184–190 u. Nr. 743, Bl. 599–600; Zygmund Strawczynski, 11. 5. 1965, ebenda, Nr. 779,

Bl. 126–145; Suchomel, 5. 2. 1963, StA München, Staatsanwaltschaften 33033/8, Bl. 1450–1458.

215 Miete, 22. 10. 1964 (Hpt.V.), LA Düsseldorf, Rep. 388, Nr. 808; Richard Fleschner, 3. 2. 1960, ebenda, Nr. 744, Bl. 155–158; Wehrmachtsfrachtbrief vom 4. 7. 1943, ebenda, Nr. 849, Bl. 84–86; Münzberger, 31. 3. 1960, ebenda, Nr. 746, Bl. 128–131 u. Nr. 862, Bl. 190–203; Oskar Strawczynski, 7. 10. 1945 (P), ebenda, Nr. 745, Bl. 32–39; Zygmund Strawczynski, 11. 5. 1965 u. 14. 5. 1968, ebenda, Nr. 779, Bl. 126–145; Leo Lewi, 21. 10. 1959, ebenda, Nr. 742, Bl. 209–217; Jakob Jakubowicz, 20. 11. 1959, ebenda, Nr. 743, Bl. 410–411; Jacob Domb an Zentrale Stelle, 7. 12. 1959, ebenda, Nr. 743, Bl. 565–566; Czeslaw Augustyniak, 4. 2. 1960, ebenda, Nr. 744, Bl. 178–180.

216 Rum, 12. 10. 1960, LA Düsseldorf, Rep. 388, Nr. 751, Bl. 101–112; Miete, 29. 9. 1967, ebenda, Nr. 862, Bl. 106–112; Richard Glazar, 8. 12. 1964 (Hpt.V.), ebenda, Nr. 809; Maniek Platkiewicz, 10. 12. 1964 (Hpt.V.), ebenda, Nr. 809; Czeslaw Augustyniak, 14. 12. 1967, ebenda, Nr. 248, Bl. 126–137; Franz, 26. 2. 1960, LA Münster, Q 234, Nr. 4300, Bl. 179–184; Hirtreiter, 9. 11. 1950, HHStA Wiesbaden, Abtl. 461, Nr. 35253, Bl. 181–190.

217 Suchomel, 19. 3. 1965 (Hpt.V.), LA Düsseldorf, Rep. 388, Nr. 811.

218 BArch, RS D 5086 (Alfons Lindenmüller); Suchomel, 25. 10. 1960, 26. 10. 1964 (Hpt.V.) u. 14. 9. 1967, LA Düsseldorf, Rep. 388, Nr. 751, Bl. 160–171, Nr. 808 u. Nr. 247, Bl. 3–10; Stangl, 19. 7. 1967, ebenda, Nr. 246, Bl. 86–94; Richard Glazar, 5. 9. 1961, ebenda, Nr. 757, Bl. 118–129; Rum, 28. 5. 1962, ebenda, Nr. 763, Bl. 135–140; Gräberauskunft unter http://www.volksbund.de/graebersuche.html [10. 5. 2013].

219 Münzberger, 31. 3. 1960, LA Düsseldorf, Rep. 388, Nr. 746, Bl. 128–131; Maniek Platkiewicz, 8. 7. 1970 (Hpt.V.), ebenda, Nr. 255, Bl. 84–90; Mentz, 23. 6. 1960 u. 19. 10. 1964 (Hpt.V.), ebenda, Nr. 749, Bl. 133–137 u. Nr. 808; Miete, 27. 5. 1960, ebenda, Nr. 748, Bl. 154–157, Horn, 6. 11. 1961, ebenda, Nr. 760, Bl. 62–74; Richard Glazar, 8. 12. 1964 (Hpt.V.), ebenda, Nr. 809; Josef Czerny, 25. 8. 1960, ebenda, Nr. 846.

220 Münzberger, 31. 3. 1960, LA Düsseldorf, Rep. 388, Nr. 746, Bl. 128–131; Mentz, 23. 6. 1960 u. 19. 10. 1964 (Hpt.V.), ebenda, Nr. 749, Bl. 133–137 u. Nr. 808; Horn, 6. 11. 1961, ebenda, Nr. 760, Bl. 62–74, Miete, 1. 6. 1960, ebenda, Nr. 748, Bl. 158–160, Jakob Domb, 17. 1. 1961, ebenda, Nr. 758, Bl. 179–182; Josef Czerny, 25. 8. 1960, ebenda, Nr. 846; Mayer Zigelmann, 5. 4. 1965 (Hpt.V.), ebenda, Nr. 812; Maniek Platkiewicz, 8. 7. 1970 (Hpt.V.), ebenda, Nr. 255, Bl. 84–90, Moszek Laks, 28. 12. 1964 (Hpt.V.), ebenda, Nr. 810; Berek Rojzman, 18. 2. 1965 (Hpt.V.), ebenda, Nr. 811; Charles Unger, 20. 8. 1970, ebenda, Nr. 255, Bl. 142–151.

221 Samuel Reizman, 3. 12. 1945 (P), BStU, HA XX, Treblinka-Material, Bl. 3–5; Sewek Warszawski, 28. 10. 1959 u. 23. 5. 1962, LA Düsseldorf, Rep. 388, Nr. 742, Bl. 244–249 u. Nr. 763, Bl. 112–118; Abraham Goldfarb, 14. 6. 1960 u. 14. 12. 1964 (Hpt.V.), ebenda, Nr. 752, Bl. 70–79 u. Nr. 809; Eliasz Rosenberg, 11. 2. 1961, ebenda, Nr. 758, Bl. 160–168; Jakob Wiernik, 1./2. 10. 1964, ebenda, Nr. 771, Bl. 107–118; Matthes, 22. 10. 1964 (Hpt.V.), ebenda, Nr. 808; Shlomo Hellmann, 28. 12. 1964 (Hpt.V.), ebenda, Nr. 810; Abraham Lindwasser, 15. 12. 1964 (Hpt.V.), ebenda, Nr. 809.

222 Er war für kurze Zeit auch in der Frauen-Auskleidebaracke. Münzberger 18. 10. 1962, StA München, Staatsanwaltschaften 33033/12, Bl. 2323–2327; Münzberger, 26. 10. 1960, 31. 3. 1960 u. 22. 10. 1964 (Hpt.V.), LA Düsseldorf, Rep. 388, Nr. 751, Bl. 172–183, Nr. 746, Bl. 128–131 u. Nr. 808; Heinrich Prawenetz, 24. 11. 1964 (Hpt.V.), ebenda, Nr. 808; Shlomo Hellmann, 21. 12. 1959, ebenda, Nr. 743, Bl. 596–598; Abraham Goldfarb, 14. 6. 1960, ebenda, Nr. 752, Bl. 70–79; Großmann, 6. 7. 1961, ebenda, Nr. 756, Bl. 50–57; Abraham Lindwasser, 7. 3. 1961, ebenda, Nr. 759, Bl. 126–130; Lambert, 2. 10. 1962, LA Münster, Q 234, Nr. 4278, Bl. 134–142; Horst Münzberger in Sereny, Abgrund, S. 248; Schiffner, 22. 10. 1965, HHStA Wiesbaden, Abtl. 631a, Nr. 890; Böhm, »Karrieren«, S. 120–132; JuNSV (1981), Bd. 22, Nr. 596, S. 151–160.

223 Böhm zufolge war er auch Leichenverbrenner. Schiffner, 22. 10. 1965, HHStA Wiesbaden, Abtl. 631a, Nr. 890; Schiffner, 19. 4. 1963, LA Münster, Q 234, Nr. 4289, Bl. 28–31; Mentz, 30. 8. 1961, ebenda, Nr. 4265, Bl. 112–118; Schiffner, 19. 6. 1962, LA Düsseldorf, Rep. 388, Nr. 762, Bl. 142–153; Münzberger, 31. 3. 1960 u. 28. 10. 1969, ebenda, Nr. 746, Bl. 128–131 u. Nr. 863, Bl. 59–64; Miete, 7. 6. 1960, ebenda, Nr. 748, Bl. 167–173; Großmann, 6. 7. 1961, ebenda, Nr. 756, Bl. 50–57; Matthes, 25. 11. 1965, ebenda, Nr. 871, Bl. 24–26; Suchomel, 21. 5. 1965 (Hpt.V.), ebenda, Nr. 812; Maniek Platkiewicz an Landgerichtsrat, 4. 6. 1960, ebenda, Nr. 748, Bl. 190–193; Gley, 8.–10. 5. 1961, StA München, Staatsanwaltschaften 33033/5, Bl. 908–932; Bolender, 5. 6. 1961, ebenda, Bl. 961–978; Samuel Reizman, 3. 12. 1945 (P), BStU, HA XX, Treblinka-Material, Bl. 3–5. Böhm, »Karrieren«, S. 112.

224 Vermerk, 9. 1. 2001, LA Düsseldorf, Rep. 388, Nr. 796, Bl. 311; Bericht, LKA – NW, 25. 3. 1968, ebenda, Nr. 265, Buchstabe S; Schalom Kohn an Zeug, 12. 11. 1959, ebenda, Nr. 742, Bl. 379–381; Richard Fleschner, 3. 2. 1960, ebenda, Nr. 744, Bl. 155–158; Münzberger, 31. 3. 1960, ebenda, Nr. 746, Bl. 128–131; Großmann, 5. 7. 1961, ebenda, Nr. 756, Bl. 40–49; Suchomel, 25. 10. 1960, ebenda, Nr. 751, Bl. 160–171; Rum, 12. 10. 1960, ebenda, Nr. 751, Bl. 101–112; Richard Glazar, 8. 12. 1964 (Hpt.V.), ebenda, Nr. 809; Maniek Platkiewicz, 10. 12. 1964 (Hpt.V.), ebenda, Nr. 809; Moszek Laks, 28. 12. 1964 (Hpt.V.), ebenda, Nr. 810; Miete, 7. 6. 1960, ebenda, Nr. 748, Bl. 167–173; Mentz, 19. 7. 1960, ebenda, Nr. 749, Bl. 157–169; Gley, 8.–10. 5. 1961, StA München, Staatsanwaltschaften 33033, Bd. 5, Bl. 908–932; Münzberger 18. 10. 1962, ebenda, Bd. 12, Bl. 2323–2327; Unverhau, 10. 7. 1961, ebenda, Bd. 5, Bl. 994–1005; Hengst, 5. 7. 1962, LA Münster, Q 234, Nr. 4275, Bl. 80–85; BArch, SSO 350 A (Johann Niemann); Samuel Reizman, 3. 12. 1945 (P), BStU, HA XX, Treblinka-Material, Bl. 3–5.

225 Samuel Reizman, 3. 12. 1945 (P), BStU, HA XX, Treblinka-Material, Bl. 3–5; Oskar Strawczynski, 3. 12. 1964 (Hpt.V.), LA Düsseldorf, Rep. 388, Nr. 809; Münzberger, 31. 3. 1960, ebenda, Nr. 746, Bl. 128–131; Suchomel, 24. 10. 1960, ebenda, Nr. 751, Bl. 148–159; Miete, 7. 6. 1960, ebenda, Nr. 748, Bl. 167–173; Mentz, 19. 7. 1960, ebenda, Nr. 749, Bl. 157–169; Horn, 6. 11. 1961 u. 28. 5. 1962, ebenda, Nr. 760, Bl. 62–74 u. Nr. 763, Bl. 130–135; Großmann, 5. 7. 1961, ebenda, Nr. 756, Bl. 40–49; Matthes, 29. 3. 1962, ebenda, Nr. 762, Bl. 64–69; Stangl, 19. 7. 1967, ebenda, Nr. 246, Bl. 86–94; Suchomel, 24./25. 1. 1962, LA Münster, Q 234, Nr. 4269, Bl. 108–118; Stadie, 9./10. 7. 1962, ebenda, Nr. 4275, Bl. 89–98; Böhm, »Karrieren«, S. 112; Cymlich/Strawczynski, Escaping, S. 166.

226 Rum, 23. 11. 1961, LA Münster, Q 234, Nr. 4267, Bl. 64–73; Münzberger, 31. 3. 1960, LA Düsseldorf, Rep. 388, Nr. 746, Bl. 128; Miete, 27. 5. u. 1. 6. 1960, ebenda, Nr. 748, Bl. 154–160; Richard Glazar, 5. 9. 1961, ebenda, Nr. 757, Bl. 118–129; Charles Unger, 31. 5. 1968, ebenda, Nr. 249, Bl. 106–115; Suchomel, 5. 1. 1965 (Hpt.V.), ebenda, Nr. 810; Glazar, Falle, S. 51.

227 Suchomel, 23. 11. 1965, LA Düsseldorf, Rep. 388, Nr. 871, Bl. 11–13; Mentz, 20. 9. 1967, ebenda, Nr. 862, Bl. 97–104.

228 Mentz, 20. 9. 1967, LA Düsseldorf, Rep. 388, Nr. 862, Bl. 97–104; Suchomel, 5. 11. 1964 (Hpt.V.), ebenda, Nr. 808; Schiffner, 24. 11. 1964 (Hpt.V.), ebenda, Nr. 808; Unverhau, 18. 8. 1966 (Hpt.V.), LA Münster, Q 234, Nr. 5244, Bl. 1581–1588.

229 Bootz, 4. 6. 1970 (Hpt.V.) u. 15. 8. 1968, LA Düsseldorf, Rep. 388, Nr. 869 u. Nr. 863, Bl. 25–31; Stangl, 19. 8. 1968, ebenda, Nr. 250, Bl. 17–24.

230 Rum, 26. 7. 1967, LA Düsseldorf, Rep. 388, Nr. 246, Bl. 104–108; Suchomel, 28. 12. 1964 (Hpt.V.), ebenda, Nr. 810; Miete, 2. 6. 1960, ebenda, Nr. 748, Bl. 161–166; Mentz, 5. 11. 1964 (Hpt.V.) u. 20. 9. 1967, ebenda, Nr. 808 u. Nr. 862, Bl. 97–104; Glazar, Falle, S. 54–55.

231 Horn, 11. 10. 1967, LA Düsseldorf, Rep. 388, Nr. 862, Bl. 114–124; Kalman Taigman, 29. 11. 1959 u. 22. 12. 1964 (Hpt.V.), ebenda, Nr. 743, Bl. 550–552 u. Nr. 810; Miete, 1. 6. 1960, ebenda, Nr. 748, Bl. 158–160; Shalom Kohn, 9. 5. 1961, ebenda, Nr. 756, Bl. 193–195; Mentz, 20. 9. 1967, ebenda, Nr. 862, Bl. 97–104; Münzberger, 31. 3. 1960, ebenda, Nr. 746, Bl. 128–131; Rum, 12. 10. 1960, ebenda, Nr. 751, Bl. 101–112; Großmann, 6. 7. 1961, ebenda, Nr. 756, Bl. 50–57; Henry Brenner, 7. 5. 1968, ebenda, Nr. 862, Bl. 182–189; Richard Glazar, 29. 7. 1962, Rundfunk-Interview, ebenda, Nr. 263.

232 Hirtreiter, 5. 7. 1948, HHStA Wiesbaden, Abtl. 461, Nr. 35253, Bl. 7–12; Bomba, 27. 2. 1951 (Hpt.V.), ebenda, Nr. 35254, Bl. 317–320; Kalman Tajgmann, 25. 8. 1960, LA Düsseldorf, Rep. 388, Nr. 755, Bl. 37–42; JuNSV, 1971, Bd. 8, Nr. 270, S. 264.

233 Münzberger, 31. 3. 1960, LA Düsseldorf, Rep. 388, Nr. 746, Bl. 128–131; Miete, 7. 6. 1960, ebenda, Nr. 748, Bl. 167–173; Mentz, 19. 7. 1960, ebenda, Nr. 749, Bl. 157–169, Suchomel, 24. 10. 1960, ebenda, Nr. 751, Bl. 148–159; Großmann, 6. 7. 1961, ebenda, Nr. 756, Bl. 50–57; Lambert, 20. 12. 1961, ebenda, Nr. 760, Bl. 170–181; Rum, 12. 10. 1960, ebenda, Nr. 751, Bl. 101–112; Stadie, 21. 5. 1965 (Hpt.V.), ebenda, Nr. 812.

234 Suchomel, 23. 11. 1965 u. 4. 1. 1965 (Hpt.V.), LA Düsseldorf, Rep. 388, Nr. 871, Bl. 11–13 u. Nr. 810; Miete, 24. 11. 1965, ebenda, Nr. 871, Bl. 17–20; Matthes, 25. 11. 1965, ebenda, Nr. 871, Bl. 24–26; Rum, 26. 7. 1967, ebenda, Nr. 246, Bl. 104–108.

235 Matthes, 4. 7. 1962, LA Münster, Q 234, Nr. 4275, Bl. 74–79; Horn, 6. 11. 1961, LA Düsseldorf, Rep. 388, Nr. 760, Bl. 62–74; Münzberger, 31. 3. 1960, ebenda, Nr. 746, Bl. 128–131; Großmann, 5. 7. 1961, ebenda, Nr. 756, Bl. 40–49; Miete, 2. 6. 1960, ebenda, Nr. 748, Bl. 161–166; Mentz, 19. 7. 1960, ebenda, Nr. 749, Bl. 157–169; Matthes, 30. 3. 1962, ebenda, Nr. 762, Bl. 70–76; Vermerk v. Dietrich Allers, 15. 1. 1944, BArch, R 96 I, 1.

236 Münzberger, 24. 11. 1965, LA Düsseldorf, Rep. 388, Nr. 871, Bl. 14–16; Mentz, 25. 11. 1965, ebenda, Nr. 871, Bl. 21–23; Horn, 6. 1. 1966 u. 11. 10. 1967, ebenda,

Nr. 871, Bl. 72–75 u. Nr. 862, Bl. 114–124; Großmann, 8. 12. 1965, ebenda, Nr. 871, Bl. 43–45; Lambert, 30. 11. 1965, ebenda, Nr. 871, Bl. 35–36; Suchomel, 23. 11. 1965, ebenda, Nr. 871, Bl. 11–13; Münzberger, 24. 11. 1965, ebenda, Nr. 871, Bl. 14–16; Miete, 24. 11. 1965, ebenda, Nr. 871, Bl. 17–20; Anklageschrift gg. Paul Nitsche u.a., BstU RHE-West 487, Bl. 18–45; Schilter, Ermessen, S. 206.

237 Schilter, Ermessen, S. 207; Richard Glazar, 3. 11. 1967 u. 5. 9. 1961, LA Düsseldorf, Rep. 388, Nr. 862, Bl. 143–146 u. Nr. 757, Bl. 118–129; Münzberger, 18. 12. 1961, ebenda, Nr. 760, Bl. 165–167.

238 Dietrich Allers, 15. 1. 1944, BArch, R 96 I, 1; Bericht Schneider, 24. 1. 1944, BArch, R 96 I, 4; Gräberauskunft unter http://www.volksbund.de/graebersuche.html [10. 5. 2013]; Großmann, 5. 7. 1961, LA Düsseldorf, Rep. 388, Nr. 756, Bl. 40–49; Horn, 6. 11. 1961, ebenda, Nr. 760, Bl. 62–74; Miete, 7. 6. 1960, ebenda, Nr. 748, Bl. 167–173; Rost, 4. 5. 1946, BStU, RHE-West 487, Bl. 91–95; Münzberger 18. 10. 1962, StA München, Staatsanwaltschaften 33033/12, Bl. 2323–2327.

239 Vermerk v. Dietrich Allers, 15. 1. 1944, BArch, R 96 I, 1; Untersuchungsrichter I beim LG, 17. 5. 1962, LA Düsseldorf, Rep. 388, Nr. 762, Bl. 118; Horn, 6. 11. 1961, ebenda, Nr. 760, Bl. 62–74; Großmann, 5. 7. 1961, ebenda, Nr. 756, Bl. 40–49; Matthes, 29. 3. 1962, ebenda, Nr. 762, Bl. 64–69; Schilter, Ermessen, S. 206.

240 Matthes, 4. 7. 1962 u. 10. 10. 1962, LA Münster, Q 234, Nr. 4275, Bl. 74–79 u. Nr. 4280, Bl. 16–18; Horn, 9./12. 1. 1963, ebenda, Nr. 4285, Bl. 70–79; Horn, 6. 11. 1961 u. 11. 10. 1967, LA Düsseldorf, Rep. 388, Nr. 760, Bl. 62–74 u. Nr. 862, Bl. 114–124; Großmann, 5. 7. 1961, ebenda, Nr. 756, Bl. 40–49; Abraham Goldfarb, 14. 12. 1964 (Hpt.V.), ebenda, Nr. 809; JuNSV (1981), Bd. 22, Nr. 596, S. 168–170.

241 Großmann, 9. 11. 1961, StA München, Staatsanwaltschaften 33033/6, Bl. 1162–1165; Großmann, 5.–6. 7. 1961, LA Düsseldorf, Rep. 388, Nr. 756, Bl. 40–57; Miete, 2. 6. 1960, ebenda, Nr. 748, Bl. 161–166; Matthes, 30. 3. 1962 u. 19. 10. 1964 (Hpt.V.), ebenda, Nr. 762, Bl. 70–76 u. Nr. 808; Horn, 14. 12. 1964 (Hpt.V.), ebenda, Nr. 809; BArch, SSO 350 A (Johann Niemann).

242 BArch, R 178, EVZ I/30, A. 16; BArch, PK L 115 (Erich Schultze); Unverhau, 10. 7. 1948 u. 10. 7. 1961, StA München, Staatsanwaltschaften 33033, Bd. 4, Bl. 784–785 u. Bd. 5, Bl. 994–1005; Gley, 8.–10. 5. 1961, ebenda, Bd. 5, Bl. 908–932; Münzberger, 31. 3. 1960, LA Düsseldorf, Rep. 388, Nr. 746, Bl. 128–131; Münzberger, 26. 1. 1962, LA Münster, Q 234, Nr. 4269, Bl. 119–124.

243 Hengst, 6. 2. 1962, LA Düsseldorf, Rep. 388, Nr. 761, Bl. 135–140; Münzberger, 18. 12. 1961, ebenda, Nr. 760, Bl. 165–167; Richard Glazar, 5. 9. 1961, ebenda, Nr. 757, Bl. 118–129; Rost, 4. 5. 1946, BStU, RHE-West 487, Bl. 91–95; Schilter, Ermessen, S. 207.

244 Mentz, 30. 8. 1961, LA Münster, Q 234, Nr. 4265, Bl. 112–118; Samuel Reizman, 3. 12. 1945 (P), BStU, HA XX, Treblinka-Material, Bl. 3–5; Kalman Jankowsky, 11. 2. 1960 u. 16. 11. 1959, LA Düsseldorf, Rep. 388, Nr. 744, Bl. 186–191 u. Nr. 743, Bl. 403–408; Münzberger, 31. 3. 1960, ebenda, Nr. 746, Bl. 128–131; Miete, 2. 6. 1960, ebenda, Nr. 748, Bl. 161–166; Maniek Platkiewicz, 10. 12. 1964 (Hpt.V.), ebenda, Nr. 809; Richard Glazar, 8. 12. 1964 (Hpt.V.), ebenda, Nr. 809.

245 Dietrich Allers, 19. 4. 1960, LA Düsseldorf, Rep. 388, Nr. 747, Bl. 46–47; Bauer, 4. 1. 1966, ebenda, Nr. 871, Bl. 57–61; Rum, 6. 1. 1966 u. 12. 10. 1960, ebenda, Nr. 871, Bl. 66–71 u. Nr. 751, Bl. 101–112; Mitteilung der WASt, 1. 4. 1965, ebenda, Nr. 780, Bl. 143; Adressbuch von Berlin (1940); Häusler, 23. 5. 1960, StA München, Staatsanwaltschaften 33033/5, Bl. 800–805; Arnold Oels, 20. 1. 1961, HHStA Wiesbaden, Abtl. 631a, Nr. 889a; Häusler, 26. 8. 1963, StA Hamburg, LG NSG 213–12, 0036/018, Bl. 7343–7346; Zusammenfassung zum »Alten Flughafen«, ebenda, 0036–64; Franz, 2. 3. 1960, LA Münster, Q 234, Nr. 4300, Bl. 185–188.

246 Rum, 28. 5. 1962, 12. 10. 1960 u. 19. 10. 1964 (Hpt.V.), LA Düsseldorf, Rep. 388, Nr. 763, Bl. 135–140, Nr. 751, Bl. 101–112 u. Nr. 808; Richard von Hegener, 16. 11. 1964 (Hpt.V.), ebenda, Nr. 808; Zygmund Strawczynski, 11. 5. 1965, ebenda, Nr. 779, Bl. 126–145; Rum, 23. 11. 1961, LA Münster, Q 234, Nr. 4267, Bl. 64–73; Brack an Rum, 22. 12. 1941, BArch, NS 51/227; JuNSV (1981), Bd. 22, Nr. 596, S. 164–168.

247 Fuchs, 6. 3. 1968, LA Düsseldorf, Rep. 388, Nr. 248, Bl. 180–187; Vermerk d. Landeskriminalamts NRW, 29. 8. 1968, LA Düsseldorf, Rep. 388, Nr. 265, Buchstabe R; Personelle Besetzung Bernburg, 20. 11. 1942, StA München, Staatsanwaltschaften 33033/5, Bl. 833–837. Die Angaben zum nicht näher bestimmten Sonderkommando gehen auf einen Hinweis der WASt gegenüber dem Landeskriminalamt zurück.

248 Hengst, 5. 2. 1962, LA Düsseldorf, Rep. 388, Nr. 761, Bl. 127–134; Miete, 2. 6. 1960, ebenda, Nr. 748, Bl. 161–166.

249 Miete, 15. 7. 1970 (Hpt.V.), LA Düsseldorf, Rep. 388, Nr. 255, Bl. 96–101; Abraham Goldfarb, 14. 6. 1960, ebenda, Nr. 752, Bl. 70–79; Weinstein, 17 Days, S. 48–49.

250 Abraham Krzepicki: 18 Tage im Totenlager, LA Düsseldorf, Rep. 388, Nr. 838; Elias Rosenberg, 24. 12. 1947 u. 26. 6. 1970 (Hpt.V.), ebenda, Nr. 743, Bl. 583–594 u. Nr. 255, Bl. 67–72; J. Rajgrodzki: 11 Monate in Treblinka, ebenda, Nr. 752, Bl. 4–38; Suchomel, 3. 11. 1964 (Hpt.V.), ebenda, Nr. 808; Jakob Wiernik, 4. 1. 1965 (Hpt.V.), ebenda, Nr. 810; Mentz, 19. 7. 1960, ebenda, Nr. 749, Bl. 157–169; Wiernik, Rok, S. 53; Weinstein, 17 Days, S. 48–58.

251 Elias Rosenberg, 24. 12. 1947, LA Düsseldorf, Rep. 388, Nr. 743, Bl. 583–594; Tadeusz Grinberg, 19. 1. 1961, ebenda, Nr. 756, Bl. 184–190; Abraham Krzepicki: 18 Tage im Totenlager, ebenda, Nr. 838; Młynarczyk, »Treblinka«, S. 273.

252 Kalman Taigman, 29. 11. 1959 u. 22. 12. 1964 (Hpt.V.), LA Düsseldorf, Rep. 388, Nr. 743, Bl. 550–552 u. Nr. 810; WASt an Untersuchungsrichter I, 16. 3. 1960, ebenda, Nr. 746, Bl. 42; J. Rajgrodzki: 11 Monate in Treblinka, ebenda, Nr. 752, Bl. 4–38; Stadie, 3. 11. 1964 (Hpt.V.), ebenda, Nr. 808; Czeslaw Augustyniak, 30. 5. 1960, ebenda, Nr. 748, Bl. 140–146; Tadeusz Grinberg, 19. 1. 1961, ebenda, Nr. 756, Bl. 184–190; Abraham Krzepicki: 18 Tage im Totenlager, ebenda, Nr. 838; Elias Rosenberg, 24. 12. 1947, ebenda, Nr. 743, Bl. 583–594; Miete, 3. 11. 1964 (Hpt.V.), 10. 7. 1961 u. 7. 6. 1960, ebenda, Nr. 808, Nr. 756, Bl. 62–64 u. Nr. 748, Bl. 167–173; Mentz, 3. 11. 1964 (Hpt.V.), ebenda, Nr. 808.

253 Eugeniusz Turowski, 7. 10. 1945 (P), LA Düsseldorf, Rep. 388, Nr. 746, Bl. 1–4; Henry Sperling, 12./13. 4. 1961, ebenda, Nr. 755, Bl. 1–11; Aleksander Kudlik,

10. 10. 1945 (P), ebenda, Nr. 746, Bl. 53–56; Willenberg, Revolt, S. 18–19; Gray, Schrei, S. 136–137.

254 Suchomel, 25. 10. 1960, LA Düsseldorf, Rep. 388, Nr. 751, Bl. 160–171; Richard Glazar, 1. 9. 1961, ebenda, Nr. 757, Bl. 100–108; Jakob Wiernik, 23. 8. 1960, ebenda, Nr. 753, Bl. 194–204; Jakob Domb, 9. 2. 1965, ebenda, Nr. 781, Bl. 255–264; Arad, Belzec, S. 106–113.

255 Sewek Warszawski, 21. 1. 1960, LA Düsseldorf, Rep. 388, Nr. 744, Bl. 86–92; Bericht über Treblinka, 25. 2. 1943, ebenda, Nr. 747, Bl. 9–18.

256 Stangl in Sereny, Abgrund, S. 180; Oskar Strawczynski, 7. 10. 1945, LA Düsseldorf, Rep. 388, Nr. 745, Bl. 32–39; Eugeniusz Turowski, 7. 10. 1945, ebenda, Nr. 746, Bl. 1–4; Münzberger, 22. 10. 1964 (Hpt.V.), ebenda, Nr. 808; Charles Unger, 20. 8. 1970, ebenda, Nr. 255, Bl. 142–151; Suchomel, in Lanzmann, Shoah, S. 149; Stiffel, Tale, S. 70.

257 Stangl, 22. 5. 1970 (Hpt.V., Mitschrift Kaul), BArch, DP 3/2012; Suchomel, 3. 7. 1970 (Hpt.V., Mitschrift Kaul), ebenda; Mätzig, 23. 11. 1967 u. 19. 6. 1970 (Hpt.V.), ebenda, Nr. 862, Bl. 156–163 u. Nr. 255, Bl. 59–62; Stadie, 22. 10. 1964 (Hpt.V.) u. 28. 6. 1962, ebenda, Nr. 808 u. Nr. 763, Bl. 98–103; Josef Kuźmiński, 16. 10. 1945 (P), ebenda, Nr. 859; Rudolf Emmerich an die Staatssicherheit Berlin, 24. 8. 1969, BStU, HA XX, Treblinka-Material, Bl. 119–123.

258 Münzberger, 1. 4. 1960, LA Düsseldorf, Rep. 388, Nr. 746, Bl. 132–135.

259 Suchomel in Sereny, Abgrund, S. 129; Stangl, in ebenda, S. 189; Hirtreiter, 9. 11. 1950, HHStA Wiesbaden, Abtl. 461, Nr. 35253, Bl. 181–190; Richard Fleschner, 20. 1. 1960, LA Düsseldorf, Rep. 388, Nr. 744, Bl. 79–84; Münzberger, 1. 4. 1960, ebenda, Nr. 746, Bl. 132–135; Miete, 10. 7. 1961, ebenda, Nr. 756, Bl. 62–64; Mentz, 31. 7. 1961, ebenda, Nr. 757, Bl. 19–21; Stadie, 27. 6. 1962, ebenda, Nr. 763, Bl. 88–97; Franz, Stadie, Menz, Suchomel u. Rum, 15. 10. 1964 (Hpt.V.), ebenda, Nr. 808; Richard Glazar, Miete u. Rum, 8. 12. 1964 (Hpt.V.), ebenda, Nr. 809; Stadie, 21. 5. 1965 (Hpt.V.), ebenda, Nr. 812.

260 Franz, 22. 10. 1964 (Hpt.V.), LA Düsseldorf, Rep. 388, Nr. 808; Wladyslaw Golebiowski, 28. 1. 1965, ebenda, Nr. 263; Stangl, 11. 7. 1967, ebenda, Nr. 246, Bl. 51–59; Schiffner, 19. 6. 1962, ebenda, Nr. 762, Bl. 142–153; Richard Glazar, 5. 9. 1961, ebenda, Nr. 757, Bl. 118–129.

261 Henrik Gawkowski, in Lanzmann, Shoah, S. 55–56; Zabecki in Sereny, Abgrund, S. 159; Rudolf Emmerich an die Staatssicherheit Berlin, 24. 8. 1969, BStU, HA XX, Treblinka-Material, Bl. 119–123; Franciszek Zabecki, 19. 1. 1965 (Hpt.V.), LA Düsseldorf, Rep. 388, Nr. 810; Josef Kuźmiński, 16. 10. 1945 (P), ebenda, Nr. 859; Wladyslaw Golebiowski, 28. 1. 1965, ebenda, Nr. 263; Henry Sperling, 18. 2. 1965 (Hpt.V.), ebenda, Nr. 811; Richard Neuser, 4. 7. 1961, ebenda, Nr. 419, Bl. 295–298; Leizer Hochmann, 3. 12. 1964, ebenda, Nr. 776, Bl. 173–174; Stanisław Borowy, 21. 11. 1945 (P), ebenda, Nr. 859; Pinchas Epstein, 7. 6. 1960, ebenda, Nr. 752, Bl. 91–98; Kalman Tajgmann, 25. 8. 1960, ebenda, Nr. 755, Bl. 37–42; Naftali Milgraum, 30. 8. 1943, Yad Vashem, O 12 Perlman Collection Nr. 53.

262 Rudolf Emmerich an Staatssicherheit Berlin, 24. 8. 1969, BStU, HA XX, Treblinka-Material, Bl. 119–123; Wladyslaw Golebiowski, 28. 1. 1965, LA Düsseldorf, Rep. 388, Nr. 263; Stanisław Borowy, 21. 11. 1945 (P), ebenda, Nr. 859; Stangl, 11. 7. 1967, ebenda, Nr. 246, Bl. 51–59; Prokofij Ryabtsev, 17. 4. 1961, Dokument

GX-122 im US-Fall gg. Reimer, Plaintiff Dokumente, Demjanjuk v. Petrovsky, S. 679–684, OSI File TC 4-5-53.

263 Stangl, 22. 5. 1970 (Hpt.V., Mitschrift Kaul), BArch, DP 3/2012; Wilhelm Baumeister, 15. 7. 1964, LA Düsseldorf, Rep. 388, Nr. 777, Bl. 19–25; Rum, 12. 10. 1960, ebenda, Nr. 751, Bl. 101–112; Stadie, 28. 6. 1962, ebenda, Nr. 763, Bl. 98–103; Franciszek Zabecki, 19. 1. 1965 (Hpt.V.), ebenda, Nr. 810; Leizer Hochmann, 3. 12. 1964, ebenda, Nr. 776, Bl. 173–174; Sereny, Abgrund, S. 179; Suchomel, 24. 4. 1964, StA Hamburg, LG NSG 213–12, 0036/022, Bl. 9323–9333; Mentz, 22. 7. 1964, ebenda, 0036/024, Bl. 10123–10130; Prokofij Ryabtsev, 3. 2. 1965 u. 17. 4. 1961, Dokumente GX-121 u. 122 im US-Fall gg. Reimer, Plaintiff Dokumente, Demjanjuk v. Petrovsky, S. 664–671 u. 679–684, OSI File TC 4-5-51 u. 53.

264 Willenberg, Revolt, S. 129–130; Glazar in Sereny, Abgrund, S. 188; Samuel Reizman, 9. 10. 1945 (P), LA Düsseldorf, Rep. 388, Nr. 745, Bl. 191–196; Weinstein, 17 Days, S. 54.

265 Abe Kon, 9. 10. 1945 (P), LA Düsseldorf, Rep. 388, Nr. 744, Bl. 134–137; Oskar Strawczynski, 7. 10. 1945 (P), ebenda, Nr. 745, Bl. 32–39; Aleksander Kudlik, 10. 10. 1945 (P), ebenda, Nr. 746, Bl. 53–56; Stadie, 28. 6. 1962 u. 22. 10. 1964 (Hpt.V.), ebenda, Nr. 763, Bl. 98–103 u. Nr. 808; A. Kolski, 29. 4. 1965 (Hpt.V.), ebenda, Nr. 812; Henry Sperling, 12./13. 4. 1961, ebenda, Nr. 755, Bl. 1–11; Jakob Domb, 9. 2. 1965, ebenda, Nr. 781, Bl. 255–264; Richard Glazar, 2. 11. 1967, ebenda, Nr. 247, Bl. 165–176; Miete, 27. 5. 1960, ebenda, Nr. 748, Bl. 154–157; Maurice Markus, 16. 3. 1965, ebenda, Nr. 779, Bl. 3–6; Stangl, 11. 7. 1967, ebenda, Nr. 246, Bl. 51–59; Abraham Kolski, 29. 3. 1990, USHMM-Interview, RG-50.030*0113; Willenberg, Revolt, S. 12; Naftali Milgraum, 30. 8. 1943, Yad Vashem, O 12 Perlman Collection Nr. 53; Georgij Skidan, 26. 5. 1950, Dokument GX-141 im U.S.-Fall gg. Reimer, Plaintiff Dokumente, Demjanjuk v. Petrovsky, S. 459–466, OSI-File TC 4-5-40.

266 Heniek Sperling, Aug. 1950, HHStA Wiesbaden, Abtl. 461, Nr. 35254, Bl. 304; Henry Sperling, 12./13. 4. 1961, LA Düsseldorf, Rep. 388, Nr. 755, Bl. 1–11; Samuel Reizman, 9. 10. 1945 (P), ebenda, Nr. 745, Bl. 191–196; Kalman Taigmann, 22. 12. 1964 (Hpt.V.), ebenda, Nr. 810; Stangl, 17. 7. 1967, ebenda, Nr. 246, Bl. 70–80; Mentz, 19. 7. 1960, ebenda, Nr. 749, Bl. 157–169; Wladyslaw Golebiowski, 28. 1. 1965, ebenda, Nr. 263; Simon Goldberg, 22. 12. 1964 (Hpt.V.), ebenda, Nr. 810; Willenberg, Revolt, S. 129–130; Glazar, Falle, S. 67; Grossmann, Hölle, S. 11.

267 Willenberg, Revolt, S. 13; Samuel Willenberg, 1945 (P), LA Düsseldorf, Rep. 388, Nr. 747, Bl. 109–151; Mentz, 19. 7. 1960, ebenda, Nr. 749, Bl. 157–169; Richard Glazar, 2. 11. 1967, ebenda, Nr. 247, Bl. 165–176; Samuel Reizman: Evidence by witness, BStU, HA XX, Treblinka-Material, Bl. 225–230; Sonia Lewkowicz, Aussage im Federenko-Prozess, 1978, unter: www.holocaustresearchproject.org/survivor/sonialewkowicz.html [10. 5. 2013]; Glazar, Falle, S. 69.

268 Oskar Strawczynski, 7. 10. 1945 (P), LA Düsseldorf, Rep. 388, Nr. 745, Bl. 32–39; Samuel Reizman, 9. 10. 1945 (P), ebenda, Nr. 745, Bl. 191–196; Eugeniusz Turowski, 7. 10. 1945 (P), ebenda, Nr. 746, Bl. 1–4; Aleksander Kudlik, 10. 10. 1945 (P), ebenda, Nr. 746, Bl. 53–56; Münzberger, 1. 4. 1960, ebenda, Nr. 746,

Bl. 132–135; Mentz, 19. 7. 1960, ebenda, Nr. 749, Bl. 157–169; Stanisław Kohn, 7. 10. 1945 (P), ebenda, Nr. 753, Bl. 174–179; Kalman Tajgmann, 25. 8. 1960, ebenda, Nr. 755, Bl. 37–42; Aron Gelbard, 5. 1. 1965 (Hpt.V.), ebenda, Nr. 810; Henry Brenner, 5. 7. 1965 (Hpt.V.), ebenda, Nr. 812; Jakob Eisner, 15. 12. 1964 (Hpt.V.), ebenda, Nr. 809; Henryk Reichman, 12. 10. 1945, ebenda, Nr. 746, Bl. 60–63; Abe Kon, 9. 10. 1945 (P), ebenda, Nr. 744, Bl. 134–137; Naftali Milgraum, 30. 8. 1943, Yad Vashem, O 12 Perlman Collection Nr. 53; Rajchman, Ich bin der letzte Jude, S. 35; Cymlich/Strawczynski, Escaping, S. 131–133.

269 Berek Rojzman, 18. 2. 1965 (Hpt.V.), LA Düsseldorf, Rep. 388, Nr. 811; Stangl, 22. 5. 1970 (Hpt.V.) u. 17. 7. 1967, ebenda, Nr. 255, Bl. 18–21 u. Nr. 246, Bl. 70–80; Mentz, 4. 6. 1970 (Hpt.V.) u. 19. 7. 1960, ebenda, Nr. 255, Bl. 46–50 u. Nr. 749, Bl. 157–169; Stadie, 22. 10. 1964 (Hpt.V.), ebenda, Nr. 808; Miete, 2. 6. 1960, ebenda, Nr. 748, Bl. 161–166; Jakob Domb, 9. 2. 1965, ebenda, Nr. 781, Bl. 255–264; J. Rajgrodzki: 11 Monate in Treblinka, ebenda, Nr. 752, Bl. 4–38; Kalman Tajgmann, 25. 8. 1960 u. 22. 12. 1964 (Hpt.V.), ebenda, Nr. 755, Bl. 37–42 u. Nr. 810; Czeslaw Augustyniak, 3. 12. 1964 (Hpt.V.), ebenda, Nr. 809; Rum, 28. 5. 1962 u. 12. 10. 1960, ebenda, Nr. 763, Bl. 135–140 u. Nr. 751, Bl. 101–112; Suchomel, 24. 10. 1960, ebenda, Nr. 751, Bl. 148–159; Richard Glazar, 2. 11. 1967, ebenda, Nr. 247, Bl. 165–176; Charles Unger, 20. 8. 1970, ebenda, Nr. 255, Bl. 142–151; Hirtreiter, 9. 11. 1950, HHStA Wiesbaden, Abtl. 461, Nr. 35253, Bl. 181–190; Willenberg, Revolt, S. 13; Gray, Schrei, S. 133–134; Stangl, 22. 5. 1970 (Hpt.V., Mitschrift Kaul), BArch, DP 3/2012; Abraham Kolski, 29. 3. 1990, USHMM-Interview, RG-50.030*0113.

270 Kalman Tajgmann, 25. 8. 1960 u. 22. 12. 1964 (Hpt.V.), LA Düsseldorf, Rep. 388, Nr. 755, Bl. 37–42 u. ebenda, Nr. 810; Abraham Krzepicki: 18 Tage im Totenlager, ebenda, Nr. 838; Samuel Willenberg, 1945 (P), ebenda, Nr. 747, Bl. 109–151; Bronka Sukno, 7. 2. 1965, ebenda, Nr. 781, Bl. 243–254; Suchomel, 22. 10. 1964 (Hpt.V.), ebenda, Nr. 808; Sonia Lewkowicz, 7. 1. 1965 (Hpt.V.) u. 23. 6. 1960, ebenda, Nr. 810 u. Nr. 752, Bl. 85–89; Leo Lewi, 21. 10. 1959, ebenda, Nr. 742, Bl. 209–217; Eugeniusz Turowski, 7. 10. 1945 (P), ebenda, Nr. 746, Bl. 1–4; Mentz, 23. 6. 1960, ebenda, Nr. 749, Bl. 133–137; Suchomel, 15. 2. 1965 (Hpt.V.), ebenda, Nr. 811; Tadeusz Grinberg, 19. 1. 1961, ebenda, Nr. 756, Bl. 184–190; Münzberger, 1. 4. 1960, ebenda, Nr. 746, Bl. 132–135; Henry Sperling, 12./13. 4. 1961, ebenda, Nr. 755, Bl. 1–11; Richard Glazar, 2. 11. 1967, ebenda, Nr. 247, Bl. 165–176; Heniek Sperling, Aug. 1950, HHStA Wiesbaden, Abtl. 461, Nr. 35254, Bl. 304ff.; Sewek Warszawski, 14. 7. 1950, ebenda, Nr. 35253, Bl. 142–143; Willenberg, Revolt, S. 13; Rojzman in Sereny, Abgrund, S. 202; Rajchman, Ich bin der letzte Jude, S. 34; Wiernik, Rok, S. 61.

271 Stadie, 22. 10. 1964 (Hpt.V.), LA Düsseldorf, Rep. 388, Nr. 808; Czeslaw Augustyniak, 30. 5. 1960, ebenda, Nr. 748, Bl. 140–146; Moses Porzyczki, 11. 10. 1960, ebenda, Nr. 751, Bl. 90–99; Willenberg, Revolt, S. 13–14; Chodzko, Évadé, S. 48–49.

272 Hirtreiter, 9. 11. 1950, HHStA Wiesbaden, Abtl. 461, Nr. 35253, Bl. 181–190; Sewek Warszawski, 9. 12. 1949, ebenda, Bl. 91–94; Heniek Sperling, Aug. 1950, ebenda, Nr. 35254, Bl. 304; Oskar Strawczynski, 7. 10. 1945, LA Düsseldorf, Rep. 388, Nr. 745, Bl. 32–39; Aleksander Kudlik, 10. 10. 1945, ebenda, Nr. 746, Bl. 53–56; Jakob Wiernik, 1./2. 10. 1964, ebenda, Nr. 771, Bl. 107–118; Elias Ro-

senberg, 24. 12. 1947, ebenda, Nr. 743, Bl. 583–594; Suchomel, 21. 5. 1965 (Hpt.V.), ebenda, Nr. 812; Stangl, 17. 7. 1967, ebenda, Nr. 246, Bl. 70–80; Stanislaw Kohn, 17. 8. 1944, ebenda, Nr. 252, Umschlag Bl. 157a; Gustaw Boraks, 15. 3. 1961, ebenda, Nr. 759, Bl. 133–136; Kalman Jankowsky, 12. 1. 1965 (Hpt.V.), ebenda, Nr. 810; Wiernik, Rok, S. 62; Naftali Milgraum, 30. 8. 1943, Yad Vashem, O 12 Perlman Collection Nr. 53.

273 Henryk Reichman, 12. 10. 1945, LA Düsseldorf, Rep. 388, Nr. 746, Bl. 60–63; Charles Burk, 13. 5. 1965, ebenda, Nr. 779, Bl. 148–157; Gustaw Boraks, 15. 3. 1961 u. 15. 12. 1964 (Hpt.V.), ebenda, Nr. 759, Bl. 133–136 u. Nr. 809; Suchomel, 22. 10. 1964 (Hpt.V.), ebenda, Nr. 808; Abraham Bomba, 7. 12. 1964 (Hpt.V.), ebenda, Nr. 809; Gilmair Rajchman, 14. 1. 1965 (Hpt.V.), ebenda, Nr. 810; Henry Brenner, 5. 7. 1965 (Hpt.V.) u. 9. 10. 1945 (P), ebenda, Nr. 812 u. Nr. 859; Interview mit Avraham Bomba, 28. 8. 1990, USHMM, RG-50.030*0033; Rajchman, Ich bin der letzte Jude, S. 54–64; Willenberg, Revolt, S. 64–65. Vgl. Lanzmann, Hase, S. 554–558; Bomba, in Lanzmann, Shoah. S. 153–159.

274 Wiernik, Rok, S. 61; Henryk Poswolski, 9. 10. 1945 (P), LA Düsseldorf, Rep. 388, Nr. 746, Bl. 44–48; Stanislaw Kohn, 17. 8. 1944, ebenda, Nr. 252, Umschlag Bl. 157a; Leo Lewi, 21. 10. 1959, ebenda, Nr. 742, Bl. 209–217; Jakob Jakubicz, 30. 11. 1964 (Hpt.V.), ebenda, Nr. 809; Abraham Lindwasser, 17. 12. 1964 (Hpt.V.), ebenda, Nr. 809; Nikolay Shalayev, 18. 12. 1950, Dokument GX-125 im US-Fall gg. Reimer, Plaintiff Dokumente, Demjanjuk v. Petrovsky, S. 395–404, OSI File TC 4-5-35; Interview mit David Lieberman, 10. 7. 1990, USHMM, RG-50.030*0132.

275 Hirtreiter, 5. 7. 1948, HHStA Wiesbaden, Abtl. 461, Nr. 35253, Bl. 7–12; Münzberger, 22. 10. 1964 (Hpt.V.) u. 24. 6. 1970 (Hpt.V.), LA Düsseldorf, Rep. 388, Nr. 808 u. Nr. 255, Bl. 63–66; Mentz, 19. 7. 1960, ebenda, Nr. 749, Bl. 157–169; Ivan Shvidkij, 12. 1. 1952, SBU-Archiv Donezk, Archivnr. 56433, Fall Nr. 7168 (Shvidkij), Bl. 177–197; Rajchman, Ich bin der letzte Jude, S. 38; Weinstein, 17 Days, S. 56.

276 Hirtreiter, 9. 11. 1950, HHStA Wiesbaden, Abtl. 461, Nr. 35253, Bl. 181–190; Sewek Warszawski, 9. 12. 1949 u. 9. 11. 1950, ebenda, Bl. 91–94 u. 192–199; Prokofij Ryabtsev, 17. 4. 1961 u. 3. 2. 1965, Dokument GX-122 u. 121 im US-Fall gg. Reimer, Plaintiff Dokumente, Demjanjuk v. Petrovsky, S. 679–684 u. 664–671, OSI File TC 4-5-53 u. 51; Stangl, 17. 7. 1967, LA Düsseldorf, Rep. 388, Nr. 246, Bl. 70–80; Rum, 26. 7. 1967, ebenda, Bl. 104–108; Miete, 15. 7. 1970 (Hpt.V.), ebenda, Nr. 255, Bl. 96–101; Münzberger, 26. 10. 1960, ebenda, Nr. 751, Bl. 172–183; Rajchman, Ich bin der letzte Jude, S. 96–100; Münzberger, 24. 6. 1970 (Hpt.V., Mitschrift Kaul), BArch, DP 3/2012.

277 Samuel Reizman: Evidence by witness, BStU, HA XX, Treblinka-Material, Bl. 225–230; Hirtreiter, 9. 11. 1950, HHStA Wiesbaden, Abtl. 461, Nr. 35253, Bl. 181–190; Abraham Bomba, 23. 11. 1950, ebenda, Nr. 35254, Bl. 233–234; Berek Rojzman, 18. 2. 1965 (Hpt.V.), LA Düsseldorf, Rep. 388, Nr. 811; Suchomel, 26. 10. 1964 (Hpt.V.), ebenda, Nr. 808; Kalman Taigmann, 22. 12. 1964 (Hpt.V.), ebenda, Nr. 810; Kalman Jankowsky, 11. 2. 1960, ebenda, Nr. 744, Bl. 186–191; Interview mit Avraham Bomba, 28. 8. 1990, USHMM, RG-50.030*0033; Rajchman, Ich bin der letzte Jude, S. 39; Gray, Schrei, S. 135.

278 Pavel Leleko, 20. 2. 1945, unter: www.nizkor.org [10. 5. 2013]; Nikolay Shalayev,

8. 12. 1950 u. 18. 12. 1950, Dokument GX-124 u. 125 im US-Fall gg. Reimer, Plaintiff Dokumente, Demjanjuk v. Petrovsky, S. 380–389 u. 395–404, OSI File TC 4-5-33 u. 35; Suchomel, in Lanzmann, Shoah, S. 87; Münzberger, 26. 10. 1960 u. 24. 6. 1970 (Hpt.V.), LA Düsseldorf, Rep. 388, Nr. 751, Bl. 172–183 u. Nr. 255, Bl. 63–66; Jakob Wiernik, 4. 1. 1965 (Hpt.V.), ebenda, Nr. 810; J. Rajgrodzki: 11 Monate in Treblinka, ebenda, Nr. 752, Bl. 4–38; Rajchman, Ich bin der letzte Jude, S. 97.

279 Henryk Reichman, 12. 10. 1945 (P), LA Düsseldorf, Rep. 388, Nr. 746, Bl. 60–63; Jakob Wiernik, 1./2. 10. 1964, ebenda, Nr. 771, Bl. 107–118; Abraham Lindwasser, 17. 12. 1964 (Hpt.V.), ebenda, Nr. 809; Eliasz Rosenberg, 21. 12. 1964 (Hpt.V.), ebenda, Nr. 809; Rajchman, Ich bin der letzte Jude, S. 87.

280 Großmann, 5. 7. 1961, LA Düsseldorf, Rep. 388, Nr. 756, Bl. 40–49; Münzberger, 26. 10. 1960, ebenda, Nr. 751, Bl. 172–183; Abraham Goldfarb, 14. 12. 1964 (Hpt.V.), ebenda, Nr. 809; Horn, 6. 11. 1961, ebenda, Nr. 760, Bl. 62–74; Matthes, 29. 3. 1962, ebenda, Nr. 762, Bl. 64–69; Jakob Wiernik, 1./2. 10. 1964, ebenda, Nr. 771, Bl. 107–118; Prokofij Ryabtsev, 17. 4. 1961, Dokument GX-122 im US-Fall gg. Reimer, Plaintiff Dokumente, Demjanjuk v. Petrovsky, S. 679–684, OSI File TC 4-5-53; Georgij Skidan, 26. 5. 1950, Dokument GX-141 in ebenda, S. 459–466, OSI-File TC 4-5-40; Franz, 14. 9. 1961, StA München, Staatsanwaltschaften 33033/6, Bl. 1060–1086; Interview mit Avraham Bomba, 28. 8. 1990, USHMM, RG-50.030*0033; Eliahu Rosenberg, März 1987, Teicholz, Trial, S. 147.

281 Großmann, 5. 7. 1961, LA Düsseldorf, Rep. 388, Nr. 756, Bl. 40–49; Matthes, 29. 3. 1962, ebenda, Nr. 762, Bl. 64–69; Stangl, 17. 7. 1967, ebenda, Nr. 246, Bl. 70–80; J. Rajgrodzki: 11 Monate in Treblinka, ebenda, Nr. 752, Bl. 4–38; Münzberger, 26. 10. 1960, ebenda, Nr. 751, Bl. 172–183; Elias Rosenberg, 24. 12. 1947, ebenda, Nr. 743, Bl. 583–594; Pinchas Epstein, 7. 6. 1960, ebenda, Nr. 752, Bl. 91–98; Abraham Goldfarb, 14. 12. 1964 (Hpt.V.), ebenda, Nr. 809; Mentz, 4. 6. 1970 (Hpt.V., Mitschrift Kaul), BArch, DP 3/2012; Georgij Skidan, 26. 5. 1950, Dokument GX-141 im U.S.-Fall gg. Reimer, Plaintiff Dokumente, Demjanjuk v. Petrovsky, S. 459–466, OSI-File TC 4-5-40; Prokofij Ryabtsev, 17. 4. 1961, Dokument GX-122 in ebenda, S. 679–684, OSI File TC 4-5-53; Nikolay Shalayev, 8. 12. 1950 u. 18. 12. 1950, Dokument GX-124 u. 125 in ebenda, S. 380–389 u. 395–404, OSI File TC 4-5-33 u. 35; Eliahu Rosenberg, März 1987, Teicholz, Trial, S. 147; Cymlich/Strawczynski, Escaping, S. 170; Rajchman, Ich bin der letzte Jude, S. 87.

282 Samuel Rajgrodzki, 30. 11. 1964 (Hpt.V.), LA Düsseldorf, Rep. 388, Nr. 809; Henryk Reichman, 12. 10. 1945 (P), ebenda, Nr. 746, Bl. 60–63; Abraham Lindwasser, 6. 7. 1960, ebenda, Nr. 753, Bl. 186–193; Eliahu Rosenberg, 26. 6. 1970 (Hpt.V.), ebenda, Nr. 255, Bl. 67–72; Abraham Goldfarb, 26. 11. 1959, in Friedman, Treblinka; Nikolay Shalayev, 8. 12. 1950, Dokument GX-124 im US-Fall gg. Reimer, Plaintiff Dokumente, Demjanjuk v. Petrovsky, S. 380–389, OSI File TC 4-5-33; Wiernik, Rok, S. 62–63; Rajchman, Ich bin der letzte Jude, S. 88; Fuchs an Untersuchungsrichter, 15. 11. 1963, LA Münster, Q 234, Nr. 4294, Bl. 117–119.

283 Matthes, 22. 10. 1964 (Hpt.V.), LA Düsseldorf, Rep. 388, Nr. 808; Eliasz Rosenberg, 11. 2. 1961, ebenda, Nr. 758, Bl. 160–168; J. Rajgrodzki: 11 Monate in Treblinka, ebenda, Nr. 752, Bl. 4–38; Sewek Warszawski, 9. 12. 1949, HHStA Wiesbaden, Abtl. 461, Nr. 35253, Bl. 91–94.

284 Kalman Jankowsky, 16. 11. 1959, LA Düsseldorf, Rep. 388, Nr. 743, Bl. 403–408; Matthes, 19./22. 10. 1964 (Hpt.V.) u. 29. 3. 1962, ebenda, Nr. 808 u. Nr. 762, Bl. 64–69; Szymon Goldberg, 23. 1. 1964, ebenda, Nr. 771, Bl. 205–211; J. Rajgrodzki: 11 Monate in Treblinka, ebenda, Nr. 752, Bl. 4–38; Abraham Goldfarb, 14. 12. 1964 (Hpt.V.), ebenda, Nr. 809; Rajchman, Ich bin der letzte Jude, S. 81–91; Eliahu Rosenberg, 1987/1988, in Teicholz, Trial, S. 146; Nikolay Shalayev, 18. 12. 1950, Dokument GX-125 im US-Fall gg. Reimer, Plaintiff Dokumente, Demjanjuk v. Petrovsky, S. 395–404, OSI File TC 4-5-35.

285 Arad, »Aktion Reinhard«, S. 181–182; T II, geschildert von Oscar Berger, Yad Vashem, M 9/530; Matthes, 5. 11. 1964 (Hpt.V.), LA Düsseldorf, Rep. 388, Nr. 808; Johann Sułkowski, 20. 12. 1945 (P), ebenda, Nr. 859; Mentz, 19. 7. 1960, ebenda, Nr. 749, Bl. 157–169; Wiernik, Rok, S. 59.

286 Matthes, 30. 3. 1962 u. 19.–22. 10. 1964 (Hpt.V.), LA Düsseldorf, Rep. 388, Nr. 762, Bl. 70–76 u. Nr. 808; Roman Staniszewski, 10. 1. 1969, ebenda, Nr. 250, Bl. 140–145; Eliasz Rosenberg, 24. 12. 1947, 21. 12. 1964 (Hpt.V) u. 11. 2. 1961, ebenda, 388, Nr. 743, Bl. 583–594, Nr. 809 u. Nr. 758, Bl. 160–168; Richard Glazar, 10. 6. 1970 (Hpt.V.), ebenda, Nr. 255, Bl. 51–54; Bericht nach Augenzeugenberichten, 25. 2. 1943, ebenda, Nr. 747, Bl. 9–18; Sewek Warszawski, 21. 1. 1960 (P), ebenda, Nr. 744, Bl. 86–92; Münzberger, 1. 4. 1960 u. 22. 10. 1964 (Hpt.V.), ebenda, Nr. 746, Bl. 132–135 u. Nr. 808; Horn, 6. 11. 1961, ebenda, Nr. 760, Bl. 62–74; Stangl, 17. 7. 1967, ebenda, Nr. 246, Bl. 70–80; Leon Finkelsztein, 28. 12. 1945 (P), BStU, HA XX, Treblinka-Material, Bl. 28–31; Wiernik, Rok, S. 68; Münzberger, 24. 6. 1970 (Hpt.V., Mitschrift Kaul), BArch, DP 3/2012; Rajchman, Ich bin der letzte Jude, S. 70–72.

287 Abraham Krzepicki: 18 Tage im Totenlager, LA Düsseldorf, Rep. 388, Nr. 838; Elias Rosenberg, 24. 12. 1947, ebenda, Nr. 743, Bl. 583–594; Kalman Jankowsky, 16. 11. 1959, ebenda, Nr. 743, Bl. 403–408; J. Rajgrodzki: 11 Monate in Treblinka, ebenda, Nr. 752, Bl. 4–38; Großmann, 5. 7. 1961, ebenda, Nr. 756, Bl. 40–49; Abraham Lindwasser, 6. 7. 1960 u. 15. 12. 1964 (Hpt.V.), ebenda, Nr. 753, Bl. 186–193 u. Nr. 809; Matthes, 15. 12. 1964 (Hpt.V.), ebenda, Nr. 809; Jakob Wiernik, 1./2. 10. 1964, ebenda, Nr. 771, Bl. 107–118; Abraham Goldfarb, 14. 12. 1964 (Hpt.V.), ebenda, Nr. 809; Pinchas Epstein, 17. 12. 1964 (Hpt.V.), ebenda, Nr. 809; Stangl, 17. 7. 1967, ebenda, Nr. 246, Bl. 70–80; Horn, 6. 11. 1961, ebenda, Nr. 760, Bl. 62–74; Leon Finkelsztein, 28. 12. 1945 (P), BStU, HA XX, Treblinka-Material, Bl. 28–31; Rajchman, Ich bin der letzte Jude, S. 80–94.

288 Horn, 6. 11. 1961 u. 22. 10. 1964 (Hpt.V.), LA Düsseldorf, Rep. 388, Nr. 760, Bl. 62–74 u. Nr. 808; Matthes, 19./22. 10. 1964 (Hpt.V.) ebenda, Nr. 808; Stangl, 17. 7. 1967, ebenda, Nr. 246, Bl. 70–80; Eliasz Rosenberg, 11. 2. 1961 u. 24. 12. 1947, ebenda, Nr. 758, Bl. 160–168 u. Nr. 743, Bl. 583–594; J. Rajgrodzki: 11 Monate in Treblinka, ebenda, Nr. 752, Bl. 4–38; Pinchas Epstein, 17. 12. 1964 (Hpt.V.), ebenda, Nr. 809; Abraham Lindwasser, 6. 7. 1960, ebenda, Nr. 753, Bl. 186–193; Großmann, 5. 7. 1961, ebenda, Nr. 756, Bl. 40–49; Mentz, 4. 6. 1970 (Hpt.V., Mitschrift Kaul), BArch, DP 3/2012; Rajchman, Ich bin der letzte Jude, S. 73–91.

289 Größenangaben zum Bereich schwanken zwischen 10 m × 5 m (Miete), 10 m × 6 m (Mentz), 80 qm (Shalayev) und 10 m × 10 m (Milgraum). Arad spricht von 150 bis 200 qm. Arad, Belzec, S. 121–122; Miete, 27. 5. 1960 u. 15. 10. 1964

(Hpt.V.), LA Düsseldorf, Rep. 388, Nr. 748, Bl. 154–157 u. Nr. 808; Mentz, 19. 7. 1960 u. 15. 10. 1964 (Hpt.V.), ebenda, Nr. 749, Bl. 157–169 u. Nr. 808; Kalman Taigman, 22. 12. 1964 (Hpt.V.), ebenda, Nr. 810; Oskar Strawczynski, 7. 10. 1945 (P), ebenda, Nr. 745, Bl. 32–39; Henryk Poswolski, 9. 10. 1945 (P), ebenda, Nr. 746, Bl. 44–48; Arie Kudlik, 30. 6. 1960, ebenda, Nr. 753, Bl. 180–185; Willenberg, Revolt, S. 87–88; Nikolay Shalayev, 18. 12. 1950, Dokument GX-125 im US-Fall gg. Reimer, Plaintiff Dokumente, Demjanjuk v. Petrovsky, S. 380–389, OSI File TC 4-5-35; Naftali Milgraum, 30. 8. 1943, Yad Vashem, O 12 Perlman Collection Nr. 53.

290 Oscar Strawczynski, 20. 12. 1959, LA Düsseldorf, Rep. 388, Nr. 744, Bl. 70–76.

291 Miete, 15. 10. 1964 (Hpt.V.), LA Düsseldorf, Rep. 388, Nr. 808; Henryk Poswolski, 9. 10. 1945 (P), ebenda, Nr. 746, Bl. 44–48; Mentz, 19. 7. 1960, ebenda, Nr. 749, Bl. 157–169; Willenberg, Revolt, S. 87–88.

292 Arad, Belzec, S. 121–122; Miete, 27. 5.–1. 6. 1960, LA Düsseldorf, Rep. 388, Nr. 748, Bl. 154–160; Mentz, 19. 7. 1960, ebenda, Nr. 749, Bl. 157–169; Josef Czarny, 11. 1. 1965 (Hpt.V.), ebenda, Nr. 810; Ivan Shvidkij, 12. 1. 1952, SBU-Archiv Donezk, Archivnr. 56433, Fall Nr. 7168 (Shvidkij), Bl. 177–197; Willenberg, Revolt, S. 87–88; Interview mit Avraham Bomba, 28. 8. 1990, USHMM, RG-50.030*0033.

293 Heniek Sperling, Aug. 1950, HHStA Wiesbaden, Abtl. 461, Nr. 35254, Bl. 304; Henry Sperling, 18. 2. 1965 (Hpt.V.), LA Düsseldorf, Rep. 388, Nr. 811; Oskar Strawczynski, 7. 10. 1945 (P), ebenda, Nr. 745, Bl. 32–39; Henryk Poswolski, 9. 10. 1945 (P), ebenda, Nr. 746, Bl. 44–48; Suchomel, 15. 2. 1965 (Hpt.V.), ebenda, Nr. 811; Arie Kudlik, 30. 6. 1960, ebenda, Nr. 753, Bl. 180–185; Charles Unger, 7. 3. 1962, ebenda, Nr. 762, Bl. 56–60; Richard Glazar, 2. 11. 1967 u. 8. 12. 1964 (Hpt.V.), ebenda, Nr. 247, Bl. 165–176 u. Nr. 809; Miete, 27. 5.–1. 6. 1960 u. 20. 9. 1967, ebenda, Nr. 748, Bl. 154–160 u. Nr. 862, Bl. 97–104; Mentz, 23. 6. 1960 u. 19. 7. 1960 u. 22. 10. 1964 (Hpt.V.), ebenda, Nr. 749, Bl. 133–137 u. Nr. 749, Bl. 157–169 u. Nr. 808; Naftali Milgraum, 30. 8. 1943, Yad Vashem, O 12 Perlman Collection Nr. 53; Gray, Schrei, S. 156; Willenberg, Revolt, S. 27–28; Weinstein, 17 Days, S. 57; Nikolay Shalayev, 18. 12. 1950, Dokument GX-125 im US-Fall gg. Reimer, Plaintiff Dokumente, Demjanjuk v. Petrovsky, S. 395–404, OSI File TC 4-5-35; Ivan Shvidkij, 12. 1. 1952, SBU-Archiv Donezk, Archivnr. 56433, Fall Nr. 7168 (Shvidkij), Bl. 177–197; Mentz, 4. 6. 1970 (Hpt.V., Mitschrift Kaul), BArch, DP 3/2012.

294 Miete, 1. 6. 1960, LA Düsseldorf, Rep. 388, Nr. 748, Bl. 158–160; Mentz, 22. 10. 1964 (Hpt.V.), ebenda, Nr. 808; Kalman Taigman, 29. 11. 1959, ebenda, Nr. 743, Bl. 550–552; Jakob Jakubicz, 30. 11. 1964 (Hpt.V.), ebenda, Nr. 809; Shalom Kohn, 3. 7. 1970 (Hpt.V.), ebenda, Nr. 255, Bl. 77–82; Heniek Sperling, Aug. 1950, HHStA Wiesbaden, Abtl. 461, Nr. 35254, Bl. 304; Willenberg, Revolt, S. 87–88; Glazar, Falle, S. 57; Naftali Milgraum, 30. 8. 1943, Yad Vashem, O 12 Perlman Collection Nr. 53.

295 Miete, 31. 5. 1965 (Hpt.V.), LA Düsseldorf, Rep. 388, Nr. 812; Mentz, 19. 7. 1960 u. 31. 5. 1965 (Hpt.V.), ebenda, Nr. 749, Bl. 157–169 u. Nr. 812; Leo Lewi, 21. 10. 1959, ebenda, Nr. 742, Bl. 209–217; Stadie, 31. 5. 1965 (Hpt.V.), ebenda, Nr. 812.

296 Oskar Strawczynski, 3. 12. 1964 (Hpt.V.) u. 20. 12. 1959, LA Düsseldorf, Rep. 388, Nr. 809 u. 744, Bl. 70–76; Henry Sperling, 12./13. 4. 1961, ebenda, Nr. 755,

Bl. 1–11; Jakob Szmulowicz, 10. 11. 1959, ebenda, Nr. 742, Bl. 384–385; Kalman Taigman, 22. 12. 1964 (Hpt.V.), ebenda, Nr. 810; Richard Glazar, 8. 12. 1964 (Hpt.V.), ebenda, Nr. 809; Charles Burk, 13. 5. 1965, ebenda, Nr. 779, Bl. 148–157; Samuel Rajzman, 1. 12. 1964 (Hpt.V.), ebenda, Nr. 809; Czeslaw Augustyniak, 14. 12. 1967, ebenda, Nr. 248, Bl. 126–137; Mentz, 19. 7. 1960, ebenda, Nr. 749, Bl. 157–169; Willenberg, Revolt, S. 27–28; Interview mit Avraham Bomba, 28. 8. 1990, USHMM, RG-50.030*0033.

297 Nach Ittner, Schütt und Schäfer verließen das Lager durch Ausscheiden aus dem T4-Reinhardt-Netzwerk, Tod und Versetzungen im Verlauf dieser Phase auch Lachmann, Barbl, Bolender, Bredow, Ludwig, Walther, Bauch, Groth, Becher und Floß.

298 BArch, SSO 251 B (Christian Wirth); Gomerski, 3. 5. 1961, StA München, Staatsanwaltschaften 33033/5, Bl. 885–889; Bolender, 5. 6. 1961, ebenda, Bl. 961–978; Klee, Personenlexikon, S. 485–486; Kepplinger/Leitner (Hg.), Dameron-Report, S. 45–46; Pohl, »Franz Reichleitner«, S. 1199; Bauer, 4. 1. 1966, LA Düsseldorf, Rep. 388, Nr. 871, Bl. 57–61; Ada Lichtman, 30. 3. 1960 u. 20.–26. 10. 1983, LA Münster, Q 234, Nr. 4263, Bl. 29–41 u. Nr. 4392, Umschlag Bl. 273; Frenzel an Amtsgericht Düsseldorf, März 1963, ebenda, Nr. 4293, Bl. 41–60; Izchak Lichtman, 19./20. 10. 1983, ebenda, Nr. 4392, Umschlag Bl. 273; Frenzel, 19. 12. 1963, ebenda, Nr. 4295, Bl. 121–128; Josef Herszmann, 31. 3. 1960, ebenda, Nr. 4263, Bl. 47–52; Dubois, 25. 3. 1966, ebenda, Nr. 4308, Bl. 30–34.

299 BArch, R 70 Italien/23, Bl. 155–156; BArch, SSO 219 B (Arthur Walther); BArch, R 178, EVZ I/25, Akte 1; Arthur Walther, 19. 11. 1962, HHStA Wiesbaden, Abtl. 631a, Nr. 886; Barbl, 10. 12. 1965, ebenda, Nr. 1328; Stangl, 21. 7. 1947/12. 9. 47, ebenda, 884; Arnold Behrens, 17. 2. 1965, ebenda, Nr. 885; Häusler, 3. 9. 1962, ebenda, Nr. 888; Münzberger, 26. 1. 1962, LA Münster, Q 234, Nr. 4269, Bl. 119–124; Rost, 4. 5. 1946, BStU, RHE-West 487.

300 Bauer, 1./2. 4. 1964, StA München, Staatsanwaltschaften 34865/86; Girtzig, 2. 5. 1960, ebenda, 33033/4, Bl. 657–661; Thomas Blatt, 30. 6. 1960 u. 30. 4. 1963, LA Münster, Q 234, Nr. 4262, Bl. 99–107 u. Nr. 4289, Bl. 8–14; Bauer, 10./11. 10. 1961, ebenda, Nr. 4266, Bl. 67–82; Frenzel, 22. 11. 1963 u. Frenzel an Amtsgericht Düsseldorf, März 1963, ebenda, Nr. 4294, Bl. 97–104 u. Nr. 4293, Bl. 41–60.

301 Gomerski, 15. 4. 1964, StA München, Staatsanwaltschaften 34865/86; Frenzel, 19. 12. 1963, LA Münster, Q 234, Nr. 4295, Bl. 121–128; Esther Raab, 14. 10. 1965 (Hpt.V.), ebenda, Nr. 4417, Bl. 268–328; Bauer, 11. 12. 1962, ebenda, Nr. 4286, Bl. 54–71.

302 Lachmann desertierte aus Trawniki mit einer Polin, mit der er bereits in Sobibor auf dem Schwarzmarkt aktiv war. Er wurde im Sommer 1943 in Warschau festgenommen, vom SS- und Polizeigericht Lublin wegen Fahnenflucht zu sechs Jahren Zuchthaus verurteilt und in das SS- und Polizei-Straflager nach Dachau überführt. Bauer, 7. 10. 1965 (Hpt.V.), 10./11. 10. 1961 u. 12. 12. 1963, LA Münster, Q 234, Nr. 4416, Bl. 190–203, Nr. 4266, Bl. 67–82 u. Nr. 4295, Bl. 86–101; Lachmann, 21. 7. 1961, ebenda, Nr. 4265, Bl. 66ff.; Lachmann, 28. 4. 1964, StA München, Staatsanwaltschaften 34865/86.

303 Laut Schilter, Ermessen, S. 207 war er auch in Hartheim eingesetzt. Dubois nennt auch Belzec als Einsatzort. BArch, RS F 21 (Paul Rost); Rost, 4. 5. 1946,

BStU, RHE-West 487, Bl. 91–95; Dubois, 16.–18. 9. 1961, StA München, Staatsanwaltschaften 33033, Bd. 6, Bl. 1033–1059; Bolender, 5. 6. 1961, ebenda, Bd 5, Bl. 961–978; Gley, 8.–10. 5. 1961, ebenda, Bd. 5, Bl. 908–932; F. Wolf, 13./14. 4. 1964, StA München, Staatsanwaltschaften 34865/86; Münzberger, 19. 9. 1973, StA Hamburg, LG NSG 213–12, 0039/37, Bl. 19031–19041; Bauer, 13. 12. 1962, LA Münster, Q 234, Nr. 4286, Bl. 72–83; Becher (o. Dt., circa 1945), ebenda, Nr. 4306, Bl. 149–152; Esther Raab, 17. 9. 1949, ebenda, Nr. 4569, Bl. 316–325; Bolender, 21. 12. 1961, ebenda, Nr. 4267, Bl. 270–276; Frenzel, 23. 3. 1962, ebenda, Nr. 4271, Bl. 155–169; Böhm, »Karrieren«, S. 138.

304 F. Wolf, 14./15. 6. 1962 u. 14. 11. 1962, LA Münster, Q 234, Nr. 4275, Bl. 25–40 u. Nr. 4284, Bl. 82–87; Thomas Blatt, 30. 6. 1960, ebenda, Nr. 4262, Bl. 99–107; Ada Lichtman, 30. 3. 1960, ebenda, Nr. 4263, Bl. 29–41.

305 F. Wolf, 14./15. 6. 1962, LA Münster, Q 234, Nr. 4275, Bl. 25–40; Hermann Posner, 9. 5. 1963, ebenda, Nr. 4289, Bl. 102–105; Mordechaj Goldfarb, 21. 3. 1962, ebenda, Nr. 4277, Bl. 21–23; Joseph Duniec, 10. 5. 1963, ebenda, Nr. 4291, Bl. 63–78.

306 Gomerski, 15. 4. 1964, StA München, Staatsanwaltschaften 34865/86; Gomerski, 19./20. 9. 1961, LA Münster, Q 234, Nr. 4266, Bl. 29–43; Bauer, 13. 9. 1960, ebenda, Nr. 4263, Bl. 10–13; Kurt M. Thomas an World Jewish Congress, 3. 12. 1961, ebenda, Nr. 4270, Bl. 29–41; Thomas Blatt, 30. 4. 1963, ebenda, Nr. 4289, Bl. 8–14; Schlomo Alster, 2. 2. 1975, ebenda, Nr. 4570, Bl. 623–626; Esther Raab, 14. 1. 1950, ebenda, Nr. 4569, Bl. 326–331; Zelda Metz, 6. 2. 1950, HHStA Wiesbaden, Abtl. 461, Nr. 36346, Bd. 2, Bl. 161–164.

307 Er wurde im Dezember 1942 vom SS- und Polizeigericht VI in Krakau zu neun Monaten Gefängnis verurteilt, die er u.a. im SS- und Polizeistraflager Matzkau bei Danzig verbüßte. Trotz Fürsprache von Allers und Stangl musste er die Haftstrafe bis Mai 1943 absitzen. Bolender, 27. 9. 1963, LA Münster, Q 234, Nr. 4293, Bl. 15–19; Stangl, 29. 4. 1969, LA Düsseldorf, Rep. 388, Nr. 252, Bl. 53–68; Dietrich Allers, 16. 11. 1964 (Hpt.V.), ebenda, Nr. 808.

308 Esther Raab, 2. 8. 1949, LA Münster, Q 234, Nr. 4569, Bl. 312–315; Thomas Blatt, 30. 4. 1963, ebenda, Nr. 4289, Bl. 8–14; Fiszel Bialowicz, 22. 11. 1949, LA Berlin, B Rep. 058, Nr. 2489, Bl. 93–94.

309 Regina Cybula-Zielinski, 5. 4. 1963, LA Münster, Q 234, Nr. 4289, Bl. 51–60; Esther Raab, 17. 9. 1949, ebenda, Nr. 4569, Bl. 316–325; Mosze Bachir, 14. 12. 1965 (Hpt.V.), ebenda, Nr. 4420, Bl. 780–794; Frenzel, 4. 2. 1974 (Hpt.V.), LA Berlin, B Rep. 058, Nr. 1576.

310 Esther Raab, 8. 5. 1963 u. 17. 9. 1949, LA Münster, Q 234, Nr. 4289, Bl. 92–98 u. Nr. 4569, Bl. 316–325.

311 Mosze Bachir, 16. 12. 1965 (Hpt.V.), LA Münster, Q 234, Nr. 4420, Bl. 795–810; Samuel Lerer, 17. 5. 1963, ebenda, Nr. 4289, Bl. 160; Gomerski, 15. 4. 1964, StA München, Staatsanwaltschaften 34865/86; Bauer, 1./2. 4. 1964, ebenda.

312 F. Wolf, 13./14. 4. 1964, StA München, Staatsanwaltschaften 34865/86; Thomas Blatt, 30. 6. 1960, LA Münster, Q 234, Nr. 4262, Bl. 99–107; Abraham Margulies, 15. 5. 1962, ebenda, Nr. 4277, Bl. 3–10; Hödl, 30. 3. 1963, ebenda, Nr. 4424, Bl. 68; Unverhau, 12. 7. 1962, ebenda, Nr. 4275, Bl. 110–113; Ziss Meyer, 18. 10. 1965, ebenda, Nr. 4417, Bl. 367–386.

313 Mosze Bachir, 16. 12. 1965 (Hpt.V.), LA Münster, Q 234, Nr. 4420, Bl. 795–810; Samuel Lerer, 17. 5. 1963, ebenda, Nr. 4289, Bl. 160; Gomerski, 15. 4. 1964, StA München, Staatsanwaltschaften 34865/86; Bauer, 1./2. 4. 1964, ebenda.

314 Hödl, 20. 8. 1962 u. 18. 4. 1963, LA Münster, Q 234, Nr. 4291, Bl. 46–50 u. Nr. 4289, Bl. 23–27; Bauer, 10./11. 10. 1961 u. 15. 11. 1965 (Hpt.V.), ebenda, Nr. 4266, Bl. 67–82 u. Nr. 4418, Bl. 556f; Hödl, 18. 11. 1964, HHStA Wiesbaden, Abtl. 631a, Nr. 888; Hans-Heinrich Lenz, 24. 10. 1963, ebenda, Nr. 884; Robert Lorent, 4. 5. 1961, StA München, Staatsanwaltschaften 33033, Bd. 5, Bl. 893; Girtzig, 18. 7./19. 7. 1961, ebenda, Bd. 6, Bl. 1009–1026; Bauer, 1./2. 4. 1964, StA München, Staatsanwaltschaften 34865/86; Gomerski, 15. 4. 1964, ebenda; Frenzel, 16. 4. 1964, ebenda; BArch, SSO 350 A (Johann Niemann).

315 Bauer, 10./11. 10. 1961 u. 6. 10. 1965 (Hpt.V.), LA Münster, Q 234, Nr. 4266, Bl. 67–82 u. Nr. 4416, Bl. 174–189; Kurt M. Thomas an World Jewish Congress, 3. 12. 1961, ebenda, Nr. 4270, Bl. 29–41; Moshe Bachir, 26. 3. 1974 (Hpt.V.), LA Berlin, B Rep. 058, Nr. 1575.

316 F. Wolf, 13./14. 4. 1964, StA München, Staatsanwaltschaften 34865/86.

317 Sterbeurkunde Bauch, LA Münster, Q 234, Nr. 4269, Bl. 47; Ittner, 7. 10. 1965 (Hpt.V.), ebenda, Nr. 4416, Bl. 190–203; Frenzel, 23. 3. 1962, ebenda, Nr. 4271, Bl. 155–169; Samuel Lerer, 17. 5. 1963, ebenda, Nr. 4289, Bl. 160.

318 Klier, 11. 4. 1950, 4. 5. 1949 u. 18. 10. 1949, HHStA Wiesbaden, Abtl. 461, Nr. 36346, Bd. 2, Bl. 18, Bd. 1, Bl. 8–9 u. 46–48; Abraham Margulies, in Novitch (Hg.), Sobibor, S. 71; Mosze Szklarek, 10. 4. 1960, LA Münster, Q 234, Nr. 4262, Bl. 46–55; Berk Freiberg, 5. 4. 1960, ebenda, Nr. 4263, Bl. 53–60; Perl, Tell, S. 59–60.

319 Becher [o. Dt., circa 1945], LA Münster, Q 234, Nr. 4306, Bl. 149–152; Mosze Szklarek, 10. 4. 1960, ebenda, Nr. 4262, Bl. 46–55; Bauer, 13. 9. 1960 u. 11. 12. 1962, ebenda, Nr. 4263, Bl. 10–13 u. Nr. 4286, Bl. 54–71; Eda Lichtman, 20.–26. 10. 1983, ebenda, Nr. 4392, Umschlag Bl. 273; Böhm, »Aktion T4«, S. 23.

320 Kurt M. Thomas an Oberstaatsanwalt Frankfurt, 15. 12. 1949, HHStA Wiesbaden, Abtl. 461, Nr. 36346, Bd. 2, Bl. 117–122; Münzberger, 5. 4. 1963, ebenda, Abtl. 631a, Nr. 1330; Bauer, 13. 9. 1960, 10./11. 10. 1961 u. 13. 12. 1962, LA Münster, Q 234, Nr. 4263, Bl. 10–13, Nr. 4266, Bl. 67–82 u. Nr. 4286, Bl. 72–83; Rum, 23. 11. 1961, ebenda, Nr. 4267, Bl. 64–73; Moshe Bachir, 24. 4. 1962, ebenda, Nr. 4277, Bl. 16–19; Kurt M. Thomas an World Jewish Congress, 3. 12. 1961, ebenda, Nr. 4270, Bl. 29–41; Regina Cybula-Zielinski, 5. 4. 1963, ebenda, Nr. 4289, Bl. 51–60; Gley, 8.–10. 5. 1961, StA München, Staatsanwaltschaften 33033, Bd. 5, Bl. 908–932; Dubois, 16.–18. 9. 1961, ebenda, Bd. 6, Bl. 1033–1059; F. Wolf, 13./14. 4. 1964, StA München, Staatsanwaltschaften 34865/86; Gräberauskunft unter http://www.volksbund.de/graebersuche.html [10. 5. 2013]; Böhm, »Karrieren«, S. 112.

321 Vermerk v. Dietrich Allers, 15. 1. 1944, BArch, R 96 I, 1; Böhm, »Karrieren«, S. 112; Schilter, Ermessen, S. 207; Gley, 11. 9. 1961, LA Münster, Q 234, Nr. 4266, Bl. 5–8; Bauer, 11. 12. 1962 u. 10./11. 10. 1961, ebenda, Nr. 4286, Bl. 54–71 u. Nr. 4266, Bl. 67–82; Mosze Bachir, 14. 12. 1965 (Hpt.V.), ebenda, Nr. 4420, Bl. 780–794; Ajzik Rotenberg, 6. 5. 1962, ebenda, Nr. 4277, Bl. 11–13; Suchomel, 24./25. 1. 1962, ebenda, Nr. 4269, Bl. 108–118; F. Wolf, 13./14. 4. 1964, StA München, Staatsanwaltschaften 34865/86.

322 Auf der Beförderungsurkunde (Barch SSO 350 [Johann Niemann]) trägt er den Namen Vey, in Triest unterschrieb er Haftbefehle aber mit Fey. Schilter, Ermessen, S. 207. Böhm, »Karrieren«, S. 112; Rost, 4. 5. 1946, BStU, RHE-West 487, Bl. 91–95; Gley, 8.–10. 5. 1961, StA München, Staatsanwaltschaften 33033, Bd. 5, Bl. 908–932; Haftbefehl, 26. 1. 1944, IRSML, Dokument 2732; vgl. auch die Konfiszierungsbefehle im »Adriatischen Küstenland« im Archiv der Jüdischen Gemeinde von Triest.

323 Dubois, 4. 10. 1965, StA München, Staatsanwaltschaften 33033/25, Bl. 119–122; Hermann Posner, 9. 5. 1963, LA Münster, Q 234, Nr. 4289, Bl. 102–105.

324 Suchomel, 7. 11. 1962, LA Münster, Q 234, Nr. 4284, Bl. 46–53; Frenzel, 14. 2. 1964, ebenda, Nr. 4296, Bl. 126–133; Szmajzner, Inferno, S. 165–186, 211–236.

325 Lambert, 4. 10. 1965 (Hpt.V.), 2. 10. 1962 u. 7. 11. 1963, LA Münster, Q 234, Nr. 4416, Bl. 154–156, Nr. 4278, Bl. 134–142 u. Nr. 4294, Bl. 39–48; Bauer, 16. 1. 1963, ebenda, Nr. 4286, Bl. 146–151; Lambert, 8. 8. 1974 (Hpt.V.), LA Berlin, B Rep. 058, Nr. 1581; Bauer, 8. 10. 1974 (Hpt.V.), ebenda.

326 Arad, Belzec, S. 30; Blatt, Sobibór, S. 32. Gomerski, 19./20. 9. 1961, LA Münster, Q 234, Nr. 4266, Bl. 29–43; Bauer, 10./11. 10. 1961, ebenda, Nr. 4266, Bl. 67–82; Dubois, 4. 10. 1965 (Hpt.V.), ebenda, Nr. 4416, Bl. 158–161; Kurt Thomas, 15. 2. 1966 (Hpt.V.), ebenda, Nr. 4422, Bl. 965–980; »Todeslager in Sobibor« v. Samuel Lerer u. Esther Terner, April 1945 (P), ebenda, Nr. 4572, Bl. 901–907; Jan Paciuk, 10. 10. 1978, ebenda, Nr. 4583, Bl. 360–363.

327 Prokofij Businnij, 8. 8. 1975, LA Münster, Q 234, Nr. 4570, Bl. 598–622; Dov Freiberg, 4. 7. 1974 (Hpt.V.), LA Berlin, B Rep. 058, Nr. 1581, Bl. 929ff.

328 Arad, Belzec, S. 30. Nach Messungen des Hagener Gerichts war die Rampe 120 m lang und bot Platz für elf Waggons. Schelvis, Sobibór, S. 116. Dubois, 4. 10. 1965 (Hpt.V.), LA Münster, Q 234, Nr. 4416, Bl. 158–161; Jan Piwonski, 26. 2. 1966 (P), ebenda, Nr. 4310, Bl. 184–188; Schütt, 11. 12. 1963, ebenda, Bl. 69–83; Mosze Bachir, 14. 12. 1965 (Hpt.V.), ebenda, Nr. 4420, Bl. 780–794; Samuel Lerer, 11. 12. 1973 (Hpt.V.), LA Berlin, B Rep. 058, Nr. 1577; Abraham Margulies, 4. 3. 1974 (Hpt.V.), ebenda, Nr. 1575; Kurt M. Thomas an Oberstaatsanwalt Frankfurt, 15. 12. 1949, HHStA Wiesbaden, Abtl. 461, Nr. 36346, Bd. 2, Bl. 117–122; Mikhail Razgonayev, 20.–22. 9. 1948 abrufbar unter www.nizkor.org/ftp.cgi/people/r/ftp.py?people/r/razgonayev.mikhail.a/razgonayev.001 [10. 5. 2013].

329 Ziss Meyer, 18. 10. 1965 (Hpt.V.), LA Münster, Q 234, Nr. 4417, Bl. 367–386.

330 Mordechai Goldfarb, 21. 10. 1983, LA Münster, Q 234, Nr. 4392, Umschlag Bl. 296; Esther Raab, 12. 10. 1965, ebenda, Nr. 4416, Bl. 213–232; Tagebuch Eda Lichtmann, ebenda, Nr. 4530.

331 Bauer, 6. 10. 1965 (Hpt.V.), LA Münster, Q 234, Nr. 4416, Bl. 174–189; Eda Lichtman, 23. 2. 1966 u. Erinnerungsbericht, ebenda, Nr. 4423, Umschlag Bl. 1003 u. Nr. 4530; Frenzel, 17. 1. 1964, ebenda, Nr. 4296, Bl. 42–46; Bauer, 8. 10. 1974 (Hpt.V.), LA Berlin, B Rep. 058, Nr. 1581; Eda Lichtman, in Novitch (Hg.), Sobibor, S. 62.

332 Blatt, Schatten, S. 306–307; Josef Zukierman, 11./12. 12. 1962, LA Münster, Q 234, Nr. 4286, Bl. 20–29; Mosze Bachir, 20. 12. 1965 (Hpt.V), ebenda, Nr. 4420, Bl. 811–829; Dov Freiberg, 21. 12. 1965 (Hpt.V.), ebenda, Nr. 4420, Bl. 830–845; Eda Lichtman, Sept. 1963 (YV), ebenda, Nr. 4570, Bl. 482–560; Frenzel, 29. 9.

1966 (Hpt.V.), ebenda, Nr. 4433, Bl. 1683–1694; Freiberg, To survive, S. 247–248; Szmajzner in Sereny, Abgrund, S. 132–133; Blatt, Sobibór, S. 33.

333 Eda Lichtman, Sept. 1963 (YV), 30. 3. 1960, 29. 12. 1960, 20.–26. 10. 1983, 23. 2. 1966 u. Erinnerungsbericht, LA Münster, Q 234, Nr. 4570, Bl. 482–560, Nr. 4263, Bl. 29–41, Nr. 4569, Bl. 296/1–13, Nr. 4392, Umschlag Bl. 273, Nr. 4423, Umschlag Bl. 1003 u. Nr. 4530.

334 Bauer, 12. 12. 1963, LA Münster, Q 234, Nr. 4295, Bl. 86–101; Moshe Sklarek-Bahir, 3. 3. 1964 (YV), 12. 3. 1974 (Hpt.V.) u. 20. 12. 1965 (Hpt.V.), ebenda, Nr. 4398, Nr. 1575 u. Nr. 4420, Bl. 811–829; Jakub Biskubicz, Sept. 1963 (YV), ebenda, Nr. 4570, Bl. 482–560; Lichtman, Erinnerungsbericht u. 30. 3. 1960, ebenda, Nr. 4530 u. Nr. 4263, Bl. 29–41.

335 Abraham Margulies, in Novitch (Hg.), Sobibor, S. 71; Herszel Zukerman, ebenda, S. 127; Hersh Cukiermann, 18. 10. 1949, HHStA Wiesbaden, Abtl. 461, Nr. 36346, Bd. 1, Bl. 46–48.

336 Eda Lichtman, 20.–26. 10. 1983, LA Münster, Q 234, Nr. 4392, Umschlag Bl. 273; Josef Herszman, 20. 1. 1966 (Hpt.V.), ebenda, Nr. 4421, Bl. 869–885; Eda Lichtman, Sept. 1963 (YV), ebenda, Nr. 4570, Bl. 482–560; Eda Lichtman, in Novitch (Hg.), Sobibor, S. 69.

337 Esther Raab, 17. 9. 1949, LA Münster, Q 234, Nr. 4569, Bl. 316–325; Zolda Metz (ohne Datum), ebenda, Nr. 4572, Bl. 908–919.

338 Mordechaj Goldfarb, 22. 11. 1965 (Hpt.V.), LA Münster, Q 234, Nr. 4419, Bl. 616–631; Bauer, 10. 12. 1962, ebenda, Nr. 4286, Bl. 43–53; Frenzel, 18. 4. 1962 u. 22. 11. 1963, ebenda, Nr. 4273, Bl. 93–97 u. Nr. 4294, Bl. 97–104; Lachmann, 27. 11. 1963, ebenda, Nr. 4295, Bl. 1–14; Alexander Petscherski, 11. 8. 1961 (SU), ebenda, Nr. 4310, Bl. 172–180; Bauer, 14. 2. 1974 (Hpt.V.), LA Berlin, B Rep. 058, Nr. 1576; Wewryk, To Sobibor, S. 65.

339 Blatt, Schatten, S. 130, 306–307; Kalmen Wewerik, 30. 3. 1984, LA Münster, Q 234, Nr. 4396, Bl. 96 (S. 1–22); Erinnerungsbericht Lichtman, ebenda, Nr. 4530; Kurt Adam Wang, 11. 6. 1974, LA Berlin, B Rep. 058, Nr. 1581; M. Thomas an Oberstaatsanwalt Frankfurt, 15. 12. 1949, HHStA Wiesbaden, Abtl. 461, Nr. 36346, Bd. 2, Bl. 117–122; Arkadij Weispapier, 24. 2. 1966 (SU), ebenda, Bd. 14, Bl. 2270–2272; Ticho, My Legacy, S. 80; Wewryk, To Sobibor, S. 66–67.

340 Harry Cukiermann, 13. 12. 1973, LA Münster, Q 234, Nr. 4568, Bl. 249–259.

341 Jozef Malinski, 31. 12. 1945 (P), LA Münster, Q 234, Nr. 4583, Bl. 306–311; Icek Lichtman, 15. 12. 1945 (P), ebenda, Nr. 4572, Bl. 939–948; Frenzel, 12. 2. 1964, ebenda, Nr. 4296, Bl. 113–122; Kurt M. Thomas an World Jewish Congress, 3. 12. 1961, ebenda, Nr. 4270, Bl. 29–41; Mordechaj Goldfarb, 22. 11. 1965 (Hpt.V.), ebenda, Nr. 4419, Bl. 616–631; Kalmen Wewerik, 2. 4. 1984, ebenda, Nr. 4396, Bl. 96 (S. 1–22); Hermann Posner, 28./29. 11. 1983, ebenda, Nr. 4392, Umschlag Bl. 296; Schlomo Alster, 2. 2. 1975, ebenda, Nr. 4570, Bl. 623–626; Schelvis, Sobibór, S. 103; Ticho, My Legacy, S. 81; Blatt, Schatten, S. 306–307; Mordechai Goldfarb, 1. 6. 1978, in Friedman, Sobibor.

342 Icchak Lichtman, 19./20. 10. 1983 u. Sept. 1963 (YV), LA Münster, Q 234, Nr. 4392, Umschlag Bl. 273 u. Nr. 4570, Bl. 482–560; Esther Raab, 17. 9. 1949, ebenda, Nr. 4569, Bl. 316–325; Itzhak Lichtman, in Novitch (Hg.), Sobibor, S. 94–95; Hella Felenbaum-Weiss, in ebenda, S. 54; Zelda Metz, in ebenda,

S. 161; Perl, Tell, S. 55–62; Monteath, »Lass uns«, S. 310–313; Ticho, My Legacy, S. 78–80.

343 Klier, 25. 10. 1949, HHStA Wiesbaden, Abtl. 461, Nr. 36346, Bd. 1, Bl. 62; Haim Treger, in Novitch (Hg.), Sobibor, S. 142; Bolender, 8. 1. 1964, LA Münster, Q 234, Nr. 4296, Bl. 12–17; Eda Lichtman, 20.–26. 10. 1983, ebenda, Nr. 4392, Umschlag Bl. 273; Ber Freiberg, Sept. 1963 (YV), ebenda, Nr. 4570, Bl. 482–560; Frenzel, 4. 2. 1974 (Hpt.V.), LA Berlin, B Rep. 058, Nr. 1576.

344 Jakob Biskowitz, 3. 3. 1964 (YV), LA Münster, Q 234, Nr. 4398; Kurt M. Thomas an World Jewish Congress, 3. 12. 1961, ebenda, Nr. 4270, Bl. 29–41; Unverhau, 12. 7. 1962, ebenda, Nr. 4275, Bl. 110–113; Bauer, 10. 12. 1962 u. 30. 11. 1965 (Hpt.V.), ebenda, Nr. 4286, Bl. 43–53 u. Nr. 4419, Bl. 689–697; F. Wolf, 21. 9. 1965 (Hpt.V.), ebenda, Nr. 4399, Bl. 87–97; Schütt, 21. 9. 1965 (Hpt.V.), ebenda, Nr. 4399, Bl. 87–97; Philipp Bialowitz, 15. 5. 1963, ebenda, Nr. 4289, Bl. 146–152; Frenzel, 12. 2. 1964, ebenda, Nr. 4296, Bl. 113–122; Schütt, 31. 1. 1974 (Hpt.V.), LA Berlin, B Rep. 058, Nr. 1576; Bialowitz, Promise, S. 93.

345 Frenzel, 19. 12. 1963 u. 29. 9. 1966 (Hpt.V.), LA Münster, Q 234, Nr. 4295, Bl. 121–128 u. Nr. 4433, Bl. 1683–1694; Bauer, 6. 10. 1965 (Hpt.V.), ebenda, Nr. 4416, Bl. 174–189; Schütt, 31. 1. 1974 (Hpt.V.), LA Berlin, B Rep. 058, Nr. 1576; Blatt, Schatten, S. 134, 137; Ticho, My legacy, S. 118.

346 Esther Raab, 17. 9. 1949, LA Münster, Q 234, Nr. 4569, Bl. 316–325; »Todeslager in Sobibor« v. Samuel Lerer u. Esther Terner, April 1945 (P), ebenda, Nr. 4572, Bl. 901–907; Itzhak Lichtman, Sept. 1963 (YV), ebenda, Nr. 4570, Bl. 482–560; Hödl, 30. 3. 1963, ebenda, Nr. 4424, Bl. 68 im Umschlag; Samuel Lerer, 17. 5. 1963, ebenda, Nr. 4289, Bl. 160; Frenzel, 30. 1. 1964, ebenda, Nr. 4296, Bl. 71–79; Zolda Metz (o. Dt.) (P), ebenda, Nr. 4572, Bl. 908–919; Kurt M. Thomas an Oberstaatsanwalt Frankfurt, 15. 12. 1949, HHStA Wiesbaden, Abtl. 461, Nr. 36346, Bd. 2, Bl. 117–122.

347 Blatt, Schatten, S. 137.

348 Bauer, 10. 12. 1962, LA Münster, Q 234, Nr. 4286, Bl. 43–53; Lachmann, 21. 6. 1961, ebenda, Nr. 4264, Bl. 4–17; Harry Cukiermann, 13. 12. 1973, ebenda, Nr. 4568, Bl. 249–259; Frenzel, 18. 4. 1962, ebenda, Nr. 4273, Bl. 93–97; Jakob Biskubicz, Sept. 1963 (YV), ebenda, Nr. 4570, Bl. 482–560; Ber Freiberg, Sept. 1963 (YV), ebenda, Nr. 4570, Bl. 482–560; Samuel Lerer, 8. 5. 1950 (Hpt.V.), LA Berlin, B Rep. 058, Nr. 1573, Bl. 175ff.

349 Perl, Tell, S. 84; Gomerski, 22. 5. 1962, in Schelvis, Sobibór, S. 74; Unverhau, 12. 7. 1962, LA Münster, Q 234, Nr. 4275, Bl. 110–113; Jan Piwonski, 10. 5. 1984, ebenda, Nr. 4396, Bl. 99ff.; Michal Sojko, 21. 11. 1945, (P), ebenda, Nr. 4397, Bl. 121–124; Jakob Biskubicz, 9. 11. 1965 (Hpt.V.), ebenda, Nr. 4418, Bl. 521–536; Kurt Max Thomas, 6. 12. 1973 (Hpt.V.), LA Berlin, B Rep. 058, Nr. 1577.

350 Blatt, Schatten, S. 308; Hödl, 31. 3. 1966, LA Münster, Q 234, Nr. 4424, Umschlag Bl. 1055a; Bauer, 14. 2. 1974 (Hpt.V.), LA Berlin, B Rep. 058, Nr. 1576.

351 Lambert gab als Größe der Kammern 4 m × 4 m, 5 m × 4 m sowie 6 m × 4 m an und eine Höhe von etwas mehr als 2 m. Von einer Größe von 4 m × 4 m spricht auch Arad, »Sobibor«, S. 1330. Hödl gab als Länge des Gebäudes 18 bis 20 m an. Die Opfer schätzten die Ermordungskapazität auf 500 (Feldhändler), 800 (Blatt, Cukiermann), 800 bis 1200 Personen (Raab). Lambert, 4. 10. 1965 (Hpt.V.), LA

Münster, Q 234, Nr. 4416, Bl. 154–156; Leon Feldhändler, 1945 (P), ebenda, Nr. 4432, Umschlag Bl. 1600a; Thomas Blatt, 30. 6. 1960, ebenda, Nr. 4262, Bl. 99–107; Hersch Cukiermann, 29. 11. 1949, HHStA Wiesbaden, Abtl. 461, Nr. 36346, Bd. 2, Bl. 93–94; Estera Raab, 15. 11. 1949, LA Berlin, B Rep. 058, Nr. 2489, Bl. 59–61; Lambert, 8. 8. 1974 (Hpt.V.), ebenda, Nr. 1581; Hödl, 18. 4. 1963, zit. n. Schelvis, Sobibór, S. 118.

352 Hödl, 31. 3. 1966, LA Münster, Q 234, Nr. 4424, Umschlag Bl. 1055a; Lambert, 7. 11. 1963 u. 4. 10. 1965 (Hpt.V.), ebenda, Nr. 4294, Bl. 39–48 u. Nr. 4416, Bl. 154–156; Bauer, 10. 12. 1962, ebenda, Nr. 4286, Bl. 43–53; Lambert, 8. 8. 1974 (Hpt.V.), LA Berlin, B Rep. 058, Nr. 1581; Bauer, 14. 2. 1974 (Hpt.V.), ebenda, Nr. 1576; Hödl, 18. 4. 1963, in Schelvis, Sobibór, S. 118; Bauer, 1./2. 4. 1964, StA München, Staatsanwaltschaften 34865/86; Frenzel, 16. 4. 1964, ebenda; Szmajzner, Inferno, S. 187–210.

353 Bauer, 15. 11. 1965 (Hpt.V.) u. 6. 10. 1965 (Hpt.V.), LA Münster, Q 234, Nr. 4418, Bl. 556f u. Nr. 4416, Bl. 174–189; Fuchs, 26. 9. 1963, ebenda, Nr. 4293, Bl. 3–11; Bolender, 2. 10. 1963, ebenda, Nr. 4293, Bl. 29–38; Lachmann, 26. 9. 1966 (Hpt.V.), ebenda, Nr. 4433, Bl. 1669–1679.

354 Frenzel, 18. 2. 1964, LA Münster, Q 234, Nr. 4296, Bl. 145–152; Erinnerungsbericht Lichtman, ebenda, Nr. 4530; Bauer, 21. 1. 1972, HHStA Wiesbaden, Abtl. 461, Nr. 36346, Bd. 7, Bl. 963–968; Frenzel, 4. 2. 1974 (Hpt.V.), LA Berlin, B Rep. 058, Nr. 1576; Bauer, 8. 10. 1974 (Hpt.V.), ebenda, Nr. 1581.

355 Abraham Margulies, 18. 11. 1965 (Hpt.V.), LA Münster, Q 234, Nr. 4419, Bl. 599–615; Dov Freiberg, 21. 12. 1965 (Hpt.V.), ebenda, Nr. 4420, Bl. 830–845; Jakob Biskubicz, Sept. 1963 (YV), ebenda, Nr. 4570, Bl. 482–560; Josef Herszman, 21. 1. 1966 (Hpt.V.), ebenda, Nr. 4421, Bl. 885–897; Kurt Thomas, 15. 2. 1966 (Hpt.V.), ebenda, Nr. 4422, Bl. 965–980; Moshe Sklarek-Bahir, 3. 3. 1964 (YV), ebenda, Nr. 4398; Mordechaj Goldfarb, 22. 11. 1965 (Hpt.V.), ebenda, Nr. 4419, Bl. 616–631; Janina Prokopiuk, 9. 10. 1967, ebenda, Nr. 4583, Bl. 330–334; Wewryk, To Sobibor, S. 67–68; Perl, Tell, S. 54.

356 Schelvis, Sobibór, S. 69–70; Frenzel, 6. 2. 1963, 30. 1. 1964 u. 10. 10. 1966 (Hpt.V.), LA Münster, Q 234, Nr. 4285, Bl. 122–125, Nr. 4296, Bl. 71–79 u. Nr. 4434, Bl. 1708–1721; Gomerski, 21. 8. 1950 (Hpt.V.), HHStA Wiesbaden, Abtl. 461, Nr. 36346, Bd. 3, Bl. 277–296; Gomerski, 28. 11. 1973 (Hpt.V.), LA Berlin, B Rep. 058, Nr. 1577; Estera Raab, 14. 5. 1974 (Hpt.V.), ebenda, Nr. 1574, Bl. 897–928.

357 Bolender, 9. 9. 1965 (Hpt.V.), LA Münster, Q 234, Nr. 4399, Bl. 12–25; Frenzel, 12. 10. 1965 (Hpt.V.), 3. 4. 1962 u. 29. 9. 1966 (Hpt.V.), ebenda, Nr. 4416, Bl. 213–232, Nr. 4273, Bl. 23–27 u. Nr. 4433, Bl. 1683–1694; Bauer, 27. 6. 1961, ebenda, Nr. 4264, Bl. 159–163; Schütt, 11. 12. 1963, ebenda, Nr. 4295, Bl. 69–83; Bauer, in Schelvis, Sobibór, S. 99–100; Bauer, 8. 10. 1974 (Hpt.V.), LA Berlin, B Rep. 058, Nr. 1581; Hersh Cukiermann, 14. 9. 1949, HHStA Wiesbaden, Abtl. 461, Nr. 36346, Bd. 1, Bl. 21–23.

358 Gomerski, 19./20. 9. 1961, LA Münster, Q 234, Nr. 4266, Bl. 29–43; Bauer, 10./11. 10. 1961 u. 10. 12. 1962, ebenda, Nr. 4266, Bl. 67–82 u. Nr. 4286, Bl. 43–53; Frenzel, 6. 2. 1963 u. 12. 11. 1963, ebenda, Nr. 4285, Bl. 122–125 u. Nr. 4294, Bl. 52–60; Franciszek Petlak, 31. 10. 1945 (P), ebenda, Nr. 4400; Eda Lichtman, 20.–26. 10. 1983, ebenda, Nr. 4392, Umschlag Bl. 273; Zygmunt Bia-

lucha, 11. 5. 1984, ebenda, Nr. 4397, Bl. 80–93; Jan Piwonski, 15. 12. 1967 u. 26. 2. 1966 (P), ebenda, Nr. 4583, Bl. 321–329 u. Nr. 4310, Bl. 184–188; Frenzel, 4. 2. 1974 (Hpt.V.), LA Berlin, B Rep. 058, Nr. 1576; Estera Raab, 14. 5. 1974 (Hpt.V.), ebenda, Nr. 1574, Bl. 897–928; Schelvis, Sobibór, S. 60–70.

359 Frenzel, 12. 11. 1963, LA Münster, Q 234, Nr. 4294, Bl. 52–60; Dubois, 12. 4. 1962, ebenda, Nr. 4272, Bl. 73–79; Samuel Lerer, 17. 5. 1963 u. 14. 10. 1965 (Hpt.V.), ebenda, Nr. 4289, Bl. 160 u. Nr. 4416, Bl. 233–267; Prokofij Businnij, 8. 8. 1975, ebenda, Nr. 4570, Bl. 598–622; Bauer, 10. 12. 1962 u. 7. 5. 1962, ebenda, Nr. 4286, Bl. 43–53 u. Nr. 4274, Bl. 18–22; Moshe Sklarek-Bahir, 3. 3. 1964 (YV) u. 14. 12. 1965 (Hpt.V.), ebenda, Nr. 4398 u. Nr. 4420, Bl. 780–794; F. Wolf, 14./15. 6. 1962, ebenda, Nr. 4275, Bl. 25–40; Jakob Biskowitz, 3. 3. 1964 (YV) u. 9. 11. 1965 (Hpt.V.), ebenda, Nr. 4398 u. Nr. 4418, Bl. 521–536; Abraham Margulies, Sept. 1963 (YV), ebenda, Nr. 4570, Bl. 482–560; Jakob Biskubicz, 22. 2. 1974 (Hpt.V.), LA Berlin, B Rep. 058, Nr. 1576; Abraham Margulis, 4. 3. 1974 (Hpt.V.), ebenda, Nr. 1575; Blatt, Schatten, S. 127; Bialowitz, Promise, S. 76; Mordechai Goldfarb, 1. 6. 1978, in Friedman, Sobibor.

360 Bauer, in Rückerl (Hg.), NS-Vernichtungslager, S. 181; Blatt, Schatten, S. 125; F. Wolf, 6. 11. 1963, LA Münster, Q 234, Nr. 4294, Bl. 23–36; Dubois, 12. 4. 1962 u. 29. 11. 1962, ebenda, Nr. 4272, Bl. 73–79 u. Nr. 4284, Bl. 118–124; Jakob Biskowitz, 3. 3. 1964 (YV), ebenda, Nr. 4398; Stanislaw Szmajzner, 9. 2. 1961, ebenda, Nr. 4263, Bl. 120–12; Samuel Lerer, 14. 10. 1965 (Hpt.V.), ebenda, Nr. 4416, Bl. 233–267; Prokofij Businnij, 8. 8. 1975, ebenda, Nr. 4570, Bl. 598–622; Kurt M. Thomas an World Jewish Congress, 3. 12. 1961, ebenda, Nr. 4270, Bl. 29–41; Frenzel, 23. 3. 1962, ebenda, Nr. 4271, Bl. 155–169; Kalmen Wewerik, 30. 3. 1984, ebenda, Nr. 4396, Bl. 96 (S. 1–22); Mordechai Goldfarb, 21. 10. 1983 u. 22. 11. 1965 (Hpt.V.), ebenda, Nr. 4392, Umschlag Bl. 296 u. Nr. 4419, Bl. 616–631; Moshe Sklarek-Bahir, 3. 3. 1964 (YV), ebenda, Nr. 4398; Frenzel, 4. 2. 1974 (Hpt.V.), LA Berlin, B Rep. 058, Nr. 1576; Kurt Max Thomas, 6. 12. 1973 (Hpt.V.), ebenda, Nr. 1577; Jacob Biskubicz, in Novitch (Hg.), Sobibor, S. 147–148; Gomerski, 21. 8. 1950 (Hpt.V.), HHStA Wiesbaden, Abtl. 461, Nr. 36346, Bd. 3, Bl. 277–296; Abraham Margulies, 11. 5. 1973, ebenda, Bd. 8, Bl. 1177–1181; Schelvis, Sobibór, S. 59–60.

361 Gomerski, 28. 11. 1973 (Hpt.V.), LA Berlin, B Rep. 058, Nr. 1577; Gomerski, 19./20. 9. 1961, LA Münster, Q 234, Nr. 4266, Bl. 29–43; Prokofij Businnij, 8. 8. 1975, ebenda, Nr. 4570, Bl. 598–622; Jakob Biskobicz, 6. 6. 1962, ebenda, Nr. 4279, Bl. 41–54; Samuel Lerer, 17. 5. 1963, ebenda, Nr. 4289, Bl. 160; »Todeslager in Sobibor« v. Samuel Lerer u. Esther Terner, April 1945 (P), ebenda, Nr. 4572, Bl. 901–907; Moshe Sklarek-Bahir, 3. 3. 1964 (YV), ebenda, Nr. 4398; Beresch Freiberg: Manuskript »Sobibor«, 25. 7. 1945 (P), ebenda, Nr. 4573, Bl. 2630–2679; Itzhak Lichtman, 3. 3. 1964 (YV), ebenda, Nr. 4400, Bl. 164–173; Kurt M. Thomas an Oberstaatsanwalt Frankfurt, 15. 12. 1949, HHStA Wiesbaden, Abtl. 461, Nr. 36346, Bd. 2, Bl. 117–122; Ber Freiberg, in Novitch (Hg.), Sobibor, S. 84; Eda Lichtman, in ebenda, S. 62; Ehezkiel Menche, in ebenda, S. 157.

362 Unverhau, 3. 12. 1962, LA Münster, Q 234, Nr. 4286, Bl. 4–10; Bauer, 6. 10. 1965 (Hpt.V.), ebenda, Nr. 4416, 10. 12. 1962 u. 12. 12. 1963, Bl. 174–189, Nr. 4286, Bl. 43–53 u. Nr. 4295, Bl. 86–101; Moshe Sklarek-Bahir, 3. 3. 1964 (YV), ebenda, Nr. 4398; Itzhak Lichtman, 3. 3. 1964 (YV), ebenda, Nr. 4400, Bl. 164–173; Wolf,

14./15. 6. 1962, ebenda, Nr. 4275, Bl. 25–40; Kurt M. Thomas an World Jewish Congress, 3. 12. 1961, ebenda, Nr. 4270, Bl. 29–41; Kurt M. Thomas an Oberstaatsanwalt Frankfurt, 15. 12. 1949, HHStA Wiesbaden, Abtl. 461, Nr. 36346, Bd. 2, Bl. 117–122; Wewryk, To Sobibor, S. 60, 64; Ticho, My Legacy, S. 84.

363 Bauer, 12. 12. 1963, LA Münster, Q 234, Nr. 4295, Bl. 86–101; Jakob Biskowitz, 3. 3. 1964 (YV), ebenda, Nr. 4398; Szmul Lerer, 9. 9. 1949, ebenda, Nr. 4569, Bl. 358–364; Esther Raab, 17. 9. 1949, ebenda, Nr. 4569, Bl. 316–325.

364 Bauer, 10. 12. 1962 u. 12. 12. 1963, LA Münster, Q 234, Nr. 4286, Bl. 43–53 u. Nr. 4295, Bl. 86–101; Gomerski, 19./20. 9. 1961, ebenda, Nr. 4266, Bl. 29–43; Frenzel, 18. 4. 1962, ebenda, Nr. 4273, Bl. 93–97; Samuel Lerer, 17. 5. 1963, ebenda, Nr. 4289, Bl. 160; Alexander Petscherski, 11. 8. 1961 (SU), ebenda, Nr. 4310, Bl. 172–180; Leon Feldhändler, 1945 (P), ebenda, Nr. 4432, Umschlag Bl. 1600a; Bauer, 15. 2. 1974 (Hpt.V.), LA Berlin, B Rep. 058, Nr. 1576; Wewryk, To Sobibor, S. 63. Laut Chaim Engel, 16. 5. 1950, HHStA Wiesbaden, Abtl. 461, Nr. 36346, Bd. 3, Bl. 240–246 wurden zunächst die Männer getötet.

365 Moshe Sklarek-Bahir, 3. 3. 1964 (YV) u. 14. 12. 1965 (Hpt.V.), LA Münster, Q 234, Nr. 4398 u. Nr. 4420, Bl. 780–794; Gomerski, 2. 12. 1965 (Hpt.V.), ebenda, Nr. 4420, Bl. 698–715; Bauer, 10./11. 10. 1961, ebenda, Nr. 4266, Bl. 67–82; Dov (Ber) Freiberg, 21. 12. 1965 (Hpt.V.) u. Sept. 1963 (YV), ebenda, Nr. 4420, Bl. 830–845 u. Nr. 4570, Bl. 482–560; Chaim Engel, 10. 1. 1974 (Hpt.V.), LA Berlin, B Rep. 058, Nr. 1577; Bauer, 14. 2. 1974 (Hpt.V.), ebenda, Nr. 1576; Bialowitz, Promise, S. 78–80; Freiberg, in Schelvis, Sobibór, S. 83.

366 Es kann nicht mehr geklärt werden, ob das Abschneiden der Haare wie in Belzec und Treblinka bereits ab Herbst 1942 oder erst ab Frühjahr 1943 praktiziert wurde. Moshe Sklarek-Bahir, 3. 3. 1964 (YV) u. 14. 12. 1965 (Hpt.V.), LA Münster, Q 234, Nr. 4398 u. Nr. 4420, Bl. 780–794; Gomerski, 2. 12. 1965 (Hpt.V.), ebenda, Nr. 4420, Bl. 698–715; Bauer, 10./11. 10. 1961, ebenda, Nr. 4266, Bl. 67–82; Dov (Ber) Freiberg, 21. 12. 1965 (Hpt.V.) u. Sept. 1963 (YV), ebenda, Nr. 4420, Bl. 830–845 u. Nr. 4570, Bl. 482–560; Salomon Podchlebnik. 15. 11. 1944, ebenda, Nr. 4307, Bl. 252–260; Chaim Engel, 10. 1. 1974 (Hpt.V.), LA Berlin, B Rep. 058, Nr. 1577; Bauer, 14. 2. 1974 (Hpt.V.), ebenda, Nr. 1576; Adam Wang, 11. 6. 1974, ebenda, Nr. 1581; Bialowitz, Promise, S. 78–80; Freiberg, in Schelvis, Sobibór, S. 83; Blatt, Schatten, S. 137.

367 Moshe Sklarek-Bahir, 3. 3. 1964 (YV), LA Münster, Q 234, Nr. 4398; Ber Freiberg, Sept. 1963 (YV), ebenda, Nr. 4570, Bl. 482–560; Unverhau, 3. 12. 1962, ebenda, Nr. 4286, Bl. 4–10; Bauer, 6. 10. 1965 (Hpt.V.), ebenda, Nr. 4416, Bl. 174–189; Klier, 8. 12. 1949, HHStA Wiesbaden, Abtl. 461, Nr. 36346, Bd. 2, Bl. 96–97; Blatt, Schatten, S. 179.

368 Hödl, 18. 4. 1963, LA Münster, Q 234, Nr. 4289, Bl. 23–27; Gomerski, 2. 12. 1965 (Hpt.V.), ebenda, Nr. 4420, Bl. 698–715; Bauer, 6.–7. 10. 1965 (Hpt.V.), 12. 12. 1963 u. 15. 11. 1965 (Hpt.V.), ebenda, Nr. 4416, Bl. 174–203; Nr. 4295, Bl. 86–101 u. Nr. 4418, Bl. 556f; Bauer, 14. 2. 1974 (Hpt.V.), LA Berlin, B Rep. 058, Nr. 1576; Gomerski, 2. 12. 1965 (Hpt.V.), HHStA Wiesbaden, Abtl. 461, Nr. 36346, Bd. 5, Bl. 471–506; Szmajzner, Inferno, S. 187–210.

369 Jan Piwonski, 15. 12. 1967, LA Münster, Q 234, Nr. 4583, Bl. 321–329; Alexander Petscherski, 11. 8. 1961 (SU), ebenda, Bl. 172–180; Jan Krzowski, 28. 2. 1966 (P), ebenda, Nr. 4310, Bl. 193–197; Katarzyna Grodzicka, 5. 10. 1978, ebenda,

Nr. 4583, Bl. 285–289; Mosze Bachir, 20. 12. 1965 (Hpt.V.), ebenda, Nr. 4420, Bl. 811–829; Marcin Lesiuk, 10. 10. 1978, ebenda, Nr. 4583, Bl. 356–359; Thomas Blatt, 24. 1. 1974 (Hpt.V.), LA Berlin, B Rep. 058, Nr. 1576.

370 Bauer, 15. 11. 1965, in Schelvis, Sobibór, S. 114–116; Bauer, 10. 12. 1962, LA Münster, Q 234, Nr. 4286, Bl. 43–53; Bolender, 2. 10. 1963, ebenda, Nr. 4293, Bl. 29–38; Lachmann, 27. 11. 1963, ebenda, Nr. 4295, Bl. 1–14; Bauer, 6. 10. 1965 (Hpt.V.), ebenda, Nr. 4416, Bl. 174–189; Schütt, 7.–9. 6. 1961, ebenda, Nr. 4263, Bl. 155–168; Gomerski, 28. 11. 1973 (Hpt.V.), LA Berlin, B Rep. 058, Nr. 1577; Becher (o. Dt.), BStU, RHE-West 487, Bl. 81–84.

371 Bolender, 2. 10. 1963, LA Münster, Q 234, Nr. 4293, Bl. 29–38; Kurt M. Thomas an World Jewish Congress, 3. 12. 1961, ebenda, Nr. 4270, Bl. 29–41; Lachmann, 27. 11. 1963, ebenda, Nr. 4295, Bl. 1–14; Gomerski, 2. 12. 1965 (Hpt.V.), ebenda, Nr. 4420, Bl. 698–715; Bauer, 30. 11. 1965 (Hpt.V.), in Schelvis, Sobibór, S. 127.

372 Bolender, 13. 9. 1965 (Hpt.V.) u. 2. 10. 1963, LA Münster, Q 234, Nr. 4399, Bl. 26–43 u. Nr. 4293, Bl. 29–38; Lachmann, 27. 11. 1963, ebenda, Nr. 4295, Bl. 1–14; Bauer, 12. 12. 1963 u. 6. 10. 1965 (Hpt.V.), ebenda, Nr. 4295, Bl. 86–101, Nr. 4416, Bl. 174–189; Gomerski, 2. 12. 1965 (Hpt.V.), ebenda, Nr. 4420, Bl. 698–715; Bauer, 14. 2. 1974 (Hpt.V.), LA Berlin, B Rep. 058, Nr. 1576.

373 Bauer, 27. 1. 1975 (Hpt.V.), LA Berlin, B Rep. 058, Nr. 1578.

374 Bolender, 13. 9. 1965 (Hpt.V.) u. 2. 10. 1963, LA Münster, Q 234, Nr. 4399, Bl. 26–43 u. Nr. 4293, Bl. 29–38; Lachmann, 27. 11. 1963, ebenda, Nr. 4295, Bl. 1–14; Ittner, 28./29. 11. 1963, ebenda, Nr. 4295, Bl. 17–31; Leon Feldhändler, 1945 (P), ebenda, Nr. 4432, Umschlag Bl. 1600a; Bauer, 12. 12. 1963, ebenda, Nr. 4295, Bl. 86–101; Bolender, 18. 12. 1963, in Schelvis, Sobibór, S. 126–127.

375 Ada Lichtman, 30. 3. 1960, LA Münster, Q 234, Nr. 4263, Bl. 29–41; Frenzel, 12. 11. 1963 u. 7. 1. 1964, ebenda, Nr. 4294, Bl. 52–60 u. Nr. 4296, Bl. 1–8.

376 Frenzel, 23. 3. 1962, LA Münster, Q 234, Nr. 4271, Bl. 155–169; Samuel Lerer, 12. 10. 1965 (Hpt.V.) u. 9. 9. 1949, ebenda, Nr. 4416, Bl. 213–232 u. Nr. 4569, Bl. 358–364; Gomerski, 19./20. 9. 1961, ebenda, Nr. 4266, Bl. 29–43; Dubois, 29. 11. 1962, ebenda, Nr. 4284, Bl. 118–124; Bauer, 12. 12. 1963 u. 6. 10. 1965 (Hpt.V.), ebenda, Nr. 4295, Bl. 86–101 u. Nr. 4416, Bl. 174–189; Abraham Kohn, Redaktion »Aufgang«, ebenda, Nr. 4572, Bl. 3762–3773; Moshe Sklarek-Bahir, 3. 3. 1964 (YV), ebenda, Nr. 4398; Mordechaj Goldfarb, 22. 11. 1965 (Hpt.V.), ebenda, Nr. 4419, Bl. 616–631; Mordechai Goldfarb, 15. 5. 1973, HHStA Wiesbaden, Abtl. 461, Nr. 36346, Bd. 8, Bl. 1191–1194; Jakob Biskubicz, 22. 2. 1974 (Hpt.V.), LA Berlin, B Rep. 058, Nr. 1576; Philip Bialowitz, 1. 4. 1974, ebenda, Nr. 1574, Bl. 719–725; Prokofij Businij, 2. 8. 1975, StA Hamburg, LG NSG 213–12, 0036, Bd. 11039, Bd. 130, Bl. 25275–25299; Blatt, Schatten, S. 311; Jacob Biskubicz, in Novitch (Hg.), Sobibor, S. 147–148.

377 Gomerski, 5. 12. 1973 (Hpt.V.), LA Berlin, B Rep. 058, Nr. 1577; Bauer, 25. 9. 1962, LA Münster, Q 234, Nr. 4278, Bl. 96–97; Ittner, 17./18. 7. 1962, ebenda, Nr. 4275, Bl. 116–130; Prokofij Businij, 2. 8. 1975, StA Hamburg, LG NSG 213–12, 0036, Bd. 11039, Bd. 130, Bl. 25275–25299.

378 Lachmann, 6. 11. 1962, LA Münster, Q 234, Nr. 4284, Bl. 37–43; Bauer, 6. 10. 1965 (Hpt.V.) u. 15. 11. 1965 (Hpt.V.), ebenda, Nr. 4416, Bl. 174–189 u. Nr. 4418, Bl. 556f; Ittner, 17./18. 7. 1962, ebenda, Nr. 4275, Bl. 116–130; Bolender, 18. 12. 1963, ebenda, Nr. 4295, Bl. 112–118; Frenzel, 19. 12. 1963, ebenda, Nr. 4295,

Bl. 121–128; Gomerski, 2. 12. 1965 (Hpt.V.), ebenda, Nr. 4420, Bl. 698–715; Leon Feldhändler, 1945 (P), ebenda, Nr. 4432, Umschlag Bl. 1600a; Josef Zukierman, 2. 12. 1949, HHStA Wiesbaden, Abtl. 461, Nr. 36346, Bd. 2, Bl. 106–108.

379 Bauer, 7. 10. 1965 (Hpt.V.), LA Münster, Q 234, Nr. 4416, Bl. 190–203; Gomerski, 22. 5. 1962, ebenda, Nr. 4274, Bl. 73–77; Estera Raab, 25. 10. 1949, HHStA Wiesbaden, Abtl. 461, Nr. 36346, Bd. 1, Bl. 59–61.

380 Vgl. Kap. »Ausbau und Modernisierung in Sobibor«.

381 Berenstein u.a. (Hg.), Faschismus, S. 444–446; Pohl, Judenpolitik, S. 123–137, 159–160; Hilberg, Vernichtung, S. 552–254; Sandkühler, Endlösung, S. 179–180; Rückerl (Hg.), NS-Vernichtungslager, S. 113; Hauptabteilungsleitersitzung in Krakau, 22. 6. 42, in Präg/Jacobmeyer, Diensttagebuch, S. 516; von Krannhals, »Judenvernichtung«, S. 570–581; Seidel, Besatzungspolitik, S. 338. Polizeiverordnungen über die Bildung von Judenwohnbezirken vom 28. 10. 1942 u. 10. 11. 1942, in Verordnungsblatt für das Generalgouvernement, 1942, Nr. 94 u. Nr. 98.

382 Bericht von Korherr, 23. 3. 1943, in Berenstein u.a. (Hg.), Faschismus, S. 270.

383 Vermerk BdO vom 14. 11. 1942, in Berenstein u.a. (Hg.), Faschismus, S. 447; Pohl, Judenpolitik, S. 134–135.

384 Browning, Normale Männer, S. 11.

385 Hilberg, Vernichtung, S. 511; ders., Sonderzüge, S. 56; Franciszek Zabecki, 21. 12. 1945 (P), in Klarsfeld (Hg.), Jews of Grodno, Bd. I, Bl. 491–493; Bericht zu Transport aus Kolomea, 14. 9. 1942, zit. n. Arad, »Aktion Reinhard, S. 165; Georg Michalsen, 19. 1. 1964, StA Hamburg, LG NSG 213-12, 0036/020, Bl. 8438–8439; Gray, Schrei, S. 132, 157; Weinstein, 17 Days, S. 29–37.

386 Gley, 23. 11. 1961, StA München, Staatsanwaltschaften 33033, Bd. 6, Bl. 1166–1190; Stefanie Reicher, 7. 4. 1959 (P), ebenda, Bd. 9, Bl. 1654–1665; Rothfels, »Augenzeugenbericht«, S. 190; Mordechai Goldfarb, 5. 4. 1960, LA Münster, Q 234, Nr. 4262, Bl. 56–57; Kurt M. Thomas an World Jewish Congress, 3. 12. 1961, ebenda, Nr. 4270, Bl. 29–41; Abraham Kohn, Redaktion »Aufgang«, ebenda, Nr. 4572, Bl. 3762–3773; Maurice Markus, 21. 3. 1963, StA Hamburg, LG NSG 213-12, 0036/016, Bl. 6490–6510; Leon Finkelsztein, 28. 12. 1945 (P), BStU, HA XX, Treblinka-Material, Bl. 28–31; Arie Kudlik, 30. 6. 1960, LA Düsseldorf, Rep. 388, Nr. 753, Bl. 180–185; Roman Staniszewski, 10. 1. 1969, ebenda, Nr. 250, Bl. 140–145; Stangl, 11. 7. 1967, ebenda, Nr. 246, Bl. 51–59; Leo Lewi, 21. 10. 1959, ebenda, Nr. 742, Bl. 209–217; Kalman Jankowsky, 11. 2. 1960, ebenda, Nr. 744, Bl. 186–191; Willenberg, Revolt, S. 46–47; Gray, Schrei, S. 132.

387 Oskar Diegelmann, 12. 12. 1961, StA München, Staatsanwaltschaften 33033, Bd. 19, Bl. 418–424; Jührs, 11.–13. 10. 1961 u. 24. 8. 1970, ebenda, Bd. 6, Bl. 1089–1120 u. Bd. 26, Bl. 199–201; Gley, 23. 11. 1961, ebenda, Bd. 6, Bl. 1166–1190; Franciszek Włoch, 10. 12. 1958, ebenda, Bd. 4, Bl. 675–682; Michal Kusmierczak, 13. 10. 1966 (P), ebenda, Bd. 34, Bl. 11–13; Stanislaw Dworak, 7. 6. 1946 (P), ebenda, Bd. 34, Bl. 142–143; Josef Lewko, 13. 10. 1966 (P), ebenda, Bd. 34, Bl. 1–3; Maria Warzocha, 13. 10. 1966 (P), ebenda, Bd. 34, Bl. 24–16; Dubois, 15. 9. 1971, ebenda, Bd. 27, Bl. 11–25; Stefanie Reicher, 7. 4. 1959 (P), ebenda, Bd. 9, Bl. 1654–1665; Tadeusz Misiewicz, 15. 10. 1945 (P), ebenda, Bd. 34, S. 49–53; Jan Glab, 14. 10. 1966 (P), ebenda, Bd. 34, Bl. 30–33; Maria Daniel, 16. 10. 1945 (P), ebenda, Bd. 34, Bl. S. 60–62; Stanislaw

Szmajzner, 9. 2. 1961, LA Münster, Q 234, Nr. 4263, Bl. 120–125; Eda Lichtman, 23. 2. 1966, ebenda, Nr. 4423, Umschlag Bl. 1003; Jan Piwonski, 15. 12. 1967, ebenda, Nr. 4583, Bl. 321–329; Bialowitz, Promise, S. 80; Georg Królikowski: Erinnerungen, LA Düsseldorf, Rep. 388, Nr. 778, Bl. 87–111; Fritz Kirchhof, 1. 6. 1960, ebenda, Nr. 748, Bl. 148–150; Leizer Hochmann, 3. 12. 1964, ebenda, Nr. 776, Bl. 173–174; Zabecki in Sereny, Abgrund, S. 159; Stiffel, Tale, S. 69.

388 Schwindt, Majdanek, S. 170; Musial, Zivilverwaltung, S. 287.

389 Vgl. bes. Podhorizer-Sandel, »O zagładzie«, S. 94–97; JuNSV (1979), Bd. 20, Nr. 571; ebenda (1989), Bd. 23, Nr. 619; ebenda (1998), Bd. 24, Nr. 635; ebenda (2001), Bd. 26, Nr. 655; ebenda (2003), Bd. 27, Nr. 667; ebenda (2005), Bd. 34, Nr. 736; ebenda (2006), Bd. 36, Nr. 762; ebenda (2007), Bd. 37, Nr. 775 u. Nr. 780 sowie die Einträge in Miron/Shulhani (Hg.), Yad Vashem Encyclopedia; Löw/Roth, Juden in Krakau, S. 154–169; Roth, Herrenmenschen, S. 206–220; Kuwałek, Vernichtungslager Bełżec, S. 165–169.

390 Vgl. bes. Pohl, Judenverfolgung, S. 211–242; Sandkühler, Endlösung, S. 179–193, 221–265; JuNSV (1978), Bd. 18, Nr. 541 u. Nr. 544; ebenda (2001), Bd. 26, Nr. 657 ebenda (2003), Bd. 27, Nr. 671; Kuwałek, Vernichtungslager Bełżec, S. 156–165.

391 Musial, Zivilverwaltung, S. 256, 287; Silberklang, Holocaust, S. 279–281; JuNSV, Urteil (2008), Bd. 38, Nr. 790; Kiełboń, Migracje, S. 171; Kuwałek, Vernichtungslager Bełżec, S. 170–174.

392 Vgl. Młynarczyk, Judenmord, S. 275; Seidel, Besatzungspolitik, S. 326; Rutkowski, »Martyrologia«, S. 165.

393 Rintelen an Auswärtiges Amt, 19. 8. 1942, in Longerich (Hg.), Ermordung, S. 314–315; Konferenz vom 26.–28. 9. 1942, StA München, Staatsanwaltschaften 33033/1, Bl. 62; Zach, »Rumänien«, S. 382, 399–402; Hilberg, Vernichtung, S. 847–848; Heinen, Rumänien, S. 83–97.

394 Pohl, Judenverfolgung, S. 241. Laut Kiril Prochorenko kamen auch Anfang 1943 noch Transporte an. Ähnlich vermuten Arndt/Scheffler, »Organisierter Massenmord«, S. 121, dass Anfang 1943 Transporte aus Galizien nach Belzec kamen. Kiril Prochorenko, 27. 9. 1965 (SU), StA München, Staatsanwaltschaften 33033, Bd. 32, Bl. 150–161. Laut Miron/Shulhani (Hg.), Yad Vashem Encyclopedia, Bd. 1, S. 155–156 wurden Juden aus Dêbica (Distrikt Krakau) am 16. 1. 1943 noch nach Belzec deportiert.

395 Errechnet anhand der Deportationstabelle im Anhang.

396 Arad, Belzec, S. 80; Schelvis, Sobibór, S. 39, 56, XI; Pohl, Judenpolitik, S. 131; Arndt/Scheffler, »Organisierter Massenmord«, S. 123. Die Bahnarbeiter und Opferzeugen gaben dagegen an, dass kontinuierlich Züge ins Lager gekommen sind, auch wenn der Sommer als wenig transportintensiv dargestellt wird. Zygmunt Bialucha, 11. 5. 1984, LA Münster, Q 234, Nr. 4397, Bl. 80–93; Jan Piwonski, 10. 5. 1984, ebenda, Nr. 4396, Bl. 99ff.; Mordechaj Goldfarb, 22. 11. 1965 (Hpt.V), ebenda, Nr. 4419, Bl. 616–631; Samuel Lerer, 14. 10. 1965 (Hpt.V.), ebenda, Nr. 4416, Bl. 233–267; Mosze Bachir, 14. 12. 1965 (Hpt.V.), ebenda, Nr. 4420, Bl. 780–794; Jozef Malinski, 22. 2. 1968, ebenda, Nr. 4583, Bl. 299–305; Rich, »Reinhard« and Operation 1005?.

397 Beispielsweise Włodawa, JuNSV (1979), Bd. 20, Nr. 582, S. 534; Jozef Malinski, 22. 2. 1968, LA Münster, Q 234, Nr. 4583, Bl. 299–305.

398 Arad, Belzec, S. 51; Pohl, Judenpolitik, S. 174; JuNSV (1972), Bd. 9, Nr. 316; ebenda (1979), Bd. 20, Nr. 582; ebenda u. (2003), Bd. 28, Nr. 674; Silberklang, Holocaust, S. 280–281; Konferenz vom 26.–28. 9. 1942, StA München, Staatsanwaltschaften 33033/1, Bl. 62ff.

399 Errechnet anhand der Deportationstabelle im Anhang.

400 Suchomel, in Lanzmann, Shoah, S. 76.

401 Silberklang, Holocaust, S. 279; Browning, Normale Männer, S. 128, 294.

402 Georg Michalsen, 10. 3. 1961, in Ajenstat u.a., Höfle, S. 124; Edward Reicher in ebenda, S. 156; Pohl, Judenverfolgung, S. 179–180; Grabitz/Scheffler, Letzte Spuren, S. 151–178; Reich-Ranicki, Mein Leben, S. 235–243; Hosenfeld, Ich versuche, S. 627–641; Gray, Schrei, S. 106–131. JuNSV (2008), Bd. 39, Nr. 812, S. 816–825, ebenda (2009), Bd. 40, Nr. 821; Golczewski, »Polen«, S. 452; Hengst, 1. 10. 1963, StA Hamburg, LG NSG 213–12, 0036/018, Bl. 7442–7446; Georg Michalsen, 19. 1. 1964, ebenda, 0036/020, Bl. 8438–8439; DDR-JuNSV (2002), Bd. 2, Nr. 1035 u. Nr. 1038; Weinstein, 17 Days; Chodzko, Évadé, S. 37–48.

403 Seidel, Besatzungspolitik, S. 336; Kiełboń, »Judendeportationen«, S. 355; Młynarczyk, »Organisation«, S. 165.

404 Seidel, Besatzungspolitik, S. 309–330; JuNSV (2004), Bd. 32, Nr. 706, S. 196; ebenda (2005) Bd. 35, Nr. 757, S. 468–470; ebenda (2008) Bd. 38, Nr. 786, S. 213–216; Młynarczyk, Judenmord, S. 255–275 nennt für Treblinka 310000 bis 325000 Opfer aus dem Distrikt Radom.

405 Grabitz/Scheffler, Letzte Spuren, S. 177; Browning, Weg, S. 129–130; ders., Normale Männer, S. 147, 294; Seidel, Besatzungspolitik, S. 315–332; Młynarczyk, Judenmord, S. 267–275; Curilla, Judenmord, S. 716–722; JuNSV, (1970), Bd. 5, Nr. 186; ebenda (1971), Bd. 8, Nr. 292; ebenda (1975), Bd. 13, Nr. 433; ebenda (1979), Bd. 15, Nr. 477; ebenda (1981), Bd. 22, Nr. 600; ebenda (1998), Bd. 23, Nr. 621 u. Nr. 631; ebenda (2005), Bd. 34, Nr. 737; ebenda (2005), Bd. 35, Nr. 751; Silberklang, Holocaust, S. 279–281.

406 Bundesarchiv (Hg.), Gedenkbuch, Anhang, S. XVII–XVIII; Adler, Theresienstadt, S. 52; Gottwaldt/Schulle, Judendeportationen, S. 224–229.

407 Golczewski, »Polen«, S. 448–449.

408 JuNSV (2001), Bd. 26, Nr. 648, S. 10–21; Datner, »Eksterminacja«, S. 24; Wilhelm Altenloh, 6. 2. 1961, in Klarsfeld (Hg.), Jews of Grodno, Bd. II; Gerlach, Kalkulierte Morde, S. 723–733.

409 Rückerl (Hg.), NS-Vernichtungslager, S. 115–116; Piper, Zahl der Opfer, S. 183–184; Gutachten Scheffler, in Grabitz (Hg.), Täter, S. 234–235.

410 Unter anderem genannt in Miron/Shulhani (Hg.), Yad Vashem Encyclopedia, Bd. 1, S. 487–489; Grabowski, »Antijüdische Politik«, S. 106–107 sowie Schulz, »Regierungsbezirk Zichenau«, S. 278.

411 Opferzahlen von Auschwitz in Piper, Zahl der Opfer, S. 144–145.

412 Vgl. Perz/Sandkühler, »Auschwitz«, S. 285–292 sowie Perz, »Verwertung«, S. 131–154; Blatt, Sobibór, S. 23–26; Pohl an Himmler, 15. 1. 1944; HSSPF Krakau an Brandt, 21. 2. 1944 u. Pohl an Hauptamtschefs, HSSPF u.a., 4. 7. 1944, BArch, NS 19/2648, Bl. 158–159, 163, 168–169.

413 Dean, »Seizure«, S. 88–89; Globocnik an Himmler, 5. 1. 1944, IMT PS 4024; Aly, Volksstaat, S. 311–318.

414 Młynarczyk, Judenmord, S. 278; Musial, Zivilverwaltung, S. 313; Heberer, »Kontinuität«, S. 293; Sandkühler, Endlösung, S. 198; JuNSV (1998), Bd. 23, Nr. 619; Bajohr, Parvenüs, S. 127, 133.

415 Abschlussbericht Globocnik, 5. 1. 1944, IMT 4024 PS; Bajohr, Parvenüs, S. 125.

416 Himmler, 4. 10. 1943, IMT 1919 PS. Perz/Sandkühler, »Auschwitz«, S. 289; Kurt Schumacher, 6. 7. 1960, StA Hamburg, LG NSG 213–12, 0036/001, Bl. 177–185; Wilhelm Eichholz, 13. 3. 1962, ebenda, 0036/007, Bl. 2959–2964; Georg Wippern, 4. 10. 1968, ebenda, 0036/062; Johannes Teichelmann, Mai 1965, ebenda, 0036/027, Bl. 11503–11504.

417 Konrad Morgen, 19. 4. 1966 (Hpt.V.), LA Münster, Q 234, Nr. 4425, Bl. 1074–1094.

418 Bajohr, Parvenüs, S. 133, 148, 194.

419 Oberhauser, 4. 2. 1963, StA München, Staatsanwaltschaften 33033, Bd. 7, Bl. 1296–1300; Bauer, 7. 12. 1962, ebenda, Bl. 1385–1388; Suchomel, 5. 2. 1963, ebenda, Bd. 8, Bl. 1450–1458; Erich Fettke, 17. 10. 1961, LA Münster, Q 234, Nr. 4266, Bl. 97–101; Ilse Linkenbach, 18. 9. 1962, ebenda, Nr. 4278, Bl. 85–87; Robert Lorent, 25./26. 10. 1965, HHStA Wiesbaden, Abtl. 631a, Nr. 886; Josef Kölbl, 15. 3. 1962, ebenda, Nr. 888; Ilse Martha Linkenbach, 28. 5. 1965, ebenda, Nr. 889a.

420 Georg Wippern, 27. 10. 1962 u. 17. 4. 1962, StA München, Staatsanwaltschaften 33033, Bd. 12, Bl. 2350–2361 u. Bd. 13, Bl. 2491–2499; Georg Michalsen, 19. 1. 1964, StA Hamburg, LG NSG 213–12, 0036/020, Bl. 8393–8308; Fritz Dorl, 20. 9. 1968, ebenda, 0036/038, Bl. 16074–16079.

421 Hilberg, Vernichtung, S. 1014–1015; Perz/Sandkühler, »Auschwitz«, S. 291; Brandt an Pohl, 12. 8. 1942, StA München, Staatsanwaltschaften 34865/47; Globocnik an Himmler, 11. 8. 1942, ebenda; Antwortschreiben Brandt an Globocnik, 12. 8. 1942, ebenda.

422 August Frank an SS-Standortverwaltung Lublin und KL Auschwitz, 26. 9. 1942, in Rückerl (Hg.), NS-Vernichtungslager, S. 111–112; Pohl an Himmler, 29. 11. 1944, LA Münster, Q 234, Nr. 4531, Bl. 256; Emil Puhl, 3. 5. 1946, IMT 3944-PS.

423 Georg Wippern, 17. 4. 1962, StA München, Staatsanwaltschaften 33033/12, Bl. 2350–2361; Joseph Vogt, 16. 1. 1947, StA Hamburg, LG NSG 213–12, 0036/009, Bl. 3929–3935.

424 Georg Wippern 27. 10. 1962 u. 1. 12. 1962, StA München, Staatsanwaltschaften 33033/7, Bl. 1296–1300 u. 1376. Arad, Belzec, S. 162.

425 Georg Wippern, 17. 4. 1962 u. 16./17. 5. 1962, StA München, Staatsanwaltschaften 33033/12, Bl. 2350–2361 u. 2335–2349; JuNSV (2008), Bd. 38, Nr. 790, S. 502; Alois Rzepa, 21. 2. 1968, LA Düsseldorf, Rep. 388, Nr. 248, Bl. 171–172.

426 Alois Rzepa, 27. 4. 1965, StA Hamburg, LG NSG 213–12, 0036/027, Bl. 11146–11151; Georg Wippern, 16./17. 5. 1962 u. 17. 4. 1962, StA München, Staatsanwaltschaften 33033, Bd. 13, Bl. 2631a-d u. Bd. 12, Bl. 2335–2349, 2350–2361; Perz/Sandkühler, »Auschwitz«, S. 289.

427 Artur Jäkel, 8. 7. 1960, StA Hamburg, LG NSG 213–12, 0036/01, Bl. 156–193.

428 Georg Wippern, 27. 10. 1962 u. 1. 12. 1962, StA München, Staatsanwaltschaften 33033, Bd. 7, Bl. 1296–1300 u. 1376, Oberhauser, 4. 2. 1963, ebenda, Bd. 13, Bl. 2491–2499; Kranz, Vernichtung, S. 35–36; Artur Jäkel, 8. 7. 1960, StA Hamburg, LG NSG 213–12, 0036/01, Bl. 156–193; Wippern, 6. 12. 1962, LA Münster,

Q 234, Nr. 4285, Bl. 35–40; SSPF Warschau an Himmler, 9. 7. 1942, ebenda, Nr. 4531, Bl. 16; Edward Reicher u. Georg Michalsen, 30. 6. 1961, in Ajenstat u.a., Höfle, S. 154 u. S. 177.

429 Anordnung Globocnik, 16. 9. 1942, in Kermisz u.a. (Hg.), Dokumenty, S. 185–186.

430 Georg Wippern, 17. 4. 1962, StA München, Staatsanwaltschaften 33033/12, Bl. 2350–2361; Karl W. E. Labhard, 26. 2. 1962, StA Hamburg, LG NSG 213–12, 0036/007, Bl. 2812–2818; Alexander Pflanzer, 23. 3. 1962, ebenda, 0036/008, Bl. 3253ff.; Alois Rzepa, 24. 4. 1964, ebenda, 0036/022, Bl. 8986–8989; Black, »Trawniki-Männer«, S. 338.

431 Georg Wippern, 16./17. 5. 1962 u. 17. 4. 1962, StA München, Staatsanwaltschaften 33033, Bd. 12, Bl. 2335–2349 u. 2350–2361; Suchomel, 5. 2. 1963, ebenda, Bd. 8, Bl. 1450–1458; Dubois, 16. 2. 1963, ebenda, Bd. 8, Bl. 1477–1481; Dubois, 15. 9. 1965, HHStA Wiesbaden, Abtl. 631a, Nr. 8847; Fritz Dorl, 20. 9. 1968, StA Hamburg, LG NSG 213–12, 0036/038, Bl. 16074–16079; Grabitz/Scheffler, Letzte Spuren, S. 48.

432 Perz/Sandkühler, »Auschwitz«, S. 289–290; Kurt Schumacher, 6. 7. 1960, StA Hamburg, LG NSG 213–12, 0036/001, Bl. 177–185; Wilhelm Eichholz, 13. 3. 1962, ebenda, 0036/007, Bl. 2959–2964; Robert R. A. H. Sottmann, 31. 3. 1962, ebenda, 0036/008, Bl. 3346–3347; Georg Wippern, 4. 10. 1968, ebenda, 0036/062; Johannes Teichelmann, Mai 1965, ebenda, 0036/027, Bl. 11503–11504; Alexander Pflanzer, 23. 3. 1962, ebenda, 0036/008, Bl. 3253ff.; Georg Günther Koppold, 22. 5. 1962, ebenda, 0036/008, Bl. 3641–364; Alois Rzepa, 24. 4. 1964, ebenda, 0036/022, Bl. 8986–8989; Georg Wippern, 1. 12. 1962 u. 17. 4. 1962, StA München, Staatsanwaltschaften 33033, Bd. 7, Bl. 1376 u. Bd. 12, Bl. 2350–2361; Zahlungsanweisung vom 28. 8. 1944 u. Grothmann an Pohl, 19. 8. 1944, BArch, NS 19/1918, Bl. 31–33; Wolff an Pohl, 31. 1. 1945, BArch, NS 19/3456, Bl. 3.

433 1910 in Augsburg geboren, Musiker, wurde zu Kriegsbeginn bei der Waffen-SS als Rechnungsführer ausgebildet. Er kam im Juli 1942 von der SS-Standortverwaltung in Dachau nach Lublin, verbrachte zwei Wochen im November oder Dezember 1942 untätig außerhalb des Lagers Belzec in der Verwaltung. Nach einer Fleckfiebererkrankung wurde er zurück nach Lublin versetzt. Wilhelm Schwarzkopf, 18. 3. 1964, StA Hamburg, LG NSG 213–12, 0036/021, Bl. 8747–8750.

434 Georg Wippern, 6. 12. 1962, LA Münster, Q 234, Nr. 4285, Bl. 35–40; Oberhauser, 12./14. 12. 1962, StA München, Staatsanwaltschaften 33033/13, Bl. 2426–2436; Wilhelm Schwarzkopf, 18. 3. 1964, StA Hamburg, LG NSG 213–12, 0036/021, Bl. 8747–8750.

435 Vgl. Perz, »Verwertung«, S. 152–153; Georg Wippern, 17. 4. 1962, StA München, Staatsanwaltschaften 33033/12, Bl. 2350–2361. Globocnik an Himmler, 27. 2. 1943 u. Abschlussbericht Globocnik 5. 1. 1944, IMT 4024 PS; Globocnik an Grothmann, 3. 3. 1943, BArch, NS 19/2234.

436 Globocnik an Hermann Höfle u. Georg Wippern, 15. 7. 1942, in Berenstein u.a. (Hg.), Faschismus, S. 401.

437 Hier befanden sich bis Mitte 1942 auch die Reparaturwerkstätten des Heereskraftfahrzeugparks, Ende 1941 bis Mai 1944 auch das »Hauptnachschublager des HSSPF Russland Süd«. Zusammenfassung zum »Alten Flughafen«, StA Hamburg, LG NSG 213–12, 0036–64; Kranz, Vernichtung, S. 33.

438 Kaienburg, Wirtschaft, S. 540–544; Georg Wippern, 16./17. 5. 1962 u. 17. 4. 1962, StA München, Staatsanwaltschaften 33033, Bd. 12, Bl. 2335–2349 u. 2350–2361; Georg Michalsen, 7. 5. 1961, ebenda, Bd. 5, Bl. 900–907; Wippern, 21. 1. 1976, StA Hamburg, LG NSG 213–12, 0036/050, Bl. 22675–22677; Benno Winkler, 25. 6. 1970, ebenda, 0036/064; Ernst Gollak, 10. 10. 1962, LA Münster, Q 234, Nr. 4280, Bl. 9–11; Pohl, Judenpolitik, S. 129; Erfahrungsbericht zum »Judentransport« von Wien nach Sobibor, 20. 6. 1942, in Schelvis, Sobibór, S. XIV.

439 Vgl. Mailänder Koslov, »Täterinnenbilder«, S. 211–221; Schwindt, Majdanek, S. 154–155, 171, 176.

440 Vgl. zur Sortierung Kap. »Arbeitslager Alter Flughafen in Lublin«. Oberhauser, 20. 3. 1963 u. 15. 5. 1963, StA München, Staatsanwaltschaften 33033/13, Bl. 2658–2665 u. 3631–2635; Zusammenfassung zum »Alten Flughafen«, StA Hamburg, LG NSG 213–12, 0036–64; Oberhauser, 25. 2. 1970, ebenda, 0036/042, Bl. 19037–19041; Kaienburg, Wirtschaft, S. 54; Kranz, Vernichtung, S. 33.

441 Globocnik an Himmler, 27. 2. 1943, IMT 4024 PS. Arad, Belzec, S. 159.

442 Josef Napieralla, 30. 3. 1962, StA Hamburg, LG NSG 213–12, 0036/008, Bl. 3327–3337; Karl Streibel, 6. 6. 1968, ebenda, 0036/036, Bl. 14862; Black, »Trawniki-Männer«, S. 328; Black, »Foot Soldiers«, S. 31.

443 Georg Wippern, 16./17. 5. 1962, StA München, Staatsanwaltschaften 33033/12, Bl. 2335–2349; Wilhelm Eichholz, 13. 3. 1962, StA Hamburg, LG NSG 213–12, 0036/007, Bl. 2959–2964; Fritz Dorl, 20. 9. 1968, ebenda, 0036/038, Bl. 16074–16079; Helmut Schimmel, 22. 8. 1923, ebenda, 0036/062, Bl. 20738–20740; Wippern, 4. 10. 1968, ebenda, 0036/062; Robert Felsinger, 4. 7. 1964, ebenda, 0036/023, Bl. 9725–9729; Rudolf Johann Babitzka, 4. 12. 1963, ebenda, 0036/019, Bl. 8028–8035; Silberklang, Holocaust, S. 314–315; Kermisz u.a. (Hg.), Dokumenty, S. 186–193; Abschlussbericht Globocnik 5. 1. 1944, IMT 4024 PS.

444 Himmler an Pohl, 22. 10. 1942, BArch, NS 19/1918, Bl. 3.

445 Pohl an Himmler, 6. 2. 1943, in Berenstein u.a. (Hg.), Faschismus, S. 413; Frank an Himmler, 13. 5. 1943, Brandt an Pohl, 3. 12. 1943 u. Himmler an Pohl, 19. 8. 1944, BArch, NS 19/1918, Bl. 1–2, 17–18, 34.

446 Aly, Volksstaat, S. 318.

Das T4-Reinhardt-Netzwerk vom Höhepunkt seiner Macht bis zur Auflösung (Januar bis November 1943)

1 Einer Urkunde nach fand der Besuch im März statt, Frenzel gab den 13. 3. 1943 an. Beförderungsvorschlag, 22. 5. 1943, BArch, SSO 251 B (Christian Wirth); Ada Lichtman, 3. 3. 1964 (YV), LA Münster, Q 234, Nr. 4400, Bl. 145–154; Beförderungsurkunde »Aktion Reinhard« 13. 4. 1943, ebenda, Nr. 4531, Bl. 183; Frenzel, 16. 9. 1965 (Hpt.V.) u. 10. 10. 1966 (Hpt.V.), ebenda, Nr. 4399, Bl. 54–72 u. Nr. 4434, Bl. 1708–1721; »Todeslager in Sobibor« von Samuel Lerer u. Esther Terner, April 1945 (P), ebenda, Nr. 4572, Bl. 901–907; Zolda Metz (o. Dt.) (P), ebenda, Nr. 4572, Bl. 908–919; Frenzel, in Schelvis, Sobibór, S. 106; Raab, in ebenda, S. 106–107; Pohl, Judenpolitik, S. 166; Herszel Zukerman, in Novitch (Hg.), Sobibor, S. 128; Bauer, 1./2. 4. 1964, StA München, Staatsanwaltschaften

34865/86; Frenzel, 16. 4. 1964, ebenda; Glazar, 10. 6. 1970 (Hpt.V.), LA Düsseldorf, Rep. 388, Nr. 255, Bl. 51–54; Richard Glazar in Sereny, Abgrund, S. 240.

2 Globocnik selbst gab – ohne Stichdatum – die Zahl von 92 von der Kanzlei des Führers zur »Durchführung der Aktion Reinhardt« abgestellten Mitarbeitern an. Bericht v. Globocnik, 27. 10. 1943, in Rückerl (Hg.), NS-Vernichtungslager, S. 117–118 (= BArch, SSO 16 A [Odilo Globocnik]).

3 Pohl, Judenpolitik, S. 170; Schwindt, Majdanek, S. 255. Himmler an Krüger, 5. 7. 1943, Himmler an Wendler, 4. 8. 1943, Brandt an von Herff, 9. 7. 1943, BArch, SSO 16 A (Odilo Globocnik).

4 Rothfels, »Augenzeugenbericht«, S. 189.

5 JuNSV (2003), Bd. 32, Nr. 662, S. 19–21; Pfannenstiel, 25. 4. 1960, StA München, Staatsanwaltschaften 33033/4, Bl. 776–781; Michal Kusmierczak, 13. 10. 1966 (P), ebenda, Bd. 42; Alojzy Berezowski, 3. 2. 1962 (P), ebenda, Bd. 34, Bl. 11–13; Fedor Korownitschenko, 13. 8. 1966 (SU), ebenda, Bd. 32, S. 176–181; Jan Glab, 14. 10. 1966 (P), ebenda, Bd. 34, Bl. 30–33; Samuel Kunz, 26. 2. 1969, StA Hamburg, StA LG NSG 0036/42, Bl. 16844–50. Hödl, 30. 3. 1963, LA Münster, Q 234, Nr. 4424, Bl. 68 im Umschlag; Abraham Kohn, »Aufgang«, ebenda, Nr. 4572, Bl. 3762–3773; Zelda Metz, 6. 2. 1950, HHStA Wiesbaden, Abtl. 461, Nr. 36346, Bd. 2, Bl. 161–164; Hirtreiter, 9. 11. 1950, ebenda, Nr. 35253, Bl. 181–190; Abraham Lindwasser, 6. 7. 1960, LA Düsseldorf, Rep. 388, Nr. 753, Bl. 186–193; Suchomel, 3. 7. 1970 (Hpt.V.), ebenda, Nr. 255, Bl. 77–82; Shlomo Hellmann, 21. 12. 1959, ebenda, Nr. 743, Bl. 596–598; Gilmair Rajchman, 14. 1. 1965 (Hpt.V.), ebenda, Nr. 810; Münzberger, 24. 6. 1970 (Hpt.V., Mitschrift Kaul), BArch, DP 3/2012; Wiernik, Rok, S. 69–71; Rajchman, Ich bin der letzte Jude, S. 113.

6 Die Debatte war durch eine anonyme Beschwerde über die Offensichtlichkeit der Ermordung der Juden in Kulmhof ausgelöst worden. Die Verbrennung der Leichen erhielt die Chiffre »Aktion 1005« in Anlehnung an das Aktenzeichen »IV B 4 43/42 gRs (1005)« eines Briefs des Gestapochefs Müller an Martin Luther (Auswärtiges Amt) vom 28. 2. 1942, in dem Müller auf die Beschwerde reagierte. Vgl. Spector, »Aktion 1005«, S. 157–173; Arad, »Aktion Reinhard«, S. 187–189; Desbois/Frenk, Opération 1005; Friedler/Siebert/Kilian, Todeszone, S. 90; J. Hoffmann, Nicht erzählen; Harrison u.a., Belzec, S. 440–516. Vgl. auch die demnächst erscheinende Studie von Andrej Angrick zum Sonderkommando 1005.

7 Mosze Bachir, 14. 12. 1965 (Hpt.V.) u. 3. 3. 1964 (YV), LA Münster, Q 234, Nr. 4420, Bl. 780–794 u. Nr. 4398; Prokofij Businnij, 8. 8. 1975, ebenda, Nr. 4570, Bl. 598–622.

8 Möglicherweise waren Wirth oder Floß bei Experimenten in Kulmhof oder in Auschwitz zugegen. Floß war aus Lichtenburg-Zeiten mit Personal aus Auschwitz bekannt, wie z.B. mit Gerhard Palitzsch, der auch an den Zyklon B-Experimenten in Auschwitz I beteiligt war. NSDAP-Mitgliederüberweisung von II. SS-T.V. »Elbe« zum III. SS-T.V. »Sachsen«, 10. 8. 1937, BArch, SS A 2, Bl. 406–414. Oberhauser, 15. 11. 1971, HHStA Wiesbaden, Abtl. 468, Nr. 362, Bl. 878–883; Stangl, 11. 7. 1967, LA Düsseldorf, Rep. 388, Nr. 246, Bl. 51–59. Friedler/Siebert/Kilian, Todeszone, S. 88–92.

9 Arndt/Scheffler, »Organisierter Massenmord«, S. 123; Arad, Belzec, S. 171–172; Rich, »Reinhard« and Operation 1005?; Hirtreiter, 9. 11. 1950, HHStA Wiesba-

den, Abtl. 461, Nr. 35253, Bl. 181–190; Leon Finkelsztein, 28. 12. 1945 (P), BStU, HA XX, Treblinka-Material, Bl. 28–31; Samuel Reizman, 9. 10. 1945 (P), LA Düsseldorf, Rep. 388, Nr. 745, Bl. 191–196; Elias Rosenberg, 24. 12. 1947 u. 26. 6. 1970 (Hpt.V.), ebenda, Nr. 743, Bl. 583–594 u. Nr. 255, Bl. 67–72; Henryk Poswolski, 9. 10. 1945 (P), ebenda, Nr. 746, Bl. 44–48; Shlomo Hellmann, 6. 6. 1960, ebenda, Nr. 752, Bl. 67–69.

10 Gley, 8.–10. 5. 1961, 7. 1. 1963 u. 2. 5. 1963, StA München, Staatsanwaltschaften 33033, Bd. 5, Bl. 908–932, Bd. 7, Bl. 1395–1397 u. Bd. 8, 1526–1536; Ludwik Obalek, 10. 10. 1945 (P), ebenda, Bd. 34, S. 19–21; Franz, 14. 9. 1961, ebenda, Bd. 6, Bl. 1060–1086; Pfannenstiel, 9. 11. 1959, ebenda, Bd. 1, Bl. 135–141; Dubois, 29. 4. 1963, ebenda, Bd. 8, Bl. 1512–1523; Fuchs, 28. 5. 1963, ebenda, Bd. 13, Bl. 2639–2646; Alojzy Berezowski, 3. 2. 1962 (P), ebenda, Bd. 42; Dubois, 28. 10. 1963, LA Münster, Q 234, Nr. 4293, Bl. 140–151; Tauscher, 18. 12. 1963, StA Hamburg, LG NSG 213–12, 0036/20, Bl. 8196–8200.

11 Tauscher, 18. 12. 1963, StA Hamburg, LG NSG 213–12, 0036/20, Bl. 8196–8200. Vgl. Rich, »Reinhard« and Operation 1005?; Unverhau, 3. 8. 1970, StA München, Staatsanwaltschaften 33033, Bd. 26, Bl. 183–187; Jührs, 11.–13. 10. 1961, ebenda, Bd. 6, Bl. 1089–1120; Zierke, 31. 1. 1963, ebenda, Bd. 8, Bl. 1436–1449; Michal Kusmierczak, 16. 10. 1945 (P) u. 13. 10. 1966 (P), ebenda, Bd. 34, Bl. 14–16, S. 57–59; Edward Luczyński, 15. 10. 1945 (P), ebenda, Bd. 34, S. 45–48; Fedor Korownitschenko, 13. 8. 1966 (SU), ebenda, Bd. 32, Bl. 176–181; Ludwik Obalek, 10. 10. 1945 (P), ebenda, Bd. 32, S. 19–21; Stefan Kirsz, 15. 10. 1945 (P), ebenda, Bd. 32, S. 54–56; Gley, 8.–10. 5. 1961, ebenda, Bd. 5, Bl. 908–932; Taras Olejinik, 24. 10. 1966 (SU), ebenda, Bd. 32, S. 246–260; Tregenza, »Bełżec« (2000), S. 253.

12 Die polnischen Zeugen schätzten die Anzahl der Feuer dagegen auf drei bis fünf. Tauscher, 18. 12. 1963, StA Hamburg, LG NSG 213–12, 0036/20, Bl. 8196–8200; Dubois, 29. 4. 1963, StA München, Staatsanwaltschaften 33033, Bd. 8, Bl. 1512–1523; Gley, 7. 1. 1963, ebenda, Bd. 7, Bl. 1395–1397; Mieczyslaw Kudyba, Okt. 1945, ebenda, Bd. 34, Bl. 33–35; Eugeniusz Goch, 14. 10. 1945 (P), ebenda, Bd. 34, S. 41–44; Edward Luczyński, 15. 10. 1945 (P), ebenda, Bd. 34, S. 45–48; Wiktor Skowronek, 16. 10. 1945 (P), ebenda, Bd. 34, S. 66–67.

13 Wladislawa Göbel, 17. 12. 1959 (P), StA München, Staatsanwaltschaften 33033, Bd. 3, Bl. 402–407; Dubois, 16.–18. 9. 1961, ebenda, Bd. 6, Bl. 1033–1059; Eugeniusz Goch, 14. 10. 1945 (P), ebenda, Bd. 34, S. 41–44; Edward Luczyński, 15. 10. 1945 (P), ebenda, Bd. 34, S. 45–48; Tadeusz Misiewicz, 15. 10. 1945 (P), ebenda, Bd. 34, S. 49–53; Anastasij Nawrodiji, 27. 6. 1965 (SU), ebenda, Bd. 32, S. 161–176. Ebenso die Tochter des Bürgermeisters in Moscovitchs Film »Bełżec«. Kuwałek, »Bełżec«, S. 356.

14 Gley, 7. 1. 1963, StA München, Staatsanwaltschaften 33033/7, Bl. 1395–1397.

15 Vgl. zu den Ausgrabungen Harrison u.a., Belzec, S. 386–388; Tregenza, »Bełżec« (2000), S. 257; Wladislawa Göbel, 17. 12. 1959 (P), StA München, Staatsanwaltschaften 33033/3, Bl. 402–407.

16 Tauscher, 21. 1. 1964, StA Hamburg, LG NSG 213–12, 0036/20, Bl. 8201–8216.

17 Jührs, 7. 5. 1963, StA München, Staatsanwaltschaften 33033, Bd. 8, Bl. 1533–1564; Schluch, 14. 5. 1962, ebenda, Bd. 19, Bl. 603–611; Zusammenfassung zum »Alten Flughafen«, StA Hamburg, LG NSG 213–12, 0036/006, Bl. 42–57; Girtzig, 22. 10.

1962, ebenda, 0036/012, Bl. 4599–4608; Gley, 30. 9./1. 10. 1965, ebenda, 0036/029, Bl. 12150–12164; Gley, 4. 12. 1961, LA Münster, Q 234, Nr. 4267, Bl. 85–88; Informationen zu gesuchten Personen, UdSSR, 31. 8. 1948, Sonderarchiv Litauen, Vilnius, Bestand K1, ap. 33, Band 19, Bl. 222–233v.

18 Übergabeverhandlung von Trawniki an Sonderkommando Belzec, 12. 4. 1943, FSB Zentralarchiv Moskau, K-779, fund 16, opis 312 »e«, delo 410, Bl. 242; Pohl, »Trawniki-Männer«, S. 287–288; Petr Poneljuk, 4. 2. 1966 (SU), StA München, Staatsanwaltschaften 33033/32, S. 82–86.

19 Tauscher, 18. 12. 1963, StA Hamburg, LG NSG 213–12, 0036/20, Bl. 8196–8200; Gley, 8.–10. 5. 1961, StA München, Staatsanwaltschaften 33033/5, Bl. 908–932.

20 Mieczyslaw Kudyba, 13. 10. 1966 (P), StA München, Staatsanwaltschaften 33033, Bd. 34, Bl. 34–37; Josef Lewko 13. 10. 1966 (P), ebenda, Bl. 1–3; Alojzy Berezowski, 12. 4. 1946 (P), ebenda, S. 136–139; Tadeusz Dujanowicz, 17. 10. 1945 (P), ebenda, S. 68–69; Petr Poneljuk, 4. 2. 1966 (P), ebenda, Bd. 32, S. 82–86; Petr Guzuljac, 6. 2. 1966 (P), ebenda, Bd. 32, S. 72–74; Dubois, 16.–18. 9. 1961, ebenda, Bd. 6, Bl. 1033–1059; Dubois, 29. 11. 1962, LA Münster, Q 234, Nr. 4284, Bl. 118–124; Tauscher, 21. 1. 1964, StA Hamburg, LG NSG 213–12, 0036/20, Bl. 8201–8216; Tregenza, »Bełżec« (2000), S. 254.

21 Eugeniusz Goch, 14. 10. 1945 (P), StA München, Staatsanwaltschaften 33033, Bd. 34, Bl. 41–44; Gley, 8.–10. 5. 1961, ebenda, Bd. 5, Bl. 908–932; Alojzy Berezowski, 3. 2. 1962 (P), ebenda, Bd. 42; Tauscher, 18. 12. 1963, StA Hamburg, LG NSG 213–12, 0036/20, Bl. 8196–8200.

22 Gley, 8.–10. 5. 1961, StA München, Staatsanwaltschaften 33033, Bd. 5, Bl. 908–932; Dubois, 16.–18. 9. 1961, ebenda, Bd. 6, Bl. 1033–1059; Edward Luczyński, 15. 10. 1945 (P), ebenda, Bd. 34, Bl. 45–48; Kommentar von Irena Szajewicz zur Aussage von Chaim Hirszman, 19. 3. 1946 u. Pola Hirszman, 30. 3. 1946, Yad Vashem, M 49/1476.

23 Sara Ritterband an T. Friedmann, 1. 2. 1960, StA München, Staatsanwaltschaften 33033/3, Bl. 563–566. Sara Hellmann kam über Trawniki nach Auschwitz und wurde in Bergen-Belsen befreit.

24 Dubois, 29. 4. 1963, StA München, Staatsanwaltschaften 33033, Bd. 8, Bl. 1512–1523; Petr Guzuljac, 6. 2. 1966 (P), ebenda, Bd. 32, Bl. 72–74; Petr Poneljuk, 4. 2. 1966 (P), ebenda, Bd. 32, S. 82–86; Tauscher, 18. 12. 1963 u. 21. 1. 1964, StA Hamburg, LG NSG 213–12, 0036/20, Bl. 8196–8200, 8201–8216; Tauscher, 4. 5. 1964, LA Münster, Q 234, Nr. 4299, Bl. 103–105; Unverhau, 14./15. 9. 1961, ebenda, Nr. 4266, Bl. 16–28.

25 Eugeniusz Goch, 14. 10. 1945 (P), StA München, Staatsanwaltschaften 33033/34, Bl. 41–44.

26 Schiffner, 19. 4. 1963, Münster, Q 234, Nr. 4289, Bl. 28–31; Unverhau, 14./15. 9. 1961, ebenda, Nr. 4266, Bl. 16–28; Schiffner, 19. 6. 1962, LA Düsseldorf, Rep. 388, Nr. 762, Bl. 142–153; Unverhau, 14. 8. 1968, ebenda, Nr. 249, Bl. 199–202; Gley, 8.–10. 5. 1961, StA München, Staatsanwaltschaften 33033/5, Bl. 908–932; Unverhau, 6. 5. 1963, ebenda, Bd. 8, Bl. 1539–1549; Eugeniusz Goch, 14. 10. 1945 (P), ebenda, Bl. 41–44; Jan Glab, 14. 10. 1966 (P), ebenda, Bd. 34, Bl. 30–33; Mieczyslaw Kudyba, 13. 10. 1966 (P), ebenda, Bl. 34–37.

27 Jakub Biskubicz, Sept. 1963 (YV), LA Münster, Q 234, Nr. 4570, Bl. 482–560.

28 Dov Freiberg, 21. 12. 1965 (Hpt.V.), LA Münster, Q 234, Nr. 4420, Bl. 830–845.

29 Ada Lichtman, 29. 12. 1960, LA Münster, Q 234, Nr. 4569, Bl. 296/1–13.

30 Jakub Biskubicz, Sept. 1963 (YV), LA Münster, Q 234, Nr. 4570, Bl. 482–560; Frenzel, 10. 1. 1964, ebenda, Nr. 4296, Bl. 19–28; Dov Freiberg, 21. 12. 1965 (Hpt.V.), ebenda, Nr. 4420, Bl. 830–845; Erinnerungsbericht Lichtman, ebenda, Nr. 4530; Lerer, 31. 7. 1975, HHStA Wiesbaden, Abtl. 461, Nr. 36346, Bd. 13, Bl. 2128–2130; Blatt, Schatten, S. 145; Bialowitz, Promise, S. 94–95.

31 Jakub Biskubicz, Sept. 1963 (YV), LA Münster, Q 234, Nr. 4570, Bl. 482–560; Shlomo Alster, 18. 3. 1975, ebenda, Nr. 4570, Bl. 635–639; Mordechaj Goldfarb, 22. 11. 1965 (Hpt.V.), ebenda, Nr. 4419, Bl. 616–631; Hermann Posner, 7. 12. 1965, ebenda, Nr. 4420, Bl. 731–748; Ada Lichtman, 29. 12. 1960, ebenda, Nr. 4569, Bl. 296/1–13; Bialowitz, Promise, S. 70; Gomerski, 9. 10. 1974 (Hpt.V.), LA Berlin, B Rep. 058, Nr. 1581; Freiberg, To survive, S. 273; Mordechai Goldfarb, 15. 5. 1973, HHStA Wiesbaden, Abtl. 461, Nr. 36346, Bd. 8, Bl. 1191–1194.

32 Vgl. die Gebäude 22–24 auf Abbildung 14. Schelvis, Sobibór, S. 51, 80; Bauer, 15. 2. 1974 (Hpt.V.), LA Berlin, B Rep. 058, Nr. 1576.

33 Blatt, Schatten, S. 310; Alexandre Petcherski in Novitch (Hg.), Sobibor, S. 104; Arkadij Weispapir, 16. 3. 1984, LA Münster, Q 234, Nr. 4395; Zelda Metz, 6. 2. 1950, HHStA Wiesbaden, Abtl. 461, Nr. 36346, Bd. 2, Bl. 161–164; Boris Taborinskij, 31. 12. 1974 (SU), ebenda, Bd. 12, Bl. 1918–1926; Frenzel, 29. 9. 1966 (Hpt.V.) u. 12. 11. 1963, ebenda, Nr. 4433, Bl. 1683–1694 u. Nr. 4294, Bl. 52–56; Symcha Bialowitz, Sept. 1963 (YV), ebenda, Nr. 4570, Bl. 482–560; Petchorski, »Revolt«, S. 318.

34 Schelvis, Sobibór, S. 169–170; Aizik Rottenberg, in Novitch (Hg.), Sobibor, S. 122; Frenzel, 19. 12. 1963, LA Münster, Q 234, Nr. 4295, Bl. 121–128; Abraham Margulies, Sept. 1963 (YV), ebenda, Nr. 4570, Bl. 482–560; Bauer, 10./11. 1. 1962, ebenda, Nr. 4269, Bl. 59–64; Zelda Metz, 6. 2. 1950, HHStA Wiesbaden, Abtl. 461, Nr. 36346, Bd. 2, Bl. 161–164; Himmler an WVHA, SSPF Distrikt Lublin u.a., 5. 7. 1943, Himmler an Pohl, 24. 7. 1943 u. Pohl an Himmler, 15. 7. 1943, IMT NO 482.

35 Sal Paull, 10. 5. 1963, LA Münster, Q 234, Nr. 4289, Bl. 106–111; Jakob Biskubicz, 9. 11. 1965 (Hpt.V.), ebenda, Nr. 4418, Bl. 521–536; Mosze Szklarek, 10. 4. 1960, ebenda, Nr. 4262, Bl. 46–55; Thomas Blatt, 30. 6. 1960, ebenda, Nr. 4262, Bl. 99–107; Leon Feldhändler, 1945 (P), ebenda, Nr. 4432, Umschlag Bl. 1600a; F. Wolf, 6. 11. 1963, ebenda, Nr. 4294, Bl. 23–36; Blatt, Schatten, S. 134; Bialowitz, Promise, S. 79–80; Schelvis, Sobibór, S. 51, 88.

36 Stanislaw Szmajzner, 9. 2. 1961, LA Münster, Q 234, Nr. 4263, Bl. 120–125; Zelda Kelbermann, 14. 3. 1966, ebenda, Nr. 4423, Umschlag Bl. 1026; Zolda Metz (o. Dt.) (P), ebenda, Nr. 4572, Bl. 908–919; »Todeslager in Sobibor« v. Samuel Lerer u. Esther Terner, April 1945 (P), ebenda, Nr. 4572, Bl. 901–907; Beresch Freiberg, Manuskript »Sobibor«, 25. 7. 1945 (P), ebenda, Nr. 4573, Bl. 2630–2679; Thomas Blatt, 30. 6. 1960, ebenda, Nr. 4262, Bl. 99–107; Frenzel, 23. 3. 1962, ebenda, Nr. 4271, Bl. 155–169; Leon Feldhändler, 1945 (P), ebenda, Nr. 4432, Umschlag Bl. 1600a; Klier, 8. 12. 1949, HHStA Wiesbaden, Abtl. 461, Nr. 36346, Bd. 2, Bl. 96–97; Schelvis, Reise, S. 51; Selma Wijnberg in Schelvis, Sobibór, S. 82–87; Bialowitz, Promise, S. 79–80; Zelda Metz, in Novitch (Hg.), Sobibor, S. 162.

37 Mordechai Goldfarb, 21. 10. 1983, LA Münster, Q 234, Nr. 4392, Umschlag Bl. 296; Sal Paull, 10. 5. 1963, ebenda, Nr. 4289, Bl. 106–111; Eda Lichtman, 23. 2. 1966, ebenda, Nr. 4423, Umschlag Bl. 1003; Leon Feldhändler, 1945 (P), ebenda, Nr. 4432, Umschlag Bl. 1600a; Esther Raab, 17. 9. 1949, ebenda, Nr. 4569, Bl. 316–325; Mosze Szklarek, 10. 4. 1960, ebenda, Nr. 4262, Bl. 46–55; Kalmen Wewerik, 2. 4. 1984, ebenda, Nr. 4396, Bl. 96 (S. 1–22); Kurt Thomas, 15. 2. 1966 (Hpt.V.), ebenda, Nr. 4422, Bl. 965–980; Selma Wijnberg, in Novitch (Hg.), Sobibor, S. 81; Schelvis, Sobibór, S. 147–154.

38 Schwindt, Majdanek, S. 198–200; Schelvis, Sobibór, S. 84–91, 132, 138; Grabitz/Scheffler, Letzte Spuren, S. 263; Zina Czapnik, 28. 3. 1966, StA Hamburg NSG 213–12, 0036/031, Bl. 13016–13019; Otto Weisbecker, 8. 2. 1966, LA Münster, Q 234, Nr. 4422, Umschlag 963a; Interview mit Sofiyah Engelsman-Hoysman, USC Shoah Foundation, Code 11233.

39 Moshe Sklarek-Bahir, 3. 3. 1964 (YV), LA Münster, Q 234, Nr. 4398; Ziss Meyer, 18. 10. 1965 (Hpt.V.), ebenda, Nr. 4417, Bl. 367–386; Jakob Biskubicz, Sept. 1963 (YV), ebenda, Nr. 4570, Bl. 482–560; Dov Freiberg, 21. 12. 1965 (Hpt.V.), ebenda, Nr. 4420, Bl. 830–845; Bialowitz, Promise, S. 74, 81; Wewryk, To Sobibor, S. 88.

40 Simon Honigman, 13. 12. 1965 (Hpt.V.), LA Münster, Q 234, Nr. 4420, Bl. 768–779; Kurt Thomas, 17. 2. 1966 (Hpt.V.), ebenda, Nr. 4422, Bl. 981–991; Mordechaj Goldfarb, 22. 11. 1965 (Hpt.V.), ebenda, Nr. 4419, Bl. 616–631; »Todeslager in Sobibor« v. Samuel Lerer u. Esther Terner, April 1945 (P), ebenda, Nr. 4572, Bl. 901–907; Jan Piwonski, 15. 12. 1967, ebenda, Nr. 4583, Bl. 321–329; Frenzel, 16. 9. 1965 (Hpt.V.), ebenda, Nr. 4399, Bl. 54–72; Ada Lichtman, 30. 3. 1960, ebenda, Nr. 4263, Bl. 29–41; Abraham Kohn, »Aufgang«, ebenda, Nr. 4572, Bl. 3762–3773; Gomerski, 24. 2. 1964, ebenda, Nr. 4297, Bl. 15–24; Lachmann, 21. 6. 1961, ebenda, Nr. 4264, Bl. 4–17; Lambert, 7. 11. 1963, ebenda, Nr. 4294, Bl. 39–48; Karl Streibel, 23. 1. 1963, StA München, Staatsanwaltschaften 33033/20, Bl. 826–829; Zelda Metz, 6. 2. 1950, HHStA Wiesbaden, Abtl. 461, Nr. 36346, Bd. 2, Bl. 161–164; Rich, »Reinhard« and Operation 1005?.

41 Blatt, Schatten, S. 152, 310–311; Karl Streibel, 23. 1. 1963, StA München, Staatsanwaltschaften 33033/20, Bl. 826–829; Hödl, 18. 4. 1963, LA Münster, Q 234, Nr. 4289, Bl. 23–27; Bauer, 15. 11. 1965 (Hpt.V.), 20. 11. 1962, 10./11. 10. 1961 u. 12. 12. 1963, ebenda, Nr. 4418, Bl. 556f, Nr. 4280, Bl. 114–119, Nr. 4266, Bl. 67–82 u. Nr. 4295, Bl. 86–101; Gomerski, 24. 2. 1964, ebenda, Nr. 4297, Bl. 15–24; Bronislaw Lobejko, 8. 1. 1946 (P), ebenda, Nr. 4400; Leon Feldhändler, 1945 (P), ebenda, Nr. 4432, Umschlag Bl. 1600a; Jakob Biskubicz, 9. 11. 1965 (Hpt.V.), ebenda, Nr. 4418, Bl. 521–536; Jan Piwonski, 10. 5. 1984, ebenda, Nr. 4396, Bl. 99ff.; Abraham Margulis, 3. 3. 1964 (YV), ebenda, Nr. 4397; Mordechaj Goldfarb, 22. 11. 1965 (Hpt.V.), ebenda, Nr. 4419, Bl. 616–631; Mosze Bachir, 14. 12. 1965 (Hpt.V.), ebenda, Nr. 4420, Bl. 780–794; Hödl, 30. 3. 1963, ebenda, Nr. 4424, Bl. 68 im Umschlag; Eda Lichtman, 23. 2. 1966, ebenda, Nr. 4423, Umschlag Bl. 1003; Moszek Merenstein, 17. 1. 1946 (P), ebenda, Nr. 4400; Zelda Metz, 6. 2. 1950, HHStA Wiesbaden, Abtl. 461, Nr. 36346, Bd. 2, Bl. 161–164; Bauer, 29. 1. 1975 (Hpt.V.), LA Berlin, B Rep. 058, Nr. 1578; Nikolaj Goncharenko, in Rich, »Reinhard« and Operation 1005?; Kurt Thomas, in Novitch (Hg.), Sobibor, S. 88; Monteath, »Lass uns«, S. 313. Harrison u.a., Belzec, S. 388–394.

42 Kurt M. Thomas an World Jewish Congress, 3. 12. 1961 u. Bericht, 29. 7. 1946, LA Münster, Q 234, Nr. 4270, Bl. 29–41 u. Nr. 4306, Bl. 32–41; Jakob Biskobicz, 6. 6. 1962, ebenda, Nr. 4279, Bl. 41–54; Bronislaw Lobejko, 8. 1. 1946 (P), ebenda, Nr. 4400; Leon Feldhändler, 1945 (P), ebenda, Nr. 4432, Umschlag Bl. 1600a; Josef Zukierman, 2. 12. 1949, HHStA Wiesbaden, Abtl. 461, Nr. 36346, Bd. 2, Bl. 106–108.

43 Schelvis, Sobibór, S. 160–161; Blatt, Schatten, S. 150–151; Kurt M. Thomas an World Jewish Congress, 3. 12. 1961, LA Münster, Q 234, Nr. 4270, Bl. 29–41; Simon Honigman, 9. 5. 1963, ebenda, Nr. 4289, Bl. 99–101; Salomon Podchlebnik. 15. 11. 1944 (P), ebenda, Nr. 4307, Bl. 252–260; Mosze Bachir, 14. 12. 1965 (Hpt.V.), ebenda, Nr. 4420, Bl. 780–794; Symcha Bialowitz, Sept. 1963 (YV), ebenda, Nr. 4570, Bl. 482–560; F. Wolf, 7. 2. 1974 (Hpt.V.), LA Berlin, B Rep. 058, Nr. 157; Bialowitz, Promise, S. 86; Bialowitz, in Novitch (Hg.), Sobibor, S. 76.

44 Mordechaj Goldfarb, 22. 11. 1965 (Hpt.V.), LA Münster, Q 234, Nr. 4419, Bl. 616–631; Lachmann, 27. 11. 1963, ebenda, Nr. 4295, Bl. 1–14; Ber Freiberg, Sept. 1963 (YV), ebenda, Nr. 4570, Bl. 482–560; Bauer, 15. 11. 1965 (Hpt.V.), ebenda, Nr. 4418, Bl. 556–557; Gomerski, 2. 12. 1965 (Hpt.V.), ebenda, Nr. 4420, Bl. 698–715; Klier, 25. 10. 1949, HHStA Wiesbaden, Abtl. 461, Nr. 36346, Bd. 1, Bl. 62; Josef Zukierman, 2. 12. 1949, ebenda, Bd. 2, Bl. 106–108; Chaim Engel, 10. 1. 1974 (Hpt.V.), LA Berlin, B Rep. 058, Nr. 1577; Blatt, Schatten, S. 311; Szmajzner, Inferno, S. 187–210.

45 Blatt, Schatten, S. 134, 307–308; Schelvis, Sobibór, S. 80; Bauer, 12. 12. 1963, 20. 11. 1962, 10./11. 10. 1961 u. 15. 11. 1965 (Hpt.V.), LA Münster, Q 234, Nr. 4295, Bl. 86–101, Nr. 4280, Bl. 114–119, Nr. 4266, Bl. 67–82 u. Nr. 4418, Bl. 556–557; F. Wolf, 14./15. 6. 1962 u. 6. 11. 1963, ebenda, Nr. 4275, Bl. 25–40 u. Nr. 4294, Bl. 23–36; Gomerski, 19./20. 9. 1961, ebenda, Nr. 4266, Bl. 29–43; Unverhau, 3. 12. 1962, ebenda, Nr. 4286, Bl. 4–10; Ticho, My Legacy, S. 67–68; Klier, 25. 10. 1949 u. 21. 8. 1950 (Hpt.V.), HHStA Wiesbaden, Abtl. 461, Nr. 36346, Bd. 1, Bl. 62 u. Bd. 3, Bl. 277–296; Kurt M. Thomas an Oberstaatsanwalt Frankfurt, 15. 12. 1949, ebenda, Bd. 2, Bl. 117–122.

46 Chaim Engel, 29. 7. 1946, LA Münster, Q 234, Nr. 4268, Bl. 70–73; Kurt M. Thomas an World Jewish Congress, 3. 12. 1961 u. 29. 7. 1946, ebenda, Nr. 4270, Bl. 29–41 u. Nr. 4306, Bl. 32–41; F. Wolf, 14./15. 6. 1962, ebenda, Nr. 4275, Bl. 25–40; Esther Raab, 16. 5. 1963, ebenda, Nr. 4289, Bl. 157–159; Bauer, 10./11. 10. 1961, ebenda, Nr. 4266, Bl. 67–82; Frenzel, 6. 2. 1964, ebenda, Nr. 4296, Bl. 88–97; Blatt, Schatten, S. 138; Bialowitz, Promise, S. 75.

47 Simha Bialowitz, in Novitch (Hg.), Sobibor, S. 76–77; Simcha Bialowitz, 3. 3. 1964 (YV) u. Sept. 1963 (YV), LA Münster, Q 234, Nr. 4398 u. Nr. 4570, Bl. 482–560; Kurt M. Thomas an Oberstaatsanwalt Frankfurt, 15. 12. 1949, HHStA Wiesbaden, Abtl. 461, Nr. 36346, Bd. 2, Bl. 117–122; Kurt Max Thomas, 6. 12. 1973 (Hpt.V.), LA Berlin, B Rep. 058, Nr. 1577; Bialowitz, Promise, S. 75–76; Perl, Tell, S. 97.

48 Szmajzner, Inferno, S. 165–186; Blatt, Schatten, S. 180; Estera Raab, 15. 11. 1949, LA Berlin, B Rep. 058, Nr. 2489, Bl. 59–61.

49 Philip Bialowitz, 3. 3. 1964 (YV), LA Münster, Q 234, Nr. 4398, Bl. 75–78; Kurt M. Thomas an World Jewish Congress, 3. 12. 1961, ebenda, Nr. 4270, Bl. 29–41;

Jozef Malinski, 31. 12. 1945 (P), ebenda, Nr. 4583, Bl. 306–311; Adam Wang, 24. 12. 1965, LA Berlin, B Rep. 058, Nr. 1581; Eda Lichtman, in Novitch (Hg.), Sobibor, S. 66.

50 Blatt, Schatten, S. 138, 162, 307–308; Thomas Blatt, 30. 6. 1960, LA Münster, Q 234, Nr. 4262, Bl. 99–107; Chaim Engel, 10. 1. 1974 (Hpt.V.), LA Berlin, B Rep. 058, Nr. 1577; Ziss Meyer, 8. 4. 1974 (Hpt.V.), ebenda, Nr. 1575; Bialowitz, Promise, S. 84.

51 Übergabeverhandlung, Ausbildungslager Trawniki nach Sobibor, 26. 3. 1943, FSB Zentralarchiv Moskau, K-779, fund 16, opis 312 »e«, delo 411, Bl. 274–275.

52 UdSSR: Informationen zu gesuchten Personen, 31. 8. 1948, Sonderarchiv Litauen, Vilnius, Bestand K1, ap. 33, Band 19, Bl. 222–233v; Black, »Police Auxiliaries«, S. 345; Abraham Margulis, 3. 3. 1964 (YV) u. Sept. 1963 (YV), LA Münster, Q 234, Nr. 4397 u. Nr. 4570, Bl. 482–560.

53 F. Wolf, 14./15. 6. 1962 u. 14. 11. 1962, LA Münster, Q 234, Nr. 4275, Bl. 25–40 u. Nr. 4284, Bl. 82–87; Dubois, 7. 9. 1961, ebenda, Nr. 4265, Bl. 126–140; Bauer, 13. 9. 1960, ebenda, Nr. 4263, Bl. 10–13; Esther Raab, 8. 5. 1963, ebenda, Nr. 4289, Bl. 92–98; Chaijm Engel, 13. 5. 1963, ebenda, Nr. 4289, Bl. 128–131; Philipp Bialowitz, 15. 5. 1963, ebenda, Nr. 4289, Bl. 146–152; Josef Herszman, 19. 7. 1966 (Hpt.V.), ebenda, Nr. 4431, Bl. 1529–1538; F. Wolf, 13./14. 4. 1964, StA München, Staatsanwaltschaften 34865/86; Aktennotiz v. Arnold Oels, 11. 3. 1943, BArch, R 96 I, 4.

54 F. Wolf, 14./15. 6. 1962 u. 14. 11. 1962, LA Münster, Q 234, Nr. 4275, Bl. 25–40 u. Nr. 4284, Bl. 82–87; Bauer, 10./11. 10. 1961, ebenda, Nr. 4266, Bl. 67–82.

55 Klier, 4. 5. 1949, HHStA Wiesbaden, Abtl. 461, Nr. 36346, Bd. 1, Bl. 8–9; F. Wolf, 13./14. 4. 1964, StA München, Staatsanwaltschaften 34865/86; F. Wolf, 14./15. 6. 1962 u. 5. 9. 1963, LA Münster, Q 234, Nr. 4275, Bl. 25–40 u. Nr. 4298, Bl. 51–56; Tagebuch Lichtman, ebenda, Nr. 4530.

56 Schilter, Ermessen, S. 207. Bauer, 10./11. 1. 1962 u. 13. 12. 1962, LA Münster, Q 234, Nr. 4269, Bl. 59–64 u. Nr. 4286, Bl. 72–83; Stadie, 9./10. 7. 1962, ebenda, Nr. 4275, Bl. 89–98; F. Wolf, 14./15. 6. 1962, ebenda, Nr. 4275, Bl. 25–40; Münzberger, 26. 1. 1962, ebenda, Nr. 4269, Bl. 119–124; BArch, R 178, EVZ/I/K.30, Akte 26. Gräberauskunft unter http://www.volksbund.de/graebersuche.html [10. 5. 2013].

57 Nach Unverhau war er auch in Sonnenstein. Laut Gley war er wegen Alkoholmissbrauchs einige Monate in einem Konzentrationslager. Esther Raab, 17. 9. 1949, LA Münster, Q 234, Nr. 4569, Bl. 316–325; Gley, 11. 9. 1961, ebenda, Nr. 4266, Bl. 5–8; Unverhau, 30. 6. 1960 u. 14./15. 9. 1961, ebenda, Nr. 4262, Bl. 126f u. Nr. 4266, Bl. 16–28; Unverhau, 10. 7. 1948, StA München, Staatsanwaltschaften 33033/4, Bl. 784–785.

58 Auswertungsvermerk, 30. 6. 1961, LA Münster, Q 234, Nr. 4264, Bl. 153–155; Frieda Müller, 12. 10. 1961, ebenda, Nr. 4266, Bl. 86–87; Bericht zur Vernehmung v. Bauer, 13. 10. 1960, ebenda, Nr. 4263, Bl. 87, Bauer, 10./11. 10. 1961 u. 13. 9. 1960, ebenda, Nr. 4266, Bl. 67–82 u. Nr. 4263, Bl. 10–13; Mosze Szklarek-Bachir, 10. 4. 1960 u. 24. 4. 1962, ebenda, Nr. 4262, Bl. 46–55 u. Nr. 4277, Bl. 16–19; Regina Cybula-Zielinski, 5. 4. 1963, ebenda, Nr. 4289, Bl. 51–60; Ajzik Rotenberg, 6. 5. 1962, ebenda, Nr. 4277, Bl. 11–13; Jakob Biskiewic, 15. 4. 1960, ebenda, Nr. 4262, Bl. 63–65; Eda Lichtman, 19. 3. 1974, LA Berlin, B Rep. 058, Nr. 1581.

59 Esther Raab, 17. 9. 1949, LA Münster, Q 234, Nr. 4569, Bl. 316–325; Bauer, 10./11. 10. 1961, ebenda, Nr. 4266, Bl. 67–82; Ber Freiberg, in Novitch (Hg.), Sobibor, S. 85.

60 Dubois, 7. 9. 1961 u. 4. 10. 1965, StA München, Staatsanwaltschaften 33033, Bd. 7, Bl. 1229–1243 u. Bd. 5, Bl. 119–122; Dubois, 12. 4. 1962, LA Münster, Q 234, Nr. 4272, Bl. 73–79; Regina Zielinski, 5. 4. 1963, ebenda, Nr. 4289, Bl. 51–60; Blatt, Schatten, S. 147.

61 Blatt, Schatten, S. 148; Bauer, 13. 9. 1960, LA Münster, Q 234, Nr. 4263, Bl. 10–13.

62 Unverhau, 14./15. 9. 1961, LA Münster, Q 234, Nr. 4266, Bl. 16–28; Unverhau, 6. 5. 1963, StA München, Staatsanwaltschaften 33033/8, Bl. 1539–1549.

63 Unverhau, 14./15. 9. 1961, LA Münster, Q 234, Nr. 4266, Bl. 16–28; Bauer, 10./11. 10. 1961, ebenda, Nr. 4266, Bl. 67–82.

64 Unverhau, 14./15. 9. 1961, LA Münster, Q 234, Nr. 4266, Bl. 16–28.

65 Eda Lichtman, in Novitch (Hg.), Sobibor, S. 64; Eda Lichtman, 20./24./26. 10. 1983, LA Münster, Q 234, Nr. 4392, Umschlag Bl. 273; F. Wolf, 14./15. 6. 1962, ebenda, Nr. 4275, Bl. 25–40.

66 Schiffner, 19. 4. 1963, LA Münster, Q 234, Nr. 4289, Bl. 28–31; Regina Zielinski, 5. 4. 1963, ebenda, Nr. 4289, Bl. 51–60; Schiffner, 24. 11. 1964 (Hpt.V.), LA Düsseldorf, Rep. 388, Nr. 808.

67 Suchomel, 22. 10. 1964 (Hpt.V.), LA Düsseldorf, Rep. 388, Nr. 808.

68 Rum, 23. 11. 1961, LA Münster, Q 234, Nr. 4267, Bl. 64–73; Mosze Szklarek, 10. 4. 1960, ebenda, Nr. 4262, Bl. 46–55; Thomas Blatt, 30. 4. 1963, ebenda, Nr. 4289, Bl. 8–14.

69 Suchomel, 24./25. 1. 1962, LA Münster, Q 234, Nr. 4269, Bl. 108–118; Bauer, 13. 12. 1962, ebenda, Nr. 4286, Bl. 72–83.

70 Bauer, 10./11. 10. 1961 u. 13. 9. 1960, LA Münster, Q 234, Nr. 4266, Bl. 67–82 u. Nr. 4263, Bl. 10–13; Ittner, 17./18. 7. 1962, ebenda, Nr. 4275, Bl. 116–130; Klier, 4. 5. 1949, HHStA Wiesbaden, Abtl. 461, Nr. 36346, Bd. 1, Bl. 8–9.

71 Bauer, 15. 1. 1963, StA München, Staatsanwaltschaften 33033/8, Bl. 1415–1417; Bauer, 11. 12. 1962, LA Münster, Q 234, Nr. 4286, Bl. 54–71.

72 Bauer, 11. 12. 1962 u. 15. 11. 1965 (Hpt.V.), LA Münster, Q 234, Nr. 4286, Bl. 54–71 u. Nr. 4418, Bl. 556–557; Ada Lichtman, 30. 3. 1960, ebenda, Nr. 4263, Bl. 29–41.

73 Ber Freiberg, in Novitch (Hg.), Sobibor, S. 85; Bauer, 13. 9. 1960 u. 11. 12. 1962, LA Münster, Q 234, Nr. 4263, Bl. 10–13 u. Nr. 4286, Bl. 54–71.

74 Bauer, 13. 9. 1960, LA Münster, Q 234, Nr. 4263, Bl. 10–13; Gomerski, 19./20. 9. 1961, ebenda, Nr. 4266, Bl. 29–43; Frenzel, 23. 3. 1962, ebenda, Nr. 4271, Bl. 155–169; Tagebuch Lichtman, ebenda, Nr. 4530; Erfassungsantrag des gefallenen Parteigenossen Anton Getzinger, 9. 12. 1944, BArch, PK D 43 (Anton Getzinger).

75 Szmajzner, Inferno, S. 115–132.

76 Bauer, 10./11. 10. 1961, LA Münster, Q 234, Nr. 4266, Bl. 67–82.

77 Z.B. Perl, Tell, S. 155; Schelvis, Sobibór, S. 301.

78 Jozef Malinski, 22. 2. 1968, LA Münster, Q 234, Nr. 4583, Bl. 299–305.

79 Geboren 1897 in Arnsdorf, Mitglied der NSDAP. Tagebuch Lichtman, LA Münster, Q 234, Nr. 4530; Eda Lichtman, 20.–26. 10. 1983, ebenda, Nr. 4392, Um-

schlag Bl. 273; Izchak Lichtman, 27. 7. 1966, ebenda, Nr. 5243, Umschlag Bl. 1559a. Der Pfleger Kurt Blaurock (*1897) war im März 1943 für den Ost-Einsatz vorgemerkt. Aktennotiz, 11. 3. 1943 (Arnold Oels), BArch, R 96 I, 2; Rost, 4. 5. 1946, BStU, RHE-West 487, Bl. 91–95; Schilter, Ermessen, S. 206.

80 Bauer, 15. 11. 1965 (Hpt.V.) u. 12. 12. 1963, LA Münster, Q 234, Nr. 4418, Bl. 556–557 u. Nr. 4295, Bl. 86–101; Eda Lichtman, 23. 2. 1966, ebenda, Nr. 4423, Umschlag Bl. 1003.

81 Dov Freiberg, 21. 12. 1965 (Hpt.V.), LA Münster, Q 234, Nr. 4420, Bl. 830–845; Freiberg, To survive, S. 243–244; Eda Lichtman, in Novitch (Hg.), Sobibor, S. 66.

82 Blatt u.a. nahmen an, dass es sich um einen Mann namens Walter Hochberg gehandelt hat, doch die Staatsanwaltschaft schloss dies nach einem Besuch der Familie aus. Blatt, Schatten, S. 194 u. 198; Petcherski, in Novitch (Hg.), Sobibor, S. 112–113; Vermerk Staatsanwaltschaft, 26. 3. 1962, LA Münster, Q 234, Nr. 4271, Bl. 174; Bauer, 13. 9. 1960, ebenda, Nr. 4263, Bl. 10–13; Petchorski, »Revolt«, S. 339.

83 Richard Glazar, »Wie schwer wiegt das ›Nichts‹?«, *Die Zeit* vom 21. 10. 1983, S. 71–72.

84 Sonia Lewkowitz, 23. 6. 1960, LA Düsseldorf, Rep. 388, Nr. 752, Bl. 85–89; Richard Glazar in Sereny, Abgrund, S. 257; Glazar, Falle, S. 132; Rajchman, Ich bin der letzte Jude, S. 112; Zolda Metz (o. Dt.) (P), LA Münster, Q 234, Nr. 4572, Bl. 908–919.

85 Stangl in Sereny, Abgrund, S. 176.

86 Richard Glazar in Sereny, Abgrund, S. 240.

87 Richard Glazar, 29. 7. 1962, Rundfunk-Interview, LA Düsseldorf, Rep. 388, Nr. 263.

88 So erinnert von Glazar, Falle, S. 123.

89 Naftali Milgraum, 30. 8. 1943, Yad Vashem, O 12 Perlman Collection Nr. 53; Josef Wasser, 22. 3. 1965 (Hpt.V.), LA Düsseldorf, Rep. 388, Nr. 811; Abraham Krzepicki: 18 Tage im Totenlager, ebenda, Nr. 838; Rajchman, Ich bin der letzte Jude, S. 49; Stiffel, Tale, S. 80.

90 Glazar, Falle, S. 118–119; Kalman Jankowsky, 27. 2. 1951 (Hpt.V.), HHStA Wiesbaden, Abtl. 461, Nr. 35254, Bl. 317–320; Willenberg, Revolt, S. 107–108; Richard Glazar, 10. 3. 1960 u. 29. 7. 1962, Rundfunk-Interview, LA Düsseldorf, Rep. 388, Nr. 747, Bl. 164–171 u. Nr. 263; Miete, 19. 10. 1964 (Hpt.V.), ebenda, Nr. 808; Glazar in Sereny, Abgrund, S. 214; Cymlich/Strawczynski, Escaping, S. 157–159.

91 Wiernik, Rok, S. 77–78; J. Rajgrodzki: 11 Monate in Treblinka, LA Düsseldorf, Rep. 388, Nr. 752, Bl. 4–38; Abraham Lindwasser, 6. 7. 1960, ebenda, Nr. 753, Bl. 186–193; Gilmair Rajchman, 14. 1. 1965 (Hpt.V.), ebenda, Nr. 810.

92 Kalman Jankowsky, 11. 2. 1960, HStA Düsseldorf, Rep. 388, Nr. 744, Bl. 186–191; Maniek Platkiewicz an Landgerichtsrat, 4. 6. 1960, ebenda, Nr. 748, Bl. 190–193; Mentz, 15.u.19. 10. 1964 (Hpt.V.) u. 15. 12. 1964 (Hpt.V.), ebenda, Nr. 808 u. Nr. 809; Josef Czarny, 9. 11. 1959, ebenda, Nr. 742, Bl. 386–387; Friedrich Struwe, 9. 2. 1960, ebenda, Nr. 744, Bl. 181–184; Sereny, Abgrund, S. 180–199; Glazar, Falle, S. 138; Willenberg, Revolt, S. 118–120; Wiernik, Rok, S. 81; Cymlich/Strawczynski, Escaping, S. 166.

93 Glazar, Falle, S. 139–140; Willenberg, Revolt, S. 80; Cymlich/Strawczynski, Es-

caping, S. 168–169; Stangl in Sereny, Abgrund, S. 174–175; Richard Glazar, in ebenda, S. 240; Richard Glazar, 29. 7. 1962, Rundfunk-Interview, LA Düsseldorf, Rep. 388, Nr. 263; J. Rajgrodzki: 11 Monate in Treblinka, ebenda, Nr. 752, Bl. 4–38.

94 Willenberg, Revolt, S. 139–140; Eugeniusz Turowski, 7. 10. 1945 (P), LA Düsseldorf, Rep. 388, Nr. 746, Bl. 1–4; Suchomel, 15. 10. 1964 (Hpt.V.), ebenda, Nr. 808; Miete, 15. 7. 1970 (Hpt.V.), ebenda, Nr. 255, Bl. 96–101; Lambert, 27. 10. 1967, ebenda, Nr. 862, Bl. 137–142; Stangl in Sereny, Abgrund, S. 178.

95 Wiernik, Rok, S. 68, 72; Sewek Warszawski, 23. 5. 1962, LA Düsseldorf, Rep. 388, Nr. 763, Bl. 112–118; Bronka Sukno, 7. 2. 1965, ebenda, Nr. 781, Bl. 243–254; Sonia Lewkowicz, 7. 1. 1965 (Hpt.V.), ebenda, Nr. 810; Gilmair Rajchman, 14. 1. 1965 (Hpt.V.), ebenda, Nr. 810.

96 Richard Glazar in Sereny, Abgrund, S. 240; Glazar, Falle, S. 139–140; Richard Glazar, 31. 8. 1961 u. 29. 7. 1962, Rundfunk-Interview, LA Düsseldorf, Rep. 388, Nr. 757, Bl. 96–99 u. Nr. 263; Eugeniusz Turowski, 7. 10. 1945 (P), ebenda, Nr. 746, Bl. 1–4; Abe Kon, 9. 10. 1945 (P), ebenda, Nr. 744, Bl. 134–137; Franz, 24. 8. 1962, ebenda, Nr. 762, Bl. 214–217; Miete, 15. 10. 1964 (Hpt.V.), ebenda, Nr. 808; Mentz u. Suchomel, 15. 10. 1964 (Hpt.V.), ebenda, Nr. 808; Willenberg, Revolt, S. 96–97; Cymlich/Strawczynski, Escaping, S. 167; Gray, Schrei, S. 133.

97 Willenberg, Revolt, S. 40–41, 125–126; Wiernik, Rok, S. 71–72; Elias Rosenberg, 24. 12. 1947, LA Düsseldorf, Rep. 388, Nr. 743, Bl. 583–594; Kalman Jankowsky, 16. 11. 1959, ebenda, Nr. 743, Bl. 403–408; Heniek Sperling, Aug. 1950, ebenda, Nr. 35254, Bl. 304; Wladyslaw Golebiowski, 28. 1. 1965, ebenda, Nr. 263; Richard Glazar in Sereny, Abgrund, S. 239.

98 Glazar, Falle, S. 93; Heniek Sperling, Aug. 1950, HHStA Wiesbaden, Abtl. 461, Nr. 35254, Bl. 304; Kalman Tajgmann, 25. 8. 1960, LA Düsseldorf, Rep. 388, Nr. 755, Bl. 37–42.

99 K. Grubstein Przeżycia moje podczas wojny, Yad Vashem, O 3/3603; Schwindt, Majdanek, S. 196, 211–217; Pachter, »Varsovie«, S. 88–90; Riva Kremer, 20. 3. 1974, StA Hamburg, LG NSG 213–12, 0036, Bd. 109, Bl. 20640–20648; Maurice Markus, 21. 3. 1963, ebenda, 0036/016, Bl. 6490–6510; Interview mit Henry Frankel, 30. 9. 1996, USC Shoah Foundation, Code 20142; Interview mit Sol Liber, 11. 8. 1994, ebenda, Code 58; Interview mit Sol Rosenberg, 9. 3. 1996, ebenda, Code 10098.

100 Aron Sucharewicz, 23. 11. 1950, HHStA Wiesbaden, Abtl. 461, Nr. 35254, Bl. 230–232; Wolf Szejnberg, 21. u. 23. 6. 1960, LA Düsseldorf, Rep. 388, Nr. 749, Bl. 65–86; Karl Prefi, 12. 1. 1961 u. 21. 3. 1961, ebenda, Nr. 753, Bl. 61–67 u. Nr. 754, Bl. 98–105; Max Levit, 27. 10. 1966, ebenda, Nr. 405, Bl. 114ff.; Wiernik, Rok, S. 82; Interview mit Fred Kort, 29. 3. 1995, USC Shoah Foundation, Code 1753.

101 Miete, 26. 10. 1964 (Hpt.V.), LA Düsseldorf, Rep. 388, Nr. 808; Stangl, 1. 8. 1967, ebenda, Nr. 246, Bl. 132–143.

102 Willenberg, Revolt, S. 26, 45, 68, 132; Glazar, Falle, S. 22–23; Henry Sperling, 12./13. 4. 1961 u. 18. 2. 1965 (Hpt.V.), LA Düsseldorf, Rep. 388, Nr. 755, Bl. 1–11 u. Nr. 811; Josef Czarny, 9. 11. 1959, ebenda, Nr. 742, Bl. 386–387; Moszek Laks, 28. 12. 1964 (Hpt.V.), ebenda, Nr. 810; Jakob Szmulowicz, 10. 11. 1959, ebenda, Nr. 742, Bl. 384–385; Oskar Strawczynski, 3. 12. 1964 (Hpt.V.), ebenda, Nr. 809;

Kalman Taigman, 29. 11. 1959, ebenda, Nr. 743, Bl. 550–552; Rajchman, Ich bin der letzte Jude, S. 35; Cymlich/Strawczynski, Escaping, S. 135.

103 Glazar, Falle, S. 53, 58; Richard Glazar, 31. 8. 1961 u. 3. 11. 1967, LA Düsseldorf, Rep. 388, Nr. 757, Bl. 96–99 u. Nr. 862, Bl. 143–146; Samuel Reizman, 9. 10. 1945 (P), ebenda, Nr. 745, Bl. 191–196; Aleksander Kudlik, 10. 10. 1945 (P) u. 3. 10. 1944 (P), ebenda, Nr. 746, Bl. 53–56 u. Nr. 248, Bl. 36–38; Miete, 27. 5. 1960, ebenda, Nr. 748, Bl. 154–157; Suchomel, 19. 3. 1965 (Hpt.V.), ebenda, Nr. 811; Henry Sperling, 18. 2. 1965 (Hpt.V.), ebenda, Nr. 811; Moszek Laks, 28. 12. 1964 (Hpt.V.), ebenda, Nr. 810; Maniek Platkiewicz, 8. 7. 1970 (Hpt.V.), ebenda, Nr. 255, Bl. 84–90; Heniek Sperling, Aug. 1950, HHStA Wiesbaden, Abtl. 461, Nr. 35254, Bl. 304; Rajchman, Ich bin der letzte Jude, S. 44; Willenberg, Revolt, S. 112, 122

104 Glazar, Falle, S. 43; Samuel Reizman, 9. 10. 1945, LA Düsseldorf, Rep. 388, Nr. 745, Bl. 191–196; Henryk Poswolski, 9. 10. 1945, ebenda, Nr. 746, Bl. 44–48; Tadeusz Grinberg, 19. 1. 1961, ebenda, Nr. 756, Bl. 184–190; Zenon Golaszewski, 9. 12. 1964 (P), ebenda, Nr. 775, Bl. 276–280; Willenberg, Revolt, S. 60.

105 Wehrmacht-Frachtbrief, 4. 7. 1943 u. 4. 11. 1943, LA Düsseldorf, Rep. 388, Nr. 849, Bl. 84, 144; Stanisław Kohn, 7. 10. 1945 (P), ebenda, Nr. 753, Bl. 174–179; JuNSV, Bd. 26, 2001, Nr. 648, S. 70; Glazar, Falle, S. 82; Samuil Raismann, 26. 9. 1944 (P), LA Düsseldorf, Rep. 388, Nr. 248, Umschlag.

106 Abraham Krzepicki: 18 Tage im Totenlager, LA Düsseldorf, Rep. 388, Nr. 838; Kalman Jankowsky, 16. 11. 1959, 11. 2. 1960 u. 12. 1. 1965 (Hpt.V.), ebenda, Nr. 743, Bl. 403–408, Nr. 744, Bl. 186–191 u. Nr. 810; Suchomel, 25. 10. 1960, 14. 9. 1967 u. 12.–15. 1. 1965 (Hpt.V.), ebenda, Nr. 751, Bl. 160–171, Nr. 247, Bl. 3–10 u. Nr. 810; Stangl, 17.–19. 7. 1967, ebenda, Nr. 246, Bl. 70–94; Samuel Reizman, 9. 10. 1945 (P) u. 26. 9. 1944 (P), ebenda, Nr. 745, Bl. 191–196 u. Nr. 248, Umschlag. Abe Kon, 9. 10. 1945, ebenda, Nr. 744, Bl. 134–137; Matthes, 22. 10. 1964 (Hpt.V.), ebenda, Nr. 808; Stanisław Kohn, 7. 10. 1945 (P), ebenda, Nr. 753, Bl. 174–179; Johannes Teichelmann, 21. 11. 1967, ebenda, Nr. 248, Bl. 1–5; Mätzig, 24. 11. 1967, ebenda, Nr. 248, Bl. 14–21; Suchomel, 3. 7. 1970 (Hpt.V., Mitschrift Kaul), BArch, DP 3/2012; Stangl, 22. 7. 1970 (Hpt.V., Mitschrift Kaul), ebenda; Willenberg, Revolt, S. 29; Glazar, Falle, S. 53; Suchomel, 5. 2. 1963, StA München, Staatsanwaltschaften 33033/8, Bl. 1450–1458.

107 Stangl, in Rückerl (Hg.), NS-Vernichtungslager, S. 222–223; Oskar Strawczynski, 7. 10. 1945 u. 3. 10. 1944 (P), LA Düsseldorf, Rep. 388, Nr. 745, Bl. 32–39 u. Nr. 248, Bl. 32–35; Kalman Tajgmann, 25. 8. 1960, ebenda, Nr. 755, Bl. 37–42; Gustav Boraks, 15. 12. 1964 (Hpt.V.), ebenda, Nr. 809; Josef Siedlecki, 15. 1. 1965 (Hpt.V.), ebenda, Nr. 810; Wehrmachtsfrachtbrief v. 21. 11. 1942.

108 Willenberg, Revolt, S. 64–65; Oskar Strawczynski, 7. 10. 1945, LA Düsseldorf, Rep. 388, Nr. 745, Bl. 32–39; Münzberger, 1. 4. 1960, ebenda, Nr. 746, Bl. 132–135; Stangl, 11. 7. 1967, ebenda, Nr. 246, Bl. 51–59; Rojzman in Sereny, Abgrund, S. 202.

109 T II, geschildert von Oscar Berger, Yad Vashem, M 9/530.

110 Elias Rosenberg, 24. 12. 1947, LA Düsseldorf, Rep. 388, Nr. 743, Bl. 583–594; Suchomel, 14. 9. 1967, ebenda, Nr. 247, Bl. 3–10; Shlomo Hellmann, 21. 12. 1959, ebenda, Nr. 743, Bl. 596–598; Jakob Wiernik, 1./2. 10. 1964, ebenda, Nr. 771, Bl. 107–118; Szyja Warszawski, 9. 10. 1945 (P), ebenda, Nr. 744,

Bl. 142–145; Stanisław Kohn, 7. 10. 1945 (P), ebenda, Nr. 753, Bl. 174–179; Heniek Sperling, Aug. 1950, HHStA Wiesbaden, Abtl. 461, Nr. 35254, Bl. 304; Münzberger, 14. 5. 1964, StA Hamburg, LG NSG 213–12, 0036/022, Bl. 9344–9350; Münzberger, 24. 6. 1970 (Hpt.V., Mitschrift Kaul), BArch, DP 3/2012; Rajchman, Ich bin der letzte Jude, S. 113.

111 Emanuil Genrikhovich Shul'ts, 13. 3. 1961, in Rich, »Reinhard« and Operation 1005?; Großmann, 6. 7. 1961, LA Düsseldorf, Rep. 388, Nr. 756, Bl. 50–57; Franz, 26. 10. 1964 (Hpt.V.), ebenda, Nr. 808.

112 Heniek Sperling, Aug. 1950, HHStA Wiesbaden, Abtl. 461, Nr. 35254, Bl. 304; Oskar Strawczynski, 7. 10. 1945 (P), LA Düsseldorf, Rep. 388, Nr. 745, Bl. 32–39; Rajchman, Ich bin der letzte Jude, S. 116.

113 Deswegen wurden sie auch nicht als zum T4-Reinhardt-Netzwerk zugehörig klassifiziert. Matthes, 13. 3. 1969, LA Düsseldorf, Rep. 388, Nr. 250, Bl. 169–174; Willy Großmann, 5. 7. 1961, ebenda, Nr. 756, Bl. 40–49; Willi Lamczak, 19. 3. 1969, ebenda, Nr. 250, Bl. 183–185; Fritz Tritscher, 20. 3. 1969, ebenda, Nr. 250, Bl. 186–187; Wehrmacht-Frachtbrief, 29. 6. 1943 u. Bericht, 27. 3. 1969, ebenda, Nr. 265, Buchstabe L. Sewek Warszawski, 14. 7. 1950, HHStA Wiesbaden, Abtl. 461, Nr. 35253, Bl. 142–143; Rajchman, Ich bin der letzte Jude, S. 145.

114 Fotoalbum von Franz, LA Düsseldorf, RWB 18244.

115 Elias Rosenberg, 24. 12. 1947, LA Düsseldorf, Rep. 388, Nr. 743, Bl. 583–594; Gilmair Rajchman, 14. 1. 1965 (Hpt.V.), ebenda, Nr. 810; Horn, 11. 10. 1967, ebenda, Nr. 862, Bl. 114–124; Stangl, 11. 7. 1967, ebenda, Nr. 246, Bl. 51–59; Josef Siedlecki, 15. 1. 1965 (Hpt.V.), ebenda, Nr. 810; Heniek Sperling, Aug. 1950, HHStA Wiesbaden, Abtl. 461, Nr. 35254, Bl. 304; Leon Finkelsztein, 28. 12. 1945 (P), BStU, HA XX, Treblinka-Material, Bl. 28–31; Rajchman, Ich bin der letzte Jude, S. 113; Willenberg, Revolt, S. 97–98.

116 Münzberger, 22. 10. 1964 (Hpt.V.), LA Düsseldorf, Rep. 388, Nr. 808; Abraham Lindwasser, 17. 12. 1964 (Hpt.V.), ebenda, Nr. 809; Horn, 11. 10. 1967, ebenda, Nr. 862, Bl. 114–124.

117 Münzberger, 22. 10. 1964 (Hpt.V.), LA Düsseldorf, Rep. 388, Nr. 808; Szyja Warszawski, 9. 10. 1945 (P), ebenda, Nr. 744, Bl. 142–145; Henryk Reichman, 12. 10. 1945 (P) u. 14. 1. 1965 (Hpt.V.), ebenda, Nr. 746, Bl. 60–63 u. ebenda, Nr. 810; Abraham Lindwasser, 17. 12. 1964 (Hpt.V.), ebenda, Nr. 809; Abraham Goldfarb, 14. 12. 1964 (Hpt.V.), ebenda, Nr. 809; Matthes, 15. 10. 1964 (Hpt.V.), ebenda, Nr. 808; Elias Rosenberg, 24. 12. 1947, ebenda, Nr. 743, Bl. 583–594; Horn, 8. 7. 1970 (Hpt.V.), ebenda, Nr. 255, Bl. 84–90; Hirtreiter, 9. 11. 1950, HHStA Wiesbaden, Abtl. 461, Nr. 35253, Bl. 181–190; Münzberger, 14. 5. 1964, StA Hamburg, LG NSG 213–12, 0036/022, Bl. 9344–9350; Rajchman, Ich bin der letzte Jude, S. 11, 117–128; vgl. Harrison u.a., Belzec, S. 394–400; Wiernik, Rok, S. 69–71.

118 Elias Rosenberg, 24. 12. 1947, LA Düsseldorf, Rep. 388, Nr. 743, Bl. 583–594; Großmann, 5. 7. 1961, ebenda, Nr. 756, Bl. 40–49; Mentz, 23. 6. 1960, ebenda, Nr. 749, Bl. 133–137; Münzberger, 22. 10. 1964 (Hpt.V.), ebenda, Nr. 808; Rajgrodzki: 11 Monate in Treblinka, ebenda, Nr. 752, Bl. 4–38; Matthes, 29. 3. 1962, ebenda, Nr. 762, Bl. 64–69; Stangl, 17. 7. 1967, ebenda, Nr. 246, Bl. 70–80; Abraham Lindwasser, 6. 7. 1960, ebenda, Nr. 753, Bl. 186–193; Leon Finkelsztein, 28. 12. 1945 (P), BStU, HA XX, Treblinka-Material, Bl. 28–31; Glazar, Falle, S. 117; Wiernik, Rok, S. 69–71; Rajchman, Ich bin der letzte Jude, S. 123.

119 Eliahu Rosenberg, 26. 6. 1970 (Hpt.V.) u. 24. 12. 1947, LA Düsseldorf, Rep. 388, Nr. 255, Bl. 67–72 u. Nr. 743, Bl. 583–594; Shlomo Hellmann, 21. 12. 1959, ebenda, Nr. 743, Bl. 596–598; Abraham Lindwasser, 17. 12. 1964 (Hpt.V.), ebenda, Nr. 809; Abraham Goldfarb, 14. 12. 1964 (Hpt.V.), ebenda, Nr. 809; Henryk Reichman, 12. 10. 1945 (P), ebenda, Nr. 746, Bl. 60–63; Pinchas Epstein, 25. 9. 1970 (Hpt.V.), ebenda, Nr. 256, Bl. 203–208; Münzberger, 22. 10. 1964 (Hpt.V.), ebenda, Nr. 808; Großmann, 5. 7. 1961, ebenda, Nr. 756, Bl. 40–49; Leon Finkelsztein, 28. 12. 1945 (P), BStU, HA XX, Treblinka-Material, Bl. 28–31; Rajchman, Ich bin der letzte Jude, S. 115–126; Wiernik, Rok, S. 69–71.

120 Eliahu Rosenberg, 26. 6. 1970 (Hpt.V.), LA Düsseldorf, Rep. 388, Nr. 255, Bl. 67–72; Gilmair (Henryk) Rajchman, 14. 1. 1965 (Hpt.V.) u. 12. 10. 1945 (P), ebenda, Nr. 810 u. Nr. 746, Bl. 60–63; J. Rajgrodzki: 11 Monate in Treblinka, ebenda, Nr. 752, Bl. 4–38; Abraham Lindwasser, 6. 7. 1960 u. 17. 12. 1964 (Hpt.V.), ebenda, Nr. 753, Bl. 186–193 u. Nr. 809; Sonia Lewkowitz, 23. 6. 1960, ebenda, Nr. 752, Bl. 85–89; Schiffner, 19. 6. 1962, ebenda, Nr. 762, Bl. 142–153; Matthes, 22. 10. 1964 (Hpt.V.), ebenda, Nr. 808; Hejnoch Brenner, 9. 10. 1945 (P), ebenda, Nr. 859; Kasimir Skarshinskij, [o. Dt.], ebenda, Nr. 252, Umschlag Bl. 157a; Franz, in Alexandre, Judenmord, S. 141; Wiernik, Rok, S. 69–79; Georgij Skidan, 26. 5. 1950, Dokument GX-141 im U.S.-Fall gg. Reimer, Plaintiff Dokumente, Demjanjuk v. Petrovsky, S. 459–466, OSI-File TC 4-5-40; Prokofij Ryabtsev, 17. 4. 1961, in ebenda, Dokument GX-122, Demjanjuk v. Petrovsky, S. 679–684, OSI File TC 4-5-53; Rajchman, Ich bin der letzte Jude, S. 101–102, 128–129; Grossmann, Hölle, S. 44.

121 Bootz, 4. 6. 1970 (Hpt.V.), LA Düsseldorf, Rep. 388, Nr. 869.

122 Mentz, 25. 11. 1965, LA Düsseldorf, Rep. 388, Nr. 871, Bl. 21–23; Miete, 24. 11. 1965, ebenda, Nr. 871, 17–20; Matthes, 25. 11. 1965, ebenda, Nr. 871, Bl. 24–26.

123 Lambert, 27. 10. 1967, LA Düsseldorf, Rep. 388, Nr. 862, Bl. 137–142.

124 Shlomo Hellmann, 21. 12. 1959, LA Düsseldorf, Rep. 388, Nr. 743, Bl. 596–598; Eliasz Rosenberg, 11. 2. 1961, ebenda, Nr. 758, Bl. 160–168, Jakob Wiernik, 1./2. 10. 1964, ebenda, Nr. 771, Bl. 107–118; Rum, 12. 10. 1960, ebenda, Nr. 751, Bl. 101–112; Mentz, 19. 7. 1960, ebenda, Nr. 749, Bl. 157–169; Samuel Reizman, 3. 12. 1945 (P), BStU, HA XX, Treblinka-Material, Bl. 3–5; Münzberger, 14. 5. 1964, StA Hamburg, LG NSG 213–12, 0036/022, Bl. 9344–9350; Stadie, 9./10. 7. 1962, LA Münster, Q 234, Nr. 4275, Bl. 89–98.

125 Vermerk v. Dietrich Allers, 15. 1. 1944, BArch, R 96 I, 2, Aktennotiz, 11. 3. 1943 (Arnold Oels), BArch, R 96 I, 4 (Wiesloch); Matthes, 10. 10. 1962, LA Münster, Q 234, Nr. 4280, Bl. 16–18; Ittner, 17./18. 7. 1962, ebenda, Nr. 4275, Bl. 116–13; Rum, 6. 1. 1966 u. 26. 7. 1967, LA Düsseldorf, Rep. 388, Nr. 871, Bl. 66–71 u. Nr. 246, Bl. 104–108; Horn, 6. 1. 1966, ebenda, Nr. 871, Bl. 72–75; Schilter, Ermessen, S. 206.

126 Samuel Reizman, 3. 12. 1945 (P), BStU, HA XX, Treblinka-Material, Bl. 3–5; Elias Rosenberg, 24. 12. 1947, LA Düsseldorf, Rep. 388, Nr. 743, Bl. 583–594; Abraham Lindwasser, 15. 12. 1964 (Hpt.V.), ebenda, Nr. 809; Shlomo Hellmann, 21. 12. 1959, ebenda, Nr. 743, Bl. 596–598; Abraham Goldfarb, 14. 6. 1960, ebenda, Nr. 752, Bl. 70–79; Pinchas Epstein, 7. 6. 1960, ebenda, Nr. 752, Bl. 91–98; Jakob Wiernik, 23. 8. 1960, ebenda, Nr. 753, Bl. 194–204.

127 Oberhauser, 20. 3. 1963, StA Hamburg, LG NSG 213–12, 0036/16,

Bl. 6458–6468; Konrad Morgen, 19. 7. 1946, IMT Affidavit SS 67; Franz, 3. 12. 1959, StA München, Staatsanwaltschaften 33033, Bd. 2, Bl. 314–330; Oberhauser, 12./14. 12. 1962, 20. 3. 1963 u. 23. 5. 1960, ebenda, Bd. 13, Bl. 2426–2436, 2658–2665 u. Bd. 4, Bl. 773–775; Sereny, Abgrund, S. 115.

128 Häusler, 18. 1. 1961 u. 23. 5. 1960, StA München, Staatsanwaltschaften 33033/5, Bl. 800–808; Oberhauser, 20. 3. 1963, StA Hamburg, LG NSG 213–12, 0036/16, Bl. 6458–6468; Häusler, 20. 3. 1962, LA Münster, Q 234, Nr. 4271, Bl. 142–148; Bauer, 10./11. 10. 1961, ebenda, Nr. 4266, Bl. 67–82; Stangl, 22. 5. 1970 (Hpt.V., Mitschrift Kaul), BArch, DP 3/2012; Suchomel, 3. 7. 1970 (Hpt.V., Mitschrift Kaul), ebenda; Rum, 26. 7. 1967, LA Düsseldorf, Rep. 388, Nr. 246, Bl. 104–108; Oberhauser, 18. 11. 1968, ebenda, Nr. 250, Bl. 92–98.

129 Häusler, 23. 5. 1960 u. 10. 6. 1963, StA München, Staatsanwaltschaften 33033, Bd. 5, Bl. 800–805 u. Bd. 13, Bl. 2668–2672; BArch, SSO 50 A (Willi Häusler); SS-Sonderkommando Sobibor (Niemann) an Inspekteur der SS-Sonderkommandos beim SSPF »Einsatz Reinhart«, 1. 7. 1943, FSB Zentralarchiv Moskau, K-779, fund 16, opis 312 »e«, delo 409, Bl. 42.

130 Schilter, Ermessen, S. 206.

131 Konrad Geng, 1. 9. 1970, HHStA Wiesbaden, Abtl. 631a, Nr. 1329; BArch, SSO 8 A (Konrad Geng).

132 Geboren 1913, wohnhaft in Pirna. Mitglied der NSDAP. Möglicherweise war er zeitweise in Treblinka. Laut Rost kam er bereits im Herbst 1942 nach Lublin. Schilter, Ermessen, S. 207; Münzberger, 10. 11. 1962, LA Münster, Q 234, Nr. 4284, Bl. 72–77; Horn, 11. 10. 1967, LA Düsseldorf, Rep. 388, Nr. 862, Bl. 114–124, Rost, 4. 5. 1946, BStU, RHE-West 487, Bl. 91–95.

133 Da sie in den vorliegenden Quellen nicht erwähnt wurden, wurden sie nicht in die Analyse des T4-Reinhardt-Netzwerks aufgenommen. Lindner war in Hadamar beschäftigt, Göbel in Sonnenstein im Büro. Schilter, Ermessen, S. 207.

134 Franz, 3. 12. 1959, StA München, Staatsanwaltschaften 33033/2, Bl. 314–330; Georg Michalsen, 4. 9. 1961, LA Münster, Q 234, Nr. 4265, Bl. 119–121; Max Runhof, 6. 10. 1970 (Hpt.V.), LA Düsseldorf, Rep. 388, Nr. 256, Bl. 235–243.

135 Barbl, Bree, Dachsel, Dubois, Groth, Kamm, Niemann, Unverhau und Vallaster.

136 Bredow, Eberl, Lambert, Ludwig, Post, Schiffner, Schulze, Stangl und Stengelin.

137 Baer, Borowski, Franz und Schemmel.

138 Lambert, 2. 10. 1962, LA Münster, Q 234, Nr. 4278, Bl. 134–142; Bauer, 6. 10. 1965 (Hpt.V.), ebenda, Nr. 4416, Bl. 174–189; Franz, 13. 6. 1966 (Hpt.V.), ebenda, Nr. 4429, Bl. 1477–1488.

139 Blankenburg war davor Handelsvertreter. Friedlander, NS-Genozid, S. 126–127; Friedlander, »Viktor Brack«, S. 95; Georg Wippern, 17. 4. 1962, StA München, Staatsanwaltschaften 33033/12, Bl. 2350–2361.

140 Arnold Oels, 23. 5. 1961, StA München, Staatsanwaltschaften 33033, Bd. 5, Bl. 940; Dietrich Allers, 25. 11. 1962, ebenda, Bd. 7, Bl. 1337–1362; Robert Lorent, 25. 10. 1965, HHStA Wiesbaden, Abtl. 631a, Nr. 886; Ursula Kregelius, 7. 9. 1965, ebenda, Nr. 885; Lorent, 28. 4. 1966 (Hpt.V.), LA Münster, Q 234, Nr. 4425, Bl. 1133–1146; Ittner, 17./18. 7. 1962, ebenda, Nr. 4275, Bl. 116–130; Lachmann, 21. 7. 1961, ebenda, Nr. 4265, Bl. 66f; Schütt, 31. 1. 1974 (Hpt.V.), LA Berlin, B Rep. 058, Nr. 1576; Lorent, 16. 11. 1964 (Hpt.V.), LA Düsseldorf, Rep. 388, Nr. 808. T4-Geschäftsverteilungsplan v. 6. 8. 1943, BArch, R 96 I, 1.

141 Dienstreisen nach Polen unternahmen u.a. Kanzleichef Bouhler, Brack, Blankenburg, Allers und Lorent sowie der Geschäftsführer der Transportabteilung, Reinhold Vorberg, dessen Stellvertreter Gerhard Siebert sowie der Leiter der Zentralverrechnungsstelle, Hans-Joachim Becker. Die Männer wurden auf ihren Reisen vom Fahrer Werner Mayersberger begleitet. Friedlander, NS-Genozid, S. 132–133, 317, 471; Reinhold Vorberg, 1. 12. 1964, HHStA Wiesbaden, Abtl. 631a, Nr. 222, Bl. 46–71; Gerhard Siebert, 1. 7. 1965, ebenda, Nr. 886; Rudolf Haase, 6. 10. 1965, ebenda, Nr. 888; Bauer, 28. 9. 1962, ebenda, Nr. 885; Oberhauser, 12. 6. 1973, ebenda, Abtl. 461, Nr. 36346, Bd. 12, Bl. 1963 (Anlage); Robert Lorent, 24. 8. 1962, LA Münster, Q 234, Nr. 4278, Bl. 26–28; Bauer, 10./11. 10. 1961, ebenda, Nr. 4266, Bl. 67–82; Bolender, 31. 1. 1964, ebenda, Nr. 4296, Bl. 81–85; Arnold Oels, 2. 5. 1966 (Hpt.V.), ebenda, Nr. 4426, Bl. 1147–1159; Georg Michalsen, 9. 5. 1961, LA Düsseldorf, Rep. 388, Nr. 755, Bl. 89–92; Suchomel, 20. 10. 1964 (Hpt.V.), ebenda, Nr. 808; Dietrich Allers, 16. 11. 1964 (Hpt.V.), ebenda, Nr. 808; Werner Mayersberger [o. Dt.], ebenda, Nr. 4306, Bl. 146–148.

142 Gerhard Schneider, 2. 11. 1965, in Scalpelli (Hg.), San Sabba, Bd. 2, S. 12–15; Dietrich Allers, 14. 5. 1963, HHStA Wiesbaden, Abtl. 461, Nr. 36346, Bd. 9; Erich Fettke, 18. 2. 1965, 27. 4. 1962 u. 2. 9. 1965, ebenda, Abtl. 631a, Nr. 887; Josef Kölbl, 15. 3. 1962, ebenda, Abtl. 631a, Nr. 888; Kölbl, 23. 1. 1962, LA Münster, Q 234, Nr. 4269, Bl. 103–107; Fettke, 17. 10. 1961, ebenda, Nr. 4266, Bl. 97–101; Fettke, 27. 11. 1962 u. 3. 7. 1963, StA München, Staatsanwaltschaften 33033, Bd. 7, Bl. 1366–1368 u. Bd. 14, Bl. 2691–2694.

143 Dietrich Allers, 26. 4. 1966 (Hpt.V.) u. 17. 10. 1966 (Hpt.V.), LA Münster, Q 234, Nr. 4434, Bl. 1730–1739 u. Nr. 4425, Bl. 1117–1132; Allers, 19. 9. 1962, HHStA Wiesbaden, Abtl. 461, Nr. 36346, Bd. 9; Arnold Oels, 16. 11. 1964 (Hpt.V.), LA Düsseldorf, Rep. 388, Nr. 808.

144 Ausdruck ursprünglich verwendet von Mallmann, »Fußvolk«, S. 355–392.

145 Black, »Trawniki-Männer«, S. 352.

146 A. Benz, »Fall Demjanjuk«, S. 150.

147 Im Komplex Auschwitz bestanden die SS-Wachverbände zu Höchstzeiten aus 4480 SS-Männern, zum Teil mit sehr hohen SS-Dienstgraden, sowie 71 Aufseherinnen. Lasik, »SS-Besatzung«, S. 356.

148 Lachmann, 2. 11. 1962, StA Hamburg, LG NSG 213–12, 0036/12, Bl. 4765–4770; Oberhauser, 12. 6. 1973, HHStA Wiesbaden, Abtl. 461, Nr. 36346, Bd. 12, Bl. 1963 (Anlage); Dubois, 16. 2. 1963, StA München, Staatsanwaltschaften 33033, Bd. 8, Bl. 1477–1481, Girtzig, 18. 7./19. 7. 1961, ebenda, Bd. 6, Bl. 1009–1026; A. Benz, »Fall Demjanjuk«, S. 149.

149 Die Angaben der Täter- und Opferzeugen zur Anzahl der Trawniki-Männer schwanken zwischen 100 und 160 für Belzec, zwischen 80 und 250 für Sobibor sowie 75 und 200 für Treblinka. Genauere Angaben sind von einer Studie von Angelika Benz zu erwarten, die gerade erstellt wird.

150 Pohl, »Trawniki-Männer«, S. 281; Black, »Foot Soldiers«, S. 72 (FN 155); UdSSR: Informationen zu gesuchten Personen, 31. 8. 1948, Sonderarchiv Litauen, Vilnius, Bestand K1, ap. 33, Bd. 19, Bl. 222–33v.

151 Pohl, »Trawniki-Männer«, S. 282–283; Black, »Foot Soldiers«, S. 8–14, 32–36; Black, »Trawniki-Männer«, S. 322; Stanislaw Szmajzner, 4. 5. 1976, LA Münster, Q 234, Nr. 4572, Bl. 3154–3188; Rich, »Reinhard's Footsoldiers«, S. 694; Münz-

berger, 19. 9. 1973, StA Hamburg LG NSG 213–12, 0039/37, Bl. 19031–19041; Willenberg, Revolt, S. 31; Fritz Karl Albert Bleich, 9. 1. 1968, BStU, HA IX/11 AS 58/67, Bl. 3–12.

152 Grigoriji Nesmejan, 28. 9. 1965 (SU), StA München, Staatsanwaltschaften 33033, Bd. 32, Bl. 117–128; Grigoriji Lynkin, 27. 7. 1966 (SU), ebenda, Bl. 195–205; Taras Olejinik, 24. 10. 1966 (SU), ebenda, Bl. 246–260; Schluch, 10.–12. 11. 1961, ebenda, Bd. 6, Bl. 1128–1150; Girtzig, 15. 1. 1963, ebenda, Bd. 8, Bl. 1409–1411; Oberhauser, 13. 12. 1962, ebenda, Bd. 13, Bl. 2437–2438; Jührs (Hpt.V.), 21. 1. 1974, LA Berlin, B Rep. 058, Nr. 1576; Frenzel, 20. 9. 1965 (Hpt.V.), LA Münster, Q 234, Nr. 4399, Bl. 73–87; Prokofij Businnij, 8. 8. 1975, ebenda, Nr. 4570, Bl. 598–622; Unverhau, 19. 11. 1964 (Hpt.V.), LA Düsseldorf, Rep. 388, Nr. 808; Abraham Krzepicki: 18 Tage im Totenlager, ebenda, Nr. 838; Matthes, 19. 10. 1964 (Hpt.V.), ebenda, Nr. 808; Zabecki in Sereny, Abgrund, S. 160; Pohl, »Ukrainische Hilfskräfte«, S. 210.

153 Bezeichnung nach Franz, in Alexandre, Judenmord, S. 143. Mitrofan Klötz, 9. 8. 1965 (SU), StA München, Staatsanwaltschaften 33033, Bd. 32, S. 96–106; Alexander Ssemigodow, 7. 7. 1965 (SU), ebenda, S. 137–149; Petr Browzew, 2. 8. 1965 (SU), ebenda, S. 66–71; Franz, 14. 9. 1961, ebenda, Bd. 6, Bl. 1060–1086; Taras Olejinik, 23. 7. 1966 (SU), ebenda, Bd. 32, S. 219–234; Rich, »Reinhard's Footsoldiers«, S. 691; Prokofij Businij, 2. 8. 1975, StA Hamburg, LG NSG 213–12, 0036, Bd. 11039, Bd. 130, Bl. 25275–25299.

154 Pohl, »Trawniki-Männer«, S. 282–283; Franz 14. 9. 1961, StA München, Staatsanwaltschaften 33033, Bd. 6, Bl. 1060–1086; Anastasij Nawrodiji, 27. 6. 1965 (SU), ebenda, Bd. 32, Bl. 161–176; Grigoriji Lynkin, 27. 7. 1966 (SU), ebenda, S. 195–205; Bolender, 2. 10. 1963 u. 21. 12. 1961, LA Münster, Q 234, Nr. 4293, Bl. 29–38 u. Nr. 4267, Bl. 270–276; Bauer, 10./11. 10. 1961 u. 11. 12. 1962, ebenda, Nr. 4266, Bl. 67–82 u. Nr. 4286, Bl. 54–71; Lachmann, 27. 11. 1963, ebenda, Nr. 4295, Bl. 1–14; Emanuel Schulz, 8. 9. 1961 (SU), ebenda, Nr. 4583, Bl. 312–315; Gomerski, 19./20. 9. 1961 u. 2. 12. 1965 (Hpt.V.), ebenda, Nr. 4266, Bl. 29–43 u. Nr. 4420, Bl. 698–715; Vermerk, 5. 9. 1960, ebenda, Nr. 4263, Bl. 7; Pinchas Epstein, 7. 6. 1960, LA Düsseldorf, Rep. 388, Nr. 752, Bl. 91–98; Zentrale Stelle (Zeug) an Untersuchungsrichter Düsseldorf, 7. 9. 1960, ebenda, Nr. 765, Bl. 1; Stangl, 19. 8. 1968, ebenda, Nr. 250, Bl. 17–24; Rich, »Reinhard's Footsoldiers«, S. 694; Nikolay Shalayev, 8. 12. 1950, Dokument GX-124 im US-Fall gg. Reimer, Plaintiff Dokumente, Demjanjuk v. Petrovsky, S. 380–389, OSI File TC 4-5-33.

155 Grigoriji Lynkin, 27. 7. 1966 (SU), StA München, Staatsanwaltschaften 33033/32, S. 195–205; Petr Browzew, 2. 8. 1965 (SU), ebenda, S. 66–71; Prokofij Businnij, 8. 8. 1975, LA Münster, Q 234, Nr. 4570, Bl. 598–622; Jakob Engelhardt, 21. 8. 1975, HHStA Wiesbaden, Abtl. 461, Nr. 36346, Bd. 13, Bl. 2183–2229; Prokofij Businij, 2. 8. 1975, StA Hamburg, LG NSG 213–12, 0036, Bd. 11039, Bd. 130, Bl. 25275–25299; Alexandre Petcherski, in Novitch (Hg.), Sobibor, S. 107; Stangl, 19. 8. 1968, LA Düsseldorf, Rep. 388, Nr. 250, Bl. 17–24.

156 Vgl. hierzu Pohl, »Trawniki-Männer«, S. 282–283, Rich, »Reinhard's Footsoldiers«, S. 693–694, die von Angelika Benz erscheinende Studie sowie die Aussagen der Trawniki-Männer in StA München, Staatsanwaltschaften 33033, Bd. 32.

157 Cymlich/Strawczynski, Escaping, S. 151.
158 Stanislaw Szmajzner, 9. 2. 1961, LA Münster, Q 234, Nr. 4263, Bl. 120–125; Abraham Margulies, Sept. 1963 (YV), ebenda, Nr. 4570, Bl. 482–560.
159 Vgl. zum Verhalten von Angelika Benz erscheinende Studie, sowie für Belzec Pohl, »Trawniki-Männer«, S. 285–288. Für Treblinka z.B. Teicholz, Trial, S. 135, 147.
160 Vgl. die von Angelika Benz erscheinende Studie sowie für Belzec die Aussagen in StA München, Staatsanwaltschaften 33033, Bd. 34. Für Treblinka Prokofij Ryabtsev, 17. 4. 1961, Dokument GX-122 im US-Fall gg. Reimer, Plaintiff Dokumente, Demjanjuk v. Petrovsky, Bl. 679–684, OSI File TC 4-5-53; Georg Królikowski: Erinnerungen, LA Düsseldorf, Rep. 388, Nr. 778, Bl. 87–111. Für Sobibor: Zygmunt Bialucha, 11. 5. 1984, ebenda, Nr. 4397, Bl. 80–93; Katarzyna Grodzicka, 5. 10. 1978, ebenda, Nr. 4583, Bl. 285–289.
161 Girtzig, 18.–19. 7. 1961, StA München, Staatsanwaltschaften 33033, Bd. 6, Bl. 1009–1026; Natyna Krystyna, 12. 10. 1966 (P), ebenda, Bd. 34, Bl. 4–7; Taras Olejinik, 23. 7. 1966 (SU) u. 28. 7. 1966 (SU), ebenda, Bd. 32, Bl. 219–234, 234–242; Unverhau, 21. 7. 1960, ebenda, Bd. 4, Bl. 685–689; Franz, 14. 9. 1961, ebenda, Bd. 6, Bl. 1060–1086; Oberhauser, 24. 1. 1963, ebenda, Bd. 8, Bl. 1424; Oberhauser, 12. 6. 1973, HHStA Wiesbaden, Abtl. 461, Nr. 36346, Bd. 12, Bl. 1963 (Anlage); Pohl, »Trawniki-Männer«, S. 287–288.
162 Gley, 23./24. 11. 1961, StA München, Staatsanwaltschaften 33033/6, Bl. 1033–1059; Dubois, 16.–18. 9. 1961, ebenda, S. 1166–1190; Pjotr Petrowitsch Browzew, 25. 8. 1975, BArch Ludwigsburg, 208 AR-Z 673/41, Bd. 3, Bl. 560–663.
163 Mikhail Korzhikov, 9. 4. 1947, FSB Zentralarchiv Moskau, Nr. 20869 (Wachmänner), Bd. 23, Bl. 306–311; Übergabeverhandlung von Ausbildungslager Trawniki an Belzec, 27. 3. 1943 u. 12. 4. 1943, FSB Zentralarchiv Moskau, K-779, fund 16, opis 312 »e«, delo 411, Bl. 280–281 u. delo 410, Bl. 242; Pohl, »Trawniki-Männer«, S. 287–288; Black, »Trawniki-Männer«, S. 343; Black, »Police Auxiliaries«, S. 340; Taras Olejinik, 28. 7. 1966 (SU), StA München, Staatsanwaltschaften 33033, Bd. 32, S. 234–242; Kiril Prochorenko, 27. 9. 1965 (SU), ebenda, S. 150–161; Wassiliji Orlowskiji, 23. 8. 1965 (SU), ebenda, S. 127–137; Dmitriji Pundik, 23. 9. 1965 (SU), ebenda, S. 44–56; Petr Poneljuk, 4. 2. 1966 (SU), ebenda, S. 82–86; Josef Lewko, 13. 10. 1966 (P), ebenda, Bd. 34, Bl. 1–3; Maria Warzocha, 13. 10. 1966 (SU), ebenda, Bd. 34, Bl. 14–16; Unverhau, 10. 7. 1961, ebenda, Bd. 5, Bl. 994–1005; Andrej Kuchma, 17. 2. 1950, SBU-Archiv Kiew, Archivnr. 59446, Fall Nr. 7707 (Kuchma), Bl. 26–31; Pjotr Petrowitsch Browzew, 25. 8. 1975, BArch Ludwigsburg, 208 AR-Z 673/41, Bd. 3, Bl. 560–663; Curilla, Judenmord, S. 744.
164 Frenzel, in Schelvis, Sobibór, S. 94; Gomerski, 24. 2. 1964, LA Münster, Q 234, Nr. 4297, Bl. 15–24; Mosze Bachir, 16. 12. 1965 (Hpt.V.), LA Münster, Q 234, Nr. 4420, Bl. 795–810; Erinnerungsbericht Lichtman, ebenda, Nr. 4530; Prokofij Businij, 2. 8. 1975, StA Hamburg, LG NSG 213–12, 0036, Bd. 11039, Bd. 130, Bl. 25275–25299; SS-Niemann an Wirth, 1. 7. 1943, FSB Zentralarchiv Moskau, K-779, fund 16, opis 312 »e«, delo 409, Bl. 42. Für Treblinka: Interview mit Avraham Bomba, 28. 8. 1990, USHMM, RG-50.030*0033; Matthes, 13. 3. 1969 u. 9. 11. 1964 (Hpt.V.), LA Düsseldorf, Rep. 388, Nr. 250, Bl. 169–174 u. Nr. 808; Pinchas Epstein, 21. 12. 1964 (Hpt.V.), ebenda, Nr. 809; Hirtreiter, 9. 11. 1950,

HHStA Wiesbaden, Abtl. 461, Nr. 35253, Bl. 181–190; Robert Levi an Oberstaatsanwalt beim LG Frankfurt, 10. 12. 1950, ebenda, Nr. 35254, Bl. 259–260.

165 Unverhau, 10. 7. 1948, StA München, Staatsanwaltschaften 33033, ebenda, Bd. 4, Bl. 784–785; Oberhauser, 18./19. 7. 1961, ebenda, Bd. 8, Bl. 1488–1499, Blatt, Schatten, S. 320; Rich, »Reinhard« and Operation 1005?; Matthes, 19. 10. 1964 (Hpt.V.), LA Düsseldorf, Rep. 388, Nr. 808.

166 Übergabeverhandlung, 29. 3. 1943 von Ausbildungslager Trawniki an KL Auschwitz, FSB Zentralarchiv Moskau, K-779, fund 16, opis 312 »e«, delo 410, Bl. 274–275; Timofeji Gurch, 22. 6. 1966 (SU), StA München, Staatsanwaltschaften 33033/32, Bl. 86–96; Mitrofan Klötz, 9. 8. 1965 (SU), ebenda, Bl. 96–106; Nikita Mamtschura 3. 10. 1966 (SU), ebenda, S. 260–267; Anastasij Nawrodiji, 27. 6. 1965 (SU), ebenda, S. 161–176; Wassiliji Orlowskiji, 23. 8. 1965 (SU), ebenda, S. 127–137; Czech, Kalendarium, S. 470 u. 538; Black, »Trawniki-Männer«, S. 338; Pery Broad, in Höß/Broad/Kremer, Auschwitz, S. 180.

167 Black, »Police Auxiliaries«, S. 340; ders., »Trawniki-Männer«, S. 346–347; ders., »Food Soldiers«, S. 95 (FN 300–301); A. Benz, »Wer ist Demjanjuk«, S. 256; Kiril Prochorenko, 27. 9. 1965 (SU), StA München, Staatsanwaltschaften 33033/32, Bl. 150–161; Pohl, »Trawniki-Männer«, S. 286.

168 Laut OSI sind mindestens drei Männer in das Stalag zurückgekehrt. Vgl. Personalbogen Paul Garin, Nr. 1075, FSB Zentralarchiv Moskau, K-779/F. 16/op. 312e/d. 411/ll. 415–420.

169 Pohl, »Trawniki-Männer«, S. 281; Pohl, »Ukrainische Hilfskräfte«, S. 211–219; Golczewski, »Kollaboration«, S. 151–182; A. Benz, »Ausbildern«, S. 35–36.

170 Jäger, Verbrechen, S. 307–308.

171 Rajchman, Ich bin der letzte Jude, S. 60.

172 Gray, Schrei, S. 149.

173 Suchomel, 19. 3. 1965 (Hpt.V.), LA Düsseldorf, Rep. 388, Nr. 811.

174 Bolender, 8. 1. 1964, LA Münster, Q 234, Nr. 4296, Bl. 12–17; Bauer, 27. 1. 1975 (Hpt.V.), LA Berlin, B Rep. 058, Nr. 1578.

175 Rajchman, Ich bin der letzte Jude, S. 60.

176 Glazar, Falle, S. 32.

177 Petchorski, »Revolt«, S. 317; Szmul Lerer, 9. 9. 1949, LA Münster, Q 234, Nr. 4569, Bl. 358–364; Josef Zukierman, 11./12. 12. 1962, ebenda, Nr. 4286, Bl. 20–29; Stanislaw Szmajzner, 9. 2. 1961, ebenda, Nr. 4263, Bl. 120–125; Mordechaj Goldfarb, 3. 3. 1964 (YV), ebenda, Nr. 4397; Izchak Lichtman, 19./20. 10. 1983, ebenda, Nr. 4392, Umschlag Bl. 273; Zolda Metz (o. Dt.) (P), ebenda, Nr. 4572, Bl. 908–919; Abraham Margulies, Sept. 1963 (YV), ebenda, Nr. 4570, Bl. 482–560; Jakob Biskowitz, 3. 3. 1964 (YV), ebenda, Nr. 4398; Harry Cukiermann, 13. 12. 1973, ebenda, Nr. 4568, Bl. 249–259; Frenzel, 19. 12. 1963, ebenda, Nr. 4295, Bl. 121–128; Bolender, 31. 1. 1964 u. 7. 6. 1962, ebenda, Nr. 4296, Bl. 81–85 u. 4275, Bl. 13–14; Esther Raab, 17. 9. 1949, ebenda, Nr. 4569, Bl. 316–325; Chaim Engel, 10. 1. 1974 (Hpt.V.), LA Berlin, B Rep. 058, Nr. 1577; Bl. 247–250; Klier, 21. 8. 1950 (Hpt.V.), HHStA Wiesbaden, Abtl. 461, Nr. 36346, Bd. 3, Bl. 277–296; Blatt, Schatten, S. 306–308; Bialowitz, Promise, S. 72; Ticho, My Legacy, S. 68, 105, 119.

178 Blatt, Schatten, S. 306–308; Lea Bialowicz, Nov. 1966 (YV), HHStA Wiesbaden, Abtl. 461, Nr. 36346, Bd. 15, Bl. 2434–2450; Icek Lichtman, 15. 12. 1945 (P), LA

Münster, Q 234, Nr. 4572, Bl. 939–948; Ada Lichtman, 29. 12. 1960 u. 3. 3. 1964 (YV), ebenda, Nr. 4569, Bl. 296/1–13; Moszek Morensztejn, 18. 3. 1947 (P), ebenda, Nr. 4569, Bl. 372–374; Kalmen Wewerik, 30. 3. 1984, ebenda, Nr. 4396, Bl. 96 (S. 1–22) u. Nr. 4400, Bl. 145–154; Abraham Margulies, Sept. 1963 (YV), ebenda, Nr. 4570, Bl. 482–560; Ester Raab, 10. 10. 1977, ebenda, Nr. 4572, Bl. 993–1000; Harry Cukiermann, 4. 11. 1965 (Hpt.V.), ebenda, Nr. 4418, Bl. 489–501; Petchorski, »Revolt«, S. 317; Perl, Tell, S. 58–59; Ticho, My legacy, S. 300.

179 Pohl, »Trawniki-Männer«, S. 284; Pfannenstiel, 9. 11. 1959, StA München, Staatsanwaltschaften 33033, Bd. 1, Bl. 135–141; Dubois, 15. 9. 1971, ebenda, Bd. 27, Bl. 11–25; Grigoriji Lynkin, 27. 7. 1966 (SU), ebenda, Bd. 32, S. 195–205. Tregenza, »Bełżec« (2000), S. 247; Reder, Bełżec, S. 124, 130; Vladimir Emel'Yanov, 23. 9. 1947, SBU-Archiv Donezk, Archivnr. 37834, Fall Nr. 5734 (Iskaradov-Verfahren), Bl. 215–224; Rich, »Reinhard« and Operation 1005?; Kuwałek, »Bełżec«, S. 336.

180 Leo Lewi, 21. 10. 1959, LA Düsseldorf, Rep. 388, Nr. 742, Bl. 209–217; Samuel Reizman, 9. 10. 1945 (P), ebenda, Nr. 745, Bl. 191–196; J. Rajgrodzki: 11 Monate in Treblinka, ebenda, Nr. 752, Bl. 4–38; Abe Kon, 9. 10. 1945 (P), ebenda, Nr. 744, Bl. 134–137; Eugeniusz Turowski, 28. 8. 1960, ebenda, Nr. 752, Bl. 80–84; Stanisław Kohn, 7. 10. 1945 (P), ebenda, Nr. 753, Bl. 174–179; Jakob Wiernik, 23. 8. 1960, ebenda, Nr. 753, Bl. 194–204; Charles Unger, 10./11. 3. 1965, ebenda, Nr. 779, Bl. 9–27; Abraham Goldfarb, 14. 12. 1964 (Hpt.V.), ebenda, Nr. 809; Aleksander Kudlik, 10. 10. 1945 (P), ebenda, Nr. 746, Bl. 53–56; Matthes, 29. 3. 1962, ebenda, Nr. 762, Bl. 64–69; Henryk Reichman, 12. 10. 1945 (P), ebenda, Nr. 746, Bl. 60–63; Abraham Lindwasser, 6. 7. 1960, ebenda, Nr. 753, Bl. 186–193; Kalman Jankowsky, 16. 11. 1959, ebenda, Nr. 743, Bl. 403–408; Henryk Poswolski, 9. 10. 1945 (P), ebenda, Nr. 746, Bl. 44–48; Rajchman, Ich bin der letzte Jude, S. 34; Cymlich/Strawczynski, Escaping, S. 161; Glazar, Falle, S. 22; Willenberg, Revolt, S. 86, 89.

181 Charles Unger, 10./11. 3. 1965, LA Düsseldorf, Rep. 388, Nr. 779, Bl. 9–27; Sonia Lewkowitz, 23. 6. 1960 u. 7. 1. 1965 (Hpt.V.), ebenda, Nr. 752, Bl. 85–89 u. Nr. 810; Elias Rosenberg, 24. 12. 1947, ebenda, Nr. 743, Bl. 583–594; J. Rajgrodzki: 11 Monate in Treblinka, ebenda, Nr. 752, Bl. 4–38; Jakob Wiernik, 23. 8. 1960, ebenda, Nr. 753, Bl. 194–204; Bronka Sukno, 7. 2. 1965, ebenda, Nr. 781, Bl. 243–254.

182 Willenberg, Revolt, S. 140–141.

183 Unverhau, 21. 7. 1960, StA München, Staatsanwaltschaften 33033, Bd. 4, Bl. 685–689; Grigoriji Lynkin, 27. 7. 1966 (SU), ebenda, Bd. 32, Bl. 195–205; Sara Ritterband zu T. Friedmann, 1. 2. 1960, ebenda, Bd. 3, Bl. 563–566; Jührs, 11.–13. 10. 1961, ebenda, Bd. 6, Bl. 1089–1120; Dubois, 15. 9. 1971 u. 16.–18. 9. 1961, ebenda, Bd. 6, Bl. 1166–1190 u. Bd. 32, Bl. 150–161; Gley, 23./24. 11. 1961 u. 8.–10. 5. 1961, ebenda, Bd. 27, Bl. 11–25 u. Bd. 5, Bl. 908–932; Dmitriji Pundik, 23. 9. 1965 (SU), ebenda, Bd. 32, Bl. 44–56; Stefan Kirsz, 15. 10. 1945 (P), ebenda, Bd. 34, Bl. 54–56; Fetissowa Ssawowna, 10. 2. 1966 (SU), ebenda, Bd. 32, Bl. 113–117; Alojzy Berezowski, 12. 4. 1946 (P), ebenda, Bd. 32, Bl. 136–139; Natyna Krystyna, 12. 10. 1966 (P), ebenda, Bd. 32, Bl. 4–7; Mieczyslaw Kudyba, Okt. 1945 (P), ebenda, Bd. 34, Bl. 33–35; Edward Luczyński, 15. 10. 1945 (P),

ebenda, Bd. 34, Bl. 45–48; Tadeusz Misiewicz, 15. 10. 1945 (P), ebenda, Bd. 34, Bl. 49–53; Timofeji Gurch, 22. 6. 1966 (SU), ebenda, Bd. 32, Bl. 86–96; Kiril Prochorenko, 27. 9. 1965 (SU), ebenda, Bd. 6, Bl. 1033–1059; Franz, 14. 9. 1961, ebenda, Bd. 6, Bl. 1060–1086; Reder, Bełżec, S. 134–141; Filipp Pavlovich Babenko, 12. 11. 1948, SBU-Archiv Kiew, Archivnr. 58240, Fall Nr. 6937 (Babenko), Bl. 12–19.

184 Abraham Kohn: »Aufgang«, LA Münster, Q 234, Nr. 4572, Bl. 3762–3773; Bauer, 15. 11. 1965 (Hpt.V.), ebenda, Nr. 4418, Bl. 556–557; Zolda Metz (o. Dt.) (P), ebenda, Nr. 4572, Bl. 908–919; Ber Freiberg, Sept. 1963 (YV) u. 23. 12. 1965 (Hpt.V.), ebenda, Nr. 4570, Bl. 482–560 u. Nr. 4420, Bl. 846–865; Marcin Lesiuk, 10. 10. 1978, ebenda, Nr. 4583, Bl. 356–359; Jakob Biskowitz, 3. 3. 1964 (YV), ebenda, Nr. 4398; Frenzel, 19. 2. 1964, ebenda, Nr. 4297, Bl. 3–10; Kalmen Wewerik, 2. 4. 1984, ebenda, Nr. 4396, Bl. 96 (S. 1–12); Esther Raab, 12. 10. 1965 (Hpt.V.), ebenda, Nr. 4416, Bl. 213–232; Kurt M. Thomas an Oberstaatsanwalt Frankfurt, 15. 12. 1949, HHStA Wiesbaden, Abtl. 461, Nr. 36346, Bd. 2, Bl. 117–122; Cymlich/Strawczynski, Escaping, S. 177; Ticho, My Legacy, S. 114; Bialowitz, Promise, S. 89–111; Blatt, Schatten, S. 140, 168.

185 Vgl. Deeg, Hofjuden.

186 Glazar, Falle, S. 26, 58–59, 104, 117, 134; Suchomel, 20. 10. 1964 (Hpt.V.) u. 25. 10. 1960, LA Düsseldorf, Rep. 388, Nr. 808 u. Nr. 751, Bl. 160–171; Josef Czarny, 27. 3. 1967, ebenda, Nr. 248, Bl. 75–77; Kalman Tajgman, 2. 2. 1967, ebenda, Nr. 248, Bl. 78–80; Oskar Strawczynski, 7. 10. 1945 (P), ebenda, Nr. 745, Bl. 32–39; Richard Fleschner, 20. 1. 1960, ebenda, Nr. 744, Bl. 79–84; Czeslaw Augustyniak, 30. 5. 1960, ebenda, Nr. 748, Bl. 140–146; Marian Płatkiewicz, 3. 2. 1964, ebenda, Nr. 770, Bl. 253–257; Stangl, 11. 7. 1967, ebenda, Nr. 246, Bl. 51–59; Samuel Reizman, 9. 10. 1945 (P), ebenda, Nr. 745, Bl. 191–196; Abraham Krzepicki: 18 Tage im Totenlager, ebenda, Nr. 838; Moszek Laks, 10. 4. 1960, ebenda, Nr. 748, Bl. 66–69; Mentz, 19. 7. 1960, ebenda, Nr. 749, Bl. 157–169; Richard Glazar, 8. 12. 1964 (Hpt.V.), ebenda, Nr. 809; Hirtreiter, 9. 11. 1950, HHStA Wiesbaden, Abtl. 461, Nr. 35253, Bl. 181–190; Leon Perelsztejn, 9. 3. 1945 (P), BStU, HA XX, Treblinka-Material, Bl. 22–27; Wiernik, Rok, S. 65; Willenberg, Revolt, S. 96; Naftali Milgraum, 30. 8. 1943, Yad Vashem, O 12 Perlman Collection Nr. 53; Josef Czarny, 3. 3. 1987, in Teicholz, Trial, S. 162; Cymlich/Strawczynski, Escaping, S. 141; Stiffel, Tale, S. 75.

187 Zu Belzec: Unverhau, 21. 7. 1960, StA München, Staatsanwaltschaften 33033, Bd. 4, Bl. 685–689; Dubois, 16.–18. 9. 1961, ebenda, Bd. 6, Bl. 1033–1059; Gley, 23./24. 11. 1961, ebenda, Bd. 6, Bl. 1166–1190; Grigoriji Lynkin, 27. 7. 1966 (SU), ebenda, Bd. 32, Bl. 195–205; Alojzy Berezowski, 12. 4. 1946 (P), ebenda, Bd. 34, Bl. 136–139. Zu Sobibor: Hödl, 18. 4. 1963, LA Münster, Q 234, Nr. 4289, Bl. 23–27; Harry Cukiermann, 2. 11. 1965 (Hpt.V.), ebenda, Nr. 4418, Bl. 472–488. Zu Treblinka: Matthes, 19. 10. 1964 (Hpt.V.), 29. 3. 1962 u. 13. 3. 1969, LA Düsseldorf, Rep. 388, Nr. 808, Nr. 762, Bl. 64–69 u. Nr. 250, Bl. 169–174; Münzberger, 15. 10. 1964 (Hpt.V.), ebenda, Nr. 808; J. Rajgrodzki: 11 Monate in Treblinka, ebenda, Nr. 752, Bl. 4–38; Abraham Lindwasser, 6. 7. 1960 u. 17. 12. 1964 (Hpt.V.), ebenda, Nr. 753, Bl. 186–193 u. Nr. 809; Bronka Sukno, 7. 2. 1965, ebenda, Nr. 781, Bl. 243–254; Abraham Goldfarb, 14. 12. 1964 (Hpt.V.), ebenda, Nr. 809; Rajchman, Ich bin der letzte Jude, S. 80–81.

188 Für Sobibor: Jakob Biskobicz, 6. 6. 1962, LA Münster, Q 234, Nr. 4279, Bl. 41–54; Hermann Posner, 28./29. 11. 1983, ebenda, Nr. 4392, Umschlag Bl. 296; Abraham Margulies, Sept. 1963 (YV), ebenda, Nr. 4570, Bl. 482–560; Stanislaw Szmajzner, 9. 2. 1961, ebenda, Nr. 4263, Bl. 120–125. Für Treblinka: Heniek Sperling, Aug. 1950, HHStA Wiesbaden, Abtl. 461, Nr. 35254, Bl. 304; Aron Czechowicz, 11. 10. 1945 (P), LA Düsseldorf, Rep. 388, Nr. 748, Bl. 77–79; J. Rajgrodzki: 11 Monate in Treblinka, ebenda, Nr. 752, Bl. 4–38; Stanisław Kohn, 7. 10. 1945 (P), ebenda, Nr. 753, Bl. 174–179; Roman Staniszewski, 10. 1. 1969, ebenda, Nr. 250, Bl. 140–145; T II, geschildert von Oscar Berger, Yad Vashem, M 9/530; Leon Finkelsztein, 28. 12. 1945 (P), BStU, HA XX, Treblinka-Material, Bl. 28–31; Glazar, Falle, S. 39.

189 Icek Lichtman, 15. 12. 1945 (P), LA Münster, Q 234, Nr. 4572, Bl. 939–948; Beresch Freiberg: Manuskript »Sobibor«, 25. 7. 1945 (P), ebenda, Nr. 4573, Bl. 2630–2679.

190 Cymlich/Strawczynski, Escaping, S. 135.

191 Reder, Bełżec, S. 133; Rothfels, »Augenzeugenbericht«, S. 192; Taras Olejinik, 23. 7. 1966 (SU), StA München, Staatsanwaltschaften 33033/32, Bl. 219–234; Robert Jührs, 18. 12. 1969, LA Berlin, B Rep. 057, Bd. 87, Bl. 30–34.

192 Bolender, 31. 1. 1964, LA Münster, Q 234, Nr. 4296, Bl. 81–85; Alexander Petscherski, 11. 8. 1961 (SU), ebenda, Nr. 4310, Bl. 172–180; Bauer, 7. 10. 1965 (Hpt.V.), ebenda, Nr. 4416, Bl. 190–203; Samuel Lerer, 14. 10. 1965 (Hpt.V.), ebenda, Nr. 4416, Bl. 233–267; Kalmen Wewerik, 3. 4. 1984, ebenda, Nr. 4396, Bl. 96 (S. 1–22); Stanislaw Szmajzner, 24. 1. 1978, ebenda, Nr. 4540, Bl. 9–23; Klier, 23. 8. 1950 (Hpt.V.), HHStA Wiesbaden, Abtl. 461, Nr. 36346, Bd. 3, Bl. 300–315; Bialowitz, Promise, S. 71, 75; Wewryk, To Sobibor, S. 67; Blatt, Schatten, S. 161; Szmajzner, Inferno, S. 165–210; Jacob Biskubicz, in Novitch (Hg.), Sobibor, S. 147; Ticho, My Legacy, S. 115–118.

193 Willenberg, Revolt, S. 21–24, 115–117; Glazar, Falle, S. 48; Stangl u. Suchomel in Sereny, Abgrund, S. 230–232; Richard Glazar, in ebenda, S. 267; Sewek Warszawski, 9. 11. 1950, HHStA Wiesbaden, Abtl. 461, Nr. 35253, Bl. 192–199; J. Rajgrodzki: 11 Monate in Treblinka, LA Düsseldorf, Rep. 388, Nr. 752, Bl. 4–38; Münzberger, 29. 5. 1962, ebenda, Nr. 763, Bl. 141–146; Berek Rojzmann, 19. 10. 1964, ebenda, Nr. 777, Bl. 89–93; Franz u. Suchomel, 20. 10. 1964 (Hpt.V.), ebenda, Nr. 808; Richard Glazar, 8. 12. 1964 (Hpt.V.), ebenda, Nr. 809; Josef Siedlecki, 8. 5. 1968, ebenda, Nr. 249, Bl. 57–60; Cymlich/Strawczynski, Escaping, S. 132, 135, 152.

194 Richard Glazar, 8. 12. 1964 (Hpt.V.), LA Düsseldorf, Rep. 388, Nr. 809; Czeslaw Augustyniak, 4. 2. 1960, ebenda, Nr. 744, Bl. 178–180; Suchomel, 18. 9. 1967, ebenda, Nr. 247, Bl. 15–22; Shalom Kohn, 3. 7. 1970 (Hpt.V.), ebenda, Nr. 255, Bl. 77–82; Wiernik, Rok, S. 68; Glazar, Falle, S. 48; Willenberg, Revolt, S. 94–95, 112; Cymlich/Strawczynski, Escaping, S. 147.

195 Frenzel, 30. 1. 1964, LA Münster, Q 234, Nr. 4296, Bl. 71–79; Jakub Biskubicz, Sept. 1963 (YV), ebenda, Nr. 4570, Bl. 482–560.

196 Kurt Max Thomas, 6. 12. 1973 (Hpt.V.), LA Berlin, B Rep. 058, Nr. 1577; Kurt M. Thomas, 3. 12. 1961, LA Münster, Q 234, Nr. 4270, Bl. 29–41; Schelvis, Sobibór, S. 96–97; Ticho, My Legacy, S. 95.

197 Willenberg, Revolt, S. 74–75, 86, 110; Richard Glazar, 4. 9. 1961 u. 8. 12. 1964

(Hpt.V.), LA Düsseldorf, Rep. 388, Nr. 757, Bl. 111–117 u. Nr. 809; Suchomel, 5. 11. 1964 (Hpt.V.), ebenda, Nr. 808; Henryk Poswolski, 9. 10. 1945 (P), ebenda, Nr. 746, Bl. 44–48; Eugen Turowski, 4. 1. 1965 (Hpt.V.), ebenda, Nr. 810; J. Rajgrodzki: 11 Monate in Treblinka, ebenda, Nr. 752, Bl. 4–38; Großmann, 6. 7. 1961, ebenda, Nr. 756, Bl. 50–57; Münzberger, 29. 5. 1962, ebenda, Nr. 763, Bl. 141–146; Heniek Sperling, Aug. 1950, HHStA Wiesbaden, Abtl. 461, Nr. 35254, Bl. 304; Richard Glazar in Sereny, Abgrund, S. 257; Glazar, Falle, S. 32; Cymlich/Strawczynski, Escaping, S. 161.

198 Reder, Bełżec, S. 134. Itzhak Lichtman, 3. 3. 1964 (YV), LA Münster, Q 234, Nr. 4400, Bl. 164–173. Richard Glazar in Sereny, Abgrund, S. 219; Glazar, Falle, S. 25–32.

199 Glazar, Falle, S. 31.

200 Glazar, Falle, S. 39; Willenberg, Revolt, S. 94–95.

201 Für Sobibor: Blatt, Schatten, S. 129; Kurt M. Thomas an World Jewish Congress, 3. 12. 1961, LA Münster, Q 234, Nr. 4270, Bl. 29–41; Leon Feldhändler, 1945 (P), ebenda, Nr. 4432, Umschlag Bl. 1600a; Arkadij Moisejewitsch Weispapir, 10. 12. 1975, ebenda, Nr. 4582, Bl. 74–86; Kurt M. Thomas an Oberstaatsanwalt Frankfurt, 15. 12. 1949, HHStA Wiesbaden, Abtl. 461, Nr. 36346, Bd. 2, Bl. 117–122; Jakob Biskubicz, 22. 2. 1974 (Hpt.V.), LA Berlin, B Rep. 058, Nr. 1576; Bialowitz, Promise, S. 72, 74. Für Treblinka: Samuel Reizman, 9. 10. 1945 (P), LA Düsseldorf, Rep. 388, Nr. 745, Bl. 191–196; Elias Rosenberg, 24. 12. 1947, ebenda, Nr. 743, Bl. 583–594; Sewek Warszawski, 23. 5. 1962, ebenda, Nr. 763, Bl. 112–118; Jakob Wiernik, 1./2. 10. 1964, ebenda, Nr. 771, Bl. 107–118; J. Rajgrodzki: 11 Monate in Treblinka, ebenda, Nr. 752, Bl. 4–38; Rajchman, Ich bin der letzte Jude, S. 82.

202 Richard Glazar in Sereny, Abgrund, S. 212, 246; Glazar, Falle, S. 134; T II, geschildert von Oscar Berger, Yad Vashem, M 9/530; Charles Unger, 10./11. 3. 1965, LA Düsseldorf, Rep. 388, Nr. 779, Bl. 9–27; Richard Glazar, 3. 11. 1967, ebenda, Nr. 247, Bl. 177–182; Willenberg, Revolt, S. 83.

203 Willenberg, Revolt, S. 34; Henryk Reichman, 12. 10. 1945 (P) u. 14. 1. 1965 (Hpt.V.), LA Düsseldorf, Rep. 388, Nr. 746, Bl. 60–63 u. Nr. 810; Interview mit Avraham Bomba, 28. 8. 1990, USHMM, RG-50.030*0033; Rajchman, Ich bin der letzte Jude, S. 82.

204 Elias Rosenberg, 24. 12. 1947, LA Düsseldorf, Rep. 388, Nr. 743, Bl. 583–594; Sewek Warszawski, 23. 5. 1962, ebenda, Nr. 763, Bl. 112–118; Rajchman, Ich bin der letzte Jude, S. 107.

205 Stangl, 3. 10. 1967, LA Düsseldorf, Rep. 388, Nr. 247, Bl. 61–68.

206 Stangl, 1. 8. 1967, LA Düsseldorf, Rep. 388, Nr. 246, Bl. 86–143.

207 Gray, Schrei, S. 141.

208 Für Belzec: Nikita Mamtschura, 26. 7. 1966 (SU), StA München, Staatsanwaltschaften 33033, Bd. 32, Bl. 273–282; Alexander Ssemigodow, 7. 7. 1965 (SU), ebenda, Bl. 273–282; Mitrofan Klötz, 9. 8. 1965 (SU), ebenda, Bl. 96–105; Grigoriji Lynkin, 23. 8. 1966 (SU), ebenda, Bl. 205–214; Nadeschda Fetissowa, 10. 2. 1966 (SU), ebenda, Bl. 113–117; Tadeusz Misiewicz, 15. 10. 1945 (P), ebenda, Bd. 34, Bl. 49–53; Bajrach Szysel, 23. 10. 1945 (P), ebenda, Bd. 34, Bl. 81; Reder, Bełżec, S. 131, 135, 136; Pola Hirszman, 30. 3. 1946, Yad Vashem, M 49/1476; Pohl, »Trawniki-Männer«, S. 286; Tregenza, »Bełżec« (2001), S. 197. Für Sobi-

bor: Samuel Lerer, 11. 12. 1973 (Hpt.V.), LA Berlin, B Rep. 058, Nr. 1577; Kurt Thomas, 29. 3. 1974, ebenda, Nr. 1574, Bl. 707–718; Eda Lichtman, 18. 3. 1974, ebenda, Nr. 1581; Bauer, 10./11. 1. 1962 u. 7. 5. 1962, LA Münster, Q 234, Nr. 4269, Bl. 59–64 u. Nr. 4274, Bl. 18–22; F. Wolf, 14. 11. 1962, ebenda, Nr. 4284, Bl. 82–87; Stanislaw Szmajzner, 9. 2. 1961, ebenda, Nr. 4263, Bl. 120–125; Gomerski, 2. 12. 1965 (Hpt.V.), ebenda, Nr. 4420, Bl. 698–715; Frenzel, 29. 3. 1962, ebenda, Nr. 4273, Bl. 12–13; Bialowitz, Promise, S. 81–84. Für Treblinka: Willenberg, Revolt, S. 94–95; Heinrich Poswolski, 12. 4. 1965 (Hpt.V.), LA Düsseldorf, Rep. 388, Nr. 812; Czeslaw Augustyniak, 14. 12. 1967, ebenda, Nr. 248, Bl. 126–137; Samuel Reizman, 9. 10. 1945 (P), ebenda, Nr. 745, Bl. 191–196; J. Rajgrodzki: 11 Monate in Treblinka, ebenda, Nr. 752, Bl. 4–38; Sewek Warszawski, 23. 5. 1962, ebenda, Nr. 763, Bl. 112–118; Rum, 22. 10. 1964 (Hpt.V.) u. 13. 10. 1960, ebenda, Nr. 808 u. Nr. 751, Bl. 113–123; Pinchas Epstein, 17. 12. 1964 (Hpt.V.), ebenda, Nr. 809; Richard Glazar, 1. 9. 1961, ebenda, Nr. 757, Bl. 100–108; Charles Unger, 10./11. 3. 1965, ebenda, Nr. 779, Bl. 9–27; Stadie, 19. 10. 1964 (Hpt.V.), ebenda, Nr. 808; Josef Czarny, 11. 1. 1965 (Hpt.V.), ebenda, Nr. 810; Suchomel, 3. 7. 1970 (Hpt.V.), ebenda, Nr. 255, Bl. 77–82; Jakob Wiernik, 1./2. 10. 1964, ebenda, Nr. 771, Bl. 107–118; Rajchman, Ich bin der letzte Jude, S. 76; Richard Glazar in Sereny, Abgrund, S. 190–191; Glazar, Falle, S. 103.

209 Blatt, Schatten, S. 184; Zolda Metz (o. Dt.) (P), LA Münster, Q 234, Nr. 4572, Bl. 908–919; Kurt M. Thomas an World Jewish Congress, 3. 12. 1961, ebenda, Nr. 4270, Bl. 29–41; Eda Lichtman, 19. 3. 1974, LA Berlin, B Rep. 058, Nr. 1581.

210 Für Belzec: Jührs, 7. 5. 1963, StA München, Staatsanwaltschaften 33033/8, Bl. 1533–1564; Schluch, 9. 5. 1963, ebenda, Bl. 1571–1581; Zierke, 13. 5. 1963, ebenda, Bl. 1586–1596. Für Sobibor: Blatt, Schatten, S. 129–133; Stanislaw Szmajzner, 24. 1. 1978 u. 9. 2. 1961, LA Münster, Q 234, Nr. 4540, Bl. 9–23 u. Nr. 4263, Bl. 120–125; Esther Raab, 17. 9. 1949, ebenda, Nr. 4569, Bl. 316–325; Regina Zielinski, 27. 2. 1978, ebenda, Nr. 4574, Bl. 1289–1295; Frenzel, 19. 12. 1963, ebenda, Nr. 4295, Bl. 121–128; Szmul Lerer, 9. 9. 1949, ebenda, Nr. 4569, Bl. 358–364; Kurt M. Thomas an World Jewish Congress, 3. 12. 1961, ebenda, Nr. 4270, Bl. 29–41; Joseph Duniec, 10. 5. 1963, ebenda, Nr. 4291, Bl. 63–78; Freiberg, To Survive, S. 222, 253; Szmajzner, Inferno, S. 165–186; Mordechai Goldfarb, 1. 6. 1978, in Friedman, Sobibor; Eda Lichtman, in Novitch (Hg.), Sobibor, S. 63; Dov (Berek) Freiberg, 16. 5. 1973, HHStA Wiesbaden, Abtl. 461, Nr. 36346, Bd. 8, Bl. 1195–1198; Zelda Metz, 6. 2. 1950, ebenda, Bd. 2, Bl. 161–164. Für Treblinka: Willenberg, Revolt, S. 17–18, 23, 38, 101–102; Abraham Lindwasser, 17. 12. 1964 (Hpt.V.), LA Düsseldorf, Rep. 388, Nr. 809; Matthes, 29. 3. 1962, ebenda, Nr. 762, Bl. 64–69; Tadeusz Grinberg, 19. 1. 1961, ebenda, Nr. 756, Bl. 184–190; Schiffner, 19. 6. 1962, ebenda, Nr. 762, Bl. 142–153; Franz, 28. 8. 1962, ebenda, Nr. 762, Bl. 218–220; Jakob Wiernik, 1./2. 10. 1964, ebenda, Nr. 771, Bl. 107–118; Mentz, 19. 10. 1964 (Hpt.V.), ebenda, Nr. 808; Oskar Strawczynski, 7. 12. 1964 (Hpt.V.), ebenda, Nr. 809; Rum, 26. 7. 1967, ebenda, Nr. 246, Bl. 104–108; Maniek Platkiewicz, 8. 7. 1970 (Hpt.V.), ebenda, Nr. 255, Bl. 84–90; Richard Glazar, 10. 3. 1960, 4. 9. 1961 u. 3. 11. 1967, ebenda, Nr. 747, Bl. 164–171, Nr. 757, Bl. 111–117 u. Nr. 247, Bl. 177–182; Charles Unger, 10./11. 3. 1965, ebenda, Nr. 779, Bl. 9–27; Suchomel, 3. 11. 1964 (Hpt.V.),

ebenda, Nr. 808; Salomon Lachmann, 6. 5. 1965 (Hpt.V.), ebenda, Nr. 812; Interview mit Avraham Bomba, 28. 8. 1990, USHMM, RG-50.030*0033; Rajchman, Ich bin der letzte Jude, S. 45, 80; Glazar, Falle, S. 78–79. Vgl. Springmann, »Sport«, S. 89–101.

211 Vgl. Brauer, Musik, S. 58–60.

212 Regina Zielinski, 27. 2. 1978, LA Münster, Q 234, Nr. 4574, Bl. 1289–1295; Shlomo Alster, 18. 3. 1975, ebenda, Nr. 4570, Bl. 635–639; Frenzel, 6. 2. 1964, ebenda, Nr. 4296, Bl. 88–97; Jakob Biskubicz, 11. 11. 1965 (Hpt.V.), ebenda, Nr. 4418, Bl. 537–555; Reder, Bełżec, S. 131; Josef Czarny, 11. 1. 1965 (Hpt.V.), LA Düsseldorf, Rep. 388, Nr. 810; Arad, Belzec, S. 231–233; Glazar, Falle, S. 123.

213 Glazar, Falle, S. 119–120; ähnlich auch Shalom Kohn, 18. 7. 1960, LA Düsseldorf, Rep. 388, Nr. 753, Bl. 167–173; Suchomel in Lanzmann, Shoah, S. 145; Chrostowski, Extermination Camp, S. 50; Rückerl (Hg.), NS-Vernichtungslager, S. 213; Willenberg, Revolt, S. 93, 107–108.

214 J. Rajgrodzki: 11 Monate in Treblinka, LA Düsseldorf, Rep. 388, Nr. 752, Bl. 4–38.

215 Dov Freiberg, 23. 12. 1965 (Hpt.V.), LA Münster, Q 234, Nr. 4420, Bl. 846–865; Kurt Thomas, 15. 2. 1966 (Hpt.V), ebenda, Nr. 4422, Bl. 965–980.

216 Der Text stammte wahrscheinlich von Eduard Schwechten. Andere Lieder waren: »Wie lustig ist da in dem grünen Wald – dort, wo alle sich aufhalt' – Wie lustig, denn da unser Leben – wird man uns hier Essen geben. – Es ist uns dann besser, wie in der Heimat.« Oder: »Ich bin ein Jude, kennt ihr meine Nase.« Beresch Freiberg: Manuskript »Sobibor«, 25. 7. 1945 (P), LA Münster, Q 234, Nr. 4573, Bl. 2630–2679; Dov Freiberg, 23. 12. 1965 (Hpt.V.), ebenda, Nr. 4420, Bl. 846–865; Bericht Chaskiel Mencke (P) u. Aug. 1947, ebenda, Nr. 4307, Bl. 289–291 u. Nr. 4572, Bl. 3719–3724; Ziss Meyer, 18. 10. 1965 (Hpt.V.), ebenda, Nr. 4417, Bl. 367–386.

217 Schelvis, Sobibór, S. 87; Salomon Paull, 6. 12. 1965 (Hpt.V.), LA Münster, Q 234, Nr. 4420, Bl. 716–730; Mosze Bachir, 20. 12. 1965 (Hpt.V.), ebenda, Nr. 4420, Bl. 811–829; Mordechaj Goldfarb, 3. 3. 1964 (YV), ebenda, Nr. 4397.

218 Stanislaw Szmajzner, 24. 1. 1978, LA Münster, Q 234, Nr. 4540, Bl. 9–23; Abraham Margulies, Sept. 1963 (YV), ebenda, Nr. 4570, Bl. 482–560; Eda Lichtman, 20.–26. 10. 1983, ebenda, Nr. 4392, Umschlag Bl. 273; Philip Bialowitz, 3. 3. 1964 (YV), ebenda, Nr. 4398, Bl. 75–78; Leon Feldhändler, 1945 (P), ebenda, Nr. 4432, Umschlag Bl. 1600a; Regina Zielinski, 10. 12. 1974, ebenda, Nr. 4570, Bl. 655–666; Bialowitz, Promise, S. 90; Perl, Tell, S. 76; Willenberg, Revolt, S. 73.

219 Abraham Krzepicki: 18 Tage im Totenlager, LA Düsseldorf, Rep. 388, Nr. 838; Czeslaw Augustyniak, 30. 5. 1960, ebenda, Nr. 748, Bl. 140–144; Zenon Golaszewski, 9. 12. 1964 (P), ebenda, Nr. 775, Bl. 276–280; Joe (Josef) Wasser, 22. 3. 1965 (Hpt.V.), ebenda, Nr. 811; Leo Lewi, 30. 3. 1960, ebenda, Nr. 746, Bl. 125–127; Aron Czechowicz, 11. 10. 1945 (P) u. 20. 2. 1969, ebenda, Nr. 748, Bl. 77–79 u. Nr. 250, Bl. 160–165; Jakow Eisner, o.d. (YV), ebenda, Nr. 749, Bl. 44–48; Ignac Litwak, 9. 12. 1964 (P), ebenda, Nr. 775, Bl. 281–282; Charles Burk, 13. 5. 1965, ebenda, Nr. 779, Bl. 148–157; Mayer Zigelman, 5. 3. 1965, ebenda, Nr. 778, Bl. 263–267; Jakob Jakubicz, 30. 11. 1964 (Hpt.V.), ebenda, Nr. 809; Sol Weisberg, 19. 3. 1965 (Hpt.V.), ebenda, Nr. 811; Naftali Milgraum, 30. 8. 1943, Yad Vashem, O 12 Perlman Collection Nr. 53; T II, geschildert von

Oscar Berger, Yad Vashem, M 9/530; Weinstein, 17 Days, S. 61–63; Stiffel, Tale, S. 83–88; Interview mit David Lieberman, 10. 7. 1990, USHMM, RG-50.030*0132; Interview mit Avraham Bomba, 28. 8. 1990, USHMM, RG-50.030*0033; Interview mit Jakov Eisner, USHMM, RG-50.120*034.

220 Sewek Warszawski, 23. 5. 1962 u. 21. 1. 1960, LA Düsseldorf, Rep. 388, Nr. 763, Bl. 112–118 u. Nr. 744, Bl. 86–92; Elias Rosenberg, 24. 12. 1947, ebenda, Nr. 743, Bl. 583–594; Abraham Lindwasser, 6. 7. 1960, ebenda, Nr. 753, Bl. 186–193; Rum, 13. 10. 1960, ebenda, Nr. 751, Bl. 113–123; Großmann, 6. 7. 1961, ebenda, Nr. 756, Bl. 50–57; Abraham Goldfarb, 14. 12. 1964 (Hpt.V.), ebenda, Nr. 809.

221 Suchomel in Sereny, Abgrund, S. 181; Oscar Strawczynski, 20. 12. 1959, LA Düsseldorf, Rep. 388, Nr. 744, Bl. 70–76; Münzberger, Miete, Stadie, Matthes u. Mentz, 19. 10. 1964 (Hpt.V.), ebenda, Nr. 808; Horn, 6. 11. 1961, ebenda, Nr. 760, Bl. 62–74; Mentz, 20. 9. 1967, ebenda, Nr. 862, Bl. 97–104; Richard Glazar, 8. 12. 1964 (Hpt.V.), ebenda, Nr. 809; Jakob Wiernik, 23. 8. 1960, ebenda, Nr. 753, Bl. 194–204; J. Rajgrodzki: 11 Monate in Treblinka, ebenda, Nr. 752, Bl. 4–38; Franz, 15. 10. 1964, ebenda, Nr. 808; Hirtreiter, 23. 3. 1965 (Hpt.V.), ebenda, Nr. 811; Wiernik, Rok, S. 55, 59; Nikolay Shalayev, 18. 12. 1950, Dokument GX-125 im US-Fall gg. Reimer, Plaintiff Dokumente, Demjanjuk v. Petrovsky, S. 395–404, OSI File TC 4-5-35; Prokofij Ryabtsev, 17. 4. 1961 u. 3. 2. 1965, Dokument GX-122 u. GX-121 in ebenda, S. 679–684 u. 664–671, OSI File TC 4-5-53 u. TC 4-5-51; Mikhail Shkapura-Polishchuk, 27. 8. 1944, SBU-Archiv Lemberg, Archivnr. 11991, Fallnr. 2871 (Moskalenko), Bl. 111–112; Willenberg, Revolt, S. 100; Chodzko, Évadé, S. 98; Cymlich/Strawczynski, Escaping, S. 147; Arad, Belzec, S. 260–261; Miron/Shulhani (Hg.), Yad Vashem Encyclopedia, Bd. 1, S. 468.

222 Oscar Strawczynski, 20. 12. 1959, LA Düsseldorf, Rep. 388, Nr. 744, Bl. 70–76; Cymlich/Strawczynski, Escaping, S. 146–147.

223 Leo Lewi, 27. 2. 1951 (Hpt.V.), HHStA Wiesbaden, Abtl. 461, Nr. 35254, Bl. 317–320; Willenberg, Revolt, S. 70–71, 112; Oscar Strawczynski, 20. 12. 1959, LA Düsseldorf, Rep. 388, Nr. 744, Bl. 70–76; Richard Fleschner, 20. 1. 1960, ebenda, Nr. 744, Bl. 79–84; Münzberger, 1. 4. 1960, ebenda, Nr. 746, Bl. 132–135; Richard Glazar, 10. 3. 1960, ebenda, Nr. 747, Bl. 164–171; Miete, 27. 5. 1960, ebenda, Nr. 748, Bl. 154–157; Matthes, 30. 3. 1962, ebenda, Nr. 762, Bl. 70–76; Großmann, 6. 7. 1961, ebenda, Nr. 756, Bl. 50–57; William Schneiderman, 14. 5. 1965, ebenda, Nr. 779, Bl. 168–176; Zigmund Strawczynski, 14. 5. 1968, ebenda, Nr. 862, Bl. 190–203; Richard Glazar, 8. 12. 1964 (Hpt.V.) u. 1. 9. 1961, ebenda, Nr. 809 u. Nr. 757, Bl. 100–108; Arie Kudlik, 7. 1. 1965 (Hpt.V.), ebenda, Nr. 810; Charles Unger, 31. 5. 1968, ebenda, Nr. 249, Bl. 106–115; Zigmund Strawczynski, 14. 5. 1968, ebenda, Nr. 862, Bl. 190–203.

224 Mosze Bachir, 14. 12. 1965 (Hpt.V.), LA Münster, Q 234, Nr. 4420, Bl. 780–794; Kurt Thomas, 15. 2. 1966 (Hpt.V.), ebenda, Nr. 4422, Bl. 965–980; Leon Feldhändler, 1945 (P), ebenda, Nr. 4432, Umschlag Bl. 1600a; Zelda Metz (o. Dt.) (P), ebenda, Nr. 4572, Bl. 908–919; Schütt, 5. 7. 1961, ebenda, Nr. 4264, Bl. 175–192; Alexander Petscherski, 11. 8. 1961 (SU), ebenda, Nr. 4310, Bl. 172–180; Frenzel, 12. 2. 1964, ebenda, Nr. 4296, Bl. 113–122; Harry Cukiermann, 13. 12. 1973, ebenda, Nr. 4568, Bl. 249–259; Lachmann, 4. 10. 1965 (Hpt.V.), ebenda, Nr. 4416, Bl. 156–158; Jührs, 21. 1. 1974 (Hpt.V.), LA Berlin, B

Rep. 058, Nr. 1576; Gomerski, 28. 11. 1973 (Hpt.V.), ebenda, Nr. 1577; Bialowitz, Promise, S. 71, 116; Blatt, Schatten, S. 306; Niemann an Wirth, 1. 7. 1943, FSB Zentralarchiv Moskau, K-779, fund 16, opis 312 »e«, delo 409, Bl. 42.

225 Blatt, Schatten, S. 155.

226 Frenzel, 16. 9. 1965 (Hpt.V.), LA Münster, Q 234, Nr. 4399, Bl. 54–72.

227 Abraham Kohn, »Aufgang«, LA Münster, Q 234, Nr. 4572, Bl. 3762–3773; Hermann Posner, 28./29. 11. 1983, ebenda, Nr. 4392, Umschlag Bl. 296; Josef Herszman, 20. 1. 1966 (Hpt.V.), ebenda, Nr. 4421, Bl. 869–885; Frenzel, 4. 2. 1974 (Hpt.V.), LA Berlin, B Rep. 058, Nr. 1576; Mosze Bachir, 14. 12. 1965 (Hpt.V.), ebenda, Nr. 4420, Bl. 780–794; Leon Feldhändler, 1945 (P), ebenda, Nr. 4432, Umschlag Bl. 1600a; Harry Cukiermann, 13. 12. 1973, ebenda, Nr. 4568, Bl. 249–259; Erinnerungsbericht Lichtman, ebenda, Nr. 4530; Mordechai Goldfarb, 1. 6. 1978, in Friedman, Sobibor; Alexandre Petcherski in Novitch (Hg.), Sobibor, S. 107; Freiberg, To survive, S. 280; Petchorski, »Revolt«, S. 322; Blatt, Schatten, S. 155.

228 Arad, Belzec, S. 265–281; Abraham Margulis, 3. 3. 1964 (YV), LA Münster, Q 234, Nr. 4397; Bolender, 3. 12. 1963, ebenda, Nr. 4295, Bl. 36–40; Simon Honigman, 13. 12. 1965, ebenda, Nr. 4420, Bl. 768–779; Harry Cukiermann, 4. 11. 1965 (Hpt.V.), ebenda, Nr. 4418, Bl. 489–501.

229 Samuel Lerer, 17. 5. 1963, LA Münster, Q 234, Nr. 4289, Bl. 160; Joseph Duniec, 10. 5. 1963, ebenda, Nr. 4291, Bl. 63–78; Frenzel, 22. 11. 1963 u. 12. 2. 1964, ebenda, Nr. 4294, Bl. 97–104 u. Nr. 4296, Bl. 113–122; Icek Lichtman, 15. 12. 1945 (P), ebenda, Nr. 4572, Bl. 939–948; Zelda Kelbermann, 10. 5. 1961 u. 15. 5. 1963, ebenda, Nr. 4263, Bl. 172–175 u. Nr. 4289, Bl. 140–145; Kurt M. Thomas an World Jewish Congress, 3. 12. 1961, ebenda, Nr. 4270, Bl. 29–41; Bialowitz, Promise, S. 73, 102; Blatt, Schatten, S. 160, 186; Zielinski, Conversations, S. 96–97.

230 Bialowitz, Promise, S. 98–99; Dubois, 7. 9. 1961, StA München, Staatsanwaltschaften 33033/7, Bl. 1229–1243; Salomon Podchlebnik. 15. 11. 1944 (P), LA Münster, Q 234, Nr. 4307, Bl. 252–260; F. Wolf, 25. 3. 1966, ebenda, Nr. 4308, Bl. 36–41; Josef Frajtag, 17. 10. 1945 (P), ebenda, Nr. 4397; Abraham Kohn, »Aufgang«, ebenda, Nr. 4572, Bl. 3762–3773; Wewryk, To Sobibor, S. 75; Szmajzner, Inferno, S. 211–236; Black, »Foot Soldiers«, S. 36–37; Reichleitner an Trawniki, 24. 7. 1943 (Personalakte Myron Flunt, Nr. 2804), FSB Zentralarchiv Moskau, 20869 »Wachmänner«, vol. 10/ll. 53–62.

231 Saartje Engel-Wijnberg, 14. 8. 1945 (NL), LA Münster, Q 234, Nr. 4268, Bl. 81–85; Ticho, My legacy, S. 118.

232 Bialowitz, Promise, S. 98–99; Blatt, Schatten, S. 151–152; Harry Cukiermann, 13. 5. 1963, LA Münster, Q 234, Nr. 4289, Bl. 112–121; Samuel Lerer, 17. 5. 1963, ebenda, Nr. 4289, Bl. 160; Abraham Margulis, 3. 3. 1964 (YV), ebenda, Nr. 4397; Leon Feldhändler, 1945 (P), ebenda, Nr. 4432, Umschlag Bl. 1600a; Jakob Biskubicz, Sept. 1963 (YV), ebenda, Nr. 4570, Bl. 482–560; Adam Wang, 21. 5. 1973, HHStA Wiesbaden, Abtl. 461, Nr. 36346, Bd. 8, Bl. 1203–1205; Abraham Margulis, 7. 3. 1974 (Hpt.V.), LA Berlin, B Rep. 058, Nr. 1575; Estera Raab, 14. 5. 1974 (Hpt.V.), ebenda, Nr. 1574, Bl. 897–928.

233 Stangl in Sereny, Abgrund, S. 266.

234 Stanislaw Szmajzner, 9. 2. 1961, LA Münster, Q 234, Nr. 4263, Bl. 120–125; Friedrich Meisel, 16. 10. 1962, ebenda, Nr. 4284, Bl. 2–3; Frenzel, 6. 2. 1963,

ebenda, Nr. 4285, Bl. 122–125; Ada Lichtman, 3. 3. 1964 (YV), ebenda, Nr. 4400, Bl. 145–154; Mentz, 22. 7. 1964, StA Hamburg, LG NSG 213–12, 0036/024, Bl. 10123–10130; Stangl, 27. 6. 1967 u. 1. 8. 1967, LA Düsseldorf, Rep. 388, Nr. 245, Bl. 157–166 u. Nr. 246, Bl. 132–143; Mätzig, 19. 6. 1970 (Hpt.V.), ebenda, Nr. 255, Bl. 59–62.

235 Rothfels, »Augenzeugenbericht«, S. 189–191; Friedländer, Kurt Gerstein, S. 93–110. Reder, 1945 (P), StA München, Staatsanwaltschaften 33033/4, Bl. 693; Bauer, März 1965 u. 15. 11. 1965 (Hpt.V.), LA Münster, Q 234, Nr. 4304, Bl. 269–270 u. Nr. 4418, Bl. 556–557; Blatt, Schatten, S. 318; Georg Michalsen, 7. 2. 1968, LA Düsseldorf, Rep. 388, Nr. 248, Bl. 133–148; Wilhelmine Trsek, 22. 2. 1968, ebenda, Bl. 175–176; Suchomel, 18. 9. 1967, ebenda, Nr. 247, Bl. 15–22; Stangl, 27. 6. 1967, ebenda, Nr. 245, Bl. 157–166; Mentz, 22. 7. 1964, StA Hamburg, LG NSG 213–12, 0036/024, Bl. 10123–10130; Browning, Entfesselung, S. 522; Suchomel in Sereny, Abgrund, S. 212.

236 Karl Streibel, 23. 1. 1963, StA München, Staatsanwaltschaften 33033, Bd. 20, Bl. 826–829; Josef Napieralla, 30. 3. 1962, StA Hamburg, LG NSG 213–12, 0036/008, Bl. 3327–3337.

237 Georg Wippern, 17. 4. 1962, StA München, Staatsanwaltschaften 33033, Bd. 12, Bl. 2350–2361; Bauer, 7. 12. 1962, ebenda, Bd. 7, Bl. 1385–1388; Ernst Brosig, 20. 11. 1967, StA Hamburg, LG NSG 213–12, 0036/0 35, Bl. 14542–14545; Wippern, 4. 10. 1968, ebenda, 0036/062.

238 Fuchs, 8. 4. 1963, LA Münster, Q 234, Nr. 4290, Bl. 47–57; Wasser, Raumplanung, S. 86; Alexander Kirillowitsch, 23. 9. 1965, StA München, Staatsanwaltschaften 33033/32, S. 37–44; Blatt, Schatten, S. 304.

239 Höß in Höß/Broad/Kremer, Auschwitz, S. 91.

240 Tregenza, »Bełżec« (2001), S. 199; Musial, Zivilverwaltung, S. 216–216, 261, 333; Kuwałek, »Bełżec«, S. 353; Helmut Weihenmaier, 27. 11. 1962, BArch Ludwigsburg, B 162/1042, Bl. 674–684; Werner Ansel, 28. 11. 1962, ebenda, Bl. 687–696; Zentrale Stelle an Staatsanwaltschaft Hannover, 10. 6. 1964, LA Münster, Q 234, Nr. 4299, Bl. 117–119; Samuel Reizman: Evidence by witness, BStU, HA XX, Treblinka-Material, Bl. 225–230.

241 Blatt, Schatten, S. 193; Robert Levi, 18. 12. 1950, HHStA Wiesbaden, Abtl. 461, Nr. 35254, Bl. 262–264; Chodzko, Évadé, S. 48; Mikhail Shkapura-Polishchuk, 27. 8. 1944, SBU-Archiv Lemberg, Archivnr. 11991, Fallnr. 2871, Bl. 111–112; Mieczislaw Tobias, 1. 9. 1959, LA Düsseldorf, Rep. 388, Nr. 741, Bl. 112–114; Karl Prefi, 26. 9. 1960, ebenda, Nr. 750, Bl. 182–188; Hengst, 6. 2. 1962, ebenda, Nr. 761, Bl. 135–140; Abraham Krzepicki: 18 Tage im Totenlager, ebenda, Nr. 838; Stangl, 3. 10. 1967, ebenda, Nr. 247, Bl. 61–68; Hilberg, Vernichtung, S. 986; Sonderkommando Treblinka (Mätzig) an Karl Streibel wegen Kieslieferungen, 4. 6. 1943 u. 1. 7. 1943 sowie Trawniki an Deutsche Erdwerke GmbH Treblinka, 1. 7. 1943, Archiwum Państwowe w Lublinie, Bestand 516 (Zentralbauleitung der Waffen-SS), Bd. 268, Bl. 77, 137, 139.

242 Bauer, 16. 1. 1963 u. 6. 10. 1965 (Hpt.V.), LA Münster, Q 234, Nr. 4286, Bl. 146–151 u. Nr. 4416, Bl. 174–189; Mosze Bachir, 16. 12. 1965 u. 20. 12. 1965 (Hpt.V.), ebenda, Nr. 4420, Bl. 795–829; Frenzel, 29. 9. 1966 (Hpt.V.), ebenda, Nr. 4433, Bl. 1683–1694; Stefania Zatorska, 18. 10. 1945 (P), ebenda, Nr. 4583, Bl. 294–295; Jozef Malinski, 31. 12. 1945 (P), ebenda, Nr. 4583, Bl. 306–311; Mu-

sial, Zivilverwaltung, S. 216; Mätzig, 19. 6. 1970 (Hpt.V.), LA Düsseldorf, Rep. 388, Nr. 255, Bl. 59–62.

243 Oberhauser, 12. u. 19. 6. 1973, HHStA Wiesbaden, Abtl. 461, Nr. 36346, Bd. 12, Bl. 1963 (Anlage); Franz Eigner, 13. 2. 1964, ebenda, Abtl. 631a, Nr. 1328; Bauer, 21. 1. 1972, HHStA Wiesbaden, Abtl. 461, Nr. 36346, Bd. 7, Bl. 963–968; Dubois, 16. 9. 1965 (Hpt.V.), LA Münster, Q 234, Nr. 4399, Bl. 54–72; Bauer, 15. 11. 1965 (Hpt.V.), ebenda, Nr. 4418, Bl. 556–557; Fuchs an LG Hagen, 15. 11. 1963, ebenda, Nr. 4294, Bl. 117–119; Girtzig, 2. 5. 1960, StA München, Staatsanwaltschaften 33033, Bd. 4, 657–661; Otto Hantke, 27. 2. 1962, StA Hamburg, LG NSG 213–12, 0036/07, Bl. 2898–2920; Oberhauser, 20. 3. 1963, ebenda, Bd. 16, Bl. 6458–6468; Franz Hoskowitz, 10. 2. 1964, ebenda, Bd. 27, Bl. 11236–11243.

244 Tregenza, »Bełżec« (2001), S. 197; Unverhau, 21. 10. 1963, LA Münster, Q 234, Nr. 4293, Bl. 118–129; Beförderungsurkunde »Aktion Reinhard« 13. 4. 1943, ebenda, Nr. 4531, Bl. 183; Gomerski, 19./20. 9. 1961, ebenda, Nr. 4266, Bl. 29–43; Bolender, 28. 3. 1962, ebenda, Nr. 4272, Bl. 41–42; Dubois, 28. 10. 1963, ebenda, Nr. 4293, Bl. 140–151; Frenzel, 17. 2. 1966 (Hpt.V.), ebenda, Nr. 4422, Bl. 981–991; Bauer, 13. 12. 1962, ebenda, Nr. 4286, Bl. 72–83; Oberhauser, 12. 6. 1973, HHStA Wiesbaden, Abtl. 461, Nr. 36346, Bd. 12, Bl. 1963 (Anlage); Hengst, 6. 2. 1962, LA Düsseldorf, Rep. 388, Nr. 761, Bl. 135–140; Bootz, 15. 8. 1968, ebenda, Nr. 863, Bl. 25–31; Friedrich Struwe, 19. 11. 1964 (Hpt.V.), ebenda, Nr. 808; Fuchs, 6. 3. 1968, ebenda, Nr. 248, Bl. 180–187; Matthes, 13. 3. 1969 u. 30. 3. 1962, ebenda, Nr. 250, Bl. 169–174 u. Nr. 762, Bl. 70–76; Unverhau, 14. 8. 1968, ebenda, Nr. 249, Bl. 199–202; Münzberger, 19. 9. 1973, StA Hamburg, LG NSG 213–12, 0039/37, Bl. 19031–19041; Vasilij Oleksyuk, 14. 8. 1950, SBU-Archiv Iwano-Frankiwsk, Archivnr. 7179, Fall Nr. 8112 (Oleksyuk), Bl. 22–25; Aussage von Borm, 15. 1. 1965, in Tregenza, Purificare, S. 101.

245 Symcha Bialowitz, Sept. 1963 (YV), LA Münster, Q 234, Nr. 4570, Bl. 482–560.

246 Paul Liesigk, 24. 7. 1961 u. 17. 1. 1962 BStU Außenstelle Halle, MfS BV Halle, AU 1655/62, Bd. 2, Bl. 136–137 u. 276–278; Kazimiera Basek, 27. 7. 1961, ebenda, Bl. 17–19; Theodor Eschner, 17. 6. 1961, ebenda, Bl. 50–53; Ferdinand Hahnzog, 31. 1. 1963, BArch Ludwigsburg, B 162/20821, Bl. 21–28; Curilla, Judenmord, S. 744.

247 Friedrich, »Zusammenarbeit«, S. 132–148.

248 Musial, Zivilverwaltung, S. 333; Pohl, Judenverfolgung, S. 192; Klukowski, Diary, S. 191, 222; Bericht über Treblinka nach Augenzeugenberichten, 25. 2. 1943, LA Düsseldorf, Rep. 388, Nr. 747, Bl. 9–18; Sakowska, Zweite Etappe, S. 40–49; Aufzeichnungen Cornides, 31. 8. 42, Friedländer, Jahre der Vernichtung, S. 427; Hosenfeld, Ich versuche, S. 665; Roth, Herrenmenschen, S. 225–231; Kuwałek, Vernichtungslager Bełżec, S. 255–288.

249 Anton Barbara, 21. 2. 1946 (P), StA München, Staatsanwaltschaften 33033, Bd. 34, Bl. 125; Natyna Krystyna, 12. 10. 1966 (P), ebenda, Bl. 4–7; Stepan Dejnek, 18. 11. 1966 (P), ebenda, Bd. 32, Bl. 56–63; Gley, 23. 11. 1961, ebenda, Bd. 6, Bl. 1166–1190; Tregenza, »Bełżec« (2000), S. 247; Tochter der Bäckerin, in Film Moscovitz: Bełżec.

250 Jozef Malinski, 31. 12. 1945 (P), LA Münster, Q 234, Nr. 4583, Bl. 306–311; Frenzel, 10. 1. 1964, ebenda, Nr. 4296, Bl. 19–28; Nadzieja Czop, 13. 12. 1978, ebenda, Nr. 4583, Bl. 349–353; Antonia Stelmaszuk, 2. 7. 1965 (P), ebenda,

Nr. 4310, Bl. 189–190; Dov Freiberg, 23. 12. 1965 (Hpt.V.), ebenda, Nr. 4420, Bl. 846–865; Stanislaw Szmajzner, 24. 1. 1966 (Hpt.V.), ebenda, Nr. 4421, Bl. 898–911; Zolda Metz (o. Dt.) (P), ebenda, Nr. 4572, Bl. 908–919; Mikhail Razgonayev, 20.–22. 9. 1948, www.nizkor.org/ftp.cgi/people/r/ftp.py?people/r/razgonayev.mikhail.a/razgonayev.001 – [10. 5. 2013].

251 Stangl, 17.–19. 7. 1967, LA Düsseldorf, Rep. 388, Nr. 246, Bl. 70–94; Richard Fleschner, 3. 2. 1960, ebenda, Nr. 744, Bl. 155–158; Sonia Lewkowitz, 23. 6. 1960, ebenda, Nr. 752, Bl. 85–89; Kasimir Skarshinskij, [o. Dt.], ebenda, Nr. 252, Umschlag Bl. 157a; Suchomel in Sereny, Abgrund, S. 176; Aleksandra Kirpa, 18. 4. 1951, in www.holocaustresearchproject.org/ar/Trawniki/trawnikiInterrogations.html [10. 5. 2013]; Rzepka Mendel, 18. 1. 1960, in Friedman, Treblinka.

252 Meldung von Ortskommandantur Ostrów, 24. 10. 1942, zit. n. von Krannhals, »Judenvernichtung«, S. 581.

253 Bauer aus Treblinka in Lanzmann, Shoah, S. 41; Franciszek Szymaniec, 28. 2. 1966 (P), LA Münster, Q 234, Nr. 4310, Bl. 191–192; Gomerski, 9. 12. 1965 (Hpt.V.), ebenda, Nr. 4420, Bl. 749–767; Franciszek Sitarski, 17. 11. 1967, ebenda, Nr. 4583, Bl. 316–320; Schelvis, Sobibór, S. 127; Kasimir Skarshinskij, [o. Dt.], LA Düsseldorf, Rep. 388, Nr. 252, Umschlag Bl. 157a; Georg Królikowski: Erinnerungen, ebenda, Nr. 778, Bl. 87–111; Grossmann, Hölle, S. 31.

254 Mieczyslaw Kudyba, Okt. 1945 (P), StA München, Staatsanwaltschaften 33033/34, Bl. 33–35; Alojzy Berezowski, [Ende 1945] (P), ebenda, Bl. 88–91; Michal Kuśmierczak, 16. 10. 1945 (P), ebenda, Bl. 57–59; Eustachy Ukraiński, 21. 2. 1946 (P), ebenda, Bl. 119–120; Jan Busse, 23. 5. 1946 (P), ebenda, Bl. 140–141; Tregenza, »Bełżec« (2000), S. 247; Jan Piwonski, 10. 5. 1984, LA Münster, Q 234, Nr. 4396, Bl. 99–100; Franciszek Parkola, 21. 11. 1966 (P), ebenda, Nr. 4311, Bl. 313–316; Jozef Malinski, 22. 2. 1968, ebenda, Nr. 4583, Bl. 299–305; Erinnerungsbericht Lichtmann, ebenda, Nr. 4530; BArch, RS B 334 (Erwin Fichtner); Blatt, Schatten, S. 147; Zabecki in Sereny, Abgrund, S. 162; Film Bełżec von Moscovitz; BArch, SSO 90 A (Gottlieb Hering); Böhm, »Karrieren«, S. 116; Franz, 10. 7. 1970 (Hpt.V.), LA Düsseldorf, Rep. 388, Nr. 255, Bl. 91–95; Kuwałek, Vernichtungslager Bełżec, S. 88–89.

255 Richard Glazar, »Wie schwer wiegt das ›Nichts‹?«, *Die Zeit* vom 21. 10. 1983, S. 71–72.

256 Georg Królikowski: Erinnerungen, LA Düsseldorf, Rep. 388, Nr. 778, Bl. 87–111.

257 Vgl. hierzu J. Gross/Grudzińska Gross, Golden Harvest, S. 28–38. Edward Luczynski, 13. 10. 1966 (P), StA München, Staatsanwaltschaften 33033/34, Bl. 8–10; Mieczyslaw Kudyba, 13. 10. 1966 (P), ebenda, Bl. 34–37; Josef Lewko 13. 10. 1966 (P), ebenda, Bl. 1–3; Maria Bramberger, 17. 10. 1945 (P), ebenda, Bl. 72–73; Maria Wlasiuk, 21. 2. 1946 (P), ebenda, Bl. 123–124; Tadeusz Misiewicz, 19. 2. 1946 (P), ebenda, Bl. 105–106; Frenzel, 20. 9. 1965 (Hpt.V.), LA Münster, Q 234, Nr. 4399, Bl. 73–87; Interview mit Avraham Bomba, 28. 8. 1990, USHMM, RG-50.030*0033; Zabecki in Sereny, Abgrund, S. 163–164; Glazar, in ebenda, S. 246. Nikolay Shalayev, 18. 12. 1950, Dokument GX-125 im US-Fall gg. Reimer, Plaintiff Dokumente, Demjanjuk v. Petrovsky, S. 395–404, OSI File TC 4-5-35; Prokofij Ryabtsev, 18. 4. 1965, Dokument GX-142 in ebenda, S. 672–678, OSI File TC 4-5-52; Suchomel, 3. 7. 1970 (Hpt.V., Mitschrift Kaul), BArch, DP 3/2012; Charles Unger, 10./11. 3. 1965, LA Düsseldorf, Rep. 388,

Nr. 779, Bl. 9–27; Glazar, Falle, S. 134; Friedrich, »Zusammenarbeit«, S. 134; Weinstein, 17 Days, S. 37, 65–67; Suchomel in Sereny, Abgrund, S. 215.

258 Janusz Peter, zit. n. Kuwałek, »Bełżec«, S. 354.

259 Blatt, Schatten, S. 156; Eda Lichtman, 20.–26. 10. 1983, LA Münster, Q 234, Nr. 4392, Umschlag Bl. 273; Hejnoch Brenner, 9. 10. 1945 (P), LA Düsseldorf, Rep. 388, Nr. 859; Matthes, 30. 3. 1962, ebenda, Nr. 762, Bl. 70–76; Interview mit Avraham Bomba, 28. 8. 1990, USHMM, RG-50.030*0033; Weinstein, 17 Days, S. 62, 69; Cymlich/Strawczynski, Escaping, S. 187–190; Pola Hirszman, 30. 3. 1946, Yad Vashem, M 49/1476: Willenberg, Treblinka, S. 193; Rajchman, Ich bin der letzte Jude, S. 152–153; Freiberg, To survive, S. 304–305; Blatt, Sobibór, S. 143–150; Arad, Belzec, S. 342–348; Stiffel, Tale, S. 88–90; Ben-Sasson, »Pologne«, S. 119.

260 Blatt, Schatten, S. 155–156; Bauer, 6.–7. 10. 1965 (Hpt.V.), LA Münster, Q 234, Nr. 4416, Bl. 174–203; Erinnerungsbericht Lichtman, ebenda, Nr. 4530. Oberhauser, 19. 6. 1973, HHStA Wiesbaden, Abtl. 461, Nr. 36346, Bd. 12, Bl. 1963 (Anlage); Freiberg, To survive, S. 271; Glazar, Falle, S. 106; Zabecki in Sereny, Abgrund, S. 160–164; Georg Królikowski: Erinnerungen, LA Düsseldorf, Rep. 388, Nr. 778, Bl. 87–111.

261 Stangl, 11. 7. 1967, LA Düsseldorf, Rep. 388, Nr. 246, Bl. 51–59.

262 Vgl. J. Gross, Nachbarn; Persak, »Crime de Jedwabne«, S. 464–467; J. Gross, Peur, S. 49–75; vgl. auch Rejak/Frister (Hg.), Inferno of Choices.

263 Piper, Studien, Bd. 3, S. 170–197. Vgl. Pressac, Krematorien; Piper, Zahl, S. 183–186; JuNSV (2003), Bd. 27, Nr. 667, S. 376–377; Sachslehner, Tod, S. 84ff.; Löw/Roth, Juden in Krakau, S. 177–182.

264 Browning, Normale Männer, S. 294; JuNSV (2005), Bd. 34, Nr. 737.

265 Vgl. die Deportationstabellen im Anhang sowie Pachter, »Varsovie«, S. 88–90; Silberzweig, Mama, S. 47–50; Schwindt, Majdanek, S. 211–216, 223, 258; Szlomo Sterdyner, 1960 u. 10. 2. 1961, HStA Düsseldorf, Rep. 388, Nr. 745, Bl. 84–85 u. Nr. 758, Bl. 171–176; Brief von Richard Mittelberg, 6. 11. 1961, ebenda, Nr. 760, Bl. 120; Leizer Hochmann, 3. 12. 1964, ebenda, Nr. 776, Bl. 173–174; Jadwiga Mornel, 6. 10. 1945 (P), ebenda, Nr. 747, Bl. 19–25; Wolf Szejnberg, 21. u. 23. 6. 1960, ebenda, Nr. 749, Bl. 65–86; K. Grubstein: Przeżycia moje podczas wojny, Yad Vashem, O 3/3603; Aron Sucharewicz, 23. 11. 1950, HHStA Wiesbaden, Abtl. 461, Nr. 35254, Bl. 230–232; Riva Kremer, 20. 3. 1974, StA Hamburg, LG NSG 213–12, 0036, Bd. 109, Bl. 20640–20648; Maurice Markus, 21. 3. 1963, ebenda, Bd. 16, Bl. 6490–6510; Nathan Rosenberg, 28. 8. 1964, ebenda, Bd. 25, Bl. 10141–10147; Joseph Goldberg, 22. 11. 1965, ebenda, Bd. 30, Bl. 12438–12442.

266 Seidel, Besatzungspolitik, S. 338–344; Młynarczyk, »Organisation«, S. 185–188; Rutkowski, »Martyrologia«, S. 143, 159, 165.

267 Engelking/Leociak, Warsaw Ghetto, S. 754–800; Schwindt, Majdanek, S. 211–212; Stroop an Krüger, 24. 5. 1943, in Stroop, Óydowska; Gutman, Resistance, S. 152, 166–170, 201–247; Miron/Shulhani (Hg.), Yad Vashem Encyclopedia, Bd. 2, S. 915–921; vgl. auch Roth/Löw, Warschauer Ghetto.

268 Himmler an HSSPF Krüger, 16. 2. 1943 u. Pohl an Himmler, 23. 7. 1943, BArch, NS 19/1740, Bl. 9 u. 22; Mix, »Warschau«, S. 100–104.

269 Bender, Jews, S. 185–216, 243–276; Piper, Zahl der Opfer, S. 183–184; Gerlach,

Kalkulierte Morde, S. 728–732 (Gerlach gibt auch Deportationen nach Sobibor an). JuNSV (2001), Bd. 26, Nr. 648, S. 32,105ff. (2003), Bd. 29, Nr. 684; (2008), Bd. 39, Nr. 812, S. 831–833; Georg Michalsen, 3.–6. 3. 1964, StA Hamburg, LG NSG 213-12, 0036/020, Bl. 8450–8502; Michalsen, 9. 5. 1961, ebenda, 0036/02, Bl. 1145–1148a; Schwindt, Majdanek, S. 255–257; Isak Gielczynski, 29. 5. 1961, LA Düsseldorf, Rep. 388, Nr. 755, Bl. 112–114; Klarsfeld (Hg.), Jews of Grodno, Bd. I, Bl. 491–493.

270 Hoppe, »Bulgarien«, S. 807–808; Matkovski, »Destruction«, S. 222–251; Steur, Dannecker, S. 94–108; Browning, Die »Endlösung« und das Auswärtige Amt, S. 207–209.

271 Arad, Belzec, S. 146; Wagenzettel abgedruckt in Gumkowski/Rutkowski, Treblinka; Bowman, Agony, S. 85 hält den Transport für möglich. Andere Autoren geben diesen Transport nicht an, wie Fleischer, »Griechenland«, S. 241–274, Molho, In Memoriam, S. 109–110; Matsas, Illusion, S. 68.

272 Pohl, Judenpolitik, S. 165; Sandkühler, Endlösung, S. 185.

273 JuNSV (1979), Bd. 20, Nr. 582, S. 531–539; Jan Krzowski, 28. 2. 1966 (P), LA Münster, Q 234, Nr. 4310, Bl. 193–197; Bernhard Falkenberg, 19. 4. 1962, BStU, RHE-West 47, Bl. 34–44; Personalangaben zu Falkenberg, BStU, HA XX, H134, Bl. 12. Fraenkel/Borut (Hg.), Lexikon der Gerechten, S. 109.

274 Hella Felenbaum-Weiss, in Novitch (Hg.), Sobibor, S. 54; Abraham Margulies, Sept. 1963 (YV), LA Münster, Q 234, Nr. 4570, Bl. 482–560; Leon Feldhändler, 1945 (P), ebenda, Nr. 4432, Umschlag Bl. 1600a; Salomon Podchlebnik, 15. 11. 1944 (VV), ebenda, Nr. 4307, Bl. 252–260; Kurt M. Thomas an Oberstaatsanwalt Frankfurt, 15. 12. 1949, HHStA Wiesbaden, Abtl. 461, Nr. 36346, Bd. 2, Bl. 117–122; JuNSV, Bd. 18 (1978), Nr. 544, S. 734; Blatt, Sobibór, S. 48; Schelvis, Sobibór, S. 78; Bialowitz, Promise, S. 81–82; Pohl, Judenverfolgung, S. 245–251; Sandkühler, Endlösung, S. 184–185, 228.

275 Klarsfeld, Vichy; Klarsfeld, Calendrier, S. 766–782; Wetzel, »Frankreich«, S. 112, 125; Klarsfeld, »Déportation«, S. 111–114; Schelvis, Sobibór, S. 59; Pätzold/Schwarz, Auschwitz, S. 32.

276 Hirschfeld, »Niederlande«, S. 154; Schelvis, Sobibór, S. 84, 150–165; Hájková, »Westerbork«, S. 220.

277 Gerlach, Kalkulierte Morde, S. 735–742; Benz/Kwiet/Matthäus (Hg.), Reichskommissariat Ostland, S. 264–265; Scheffler, »Einsatzgruppe A«, S. 44; Robel, »Sowjetunion«, S. 550–551; Cholawski, »Minsk«, S. 950–951; Grabitz/Scheffler, Letzte Spuren, S. 258–260; Otto Weisbecker, 8. 2. 1966, LA Münster, Q 234, Nr. 4422, Umschlag 963a; Miron/Shulhani (Hg.), Yad Vashem Encyclopedia, Bd. 1, S. 396–398 u. 474–482.

278 Vgl. zu Vilnius Dieckmann, Besatzungspolitik, S. 891–918, 967–1009, 1106–1162, 1198–1220, 1268–1280. Dieckmann gibt lediglich Deportationen nach Estland und Lettland an, nicht nach Sobibor. Der Sobibor-Überlebende Petcherski (Novitch [Hg.], Sobibor, S. 106) berichtete jedoch über Transporte mit Frauen und Kindern, die nach seiner Ankunft im Lager angekommen sind. Auch Arad »Wilna«, S. 878–889 gibt Deportationen nach Sobibor an. Vgl. zu Litauen auch Bartusevičius/Tauber/Wette (Hg.), Holocaust in Litauen; Scheffler, »Einsatzgruppe A«, S. 44.

279 Vgl. die Deportationstabellen sowie Schelvis, Reise; Schwindt, Majdanek,

S. 198–200; Sophia Huisman, 8. 8. 1945, LA Münster, 45 Js 27/61, Nr. 4268, Bl. 49–60; Sophie Verduin, 22. 1. 1946, ebenda, S. 78–80, Judith Eliazar, 6. 2. 1946, ebenda, S. 86–92; Jozef Wins, 11. 2. 1946 (NL), ebenda, Nr. 4268, Bl. 46–48; Grabitz/Scheffler, Letzte Spuren, S. 263; Zina Czapnik, 28. 3. 1966, StA Hamburg NSG 213–12, 0036/031, Bl. 13016–13019; Schelvis, Sobibór, S. 84, 132–134, 145, 156, 219–220.

280 In einem Funkspruch, der von den Alliierten entschlüsselt wurde, nannte Höfle dem BdS in Krakau und Adolf Eichmann am 11. 1. 1943 die Zahlen des »Einsatzes Reinhart« [sic] zuzüglich des Lagers Majdanek. Für die Zeit bis zum 31. 12. 1942 gab Höfle die folgenden Zahlen an: für Belzec 434508 Menschen, für Sobibor 101370 und für Treblinka 713555 Opfer. Aus verschiedenen Gründen, die hier nicht weiter ausgeführt werden können, ist Kritik an Höfles Statistik angebracht. Vgl. zum Dokumentenfund: Witte/Tyas, »New Document«, S. 472; Peter Witte, »› ... zusammen 1274166‹«, *Die Zeit* vom 10. 1. 2002, S. 82.

281 Zeugen gaben auch Transporte mit französischen, griechischen, belgischen, italienischen, norwegischen, rumänischen und jugoslawischen Juden an, die sich aber nicht belegen lassen. Reder, Bełżec, S. 126–127; Reder, 1945 (P), StA München, Staatsanwaltschaften 33033, Bd. 4, Bl. 693; Franciszek Włoch, 10. 12. 1958, ebenda, Bl. 675–682; Stefan Kirsz, 15. 10. 1945 (P), ebenda, Bd. 34, Bl. 54–56; Alexander Ssemigodow, 7. 7. 1965 (SU), ebenda, Bd. 32, Bl. 137–149.

282 Überlebende und Zeugen gaben für Sobibor auch Belgien und Ungarn an, was sich in der historischen Forschung nicht nachweisen lässt. Jakob Biskowitz, 3. 3. 1964 (YV), LA Münster, Q 234, Nr. 4398; Schlomo Alster, 2. 2. 1975, ebenda, Nr. 4570, Bl. 623–626; Franciszek Parkola, 21. 11. 1966 (P), ebenda, Nr. 4311, Bl. 313–316; Esther Raab, 17. 9. 1949, ebenda, Nr. 4569, Bl. 316–325; Kurt M. Thomas an Oberstaatsanwalt Frankfurt, 15. 12. 1949, HHStA Wiesbaden, Abtl. 461, Nr. 36346, Bd. 2, Bl. 117–122.

283 Zeugen gaben auch nicht belegte Transporte aus Österreich, Weißrussland und der Ukraine, Rumänien, Ungarn, Luxemburg, Niederlande, Frankreich und Belgien sowie amerikanische und englische Juden an, die aus Warschau deportiert wurden. Elias Rosenberg, 24. 12. 1947, LA Düsseldorf, Rep. 388, Nr. 743, Bl. 583–594; Oscar Strawczynski, 20. 12. 1959, ebenda, Nr. 744, Bl. 70–76; Jakob Wiernik, 1./2. 10. 1964, ebenda, Nr. 771, Bl. 107–118; Wladyslaw Golebiowski, 28. 1. 1965, ebenda, Nr. 263; Alexander Kudlik, 3. 10. 1944 (P), ebenda, Nr. 248, Bl. 36–38; Schaman Rosental, 4. 10. 1944 (P), ebenda, Nr. 248, Bl. 39–40; Leon Finkelsztein, 28. 12. 1945 (P), BStU, HA XX, Treblinka-Material, Bl. 28–31; Samuel Reizman: Evidence by witness, ebenda, Bl. 225–230; Prokofij Ryabtsev, 17. 4. 1961, Dokument GX-122 im US-Fall gg. Reimer, Plaintiff Dokumente, Demjanjuk v. Petrovsky, S. 679–684, OSI File TC 4-5-53; Naftali Milgraum, 30. 8. 1943, Yad Vashem, O 12 Perlman Collection Nr. 53; Interview mit David Lieberman, 10. 7. 1990, USHMM, RG-50.030*0132.

284 Für Belzec: Maria Daniel, 16. 10. 1945 (P), StA München, Staatsanwaltschaften 33033, Bd. 32, Bl. 96–106; Mitrofan Klötz, 9. 8. 1965 (SU), ebenda, Bd. 34, Bl. 60–62; Kuwałek, Vernichtungslager Bełżec, S. 251–254. Für Sobibor: Bronislaw Lobejko, 8. 1. 1946 (P), LA Münster, Q 234, Nr. 4400; Abraham Margulies, 18. 11. 1965 (Hpt.V.), ebenda, Nr. 4419, Bl. 599–615. Für Treblinka: Wiernik, Rok, S. 67, 79; Richard Glazar, 31. 8. 1961, LA Düsseldorf, Rep. 388, Nr. 757, Bl. 96–99;

Szyja Warszawski, 9. 10. 1945 (P), ebenda, Nr. 744, Bl. 142–145; J. Rajgrodzki: 11 Monate in Treblinka, ebenda, Nr. 752, Bl. 4–38; Abraham Lindwasser, 6. 7. 1960, ebenda, Nr. 753, Bl. 186–193; Henry Brenner, 7. 5. 1968, ebenda, Nr. 862, Bl. 182–189; Burba, Treblinka, S. 17; Arad, Belzec, S. 153. Vgl. Lewy, Nazi Persecution, S. 80; M. Zimmermann, Rassenutopie, S. 43; Pohl, Verfolgung und Massenmord, S. 114; Grossmann, Hölle, S. 40; Musial, Zivilverwaltung, S. 252, 302; Miron/Shulhani (Hg.), Yad Vashem Encyclopedia, Bd. 1, S. 333–335.

285 Für Belzec: Nikita Mamtschura, 3. 10. 1966 (SU), StA München, Staatsanwaltschaften 33033, Bd. 32, Bl. 260–267; Tadeusz Misiewicz, 15. 10. 1945 (P), ebenda, Bd. 34, Bl. 49–53; Stefan Kirsz, 15. 10. 1945 (P) u. 20. 2. 1946 (P), ebenda, Bd. 34, Bl. 54–56 u. 114–118; Tadeusz Sloboda, 17. 10. 1945 (P), ebenda, Bd. 34, Bl. 70–71; Kurt Gerstein, 26. 4. 1945, ebenda, Bd. 1, Bl. 35–40; Reder, Bełżec, S. 119; Kuwałek, Vernichtungslager Bełżec, S. 247–251. Für Sobibor: Bronislaw Lobejko, 8. 1. 1946 (P), LA Münster, Q 234, Nr. 4400; Szmul Lerer, 23. 1. 1950, ebenda, Nr. 4569, Bl. 352–357; Jakob Biskubicz, 9. 11. 1965 (Hpt.V.), ebenda, Nr. 4418, Bl. 521–536; Jan Piwonski, 10. 11. 1945 (P), ebenda, Nr. 4397, Bl. 115–120; Pola Hirszman, 30. 3. 1946, Yad Vashem, M 49/1476. Für Treblinka: Wiernik, Rok, S. 76; Szyja Warszawski, 9. 10. 1945 (P), LA Düsseldorf, Rep. 388, Nr. 744, Bl. 142–145; Abraham Lindwasser, 6. 7. 1960, ebenda, Nr. 753, Bl. 186–193; Münzberger u. Suchomel, 3. 11. 1964 (Hpt.V.), ebenda, Nr. 808; Abraham Krzepicki: 18 Tage im Totenlager, ebenda, Nr. 838; Georgij Skidan, 26. 5. 1950, Dokument GX-141 im U.S.-Fall gg. Reimer, Plaintiff Dokumente, Demjanjuk v. Petrovsky, S. 459–466, OSI-File TC 4-5-40; Gray, Schrei, S. 157–158. Skidan nennt auch Rumänen.

286 Alexander Petscherski, 11. 8. 1961 (SU), LA Münster, Q 234, Nr. 4310, Bl. 172–180; Szmul Lerer, 23. 1. 1950, ebenda, Nr. 4569, Bl. 352–357.

287 Alojzy Stefan Berezowski; 12. 4. 1946 (P), StA München, Staatsanwaltschaften 33033/34, S. 136–139; Tregenza, »Bełżec« (2001), S. 202; ebenfalls Kuwałek, »Bełżec«, S. 358; Kuwałek, Vernichtungslager Bełżec, S. 180.

288 Samuel Lerer, 11. 10. 1965 (Hpt.V.), LA Münster, Q 234, Nr. 4416, Bl. 204–212; Abraham Margulies, 18. 11. 1965 (Hpt.V.), ebenda, Nr. 4419, Bl. 599–615; Ada Lichtman, 29. 12. 1960, ebenda, Nr. 4569, Bl. 296/1–13; Esther Raab, 2. 8. 1949, ebenda, Nr. 4569, Bl. 312–315; Philip Bialowitz, 1. 4. 1974, LA Berlin, B Rep. 058, Nr. 1574, Bl. 719–725.

289 Freiberg, in Schelvis, Sobibór, S. 159; Wiernik, Rok, S. 64–65.

290 In der gesamten Besatzungszeit gab es etwa 300 bis 400 Arbeitslager im GG, in denen bis zu 200000 Juden ums Leben kamen. Vgl. Pohl, »Zwangsarbeitslager«, S. 415–421.

291 Abschlussbericht Globocnik 5. 1. 1944, IMT 4024 PS.

292 Herbert, »Zwangsarbeit«, S. 14; Spoerer, Zwangsarbeit; Knigge/Lüttgenau/Wagner (Hg.), Zwangsarbeit; Wagner, IG Auschwitz; für die Konzentrationslager beispielsweise Buggeln, Arbeit.

293 Globocnik an Brandt, 21. 6. 1943, BArch, SSO 16 A (Odilo Globocnik).

294 Grabitz/Scheffler, Letzte Spuren, S. 182–186; JuNSV (1977), Bd. 20, Nr. 580, S. 471–473; Bericht v. Johann Fischer über Osti, 21. 6. 1944, IMT NO 1271; Abschlussbericht Globocnik 5. 1. 1944, IMT 4024 PS; Georg Michalsen, 3.–6. 3. 1964, StA Hamburg, LG NSG 213–12, 0036/020, Bl. 8450–8502.

295 Grabitz/Scheffler, Letzte Spuren, S. 182, 220, 318–327; Globocnik an Brandt, 21. 6. 1943, BArch, SSO 16 A (Odilo Globocnik); Pohl, Judenpolitik, S. 161; Schwindt, Majdanek, S. 243; A. Benz, »Trawniki«, S. 99–100; Himmler an Pohl, 16. 2. 1943; Pohl an Brandt, 15. 4. 1943 u. Pohl an Brandt, 22. 7. 1943, BArch, NS 19/2648, Bl. 220–223.

296 Grabitz/Scheffler, Letzte Spuren, S. 220; Pohl, Judenpolitik, S. 163; Schwindt, Majdanek, S. 243–244; Schulte, »Zwangsarbeit«, S. 52–72. Bericht v. Johann Fischer über Osti, 21. 6. 1944, IMT NO 1271; Maximilian Horn, 15. 6. 1960 u. 18. 7. 1961, StA Hamburg, LG NSG 213–12, 0036/01, Bl. 138–147 u. 0036/003, Bl. 1561–1568.

297 Oberhauser, 20. 3. 1963, StA München, Staatsanwaltschaften 33033/13, Bl. 2658–2665; Häusler, 10. 6. 1963, ebenda, Bl. 2668–2672; Maximilian Horn, 15. 6. 1960, StA Hamburg, LG NSG 213–12, 0036/001, Bl. 138–147; Oberhauser, 25. 2. 1970, ebenda, 0036/042, Bl. 19037–19041; Globocnik an Többens 17. 8. 1943, BArch, DS K0004, Sammelliste 47a (Arbeitslager Poniatowa), Bl. 352–356.

298 In Sobibor wurde ein Munitionslager eingerichtet. Auch in Treblinka sollte ein Arbeitslager zum Torfstechen entstehen. Suchomel, 26. 10. 1964 (Hpt.V.), LA Düsseldorf, Rep. 388, Nr. 808.

299 Lambert, 27. 4. 1964, StA Hamburg, LG NSG 213–12, 0036/022, Bl. 9334–9343.

300 Jührs, 21. 1. 1974 (Hpt.V.), LA Berlin, B Rep. 058, Nr. 1576.

301 Black, »Trawniki-Männer«, S. 347; Pohl, »Zwangsarbeitslager«, S. 427.

302 Pohl, Judenpolitik, S. 170–171; Schwindt, Majdanek, S. 269–281; Pohl, »Zwangsarbeitslager«, S. 428–429; Schelvis, Sobibór, S. 138; Sophia Huisman, 8. 8. 1945, LA Münster, Q 234, Nr. 4268, Bl. 49–60; Sophie Verduin, 22. 1. 1946, ebenda, S. 78–80, Judith Eliazar, 6. 2. 1946, ebenda, S. 86–92; Schelvis, Reise; Jakob Sporrenberg, 13.–19. 12. 1949, StA Hamburg, LG NSG 213–12, 0036/019, Bl. 7764–7770; Werner Wehrheim, 8. 9. 1969, ebenda, 0036/041, Bl. 17897–17920; Linda Penn, 17. 2. 1966, ebenda, 0036/031, Bl. 12854–12857; Sandkühler, Endlösung, S. 322–367, 396–405.

303 Grabitz/Scheffler, Letzte Spuren, S. 220; Globocnik an Himmler, 4. 11. 1943 u. Abschlussbericht, 5. 1. 1944, IMT 4024-PS; Schwindt, Majdanek, S. 263; Kaienburg, Wirtschaft, S. 559.

304 Vgl. Kap. »Alter Flughafen und Chopinstraße 27«.

305 Insgesamt waren zehn bis zwölf deutsche Aufseher im Lager. Häusler, 10. 6. 1963, StA München, Staatsanwaltschaften 33033, Bd. 13, Bl. 2668–2672; Oberhauser, 12./14. 12. 1962, 20. 3. 1963 u. 23. 5. 1960, ebenda, Bd. 13, Bl. 2426–2436, 2658–2665 u. Bd. 4, Bl. 773–775; Bolender, 29. 5. 1963, ebenda, Bl. 2650–2652; Lambert, 27. 4. 1964, StA Hamburg, LG NSG 213–12, 0036/022, Bl. 9334–9343; Stadie, 27. 6. 1962, LA Düsseldorf, Rep. 388, Nr. 763, Bl. 88–97.

306 David Spiro, 27. 10. 1961, StA Hamburg, LG NSG 213–12, 0036/05, Bl. 1981–1995; Josef Wiener, 16. 2. 1962, ebenda, 0036/07, Bl. 2800; Maurice Markus, 21. 3. 1963, ebenda, 0036/16, Bl. 6490–6510; Münzberger, 14. 5. 1964, ebenda, 0036/22, Bl. 9344–9350; Ber Luftreiber, 17. 9. 1965, ebenda, 0036/30, Bl. 12408–12413; Linda Penn, 17. 2. 1966, ebenda, 0036/31, Bl. 12854–12857; Vivian Chakin, 4. 11. 1970, ebenda, 0036/64; Sophie Degan, 17. 11. 1970, ebenda, 0036/64; Riva Kremer, 20. 3. 1974, ebenda, 0036, Bd. 107, Bl. 20640–20648; Sophia Huisman, 8. 8. 1945, LA Münster, Q 234, Nr. 4268, Bl. 49–60;

Oberhauser, 20. 3. 1963, StA München, Staatsanwaltschaften 33033/13, Bl. 2658–2665; Pachter, »Varsovie«, S. 54–131; Schwindt, Majdanek, S. 211–216; Silberklang, Holocaust, S. 316.

307 Oberhauser, 20. 3. 1963, StA München, Staatsanwaltschaften 33033/13, Bl. 2658–2665.

308 Kaienburg, Wirtschaft, S. 547.

309 Zusammenfassung zum »Alten Flughafen«, StA Hamburg, LG NSG 213–12, 0036–64.

310 Kaienburg, Wirtschaft, S. 900–902; Schulte, »Rüstungsunternehmen«, S. 571.

311 Bauer, 7. 12. 1962, StA München, Staatsanwaltschaften 33033, Bd. 7, Bl. 1385–1388; Oberhauser, 20. 3. 1963, ebenda, Bd. 13, Bl. 2658–2665; Maximilian Horn, 18. 7. 1961, StA Hamburg, LG NSG 213–12, 0036/003, Bl. 1561–1568; Schwindt, Majdanek, S. 239, 262; Bericht v. Johann Fischer über Osti, 21. 6. 1944, IMT NO 1271; Kaienburg, Wirtschaft, S. 551–552; Abschlussbericht Globocnik 5. 1. 1944, IMT 4024 PS.

312 Eva Freid, 1968, StA Hamburg, LG NSG 213–12, 0036/038, Bl. 16416–20.

313 Benno Winkler, 25. 6. 1970, StA Hamburg, LG NSG 213–12, 0036/064; Sophie Degan, 17. 11. 1970, ebenda; Oberhauser, 25. 2. 1970, ebenda, 0036/042, Bl. 19037–19041; Max Schuster, 30. 11. 1969, ebenda, 0036/042, Bl. 18490–18494; Judith Eliazar, 6. 2. 1946, LA Münster, Q 234, Nr. 4268, Bl. 86–92.

314 Max Schuster, 30. 11. 1969, StA Hamburg, LG NSG 213–12, 0036/042, Bl. 18490–18494; Benno Winkler, 25. 6. 1970, ebenda, 0036/064; Schwindt, Majdanek, S. 158.

315 Schwindt, Majdanek, S. 263; Kaienburg, Wirtschaft, S. 559; Oberhauser, 12./14. 12. 1962 u. 20. 3. 1963, StA München, Staatsanwaltschaften 33033, Bd. 13, Bl. 2426–2436 u. 2658–2665; Barbara Hackenholt, 31. 10. 1961, ebenda, Bd. 6, Bl. 1152–1159.

316 Krakowski, »Poniatowa«, S. 1156–1157; Zegenhagen, »Poniatowa«, S. 888–891; Grabitz/Scheffler, Letzte Spuren, S. 319; Leo Bialinski, 29. 2. 1964, StA Hamburg, LG NSG 213–12, 0036/021, Bl. 8656–8679; Hoffenberg, Poniatowa, S. 79.

317 Hoffenberg und Zegenhagen beschreiben einen Schulte-Birmes als Übergangsleiter von Poniatowa. Hoffenberg, Poniatowa, S. 22, 71; Zegenhagen, »Poniatowa«, S. 889; Sachslehner, Tod, S. 66–67; Otto Hantke, 26. 1. 1961 u. 20. 6. 1961, StA Hamburg, LG NSG 213–12, 0036/02, Bl. 528a-533 u. 1033–1067; Rudolf August Bauch, 17. 5. 1961, ebenda, 0036/02, Bl. 929–940; Leo Bialinski, 29. 2. 1964, ebenda, 0036/021, Bl. 8656–8679; Hantke an Többens, 25. 3. 1943, BArch, DS K 0004, Sammelliste 47a (Arbeitslager Poniatowa), Bl. 350.

318 Gley, 23. 11. 1961, StA München, Staatsanwaltschaften 33033, Bd. 6, Bl. 1166–1190; Schluch, 14. 5. 1962, ebenda, Bd. 9, Bl. 603–611; Sam Henry Hoffenberg, 3./4. 11. 1961, ebenda, Bd. 18, Bl. 325ff. Gley, 4. 12. 1961, LA Münster, Q 234, Nr. 4267, Bl. 85–88; Girtzig, 22. 10. 1962, StA Hamburg, LG NSG 213–12, 0036/012, Bl. 4599–4608; Gley, 30. 9./1. 10. 1965, ebenda, 0036/029, Bl. 12150–12164; Leo Bialinski, 29. 2. 1964, ebenda, 0036/021, Bl. 8656–8679; Black, »Trawniki-Männer«, S. 329–330; Hoffenberg, Poniatowa, S. 22.

319 Übergabeverhandlung, 25. 5. 1943 u. 14. 8. 1943, FSB Zentralarchiv Moskau, K-779, fund 16, opis 312 »e«, delo 410 u. 411, Bl. 291–292 u. Bl. 94–95; Black, »Trawniki-Männer«, S. 329–330; Lebenslauf v. Johann Schwarzenbacher, 27. 8.

1943, BArch, SSO-Akte Schwarzenbacher; A. Benz, »Fall Demjanjuk«, S. 153; Black, »Foot Soldiers«, S. 27.

320 Hoffenberg, Poniatowa, S. 52; Zegenhagen, »Poniatowa«, S. 889; Globocnik an Brandt, 21. 6. 1943, BArch, SSO 16 A (Odilo Globocnik).

321 Grabitz/Scheffler, Letzte Spuren, S. 322–327; Globocnik an Brandt, 21. 6. 1943, BArch, SSO 16 A (Odilo Globocnik); Abschlussbericht Globocnik 5. 1. 1944, IMT 4024 PS; Hoffenberg, Poniatowa, S. 80–87.

322 Grabitz/Scheffler, Letzte Spuren, S. 319; Walter Toebbens: Bericht über Warschau und Poniatowa, 15. 9. 1945, StA Hamburg, LG NSG 213–12, 0036/023, Bl. 9446–9487; Leo Bialinski, 29. 2. 1964, ebenda, 0036/021, Bl. 8656–8679; Haftbefehl gg. Gley, 3. 5. 1965, ebenda, 0036/027, Bl. 11054; Globocnik an Többens, 17. 8. 1943, BArch, DS K0004, Sammelliste 47a (Arbeitslager Poniatowa), Bl. 352–356; Jan Lewicki, 15. 1. 1946, ebenda, Bl. 360–364; Hoffenberg, Poniatowa, S. 92; Sam Henry Hoffenberg, 3./4. 11. 1961, StA München, Staatsanwaltschaften 33033/18, Bl. 325ff.; Ludwika Fiszer, in ebenda, S. 155; Janina Watrobiński, 22. 12. 1966, IPN Warschau, File 228/67, Bl. 25–26.

323 Gley, 23. 11. 1961, StA München, Staatsanwaltschaften 33033, Bd. 6, Bl. 1166–1190; Hoffenberg, Poniatowa, S. 75; Leo Bialinski, 29. 2. 1964 u. 23. 6. 1963, StA Hamburg, LG NSG 213–12, 0036/021, Bl. 8656–8679 u. 0036/17, Bl. 7045–7074; Oberhauser, 20. 3. 1963, ebenda, 0036/016, Bl. 6458–6468; Herbert Woellmer, 23. 10. 1963, ebenda, 0036/018, Bl. 7609–7612.

324 Zegenhagen, »Poniatowa«, S. 889; Krakowski, »Poniatowa«, S. 1157; Walter Toebbens: Bericht über Warschau und Poniatowa, 15. 9. 1945, StA Hamburg, LG NSG 213–12, 0036/023, Bl. 9446–9487; Ester Winderbaum, 23. 4. 1966, ebenda, 0036/031, Bl. 12999–13005; August Rudolf Bauch, 26. 10. 1961, ebenda, 0036/004, Bl. 1784–1793; Girtzig, 22. 10. 1962, ebenda, 0036/012, Bl. 4599–4608; Sam Henry Hoffenberg, 3./4. 11. 1961, StA München, Staatsanwaltschaften 33033/18, Bl. 325ff. Black, »Trawniki-Männer«, S. 329–330; Schelvis, Sobibór, S. 140; Curilla, Judenmord, S. 762–765.

325 Gley, 23. 11. 1961, StA München, Staatsanwaltschaften 33033, Bd. 6, Bl. 1166–1190; Sam Henry Hoffenberg, 3./4. 11. 1961, ebenda, Bd. 18, Bl. 325ff. August Rudolf Bauch, 26. 10. 1961 u. 23. 6. 1963, StA Hamburg, LG NSG 213–12, 0036/004, Bl. 1784–1793 u. 0036/17, Bl. 7045–7074; Black, »Trawniki-Männer«, S. 331; Georg Wippern 17. 4. 1962, StA München, Staatsanwaltschaften 33033/12, Bl. 2350–2361.

326 Spector, »Trawniki«, S. 1425–1427; Globocnik an Brandt, 21. 6. 1943, BArch, SSO 16 A (Odilo Globocnik); Jührs, 11.–13. 10. 1961, StA München, Staatsanwaltschaften 33033/6, Bl. 1089–1120; Schelvis, Sobibór, S. 133; Prüfung der Geschäftsbücher der Osti, 21. 6. 1944, IMT NO 1271; Jührs, 9. 11. 1962, StA Hamburg, LG NSG 213–12, 0036/012, Bl. 4846–4849; Inhaltsübersicht zu Dorohucza, ebenda, 0036/036, Bl. 14757ff. Schwindt, Majdanek, S. 239–240; Abschlussbericht Globocnik 5. 1. 1944, IMT 4024 PS.

327 Sporleder, 31. 5. 1947, BStU, Außenstelle Halle, MfS BV Halle Ast 7054/48, Bd. 1; Personelle Besetzung Bernburg, 20. 11. 1942, StA München, Staatsanwaltschaften 33033/5, Bl. 833–837; BArch, SM S 3 (Erich Sporleder); Aktennotiz v. Arnold Oels, 11. 3. 1943, BArch, R 96 I, 4 (Wiesloch).

328 Laut Zierke und Jührs löste Tauscher Schwarz ab. Jührs, 11.–13. 10. 1961, StA

München, Staatsanwaltschaften 33033/6, Bl. 1089–1120; Jührs, 9. 11. 1962, StA Hamburg, LG NSG 213–12, 0036/012, Bl. 4846–4849; Zierke, 13. 3. 1965, ebenda, 0036/026, Bl. 10798–10803; Jührs, 23./24. 5. 1962, LA Münster, Q 234, Nr. 4274, Bl. 78–85; Zierke, 19. 11. 1963, ebenda, Nr. 4294, Bl. 80–92.

329 Jührs, 11.–13. 10. 1961, StA München, Staatsanwaltschaften 33033/6, Bl. 1089–1120; Zierke, 13. 3. 1965, StA Hamburg, LG NSG 213–12, 0036/026, Bl. 10798–10803; Lambert, 7. 11. 1963, LA Münster, Q 234, Nr. 4294, Bl. 39–48; Schelvis, Reise, S. 60.

330 Jührs, 21. 1. 1974 (Hpt.V.), LA Berlin, B Rep. 058, Nr. 1576; Zierke, 19. 11. 1963, LA Münster, Q 234, Nr. 4294, Bl. 80–92; Jührs, 11.–13. 10. 1961, StA München, Staatsanwaltschaften 33033/6, Bl. 1089–1120; Zierke, 13. 3. 1965, StA Hamburg, LG NSG 213–12, 0036/026, Bl. 10798–10803; Schelvis, Sobibór, S. 133; Schelvis, Reise, S. 56; Hilberg, Vernichtung, S. 560–562; Prüfung der Geschäftsbücher der Osti, 21. 6. 1944, IMT NO 1271.

331 Tagebuch von Helene Chilf, 12.–15. 9. 1943, in Grabitz/Scheffler, Letzte Spuren, S. 251.

332 Jührs, 11.–13. 10. 1961, StA München, Staatsanwaltschaften 33033/6, Bl. 1089–1120; Schelvis, Sobibór, S. 133–136, 156; Jührs, 21. 1. 1974 (Hpt.V.), LA Berlin, B Rep. 058, Nr. 1576; Schelvis, Reise, S. 54–62; Hilferuf eines Komitees in Dorohucza an den Lagerwiderstand in Trawniki, Herbst 1943, Archiv v. Ghetto Fighters House, Adolf Abraham Bermann Collection, Katalognr. 6141.

333 Jührs, 11.–13. 10. 1961, StA München, Staatsanwaltschaften 33033/6, Bl. 1089–1120; Zierke, 13. 3. 1965, StA Hamburg, LG NSG 213–12, 0036/026, Bl. 10798–10803; Jührs, 26. 9. 1966 (Hpt.V.), LA Münster, Q 234, Nr. 4433, Bl. 1669–1679; Zierke, 19. 11. 1963, ebenda, Nr. 4294, Bl. 80–92.

334 Globocnik an Brandt, 21. 6. 1943, BArch, SSO 16 A (Odilo Globocnik); Abschlussbericht Globocnik, 5. 1. 1944, IMT 4024 PS; Black, »Trawniki-Männer«, S. 333; Black, »Foot Soldiers«, S. 28; Spector, »Budzyn«, S. 254–255; Sachslehner, Tod, S. 48–40; Lenarczyk, »Budzyń«, S. 89–92; Dean, »Budzyń«, S. 882; Silberklang, Holocaust, S. 319; Jakob Ender, 20. 12. 1961, StA Hamburg, LG NSG 213–12, 0036/003, Bl. 1402; Leo Gerenreich, 21. 8. 1961, ebenda, 0036/003, Bl. 1352–1354; Szyja Sontag, 6. 7. 1962, ebenda, 0036/010, Bl. 4105–4111; JuNSV (2008), Bd. 39, Nr. 812, S. 825–827.

335 Jakob Ender, 20. 12. 1961, StA Hamburg, LG NSG 213–12, 0036/003, Bl. 1402; Mosze Dawidson, 4. 4. 1961, ebenda, 0036/003, Bl. 1434–1438; Shirley Kowitz, 6. 5. 1963, ebenda, 0036/008, Bl. 3185–3186; Abraham Sobol, 11. 9. 1962, ebenda, 0036/012, Bl. 4668–4684; David Spiro, 27. 10. 1961, ebenda, 0036/005, Bl. 1981–1995; Maurice Markus, 21. 3. 1963, ebenda, 0036/016, Bl. 6490–6510; Josef Wiener, 16. 2. 1962, ebenda, 0036/007, Bl. 2800; Tauscher, 21. 1. 1964, ebenda, 0036/020, Bl. 8201–8216; Terry/Nitecki, Jakubs Welt; Silberklang, Holocaust, S. 325; Lenarczyk, »Budzyń«, S. 90.

336 Moshe Zylberberg, 27. 6. 1961, StA Hamburg, LG NSG 213–12, 0036/003, Bl. 1218–1222; Jakob Ender, 20. 12. 1961, ebenda, 0036/003, Bl. 1402; Mosze Dawidson, 4. 4. 1961, ebenda, 0036/003, Bl. 1434–1438; Josef Boniovko, 17. 7. 1962, ebenda, 0036/010, Bl. 4102–4104; Jack Eisner, 27. 7. 1961, ebenda, 0036/003, Bl. 1238–1240; Baruch Rainermann, 21. 2. 1961, ebenda, 0036/003, Bl. 1407–1412; Mordcha Markusfeld, 18. 10. 1961, ebenda, 0036/004, Bl. 1804–

1876; David Spiro, 27. 10. 1961, ebenda, 0036/005, Bl. 1981–1995; Abraham Sobol, 11. 9. 1962, ebenda, 0036/012, Bl. 4668–4684; Maurice Markus, 21. 3. 1963, ebenda, 0036/016, Bl. 6490–6510; Tauscher, 21. 1. 1964, ebenda, 0036/020, Bl. 8201–8216; Terry/Nitecki, Jakubs Welt.

337 Spector, »Budzyn«, S. 254–255; Jechaeskiel Chajkin, 27. 2. 1964, StA Hamburg, LG NSG 213–12, 0036/022, Bl. 9045–9048; Jakob Ender, 20. 12. 1961, ebenda, 0036/003, Bl. 1402; Mosze Dawidson, 4. 4. 1961, ebenda, 0036/003, Bl. 1434–1438; Sara Wainberg, 11. 3. 1964, ebenda, 0036/021, Bl. 8588ff. Tauscher, 21. 1. 1964, ebenda, 0036/020, Bl. 8201–8216.

338 Willi Heitmeyer, 6. 11. 1964, StA Hamburg, LG NSG 213–12, 0036/025, Bl. 10202–10221; Terry/Nitecki, Jakubs Welt.

339 Spector, »Budzyn«, S. 254–255; Grabitz/Scheffler, Letzte Spuren, S. 328; Lenarczyk, »Budzyń«, S. 89–92.

340 Jechaeskiel Chajkin, 27. 2. 1964, StA Hamburg, LG NSG 213–12, 0036/022, Bl. 9045–9048; Sara Wainberg, 11. 3. 1964, ebenda, 0036/021, Bl. 8588ff.

341 Lustiger, Kampf, S. 207.

342 Sandkühler, Endlösung, S. 197; Pohl, Judenpolitik, S. 167–171.

343 Globocnik an Himmler, 4. 11. 1943, IMT 4024 PS; Elke Schubert, »›Morgen fliehen wir‹«, *Die Zeit* vom 11. 10. 1991, S. 84.

344 J. Rajgrodzki: 11 Monate in Treblinka, LA Düsseldorf, Rep. 388, Nr. 752, Bl. 4–38; Matthes, 30. 3. 1962, ebenda, Nr. 762, Bl. 70–76; Abraham Goldfarb, 14. 12. 1964 (Hpt.V.), ebenda, Nr. 809; Elias Rosenberg, 24. 12. 1947, ebenda, Nr. 743, Bl. 583–594; Suchomel, 18. 9. 1967, ebenda, Nr. 247, Bl. 15–22; Wiernik, Rok, S. 63; Cymlich/Strawczynski, Escaping, S. 173.

345 Rajchman, Ich bin der letzte Jude, S. 125; Willenberg, Revolt, S. 126; Cymlich/Strawczynski, Escaping, S. 175–177; Richard Glazar, »Wie schwer wiegt das ›Nichts‹?«, *Die Zeit* vom 21. 10. 1983, S. 71–72.

346 Rajchman, Ich bin der letzte Jude, S. 135; Glazar, Falle, S. 53, 102–103; Wiernik, Rok, S. 76, 84–86; Willenberg, Revolt, S. 136–137; Jakob Wiernik, 5. 1. 1965 (Hpt.V.), LA Düsseldorf, Rep. 388, Nr. 810; Francicsek Zabecki, 19. 1. 1965 (Hpt.V.), ebenda, Nr. 810; Josef Czarny, 9. 11. 1959, ebenda, Nr. 742, Bl. 386–387; Berek Rojzmann, 19. 10. 1964, ebenda, Nr. 777, Bl. 89–93; Elias Rosenberg, 24. 12. 1947, ebenda, Nr. 743, Bl. 583–594; Heniek Sperling, Aug. 1950, HHStA Wiesbaden, Abtl. 461, Nr. 35254, Bl. 304; Sereny, Abgrund, S. 228; Arad, Belzec, S. 270–298.

347 Rajchman, Ich bin der letzte Jude, S. 140–146; Chrostowski, Extermination Camp, S. 91; Wiernik, Rok, S. 76, 84–86; Heniek Sperling, Aug. 1950, HHStA Wiesbaden, Abtl. 461, Nr. 35254, Bl. 304; Willenberg, Revolt, S. 141–144; Eugeniusz Turowski, 7. 10. 1945 (P), LA Düsseldorf, Rep. 388, Nr. 746, Bl. 1–4; J. Rajgrodzki: 11 Monate in Treblinka, ebenda, Nr. 752, Bl. 4–38; Mentz, 4. 6. 1970 (Hpt.V.), ebenda, Nr. 255, Bl. 46–50; Stanislav Kohn: Der Aufstand im Totenlager Treblinka, 10. 5. 1945, Yad Vashem, O 2/208; Cymlich/Strawczynski, Escaping, S. 174–180; Lothar Bewerunge, »Massenexekution im ›Lazarett‹«, *Frankfurter Allgemeine Zeitung* vom 18. 12. 1964, S. 9.

348 J. Rajgrodzki: 11 Monate in Treblinka, LA Düsseldorf, Rep. 388, Nr. 752, Bl. 4–38; Wiernik, Rok, S. 84–86.

349 Im Lager waren an diesem Tag u.a. Stangl, Küttner, Suchomel, Pötzinger, Müller,

Mätzig, Mentz und Miete, während Münzberger, Horn, Stadie und Matthes im Urlaub waren. Miete, 29. 9. 1967, LA Düsseldorf, Rep. 388, Nr. 862, Bl. 106–112; Mentz, 20. 9. 1967, ebenda, Nr. 862, Bl. 97–104; Rum, 12. 10. 1960, ebenda, Nr. 751, Bl. 101–112; Georg Królikowski: Erinnerungen, ebenda, Nr. 778, Bl. 87–111; Heniek Sperling, Aug. 1950, HHStA Wiesbaden, Abtl. 461, Nr. 35254, Bl. 304; Franciszek Zabecki, 21. 12. 1945 (P), in Klarsfeld (Hg.), Jews of Grodno, Bd. I, Bl. 491ff.

350 Rückerl (Hg.), NS-Vernichtungslager, S. 209; Młynarczyk, »Treblinka«, S. 277–278; Chrostowski, Extermination Camp, S. 91; Heniek Sperling, Aug. 1950, HHStA Wiesbaden, Abtl. 461, Nr. 35254, Bl. 304; Kalman Jankowsky, 16. 11. 1959, LA Düsseldorf, Rep. 388, Nr. 743, Bl. 403–408; Mentz, Miete u. Suchomel, 26. 10. 1964 (Hpt.V.), ebenda, Nr. 808; Willenberg, Revolt, S. 141–144; Cymlich/Strawczynski, Escaping, S. 181; Arad, Belzec, S. 298.

351 Rajchman, Ich bin der letzte Jude, S. 140–146; Wiernik, Rok, S. 84–86; Elias Rosenberg, 24. 12. 1947, LA Düsseldorf, Rep. 388, Nr. 743, Bl. 583–594; Rum, 12. 10. 1960, ebenda, Nr. 751, Bl. 101–112; Henryk Poswolski, 9. 10. 1945 (P), LA Düsseldorf, Rep. 388, Nr. 746, Bl. 44–48; Suchomel, 25. 10. 1960, ebenda, Nr. 751, Bl. 160–171; Franz, 26. 10. 1964 (Hpt.V.), ebenda, Nr. 808; Jakob Wiernik, 5. 1. 1965 (Hpt.V.), ebenda, Nr. 810; Stanislav Kohn: Der Aufstand im Totenlager Treblinka, 10. 5. 1945, Yad Vashem, O 2/208.

352 Suchomel, 25. 10. 1960, LA Düsseldorf, Rep. 388, Nr. 751, Bl. 160–171; Mentz u. Miete, 26. 10. 1964 (Hpt.V.), ebenda, Nr. 808; Cymlich/Strawczynski, Escaping, S. 181.

353 Zit. n. Willenberg, Revolt, S. 153; Ryszard Czarkowski, 1. 8. 1961, BStU, Außenstelle Halle, MfS BV Halle, AU 1655/62, Bd. 2, Bl. 25–26; Chrostowski, Extermination Camp, S. 91; Willenberg, Revolt, S. 141–144; Bericht v. Mieczyslaw Chodźko, LA Düsseldorf, Rep. 388, Nr. 751, Bl. 25–43; Rum, 12. 10. 1960, ebenda, Nr. 751, Bl. 101–112; Großmann, 5. 7. 1961, ebenda, Nr. 756, Bl. 40–49; Georg Królikowski: Erinnerungen, ebenda, Nr. 778, Bl. 87–111; Stangl, 27. 6. 1967, ebenda, Nr. 245, Bl. 157–166; Stangl in Sereny, Abgrund, S. 276.

354 Kalman Jankowsky, 16. 11. 1959, LA Düsseldorf, Rep. 388, Nr. 743, Bl. 403–408; Jacob Domb, 7. 12. 1959 an Zentrale Stelle, ebenda, Nr. 743, Bl. 565–566; W. Benz, »Treblinka«, S. 435.

355 Rückerl (Hg.), NS-Vernichtungslager, S. 209; Suchomel, 25. 10. 1960, LA Düsseldorf, Rep. 388, Nr. 751, Bl. 160–171; Mentz, Matthes u. Miete, 26. 10. 1964 (Hpt.V.), ebenda, Nr. 808; Wacław Bednarczyk, 27. 10. 1945 (P), BStU, HA XX, Treblinka-Material, Bl. 33–34.

356 Suchomel, 26. 10. 1964 (Hpt.V.), LA Düsseldorf, Rep. 388, Nr. 808.

357 Hengst, 5. 2. 1962, LA Düsseldorf, Rep. 388, Nr. 761, Bl. 127–134; Ermittlungsbericht zu Treblinka, 24. 9.–22. 11. 1945 (P), ebenda, Nr. 420, Bl. 107–113; Friedrich Struwe, 9. 2. 1960, ebenda, Nr. 744, Bl. 181–184; Suchomel in Sereny, Abgrund, S. 277; Georgij Skidan, 26. 5. 1950, Dokument GX-141 im U.S.-Fall gg. Reimer, Plaintiff Dokumente, Demjanjuk v. Petrovsky, S. 459–466, OSI-File TC 4-5-40; Klier, 21. 8. 1950 (Hpt.V.), HHStA Wiesbaden, Abtl. 461, Nr. 36346, Bd. 3, Bl. 277–296; Wehrmacht-Frachtbriefe, 20. 10. 1943 u. 4. 11. 1943, in Schelvis, Sobibór, S. 219–220; Blatt, Schatten; Bolender, 16. 10. 1963, LA Münster, Q 234, Nr. 4293, Bl. 93–98.

358 Wehrmachts-Frachtbriefe verschiedenen Datums, LA Düsseldorf, Rep. 388, Nr. 849, Bl. 87–184; Franz an Staatsanwalt Düsseldorf, 16. 12. 1959, ebenda, Nr. 743, Bl. 537; Friedrich Struwe, 9. 2. 1960 u. 19. 11. 1964 (Hpt.V.), ebenda, Nr. 744, Bl. 181–184 u. Nr. 808.

359 Franz an Staatsanwalt Düsseldorf, 16. 12. 1959, LA Düsseldorf, Rep. 388, Nr. 743, Bl. 537; Suchomel, 24. 10. 1960, ebenda, Nr. 751, Bl. 148–159; Großmann, 6. 7. 1961, ebenda, Nr. 756, Bl. 50–57; Oberhauser, 12./14. 12. 1962, StA München, Staatsanwaltschaften 33033, Bd. 13, Bl. 2426–2436.

360 Zabecki in Sereny, Abgrund, S. 278; Ermittlungsbericht zu Treblinka, 24. 9.–22. 11. 1945 (P), LA Düsseldorf, Rep. 388, Nr. 420, Bl. 107–113; Mentz, 26. 10. 1964 (Hpt.V.), 3. 11. 1964 (Hpt.V.) u. 31. 7. 1961, ebenda, Nr. 808 u. Nr. 757, Bl. 19–21; Rum, 12. 10. 1960 u. 3. 11. 1964 (Hpt.V.), ebenda, Nr. 751, Bl. 101–112 u. Nr. 808; Suchomel, 25. 10. 1960, ebenda, Nr. 751, Bl. 160–171; Franz, 8. 12. 1960, ebenda, Nr. 752, Bl. 146–152; Großmann, 6. 7. 1961, ebenda, Nr. 756, Bl. 50–57; Georgij Skidan, 26. 5. 1950, Dokument GX-141 im U.S.-Fall gg. Reimer, Plaintiff Dokumente, Demjanjuk v. Petrovsky, S. 459–466, OSI-File TC 4-5-40; Teicholz, Trial, S. 23; Rückerl (Hg.), NS-Vernichtungslager, S. 240–242.

361 Vgl. zum Aufstand: Bruder, Helden; Bialowitz, Promise, S. 100–101. Frenzel, 22. 11. 1963, LA Münster, Q 234, Nr. 4294, Bl. 97–104; Dov Freiberg, ebenda, Nr. 4398; Perl, Tell, S. 105–162; Blatt, Sobibór, S. 99–120; Arad, Belzec, S. 299–341.

362 Wewryk, To Sobibor, S. 95; Josef Herszmann, 19. 7. 1966 (Hpt.V.), LA Münster, Q 234, Nr. 4431, Bl. 1529–1538; Stanislaw Szmajzner, 9. 2. 1961, ebenda, Nr. 4263, Bl. 120–125; Szmajzner, Inferno, S. 269–288; Ticho, My legacy, S. 124–128.

363 Schelvis, Sobibór, S. 172–178; Bialowitz, Promise, S. 112; Josef Cukiermann, 11. 2. 1950, LA Berlin, B Rep. 058, Nr. 2489, Bl. 128–129.

364 Werner Dubois wurde in der Waffenkammer mit einer Axt schwer verletzt. Karl Frenzel sollte ursprünglich in der Tischlerei getötet werden. Allerdings ist er dort nicht erschienen und konnte so seiner geplanten Ermordung entgehen. Die Männer wurden auf dem Militärfriedhof in Chełm beigesetzt, in manchen Berichten wird auch von elf SS-Männern gesprochen. Möglicherweise zählte der getötete Walter Ryba zur deutschen Mannschaft des Lagers. Bericht KdS, 17. 3. 1944, in Schelvis, Sobibór, S. XXXIIf. sowie KdO Lublin an BdO Krakau, 15. 10. 1943, in Blatt, Schatten; Wewryk, To Sobibor, S. 98–101; Ticho, My legacy, S. 124; Lanzmann, Sobibor, S. 36–39; Petchorski, »Revolt«, S. 334–337; Blatt, Schatten, S. 194–200, 319; Perl, Tell, S. 152–153; Bauer, 13. 9. 1960 u. 30. 11. 1965 (Hpt.V.), LA Münster, Q 234, Nr. 4263, Bl. 10–13 u. Nr. 4419, Bl. 689–697; Jehuda Lerner, 21. 3. 1962, ebenda, Nr. 4277, Bl. 20; Kurt M. Thomas an World Jewish Congress, 3. 12. 1961, ebenda, Nr. 4270, Bl. 29–41; Auszug aus Familienbuch Stengelin, ebenda, Nr. 4273, Bl. 131; Moshe Hochman, in Novitch (Hg.), Sobibor, S. 152; Schelvis, Sobibór, S. 188–192; F. Wolf, 13./14. 4. 1964, StA München, Staatsanwaltschaften 34865/86; Unverhau, 10. 7. 1948, ebenda, 33033/4, Bl. 784–785; Dubois, 7. 9. 1961, ebenda, 33033/7, Bl. 1229–1243; Alexandr Petscherskij, 17. 7. 1974, LA Berlin, B Rep. 058, Nr. 1581; Freiberg, To survive, S. 292.

365 Vom Lagerpersonal waren auch Richter, Nowak, Müller und Wolf im Lager. Frenzel, 22. 11. 1963, LA Münster, Q 234, Nr. 4294, Bl. 97–104; F. Wolf, 14./15. 6. 1962, ebenda, Nr. 4275, Bl. 25–40; Aleksej Angelowitsch Waizen, 12.–13. 3. 1984, ebenda, Nr. 4393, nach Bl. 55; Jakob Biskowitz, 3. 3. 1964 (YV), ebenda, Nr. 4398; Ticho, My legacy, S. 124–128; Blatt, Schatten, S. 195–204, 315; Schelvis, Sobibór, S. 308; Bialowitz, Promise, S. 114–118; Wewryk, To Sobibor, S. 95–97.

366 Blatt, Schatten, S. 323.

367 Janina Prokopiuk, 9. 10. 1967, LA Münster, Q 234, Nr. 4583, Bl. 330–334; Franciszek Parkola, 21. 11. 1966 (P), ebenda, Nr. 4311, Bl. 313–316; Frenzel, 22. 11. 1963 u. 29. 9. 1966 (Hpt.V.), ebenda, Nr. 4294, Bl. 97–104 u. Nr. 4433, Bl. 1683–1694; Bauer, 30. 11. 1965 (Hpt.V.), ebenda, Nr. 4419, Bl. 689–697; Hilmar Moser, 9. 11. 1962, ebenda, Nr. 4284, Bl. 69–70; Erich Wullbrandt, 26. 3. 1963, ebenda, Nr. 4290, Bl. 6–10; Felix Gorny, 5. 9. 1962, ebenda, Nr. 4278, Bl. 52–56; Hans Wagner, 21. 10. 1960, ebenda, Nr. 4263, Bl. 63–84; Moszek Morensztejn, 18. 3. 1947 (P), ebenda, Nr. 4569, Bl. 372–374; Bauer, 9. 10. 1974 (Hpt.V.), LA Berlin, B Rep. 058, Nr. 1581; Schelvis, Sobibór, S. 206 u. S. XXXII–XXXIII; Sporrenberg an Günther, 15. 10. 1943, in Tyas, »Nachrichtendienst«, S. 444; Curilla, Judenmord, S. 761–762.

368 Blatt, Schatten, S. 315–318; Erich Wullbrandt, 26. 3. 1963, LA Münster, Q 234, Nr. 4290, Bl. 6–10; August Preyssl, 3. 5. 1962, ebenda, Nr. 4291, Bl. 8–13; Frenzel, 22. 11. 1963 u. 29. 9. 1966 (Hpt.V.), ebenda, Nr. 4294, Bl. 97–104 u. Nr. 4433, Bl. 1683–1694.

369 Klier, 21. 8. 1950 (Hpt.V.), HHStA Wiesbaden, Abtl. 461, Nr. 36346, Bd. 3, Bl. 277–296; Schelvis, Sobibór, S. 219–220; Blatt, Schatten; Bolender, 16. 10. 1963, LA Münster, Q 234, Nr. 4293, Bl. 93–98; Frenzel, 22. 11. 1963 u. 14. 2. 1964, ebenda, Nr. 4294, Bl. 97–104 u. Nr. 4296, Bl. 126–133; Mentz, 30. 8. 1961, ebenda, Nr. 4265, Bl. 112–118; Matthes, 4. 7. 1962, ebenda, Nr. 4275, Bl. 74–79; Jan Piwonski, 15. 12. 1967 u. 26. 2. 1966 (P), ebenda, Nr. 4583, Bl. 321–329 u. Nr. 4310, Bl. 184–188; Felix Gorny, 5. 9. 1962, ebenda, Nr. 4278, Bl. 52–56; Zierke, 11. 6. 1963 u. 9. 11. 1963, ebenda, Nr. 4291, Bl. 88–97 u. Nr. 4294, Bl. 80–92; Bauer, 6. 10. 1965 (Hpt.V.), ebenda, Nr. 4416, Bl. 174–189; Jührs, 15. 11. 1962, ebenda, Nr. 4284, Bl. 88–93; Wladyslaw Szubert, 11. 10. 1978, ebenda, Nr. 4583, Bl. 364–370; Jozef Malinski, 31. 12. 1945 (P), ebenda, Nr. 4583, Bl. 306–311; Jan Krzowski, 28. 2. 1966 (P), ebenda, Nr. 4310, Bl. 193–197; Bauer, 9. 10. 1974 (Hpt.V.), LA Berlin, B Rep. 058, Nr. 1581; Rich, »Reinhard« and Operation 1005?; HSSPF Russland Mitte an Polizeifunkstelle Lublin, 27. 10. 1943, in Tyas, »Nachrichtendienst«, S. 445.

370 Laut Schelvis war vom 1.–10. 12. 1943 ein Kommando der Polizei-Reiterabteilung III in Sobibor. Laut Piwonski wurden die Gebäude an der Rampe vom deutschen Baudienst bis Juli 1944 weitergenutzt. Schelvis, Sobibór, S. 221–222; Matthes, 4. 7. 1962, LA Münster, Q 234, Nr. 4275, Bl. 74–79; Suchomel, 7. 11. 1962, ebenda, Nr. 4284, Bl. 46–53; Jührs, 5. 11. 1963, ebenda, Nr. 4294, Bl. 9ff. Unverhau, 14./15. 9. 1961, ebenda, Nr. 4266, Bl. 16–28; Rum, 23. 11. 1961, ebenda, Nr. 4267, Bl. 64–73; Jan Piwonski, 26. 2. 1966 (P) u. 15. 12. 1967, ebenda, Nr. 4310, Bl. 184–188 u. Nr. 4583, Bl. 321ff. Black, »Police Auxiliaries«, S. 345; Black, »Food Soldiers«, S. 41.

371 Vgl. Klinkhammer, Bündnis, S. 28–69; Picciotto, Libro, S. 857–866; Wedekind, Annexionspolitik, S. 100–101; Koschat, »Polizeihaftlager«, S. 161; Di Giusto, Operationszone; Liuzzi, Politica di repressione.

372 Dienstlaufbahn u. Bericht v. Globocnik, 27. 10. 1943, BArch, SSO 16 A (Odilo Globocnik); Wedekind, Annexionspolitik, S. 308–310; Koschat, »Polizeihaftlager«, S. 158–159; Geng, 1. 9. 1970 u. 1. 6. 1971, HHStA Wiesbaden, Abtl. 631a, Nr. 1329; Stangl, 22. 5. 1970 (Hpt.V., Mitschrift Kaul), BArch, DP 3/2012; Stangl in Sereny, Abgrund, S. 288; Oberhauser, 24. 9. 1973, BArch Ludwigsburg, B 162/6646, Bl. 323–330; Stadie, 27. 6. 1962, LA Düsseldorf, Rep. 388, Nr. 763, Bl. 88–97.

373 Oberhauser, 24. 9. 1973, BArch Ludwigsburg, B 162/6646, Bl. 323–330; Oberhauser, 3. 5. 1971, in Scalpelli (Hg.), San Sabba, Bd. 2, S. 32–33; Arnold Oels, 25. 10. 1961, LA Münster, Q 234, Nr. 4266, Bl. 111–117; Vermerk v. Dietrich Allers, 15. 1. 1944, BArch, R 96 I, 1; Bericht v. Globocnik, 27. 10. 1943 u. v. Herff an Globocnik, 20. 12. 1943, BArch, SSO 16 A (Odilo Globocnik); Wedekind, Annexionspolitik, S. 373; Gley, 28. 7. 1967, IRSML, Risiera Processo, Heft IV.

374 Bauch, Beckmann, Biela, Bree, Fichtner, Floß, Getzinger, Graetschus, Jirmann, Kaina, Kloß, Konrad, Niemann, Schemmel, Steffel, Stengelin, Vallaster und Josef Wolf.

375 Feix, Lachmann, Schäfer und Lindenmüller sowie Arndt, Becher, Bootz, Borowski, Bruckner, Eberl, Felfe, Florian, Fuchs, Grömer, Groth, Hirche, Ittner, Klahn, Michel, Rittler, Scharfe, Schuh, Schütt und Weiß.

376 Münzberger, 26. 1. 1962, LA Münster, Q 234, Nr. 4269, Bl. 119–124; Hödl, 31. 3. 1966, ebenda, Nr. 4424, Umschlag Bl. 1055; Suchomel, 24./25. 1. 1962, ebenda, Nr. 4269, Bl. 108–118; Lambert, 2. 10. 1962, ebenda, Nr. 4278, Bl. 134–142; Dietrich Allers, 21. 3. 1962, ebenda, Nr. 4271, Bl. 133–141; Helmut Fischer, 24. 1. 1966, HHStA Wiesbaden, Abtl. 631a, Nr. 1329; Gerhard Siebert, 1. 7. 1965, ebenda, Nr. 886; Albert Geis, 24. 5. 1964, ebenda; August Köhler, 28. 11. 1961, ebenda; Irmgard Raabe, 13. 7. 1954, ebenda, Nr. 889b; Carlo Grini, 28. 9. 1967, in Scalpelli (Hg.), San Sabba, Bd. 2, S. 57; Geschäftsverteilungsplan der T4, 6. 8. 1943, BArch, R 96 I, 1.

377 Suchomel, 6. 3. 1978, in Carnier, Sterminio, S. 358; Suchomel, 5. 2. 1963, StA München, Staatsanwaltschaften 33033/8, Bl. 1450–1458; Jührs, 8. 4. 1964, HHStA Wiesbaden, Abtl. 631a, Nr. 1329; Michalsen, 25. 1. 1961, LA Düsseldorf, Rep. 388, Nr. 765, Bl. 111–120.

378 Z.B. im Fall der Konfiszierung des Eigentums. Vgl. hierzu die Konfiszierungsakten, die von der jüdischen Gemeinde von Triest aufbewahrt werden.

379 Hirtreiter, 27. 8. 1965, BArch Ludwigsburg, B 162/4456, Bl. 37–40; Dubois, 2. 8. 1967, HHStA Wiesbaden, Abtl. 631a, Nr. 1328; Gley, 28. 7. 1967, IRSML, Risiera Processo, Heft IV; Wirth an die Lager R I, II und III zur Beschlagnahme und Sicherstellung von Judengut, 18. 12. 1943, IRSML, Dokument Nr. 1654.

380 Geng, 1. 9. 1970, HHStA Wiesbaden, Abtl. 631a, Nr. 1329; Antonio Costrè, 1. 9. 1970, in Scalpelli (Hg.), San Sabba, Bd. 2, S. 103–108; Enrico Sandrin, 18. 8. 1970, IRSML, Risiera Processo, Heft 2; Fogar, »L'Occupazione«, S. 31–65.

381 Oberhauser, 3. 5. 1971, in Scalpelli (Hg.), San Sabba, Bd. 2, S. 32–33; Wedekind, Annexionspolitik, S. 310; Rieß, »Christian Wirth«, S. 246.

382 Stadie, 9./10. 7. 1962, LA Münster, Q 234, Nr. 4275, Bl. 89–98; Oberhauser, 3. 5.

1971, in Scalpelli (Hg.), San Sabba, Bd. 2, S. 32–33; Antonio Costrè, 1. 9. 1970, in ebenda, S. 105, Arthur Walther, 18. 2. 1965, HHStA Wiesbaden, Abtl. 631a, Nr. 886; Stangl, 12. 3. 1971, IRSML, Risiera Processo, Heft 3; Wedekind, Annexionspolitik, S. 311.

383 Münzberger, 31. 3. 1960, LA Düsseldorf, Rep. 388, Nr. 746, Bl. 128–131; Mentz, 19. 7. 1960, ebenda, Nr. 749, Bl. 157–169; Bauer, 10./11. 10. 1961, LA Münster, 45 Js 27/61, Nr. 4266, Bl. 67–82; Dietrich Allers, 15. 1. 1944, BArch, R 96 I, 1; Sporleder, 31. 5. 1947, BStU, Außenstelle Halle, MfS BV Halle Ast 7054/48, Bd. 1; Girtzig, 18. 7./19. 7. 1961, StA München, Staatsanwaltschaften 33033, Bd. 6, Bl. 1009–1026.

384 Dietrich Allers, 2. 9. 1965, HHStA Wiesbaden, Abtl. 631a, Nr. 887; Irmgard Raabe, 13. 7. 1954, ebenda, Nr. 889b; Schiffner, 22. 10. 1965, ebenda, Nr. 890; Girtzig, 27. 4. 1964, ebenda, Nr. 1329; Erich Fettke, 18. 2. 1965, ebenda, Nr. 1329; Geng, 1. 9. 1970, ebenda, Nr. 1329; Barbl, 10. 12. 1965, ebenda, Nr. 1328; Bolender, 8. 7. 1965, ebenda, Nr. 887; Bauer, 27. 4. 1964, ebenda, Nr. 1328; Gley, 16. 3. 1962, ebenda, Nr. 1329; August Köhler, 5. 7. 1971, ebenda, Nr. 1329; Mätzig, 8. 10. 1968, ebenda, Nr. 1330; Dubois, 2. 8. 1967, ebenda, Nr. 1328; F. Wolf, 24. 11. 1965, LA Münster, Q 234, Nr. 4306, Bl. 223–227; Bauer, 10./11. 10. 1961, ebenda, Nr. 4266, Bl. 67–82; Mentz, 30. 8. 1961, ebenda, Nr. 4265, Bl. 112–118; Horn, 9./12. 1. 1963, ebenda, Nr. 4285, Bl. 70–79; Matthes, 4. 7. 1962 u. 10. 10. 1962, ebenda, Nr. 4275, Bl. 74–79 u. Nr. 4280, Bl. 16–18; Bolender, 2. 10. 1963, ebenda, Nr. 4293, Bl. 29–38; Suchomel, 24./25. 1. 1962, ebenda, Nr. 4269, Bl. 108–118; Schluch, 11. 4. 1962, ebenda, Nr. 4272, Bl. 65–70; Münzberger, 26. 1. 1962 u. 10. 11. 1962, ebenda, Nr. 4269, Bl. 119–124 u. Nr. 4284, Bl. 72–77; Dubois, 12. 4. 1962, ebenda, Nr. 4272, Bl. 73–79; Stadie, 9./10. 7. 1962, ebenda, Nr. 4275, Bl. 89–98; Matthes, 29. 4. 1965 (Hpt.V.), LA Düsseldorf, Rep. 388, Nr. 812; Miete, 27. 5. 1960, ebenda, Nr. 748, Bl. 154–157; Dietrich Allers, 19. 4. 1960, ebenda, Nr. 747, Bl. 46–47; Mentz, 19. 7. 1960 u. 20. 9. 1967, ebenda, Nr. 749, Bl. 157–169 u. Nr. 862, Bl. 97–104; Großmann, 26. 6. 1963, StA Hamburg, LG NSG 213-12, 0036/018, Bl. 7085–7086; Tauscher, 24. 1. 1964, ebenda, 0036/020, Bl. 8218–8220; Dubois, 16.–18. 9. 1961 u. 7. 9. 1961, StA München, Staatsanwaltschaften 33033, Bd. 6, Bl. 1033–1059 u. Bd. 7, Bl. 1229–1243; Häusler, 23. 5. 1960, ebenda, Bd. 5, Bl. 800–805; Gley, 8.–10. 5. 1961, ebenda, Bd. 5, Bl. 908–932; Gerhard Schneider, 2. 11. 1954, in Scalpelli (Hg.), San Sabba, Bd. 2, S. 14; Carlo Grini, 28. 9. 1967 u. 9. 6. 1967, in ebenda, S. 52–57; Enrico Breiner, 5. 6. 1967, in ebenda, S. 48; Giuseppe Gionechetti, 14. 5. 1970, in ebenda, S. 87; Giovanni Wachsberger, 14. 4. 1970, in ebenda, S. 80; Augusta Reiss, 15. 5. 1970, in ebenda, S. 90; Schluch, 31. 7. 1967, IRSML, Risiera Processo, Heft IV; Carnier, Sterminio, S. 108, 399; Arianna Szörényi, in Pezzetti, Libro, S. 141; Koschat, »Polizeihaftlager«, S. 160.

385 Carnier, Sterminio, S. 399; BArch, R 70 Italien/23, Bl. 155–156 (Beförderungsvorschläge); Bauer, 27. 4. 1964, HHStA Wiesbaden, Abtl. 631a, Nr. 1328; Hödl, 18. 11. 1964, ebenda, Nr. 888; Frenzel, 15. 9. 1965, ebenda, Nr. 887; Helmut Fischer, 27. 6. 1969, ebenda, Nr. 1329; Bolender, 5. 6. 1961, StA München, Staatsanwaltschaften 33033, Bd. 5, Bl. 961–978; Gley, 8.–10. 5. 1961, ebenda, Bl. 908–932; Girtzig, 18. 7./19. 7. 1961, ebenda, Bd. 6, Bl. 1009–1026; F. Wolf, 13.–14. 4. 1964, ebenda, 34865/86; Gomerski, 15. 4. 1964, ebenda; Großmann,

5. 7. 1961, LA Düsseldorf, Rep. 388, Nr. 756, Bl. 40–49; Stadie, 27. 6. 1962, ebenda, Nr. 763, Bl. 88–97; F. Wolf, 5. 9. 1963, LA Münster, Q 234, Nr. 4298, Bl. 51–56; Zierke, 11. 6. 1963, ebenda, Nr. 4291, Bl. 88–97.

386 Carnier, Sterminio, S. 66, 399; Helmut Fischer, 27. 6. 1969, HHStA Wiesbaden, Abtl. 631a, Nr. 1329; Mätzig, 14. 9. 1970 u. 8. 10. 1968, ebenda, Nr. 1330; Walther, 2. 9. 1965, ebenda, Nr. 886; Hirtreiter, 3. 7. 1946, ebenda, Abtl. 461, Nr. 35253, Bl. 28; Suchomel, 13. 10. 1964 (Hpt.V.), LA Düsseldorf, Rep. 388, Nr. 808; Mentz, 31. 7. 1961, ebenda, Nr. 757, Bl. 19–21; Mentz, 13. 4. 1962, LA Münster, Q 234, Nr. 4272, Bl. 83–84; Dietrich Allers an Käthe Pötzinger, 24. 12. 1944, ebenda, Nr. 4271, Bl. 115; Münzberger, 26. 1. 1962, ebenda, Nr. 4269, Bl. 119–124; Suchomel, 24./25. 1. 1962, ebenda, Nr. 4269, Bl. 108–118; Gley, 8.–10. 5. 1961, StA München, Staatsanwaltschaften 33033, Bd. 5, Bl. 908–932; Augusta Reiss, 15. 5. 1970, Scalpelli (Hg.), San Sabba, Bd. 2, S. 90.

387 Unverhau, 21. 7. 1960, StA München, Staatsanwaltschaften 33033, Bd. 4, Bl. 685–689; Gley, 8.–10. 5. 1961, ebenda, Bd. 5, Bl. 908–932; Horn, 9./12. 1. 1963, LA Münster, Q 234, Nr. 4285, Bl. 70–79; Mitteilung WASt zu Wilhelm Beelitz, 13. 4. 1960, LA Düsseldorf, Rep. 388, Nr. 264; Horn, 6. 11. 1961, ebenda, Nr. 760, Bl. 62–74; Dietrich Allers, 19. 4. 1960, ebenda, Nr. 747, Bl. 46–47; Mitteilung WASt zu Plikat, 1. 4. 1965, ebenda, Nr. 780, Bl. 143; Gräberauskunft unter http://www.volksbund.de/graebersuche.html [10. 5. 2013].

388 F. Wolf, 13./14. 4. 1964, StA München, Staatsanwaltschaften 34865/86; Bauer, 10./11. 10. 1961, LA Münster, Q 234, Nr. 4266, Bl. 67–82; Lambert, 7. 11. 1963 u. 2. 10. 1962, ebenda, Nr. 4294, Bl. 39–48 u. Nr. 4278, Bl. 134–142; Schiffner, 19. 6. 1962, LA Düsseldorf, Rep. 388, Nr. 762, Bl. 142–153; Stadie, 27. 6. 1962, ebenda, Nr. 763, Bl. 88–97; Münzberger, 31. 3. 1960, ebenda, Nr. 746, Bl. 128–131; Mentz, 19. 7. 1960, ebenda, Nr. 749, Bl. 157–169; Matthes, 29. 3. 1962, ebenda, Nr. 762, Bl. 64–69; Großmann, 5. 7. 1961, ebenda, Nr. 756, Bl. 40–49.

389 Alessandra Rupena, 24. 8. 1970, in Scalpelli (Hg.), San Sabba, Bd. 2, S. 93–95; Wedekind, Annexionspolitik, S. 448, 451–458; Wörsdörfer, Krisenherd, S. 380–423; Di Giusto, Operationszone, S. 310.

390 BArch, R 70 Italien/23, Bl. 155–156.

391 BArch, SSO 50 A (Willi Häusler); Frenzel, 16. 4. 1964, StA München, Staatsanwaltschaften 34865/86; Stangl, 27. 6. 1967, LA Düsseldorf, Rep. 388, Nr. 245, Bl. 157–166; Wedekind, Annexionspolitik, S. 455.

392 Großmann, 5. 7. 1961, LA Düsseldorf, Rep. 388, Nr. 756, Bl. 40–49; Mentz, 19. 7. 1960, ebenda, Nr. 749, Bl. 157–169; Wedekind, Annexionspolitik, S. 310 u. 454; Rieß, »Christian Wirth«, S. 246.

393 Z.B. Tregenza, »Belzec Death Camp«, S. 23; Oberhauser, 24. 1. 1963, StA München, Staatsanwaltschaften 33033/8, Bl. 1424; Dietrich Allers, 20. 2. 1963, ebenda, Bl. 1470–1472; Gomerski, 21. 2. 1963, ebenda, Bl. 1472–1273; Gley, 8.–10. 5. 1961 u. an LG München, 23. 1. 1963, ebenda, Bd. 5, Bl. 908–932 u. Bd. 13, Bl. 2484–2485; Jührs, 11.–13. 10. 1961, ebenda, Bd. 6, Bl. 1089–1120; Krakowski, »In Kulmhof«, S. 110–145; Gräberauskunft unter http://www.volksbund.de/graebersuche.html [10. 5. 2013].

394 Bauer, 27. 4. 1964, HHStA Wiesbaden, Abtl. 631a, Nr. 1328. Vgl. zur Gebirgsdivision Meyer, Edelweiß.

395 Globocnik an Herff, 27. 10. 1943, BArch, SSO-Akte Schwarzenbacher; Nikolay

Shalayev, 27. 11. 1950 u. 8. 12. 1950, Dokument GX-123 u. GX-124 im US-Fall gg. Reimer, Plaintiff Dokumente, Demjanjuk v. Petrovsky, OSI file TC 4-5-32 u. TC 4-5-33; Oberhauser, 24. 9. 1973, BArch Ludwigsburg, B 162/6646, Bl. 323–330; Di Giusto, Operationszone, S. 318.

396 Suchomel, 6. 3. 1978, in Carnier, Sterminio, Anhang, S. 358; Pohl, »Trawniki-Männer«, S. 286; Prokofij Nikolaevich Ryabtsev, 18. 4. 1965, Dokument GX-142 im US-Fall gg. Reimer, Plaintiff Dokumente, Demjanjuk v. Petrovsky, OSI File TC 4-5-52; Bauer, 10./11. 10. 1961 u. 11. 12. 1962, LA Münster, Q 234, Nr. 4266, Bl. 67–82 u. Nr. 4286, Bl. 54–71; Hödl, 18. 4. 1963, ebenda, Nr. 4289, Bl. 23–27; Jakow Engelhardt, 14. 3. 1983, ebenda, Nr. 4395; Enrico Sandrin, 18. 8. 1970, IRSML, Risiera Processo, Heft 2.

397 Oberhauser, 24. 9. 1973, BArch Ludwigsburg, B 162/6646, Bl. 323–330; Dietrich Allers, 21. 3. 1962, LA Münster, Q 234, Nr. 4271, Bl. 133–141; Globocnik an Herff, 9. 2. 1944, BArch SSO 16 A (Odilo Globocnik); »Camerati germanici in visita alla Casa Littoria«, *Il Piccolo di Trieste* vom 9. 11. 1943, S. 2.

398 Franz, 9. 8. 1967, HHStA Wiesbaden, Abtl. 631a, Nr. 1329; Dietrich Allers, 19. 4. 1960, LA Düsseldorf, Rep. 388, Nr. 747, Bl. 46–47; Stadie, 27. 6. 1962, ebenda, Nr. 763, Bl. 88–97; Stadie, 9./10. 7. 1962, LA Münster, Q 234, Nr. 4275, Bl. 89–98; Oberhauser, 24. 9. 1973, BArch Ludwigsburg, B 162/6646, Bl. 323–330; Giovanni Wachsberger, 14. 4. 1970, in Scalpelli (Hg.), San Sabba, Bd. 2, S. 80; Wedekind, Annexionspolitik, S. 321, 339–341, vgl. Di Giusto, Operationszone, S. 185–191. Vgl. Schreiber, Die italienischen Militärinternierten.

399 Nikolay Shalayev, 27. 11. 1950 u. 20. 12. 1951, Dokument GX-123 u. GX-126 im US-Fall gg. Reimer, Plaintiff Dokumente, Demjanjuk v. Petrovsky, OSI file TC 4-5-32 u. TC 4-5-34; Arthur Walther, 18. 2. 1965, HHStA Wiesbaden, Abtl. 631a, Nr. 886.

400 Interview Rai mit Nerina De Walderstein, www.testimonianzedailager.rai.it/testimoni/test_25.asp [Stand 10. 5. 2013]; Fogar, »L'Occupazione«, S. 38–58; Wedekind, Annexionspolitik, S. 349.

401 Suchomel, 24./25. 1. 1962, LA Münster, Q 234, Nr. 4269, Bl. 108–118; Münzberger, 26. 1. 1962, ebenda, Nr. 4269, Bl. 119–124.

402 Suchomel, 5. 2. 1963, StA München, Staatsanwaltschaften 33033/8, Bl. 1450–1458.

403 Suchomel, 5. 2. 1963, StA München, Staatsanwaltschaften 33033/8, Bl. 1450–1458.

404 Coslovich, Percorsi, S. 325; Bon, »Deportazione«, S. 387 gibt für den Beginn der Okkupation bis zu 2500 Juden in Triest, 100 in Görz sowie 881 in Fiume und Abbazia an.

405 Verhaftungsanordnung, 30. 11. 1943, in Bon Gherardi, Persecuzione, S. 224–224; Picciotto, Libro, S. 932.

406 Suchomel, 6. 3. 1978, in Carnier, Sterminio, Anhang; Wedekind, Annexionspolitik, S. 351–352; Oberhauser, 1. 4. 1964, StA München, Staatsanwaltschaften 33033/23, Bl. 1343.

407 Wedekind, Annexionspolitik, S. 358; Augusta Reiss, 3. 4. 1970, in ebenda, S. 73; Schluch, 31. 7. 1967, IRSML, Risiera Processo, Heft IV; Bon, Comunità, S. 114–115; Bon Gherardi, Persecuzione, S. 203.

408 Bon Gherardi, Persecuzione, S. 238–241; Pezzetti, Libro, S. 127–143.

409 Dubois, 2. 8. 1967, in Scalpelli (Hg.), San Sabba, Bd. 2, S. 22–23; Suchomel, 24./25. 1. 1962, LA Münster, Q 234, Nr. 4269, Bl. 108–118; Dubois, 15. 9. 1965, HHStA Wiesbaden, Abtl. 631a, Nr. 887; Bon Gherardi, Persecuzione, S. 228.

410 Vgl. Verhaftungsanordnungen IRSML, Umschlag XLVIII, Heft 1; Picciotto, Libro, S. 56, 938; Bon Gherardi, Persecuzione, S. 224–229; Fangaresi, Dieci settimane, S. 92–93.

411 Bon, Comunità, S. 115; Ballarini u.a., Tributo, S. 25.

412 Picciotto, Libro, S. 20, 937; Geng, 1. 9. 1970, HHStA Wiesbaden, Abtl. 631a, Nr. 1329; Oberhauser, 24. 9. 1973, BArch Ludwigsburg, B 162/6646, Bl. 323–330.

413 Ernst Bach, o. Dt., LA Münster, Q 234, Nr. 3082; Gino Horn, 26. 11. 1970, IRSML, Risiera Processo, Heft 2; Paolo Sereni, 14. 4. 1970, ebenda; Questura di Venezia an Krankenhäuser, 19. 4. 1944, ebenda; Erklärung für Procuratore Venedig, 12. 5. 1946, ebenda; Erklärung des Ospedale Psichiatrico Provinciale di S. Clemente, 6. 10. 1944, ebenda; Picciotto, Libro, S. 937; Carnier, Sterminio, S. 95–99; Stangl an Questura Venezia, 5. 10. 1944, LA Berlin, B Rep. 057, Bd CXXXVIII, Bl. 142.

414 Wedekind, Annexionspolitik, S. 363; Don Giuseppe Rasia, in Selmin (Hg.), Da Este, S. 35–37; Geng, 1. 9. 1970, in Scalpelli (Hg.), San Sabba, Bd. 2, S. 101; Picciotto, Libro, S. 56, 937–938; Bon Gherardi, Persecuzione, S. 211.

415 1197 Menschen nach Picciotto, Libro, S. 65. 1450 Juden nach Matta, »Risiera«, S. 51. Laut Bon, »Deportazione«, S. 387 wurden 1235 Juden deportiert.

416 Picciotto, Libro, S. 55–57; Schluch, 11. 4. 1962, LA Münster, Q 234, Nr. 4272, Bl. 65–70; Dubois, 15. 9. 1965, in Scalpelli (Hg.), San Sabba, Bd. 2, S. 7–8; Coslovich, Percorsi, S. 337; Antrag der Staatsanwaltschaft, 5. 1. 1976, BArch Ludwigsburg, B 162/6646, Bl. 366–401.

417 Von den nach Auschwitz deportierten »Mischlingen«, die Auschwitz überlebt haben, sind Andra und Tatiana Bucci, Italo Dino Levi, Ottaviano Danelon, Loredana Tisminiezky, Marta Ascoli, Arianna Szörényi und Lidia Seppilli bekannt. Suchomel, 5. 2. 1963, StA München, Staatsanwaltschaften 33033/8, Bl. 1450–1458; vgl. Pezzetti, Libro sowie Lidia Seppilli. 2. 3. 1971, IRSML, Risiera Processo, Heft 2; Liliana Levitus, 29. 4. 1971, ebenda, IRSML, Risiera Processo, Heft 2; Gino Horn, 26. 11. 1970, ebenda; Ilda Noris Levi, 29. 9. 1967, in Scalpelli (Hg.), San Sabba, Bd. 2, S. 60.

418 Picciotto, Libro, S. 62–65; D'Amico, »Deportazione«, S. 29–33; Antonietta Carretta, 2. 12. 1970, in Scalpelli (Hg.), San Sabba, Bd. 2, ebenda, S. 119; Mantelli (Hg.), Libro; Coslovich, Percorsi, S. 52–84.

419 Marta Ascoli, 12. 3. 1971, und Oberhauser an Ida Ascoli, 16. 8. 1944; CDEC, Processo Trieste, 10 B, Bd. II.

420 Wedekind, Annexionspolitik, S. 363; Bericht für Obersten Kommissar in der Operationszone »Adriatisches Küstenland«, 26. 2. 1945, BArch, R 83, Adriatisches Küstenland/1, Bl. 1–4.

421 Münzberger, 26. 1. 1962, LA Münster, Q 234, Nr. 4269, Bl. 119–124; Schluch, 11. 4. 1962, ebenda, Nr. 4272, Bl. 65–70; Gley, 16. 3. 1962, ebenda, Nr. 4271, Bl. 116–119; Wolf, 24. 11. 1965, ebenda, Nr. 4306, Bl. 223–227; Frenzel, 15. 9. 1965, HHStA Wiesbaden, Abtl. 631a, Nr. 887; Schiffner, 22. 10. 1965, ebenda, Nr. 890; Dubois, 2. 8. 1967 u. 15. 9. 1965, ebenda, Nr. 1328 u. Nr. 887; Gerhard Schneider, 3. 11. 1965, ebenda, Nr. 890; Wedekind, Annexionspolitik, S. 365; Li-

dia Frankel, 25. 3. 1970, in Scalpelli (Hg.), San Sabba, Bd. 2, S. 67; Wirth an die Lager R I, II und III, 18. 12. 1943, IRSML, Dokument Nr. 1654; Hering an Abteilung Finanzen, 11. 7. 1944, ebenda, Dok. 1657.

422 Bericht Abtl. III, 9. 5. 1944, BArch, R 83 Adriatisches Küstenland/2; Bericht für Obersten Kommissar in der Operationszone »Adriatisches Küstenland«, 26. 2. 1945, BArch, R 83, Adriatisches Küstenland/1, Bl. 1–4; Wedekind, Annexionspolitik, S. 363–364.

423 Wedekind, Annexionspolitik, S. 363, 368; Sereny, Abgrund, S. 290; Suchomel, 6. 3. 1978, in Carnier, Sterminio, S. 358; Ottaviano Danelon, 27. 7. 1995, CDEC, Archivio della Memoria; Picciotto, Libro, S. 824; Giovanni Wachsberger, 14. 4. 1970, in Scalpelli (Hg.), San Sabba, Bd. 2, S. 82; Gino Horn, 26. 11. 1970, IRSML, Risiera Processo, Heft 2; Liliana Levitus, 29. 4. 1971, ebenda; Maria Del Monte, 19. 3. 1971, ebenda; Ida Brainik, 29. 4. 1971, ebenda; Wirth an Lager R I, II und III, 18. 12. 1943, IRSML, Dokument Nr. 1654.

424 Häusler, 15. 8. 1966 (Hpt.V.), LA Münster, Q 234, Nr. 5243, Bl. 1565–1580; Gley, 16. 3. 1962, ebenda, Nr. 4271, Bl. 116–119; Häusler, 11. 6. 1971, HHStA Wiesbaden, Abtl. 631a, Nr. 1329; Hödl, 10. 12. 1965, ebenda, Nr. 888; Sereny, Abgrund, S. 291; Stangl, 27. 6. 1967, LA Düsseldorf, Rep. 388, Nr. 245, Bl. 157–166; Carnier, Sterminio, S. 95–99; Suchomel, 6. 3. 1978, in ebenda, im Anhang; Stangl, 12. 3. 1971, IRSML, Risiera Processo, Heft 3; Picciotto, Libro, S. 913.

425 Fölkel, Risiera, S. 35 nennt 15000; Bon, »Risiera«, S. 862 gibt 20000 bis 25000 an.

426 Wedekind, Annexionspolitik, S. 371–372; Walther, 2. 9. 1965, HHStA Wiesbaden, Abtl. 631a, Nr. 886; Dietrich Allers, 2. 9. 1965, ebenda, Nr. 887; Dubois, 15. 9. 1965, ebenda, Nr. 887; Schiffner, 22. 10. 1965, ebenda, Nr. 890; Schneider, 3. 11. 1965, ebenda, Nr. 890; Oberhauser, 3. 5. 1971, in Scalpelli (Hg.), San Sabba, Bd. 2, S. 32–33; Lidia Frankel, 25. 3. 1970, in ebenda, S. 67–68; Wachsberger, 14. 4. 1970, in ebenda, S. 80; Picciotto, Libro, S. 936–937.

427 Oberhauser, 24. 9. 1973, BArch Ludwigsburg, B 162/6646, Bl. 323–330.

428 Lidia Frankel, 25. 3. 1970, in Scalpelli (Hg.), San Sabba, Bd. 2, S. 67–68; Giovanni Wachsberger, 14. 4. 1970, in ebenda, S. 78; Gottardo Milani, 27. 5. 1971, in ebenda, S. 128; Enrico Breiner, in Pezzetti, Libro, S. 137; Di Giusto, Operationszone, S. 319; Fangaresi, Dieci settimane, S. 48–50; Lazzero, SS italiane, S. 77.

429 Oberhauser, 12./14. 12. 1962, StA München, Staatsanwaltschaften 33033/13, Bl. 2426–2436; Schiffner, 22. 10. 1965 u. 3. 4. 1968, HHStA Wiesbaden, Abtl. 631a, Nr. 890 u. Nr. 1331a; Paolo Sereni, 10. 10. 1967, ebenda, Nr. 1331a; Alessandro Kroo u. Marta Ascoli, in Pezzetti, Libro, S. 138–140; Klee, Was sie taten, S. 58; Ottaviano Danelon, 27. 7. 1995, CDEC, Archivio della Memoria; Stadie, 9./10. 7. 1962, LA Münster, Q 234, Nr. 4275, Bl. 89–98; Gino Horn, 26. 11. 1970, IRSML, Risiera Processo, Heft 2; Paolo Sereni, 14. 4. 1970, ebenda; Maria Del Monte, 19. 3. 1971, ebenda; Wedekind, Annexionspolitik, S. 371–373; Carlo Grini, 5./9. 6. 1967 u. 28. 9. 1967, Scalpelli (Hg.), San Sabba, Bd. 2, S. 39, 52, 57; Giordano Basile, 30. 9. 1967, in ebenda, S. 63; Lidia Frankel, 25. 3. 1970, in ebenda, S. 70; Augusta Reiss, 3. 4. 1970, in ebenda, S. 73; Giovanni Wachsberger, 14. 4. 1970, in ebenda, S. 76; Giuseppe Gionechetti, 14. 5. 1970, in ebenda, S. 87; Majda Schmidt, 5. 6. 1967, in ebenda, S. 41; Albina Skabar, 5. 6. 1967, in ebenda, S. 44; Nerina Zaira Levi, 5. 6. 1967, in ebenda, S. 46–47.

430 Die Gedenkstätte Risiera gibt ein Minimum von 1000 Opfern an. Carlo Grini, 9. 6. 1967, in Scalpelli (Hg.), San Sabba, Bd. 2, S. 52; Nerina Zaira Levi, 5. 6. 1967, in ebenda, S. 46–47; Giovanni Wachsberger, 14. 4. 1970, in ebenda, S. 76–83; Gino Horn, 26. 11. 1970, IRSML, Risiera Processo, Heft 2; Fölkel, Risiera, S. 34; Picciotto, Libro, S. 937, 823; Villani, »Persecution«, S. 250; Matta, »Risiera«, S. 51; Koschat, »Polizeihaftlager«, S. 165.

431 Gley, 28. 7. 1967, HHStA Wiesbaden, Abtl. 631a, Nr. 1329.

432 Wedekind, Annexionspolitik, S. 371–372; Schluch, 11. 4. 1962, LA Münster, Q 234, Nr. 4272, Bl. 65–70; Dubois, 12. 4. 1962, ebenda, Nr. 4272, Bl. 73–79; Matthes, 4. 7. 1962, ebenda, Nr. 4275, Bl. 74–79; Stadie, 9./10. 7. 1962, ebenda, Nr. 4275, Bl. 89–98; Lambert, 15. 9. 1965, ebenda, Nr. 4310, Bl. 109–112; Dietrich Allers, 21. 3. 1962, ebenda, Nr. 4271, Bl. 133–141; Oberhauser, 12./14. 12. 1962, StA München, Staatsanwaltschaften 33033/13, Bl. 2426–2436; Schiffner, 22. 10. 1965, HHStA Wiesbaden, Abtl. 631a, Nr. 890; Dubois, 15. 9. 1965, ebenda, Nr. 887; Oberhauser, 24. 9. 1973, BArch Ludwigsburg, B 162/6646, Bl. 323–330; Aldo Furlan, 17. 4. 1969, in Scalpelli (Hg.), San Sabba, Bd. 2, S. 65; Giovanni Wachsberger, 14. 4. 1970, in ebenda, S. 80; Koschat, »Polizeihaftlager«, S. 163.

433 Picciotto, Libro, S. 823–824; Suchomel, 6. 3. 1978, in Carnier, Sterminio, Anhang; Dubois, 15. 9. 1965, HHStA Wiesbaden, Abtl. 631a, Nr. 887; Ottaviano Danelon, 27. 7. 1995, CDEC, Archivio della Memoria; Wedekind, Annexionspolitik, S. 311; Enrico Breiner, 5. 6. 1967, in Scalpelli (Hg.), San Sabba, Bd. 2, S. 48; Lidia Frankel, 25. 3. 1970, in ebenda, S. 67–68; Geng, 1. 9. 1970, in ebenda, S. 101; Antonio Costrè, 1. 9. 1970, in ebenda, S. 107; Carlo Grini, 28. 9. 1967 u. 10. 11. 1970, in ebenda, S. 55, 120; Nerina Zaira Levi, 5. 6. 1967, in ebenda, S. 46–47; Giovanni Wachsberger, 14. 4. 1970, in ebenda, S. 76; Antonio Costrè, 1. 9. 1970, in ebenda, S. 106; Paolo Sereni, 14. 4. 1970, IRSML, Risiera Processo, Heft 2.

434 Ester Altberger, 23. 4. 1971, HHStA Wiesbaden, Abtl. 631a, Nr. 1328; Maria Del Monte, 19. 3. 1971, IRSML, Risiera Processo, Heft 2; Alessandra Rupena, 24. 8. 1970, in Scalpelli (Hg.), San Sabba, Bd. 2, S. 93–95; Fangaresi, Dieci settimane, S. 70–71, 83; Giovanni Wachsberger, 14. 4. 1970, in ebenda, S. 80; Fogar, »L'Occupazione«, S. 139.

435 Coslovich, Percorsi, S. 332; Bon Gherardi, »Campo di sterminio«.

Das Profil des T4-Reinhardt-Netzwerks

1 Schröder, »Kollektive Biographien«, S. 8.

2 Gründel, Sendung. Vgl. Herbert, Best, S. 43; Wildt, Generation, S. 849. Zum Begriff der Kriegskindheitsgeneration Harten/Neirich/Schwerendt, Rassenhygiene, S. 99. Vgl. ebenso Steur, Dannecker, S. 158; Banach, »Vertreter«, S. 96–97; Paul, »Akademiker«, S. 238; Mann, »Perpetrators«, S. 355; Paul/Mallmann, »Sozialisation«, S. 1–32; Herbert, »Politische Generationen«, S. 97–102.

3 Jureit/Wildt, »Generationen«, S. 7–26, hier S. 9.

4 Mannheim, »Generationen«, S. 509–565.

5 Loewenberg, »Psychohistorical Origins«, S. 1457–1501. Vgl. auch Peukert, Weimarer Republik, S. 25–30; Elias, »Zusammenbruch«, S. 501, 515–516; Bessel,

»Heimkehr«, S. 222–230; Reichardt, Faschistische Kampfbünde, S. 74, 375–376; Schumann, »Gewalterfahrungen«; Adorno u.a., Autoritäre Charakter, S. 387–403.

6 Mosse, Nationalisierung, S. 240–250; Loewenberg, »Psychohistorical Origins«, S. 1457–1501; Reichardt, Faschistische Kampfbünde, S. 377–386.

7 Volkov, Juden, S. 120; Pulzer, »Wiederkehr«, S. 193–248; Bergmann, Geschichte, S. 38–51.

8 Zur Rekrutierung U. Hoffmann, »Normale Leute?«, S. 255.

9 Vgl. Brandes, Die Sudetendeutschen; V. Zimmermann, Die Sudetendeutschen.

10 Vgl. hierzu Perz, »Österreichische Beteiligung«, S. 223–234. Vgl. zu Studien, die auf die Beteiligung der Österreicher hinwiesen Safrian, Eichmann-Männer sowie Geldmacher, Wiener.

11 Bei Zahlen mit Stern war der Geburtsort nur ungenau überliefert. 1 Arndt; 2 Baer; 3 Barbl; 4 Bauch; 5 Bauer; 6 Becher; 7 Beckmann; 8 Beelitz; 9 Seifert; 10 Biela; 11 Bolender; 12 Bootz; 13 Borowski; 14 Bredow; 15 Bree; 16 Bruckner; 17 Dachsel; 18 Dietze; 19 Dubois; 20 Eberl; 21 Eisold; 22 Feix; 23 Felfe; 24 Fichtner; 25 Florian; 26 Floß; 27 Forker; 28 Franz; 29 Frenzel; 30 Fuchs; 31 Geng; 32 Gentz; 33 Getzinger; 34 Girtzig; 35 Gley; 36 Gomerski; 37 Graetschus; 38 Gringers; 39 Grömer; 40 Großmann; 41 Groth; 42 Hackenholt; 43 Häusler; 44 Hengst; 45 Hering; 46 Hiller; 47 Hirche; 48 Hirtreiter; 49 Hödl; 50 Horn; 51 Ittner; 52 Jirmann; 53 Jührs; 54 Kaina; 55 Kamm; 56 Kielminsky; 57 Klahn; 58 Klier; 59 Kloß; 60 Konrad; 61 Koschewski; 62 Küttner; 63 Lachmann; 64 Lambert; 65 Lindenmüller; 66 Löffler; 67 Ludwig; 68 Matthes; 69 Mätzig; 70 Mentz; 71 Michel; 72 Miete; 73 Möller; 74 Müller; 75 Münzberger; 76 Niemann; 77 Nowak; 78 Oberhauser; 79 Orlijewski; 80 Plikat; 81 Post; 82 Pötzinger; 83 Rehwald; 84 Reichleitner; 85 Richter; 86 Rittler; 87 Rost; 88 Rum; 89 Seidler; 90 Schäfer; 91 Scharfe; 92 Schemmel; 93 Schiffner (Kresadlo); 94 Schluch; 95 Schmidt; 96 Schuh; 97 Schulze; 98 Schütt; 99 Schwarz; 100 Seidel; 101 Sporleder; 102 Stadie; 103 Stangl; 104 Steffel; 105 Stengelin; 106 Steubl; 107 Suchomel; 108 Sydow; 109 Tauscher; 110 Unverhau; 111 Vallaster; 112 Fey; 113 Wagner; 114 Walther; 115 Weiß; 116 Wendlandt; 117 Wirth; 118 u. 119 Franz u. Josef Wolf, 120 Zänker; 121 Zierke.

12 Keupp, »Suche«, S. 288–289; Bilden, »Geschlechterverhältnis«, S. 19–21.

13 Fuchs, 8. 4. 1963, LA Münster, Q 234, Nr. 4290, Bl. 47–57; Wilhelm Helmecke, 27. 1. 1948, BStU, Magdeburg, ASt 105/48, Bl. 60; Franz Rollert, 27. 1. 1948, ebenda, Bl. 61; Sporleder, 31. 5. 1947, BStU, Außenstelle Halle, MfS BV Halle Ast 7054/48, Bd. 1.

14 Floß, Franz, Jirmann, Niemann, Hackenholt, Dubois, Graetschus, Oberhauser und Schwarz.

15 Baer, Bauch, Bolender, Biela, Bootz, Gomerski, Fichtner, Girtzig, Häusler, Mätzig und Sporleder.

16 Franz Wolf, der Mitglied der Sudetendeutschen Partei, aber nicht der NSDAP war und über seinen Bruder zur »Aktion T4« gekommen ist.

17 Fahlbusch, »Im Zentrum«, S. 56; Mann, »Perpetrators«, S. 352; Bericht von Frenzel für Amtsgericht Düsseldorf, März 1963, LA Münster, Q 234, Nr. 4293, Bl. 41–60.

18 BArch, PK S 106 (Gustav Wagner), BArch, PK D 43 (Anton Getzinger); BArch,

PK A 186 (Heinrich Barbl); Lebenslauf v. Stangl, 3. 10. 1938, LA Düsseldorf, Rep. 388, Nr. 259, Bl. 17.

19 Vgl. zum Folgenden: Longerich, SA, S. 88–90, 112, 127, 146, 159, 170–172, 227; Reichardt, Faschistische Kampfbünde, S. 53–127, 267–270, 310–342, 406; Schuster, SA, S. 53, 146–148, 233–238.

20 Dienstleistungszeugnis für Müller, 17. 6. 1937, BArch, SA 59 B (Adolf Müller).

21 Suchomel, 24./25. 1. 1962, LA Münster, Q 234, Nr. 4269, Bl. 108–118; Bolender, 18. 12. 1963, LA Münster, Q 234, Nr. 4295, Bl. 112–118; Frenzel, 3. 4. 1962, ebenda, Nr. 4273, Bl. 23–27; Leo Bialinski, 29. 2. 1964, StA Hamburg, LG NSG 213–12, 0036/021, Bl. 8656–8679. Bauer war im Sturm 27 oder 28. Vgl. zur Berliner SA Schuster, SA, sowie Siemens, Horst Wessel, S. 87–96. Vgl. zu dem vergleichbaren Berliner SA-Sturm 33 Reichardt, »Vergemeinschaftung«, S. 20–36.

22 Vgl. zu den Totenkopfverbänden auch Hördler, Ordnung und Inferno, in der sich dieser auch auf die Gewalterfahrungen der vorausgegangenen Jahre stützt; ebenfalls Tuchel, Organisationsgeschichte, S. 209; Wickert, »Formierung«, S. 196; Orth, Konzentrationslager-SS, S. 36. Vgl. zur SS auch Höhne, Orden; Longerich, Himmler, S. 180–193.

23 Jirmann gehörte zeitweise der vierten Standarte »Ostmark« in Berlin-Adlershof an.

24 Dubois und Hackenholt gehörten der Kraftfahrstaffel an, die anderen besetzten unbedeutende Posten in den Kommandanturstäben. Franz war nach der Ableistung vom allgemeinen Wachdienst beim Küchenkommando.

25 Orth, Konzentrationslager-SS, S. 151; Hördler, »SS-Kaderschmiede«, S. 76, 98; Morsch, »Gründung«, S. 152–154; Sofsky, Ordnung, S. 119.

26 Lebenslauf Niemann, 1943, BArch, SSO 350 A (Johann Niemann).

27 Wegner, Politische Soldaten, S. 36; Förster, »Weltanschauliche Erziehung«, S. 90, 107.

28 Kurt Franz an RuS-Hauptamt, 23. 3. 1940, BArch, RS B 453 (Kurt Franz).

29 Förster, »Weltanschauliche Erziehung«, S. 90–105; Matthäus, »Judenfrage«, S. 45, 59; Wegner, Politische Soldaten, S. 41–69, 140.

30 Orth, Konzentrationslager-SS, S. 127.

31 Hördler, »SS-Kaderschmiede«, S. 75.

32 Morsch, »Gründung«, S. 152–154; Wegner, Politische Soldaten, S. 86–95; Broszat, »Konzentrationslager«, S. 358–367; Orth, Konzentrationslager-SS, S. 127–152.

33 Mindestens Biela, Dubois, Floß, Fuchs, Girtzig, Zierke, Stadie, Mentz, Klier, Ittner, Mätzig, Hirtreiter, Frenzel, Rittler, Schuh und Wagner.

34 Stangl, 26. 6. 1967, LA Düsseldorf, Rep. 388, Nr. 245, Bl. 146–156; Max Hirschfeld, 29. 5. 1968, ebenda, Nr. 249, Bl. 101–104.

35 Von den T4-Polizisten waren Stangl, Reichleitner, Hering, Wirth, Walther, Tauscher und Rost Mitglied der SS. Nur der NSDAP gehörten Schemmel, Küttner und Hirche an.

36 Wilhelm, Polizei, S. 74–82, 106, 118, 180; Wagner, Volksgemeinschaft, S. 194; Matthäus, »Judenfrage«, S. 36; Banach, Elite, S. 114–118; Wildt, Generation, S. 214–251. Vgl. z.B. *Die Deutsche Polizei*, hg. im Auftrag des Reichsführer SS und Chefs der Deutschen Polizei vom Kameradschaftsbund der Deutschen Polizei, 15. 6. 1943, 11. Jg., Nr. 12, S. 237.

37 Wildt, Generation, S. 284; Wilhelm, Polizei, S. 93, 103, 116–126; Wagner, Volksgemeinschaft, S. 193–201.

38 Wettlaufer, »Beteiligung«, S. 284–307.

39 Horn, Dubois, Franz, Frenzel, Gley, Graetschus, Hering, Oberhauser, Rost, Schluch, Franz Wolf, Zierke und eventuell Sydow hatten als Arbeiter in der Landwirtschaft gearbeitet oder anderweitig Kontakt mit Tieren gehabt. Vgl. Patterson, Tiere, S. 124–131.

40 BArch, RS F 5184, Bl. 208 (Gottfried Schwarz); vgl. Schwarz, Frau, S. 8–26, 99–111, 177–183; Bock, »Frauen«, S. 223–226.

41 Häusler 10. 6. 1963, StA München, Staatsanwaltschaften 33033, Bd. 13, Bl. 2668–2672; Barbara Hackenholt, 31. 10. 1961, ebenda, Bd. 6, Bl. 1152–1159; Sereny, Abgrund, S. 147, 396; Hengst, 5. 7. 1962, LA Münster, Q 234, Nr. 4275, Bl. 80–85; Grabher, Eberl, S. 18–25; Briefe von Eberl an seine Frau, HHStA Wiesbaden, Abtl. 631a, Nr. 1631.

42 Johanna Hirtreiter, 18. 11. 1950, HHStA Wiesbaden, Abtl. 461, Nr. 35253, Bl. 221; Lachmann, 4. 10. 1965 (Hpt.V.), LA Münster, Q 234, Nr. 4416, Bl. 156–158; Suchomel, 24./25. 1. 1962, ebenda, Nr. 4269, Bl. 108–118.

43 Berta Rittler zu Schwager, 2. 12. 1935, BArch, R 3001, Archivnr. 100881 (Albert Rittler).

44 Beelitz (Scheidung nach Krieg), Bolender (Scheidungsverfahren 1942/1962), Dubois (Scheidung nach Krieg), Franz (außereheliche Affäre, bittet um Scheidung, vollzieht diese aber nicht), Fuchs (insg. fünf Ehen), Girtzig (Scheidung nach Krieg), Häusler (zwei Ehen), Hering (zwei Ehen), Horn (Scheidung nach Krieg), Jührs (Scheidung nach Krieg), Rittler (Scheidung 1943), Stadie (Trennung nach Krieg), Zierke (Trennung).

45 Franz an RuS-Hauptamt, 27. 3. 1944, BArch, RS B 453 (Kurt Franz). Vgl. zu den »Zweitfrauen« Schwarz, Frau, S. 89–97.

46 Jührs hatte eine jüdische Tante. Schiffners Tante hatte den jüdischen Unternehmer Josef David Oppenheimer aus Teplitz-Schönau geheiratet. Bei Bolender gab es möglicherweise jüdische Vorfahren. Jührs, 29. 1. 1947, HHStA Wiesbaden, Abtl. 461, Nr. 32061, Bd. 48, Bl. 19–22; Schiffner, 19. 6. 1962, LA Düsseldorf, Rep. 388, Nr. 762, Bl. 142–153; Lothar Bewerunge, »Ein ›Achteljude‹ vor Gericht«, *Frankfurter Allgemeine Zeitung* vom 16. 9. 1965, S. 7.

47 Gailus, »Volk«, S. 252.

48 Statistik über Gottgläubige 1939 in NSDAP-Rundschreiben, BArch, NS 6/335, Bl. 58ff. Gailus, »Volk«, S. 256–258; Banach, Elite, S. 143; Bauer, 30. 7. 1949, LA Berlin, B Rep. 058, Nr. 2489, Bl. 3.

49 Heydrich an Staatspolizeistellen, 15. 12. 1936, BArch, BDC Sammlung Schumacher, zit. n. Besier, Kirchen, S. 230; Gailus, »Volk«, S. 256–259; Wegner, Politische Soldaten, S. 52–53; Longerich, Himmler, S. 274–279; Kroll, Utopie, S. 240–242; Dierker, Glaubenskrieger, S. 88.

50 Grabher, Eberl, S. 9; Fuchs, 13./14. 11. 1969, StA München, Staatsanwaltschaften 33033/25, Bl. 55–73; Anna Fuchs, 28.–30. 3. 1966, ebenda, Bl. 14–45.

51 »Führt die Kameraden dazu nicht in Versuchung, sondern erlöst sie von den Juden und Pfaffen, dann steht unserer Reich und unsere Kraft in Ewigkeit!« Vgl. Klee (Hg.), Dokumente, S. 158; Bolender, 23. 1. 1964, LA Münster, Q 234, Nr. 4296, Bl. 57–63.

52 Bericht zu Hadamar, 11. 2. 1946, HHStA Wiesbaden, Abtl. 461, Nr. 32061, Bd. 2, Bl. 1–4; Bolender, 23. 1. 1964, LA Münster, Q 234, Nr. 4296, Bl. 57–63.

53 Jan Piwonski, 10. 11. 1945 (P), LA Münster, Q 234, Nr. 4397, Bl. 115–120; Esther Raab, 2. 8. 1949, ebenda, Nr. 4569, Bl. 312–315; Abraham Margulies, 15. 5. 1962, ebenda, Nr. 4277, Bl. 3–10.

54 Vorsitzender in Hpt.V. gg. Hirtreiter, 5. 7. 1948, HHStA Wiesbaden, Abtl. 461, Nr. 35253, Bl. 7–12.

55 Bauer, 27. 1. 1975 (Hpt.V.), LA Berlin, B Rep. 058, Nr. 1578.

56 Heberer, »Kontinuität«, S. 308; Dubois, 16. 9. 1971, StA München, Staatsanwaltschaften 33033/27, Bl. 26–31; Kepplinger/Reese, »Euthanasieverbrechen«, S. 470.

57 Welzer, Täter, S. 17.

58 Unverhau bat im Januar 1943 um eine Rückversetzung. Die T4 bot ihm an, ihn nach Kaufbeuren zu versetzen, wo der Psychiater Valentin Faltlhauser Patienten tötete, woraufhin Unverhau ablehnte. Vgl. Schmidt/Kuhlmann/v. Cranach, »Kaufbeuren«, S. 265–326; Pötzl, »Faltlhauser«, S. 385–404. Suchomel, 5. 11. 1964 (Hpt.V.), LA Düsseldorf, Rep. 388, Nr. 808; Dietrich Allers, 16. 11. 1964 (Hpt.V.), ebenda, Nr. 808; Arnold Oels, 16. 11. 1964 (Hpt.V.), ebenda, Nr. 808; Unverhau, 5. 10. 1965 (Hpt.V.), LA Münster, Q 234, Nr. 4424, Bl. 1039–1053; August Köhler, 19. 7. 1962, ebenda, Nr. 4275, Bl. 99–102; Unverhau, 15. 2. 1968 (Hpt.V.), HHStA Wiesbaden, Abtl. 631a, Nr. 183, Bl. 943–953; Willy Schneider, 6. 12. 1962, StA München, Staatsanwaltschaften 33033/7, Bl. 1384–1384.

59 Schütt, 7.–9. 6. 1961, LA Münster, Q 234, Nr. 4263, Bl. 155–168; Fuchs, 8. 4. 1963, ebenda, Nr. 4290, Bl. 47–57; Jührs, 21. 1. 1974 (Hpt.V.), LA Berlin, B Rep. 058, Nr. 1576; Unverhau, 31. 1. 1974 (Hpt.V.), ebenda; Zierke, 13. 5. 1963, StA München, Staatsanwaltschaften 33033/8, Bl. 1586–1596; Sereny, Abgrund, S. 108–110; Suchomel in Lanzmann, Shoah, S. 77–78.

60 Gley, 23./24. 11. 1961, StA München, Staatsanwaltschaften 33033/6, Bl. 1166–1190; Dubois, 16.–18. 9. 1961, 29. 4. 1963 u. 16. 9. 1971, ebenda, Bd. 6, Bl. 1033–1059, Bd. 8, Bl. 1512–1523 u. Bd. 27, Bl. 26–31; Jührs, 11.–13. 10. 1961, ebenda, Bd. 6, Bl. 1089–1120; Girtzig, 15. 1. 1963, ebenda, Bd. 8, Bl. 1409–1411. Vgl. Buchheim, »Befehl«, S. 289–318.

61 Zit. n. Rückerl (Hg.), NS-Vernichtungslager, S. 125.

62 Georg Michalsen, 18. 4. 1966 (Hpt.V.), LA Münster, Q 234, Nr. 4425, Bl. 1056–1073.

63 Schütt, 7.–9. 6. 1961, LA Münster, Q 234, Nr. 4263, Bl. 155–168.

64 Unverhau, 20. 5. 1948, StA München, Staatsanwaltschaften 33033, Bd. 4, Bl. 786–788.

65 Suchomel, 25. 10. 1960, LA Düsseldorf, Rep. 388, Nr. 751, Bl. 160–171.

66 Großmann, 5. 7. 1961, LA Düsseldorf, Rep. 388, Nr. 756, Bl. 40–49.

67 Gley, 18. 4. 1966 (Hpt.V.), LA Münster, Q 234, Nr. 4425, Bl. 1056–1073; Girtzig, 15. 1. 1963, StA München, Staatsanwaltschaften 33033, Bd. 8, Bl. 1409–1411; Schluch, 8. 1. 1963, ebenda, Bd. 8, Bl. 1406–1408; Zierke, 31. 1. 1963, ebenda, Bd. 8, Bl. 1436–1449; Unverhau, 6. 5. 1963, ebenda, Bd. 8, Bl. 1539–1549.

68 Bauer, 27. 1. 1975 (Hpt.V.), LA Berlin, B Rep. 058, Nr. 1578.

69 Bauer, 15. 11. 1965 (Hpt.V.), LA Münster, Q 234, Nr. 4418, Bl. 556–557.

70 Lambert, 8. 8. 1974 (Hpt.V.), LA Berlin, B Rep. 058, Nr. 1581.

71 Hirtreiter, 9. 11. 1950, HHStA Wiesbaden, Abtl. 461, Nr. 35253, Bl. 181–190.

72 Bauer, 15. 11. 1965 (Hpt.V.), LA Münster, Q 234, Nr. 4418, Bl. 556–557.

73 Suchomel, 15. 10. 1964 (Hpt.V.), LA Düsseldorf, Rep. 388, Nr. 808.

74 Horn, 18. 4. 1966 (Hpt.V.), LA Münster, Q 234, Nr. 4425, Bl. 1056–1073; Matthes, 30. 3. 1962, ebenda, Nr. 762, Bl. 70–76; Teubner, »Vielköpfige Hydra«, S. 193.

75 Bauer, 15. 11. 1965 (Hpt.V.) u. 27. 6. 1961, LA Münster, Q 234, Nr. 4418, Bl. 556f u. Nr. 4264, Bl. 159–163; Franz, 14. 9. 1961, StA München, Staatsanwaltschaften 33033/6, Bl. 1060–1086; Miete, 2. 6. 1960, LA Düsseldorf, Rep. 388, Nr. 748, Bl. 161–166; Suchomel, 24. 10. 1960, ebenda, Nr. 751, Bl. 148–159; Großmann, 5. 7. 1961, ebenda, Nr. 756, Bl. 40–49; Pinchas Epstein, 25. 9. 1970 (Hpt.V.), ebenda, Nr. 256, Bl. 203–208; Stadie, 28. 6. 1962, ebenda, Nr. 763, Bl. 98–103; Stangl, 19. 7. 1967, ebenda, Nr. 246, Bl. 86–94; Rum, 26. 7. 1967, ebenda, Nr. 246, Bl. 104–108.

76 Arnold Oels, 2. 5. 1966 (Hpt.V.), LA Münster, Q 234, Nr. 4426, Bl. 1147–1159. Vgl. zur Bedeutung der »legitimen Macht« auch Asher, »Ganz normale Täter«, S. 95, 109.

77 Milgram, Milgram-Experiment, S. 17–29; Welzer, Täter, S. 108–113; Browning, Normale Männer, S. 224–230; Bauman, Dialektik, S. 166–183.

78 Dubois, 29. 11. 1962, LA Münster, Q 234, Nr. 4284, Bl. 118–124.

79 Gley, 23./24. 11. 1961, StA München, Staatsanwaltschaften 33033, Bd. 6, Bl. 1166–1190; Dubois, 7. 1. 1963, ebenda, Bd. 7, Bl. 1392–1394; Unverhau, 21. 10. 1963, LA Münster, Q 234, Nr. 4293, Bl. 118–129.

80 Miete, 27. 5. 1960, LA Düsseldorf, Rep. 388, Nr. 748, Bl. 154–157.

81 Zierke, 16. 1. 1948 (Hpt.V.), HHStA Wiesbaden, Abtl. 461, Nr. 32061, Bd. 46, Bl. 105–113. Ähnlich Dubois, 16. 9. 1971, StA München, Staatsanwaltschaften 33033/27, Bl. 26–31; Naftali Milgraum, 30. 8. 1943, Yad Vashem, O 12 Perlman Collection Nr. 53; Gruchmann, »Euthanasie«, S. 241.

82 Oberhauser, 26. 4. 1966 (Hpt.V.), LA Münster, Q 234, Nr. 4425, Bl. 1117–1132.

83 BArch, SSO 90 A (Gottlieb Hering); Konrad Morgen, 19. 4. 1966 (Hpt.V.), LA Münster, Q 234, Nr. 4425, Bl. 1074–1094; Bolender, 27. 9. 1963, ebenda, Nr. 4293, Bl. 15–19. Vgl. R. Gross, Anständig, S. 143–170.

84 Bericht von Frenzel für Amtsgericht Düsseldorf, März 1963, LA Münster, Q 234, Nr. 4293, Bl. 41–60.

85 Zierke an LG München, 5. 4. 1964, StA München, Staatsanwaltschaften 33033/15, Bl. 2850–2851.

86 So erinnert von Josef Herszmann, 19. 7. 1966 (Hpt.V.), LA Münster, Q 234, Nr. 4431, Bl. 1529–1538; Blatt, Schatten, S. 185.

87 Vgl. zur Einordnung in die damalige Forschungslandschaft Pohl, »Holocaustforschung«, S. 1–48. Zur Diskussion Schoeps (Hg.), Volk; Heil/Erb (Hg.), Geschichtswissenschaft.

88 Schütt, 22. 11. 1962, LA Münster, Q 234, Nr. 4284, Bl. 100–105; Dubois, 29. 11. 1962, ebenda, Nr. 4284, Bl. 118–124; Irma Margarete Fuchs, 30. 4. 1963, ebenda, Nr. 4289, Bl. 2; Bolender, 23. 1. 1964, ebenda, Nr. 4296, Bl. 57–63; Erinnerungsbericht Lichtmann, ebenda, Nr. 4530; Mosze Bachir, 20. 12. 1965 (Hpt.V.), ebenda, Nr. 4420, Bl. 811–829; Klee (Hg.), Dokumente, S. 158; Breitman, »Gegner«, S. 29–30. Vgl. Meyer zu Uptrup, Kampf, S. 346–404; Jockheck, Propaganda, S. 322; Matthäus, »Judenfrage«, S. 38, 45, 59.

89 Deeg, Hofjuden; Grabher, Eberl, S. 86.
90 Szmajzner in Sereny, Abgrund, S. 135.
91 Richard Glazar, 10. 3. 1960, LA Düsseldorf, Rep. 388, Nr. 747, Bl. 164–171; Mentz, Miete, Suchomel u. Rum, 3. 11. 1964 (Hpt.V.), ebenda, Nr. 808; Oskar Strawczynski, 7. 12. 1964 (Hpt.V.), ebenda, Nr. 809; Zygmund Strawczynski, 11. 5. 1965, ebenda, Nr. 779, Bl. 126–145; Shalom Kohn, 18. 7. 1960, ebenda, Nr. 753, Bl. 167–173; Richard Glazar, 29. 7. 1962, Rundfunkinterview, ebenda, Nr. 263; Matthes, 3. 11. 1964 (Hpt.V.), ebenda, Nr. 808; Glazar, Falle, S. 120, 124; Wiernik, Rok, S. 78; Rajchman, Ich bin der letzte Jude, S. 137–138.
92 Ilana Safran, 8. 11. 1965 (Hpt.V.), LA Münster, Q 234, Nr. 4418, Bl. 502–520.
93 R. Gross, Anständig, S. 20, 38.
94 Wiernik, Rok, S. 59–60; Stangl in Sereny, Abgrund, S. 223–224; Richard Glazar, in ebenda, S. 189–190.
95 Gray, Schrei, S. 136.
96 Suchomel, 7. 7. 1970 (Hpt.V., Mitschrift Kaul), BArch, DP 3/2012. Vgl. Matthäus, »Judenfrage«, S. 59, 69; Friedländer, Jahre der Verfolgung, S. 115.
97 Stangl in Sereny, Abgrund, S. 259–260.
98 Meyer zu Uptrup, Kampf, S. 398.
99 Bericht von Frenzel für Amtsgericht Düsseldorf, März 1963, LA Münster, Q 234, Nr. 4293, Bl. 41–60.
100 Browning, Normale Männer, S. 22.
101 Willenberg, Treblinka, S. 106. Vgl. auch Abraham Kolski, 29. 3. 1990, USHMM-Interview, RG-50.030*0113.
102 Zierke an LG München, 5. 4. 1964, StA München, Staatsanwaltschaften 33033/15, Bl. 2850–2851.
103 Friedländer, Jahre der Verfolgung, S. 101–102; Losemann, »Rassenideologien«, S. 304–337; Berding, Antisemitismus, S. 85–150.
104 Jäger, Verbrechen, S. 365.
105 Welzer, Täter, S. 18–48, 73; R. Gross, Anständig, S. 16, 168–169.
106 Hirtreiter vor Spruchkammer Darmstadt, 5. 7. 1948, HHStA Wiesbaden, Abtl. 461, Nr. 35253, Bl. 7–12.
107 Welzer, Täter, S. 27, 161.
108 Eine kognitive Dissonanz als psychologischer Spannungszustand entsteht bei Widersprüchen und Inkonsistenzen zwischen eigenen Überzeugungen und eigenem Verhalten. Menschen versuchen in diesen Fällen, die Widersprüche zu leugnen oder sie ändern ihr Verhalten und ihre Überzeugungen. Vgl. Festinger, Cognitive Dissonance; Bierbrauer, Sozialpsychologie, S. 73–78; Bauman, Dialektik, S. 142.
109 Vgl. Welzer, Täter, S. 23–27, 160.
110 Zierke, 31. 1. 1963, StA München, Staatsanwaltschaften 33033, Bd. 8, Bl. 1436–1449. Ebenso Schluch, 10.–12. 11. 1961, ebenda, Bd. 6, Bl. 1128–1150; Zierke, 19. 11. 1963, LA Münster, Q 234, Nr. 4294, Bl. 80–92; Jührs, 5. 11. 1963, ebenda, Bl. 10–20.
111 Mentzos, Krieg, S. 104–109.
112 Welzer, Täter, S. 141.
113 Schluch, 10.–12. 11. 1961, StA München, Staatsanwaltschaften 33033/6, Bl. 1128–1150.
114 E-Mail eines Verwandten von Biela an Verfasserin, 29. 7. 2011.

115 Kurt Thomas, 15. 2. 1966 (Hpt.V.), LA Münster, Q 234, Nr. 4422, Bl. 965–980.

116 Richard Glazar in Sereny, Abgrund, S. 190. Vgl. Frenzel, 19. 4. 1962, LA Münster, Q 234, Nr. 4273, Bl. 112–114.

117 Dietrich Allers, 2. 1. 1949, HHStA Wiesbaden, Abtl. 631a, Nr. 152, Bl. 112–116.

118 Felix Gorny, 5. 9. 1962, LA Münster, Q 234, Nr. 4278, Bl. 52–56.

119 Lüdtke, »Working Class«, S. 172–178; Mailänder Koslov, Gewalt, S. 287–339; Welzer, Täter, S. 54–56, 132–197.

120 Bauer, 15. 11. 1965 (Hpt.V.), LA Münster, Q 234, Nr. 4418, Bl. 556–557.

121 Bauer, 27. 1. 1975 (Hpt.V.), LA Berlin, B Rep. 058, Nr. 1578.

122 Franz, 14. 9. 1961, StA München, Staatsanwaltschaften 33033/6, Bl. 1060–1086; Mentzos, Krieg, S. 101–103, 172; Welzer, »Massenmord«, S. 270; Förster, »Weltanschauliche Erziehung«, S. 113.

123 Jäger, Verbrechen, S. 69; Oberhauser, 19. 6. 1973, HHStA Wiesbaden, Abtl. 461, Nr. 36346, Bd. 12, Anlage zu Bl. 1963.

124 Eberl an seine Frau, 29. 6. 1942, HHStA Wiesbaden, Abtl. 631a, Nr. 1631, Bl. 147.

125 Eberl an seine Frau, 30. 7. 1942, HHStA Wiesbaden, Abtl. 631a, Nr. 1631, Bl. 149.

126 Stangl in Sereny, Abgrund, S. 255.

127 Franz an Landgerichtsrat, 23. 3. 1960, LA Düsseldorf, Rep. 388, Nr. 746, Bl. 113–121. Franz und Stangl bezogen den Ehrgeiz auf vermeintliche Nebenaspekte des Völkermords.

128 Bauer, 20. 11. 1962, LA Münster, Q 234, Nr. 4280, Bl. 114–119.

129 Cymlich/Strawczynski, Escaping, S. 168; Schelvis, Sobibór, S. 87–90; Stangl in Sereny, Abgrund, S. 267.

130 Beförderungsurkunde, 13. 4. 1943, LA Münster, Q 234, Nr. 4531, Bl. 183; Klee, NS-Staat, S. 220; Globocnik an SS-Personalhauptamt, 19. 8. 1943, BArch, SSO 251 B (Christian Wirth).

131 Rückerl (Hg.), NS-Vernichtungslager, S. 31.

132 BArch, RS B 453 (Kurt Franz); Kurt Thomas, 15. 2. 1966 (Hpt.V.), LA Münster, Q 234, Nr. 4422, Bl. 965–980.

133 Hackenholt wurde wegen »Aufsässigkeit« im »Adriatischen Küstenland« in Arrest genommen. Dietrich Allers, 26. 4. 1966 (Hpt.V.), LA Münster, Q 234, Nr. 4425, Bl. 1117–1132; Gley, 16. 3. 1962, HHStA Wiesbaden, Abtl. 631a, Nr. 1329; Bolender, 5. 6. 1961, StA München, Staatsanwaltschaften 33033, Bd. 5, Bl. 961–978; Großmann, 9. 11. 1961, ebenda, Bd. 6, Bl. 1162–1165.

134 Seibel, »Restraining«, S. 341.

135 Bauman, Dialektik, S. 42–44; Zierke an LG München, 5. 4. 1964, StA München, Staatsanwaltschaften 33033/15, Bl. 2850–2851; Jäger, Verbrechen, S. 82.

136 Lilienthal, »Personal«, S. 283; Milgram, Milgram-Experiment, S. 28; Welzer, Täter, S. 141–142.

137 Unverhau, 21. 7. 1960, StA München, Staatsanwaltschaften 33033, Bd. 4, Bl. 685–689; Oberhauser, 26. 2. 1960, ebenda, Bl. 623–627; Dubois, 7. 9. 1961, ebenda, Bd. 7, Bl. 1229–1243; Schluch, 10.–12. 11. 1961, ebenda, Bd. 6, Bl. 1128–1150; Suchomel, 25. 10. 1960, LA Düsseldorf, Rep. 388, Nr. 751, Bl. 160–171.

138 Barbl, 28. 3. 1966, LA Münster, Q 234, Nr. 4424, Bl. 68 im Umschlag.

139 Schluch, 10.–12. 11. 1961, StA München, Staatsanwaltschaften 33033/6, Bl. 1128–1150.

140 Dubois, 29. 11. 1962, LA Münster, Q 234, Nr. 4284, Bl. 118–124.

141 Gley, 23./24. 11. 1961, StA München, Staatsanwaltschaften 33033/6, Bl. 1166–1190; ähnlich auch Dubois, 16.–18. 9. 1961, ebenda, Bl. 1033–1059.

142 Sofsky, Ordnung, S. 301.

143 Jührs, 11.–13. 10. 1961, StA München, Staatsanwaltschaften 33033/6, Bl. 1089–1120; Pohl, »Trawniki-Männer«, S. 284.

144 Dubois, 15. 9. 1971, StA München, Staatsanwaltschaften 33033/27, Bl. 11–25.

145 Vgl. hierzu Michman, »Dirigeants juifs«, zur Rolle der Kapos: vgl. Liblau, Kapos; zum Beispiel des Sonderkommandos in Birkenau Langbein, Menschen, S. 223–227, 234.

146 Jührs, 11.–13. 10. 1961, StA München, Staatsanwaltschaften 33033/6, Bl. 1089–1120.

147 Zierke, 13. 5. 1963, StA München, Staatsanwaltschaften 33033, Bd. 8, Bl. 1586–1596; Oberhauser, 12./14. 12. 1962, ebenda, Bd. 13, Bl. 2426–2436.

148 Unverhau, 21. 7. 1960, StA München, Staatsanwaltschaften 33033, Bd. 4, Bl. 685–689.

149 Kurt M. Thomas, 21. 5. 1963, LA Münster, Q 234, Nr. 4291, Bl. 35–39.

150 Taras Olejinik, 24. 10. 1966 (SU), StA München, Staatsanwaltschaften 33033/32, S. 246–260.

151 Jührs, 24. 8. 1970, StA München, Staatsanwaltschaften 33033, Bd. 26, Bl. 199–201; Gley, 23. 11. 1961, ebenda, Bd. 6, Bl. 1166–1190.

152 Jührs, 11.–13. 10. 1961, StA München, Staatsanwaltschaften 33033, Bl. 1089–1120.

153 Dubois, 15. 9. 1971, StA München, Staatsanwaltschaften 33033, Bd. 27, Bl. 11–25.

154 Z.B. Horn, 8. 7. 1970 (Hpt.V., Mitschrift Kaul), BArch, DP 3/2012.

155 Zierke, 7. 8. 1970, StA München, Staatsanwaltschaften 33033/26, Bl. 171–173.

156 Timofeji Gurch, 22. 6. 1966 (SU), StA München, Staatsanwaltschaften 33033/32, Bl. 86–96; Alexander Ssemigodow, 7. 7. 1965 (SU), ebenda, Bl. 137–149; Wassiliji Orlowskiji, 23. 8. 1965 (SU), ebenda, Bl. 127–137.

157 Jührs, 11.–13. 10. 1961, StA München, Staatsanwaltschaften 33033/6, Bl. 1089–1120.

158 Welzer, Täter, S. 169–170; Stangl in Sereny, Abgrund, S. 223.

159 Berenstein u.a. (Hg.), Faschismus, S. 300; Suchomel, 5. 2. 1963, StA München, Staatsanwaltschaften 33033, Bd. 8, Bl. 1450–1458; Jührs, 11.–13. 10. 1961, ebenda, Bd. 6, Bl. 1089–1120; Dubois, 16. 9. 1971, ebenda, Bd. 27, Bl. 26–31; Robert Lorent, 27. 10. 1965, HHStA Wiesbaden, Abtl. 631a, Nr. 886; Schütt, 31. 1. 1974 (Hpt.V.), LA Berlin, B Rep. 058, Nr. 1576; F. Wolf, 25. 3. 1966, LA Münster, Q 234, Nr. 4308, Bl. 36–41; Gomerski, 2. 12. 1965 (Hpt.V.), ebenda, Nr. 4420, Bl. 698–715; Matthes, 12. 6. 1970 (Hpt.V., Mitschrift Kaul), BArch, DP 3/2012; Großmann, 5. 7. 1961, LA Düsseldorf, Rep. 388, Nr. 756, Bl. 40–49; Asher, »Ganz normale Täter«, S. 95, 109.

160 Fotoalbum von Franz, LA Düsseldorf, RWB 18244.

161 Arnold Oels, 20. 1. 1961, HHStA Wiesbaden, Abtl. 631a, Nr. 889a.

162 Gley, 2. 5. 1963, StA München, Staatsanwaltschaften 33033/8, Bl. 1526–1536; Oberhauser, 24. 1. 1963, ebenda, Bl. 1424; Bauer, 15. 1. 1963, ebenda, 1415–1417; Suchomel, 12. 2. 1963, ebenda, Bl. 1450–1451; Dietrich Allers, 20. 2. 1963,

ebenda, Bl. 1470–1472; Suchomel, 24. 10. 1960, LA Düsseldorf, Rep. 388, Nr. 751, Bl. 148–159.

163 Josef Siedlecki, 8. 5. 1968, LA Düsseldorf, Rep. 388, Nr. 249, Bl. 57–60.

164 Erinnerungsbericht Lichtmann, LA Münster, Q 234, Nr. 4530; BArch, RS B 334 (Erwin Fichtner); Gräberauskunft unter http://www.volksbund.de/graebersuche.html [10. 5. 2013]; Gley, 30. 9./1. 10. 1965, StA Hamburg, LG NSG 213–12, 0036/029, Bl. 12150–12164.

165 Jakob Biskubicz, 11. 11. 1965 (Hpt.V.), LA Münster, Q 234, Nr. 4418, Bl. 537–555; Shlomo Alster, 18. 3. 1975, ebenda, Nr. 4570, Bl. 635–639; Prokofij Businnij, 8. 8. 1975, ebenda, Nr. 4570, Bl. 598–622; Stanislaw Szmajzner, 4. 5. 1976, ebenda, Nr. 4572, Bl. 3154–3188; Frenzel, 7. 10. 1965 (Hpt.V.), ebenda, Nr. 4416, Bl. 190–203; Bauer, 7. 5. 1962, ebenda, Nr. 4274, Bl. 18–22; Bauer, 28. 1. 1975 (Hpt.V.), LA Berlin, B Rep. 058, Nr. 1578; Girtzig, 22. 10. 1962, StA Hamburg, LG NSG 213–12, 0036/12, Bl. 4599–4608; Eda Lichtman u. Aizik Rottenberg in Novitch (Hg.), Sobibor, S. 66 u. 123; Rajchman, Ich bin der letzte Jude, S. 130–131.

166 Klier, 21. 8. 1950 (Hpt.V.), HHStA Wiesbaden, Abtl. 461, Nr. 36346, Bd. 3, Bl. 277–296; Frieda Jörg, 9. 11. 1950, ebenda, Nr. 35253, Bl. 192–199; Gley, 18. 4. 1966 (Hpt.V.), LA Münster, Q 234, Nr. 4425, Bl. 1056–1073; Gomerski, 24. 2. 1964, ebenda, Nr. 4297, Bl. 15–24; Kurt Thomas, 29. 3. 1974, LA Berlin, B Rep. 058, Nr. 1574, Bl. 707–718; Rum, 13. 10. 1960, LA Düsseldorf, Rep. 388, Nr. 751, Bl. 113–123; Großmann, 6. 7. 1961, ebenda, Nr. 756, Bl. 50–57; Münzberger, 26. 10. 1960, ebenda, Nr. 751, Bl. 172–183; Kepplinger, »Hartheim«, S. 97.

167 Bajohr, Parvenüs, S. 133–134; Aly, Volksstaat, S. 114–132, 356.

168 Laut Gley betrug die Sonderzulage 200 RM monatlich, laut Horn 18 RM pro Tag. Jührs, 5. 11. 1963, LA Münster, Q 234, Nr. 4294, Bl. 10–20; Robert Lorent, 24. 8. 1962, ebenda, Nr. 4278, Bl. 26–28; Dietrich Allers, 26. 4. 1966 (Hpt.V.), ebenda, Nr. 4425, Bl. 1117–1132; Hödl, 30. 3. 1963, ebenda, Nr. 4424, Bl. 68 im Umschlag; Gley, 18. 4. 1966 (Hpt.V.), ebenda, Nr. 4425, Bl. 1056–1073; Klier, 21.–23. 8. 1950 (Hpt.V.), HHStA Wiesbaden, Abtl. 461, Nr. 36346, Bd. 3, Bl. 277–315; Erich Fettke, 20. 12. 1962, ebenda, Abtl. 631a, Nr. 887; Dubois, 26. 9. 1967, ebenda, Abtl. 631a, Nr. 181, Bl. 500–509; Hirtreiter, 9. 11. 1950, ebenda, Abtl. 461, Nr. 35253, Bl. 192–199; Karl Streibel, 26. 11. 1962, StA München, Staatsanwaltschaften 33033/7, Bl. 1363–1365; Erich Fettke, 27. 11. 1962, ebenda, Bl. 1366–1368; Mätzig, 19. 6. 1970 (Hpt.V., Mitschrift Kaul), BArch, DP 3/2012; Horn, 6. 11. 1961, LA Düsseldorf, Rep. 388, Nr. 760, Bl. 62–74; Fahlbusch, »Im Zentrum«, S. 70.

169 Heniek Sperling, Aug. 1950, HHStA Wiesbaden, Abtl. 461, Nr. 35254, Bl. 304; Erich Fettke, 2. 9. 1965, ebenda, Nr. 887; Suchomel, 5. 2. 1963, StA München, Staatsanwaltschaften 33033, Bd. 8, Bl. 1450–1458.

170 Irma Margarete Fuchs, 30. 4. 1963, LA Münster, Q 234, Nr. 4289, Bl. 2.

171 Rum, 13. 10. 1960, LA Düsseldorf, Rep. 388, Nr. 751, Bl. 113–123; Stanisław Kohn, 7. 10. 1945 (P), ebenda, Nr. 753, Bl. 174–179; Bronka Sukno, 14. 6. 1961, ebenda, Nr. 756, Bl. 196–199; Matthes, 13. 3. 1969, ebenda, Nr. 250, Bl. 169–174.

172 Harry Cukiermann, 4. 11. 1965 (Hpt.V.), LA Münster, Q 234, Nr. 4418, Bl. 489–501; Ada Lichtman, 3. 3. 1964 (YV), ebenda, Nr. 4400, Bl. 145–154; Josef Herszman, 20. 1. 1966 (Hpt.V.), ebenda, Nr. 4421, Bl. 869–885; Jozef Malinski,

22. 2. 1968, ebenda, Nr. 4583, Bl. 299–305; Bialowitz, Promise, S. 85, 87; anonymer Brief, eingegangen 12. 5. 1950 (zu Martha Bauer), LA Berlin, B Rep. 058, Nr. 1573, Bl. 206; Heniek Sperling, Aug. 1950, HHStA Wiesbaden, Abtl. 461, Nr. 35254, Bl. 304; Bronka Sukno, 14. 6. 1961, LA Düsseldorf, Rep. 388, Nr. 756, Bl. 196–199; Abraham Krzepicki: 18 Tage im Totenlager, ebenda, Nr. 838; Suchomel, 19. 3. 1965 (Hpt.V.), ebenda, Nr. 811; Glazar, Falle, S. 51–52; Rajchman, Ich bin der letzte Jude, S. 62; Gray, Schrei, S. 151; Willenberg, Revolt, S. 139–140.

173 Stanislaw Szmajzner, 25./26. 4. 1968, LA Münster, Q 234, Nr. 4567, Bl. 60b-60g; Szmajzner, 24./27. 1. 1966 (Hpt.V.), ebenda, Nr. 4421, Bl. 898–926; Lachmann, 27. 11. 1963, ebenda, Nr. 4295, Bl. 1–14; Kurt M. Thomas, 20. 4. 1959, HHStA Wiesbaden, Abtl. 461, Nr. 36346, Bd. 1, Bl. 6–7; Wewryk, To Sobibor, S. 87.

174 Schelvis, Sobibór, S. 185; Szmajzner, Inferno, S. 187–210; anonymer Brief, eingegangen 12. 5. 1950, LA Berlin, B Rep. 058, Nr. 1573, Bl. 206; Abraham Margulies, in Novitch (Hg.), Sobibor, S. 71; Itzhak Lichtman, ebenda, S. 94–95; Zelda Metz, ebenda, S. 161; Ada Lichtman, 3. 3. 1964 (YV), LA Münster, Q 234, Nr. 4400, Bl. 145–154; Suchomel, 7. 11. 1962, ebenda, Nr. 4284, Bl. 46–53; Kurt Ticho, 29. 7. 1946, ebenda, Nr. 4306, Bl. 32–41; Monteath, »Lass uns«, S. 319. Ähnlich auch in Treblinka: Richard Glazar, 5. 9. 1961, LA Düsseldorf, Rep. 388, Nr. 757, Bl. 118–129.

175 Frenzel, 22. 11. 1963, LA Münster, Q 234, Nr. 4294, Bl. 97–104; Kurt Ticho, 29. 7. 1946, ebenda, Nr. 4306, Bl. 32–41; Mordechaj Goldfarb, 22. 11. 1965 (Hpt.V.), ebenda, Nr. 4419, Bl. 616–631. Es wird in der Regel angenommen, dass Schwarz-Waldegg am 4. 9. 1942 in Minsk starb. An diesem Tag war ein Transport aus Wien dort angekommen.

176 Willenberg, Revolt, S. 96.

177 Oberhauser, 26. 4. 1966 (Hpt.V.), LA Münster, Q 234, Nr. 4425, Bl. 1117–1132; Pohl, Judenpolitik, S. 41.

178 Konrad Morgen, 19. 4. 1966 (Hpt.V.), LA Münster, Q 234, Nr. 4425, Bl. 1074–1094; Höhne, Orden, S. 353–354; Bajohr, Parvenüs, S. 95; Glücks an Lagerkommandanten, 20. 12. 1944, BArch, NS 3/427.

179 Browning, Normale Männer, S. 229, 241–242.

180 Kühne, Kameradschaft.

181 Klee, NS-Staat, S. 159–160.

182 Bauer, 20. 11. 1962, LA Münster, Q 234, Nr. 4280, Bl. 114–119.

183 Unverhau, 31. 1. 1974 (Hpt.V.), LA Berlin, B Rep. 058, Nr. 1576.

184 Münzberger, 24. 6. 1970 (Hpt.V.), BArch, DP 3/2012; Frenzel, 10. 1. 1964, LA Münster, Q 234, Nr. 4296, Bl. 19–28; Robert Lorent, 25./26. 10. 1965, ebenda, Nr. 4306, Bl. 172–215; Abram Kohn, 18. 1. 1977, ebenda, Nr. 4571, Bl. 794–816; Erich Fettke, 20. 12. 1962, HHStA Wiesbaden, Abtl. 631a, Nr. 887; Gomerski, 28. 11. 1973 (Hpt.V.), LA Berlin, B Rep. 058, Nr. 1577; ähnlich Frenzel, 4. 2. 1974 (Hpt.V.), ebenda, Nr. 1576.

185 Kühne, Kameradschaft, S. 161–162.

186 Für Belzec: Jan Busse, 23. 5. 1946 (P), StA München, Staatsanwaltschaften 33033, Bd. 34, S. 140–141; Wladislawa Göbel, 17. 12. 1959 (P), ebenda, Bd. 3, Bl. 402–407; Unverhau, 3. 8. 1970, ebenda, Bd. 26, Bl. 183–187; Jührs, 21. 1. 1974 (Hpt.V.), LA Berlin, B Rep. 058, Nr. 1576; Girtzig, 22. 10. 1962, StA Hamburg, LG NSG 213–12, 0036/12, Bl. 4599–4608; Reder, Bełżec, S. 137–138. Für Sobi-

bor: Frenzel, 19. 12. 1963, LA Münster, Q 234, Nr. 4295, Bl. 121–128; Bauer, 6.–7. 10. 1965 (Hpt.V.), ebenda, Nr. 4416, Bl. 174–203; Samuel Lerer, 12. 10. 1965 (Hpt.V.), ebenda, Nr. 4416, Bl. 213–232; Kurt Thomas, 17. 2. 1966 (Hpt.V.), ebenda, Nr. 4422, Bl. 981–991; Bolender, 23. 1. 1964, ebenda, Nr. 4296, Bl. 57–63; Jan Piwonski, 10. 11. 1945 (P), ebenda, Nr. 4397, Bl. 115–120; Michal Sojko, 21. 11. 1945, (P), ebenda, Nr. 4397, Bl. 121–124; Franciszek Sitarski, 17. 11. 1967, ebenda, Nr. 4583, Bl. 316–320; Janina Prokopiuk, 9. 10. 1967, ebenda, Nr. 4583, Bl. 330–334; Felix Gorny, 5. 9. 1962, ebenda, Nr. 4278, Bl. 52–56; Gomerski, 20. 4. 1974 (Hpt.V.), LA Berlin, B Rep. 058, Nr. 1574, Bl. 859–866; Szmajzner, Inferno, S. 237–268. Für Treblinka: Münzberger, 18. 12. 1961 u. 15. 10. 1964 (Hpt.V.), LA Düsseldorf, Rep. 388, Nr. 760, Bl. 165–167 u. Nr. 808; Stadie, 28. 6. 1962, ebenda, Nr. 763, Bl. 98–103; Horn, 11. 10. 1967 u. 15. 10. 1964 (Hpt.V.), ebenda, Nr. 862, Bl. 114–124 u. Nr. 808; Salomon Lachmann, 6. 5. 1965 (Hpt.V.), ebenda, Nr. 812; T. Friedman an Zentrale Stelle, 14. 12. 1959, ebenda, Nr. 743, Bl. 561; Suchomel, 25. 10. 1960, ebenda, Nr. 751, Bl. 160–171; Schiffner, 19. 6. 1962, ebenda, Nr. 762, Bl. 142–153; Fritz Kirchhof, 1. 6. 1960, ebenda, Nr. 748, Bl. 148–150; Horn, 11. 10. 1967, Hengst, 6. 2. 1962, ebenda, Nr. 761, Bl. 135–140; Mentz, 22. 7. 1964, StA Hamburg, LG NSG 213–12, 0036/024, Bl. 10123–10130; Stangl u. Suchomel in Sereny, Abgrund, S. 181–182; Richard Glazar, in ebenda, S. 214; Samuel Reizman: Evidence by witness, BStU, HA XX, Treblinka-Material, Bl. 225–230.

187 Sobibor-Personal, LA Münster, Q 234, Nr. 4560.

188 Aussage von Victor Brack vor dem US-Military Tribunal, Transcript of the Proceedings in Case I, S. 7509–7510, zit. n. Friedlander, NS-Genozid, S. 470.

189 Ilse Martha Linkenbach, 28. 5. 1965, HHStA Wiesbaden, Abtl. 631a, Nr. 889a; Werner Heyde, 11. 3. 1947, (Hpt.V. Hadamar), ebenda, Abtl. 461, Nr. 32061, Bd. 7, Bl. 310–364; Prokofij Businnij, 8. 8. 1975, LA Münster, Q 234, Nr. 4570, Bl. 598–622; Jührs, 21. 1. 1974 (Hpt.V.), LA Berlin, B Rep. 058, Nr. 1576.

190 Friedlander, NS-Genozid, S. 188–189, 470.

191 Gerda Koblenz an ihre Kameradinnen und an Franz, 18. 4. 1974, HStA Düsseldorf, Rep. 388, Nr. 873, Bl. 2.

192 Suchomel in Sereny, Abgrund, S. 181–182; Glazar, Falle, S. 109.

193 Schütt, 7.–9. 6. 1961, LA Münster, Q 234, Nr. 4263, Bl. 155–168.

194 Kühne, Kameradschaft, S. 79–90; 100–110, 272–273; Mentzos, Krieg, S. 180–199.

195 Hördler, »Täterforschung«, S. 42; Welzer, Täter, S. 174; Harscheidt, »Biographieforschung«, S. 124.

196 Suchomel, 5. 11. 1964 (Hpt.V.), LA Düsseldorf, Rep. 388, Nr. 808.

197 Jührs, 11.–13. 10. 1961, StA München, Staatsanwaltschaften 33033, Bd. 6, Bl. 1089–1120.

198 Zierke, 7. 8. 1970, StA München, Staatsanwaltschaften 33033, Bd. 26, Bl. 171–173; Schluch, 10.–12. 11. 1961, ebenda, Bd. 6, 1128–1150; Franz, 12. 7. 1960, ebenda, Bd. 4, Bl. 791–797; Richard Glazar u. Münzberger in Sereny, Abgrund, S. 189–190, 225.

199 Gley, 7. 1. 1963 u. 23. 11. 1961, StA München, Staatsanwaltschaften 33033, Bd. 7, Bl. 1395–1397 u. Bd. 6, Bl. 1166–1190; Jührs, 7. 5. 1963, ebenda, Bd. 8, Bl. 1533–1564; Oberhauser, 13. 12. 1962 u. 15. 5. 1963, ebenda, Bd. 13,

Bl. 2437–2438 u. Bl. 3631–2635; Schluch, 10.–12. 11. 1961, ebenda, Bl. 1128–1150; Dubois, 15. 9. 1971, ebenda, Bd. 27, Bl. 11–25; Grigoriji Lynkin, 25. 6. 1966 (SU), ebenda, Bd. 32, Bl. 186–195; Grigoriji Nesmejan, 28. 9. 1965 (SU), ebenda, Bd. 32, S. 117–128; Taras Olejinik, 24. 10. 1966 (SU), ebenda, Bd. 32, S. 246–260; Bauer, 6. 10. 1965 (Hpt.V.), LA Münster, Q 234, Nr. 4416, Bl. 174–189.

200 Oberhauser, 13. 12. 1962, StA München, Staatsanwaltschaften 33033, Bd. 13, Bl. 2437–2438. Vgl. auch Gley, 7. 1. 1963, ebenda, Bd. 7, Bl. 1395–1397; Jührs, 7. 5. 1963, ebenda, Bd. 8, Bl. 1533–1564.

201 Bolender, 16. 10. 1963, LA Münster, Q 234, Nr. 4293, Bl. 93–98; Bauer, 20. 11. 1962, ebenda, Nr. 4280, Bl. 114–119.

202 Stangl in Sereny, Abgrund, S. 169.

203 Bauer, 6. 10. 1965 (Hpt.V.), LA Münster, Q 234, Nr. 4416, Bl. 174–189; Horn, 9./12. 1. 1963, ebenda, Nr. 4285, Bl. 70–79; Bauer, 9. 10. 1974 (Hpt.V.), LA Berlin, B Rep. 058, Nr. 1581; Horn, 6. 11. 1961, LA Düsseldorf, Rep. 388, Nr. 760, Bl. 62–73; Gley, 16. 3. 1962, HHStA Wiesbaden, Abtl. 631a, Nr. 1329; Bialowitz, Promise, S. 86.

204 Horn, 6.–7. 11. 1961, LA Düsseldorf, Rep. 388, Nr. 760, Bl. 62–80.

205 Browning, Normale Männer, S. 241; Fischer/Wiswede, Grundlagen, S. 592–619. Vgl. Kühl, Wenn die Affen, S. 70; Horn, 5. 11. 1964 (Hpt.V.) u. 8. 7. 1970 (Hpt.V.), LA Düsseldorf, Rep. 388, Nr. 808 u. Nr. 255, Bl. 84–90; Unverhau, 21. 10. 1963, LA Münster, Q 234, Nr. 4293, Bl. 118–129; Abraham Margulis, 7. 3. 1974 (Hpt.V.), LA Berlin, B Rep. 058, Nr. 1575.

206 Frenzel, 3. 4. 1962, LA Münster, Q 234, Nr. 4273, Bl. 23–27.

207 Hirtreiter, 9. 11. 1950, HHStA Wiesbaden, Abtl. 461, Nr. 35253, Bl. 181–190.

208 Browning, Normale Männer, S. 242; Welzer, Täter, S. 116.

209 Paul/Mallmann, »Sozialisation«, S. 9; Mailänder Koslov, Gewalt, S. 437.

210 Alle folgenden Zitate zu diesen Gewaltformen in Reemtsma, Vertrauen und Gewalt, S. 104–122. Vgl. zur Gewaltanwendung in Treblinka auch die Masterarbeit von Katharina Schmitten: »Eine Hölle voller Teufel«. Täuschungspraktiken und Gewalthandeln im Vernichtungslager Treblinka, Humboldt-Universität, Berlin 2012.

211 Mentzos, Krieg, S. 87.

212 Dazwischen siedelt sich die »violenza gratuita«, die unnötige Gewalt an, die von Primo Levi beschrieben wurde. Mailänder Koslov, Gewalt, S. 31, 452–453; Levi, Sommersi, S. 95.

213 Abraham Margulies, 16. 11. 1965 (Hpt.V.), LA Münster, Q 234, Nr. 4419, Bl. 570–589.

214 Horn, 8. 7. 1970 (Hpt.V.), LA Düsseldorf, Rep. 388, Nr. 255, Bl. 84–90.

215 Jührs, 24. 8. 1970, StA München, Staatsanwaltschaften 33033/26, Bl. 199–201; Girtzig, 6. 8. 1970, ebenda, Bl. 216–220; Frenzel, 7. 1. 1964, LA Münster, Q 234, Nr. 4296, Bl. 1–8; Gomerski, 19./20. 9. 1961, ebenda, Nr. 4266, Bl. 29–43; Eda Lichtman, 20.–26. 10. 1983, ebenda, Nr. 4392, Umschlag Bl. 273; Sereny, Abgrund, S. 224.

216 Miete, 27. 5. 1960, LA Düsseldorf, Rep. 388, Nr. 748, Bl. 154–157. Vgl. hierzu aus Sicht der Überlebenden auch Chaim Engel, 10. 1. 1974 (Hpt.V.), LA Berlin, B Rep. 058, Nr. 1577; Chajm Engel, 21. 10. 1965 (Hpt.V.), LA Münster, Q 234,

Nr. 4417, Bl. 406–426; Izchak Lichtmann, 19./20. 10. 1983, ebenda, Nr. 4392, Umschlag Bl. 27; Sewek Warszawski, 9. 11. 1950, HHStA Wiesbaden, Abtl. 461, Nr. 35253, Bl. 192–199; Richard Glazar in Sereny, Abgrund, S. 190.

217 Reemtsma, Vertrauen und Gewalt, S. 191–193.

218 Vgl. zur lozierenden Gewalt in Belzec: Mitrofan Klötz, 9. 8. 1965 (SU), StA München, Staatsanwaltschaften 33033, Bd. 32, S. 96–106; Grigoriji Nesmejan, 28. 9. 1965 (SU), ebenda, S. 117–128; Taras Olejinik, 19. 8. 1966 (SU), ebenda, S. 56–63; Stepan Dejnek, 18. 11. 1966 (SU), ebenda, S. 56–63; Grigoriji Lynkin, 25. 6. 1966 (SU), ebenda, S. 186–195; Anastasij Nawrodiji, 27. 6. 1965 (SU), ebenda, 161–176; Fedor Korownitschenko, 9. 9. 1966 (SU), ebenda, S. 181–186; Nikita Mamtschura, 26. 7. 1966 (SU), ebenda, S. 273–282; Wassiliji Orlowskiji, 23. 8. 1965 (SU), ebenda, S. 127–137; Petr Browzew, 2. 8. 1965 (SU), ebenda, S. 86–96; Timofeji Gurch, 22. 6. 1966 (SU), ebenda, S. 66–71; Kiril Prochorenko, 27. 9. 1965 (SU), ebenda, S. 150–161; Petr Guzuljac, 6. 2. 1966 (SU), ebenda, S. 72–74; Michal Kusmierczak, 13. 10. 1966 (P), ebenda, Bd. 34, Bl. 11–13; Reder, Bełżec, S. 120–121, 125. In Sobibor: Frenzel, 29. 3. 1962, LA Münster, Q 234, Nr. 4273, Bl. 12–13; Ber Freiberg u. Jakub Biskubicz, Sept. 1963 (YV), ebenda, Nr. 4570, Bl. 482–560; Margulies, in Novitch (Hg.), Sobibor, S. 71; Dov Freiberg, 4. 7. 1974 (Hpt.V.), LA Berlin, B Rep. 058, Nr. 1581, Bl. 929ff.; Schelvis, Sobibór, S. 76; Blatt, Schatten, S. 313–314. In Treblinka: Sereny, Abgrund, S. 153; Horn, 28. 5. 1962, LA Düsseldorf, Rep. 388, Nr. 763, Bl. 130–135; Samuel Rajzman, 1. 12. 1964 (Hpt.V.), ebenda, Nr. 809; Maniek Platkiewicz, 10. 12. 1964 (Hpt.V.), ebenda, Nr. 809; Franz, 19. 10. 1964 (Hpt.V.), ebenda, Nr. 808; Stadie, 21. 5. 1965 (Hpt.V.), ebenda, Nr. 812; Rich, »Reinhard's Footsoldiers«, S. 695; Rajchman, Ich bin der letzte Jude, S. 34; Interview mit Avraham Bomba, 28. 8. 1990, USHMM, RG-50.030*0033; Weinstein, 17 Days, S. 36; Grossmann, Hölle, S. 20–30.

219 Bauer, 27. 1. 1975 (Hpt.V.), LA Berlin, B Rep. 058, Nr. 1578; vgl. Mailänder Koslov, Gewalt, S. 414; Welzer, Täter, S. 169; Buggeln, Arbeit, S. 335–385.

220 Samuel Lerer u. Esther Terner: »Todeslager in Sobibor«, April 1945 (P), LA Münster, Q 234, Nr. 4572, Bl. 901–907; Lerer, 17. 5. 1963, ebenda, Nr. 4289, Bl. 160; Abraham Margulies, Sept. 1963 (YV), ebenda, Nr. 4570, Bl. 482–560; Ziss Meyer, 18. 10. 1965 (Hpt.V.), ebenda, Nr. 4417, Bl. 367–386.

221 Izchak Lichtman, 17. 6. 1962, LA Münster, Q 234, Nr. 4279, Bl. 58–60; Harry Cukiermann, 13. 12. 1973, ebenda, Nr. 4568, Bl. 249–259; Gomerski, 5. 12. 1973 (Hpt.V.), LA Berlin, B Rep. 058, Nr. 1577; Eda Lichtman, 18. 3. 1974, ebenda, Nr. 1581; Bauer, 9. 10. 1974 (Hpt.V.), ebenda, Nr. 1581. Vgl. JuNSV, Bd. 25, Nr. 642 (2001), S. 126–128.

222 Vgl. zu Sobibor: Szmajzner, Inferno, S. 133–154; Eda Lichtman u. Jacob Biskubicz, in Novitch (Hg.), Sobibor, S. 61, 69, 147–148; Jakob Biskobicz, 6. 6. 1962, LA Münster, Q 234, Nr. 4279, Bl. 41–54; Kurt Thomas, 15. 2. 1966 (Hpt.V.), ebenda, Nr. 4422, Bl. 965–980; Beresch Freiberg: Manuskript »Sobibor«, 25. 7. 1945 (P), ebenda, Nr. 4573, Bl. 2630–2679; Jan Piwonski, 15. 12. 1967, ebenda, Nr. 4583, Bl. 321–329; Kurt M. Thomas an Oberstaatsanwalt Frankfurt, 15. 12. 1949, HHStA Wiesbaden, Abtl. 461, Nr. 36346, Bd. 2, Bl. 117–122. Zu Treblinka: Wiernik, Rok, S. 61; Sewek Warszawski, 9. 12. 1949, HHStA Wiesbaden, Abtl. 461, Nr. 35253, Bl. 91–94; Kalman Taigman, 29. 11. 1959, LA Düsseldorf, Rep.

388, Nr. 743, Bl. 550–552; Shlomo Hellmann, 21. 12. 1959, ebenda, Nr. 743, Bl. 596–598; Aleksander Kudlik, 10. 10. 1945 (P), ebenda, Nr. 746, Bl. 53–56; Tadeusz Gruenberg, 10. 12. 1964 (Hpt.V.), ebenda, Nr. 809; A. Kolski, 29. 4. 1965 (Hpt.V.), ebenda, Nr. 812; T II, geschildert von Oscar Berger, Yad Vashem, M 9/530; Interview mit David Lieberman, 10. 7. 1990, USHMM, RG-50.030*0132; Grossmann, Hölle, S. 26.

223 Mosze Bachir, 14. 5. 1973, HHStA Wiesbaden, Abtl. 461, Nr. 36346, Bd. 8, Bl. 1186–1190; Bauer, 6. 10. 1965 (Hpt.V.), LA Münster, Q 234, Nr. 4416, Bl. 174–189; Ziss Meyer, 18. 10. 1965 (Hpt.V.), ebenda, Nr. 4417, Bl. 367–386; Prokofij Ryabtsev, 18. 4. 1965, Dokument GX-142 im US-Fall gg. Reimer, Plaintiff Dokumente, Demjanjuk v. Petrovsky, S. 672–678, OSI File TC 4-5-52; Mentz, 20. 7. 1960, LA Düsseldorf, Rep. 388, Nr. 749, Bl. 171–184; Oberhauser, 19. 11. 1964 (Hpt.V.), ebenda, Nr. 808; A. Kolski, 29. 4. 1965 (Hpt.V.), ebenda, Nr. 812; Stangl, 19. 7. 1967, ebenda, Nr. 246, Bl. 86–94.

224 Samuel Lerer, 9. 5. 1974 (Hpt.V.), LA Berlin, B Rep. 058, Nr. 1574, Bl. 868–880; Jakob Biskiewic, 15. 4. 1960 u. 6. 6. 1962, LA Münster, Q 234, Nr. 4262, Bl. 63–65 u. Nr. 4279, Bl. 41–54; Thomas Blatt, 30. 6. 1960, ebenda, Nr. 4262, Bl. 99–107; Ada Lichtman, 30. 3. 1960, ebenda, Nr. 4263, Bl. 29–41; Abram Kohn, 18. 1. 1977, ebenda, Nr. 4571, Bl. 794–816; Eda Lichtman, in Novitch (Hg.), Sobibor, S. 63; Ber Freiberg, in ebenda, S. 85.

225 Blatt, Schatten, S. 157; Hermann Posner, 9. 5. 1963, LA Münster, Q 234, Nr. 4289, Bl. 102–105; Jakob Biskiewic, 15. 4. 1960, ebenda, Nr. 4262, Bl. 63–65; Zelda Kelbermann, 10. 5. 1961, ebenda, Nr. 4263, Bl. 172–175; Frenzel, 7. 1. 1964, ebenda, Nr. 4296, Bl. 1–8; Mosze Bachir, 14. 12. 1965 (Hpt.V.), ebenda, Nr. 4420, Bl. 780–794; Eda Lichtman, 20.–26. 10. 1983, ebenda, Nr. 4392, Umschlag Bl. 273; Bauer, 6. 10. 1965 (Hpt.V.), ebenda, Nr. 4416, Bl. 174–189; Ziss Meyer, 18. 10. 1965 (Hpt.V.), ebenda, Nr. 4417, Bl. 367–386; Abraham Margulis, 7. 3. 1974 (Hpt.V.), LA Berlin, B Rep. 058, Nr. 1575; Moshe Bachir, 12. 3. 1974 (Hpt.V.), ebenda; Fiszel Bialowicz, 23. 12. 1949, HHStA Wiesbaden, Abtl. 461, Nr. 36346, Bd. 2, Bl. 125–126; Kurt M. Thomas, 15. 12. 1949, ebenda, Bl. 117–122; Jakob Biskubicz, 9. 5. 1973, ebenda, Bd. 8, Bl. 1172–1176; Mosze Bachir, 14. 5. 1973, ebenda, Bd. 8, Bl. 1186–1190.

226 Prokofij Ryabtsev, 18. 4. 1965, Dokument GX-142 im US-Fall gg. Reimer, Plaintiff Dokumente, Demjanjuk v. Petrovsky, S. 672–678, OSI File TC 4-5-52; Mentz, 20. 7. 1960, LA Düsseldorf, Rep. 388, Nr. 749, Bl. 171–184; Oberhauser, 19. 11. 1964 (Hpt.V.), ebenda, Nr. 808; A. Kolski, 29. 4. 1965 (Hpt.V.), ebenda, Nr. 812; Stangl, 19. 7. 1967, ebenda, Nr. 246, Bl. 86–94; Pinchas Epstein, 21. 12. 1964 (Hpt.V.) u. 13. 6. 1961, e, Nr. 809 u. Nr. 759, ebenda, Bl. 145–147; Sewek Warszawski, 14. 7. 1950, HHStA Wiesbaden, Abtl. 461, Nr. 35253, Bl. 142–143; Abraham Goldfarb, 26. 11. 1959, in Friedman, Treblinka; Rajchman, Ich bin der letzte Jude, S. 116.

227 Frenzel, 7. 1. 1964, LA Münster, Q 234, Nr. 4296, Bl. 1–8; Glazar, Falle, S. 51.

228 Horst Münzberger in Sereny, Abgrund, S. 248; ebenso zu Münzberger: Heinrich Prawenetz, 24. 11. 1964 (Hpt.V.), LA Düsseldorf, Rep. 388, Nr. 808.

229 F. Wolf, 6. 11. 1963, LA Münster, Q 234, Nr. 4294, Bl. 23–36. Vgl. zur absoluten Macht Sofsky, Ordnung, S. 27–38.

230 Estera Raab, 15. 11. 1949, LA Berlin, B Rep. 058, Nr. 2489, Bl. 59–61.

231 Eda Lichtman, in Novitch (Hg.), Sobibor, S. 60–63.
232 Szmajzner, in Novitch (Hg.), Sobibor, S. 49.
233 Sal Paull, 10. 5. 1963, LA Münster, Q 234, Nr. 4289, Bl. 106–111.
234 Popitz, Phänomene, S. 43–53.
235 Bauer, 27. 1. 1975 (Hpt.V.), LA Berlin, B Rep. 058, Nr. 1578; Estera Raab, 14. 5. 1974 (Hpt.V.), ebenda, Nr. 1574, Bl. 897–928; Wewryk, To Sobibor, S. 82.
236 Richard Glazar in Sereny, Abgrund, S. 189–190; Suchomel, in ebenda, S. 213; Blatt, Schatten, S. 172–173; Josef Siedlecki, 15. 1. 1965 (Hpt.V.), LA Düsseldorf, Rep. 388, Nr. 810.
237 Esther Raab, 14. 10. 1965 (Hpt.V.), LA Münster, Q 234, Nr. 4417, Bl. 268–328. Vgl. Himmler am 21. 6. 1941 an RSHA u.a., BArch, R 70 Italien, Nr. 13, Bl. 5. Vgl. Mühlhäuser, Eroberungen, S. 53–58, 125.
238 Schütt, 5. 7. 1961 u. 11. 12. 1963, LA Münster, Q 234, Nr. 4264, Bl. 175–192 u. Nr. 4295, Bl. 69–83; Gomerski, 19./20. 9. 1961, ebenda, Nr. 4266, Bl. 29–43; Bauer, 10./11. 10. 1961, ebenda, Nr. 4266, Bl. 67–82; Josef Zukierman, 11./12. 12. 1962, ebenda, Nr. 4286, Bl. 20–29; Harry Cukiermann, 13. 5. 1963, ebenda, Nr. 4289, Bl. 112–121; Bolender, 30. 10. 1963, ebenda, Nr. 4294, Bl. 1–5; Eda Lichtman, 20.–26. 10. 1983, ebenda, Nr. 4392, Umschlag Bl. 273; Samuel Lerer, 12. 10. 1965 (Hpt.V.), ebenda, Nr. 4416, Bl. 213–232; Szmul Lerer, 1. 8. 1949, ebenda, Nr. 4569, Bl. 365–368; Emanuel Schulz, 8. 9. 1961 (SU), ebenda, Nr. 4583, Bl. 312–315; Kurt Thomas, 29. 3. 1974, LA Berlin, B Rep. 058, Nr. 1574, Bl. 707–718.
239 Eda Lichtman, in Novitch (Hg.), Sobibor, S. 61; Abraham Margulies, 18. 11. 1965 (Hpt.V.), LA Münster, Q 234, Nr. 4419, Bl. 599–615; Ber Freiberg, Sept. 1963 (YV), ebenda, Nr. 4570, Bl. 482–560.
240 Willenberg, Revolt, S. 105–106; Suchomel, 3. 7. 1970 (Hpt.V., Mitschrift Kaul), BArch, DP 3/2012; Richard Fleschner, 3. 2. 1960, LA Düsseldorf, Rep. 388, Nr. 744, Bl. 155–158; Mentz, 20. 7. 1960, ebenda, Nr. 749, Bl. 171–184; Jakob Wiernik, 23. 8. 1960, ebenda, Nr. 753, Bl. 194–204; Gustav Boraks, 15. 12. 1964 (Hpt.V.), ebenda, Nr. 809; Salomon Lachmann, 6. 5. 1965 (Hpt.V.), ebenda, Nr. 812; Weinstein, 17 Days, S. 56.
241 Eda Lichtman, in Novitch (Hg.), Sobibor, S. 62; Ada Lichtman, 30. 3. 1960, LA Münster, Q 234, Nr. 4263, Bl. 29–41; Interview mit Jakov Eisner, USHMM, RG-50.120*034; Henry Brenner, 7. 5. 1968, LA Düsseldorf, Rep. 388, Nr. 862, Bl. 182–189; Jacob Domb, 7. 12. 1959 an Zentrale Stelle, ebenda, Nr. 743, Bl. 565–566; Zenon Golaszewski, 9. 12. 1964 (P), ebenda, Nr. 775, Bl. 276–280; Lajzer Finkielsztajn, 1. 12. 1964 (Hpt.V.), ebenda, Nr. 809; Pinchas Epstein, 21. 12. 1964 (Hpt.V.), ebenda, Nr. 809; Epstein, Feb. 1987, in Teicholz, Trial, S. 136; Rajchman, Ich bin der letzte Jude, S. 99.
242 Mühlhäuser, Eroberungen, S. 73–155, hier S. 77, 93–94.
243 Glazar, Falle, S. 49.
244 Harscheidt, »Biographieforschung«, S. 115.
245 Suchomel, 19. 10. 1964 (Hpt.V.), LA Düsseldorf, Rep. 388, Nr. 808.
246 Suchomel, 5. 2. 1963, StA München, Staatsanwaltschaften 33033/8, Bl. 1450–1458.
247 Lambert, 7. 11. 1963, LA Münster, Q 234, Nr. 4294, Bl. 39–48; Bolender, 22. 10. 1963, ebenda, Nr. 4293, Bl. 29–38; F. Wolf, 6. 11. 1963, ebenda, Nr. 4294,

Bl. 23–36; Gomerski, 24. 2. 1964, ebenda, Nr. 4297, Bl. 15–24; Beförderungsvorschlag, 19. 5. 1943, BArch, SSO 251 B (Christian Wirth); Beurteilung Wirth, BArch, SSO 180 B (Richard Thomalla); Rieß, »Christian Wirth«, S. 246–247.

248 Dubois, 7. 1. 1963, StA München, Staatsanwaltschaften 33033, Bd. 7, Bl. 1392–1394; Unverhau, 21. 7. 1960, ebenda, Bd. 4, Bl. 685–689; Girtzig, 18.–19. 7. 1961, ebenda, Bd. 6, Bl. 1009–1026; Jührs, 7. 5. 1963, ebenda, Bd. 8, Bl. 1533–1564; Gley, 7. 1. 1963, ebenda, Bd. 7, Bl. 1395–1397; Georg Michalsen, 7. 5. 1961, ebenda, Bd. 5, Bl. 909–907; Reder, Bełżec, S. 137.

249 Timofeji Gurch, 22. 6. 1966 (SU), StA München, Staatsanwaltschaften 33033, Bd. 32, Bl. 86–96; Alexander Ssemigodow, 7. 7. 1965 (SU), ebenda, Bl. 137–149; Grigoriji Lynkin, 29. 6. 1966 (SU), 27. 7. 1966 (SU) u. 23. 8. 1966 (SU), ebenda, Bl. 195–214; Anastasij Nawrodiji, 27. 6. 1965 (SU), ebenda, Bl. 161–176; Oberhauser, 19. 6. 1973, HHStA Wiesbaden, Abtl. 461, Nr. 36346, Bd. 12, Anlage zu Bl. 1963; Hirtreiter u. Warszawski, 14. 7. 1950, ebenda, Nr. 35253, Bl. 142–143; Josef Czarny, 9. 11. 1959, LA Düsseldorf, Rep. 388, Nr. 742, Bl. 386–387; Henry Sperling, 18. 2. 1965 (Hpt.V.), ebenda, Nr. 811; Richard Glazar, 1. 9. 1961, 10. 3. 1960 u. 8. 12. 1964 (Hpt.V.), ebenda, Nr. 757, Bl. 100–108, Nr. 747, Bl. 164–171 u. Nr. 809; Kalman Jankowsky, 16. 11. 1959 u. 11. 2. 1960, ebenda, Nr. 743, Bl. 403–408 u. Nr. 744, Bl. 186–191; Richard Fleschner, 20. 1. 1960, ebenda, Nr. 744, Bl. 79–84; Sewek Warszawski, 21. 1. 1960, ebenda, Nr. 744, Bl. 86–92; Leo Lewi, 30. 3. 1960, ebenda, Nr. 746, Bl. 125–127; Abraham Goldfarb, 14. 6. 1960, ebenda, Nr. 752, Bl. 70–79; Zygmund Strawczynski, 11. 5. 1965, ebenda, Nr. 779, Bl. 126–145; Moszek Laks, 10. 4. 1960, ebenda, Nr. 748, Bl. 66–69; Charles Burk, 13. 5. 1965, ebenda, Nr. 779, Bl. 148–157; William Schneiderman, 14. 5. 1965, ebenda, Nr. 779, Bl. 168–176; Pinchas Epstein, 7. 6. 1960, ebenda, Nr. 752, Bl. 91–98; Rum, 13. 10. 1960, ebenda, Nr. 751, Bl. 113–123; Suchomel, 24. 10. 1960, ebenda, Nr. 751, Bl. 148–159; Zigmund Strawczynski, 14. 5. 1968, ebenda, Nr. 862, Bl. 190–203; Glazar, Falle, S. 45.

250 Reder, Bełżec, S. 139; Unverhau, 21. 7. 1960, StA München, Staatsanwaltschaften 33033, Bd. 4, Bl. 685–689; Fuchs, 28. 5. 1963, ebenda, Bd. 13, Bl. 2639–2646; Gley, 8.–10. 5. 1961, ebenda, Bd. 5, Bl. 908–932; Franz, 14. 9. 1961, ebenda, Bd. 6, Bl. 1060–1086; Taras Olejinik, 24. 10. 1966 (SU), ebenda, Bd. 32, Bl. 246–260; Tadeusz Misiewicz, 19. 2. 1946 (P), ebenda, Bd. 34, Bl. 105–106.

251 Reder, Bełżec, S. 138; Anton Barbara, 21. 2. 1946 (P), StA München, Staatsanwaltschaften 33033, Bd. 34, Bl. 125; Grigoriji Nesmejan, 28. 9. 1965 (SU), Bd. 32, Bl. 117–128.

252 Dubois, 16.–18. 9. 1961, StA München, Staatsanwaltschaften 33033/6, Bl. 1033–1059; Schluch, 10.–12. 11. 1961, ebenda, Bl. 1128–1150; Jührs, 11.–13. 10. 1961, ebenda, Bl. 1089–1120; Stadie, 9./10. 7. 1962, LA Münster, Q 234, Nr. 4275, Bl. 89–98; F. Wolf, 5. 9. 1963, ebenda, Nr. 4298, Bl. 51–56; Barbl, 16. 11. 1964, HHStA Wiesbaden, Abtl. 631a, Nr. 884. Fogar, »L'Occupazione«, S. 139.

253 Unverhau, 10. 7. 1961, StA München, Staatsanwaltschaften 33033, Bd. 5, Bl. 994–1005; Gley, 8.–10. 5. 1961, ebenda, Bl. 908–932; Jührs, 11.–13. 10. 1961, ebenda, Bd. 6, Bl. 1089–1120; Taras Olejinik, 24. 10. 1966 (P), ebenda, Bd. 32, Bl. 246–260; Reder, Bełżec, S. 138; Moshe Zylberberg, 27. 6. 1961, StA Hamburg, LG NSG 213–12, 0036/003, Bl. 1218–1222; Jakob Ender, 20. 12. 1961,

ebenda, Bl. 1402; Jack Eisner, 27. 7. 1961, ebenda, Bl. 1238–1240; Baruch Rainermann, 21. 2. 1961, ebenda, Bl. 1407–1412.

254 Walter Toebbens: Bericht über Warschau u. Poniatowa, 15. 9. 1945, StA Hamburg, LG NSG 213–12, 0036/023, Bl. 9446–9487.

255 Dubois, 16.–18. 9. 1961 u. 29. 4. 1963, StA München, Staatsanwaltschaften 33033, Bd. 6, Bl. 1033–1059 u. Bd. 8, Bl. 1512–1523; Schluch, 10.–12. 11. 1961, ebenda, Bd. 6, Bl. 1128–1150; Jührs, 11.–13. 10. 1961, ebenda, Bd. 6, Bl. 1089–1120; Großmann, 9. 11. 1961, ebenda, Bd. 6, Bl. 1162–1165; Sam Henry Hoffenberg, 3./4. 11. 1961, ebenda, Bd. 18, Bl. 325ff.; Haftbefehl gg. Gley, 3. 5. 1965, StA Hamburg, LG NSG 213–12, 0036/027, Bl. 11054; Janina Watrobiński, 22. 12. 1966, IPN Warschau, File 228/67, Bl. 25–26.

256 Bialowitz, Promise, S. 85.

257 Blatt, Schatten, S. 164, 182, 187 u. 193; Regina Cybula-Zielinski, 5. 4. 1963, LA Münster, Q 234, Nr. 4289, Bl. 51–60; Samuel Lerer, 14. 10. 1965 (Hpt.V.), ebenda, Nr. 4416, Bl. 233–267; Josef Zukierman,11./12. 12. 1962, ebenda, Nr. 4286, Bl. 20–29; Thomas Blatt, 30. 6. 1960, ebenda, Nr. 4262, Bl. 99–107, Kurt M. Thomas, 3. 12. 1961 u. 15. 2. 1966 (Hpt.V.), ebenda, Nr. 4270, Bl. 29–41 u. Nr. 4422, Bl. 965–980; Ada Lichtman, 30. 3. 1960, ebenda, Nr. 4263, Bl. 29–41; Jakob Biskiewic, 15. 4. 1960, ebenda, Nr. 4262, Bl. 63–65; Berk Freiberg, 5. 4. 1960, ebenda, Nr. 4263, Bl. 53–60; Mosze Bachir, 14. 12. 1965 (Hpt.V.), ebenda, Nr. 4420, Bl. 780–794; Zelda Kelbermann 10. 5. 1961 u. 15. 5. 1963, ebenda, Nr. 4263, Bl. 172–175 u. Nr. 4289, Bl. 140–145; Stanislaw Szmajzner, 9. 2. 1961 u. 24. 1. 1978, ebenda, Nr. 4263, Bl. 120–125 u. Nr. 4540, Bl. 9–23; Harry Cukiermann, 13. 12. 1973, ebenda, Nr. 4568, Bl. 249–259; Hersh Cukiermann, 14. 9. 1949, HHStA Wiesbaden, Abtl. 461, Nr. 36346, Bd. 1, Bl. 21–23; Abram Kohn, 18. 1. 1977, ebenda, Nr. 4571, Bl. 794–816; Ada Lichtman, 3. 3. 1964 (YV), ebenda, Nr. 4400, Bl. 145–154; Kurt Thomas, 29. 3. 1974 (Hpt.V.), LA Berlin, B Rep. 058, Nr. 1574, Bl. 707–718; Stanislaw Szmajzner, in Novitch (Hg.), Sobibor, S. 49.

258 Eda Lichtman, Aizik Rottenberg u. Hella Felenbaum-Weiss, in Novitch (Hg.), Sobibor, S. 63, 124 u. 54; Dietrich Allers, 26. 4. 1966 (Hpt.V.), LA Münster, Q 234, Nr. 4425, Bl. 1117–1132; Saartje Engel, 14. 5. 1963, ebenda, Nr. 4289, Bl. 135–139; Esther Raab, 16. 5. 1963 u. 8. 5. 1963, ebenda, Nr. 4289, Bl. 157–159 u. Nr. 4289, Bl. 92–98; Jakob Biskobicz, 6. 6. 1962, ebenda, Nr. 4279, Bl. 41–54; Abraham Margulies, 18. 11. 1965 (Hpt.V.), ebenda, Nr. 4419, Bl. 599–615; Regina Cybula-Zielinski, 5. 4. 1963, ebenda, Nr. 4289, Bl. 51–60; Hermann Posner, 9. 5. 1963, ebenda, Nr. 4289, Bl. 102–105; Mosze Szklarek, 10. 4. 1960, ebenda, Nr. 4262, Bl. 46–55; Gomerski, 19./20. 9. 1961, ebenda, Nr. 4266, Bl. 29–43; F. Wolf, 14./15. 6. 1962 u. 5. 9. 1963, ebenda, Nr. 4275, Bl. 25–40 u. Nr. 4298, Bl. 51–56; Jührs, 15. 11. 1962, ebenda, Nr. 4284, Bl. 88–93; Unverhau, 21. 10. 1963, ebenda, Nr. 4293, Bl. 118–129; Berk Freiberg, 5. 4. 1960, ebenda, Nr. 4263, Bl. 53–60; Ilana Safran, 3. 4. 1960, ebenda, Nr. 4262, Bl. 31; Kurt M. Thomas an World Jewish Congress, 3. 12. 1961, ebenda, Nr. 4270, Bl. 29–41; Philipp Bialowitz, 15. 5. 1963, ebenda, Nr. 4289, Bl. 146–152; Harry Cukiermann, 13. 5. 1963, ebenda, Nr. 4289, Bl. 112–121; Samuel Lerer, 17. 5. 1963, ebenda, Nr. 4289, Bl. 160; Zelda Metz, 6. 2. 1950, HHStA Wiesbaden, Abtl. 461, Nr. 36346, Bd. 2, Bl. 161–164.

259 Mosze Szklarek, 10. 4. 1960, LA Münster, Q 234, Nr. 4262, Bl. 46–55; Kurt M. Thomas, 21. 5. 1963 u. 3. 12. 1961, ebenda, Nr. 4291, Bl. 35–39 u. Nr. 4270, Bl. 29–41; Schlomo Alster, 2. 2. 1975, ebenda, Nr. 4570, Bl. 623–626; Josef Herszmann, 31. 3. 1960, ebenda, Nr. 4263, Bl. 47–52; Thomas Blatt, 30. 4. 1963, ebenda, Nr. 4289, Bl. 8–14; Esther Raab, 2. 8. 1949 u. 14. 1. 1950, ebenda, Nr. 4569, Bl. 312–315 u. Nr. 4569, Bl. 326–331; Szmul Lerer, 23. 1. 1950, ebenda, Nr. 4569, Bl. 352–357; Abraham Kohn, Redaktion »Aufgang«, ebenda, Nr. 4572, Bl. 3762–3773; Izchak Lichtman, 17. 6. 1962, ebenda, Nr. 4279, Bl. 58–60; Jakob Biskiewic, 15. 4. 1960, ebenda, Nr. 4262, Bl. 63–65; Regina Zielinski, 26. 2. 1974, ebenda, Nr. 4570, Bl. 650–654; Ada Lichtman, 30. 3. 1960, ebenda, Nr. 4263, Bl. 29–41; Harry Cukiermann, 13. 12. 1973, ebenda, Nr. 4568, Bl. 249–259; Chaim Engel, 16. 5. 1950 (NL), HHStA Wiesbaden, Abtl. 461, Nr. 36346, Bd. 3, Bl. 240–246; Kurt M. Thomas, 15. 12. 1949, ebenda, Bd. 2, Bl. 117–122; Fiszel Bialowicz, 23. 12. 1949, ebenda, Bd. 2, Bl. 125–126; Hersh Cukiermann, 14. 9. 1949, ebenda, Bd. 1, Bl. 21–23; Philip Bialowitz, 2. 4. 1974 (Hpt.V.), LA Berlin, B Rep. 058, Nr. 1574, Bl. 729–735; Samuel Lerer, 9. 5. 1974 (Hpt.V.), ebenda, Bl. 868–880; Abraham Margulis, 7. 3. 1974 (Hpt.V.), ebenda, Nr. 1575; Kurt Thomas, 29. 3. 1974 (Hpt.V.), ebenda, Nr. 1574, Bl. 707–718.

260 Ada Lichtman, 30. 3. 1960, LA Münster, Q 234, Nr. 4263, Bl. 29–41; Samuel Lerer, 17. 5. 1963, ebenda, Nr. 4289, Bl. 160; Ziss Meyer, 18. 10. 1965 (Hpt.V.), ebenda, Nr. 4417, Bl. 367–386; Hersh Cukierman, Mai 1962, ebenda, Nr. 4274, Bl. 119–124; Schütt, 5. 7. 1961, ebenda, Bl. 175–192; Jührs, 15. 11. 1962, ebenda, Nr. 4284, Bl. 88–93; Stangl, 27. 6. 1967, LA Düsseldorf, Rep. 388, Nr. 245, Bl. 157–166; Szmajzner, Inferno, S. 187–210.

261 Stanislaw Szmajzner, 9. 2. 1961, LA Münster, Q 234, Nr. 4263, Bl. 120–125; Kurt M. Thomas, 3. 12. 1961, ebenda, Nr. 4270, Bl. 29–41; Berk Freiberg, 5. 4. 1960, ebenda, Nr. 4263, Bl. 53–60; Mosze Szklarek, 10. 4. 1960 u. 16. 12. 1965 (Hpt.V.), ebenda, Nr. 4262, Bl. 46–55 u. Nr. 4420, Bl. 795–810; Schütt, 5. 7. 1961, ebenda, Nr. 4264, Bl. 175–192; Bauer, 27. 1. 1975 (Hpt.V.), LA Berlin, B Rep. 058, Nr. 1578.

262 Mosze Szklarek, 10. 4. 1960 u. 14. 12. 1965 (Hpt.V.), LA Münster, Q 234, Nr. 4262, Bl. 46–55 u. Nr. 4420, Bl. 780–794; Ada Lichtman, 30. 3. 1960, ebenda, Nr. 4263, Bl. 29–41; Berk Freiberg, 5. 4. 1960, ebenda, Nr. 4263, Bl. 53–60; Ziss Meyer, 18. 10. 1965 (Hpt.V.), ebenda, Nr. 4417, Bl. 367–386; Frenzel, 10. 1. 1964, ebenda, Nr. 4296, Bl. 19–28; Regina Cybula-Zielinski, 5. 4. 1963, ebenda, Nr. 4289, Bl. 51–60; Bauer, 6. 10. 1965 (Hpt.V.), ebenda, Nr. 4416, Bl. 174–189; Bolender, 30. 10. 1963, ebenda, Nr. 4294, Bl. 1–5; Eda Lichtmann, 18. 3. 1974, LA Berlin, B Rep. 058, Nr. 1581.

263 Eliasz Rosenberg, 11. 2. 1961, LA Düsseldorf, Rep. 388, Nr. 758, Bl. 160–168.

264 Ada Lichtman, 30. 3. 1960, LA Münster, Q 234, Nr. 4263, Bl. 29–41; Schütt, 7.–9. 6. 1961, ebenda, Nr. 4263, Bl. 155–168; Ittner, 29. 8. 1968, LA Düsseldorf, Rep. 388, Nr. 250, Bl. 32–33; Stangl, 29. 4. 1969, ebenda, Nr. 252, Bl. 53–68; Abraham Goldfarb, 14. 6. 1960, ebenda, Nr. 752, Bl. 70–79; Samuel Rajgrodzki, 30. 11. 1964 (Hpt.V.), ebenda, Nr. 809; Münzberger, 5. 11. 1964 (Hpt.V.), ebenda, Nr. 808.

265 Mentz, 19. 7. 1960, LA Düsseldorf, Rep. 388, Nr. 749, Bl. 157–169; Hengst, 6. 2. 1962, ebenda, Nr. 761, Bl. 135–140; Suchomel, 3. 7. 1970 (Hpt.V.), ebenda,

Nr. 255; Mätzig, 19. 6. 1970 (Hpt.V.) u. 24. 11. 1967, ebenda, Nr. 255, Bl. 59–62 u. Nr. 248, Bl. 14–21; Sereny, Abgrund, S. 170; Suchomel, 3. 7. 1970 (Hpt.V., Mitschrift Kaul), BArch, DP 3/2012.

266 Gustav Boraks an Zeug am 12. 11. 1959 u. 15. 3. 1961, LA Düsseldorf, Rep. 388, Nr. 742, Bl. 382–383 u. Nr. 759, Bl. 133–136; Shlomo Hellmann, 21. 12. 1959, ebenda, Nr. 743, Bl. 596–598; Horn, 11. 10. 1967, ebenda, Nr. 862, Bl. 114–124; Matthes, 12. 6. 1970 (Hpt.V.), ebenda, Nr. 255, Bl. 55–58; Richard Glazar, 10. 3. 1960 u. 4. 9. 1961, ebenda, Nr. 747, Bl. 164–171 u. Nr. 757, Bl. 111–117; Arie Kudlik, 30. 6. 1960, ebenda, Nr. 753, Bl. 180–185; Oscar Strawczynski, 20. 12. 1959, ebenda, Nr. 744, Bl. 70–76; Eugeniusz Turowski, 28. 8. 1960, ebenda, Nr. 752, Bl. 80–84; Schalom Kohn an Zeug, 12. 11. 195, ebenda, Nr. 742, Bl. 379–381; Rum, 13. 10. 1960, ebenda, Nr. 751, Bl. 113–123; Samuel Rajzman, 15. 5. 1968, ebenda, Nr. 863, Bl. 1–13, Mentz, 23. 6. 1960 u. 15. 2. 1965, ebenda, Nr. 749, Bl. 133–137 u. Nr. 811; Zygmund Strawczynski, 11. 5. 1965, ebenda, Nr. 779, Bl. 126–145; William Schneiderman, 14. 5. 1965, ebenda, Nr. 779, Bl. 168–176; Maniek Platkiewicz an Landgerichtsrat, 4. 6. 1960, ebenda, Nr. 748, Bl. 190–193; Henry Sperling, 12./13. 4. 1961, ebenda, Nr. 755, Bl. 1–11; Sam Goldberg, 18. 5. 1965, ebenda, Nr. 779, Bl. 158–167; Tadeusz Grinberg, 19. 1. 1961, ebenda, Nr. 756, Bl. 184–190; Heinrich Poswolski, 12. 4. 1965 (Hpt.V.), ebenda, Nr. 812; Mentz u. Suchomel, 3. 11. 1964 (Hpt.V.), ebenda, Nr. 808; Suchomel, 18. 9. 1967, ebenda, Nr. 247, Bl. 15–22; Berek Rojzman in Sereny, Abgrund, S. 201.

267 Richard Glazar, 5. 9. 1961, LA Düsseldorf, Rep. 388, Nr. 757, Bl. 118–129, Miete, 3. 12. 1964 (Hpt.V.), ebenda, Nr. 809; Maniek Platkiewicz, 14. 12. 1964 (Hpt.V.), ebenda, Nr. 809; Jakob Wiernik, 23. 8. 1960 u. 1./2. 10. 1964, ebenda, Nr. 753, Bl. 194–204 u. Nr. 771, Bl. 107–118; Moshek Laks, 28. 12. 1964 (Hpt.V.), ebenda, Nr. 810; Zygmund Strawczynski, 11. 5. 1965, ebenda, Nr. 779, Bl. 126–145; Kalman Taigmann, 22. 12. 1964 (Hpt.V.), ebenda, Nr. 810; Charles Burk, 13. 5. 1965, ebenda, Nr. 779, Bl. 148–157; Sam Goldberg, 18. 5. 1965, ebenda, Nr. 779, Bl. 158–167; Josef Siedlecki, 15. 1. 1965 (Hpt.V.), ebenda, Nr. 810; Eugen Turowski, 4. 1. 1965 (Hpt.V.), ebenda, Nr. 810; Stadie, 28. 6. 1962, ebenda, Nr. 763, Bl. 98–103, Horn, 28. 5. 1962 u. 11. 10. 1967, ebenda, Nr. 763, Bl. 130–135 u. Nr. 862, Bl. 114–124; Willenberg, Revolt, S. 71.

268 Arie Kudlik, 30. 6. 1960, LA Düsseldorf, Rep. 388, Nr. 753, Bl. 180–185; Leo Lewi, 21. 10. 1959, ebenda, Nr. 742, Bl. 209–217; Jakob Jakubowicz, 20. 11. 1959, ebenda, Nr. 743, Bl. 410–411; Jacob Domb, 7. 12. 1959 an Zentrale Stelle u. 9. 2. 1965, ebenda, Nr. 743, Bl. 565–566 u. Nr. 781, Bl. 255–264; Czeslaw Augustyniak, 4. 2. 1960, ebenda, Nr. 744, Bl. 178–180; Zigmund Strawczynski, 14. 5. 1968 u. 11. 5. 1965, ebenda, Nr. 862, Bl. 190–203 u. Nr. 779, Bl. 126–145; Oskar Strawczynski, 7. 10. 1945 (P) u. 3. 12. 1964 (Hpt.V.), ebenda, Nr. 745, Bl. 32–39 u. Nr. 809; Henryk Poswolski, 9. 10. 1945 (P), ebenda, Nr. 746, Bl. 44–48; Marian Płatkiewicz, 3. 2. 1964, ebenda, Nr. 770, Bl. 253–257; Kalman Taigmann, 22. 12. 1964 (Hpt.V.), ebenda, Nr. 810; Rum, 13. 10. 1960, ebenda, Nr. 751, Bl. 113–123; Charles Burk, 13. 5. 1965, ebenda, Nr. 779, Bl. 148–157; Eugeniusz Turowski, 28. 8. 1960, ebenda, Nr. 752, Bl. 80–84; Richard Glazar, 5. 9. 1961, ebenda, Nr. 757, Bl. 118–129; Horn, 7. 11. 1961, ebenda, Nr. 760, Bl. 75–80; Glazar, Falle, S. 50–51.

269 Gustav Boraks an Zeug, 12. 11. 1959, LA Düsseldorf, Rep. 388, Nr. 742, Bl. 382–383; Richard Fleschner, 3. 2. 1960, ebenda, Nr. 744, Bl. 155–158; Marian Płatkiewicz, 3. 2. 1964, ebenda, Nr. 770, Bl. 253–257; Münzberger, 31. 3. 1960, ebenda, Nr. 746, Bl. 128–131; Eugeniusz Turowski, 28. 8. 1960, ebenda, Nr. 752, Bl. 80–84; Zenon Golaszewski, 9. 12. 1964, ebenda, Nr. 775, Bl. 276–280; Jakob Wiernik, 1./2. 10. 1964, ebenda, Nr. 771, Bl. 107–118; Glazar, Falle, S. 51.

270 Jakob Wiernik, 23. 8. 1960, LA Düsseldorf, Rep. 388, Nr. 753, Bl. 194–204; Abraham Goldfarb, 14. 6. 1960, ebenda, Nr. 752, Bl. 70–79; Eliasz Rosenberg, 11. 2. 1961 u. 21. 12. 1964 (Hpt.V.), ebenda, Nr. 758, Bl. 160–168 u. Nr. 809; Shlomo Hellmann, 28. 12. 1964 (Hpt.V.), ebenda, Nr. 810; Mentz, 19. 7. 1960, ebenda, Nr. 749, Bl. 157–169; Sewek Warszawski, 23. 5. 1962, ebenda, Nr. 763, Bl. 112–118; Großmann, 6. 7. 1961, ebenda, Nr. 756, Bl. 50–57; Horn, 7. 11. 1961, ebenda, Nr. 760, Bl. 75–80.

271 Abraham Goldfarb, 26. 11. 1959, in Friedman, Treblinka; Münzberger, 5. 11. 1964 (Hpt.V.), LA Düsseldorf, Rep. 388, Nr. 808; Elias Rosenberg, 24. 12. 1947, ebenda, Nr. 743, Bl. 583–594; Shlomo Hellmann, 21. 12. 1959, ebenda, Nr. 743, Bl. 596–598.

272 Moszek Laks, 10. 4. 1960, LA Düsseldorf, Rep. 388, Nr. 748, Bl. 66–69; Marian Płatkiewicz, 3. 2. 1964 u. 10. 12. 1964 (Hpt.V.), ebenda, Nr. 770, Bl. 253–257 u. Nr. 809; Abraham Goldfarb, 14. 12. 1964 (Hpt.V.), ebenda, Nr. 809.

273 Stanislaw Szmajzner, 24. 1. 1966 (Hpt.V.), LA Münster, Q 234, Nr. 4421, Bl. 898–911; Bauer, 15. 11. 1965 (Hpt.V.), ebenda, Nr. 4418, Bl. 556–557; Stangl, 27. 6. 1967, LA Düsseldorf, Rep. 388, Nr. 245, Bl. 157–166; Schütt, 22. 7. 1970 (Hpt.V.), ebenda, Nr. 255, Bl. 106–110; Mätzig, 19. 6. 1970 (Hpt.V.), ebenda, Nr. 255, Bl. 59–62; Richard Glazar, 1. 9. 1961, ebenda, Nr. 757, Bl. 100–108; Shalom Kohn, 3. 7. 1970 (Hpt.V.), ebenda, Nr. 255, Bl. 77–82.

274 Eda Lichtman, 20.–26. 10. 1983 u. 30. 3. 1960, LA Münster, Q 234, Nr. 4392, Umschlag Bl. 273 u. Nr. 4263, Bl. 29–41; Izchak Lichtmann, 19./20. 10. 1983, ebenda, Nr. 4392, Umschlag Bl. 273; Mosze Szklarek, 10. 4. 1960, ebenda, Nr. 4262, Bl. 46–55; Frenzel, 19. 12. 1963, ebenda, Nr. 4295, Bl. 121–128; Josef Herszmann, 31. 3. 1960, ebenda, Nr. 4263, Bl. 47–52; Dubois, 25. 3. 1966, ebenda, Nr. 4308, Bl. 30–34; Bauer, 15. 11. 1965 (Hpt.V.), ebenda, Nr. 4418, Bl. 556–557.

275 Aron Gelbard, 26. 11. 1959, LA Düsseldorf, Rep. 388, Nr. 743, Bl. 540; Czeslaw Augustyniak, 30. 5. 1960 u. 3. 12. 1964 (Hpt.V.), ebenda, Nr. 748, Bl. 140–14 u. Nr. 809; Charles Burk, 13. 5. 1965, ebenda, Nr. 779, Bl. 148–157; Suchomel, 24. 10. 1960, ebenda, Nr. 751, Bl. 148–159.

276 Unverhau, 10. 7. 1961, StA München, Staatsanwaltschaften, Bd. 5, Bl. 994–1005; Jührs, 11.–13. 10. 1961, ebenda, Bd. 6, Bl. 1089–1120; Schluch, 10.–12. 11. 1961, ebenda, Bl. 1128–1150; Gley, 8.–10. 5. 1961, ebenda, Bd. 6, Bl. 908–932; Jechaeskiel Chajkin, 27. 2. 1964, StA Hamburg, LG NSG 213–12, 0036/022, Bl. 9045–9048; Willi Heitmeyer, 6. 11. 1964, ebenda, 0036/025, Bl. 10202–10221; Sara Wainberg, 11. 3. 1964, ebenda, 0036/021, Bl. 8588ff.

277 Zit. n. Gley, 8.–10. 5. 1961, StA München, Staatsanwaltschaften 33033, Bd. 5, Bl. 908–932. Girtzig, 18.–19. 7. 1961, ebenda, Bd. 6, Bl. 1009–1026; Schluch, 10.–12. 11. 1961, ebenda, Bl. 1128–1150; Jührs, 11.–13. 10. 1961, ebenda, Bl. 1089–1120; Großmann, 9. 11. 1961, ebenda, Bl. 1162–1165; Unverhau, 10. 7.

1961, ebenda, Bd. 5, Bl. 994–1005. In der Risiera tötete er auch Gefangene. Vgl. Fogar, »L'Occupazione«, S. 140.

278 Jührs, 11.–13. 10. 1961, StA München, Staatsanwaltschaften 33033, Bd. 5, Bl. 1089–1120.

279 Regina Cybula-Zielinski, 5. 4. 1963, LA Münster, 45 Js 27/61, Nr. 4289, Bl. 51–60.

280 Bauer, 10./11. 10. 1961, LA Münster, Q 234, Nr. 4266, Bl. 67–82; Mordechaj Goldfarb, 22. 11. 1965 (Hpt.V.) u. 21. 10. 1983, ebenda, Nr. 4419, Bl. 616–631 u. Nr. 4392, Umschlag Bl. 296; Thomas Blatt, 30. 4. 1963, ebenda, Nr. 4289, Bl. 8–14; Kalmen Wewerik, 30. 3.–3. 4. 1984, ebenda, Nr. 4396, Bl. 96 (S. 1–22); Franz, 14. 9. 1961, StA München, Staatsanwaltschaften 33033/6, Bl. 1060–1086; Ester Raab, 21. 8. 1950, HHStA Wiesbaden, Abtl. 461, Nr. 36346, Bd. 3, Bl. 277–296.

281 Eda Lichtman, Sept. 1963, LA Münster, Q 234, Nr. 4570, Bl. 482–560; Thomas Blatt, 30. 4. 1963, ebenda, Nr. 4289, Bl. 8–14.

282 Schluch, 10.–12. 11. 1961, StA München, Staatsanwaltschaften 33033/6, Bl. 1128–1150.

283 Jührs, 24. 8. 1970, StA München, Staatsanwaltschaften 33033/26, Bl. 199–201.

284 Großmann, 9. 11. 1961, StA München, Staatsanwaltschaften 33033, Bd. 6, Bl. 1162–1165; Unverhau, 3. 8. 1970, ebenda, Bd. 26, Bl. 183–187; Girtzig, 6. 8. 1970, ebenda, Bd. 8, Bl. 216–220; Dubois, 29. 4. 1963 u. 16. 9. 1971, ebenda, Bd. 8, Bl. 1512–1523 u. Bd. 27, Bl. 26–31; Zierke, 7. 8. 1970, ebenda, Bd. 26, Bl. 171–173; F. Wolf, 14./15. 6. 1962, LA Münster, Q 234, Nr. 4275, Bl. 25–40; Josef Herszman, 19. 7. 1966 (Hpt.V.), ebenda, Nr. 4431, Bl. 1529–1538.

285 Josef Siedlecki, 15. 1. 1965 (Hpt.V.), LA Düsseldorf, Rep. 388, Nr. 810; Abraham Krzepicki: 18 Tage im Totenlager, LA Düsseldorf, Rep. 388, Nr. 838; E-Mail eines Verwandten von Biela an Verfasserin, 29. 7. 2011.

286 Eugeniusz Goch, 14. 10. 1945 (P), StA München, Staatsanwaltschaften 33033/34, Bl. 41–44; Tadeusz Misiewicz, 15. 10. 1945 (P), ebenda, Bl. 49–53; Jan Glab, 19. 2. 1946 (P), ebenda, S. 96–99; Mieczyslaw Kudyba, 19. 2. 1946 (P), ebenda, Bl. 104ff. Unverhau, 8. 1. 1963, ebenda, Bd. 8, Bl. 1402–1405; Unverhau, 21. 10. 1963, LA Münster, Q 234, Nr. 4293, Bl. 118–129.

287 Rum, 26. 7. 1967, LA Düsseldorf, Rep. 388, Nr. 246, Bl. 104–108; Suchomel, 23. 11. 1965, ebenda, Nr. 871, Bl. 11–13; Münzberger, 24. 11. 1965, ebenda, Nr. 871, Bl. 14–16; Miete, 24. 11. 1965, ebenda, Nr. 871, 17–20; Lambert, 30. 11. 1965, ebenda, Nr. 871, Bl. 35–36; Großmann, 8. 12. 1965, ebenda, Nr. 871, Bl. 43–45; Bauer, 4. 1. 1966, ebenda, Nr. 871, Bl. 57–61.

288 BArch, SSO 350 A (Johann Niemann); BArch, SSO 50 A (Willi Häusler); Häusler, 10. 6. 1963, StA München, Staatsanwaltschaften 33033/13, Bl. 2668–2672.

289 Josef Siedlecki, 15. 1. 1965 (Hpt.V.), LA Düsseldorf, Rep. 388, Nr. 810.

290 Charles Unger, 7. 3. 1962, LA Düsseldorf, Rep. 388, Nr. 762, Bl. 56–60.

291 Horn, 9./12. 1. 1963, LA Münster, Q 234, Nr. 4285, Bl. 70–79; Rum, 12. 10. 1960, LA Düsseldorf, Rep. 388, Nr. 751, Bl. 101–112; Richard Fleschner, 3. 2. 1960, ebenda, Nr. 744, Bl. 155–158; Henry Sperling, 12./13. 4. 1961, ebenda, Nr. 755, Bl. 1–11; Kalman Tajgmann, 25. 8. 1960, ebenda, Nr. 755, Bl. 37–42; Moshek Laks, 28. 12. 1964 (Hpt.V.), ebenda, Nr. 810; Richard Glazar, 5. 9. 1961, ebenda, Nr. 757, Bl. 118–129; Eugeniusz Turowski, 28. 8. 1960, ebenda, Nr. 752, Bl. 80–84; Shalom Kohn, 18. 7. 1960, ebenda, Nr. 753, Bl. 167–173; Zigmund Strawczynski, 14. 5. 1968, ebenda, Nr. 862, Bl. 190–203; Kalman Jankwosky,

12. 1. 1965 (Hpt.V.), ebenda, Nr. 810; Gustav Boraks, 4. 3. 1987, in Teicholz, Trial, S. 170–172; Bronka Sukno, 14. 6. 1961, ebenda, Nr. 756, Bl. 196–199; Simon Goldberg, 22. 12. 1964 (Hpt.V.), ebenda, Nr. 810; Gilmair Rajchman, 14. 1. 1965 (Hpt.V.), ebenda, Nr. 810.

292 Abraham Margulies, 15. 5. 1962, LA Münster, Q 234, Nr. 4277, Bl. 3–10; F. Wolf, 5. 9. 1963, ebenda, Nr. 4298, Bl. 51–56; Jakob Biskobicz, 6. 6. 1962, ebenda, Nr. 4279, Bl. 41–54; Thomas Blatt, 30. 4. 1963, ebenda, Nr. 4289, Bl. 8–14; Joseph Duniec, 10. 5. 1963, ebenda, Nr. 4291, Bl. 63–78; Eda Lichtman, 20.–26. 10. 1983, ebenda, Nr. 4392, Umschlag Bl. 273; Szmul Lerer, 1. 8. 1949, ebenda, Nr. 4569, Bl. 365–368; Esther Raab, 2. 8. 1949, ebenda, Nr. 4569, Bl. 312–315; Eda Lichtman, in Novitch (Hg.), Sobibor, S. 63; Rum, 11. 7. 1967, IRSML, Risiera Processo, Heft IV.

293 Eda Lichtman, in Novitch (Hg.), Sobibor, S. 62–63; Ilana Safran, 3. 4. 1960, LA Münster, Q 234, Nr. 4262, Bl. 31; Dov Freiberg, 23. 12. 1965 (Hpt.V.), ebenda, Nr. 4420, Bl. 846ff. Chaskiel Menche, 17. 1. 1977, ebenda, Nr. 4571, Bl. 775–788; Mosze Szklarek, 10. 4. 1960, ebenda, Nr. 4262, Bl. 46–55; Abram Kohn, 18. 1. 1977, ebenda, Nr. 4571, Bl. 794–816.

294 Eda Lichtman u. Ber Freiberg, in Novitch (Hg.), Sobibor, S. 62–67 u. S. 83–85; Ada Lichtman, 30. 3. 1960, LA Münster, Q 234, Nr. 4263, Bl. 29–41; Abraham Margulies, 15. 5. 1962 u. 18. 11. 1965 (Hpt.V.), ebenda, Nr. 4277, Bl. 3–10 u. Nr. 4419, Bl. 599–615; Szmul Lerer, 9. 9. 1949, ebenda, Nr. 4569, Bl. 358–364; Mosze Bachir, 14. 12. 1965 (Hpt.V.) u. 10. 4. 1960, ebenda, Nr. 4420, Bl. 780–794 u. Bl. 46–55; Jakob Biskiewic, 15. 4. 1960, ebenda, Nr. 4262, Bl. 63–65; Stanislaw Szmajzner, 4. 5. 1976, ebenda, Nr. 4572, Bl. 3154–3188; Girtzig, 18.–19. 7. 1961, StA München, Staatsanwaltschaften 33033/6, Bl. 1009–1026.

295 Abraham Margulies, 15. 5. 1962, LA Münster, Q 234, Nr. 4277, Bl. 3–10; Ada Lichtman, 30. 3. 1960, ebenda, Nr. 4263, Bl. 29–41; Mosze Bachir, 12. 3. 1974 (Hpt.V.), ebenda, Nr. 1575; Richard Glazar, 4.–5. 9. 1961, LA Düsseldorf, Rep. 388, Nr. 757, Bl. 111–129; Samuil Raismann, 26. 9. 1944 (P), ebenda, Nr. 248; Glazar, Falle, S. 120, 106.

296 Mosze Szklarek, 10. 4. 1960, LA Münster, Q 234, Nr. 4262, Bl. 46–55; Ada Lichtman, 30. 3. 1960, ebenda, Nr. 4263, Bl. 29–41; Bauer, 15. 11. 1965 (Hpt.V.), ebenda, Nr. 4418, Bl. 556f.

297 Franz, 14. 9. 1961, StA München, Staatsanwaltschaften 33033, Bd. 6, Bl. 1060–1086; Gomerski, 3. 5. 1961, ebenda, Bd. 5, Bl. 885–889; Frenzel, 23. 3. 1962, LA Münster, Q 234, Nr. 4271, Bl. 155–169; Thomas Blatt, 30. 4. 1963, ebenda, Nr. 4289, Bl. 8–14; Bauer, 8. 10. 1974 (Hpt.V.), LA Berlin, B Rep. 058, Nr. 1581; Szmajzner, Inferno, S. 187–210.

298 Ada Lichtman, 30. 3. 1960, LA Münster, Q 234, Nr. 4263, Bl. 29–41; Josef Herszmann, 31. 3. 1960, ebenda, Nr. 4263, Bl. 47–52; Kurt M. Thomas, 3. 12. 1961, ebenda, Nr. 4270, Bl. 29–41; Regina Cybula-Zielinski, 5. 4. 1963, ebenda, Nr. 4289, Bl. 51–60; F. Wolf, 6. 11. 1963, ebenda, Nr. 4294, Bl. 23–36; Samuel Lerer, 10. 11. 1949, LA Berlin, B Rep. 058, Nr. 2489, Bl. 55–57; Kurt M. Thomas an Oberstaatsanwalt Frankfurt, 15. 12. 1949, HHStA Wiesbaden, Abtl. 461, Nr. 36346, Bd. 2, Bl. 117–122.

299 Ada Lichtman, 30. 3. 1960, LA Münster, Q 234, Nr. 4263, Bl. 29–41; Josef Herszmann, 31. 3. 1960, ebenda, Bl. 47–52; Unverhau, 14./15. 9. 1961, ebenda,

Nr. 4266, Bl. 16–28; Zielinski, 5. 4. 1963, ebenda, Nr. 4289, Bl. 51–60; Samuel Lerer, 17. 5. 1963, ebenda, Nr. 4289, Bl. 160; Samuel Lerer, 10. 11. 1949, LA Berlin, B Rep. 058, Nr. 2489, Bl. 55–57.

300 Franz, 14. 9. 1961, StA München, Staatsanwaltschaften 33033/6, Bl. 1060–1086; Bericht v. Eda Lichtman, LA Münster, Q 234, Nr. 4286, Bl. 96–99. Vgl. auch Carlo Grini: 28. 9. 1967, in Scalpelli (Hg.), San Sabba, Bd. 2, S. 57; Lidia Frankel, 25. 3. 1970, in ebenda, S. 67.

301 Eda Lichtman, Novitch (Hg.), Sobibor, S. 65; Mosze Szklarek, 10. 4. 1960, LA Münster, Q 234, Nr. 4262, Bl. 46–55; Simon Honigman, 9. 5. 1963, ebenda, Nr. 4289, Bl. 99–101; Schlomo Alster, 2. 2. 1975, ebenda, Nr. 4570, Bl. 623–626; Tagebuch Lichtmann, ebenda, Nr. 4530; Simcha Bialowicz, 1. 4. 1960, ebenda, Nr. 4263, Bl. 42–46.

302 Bauer, 27. 6. 1961, LA Münster, Q 234, Nr. 4264, Bl. 159–163; Thomas Blatt, 30. 4. 1963, ebenda, Nr. 4289, Bl. 8–14; Samuel Lerer, 10. 11. 1949, LA Berlin, B Rep. 058, Nr. 2489, Bl. 55–57.

303 Regina Cybula-Zielinski, 5. 4. 1963, LA Münster, Q 234, Nr. 4289, Bl. 51–60; Esther Raab, 8. 5. 1963, ebenda, Nr. 4289, Bl. 92–98; Saartje Engel, 14. 5. 1963, ebenda, Nr. 4289, Bl. 135–139; Ilana Safran, 8. 11. 1965 (Hpt.V.), ebenda, Nr. 4418, Bl. 502–520; Chaim Engel, 22. 6. 1946 (NL), ebenda, Nr. 4582, Bl. 49–58; Thomas Blatt, 30. 4. 1963, ebenda, Nr. 4289, Bl. 8–14; Mosze Bachir, 20. 12. 1965 (Hpt.V.), ebenda, Nr. 4420, Bl. 811–829; Josef Herszman, 19. 7. 1966 (Hpt.V.), ebenda, Nr. 4431, Bl. 1529–1538.

304 Abraham Margulies, 15. 5. 1962, LA Münster, Q 234, Nr. 4277, Bl. 3–10; Ada Lichtman, 30. 3. 1960, ebenda, Nr. 4263, Bl. 29–41; Bauer, 6.–7. 10. 1965 (Hpt.V.) u. 11. 12. 1962, ebenda, Nr. 4416, Bl. 174–203 u. Nr. 4286, Bl. 54–71; Chajm Engel, 19. 10. 1965 (Hpt.V.), ebenda, Nr. 4417, Bl. 387–405; Lachmann, 4. 10. 1965 (Hpt.V.) u. 21. 7. 1961, ebenda, Nr. 4416, Bl. 154–156 u. Nr. 4265, Bl. 66ff. Lachmann, 28. 4. 1964, StA München, Staatsanwaltschaften 34865/86. Vgl. Szmajzner, Inferno, S. 133–154, 165–186.

305 Sewek Warszawski, 28. 10. 1959, LA Düsseldorf, Rep. 388, Nr. 742, Bl. 244–249; Shlomo Hellmann, 21. 12. 1959, ebenda, Nr. 743, Bl. 596–598; Abraham Goldfarb, 14. 12. 1964 (Hpt.V.) u. 14. 6. 1960, ebenda, Nr. 809 u. Nr. 752, Bl. 70–79; Eliasz Rosenberg, 11. 2. 1961, ebenda, Nr. 758, Bl. 160–168; Abraham Goldfarb, 26. 11. 1959 u. Eliahu Rosenberg, 23. 11. 1959, in Friedman, Treblinka; Rajchman, Ich bin der letzte Jude, S. 131.

306 Horn, 19. 10. 1964 (Hpt.V.) u. 6. 11. 1961, LA Düsseldorf, Rep. 388, Nr. 808 u. Nr. 760, Bl. 62–74; Schiffner, 26. 3. 1971, ebenda, Nr. 864, Bl. 21–23; Shlomo Hellmann, 21. 12. 1959, ebenda, Nr. 743, Bl. 596–598; Eliasz Rosenberg, 11. 2. 1961, ebenda, Nr. 758, Bl. 160–168, Abraham Lindwasser, 7. 3. 1961, ebenda, Nr. 759, Bl. 126–130; Münzberger, 22. 10. 1964 (Hpt.V.), ebenda, Nr. 808; Abraham Goldfarb, 14. 12. 1964 (Hpt.V.) u. 14. 6. 1960, ebenda, Nr. 809 u. Nr. 752, Bl. 70–79; Pinchas Epstein, 21. 12. 1964 (Hpt.V.) u. 7. 6. 1960, ebenda, Nr. 809 u. Nr. 752, Bl. 91–98; Horn, 9./12. 1. 1963, LA Münster, Q 234, Nr. 4285, Bl. 70–79; Rajchman, Ich bin der letzte Jude, S. 93–94.

307 Pinchas Epstein, 7. 6. 1960, LA Düsseldorf, Rep. 388, Nr. 752, Bl. 91–98; Abraham Goldfarb, 14. 6. 1960 u. 14. 12. 1964 (Hpt.V.), ebenda, Nr. 752, Bl. 70–79 u. Nr. 809.

308 Suchomel, 24. 10. 1960, LA Düsseldorf, Rep. 388, Nr. 751, Bl. 148–159; Richard Glazar, 5. 9. 1961, ebenda, Nr. 757, Bl. 118–129; Salomon Lachmann, 6. 5. 1965 (Hpt.V.), ebenda, Nr. 812; Glazar, Falle, S. 126; Willenberg, Revolt, S. 101, 119.

309 Platkiewicz Maniek an Landgerichtsrat, 4. 6. 1960, LA Düsseldorf, Rep. 388, Nr. 748, Bl. 190–193; Kalman Tajgmann, 25. 8. 1960, ebenda, Nr. 755, Bl. 37–42; Suchomel u. Mentz, 3. 11. 1964 (Hpt.V.), ebenda, Nr. 808; Glazar, Falle, S. 55.

310 Sewek Warszawski, 9. 12. 1949, HHStA Wiesbaden, Abtl. 461, Nr. 35253, Bl. 91–94; Warszawski, 14. 7. 1950, ebenda, Bl. 142–143; Leo Lewi, 27. 2. 1951 (Hpt.V.), ebenda, Nr. 35254, Bl. 317–320; Aron Sucharewicz, 27. 2. 1951 (Hpt.V.), ebenda, Nr. 35254, Bl. 317–320; 23. 11. 1950; Tadeusz Gruenberg, 20. 12. 1959 an Zentrale Stelle u. 10. 12. 1964 (Hpt.V.), LA Düsseldorf, Rep. 388, Nr. 743, Bl. 599–600 u. Nr. 809; Richard Fleschner, 3. 2. 1960, ebenda, Nr. 744, Bl. 155–158; Berek Rojzmann, 19. 10. 1964, ebenda, Nr. 777, Bl. 89–93; Gustav Boraks an Zeug am 12. 11. 1959, ebenda, Nr. 742, Bl. 382–383; Kalman Taigman, 29. 11. 1959, ebenda, Nr. 743, Bl. 550–552; Shlomo Hellmann, 21. 12. 1959, ebenda, Nr. 743, Bl. 596–598; Aleksander Kudlik, 10. 10. 1945 (P), ebenda, Nr. 746, Bl. 53–56; Moszek Laks, 10. 4. 1960, ebenda, Nr. 748, Bl. 66–69; Jakob Wiernik, 1./2. 10. 1964, ebenda, Nr. 771, Bl. 107–118; A. Kolski, 29. 4. 1965 (Hpt.V.), ebenda, Nr. 812.

311 Franz, 3. 12. 1959, StA München, Staatsanwaltschaften 33033/2, Bl. 314–330, Rum, 12. 10. 1960 u. 6. 1. 1966, LA Düsseldorf, Rep. 388, Nr. 751, Bl. 101–112 u. Nr. 871, Bl. 66–71; Franz, 15. 10. 1964 (Hpt.V.), ebenda, Nr. 808; Horn, 6. 1. 1966, ebenda, Nr. 871, Bl. 72–75; Suchomel, 24. 10. 1960, ebenda, Nr. 751, Bl. 148–159; Giovanni Haimi Wachsberger, 5. 2. 1968, HHStA Wiesbaden, Abt. 631a, Nr. 1331b.

312 Elias Rosenberg, 24. 12. 1947 u. 11. 2. 1961, LA Düsseldorf, Rep. 388, Nr. 743, Bl. 583–594 u. Nr. 758, Bl. 160–168; Pinchas Epstein, 7. 6. 1960, ebenda, Nr. 752, Bl. 91–98; Jakob Wiernik, 23. 8. 1960, ebenda, Nr. 753, Bl. 194–204; Abraham Goldfarb, 14. 12. 1964 (Hpt.V.), ebenda, Nr. 809.

313 Horn, 8. 7. 1970 (Hpt.V., Mitschrift Kaul), BArch, DP 3/2012.

314 Kurt M. Thomas an Oberstaatsanwalt Frankfurt, 15. 12. 1949, HHStA Wiesbaden, Abtl. 461, Nr. 36346, Bd. 2, Bl. 117–122.

315 Horn, 6.–7. 11. 1961, LA Düsseldorf, Rep. 388, Nr. 760, Bl. 62–80.

316 Unverhau, 24. 5. 1960, StA München, Staatsanwaltschaften 33033/10, Bl. 1897–1899; Unverhau, 14./15. 9. 1961, LA Münster, Q 234, Nr. 4266, Bl. 16–28.

317 Schluch, 10.–12. 11. 1961, StA München, Staatsanwaltschaften 33033/6, Bl. 1128–1150.

318 Ester Winderbaum, 23. 4. 1966, StA Hamburg, LG NSG 213–12, 0036/031, Bl. 12999–13005; Hoffenberg, Poniatowa, S. 74.

319 Dubois, 16.–18. 9. 1961, StA München, Staatsanwaltschaften 33033/6, Bl. 1033–1059; Jührs, 11–13. 10. 1961, ebenda, Bl. 1089–1120.

320 Schluch, 10.–12. 11. 1961, StA München, Staatsanwaltschaften 33033/6, Bl. 1128–1150; Ada Lichtman, 30. 3. 1960, LA Münster, Q 234, Nr. 4263, Bl. 29–41; Suchomel, 24./25. 1. 1962, ebenda, Nr. 4269, Bl. 108–118.

321 Oscar Strawczynski, 20. 12. 1959, LA Düsseldorf, Rep. 388, Nr. 744, Bl. 70–76; Richard Glazar, 29. 7. 1962, Rundfunkinterview, ebenda, Nr. 263.

322 Zierke an LG München, 5. 4. 1964, StA München, Staatsanwaltschaften 33033, Bd. 15, Bl. 2850–2851; Schluch, 10.–12. 11. 1961, ebenda, Bd. 6, Bl. 1128–1150.

323 Unverhau, 21. 7. 1960, StA München, Staatsanwaltschaften 33033, Bd. 4, Bl. 685–689; Dubois, 16.–18. 9. 1961, ebenda, Bd. 6, Bl. 1033–1059; Schluch, 10.–12. 11. 1961, ebenda, Bd. 6, Bl. 1128–1150; Girtzig, 15. 1. 1963 u. 2. 5. 1960, ebenda, Bd. 8, Bl. 1409–1411 u. Bd. 4, Bl. 657–661; Gley, 8.–10. 5. 1961, ebenda, Bd. 5, Bl. 908–932; Jan Glab, 14. 10. 1966, ebenda, Bd. 34, S. 30–33.

324 Vermerk v. Dietrich Allers, 15. 1. 1944, BArch, R 96 I, 1. In Italien wird er als »human« beschrieben. Carlo Grini, 28. 9. 1967, Scalpelli (Hg.), San Sabba, Bd. 2, S. 57.

325 Abraham Margulies, in Novitch (Hg.), Sobibor, S. 71; Mosze Szklarek, 10. 4. 1960, LA Münster, Q 234, Nr. 4262, Bl. 46–55; Kurt M. Thomas, 3. 12. 1961, ebenda, Nr. 4270, Bl. 29–41; Ziss Meyer, 18. 10. 1965 (Hpt.V.), ebenda, Nr. 4417, Bl. 367–386; Unverhau, 21. 10. 1963, ebenda, Nr. 4293, Bl. 118–129; Berk Freiberg, 5. 4. 1960, ebenda, Nr. 4263, Bl. 53–60; Josef Zukierman, 2. 12. 1949, HHStA Wiesbaden, Abtl. 461, Nr. 36346, Bd. 2, Bl. 106–108; Brief v. Kurt M. Thomas, 18. 3. 1949, ebenda, Bd. 1, Bl. 3; Klier, 8. 12. 1949, ebenda, Bd. 2, Bl. 96–97; Chaim Engel, 16. 5. 1950 (NL), ebenda, Bd. 3, Bl. 240–246; Eda Lichtmann, 18. 3. 1974, LA Berlin, B Rep. 058, Nr. 1581; Abraham Margulis, 7. 3. 1974 (Hpt.V.), ebenda, Nr. 1575; Perl, Tell, S. 59–60.

326 Eda Lichtman, 20.–26. 10. 1983, LA Münster, Q 234, Nr. 4392, Umschlag Bl. 273.

327 Mordechai Goldfarb, 15. 5. 1973, HHStA Wiesbaden, Abtl. 461, Nr. 36346, Bd. 8, Bl. 1191–1194; Thomas Blatt, 30. 4. 1963, ebenda, Nr. 4289, Bl. 8–14; Kurt M. Thomas, 21. 5. 1963, ebenda, Nr. 4291, Bl. 35–39; Stanislaw Szmajzner, 10. 6. 1963, ebenda, Nr. 4291, Bl. 160–168; Biskubicz, 11. 11. 1965 (Hpt.V.), LA Münster, Q 234, Nr. 4418, Bl. 537–555; Abraham Margulies, 16. 11. 1965 (Hpt.V.), ebenda, Nr. 4419, Bl. 570–589.

328 Izchak Lichtmann, 19./20. 10. 1983, LA Münster, Q 234, Nr. 4392, Umschlag Bl. 273.

329 Ada Lichtman, 30. 3. 1960, LA Münster, Q 234, Nr. 4263, Bl. 29–41; Josef Siedlecki, 15. 1. 1965 (Hpt.V.) u. 24. 7. 1970 (Hpt.V.), LA Düsseldorf, Rep. 388, Nr. 810 u. Nr. 255, Bl. 112–116; Bauer, 6. 10. 1965 (Hpt.V.), ebenda, Nr. 4416, Bl. 174–189; Horn, 9./12. 1. 1963, ebenda, Nr. 4285, Bl. 70–79; Berek Rojzman in Sereny, Abgrund, S. 201; Stangl u. Frau Stangl, in ebenda, S. 140, 143; Frenzel, 4. 2. 1974 (Hpt.V.), LA Berlin, B Rep. 058, Nr. 1576.

330 Josef Herszmann, 14. 6. 1962, LA Münster, Q 234, Nr. 4279, Bl. 55–57.

331 Mosze Szklarek, 10. 4. 1960, LA Münster, Q 234, Nr. 4262, Bl. 46–55; Ada Lichtman, 30. 3. 1960, ebenda, Nr. 4263, Bl. 29–41.

332 Cukierman und Lerer, der ihn auch der Erschießung der Gefangenen von Belzec und zweier Kapos beschuldigte, gaben an, dass er viel geschlagen habe und als gewalttätig galt. Klier, 4. 5. 1949, HHStA Wiesbaden, Abtl. 461, Nr. 36346, Bd. 1, Bl. 8–9; Kurt Thomas, 29. 3. 1974 (Hpt.V.), LA Berlin, B Rep. 058, Nr. 1574, Bl. 707–718; Samuel Lerer, 9. 5. 1974 (Hpt.V.), ebenda, Bl. 868–880; Harry Cukiermann, 2. 11. 1965 (Hpt.V.), LA Münster, Q 234, Nr. 4418, Bl. 472–488.

333 Jührs, 7. 5. 1963, StA München, Staatsanwaltschaften 33033/8, Bl. 1533–1564; Blatt, Schatten, S. 148; Bauer, 13. 9. 1960, LA Münster, Q 234, Nr. 4263, Bl. 10–13.

334 F. Wolf, 14./15. 6. 1962 u. 6. 11. 1963, LA Münster, Q 234, Nr. 4275, Bl. 25–40 u. Nr. 4294, Bl. 23–36; Frenzel, 19. 12. 1963, ebenda, Nr. 4295, Bl. 121–128; Lambert, 2. 10. 1962, ebenda, Nr. 4278, Bl. 134–142.

335 Abraham Margulies, 15. 5. 1962, LA Münster, 45 Js 27/61, Nr. 4277, Bl. 3–10.

336 F. Wolf, 6. 11. 1963, ebenda, Nr. 4294, Bl. 23–36; Mosze Bachir, 16. 12. 1965 (Hpt.V.), ebenda, Nr. 4420, Bl. 795–810; Tagebuch Lichtmann, ebenda, Nr. 4530; Thomas Blatt, 30. 4. 1963, ebenda, Nr. 4289, Bl. 8–14; Adam Wang, 11. 6. 1974, LA Berlin, B Rep. 058, Nr. 1581.

337 F. Wolf, 14./15. 6. 1962, LA Münster, Q 234, Nr. 4275, Bl. 25–40; Esther Raab, 12. 10. 1965 (Hpt.V.), ebenda, Nr. 4416, Bl. 213–232; Ziss Meyer, 18. 10. 1965 (Hpt.V.), ebenda, Nr. 4417, Bl. 367–386; Mosze Bachir, 20. 12. 1965 (Hpt.V.), ebenda, Nr. 4420, Bl. 811–829; Josef Herszman, 19. 7. 1966 (Hpt.V.), ebenda, Nr. 4431, Bl. 1529–1538.

338 F. Wolf, 14./15. 6. 1962, LA Münster, Q 234, Nr. 4275, Bl. 25–40.

339 Stadie, 9./10. 7. 1962, LA Münster, Q 234, Nr. 4275, Bl. 89–98; Hengst, 5. 2. 1962, LA Düsseldorf, Rep. 388, Nr. 761, Bl. 127–134; Suchomel in Sereny, Abgrund, S. 170.

340 Hengst, 6. 2. 1962, LA Düsseldorf, Rep. 388, Nr. 761, Bl. 135–140; Robert Levi an Oberstaatsanwalt beim LG Frankfurt, 10. 12. 1950, HHStA Wiesbaden, Abtl. 461, Nr. 35254, Bl. 259–260.

341 Suchomel, 24./25. 1. 1962, LA Münster, Q 234, Nr. 4269, Bl. 108–118; Czeslaw Augustyniak, 3. 12. 1964 (Hpt.V.), LA Düsseldorf, Rep. 388, Nr. 809; Maniek Platkiewicz, 10. 12. 1964 (Hpt.V.), ebenda, Nr. 809; Josef Siedlecki, 15. 1. 1965 (Hpt.V.), ebenda, Nr. 810.

342 Czeslaw Augustyniak, 3. 12. 1964 (Hpt.V.), LA Düsseldorf, Rep. 388, Nr. 809.

343 Marian Płatkiewicz, 3. 2. 1964, LA Düsseldorf, Rep. 388, Nr. 770, Bl. 253–257.

344 Jacob Domb, 7. 12. 1959 an Zentrale Stelle, LA Düsseldorf, Rep. 388, Nr. 743, Bl. 565–566; Josef Czarny, 11. 1. 1965 (Hpt.V.), ebenda, Nr. 810; Czeslaw Augustyniak, 3. 12. 1964 (Hpt.V.), ebenda, Nr. 809; Berek Rojzmann, 19. 10. 1964, ebenda, Nr. 777, Bl. 89–93.

345 Glazar, Falle S. 54–55; Richard Glazar, 3. 11. 1967 u. 5. 9. 1961, LA Düsseldorf, Rep. 388, Nr. 862, Bl. 143–146 u. Nr. 757, Bl. 118–129.

346 Lambert, 30. 11. 1965, LA Düsseldorf, Rep. 388, Nr. 871, Bl. 35–36; Großmann, 8. 12. 1965, ebenda, Nr. 871, Bl. 43–45; Richard Glazar, 3. 11. 1967, ebenda, Nr. 862, Bl. 143–146; Horn, 6. 1. 1966, ebenda, Nr. 871, Bl. 72–75; Glazar, Falle, S. 54, 107.

347 Rum, 23. 11. 1961, LA Münster, Q 234, Nr. 4267, Bl. 64–73; Rum, 12. 10. 1960 u. 28. 5. 1962, LA Düsseldorf, Rep. 388, Nr. 751, Bl. 101–112 u. Nr. 763, Bl. 135–140.

348 Abraham Goldfarb, 14. 12. 1964 (Hpt.V.), LA Düsseldorf, Rep. 388, Nr. 809; Horn, 7. 1. 1965 (Hpt.V.), ebenda, Nr. 810.

349 Samuel Rajzman, 3. 2. 1961, LA Düsseldorf, Rep. 388, Nr. 847, Bl. 49–52.

350 Richard Fleschner, 3. 2. 1960, LA Düsseldorf, Rep. 388, Nr. 744, Bl. 155–158; Suchomel, 25. 10. 1960, ebenda, Nr. 751, Bl. 160–171; Samuel Rajzman, 15. 5. 1968, ebenda, Nr. 863, Bl. 1–13; Moszek Laks, 28. 12. 1964 (Hpt.V.), ebenda, Nr. 810; Stangl, 19. 8. 1968, ebenda, Nr. 250, Bl. 17–24.

351 Richard Glazar, 3. 11. 1967, LA Düsseldorf, Rep. 388, Nr. 862, Bl. 143–146.

352 Horn, 6. 11. 1961, LA Düsseldorf, Rep. 388, Nr. 760, Bl. 62–74.
353 Richard Glazar, 5. 9. 1961, LA Düsseldorf, Rep. 388, Nr. 757, Bl. 118–129.
354 Pinchas Epstein, 17. 12. 1964 (Hpt.V.), LA Düsseldorf, Rep. 388, Nr. 809; Stangl, 19. 7. 1967, ebenda, Nr. 246, Bl. 86–94; Shlomo Hellmann, 28. 12. 1964 (Hpt.V.) u. 21. 12. 1959, ebenda, Nr. 810 u. Nr. 743, Bl. 596–598; Jakob Wiernik, 4. 1. 1965 (Hpt.V.), ebenda, Nr. 810.
355 Miete, 3.–5. 11. 1964 (Hpt.V.), LA Düsseldorf, Rep. 388, Nr. 808; Suchomel, 22. 10. 1964 (Hpt.V.), ebenda, Nr. 808.
356 Rum, 28. 5. 1962, LA Düsseldorf, Rep. 388, Nr. 763, Bl. 135–140.
357 In der September-Gruppe, die auf die Lager aufgeteilt wurde, befanden sich Rost zufolge aus Sonnenstein auch der Kaufmann und T4-Pfleger Max Beulich und der Pfleger Fritz Zaspel. Schilter, Ermessen, S. 206; BArch, PK A 322 (Max Beulich); Rost, 4. 5. 1946, BStU, RHE-West 487; Aktennotiz v. Arnold Oels, 11. 3. 1943, BArch, R 96 I, 4.
358 Heniek Sperling, Aug. 1950, HHStA Wiesbaden, Abtl. 461, Nr. 35254, Bl. 304.
359 Sterbeurkunde Ernst Bauch, LA Münster, Q 234, Nr. 4269, Bl. 47; Ittner, 7. 10. 1965 (Hpt.V.), ebenda, Nr. 4416, Bl. 190–203; Ada Lichtman, 30. 3. 1960, ebenda, Nr. 4263, Bl. 29–41.
360 Suchomel, 5. 11. 1964 (Hpt.V.), LA Düsseldorf, Rep. 388, Nr. 808. Vgl. auch Jührs, 26. 11. 1964 (Hpt.V.), ebenda, Nr. 808; Unverhau, 19. 11. 1964 (Hpt.V.), ebenda, Nr. 808; Mentz, 20. 9. 1967, ebenda, Nr. 862, Bl. 97–104; Gräberauskunft unter http://www.volksbund.de/graebersuche.html [10. 5. 2013].
361 Suchomel, 23. 3. 1965 (Hpt.V.), LA Düsseldorf, Rep. 388, Nr. 811.
362 Möglicherweise stieß er später wieder in Italien zu den T4-Reinhardt-Männern. Unverhau, 18. 8. 1966 (Hpt.V.), LA Münster, Q 234, Nr. 5244, Bl. 1581–1588; Mentz, 20. 9. 1967, LA Düsseldorf, Rep. 388, Nr. 862, Bl. 97–104; Miete, 29. 10. 1970, ebenda, Nr. 863, Bl. 161–163.
363 Rum, 28. 5. 1962, 6. 1. 1966 u. 26. 7. 1967, LA Düsseldorf, Rep. 388, Nr. 763, Bl. 135–140; Nr. 871, Bl. 66–71 u. Nr. 246, Bl. 104–108; Horn, 6. 1. 1966, ebenda, Nr. 871, Bl. 72–75.
364 Suchomel, 5. 11. 1964 (Hpt.V.) u. 24. 10. 1960, LA Düsseldorf, Rep. 388, Nr. 808 u. Nr. 751, Bl. 148–159; Auskunft der Dokumentationsstelle Hartheim, 2010.
365 Schneider an Reichsarbeitsgemeinschaft der Heil- und Pflegeanstalten, 21. 1. 1943, Vermerk über die Reise nach Heidelberg, 4. 11. 1942 u. Aktennotiz v. Arnold Oels, 11. 3. 1943, BArch, R 96 I, 4 (Wiesloch); Günter Borowski, 14. 3. 1962, LA Düsseldorf, Rep. 388, Nr. 762, Bl. 45–48.
366 Ittner, 8. 6. 1965, HHStA Wiesbaden, Abtl. 631a, Nr. 885; Ittner, 17./18. 7. 1962, LA Münster, Q 234, Nr. 4275, Bl. 116–130.
367 Ada Lichtman, 30. 3. 1960, LA Münster, Q 234, Nr. 4263, Bl. 29–41; Lachmann, 21. 6. 1961, ebenda, Nr. 4264, Bl. 4–17; Samuel Lerer, 17. 5. 1963, ebenda, Nr. 4289, Bl. 160; Harry Cukiermann, 4. 11. 1965 (Hpt.V.) u. 13. 5. 1963, ebenda, Nr. 4418, Bl. 489–501 u. Nr. 4289, Bl. 112–121; Frenzel, 23. 3. 1962, ebenda, Nr. 4271, Bl. 155–169; Schütt, 22. 11. 1962 u. 11. 12. 1963, ebenda, Nr. 4284, Bl. 100–105 u. Nr. 4295, Bl. 69–83; Bauer, 13. 12. 1962, ebenda, Nr. 4286, Bl. 72–83; BArch, SS A 9, Bl. 1142.
368 Fuchs, 28. 5. 1963 u. 13./14. 11. 1969, StA München, Staatsanwaltschaften

33033, Bd. 13, Bl. 2639–2646 u. Bd. 25, Bl. 55–73; Anton Dames, 5. 4. 1966 (Hpt.V.), LA Münster, Q 234, Nr. 4424, Bl. 1039–1053; Fuchs, 19. 9. 1963, ebenda, Nr. 4292, Bl. 187–192; Bauer, 10. 5. 1963, ebenda, Nr. 4289, Bl. 5; JuNSV (2001), Bd. 25, Nr. 641.

369 Eda Lichtman, in Novitch (Hg.), Sobibor, S. 67; Bauer, 11. 12. 1962, LA Münster, Q 234, Nr. 4286, Bl. 54–71.

370 Bootz, 15. 8. 1968, 26. 2. 1971 u. 4. 6. 1970 (Hpt.V.), LA Düsseldorf, Rep. 388, Nr. 863, Bl. 25–31; Nr. 864, Bl. 8–15 u. Nr. 869; Münzberger, 28. 10. 1969, ebenda, Nr. 863, Bl. 59–64. Suchomel, 17. 4. 1973, ebenda, Nr. 864, Bl. 79–107; Schiffner, 26. 3. 1971, ebenda, Nr. 864, Bl. 21–23; Mätzig, 24. 11. 1967, ebenda, Nr. 248, Bl. 14–21; Richard Glazar, 18. 2. 1970, ebenda, Nr. 863, Bl. 110–116.

371 Gendarmerie Fürstenfeldbruck an Bezirksamt, 4. 2. 1936, BArch, RS E 5477 (Albert Rittler).

372 Landeskriminalamt NRW, 29. 8. 1968, LA Düsseldorf, Rep. 388, Nr. 265, Buchstabe R; Gräberauskunft unter http://www.volksbund.de/graebersuche.html [10. 5. 2013].

373 Gräberauskunft unter http://www.volksbund.de/graebersuche.html [10. 5. 2013]; BArch, SSO 350 A (Johann Niemann).

374 Rum, 26. 7. 1967 u. 6. 1. 1966, ebenda, Nr. 246, Bl. 104–108 u. Nr. 871, Bl. 66–71.

375 Bauer, 4. 1. 1966, LA Düsseldorf, Rep. 388, Nr. 871, Bl. 57–61.

376 Lachmann, 21. 6. 1961, LA Münster, Q 234, Nr. 4264, Bl. 4–17.

377 Richard Glazar, 5. 9. 1961, LA Düsseldorf, Rep. 388, Nr. 757, Bl. 118–129; Suchomel, 19. 3. 1965 (Hpt.V.) u. 14. 9. 1967, ebenda, Nr. 811 u. Nr. 247, Bl. 3–10; Suchomel, 3. 7. 1970 (Hpt.V., Mitschrift Kaul), BArch, DP 3/2012; Lambert, 19. 3. 1965 (Hpt.V.), ebenda, Nr. 811; Gräberauskunft unter http://www.volksbund.de/graebersuche.html [10. 5. 2013].

Die Aufarbeitung des Massenmords in den Vernichtungslagern der »Aktion Reinhardt«

1 Pohl, »Trawniki-Männer«, S. 287; Black, »Police Auxiliaries«, S. 348–349; Rich, »Reinhard's Footsoldiers«, S. 689; Wefing, Demjanjuk; A. Benz, Henkersknecht.

2 Hengst, 5. 7. 1962, LA Münster, Q 234, Nr. 4275, Bl. 80–85; Bolender, 20. 11. 1962, ebenda, Nr. 4284, Bl. 97–99; Lambert, 4. 5. 1961, ebenda, Nr. 4310, Bl. 92–102; Erna Schwarz an Bezirksgericht Magdeburg, Aug. 1955, BStU, Akte Ast 246/48, Bl. 7; Bericht zu Fotografien aus Besitz von Wirth und Hering, StA München, Staatsanwaltschaften 33033/4, Bl. 733–723.

3 Stadie, 27. 6. 1962, LA Düsseldorf, Rep. 388, Nr. 763, Bl. 88–97; Mätzig, 23. 11. 1967, ebenda, Nr. 862, Bl. 156–163.

4 Stangl, 27. 6. 1967 u. 1. 8. 1967, LA Düsseldorf, Rep. 388, Nr. 245, Bl. 157–166 u. Nr. 246, Bl. 132–143; Bericht des Bundespolizeikommissariats Wels, 11. 10. 1960, ebenda, Nr. 259, Bl. 25; Sereny, Abgrund, S. 300–382; Steinacher, Nazis, S. 277–278.

5 »Simon Wiesenthal spürte in Brasilien KZ-Kommandanten auf«, *Die Welt* vom 31. 5. 1978, S. 14; Sterbeurkunde v. Wagner, LA Münster, Q 234, Nr. 4641, Bl. 70; »Der Dämon von Sobibor«, *Der Spiegel*, Nr. 23/1978, S. 99–104. Steinacher, Nazis, S. 278–279.

6 Konsulat BRD, Córdoba, 26. 9. 1967 an LG Düsseldorf, LA Düsseldorf, Rep. 388, Nr. 871, Bl. 90.

7 Fogar, »L'Occupazione«, S. 21.

8 »Bolender alias Brenner alias Vahle«, *Frankfurter Allgemeine Zeitung* vom 7. 9. 1965, S. 7.

9 Bauer, 4. 7. 1967, HHStA Wiesbaden, Abtl. 631a, Nr.1328; Vermerk zur Todeserklärung, 23. 11. 1959, StA München, Staatsanwaltschaften 33033/2, Bl. 193; Bauer, 11. 12. 1962, LA Münster, Q 234, Nr. 4286, Bl. 54–71.

10 Vermerk, 9. 1. 2001, LA Düsseldorf, Rep. 388, Nr. 796, Bl. 311; Vermerk, 9. 8. 1982, BStU MfS – HA IX/11, Ak 3501–3510/82.

11 Vermerk, 22. 2. 1962, LA Münster, Q 234, Nr. 4270, Bl. 140.

12 Günter Borowski, 27. 3. 1963, LA Münster, Q 234, Nr. 4290, Bl. 11–13; Todesurkunde Dachsel, 10. 11. 1958, StA München, Staatsanwaltschaften 33033/20, Bl. 628.

13 Gräberauskunft unter http://www.volksbund.de/graebersuche.html [10. 5. 2013].

14 Bericht Sonderkommision, 23. 11. 1964, StA Hamburg, LG NSG 213–12, 0036/025, Bl. 10349; Franz Geiger, 1. 12. 1964, ebenda, Bl. 10353.

15 Bericht, LKA – NW, 25. 3. 1968, LA Düsseldorf, Rep. 388, Nr. 265, Buchstabe S.

16 Icek Lichtman, 15. 12. 1945 (P), LA Münster, Q 234, Nr. 4572, Bl. 939–948; Mordechaj Goldfarb, 21. 3. 1962, ebenda, Nr. 4277, Bl. 21–23; Bauer, 11. 12. 1962, ebenda, Nr. 4286, Bl. 54–71.

17 Sterbeurkunde Hering, StA München, Staatsanwaltschaften 33033/3, Bl. 416.

18 Frieda Müller 12. 10. 1961, LA Münster, 45 Js 27/61, Nr. 4266, Bl. 86–87; Bauer, 13. 9. 1960, ebenda, Nr. 4263, Bl. 10–13; Auswertungsergebnis, 30. 6. 1961, ebenda, Nr. 4264, Bl. 153–155.

19 Bericht zur Vernehmung v. Bauer, 13. 10. 1960, LA Münster, Q 234, Nr. 4263, Bl. 87; Frenzel, 23. 3. 1962, ebenda, Nr. 4271, Bl. 155–169; Sterbeurkunde Paul Bredow, ebenda, Nr. 4273, Bl. 116.

20 Klee, Personenlexikon, S. 258.

21 Sterbeurkunde Karl Steubl, LA Münster, Q 234, Nr. 4291, Bl. 51; Hödl, 18. 4. 1963, ebenda, Nr. 4289, Bl. 23–27.

22 Sterbeurkunde Eberl, 31. 1. 1948, BStU Halle AP 269/56.

23 Vollzugs-Erziehungs-Akte Robert Herzer, BStU, BStz, G-SKS, 7147, Bl. 223–237; Hirschinger, »Strafverfolgung«, S. 237.

24 Vgl. De Mildt, Name of the People, S. 227–301; Rückerl (Hg.), NS-Vernichtungslager, S. 39–42; Elke Schubert, »›Morgen fliehen wir‹«, *Die Zeit* vom 11. 10. 1991, S. 84.

25 Vgl. Kap. »Typologien der Täter«: I: gewaltbereit und eigeninitiativ mit Führungspositionen; II: eigeninitiativ mit Führungspositionen, Leistungspositionen, nur funktionale Gewalt; III: exzessive undisziplinierte Gewalttäter; IV: Täter nach Vorschrift; V: Versetzt auf eigenen Wunsch.

26 Lambert wurde sowohl in Sobibor- als auch im Treblinka-Prozess angeklagt und verurteilt. Für den Sobibor-Prozess wurde daher zunächst das Ende des Treblinka-Prozesses abgewartet.

27 Berger, »NS-Prozesse«, S. 24–31.

28 Freudiger, Juristische Aufarbeitung, S. 38–41; JuNSV (1971), Bd. 6, Nr. 212, Bd. 7, Nr. 233, Bd. 8, Nr. 270.

29 Frei, Vergangenheitspolitik, S. 85; Freudiger, Juristische Aufarbeitung, S. 16–27; Herf, Erinnerung, S. 317, 325.

30 Freudiger, Juristische Aufarbeitung, S. 25; Greve, Umgang, S. 43–97.

31 JuNSV (1979), Bd. 20, Nr. 585; ebenda (1981), Bd. 22, Nr. 596.

32 JuNSV (2001), Bd. 25, Nr. 642; ebenda (2005), Bd. 44, Nr. 746; V. Zimmermann, NS-Täter, S. 129–148.

33 Er starb 13 Jahre später. Staatsanwaltschaft beim OLG Frankfurt an RA von Gomerski, 26. 6. 1986, HHStA Wiesbaden, Abtl. 461, Nr. 36346, Bd. 20, Bl. 3826; Gomerski, 12. 11. 1973 (Hpt.V.), LA Berlin, B Rep. 058, Nr. 1577

34 Frenzel kam von 1976 bis 1980 und ab 1982 frei. Bericht über Bauer, 7. 2. 1968, LA Berlin, B Rep. 058, Nr. 1568, Bl. 60–63; Leiter der Justizvollzugsanstalt Schwerte zu Miete, 30. 6. 1976, LA Düsseldorf, Rep. 388, Nr. 827, Bl. 60–61.

35 LG Magdeburg, 24. 9. 1948 wegen Brandenburg und Bernburg. Hirschinger, »Strafverfolgung«, S. 233–238; Oberhauser, 18./19. 7. 1961, StA München, Staatsanwaltschaften 33033/8, Bl. 1488–1499.

36 Vgl. Scalpelli (Hg.), San Sabba; Beschluss im Strafverfahren gg. Josef Oberhauser, 29. 1. 1979, BArch Ludwigsburg, B 162/6646, Bl. 418.

37 LG Frankfurt (Main), 21. 3. 1947, JuNSV, Bd. 1 (1968), Nr. 17.

38 LG Frankfurt (Main), 28. 1. 1948, JuNSV, Bd. 2 (1969), Nr. 42.

39 Urteil des LG Magdeburg gg. Sporleder (Brandenburg u. Bernburg), 11. 3. 1948, BStU, Halle, ASt 7564, Bd. 1, Bl. 10–20; Hirschinger, »Strafverfolgung«, S. 233–238.

40 Schilter, Ermessen, S. 202, 208–213; Vollzugs-Erziehungs-Akte Robert Herzer, BStU, BStz, G-SKS, 7147, Bl. 223–237; Böhm, »Karrieren«, S. 140; Hohmann, Euthanasie-Prozess.

41 LG Dresden, 14. 12. 1949; Vermerk, 9. 1. 2001, LA Düsseldorf, Rep. 388, Nr. 796, Bl. 311.

42 Wieland, Naziverbrechen, S. 209–213; Schilter, Ermessen S. 208–213.

43 Urteil des Volksgerichts Linz, 26. 11. 1947. Achrainer/Ebner, »Unwertes Leben«, S. 66–67.

44 Bericht zum Leichenfund, 9. 2. 1965, StA Hamburg, LG NSG 213–12, 0036/026, Bl. 10580.

45 Haftbefehl gg. Gley, 3. 5. 1965, StA Hamburg, LG NSG 213–12, 0036/027, Bl. 11054.

46 Barbl, Becher, Bootz, Geng, Gley, Girtzig, Großmann, Häusler, Hengst, Hödl, Mätzig, Rost, Schiffner, Schluch, Sporleder, Tauscher und Walther.

47 Rückerl (Hg.), NS-Verbrechen, S. 124; Freudiger, Juristische Aufarbeitung, S. 12–19. Vgl. zu subjektiven und objektiven Theorien: Ducklau, Befehlsproblematik.

48 JuNSV (2001), Bd. 25, Nr. 642, S. 227.

49 Lothar Bewerunge, »Ein ›Achteljude‹ vor Gericht«, *Frankfurter Allgemeine Zeitung* vom 16. 9. 1965, S. 7.

50 Bericht v. Frenzel für Amtsgericht Düsseldorf, März 1963, LA Münster, Q 234, Nr. 4293, Bl. 41–60.

51 Schütt, 11. 12. 1963, LA Münster, Q 234, Nr. 4295, Bl. 69–83.

52 Lachmann, 27. 11. 1963, LA Münster, Q 234, Nr. 4295, Bl. 1–14.

53 Franz an Landgerichtsrat Schwederski, 9. 4. 1960, LA Düsseldorf, Rep. 388, Nr. 746, Bl. 154–159.

54 Zierke an LG München, 5. 4. 1964, StA München, Staatsanwaltschaften 33033. Bd. 15, Bl. 2850–2851. Vgl. auch Rechtsanwalt Dieter Schweizer (von Gomerski) an LG Frankfurt, 17. 7. 1972, HHStA Wiesbaden, Abtl. 461, Nr. 36346, Bd. 7, Bl. 997.

55 Lothar Bewerunge, »Franz Stangl: Der Herrgott kennt mich«, *Frankfurter Allgemeine Zeitung* vom 16. 12. 1970, S. 7.

56 Franz Suchomel an Helmut Kleine, 6. 3. 1979, LA Düsseldorf, Rep. 388, Nr. 814, Bl. 229; Ferdinand Ranft, »Ohne Scham und ohne Reue«, *Die Zeit* vom 25. 3. 1966.

57 JuNSV, Bd. 25, Nr. 641, S. 28–40.

58 Brief von Franz an Staatsanwalt Düsseldorf, 16. 12. 1959, LA Düsseldorf, Rep. 388, Nr. 743, Bl. 537.

59 Franz, 10. 7. 1970 (Hpt.V.), LA Düsseldorf, Rep. 388, Nr. 255, Bl. 91–95; Bewährungshelfer L.B. an LG Wuppertal, 14. 10. 1993 u. 4. 2. 1998, ebenda, Nr. 824, Bl. 731 u. 736; Franz an Landgerichtsrat, 9. 9. 1960, ebenda, Nr. 750, Bl. 110–121.

60 Bolender an das Schwurgericht in Hagen, 9. 10. 1966, LA Münster, Q 234, Nr. 4434, Umschlag Bl. 1721a.

61 Hasso Ziegler, »›Die Angeklagten haben gemordet ... bitte glauben Sie es doch!‹«, *Stuttgarter Zeitung* vom 15. 2. 1965. Zur Teilnahme der Überlebenden an den Prozessen und zum Kontakt mit den Deutschen vgl. u.a.: Perl, Tell, S. 219–233; Bialowitz, Promise, S. 171ff.; Ticho, My legacy, S. 216–222; Zielinski, Conversations, S. 31–41; Abraham Kolski, 29. 3. 1990, USHMM-Interview, RG-50.030*0113; Sonia Lekowicz, in Teicholz, Trial, S. 64 u. 188; Mordechaj Goldfarb, 22. 11. 1965 (Hpt.V.), LA Münster, Q 234, Nr. 4419, Bl. 616–631; Abram Kohn an LG Hagen, 16. 9. 1982, ebenda, Nr. 4391, Hülle Bl. 10; Lothar Bewerunge, »Noch heute Angst vor ›Lalka‹«, *Frankfurter Allgemeine Zeitung* vom 11. 12. 1964, S. 8.

62 Franz an Landgerichtsrat Schwederski, 23. 3. 1960, LA Düsseldorf, Rep. 388, Nr. 746, Bl. 113–121.

63 Wiederaufnahmeantrag für Frenzel, 21. 8. 1974, LA Münster, Q 234, Nr. 4566, Bl. 1–144; RA Christian Weickert, 7. 3. 1966 (Hpt.V.), ebenda, Nr. 4423, Bl. 995–1003; Ferdinand Ranft, »Der ›vergessene Prozess‹«, *Die Zeit* vom 2. 12. 1966.

64 Samuel Lerer, 14. 10. 1965 (Hpt.V.), LA Münster, Q 234, Nr. 4416, Bl. 233–267.

65 Dietrich Strothmann, »Befehl war nicht Befehl«, *Die Zeit* vom 3. 12. 1965; »Internationale Presse entsandte Beobachter«, *Westfalenpost* vom 21. 12. 1966.

66 Vgl. Greve, Umgang, S. 14.

67 Erwin Tochtermann, »› ... und dann gingen sie eben zur Vergasung‹«, *Süddeutsche Zeitung* vom 20. 1. 1965, S. 9; Lothar Bewerunge, »›Meine Aufgabe war, Juden zu erschießen‹«, *Frankfurter Allgemeine Zeitung* vom 6. 11. 1964, S. 7; ders., »Als Hygiene-Professor vor der Gaskammer«, ebenda, 18./19. 11. 1964, S. 8; ders., »Wer bei der Auspeitschung schrie, wurde erschossen«, ebenda, 2. 12. 1964, S. 8; ders., »Der Himmel war rot über Treblinka«, ebenda, 9. 12. 1964, S. 7; ders., »Massenexekution im ›Lazarett‹«, ebenda, 18. 12. 1964, S. 9; ders., »Der

›Todesengel‹ gibt Erschießungen zu«, ebenda, 16. 2. 1965, S. 9; ders., »Wer nicht spurt, spielt mit dem Leben«, ebenda, 17. 2. 1965, S. 8; ders., »Vergasungen bei Scheinwerferlicht«, ebenda, 9. 3. 1965, S. 8; ders., »Geburten vor der Gaskammer«, ebenda, 24. 3. 1965, S. 8; ders., »Kinder in der Luft erschossen«, ebenda, 12. 4. 1965, S. 9; ders., »› ... verbrennt man am Ende auch Menschen‹«, ebenda, 3. 8. 1965, S. 8.

68 Noelle/Neumann (Hg.), Jahrbuch der öffentlichen Meinung, S. 165; Vollnhals, »Auschwitz«, S. 386; Reichel, Vergangenheitsbewältigung, S. 182–198.

69 Wilke u.a., Holocaust, S. 90; von Miquel, »Mit den Mördern«, S. 105.

70 Ferdinand Ranft, »Der ›vergessene Prozess‹«, *Die Zeit* vom 2. 12. 1966; »Fagott geblasen«, *Der Spiegel*, 37/1965, S. 61–62. Heike Kleffner u. Miriam Rürup, »Das vergessene Vernichtungslager Sobibor«, *Frankfurter Rundschau* vom 7. 11. 2003. Vgl. zum Treblinka-Prozess insb. die sorgfältige Serienberichterstattung von Lothar Bewerunge in der *Frankfurter Allgemeinen Zeitung*.

71 Dietrich Strothmann, »Der ›feine Herr‹ von Treblinka«, *Die Zeit* vom 10. 3. 1967.

72 *Stuttgarter Zeitung*, 3. 6. 1970, zit. n. V. Zimmermann, NS-Täter, S. 141.

73 *Frankfurter Allgemeine Zeitung*, 21. 9. 1970, zit. n. V. Zimmermann, NS-Täter, S. 142. Ähnlich hatte dies auch der Überlebende Kalmaj Tajgman im Treblinka-Prozess 1965 ausgedrückt. Vgl. Hasso Ziegler, »›Die Angeklagten haben gemordet ... bitte glauben Sie es doch!‹«, *Stuttgarter Zeitung* vom 15. 2. 1965.

74 Dietrich Strothmann, »Befehl war nicht Befehl«, *Die Zeit* vom 3. 12. 1965.

75 Brief v. Oberstudienrat Kugelmeier, 15. 7. 1970, LA Düsseldorf, Rep. 388, Nr. 259, Bl. 54.

76 Charlotte Riefel an LG Düsseldorf, 21. 3. 1989 LA Düsseldorf, Rep. 388, Nr. 820, Bl. 105.

77 Postkarte Gottfried Hiets an Staatsanwaltschaft LG Hagen, Eingangsstempel: 21. 8. 1984, LA Münster, Q 234, Nr. 4583, Bl. 398.

78 Willibald Appel an Düsseldorfer Schwurgericht, 27. 12. 1970, LA Düsseldorf, Rep. 388, Nr. 259, Bl. 242.

79 Zit. n. Ferdinand Ranft, »Der ›vergessene Prozess‹, *Die Zeit* vom 2. 12. 1966.

80 Mutter von Franz, 29. 2. 1960 an Oberstaatsanwalt, LA Düsseldorf, Rep. 388, Nr. 745, Bl. 172.

81 Wilhelm Lange an Schwurgericht, 24. 8. 1965, LA Düsseldorf, Rep. 388, Nr. 780, Bl. 127.

82 Dr. Knott, Kanzler des Erzbistums Köln an Oberstaatsanwalt, 9. 6. 1964, LA Düsseldorf, Rep. 388, Nr. 770, Bl. 232.

83 Josephine Jürgens an Ministerpräsident Rau, 15. 10. 1978, LA Düsseldorf, Rep. 388, Nr. 818, Bl. 26ff.

84 Dr. Jörn-Ulrich Bachmann an Nordwestdeutsche Wohn- und Geschäftshausgesellschaft, 30. 9. 1964, LA Münster, Q 234, Nr. 4302, Bl. 218–220; 2. Bürgermeister Stadt Altötting an Staatsanwaltschaft, 12. 9. 1963, LA Düsseldorf, Rep. 388, Nr. 769, Bl. 217.

85 Nordenauer Bürger an Vorsitzenden des Schwurgerichts, 24. 8. 1965, LA Düsseldorf, Rep. 388, Nr. 780, Bl. 125.

86 Gnadengesuch für Mentz, 17. 8. 1970, LA Düsseldorf, Rep. 388, Nr. 830, Bl. 3; Pfarrer und Amtsdirektor von Westerkappeln an Ministerpräsidenten NRW,15. 12. 1970, ebenda, Nr. 827, Bl. 18.

87 Reinhard Neudorf (RA von Gomerski) an LG Frankfurt, 5. 7. 1966, HHStA Wiesbaden, Abtl. 461, Nr. 36346, Bd. 17, Bl. 2914.

88 Zit. n. Ferdinand Ranft, »Der ›vergessene Prozess‹«, *Die Zeit* vom 2. 12. 1966.

89 Brief v. Robert Faurisson, 1. 6. 1975, LA Düsseldorf, Rep. 388, Nr. 263, Bl. 252; Ulrich Krökel, »Ein Holocaust-Leugner will nach Treblinka«, *Die Zeit* vom 17. 9. 2010; John C. Ball, Air Photo Evidence, Delta – Ball Ressource Service, 1992; Carlo Mattogno/Jürgen Graf, Bełżec in Propaganda, Testimonies, Archeological Research, and History, Chicago 2004; dies., Treblinka. Vernichtungslager oder Durchgangslager?, Castle Hill 2002; Jürgen Graf, Thomas Kues und Carlo Mattogno, Sobibór. Holocaust Propaganda and Reality, Washington 2010; Dies., Die Akte Sobibor, 2009. Vgl. hierzu: Harrison u.a., Belzec, die die fadenscheinigen Argumente der Holocaustleugner widerlegen.

90 Ankündigung der Studienfahrt zur »Aktion Reinhardt«, 2010, http://www.bildungswerk-ks.de/events/belzec-sobibor-treblinka/be142zec-sobibor-treblinka-die-vergessenen [10. 5. 2013].

91 Vgl. Stefan Kühl, »Die Fußvölker der ›Endlösung‹«, *Die Zeit* vom 23. 4. 2009, Nr. 18; Georg Bönisch u.a., »Der dunkle Kontinent«, *Der Spiegel*, 2009, Nr. 21, S. 82–92.

92 Petchersky (1946) in Moskau für Sobibor, Reder für Belzec (1946), Wiernik für Treblinka (1944)

93 Martin Gray veröffentlichte 1971 in Frankreich seine Erinnerungen in Zusammenarbeit mit dem Schriftsteller und Historiker Max Gallo. Dieser versuchte Lücken in der Erzählung zu füllen, was zu Ungenauigkeiten und Fehlern in der Darstellung führte, Gray aber auch den Vorwurf einbrachte, er habe seinen Aufenthalt in Treblinka erfunden.

94 Vgl. zu den Erinnerungsberichten die Literaturangaben in der Einleitung.

95 Interviews mit den Treblinka-Überlebenden Richard Glazar, Abraham Bomba, Sam Goldberg, Martin Gray, Abram Kolski und Chil Rajchman sowie mit den Sobibor-Überlebenden Thomas Blatt, Chaim Engel, Saartje Engel Weinberg, Ester Raab, Kurt Thomas, Regine Zielinski, Philip Bialowitz, Leon Cymiel, Dov Fraiberg (Freiberg), Chaim Korenfeld, Chayim Layst, Samuel Lerer, Semen Rozenfeld; Aleksei Vaitsen und Arkadii Vaispapir. Vgl. http://vhaonline.usc.edu/about/archive.aspx. [Stand v. 2. 11. 2011]. Vgl. auch die Interviews auf www.longshadowofsobibor.com [15. 6.2013].

96 Steiner, Treblinka; Novitch, Vérité; Moyn, Holocaust Controversy, S. 4–6, 41, 45–46; 127, 137–140; Rashke, Flucht (ursprünglich: Escape from Sobibor, 1993); Harlan, Heldenfriedhof. Strafanzeige v. T.C. Harlan wegen Belzec, 27. 3. 1961 bei LG München, StA München, Staatsanwaltschaften 33033/5, Bl. 817–822; Sigaud, Franz Stangl.

97 Vgl. die Spielfilmliste im Anhang. Rashke, Flucht, S. 441; Gold, »Escape«, S. 198–202; Insdorf, Indelible Shadows, S. 15, 22–23; Reichel, Erfundene Erinnerung, S. 250–263.

98 Vgl. das Filmverzeichnis im Anhang sowie Cinematografie des Holocaust des Fritz Bauer Instituts, www.cine-holocaust.de/ [10. 5. 2013]. Kerner, Film, S. 203–210; Rees, »Nazis«, S. 146–147; Reichel, Erfundene Erinnerung, S. 285–301.

99 J. Gross/Grudzińska Gross, Golden Harvest, S. 20–26; Kuwałek, Vernichtungslager Bełżec, S. 307–310.

100 www.memorialmuseums.org [10. 5. 2013]; www.belzec.eu [10. 5. 2013]; http://www.treblinka.bho.pl [10. 5. 2013]; http://www.bildungswerk-ks.de/gedenkallee-sobibor [10. 5. 2013]; www.sobibor-memorial.eu [10. 5.2013]; Winstone, Holocaust Sites, S. 225–229, 252–262; Kuwałek, Vernichtungslager Bełżec, S. 311–343.

101 »Geldmangel – NS-Gedenkstätte Sobibor geschlossen«, *Die Welt* vom 2. 6. 2011.

102 Zur Vorbereitung der Reisen durch das Ghetto Fighters House vgl. http://www.gfh.org.il/Eng/?CategoryID=94 [10. 5. 2013].

103 Für Deutschland organisiert insbesondere das »Bildungswerk Stanisław Hantz« zusammen mit der niederländischen Stichting Sobibor Reisen zu den Orten. Vgl. zu Spuren jüdischen Lebens: Dylewski, Juifs polonais.

Fazit

1 Tagebucheintrag von Goebbels, 27. 3. 1942, in Reuth (Hg.), Tagebücher, Bd. 4, S. 1776.

2 Suchomel, in Lanzmann, Shoah, S. 88.

3 Glazar in Sereny, Abgrund, S. 238.

4 Bezeichnung im Sobibor-Prozess, in Rückerl (Hg.), NS-Vernichtungslager, S. 311.

5 Begriffe nach Kranz, »KL Lublin«, S. 369, 373, 381.

6 Jäger, »Makroverbrechen«, S. 329.

7 Jäger, Verbrechen, S. 21.

8 Welzer, Täter, S. 160.

9 Aly, Volksstaat, S. 311.

10 Mommsen, »Forschungskontroversen«, S. 18; ders., »Die Realisierung des Utopischen«, S. 387.

11 Hüttenberger, »Polykratie«, S. 422.

Anhang

1 Arad, Belzec, S. 383–389; Miron/Shulhani (Hg.), Yad Vashem Encyclopedia, Bd. 1, S. 66, 77, 81, 82, 85–88, 95–96, 113, 144–145, 149–150, 155–156, 173–175, 255–256, 260–263, 338–340, 395–396, 437–443, 441, 499 u. Bd. 2, S. S. 535, 586, 607–608, 617–620, 648–650, 673–677, 712, 716–717, 765–767, 808–812, 816, 839, 849, 854, 860, 941–942, 958, 965, 971; JuNSV, Urteile Nr. 316, 541, 544, 571, 575, 619, 635, 655, 657, 667, 671, 686, 689, 699, 736, 762, 775, 780 u. 790; Rückerl (Hg.), NS-Vernichtungslager, S. 155; Berenstein, »Martyrologia«, S. 60–83; Pohl, Judenpolitik, S. 114, 229; Silberklang, »Juden«, S. 146, 150; Silberklang, Holocaust, S. 271–281; Musial, Zivilverwaltung, S. 239, 256, 259, 287; Kiełboń, Migracje, S. 149–171; Vermerk Türk, 30. 3. 1942, StA München, Staatsanwaltschaften 33033/41; Kuwałek, Vernichtungslager Bełżec, S. 336–358; Kuwałek, Von Lublin, S. 13, 21–23; Kiełboń, »Judendeportationen«, S. 135; Robert Kuwałek, Das Durchgangsghetto in Izbica, http://www.bildungswerk-ks.de/izbica/die-geschichte-des-durchgangslagers-izbica-1/ [10. 5. 2013]; Klukowski, Diary, S. 191–196, 219–220; Sandkühler, Endlösung, S. 179, 223, 232–265; Pohl, Judenverfolgung, S. 114, 190–191, 218–242; Podhorizer-Sandel, »O zagładzie«,

S. 94–97; Seidel, Besatzungspolitik, S. 326; Młynarczyk, Judenmord, S. 275; http://zolynia.org/roundup.html [10. 5. 2013]; Bericht von Westermann, 14. 9. 1942, in Longerich (Hg.), Ermordung, S. 216–217; I. Schwarzbart: Die Judenausrottung in Polen, Genf 1944, Manuskript, Yad Vashem, M-2, Nr. 294; Rutkowski, »Martyrologia«, S. 165; Krakowski, »Rzeszów«, S. 1264; Curilla, Judenmord, S. 342–422, 699–700, 734–735, 767–785; BArch Bildarchiv, Plak 003-037-048; Blatt, Schatten, S. 47; Golczewski, »Polen«, S. 465; Kuwałek, »Belzec«, S. 343–346; Schwindt, Majdanek, S. 100–102; Browning, Weg, S. 137.

2 März: Laut Kiełboń u. Silberklang 600 aus Biskupice, 250 aus Trawniki und 2500 aus dem Kreis Lublin. Laut Miron/Shulhani (Hg.), Yad Vashem Encyclopedia Brody am 18. 3. 1942 und Tomaszów Lubelski. April: Laut Silberklang 2000 aus Kraśniczyn sowie Hunderte aus Izbica am 8. 4. 1942. Juli: Laut Arad 24.–25. 7. 1942 Tarnów und Dąbrow mit 1800 Opfern. August: Laut Kiełboń Zasław und Rynów 4500 sowie Żółkiewka 1000 Opfer. Laut Silberklang im Sommer 1942 auch Hunderte Opfer aus Krylów. Laut Encyclopedia auch Deportation aus Tyśmienica. September: Laut Silberklang Piaski mit 2000 und für den 21. 9. 1942 Goraj mit 700 Opfern. Die Encyclopedia nennt Chodel am 21. 9. 1942. Oktoer: Laut Silberklang vom 9.–11. 10. 1942 Piotrowice mit 500 Opfern und Zwierzyniec am 21. 10. 1942 mit 300 Opfern. November: Laut Kiełboń 2500 Opfer aus Kolbuszowa und 2000 aus Rzeszów. Die Encyclopedia beschreibt Deportationen aus Tyszowce. Dezember: Kiełboń nennt die Deportation von 400 Juden aus Krosno.

3 Arad, Belzec, S. 390–398; Miron/Shulhani (Hg.), Yad Vashem Encyclopedia, Bd. 1, S. 102–103, 217, 339–340, 465–466 u. Bd. 2, S. 622, 878–889, 965; JuNSV (1972), Bd. 9, Nr. 316; ebenda (1979), Bd. 20, Nr. 582; ebenda (2003), Bd. 28, Nr. 674; ebenda (2008), Bd. 39, Nr. 804; Rückerl (Hg.), NS-Vernichtungslager, S. 155–157; Berenstein, »Martyrologia«, S. 57–72; Pohl, Judenpolitik, S. 121, 174; Silberklang, Holocaust, S. 261–281; Musial, Zivilverwaltung, S. 244–255; Kiełboń, Migracje, S. 172–173; Kiełboń, »Judendeportationen«, S. 128; Kuwałek, »Durchgangsghettos«, S. 226; Ticho, My Legacy, S. 61–65; Monteath, »Lass uns«, S. 301–328; Abraham Margulis, 3. 3. 1964 (YV), LA Münster, 45 Js 27/61, Nr. 4397; Bialowitz, Revolt, S. 300; Wewryk, To Sobibor, S. 63; Berenstein u.a. (Hg.), Faschismus, S. 438; Blatt, Sobibór, S. 48–53; Curilla, Judenmord, S. 700, 731, 758–759, 778–797; Bundesarchiv (Hg.), Gedenkbuch; Gottwaldt/Schulle, Judendeportationen, S. 166, 212–219; Bem, Ashes, S. 40–42; Schelvis, Sobibór, S. XIV, 104; Klarsfeld, Calendrier, S. 766–771, 781–782; Hirschfeld, »Niederlande«, S. 163; Otto Weisbecker, 8. 2. 1966, ebenda, Nr. 4422, Umschlag 963a; Blatt, Schatten, S. 101, 192; Petchorski, »Revolt«, S. 305, 312, 330; Alexandre Petcherski in Novitch (Hg.), Sobibor, S. 107; Jefim Litwinowskij, 21. 2. 1955 (R), HHStA Wiesbaden, Abtl. 461, Nr. 36346, Bd. 14, Bl. 2257–2264; Gerlach, Kalkulierte Morde, S. 740; Hilberg, Vernichtung, S. 405; Sereny, Am Abgrund, S. 218; Frachtbriefe, HStA Düsseldorf, Rep. 388, Nr. 849, Bl. 137–139.

4 Mai: Laut Silberklang 500 aus Izbica am 1. 5. 1942; 4000 aus Łuków am 5.–7. 5. 1942 sowie 3000 Opfer aus Bełżyce (22.5). Laut Blatt 200 aus Lêczna am 9. 5. 1942. Juni: laut Silberklang und Encyclopedia auch Hunderte von Opfern aus Michów. Möglicherweise wurde nach Gottwaldt/Schulle auch ein Transport aus Wien mit 1001 Personen, der am 8. 6. 1942 im Distrikt Lublin ankam, nach So-

bibor geleitet. Oktober: Laut Silberklang 350 Opfer aus Puchaczów sowie 3000 aus Ostrów Lubelski für Sobibor und Belzec. Ostrów nennt auch die Encyclopedia. Der für Sobibor angegebene Transport aus Lubartów am 11. 10. 1942 ging dagegen nach Treblinka. Blatt und Bem nennen Bełżyce-Bychawa mit 7000 Opfern; nach einer Zeugenaussage ging der Transport dagegen nach Majdanek. November: laut Kiełboń Puławy mit 2000 Opfern. 1943: Blatt und Bem geben für Februar 500 und für Mitte August bis Mitte September 1943 800 Juden aus Zamość an. Unwahrscheinlich sind dagegen die bei ihnen benannten Deportationen aus Dêbica, Berlin und dem Regierungsbezirk Białystok. Kiełboń gibt für Januar, April und Juni 1943 aus Izbica und Włodawa insgesamt 4000 Opfer an.

5 Arad, Belzec, S. 129; Sandkühler, Endlösung, S. 195. Darunter waren 300 aus Borszczów (19. 4. 1943), 2000 aus Brody (22. 5. 1943). Deportation unbekannter Größe aus Lemberg am 5.–7. 1., 22. 5. u. 4. 7. 1943 laut Miron/Shulhani (Hg.), Yad Vashem Encyclopedia, Bd. 1, S. 69, 78, 442; Blatt, Sobibór, S. 52; Bem, Ashes, S. 41–42. Blatt, Schatten, S. 101 gibt außerdem 2000 Deportierte aus Stryj am 28. 2. 1943 an (Blatt, Sobibór, S. 48 gibt Juni 1943 an, Bem nennt Stryj für September 1943.)

6 Arad, Belzec, S. 146, 391–397; JuNSV (1970), Bd. 5, Nr. 186; ebenda (1971), Bd. 8, Nr. 292; ebenda (1975), Bd. 13, Nr. 433; ebenda (1976), Bd. 15, Nr. 477; ebenda (1981), Bd. 22, Nr. 600; ebenda (1998), Bd. 23, Nr. 621 u. Nr. 631; ebenda (2001), Bd. 26, Nr. 648; ebenda (2003), Bd. 29, Nr. 684, ebenda (2005), Bd. 32, Nr. 706, Nr. 711–712; ebenda (2005), Bd. 34, Nr. 737, ebenda (2005), Bd. 35, Nr. 751 u. Nr. 757; ebenda (2007), Bd. 37, Nr. 783; ebenda (2008), Bd. 39, Nr. 812; Miron/Shulhani (Hg.), Yad Vashem Encyclopedia, Bd. 1, S. 47, 51, 101–102, 172–173, 253–255, 267, 277–279, 284, 312, 326, 343, 388–390, 415–416, 432–433, 469, 483, 487–489, 498 u. Bd. 2, S. 532, 548, 576, 609–610, 633, 641–642, 731–733, 710, 801–804, 924–925, 930–933, 938–940, 946, 966; DDR-JuNSV (2002), Bd. 2, Nr. 1035, 1038 u. 1049; Berenstein, »Martyrologia«, S. 57, 80–81; Gutachten Scheffler, in Grabitz (Hg.), Täter, S. 215–223; Chodzko, Évadé, S. 37–48; Grabitz/Scheffler, Letzte Spuren, S. 177; Rutkowski, »Martyrologia«, S. 141–165; Młynarczyk, »Organisation«, S. 182–185; Młynarczyk, Judenmord, S. 266–275; Seidel, Besatzungspolitik, S. 310–341; Silberklang, Holocaust, S. 279–281; Silberklang, »Juden«, S. 161; Kiełboń, Migracje, S. 156; Browning, Normale Männer, S. 147, 153, 174, 294; Datner, »Eksterminacja«, Tabelle 2 u. 3; Grabowski, »Antijüdische Politik«, S. 106–107; Schulz, »Regierungsbezirk Zichenau«, S. 278; Bender, Jews, S. 203; Franciszek Zabecki, 21. 12. 1945, in Klarsfeld (Hg.), Jews of Grodno, Bd. I, Bl. 491–492; Curilla, Judenmord, S. 292–298, 308–323, 437–525, 570–663, 701, 713–723; Hilberg, Sonderzüge, S. 184–216, 228; Bundesarchiv (Hg.), Gedenkbuch; Gottwaldt/Schulle, Judendeportationen, S. 226–229; Browning, Weg, S. 139; Steur, Dannecker, S. 106–108; Browning, Die »Endlösung« und das Auswärtige Amt, S. 209; Hoppe, »Bulgarien«, S. 296; Matkovski, »Destruction«, S. 251; Berichte Sipo, 3. 4. 1943, 7. 4. 1943 u. 12. 4. 1943, HStA Düsseldorf, Rep. 388, Nr. 741, Bl. 122–125; Gerlach, Kalkulierte Morde, S. 723–733; Wagenzettel abgedruckt in Gumkowski/Rutkowski, Treblinka; Bowman, Agony, S. 85.